제12판

2026
세무사
행정소송법

제12판의 머리말

제12판 세무사 행정소송법 교재의 특징을 소개하면 다음과 같습니다.

1. 2023년 8월 31일부터 시행되는 「행정소송규칙」의 내용 중에서 수험과 관련 있는 사항을 빠짐없이 반영하였습니다. 행정소송규칙은 그간의 대법원 판례의 결론을 명문규정화하고, 행정소송법의 해석상 논란이 있던 부분에 대해서 대법원의 입장을 제시하는 등 행정소송에 관한 중요한 내용을 담고 있습니다.

2. 세무사시험 기출문제는 2016년도부터 2025년도까지의 10개년도에 한하여 전수로 반영하였습니다. 행정소송법이 세무사 1차시험 과목에 포함된 2005년부터 2025년까지 21년 치 기출문제를 교재에 모두 반영할 경우, 중복되는 내용도 많고 교재의 부피가 지나치게 커지는 문제가 있기 때문입니다. 앞으로도 계속 이러한 편제에 따라 최신 10개년의 기출문제만 수록할 계획입니다. 교재에 수록되지 않은 2005년부터 2015년도까지의 기출문제는 연도별 기출문제집에 수록되어 있습니다.

3. 그 밖에 출제 가능한 최신판례를 상당 정도 추가하였고, 기존의 교재 내용 중 설명이 부족하다고 생각되는 부분은 상세히 보충하였습니다.

편저자가 세무사 행정소송법을 강의한 지 어느덧 13년째가 되었습니다. 제 교재와 강의는 지금도 계속 발전하고 있습니다. 그동안 수험생들이 보여준 사랑과 관심에 부응하여 앞으로 더 충실한 교재, 더 좋은 강의로 보답할 것을 약속합니다. 아무쪼록 이 책으로 공부하는 모든 수험생들에게 단기합격의 영광이 함께 하길 기원합니다.

2025년 7월의 어느 여름밤에

편저자 정 인 국

CONTENTS

chapter 01 | 개 관

제1관 행정소송의 의의 / 14
제2관 행정소송의 종류 / 15
제3관 행정소송의 한계 / 16
  1. 사법(司法)의 본질에 기한 한계 / 16
    가. 구체적 사건성 / 16
      (1) 반사적 이익
      (2) 단순한 사실행위
      (3) 추상적 법령의 효력과 해석
      (4) 객관적 소송
    나. 법적 해결가능성 / 17
      (1) 통치행위
      (2) 자유재량행위
      (3) 특별권력관계
  2. 권력분립의 원리에서 오는 한계 / 19
    가. 의무이행소송 / 19
    나. 적극적 형성소송 / 19
    다. 예방적 부작위(금지)소송 / 20
    라. 작위의무확인소송 / 20
  3. 헌법상 예외 / 20

chapter 02 | 항고소송

| 제1절 | 항고소송의 종류 / 30
  1. 행정소송법에 따른 분류 / 30
  2. 성질에 따른 분류 / 30
    가. 형성의 소 / 30
    나. 이행의 소 / 30
    다. 확인의 소 / 31

| 제2절 | 취소소송의 소송요건 등 / 31
  제1관 개 설 / 31
    1. 취소소송의 의의 / 31
    2. 취소소송의 성질 / 31
    3. 취소소송의 소송요건 / 31
    4. 소송요건의 판단시기 / 31
  제2관 취소소송의 당사자 등 / 32
    1. 당사자능력 / 32
    2. 원고적격 또는 법률상 이익 / 34
      가. 의의 / 34
        (1) 강행법규에 의한 행정청의 의무부과
        (2) 강행법규의 사익보호성
      나. 행정소송에 있어서의 「제3자의」 법률상 이익(원고적격) / 35
        (1) 인근주민
        (2) 경업자소송
        (3) 경원자소송
      다. 외국인의 법률상 이익 인정여부 / 39
    3. 협의의 소의 이익(권리보호의 필요) / 66
      가. 의의 / 66
      나. 구체적인 경우 / 67

CONTENTS

　　　(1) 처분이 기간 등의 경과로 인해
　　　　 소멸된 경우
　　　　　① 원칙
　　　　　② 예외
　　　(2) 원상회복이 불가능한 경우
　　　(3) 사정변경의 경우
　　　(4) 기본행위와 인가의 관계
　4. 피고적격 /94
　　가. 원칙 – 처분 등을 행한 행정청 /94
　　나. 구체적인 경우 /94
　　　(1) 권한의 위임·위탁의 경우
　　　　 – 수임청의 행위
　　　(2) 권한의 대리·내부위임의 경우
　　　　 – 여전히 위임청의 행위
　　　(3) 합의제 행정청의 경우
　　　(4) 처분권자가 헌법기관인 경우
　　　　1) 대통령의 경우
　　　　　① 공무원에 대한 처분
　　　　　② 일반 국민에 대한 처분
　　　　2) 여타의 헌법기관의 경우
　　　(5) 지방의회와 지방자치단체의 장
　　　　1) 조례가 항고소송의 대상이 되는
　　　　　 경우 – 지방자치단체의 장
　　　　2) 지방의회의원에 대한 징계의결
　　　　　 이나 지방의회의장선거의
　　　　　 경우 – 지방의회
　　다. 피고의 경정 /98
　　　(1) 의의
　　　(2) 피고경정의 요건
　　　　1) 피고를 잘못 지정한 경우
　　　　　 (제14조 제1항)
　　　　2) 권한승계 등의 경우
　　　　　 (제14조 제6항)
　　　　3) 소의 변경이 있는 경우
　　　　　 (제21조 제2항)
　　　(3) 피고경정의 형태
　　　　1) 교환적 변경
　　　　2) 추가적 변경
　　　(4) 피고경정의 절차

　　　　1) 원고의 신청
　　　　　 (또는 법원의 직권)
　　　　2) 피고경정의 결정
　　　　3) 불복절차
　　　(5) 피고경정의 시기
　　　(6) 피고경정의 효과
　　　　1) 제소기간의 기산
　　　　2) 종전 소송의 취하효과
　5. 소송참가 /116
　　가. 제3자의 소송참가 /116
　　　(1) 의의
　　　(2) 요건
　　　　1) 타인간의 취소소송의 계속
　　　　2) 소송의 결과에 따라 권리 또는
　　　　　 이익의 침해를 받을 제3자
　　　(3) 절차
　　　(4) 효과
　　나. 다른 행정청의 소송참가 /117
　　　(1) 의의
　　　(2) 요건
　　　　1) 타인 간의 취소소송의 계속
　　　　2) 다른 행정청이 피고행정청을
　　　　　 위한 참가
　　　　3) 참가의 필요성
　　　(3) 절차
　　　(4) 효과
　　다. 타 소송에의 준용 /118
　　라. 민사소송법에 의한 소송참가 /119
　　　(1) 인정여부
　　　(2) 참가의 형태
　　　(3) 참가주체

제3관 취소소송의 대상 /133
　1. 개설 /133
　2. 처분의 의미 /133
　　가. 행정청의 행위 /133
　　나. 구체적 법집행행위 /136
　　　(1) 일반처분
　　　　1) 대인적 일반처분

2) 대물적 일반처분
(2) 처분적 법규
다. 사인의 권리·의무에 직접 관계되는 행위 / 137
 (1) 일반적인 경우
 (2) 여러 단계를 거치는 경우
 (3) 공증의 처분성
  1) 공증의 처분성을 부정한 경우
  2) 공증의 처분성을 긍정한 경우
라. 공권력의 행사행위 / 145
마. 거부행위 / 146
 (1) 법규상 또는 조리상 신청권이 있을 것
  1) 신청권의 체계적 지위 -처분성(대상적격)의 문제
  2) 신청권의 의미
 (2) 반복된 거부의 경우
바. 변경처분(경정처분)의 경우 / 150
 (1) 감액경정처분의 경우
 (2) 증액경정처분의 경우
 (3) 그 밖의 변형결정의 경우
3. 재결 / 200
 가. 재결의 의의 / 200
 나. 원처분주의 / 200
  (1) 원처분주의
  (2) 원처분주의에 대한 예외 -재결주의
 다. 재결의 고유한 위법 / 200
  (1) 재결의 주체에 관한 위법
  (2) 재결의 절차에 관한 위법
  (3) 재결의 형식에 관한 위법
  (4) 재결의 내용에 관한 위법
   1) 각하재결
   2) 기각재결
   3) 인용재결
 라. 재결 자체에 고유한 위법이 없음에도 재결을 대상으로 취소소송이 제기된 경우 / 203
 마. 개별법상 재결주의를 취하고 있는 경우 / 203
  (1) 일반론
  (2) 재결주의가 채택되어 있는 예
   1) 감사원의 재심판정
   2) 중앙노동위원회의 재심판정
   3) 특허심판원의 심결
 바. 재결에 따른 후속처분이 이루어진 경우 / 205

제4관 제소기간 / 214

1. 90일과 1년의 관계 / 214
2. 처분이 있음을 안 날로부터 90일 / 214
 가. 처분이 송달된 경우 / 214
 나. 고시 또는 공고의 경우 / 215
  (1) 불특정 다수인에게 고시 또는 공고하는 경우
  (2) 특정인에 대한 처분을 주소불명 등의 이유로 송달할 수 없어 관보 등에 공고한 경우
 다. 행정심판을 거친 경우 / 216
 라. 법률의 위헌결정 / 217
 마. 불고지·오고지의 경우 / 218
 바. 조세심판에서의 재결청의 재조사결정이 있는 경우 / 218
3. 처분이 있은 날로부터 1년 / 218
 가. 행정심판을 거치지 않은 경우 / 218
 나. 행정심판을 거친 경우-재결이 있은 날로부터 1년 / 219
 다. 복효적 처분에서 처분의 상대방이 아닌 제3자의 경우 / 219

제5관 전심절차-행정심판과 취소소송과의 관계 / 236

1. 원칙-임의적 전치주의 / 236
2. 예외-필요적 전치주의 / 236

3. 필요적 전치주의의 경우에 행정심판의
   생략 등이 가능한 경우 / 238

제6관 재판의 관할 / 251

1. 심급관할 / 251
2. 사물관할 / 251
3. 토지관할 / 251
   가. 보통관할 / 252
   나. 특별관할 / 252
   다. 토지관할의 성질 / 252
4. 관할위반을 이유로 한 이송 / 253
   가. 유형 / 253
      (1) 심급위반의 경우
      (2) 심급위반 이외의 관할위반의
          경우
      (3) 행정사건을 민사소송으로 제기
          한 경우
      (4) 민사사건을 행정소송으로 제기
          한 경우
   나. 이송의 결정 / 254
   다. 이송의 효과 / 254
5. 민사법원의 선결문제 판단 / 255
   가. 의의 / 255
   나. 부당이득반환청구소송의
       경우 / 256
      (1) 행정행위가 당연무효인 경우
      (2) 행정행위가 취소사유인 하자를
          지닌 경우
   다. 국가배상청구소송의 경우 / 257

제7관 관련청구소송의 이송과 병합 / 271

1. 의의 / 271
2. 관련청구의 범위 / 271
   가. 당해 처분이나 재결과 관련되는 손
       해배상·부당이득반환·원상회복
       등 청구소송(제10조 제1항 제1호)
       / 271

   나. 당해 처분이나 재결과 관련되는 취소
       소송(제10조 제1항 제2호) / 271
3. 관련청구의 이송 / 271
   가. 의의 / 271
   나. 이송의 요건 / 272
   다. 이송결정의 효과 / 272
4. 관련청구의 병합 / 272
   가. 의의 / 272
   나. 병합의 종류와 형태 / 272
      (1) 객관적 병합
      (2) 주관적 병합
   다. 병합의 요건 / 273
      (1) 취소·관련소송의 적법성
      (2) 관련청구의 범위
      (3) 병합의 시기
      (4) 관할법원 등
   라. 병합된 관련청구소송의 판결 / 273
   마. 본래소송이 각하된 경우 관련청구
       소송의 처리 / 274

|제3절| 취소소송과 가구제(假救濟)

제1관 가구제의 의의 / 288

제2관 집행정지 / 288

1. 집행부정지의 원칙 / 288
2. 예외적인 집행정지 / 288
   가. 적극적 요건 / 288
      (1) 적법한 본안소송이 법원에 계속
          중일 것
      (2) 적극적 처분 등이 존재할 것
      (3) 회복하기 어려운 손해를 예방하
          기 위한 것일 것
      (4) 긴급한 필요가 있을 것
   나. 소극적 요건(장애사유) / 290
   다. 본안청구가 이유 없음이 명백하지
       않을 것(판례가 추가적으로 요구하
       는 요건) / 291

3. 증명책임 / 292
4. 효력의 내용 / 292
   가. 형성력 / 292
   나. 기속력 / 292
   다. 기판력 / 292
5. 효력의 범위 / 292
   가. 장래효 / 292
   나. 기타 / 293
6. 집행정지결정에 대한 불복(즉시항고) / 293
7. 집행정지결정의 효력상실 / 294

제3관 민사집행법상의 가처분 / 294
1. 항고소송의 경우 / 294
2. 당사자소송의 경우 / 295

| 제4절 | 취소소송의 심리

제1관 심리의 내용 / 313
1. 요건심리 / 313
2. 본안심리 / 313

제2관 심리의 원칙 / 313
1. 불고불리(不告不理)의 원칙과 그 예외(직권심리주의의 가미) / 313
   가. 불고불리의 원칙 / 313
      (1) 처분권주의
      (2) 변론주의
   나. 직권심리주의의 가미 / 314
      (1) 개념
      (2) 직권심리의 정도
         1) 변론주의 보충설
         2) 직권탐지주의설
         3) 판례 - 변론주의보충설

제3관 심리의 범위 / 315
1. 법률문제와 사실문제 / 315
2. 재량문제 / 315
3. 행정심판기록 제출명령 / 315

4. 답변서 제출 의무 / 316

제4관 행정심판과 행정소송의 비교 / 317
1. 성격 / 317
2. 목적 / 317
3. 불복의 대상 / 317
4. 심리의 공개여부 / 317
5. 심리의 방법 / 317

제5관 증명책임(입증책임) / 330
1. 의의 / 330
2. 견해의 대립 / 330
3. 법률요건분류설에 따른 증명책임의 분배 / 330

제6관 처분사유의 추가·변경 / 342
1. 의의 / 342
2. 허용여부 / 342
   가. 원칙 - 기본적 사실관계가 동일한 경우에만 추가·변경 가능 / 342
   나. 예외 - 기본적 사실관계가 상이하더라도 원고가 동의하면 추가·변경 가능 / 346
3. 허용한계 / 347
   가. 처분시에 존재하였던 사유일 것 / 347
   나. 사실심변론종결시까지 처분사유를 추가·변경할 것 / 347

제7관 위법판단의 기준시점 / 358

제8관 소의 변경 / 366
1. 의의 / 366
2. 소의 종류의 변경 / 366
   가. 의의 / 366
   나. 효과 / 366
      (1) 행정소송법상 소변경
         - 소의 종류의 변경

CONTENTS

　　(2) 민사소송법상 소변경
　　　　- 청구취지의 변경
　다. 적용범위 / 368
　라. 행정소송과 민사소송간의 변경
　　　여부 / 368
3. 처분변경으로 인한 소의 변경 / 369
　가. 의의 / 369
　나. 변경된 소송의 대상 / 370
　다. 효과 / 370
　라. 적용범위 / 370

| 제5절 | 취소소송의 판결

　제1관　판결의 종류 / 385
　　1. 각하판결 / 385
　　2. 기각판결 / 385
　　3. 인용판결 / 385
　　　가. 의의 / 385
　　　나. 재량행위의 취소 / 386
　　　다. 일부취소(인용판결)의 문제 / 386
　　　　(1) 의의
　　　　(2) 인정여부
　　　　　① 기속행위의 경우
　　　　　② 재량행위의 경우
　　4. 사정(事情)판결 / 387
　　　가. 의의 / 387
　　　나. 요건 / 388
　　　　(1) 처분 등이 위법할 것
　　　　(2) 처분을 취소하는 것이 현저히 공
　　　　　공복리에 적합하지 않을 것
　　　다. 사정판결의 위법성과 필요성 판단
　　　　의 기준시점 / 390
　　　라. 사정판결의 효과 / 390
　　　　(1) 기각판결(원고패소판결)
　　　　(2) 위법함을 판결주문에 명시
　　　　(3) 원고에 대한 구제적 조치
　　　　(4) 소송비용의 피고부담
　　　마. 사정판결의 적용범위

　　　　- 취소소송 / 391
　제2관　확정판결의 효력 / 414
　　1. 불가변력(자박력) / 414
　　2. 불가쟁력(형식적 확정력) / 414
　　3. 기판력(실질적 확정력) / 414
　　　가. 의의 / 414
　　　나. 법적 근거 / 414
　　　다. 범위 / 415
　　　　(1) 주관적 범위
　　　　(2) 객관적 범위
　　　　(3) 시간적 범위
　　　라. 국가배상청구소송에서의 위법성과
　　　　의 관계 / 416
　　　　(1) 문제의 소재
　　　　(2) 견해의 대립
　　　　　① 일원설
　　　　　② 이원설
　　　　　③ 제한설
　　4. 형성력 / 417
　　　가. 의의 / 417
　　　나. 내용 / 417
　　　　(1) 형성효
　　　　(2) 소급효
　　　　(3) 제3자에 대한 효력(대세효)
　　5. 기속력 / 418
　　　가. 의의 / 418
　　　나. 법적 근거 / 418
　　　다. 범위 / 418
　　　　(1) 주관적 범위
　　　　(2) 객관적 범위
　　　　(3) 시간적 범위
　　　라. 내용 / 419
　　　　(1) 반복금지의무
　　　　(2) 거부처분취소에 따른
　　　　　재처분의무
　　　　(3) 절차위법을 이유로 취소된 경우

의 재처분의무
(4) 결과제거의무(원상회복의무)

제3관 (거부처분취소판결의) 간접강제 / 444
1. 의의 / 444
2. 내용-배상명령 / 444
3. 간접강제의 행사요건 / 445
4. 배상금추심의 한계 / 445
5. 준용되는 경우 / 446

제4관 취소소송의 종료 / 456
1. 종국판결의 확정 / 456
2. 당사자의 행위에 의한 종료 / 456
　가. 소의 취하 / 456
　나. 청구의 포기·인낙 / 456
　다. 소송상 화해 / 456
　라. 조정권고 / 456
3. 당사자의 소멸 / 457

제5관 취소소송의 불복 / 457
1. 항소와 상고-판결에 대한 상소 / 457
2. 항고·재항고·즉시항고
　-결정·명령에 대한 상소 / 457

제6관 재심청구 / 457
1. 의의 / 457
2. 제3자의 재심청구
　(행정소송법상 재심청구) / 458

제7관 소송비용의 부담 / 459
1. 원칙 / 459
2. 예외 / 459

| 제6절 | **무효등확인소송**

제1관 의의 / 473
제2관 적용법규 / 473

제3관 취소소송과 무효등확인소송의
　　　관계 / 473
1. 무효인 처분에 대하여 취소소송을 제기한
경우 / 473
2. 취소할 수 있는 처분에 대하여 무효등확인
소송을 제기한 경우 / 474

제4관 소송요건 / 475
1. 재판관할 / 475
2. 원고적격 / 475
3. 피고적격 / 475
4. 소송의 대상 / 475
5. 협의의 소의 이익 / 475
6. 확인의 소의 보충성-별도의「확인의
이익」이 요구되는지 여부 / 475
　가. 문제의 소재 / 475
　나. 견해의 대립 / 476
　다. 판례의 태도 / 476
7. 행정심판전치의 문제 / 476
8. 제소기간 / 477

제5관 심 리 / 477
1. 증명책임의 분배 / 477
2. 위법판단의 기준시 / 477

제6관 판 결 / 477
1. 판결의 종류 / 477
2. 판결의 효력 / 478
3. 간접강제 문제 / 478

| 제7절 | **부작위위법확인소송**

제1관 의의 및 성질 / 499
제2관 적용법규 / 499
제3관 소송요건 / 499
1. 재판관할 / 499
2. 원고적격(및 권리보호의 필요) / 499

CONTENTS

3. 피고적격 / 500
4. 소송참가 / 500
5. 소송의 대상 / 500
   가. 부작위 / 500
   나. 부작위의 성립요건 / 500
   　(1) 당사자의 적법한 신청(법규상 또는 조리상 신청권)의 존재
   　(2) 상당한 기간의 경과
   　(3) 처분을 하여야 할 법률상 의무의 존재
6. 소송의 제기 / 501
   가. 행정심판전치 / 501
   나. 제소기간 / 501
   　(1) 행정심판을 거치지 않는 경우
   　(2) 행정심판을 거치는 경우
7. 소의 이익 / 501

제4관 집행정지 / 501

제5관 소송의 심리 / 502
1. 심리의 범위 / 502
2. 증명책임의 분배 / 502
3. 위법판단의 기준시 / 502
4. 소의 변경 / 503
   가. 항고소송 간의 변경 / 503
   나. 부작위위법확인소송과 당사자소송 간의 변경 / 503
   다. 처분변경으로 인한 소변경 / 503

제6관 판 결 / 504
1. 판결의 종류 / 504
2. 판결의 효력 / 504
3. 기속력의 의미 / 504
4. 간접강제 / 504
5. 소송비용의 부담 / 505

chapter 03 | 당사자소송

제1관 의 의 / 528
1. 개 념 / 528
2. 구별개념 / 529
   가. 항고소송과의 구별 / 529
   나. 민사소송과의 구별 / 529

제2관 실질적 당사자소송 / 530
1. 처분 등을 원인으로 하는 법률관계에 관한 소송 / 530
   가. 처분 등의 무효·취소를 전제로 하는 공법상의 부당이득반환청구소송 / 530
   나. 공무원의 직무상 불법행위에 대한 국가배상청구소송 / 531
2. 기타 공법상 법률관계에 관한 소송 / 532
   가. 공법상 계약에 관한 소송 / 532
   나. 공법상의 신분·지위 등의 확인소송 / 533
   다. 손실보상청구소송 / 534
   라. 공법상 금전지급청구소송 / 536
   　(1) 사회보장적 급부의 성격을 지니고 있는 경우
   　(2) 공법관계에서 금전지급신청이 거부된 경우

제3관 형식적 당사자소송 / 540
1. 의의 / 540
2. 실정법상의 예 / 540
   ① 토지보상법상 보상금증감소송
   ② 특허관련 보상금청구소송

제4관 당사자소송의 소송요건 등 / 541
1. 당사자 / 541
   가. 원고적격 / 541
   나. 협의의 소 이익 / 541

다. 피고적격 / 542
　　2. 재판관할 / 542
　　3. 제소기간 / 542
　　4. 행정심판전치 / 542
제5관　가구제 / 542
제6관　심리 / 543
제7관　당사자소송의 판결 등 / 543
　　1. 판결의 효력 / 543
　　　가. 기판력 / 543
　　　나. 기속력 / 543
　　2. 가집행 / 544
　　　가. 가집행의 의의 / 544
　　　나. 가집행의 상대방인 행정주체 / 544
제8관　소의 변경 및 관련청구의
　　　　이송·병합 등 / 545
　　1. 소의 변경 / 545
　　2. 관련청구의 이송·병합 등 / 545

　　　③ 대통령선거 및 국회의원선거
　　　　에 관한 당선소송
　　　④ 지방의회의원 및 지방자치단
　　　　체의 장의 선거에 관한 당선
　　　　소송
　　(2) 국민투표법상의 국민투표에 관
　　　한 소송
　　(3) 지방자치법상의 주민소송
　　(4) 주민투표법상 주민투표소송
　　(5) 주민소환법상 주민소환투표소송
2. 기관소송 / 593
　　가. 의의 / 593
　　나. 구체적인 예 / 593
　　다. 소송요건 / 594
　　　(1) 당사자적격
　　　(2) 관할법원
　　라. 헌법재판소법상 권한쟁의심판과의
　　　　관계 / 594
3. 적용법규 / 595

chapter 04 | 객관적소송

제1관　의의 / 590

제2관　종류 / 591

　　1. 민중소송 / 591
　　　가. 의의 / 591
　　　나. 구체적인 예 / 591
　　　　(1) 공직선거법상 선거소송과 당선소송
　　　　　　(공직선거법 제222조, 제223조)
　　　　　① 대통령선거 및 국회의원선거
　　　　　　에 관한 선거소송
　　　　　② 지방의회의원 및 지방자치단
　　　　　　체의 장의 선거에 관한 선거
　　　　　　소송

chapter 05 | 부 록

■ 행정소송법 / 620
■ 행정소송규칙 / 628
■ 앞글자 정리사항 / 633

CHAPTER 01

개 관

- 제1관 행정소송의 의의
- 제2관 행정소송의 종류
- 제3관 행정소송의 한계

CHAPTER 01 개 관

제1관 행정소송의 의의

행정소송이라 함은 행정법규의 적용에 관한 분쟁에 대하여 제3자적 지위에 있는 법원의 재판절차에 따라 판단하는 정식쟁송을 말한다.

> **행정소송의 입법방법**
> 1. **열기주의** : 법률상 특히 열기된 사항에 대해서만 행정소송을 인정하는 제도. 국민의 권리구제에 충실하지 못하다.
> 2. **개괄주의** : 법률상 특히 예외가 인정된 사항을 제외하고는 일반적으로 모든 사항에 대하여 행정쟁송을 인정하는 제도. 국민의 권리구제에 충실하나, 남소의 위험이 있다.

행정소송법은 행정소송에 관한 일반법으로, 다른 개별법이 존재하는 경우를 제외하고는 행정소송법이 적용된다. 행정소송법은 조문이 46개밖에 되지 않아서 행정소송에 관한 모든 사항을 규율하지 못한다. 행정소송법에 규정이 없는 사항에 대해서는 법원조직법·민사소송법·민사집행법을 준용한다.

> **행정소송법**
> **제8조(법적용예)** ① 행정소송에 대하여는 다른 법률에 특별한 규정이 있는 경우를 제외하고는 이 법이 정하는 바에 의한다.
> ② 행정소송에 관하여 이 법에 특별한 규정이 없는 사항에 대하여는 **법원조직법과 민사소송법 및 민사집행법**의 규정을 준용한다.
>
> **행정소송규칙**
> **제4조(준용규정)** 행정소송절차에 관하여는 법 및 이 규칙에 특별한 규정이 있는 경우를 제외하고는 그 성질에 반하지 않는 한 「민사소송규칙」 및 「민사집행규칙」의 규정을 준용한다.

제2관 행정소송의 종류

행정소송법은 행정소송의 종류를 크게 항고소송·당사자소송·민중소송·기관소송의 네 가지로 구분한다. 이 중 ① 항고소송·당사자소송은 국민의 주관적 권익의 보호를 목적으로 하는 주관적 소송이고, ② 민중소송·기관소송은 개인적 권익과 무관하게 순전히 행정작용의 적법성의 보장에 의해 객관적인 법질서의 유지를 위한 객관적 소송이다.

> **제3조(행정소송의 종류)** 행정소송은 다음의 네가지로 구분한다.
> 1. 항고소송 : 행정청의 처분등이나 부작위에 대하여 제기하는 소송
> 2. 당사자소송 : 행정청의 처분등을 원인으로 하는 법률관계에 관한 소송 그 밖에 공법상의 법률관계에 관한 소송으로서 그 법률관계의 한쪽 당사자를 피고로 하는 소송
> 3. 민중소송 : 국가 또는 공공단체의 기관이 법률에 위반되는 행위를 한 때에 직접 자기의 법률상 이익과 관계 없이 그 시정을 구하기 위하여 제기하는 소송
> 4. 기관소송 : 국가 또는 공공단체의 기관상호간에 있어서의 권한의 존부 또는 그 행사에 관한 다툼이 있을 때에 이에 대하여 제기하는 소송. 다만, 헌법재판소법 제2조의 규정에 의하여 헌법재판소의 관장사항으로 되는 소송은 제외한다.

> **시심적 소송과 복심적 소송의 구별**
>
> 1. **시심적(始審的) 소송**
>   시심적 소송이란 공법관계의 형성 또는 존부의 확인 등에 관한 최초의 행정작용 그 자체가 소송의 형식으로 행하여지는 경우의 행정소송을 말한다. 「당사자소송」은 시심적 소송에 해당한다.
> 2. **복심적(覆審的) 소송**
>   복심적소송이란 이미 행하여진 행정작용의 하자를 이유로 그 재심사에 의한 시정을 목적으로 행하여지는 행정쟁송을 말한다. 「항고소송」은 복심적 소송에 해당된다.

제3관 행정소송의 한계

1. 사법(司法)의 본질에 기한 한계

가. 구체적 사건성

구체적 사건성을 결여한 경우는 행정쟁송의 대상이 되지 않는다.

(1) 반사적 이익 ⟷ 법률상 이익

반사적 이익은 그것을 청구할 수 있는 법률상의 힘을 가지지 아니하므로 반사적 이익의 침해는 국민의 권리침해라고 볼 수 없고, 따라서 쟁송의 대상이 되지 못한다.

(2) 단순한 사실행위 ⟷ 법률행위

단순한 사실행위(예컨대 행정청의 회신)는 행정청의 공권력의 행사로서 구체적인 권리·의무에 관한 분쟁이 아니므로 소송으로써 다툴 수 없다.

> **관련판례**
>
> 국가보훈처장이 독립운동가의 활동상을 잘못 기술하였다는 것은 당사자간의 법률관계(구체적인 권리·의무)에 관한 다툼이 아닌 단순한 사실관계에 관한 다툼으로서 처분성이 인정되지 않는다[대법원 1990. 11. 23. 선고 90누3553 판결]. 피고 국가보훈처장이 발행·보급한 독립운동사, 피고 문교부장관이 저작하여 보급한 국사교과서 등의 각종 책자와 피고 문화부장관이 관리하고 있는 독립기념관에서의 각종 해설문·전시물의 배치 및 전시 등에 있어서, 일제치하에서의 국내외의 각종 독립운동에 참가한 단체와 독립운동가의 활동상을 잘못 기술하거나, 전시·배치함으로써 그 역사적 의의가 그릇 평가되게 하였다는 이유로 그 사실관계의 확인을 구하고, 또 피고 국가보훈처장은 이들 독립운동가들의 활동상황을 잘못 알고 국가보훈상의 서훈추천권을 행사함으로써 서훈추천권의 행사가 적정하지 아니하였다는 이유로 이러한 서훈추천권의 행사, 불행사가 당연무효임의 확인, 또는 그 불작위가 위법함의 확인을 구하는 청구는 과거의 역사적 사실관계의 존부나 공법상의 구체적인 법률관계가 아닌 사실관계에 관한 것들을 확인의 대상으로 하는 것이거나 행정청의 단순한 부작위를 대상으로 하는 것으로서 항고소송의 대상이 되지 아니하는 것이다.

(3) 추상적 법령의 효력과 해석 ⟷ 구체적 규범통제

헌법에서는 법령의 효력 또는 해석에 관한 분쟁은 그의 위헌성·위법성의 여부가 재판의 전제가 된 경우에 한하여 사법심사의 대상으로 하고 있으므로, 구체적인 법적용의 문제를 떠나서 직접 법령의 일반적 효력 또는 해석을 소로써 다툴 수 없다.

헌법

제107조 ① 법률이 헌법에 위반되는 여부가 재판의 전제가 된 경우에는 법원은 헌법재판소에 제청하여 그 심판에 의하여 재판한다.
② 명령·규칙 또는 처분이 헌법이나 법률에 위반되는 여부가 재판의 전제가 된 경우에는 대법원은 이를 최종적으로 심사할 권한을 가진다.
③ 재판의 전심절차로서 행정심판을 할 수 있다. 행정심판의 절차는 법률로 정하되, 사법절차가 준용되어야 한다.

대법원이 구체적인 규범통제를 통해 명령·규칙이 위헌 내지 위법하다고 판단할 경우에는 지체 없이 그 사유를 행정안전부장관에게 통보하여야 한다. 행정안전부에서 발행하는 관보를 통해 위헌판결 등의 내용을 공고해야 하기 때문이다.

행정소송법

제6조(명령·규칙의 위헌판결등 공고) ① 행정소송에 대한 대법원판결에 의하여 명령·규칙이 헌법 또는 법률에 위반된다는 것이 확정된 경우에는 대법원은 지체없이 그 사유를 행정안전부장관에게 통보하여야 한다.

(4) 객관적 소송

민중소송·기관소송은 법률에 의하여 특별히 인정된 경우를 제외하고는 행정소송의 대상이 되지 않는다(제45조).

제45조(소의 제기) 민중소송 및 기관소송은 법률이 정한 경우에 법률에 정한 자에 한하여 제기할 수 있다.

나. 법적 해결가능성

(1) 통치행위

통치행위는 고도의 정치적 행위로서 사법심사가 허용되지 않음을 그 특성으로 한다. 그러나 헌법재판소는 금융실명제 사건에서, 통치행위라 할지라도 그것이 국민의 기본권침해와 직접 관련되는 경우에는 당연히 헌법재판소의 심판대상이 된다고 판시한 바 있다.

(2) 자유재량행위

자유재량에 있어서 그 재량의 당부는 법률문제가 아닌 사실문제이기 때문에 자유재량을 그르친 행위는 부당할 뿐이어서 행정소송의 대상이 되지 않는다. 다만 재량권을 일탈·남용한 경우에는 위법한 행위로서 소송의 대상이 된다.

제27조(재량처분의 취소) 행정청의 재량에 속하는 처분이라도 재량권의 한계를 넘거나 그 남용이 있는 때에는 법원은 이를 취소할 수 있다.

(3) 특별권력관계

오늘날에는 특별권력관계의 행위에 대해서도 전면적으로 사법심사가 허용되고, 다만 사법심사(司法審査)의 통제강도를 완화시킬 수 있을 뿐이라고 본다. 판례 역시 특별권력관계에 대해서 일반권력관계와 마찬가지로 전면적으로 사법심사의 대상이 된다고 판시하고 있다.

> **관련판례**
>
> 1. **동장과 구청장과의 관계는 특별권력관계에 해당한다**[대법원 1982.7.27., 80누86].
>   동장과 구청장과의 관계는 이른바 행정상의 특별권력관계에 해당되며, 이러한 특별권력관계에 있어서도 위법·부당한 특별권력의 발동으로 말미암아 권리를 침해당한 자는 행정소송법 제1조의 규정에 따라 그 위법 또는 부당한 처분의 취소를 구할 수 있다.
>
> 2. **농지개량조합과 그 직원의 관계는 공법상의 특별권력관계이다**[대법원 1995.6.9., 94누10870].
>   농지개량조합과 그 직원과의 관계는 사법상의 근로계약관계가 아닌 공법상의 특별권력관계이고, 그 조합의 직원에 대한 징계처분의 취소를 구하는 소송은 행정소송사항에 속한다.
>
> 3. **특별권력관계인 국립서울교육대학의 총학생회장 퇴학처분에 대해서 사법심사가 가능하다**[대법원 1991.11.22., 91누2144].
>   [1] 행정소송의 대상이 되는 행정처분이란 행정청이 행하는 구체적 사실에 관한 법집행으로서의 공권력의 행사 또는 그 거부와 그 밖에 이에 준하는 행정작용을 말하는 것인바, 국립교육대학 학생에 대한 퇴학처분은, 국가가 설립·경영하는 교육기관인 동 대학의 교무를 통할하고 학생을 지도하는 지위에 있는 학장이 교육목적실현과 학교의 내부질서유지를 위해 학칙 위반자인 재학생에 대한 구체적 법집행으로서 국가공권력의 하나인 징계권을 발동하여 학생으로서의 신분을 일방적으로 박탈하는 국가의 교육행정에 관한 의사를 외부에 표시한 것이므로, 행정처분임이 명백하다.
>   [2] 학생에 대한 징계권의 발동이나 징계의 양정이 징계권자의 교육적 재량에 맡겨져 있다 할지라도 법원이 심리한 결과 그 징계처분에 위법사유가 있다고 판단되는 경우에는 이를 취소할 수 있는 것이고, 징계처분이 교육적 재량행위라는 이유만으로 사법심사의 대상에서 당연히 제외되는 것은 아니다.
>   [3] 국립 교육대학의 학칙에 학장이 학생에 대한 징계처분을 하고자 할 때에는 교수회의 심의·의결을 먼저 거쳐야 하도록 규정되어 있는 경우, 교수회의 학생에 대한 무기정학처분의 징계의결에 대하여 학장이 징계의 재심을 요청하여 다시 개최된 교수회에서 학장이 교수회의 징계의결내용에 대한 직권조정권한을 위임하여 줄 것을 요청한 후 일부 교수들의 찬반토론은 거쳤으나 표결은 거치지 아니한 채 자신의 책임 아래 직권으로 위 교수회의 징계의결내용을 변경하여 퇴학처분을 하였다면, 위 퇴학처분은 교수회의 심의·의결을 거침이 없이 학장이 독자적으로 행한 것에 지나지 아니하여 위법하다.

2. 권력분립의 원리에서 오는 한계

행정소송법에서 규정하고 있는 법정항고소송 이외의 이른바 법정외 무명항고소송을 인정할 것인지가 문제된다. 판례는 일관되게 그 가능성을 부인하고 있다.

가. 의무이행소송

법원이 행정청에 일정한 처분을 행할 것을 명하는 이행판결을 말한다. 행정소송법은 의무이행소송을 규정하지 않아 현행법상 의무이행소송을 인정할 것인지에 대해서는 다음과 같이 견해가 대립한다.

부정설	긍정설
행정소송법 제4조의 소송의 유형은 제한적으로 보아야 하고, 제4조 제1호에서의 '변경'은 소극적 변경인 일부취소만 의미하는 것으로 본다.	행정소송법상 항고소송의 종류에 관한 규정(제4조)을 예시규정으로 이해하고, 제4조 제1호에서 처분 등을 '변경'할 수 있도록 한 것은 의무이행소송의 도입에 대한 근거가 될 수 있다고 본다.
권력분립을 형식적으로 이해하여, 행정상 의무의 이행은 행정권에 의해서만 이루어져야 한다고 본다. 이에 의하면 사법권이 판결을 통해 행정권의 의무가 이행된 상태를 직접 실현하는 의무이행소송은 행정작용에 대한 행정권의 1차적 판단권을 침해하는 것이 된다. 따라서 권력분립의 원칙에 위배된다.	권력분립을 실질적으로 이해하여, 사법권이 판결을 통해 행정권의 의무가 이행된 상태를 직접 실현하면 국민의 권리구제에 기여할 수 있으므로 권력분립의 원칙에 실질적으로 기여한다고 판단한다.

> **관련판례**
>
> **검사에게 이행을 명하도록 하는 의무이행소송은 허용되지 않는다[대법원 1995.3.10., 94누14018].**
> 검사에게 압수물 환부를 이행하라는 청구는 행정청의 부작위에 대하여 일정한 처분을 하도록 하는 의무이행소송으로 현행 행정소송법상 허용되지 아니한다.

나. 적극적 형성소송

법원에 처분의 적극적 변경을 구하거나, 법원이 행정청에 갈음하여 일정한 처분을 행할 것을 구하는 소송을 말한다.

> **관련판례**
>
> **행정청이 한 것과 동일한 효과가 있는 처분을 법원이 직접 행하도록 하는 형성판결을 구하는 소송은 허용되지 않는다[대법원 1997.9.30., 97누3200].**
> 현행 행정소송법상 행정청으로 하여금 일정한 행정처분을 하도록 명하는 이행판결을 구하는 소송이나 법원으로 하여금 행정청이 일정한 행정처분을 행한 것과 같은 효과가 있는 행정처분을 직접 행하도록 하는 형성판결을 구하는 소송은 허용되지 아니하므로, 원심이 피고에 대하여 판시의 도면표시 (나), (마) 부분을 공동어업면허의 면허면적에 편입시켜 줄 것을 구하는 취지의 원고들의 청구 부분은 부적법하다고 판단한 것은 정당하고, 거기에 상고이유의 주장과 같은 법리오해의 위법이 있다고 할 수 없다.

다. 예방적 부작위(금지)소송

위법한 행정작용이 임박하여 권리침해가 우려되는 경우, 행정청의 행정상의 사실행위 또는 행정행위를 하지 않을 것을 소구하는 것을 내용으로 하는 행정소송을 말한다.

> **관련판례**
>
> 1. 신축건물의 준공처분을 하여서는 아니된다는 내용의 부작위를 구하는 청구는 허용되지 않는다[대법원 1987.3.24., 86누182].
>   원심은 피고에 대하여 이 사건 신축건물의 준공처분을 하여서는 아니된다는 내용의 부작위를 구하는 원고의 예비적청구는 행정소송에서 허용되지 아니하는 것이므로 부적법하다는 취지로 판단하였는바, 위와 같은 원심의 조치는 정당하고, 거기에 소론과 같은 행정쟁송에 관한 법리오해, 판단유탈의 위법이 있다 할 수 없다.
> 2. 보건복지부고시를 적용하여 요양급여비용을 결정하여서는 아니된다는 내용의 부작위를 구하는 청구는 허용되지 않는다[대법원 2006.5.25., 2003두11988].
>   행정소송법상 행정청이 일정한 처분을 하지 못하도록 그 부작위를 구하는 청구는 허용되지 않는 부적법한 소송이라 할 것이므로, 피고 국민건강보험공단은 이 사건 고시를 적용하여 요양급여비용을 결정하여서는 아니 된다는 내용의 원고들의 위 피고에 대한 이 사건 청구는 부적법하다 할 것이다.

라. 작위의무확인소송

행정청에게 일정한 의무가 있음의 확인을 구하는 소송을 말한다.

> **관련판례**
>
> 국가보훈처장 등에게 독립운동가들에 대한 서훈추천을 다시 해야 할 의무가 있음의 확인을 구하는 청구는 작위의무확인소송으로서 인정되지 않는다[대법원 1990.11.23., 90누3553].
> 피고 국가보훈처장 등에게, 독립운동가들에 대한 서훈추천권의 행사가 적정하지 아니하였으니 이를 바로잡아 다시 추천하고, 잘못 기술된 독립운동가의 활동상을 고쳐 독립운동사 등의 책자를 다시 편찬, 보급하고, 독립기념관 전시관의 해설문, 전시물 중 잘못된 부분을 고쳐 다시 전시 및 배치할 의무가 있음의 확인을 구하는 청구는 작위의무확인소송으로서 항고소송의 대상이 되지 아니한다.

3. 헌법상 예외

국회의원에 대한 징계처분은 국회의 자율권에 속하는 사항이어서 행정소송으로 다툴 수 없다. 이에 대해서는 명문의 헌법규정이 존재한다. 반면 지방의회 의원에 대한 징계처분은 행정소송으로 다툴 수 있다.

> **헌법**
>
> **제64조** ① 국회는 법률에 저촉되지 아니하는 범위 안에서 의사와 내부규율에 관한 규칙을 제정할 수 있다.
> ② 국회는 의원의 자격을 심사하며, 의원을 징계할 수 있다.
> ③ 의원을 제명하려면 국회재적의원 3분의 2 이상의 찬성이 있어야 한다.
> ④ 제2항과 제3항의 처분에 대하여는 법원에 제소할 수 없다.

기출문제

01 | 2016 |

행정소송에 대한 대법원판결에 의하여 소득세법시행규칙이 헌법 또는 법률에 위반된다는 것이 확정된 경우, 행정소송법상 대법원이 이를 통보해야 하는 기관은?

① 법무부장관
② 법제처장
③ 국세청장
④ 기획재정부장관
⑤ 행정안전부장관

⑤ ☞ 행정소송에 대한 대법원판결에 의하여 명령·규칙이 헌법 또는 법률에 위반된다는 것이 확정된 경우에는 대법원은 지체없이 그 사유를 행정안전부장관에게 통보하여야 한다(행정소송법 제6조 제1항).

02 | 2017 |

행정소송법상 인정되고 있는 행정소송의 유형에 해당하는 것은?

① 적극적 형성소송
② 예방적 부작위 청구소송
③ 형식적 의미의 무하자재량행사 청구소송
④ 민중소송
⑤ 위헌법률 무효화 소송

① [대법원 1997. 9. 30. 선고 97누3200 판결] 현행 행정소송법상 행정청으로 하여금 일정한 행정처분을 하도록 명하는 이행판결을 구하는 소송이나 법원으로 하여금 행정청이 일정한 행정처분을 행한 것과 같은 효과가 있는 행정처분을 직접 행하도록 하는 형성판결을 구하는 소송은 허용되지 아니한다.
② [대법원 1987. 3. 24. 선고 86누182 판결] 건축건물의 준공처분을 하여서는 아니된다는 내용의 부작위를 구하는 청구는 행정소송에서 허용되지 아니하는 것이므로 부적법하다.
③ ☞ '형식적 의미의 무하자재량행사 청구소송'은 행정청에 대해서 하자 없는 재량권의 행사를 청구하는 이행소송에 해당한다. 현행법상 의무이행소송은 인정되지 않는다.
④ 제3조 제3호, 제45조

> **제3조(행정소송의 종류)** 행정소송은 다음의 네가지로 구분한다.
> 3. 민중소송 : 국가 또는 공공단체의 기관이 법률에 위반되는 행위를 한 때에 직접 자기의 법률상 이익과 관계 없이 그 시정을 구하기 위하여 제기하는 소송
> **제45조(소의 제기)** 민중소송 및 기관소송은 법률이 정한 경우에 법률에 정한 자에 한하여 제기할 수 있다.

답 01 ⑤ 02 ④

⑤ ☞ 위헌법률의 무효를 구하는 소송은 행정소송이 아니라 헌법재판소법상의 '위헌법률심판'이다.

> **헌법재판소법**
> **제41조(위헌 여부 심판의 제청)** ① 법률이 헌법에 위반되는지 여부가 재판의 전제가 된 경우에는 당해 사건을 담당하는 법원(군사법원을 포함한다. 이하 같다)은 직권 또는 당사자의 신청에 의한 결정으로 헌법재판소에 위헌 여부 심판을 제청한다.

03 | 2018 |

행정소송법상 행정소송의 종류에 해당하지 않는 것은? (다툼이 있으면 판례에 따름)

① 의무이행소송 ② 당사자소송
③ 기관소송   ④ 민중소송
⑤ 항고소송

....

① ☞ 의무이행소송은 행정소송법상 규정되지 않은 "무명항고소송"에 해당한다(동법 제3조).

04 | 2020 |

행정소송의 한계에 관한 설명으로 옳은 것은? (다툼이 있으면 판례에 따름)

① 특별권력관계 내에서의 행위는 처분이라도 사법심사의 대상이 될 수 없다.
② 행정상 방침만을 정하는 훈시규정의 준수와 실현을 행정소송으로 주장할 수 있다.
③ 민중소송은 개인의 구체적인 권리·의무에 직접 관련되므로 법률규정과 무관하게 인정된다.
④ 과거의 역사적 사실관계의 존부확인을 구하는 것은 행정소송의 대상이 된다.
⑤ 국회의원의 징계처분은 행정소송의 대상이 되지 아니한다.

....

① [대법원 1982.7.27., 80누86] 동장과 구청장과의 관계는 이른바 행정상의 특별권력관계에 해당되며, 이러한 **특별권력관계에 있어서도 위법·부당한 특별권력의 발동으로 말미암아 권리를 침해당한 자는 행정소송법 제1조의 규정에 따라 그 위법 또는 부당한 처분의 취소를 구할 수 있다.**
② ☞ 「훈시규정」이란 법률의 규정 가운데 주로 행정청에 대한 명령의 성질을 가진 것을 말한다. 단순히 행정상의 방침만을 정하고 있는 훈시규정에 불과한 경우에는 법적 구속력을 가진 것이 아니어서 행정청이 훈시규정에 위반하였어도 위법한 행위라고 할 수 없다. 따라서 위법한 행정작용을 대상으로 하는 행정소송을 제기할 수 없다.
③ ☞ 민중소송은 이른바 객관소송으로서, 국가 또는 공공단체의 기관이 법률에 위반되는 행위를 한 때에 직접 자기의 법률상 이익과 관계없이 그 시정을 구하기 위하여 제기하는 소송이다. 객관소송은 "법률이 정한 경우에 법률이 정한 자에 한하여" 제기할 수 있다(행정소송법 제45조).

답 03 ① 04 ⑤

④ ☞ 당사자간의 법률관계(구체적인 권리·의무)에 관한 다툼이 아닌 단순한 사실관계에 관한 다툼으로서 처분성이 인정되지 않는다.
[대법원 1990.11.23, 90누3553] 피고 국가보훈처장이 발행·보급한 독립운동사, 피고 문교부장관이 저작하여 보급한 국사교과서 등의 각종 책자와 피고 문화부장관이 관리하고 있는 독립기념관에서의 각종 해설문·전시물의 배치 및 전시 등에 있어서, 일제치하에서의 국내외의 각종 독립운동에 참가한 단체와 독립운동가의 활동상을 잘못 기술하거나, 전시·배치함으로써 그 역사적 의의가 그릇 평가되게 하였다는 이유로 그 사실관계의 확인을 구하고, 또 피고 국가보훈처장은 이들 독립 운동가들의 활동상황을 잘못 알고 국가보훈상의 서훈추천권을 행사함으로써 서훈추천권의 행사가 적정하지 아니하였다는 이유로 이러한 서훈추천권의 행사, 불행사가 당연 무효임의 확인, 또는 그 부작위가 위법함의 확인을 구하는 청구는 과거의 역사적 사실관계의 존부나 공법상의 구체적인 법률관계가 아닌 사실관계에 관한 것들을 확인의 대상으로 하는 것이거나 행정청의 단순한 부작위를 대상으로 하는 것으로서 항고소송의 대상이 되지 아니하는 것이다.

⑤ ☞ 국회의원에 대한 징계처분은 국회의 자율권에 속하는 사항이어서 행정소송으로 다툴 수 없다. 이에 대해서는 명문의 헌법규정이 존재한다. 반면 지방의회 의원에 대한 징계처분은 행정소송으로 다툴 수 있다.

헌법
제64조 ① 국회는 법률에 저촉되지 아니하는 범위 안에서 의사와 내부규율에 관한 규칙을 제정할 수 있다.
② 국회는 의원의 자격을 심사하며, 의원을 징계할 수 있다.
③ 의원을 제명하려면 국회재적의원 3분의 2 이상의 찬성이 있어야 한다.
④ 제2항과 제3항의 처분에 대하여는 법원에 제소할 수 없다.

05 | 2020 |

의무이행소송과 예방적 부작위소송에 관한 설명으로 옳지 <u>않은</u> 것은? (다툼이 있으면 판례에 따름)

① 행정청에게 행정에 대한 1차적 판단권이 귀속되어야 한다는 점은 의무이행소송 및 예방적 부작위소송의 부정설이 취하는 논거이다.
② 국민건강보험공단이 보건복지부고시를 적용하여 요양급여비용을 결정하여서는 아니된다는 내용의 소송은 허용되지 아니한다.
③ 현행 「행정소송법」상 행정청으로 하여금 일정한 행정처분을 하도록 명하는 이행판결을 구하는 소송은 허용되지 아니한다.
④ 현행 「행정소송법」상 법원으로 하여금 행정청이 일정한 행정처분을 행한 것과 같은 효과가 있는 행정처분을 직접 행하도록 하는 형성판결을 구하는 소송은 허용된다.
⑤ 건축건물의 준공처분을 하여서는 아니된다는 내용의 청구는 행정소송에서 허용되지 아니한다.

··

① ☞ 무명항고소송의 인정여부에 대한 「부정설」의 경우, 행정상 의무의 이행 여부 내지 장래 특정한 행위를 금지할 것인지 여부에 대한 1차적 판단권은 행정청에게 있다고 본다. 이에 의하면 (ⅰ) 사법권이 판결을 통해 행정권의 의무가 이행된 상태를 직접 실현하는 의무이행소송은 행정작용에 대한 행정권의 1차적 판단권을 침해하는 것이 된다. (ⅱ) 행정청이 아직 하지도 않은 행위에 대해서 장래에 하지 말 것을 법원이 요구하는 예방적 부작위소송의 경우도 마찬가지로 행정청의 1차적 판단권을 침해한다.

답 05 ④

② ☞ 「예방적 부작위청구소송」은 이른바 무명항고소송으로 판례는 이러한 유형의 소송을 인정하지 않는다.
[대법원 2006.5.25, 2003두11988] 행정소송법상 행정청이 일정한 처분을 하지 못하도록 그 부작위를 구하는 청구는 허용되지 않는 부적법한 소송이라 할 것이므로, 피고 국민건강보험공단은 이 사건 고시를 적용하여 요양급여비용을 결정하여서는 아니 된다는 내용의 원고들의 위 피고에 대한 이 사건 청구는 부적법하다 할 것이다.

③ ☞ 행정소송법상 규정하고 있지 아니한 무명항고소송인 이행판결(의무이행소송)은 인정되지 않는다.
[대법원 1989.5.23, 88누8135] 행정소송법상 행정청으로 하여금 일정한 행정처분을 하도록 명하는 이른바 이행판결을 구하는 소송은 허용되지 않는다.

④ ☞ 「적극적 형성소송」에 대한 설명이다. 법원이 행정청에게 의무의 이행을 명하는 의무이행소송도 허용하지 않는데, 법원이 직접 처분을 행하는 것과 동일한 효과가 있는 적극적 형성소송은 더욱이 인정되지 않는다.
[대법원 1997.9.30., 97누3200] 현행 행정소송법상 행정청으로 하여금 일정한 행정처분을 하도록 명하는 이행판결을 구하는 소송이나 법원으로 하여금 행정청이 일정한 행정처분을 행한 것과 같은 효과가 있는 행정처분을 직접 행하도록 하는 형성판결을 구하는 소송은 허용되지 아니하므로, 원심이 피고에 대하여 판시의 도면표시 (나), (마) 부분을 공동어업면허의 면허면적에 편입시켜 줄 것을 구하는 취지의 원고들의 청구 부분은 부적법하다고 판단한 것은 정당하고, 거기에 상고이유의 주장과 같은 법리오해의 위법이 있다고 할 수 없다.

⑤ ☞ 이른바 「예방적 부작위(금지)소송」으로, 판례는 무명항고소송을 일체 인정하지 않는다.
[대법원 1987.3.24., 86누182] 원심은 피고에 대하여 이 사건 신축건물의 준공처분을 하여서는 아니된다는 내용의 부작위를 구하는 원고의 예비적청구는 행정소송에서 허용되지 아니하는 것이므로 부적법하다는 취지로 판단하였는바, 위와 같은 원심의 조치는 정당하고, 거기에 소론과 같은 행정쟁송에 관한 법리오해, 판단유탈의 위법이 있다 할 수 없다.

06 | 2021 |

행정소송에 대한 대법원 판결에 의하여 명령·규칙이 헌법 또는 법률에 위반된다는 것이 확정된 경우에는 대법원은 지체없이 그 사유를 누구에게 통보하여야 하는가?

① 행정안전부장관 ② 법무부장관
③ 법제처장 ④ 국민권익위원회
⑤ 감사원

••••••••••••••••••••••

① ☞ 「명령·규칙의 위헌판결등 공고」에 대한 설명이다. 이 경우 행정안전부장관에게 통보해야 한다(제6조 제1항).

07 | 2022 |

행정소송법상 명시되어 있는 행정소송을 모두 고른 것은?

| ㄱ. 무효등 확인소송 | ㄴ. 부작위위법확인소송 |
| ㄷ. 예방적 부작위청구소송 | ㄹ. 당사자소송 |

① ㄱ, ㄷ ② ㄱ, ㄹ ③ ㄴ, ㄷ
④ ㄱ, ㄴ, ㄹ ⑤ ㄴ, ㄷ, ㄹ

••••••••••••••••••••••••

④ ☞ 예방적 부작위청구소송은 장래 행정청이 일정한 처분을 할 것이 명백한 경우에 그 처분을 하지 않을 것(부작위)을 구하는 내용의 무명항고소송의 일종인데, 판례는 이를 부정한다.

> **제3조(행정소송의 종류)** 행정소송은 다음의 네가지로 구분한다.
> 1. 항고소송 : 행정청의 처분등이나 부작위에 대하여 제기하는 소송
> 2. <u>당사자소송</u> : 행정청의 처분등을 원인으로 하는 법률관계에 관한 소송 그 밖에 공법상의 법률관계에 관한 소송으로서 그 법률관계의 한쪽 당사자를 피고로 하는 소송
> 3. 민중소송 : 국가 또는 공공단체의 기관이 법률에 위반되는 행위를 한 때에 직접 자기의 법률상 이익과 관계없이 그 시정을 구하기 위하여 제기하는 소송
> 4. 기관소송 : 국가 또는 공공단체의 기관상호간에 있어서의 권한의 존부 또는 그 행사에 관한 다툼이 있을 때에 이에 대하여 제기하는 소송. 다만, 헌법재판소법 제2조의 규정에 의하여 헌법재판소의 관장사항으로 되는 소송은 제외한다.
>
> **제4조(항고소송)** 항고소송은 다음과 같이 구분한다.
> 1. 취소소송 : 행정청의 위법한 처분등을 취소 또는 변경하는 소송
> 2. <u>무효등 확인소송</u> : 행정청의 처분등의 효력 유무 또는 존재여부를 확인하는 소송
> 3. <u>부작위위법확인소송</u> : 행정청의 부작위가 위법하다는 것을 확인하는 소송

답 07 ④

08 | 2023 |

행정소송법 조문의 일부이다. ( )에 들어갈 용어를 옳게 나열한 것은?

> 행정소송에 관하여 이 법에 특별한 규정이 없는 사항에 대하여는 (ㄱ)과 민사소송법 및 (ㄴ)의 규정을 준용한다.

① ㄱ : 민법, ㄴ : 민사집행법
② ㄱ : 민법, ㄴ : 행정심판법
③ ㄱ : 법원조직법, ㄴ : 행정심판법
④ ㄱ : 법원조직법, ㄴ : 민사집행법
⑤ ㄱ : 민사집행법, ㄴ : 행정심판법

•••••••••••••••••••••

④ ☞ 「법/소/집」으로 정리하면 된다.

> **제8조(법적용예)** ① 행정소송에 대하여는 다른 법률에 특별한 규정이 있는 경우를 제외하고는 이 법이 정하는 바에 의한다.
> ② 행정소송에 관하여 이 법에 특별한 규정이 없는 사항에 대하여는 <u>법원조직법</u>과 민사소송법 및 <u>민사집행법</u>의 규정을 준용한다.

09 | 2023 |

행정소송법상 소송의 종류에 해당하지 <u>않는</u> 것은?

① 항고소송
② 당사자소송
③ 민중소송
④ 기관소송
⑤ 예방적부작위청구소송

•••••••••••••••••••••

⑤ ☞ 예방적부작위청구소송은 이른바 무명항고소송으로 현행법상 허용되지 않는다.

> **제3조(행정소송의 종류)** 행정소송은 다음의 네가지로 구분한다. 〈개정 1988. 8. 5.〉
> 1. <u>항고소송</u> : 행정청의 처분등이나 부작위에 대하여 제기하는 소송
> 2. <u>당사자소송</u> : 행정청의 처분등을 원인으로 하는 법률관계에 관한 소송 그 밖에 공법상의 법률관계에 관한 소송으로서 그 법률관계의 한쪽 당사자를 피고로 하는 소송
> 3. <u>민중소송</u> : 국가 또는 공공단체의 기관이 법률에 위반되는 행위를 한 때에 직접 자기의 법률상 이익과 관계없이 그 시정을 구하기 위하여 제기하는 소송
> 4. <u>기관소송</u> : 국가 또는 공공단체의 기관상호간에 있어서의 권한의 존부 또는 그 행사에 관한 다툼이 있을 때에 이에 대하여 제기하는 소송. 다만, 헌법재판소법 제2조의 규정에 의하여 헌법재판소의 관장사항으로 되는 소송은 제외한다.

답 08 ④ 09 ⑤

10 | 2024 |

행정소송에 관하여 적용·준용되지 않는 것은?

① 행정소송규칙 ② 행정심판법 ③ 민사소송법
④ 민사집행법 ⑤ 법원조직법

••••••••••••••••••••

① ☞ 행정소송절차에 관하여 필요한 사항을 규정함을 목적으로 2023. 8. 31. 「행정소송규칙」이 제정되었다. 따라서 행정소송에 관하여 행정소송규칙이 「적용」된다.

행정소송규칙
제1조(목적) 이 규칙은 「행정소송법」(이하 "법"이라 한다)에 따른 행정소송절차에 관하여 필요한 사항을 규정함을 목적으로 한다.

② ☞ 행정소송에 관하여 「준용」되는 규정은 「법/소/집」으로 정리하자.

제8조(법적용례) ② 행정소송에 관하여 이 법에 특별한 규정이 없는 사항에 대하여는 법원조직법과 민사소송법 및 민사집행법의 규정을 준용한다.

11 | 2024 |

행정소송법 제6조의 내용으로 ( )에 들어갈 용어로 옳은 것은?

> 행정소송에 대한 (ㄱ)에 의하여 (ㄴ)이 헌법 또는 법률에 위반된다는 것이 확정된 경우에는 대법원은 지체없이 그 사유를 (ㄷ)에게 통보하여야 한다.

① ㄱ: 판결, ㄴ: 명령·규칙, ㄷ: 법제처장
② ㄱ: 판결, ㄴ: 대통령령, ㄷ: 행정안전부장관
③ ㄱ: 대법원판결, ㄴ: 명령·규칙, ㄷ: 행정안전부장관
④ ㄱ: 대법원판결, ㄴ: 명령·규칙, ㄷ: 법제처장
⑤ ㄱ: 대법원판결, ㄴ: 대통령령, ㄷ: 행정안전부장관

••••••••••••••••••••

ㄱ. ☞ 「대법원판결」이다.

제6조(명령·규칙의 위헌판결등 공고) ① 행정소송에 대한 대법원판결에 의하여 명령·규칙이 헌법 또는 법률에 위반된다는 것이 확정된 경우에는 대법원은 지체없이 그 사유를 행정안전부장관에게 통보하여야 한다.

답 10 ② 11 ③

ㄴ. ☞ 「명령·규칙」이다. 여기서 명령·규칙이란 시행령과 시행규칙, 즉 법규명령을 말한다. 참고로 행정부에서 만드는 행정입법은 법규명령과 행정규칙의 2종류가 있다. 법규명령은 법적 구속력이 있는 반면, 행정규칙은 법적 구속력이 없다. 법규명령의 예로는 법인세법 시행령과 법인세법 시행규칙을 들 수 있고, 행정규칙의 예로는 법인세법 기본통칙이나 예규, 국세청 고시 등이 있다.

> **제6조(명령·규칙의 위헌판결등 공고)** ① 행정소송에 대한 대법원판결에 의하여 <u>명령·규칙</u>이 헌법 또는 법률에 위반된다는 것이 확정된 경우에는 대법원은 지체없이 그 사유를 행정안전부장관에게 통보하여야 한다.

ㄷ. ☞ 「행정안전부장관」이다. 명령·규칙의 위헌 내지 위법에 대하여 대법원이 행정안전부장관에게 통보하는 이유는 행정안전부장관이 관보발행의 주관행정청이기 때문이다. 명령·규칙의 위헌 내지 위법사항에 대해서는 관보에 게재하는 방법으로 대외적으로 공표가 이루어진다.

> **제6조(명령·규칙의 위헌판결등 공고)** ① 행정소송에 대한 대법원판결에 의하여 명령·규칙이 헌법 또는 법률에 위반된다는 것이 확정된 경우에는 대법원은 지체없이 그 사유를 <u>행정안전부장관</u>에게 통보하여야 한다.

12 | 2025 |

행정소송의 구분에 관한 행정소송법 규정의 일부이다. ( )에 들어갈 내용으로 옳은 것은?

- 항고소송 : 행정청의 (ㄱ)이나 (ㄴ)에 대하여 제기하는 소송
- 기관소송 : 국가 또는 (ㄷ)의 기관상호간에 있어서의 권한의 존부 또는 그 행사에 관한 다툼이 있을 때에 이에 대하여 제기하는 소송

① ㄱ : 처분,   ㄴ : 행정심판의 재결, ㄷ : 공공단체
② ㄱ : 처분,   ㄴ : 부작위,   ㄷ : 공공단체
③ ㄱ : 처분등, ㄴ : 부작위,   ㄷ : 공공단체
④ ㄱ : 처분등, ㄴ : 부작위,   ㄷ : 지방자치단체
⑤ ㄱ : 처분등, ㄴ : 행정심판의 재결, ㄷ : 지방자치단체

••••••••••••••••••

③ ☞ 순서대로 ㄱ. 처분 등, ㄴ. 부작위, ㄷ. 공공단체가 들어가야 한다.

> **제3조(행정소송의 종류)** 행정소송은 다음의 네가지로 구분한다.
> 1. <u>항고소송</u> : 행정청의 <u>처분등</u>이나 <u>부작위</u>에 대하여 제기하는 소송
> 2. 당사자소송 : 행정청의 처분등을 원인으로 하는 법률관계에 관한 소송 그 밖에 공법상의 법률관계에 관한 소송으로서 그 법률관계의 한쪽 당사자를 피고로 하는 소송
> 3. 민중소송 : 국가 또는 공공단체의 기관이 법률에 위반되는 행위를 한 때에 직접 자기의 법률상 이익과 관계없이 그 시정을 구하기 위하여 제기하는 소송
> 4. <u>기관소송</u> : 국가 또는 <u>공공단체</u>의 기관상호간에 있어서의 권한의 존부 또는 그 행사에 관한 다툼이 있을 때에 이에 대하여 제기하는 소송. 다만, 헌법재판소법 제2조의 규정에 의하여 헌법재판소의 관장사항으로 되는 소송은 제외한다.

답 12 ③

CHAPTER 02

항고소송

- **제 1 절** 항고소송의 종류
- **제 2 절** 취소소송의 소송요건 등
- **제 3 절** 취소소송과 가구제
- **제 4 절** 취소소송의 심리
- **제 5 절** 취소소송의 판결
- **제 6 절** 무효등확인소송
- **제 7 절** 부작위위법확인소송

CHAPTER 02 항고소송

제1절 • 항고소송의 종류

1. 행정소송법에 따른 분류

항고소송은 행정청의 처분 등이나 부작위로 인하여 권리·이익을 침해받은 자가 그 처분 등이나 부작위의 위법을 다투기 위하여 제기하는 소송이다. 행정소송법은 항고소송을 다시 취소소송·무효등확인소송·부작위위법확인소송의 세가지로 구분한다.

> **제4조 (항고소송)** 항고소송은 다음과 같이 구분한다.
> 1. 취소소송 : 행정청의 위법한 처분등을 취소 또는 변경하는 소송
> 2. 무효등 확인소송 : 행정청의 처분등의 효력 유무 또는 존재여부를 확인하는 소송
> 3. 부작위위법확인소송 : 행정청의 부작위가 위법하다는 것을 확인하는 소송

2. 성질에 따른 분류

가. 형성의 소

형성의 소는 행정법상의 법률관계의 발생·변경·소멸을 가져오는 판결을 구하는 소송을 말한다. 항고소송 중 취소소송은 행정청의 위법한 처분 등의 취소·변경을 구하는 소송이므로 전형적인 형성의 소이다.

나. 이행의 소

(1) 이행의 소란 피고에 대한 특정한 이행청구권의 존재를 주장하여 그것의 확정과 이에 기한 이행을 명하는 판결을 구하는 소송을 말한다. 이행의 소는 직접 법률관계에 변동을 가져오는 것이 아니라 피고에게 일정한 이행의무를 부과하는 것에 불과하므로 이행명령의 집행의 문제를 남긴다는 점에서 형성의 소와 구별된다.

(2) 우리나라에서 인정여부는 별론으로 하고, 의무이행소송, 예방적 금지소송, 당사자소송으로서의 금전급부소송 등은 이행의 소에 해당한다. 다만 의무이행소송과 예방적 금지소송은 이른바 무명항고소송으로 현행법상 인정되지 않는다.

다. 확인의 소

(1) 확인의 소는 특정한 권리 또는 법률관계의 존재·부존재의 확인을 구하는 소송을 말한다.
(2) 항고소송 중에서 무효등확인소송·부작위위법확인소송이나 당사자소송 중에서 공법상 법률관계의 존부의 확인을 구하는 소송은 확인의 소에 해당한다.

제2절 ● 취소소송의 소송요건 등

제1관 개 설

1. 취소소송의 의의

행정청의 위법한 처분·재결을 취소·변경하는 소송을 말한다. ① 위법한 처분에 대한 취소·변경을 원칙으로 하고, ② 위법한 재결에 대한 취소·변경은 당해 재결에 고유한 위법이 있음을 이유로 하는 경우에만 소구할 수 있으며, ③ 무효인 처분에 대한 무효선언을 구하는 취소소송도 가능하다.

2. 취소소송의 성질

취소소송은 일단 일정한 법률관계를 성립시킨 처분의 효력을 다툼으로서 당해 처분의 취소·변경을 통하여 그 법률관계를 변경·소멸시킨다는 점에서 형성소송으로 본다.

3. 취소소송의 소송요건

본안판단을 받기 위해서는 본안판단의 전제요건을 갖추어야 하는데, 이를 소송요건이라 한다. 소송요건으로서는 ① 소송을 제기할 원고적격(법률상 이익)이 있는 자가, ② 소송을 제기할 현실적인 필요성(협의의 소의 이익)이 있는 경우, ③ 피고적격이 있는 행정청을 상대로, ④ 행정청의 처분 등을 대상으로, ⑤ 제소기간 내에, ⑥ 행정심판이 필요한 경우 행정심판을 거쳐, ⑦ 관할법원에, ⑧ 소장이라는 형식을 갖추어 제기할 것이 요구된다.

이러한 소송요건은 법원의 직권조사사항으로 소송요건이 결여되면 법원은 소각하 판결을 한다.

4. 소송요건의 판단시기

법원조직법상 소송은 원칙적으로 3심제를 택하고 있다. 1심은 지방법원, 2심은 고등법원, 3심은 대법원이 관할한다. 1심에 불복하는 것을 항소, 2심에 불복하는 것을 상고라 한다. 1심과 2심에서는 법률문제와 사실문제 모두에 대해서 판단이 가능하기 때문에 사실심이라 하고, 3심은 사실문제에 대해서는 판단하지 않고 법률문제만 판단하기 때문에 법률심이라 한다. 3심은 상고심이라고도 한다.

소송요건의 존부는 사실심 변론종결시를 기준으로 판단한다. 소송요건은 사실심 변론종결시는 물론 상고심에서도 유지하여야 하고 이를 흠결하면 부적법한 소가 된다.

> **관련판례**
>
> 1. **소송요건 존부의 판단시기는 사실심 변론종결시이다[대법원 1987.4.28, 86누29].**
>   전심절차를 밟지 아니한 채 증여세부과처분취소소송을 제기 하였다면 제소당시로 보면 전치요건을 구비하지 못한 위법이 있다 할 것이지만, 소송계속 중 심사청구 및 심판청구를 하여 각 기각결정을 받았다면 원심변론종결일 당시에는 위와 같은 전치요건흠결의 하자는 치유되었다고 볼 것이다.
>
> 2. **소송요건은 상고심에서도 계속 유지되어야 한다[대법원 2007.4.12, 2004두7924].**
>   행정처분의 직접 상대방이 아닌 제3자라 하더라도 당해 행정처분으로 인하여 법률상 보호되는 이익을 침해당한 경우에는 그 처분의 취소나 무효확인을 구하는 행정소송을 제기하여 그 당부의 판단을 받을 자격 즉 원고적격이 있고, 여기에서 말하는 법률상 보호되는 이익은 당해 처분의 근거 법규 및 관련 법규에 의하여 보호되는 개별적·직접적·구체적 이익을 말하며, 원고적격은 소송요건의 하나이므로 사실심 변론종결시는 물론 상고심에서도 존속하여야 하고 이를 흠결하면 부적법한 소가 된다.
>
> 3. **당사자가 직권조사사항에 해당하는 사항을 상고심에서 비로소 주장하는 경우 해당 직권조사사항은 상고심의 심판범위에 해당한다[대법원 2004.12.24, 2003두1519].**
>   행정소송에서 쟁송의 대상이 되는 행정처분의 존부는 소송요건으로서 직권조사사항이고, 자백의 대상이 될 수 없는 것이므로, 설사 그 존재를 당사자들이 다투지 아니한다 하더라도 그 존부에 관하여 의심이 있는 경우에는 이를 직권으로 밝혀 보아야 할 것이고, 사실심에서 변론종결시까지 당사자가 주장하지 않던 직권조사사항에 해당하는 사항을 상고심에서 비로소 주장하는 경우 그 직권조사사항에 해당하는 사항은 상고심의 심판범위에 해당한다.

제2관 취소소송의 당사자 등

1. 당사자능력

(1) **자연인 및 법인** : 취소소송의 당사자가 될 수 있는 능력(당사자능력)은 자연인, 법인에게 인정됨이 원칙이다. 다만 법인격 없는 사단·재단도 대표자 또는 관리인이 있으면 그 단체이름으로 당사자가 될 수 있다. 자연물은 당사자능력을 가질 수 없다.

> **관련판례**
>
> **자연물인 도롱뇽은 당사자능력이 인정되지 않는다[대법원 2006.6.2, 2004마1148].**
> 도롱뇽은 천성산 일원에 서식하고 있는 도롱뇽목 도롱뇽과에 속하는 양서류로서 자연물인 도롱뇽 또는 그를 포함한 자연 그 자체로서는 소송을 수행할 당사자능력을 인정할 수 없다.

(2) 국가기관의 경우 : 국가기관은 당사자능력이 없으므로 항고소송의 원고가 되지 못하는 것이 판례의 입장이다. 다만 최근에는 법률적 분쟁을 다툴 다른 구제방법이 없음을 이유로 항고소송의 당사자능력 및 원고적격을 인정한 사례가 나오고 있다

> **관련판례**
>
> 1. 국가기관인 시·도 선거관리위원회 위원장은 국민권익위원회가 그에게 소속직원에 대한 중징계요구를 취소하라는 등의 조치요구를 한 것에 대해서 취소소송을 제기할 원고적격을 가진다[대법원 2013.7.25, 2011두1214].
>
>   甲이 국민권익위원회에 부패방지 및 국민권익위원회의 설치와 운영에 관한 법률(이하 '국민권익위원회법'이라 한다)에 따른 신고와 신분보장조치를 요구하였고, 국민권익위원회가 甲의 소속기관 장인 乙 시·도선거관리위원회 위원장에게 '甲에 대한 중징계요구를 취소하고 향후 신고로 인한 신분상 불이익처분 및 근무조건상의 차별을 하지 말 것을 요구'하는 내용의 조치요구를 한 사안에서, 국가기관 일방의 조치요구에 불응한 상대방 국가기관에 국민권익위원회법상의 제재규정과 같은 중대한 불이익을 직접적으로 규정한 다른 법령의 사례를 찾아보기 어려운 점, 그럼에도 乙이 국민권익위원회의 조치요구를 다툴 별다른 방법이 없는 점 등에 비추어 보면, 처분성이 인정되는 위 조치요구에 불복하고자 하는 乙로서는 조치요구의 취소를 구하는 항고소송을 제기하는 것이 유효·적절한 수단이므로 비록 乙이 국가기관이더라도 당사자능력 및 원고적격을 가진다고 보는 것이 타당하고, 乙이 위 조치요구 후 甲을 파면하였다고 하더라도 조치요구가 곧바로 실효된다고 할 수 없고 乙은 여전히 조치요구를 따라야 할 의무를 부담하므로 乙에게는 위 조치요구의 취소를 구할 법률상 이익도 있다고 본 원심판단을 정당하다고 한 사례.
>
> 2. 소방청장은 국민권익위원회의 조치요구의 취소를 구하는 소송을 제기할 원고적격을 가진다(대법원 2018.8.1, 2014두3537).
>
>   국민권익위원회가 소방청장에게 인사와 관련하여 부당한 지시를 한 사실이 인정된다며 이를 취소할 것을 요구하기로 의결하고 그 내용을 통지하자 소방청장이 국민권익위원회 조치요구의 취소를 구하는 소송을 제기한 사안에서, 행정기관인 국민권익위원회가 행정기관의 장에게 일정한 의무를 부과하는 내용의 조치요구를 한 것에 대하여 그 조치요구의 상대방인 행정기관의 장이 다투고자 할 경우에 법률에서 행정기관 사이의 기관소송을 허용하는 규정을 두고 있지 않으므로 이러한 조치요구를 이행할 의무를 부담하는 행정기관의 장으로서는 기관소송으로 조치요구를 다툴 수 없고, 위 조치요구에 관하여 정부 조직 내에서 그 처분의 당부에 대한 심사·조정을 할 수 있는 다른 방도도 없으며, 국민권익위원회는 헌법 제111조 제1항 제4호에서 정한 '헌법에 의하여 설치된 국가기관'이라고 할 수 없으므로 그에 관한 권한쟁의심판도 할 수 없고, 별도의 법인격이 인정되는 국가기관이 아닌 소방청장은 질서위반행위규제법에 따른 구제를 받을 수도 없는 점, 부패방지 및 국민권익위원회의 설치와 운영에 관한 법률은 소방청장에게 국민권익위원회의 조치요구에 따라야 할 의무를 부담시키는 외에 별도로 그 의무를 이행하지 않을 경우 과태료나 형사처벌까지 정하고 있으므로 위와 같은 조치요구에 불복하고자 하는 '소속기관 등의 장'에게는 조치요구를 다툴 수 있는 소송상의 지위를 인정할 필요가 있는 점에 비추어, 처분성이 인정되는 국민권익위원회의 조치요구에 불복하고자 하는 소방청장으로서는 조치요구의 취소를 구하는 항고소송을 제기하는 것이 유효·적절한 수단으로 볼 수 있으므로 소방청장은 예외적으로 당사자능력과 원고적격을 가진다고 한 사례

2. 원고적격 또는 법률상 이익

가. 의의

취소소송에서의 원고적격이란 처분 등의 취소를 구할 수 있는 자격을 의미하는바, 취소소송은 처분 등의 취소를 구할 "법률상 이익"이 있는 자가 제기할 수 있다. 현대사회에서는 행정작용에 대한 사법심사의 기회를 확대하는 경향에 따라(예컨대 행정소송에 있어서의 개괄주의 선택) 반사적 이익의 영역 축소를 가져오게 되었다.

> **제12조 (원고적격)** 취소소송은 처분 등의 취소를 구할 법률상 이익이 있는 자가 제기할 수 있다. 처분 등의 효과가 기간의 경과, 처분 등의 집행 그 밖의 사유로 인하여 소멸된 뒤에도 그 처분 등의 취소로 인하여 회복되는 법률상 이익이 있는 자의 경우에는 또한 같다.

관련판례

1. **법률상 이익(개별적·직접적·구체적 이익)과 반사적 이익(일반적·간접적·추상적 이익)의 구별**[대법원 2004.5.14., 2002두12465]
   행정소송법 제12조에서 말하는 법률상 이익이란 당해 행정처분의 근거 법률에 의하여 보호되는 직접적이고 구체적인 이익을 말하고 당해 행정처분과 관련하여 간접적이거나 사실적·경제적 이해관계를 가지는 데 불과한 경우는 여기에 포함되지 아니한다 할 것이나, 행정처분의 직접 상대방이 아닌 제3자라 하더라도 당해 행정처분으로 인하여 법률상 보호되는 이익을 침해당한 경우에는 취소소송을 제기하여 그 당부의 판단을 받을 자격이 있다.
2. **원천납세의무자는 원천징수의무자에 대한 납세고지를 다툴 법률상 이익이 없다**[대법원 1994.9.9, 93누22234].
   원천징수에 있어서 원천납세의무자는 과세권자가 직접 그에게 원천세액을 부과한 경우가 아닌 한 과세권자의 원천징수의무자에 대한 납세고지로 인하여 자기의 원천세납세의무의 존부나 범위에 아무런 영향을 받지 아니하므로 이에 대하여 항고소송을 제기할 수 없다.

법률상 이익이 인정되기 위해서는 다음 2요소를 충족시켜야 하는 것으로 보고 있다.

(1) 강행법규에 의한 행정청의 의무부과

개인적 공권이 성립하기 위해서는 행정청의 의무는 당해 강행법규에 의거한 기속행위여야 하며, 행정법규가 재량규범인 경우에는 공권이 성립되지 않는 것이 원칙이다. 다만 재량행위의 경우에도 상대방의 무하자재량행사청구권에 대응하여 행정청은 하자 없는 재량을 행사할 의무를 부담한다.

(2) 강행법규의 사익보호성

개인적 공권이 성립하기 위해서는 강행법규가 단순히 공익의 실현이라는 목적 이외에도 특정한 개인의 이익보호를 의욕하고 있어야 한다. 여기에서의 사익은 보호할 만한 가치가 있는 적법한 사익이어야 한다.

> **관련판례**
>
> **도로의 불법점유자는 행정청의 제3자에 대한 도로점용허가를 다툴 법률상 이익이 없다[대법원 1991. 11. 26., 선고, 91누1219, 판결]**
> 도로부지 위에 점용허가를 받음이 없이 무허가건물을 축조, 점유하여 온 원고가 행정청이 제3자에 대하여 한 같은 도로부지의 점용허가처분으로 인하여 어떠한 불이익을 입게 되었다고 하더라도 처분의 직접상대방이 아닌 제3자인 원고로서는 위 처분의 취소에 관하여 법률상으로 보호받아야 할 직접적이고 구체적인 이해관계가 있다고 할 수 없어 위 처분의 취소를 구할 원고적격이 없다.

나. 행정소송에 있어서의 「제3자의」 법률상 이익(원고적격)

앞에서 살펴본 바와 같이 행정소송법에서는 취소소송은 제3자라도 법률상 이익(강학상 의미의 공권)이 있는 경우에 제기할 수 있다고 규정하고 있다. 즉 제3자라도 (행정처분의 상대방이 아닌) 제3자라도 법률상 이익(강학상 의미의 공권)이 인정된다면 소송을 제기할 수 있다는 의미에서 원고적격이 인정된다. 제3자에 대하여 공권이 인정되는 경우는 ① 인근주민, ② 경업자, ③ 경원자의 3가지 유형으로 구분할 수 있다.

(1) 인근주민

인근주민은 특정인에게 주어지는 수익적 행위(예컨대 연탄공장 사업허가)가 자신에게 법률상 불이익(예컨대 환경권 내지 건강권 침해)을 초래하는 경우 자신의 법률상 이익의 침해를 다투는 소송을 제기할 수 있다.

> **관련판례**
>
> **1. 인근주민의 연탄공장설치허가취소청구[대법원 1975.5.13., 73누96,97]**
> 주거지역안에서는 도시계획법 19조 1항과 개정전 건축법 32조 1항에 의하여 공익상 부득이 하다고 인정될 경우를 제외하고는 거주의 안녕과 건전한 생활환경의 보호를 해치는 모든 건축이 금지되고 있을 뿐 아니라 주거지역내에 거주하는 사람이 받는 위와 같은 보호이익은 법률에 의하여 보호되는 이익이라고 할 것이므로 주거지역내에 위 법조 소정 제한면적을 초과한 연탄공장 건축허가처분으로 불이익을 받고 있는 거주자는 비록 당해 행정처분의 상대자가 아니라 하더라도 그 행정처분으로 말미암아 위와 같은 법률에 의하여 보호되는 이익을 침해받고 있다면 당해행정 처분의 취소를 소구하여 그 당부의 판단을 받을 법률상의 자격이 있다.
>
> **2. 원자로 시설부지 인근 주민들에게 방사성물질 등에 의한 생명·신체의 안전침해를 이유로 부지사전승인처분의 취소를 구하는 경우[대법원 1998.9.4., 97누19588]**
> 원자력법 제12조 제2호(발전용 원자로 및 관계 시설의 위치·구조 및 설비가 대통령령이 정하는 기술수준에 적합하여 방사성물질 등에 의한 인체·물체·공공의 재해방지에 지장이 없을 것)의 취지는 원자로 등 건설사업이 방사성물질 및 그에 의하여 오염된 물질에 의한 인체·물체·공공의 재해를 발생시키지 아니하는 방법으로 시행되도록 함으로써 방사성물질 등에 의한 생명·건강상의 위해를 받지 아니할 이익을 일반적 공익으로서 보호하려는 데 그치는 것이 아니라 방사성물질에 의하여 보다 직접적이고

중대한 피해를 입으리라고 예상되는 지역 내의 주민들의 위와 같은 이익을 직접적·구체적 이익으로서도 보호하려는 데에 있다 할 것이므로, 위와 같은 지역 내의 주민들에게는 방사성물질 등에 의한 생명·신체의 안전침해를 이유로 부지사전승인처분의 취소를 구할 원고적격이 있다.

3. 환경영향평가 대상지역 안의 주민 및 대상지역 밖의 주민에 대한 원고적격 인정기준[대법원 2006.3.16., 2006두330]

공유수면매립면허처분과 농지개량사업 시행인가처분의 근거 법규 또는 관련 법규가 되는 구 공유수면매립법, 구 농촌근대화촉진법, 구 환경보전법, 구 환경보전법 시행령, 구 환경정책기본법, 구 환경정책기본법 시행령의 각 관련 규정의 취지는, 공유수면매립과 농지개량사업시행으로 인하여 직접적이고 중대한 환경피해를 입으리라고 예상되는 환경영향평가 대상지역 안의 주민들이 전과 비교하여 수인한도를 넘는 환경침해를 받지 아니하고 쾌적한 환경에서 생활할 수 있는 개별적 이익까지도 이를 보호하려는 데에 있다고 할 것이므로, 위 주민들이 공유수면매립면허처분 등과 관련하여 갖고 있는 위와 같은 환경상의 이익은 주민 개개인에 대하여 개별적으로 보호되는 직접적·구체적 이익으로서 그들에 대하여는 특단의 사정이 없는 한 환경상의 이익에 대한 침해 또는 침해우려가 있는 것으로 사실상 추정되어 공유수면매립면허처분 등의 무효확인을 구할 원고적격이 인정된다. 한편, 환경영향평가 대상지역 밖의 주민이라 할지라도 공유수면매립면허처분 등으로 인하여 그 처분 전과 비교하여 수인한도를 넘는 환경피해를 받거나 받을 우려가 있는 경우에는, 공유수면매립면허처분 등으로 인하여 환경상 이익에 대한 침해 또는 침해우려가 있다는 것을 입증함으로써 그 처분 등의 무효확인을 구할 원고적격을 인정받을 수 있다.

4. 인근주민은 화장장설치에 관한 도시계획결정처분의 취소를 구할 법률상 이익은 있으나, 상수원보호구역변경처분의 취소를 구할 법률상 이익은 없다[대법원 1995.9.26., 94누14544].

가. 상수원보호구역 설정의 근거가 되는 수도법 제5조 제1항 및 동 시행령 제7조 제1항이 보호하고자 하는 것은 상수원의 확보와 수질보전일 뿐이고, 그 상수원에서 급수를 받고 있는 지역주민들이 가지는 상수원의 오염을 막아 양질의 급수를 받을 이익은 직접적이고 구체적으로는 보호하고 있지 않음이 명백하여 위 지역주민들이 가지는 이익은 상수원의 확보와 수질보호라는 공공의 이익이 달성됨에 따라 반사적으로 얻게 되는 이익에 불과하므로 지역주민들에 불과한 원고들에게는 위 상수원보호구역변경처분의 취소를 구할 법률상의 이익이 없다.

나. 도시계획법 제12조 제3항의 위임에 따라 제정된 도시계획시설기준에관한규칙 제125조 제1항이 화장장의 구조 및 설치에 관하여는 매장및묘지등에관한법률이 정하는 바에 의한다고 규정하고 있어, 도시계획의 내용이 화장장의 설치에 관한 것일 때에는 도시계획법 제12조 뿐만 아니라 매장및묘지등에관한법률 및 같은법시행령 역시 그 근거 법률이 된다고 보아야 할 것이므로, 같은법시행령 제4조 제2호가 공설화장장은 20호 이상의 인가가 밀집한 지역, 학교 또는 공중이 수시 집합하는 시설 또는 장소로부터 1,000m 이상 떨어진 곳에 설치하도록 제한을 가하고, 같은법시행령 제9조가 국민보건상 위해를 끼칠 우려가 있는 지역, 도시계획법 제17조의 규정에 의한 주거지역, 상업지역, 공업지역 및 녹지지역 안의 풍치지구 등에의 공설화장장 설치를 금지함에 의하여 보호되는 부근 주민들의 이익은 위 도시계획결정처분의 근거 법률에 의하여 보호되는 법률상 이익이다.

5. 공장설립으로 수질오염발생 우려가 있는 취수장에서 물을 공급받는 주민은 당해공장설립 승인처분의 취소를 청구할 원고적격이 있다[대법원 2010. 4. 15. 선고 2007두16127].

공장설립승인처분의 근거 법규 및 관련 법규인 구 산업집적활성화 및 공장설립에 관한 법률 제8조 제4호가 산업자원부장관으로 하여금 관계 중앙행정기관의 장과 협의하여 '환경오염을 일으킬 수 있는 공장의 입지제한에 관한 사항'을 정하여 고시하도록 규정하고 있고, 이에 따른 산업자원부 장관의 공장입지기준고시(제2004-98호) 제5조 제1호가 '상수원 등 용수이용에 현저한 영향을 미치는 지역의 상류'를 환경오염을 일으킬 수 있는 공장의 입지제한지역으로 정할 수 있다고 규정하고, 국토의 계획 및 이용에 관한 법률 제58조 제3항의 위임에 따른 구 국토의 계획 및 이용에 관한 법률 시행령 제56조 제1항 [별표 1] 제1호 (라)목 (2)가 '개발행위로 인하여 당해 지역 및 그 주변 지역에 수질오염에 의한 환경오염이 발생할 우려가 없을 것'을 개발사업의 허가기준으로 규정하고 있는 취지는, 공장설립승인처분과 그 후속절차에 따라 공장이 설립되어 가동됨으로써 그 배출수 등으로 인한 수질오염 등으로 직접적이고도 중대한 환경상 피해를 입을 것으로 예상되는 주민들이 환경상 침해를 받지 아니한 채 물을 마시거나 용수를 이용하며 쾌적하고 안전하게 생활할 수 있는 개별적 이익까지도 구체적·직접적으로 보호하려는 데 있다. 따라서 수돗물을 공급받아 이를 마시거나 이용하는 주민들로서는 위 근거 법규 및 관련 법규가 환경상 이익의 침해를 받지 않은 채 깨끗한 수돗물을 마시거나 이용할 수 있는 자신들의 생활환경상의 개별적 이익을 직접적·구체적으로 보호하고 있음을 증명하여 원고적격을 인정받을 수 있다.

(2) 경업자소송

경업자란 특허 등을 받아 사업을 영위하고 있는 기존업자가 있는데 신규업자가 특허 등을 받아 서로 경쟁관계에 있는 경우를 말한다.

관련판례

수익적 행정처분의 근거가 되는 법률이 공익뿐만 아니라 사익도 보호법익으로 하고 있는 경우 기존업자에게는 법률상 이익이 인정된다[대법원 2006.7.28., 2004두6716].
일반적으로 면허나 인·허가 등의 수익적 행정처분의 근거가 되는 법률이 해당 업자들 사이의 과당경쟁으로 인한 경영의 불합리를 방지하는 것도 그 목적으로 하고 있는 경우, 다른 업자에 대한 면허나 인·허가 등의 수익적 행정처분에 대하여 이미 같은 종류의 면허나 인·허가 등의 수익적 행정처분을 받아 영업을 하고 있는 기존의 업자는 경업자에 대하여 이루어진 면허나 인·허가 등 행정처분의 상대방이 아니라 하더라도 당해 행정처분의 취소를 구할 원고적격이 있다.

일반적으로 ① 기존업자가 특허업자인 경우에는 관련법규가 기존업자의 독점적 이익을 법률상 이익으로 보호하고 있을 가능성이 큰 반면, ② 기존업자가 허가업자인 경우에는 반사적 이익으로 인정할 가능성이 높다.

관련판례

1. 기존업자에게 법률상 이익을 인정한 경우
가. 기존 선박운송업자(특허업자)의 선박운항사업면허취소청구[대법원 1969.12.30.69누106]
행정소송에서 소송의 원고는 행정처분에 의하여 직접 권리를 침해당한 자임을 보통으로 하나 직접 권리의 침해를 받은 자가 아닐지라도 소송을 제기할 법률상의 이익을 가진자는 그 행정처분의 효력을 다툴 수 있다고 해석되는바, 해상운송사업법 제4조 제1호에서 당해사업의 개시로 인하여 당해항로에서 전공급수송력이 전 수송수요량에 대하여 현저하게 공급 과잉이 되지 아니하도록 규정하여 허가의 요건으로 하고있는 것은 주로 해상운송의 질서를 유지하고 해상운송사업의 건전한 발전을 도모하여 공공의 복리를 증진함을 목적으로 하고 있으며 동시에 한편으로는 업자간의 경쟁으로 인하여 경영의 불합리를 방지하는 것이 공공의 복리를 위하여 필요하므로 허가조건을 제한하여 기존업자의 경영의 합리화를 보호하자는 데도 목적이 있다. 이러한 기존업자의 이익은 단순한 사실상의 이익이 아니고 법에 의하여 보호되는 이익이라고 해석된다.

나. 기존 시내버스업자(특허업자)가 다른 시외버스사업자가 시내버스사업자로 전환하는 내용의 사업계획변경인가처분의 취소를 구하는 경우[대법원 1987.9.22., 85누985]

자동차운수사업법 제6조 제1호의 규정의 목적이 자동차운수사업에 관한 질서를 확립하고 자동차운수의 종합적인 발달을 도모하여 공공의 복리를 증진함과 동시에 업자간의 경쟁으로 인한 경영의 불합리를 미리 방지하자는데 있다 할 것이므로 기존 시내버스 업자로서는, 다른 운송사업자가 운행하고 있는 기존 시외버스를 시내버스로 전환을 허용하는 사업계획변경인가처분에 대하여 그 취소를 구할 법률상의 이익이 있다고 할 것이다.

다. 담배 일반소매인으로 지정된 기존 담배소매업자의 신규업자에 대한 담배소매인지정취소청구[대법원 2008.3.27., 2007두23811]

담배 일반소매인의 지정기준으로서 일반소매인의 영업소 간에 일정한 거리제한을 두고 있는 것은 담배유통구조의 확립을 통하여 국민의 건강과 관련되고 국가 등의 주요 세원이 되는 담배산업 전반의 건전한 발전 도모 및 국민경제에의 이바지라는 공익목적을 달성하고자 함과 동시에 일반소매인 간의 과당경쟁으로 인한 불합리한 경영을 방지함으로써 일반소매인의 경영상 이익을 보호하는 데에도 그 목적이 있다고 보이므로, 일반소매인으로 지정되어 영업을 하고 있는 기존업자의 신규 일반소매인에 대한 이익은 단순한 사실상의 반사적 이익이 아니라 법률상 보호되는 이익이라고 해석함이 상당하다.

2. 기존업자에게 법률상 이익을 부정한 경우

가. 기존 목욕탕업자(허가업자)가 거리제한으로 얻는 독점적인 경제적 이익[대법원 1963.8.22., 63누97]

기존 목욕장 영업장 부근에 신설 영업장 허가처분이 이루어져 기존영업자의 수입이 감소하더라도 이러한 이익은 사실상의 이익에 불과하여 신설영업장 허가처분의 취소를 구할 법률상 이익이 인정되지 않는다.

나. 한의사가 약사들의 한약조제권을 인정하는 시험의 합격처분을 다투는 경우[대법원 1998.3.10.97누4289]

한의사 면허는 경찰금지를 해제하는 명령적 행위(강학상 허가)에 해당하고, 한약조제시험을 통하여 약사에게 한약조제권을 인정함으로써 한의사들의 영업상 이익이 감소되었다고 하더라도 이러한 이익은 사실상의 이익에 불과하고 약사법이나 의료법 등의 법률에 의하여 보호되는 이익이라고는 볼 수 없으므로, 한의사들이 한약조제시험을 통하여 한약조제권을 인정받은 약사들에 대한 합격처분의 무효확인을 구하는 당해 소는 원고적격이 없는 자들이 제기한 소로서 부적법하다.

다. 담배 일반소매인으로 지정된 기존업자의 신규 구내소매인에 대한 담배소매인지정취소청구[대법원 2008.4.10., 2008두402]

한편 구내소매인과 일반소매인 사이에서는 구내소매인의 영업소와 일반소매인의 영업소 간에 거리제한을 두지 아니할 뿐 아니라 건축물 또는 시설물의 구조·상주인원 및 이용인원 등을 고려하여 동일 시설물 내 2개소 이상의 장소에 구내소매인을 지정할 수 있으며, 이 경우 일반소매인이 지정된 장소가 구내소매인 지정대상이 된 때에는 동일 건축물 또는 시설물 안에 지정된 일반소매인은 구내소매인으로 보고, 구내소매인이 지정된 건축물 등에는 일반소매인을 지정할 수 없으며, 구내소매인은 담배진열장 및 담배소매점 표시판을 건물 또는 시설물의 외부에 설치하여서는 아니 된다고 규정하는 등 일반소매인의 입장에서 구내소매인과의 과당경쟁으로 인한 경영의 불합리를 방지하는 것을 그 목적으로 할 수 있다고 보기 어려우므로, 일반소매인으로 지정되어 영업을 하고 있는 기존업자의 신규 구내소매인에 대한 이익은 법률상 보호되는 이익이 아니라 단순한 사실상의 반사적 이익이라고 해석함이 상당하므로, 기존 일반소매인은 신규 구내소매인 지정처분의 취소를 구할 원고적격이 없다.

라. 경업자에게 불리한 처분은 기존업자가 이를 다툴 이익이 없다(대법원 2020.4.9, 선고 2019두49953 판결).
일반적으로 면허나 인허가 등의 수익적 행정처분의 근거가 되는 법률이 해당 업자들 사이의 과당경쟁으로 인한 경영의 불합리를 방지하는 것도 목적으로 하고 있는 경우, 다른 업자에 대한 면허나 인허가 등의 수익적 행정처분에 대하여 미리 같은 종류의 면허나 인허가 등의 수익적 행정처분을 받아 영업을 하고 있는 기존의 업자는 경업자에 대하여 이루어진 면허나 인허가 등 행정처분의 상대방이 아니라고 하더라도 당해 행정처분의 무효확인 또는 취소를 구할 이익이 있다. 그러나 경업자에 대한 행정처분이 경업자에게 불리한 내용이라면 그와 경쟁관계에 있는 기존의 업자에게는 특별한 사정이 없는 한 유리할 것이므로 기존의 업자가 그 행정처분의 무효확인 또는 취소를 구할 이익은 없다고 보아야 한다.

(3) 경원자소송

경원자란 인·허가 등의 수익적 행정처분을 신청한 자들이 서로 경쟁관계에 있어 어느 일방에 대한 인·허가 등의 행정처분이 타방에 대한 불허가 등으로 귀결될 수밖에 없는 관계를 말한다. 동일대상지역에 대한 공유수면매립면허나 도로점용허가 혹은 일정지역에 있어서의 영업허가 등에 관하여 거리제한규정이나 업소개수제한규정 등이 있는 경우를 그 예로 들 수 있다.

① 경원자관계의 경우에는 특별한 사정이 없는 한 법률상 이익이 인정된다. ② 다만 경원자관계라고 하더라도, 허가받은 자에 대한 허가가 추후 취소되어도 탈락된 자가 허가받을 가능성이 전혀 없는 경우라면 탈락한 자에게 경원자소송을 제기할 법률상 이익을 인정할 수 없다.

> **관련판례**
>
> **경원자관계에서의 법률상 이익[대법원 1992.5.8., 91누13274]**
> 행정소송법 제12조는 취소소송은 처분 등의 취소를 구할 법률상의 이익이 있는 자가 제기할 수 있다고 규정하고 있는바, 인·허가 등의 수익적 행정처분을 신청한 수인이 서로 경쟁관계에 있어서 일방에 대한 허가 등의 처분이 타방에 대한 불허가 등으로 귀결될 수밖에 없는 때(이른바 경원관계에 있는 경우로서 동일대상지역에 대한 공유수면매립면허나 도로점용허가 혹은 일정지역에 있어서의 영업허가 등에 관하여 거리제한규정이나 업소개수제한규정 등이 있는 경우를 그 예로 들 수 있다) 허가 등의 처분을 받지 못한 자는 비록 경원자에 대하여 이루어진 허가 등 처분의 상대방이 아니라 하더라도 당해 처분의 취소를 구할 당사자적격이 있다 할 것이고, 다만 구체적인 경우에 있어서 그 처분이 취소된다 하더라도 허가 등의 처분을 받지 못한 불이익이 회복된다고 볼 수 없을 때에는 당해 처분의 취소를 구할 정당한 이익이 없다고 할 것이다.

다. 외국인의 법률상 이익 인정여부

주로 외국인에 대한 사증발급거부처분이나 국내 거주 중인 외국인에 대한 퇴거명령의 취소를 구하는 소송에서 법률상 이익 여부가 문제된다.

(1) 외국인에게는 대한민국에 입국할 자유가 인정되지 않는다. 따라서 아직 국내에 입국하지 않은 외국인에 대해서 대한민국 정부가 사증발급을 거부하였더라도, 해당 외국인에게 사증발급거부처

분의 취소를 구할 법률상의 이익이 인정되지 않는다.
(2) 반면에 국내에 이미 입국하여 국내에서 일정한 생활관계를 형성하고 있는 외국인은 해당 생활관계를 보호받을 법률상 이익이 인정되므로, 퇴거명령 등에 대한 취소소송을 제기할 법률상 이익이 인정된다.
(3) 외국인 중에서도 재외동포의 경우에는 재외동포법에 따른 보호를 받기 때문에, 사증발급 거부처분의 취소를 구할 법률상의 이익이 인정된다.

> **관련판례**
>
> 1. **외국인에게는 원칙적으로 사증발급 거부처분의 취소를 구할 법률상 이익이 없다**[대법원 2018. 5. 15., 선고, 2014두42506, 판결].
> 외국인에게는 입국의 자유를 인정하지 않는 것이 세계 각국의 일반적인 입법 태도이다. 그리고 우리 출입국관리법의 입법목적은 "대한민국에 입국하거나 대한민국에서 출국하는 모든 국민 및 외국인의 출입국관리를 통한 안전한 국경관리와 대한민국에 체류하는 외국인의 체류관리 및 난민(難民)의 인정절차 등에 관한 사항을 규정"하는 것이다(제1조). 체류자격 및 사증발급의 기준과 절차에 관한 출입국관리법과 그 하위법령의 위와 같은 규정들은, 대한민국의 출입국 질서와 국경관리라는 공익을 보호하려는 취지일 뿐, 외국인에게 대한민국에 입국할 권리를 보장하거나 대한민국에 입국하고자 하는 외국인의 사익까지 보호하려는 취지로 해석하기는 어렵다. 사증발급 거부처분을 다투는 외국인은, 아직 대한민국에 입국하지 않은 상태에서 대한민국에 입국하게 해달라고 주장하는 것으로, 대한민국과의 실질적 관련성 내지 대한민국에서 법적으로 보호가치 있는 이해관계를 형성한 경우는 아니어서, 해당 처분의 취소를 구할 법률상 이익을 인정하여야 할 법정책적 필요성도 크지 않다.
>
> 2. **국내에 이미 입국한 외국인에게는 퇴거명령의 취소를 구할 법률상 이익이 있다**[대법원 2018. 5. 15., 선고, 2014두42506, 판결].
> 사증발급 거부처분을 다투는 외국인은, 아직 대한민국에 입국하지 않은 상태에서 대한민국에 입국하게 해달라고 주장하는 것으로, 대한민국과의 실질적 관련성 내지 대한민국에서 법적으로 보호가치 있는 이해관계를 형성한 경우는 아니어서, 해당 처분의 취소를 구할 법률상 이익을 인정하여야 할 법정책적 필요성도 크지 않다. 반면, 국적법상 귀화불허가처분이나 출입국관리법상 체류자격변경 불허가처분, 강제퇴거명령 등을 다투는 외국인은 대한민국에 적법하게 입국하여 상당한 기간을 체류한 사람이므로, 이미 대한민국과의 실질적 관련성 내지 대한민국에서 법적으로 보호가치 있는 이해관계를 형성한 경우이어서, 해당 처분의 취소를 구할 법률상 이익이 인정된다고 보아야 한다.
>
> 3. **미국시민권을 취득한 재외동포인 스티브 유(유승준)에 대하여 재외동포법상 법률상 이익이 인정됨을 전제로 사증발급거부처분에 대한 취소소송에서 본안판단을 한 사례**[대법원 2019. 7. 11., 선고, 2017두38874, 판결]
> 재외동포에 대한 사증발급은 행정청의 재량행위에 속하는 것으로서, 재외동포가 사증발급을 신청한 경우에 출입국관리법 시행령 [별표 1의2]에서 정한 재외동포체류자격의 요건을 갖추었다고 해서 무조건 사증을 발급해야 하는 것은 아니다. 재외동포에게 출입국관리법 제11조 제1항 각호에서 정한 입국금지사유 또는 재외동포법 제5조 제2항에서 정한 재외동포체류자격 부여 제외사유(예컨대 '대한민국 남자가 병역을 기피할 목적으로 외국국적을 취득하고 대한민국 국적을 상실하여 외국인이 된 경우')가 있어 그의 국내 체류를 허용하지 않음으로써 달성하고자 하는 공익이 그로 말미암아 발생하는 불이익보다 큰 경우에는 행정청이 재외동포체류자격의 사증을 발급하지 않을 재량을 가진다.

기출문제

01 | 2016 |

판례상 취소소송의 원고적격을 인정하지 <u>않은</u> 것은?

① 다른 공동상속인의 상속세에 대한 연대납부의무를 지는 상속인이 제기하는 다른 공동상속인에 대한 상속세 과세처분 자체의 취소소송
② 국세체납을 원인으로 한 부동산 압류처분 후에 압류부동산을 매수한 자가 제기하는 압류처분 취소소송
③ 환경영향평가대상지역 내에 사는 주민이 제기하는 당해 환경영향평가대상사업 허가처분취소소송
④ 방사성물질에 의하여 보다 직접적이고 중대한 피해를 입으리라고 예상되는 지역 내의 주민들이 제기하는 원자로시설부지 사전승인처분 취소소송
⑤ 담배 일반소매인으로 지정되어 영업을 하고 있는 기존업자가 제기하는 경업자에 대한 면허나 인·허가 등의 수익적 행정처분 취소소송

---

① [대법원 2001.11.27. 98두9530] 공동상속인들 중 1인의 연대납부의무에 대한 별도의 확정절차가 없을 뿐만 아니라 그 징수처분에 대한 쟁송단계에서도 다른 공동상속인들에 대한 과세처분 자체의 위법을 다툴 수 없는 점에 비추어 보면, 다른 공동상속인들의 상속세에 대한 연대납부의무를 지는 상속인의 경우에는 다른 공동상속인들에 대한 과세처분 자체의 취소를 구함에 있어서 법률상 직접적이고 구체적인 이익을 가진다고 할 것이므로 그 취소를 구할 원고 적격을 인정함이 상당하고, 이는 국세기본법 제25조 제1항에 따라 공유자 또는 공동사업자 등 연대납세의무자의 관계에 있는 자가 지게 되는 구체적 연대납부의무가 연대납세의무자 각자에 대한 개별적인 과세처분에 의하여 확정되는 것이어서 이때의 연대납세의무자 중 1인은 다른 연대납세의무자에 대한 과세처분에 대하여 사실상의 간접적인 이해관계를 가질 뿐 원고 적격은 없다는 것과는 법리를 달리하는 것이다.
② [대법원 1985.2.8. 82누524] 국세체납처분을 원인으로 한 압류등기 이후에 압류부동산을 매수한 자는 위 압류처분에 대하여 사실상이며 간접적인 이해관계를 가진데 불과하여 위 압류처분의 취소나 무효확인을 구할 원고적격이 없다.
③ [대법원 1998.4.24. 97누3286] 당해 국립공원 용화집단시설지구개발사업으로 인하여 직접적이고 중대한 환경피해를 입으리라고 예상되는 환경영향평가대상지역 안의 주민에게 환경영향평가대상사업에 관한 변경승인 및 허가처분의 취소를 구할 원고적격이 있다고 한 사례.
④ [대법원 1998.9.4., 97누19588] 원자력법 제12조 제2호(발전용 원자로 및 관계 시설의 위치·구조 및 설비가 대통령령이 정하는 기술수준에 적합하여 방사성물질 등에 의한 인체·물체·공공의 재해방지에 지장이 없을 것)의 취지는 원자로 등 건설사업이 방사성물질 및 그에 의하여 오염된 물질에 의한 인체·물체·공공의 재해를 발생시키지 아니하는 방법으로 시행되도록 함으로써 방사성물질 등에 의한 생명·건강상의 위해를 받지 아니할 이익을 일반적 공익으로서 보호하려는 데 그치는 것이 아니라 방사성물질에 의하여 보다 직접적이고 중대한 피해를 입으리라고 예상되는 지역 내의 주민들의 위와 같은 이익을 직접적·구체적 이익으로서도 보호하려는 데에 있다 할 것이므로, 위와 같은 지역 내의 주민들에게는 방사성물질 등에 의한 생명·신체의 안전침해를 이유로 부지사전승인처분의 취소를 구할 원고적격이 있다.

답 01 ②

⑤ [대법원 2008.3.27., 2007두23811] 담배 일반소매인의 지정기준으로서 일반소매인의 영업소 간에 일정한 거리제한을 두고 있는 것은 담배유통구조의 확립을 통하여 국민의 건강과 관련되고 국가 등의 주요 세원이 되는 담배산업 전반의 건전한 발전 도모 및 국민경제에의 이바지라는 공익목적을 달성하고자 함과 동시에 일반소매인 간의 과당경쟁으로 인한 불합리한 경영을 방지함으로써 일반소매인의 경영상 이익을 보호하는 데에도 그 목적이 있다고 보이므로, 일반소매인으로 지정되어 영업을 하고 있는 기존업자의 신규 일반소매인에 대한 이익은 단순한 사실상의 반사적 이익이 아니라 법률상 보호되는 이익이라고 해석함이 상당하다.

02 | 2016 |

판례상 항고소송의 원고적격을 인정하지 <u>않은</u> 것은?

① 불이익처분의 상대방
② 처분의 근거 법규 및 관련 법규에 의하여 보호되는 개별적·직접적·구체적 이익이 있는 자
③ 생태·자연도 1등급이었던 지역을 2등급 또는 3등급으로 변경한 경우, 그 등급변경처분의 무효 확인을 청구한 인근 주민
④ A 국가기관의 조치요구를 다툴 별다른 방법이 없고, 조치요구에 대한 취소소송이 유효·적절한 수단인 경우에 그 조치요구의 상대방인 B 국가기관
⑤ 직행형 시외버스운송사업자에 대한 사업계획변경인가처분의 취소를 구하는 기존의 고속형 시외버스운송사업자

••••••••••••••••••••••

① ☞ 불이익처분의 상대방에게는 그 처분의 취소를 구할 법률상 이익이 인정된다.
② [대법원 2004.5.14., 2002두12465] 행정소송법 제12조에서 말하는 법률상 이익이란 당해 행정처분의 근거 법률에 의하여 보호되는 직접적이고 구체적인 이익을 말하고 당해 행정처분과 관련하여 간접적이거나 사실적·경제적 이해관계를 가지는 데 불과한 경우는 여기에 포함되지 아니한다 할 것이나, 행정처분의 직접 상대방이 아닌 제3자라 하더라도 당해 행정처분으로 인하여 법률상 보호되는 이익을 침해당한 경우에는 취소소송을 제기하여 그 당부의 판단을 받을 자격이 있다.
③ [대법원 2014. 2. 21. 선고 2011두29052 판결] 환경부장관이 생태·자연도 1등급으로 지정되었던 지역을 2등급 또는 3등급으로 변경하는 내용의 생태·자연도 수정·보완을 고시하자, 인근 주민 甲이 생태·자연도 등급변경처분의 무효 확인을 청구한 사안에서, 생태·자연도의 작성 및 등급변경의 근거가 되는 구 자연환경보전법(2011.7.28. 법률 제10977호로 개정되기 전의 것)제34조 제1항 및 그 시행령 제27조 제1항, 제2항 에 의하면, 생태·자연도는 토지이용 및 개발계획의 수립이나 시행에 활용하여 자연환경을 체계적으로 보전·관리하기 위한 것일 뿐, 1등급 권역의 인근 주민들이 가지는 생활상 이익을 직접적이고 구체적으로 보호하기 위한 것이 아님이 명백하고, 1등급 권역의 인근 주민들이 가지는 이익은 환경보호라는 공공의 이익이 달성됨에 따라 반사적으로 얻게 되는 이익에 불과하므로, 인근 주민에 불과한 甲은 생태·자연도 등급권역을 1등급에서 일부는 2등급으로, 일부는 3등급으로 변경한 결정의 무효 확인을 구할 원고적격이 없다고 본 원심판단을 수긍한 사례.
④ 1. 시·도 선거관리위원회 위원장의 경우
[대법원 2013. 7. 25. 선고 2011두1214 판결] 甲이 국민권익위원회에 부패방지 및 국민권익위원회의 설치와 운영에 관한 법률(이하 '국민권익위원회법'이라 한다)에 따른 신고와 신분보장조치를 요구하였고, 국민권익위원회가 甲의 소속기관 장인 乙시·도선거관리위원회 위원장에게 '甲에 대한 중징계요구를 취소하고 향후 신

답 02 ③

고로 인한 신분상 불이익처분 및 근무조건상의 차별을 하지말 것을 요구'하는 내용의 조치요구를 한 사안에서, 국가기관 일방의 조치요구에 불응한 상대방 국가기관에 국민권익위원회법상의 제재규정과 같은 중대한 불이익을 직접적으로 규정한 다른 법령의 사례를 찾아보기 어려운 점, 그럼에도 乙이 국민권익위원회의 조치요구를 다툴 별다른 방법이 없는 점 등에 비추어 보면, 처분성이 인정되는 위 조치요구에 불복하고자 하는 乙로서는 조치요구의 취소를 구하는 항고소송을 제기하는 것이 유효·적절한 수단이므로 비록 乙이 국가기관이더라도 당사자능력 및 원고적격을 가진다고 보는 것이 타당하고, 乙이 위 조치요구 후 甲을 파면하였다고 하더라도 조치요구가 곧바로 실효된다고 할 수 없고 乙은 여전히 조치요구를 따라야 할 의무를 부담하므로 乙에게는 위 조치요구의 취소를 구할 법률상 이익도 있다고 본 원심판단을 정당하다고 한 사례.

2. 소방청장의 경우

[대법원 2018. 8. 1., 선고, 2014두35379, 판결] 국민권익위원회가 소방청장에게 인사와 관련하여 부당한 지시를 한 사실이 인정된다며 이를 취소할 것을 요구하기로 의결하고 그 내용을 통지하자 소방청장이 국민권익위원회 조치요구의 취소를 구하는 소송을 제기한 사안에서, 행정기관인 국민권익위원회가 행정기관의 장에게 일정한 의무를 부과하는 내용의 조치요구를 한 것에 대하여 그 조치요구의 상대방인 행정기관의 장이 다투고자 할 경우에 법률에서 행정기관 사이의 기관소송을 허용하는 규정을 두고 있지 않으므로 이러한 조치요구를 이행할 의무를 부담하는 행정기관의 장으로서는 기관소송으로 조치요구를 다툴 수 없고, 위 조치요구에 관하여 정부 조직 내에서 그 처분의 당부에 대한 심사·조정을 할 수 있는 다른 방도도 없으며, 국민권익위원회는 헌법 제111조 제1항 제4호에서 정한 '헌법에 의하여 설치된 국가기관'이라고 할 수 없으므로 그에 관한 권한쟁의심판도 할 수 없고, 별도의 법인격이 인정되는 국가기관이 아닌 소방청장은 질서위반행위규제법에 따른 구제를 받을 수도 없는 점, 부패방지 및 국민권익위원회의 설치와 운영에 관한 법률은 소방청장에게 국민권익위원회의 조치요구에 따라야 할 의무를 부담시키는 외에 별도로 그 의무를 이행하지 않을 경우 과태료나 형사처벌까지 정하고 있으므로 위와 같은 조치요구에 불복하고자 하는 '소속기관 등의 장'에게는 조치요구를 다툴 수 있는 소송상의 지위를 인정할 필요가 있는 점에 비추어, 처분성이 인정되는 국민권익위원회의 조치요구에 불복하고자 하는 소방청장으로서는 조치요구의 취소를 구하는 항고소송을 제기하는 것이 유효·적절한 수단으로 볼 수 있으므로 소방청장은 예외적으로 당사자능력과 원고적격을 가진다고 한 사례.

⑤ [대법원 2010.11.11, 선고, 2010두4179, 판결] 구 여객자동차 운수사업법(2009. 2. 6. 법률 제9532호로 개정되기 전의 것, 이하 '법'이라 한다) 제5조 제1항 제1호에서 '사업계획이 해당 노선이나 사업구역의 수송수요와 수송력 공급에 적합할 것'을 여객자동차운송사업의 면허기준으로 정한 것은 여객자동차운송사업에 관한 질서를 확립하고 여객자동차운송사업의 종합적인 발달을 도모하여 공공의 복리를 증진함과 동시에 업자 간의 경쟁으로 인한 경영의 불합리를 미리 방지하자는 데 그 목적이 있다 할 것이고, 법 제3조 제1항 제1호와 법 시행령(2008. 11. 26. 대통령령 제21132호로 개정되기 전의 것) 제3조 제1호, 법 시행규칙(2008. 11. 6. 국토해양부령 제66호로 전부 개정되기 전의 것) 제7조 제5항 등의 각 규정을 종합하여 보면, 고속형 시외버스운송사업과 직행형 시외버스운송사업은 다 같이 운행계통을 정하고 여객을 운송하는 노선여객자동차운송사업 중 시외버스운송사업에 속하므로, 위 두 운송사업이 사용버스의 종류, 운행거리, 운행구간, 중간정차 여부 등에서 달리 규율된다는 사정만으로 본질적인 차이가 있다고 할 수 없으며, 직행형 시외버스운송사업자에 대한 사업계획변경인가처분으로 인하여 기존의 고속형 시외버스운송사업자의 노선 및 운행계통과 직행형 시외버스운송사업자들의 그것들이 일부 중복되게 되고 기존업자의 수익감소가 예상된다면, 기존의 고속형 시외버스운송사업자와 직행형 시외버스운송사업자들은 경업관계에 있는 것으로 봄이 상당하므로, 기존의 고속형 시외버스운송사업자에게 직행형 시외버스운송사업자에 대한 사업계획변경인가처분의 취소를 구할 법률상의 이익이 있다고 할 것이다.

03 | 2017 |

행정소송의 유형별 원고적격이 행정소송법의 규정과 다른 것은?

① 취소소송 – 처분등의 취소를 구할 법률상 이익이 있는 자
② 무효등확인소송 – 처분등의 효력 유무 또는 존재 여부의 확인을 구할 법률상 이익이 있는 자
③ 당사자소송 – 법률에 정한 자
④ 기관소송 – 법률에 정한 자
⑤ 부작위위법확인소송 – 처분의 신청을 한 자로서 부작위의 위법의 확인을 구할 법률상 이익이 있는 자

• • • • • • • • • • • • • • • • • • • •

① 제12조 1문

> **제12조(원고적격)** 취소소송은 처분등의 취소를 구할 법률상 이익이 있는 자가 제기할 수 있다. 처분등의 효과가 기간의 경과, 처분등의 집행 그 밖의 사유로 인하여 소멸된 뒤에도 그 처분등의 취소로 인하여 회복되는 법률상 이익이 있는 자의 경우에는 또한 같다.

② 제35조

> **제35조(무효등 확인소송의 원고적격)** 무효등 확인소송은 처분등의 효력 유무 또는 존재 여부의 확인을 구할 법률상 이익이 있는 자가 제기할 수 있다.

③ ☞ 행정소송법은 공법상 당사자소송에 대하여는 원고적격 등 소의 이익에 관한 규정을 두고 있지 않아 민사소송법이 준용된다(제8조 제2항). 공법상의 법률관계에 있어서 권리보호의 이익 및 권리보호의 필요를 가지는 자는 누구나 원고가 될 수 있다.

④ 제45조

> **제45조(소의 제기)** 민중소송 및 기관소송은 법률이 정한 경우에 법률에 정한 자에 한하여 제기할 수 있다.

⑤ 제36조

> **제36조(부작위위법확인소송의 원고적격)** 부작위위법확인소송은 처분의 신청을 한 자로서 부작위의 위법의 확인을 구할 법률상 이익이 있는 자만이 제기할 수 있다.

답 03 ③

04 | 2018 |

판례상 항고소송에 관한 설명으로 옳은 것은?

① 국토이용계획과 관련한 지방자치단체의 장의 기관위임사무의 처리에 관하여 국가가 지방자치단체의 장을 상대로 한 취소소송은 허용된다.
② 처분청이 그 처분에 관하여 행한 행정심판위원회의 인용재결에 대하여 제기한 항고소송은 허용된다.
③ 구(舊)「자연환경보전법」에 따라 1등급 권역의 인근 주민들이 갖는 생활환경상 이익은 법률상 이익이다.
④ 기존 목욕장영업장 부근에 신설 영업장을 허가한 경우 기존 영업자는 허가처분의 취소소송을 제기할 법률상 이익이 있다.
⑤ 당사자가 행정청에 어떠한 행정행위를 요구할 수 있는 법규상 또는 조리상 권리를 갖지 않는 경우 그 행정행위에 대한 부작위위법확인의 소는 허용되지 않는다.

---

① [대법원 2007. 9. 20., 선고, 2005두6935, 판결] 건설교통부장관은 지방자치단체의 장이 기관위임사무인 국토이용계획 사무를 처리함에 있어 자신과 의견이 다를 경우 행정협의조정위원회에 협의·조정 신청을 하여 그 협의·조정 결정에 따라 의견불일치를 해소할 수 있고, 법원에 의한 판결을 받지 않고서도 행정권한의 위임 및 위탁에 관한 규정이나 구 지방자치법에서 정하고 있는 지도·감독을 통하여 직접 지방자치단체의 장의 사무처리에 대하여 시정명령을 발하고 그 사무처리를 취소 또는 정지할 수 있으며, 지방자치단체의 장에게 기간을 정하여 직무이행명령을 하고 지방자치단체의 장이 이를 이행하지 아니할 때에는 직접 필요한 조치를 할 수도 있으므로, 국가가 국토이용계획과 관련한 지방자치단체의 장의 기관위임사무의 처리에 관하여 지방자치단체의 장을 상대로 취소소송을 제기하는 것은 허용되지 않는다.
② [대법원 1998.5.8, 97누15432] 행정심판법 제37조(현 제49조) 제1항에 '재결은 피청구인인 행정청과 그 밖의 관계행정청을 기속한다'고 규정하고 있으므로 이에 따라 처분행정청은 재결에 기속되어 재결의 취지에 따른 처분의무를 부담하게 되므로 이에 불복하여 항고소송을 제기할 수 없다 할 것이며, 이 규정이 지방자치의 내재적 제약의 범위를 일탈하여 헌법상의 지방자치의 제도적 보장을 침해하는 것으로 볼 수 없다.
③ [대법원 2014. 2. 21., 선고, 2011두29052, 판결] 환경부장관이 생태·자연도 1등급으로 지정되었던 지역을 2등급 또는 3등급으로 변경하는 내용의 생태·자연도 수정·보완을 고시하자, 인근 주민 甲이 생태·자연도 등급변경처분의 무효 확인을 청구한 사안에서, 생태·자연도의 작성 및 등급변경의 근거가 되는 구 자연환경보전법 제34조 제1항 및 그 시행령 제27조 제1항, 제2항에 의하면, 생태·자연도는 토지이용 및 개발계획의 수립이나 시행에 활용하여 자연환경을 체계적으로 보전·관리하기 위한 것일 뿐, 1등급 권역의 인근 주민들이 가지는 생활상 이익을 직접적이고 구체적으로 보호하기 위한 것이 아님이 명백하고, 1등급 권역의 인근 주민들이 가지는 이익은 환경보호라는 공공의 이익이 달성됨에 따라 반사적으로 얻게 되는 이익에 불과하므로, 인근 주민에 불과한 甲은 생태·자연도 등급권역을 1등급에서 일부는 2등급으로, 일부는 3등급으로 변경한 결정의 무효 확인을 구할 원고적격이 없다고 본 원심판단을 수긍한 사례.
④ [대법원 1963. 8. 31., 선고, 63누101, 판결] 원고에 대한 공중목욕장업 경영 허가는 경찰금지의 해제로 인한 영업자유의 회복이라고 볼 것이므로 이 영업의 자유는 법률이 직접 공중목욕장업 피허가자의 이익을 보호함을 목적으로 한 경우에 해당되는 것이 아니고 법률이 공중위생이라는 공공의 복리를 보호하는 결과로서 영업의 자유가 제한되므로 인하여 간접적으로 관계자인 영업자유의 제한이 해제된 피허가자에게 이익을 부여하게 되는

답 04 ⑤

경우에 해당되는 것이고 거리의 제한과 같은 위의 시행세칙이나 도지사의 지시가 모두 무효인 이상 원고가 이 사건 허가처분에 의하여 목욕장업에 의한 이익이 사실상 감소된다하여도 이 불이익은 본건 허가처분의 단순한 사실상의 반사적 결과에 불과하고 이로 말미암아 원고의 권리를 침해하는 것이라고는 할 수 없음으로 원고는 피고의 피고 보조참가인에 대한 이 사건 목욕장업허가처분에 대하여 그 취소를 소구할 수 있는 법률상 이익이 없다 할 것인바 원심판결이 원고에게 피고의 이 사건 행정처분의 취소를 소구할 수 있는 법률상 이익이 있다고 전제하면서 도지사의 지시(통첩)에 대한 이유설명에 있어서 적절하지 않은 해석을 한 것은 부당하나 결론에 있어서 원고의 청구를 기각하였음은 정당하다 할 것이니 상고이유는 결국 모두 채택될 수 없음에 돌아간다.

⑤ [대법원 1996. 5. 14., 선고, 96누1634, 판결] 행정소송법 제4조 제3호에 규정된 부작위 위법확인의 소는 행정청이 당사자의 법규상 또는 조리상의 권리에 기한 신청을 받고서, 그 신청에 대하여 인용, 각하, 기각하는 등의 처분을 하여야 할 법률상의 의무가 있음에도 불구하고 이를 하지 아니하는 경우에 그 부작위가 위법하다는 것을 확인함으로써 행정청의 응답을 신속하게 하여 부작위 또는 무응답이라고 하는 소극적 위법상태를 제거하는 것을 목적으로 하는 제도이고, 이러한 소송은 처분의 신청을 한 자로서 부작위가 위법하다는 확인을 구할 법률상의 이익이 있는 자만이 제기할 수 있으므로, 당사자가 이러한 행정처분을 하여 줄 것을 요청할 수 있는 법규상 또는 조리상의 권리를 갖고 있지 아니하거나 부작위 위법의 확인을 구할 법률상 이익이 없는 경우에는 항고소송의 대상이 되는 위법한 부작위가 있다고 볼 수 없거나 원고적격이 없어 부작위 위법확인의 소는 부적법하다.

05 | 2019 |

항공사인 甲과 乙은 각각 A국제항공노선에 대한 운수권배분을 신청하였으나, 국토교통부장관은 내부지침에 따라서 甲에 대해서만 운수권배분을 행하고 乙에 대해서는 아무런 조치를 취하지 않았다. 乙은 이에 불복하여 행정소송을 제기하고자 한다. 이에 관한 설명으로 옳지 않은 것은? (다툼이 있으면 판례에 따름)

① 甲에 대한 운수권 배분이 행정규칙에 근거하였더라도 이는 행정처분에 해당한다.
② 甲에 대한 운수권배분처분에는 乙에 대한 운수권배분거부처분이 포함되어 있다.
③ 乙은 자신에 대한 운수권배분거부처분의 취소를 구할 원고적격이 있다.
④ 운수권배분처분은 甲에 대한 것이고 乙은 그 처분의 직접 상대방이 아니므로, 乙은 운수권배분처분의 취소를 구할 원고적격이 없다.
⑤ 乙이 자신에 대한 운수권배분거부처분에 대하여 효력정지를 구할 이익은 인정되지 않는다.

....

① [대법원 2004. 11. 26., 선고, 2003두10251, 판결] 항고소송의 대상이 되는 행정처분이라 함은 원칙적으로 행정청의 공법상 행위로서 특정 사항에 대하여 법규에 의한 권리의 설정 또는 의무의 부담을 명하거나 기타 법률상 효과를 발생하게 하는 등으로 일반 국민의 권리의무에 직접 영향을 미치는 행위를 가리키는 것이지만, 어떠한 처분의 근거가 행정규칙에 규정되어 있다고 하더라도, 그 처분이 상대방에게 권리의 설정 또는 의무의 부담을 명하거나 기타 법적인 효과를 발생하게 하는 등으로 그 상대방의 권리의무에 직접 영향을 미치는 행위라면, 이 경우에도 항고소송의 대상이 되는 행정처분에 해당한다.

②, ③ [대법원 2015. 10. 29., 선고, 2013두27517, 판결] 인가·허가 등 수익적 행정처분을 신청한 여러 사람이 서로 경원관계에 있어서 한 사람에 대한 허가 등 처분이 다른 사람에 대한 불허가 등으로 귀결될 수밖에 없을 때 허가 등 처분을 받지 못한 사람은 신청에 대한 거부처분의 직접 상대방으로서 원칙적으로 자신에 대한 거부처분의 취소를 구할 원고적격이 있고, 취소판결이 확정되는 경우 판결의 직접적인 효과로 경원자에 대한 허가

답 05 ④

등 처분이 취소되거나 효력이 소멸되는 것은 아니더라도 행정청은 취소판결의 기속력에 따라 판결에서 확인된 위법사유를 배제한 상태에서 취소판결의 원고와 경원자의 각 신청에 관하여 처분요건의 구비 여부와 우열을 다시 심사하여야 할 의무가 있으며, 재심사 결과 경원자에 대한 수익적 처분이 직권취소되고 취소판결의 원고에게 수익적 처분이 이루어질 가능성을 완전히 배제할 수는 없으므로, 특별한 사정이 없는 한 경원관계에서 허가 등 처분을 받지 못한 사람은 자신에 대한 거부처분의 취소를 구할 소의 이익이 있다.

④ [서울행법 2005. 9. 8., 선고, 2004구합35622, 판결: 항소] 건설교통부장관은 국적항공사의 경쟁력 강화, 해외 항공시장의 개척 등의 정책목표를 달성하기 위하여 복수항공사정책을 유지하는 범위 내에서 경영자들에 대한 관계에서 균형 있고 공정한 노선배분을 하여야 하므로, 국제정기항공노선에 대한 운수권 배분 또는 노선면허 등을 받은 정기항공운송사업자는 당해 노선에 관하여 경업관계에 있는 다른 항공사에 대한 운수권 배분 또는 노선면허 등에 대하여 그 처분의 상대방이 아닐지라도 당해 행정처분의 취소를 구할 법률상의 이익이 있다.

⑤ [대법원 1991. 5. 2., 자, 91두15, 결정] 허가신청에 대한 거부처분은 그 효력이 정지되더라도 그 처분이 없었던 것과 같은 상태를 만드는 것에 지나지 아니하는 것이고 그 이상으로 행정청에 대하여 어떠한 처분을 명하는 등 적극적인 상태를 만들어 내는 경우를 포함하지 아니하는 것이므로, 교도소장이 접견을 불허한 처분에 대하여 효력정지를 한다 하여도 이로 인하여 위 교도소장에게 접견의 허가를 명하는 것이 되는 것도 아니고 또 당연히 접견이 되는 것도 아니어서 접견허가거부처분에 의하여 생길 회복할 수 없는 손해를 피하는 데 아무런 보탬도 되지 아니하니 접견허가거부처분의 효력을 정지할 필요성이 없다.

06 | 2019 |

취소소송의 원고적격에 관한 설명으로 옳지 않은 것은? (다툼이 있으면 판례에 따름)

① 취소소송은 처분등의 취소를 구할 법률상 이익이 있는 자가 제기할 수 있다.
② 원고적격은 소송요건의 하나이므로 사실심 변론종결시는 물론 상고심에서도 존속하여야 한다.
③ 법률상 보호되는 이익은 당해 처분의 근거법규 및 관련법규가 보호하는 개별적·직접적·구체적 이익이 있는 경우를 말한다.
④ 위명(僞名)으로 난민신청을 하여 난민불인정 처분을 받은 자는 그 처분의 취소를 구할 원고적격이 있다.
⑤ 기존 담배 일반소매인은 신규 구내소매인 지정처분의 취소를 구할 원고적격이 있다.

••••••••••••••••••••••

① 「행정소송법」제12조

> **제12조(원고적격)** 취소소송은 처분등의 취소를 구할 법률상 이익이 있는 자가 제기할 수 있다. 처분등의 효과가 기간의 경과, 처분등의 집행 그 밖의 사유로 인하여 소멸된 뒤에도 그 처분등의 취소로 인하여 회복되는 법률상 이익이 있는 자의 경우에는 또한 같다.

② [대법원 2007. 4. 12., 선고, 2004두7924, 판결] 행정처분의 직접 상대방이 아닌 제3자라 하더라도 당해 행정처분으로 인하여 법률상 보호되는 이익을 침해당한 경우에는 그 처분의 취소나 무효확인을 구하는 행정소송을 제기하여 그 당부의 판단을 받을 자격 즉 원고적격이 있고, 여기에서 말하는 법률상 보호되는 이익은 당해 처분의 근거 법규 및 관련 법규에 의하여 보호되는 개별적·직접적·구체적 이익을 말하며, 원고적격은 소송요건의 하나이므로 사실심 변론종결시는 물론 상고심에서도 존속하여야 하고 이를 흠결하면 부적법한 소가 된다.

답 06 ⑤

③ [대법원 2015. 7. 23., 선고, 2012두19496,19502, 판결] 행정처분의 직접 상대방이 아닌 제3자라 하더라도 당해 행정처분으로 법률상 보호되는 이익을 침해당한 경우에는 취소소송을 제기하여 당부의 판단을 받을 자격이 있다. 여기에서 말하는 법률상 보호되는 이익은 당해 처분의 근거 법규 및 관련 법규에 의하여 보호되는 개별적·직접적·구체적 이익이 있는 경우를 말하고, 공익보호의 결과로 국민 일반이 공통적으로 가지는 일반적·간접적·추상적 이익과 같이 사실적·경제적 이해관계를 갖는 데 불과한 경우는 여기에 포함되지 아니한다. 또 당해 처분의 근거 법규 및 관련 법규에 의하여 보호되는 법률상 이익은 당해 처분의 근거 법규의 명문 규정에 의하여 보호받는 법률상 이익, 당해 처분의 근거 법규에 의하여 보호되지는 아니하나 당해 처분의 행정목적을 달성하기 위한 일련의 단계적인 관련 처분들의 근거 법규에 의하여 명시적으로 보호받는 법률상 이익, 당해 처분의 근거 법규 또는 관련 법규에서 명시적으로 당해 이익을 보호하는 명문의 규정이 없더라도 근거 법규 및 관련 법규의 합리적 해석상 그 법규에서 행정청을 제약하는 이유가 순수한 공익의 보호만이 아닌 개별적·직접적·구체적 이익을 보호하는 취지가 포함되어 있다고 해석되는 경우까지를 말한다.

④ [대법원 2017. 3. 9., 선고, 2013두16852, 판결] 미얀마 국적의 甲이 위명(僞名)인 '乙' 명의의 여권으로 대한민국에 입국한 뒤 乙 명의로 난민 신청을 하였으나 법무부장관이 乙 명의를 사용한 甲을 직접 면담하여 조사한 후 甲에 대하여 난민불인정 처분을 한 사안에서, 처분의 상대방은 허무인이 아니라 '乙'이라는 위명을 사용한 甲이라는 이유로, 甲이 처분의 취소를 구할 법률상 이익이 있다.

⑤ [대법원 2008. 4. 10., 선고, 2008두402, 판결] 구내소매인과 일반소매인 사이에서는 구내소매인의 영업소와 일반소매인의 영업소 간에 거리제한을 두지 아니할 뿐 아니라 건축물 또는 시설물의 구조·상주인원 및 이용인원 등을 고려하여 동일 시설물 내 2개소 이상의 장소에 구내소매인을 지정할 수 있으며, 이 경우 일반소매인이 지정된 장소가 구내소매인 지정대상이 된 때에는 동일 건축물 또는 시설물 안에 지정된 일반소매인은 구내소매인으로 보고, 구내소매인이 지정된 건축물 등에는 일반소매인을 지정할 수 없으며, 구내소매인은 담배 진열장 및 담배소매점 표시판을 건물 또는 시설물의 외부에 설치하여서는 아니 된다고 규정하는 등 일반소매인의 입장에서 구내소매인과의 과당경쟁으로 인한 경영의 불합리를 방지하는 것을 그 목적으로 할 수 있다고 보기 어려우므로, 일반소매인으로 지정되어 영업을 하고 있는 기존업자의 신규 구내소매인에 대한 이익은 법률상 보호되는 이익이 아니라 단순한 사실상의 반사적 이익이라고 해석함이 상당하므로, 기존 일반소매인은 신규 구내소매인 지정처분의 취소를 구할 원고적격이 없다.

07 | 2019 |

판례상 취소소송의 원고적격에 관한 설명으로 옳지 않은 것은?

① 은행의 주주는 은행이 업무정지처분 등으로 더 이상 영업 전부를 행할 수 없더라도 그 처분 등을 다툴 원고적격이 없다.
② 처분을 다툴 법률상 이익이 있는지에 관한 당사자의 주장에 관하여 법원이 판단하지 않았다 하더라도 판단유탈은 아니다.
③ 구 「자동차운수사업법」 상 자동차운송사업의 면허와 관련하여 당해 노선에 관한 기존업자는 노선연장인가처분의 취소를 구할 법률상 이익이 있다.
④ 지방자치단체는 건축법령상 건축협의의 취소에 대한 취소를 구할 법률상 이익이 있다.
⑤ 대학교 총학생회는 교육부장관의 해당 대학교 학교법인의 임시이사선임처분의 취소를 구할 원고적격이 있다.

답 07 ①

① [대법원 2005. 1. 27., 2002두5313] 법인의 주주는 처분의 취소를 구할 원고적격이 원칙적으로 인정되지 아니하나, 예외적으로 인정되는 경우가 있다. 법인의 주주는 법인에 대한 행정처분에 관하여 사실상이나 간접적인 이해관계를 가질 뿐이어서 스스로 그 처분의 취소를 구할 원고적격이 없는 것이 원칙이라고 할 것이지만, 그 처분으로 인하여 법인이 더 이상 영업 전부를 행할 수 없게 되고, 영업에 대한 인·허가의 취소 등을 거쳐 해산·청산되는 절차 또한 처분 당시 이미 예정되어 있으며, 그 후속절차가 취소되더라도 그 처분의 효력이 유지되는 한 당해 법인이 종전에 행하던 영업을 다시 행할 수 없는 예외적인 경우에는 주주도 그 처분에 관하여 직접적이고 구체적인 법률상 이해관계를 가진다고 보아 그 효력을 다툴 원고적격이 있다.

② ☞ (ⅰ)「법률상 이익」은 소송요건으로서 법원의 직권조사사항이지만, (ⅱ) 법률상 이익이 있는지에 대한「당사자의 주장」은 법원의 직권발동을 촉구하는 의미밖에 없으므로 그 주장에 대해서 법원이 반드시 판단해야 하는 것은 아니다.
[대법원 2017. 3. 9., 선고, 2013두16852, 판결] 해당 처분을 다툴 법률상 이익이 있는지 여부는 직권조사사항으로 이에 관한 당사자의 주장은 직권발동을 촉구하는 의미밖에 없으므로, 원심법원이 이에 관하여 판단하지 않았다고 하여 판단유탈의 상고이유로 삼을 수 없다.

③ [대법원 1974. 4. 9., 선고, 73누173, 판결] 행정소송에서 소송의 원고는 행정처분에 의하여 직접 권리를 침해당한 자임을 보통으로 하나 직접 권리의 침해를 받은자가 아닐지라도 소송을 제기할 법률상의 이익을 가진자는 그 행정처분의 효력을 다툴 수 있다고 해석되는 바, 자동차 운수사업법 제6조 제1호에서 당해 사업계획이 당해 노선 또는 사업구역의 수송수요와 수송력 공급에 적합할 것을 면허의 기준으로 한 것은 주로 자동차 운수사업에 관한 질서를 확립하고 자동차운수의 종합적인 발달을 도모하여 공공복리의 증진을 목적으로 하고 있으며, 동시에, 한편으로는 업자간의 경쟁으로 인한 경영의 불합리를 미리 방지하는 것이 공공의 복리를 위하여 필요하므로 면허조건을 제한하여 기존업자의 경영의 합리화를 보호하자는 데도 그 목적이 있다할 것이다. 따라서 이러한 기존업자의 이익은 단순한 사실상의 이익이 아니고, 법에 의하여 보호되는 이익이라고 해석된다.

④ [대법원 2014. 2. 27., 선고, 2012두22980, 판결] 건축협의 취소는 상대방이 다른 지방자치단체 등 행정주체라 하더라도 '행정청이 행하는 구체적 사실에 관한 법집행으로서의 공권력 행사'(행정소송법 제2조 제1항 제1호)로서 처분에 해당한다고 볼 수 있고, 지방자치단체인 원고가 이를 다툴 실효적 해결 수단이 없는 이상, 원고는 건축물 소재지 관할 허가권자인 지방자치단체의 장을 상대로 항고소송을 통해 건축협의 취소의 취소를 구할 수 있다.

⑤ [대법원 2015. 7. 23., 선고, 2012두19496,19502, 판결] 교육부장관이 사학분쟁조정위원회의 심의를 거쳐 甲 대학교를 설치·운영하는 乙 학교법인의 이사 8인과 임시이사 1인을 선임한 데 대하여 甲 대학교 교수협의회와 총학생회 등이 이사선임처분의 취소를 구하는 소송을 제기한 사안에서, 임시이사제도의 취지, 교직원·학생 등의 학교운영에 참여할 기회를 부여하기 위한 개방이사 제도에 관한 법령의 규정 내용과 입법 취지 등을 종합하여 보면, 구 사립학교법과 구 사립학교법 시행령 및 乙 법인 정관 규정은 헌법 제31조 제4항에 정한 교육의 자주성과 대학의 자율성에 근거한 甲 대학교 교수협의회와 총학생회의 학교운영참여권을 구체화하여 이를 보호하고 있다고 해석되므로, 甲 대학교 교수협의회와 총학생회는 이사선임처분을 다툴 법률상 이익을 가지지만, 고등교육법령은 교육받을 권리나 학문의 자유를 실현하는 수단으로서 학생회와 교수회와는 달리 학교의 직원으로 구성된 노동조합의 성립을 예정하고 있지 아니하고, 노동조합은 근로자가 주체가 되어 자주적으로 단결하여 근로조건의 유지·개선 기타 근로자의 경제적·사회적 지위의 향상을 도모하기 위하여 조직된 단체인 점 등을 고려할 때, 학교의 직원으로 구성된 노동조합이 교육받을 권리나 학문의 자유를 실현하는 수단으로서 직접 기능한다고 볼 수는 없으므로, 개방이사에 관한 구 사립학교법과 구 사립학교법 시행령 및 乙 법인 정관 규정이 학교직원들로 구성된 전국대학노동조합 乙 대학교지부의 법률상 이익까지 보호하고 있는 것으로 해석할 수는 없다고 한 사례.

08 | 2020 |

항고소송 제기시 각하사유에 해당하는 것을 모두 고른 것은? (다툼이 있으면 판례에 따름)

> ㄱ. 행정청에 대하여 특정인의 토지소유권에 불리한 영향을 미치는 도시·군관리계획을 결정하지 말 것을 요구하는 소송
> ㄴ. 기존 노선버스사업자가 자신의 노선과 중복되는 신규 노선버스운송사업 인가처분의 취소를 청구하는 소송
> ㄷ. 구 「공유수면매립법」상 공유수면매립면허처분에 대하여 당해 환경영향평가 대상지역 내에 사는 주민이 제기한 면허처분무효확인소송

① ㄱ
② ㄱ, ㄴ
③ ㄱ, ㄷ
④ ㄴ, ㄷ
⑤ ㄱ, ㄴ, ㄷ

ㄱ. ☞ 「예방적 금지(부작위)청구소송」에 해당한다. 현행법상 무명항고소송은 인정하지 않으므로 소송을 제기해봐야 각하판결이 선고된다.
[대법원 2006.5.25., 2003두11988] 행정소송법상 행정청이 일정한 처분을 하지 못하도록 그 부작위를 구하는 청구는 허용되지 않는 부적법한 소송이라 할 것이므로, 피고 국민건강보험공단은 이 사건 고시를 적용하여 요양급여비용을 결정하여서는 아니 된다는 내용의 원고들의 위 피고에 대한 이 사건 청구는 부적법하다 할 것이다.

ㄴ. ☞ 「경업자소송」에 대한 설명이다. 운송업면허는 강학상 특허이므로 기존업자에게 법률상 이익이 인정된다.
[대법원 1987.9.22, 85누985] 자동차운수사업법 제6조 제1호의 규정의 목적이 자동차운수사업에 관한 질서를 확립하고 자동차운수의 종합적인 발달을 도모하여 공공의 복리를 증진함과 동시에 업자간의 경쟁으로 인한 경영의 불합리를 미리 방지하자는데 있다 할 것이므로 기존시내버스업자로서는, 다른 운송사업자가 운행하고 있는 기존 시외버스를 시내버스로 전환을 허용하는 사업계획변경인가처분에 대하여 그 취소를 구할 법률상의 이익이 있다고 할 것이다.

ㄷ. ☞ 「인근주민소송」에 대한 설명이다. 환경영향평가대상지역 내 주민의 경우 법률상 이익이 추정되어 원고적격이 인정된다.
[대법원전합 2006.3.16, 2006두330] 공유수면매립과 농지개량사업시행으로 인하여 직접적이고 중대한 환경피해를 입으리라고 예상되는 환경영향평가 대상지역 안의 주민들이 전과 비교하여 수인한도를 넘는 환경침해를 받지 아니하고 쾌적한 환경에서 생활할 수 있는 개별적 이익까지도 이를 보호하려는 데에 있다고 할 것이므로, 위 주민들이 공유수면매립면허처분 등과 관련하여 갖고 있는 위와 같은 환경상의 이익은 주민 개개인에 대하여 개별적으로 보호되는 직접적·구체적 이익으로서 그들에 대하여는 특단의 사정이 없는 한 환경상의 이익에 대한 침해 또는 침해우려가 있는 것으로 사실상 추정되어 공유수면매립면허처분 등의 무효확인을 구할 원고적격이 인정된다. 한편, 환경영향평가 대상지역 밖의 주민이라 할지라도 공유수면매립면허처분 등으로 인하여 그 처분 전과 비교하여 수인한도를 넘는 환경피해를 받거나 받을 우려가 있는 경우에는, 공유수면매립면허처분 등으로 인하여 환경상 이익에 대한 침해 또는 침해우려가 있다는 것을 입증함으로써 그 처분 등의 무효확인을 구할 원고적격을 인정받을 수 있다.

답 08 ①

09 | 2020 |

판례상 항고소송의 원고적격에 관한 설명으로 옳지 않은 것은?

① 추상적 기본권의 침해만으로는 원고적격이 인정되지 않는다.
② 원고적격은 사실심 변론종결시는 물론 상고심에서도 존속하여야 한다.
③ 사실상 이익 또는 반사적 이익의 침해만으로도 원고적격이 인정된다.
④ 구 「건축법」상 지방자치단체장이 국가와의 건축협의를 거부한 행위에 대해 국가는 항고소송을 제기할 수 있다.
⑤ 처분의 상대방이 허무인(虛無人)이 아니라 위명(僞名)을 사용한 사람인 경우에도 처분의 취소를 구할 법률상 이익이 있다.

••••••••••••••••••••••

① ☞ 예를 들면 헌법상 환경권이나 인간다운 생활을 할 권리를 근거로 곧바로 법률상 이익을 인정받을 수는 없다. [대법원 2006.3.16. 선고 2006두330 전원합의체 판결] 헌법 제35조 제1항에서 정하고 있는 환경권에 관한 규정만으로는 그 권리의 주체·대상·내용·행사방법 등이 구체적으로 정립되어 있다고 볼 수 없고, 환경정책기본법 제6조도 그 규정 내용 등에 비추어 국민에게 구체적인 권리를 부여한 것으로 볼 수 없다는 이유로, 환경영향평가 대상지역 밖에 거주하는 주민에게 헌법상의 환경권 또는 환경정책기본법에 근거하여 공유수면매립면허처분과 농지개량사업 시행인가처분의 무효확인을 구할 원고적격이 없다고 한 사례.

② ☞ 소송요건은 상고심 단계에서도 유지되어야 한다. "집참유"로 정리하자.
[대법원 2007.4.12., 2004두7924] 행정처분의 직접 상대방이 아닌 제3자라 하더라도 당해 행정처분으로 인하여 법률상 보호되는 이익을 침해당한 경우에는 그 처분의 취소나 무효확인을 구하는 행정소송을 제기하여 그 당부의 판단을 받을 자격 즉 원고적격이 있고, 여기에서 말하는 법률상 보호되는 이익은 당해 처분의 근거 법규 및 관련 법규에 의하여 보호되는 개별적·직접적·구체적 이익을 말하며, 원고적격은 소송요건의 하나이므로 사실심 변론종결시는 물론 상고심에서도 존속하여야 하고 이를 흠결하면 부적법한 소가 된다.

③ [대법원 1998.3.10. 97누4289] 한의사 면허는 경찰금지를 해제하는 명령적 행위(강학상 허가)에 해당하고, 한약조제시험을 통하여 약사에게 한약조제권을 인정함으로써 한의사들의 영업상 이익이 감소되었다고 하더라도 이러한 이익은 사실상의 이익에 불과하고 약사법이나 의료법 등의 법률에 의하여 보호되는 이익이라고는 볼 수 없으므로, 한의사들이 한약조제시험을 통하여 한약조제권을 인정받은 약사들에 대한 합격처분의 무효확인을 구하는 당해 소는 원고적격이 없는 자들이 제기한 소로서 부적법하다.

④ [대법원 2014.3.13., 2013두15934] 국가가 허가권자와 건축에 관한 협의를 마치면 구 건축법 제29조 제1항에 의하여 건축허가가 의제되는 법률효과가 발생된다. 그리고 건축허가 및 건축협의 사무는 지방자치사무로서, 구 건축법상 국가라 하더라도 미리 건축물의 소재지를 관할하는 허가권자인 지방자치단체의 장과 건축협의를 하지 아니하면 건축물을 건축할 수 없다. 따라서 허가권자인 지방자치단체의 장이 국가에 대하여 건축협의를 거부하는 것은 해당 건축물을 건축하지 못하도록 권한을 행사하여 건축허가 의제의 법률효과 발생을 거부하는 것이며, 한편 구 건축법이나 구 지방자치법 등 관련 법령에서는 국가가 허가권자의 거부행위를 다투어 법적 분쟁을 직접적·실효적으로 해결할 수 있는 구제수단을 찾기 어렵다. 이러한 사정들에 비추어 보면, 허가권자인 지방자치단체의 장이 한 건축협의 거부행위는 비록 그 상대방이 국가 등 행정주체라 하더라도, 행정청이 행하는 구체적 사실에 관한 법집행으로서의 공권력 행사의 거부 내지 이에 준하는 행정작용으로서 행정소송법 제2조 제1항 제1호에서 정한 처분에 해당한다고 볼 수 있고, 이에 대한 법적 분쟁을 해결할 실효적인 다른 법적 수단이 없는 이상 국가 등은 허가권자를 상대로 항고소송을 통해 그 거부처분의 취소를 구할 수 있다.

답 09 ③

⑤ ☞ 처분의 상대방이 허무인인 경우에는 존재하지 않는 자에 대한 처분이므로 존재하지도 않는 자가 소송을 제기할 수는 없겠지만, 위명을 사용한 사람을 상대방으로 한 처분의 경우에는 위명을 사용한 사람이 실제로 존재하므로 처분의 상대방이 된다.
[대법원 2017. 3. 9., 선고, 2013두16852, 판결] 미얀마 국적의 甲이 위명(偽名)인 '乙' 명의의 여권으로 대한민국에 입국한 뒤 乙 명의로 난민 신청을 하였으나 법무부장관이 乙 명의를 사용한 甲을 직접 면담하여 조사한 후 甲에 대하여 난민불인정 처분을 한 사안에서, 처분의 상대방은 허무인이 아니라 '乙'이라는 위명을 사용한 甲이라는 이유로, 甲이 처분의 취소를 구할 법률상 이익이 있다고 한 사례.

10 | 2020 |

판례상 항고소송의 원고적격이 인정되는 것은?

① 구 「담배사업법」에 따른 기존 일반소매인이 신규 구내소매인 지정처분의 취소를 구하는 경우
② 숙박업구조변경허가처분에 대하여 인근의 기존 숙박업자가 그 취소를 구하는 경우
③ 재단법인인 수녀원이 공유수면매립목적 변경 승인처분에 대하여 환경상 이익의 침해를 이유로 무효확인을 구하는 경우
④ 구 「임대주택법」상 임차인대표회의가 임대주택 분양전환승인처분에 대하여 취소를 구하는 경우
⑤ 외국인이 사증발급 거부처분에 대하여 취소를 구하는 경우

....

① ☞ 행정청이 분양전환승인을 하게 되면 임대사업자는 분양전환승인에서 결정된 분양전환가격을 상한으로 하여 임차인에게 분양대금을 요구할 수 있다. 행정청이 분양전환가격의 상한을 높게 정하면 분양대금이 그만큼 높아지게 되므로, 임차인에게는 이를 다툴 수 있는 법률상 이익이 인정된다.
[대법원 2008. 4. 10., 2008두402] 구내소매인과 일반소매인 사이에서는 구내소매인의 영업소와 일반소매인의 영업소 간에 거리제한을 두지 아니할 뿐 아니라 건축물 또는 시설물의 구조·상주인원 및 이용인원 등을 고려하여 동일시설물 내 2개소 이상의 장소에 구내소매인을 지정할 수 있으며, 이 경우 일반소매인이 지정된 장소가 구내소매인 지정대상이 된 때에는 동일 건축물 또는 시설물 안에 지정된 일반소매인은 구내소매인으로 보고, 구내소매인이 지정된 건축물 등에는 일반소매인을 지정할 수 없으며, 구내소매인은 담배진열장 및 담배소매점 표시판을 건물 또는 시설물의 외부에 설치하여서는 아니된다고 규정하는 등 일반소매인의 입장에서 구내소매인과의 과당경쟁으로 인한 경영의 불합리를 방지하는 것을 그 목적으로 할 수 있다고 보기 어려우므로, 일반소매인으로 지정되어 영업을 하고 있는 기존업자의 신규 구내소매인에 대한 이익은 법률상 보호되는 이익이 아니라 단순한 사실상의 반사적 이익이라고 해석함이 상당하므로, 기존 일반소매인은 신규 구내소매인 지정처분의 취소를 구할 원고적격이 없다.
② [대법원 1990. 8. 14, 89누7900] 이 사건 건물의 4, 5층 일부에 객실을 설비할 수 있도록 숙박업구조변경허가를 함으로써 그곳으로부터 50미터 내지 700미터 정도의 거리에서 여관을 경영하는 원고들이 받게 될 불이익은 간접적이거나 사실적, 경제적인 불이익에 지나지 아니하므로 그것만으로는 원고들에게 위 숙박업구조변경허가처분의 무효확인 또는 취소를 구할 소익이 있다고 할 수 없다.
③ ☞ 환경상 이익의 침해를 주장하려면 자연인이어야 한다. 이 사건에서 수녀 개개인이 소송을 제기했다면 원고적격이 인정되었겠지만, 수녀원은 재단법인이기 때문에 원고적격을 인정받을 수 없다.
[대법원 2012. 6. 28. 선고 2010두2005 판결] 재단법인 甲 수녀원이, 매립목적을 택지조성에서 조선시설용

답 10 ④

지로 변경하는 내용의 공유수면매립목적 변경 승인처분으로 인하여 법률상 보호되는 환경상 이익을 침해받았다면서 행정청을 상대로 처분의 무효 확인을 구하는 소송을 제기한 사안에서, 공유수면매립목적 변경 승인처분으로 甲 수녀원에 소속된 수녀 등이 쾌적한 환경에서 생활할 수 있는 환경상 이익을 침해받는다고 하더라도 이를 가리켜 곧바로 甲 수녀원의 법률상 이익이 침해된다고 볼 수 없고, 자연인이 아닌 甲 수녀원은 쾌적한 환경에서 생활할 수 있는 이익을 향수할 수 있는 주체가 아니므로 위 처분으로 위와 같은 생활상의 이익이 직접적으로 침해되는 관계에 있다고 볼 수도 없으며, 위 처분으로 환경에 영향을 주어 甲 수녀원이 운영하는 쨈 공장에 직접적이고 구체적인 재산적 피해가 발생한다거나 甲 수녀원이 폐쇄되고 이전해야 하는 등의 피해를 받거나 받을 우려가 있다는 점 등에 관한 증명도 부족하다는 이유로, 甲 수녀원에 처분의 무효 확인을 구할 원고적격이 없다고 한 사례.

④ [대법원 2010. 5. 13., 선고, 2009두19168, 판결] 구 임대주택법 제21조 제5항, 제9항, 제34조, 제35조는 임차인대표회의는 건설임대주택의 임대사업자가 임대의무기간 경과 후 또는 부도, 파산, 그 밖에 대통령령으로 정하는 경우가 발생한 후 각각 1년 이상 분양전환승인을 신청하지 아니하는 경우 임차인 3분의 2 이상의 동의를 받아 직접 분양전환승인을 신청할 수 있고, 분양전환가격 산정을 위한 감정평가시 감정평가에 대하여 대통령령으로 정하는 사항에 해당하는 경우 임차인 과반수의 동의를 받아 이의신청을 할 수 있으며, 분양전환가격 등에 대하여 임대주택분쟁조정위원회에 분쟁의 조정신청을 할 수 있고, 임대사업자와 임차인대표회의가 위 조정위원회의 조정안을 받아들이면 당사자 간에 조정조서와 같은 내용의 합의가 성립된 것으로 본다고 규정하고 있는바, 위 각 규정의 내용과 입법경위 및 취지 등에 비추어 보면, 임차인대표회의도 당해 주택에 거주하는 임차인과 마찬가지로 임대주택의 분양전환과 관련하여 그 승인의 근거 법률인 구 임대주택법에 의하여 보호되는 구체적이고 직접적인 이익이 있다고 봄이 상당하다.

⑤ ☞ (ⅰ) 아직 국내에 입국하지 않은 외국인에게는 사증발급 거부처분의 취소를 구할 법률상 이익이 인정되지 않는다. (ⅱ) 반면에 국내에 이미 입국한 상태에서 퇴거명령 등을 받은 외국인에게는 그 처분의 취소를 구할 법률상 이익이 인정된다.
[대법원 2018. 5. 15., 선고, 2014두42506, 판결] 출입국관리법은, 입국하려는 외국인은 대통령령으로 정하는 체류자격을 가져야 하고(제10조 제1항), 사증발급에 관한 기준과 절차는 법무부령으로 정한다고(제8조 제3항) 규정하고 있다. 그 위임에 따라 출입국관리법 시행령 제12조 별표 1은 외국인의 다양한 체류자격을 규정하면서, 그 중 결혼이민(F-6) 체류자격을 "국민의 배우자"(가목), "국민과 혼인관계(사실상의 혼인관계를 포함한다)에서 출생한 자녀를 양육하고 있는 부 또는 모로서 법무부장관이 인정하는 사람"(나목), "국민의 배우자와 혼인한 상태로 국내에 체류하던 중 그 배우자의 사망이나 실종, 그 밖에 자신에게 책임질 수 없는 사유로 정상적인 혼인관계를 유지할 수 없는 사람으로서 법무부장관이 인정하는 사람"(다목)이라고 규정하고 있다(제28의4호). 그런데 외국인에게는 입국의 자유를 인정하지 않는 것이 세계 각국의 일반적인 입법 태도이다. 그리고 우리 출입국관리법의 입법목적은 "대한민국에 입국하거나 대한민국에서 출국하는 모든 국민 및 외국인의 출입국관리를 통한 안전한 국경관리와 대한민국에 체류하는 외국인의 체류관리 및 난민(難民)의 인정절차 등에 관한 사항을 규정"하는 것이다(제1조). 체류자격 및 사증발급의 기준과 절차에 관한 출입국관리법과 그 하위법령의 위와 같은 규정들은, 대한민국의 출입국 질서와 국경관리라는 공익을 보호하려는 취지일 뿐, 외국인에게 대한민국에 입국할 권리를 보장하거나 대한민국에 입국하고자 하는 외국인의 사익까지 보호하려는 취지로 해석하기는 어렵다. 사증발급 거부처분을 다투는 외국인은, 아직 대한민국에 입국하지 않은 상태에서 대한민국에 입국하게 해달라고 주장하는 것으로, 대한민국과의 실질적 관련성 내지 대한민국에서 법적으로 보호가치 있는 이해관계를 형성한 경우는 아니어서, 해당 처분의 취소를 구할 법률상 이익을 인정하여야 할 법정책적 필요성도 크지 않다. 반면, 국적법상 귀화불허가처분이나 출입국관리법상 체류자격변경 불허가처분, 강제퇴거명령 등을 다투는 외국인은 대한민국에 적법하게 입국하여 상당한 기간을 체류한 사람이므로, 이미 대한민국과의 실질적 관련성 내지 대한민국에서 법적으로 보호가치 있는 이해관계를 형성한 경우이어서, 해당 처분의 취소를 구할 법률상 이익이 인정된다고 보아야 한다.

11 | 2021 |

행정소송상 당사자능력에 관한 설명으로 옳은 것을 모두 고른 것은? (다툼이 있으면 판례에 따름)

> ㄱ. 「행정소송법」은 행정소송에서의 당사자능력에 관하여 규정하고 있지 않다.
> ㄴ. 구청장이 업무처리지침 시달로 담당 신고접수사무를 동장에게 위임한 경우 동장은 행정소송의 당사자능력을 갖는다.
> ㄷ. 국민권익위원회가 소방청장에게 인사에 관한 부당한 지시를 취소하라는 조치요구를 통지한 경우 소방청장은 그 조치요구의 취소를 구할 당사자능력을 갖는다.

① ㄱ
② ㄴ
③ ㄱ, ㄷ
④ ㄴ, ㄷ
⑤ ㄱ, ㄴ, ㄷ

㉠ ☞ 행정소송법상 행정소송에서의 당사자능력에 관하여 규정하고 있지 않다. 따라서 민사소송법상 당사자능력에 관한 규정에 따라 원·피고가 될 자격을 판단하게 된다.

㉡ ☞ 구청장이 "사무"를 위임한 것이지 "권한"을 위임한 것이 아니므로, 항고소송의 당사자능력(피고적격)은 여전히 구청장에게 있다.
[서울고법 1975. 2. 4., 74구194] 행정소송법 제3조에 의하면 항고소송으로서의 행정소송의 피고는 법률에 특별한 규정이 없는한 당해 처분을 행한 행정청이어야 한다고 규정되어 있는바, 여기서 말하는 행정청이란 국가 또는 공공단체를 위하여 의사를 결정하고 외부에 이를 표시집행할 지위에 있는 국가 또는 공공단체의 기관이라고 할 것이며, 다만 행정기관내부에 부속되어 있어서 그 기관의 의사결정을 조력하거나 외부에 대하여 현실로 그 의사를 집행하는데 불과한 행정기관 즉 보조기관은 행정청이라고 말할 수 없고, 따라서 행정소송이 당사자 능력이 없다고 보아야 할 것이다. 그런데 이건 원고들의 위 피고에 대한 주장은 위 피고가 1974.4.19. 원고들에 대하여 담장공사중지처분을 하였음을 전제로 그 취소를 구하고 있으므로 살피건대, 지방자치법 제147조 3항에 의하면 "동장은 구청장을 보조하며 그 구역내에 시행하는 국가와 자치단체의 사무를 처리하고 소속직원을 지휘감독한다"고 규정하고 있고, 성립에 다툼이 없는 을 2호증(지침시달)의 기재에 당사자 변론의 전취지를 종합하여 보면, 구청장의 권한으로 되어 있는 이건과 같은 담장신고 접수사무등 119개의 민원사무는 서정쇄신행정개혁 제1차 업무처리지침시달(서내 행150-845호)로서 관할 동장에게 사무위임된 사실을 인정할 수 있는바(따라서 그 권한까지 위임한 것은 아니다), 그렇다면 동장은 어디까지나 위에서 말하는 행정청의 보조기관에 불과하다고 할 것이며 달리 동장으로서 이건과 같은 담장공사중지처분을 할 수 있는 권한이 있다는 법적 근거를 찾아볼 수 없다(건축법 제4조, 제5조 및 제42조등에 의하면 시장, 군수 또는 그 권한을 위임받은 구청장만이 이 법에 따른 건축허가 또는 공사중지등 제반 행정처분을 할 수 있다). 그렇다면 위 피고는 행정소송법 제3조에서 말하는 행정청이 아니라고 할 것이고, 또한 설사 위 피고가 사실상 위 담장공사중지처분을 한 사실이 있다할지라도 위 처분은 전혀 권한없는 기관의 처분으로서 결국 행정처분이 없었던 것과 같은 결과에 귀착되므로 위 피고에 대한 이건 소는 당사자능력 내지 적격이 없는 자를 상대로 하여 제기한 소로서 어느모로 보나 부적법하므로 각하를 면치못한다 할 것이다.

㉢ [대법원 2018. 8. 1., 선고, 2014두35379, 판결] 국민권익위원회가 소방청장에게 인사와 관련하여 부당한 지시를 한 사실이 인정된다며 이를 취소할 것을 요구하기로 의결하고 그 내용을 통지하자 소방청장이 국민권익위원회 조치요구의 취소를 구하는 소송을 제기한 사안에서, 행정기관인 국민권익위원회가 행정기관의 장에게 일정한 의무를 부과하는 내용의 조치요구를 한 것에 대하여 그 조치요구의 상대방인 행정기관의 장이 다투고자

답 11 ③

할 경우에 법률에서 행정기관 사이의 기관소송을 허용하는 규정을 두고 있지 않으므로 이러한 조치요구를 이행할 의무를 부담하는 행정기관의 장으로서는 기관소송으로 조치요구를 다툴 수 없고, 위 조치요구에 관하여 정부 조직 내에서 그 처분의 당부에 대한 심사·조정을 할 수 있는 다른 방도도 없으며, 국민권익위원회는 헌법 제111조 제1항 제4호에서 정한 '헌법에 의하여 설치된 국가기관'이라고 할 수 없으므로 그에 관한 권한쟁의심판도 할 수 없고, 별도의 법인격이 인정되는 국가기관이 아닌 소방청장은 질서위반행위규제법에 따른 구제를 받을 수도 없는 점, 부패방지 및 국민권익위원회의 설치와 운영에 관한 법률은 소방청장에게 국민권익위원회의 조치요구에 따라야 할 의무를 부담시키는 외에 별도로 그 의무를 이행하지 않을 경우 과태료나 형사처벌까지 정하고 있으므로 위와 같은 조치요구에 불복하고자 하는 '소속기관 등의 장'에게는 조치요구를 다툴 수 있는 소송상의 지위를 인정할 필요가 있는 점에 비추어, 처분성이 인정되는 국민권익위원회의 조치요구에 불복하고자 하는 소방청장으로서는 조치요구의 취소를 구하는 항고소송을 제기하는 것이 유효·적절한 수단으로 볼 수 있으므로 소방청장은 예외적으로 당사자능력과 원고적격을 가진다고 한 사례.

12 | 2021 |

항고소송상 원고적격에 관한 판례의 입장으로 옳지 않은 것은?

① 채석허가를 받은 자에 대한 관할 행정청의 채석허가취소처분에 대하여 수허가자의 지위를 양수한 양수인은 그 처분의 취소를 구할 원고적격이 있다.
② 환경부장관이 생태·자연도 1등급 지역을 2등급으로 변경하는 처분에 대해 1등급 권역 인근주민은 이 처분의 무효확인을 구할 원고적격이 없다.
③ 대한의사협회는 보건복지부 고시인 '건강보험요양급여행위 및 그 상대가치점수 개정'의 취소를 구할 원고적격이 없다.
④ 이른바 예탁금회원제 골프장의 기존회원은 골프장시설업자의 회원모집계획서에 대한 시·도지사의 검토결과통보의 취소를 구할 원고적격이 없다.
⑤ 전국고속버스운송사업조합은 도지사의 시외버스운송사업자에 대한 사업계획변경인가처분의 취소를 구할 원고적격이 없다.

●●●●●●●●●●●●●●●●●●●●●●●
① [대법원 2003. 7. 11. 2001두6289] 수허가자의 지위를 양수받아 명의변경신고를 할 수 있는 양수인의 지위는 단순한 반사적 이익이나 사실상의 이익이 아니라 산림법령에 의하여 보호되는 직접적이고 구체적인 이익으로서 법률상 이익이라고 할 것이고, 채석허가가 유효하게 존속하고 있다는 것이 양수인의 명의변경신고의 전제가 된다는 의미에서 관할 행정청이 양도인에 대하여 채석허가를 취소하는 처분을 하였다면 이는 양수인의 지위에 대한 직접적 침해가 된다고 할 것이므로 양수인은 채석허가를 취소하는 처분의 취소를 구할 법률상 이익을 가진다.
② [대법원 2014. 2. 21. 선고 2011두29052 판결] 환경부장관이 생태·자연도 1등급으로 지정되었던 지역을 2등급 또는 3등급으로 변경하는 내용의 생태·자연도 수정·보완을 고시하자, 인근 주민 甲이 생태·자연도 등급변경처분의 무효 확인을 청구한 사안에서, 생태·자연도의 작성 및 등급변경의 근거가 되는 구 자연환경보전법 제34조 제1항 및 그 시행령 제27조 제1항, 제2항에 의하면, 생태·자연도는 토지이용 및 개발계획의 수립이나 시행에 활용하여 자연환경을 체계적으로 보전·관리하기 위한 것일 뿐, 1등급 권역의 인근 주민들이 가지는 생활상 이익을 직접적이고 구체적으로 보호하기 위한 것이 아님이 명백하고, 1등급 권역의 인근 주민들이 가지

답 12 ④

는 이익은 환경보호라는 공공의 이익이 달성됨에 따라 반사적으로 얻게 되는 이익에 불과하므로 인근 주민에 불과한 甲은 생태·자연도 등급권역을 1등급에서 일부는 2등급으로, 일부는 3등급으로 변경한 결정의 무효 확인을 구할 원고적격이 없다고 본 원심판단을 수긍한 사례.

③ ☞ 이 경우 의사 개개인에게 원고적격이 있는 것이지, 의사들의 단체인 대한의사협회에 원고적격이 있는 것이 아니다.

[대법원 2006.5.25. 2003두11988] 사단법인 대한의사협회는 의료법에 의하여 의사들을 회원으로 하여 설립된 사단법인으로서, 국민건강보험법상 요양급여행위, 요양급여비용의 청구 및 지급과 관련하여 직접적인 법률관계를 갖지 않고 있으므로, 보건복지부 고시인 '건강보험요양급여행위 및 그 상대가치점수 개정'으로 인하여 자신의 법률상 이익을 침해당하였다고 할 수 없다는 이유로 위 고시의 취소를 구할 원고적격이 없다.

④ ☞ 골프장시설업자가 예정인원을 초과하여 회원을 모집하게 되면, 기존회원은 인원과다로 인해 골프장 시설을 제대로 이용하지 못하는 결과가 발생할 수 있다. 이러한 피해는 법률상 보호받는 이익의 침해에 해당한다.

[대법원 2009.2.26. 선고 2006두16243 판결] 행정처분으로서의 통보에 대하여는 그 직접 상대방이 아닌 제3자라도 그 취소를 구할 법률상의 이익이 있는 경우에는 원고적격이 인정되는바, 회사가 정하는 자격기준에 준하는 자로서 입회승인을 받은 회원은 일정한 입회금을 납부하고 회사가 지정한 시설을 이용할 때에는 회사가 정한 요금을 지불하여야 하며 회사는 회원의 입회금을 상환하도록 정해져 있는 이른바 예탁금회원제 골프장에 있어서, 체육시설업자 또는 그 사업계획의 승인을 얻은 자가 회원모집계획서를 제출하면서 허위의 사업시설 설치공정확인서를 첨부하거나 사업계획의 승인을 받을 때 정한 예정인원을 초과하여 회원을 모집하는 내용의 회원모집계획서를 제출하여 그에 대한 시·도지사 등의 검토결과 통보를 받는다면 이는 기존회원의 골프장에 대한 법률상의 지위에 영향을 미치게 되므로, 이러한 경우 기존회원은 위와 같은 회원모집계획서에 대한 시·도지사의 검토결과 통보의 취소를 구할 법률상의 이익이 있다고 보아야 한다.

⑤ ☞ ③ 선지와 동일한 취지이다. 이 경우 각각의 고속버스운송사업자에게 원고적격이 있다.

[대법원 1990. 2. 9., 선고, 89누4420, 판결] 원고 전국고속버스운송사업조합이 고속버스운송사업면허를 얻은 자동차운전사업자들을 조합원으로 하여 설립된 동업자단체로서 고속버스운송사업의 건전한 발전과 고속버스운송사업자들의 공동의 이익을 증진시키는 사업을 수행한다고 하더라도, 피고인 경상북도지사가 시외버스운송사업자에게, 그가 보유하고 있던 대구 - 주왕산 노선의 운행계통을 일부 분리하여 기점을 영천으로 하고 경부고속도로를 경유하여 종점을 서울까지로 연장하는 내용의 이 사건 시외버스운송사업계획변동인가처분을 함으로 인하여, 그 노선에 관계가 있는 고속버스운송사업자의 경제적 이익이 침해됨은 별론으로 하고 원고조합 자신의 법률상 이익이 침해된다거나, 고속버스운송사업자가 아닌 원고조합이 이 사건 처분에 관하여 직접적이고 구체적인 이해관계를 가진다고는 볼 수 없으므로, 원고조합이 이 사건 시외버스운송사업계획변동인가처분의 취소를 구하는 행정소송을 제기할 원고적격은 없다.

13 | 2021 |

판례의 입장에 따를 때 원고적격이 인정되지 <u>않는</u> 자는?

① 공공건설임대주택에 대한 분양전환가격 산정의 위법을 이유로 임대사업자에 대한 분양전환승인의 효력을 다투고자 하는 경우, 임차인
② 자신과 동일한 사업구역 내에서 동종의 사업용화물자동차면허 대수를 늘리는 보충인가처분의 취소를 구하고자 하는 경우, 기존 개별화물자동차운송사업자
③ 자신의 영업허가지역 내로 영업소 이전을 허가하는 약종상영업소이전허가처분의 취소를 구하고자 하는 경우, 기존 약종상 영업자
④ 개발제한구역 중 일부 취락을 개발제한구역에서 해제하는 내용의 도시관리계획변경결정의 취소를 구하고자 하는 경우, 개발제한구역 해제대상에서 누락된 토지의 소유자
⑤ 광업권설정허가처분의 취소를 구하려는 경우, 광산개발로 재산상·환경상의 이익을 침해당할 우려가 있는 토지 소유자

---

① ☞ 행정청이 분양전환승인을 하게 되면 임대사업자는 분양전환승인에서 결정된 분양전환가격을 상한으로 하여 임차인에게 분양대금을 요구할 수 있다. 행정청이 분양전환가격의 상한을 높게 정하면 분양대금이 그만큼 높아지게 되므로, 임차인에게는 이를 다툴 수 있는 법률상 이익이 인정된다.
[대법원 2020. 7. 23., 선고, 2015두48129, 판결] 구 임대주택법 제21조에 의한 분양전환승인은 '해당 임대주택이 임대의무기간 경과 등으로 분양전환 요건을 충족하는지 여부' 및 '분양전환승인신청서에 기재된 분양전환가격이 임대주택법령의 규정에 따라 적법하게 산정되었는지'를 심사하여 승인하는 행정처분에 해당하고(대법원 2015. 3. 26. 선고 2012두20304 판결 참조), 그중 분양전환가격에 관한 부분은 시장 등이 분양전환에 따른 분양계약의 매매대금 산정의 기준이 되는 분양전환가격의 적정성을 심사하여 그 분양전환가격이 적법하게 산정된 것임을 확인하고 임대사업자로 하여금 승인된 분양전환가격을 기준으로 분양전환을 하도록 하는 처분이다. 이러한 절차를 거쳐 승인된 분양전환가격은 곧바로 임대사업자와 임차인 사이에 체결되는 분양계약상 분양대금의 내용이 되는 것은 아니지만, 임대사업자는 승인된 분양전환가격을 상한으로 하여 분양대금을 정하여 임차인과 분양계약을 체결하여야 하므로, 분양전환승인 중 분양전환가격에 대한 부분은 임대사업자뿐만 아니라 임차인의 법률적 지위에도 구체적이고 직접적인 영향을 미친다. 따라서 분양전환승인 중 분양전환가격을 승인하는 부분은 단순히 분양계약의 효력을 보충하여 그 효력을 완성시켜주는 강학상 '인가'에 해당한다고 볼 수 없고, 임차인들에게는 분양계약을 체결한 이후 분양대금이 강행규정인 임대주택법령에서 정한 산정기준에 의한 분양전환가격을 초과하였음을 이유로 부당이득반환을 구하는 민사소송을 제기하는 것과 별개로, 분양계약을 체결하기 전 또는 체결한 이후라도 항고소송을 통하여 분양전환승인의 효력을 다툴 법률상 이익(원고적격)이 있다고 보아야 한다.
② [대법원 1992. 7. 10., 선고, 91누9107, 판결] 가. 자동차운수사업법 제6조 제1항 제1호에서 당해 사업계획이 당해 노선 또는 사업구역의 수송수요와 수송력공급에 적합할 것을 면허의 기준으로 정한 것은 자동차운수사업에 관한 질서를 확립하고 자동차운수사업의 종합적인 발달을 도모하여 공공의 복리를 증진함과 동시에 업자간의 경쟁으로 인한 경영의 불합리를 미리 방지하자는 데 그 목적이 있다 할 것이므로 개별화물자동차운송사업면허를 받아 이를 영위하고 있는 기존의 업자로서는 동일한 사업구역내의 동종의 사업용 화물자동차면허 대수를 늘리는 보충인가처분에 대하여 그 취소를 구할 법률상 이익이 있다.
③ ☞ 구 약사법상 약종상 영업허가는 거리제한을 두고 있는바, 거리제한에 따른 기존업자의 이익은 법률상 이익이라는 것이 판례의 태도이다.

답 13 ④

[대법원 1988. 6. 14., 선고, 87누873, 판결] 원심이 적법히 확정한 바와 같이 원고가 구 약사법시행규칙의 규정한 바에 따른 적법한 약종상 허가를 받아 그 판시 허가지역내에서 약종상영업을 경영하고 있음에도 불구하고 피고가 위 규칙을 위배하여 같은 약종상인 소외 김종복에게 동 소외인의 영업허가지역이 아닌 원고의 영업허가지역내로 영업소를 이전하도록 허가하였다면 원고로서는 이로 인하여 기존업자로서의 법률상 이익을 침해받았음이 분명하므로 원심이 같은 취지에서 기존업자인 원고에게 피고의 이 사건 영업소이전허가처분의 취소를 구할 법률상 이익이 있다고 판단한 것은 정당하고, 거기에 항고소송에 있어서의 당사자적격에 관한 법리를 오해한 위법이 있다고 할 수 없다. 논지는 이유 없다.

④ [대법원 1979.12.28., 79누218] 이 사건 토지는 이 사건 도시관리계획변경결정 전후를 통하여 개발제한구역으로 지정된 상태에 있으므로 이 사건 도시관리계획변경결정으로 인하여 그 소유자인 원고가 위 토지를 사용·수익·처분하는 데 새로운 공법상의 제한을 받거나 종전과 비교하여 더 불이익한 지위에 있게 되는 것은 아니다. 또한, 원고의 청구취지와 같이 이 사건 도시관리계획변경결정 중 중리취락 부분이 취소된다 하더라도 그 결과 이 사건 도시관리계획변경결정으로 개발제한구역에서 해제된 제3자 소유의 토지들이 종전과 같이 개발제한구역으로 남게 되는 결과가 될 뿐, 원고 소유의 이 사건 토지가 개발제한구역에서 해제되는 것도 아니다. 따라서 원고에게 제3자 소유의 토지에 관한 이 사건 도시관리계획변경결정의 취소를 구할 직접적이고 구체적인 이익이 있다고 할 수 없다.

⑤ [대법원 2008.9.11, 2006두7577] 광업권설정허가처분의 근거 법규 또는 관련 법규의 취지는 광업권설정허가처분과 그에 따른 광산 개발과 관련된 후속 절차로 인하여 직접적이고 중대한 재산상·환경상 피해가 예상되는 토지나 건축물의 소유자나 점유자 또는 이해관계인 및 주민들이 전과 비교하여 수인한도를 넘는 재산상·환경상 침해를 받지 아니한 채 토지나 건축물 등을 보유하며 쾌적하게 생활할 수 있는 개별적 이익까지도 보호하려는 데 있으므로, 광업권설정허가처분과 그에 따른 광산 개발로 인하여 재산상·환경상 이익의 침해를 받거나 받을 우려가 있는 토지나 건축물의 소유자와 점유자 또는 이해관계인 및 주민들은 그 처분 전과 비교하여 수인한도를 넘는 재산상·환경상 이익의 침해를 받거나 받을 우려가 있다는 것을 증명함으로써 그 처분의 취소를 구할 원고적격을 인정받을 수 있다.

14 | 2022 |

판례상 항고소송에서 제3자의 원고적격이 부정된 것은?

① 임대주택 분양전환승인처분에 대하여 취소를 구하는 임차인대표회의
② 약사들에 대한 한약조제시험 합격처분의 무효확인을 구하는 한의사
③ 환경영향평가 대상사업 허가처분의 무효확인을 구하는 당해 환경영향평가 대상지역 안의 주민
④ 시외버스를 시내버스로 전환하는 사업계획변경인가처분으로 인하여 노선이 중복되어 그 인가처분의 취소를 구하는 기존의 시내버스운송업자
⑤ 공장설립으로 수질오염발생 우려가 있는 취수장에서 물을 공급받는 주민이 당해 공장설립 승인처분의 취소를 구하는 경우

① [대법원 2010. 5. 13., 선고, 2009두19168, 판결] 구 임대주택법 제21조 제5항, 제9항, 제34조, 제35조는 임차인대표회의는 건설임대주택의 임대사업자가 임대의무기간 경과 후 또는 부도, 파산, 그 밖에 대통령령으로 정하는 경우가 발생한 후 각각 1년 이상 분양전환승인을 신청하지 아니하는 경우 임차인 3분의 2 이상의 동의를

답 14 ②

받아 직접 분양전환승인을 신청할 수 있고, 분양전환가격 산정을 위한 감정평가시 감정평가에 대하여 대통령령으로 정하는 사항에 해당하는 경우 임차인 과반수의 동의를 받아 이의신청을 할 수 있으며, 분양전환가격 등에 대하여 임대주택분쟁조정위원회에 분쟁의 조정신청을 할 수 있고, 임대사업자와 임차인대표회의가 위 조정위원회의 조정안을 받아들이면 당사자 간에 조정조서와 같은 내용의 합의가 성립된 것으로 본다고 규정하고 있는바, 위 각 규정의 내용과 입법경위 및 취지 등에 비추어 보면, 임차인대표회의도 당해 주택에 거주하는 임차인과 마찬가지로 임대주택의 분양전환과 관련하여 그 승인의 근거 법률인 구 임대주택법에 의하여 보호되는 구체적이고 직접적인 이익이 있다고 봄이 상당하다.

② [대법원 1998.3.10, 97누4289] 한의사 면허는 경찰금지를 해제하는 명령적 행위(강학상 허가)에 해당하고, 한약조제시험을 통하여 약사에게 한약조제권을 인정함으로써 한의사들의 영업상 이익이 감소되었다고 하더라도 이러한 이익은 사실상의 이익에 불과하고 약사법이나 의료법 등의 법률에 의하여 보호되는 이익이라고는 볼 수 없으므로, 한의사들이 한약조제시험을 통하여 한약조제권을 인정받은 약사들에 대한 합격처분의 무효확인을 구하는 당해 소는 원고적격이 없는 자들이 제기한 소로서 부적법하다.

③ ☞ 「인근주민소송」에 대한 설명이다. 환경영향평가대상지역 내 주민의 경우 법률상 이익이 추정되어 원고적격이 인정된다.
[대법원전합 2006.3.16, 2006두330] 공유수면매립과 농지개량사업시행으로 인하여 직접적이고 중대한 환경피해를 입으리라고 예상되는 환경영향평가 대상지역 안의 주민들이 전과 비교하여 수인한도를 넘는 환경침해를 받지 아니하고 쾌적한 환경에서 생활할 수 있는 개별적 이익까지도 이를 보호하려는 데에 있다고 할 것이므로, 위 주민들이 공유수면매립면허처분 등과 관련하여 갖고 있는 위와 같은 환경상의 이익은 주민 개개인에 대하여 개별적으로 보호되는 직접적·구체적 이익으로서 그들에 대하여는 특단의 사정이 없는 한 환경상의 이익에 대한 침해 또는 침해우려가 있는 것으로 사실상 추정되어 공유수면매립면허처분 등의 무효확인을 구할 원고적격이 인정된다. 한편, 환경영향평가 대상지역 밖의 주민이라 할지라도 공유수면매립면허처분 등으로 인하여 그 처분 전과 비교하여 수인한도를 넘는 환경피해를 받거나 받을 우려가 있는 경우에는, 공유수면매립면허처분 등으로 인하여 환경상 이익에 대한 침해 또는 침해우려가 있다는 것을 입증함으로써 그 처분 등의 무효확인을 구할 원고적격을 인정받을 수 있다.

④ [대법원 2002.10.25, 2001두4450] 구 여객자동차운수사업법 제6조 제1항 제1호에서 '사업계획이 당해 노선 또는 사업구역의 수송수요와 수송력공급에 적합할 것'을 여객자동차운송사업의 면허기준으로 정한 것은 여객자동차 운송사업에 관한 질서를 확립하고 여객자동차운송사업의 종합적인 발달을 도모하여 공공의 복리를 증진함과 동시에 업자 간의 경쟁으로 인한 경영의 불합리를 미리 방지하자는 데 그 목적이 있다 할 것이고, (중략) 시외버스 운송 사업계획변경인가처분으로 인하여 기존의 시내버스운송사업자의 노선 및 운행계통과 시외버스운송사업자들의 그것들이 일부 중복되게 되고 기존업자의 수익감소가 예상된다면, 기존의 시내버스운송사업자와 시외버스운송사업자들은 경업관계에 있는 것으로 봄이 상당하다 할 것이어서 기존의 시내버스운송사업자에게 시외버스 운송 사업계획변경인가처분의 취소를 구할 법률상의 이익이 있다.

⑤ [대법원 2010.4.15, 2007두16127] 김해시장이 낙동강에 합류하는 하천수 주변의 토지에 구 산업집적활성화 및 공장설립에 관한 법률 제13조에 따라 공장설립을 승인하는 처분을 한 사안에서, 공장설립으로 수질오염 등이 발생할 우려가 있는 취수장에서 물을 공급받는 부산광역시 또는 양산시에 거주하는 주민들도 위 처분의 근거 법규 및 관련 법규에 의하여 법률상 보호되는 이익이 침해되거나 침해될 우려가 있는 주민으로서 원고적격이 인정된다고 한 사례

15 | 2022 |

"취소소송은 처분등의 취소를 구할 법률상 이익이 있는 자가 제기할 수 있다."라는 행정소송법 규정에 관한 설명으로 옳지 않은 것은? (다툼이 있으면 판례에 따름)

① 당해 처분의 근거 법률에 의하여 보호되는 직접적이고 구체적인 이익이 있는 경우 법률상 이익이 인정될 수 있다.
② 원고적격은 사실심 변론종결시는 물론 상고심에서도 존속하여야 하고 이를 흠결하면 부적법한 소가 된다.
③ 대학교 총학생회는 교육부장관의 해당 대학교 학교법인의 임시이사선임처분의 취소를 구할 법률상 이익이 있다.
④ 처분의 상대방이 위명(僞名)을 사용한 사람인 경우에는 처분의 취소를 구할 법률상 이익이 인정되지 않는다.
⑤ 헌법재판소에 따르면, 일반법규에서 경쟁자를 보호하는 규정을 별도로 두고 있지 않은 경우에도 기본권인 경쟁의 자유가 바로 행정청의 지정행위의 취소를 구할 법률상의 이익이 된다.

---

① [대법원 1995. 6. 30. 선고 94누14230 판결] 행정처분의 상대방이 아닌 제3자라도 그 처분으로 인하여 법률상 이익을 침해당한 경우에는 그 처분의 취소 또는 무효확인을 구하는 행정소송을 제기하여 그 당부의 판단을 받을 법률상 자격이 있고, 그 법률상 이익이라 함은 당해 처분의 근거법률에 의하여 보호되는 직접적이고 구체적인 이익이 있는 경우를 말하고 다만 간접적이거나 사실적·경제적 이해관계를 가지는 데 불과한 경우는 여기에 포함되지 않는다.
② ☞ 소송요건은 상고심 단계에서도 유지되어야 한다. "집참유"로 정리하자.
[대법원 2007.4.12., 2004두7924] 행정처분의 직접 상대방이 아닌 제3자라 하더라도 당해 행정처분으로 인하여 법률상 보호되는 이익을 침해당한 경우에는 그 처분의 취소나 무효확인을 구하는 행정소송을 제기하여 그 당부의 판단을 받을 자격 즉 원고적격이 있고, 여기에서 말하는 법률상 보호되는 이익은 당해 처분의 근거 법규 및 관련 법규에 의하여 보호되는 개별적·직접적·구체적 이익을 말하며, 원고적격은 소송요건의 하나이므로 사실심 변론종결시는 물론 상고심에서도 존속하여야 하고 이를 흠결하면 부적법한 소가 된다.
③ [대법원 2015. 7. 23., 선고, 2012두19496,19502, 판결] 교육부장관이 사학분쟁조정위원회의 심의를 거쳐 甲 대학교를 설치·운영하는 乙 학교법인의 이사 8인과 임시이사 1인을 선임한 데 대하여 甲 대학교 교수협의회와 총학생회 등이 이사선임처분의 취소를 구하는 소송을 제기한 사안에서, 임시이사제도의 취지, 교직원·학생 등의 학교운영에 참여할 기회를 부여하기 위한 개방이사 제도에 관한 법령의 규정 내용과 입법 취지 등을 종합하여 보면, 구 사립학교법과 구 사립학교법 시행령 및 乙 법인 정관 규정은 헌법 제31조 제4항에 정한 교육의 자주성과 대학의 자율성에 근거한 甲 대학교 교수협의회와 총학생회의 학교운영참여권을 구체화하여 이를 보호하고 있다고 해석되므로, 甲 대학교 교수협의회와 총학생회는 이사선임처분을 다툴 법률상 이익을 가지지만, 고등교육법령은 교육받을 권리나 학문의 자유를 실현하는 수단으로서 학생회와 교수회와는 달리 학교의 직원으로 구성된 노동조합의 성립을 예정하고 있지 아니하고, 노동조합은 근로자가 주체가 되어 자주적으로 단결하여 근로조건의 유지·개선 기타 근로자의 경제적·사회적 지위의 향상을 도모하기 위하여 조직된 단체인 점 등을 고려할 때, 학교의 직원으로 구성된 노동조합이 교육받을 권리나 학문의 자유를 실현하는 수단으로서 직접 기능한다고 볼 수는 없으므로, 개방이사에 관한 구 사립학교법과 구 사립학교법 시행령 및 乙 법인 정관 규정이 학교직원들로 구성된 전국대학노동조합 乙 대학교지부의 법률상 이익까지 보호하고 있는 것으로

답 15 ④

해석할 수는 없다고 한 사례.
④ ☞ 처분의 상대방이 허무인인 경우에는 존재하지 않는 자에 대한 처분이므로 존재하지도 않는 자가 소송을 제기할 수는 없겠지만, 위명을 사용한 사람을 상대방으로 한 처분의 경우에는 위명을 사용한 사람이 실제로 존재하므로 처분의 상대방이 된다.
[대법원 2017. 3. 9., 선고, 2013두16852, 판결] 미얀마 국적의 甲이 위명(僞名)인 '乙' 명의의 여권으로 대한민국에 입국한 뒤 乙 명의로 난민 신청을 하였으나 법무부장관이 乙 명의를 사용한 甲을 직접 면담하여 조사한 후 甲에 대하여 난민불인정 처분을 한 사안에서, 처분의 상대방은 허무인이 아니라 '乙'이라는 위명을 사용한 甲이라는 이유로, 甲이 처분의 취소를 구할 법률상 이익이 있다고 한 사례.
⑤ ☞ 개별법규에서 사익보호성이 규정되지 않았음에도, 헌법상 기본권인 경쟁의 자유를 근거로 법률상 이익을 주장할 수 있다는 취지의 판례이다. 이런 판례도 있다고 알아두는 수밖에 없다.
[헌재 1998.4.30, 97헌마141] 행정처분의 직접 상대방이 아닌 제3자라도 당해처분의 취소를 구할 법률상 이익이 있는 경우에는 행정소송을 제기할 수 있다. 이 사건에서 보건대, 설사 국세청장의 지정행위의 근거규범인 이 사건 조항들이 단지 공익만을 추구할 뿐 청구인 개인의 이익을 보호하려는 것이 아니라는 이유로 청구인에게 취소소송을 제기할 법률상 이익을 부정한다고 하더라도, 청구인의 기본권인 경쟁의 자유가 바로 행정청의 지정행위의 취소를 구할 법률상 이익이 된다 할 것이다.

16 | 2023 |

취소소송에 있어 원고적격에 관한 설명으로 옳지 <u>않은</u> 것은? (다툼이 있으면 판례에 따름)

① 취소소송은 처분등의 취소를 구할 법률상 이익이 있는 자가 제기할 수 있다.
② 국가는 국토이용계획과 관련한 지방자치단체장의 기관위임사무 처리에 관하여 지방자치단체장을 상대로 취소소송을 제기할 수 있다.
③ 구속된 피고인은 교도소장의 접견허가거부처분의 취소를 구할 원고적격을 가진다.
④ 원고적격은 사실심 변론종결시는 물론 상고심에서도 존속하여야 한다.
⑤ 환경영향평가대상지역에 거주하는 원자로시설부지 인근 주민들은 원자로시설부지사전승인처분의 취소를 구할 원고적격이 있다.

---

① 제12조(원고적격) 취소소송은 처분등의 취소를 구할 법률상 이익이 있는 자가 제기할 수 있다. 처분등의 효과가 기간의 경과, 처분등의 집행 그 밖의 사유로 인하여 소멸된 뒤에도 그 처분등의 취소로 인하여 회복되는 법률상 이익이 있는 자의 경우에는 또한 같다.

② ☞ 기관위임사무는 국가가 단체장에게 위임한 사무이므로, 단체장이 이를 이행하지 않으면 국가는 지방자치법에 따라 직접 강제력을 행사할 수 있다. 따라서 소송을 제기할 협의의 소의 이익(또는 법률상 이익)이 인정되지 않는다.
[대법원 2007.9.20. 2005두6935] 지방자치단체는 행정주체로서 권리의무의 주체이므로 각종 소송의 당사자가 될 수 있다. 국가 등의 공권력행사에 의해 자치권이 침해된 경우에는 그 취소를 구하는 항고소송을 제기할 수도 있다. 반면 국가 내지 국가기관의 경우에는 소송의 당사자가 될 수 없다. 건설교통부장관은 지방자치단체의 장이 기관위임사무인 국토이용계획 사무를 처리함에 있어 자신과 의견이 다를 경우 행정협의조정위원

회에 협의·조정 신청을 하여 그 협의·조정 결정에 따라 의견불일치를 해소할 수 있고, 법원에 의한 판결을 받지 않고서도 행정권한의 위임 및 위탁에 관한 규정이나 구 지방자치법에서 정하고 있는 지도·감독을 통하여 직접 지방자치단체의장의 사무처리에 대하여 시정명령을 발하고 그 사무처리를 취소 또는 정지 할 수 있으며, 지방자치단체의 장에게 기간을 정하여 직무이행명령을 하고 지방자치단체의 장이 이를 이행하지 아니할 때에는 직접 필요한 조치를 할 수도 있으므로, 국가가 국토이용계획과 관련한 지방자치단체의 장의 기관위임사무의 처리에 관하여 지방자치단체의 장을 상대로 취소소송을 제기하는 것은 허용되지 않는다.

③ ☞ 구속된 피고인의 접견교통권은 헌법상 보장되는 기본권이므로 법률상 이익이 인정된다.
[대법원 1992.5.8. 선고, 91누7552, 판결] 행정처분의 상대방이 아닌 제3자도 그 행정처분의 취소에 관하여 법률상 구체적 이익이 있으면 행정소송법 제12조에 의하여 그 처분의 취소를 구하는 행정소송을 제기할 수 있는바, 구속된 피고인은 형사소송법 제89조의 규정에 따라 타인과 접견할 권리를 가지며 행형법 제62조, 제18조 제1항의 규정에 의하면 교도소에 미결수용된 자는 소장의 허가를 받아 타인과 접견할 수 있으므로(이와 같은 접견권은 헌법상 기본권의 범주에 속하는 것이다) 구속된 피고인이 사전에 접견신청한 자와의 접견을 원하지 않는다는 의사표시를 하였다는 등의 특별한 사정이 없는 한 구속된 피고인은 교도소장의 접견허가거부처분으로 인하여 자신의 접견권이 침해되었음을 주장하여 위 거부처분의 취소를 구할 원고적격을 가진다.

④ ☞ 「집/참/유」로 정리하자.
[대법원 2007.4.12. 선고, 2004두7924. 판결] 행정처분의 직접 상대방이 아닌 제3자라 하더라도 당해 행정처분으로 인하여 법률상 보호되는 이익을 침해당한 경우에는 그 처분의 취소나 무효확인을 구하는 행정소송을 제기하여 그 당부의 판단을 받을 자격 즉 원고적격이 있고, 여기에서 말하는 법률상 보호되는 이익은 당해 처분의 근거 법규 및 관련 법규에 의하여 보호되는 개별적·직접적·구체적 이익을 말하며, 원고적격은 소송요건의 하나이므로 사실심 변론종결시는 물론 상고심에서도 존속하여야 하고 이를 흠결하면 부적법한 소가 된다.

⑤ [대법원 1998. 9. 4., 선고, 97누19588, 판결] 원자력법 제12조 제2호(발전용 원자로 및 관계 시설의 위치·구조 및 설비가 대통령령이 정하는 기술수준에 적합하여 방사성물질 등에 의한 인체·물체·공공의 재해방지에 지장이 없을 것)의 취지는 원자로 등 건설사업이 방사성물질 및 그에 의하여 오염된 물질에 의한 인체·물체·공공의 재해를 발생시키지 아니하는 방법으로 시행되도록 함으로써 방사성물질 등에 의한 생명·건강상의 위해를 받지 아니할 이익을 일반적 공익으로서 보호하려는 데 그치는 것이 아니라 방사성물질에 의하여 보다 직접적이고 중대한 피해를 입으리라고 예상되는 지역 내의 주민들의 위와 같은 이익을 직접적·구체적 이익으로서도 보호하려는 데에 있다 할 것이므로, 위와 같은 지역 내의 주민들에게는 방사성물질 등에 의한 생명·신체의 안전침해를 이유로 부지사전승인처분의 취소를 구할 원고적격이 있다.

17 | 2024 |

행정소송의 원고적격에 관한 설명으로 옳지 않은 것은? (다툼이 있으면 판례에 따름)

① 「행정소송법」은 당사자소송의 원고적격에 관하여 규정하고 있지 않다.
② 행정처분의 직접 상대방이 아닌 제3자라고 하더라도 당해 행정처분으로 인하여 법률상 보호되는 이익을 침해당한 경우에는 취소소송을 제기할 수 있다.
③ 사실적·경제적 이해관계를 갖는 데 불과한 경우에도 무효등 확인소송의 원고적격은 인정된다.
④ 행정주체에 대해서도 항고소송의 원고적격이 인정될 수 있다.
⑤ 원고적격은 법원의 직권조사사항이다.

답 17 ③

① ☞ 행정소송법에는 당사자소송의 원고적격에 관한 특별한 규정이 없으므로, 민사소송법상의 원고적격에 관한 규정이 적용된다. 민사소송법상 원고적격은 「권리보호의 이익이 있는 자」이다.
② ☞ 인근주민소송, 경업자소송, 경원자소송을 생각하면 된다.
[대판 1999.6.11. 96누10614] 행정행위의 직접 상대방이 아닌 제3자라도 당해 행정처분의 취소를 구할 법률상의 이익이 있는 경우에는 원고적격이 인정된다고 할 것이나, 여기서 말하는 법률상의 이익은 당해 처분의 근거 법률에 의하여 보호되는 직접적이고 구체적인 이익이 있는 경우를 말하고, 다만 간접적이거나 사실적, 경제적 이해관계를 가지는 데 불과한 경우에는 여기에 포함되지 아니한다.
③ ☞ 법률상 이익을 가진 자에게 원고적격이 인정된다. 법률상 이익은 개별적·직접적·구체적 이익이라야 한다. 「개/직/구」로 정리하자.
[대판 1999.6.11. 96누10614] 행정행위의 직접 상대방이 아닌 제3자라도 당해 행정처분의 취소를 구할 법률상의 이익이 있는 경우에는 원고적격이 인정된다고 할 것이나, 여기서 말하는 법률상의 이익은 당해 처분의 근거 법률에 의하여 보호되는 직접적이고 구체적인 이익이 있는 경우를 말하고, 다만 간접적이거나 사실적, 경제적 이해관계를 가지는 데 불과한 경우에는 여기에 포함되지 아니한다.
④ ☞ 지방자치단체나 국가가 건축주의 지위에서 허가권자인 단체장을 상대로 건축협의취소처분에 대한 취소소송을 제기하는 경우를 생각하면 된다.
[대법원 2014. 2. 27., 선고, 2012두22980, 판결] 건축협의 취소는 상대방이 다른 지방자치단체 등 행정주체라 하더라도 '행정청이 행하는 구체적 사실에 관한 법집행으로서의 공권력 행사'(행정소송법 제2조 제1항 제1호)로서 처분에 해당한다고 볼 수 있고, 지방자치단체인 원고가 이를 다툴 실효적 해결 수단이 없는 이상, 원고는 건축물 소재지 관할 허가권자인 지방자치단체의 장을 상대로 항고소송을 통해 건축협의 취소의 취소를 구할 수 있다.
⑤ ☞ 원고적격을 포함한 모든 소송요건은 법원의 직권조사사항이다.

18 | 2025 |

항고소송에서 원고적격이 인정되는 것은? (다툼이 있으면 판례에 따름)

① 대학교 직원 노동조합이 교육부장관의 학교법인 임시이사 선임처분의 취소를 구하는 경우
② 기존 담배 일반소매인이 신규 구내소매인 지정처분의 취소를 구하는 경우
③ 대한의사협회가 보건복지부 고시인 '건강보험요양급여행위 및 그 상대가치점수 개정'의 취소를 구하는 경우
④ 한의사가 한약조제시험을 통하여 한약조제권을 인정받은 약사에 대한 합격처분의 무효확인을 구하는 경우
⑤ 지방자치단체가 건축물 소재지 관할 허가권자인 다른 지방자치단체의 장을 상대로 「건축법」상 건축협의 취소의 취소를 구하는 경우

답 18 ⑤

① ☞ 원고적격이 인정되지 않는다.
[대법원 2015. 7. 23., 선고, 2012두19496,19502, 판결] 교육부장관이 사학분쟁조정위원회의 심의를 거쳐 甲 대학교를 설치·운영하는 乙 학교법인의 이사 8인과 임시이사 1인을 선임한 데 대하여 甲 대학교 교수협의회와 총학생회 등이 이사선임처분의 취소를 구하는 소송을 제기한 사안에서, 임시이사제도의 취지, 교직원·학생 등의 학교운영에 참여할 기회를 부여하기 위한 개방이사 제도에 관한 법령의 규정 내용과 입법 취지 등을 종합하여 보면, 구 사립학교법과 구 사립학교법 시행령 및 乙 법인 정관 규정은 헌법 제31조 제4항에 정한 교육의 자주성과 대학의 자율성에 근거한 甲 대학교 교수협의회와 총학생회의 학교운영참여권을 구체화하여 이를 보호하고 있다고 해석되므로, 甲 대학교 교수협의회와 총학생회는 이사선임처분을 다툴 법률상 이익을 가지지만, 고등교육법령은 교육받을 권리나 학문의 자유를 실현하는 수단으로서 학생회와 교수회와는 달리 학교의 직원으로 구성된 노동조합의 성립을 예정하고 있지 아니하고, 노동조합은 근로자가 주체가 되어 자주적으로 단결하여 근로조건의 유지·개선 기타 근로자의 경제적·사회적 지위의 향상을 도모하기 위하여 조직된 단체인 점 등을 고려할 때, 학교의 직원으로 구성된 노동조합이 교육받을 권리나 학문의 자유를 실현하는 수단으로서 직접 기능한다고 볼 수는 없으므로, 개방이사에 관한 구 사립학교법과 구 사립학교법 시행령 및 乙 법인 정관 규정이 학교직원들로 구성된 전국대학노동조합 乙 대학교지부의 법률상 이익까지 보호하고 있는 것으로 해석할 수는 없다고 한 사례.

② ☞ 원고적격이 인정되지 않는다.
[대법원 2008. 4. 10., 선고, 2008두402, 판결] 구내소매인과 일반소매인 사이에서는 구내소매인의 영업소와 일반소매인의 영업소 간에 거리제한을 두지 아니할 뿐 아니라 건축물 또는 시설물의 구조·상주인원 및 이용인원 등을 고려하여 동일 시설물 내 2개소 이상의 장소에 구내소매인을 지정할 수 있으며, 이 경우 일반소매인이 지정된 장소가 구내소매인 지정대상이 된 때에는 동일 건축물 또는 시설물 안에 지정된 일반소매인은 구내소매인으로 보고, 구내소매인이 지정된 건축물 등에는 일반소매인을 지정할 수 없으며, 구내소매인은 담배진열장 및 담배소매점 표시판을 건물 또는 시설물의 외부에 설치하여서는 아니 된다고 규정하는 등 일반소매인의 입장에서 구내소매인과의 과당경쟁으로 인한 경영의 불합리를 방지하는 것을 그 목적으로 할 수 있다고 보기 어려우므로, 일반소매인으로 지정되어 영업을 하고 있는 기존업자의 신규 구내소매인에 대한 이익은 법률상 보호되는 이익이 아니라 단순한 사실상의 반사적 이익이라고 해석함이 상당하므로, 기존 일반소매인은 신규 구내소매인 지정처분의 취소를 구할 원고적격이 없다.

③ ☞ 이 경우 의사 개개인에게 원고적격이 있는 것이지, 의사들의 단체인 대한의사협회에 원고적격이 있는 것이 아니다.
[대법원 2006.5.25. 2003두11988] 사단법인 대한의사협회는 의료법에 의하여 의사들을 회원으로 하여 설립된 사단법인으로서, 국민건강보험법상 요양급여행위, 요양급여비용의 청구 및 지급과 관련하여 직접적인 법률관계를 갖지 않고 있으므로, 보건복지부 고시인 '건강보험요양급여행위 및 그 상대가치점수 개정'으로 인하여 자신의 법률상 이익을 침해당하였다고 할 수 없다는 이유로 위 고시의 취소를 구할 원고적격이 없다.

④ ☞ 원고적격이 인정되지 않는다.
[대판 1998.3.10, 97누4289] 한의사 면허는 경찰금지를 해제하는 명령적 행위(강학상 허가)에 해당하고, 한약조제시험을 통하여 약사에게 한약조제권을 인정함으로써 한의사들의 영업상 이익이 감소되었다고 하더라도 이러한 이익은 사실상의 이익에 불과하고 약사법이나 의료법 등의 법률에 의하여 보호되는 이익이라고는 볼 수 없으므로, 한의사들이 한약조제시험을 통하여 한약조제권을 인정받은 약사들에 대한 합격처분의 무효확인을 구하는 당해 소는 원고적격이 없는 자들이 제기한 소로서 부적법하다.

⑤ ☞ 지방자치단체나 국가가 건축주의 지위에서 허가권자인 단체장을 상대로 건축협의취소처분에 대한 취소소송을 제기하는 경우를 생각하면 된다.

[대법원 2014. 2. 27., 선고, 2012두22980, 판결] 건축협의 취소는 상대방이 다른 지방자치단체 등 행정주체라 하더라도 '행정청이 행하는 구체적 사실에 관한 법집행으로서의 공권력 행사'(행정소송법 제2조 제1항 제1호)로서 처분에 해당한다고 볼 수 있고, 지방자치단체인 원고가 이를 다툴 실효적 해결 수단이 없는 이상, 원고는 건축물 소재지 관할 허가권자인 지방자치단체의 장을 상대로 항고소송을 통해 건축협의 취소의 취소를 구할 수 있다.

19 | 2025 |

취소소송상 소송요건심리 단계에서 판단해야 할 사항이 아닌 것은? (다툼이 있으면 판례에 따름)

① 원고적격의 존재여부
② 소의 이익의 존재여부
③ 전심절차의 준수여부
④ 처분절차의 준수여부
⑤ 처분성의 존재여부

----

①, ②, ③, ⑤ ☞ 소송요건이므로 소송요건 심사단계에서 고려할 요소이다.
④ ☞ 처분절차를 준수하였는지는 본안의 문제이다.
 [대법원 2020. 4. 9. 선고 2015다34444 판결] 항고소송의 대상인 '처분'이란 행정청이 행하는 구체적 사실에 관한 법집행으로서의 공권력의 행사 또는 그 거부와 그 밖에 이에 준하는 행정작용(행정소송법 제2조 제1항 제1호)을 말한다. 행정청의 행위가 항고소송의 대상이 될 수 있는지는 추상적·일반적으로 결정할 수 없고, 구체적인 경우에 관련 법령의 내용과 취지, 행위의 주체·내용·형식·절차, 행위와 상대방 등 이해관계인이 입는 불이익 사이의 실질적 견련성, 법치행정의 원리와 행위에 관련된 행정청이나 이해관계인의 태도 등을 고려하여 개별적으로 결정하여야 한다. 또한 어떠한 처분에 법령상 근거가 있는지, 행정절차법에서 정한 처분절차를 준수하였는지는 본안에서 당해 처분이 적법한가를 판단하는 단계에서 고려할 요소이지, 소송요건 심사단계에서 고려할 요소가 아니다.

답 19 ④

3. 협의의 소의 이익(권리보호의 필요)

가. 의의

「협의의 소의 이익」이라 함은 구체적 사안에 있어서 분쟁에 대해 취소 또는 무효확인 등 판단을 행할 구체적·현실적 필요성이 있는 것을 말한다. 이를 권리보호의 필요 또는 판단의 구체적 이익 내지 필요성이라고도 한다. 재판은 당사자의 정신적 만족이 아니라 현실적 구제를 목적으로 하는 것이므로 재판에 의해 분쟁을 해결할 만한 현실적인 필요성이 있어야 한다. 따라서 승소판결을 받더라도 원고의 권익이 구제될 수 없는 경우에는 협의의 소의 이익이 인정되지 않는다.

협의의 소의 이익이 문제되는 경우에도 판례는 법률상 이익이라고 표현하고 있으나, 원고적격을 의미하는 「법률상 이익」과는 달리 이 경우에는 권리보호의 필요성을 의미하는 「협의의 소의 이익」으로 이해하여야 한다.

> **관련판례**
>
> 1. 개발제한구역 중 일부 취락을 개발제한구역에서 해제하는 내용의 도시관리계획변경결정에 대하여, 개발제한구역 해제 대상에서 누락된 토지의 소유자는 위 결정의 취소를 구할 협의의 소의 이익이 없다[대법원 1979.12.28, 79누218].
>   이 사건 토지는 이 사건 도시관리계획변경결정 전후를 통하여 개발제한구역으로 지정된 상태에 있으므로 이 사건 도시관리계획변경결정으로 인하여 그 소유자인 원고가 위 토지를 사용·수익·처분하는 데 새로운 공법상의 제한을 받거나 종전과 비교하여 더 불이익한 지위에 있게 되는 것은 아니다. 또한, 원고의 청구취지와 같이 이 사건 도시관리계획변경결정 중 중리취락 부분이 취소된다 하더라도 그 결과 이 사건 도시관리계획변경결정으로 개발제한구역에서 해제된 제3자 소유의 토지들이 종전과 같이 개발제한구역으로 남게 되는 결과가 될 뿐, 원고 소유의 이 사건 토지가 개발제한구역에서 해제되는 것도 아니다. 따라서 원고에게 제3자 소유의 토지에 관한 이 사건 도시관리계획변경결정의 취소를 구할 직접적이고 구체적인 이익이 있다고 할 수 없다.
>
> 2. 도시계획사업의 시행으로 토지를 수용당한 사람은 도시계획결정과 토지수용이 당연무효가 아닌 한 도시계획결정 자체의 취소를 청구할 법률상의 이익이 없다[헌재 전원재판부 2000헌바58, 2002.5.30].
>   도시계획사업의 시행으로 인한 토지수용에 의하여 이미 이 사건 토지에 대한 소유권을 상실한 청구인은 도시계획결정과 토지의 수용이 법률에 위반되어 당연무효라고 볼만한 특별한 사정이 보이지 않는 이상 이 사건 토지에 대한 도시계획결정의 취소를 청구할 법률상의 이익을 흠결하여 당해소송은 적법한 것이 될 수 없고 나아가 우리 재판소의 위헌 결정에 의하여, 사업이 시행`되지 아니한 토지의 소유자에게 취소청구권이나 해제청구권을 부여하는 새로운 입법이 이루어진다고 하더라도, 이미 도시계획시설사업이 시행되어 토지수용까지 이루어진 경우에는 이러한 규정들이 적용될 수 없는 것이므로 심판대상조항들의 위헌 여부는 재판의 전제가 되지 않는다.
>
> 3. 건물의 사용검사처분은 건축물을 사용·수익할 수 있게 하는데 그치므로 구 주택법상 입주자나 입주예정자가 사용검사처분의 취소를 구할 법률상 이익이 없다(대법원 2015.1.29, 선고, 2013두24976)
>   주택에 대한 사용검사처분이 있으면, 그에 따라 입주예정자들이 주택에 입주하여 이를 사용할 수 있게 되

므로 일반적으로 입주예정자들에게 이익이 되고, 다수의 입주자들이 사용검사권자의 사용검사처분을 신뢰하여 입주를 마치고 제3자에게 주택을 매매 내지 임대하거나 담보로 제공하는 등 사용검사처분을 기초로 다수의 법률관계가 형성되는데, 일부 입주자나 입주예정자가 사업주체와의 개별적 분쟁 등을 이유로 사용검사처분의 무효확인 또는 취소를 구하게 되면, 처분을 신뢰한 다수의 이익에 반하게 되는 상황이 발생할 수 있다.

위와 같은 사정들을 종합하여 볼 때, 구 주택법상 입주자나 입주예정자는 사용검사처분의 무효확인 또는 취소를 구할 법률상 이익이 없다.

나. 구체적인 경우

(1) 처분이 기간 등의 경과로 인해 소멸된 경우

① 원칙

처분의 효력이 소멸한 경우에는 통상 당해 처분의 취소를 통하여 회복할 소의 이익이 없다. 예컨대 영업정지기간이 이미 경과한 후에는 영업정지처분의 취소를 구할 권리보호필요성이 결여된다.

> **관련판례**
>
> 1. 행정처분에 그 효력기간이 정하여져 있는 경우, 기간 경과 후에는 원칙적으로 그 처분의 취소를 구할 소의 이익이 없다[대법원 2002.7.26., 2000두7254].
>   [1] 행정처분에 그 효력기간이 정하여져 있는 경우, 그 처분의 효력 또는 집행이 정지된 바 없다면 위 기간의 경과로 그 행정처분의 효력은 상실되므로 그 기간 경과 후에는 그 처분이 외형상 잔존함으로 인하여 어떠한 법률상 이익이 침해되고 있다고 볼 만한 별다른 사정이 없는 한 그 처분의 취소를 구할 법률상의 이익이 없다.
>   [2] 농수산물 지방도매시장의 도매시장법인으로 지정된 유효기간이 만료되어 그 지정처분이 외형상 잔존함으로 인하여 어떠한 법률상의 이익이 침해되고 있다고 볼 만한 별다른 사정이 인정되지 아니한다는 이유로 그 처분의 취소를 구할 법률상의 이익이 없다.
>
> 2. 행정청이 공무원에 대하여 직위해제처분을 하였다가 그 후에 새로운 직위해제사유에 기하여 다시 직위해제처분을 한 경우에도, 당해 공무원이 제기한 원래의 직위해제처분의 취소를 구하는 소송은 소의 이익이 없다[대법원 2003.10.10, 2003두5945].
>   행정청이 공무원에 대하여 새로운 직위해제사유에 기한 직위해제처분을 한 경우 그 이전에 한 직위해제처분은 이를 묵시적으로 철회하였다고 봄이 상당하므로, 그 이전 처분의 취소를 구하는 부분은 존재하지 않는 행정처분을 대상으로 한 것으로서 그 소의 이익이 없어 부적법하다.
>
> 3. 공정거래위원회가 부당한 공동행위를 한 사업자에게 과징금 부과처분을 한 뒤, 다시 자진신고 등을 이유로 감면처분을 한 경우, 선행 부과처분의 취소를 구하는 소송은 소의 이익이 부정된다[대법원 2015.2.12, 선고, 2013두987, 판결].
>   거래위원회가 부당한 공동행위를 행한 사업자로서 구 독점규제 및 공정거래에 관한 법률 제22조의2에서 정한 자진신고자나 조사협조자에 대하여 과징금 부과처분(이하 '선행처분'이라 한다)을 한 뒤, 독

점규제 및 공정거래에 관한 법률 시행령 제35조 제3항에 따라 다시 자진신고자 등에 대한 사건을 분리하여 자진신고 등을 이유로 한 과징금 감면처분(이하 '후행처분'이라 한다)을 하였다면, 후행처분은 자진신고 감면까지 포함하여 처분 상대방이 실제로 납부하여야 할 최종적인 과징금액을 결정하는 종국적 처분이고, 선행처분은 이러한 종국적 처분을 예정하고 있는 일종의 잠정적 처분으로서 후행처분이 있을 경우 선행처분은 후행처분에 흡수되어 소멸한다. 따라서 위와 같은 경우에 선행처분의 취소를 구하는 소는 이미 효력을 잃은 처분의 취소를 구하는 것으로 부적법하다.

4. **관할 지방병무청장이 1차로 공개 대상자 결정을 하고, 그에 따라 병무청장이 같은 내용으로 최종적 공개결정을 하였다면 관할 지방병무청장의 결정에 대하여 다툴 소의 이익이 없어진다**(대법원 2019.6.27. 2018두49130).
병무청장이 병역법 제81조의2 제1항에 따라 병역의무 기피자의 인적사항 등을 인터넷 홈페이지에 게시하는 등의 방법으로 공개한 경우, 병무청장의 공개결정이 항고소송의 대상이 되는 행정처분이다 … 중략 … 관할 지방병무청장이 1차로 공개 대상자 결정을 하고, 그에 따라 병무청장이 같은 내용으로 최종적 공개결정을 하였다면, 공개 대상자는 <u>병무청장의 최종적 공개결정만을 다투는 것으로 충분하고</u>, 관할 지방병무청장의 공개대상자 결정을 별도로 다툴 소의 이익은 없어진다.

② 예외 - 제재적 처분이 장래 처분의 가중요건인 경우

> **관련판례**
>
> **제재적 행정처분이 장래 처분의 가중요건이 되는 경우 그 제재기간이 이미 경과하였다고 하더라도 처분의 취소를 구할 소의 이익이 있다**[대법원 2006.6.22., 2003두1684].
> 제재적 행정처분이 그 처분에서 정한 제재기간의 경과로 인하여 그 효과가 소멸되었으나, 부령인 시행규칙 또는 지방자치단체의 규칙(이하 이들을 '규칙'이라고 한다)의 형식으로 정한 처분기준에서 제재적 행정처분(이하 '선행처분'이라고 한다)을 받은 것을 가중사유나 전제요건으로 삼아 장래의 제재적 행정처분(이하 '후행처분'이라고 한다)을 하도록 정하고 있는 경우, 제재적 행정처분의 가중사유나 전제요건에 관한 규정이 법령이 아니라 규칙의 형식으로 되어 있다고 하더라도, 그러한 규칙이 법령에 근거를 두고 있는 이상 그 법적 성질이 대외적·일반적 구속력을 갖는 법규명령인지 여부와는 상관없이, 관할 행정청이나 담당공무원은 이를 준수할 의무가 있으므로 이들이 그 규칙에 정해진 바에 따라 행정작용을 할 것이 당연히 예견되고, 그 결과 행정작용의 상대방인 국민으로서는 그 규칙의 영향을 받을 수밖에 없다. 따라서 그러한 규칙이 정한 바에 따라 선행처분을 받은 상대방이 그 처분의 존재로 인하여 장래에 받을 불이익, 즉 후행처분의 위험은 구체적이고 현실적인 것이므로, 상대방에게는 선행처분의 취소소송을 통하여 그 불이익을 제거할 필요가 있다. (중략) 이상의 여러 사정과 아울러, 국민의 재판청구권을 보장한 헌법 제27조 제1항의 취지와 행정처분으로 인한 권익침해를 효과적으로 구제하려는 행정소송법의 목적 등에 비추어 행정처분의 존재로 인하여 국민의 권익이 실제로 침해되고 있는 경우는 물론이고 권익침해의 구체적·현실적 위험이 있는 경우에도 이를 구제하는 소송이 허용되어야 한다는 요청을 고려하면, 규칙이 정한 바에 따라 <u>선행처분을 가중사유 또는 전제요건으로 하는 후행처분을 받을 우려가 현실적으로 존재하는 경우에는, 선행처분을 받은 상대방은 비록 그 처분에서 정한 제재기간이 경과하였다 하더라도 그 처분의 취소소송을 통하여 그러한 불이익을 제거할 권리보호의 필요성이 충분히 인정된다고 할 것이므로, 선행처분의 취소를 구할 법률상 이익이 있다</u>고 보아야 한다.

(2) 원상회복이 불가능한 경우

비록 그 위법한 처분을 취소한다 하더라도 원상회복이 불가능한 경우에는 취소를 구할 소의 이익이 없는 것이 원칙이다. 그러나 원상회복이 불가능한 경우에도 회복되는 부수적 이익이 있는 경우에는 소의 이익이 인정된다.

> **관련판례**
>
> **1. 소의 이익을 부정한 경우**
>
> **가.** 건물철거명령에 대한 취소소송의 변론종결 전에 대집행의 실행이 완료된 경우에는 철거명령의 취소를 구할 소의 이익은 없다[대법원 1993.6.8., 93누6164].
>
> 대집행계고처분 취소소송의 변론이 종결되기 전에 대집행영장에 의한 통지절차를 거쳐 사실행위로서 대집행의 실행이 완료된 경우에는, 그 행위가 위법한 것이라는 이유로 손해의 배상이나 원상의 회복 등을 청구하는 것은 별론으로 하고, 그 처분의 취소를 구할 법률상의 이익은 없다.
>
> **나.** 건축허가에 따른 건축공사가 완료된 경우, 이격거리위반을 이유로 건축허가처분의 취소를 구할 소의 이익은 없다[대법원 1992.4.24., 91누11131].
>
> [1] 위법한 행정처분의 취소를 구하는 소는 위법한 처분에 의하여 발생한 위법상태를 배제하여 원상으로 회복시키고 그 처분으로 침해되거나 방해받은 권리와 이익을 보호 구제하고자 하는 소송이므로 비록 그 위법한 처분을 취소한다 하더라도 원상회복이 불가능한 경우에는 그 취소를 구할 이익이 없다.
>
> [2] 건축허가가 건축법 소정의 이격거리를 두지 아니하고 건축물을 건축하도록 되어 있어 위법하다 하더라도 그 건축허가에 기하여 건축공사가 완료되었다면 그 건축허가를 받은 대지와 접한 대지의 소유자인 원고가 위 건축허가처분의 취소를 받아 이격거리를 확보할 단계는 지났으며 민사소송으로 위 건축물 등의 철거를 구하는 데 있어서도 위 처분의 취소가 필요한 것이 아니므로 원고로서는 위 처분의 취소를 구할 법률상의 이익이 없다고 한 사례.
>
> **다.** 현역병입영대상자로 병역처분을 받은 자가 그 취소소송 중 현역병으로 자진입대한 경우 병역처분의 취소를 구할 소의 이익이 없다[대법원 1998.9.8., 98두9165].
>
> 원고는 이 사건 처분의 위법을 주장하며 그 취소를 구하는 이 사건 소를 제기하였으나 소송 도중 모병에 응하여 현역병으로 자진 입대하였는바, 사실관계가 이와 같다면, 원고가 당초에 이 사건 소를 제기한 현실적인 필요는 현역병으로서의 복무가 강제되는 징집을 면하기 위한 데에 있었다고 할 것이나, 소송 도중 원고가 지원에 의하여 현역병으로 채용되었을 뿐만 아니라 이 사건 처분이 취소된다고 하더라도 현역병으로 채용된 효력이 상실되지 아니하여 계속 현역병으로 복무할 수밖에 없으므로 더 이상 재판으로 이 사건 처분의 위법을 다툴 실제적인 효용 내지 실익이 사라졌다고 할 것이어서 이 사건 소는 결국 소의 이익이 없는 부적법한 소라고 할 것이다.
>
> **라.** 상병에서의 병장으로의 진급요건을 갖춘 자에 대하여 그 진급처분을 행하지 아니한 상태에서 예비역 편입처분을 한 경우, 진급처분부작위위법을 이유로 예비역편입처분취소를 구할 소의 이익은 없다[대법원 2000.5.16., 99두7111].
>
> 상등병에서 병장으로의 진급요건을 갖춘 자에 대하여 그 진급처분을 행하지 아니한 상태에서 예비역으로 편입하는 처분을 한 경우라도 예비역편입처분은 병역법시행령 제27조 제3항에 따라 헌법상 부담하고 있는

국방의 의무의 정도를 현역에서 예비역으로 변경하는 것으로 병의 진급처분과 그 요건을 달리하는 별개의 처분으로서 그 자에게 유리한 것임이 분명하므로 예비역편입처분에 앞서 진급권자가 진급처분을 행하지 아니한 위법이 있었다 하더라도 예비역편입처분으로 인하여 어떠한 권리나 법률상 보호되는 이익이 침해당하였다고 볼 수 없고, 또한 예비역편입처분취소를 통하여 회복하고자 하는 이익침해는 계급을 상등병에서 병장으로 진급시키는 진급권자에 의한 진급처분이 행하여져야만 보호받을 수 있는 것인데 비록 위 예비역편입처분이 취소된다 하더라도 그로 인하여 신분이 예비역에서 현역으로 복귀함에 그칠 뿐이고, 상등병에서 병장으로의 진급처분 여부는 원칙적으로 진급권자의 합리적 판단에 의하여 결정되는 것이므로 그와 같은 진급처분이 행하여지지 않았다는 이유로 위 예비역편입처분의 취소를 구할 이익이 있다고 할 수 없다.

마. **소음·진동배출시설에 대한 설치허가가 취소된 후 그 배출시설이 어떠한 경위로든 철거되어 다시 복구 등을 통하여 배출시설을 가동할 수 없는 상태라면 더 이상 설치허가취소처분의 취소를 구할 소의 이익은 없다**(대법원 2002. 1. 11., 선고, 2000두2457).

소음·진동배출시설에 대한 설치허가가 취소된 후 그 배출시설이 어떠한 경위로든 철거되어 다시 복구 등을 통하여 배출시설을 가동할 수 없는 상태라면 이는 배출시설 설치허가의 대상이 되지 아니하므로 외형상 설치허가취소행위가 잔존하고 있다고 하여도 특단의 사정이 없는 한 이제 와서 굳이 위 처분의 취소를 구할 법률상의 이익이 없다.

바. **도지사가 도에서 설치·운영하는 지방의료원을 폐업하겠다는 결정을 발표하고 그에 따라 폐업을 위한 일련의 조치가 이루어진 후 지방의료원을 해산한다는 내용의 조례를 공포하고 지방의료원의 청산절차가 마쳐진 사안에서, 도지사의 폐업결정은 항고소송의 대상에 해당하지만 취소를 구할 소의 이익을 인정하기 어렵다**(대법원 2016.8.30, 2015두60617).

甲 도지사가 도에서 설치·운영하는 乙 지방의료원을 폐업하겠다는 결정을 발표하고 그에 따라 폐업을 위한 일련의 조치가 이루어진 후 乙 지방의료원을 해산한다는 내용의 조례를 공포하고 乙 지방의료원의 청산절차가 마쳐진 사안에서, 지방의료원의 설립·통합·해산은 지방자치단체의 조례로 결정할 사항이므로, 도가 설치·운영하는 乙 지방의료원의 폐업·해산은 도의 조례로 결정할 사항인 점 등을 종합하면, 甲 도지사의 폐업결정은 행정청이 행하는 구체적 사실에 관한 법집행으로서의 공권력 행사로서 입원환자들과 소속 직원들의 권리·의무에 직접 영향을 미치는 것이므로 항고소송의 대상에 해당하지만, 폐업결정 후 乙 지방의료원을 해산한다는 내용의 조례가 제정·시행되었고 조례가 무효라고 볼 사정도 없어 乙 지방의료원을 폐업 전의 상태로 되돌리는 원상회복은 불가능하므로 법원이 폐업결정을 취소하더라도 단지 폐업결정이 위법함을 확인하는 의미밖에 없고, 폐업결정의 취소로 회복할 수 있는 다른 권리나 이익이 남아있다고 보기도 어려우므로, 甲 도지사의 폐업결정이 법적으로 권한 없는 자에 의하여 이루어진 것으로서 위법하더라도 취소를 구할 소의 이익을 인정하기 어렵다.

사. **환지처분이 공고된 후 환지예정지지정처분의 취소를 구하는 경우 소의 이익이 없다**[대법원 1999.10.8., 99두6873].

토지구획정리사업법에 의한 토지구획정리는 환지처분을 기본적 요소로 하는 것으로서 환지예정지지정처분은 사업시행자가 사업시행지구 내의 종전 토지 소유자로 하여금 환지예정지지정처분의 효력발생일로부터 환지처분의 공고가 있는 날까지 당해 환지예정지를 사용수익할 수 있게 하는 한편 종전의 토지에 대하여는 사용수익을 할 수 없게 하는 처분에 불과하고 **환지처분이 일단 공고되어 효력을 발생하게 되면 환지예정지지정처분은 그 효력이 소멸되는 것이므로, 환지처분이 공고된 후에는 환지예정지지정처분에 대하여 그 취소를 구할 법률상 이익은 없다.**

아. 원자력법에 따른 부지사전승인처분은 그 자체로서 독립된 행정처분이지만, 나중에 건설허가처분이 있게 되면 건설허가처분에 흡수되어 건설허가처분만이 소송의 대상이 되고, 부지사전승인처분에 대한 취소소송은 소의 이익 흠결로 각하된다[대법원 1998.9.4. 97누19588].

원자력법 제11조 제3항 소정의 부지사전승인제도는 원자로 및 관계 시설을 건설하고자 하는 자가 그 계획 중인 건설부지가 원자력법에 의하여 원자로 및 관계 시설의 부지로 적법한지 여부 및 굴착공사 등 일정한 범위의 공사(이하 '사전공사'라 한다)를 할 수 있는지 여부에 대하여 건설허가 전에 미리 승인을 받는 제도로서, 원자로 및 관계 시설의 건설에는 장기간의 준비·공사가 필요하기 때문에 필요한 모든 준비를 갖추어 건설허가신청을 하였다가 부지의 부적법성을 이유로 불허가될 경우 그 불이익이 매우 크고 또한 원자로 및 관계 시설 건설의 이와 같은 특성상 미리 사전공사를 할 필요가 있을 수도 있어 건설허가 전에 미리 그 부지의 적법성 및 사전공사의 허용 여부에 대한 승인을 받을 수 있게 함으로써 그의 경제적·시간적 부담을 덜어 주고 유효·적절한 건설공사를 행할 수 있도록 배려하려는 데 그 취지가 있다고 할 것이므로, 원자로 및 관계 시설의 부지사전승인처분은 그 자체로서 건설부지를 확정하고 사전공사를 허용하는 법률효과를 지닌 독립한 행정처분이기는 하지만, 건설허가 전에 신청자의 편의를 위하여 미리 그 건설허가의 일부 요건을 심사하여 행하는 사전적 부분 건설허가처분의 성격을 갖고 있는 것이어서 나중에 건설허가처분이 있게 되면 그 건설허가처분에 흡수되어 독립된 존재가치를 상실함으로써 그 건설허가처분만이 쟁송의 대상이 되는 것이므로, 부지사전승인처분의 취소를 구하는 소는 소의 이익을 잃게 되고, 따라서 부지사전승인처분의 위법성은 나중에 내려진 건설허가처분의 취소를 구하는 소송에서 이를 다투면 된다.

자. 구 「도시 및 주거환경정비법」상 조합설립추진위원회 구성승인처분을 다투는 소송 계속 중에 조합설립인가처분이 이루어졌다면 조합설립추진위원회 구성승인처분의 취소를 구할 법률상 이익은 없다(대법원 2013. 1. 31., 선고, 2011두11112,2011두11129).

조합설립추진위원회(이하 '추진위원회'라고 한다) 구성승인처분은 조합의 설립을 위한 주체인 추진위원회의 구성행위를 보충하여 그 효력을 부여하는 처분으로서 조합설립이라는 종국적 목적을 달성하기 위한 중간단계의 처분에 해당하지만, 그 법률요건이나 효과가 조합설립인가처분의 그것과는 다른 독립적인 처분이기 때문에, 추진위원회 구성승인처분에 대한 취소 또는 무효확인 판결의 확정만으로는 이미 조합설립인가를 받은 조합에 의한 정비사업의 진행을 저지할 수 없다. 따라서 추진위원회 구성승인처분을 다투는 소송 계속 중에 조합설립인가처분이 이루어진 경우에는, 추진위원회 구성승인처분에 위법이 존재하여 조합설립인가 신청행위가 무효라는 점 등을 들어 직접 조합설립인가처분을 다툼으로써 정비사업의 진행을 저지하여야 하고, 이와는 별도로 추진위원회 구성승인처분에 대하여 취소 또는 무효확인을 구할 법률상의 이익은 없다고 보아야 한다.

2. 소의 이익을 인정한 경우

가. 불합격처분의 취소소송 계속 중 당해 연도의 입학시기가 지났더라도 불합격처분이 취소되면 다음 연도에 입학할 수 있으므로 소의 이익이 있다[대법원 1990.8.28., 89누8255].

교육법시행령 제72조, 서울대학교학칙 제37조 제1항 소정의 학생의 입학시기에 관한 규정이나 대학학생정원령 제2조 소정의 입학정원에 관한 규정은 학사운영 등 교육행정을 원활하게 수행하기 위한 행정상의 필요에 의하여 정해놓은 것으로서 어느 학년도의 합격자는 반드시 당해 년도에만 입학하여야 한다고 볼 수 없으므로 원고들이 불합격처분의 취소를 구하는 이 사건 소송계속 중 당해년도의 입학시기가 지났더라도 당해 년도의 합격자로 인정되면 다음년도의 입학시기에 입학할 수도 있다고 할 것이고, 피고의 위법 한 처분이 있게 됨에 따라 당연히 합격하였어야 할 원고들이 불합격처리되고 불합격되었어야 할 자들이 합격한 결과가 되었다면 원고들은 입학정원에 들어가는 자들이라고 하지 않을 수 없다고 할 것이므로 원고들로서는 피고의 불합격처분의 적법여부를 다툴만한 법률상의 이익이 있다고 할 것이다.

나. 현역입영통지처분에 따라 현실적으로 입영을 하였더라도 입영 이후의 법률관계에 영향을 미치는 현역병입영통지처분의 취소를 구할 소의 이익이 있다[대법원 2003.12.26., 2003두1875].

병역법 제2조 제1항 제3호에 의하면 '입영'이란 병역의무자가 징집·소집 또는 지원에 의하여 군부대에 들어가는 것이고, 같은 법 제18조 제1항에 의하면 현역은 입영한 날부터 군부대에서 복무하도록 되어 있으므로 현역병입영통지처분에 따라 현실적으로 입영을 한 경우에는 그 처분의 집행은 종료되지만, 한편, 입영으로 그 처분의 목적이 달성되어 실효되었다는 이유로 다툴 수 없도록 한다면, 병역법상 현역입영대상자로서는 현역병입영통지처분이 위법하다 하더라도 법원에 의하여 그 처분의 집행이 정지되지 아니하는 이상 현실적으로 입영을 할 수밖에 없으므로 현역병입영통지처분에 대하여는 불복을 사실상 원천적으로 봉쇄하는 것이 되고, 또한 현역입영대상자가 입영하여 현역으로 복무하는 과정에서 현역병입영통지처분 외에는 별도의 다른 처분이 없으므로 입영한 이후에는 불복할 아무런 처분마저 없게 되는 결과가 되며, 나아가 입영하여 현역으로 복무하는 자에 대한 병적을 당해 군 참모총장이 관리한다는 것은 입영 및 복무의 근거가 된 현역병입영통지처분이 적법함을 전제로 하는 것으로서 그 처분이 위법한 경우까지를 포함하는 의미는 아니라고 할 것이므로, 현역입영대상자로서는 현실적으로 입영을 하였다고 하더라도, 입영 이후의 법률관계에 영향을 미치고 있는 현역병입영통지처분 등을 한 관할지방병무청장을 상대로 위법을 주장하여 그 취소를 구할 소송상의 이익이 있다.

다. 도시개발사업의 공사 등이 완료되고 원상회복이 사회통념상 불가능하게 된 경우에도 도시개발사업의 시행에 따른 도시계획변경결정처분과 도시개발구역지정처분 및 도시개발사업실시계획인가처분의 취소를 구할 소의 이익이 있다[대법원 2005.9.9., 2003두5402].

도시개발사업의 시행에 따른 도시계획변경결정처분과 도시개발구역지정처분 및 도시개발사업실시계획인가처분은 도시개발사업의 시행자에게 단순히 도시개발에 관련된 공사의 시공권한을 부여하는 데 그치지 않고 당해 도시개발사업을 시행할 수 있는 권한을 설정하여 주는 처분으로서 위 각 처분 자체로 그 처분의 목적이 종료되는 것이 아니고 위 각 처분이 유효하게 존재하는 것을 전제로 하여 당해 도시개발사업에 따른 일련의 절차 및 처분이 행해지기 때문에 위 각 처분이 취소된다면 그것이 유효하게 존재하는 것을 전제로 하여 이루어진 토지수용이나 환지 등에 따른 각종의 처분이나 공공시설의 귀속 등에 관한 법적 효력은 영향을 받게 되므로, 도시개발사업의 공사 등이 완료되고 원상회복이 사회통념상 불가능하게 되었더라도 위 각 처분의 취소를 구할 법률상 이익은 소멸한다고 할 수 없다.

라. 파면처분이 있은 후에 금고 이상의 형을 선고받아 당연퇴직사유가 발생한 경우, 파면처분의 취소를 구할 소의 이익이 있다[대법원 1985.6.25., 85누39].

파면처분취소소송의 사실심변론종결전에 동원고가 허위공문서등작성 죄로 징역 8월에 2년간 집행유예의 형을 선고받아 확정되었다면 원고는 지방공무원법 제61조의 규정에 따라 위 판결이 확정된 날 당연퇴직되어 그 공무원의 신분을 상실하고, 당연퇴직이나 파면이 퇴직급여에 관한 불이익의 점에 있어 동일하다 하더라도 최소한도 이 사건 파면처분이 있은 때부터 위 법규정에 의한 당연퇴직일자까지의 기간에 있어서는 파면처분의 취소를 구하여 그로 인해 박탈당한 이익의 회복을 구할 소의 이익이 있다 할 것이다.

마. 지방의회 의원에게 지급하는 월정수당은 지방의회 의원의 직무활동에 대한 대가로 지급되는 보수에 해당하므로, 그 보수의 지급을 위해 제명의결의 취소를 구할 수 있다[대법원 2009.1.30, 선고, 2007두13487, 판결].

지방의회 의원에 대한 제명의결 취소소송 계속중 의원의 임기가 만료된 사안에서, 제명의결의 취소로 의원의 지위를 회복할 수는 없다 하더라도 제명의결시부터 임기만료일까지의 기간에 대한 월정수당의 지급을 구할 수 있는 등 여전히 그 제명의결의 취소를 구할 법률상 이익이 있다고 본 사례

바. 한국방송공사 사장은 해임처분 무효확인 또는 취소소송 계속 중 임기가 만료되어 해임처분의 무효확인 또는 취소로 지위를 회복할 수 없다고 할지라도, 그 무효확인 또는 취소로 해임 처분일부터 임기만료일까지의 기간에 대한 보수지급을 구할 수 있는 경우에는 해임처분의 무효확인 또는 취소를 구할 법률상 이익이 있다[대법원 2012.2.23, 2011두5001].

해임처분 무효확인 또는 취소소송 계속 중 임기가 만료되어 해임처분의 무효확인 또는 취소로 지위를 회복할 수는 없다고 할지라도, 그 무효확인 또는 취소로 해임처분일부터 임기만료일까지 기간에 대한 보수 지급을 구할 수 있는 경우에는 해임처분의 무효확인 또는 취소를 구할 법률상 이익이 있다. 해임권자와 보수지급의무자가 다른 경우에도 마찬가지이다.

사. 취임승인이 취소된 학교법인의 정식이사들에 대해 원래 정해져 있던 임기가 만료된 뒤에도 그 임원취임승인취소처분의 취소를 구할 소의 이익이 있다[대법원 2007. 7. 19. 선고 2006두19297 전원합의체 판결].

비록 취임승인이 취소된 학교법인의 정식이사들에 대하여 원래 정해져 있던 임기가 만료되고 구 사립학교법 제22조 제2호 소정의 임원결격사유기간마저 경과하였다 하더라도, 그 임원취임승인취소처분이 위법하다고 판명되고 나아가 임시이사들의 지위가 부정되어 직무권한이 상실되면, 그 정식이사들은 후임이사 선임시까지 민법 제691조의 유추적용에 의하여 직무수행에 관한 긴급처리권을 가지게 되고 이에 터잡아 후임 정식이사들을 선임할 수 있게 되는바, 이는 감사의 경우에도 마찬가지이다. (중략) 그러므로 취임승인이 취소된 학교법인의 정식이사들로서는 그 취임승인취소처분 및 임시이사 선임처분에 대한 각 취소를 구할 법률상 이익이 있고, 나아가 선행 임시이사 선임처분의 취소를 구하는 소송 도중에 선행 임시이사가 후행 임시이사로 교체되었다고 하더라도 여전히 선행 임시이사 선임처분의 취소를 구할 법률상 이익이 있다.

아. 공장등록이 취소된 후 공장시설물이 철거된 경우에도 유효한 공장등록으로 인하여 보호되는 관련법상의 이익이 있다면 그 공장등록취소처분의 취소를 구할 소의 이익이 있다(대법원 2002. 1. 11., 선고, 2000두3306)

공장등록이 취소된 후 그 공장시설물이 철거되었다 하더라도 대도시 안의 공장을 지방으로 이전할 경우 조세특례제한법상의 세액공제 및 소득세 등의 감면혜택이 있고, 공업배치및공장설립에관한법률상의 간이한 이전절차 및 우선 입주의 혜택이 있는 경우, 그 공장등록취소처분의 취소를 구할 법률상의 이익이 있다.

자. 영치품에 대한 사용신청 불허처분 취소소송 중 다른 교도소로 이송된 경우에도 동종행위의 반복가능성으로 인해 소의 이익이 인정된다[대법원 2008. 2. 14. 선고 2007두13203 판결].

수형자의 영치품에 대한 사용신청 불허처분 후 수형자가 다른 교도소로 이송되었다 하더라도 수형자의 권리와 이익의 침해 등이 해소되지 않은 점 등에 비추어, 위 영치품 사용신청 불허처분의 취소를 구할 이익이 있다.

(3) 사정변경의 경우

처분 후의 사정에 의하여 이익침해가 해소된 경우도 소의 이익이 없다. 예컨대 행정처분이 취소되면 그 처분은 효력을 상실하여 더 이상 존재하지 않는 것이고, 존재하지 않는 행정처분을 대상으로 한 취소소송은 소의 이익이 없어서 부적법하다.

관련판례

1. 소의 이익을 부정한 경우

가. 행정청이 당초의 분뇨처리업 허가신청 반려처분을 직권취소하고 재차 반려처분을 한 경우, 당초의 반려처분의 취소를 구하는 소는 소의 이익이 없다. [대법원 2006.9.28., 2004두5317].

[1] 행정처분이 취소되면 그 처분은 취소로 인하여 그 효력이 상실되어 더 이상 존재하지 않는 것이고, 존재하지 않는 행정처분을 대상으로 한 취소소송은 소의 이익이 없어 부적법하다.

[2] 행정청이 당초의 분뇨 등 관련영업 허가신청 반려처분의 취소를 구하는 소의 계속중, 사정변경을 이유로 위 반려처분을 직권취소함과 동시에 위 신청을 재반려하는 내용의 재처분을 한 경우, 당초의 반려처분의 취소를 구하는 소는 더 이상 소의 이익이 없게 되었다.

나. 사법시험 1차시험 불합격처분 이후에 새로이 실시된 사법시험 1차시험에 합격한 자는 그 불합격처분의 취소를 구할 소의 이익이 없다[대법원 1996.2.23., 95누2685].

사법시험령 제5조, 제6조, 제8조의 각 규정을 종합하여 보면, 사법시험 제1차 시험에 합격하였다고 할지라도 그것은 합격자가 사법시험령 제6조, 제8조 제1항의 각 규정에 의하여 당회의 제2차 시험과 차회의 제2차 시험에 응시할 자격을 부여받을 수 있는 전제요건이 되는 데 불과한 것이고, 그 자체만으로 합격한 자의 법률상의 지위가 달라지게 되는 것이 아니므로, 제1차 시험 불합격 처분 이후에 새로이 실시된 사법 시험 제1자 시험에 합격하였을 경우에는 더 이상 위 불합격 처분의 취소를 구할 법률상 이익이 없다.

다. 치과의사국가시험 불합격처분 이후 새로 실시된 같은 국가시험에 합격한 자에게는 그 불합격처분의 취소를 구할 소의 이익이 없다 [대법원 1993. 11. 9. 선고 93누6867 판결].

치과의사국가시험 합격은 치과의사 면허를 부여받을 수 있는 전제요건이 된다고 할 것이나 국가시험에 합격하였다고 하여 위 면허취득의 요건을 갖추게 되는 이외에 그 자체만으로 합격한 자의 법률상 지위가 달라지게 되는 것은 아니므로 불합격처분 이후 새로 실시된 국가시험에 합격한 자들로서는 더 이상 위 불합격처분의 취소를 구할 법률상의 이익이 없다.

라. 공익근무요원의 소집해제신청이 거부되어 계속 근무함에 따라 복무기간 만료로 소집해제처분을 받은 경우, 위 소집해제거부처분의 취소를 구할 소의 이익이 없다[대법원 2005.5.13., 2004두4369].

공익근무요원 소집해제신청을 거부한 후에 원고가 계속하여 공익근무요원으로 복무함에 따라 복무기간 만료를 이유로 소집해제처분을 한 경우, 원고가 입게 되는 권리와 이익의 침해는 소집해제처분으로 해소되었으므로 위 거부처분의 취소를 구할 소의 이익이 없다.

2. 소의 이익을 인정한 경우

가. 고등학교 졸업 학력 검정고시에 합격하였다 하더라도, 고등학교에서 퇴학처분을 받은 자는 퇴학처분의 취소를 구할 협의의 소익이 있다[대법원 1992.7.14, 91누4737].

고등학교졸업이 대학입학자격이나 학력인정으로서의 의미밖에 없다고 할 수 없으므로 고등학교졸업학력 검정고시에 합격하였다 하여 고등학교 학생으로서의 신분과 명예가 회복될 수 없는 것이니 퇴학처분을 받은 자로서는 퇴학처분의 위법을 주장하여 그 취소를 구할 소송상의 이익이 있다.

나. 채석불허가처분의 취소를 구하는 임야 임차인이 채석을 할 임야에 대한 수용·수익권을 잃는 등으로 인하여 허가요건을 구비하지 못하게 된 경우에도 소의 이익이 있다[대법원 1996.10.29., 96누9621].

채석불허가처분의 취소를 구하는 임야 임차인이 채석을 할 임야에 대한 사용·수익권을 잃는 등의 사정변경이 있어 허가요건을 구비하지 못하게 되었다면, 행정청은 이와 같은 새로운 사실에 근거하여 이를 이유로 다시 채석불허가처분을 하면 되고, 또 임야 임차인이 행정청의 채석불허가처분 후 사용·수익권을 잃었다고 하더라도 임야 임차인으로서는 다시 이를 취득하여 보완할 수도 있는 것이므로, 임야 임차인이 소송 도중에 사용·수익권을 잃었다는 것만으로 위법한 채석불허가처분의 취소를 구할 소의 이익이 없게 되는 것은 아니다.

다. 영업정지처분에 대해 본안판결 확정시까지 집행을 정지한다는 결정이 있은 후, 본안심리 도중 처분시 표시된 영업정지기간이 경과한 경우 소의 이익이 있다[대법원 1982.6.22., 81누375].

영업정지처분에 대하여 그 효력정지결정이 있으면 그 처분의 집행자체 또는 그 효력발생이 정지되고 그 효력정지결정이 취소되거나 실효되면 그때부터 다시 영업정지기간이 진행되는 것이므로 영업정지처분이 그 효력정지결정으로 효력이 정지되어 있을 동안에 영업정지기간이 경과되었다고 하여도 그 처분의 취소를 구할 소송상 이익이 있다.

라. 공장설립승인처분 후에 공장건축허가처분이 있은 경우, 공장설립승인이 취소되었다고 하더라도 (공장건축이 이루어질 가능성이 남아있으므로) 공장건축허가처분의 취소를 구할 소의 이익이 있다[대법원 2018.7.12. 선고, 2015두3485. 판결].

개발제한구역 안에서의 공장설립을 승인한 처분이 위법하다는 이유로 쟁송취소되었다고 하더라도 그 승인처분에 기초한 공장건축허가처분이 잔존하는 이상, 공장설립승인처분이 취소되었다는 사정만으로 인근 주민들의 환경상 이익이 침해되는 상태나 침해될 위험이 종료되었다거나 이를 시정할 수 있는 단계가 지나버렸다고 단정할 수는 없고, 인근 주민들은 여전히 공장건축허가처분의 취소를 구할 법률상 이익이 있다고 보아야 한다.

(4) 기본행위와 인가의 관계

행정객체가 제3자와의 사이에서 하는 법률적 행위를 행정주체가 보충하여 그 법률상 효력을 완성시켜 주는 행정행위를 「인가」라 하고, 인가의 대상이 되는 행위를 「기본행위」라 한다. 일반적으로 「비영리법인」에 대한 승인이나 인허가는 용어와 상관없이 그 실질은 허가나 특허가 아니라 인가에 해당한다.

기본행위가 적법 유효하고 인가에만 하자가 있다면 인가처분의 무효나 취소를 주장할 수 있지만, 인가처분에 하자가 없다면 기본행위에 하자가 있다 하더라도 따로 그 기본행위의 하자를 다투는 것은 별론으로 하고 기본행위의 하자를 내세워 인가처분의 무효나 취소를 주장하는 것은 소의 이익이 없다.

> **관련판례**
>
> 1. 기본행위인 재단법인 정관변경 결의의 하자를 들어 정관변경인가의 취소를 구하는 것은 소의 이익이 없다[대법원 1996. 5. 16., 선고, 95누4810, 전원합의체 판결].
>
> 인가는 기본행위인 재단법인의 정관변경에 대한 법률상의 효력을 완성시키는 보충행위로서, 그 기본

이 되는 정관변경 결의에 하자가 있을 때에는 그에 대한 인가가 있었다 하여도 기본행위인 정관변경결의가 유효한 것으로 될 수 없으므로 기본행위인 정관변경 결의가 적법 유효하고 보충행위인 인가처분 자체에만 하자가 있다면 그 인가처분의 무효나 취소를 주장할 수 있지만, 인가처분에 하자가 없다면 기본행위에 하자가 있다 하더라도 따로 그 기본행위의 하자를 다투는 것은 별론으로 하고 기본행위의 무효를 내세워 바로 그에 대한 행정청의 인가처분의 취소 또는 무효확인을 소구할 법률상의 이익이 없다.

2. 이사회 개최 없는 사립학교 임원선임에 대한 관할교육청의 승인처분에 대하여 취소소송을 제기하는 것은 소의 이익이 없다[대법원 2002.5.24., 2000두3641].

기본행위인 이사선임결의가 적법·유효하고 보충행위인 승인처분 자체에만 하자가 있다면 그 승인처분의 무효확인이나 그 취소를 주장할 수 있지만, 이 사건 임원취임승인처분에 대한 무효확인이나 그 취소의 소처럼 기본행위인 임시이사들에 의한 이사선임결의의 내용 및 그 절차에 하자가 있다는 이유로 이사선임결의의 효력에 관하여 다툼이 있는 경우에는 민사쟁송으로서 그 기본행위에 해당하는 위 이사선임결의의 무효확인을 구하는 등의 방법으로 분쟁을 해결할 것이지 그 이사선임결의에 대한 보충적 행위로서 그 자체만으로는 아무런 효력이 없는 승인처분만의 무효확인이나 그 취소를 구하는 것은 특단의 사정이 없는 한 분쟁해결의 유효적절한 수단이라 할 수 없으므로, 임원취임승인처분의 무효확인이나 그 취소를 구할 법률상 이익이 없다.

< 판례정리 >

협의의 소의 이익을 부정한 경우	협의의 소의 이익을 긍정한 경우
① 처분의 효력기간이 경과한 경우 ② 행정대집행의 실행이 완료된 경우 ③ 시험불합격처분 취소를 구하는 소송의 계속 중에 새로 실시된 시험에 합격한 경우(사법시험, 치과의사국가시험) ④ 이격거리를 두지 않고 이루어진 건축이 완료된 경우 ⑤ 현역병입영대상자가 그 병역처분의 취소를 구하는 소의 계속 중에 모병에 응하여 현역병으로 자진입대한 경우 ⑥ 공익근무요원 소집해제신청이 거부된 후 복무를 계속하여 복무기간 만료로 소집해제처분이 이루어진 경우 ⑦ 새로운 직위해제사유에 기해 직위해제처분을 한 경우에 종전의 직위해제처분 ⑧ 환지처분 공고 후에 환지예정지 지정처분의 취소를 구하는 경우 ⑨ 주택건설사업계획 사전결정반려처분 취소소송의 계속 중에 법 개정으로 주택건설사업계획 사전결정제도가 폐지된 경우 ⑩ 원자력발전소 부지사전승인처분의 취소를 구하는 소송계속 중에 원자력발전소 건설허가처분이 이루어진 경우	① 제재처분의 기간이 경과하였더라도 후행처분의 전제 내지 가중요건인 경우 ② 수형자의 영치품에 대한 사용신청 불허처분 후 수형자가 다른 교도소로 이송되었다고 하더라도, 위법한 처분의 반복가능성이 있는 경우 ③ 대학입학불합격처분 후 취소소송 중 당해 연도 입학시기가 지난 경우 ④ 고등학교 퇴학처분 후 검정고시에 합격한 경우 ⑤ 현역병입영대상자의 경우 입영 후 현역병입영통지처분의 취소를 구하는 경우 ⑥ 지방의회 의원에 대한 제명의결의 취소로 의원의 지위를 회복할 수 없다 하더라도 제명의결시로부터 임기만료일까지의 기간에 대한 월정수당의 지급을 구할 수 있는 경우 ⑦ 도시개발사업의 공사 등이 완료되고 원상회복이 불가능하게 되었더라도 도시계획변경결정처분과 도시개발구역지정처분 및 도시개발사업실시계획인가처분이 후속처분의 전제가 됨을 이유로 그 취소를 구하는 경우 ⑧ 파면처분이 있은 후에 금고이상의 형을 선고받아 당연퇴직되었으나, 파면처분에 대한 취소판결을 받게 되면 파면처분일로부터 당연퇴직일까지의 기간에 대한 급여청구가 가능한 경우

기출문제

01 | 2016 |

판례상 항고소송의 소의 이익을 인정한 것은?

① 가중 제재처분규정이 있는 의료법에 의한 의사면허자격정지처분에서 정한 자격정지기간이 지난 후 그 처분의 취소를 구하는 소송
② 사법시험 제1차시험 불합격처분 후 새로 실시된 제1차시험에 합격한 경우, 그 불합격처분의 취소를 구하는 소송
③ 공정거래위원회가 부당한 공동행위를 한 사업자에게 과징금 부과처분을 한 뒤, 다시 자진신고 등을 이유로 감면처분을 한 경우, 선행 부과처분의 취소를 구하는 소송
④ 건축허가를 받아 건축공사를 완료한 경우 그 허가처분의 취소를 구하는 소송
⑤ 행정대집행이 실행완료된 경우 대집행계고처분의 취소를 구하는 소송

----

① [대법원 2005.3.25, 2004두14106] 의료법 제53조 제1항은 보건복지부장관으로 하여금 일정한 요건에 해당하는 경우 의료인의 면허자격을 정지시킬 수 있도록 하는 근거 규정을 두고 있고, 한편 같은 법 제52조 제1항 제3호는 보건복지부장관은 의료인이 3회 이상 자격정지처분을 받은 때에는 그 면허를 취소할 수 있다고 규정하고 있는바, 이와 같이 의료법에서 의료인에 대한 제재적인 행정처분으로서 면허자격정지처분과 면허취소처분이라는 2단계 조치를 규정하면서 전자의 제재처분을 보다 무거운 후자의 제재처분의 기준요건으로 규정하고 있는 이상 자격정지처분을 받은 의사로서는 면허자격정지처분에서 정한 기간이 도과되었다 하더라도 그 처분을 그대로 방치하여 둠으로써 장래 의사면허취소라는 가중된 제재처분을 받게 될 우려가 있는 것이어서 의사로서의 업무를 행할 수 있는 법률상 지위에 대한 위험이나 불안을 제거하기 위하여 면허자격정지처분의 취소를 구할 이익이 있다.
② [대법원 1996.2.23, 95누2685] 사법시험령 제5조, 제6조, 제8조의 각 규정을 종합하여 보면, 사법시험 제1차 시험에 합격하였다고 할지라도 그것은 합격자가 사법시험령 제6조, 제8조 제1항의 각 규정에 의하여 당회의 제2차 시험과 차회의 제2차 시험에 응시할 자격을 부여받을 수 있는 전제요건이 되는 데 불과한 것이고, 그 자체만으로 합격한 자의 법률상의 지위가 달라지게 되는 것이 아니므로, 제1차 시험 불합격 처분 이후에 새로이 실시된 사법시험 제1차 시험에 합격하였을 경우에는 더 이상 위 불합격 처분의 취소를 구할 법률상 이익이 없다.
③ [대법원 2015.2.12, 선고, 2013두987, 판결] 거래위원회가 부당한 공동행위를 행한 사업자로서 구 독점규제 및 공정거래에 관한 법률 제22조의2에서 정한 자진신고자나 조사협조자에 대하여 과징금 부과처분(이하 '선행처분'이라 한다)을 한 뒤, 독점규제 및 공정거래에 관한 법률 시행령 제35조 제3항에 따라 다시 자진신고자 등에 대한 사건을 분리하여 자진신고 등을 이유로 한 과징금 감면처분(이하 '후행처분'이라 한다)을 하였다면, 후행처분은 자진신고 감면까지 포함하여 처분 상대방이 실제로 납부하여야 할 최종적인 과징금액을 결정하는 종국적 처분이고, 선행처분은 이러한 종국적 처분을 예정하고 있는 일종의 잠정적 처분으로서 후행처분이 있을 경우 선행처분은 후행처분에 흡수되어 소멸한다. 따라서 위와 같은 경우에 선행처분의 취소를 구하는 소는 이미 효력을 잃은 처분의 취소를 구하는 것으로 부적법하다.
④ [대법원 1992.4.24., 91누11131] 건축허가가 건축법 소정의 이격거리를 두지 아니하고 건축물을 건축하도록 되어 있어 위법하다 하더라도 그 건축허가에 기하여 건축공사가 완료되었다면 그 건축허가를 받은 대지와 접한

답 01 ①

대지의 소유자인 원고가 위 건축허가처분의 취소를 받아 이격거리를 확보할 단계는 지났으며 민사소송으로 위 건축물 등의 철거를 구하는 데 있어서도 위 처분의 취소가 필요한 것이 아니므로 원고로서는 위 처분의 취소를 구할 법률상의 이익이 없다고 한 사례.
⑤ [대법원 1993.6.8., 93누6164] 대집행계고처분 취소소송의 변론이 종결되기 전에 대집행영장에 의한 통지절차를 거쳐 사실행위로서 대집행의 실행이 완료된 경우에는, 그 행위가 위법한 것이라는 이유로 손해의 배상이나 원상의 회복 등을 청구하는 것은 별론으로 하고, 그 처분의 취소를 구할 법률상의 이익은 없다.

02 | 2017 |

판례상 취소소송의 소의 이익이 부정되는 경우는?

① 「건축법」 소정의 이격거리를 두지 않아 위법한 건축물의 공사가 완료된 이후 이웃주민이 건축허가처분의 취소를 구하는 경우
② 지방의회의원에 대한 제명의결 취소소송 중 그 의원의 임기가 만료된 경우
③ 국립대학교 불합격처분에 대한 취소소송 중 당해 연도의 입학시기가 지난 경우
④ 감봉처분이 있은 이후 자진퇴직하여 공무원의 신분이 상실된 자가 감봉처분을 다투는 경우
⑤ 영치품에 대한 사용신청 불허처분 취소소송 중 다른 교도소로 이송된 경우

....

① [대법원 1992. 4. 24. 선고 91누11131 판결] 건축허가가 건축법 소정의 이격거리를 두지 아니하고 건축물을 건축하도록 되어 있어 위법하다 하더라도 그 건축허가에 기하여 건축공사가 완료되었다면 그 건축허가를 받은 대지와 접한 대지의 소유자인 원고가 위 건축허가처분의 취소를 받아 이격거리를 확보할 단계는 지났으며 민사소송으로 위 건축물 등의 철거를 구하는 데 있어서도 위 처분의 취소가 필요한 것이 아니므로 원고로서는 위 처분의 취소를 구할 법률상의 이익이 없다고 한 사례.
② [대법원 2009. 1. 30. 선고 2007두13487 판결] 지방의회 의원에 대한 제명의결 취소소송 계속중 의원의 임기가 만료된 사안에서, 제명의결의 취소로 의원의 지위를 회복할 수는 없다 하더라도 제명의결시부터 임기만료일까지의 기간에 대한 월정수당의 지급을 구할 수 있는 등 여전히 그 제명의결의 취소를 구할 법률상 이익이 있다고 본 사례
③ [대법원 1990. 8. 28. 선고 89누8255 판결] 어느 학년도의 합격자는 반드시 당해 연도에만 입학하여야 한다고 볼 수 없으므로 원고들이 이 사건 소송계속중 당해 년도의 입학시기가 지났다고 하더라도 당해 년도의 합격자로 인정되면 다음 년도의 입학시기에 입학할 수도 있다고 할 것이고, 원고들의 주장과 같이 피고의 위법한 처분이 있게 됨에 따라 당연히 합격하였어야 할 원고들이 불합격처리되고 불합격되었어야 할 자들이 합격한 결과가 되었다면 위 원고들은 입학정원에 들어가는 자들이라고 하지 않을 수 없다고 할 것이므로 원고들로서는 피고의 불합격처분에 대하여 그 적법 여부를 다툴만한 법률상의 이익이 있다고 할 것인바 (당원 1968.6.18. 선고 68누35 판결 참조), 원심이 같은 취지에서 원고들은 피고의 이 사건 불합격처분의 취소를 구할 법률상 이익이 있다고 판단한 것은 정당하고 거기에 논지가 주장하는 바와 같은 소의 이익에 관한 법리를 오해한 위법이 있다고 할 수 없다.
④ ☞ 감봉처분이 취소되면 감봉기간 동안 삭감된 급여에 대한 지급을 구할 수 있으므로 회복되는 부수적 이익이 인정된다.
[대법원 1977. 7. 12. 선고 74누147 판결] 징계처분으로서 감봉처분이 있은 후 그가 취소됨이 없이 지진퇴직하여서 공무원의 신분이 상실되었다 해서 그것만의 이유로서 곧 소송의 이익이 상실되었다고 단정할 수는 없는 것이라 하여야 할 것이다.

⑤ ☞ 동종행위가 반복될 가능성으로 인해 대상행위를 다툴 협의의 소의 이익이 인정된다.
[대법원 2008. 2. 14. 선고 2007두13203 판결] 수형자의 영치품에 대한 사용신청 불허처분 후 수형자가 다른 교도소로 이송되었다 하더라도 수형자의 권리와 이익의 침해 등이 해소되지 않은 점 등에 비추어, 위 영치품 사용신청 불허처분의 취소를 구할 이익이 있다.

03 | 2017 |

항고소송의 소의 이익이 인정되는 경우는? (다툼이 있으면 판례에 따름)

① 강학상 인가의 경우 기본행위의 하자를 이유로 인가처분의 취소를 구하는 소송
② 입주자가 건축물 사용검사처분의 취소를 구하는 소송
③ 행정청이 공무원에 대하여 새로운 직위해제사유에 기한 직위해제처분을 한 경우, 그 이전 직위해제처분의 취소를 구하는 소송
④ 사업양도계약의 무효를 주장하는 양도인이 지위승계신고 수리처분의 취소를 구하는 소송
⑤ 치과의사국가시험 불합격처분 이후 새로 실시된 같은 국가시험에 합격한 자가 불합격처분의 취소를 구하는 소송

① [대법원 1996. 5. 16. 선고 95누4810 전원합의체 판결] 인가는 기본행위인 재단법인의 정관변경에 대한 법률상의 효력을 완성시키는 보충행위로서, 그 기본이 되는 정관변경 결의에 하자가 있을 때에는 그에 대한 인가가 있었다 하여도 기본행위인 정관변경 결의가 유효한 것으로 될 수 없으므로 기본행위인 정관변경 결의가 적법 유효하고 보충행위인 인가처분 자체에만 하자가 있다면 그 인가처분의 무효나 취소를 주장할 수 있지만, 인가처분에 하자가 없다면 기본행위에 하자가 있다 하더라도 따로 그 기본행위의 하자를 다투는 것은 별론으로 하고 기본행위의 무효를 내세워 바로 그에 대한 행정청의 인가처분의 취소 또는 무효확인을 소구할 법률상의 이익이 없다.
② [대법원 2014. 7. 24. 선고 2011두30465 판결] 입주자나 입주예정자들은 사용검사처분을 취소하지 않고서도 민사소송 등을 통하여 분양계약에 따른 법률관계 및 하자 등을 주장·증명함으로써 사업주체 등으로부터 하자 제거·보완 등에 관한 권리구제를 받을 수 있으므로, 사용검사처분의 취소 여부에 의하여 법률적인 지위가 달라진다고 할 수 없으며, 구 주택공급에 관한 규칙(2010. 10. 8. 국토해양부령 제292호로 개정되기 전의 것)에서 입주금의 납부 및 주택공급계약에 관하여 사용검사와 관련된 규정을 두고 있다고 하더라도 달리 볼 것은 아니다. 오히려 주택에 대한 사용검사처분이 있으면, 그에 따라 입주예정자들이 주택에 입주하여 이를 사용할 수 있게 되므로 일반적으로 입주예정자들에게 이익이 되고, 다수의 입주자들이 사용검사권자의 사용검사처분을 신뢰하여 입주를 마치고 제3자에게 주택을 매매하거나 임대하고 담보로 제공하는 등 사용검사처분을 기초로 다수의 법률관계가 형성되는데, 일부 입주자나 입주예정자가 사업주체와 사이에 생긴 개별적 분쟁 등을 이유로 사용검사처분의 취소를 구하게 되면, 처분을 신뢰한 다수의 이익에 반하게 되는 상황이 발생할 수 있다. 구 주택법에서 사용검사처분 신청의 경우와는 달리, 사업주체 또는 입주예정자 등의 신청에 따라 이루어진 사용검사처분에 대하여 입주자나 입주예정자 등에게 취소를 구할 수 있는 규정을 별도로 두고 있지 않은 것도 이와 같은 취지에서라고 보인다. 따라서 이러한 사정들을 종합해 보면, 구 주택법상 입주자나 입주예정자는 사용검사처분의 취소를 구할 법률상 이익이 없다.
③ [대법원 2003. 10. 10. 선고 2003두5945 판결] 행정청이 공무원에 대하여 새로운 직위해제사유에 기한 직위해제처분을 한 경우 그 이전에 한 직위해제처분은 이를 묵시적으로 철회하였다고 봄이 상당하므로, 그 이전 처분의 취소를 구하는 부분은 존재하지 않는 행정처분을 대상으로 한 것으로서 그 소의 이익이 없어 부적법하다.

답 03 ④

④ [대법원 2005. 12. 23. 선고 2005두3554 판결] 사업양도·양수에 따른 허가관청의 지위승계신고의 수리는 적법한 사업의 양도·양수가 있었음을 전제로 하는 것이므로 그 수리대상인 사업양도·양수가 존재하지 아니하거나 무효인 때에는 수리를 하였다 하더라도 그 수리는 유효한 대상이 없는 것으로서 당연히 무효라 할 것이고, 사업의 양도행위가 무효라고 주장하는 양도자는 민사쟁송으로 양도·양수행위의 무효를 구함이 없이 막바로 허가관청을 상대로 하여 행정소송으로 위 신고수리처분의 무효확인을 구할 법률상 이익이 있다.
⑤ [대법원 1993. 11. 9. 선고 93누6867 판결] 치과의사국가시험 합격은 치과의사 면허를 부여받을 수 있는 전제요건이 된다고 할 것이나 국가시험에 합격하였다고 하여 위 면허취득의 요건을 갖추게 되는 이외에 그 자체만으로 합격한 자의 법률상 지위가 달라지게 되는 것은 아니므로 불합격처분 이후 새로 실시된 국가시험에 합격한 자들로서는 더 이상 위 불합격처분의 취소를 구할 법률상의 이익이 없다.

04 | 2018 |

판례상 소의 이익이 부정된 경우는?

① 지방의회 의원 제명의결 취소소송 계속중 지방의회 의원의 임기가 만료되었으나 월정수당을 받고자 하는 경우
② 고등학교에서 퇴학처분을 받은 자가 고등학교졸업학력검정고시에 합격한 이후 퇴학처분취소소송을 제기한 경우
③ 치과의사 국가시험 불합격처분을 받은 자가 새로 실시된 국가시험에 합격한 이후 불합격처분취소소송을 제기한 경우
④ 파면처분을 받은 공무원이 일반사면을 받은 이후 파면처분취소소송을 제기한 경우
⑤ 서울대학교 불합격처분의 취소소송 계속중 당해연도의 입학시기가 지난 경우

••••••••••••••••••••••

① [대법원 2009. 1. 30., 선고, 2007두13487, 판결] 지방자치법 제32조 제1항(현행 지방자치법 제33조 제1항 참조)은 지방의회 의원에게 지급하는 비용으로 의정활동비(제1호)와 여비(제2호) 외에 월정수당(제3호)을 규정하고 있는바, 이 규정의 입법연혁과 함께 특히 월정수당(제3호)은 지방의회 의원의 직무활동에 대하여 매월 지급되는 것으로서, 지방의회 의원이 전문성을 가지고 의정활동에 전념할 수 있도록 하는 기틀을 마련하고자 하는 데에 그 입법 취지가 있다는 점을 고려해 보면, 지방의회 의원에게 지급되는 비용 중 적어도 월정수당(제3호)은 지방의회 의원의 직무활동에 대한 대가로 지급되는 보수의 일종으로 봄이 상당하다. 따라서 원고가 이 사건 제명의결 취소소송 계속중 임기가 만료되어 제명의결의 취소로 지방의회 의원으로서의 지위를 회복할 수는 없다 할지라도, 그 취소로 인하여 최소한 제명의결시부터 임기만료일까지의 기간에 대해 월정수당의 지급을 구할 수 있는 등 여전히 그 제명의결의 취소를 구할 법률상 이익은 남아 있다고 보아야 한다.
② [대법원 1992. 7. 14., 선고, 91누4737, 판결] 고등학교졸업이 대학입학자격이나 학력인정으로서의 의미밖에 없다고 할 수 없으므로 고등학교졸업학력검정고시에 합격하였다 하여 고등학교 학생으로서의 신분과 명예가 회복될 수 없는 것이니 퇴학처분을 받은 자로서는 퇴학처분의 위법을 주장하여 그 취소를 구할 소송상의 이익이 있다.
③ [대법원 1993. 11. 9., 선고, 93누6867, 판결] 치과의사국가시험 합격은 치과의사 면허를 부여받을 수 있는 전제요건이 된다고 할 것이나 국가시험에 합격하였다고 하여 위 면허취득의 요건을 갖추게 되는 이외에 그 자체만으로 합격한 자의 법률상 지위가 달라지게 되는 것은 아니므로 불합격처분 이후 새로 실시된 국가시험에 합격한 자들로서는 더 이상 위 불합격처분의 취소를 구할 법률상의 이익이 없다.

④ ☞ 일반사면이 있더라도 파면처분으로 이미 상실된 원고의 공무원 지위가 회복될 수는 없다. 따라서 일반사면 이후에도 파면처분 취소소송은 여전히 법률상 이익이 인정된다.
[대법원 1983. 2. 8., 선고, 81누121, 판결] 공무원이었던 원고가 1980.1.25.자로 이 사건 파면처분을 받은 후 1981.1.31 대통령령 제10194호로 징계에 관한 일반사면령이 공포시행되었으나, 사면법 제5조 제2항, 제4조의 규정에 의하면 징계처분에 의한 기성의 효과는 사면으로 인하여 변경되지 않는다고 되어 있고 이는 사면의 효과가 소급하지 않음을 의미하는 것이므로, 이와 같은 일반사면이 있었다고 할지라도 파면처분으로 이미 상실된 원고의 공무원 지위가 회복될 수는 없는 것이니 원고로서는 이 사건 파면처분의 위법을 주장하여 그 취소를 구할 소송상 이익이 있다 할 것이다.

⑤ [대법원 1990. 8. 28., 선고, 89누8255, 판결] 교육법시행령 제72조, 서울대학교학칙 제37조 제1항 소정의 학생의 입학시기에 관한 규정이나 대학학생정원령 제2조 소정의 입학정원에 관한 규정은 학사운영 등 교육행정을 원활하게 수행하기 위한 행정상의 필요에 의하여 정해놓은 것으로서 어느 학년도의 합격자는 반드시 당해 년도에만 입학하여야 한다고 볼 수 없으므로 원고들이 불합격처분의 취소를 구하는 이 사건 소송계속 중 당해년도의 입학시기가 지났더라도 당해 년도의 합격자로 인정되면 다음년도의 입학시기에 입학할 수도 있다고 할 것이고, 피고의 위법한 처분이 있게 됨에 따라 당연히 합격하였어야 할 원고들이 불합격처리되고 불합격되었어야 할 자들이 합격한 결과가 되었다면 원고들은 입학정원에 들어가는 자들이라고 하지 않을 수 없다고 할 것이므로 원고들로서는 피고의 불합격처분의 적법여부를 다툴만한 법률상의 이익이 있다고 할 것이다.

05 | 2019 |

판례상 취소소송에서 소의 이익이 인정되지 않는 경우는?

① 원자로시설부지사전승인처분 취소소송 중 건설허가처분이 있게 되었을 때 부지사전승인처분 취소소송의 경우
② 기간을 정한 제재처분 취소소송에서 집행정지결정이 있었으나 집행정지 중 처분이 정한 기간이 경과한 경우
③ 현역병입영통지처분의 취소를 구하는 자가 현실적으로 입영한 경우
④ 파면처분을 받은 공무원이 일반사면을 받은 이후 파면처분취소소송을 제기한 경우
⑤ 공무원의 해임처분취소소송 중 임기가 만료되었으나 그 취소로 해임처분일부터 임기만료일까지 기간에 대한 보수지급을 구할 수 있는 경우

① [대법원 1998. 9. 4., 선고, 97누19588, 판결] 원자력법 제11조 제3항 소정의 부지사전승인제도는 원자로 및 관계 시설을 건설하고자 하는 자가 그 계획중인 건설부지가 원자력법에 의하여 원자로 및 관계 시설의 부지로 적법한지 여부 및 굴착공사 등 일정한 범위의 공사(이하 '사전공사'라 한다)를 할 수 있는지 여부에 대하여 건설허가 전에 미리 승인을 받는 제도로서, 원자로 및 관계 시설의 건설에는 장기간의 준비·공사가 필요하기 때문에 필요한 모든 준비를 갖추어 건설허가신청을 하였다가 부지의 부적법성을 이유로 불허가될 경우 그 불이익이 매우 크고 또한 원자로 및 관계 시설 건설의 이와 같은 특성상 미리 사전공사를 할 필요가 있을 수도 있어 건설허가 전에 미리 그 부지의 적법성 및 사전공사의 허용 여부에 대한 승인을 받을 수 있게 함으로써 그의 경제적·시간적 부담을 덜어 주고 유효·적절한 건설공사를 행할 수 있도록 배려하려는 데 그 취지가 있다고 할 것이므로, 원자로 및 관계 시설의 부지사전승인처분은 그 자체로서 건설부지를 확정하고 사전공사를

답 05 ①

허용하는 법률효과를 지닌 독립한 행정처분이기는 하지만, 건설허가 전에 신청자의 편의를 위하여 미리 그 건설허가의 일부 요건을 심사하여 행하는 사전적 부분 건설허가처분의 성격을 갖고 있는 것이어서 나중에 건설허가처분이 있게 되면 그 건설허가처분에 흡수되어 독립된 존재가치를 상실함으로써 그 건설허가처분만이 쟁송의 대상이 되는 것이므로, 부지사전승인처분의 취소를 구하는 소는 소의 이익을 잃게 되고, 따라서 부지사전승인처분의 위법성은 나중에 내려진 건설허가처분의 취소를 구하는 소송에서 이를 다투면 된다.

② [대법원 1974. 1. 29. 선고 73누202 판결] 행정처분의 효력정지가처분결정은 일시 잠정적으로 그 처분의 집행 혹은 효력발생을 정지하는 것이므로 집행정지가처분으로 인하여 그 행정처분이 정한 기간이 그 집행정지중에 이미 지나갔다 하여도 그 행정처분의 당부에 대한 본안심판을 하여야 하고 본소를 각하하지 못한다.

③ ☞ 현실적으로 입영한 후라도 현역병입영통지처분 취소소송에서 승소하게 되면 집으로 돌아갈 수 있다.
[대법원 2003. 12. 26., 선고, 2003두1875, 판결] 병역법 제2조 제1항 제3호에 의하면 '입영'이란 병역의무자가 징집·소집 또는 지원에 의하여 군부대에 들어가는 것이고, 같은 법 제18조 제1항에 의하면 현역은 입영한 날부터 군부대에서 복무하도록 되어 있으므로 현역병입영통지처분에 따라 현실적으로 입영을 한 경우에는 그 처분의 집행은 종료되지만, 한편, 입영으로 그 처분의 목적이 달성되어 실효되었다는 이유로 다툴 수 없도록 한다면, 병역법상 현역입영대상자로서는 현역병입영통지처분이 위법하다 하더라도 법원에 의하여 그 처분의 집행이 정지되지 아니하는 이상 현실적으로 입영을 할 수밖에 없으므로 현역병입영통지처분에 대하여는 불복을 사실상 원천적으로 봉쇄하는 것이 되고, 또한 현역입영대상자가 입영하여 현역으로 복무하는 과정에서 현역병입영통지처분 외에는 별도의 다른 처분이 없으므로 입영한 이후에는 불복할 아무런 처분마저 없게 되는 결과가 되며, 나아가 입영하여 현역으로 복무하는 자에 대한 병적을 당해 군 참모총장이 관리한다는 것은 입영 및 복무의 근거가 된 현역병입영통지처분이 적법함을 전제로 하는 것으로서 그 처분이 위법한 경우까지를 포함하는 의미는 아니라고 할 것이므로, 현역입영대상자로서는 현실적으로 입영을 하였다고 하더라도, 입영 이후의 법률관계에 영향을 미치고 있는 현역병입영통지처분 등을 한 관할지방병무청장을 상대로 위법을 주장하여 그 취소를 구할 소송상의 이익이 있다.

④ ☞ 일반 사면을 받으면 전과가 말소되는 것이지 공무원으로서의 지위가 회복되는 것은 아니기 때문이다.
[대법원 1983. 2. 8., 선고, 81누121, 판결] 공무원이었던 원고가 1980.1.25자로 이 사건 파면처분을 받은 후 1981.1.31 대통령령 제10194호로 징계에 관한 일반사면령이 공포시행되었으나, 사면법 제5조 제2항, 제4조의 규정에 의하면 징계처분에 의한 기성의 효과는 사면으로 인하여 변경되지 않는다고 되어 있고 이는 사면의 효과가 소급하지 않음을 의미하는 것이므로, 이와 같은 일반사면이 있었다고 할지라도 파면처분으로 이미 상실된 원고의 공무원 지위가 회복될 수는 없는 것이니 원고로서는 이 사건 파면처분의 위법을 주장하여 그 취소를 구할 소송상 이익이 있다 할 것이다.

⑤ [대법원 2012. 2. 23., 선고, 2011두5001, 판결] 해임처분 무효확인 또는 취소소송 계속 중 임기가 만료되어 해임처분의 무효확인 또는 취소로 지위를 회복할 수는 없다고 할지라도, 그 무효확인 또는 취소로 해임처분일부터 임기만료일까지 기간에 대한 보수 지급을 구할 수 있는 경우에는 해임처분의 무효확인 또는 취소를 구할 법률상 이익이 있다. 해임권자와 보수지급의무자가 다른 경우에도 마찬가지이다.

06 | 2019 |

판례상 보다 실효적인 권리구제절차가 있음을 이유로 소의 이익이 부정되는 경우가 아닌 것은?

① 거부처분이 재결에서 취소되었을 때 재결에 따른 후속처분이 아니라 그 재결의 취소를 구하는 경우
② 재단법인의 정관변경 결의의 하자를 이유로 정관변경 인가처분의 취소를 구하는 경우
③ 「도시 및 주거환경정비법」상 주택재건축사업시행계획의 하자를 이유로 사업시행인가처분의 취소를 구하는 경우
④ 「도시 및 주거환경정비법」상 주택재건축조합설립결의의 하자를 이유로 조합설립인가처분의 취소를 구하는 경우
⑤ 학교법인의 임원선임행위에 하자가 있음을 이유로 감독청의 취임승인처분의 취소를 구하는 경우

☞ ②, ③, ⑤는 강학상 인가, ④는 강학상 특허에 해당한다.

① ☞ 연탄공장주인이 영업허가를 신청했다가 거부처분을 받았고, 여기에 대해서 연탄공장주인이 행정심판을 청구해서 거부처분에 대한 취소재결이 나온 경우를 생각해보면 된다. 거부처분에 대한 취소재결만으로는 아직 연탄공장 영업허가가 난 것이 아니다. 따라서 인근주민이 소송을 제기하려면 이후 실제로 연탄공장에 영업허가가 이루어졌을 때, 재결에 따른 후속처분인 해당 영업허가를 대상으로 소송을 제기해야 한다.
[대법원 2017. 10. 31., 선고, 2015두45045, 판결] 행정청이 한 처분 등의 취소를 구하는 소송은 처분에 의하여 발생한 위법 상태를 배제하여 원래 상태로 회복시키고 처분으로 침해된 권리나 이익을 구제하고자 하는 것이다. 따라서 해당 처분 등의 취소를 구하는 것보다 실효적이고 직접적인 구제수단이 있음에도 처분 등의 취소를 구하는 것은 특별한 사정이 없는 한 분쟁해결의 유효적절한 수단이라고 할 수 없어 법률상 이익이 있다고 할 수 없다. 그런데 당사자의 신청을 받아들이지 않은 거부처분이 재결에서 취소된 경우에 행정청은 종전 거부처분 또는 재결 후에 발생한 새로운 사유를 내세워 다시 거부처분을 할 수 있다. 그 재결의 취지에 따라 이전의 신청에 대하여 다시 어떠한 처분을 하여야 할지는 처분을 할 때의 법령과 사실을 기준으로 판단하여야 하기 때문이다. 또한 행정청이 재결에 따라 이전의 신청을 받아들이는 후속처분을 하였더라도 후속처분이 위법한 경우에는 재결에 대한 취소소송을 제기하지 않고도 곧바로 후속처분에 대한 항고소송을 제기하여 다툴 수 있다. 나아가 거부처분을 취소하는 재결이 있더라도 그에 따른 후속처분이 있기까지는 제3자의 권리나 이익에 변동이 있다고 볼 수 없고 후속처분 시에 비로소 제3자의 권리나 이익에 변동이 발생하며, 재결에 대한 항고소송을 제기하여 재결을 취소하는 판결이 확정되더라도 그와 별도로 후속처분이 취소되지 않는 이상 후속처분으로 인한 제3자의 권리나 이익에 대한 침해 상태는 여전히 유지된다. 이러한 점들을 종합하면, 거부처분이 재결에서 취소된 경우 재결에 따른 후속처분이 아니라 그 재결의 취소를 구하는 것은 실효적이고 직접적인 권리구제수단이 될 수 없어 분쟁해결의 유효적절한 수단이라고 할 수 없으므로 법률상 이익이 없다.

② [대법원 1996. 5. 16., 선고, 95누4810, 전원합의체 판결] 인가는 기본행위인 재단법인의 정관변경에 대한 법률상의 효력을 완성시키는 보충행위로서, 그 기본이 되는 정관변경 결의에 하자가 있을 때에는 그에 대한 인가가 있었다 하여도 기본행위인 정관변경 결의가 유효한 것으로 될 수 없으므로 기본행위인 정관변경 결의가 적법 유효하고 보충행위인 인가처분 자체에만 하자가 있다면 그 인가처분의 무효나 취소를 주장할 수 있지만, 인가처분에 하자가 없다면 기본행위에 하자가 있다 하더라도 따로 그 기본행위의 하자를 다투는 것은 별론으로 하고 기본행위의 무효를 내세워 바로 그에 대한 행정청의 인가처분의 취소 또는 무효확인을 소구할 법률상의 이익이 없다.

③ [대법원 2010. 12. 9., 선고, 2010두1248, 판결] 구 「도시 및 주거환경정비법」(이하 '도정법'이라 한다)에 기초

답 06 ④

하여 도시환경정비사업조합이 수립한 사업시행계획은 그것이 인가·고시를 통해 확정되면 이해관계인에 대한 구속적 행정계획으로서 독립된 행정처분에 해당하므로, 사업시행계획을 인가하는 행정청의 행위는 도시환경정비사업조합의 사업시행계획에 대한 법률상의 효력을 완성시키는 보충행위에 해당한다. 따라서 기본행위가 적법·유효하고 보충행위인 인가처분 자체에만 하자가 있다면 그 인가처분의 무효나 취소를 주장할 수 있다고 할 것이지만, 인가처분에 하자가 없다면 기본행위에 하자가 있다 하더라도 따로 그 기본행위의 하자를 다투는 것은 별론으로 하고 기본행위의 무효를 내세워 바로 그에 대한 인가처분의 취소 또는 무효확인을 구할 수 없다(대법원 2001. 12. 11. 선고 2001두7541 판결 등 참조).

④ ☞ 조합설립인가처분은 실무상 용어와는 달리 그 실질은 특허에 해당한다. 특허의 요건을 갖추지 못하였음에도 특허가 이루어진 경우에는 해당 특허는 위법한 것이 된다. 따라서 기본행위의 하자를 이유로 후속처분인 특허의 취소를 구할 수 있다.
[대법원 2009. 9. 24. 선고 2008다60568 판결] 행정청이 도시 및 주거환경정비법 등 관련 법령에 근거하여 행하는 조합설립인가처분은 단순히 사인들의 조합설립행위에 대한 보충행위로서의 성질을 갖는 것에 그치는 것이 아니라 법령상 요건을 갖출 경우 도시 및 주거환경정비법상 주택재건축사업을 시행할 수 있는 권한을 갖는 행정주체(공법인)로서의 지위를 부여하는 일종의 설권적 처분의 성격을 갖는다고 보아야 한다. 그리고 그와 같이 보는 이상 조합설립결의는 조합설립인가처분이라는 행정처분을 하는 데 필요한 요건 중 하나에 불과한 것이어서, 조합설립결의에 하자가 있다면 그 하자를 이유로 직접 항고소송의 방법으로 조합설립인가처분의 취소 또는 무효확인을 구하여야 하고, 이와는 별도로 조합설립결의 부분만을 따로 떼어내어 그 효력 유무를 다투는 확인의 소를 제기하는 것은 원고의 권리 또는 법률상의 지위에 현존하는 불안·위험을 제거하는 데 가장 유효·적절한 수단이라 할 수 없어 특별한 사정이 없는 한 확인의 이익은 인정되지 아니한다.

⑤ [대법원 2005. 12. 23., 선고, 2005두4823, 판결] 사립학교법 제20조 제2항에 의한 학교법인의 임원에 대한 감독청의 취임승인은 학교법인의 임원선임행위를 보충하여 그 법률상의 효력을 완성케 하는 보충적 행정행위로서 그 자체만으로는 법률상 아무런 효력도 발생할 수 없는 것인바, 기본행위인 사법상의 임원선임행위에 하자가 있다는 이유로 그 선임행위의 효력에 관하여 다툼이 있는 경우에는 민사쟁송으로 그 선임행위의 무효확인을 구하는 등의 방법으로 분쟁을 해결할 것이지 보충적 행위로서 그 자체만으로는 아무런 효력이 없는 승인처분만의 취소 또는 무효확인을 구하는 것은 특단의 사정이 없는 한 분쟁해결의 유효적절한 수단이라 할 수 없어 소구할 법률상의 이익이 없다고 할 것이다.

07 | 2020 |

항고소송의 소의 이익에 관한 설명으로 옳지 <u>않은</u> 것은? (다툼이 있으면 판례에 따름)

① '법률상 이익'에는 취소를 통하여 구제되는 기본적인 법률상 이익뿐만 아니라 부수적인 법률상 이익도 포함된다.
② 취소소송에 의해 보호되는 이익은 현실적인 이익이어야 한다.
③ 원자로건설허가처분이 있은 후에 원자로부지 사전승인처분의 취소소송을 제기하는 경우 소의 이익이 인정되지 않는다.
④ 강학상 인가의 경우 기본행위의 하자를 이유로 인가처분의 취소를 구하는 소송은 소의 이익이 인정되지 않는다.
⑤ 원고가 처분이 위법하다는 점에 대한 취소판결을 받아 피고에 대한 손해배상청구소송에서 이를 원용할 수 있는 이익은 소의 이익에 해당한다.

답 07 ⑤

① ☞ 공무원이 부당하게 면직된 후 취소소송 계속 중 임기가 만료된 경우에 인용판결을 통해 복직은 안되더라도(기본적인 법률상 이익 부정) 면직된 기간 동안의 급여지급을 청구할 수 있으므로(부수적인 법률상 이익 인정) 협의의 소의 이익이 인정된다.
[대법원 2012.2.23, 2011두 5001] 해임처분 무효확인 또는 취소소송 계속 중 임기가 만료되어 해임처분의 무효확인 또는 취소로 지위를 회복할 수는 없다고 할지라도, 그 무효확인 또는 취소로 해임처분일부터 임기만료일까지 기간에 대한 보수 지급을 구할 수 있는 경우에는 해임처분의 무효확인 또는 취소를 구할 법률상 이익이 있다. 해임권자와 보수지급의무자가 다른 경우에도 마찬가지이다.

② ☞ 「협의의 소의 이익」이라 함은 구체적 사안에 있어서 분쟁에 대해 취소 또는 무효확인 등 판단을 행할 구체적·현실적 필요성이 있는 것을 말한다. 이를 권리보호의 필요 또는 판단의 구체적 이익 내지 필요성이라고도 한다. 재판은 당사자의 정신적 만족이 아니라 현실적 구제를 목적으로 하는 것이므로 재판에 의해 분쟁을 해결할 만한 현실적인 필요성이 있어야 하기 때문에, 승소판결을 받더라도 원고의 권익이 구제될 수 없는 경우에는 협의의 소의 이익이 인정되지 않는다.

③ [대법원 1998.9.4, 97누19588] 원자로 및 관계 시설의 부사전승인처분은 그 자체로서 건설부지를 확정하고 사전공사를 허용하는 법률효과를 지닌 독립한 행정처분이기는 하지만, 건설허가 전에 신청자의 편의를 위하여 미리 그 건설허가의 일부 요건을 심사하여 행하는 사전적 부분 건설허가처분의 성격을 갖고 있는 것이어서 나중에 건설허가처분이 있게 되면 그 건설허가처분에 흡수되어 독립된 존재가치를 상실함으로써 그 건설허가처분만이 쟁송의 대상이 되는 것이므로, 부지사전승인처분의 취소를 구하는 소는 소의 이익을 잃게 되고, 따라서 부지사전승인처분의 위법성은 나중에 내려진 건설허가처분의 취소를 구하는 소송에서 이를 다투면 된다.

④ [대법원 1996. 5. 16. 선고 95누4810 전원합의체 판결] 인가는 기본행위인 재단법인의 정관변경에 대한 법률상의 효력을 완성시키는 보충행위로서, 그 기본이 되는 정관변경 결의에 하자가 있을 때에는 그에 대한 인가가 있었다 하여도 기본행위인 정관변경 결의가 유효한 것으로 될 수 없으므로 기본행위인 정관변경 결의가 적법 유효하고 보충행위인 인가처분 자체에만 하자가 있다면 그 인가처분의 무효나 취소를 주장할 수 있지만, 인가처분에 하자가 없다면 기본행위에 하자가 있다 하더라도 따로 그 기본행위의 하자를 다투는 것은 별론으로 하고 기본행위의 무효를 내세워 바로 그에 대한 행정청의 인가처분의 취소 또는 무효확인을 소구할 법률상의 이익이 없다.

⑤ ☞ 손해배상청구를 제기함에 있어서 취소처분이 위법하다는 판결을 받을 것은 선결문제에 해당되지 않는다. 즉 취소판결 없이도 위법한 처분을 이유로 발생한 손해에 대해서 배상판결을 받을 수 있다.
[대법원 2002.1.11. 선고, 2000두2457. 판결] 피고는 원고의 소음·진동배출시설(이하 '배출시설'이라 한다)이 배출허용기준을 초과함에 따라 소음·진동규제법에 따른 개선명령을 하였으나 이에 불응하여 조업정지명령을 한 사실, 조업정지기간 중에도 2회에 걸쳐 조업을 한 원고의 위반행위를 적발하여 배출시설 폐쇄 및 배출시설 설치허가를 취소하는 이 사건 처분을 한 사실, 위 처분 이후 그 배출시설이 설치된 원고 공장의 부지에 대한 국유지 사용·수익허가기간이 만료되고 그 연장이 이루어지지 않았음에도 원고가 그 부지 관리청인 서울지방철도청장의 반환요구에 불응함에 따라, 서울지방철도청장의 철거대집행에 의하여 위 공장과 함께 위 배출시설이 철거된 사실을 인정한 다음, 이 사건 처분을 취소하여도 위 배출시설을 재가동하는 것이 불가능하여 이 사건 처분 이전의 상태로 원상회복할 수 없게 되었고, 설령 원고가 이 사건 처분이 위법하다는 점에 대한 판결을 받아 피고에 대한 손해배상청구소송에서 이를 원용할 수 있다거나 위 배출시설을 다른 지역으로 이전하는 경우 행정상의 편의를 제공받을 수 있는 이익이 있다 하더라도, 그러한 이익은 사실적·경제적 이익에 불과하여 이 사건 처분의 취소를 구할 법률상 이익에 해당하지 않는다고 판단하였다.

08 | 2020 |

판례상 취소소송의 소의 이익이 인정되지 <u>않는</u> 것은?

① 현역병입영대상자가 입영한 후에 현역입영통지처분의 취소를 구하는 경우
② 지방의회 의원에 대한 제명의결처분 취소소송 계속 중 그 의원의 임기가 만료된 경우
③ 행정청이 과징금 부과처분을 한 후 부과처분의 하자를 이유로 감액처분을 한 경우, 감액된 부분에 대한 부과처분의 취소를 구하는 경우
④ 행정처분에 대한 취소소송 계속 중 처분청이 다툼의 대상이 되는 행정처분을 직권취소하였음에도 불구하고 완전한 원상회복이 이루어지지 않아 취소로써 회복할 수 있는 다른 권리나 이익이 남아 있는 경우
⑤ 경원관계에서 경원자에 대한 수익적 처분의 취소를 구하지 아니하고 자신에 대한 거부처분의 취소만을 구하는 경우

----

① ☞ 현역병입영대상자가 입영한 후에 현역입영통지처분의 취소를 받으면 집으로 돌아갈 수 있으므로 협의의 소의 이익이 인정된다.
[대법원 2003.12.26. 2003두1875] 병역법 제2조 제1항 제3호에 의하면 '입영'이란 병역의무자가 징집·소집 또는 지원에 의하여 군부대에 들어가는 것이고, 같은 법 제18조 제1항에 의하면 현역은 입영한 날부터 군부대에서 복무하도록 되어 있으므로 현역병입영통지처분에 따라 현실적으로 입영을 한 경우에는 그 처분의 집행은 종료되지만, 한편, 입영으로 그 처분의 목적이 달성되어 실효되었다는 이유로 다툴 수 없도록 한다면, 병역법상 현역입영대상자로서는 현역병입영통지처분이 위법하다 하더라도 법원에 의하여 그 처분의 집행이 정지되지 아니하는 이상 현실적으로 입영을 할 수밖에 없으므로 현역병입영통지처분에 대하여는 불복을 사실상 원천적으로 봉쇄하는 것이 되고, 또한 현역입영대상자가 입영하여 현역으로 복무하는 과정에서 현역병입영통지처분 외에는 별도의 다른 처분이 없으므로 입영한 이후에는 불복할 아무런 처분마저 없게 되는 결과가 되며, 나아가 입영하여 현역으로 복무하는 자에 대한 병적을 당해 군 참모총장이 관리한다는 것은 입영 및 복무의 근거가 된 현역병입영통지처분이 적법함을 전제로 하는 것으로서 그 처분이 위법한 경우까지를 포함하는 의미는 아니라고 할 것이므로, 현역입영대상자로서는 현실적으로 입영을 하였다고 하더라도, 입영 이후의 법률관계에 영향을 미치고 있는 현역병입영통지처분 등을 한 관할지방병무청장을 상대로 위법을 주장하여 그 취소를 구할 소송상의 이익이 있다.

② [대법원 2009.1.30., 선고, 2007두13487, 판결] 지방의회 의원에 대한 제명의결 취소소송 계속중 의원의 임기가 만료된 사안에서, 제명의결의 취소로 의원의 지위를 회복할 수는 없다 하더라도 제명의결시부터 임기만료일까지의 기간에 대한 월정수당의 지급을 구할 수 있는 등 여전히 그 제명의결의 취소를 구할 법률상 이익이 있다.

③ ☞ 이 경우 변경된 원처분이 소송의 대상이 된다.
[대법원 2008.2.15. 2006두3957] 과징금 부과처분에서 행정청이 납부의무자에 대하여 부과처분을 한 후 그 부과처분의 하자를 이유로 과징금의 액수를 감액하는 경우에 그 감액처분은 감액된 과징금 부분에 관하여만 법적 효과가 미치는 것으로서 처음의 부과처분과 별개 독립의 과징금 부과처분이 아니라 그 실질은 당초 부과처분의 변경이고, 그에 의하여 과징금의 일부취소라는 납부의무자에게 유리한 결과를 가져오는 처분이므로 처음의 부과처분이 전부 실효되는 것은 아니며, 그 감액처분으로도 아직 취소되지 않고 남아 있는 부분이 위법하다고 하여 다투는 경우 항고소송의 대상은 처음의 부과처분 중 감액처분에 의하여 취소되지 않고 남은 부분이고 감액처분이 항고소송의 대상이 되는 것은 아니다.

답 08 ③

④ [대법원 2019. 6. 27., 선고, 2018두49130, 판결] 행정처분의 무효확인 또는 취소를 구하는 소가 제소 당시에는 소의 이익이 있어 적법하였더라도, 소송 계속 중 처분청이 다툼의 대상이 되는 행정처분을 직권으로 취소하면 그 처분은 효력을 상실하여 더 이상 존재하지 않는 것이므로, 존재하지 않는 그 처분을 대상으로 한 항고소송은 원칙적으로 소의 이익이 소멸하여 부적법하다. 다만 처분청의 직권취소에도 불구하고 완전한 원상회복이 이루어지지 않아 무효확인 또는 취소로써 회복할 수 있는 다른 권리나 이익이 남아 있거나 또는 동일한 소송 당사자 사이에서 그 행정처분과 동일한 사유로 위법한 처분이 반복될 위험성이 있어 행정처분의 위법성 확인 내지 불분명한 법률문제에 대한 해명이 필요한 경우 행정의 적법성 확보와 그에 대한 사법통제, 국민의 권리구제의 확대 등의 측면에서 예외적으로 그 처분의 취소를 구할 소의 이익을 인정할 수 있을 뿐이다.

⑤ ☞ 이 경우 허가 등을 받지 못한 사람은 경원자에 대한 허가처분의 취소를 구하는 소송을 제기할 수도 있고, 자신에 대한 거부처분의 취소소송을 제기할 수도 있다. 2개의 소송간에 관련청구소송의 병합도 가능하다. [대법원 2015.10.29., 2013두27517] 인가·허가 등 수익적 행정처분을 신청한 여러 사람이 서로 경원관계에 있어서 한 사람에 대한 허가 등 처분이 다른 사람에 대한 불허가 등으로 귀결될 수밖에 없을 때 허가 등 처분을 받지 못한 사람은 그 신청에 대한 거부처분의 직접 상대방으로서 원칙적으로 자신에 대한 거부처분의 취소를 구할 원고적격이 있고, 그 취소판결이 확정되는 경우 그 판결의 직접적인 효과로 경원자에 대한 허가 등 처분이 취소되거나 그 효력이 소멸되는 것은 아니더라도 행정청은 취소판결의 기속력에 따라 그 판결에서 확인된 위법사유를 배제한 상태에서 취소판결의 원고와 경원자의 각 신청에 관하여 처분요건의 구비 여부와 우열을 다시 심사하여야 할 의무가 있으며, 그 재심사 결과 경원자에 대한 수익적 처분이 직권취소되고 취소판결의 원고에게 수익적 처분이 이루어질 가능성을 완전히 배제할 수는 없으므로, 특별한 사정이 없는 한 경원관계에서 허가 등 처분을 받지 못한 사람은 자신에 대한 거부처분의 취소를 구할 소의 이익이 있다고 보아야 할 것이다.

09 | 2021 |

「행정소송법」상 법률상 이익 유무에 관한 판례의 입장으로 옳은 것은?

① 「산업집적활성화 및 공장설립에 관한 법률」에 따라 공장설립승인처분 후에 공장건축허가처분이 있은 경우, 공장설립승인처분이 취소된 이후에는 공장건축허가처분의 취소를 구할 이익이 없다.
② 과세관청이 직권으로 「법인세법」상 소득처분을 경정하면서 일부 항목은 증액을 하고 동시에 다른 항목은 감액을 한 결과 전체로서 소득처분금액이 감소된 경우, 소득금액변동통지의 취소를 구할 이익이 있다.
③ 파면처분이 있은 후에 금고 이상의 형을 선고받아 당연퇴직사유가 발생한 경우, 파면처분의 취소를 구할 이익이 없다.
④ 주유소 운영사업자 선정처분이 내려진 경우, 불선정된 사업자는 경원관계에 있는 사업자에 대한 선정처분의 취소를 구하지 않고 자신에 대한 불선정처분의 취소를 구할 이익이 있다.
⑤ 행정청이 공무원에 대하여 직위해제처분을 한 후 다시 새로운 직위해제사유에 기한 직위해제처분을 한 경우, 이전에 한 직위해제처분의 취소를 구할 이익이 있다.

답 09 ④

① [대법원 2018.7.12. 선고, 2015두3485. 판결] 개발제한구역 안에서의 공장설립을 승인한 처분이 위법하다는 이유로 쟁송취소되었다고 하더라도 그 승인처분에 기초한 공장건축허가처분이 잔존하는 이상, 공장설립승인처분이 취소되었다는 사정만으로 인근 주민들의 환경상 이익이 침해되는 상태나 침해될 위험이 종료되었다거나 이를 시정할 수 있는 단계가 지나버렸다고 단정할 수는 없고, 인근 주민들은 여전히 공장건축허가처분의 취소를 구할 법률상 이익이 있다고 보아야 한다.

② ☞ 과세처분의 불복범위에 관한 (총액설과 순액설 중) 이른바 순액설의 입장이다.
[대법원 2012. 4. 13., 선고, 2009두5510, 판결] 법인이 법인세의 과세표준을 신고함에 있어서 배당, 상여 또는 기타소득으로 소득처분한 금액은 당해 법인이 그 신고기일에 소득처분의 상대방에게 지급한 것으로 의제되어 그때 원천징수하는 소득세의 납세의무가 성립·확정되며, 그 후 과세관청이 직권으로 그 상대방에 대한 소득처분을 경정하면서 일부 항목에 대한 증액과 다른 항목에 대한 감액을 동시에 한 결과 전체로서 소득처분금액이 감소된 경우에는 그에 따른 소득금액변동통지가 납세자인 당해 법인에 불이익을 미치는 처분이 아니므로 당해 법인은 그 소득금액변동통지의 취소를 구할 이익이 없다.

③ ☞ 파면처분이 취소되면 파면처분일로부터 당연퇴직일까지의 기간 동안 미지급급여의 청구를 구할 수 있으므로, 회복되는 부수적 이익이 인정된다.
[대법원 1985. 6. 25., 선고, 85누39, 판결] 파면처분취소소송의 사실심변론종결전에 동원고가 허위공문서등작성 죄로 징역 8월에 2년간 집행유예의 형을 선고받아 확정되었다면 원고는 지방공무원법 제61조의 규정에 따라 위 판결이 확정된 날 당연퇴직되어 그 공무원의 신문을 상실하고, 당연퇴직이나 파면이 퇴직급여에 관한 불이익의 점에 있어 동일하다 하더라도 최소한도 이 사건 파면처분이 있은 때부터 위 법규정에 의한 당연퇴직일자까지의 기간에 있어서는 파면처분의 취소를 구하여 그로 인해 박탈당한 이익의 회복을 구할 소의 이익이 있다 할 것이다.

④ ☞ 경원자관계의 경우 경원자에 대한 선정처분의 취소소송을 제기할 수도 있고, 자신에 대한 불선정처분의 취소소송을 제기할 수 있다. 2개의 소송을 모두 제기하고 싶다면 관련청구소송의 병합절차를 이용하면 된다.
[대법원 2015. 10. 29., 선고, 2013두27517, 판결] 인가·허가 등 수익적 행정처분을 신청한 여러 사람이 서로 경원관계에 있어서 한 사람에 대한 허가 등 처분이 다른 사람에 대한 불허가 등으로 귀결될 수밖에 없을 때 허가 등 처분을 받지 못한 사람은 신청에 대한 거부처분의 직접 상대방으로서 원칙적으로 자신에 대한 거부처분의 취소를 구할 원고적격이 있고, 취소판결이 확정되는 경우 판결의 직접적인 효과로 경원자에 대한 허가 등 처분이 취소되거나 효력이 소멸되는 것은 아니더라도 행정청은 취소판결의 기속력에 따라 판결에서 확인된 위법사유를 배제한 상태에서 취소판결의 원고와 경원자의 각 신청에 관하여 처분요건의 구비 여부와 우열을 다시 심사하여야 할 의무가 있으며, 재심사 결과 경원자에 대한 수익적 처분이 직권취소되고 취소판결의 원고에게 수익적 처분이 이루어질 가능성을 완전히 배제할 수는 없으므로, 특별한 사정이 없는 한 경원관계에서 허가 등 처분을 받지 못한 사람은 자신에 대한 거부처분의 취소를 구할 소의 이익이 있다.

⑤ [대법원 2003. 10. 10. 선고 2003두5945 판결] 행정청이 공무원에 대하여 새로운 직위해제사유에 기한 직위해제처분을 한 경우 그 이전에 한 직위해제처분은 이를 묵시적으로 철회하였다고 봄이 상당하므로, 그 이전 처분의 취소를 구하는 부분은 존재하지 않는 행정처분을 대상으로 한 것으로서 그 소의 이익이 없어 부적법하다.

10 | 2022 |

취소소송에서의 소의 이익에 관한 설명으로 옳은 것은? (다툼이 있으면 판례에 따름)

① 행정청이 공무원에 대하여 새로운 직위해제사유에 기하여 직위해제처분을 한 경우, 그 공무원에게는 이전의 직위해제처분의 취소를 구할 소의 이익이 인정된다.
② 건물의 신축과정에서 피해를 입은 인접주택 소유자는 신축건물에 대한 사용검사(사용승인)처분의 취소를 구할 소의 이익이 있다.
③ 해임처분 취소소송 계속 중 임기가 만료된 경우에도 그 취소로 해임처분일부터 임기만료일까지 기간에 대한 보수지급을 구할 수 있는 경우라면 해임처분의 취소를 구할 소의 이익이 인정된다.
④ 가중 제재처분 규정이 있는 의료법에 의해 의사면허자격정지처분을 받은 경우 자격정지기간이 지난 후에는 의사면허자격정지처분의 취소를 구할 소의 이익이 인정되지 아니한다.
⑤ 치과의사국가시험에 불합격한 후 새로 실시된 국가시험에 합격한 경우에도 명예 등의 인격적 이익이 침해되었음을 이유로 불합격처분의 취소를 구할 소의 이익이 인정된다.

----

① [대법원 2003. 10. 10. 선고 2003두5945 판결] 행정청이 공무원에 대하여 새로운 직위해제사유에 기한 직위해제처분을 한 경우 그 이전에 한 직위해제처분은 이를 묵시적으로 철회하였다고 봄이 상당하므로, 그 이전 처분의 취소를 구하는 부분은 존재하지 않는 행정처분을 대상으로 한 것으로서 그 소의 이익이 없어 부적법하다.
② ☞ 신축건물에 대한 사용검사처분이 이루어졌다는 말은 이미 건물이 완공되었다는 의미이다. 그렇다면 건물의 신축과정에서 피해를 입었음을 이유로 건축중단을 요구할 시기는 지나갔기 때문에 협의의 소의 이익이 부인된다. 이 경우에는 손해배상청구의 문제만이 남을 뿐이다.
[대법원 1996. 11. 29. 선고 96누9768 판결] 건물 사용검사처분(준공처분)은 건축허가를 받아 건축된 건물이 건축허가 사항대로 건축행정 목적에 적합한가 여부를 확인하고 사용검사필증을 교부하여 줌으로써 허가받은 자로 하여금 건축한 건물을 사용·수익할 수 있게 하는 법률효과를 발생시키는 것에 불과하고, 건축한 건물이 인접주택 소유자의 권리를 침해하는 경우 사용검사처분이 그러한 침해까지 정당화하는 것은 아닐 뿐만 아니라, 당해 건축물을 건축하는 과정에서 인접주택 소유자가 자신의 주택에 대하여 손해를 입었다 하더라도 그러한 손해는 금전적인 배상으로 회복될 수 있고, 일조권의 침해 등 생활환경상 이익침해는 실제로 그 건물의 전부 또는 일부가 철거됨으로써 회복되거나 보호받을 수 있는 것인데, 건물에 대한 사용검사처분의 취소를 받는다 하더라도 그로 인하여 건축주는 건물을 적법하게 사용할 수 없게 되어 사용검사 이전의 상태로 돌아가게 되는 것에 그칠 뿐이고, 위반건물에 대한 시정명령을 할 것인지 여부, 그 시기 및 명령의 내용 등은 행정청의 합리적 판단에 의하여 결정되는 것이므로, 건물이 이격거리를 유지하지 못하고 있고 건축과정에서 인접주택 소유자에게 피해를 입혔다 하더라도, 인접주택의 소유자로서는 건물에 대한 사용검사처분의 취소를 구할 법률상 이익이 있다고 볼 수 없다.
③ [대법원 2012. 2. 23., 선고, 2011두5001, 판결] 해임처분 무효확인 또는 취소소송 계속 중 임기가 만료되어 해임처분의 무효확인 또는 취소로 지위를 회복할 수는 없다고 할지라도, 그 무효확인 또는 취소로 해임처분일부터 임기만료일까지 기간에 대한 보수 지급을 구할 수 있는 경우에는 해임처분의 무효확인 또는 취소를 구할 법률상 이익이 있다. 해임권자와 보수지급의무자가 다른 경우에도 마찬가지이다.
④ [대법원 2005.3.25, 2004두14106] 의료법 제53조 제1항은 보건복지부장관으로 하여금 일정한 요건에 해당하는 경우 의료인의 면허자격을 정지시킬 수 있도록 하는 근거 규정을 두고 있고, 한편 같은 법 제52조 제1항 제3호는 보건복지부장관은 의료인이 3회 이상 자격정지처분을 받은 때에는 그 면허를 취소할 수 있다고 규정

답 10 ③

하고 있는바, 이와 같이 의료법에서 의료인에 대한 제재적인 행정처분으로서 면허자격정지처분과 면허취소처분이라는 2단계 조치를 규정하면서 전자의 제재처분을 보다 무거운 후자의 제재처분의 기준요건으로 규정하고 있는 이상 자격정지처분을 받은 의사로서는 면허자격정지처분에서 정한 기간이 도과되었다 하더라도 그 처분을 그대로 방치하여 둠으로써 장래 의사면허취소라는 가중된 제재처분을 받게 될 우려가 있는 것이어서 의사로서의 업무를 행할 수 있는 법률상 지위에 대한 위험이나 불안을 제거하기 위하여 면허자격정지처분의 취소를 구할 이익이 있다.
⑤ [대법원 1993. 11. 9. 선고 93누6867 판결] 치과의사국가시험 합격은 치과의사 면허를 부여받을 수 있는 전제요건이 된다고 할 것이나 국가시험에 합격하였다고 하여 위 면허취득의 요건을 갖추게 되는 이외에 그 자체만으로 합격한 자의 법률상 지위가 달라지게 되는 것은 아니므로 불합격처분 이후 새로 실시된 국가시험에 합격한 자들로서는 더 이상 위 불합격처분의 취소를 구할 법률상의 이익이 없다.

11 | 2024 |

판례에 의할 때 특별한 사정이 없는 한 소의 이익이 인정되는 경우는?

① 거부처분을 취소하는 재결에 따른 후속처분이 아니라 그 재결의 취소를 구하는 경우
② 사업양도에 따른 지위승계신고가 수리된 경우 사업양도가 무효라는 이유로 그 수리처분의 무효확인을 구하는 경우
③ 취소소송의 계속 중 행정청이 해당 처분을 직권으로 취소한 경우
④ 지방자치단체의 계약직공무원이 계약해지에 대해서 계약기간 만료 이후에 무효확인소송을 제기한 경우
⑤ 조례의 근거 없이 이루어진 지방의료원의 폐업결정 이후 해당 조례가 적법하게 제정된 경우 그 폐업결정에 대한 취소를 구하는 경우

∙∙∙∙∙∙∙∙∙∙∙∙∙∙∙∙∙∙∙∙

① ☞ 이를테면 연탄공장이 신청한 영업허가에 대하여 인근주민의 반발을 이유로 단체장이 거부처분을 하였고, 이에 대해서 연탄공장이 행정심판위원회에 취소심판을 청구하여 거부처분 취소재결이 이루어진 경우이다. 이 경우 재결의 기속력에 따라 단체장이 연탄공장에 대해 영업허가처분(후속처분)을 하는 경우에 비로소 인근주민이 취소소송을 제기할 수 있다. 인근주민이 행정심판재결을 대상으로 취소소송을 제기하면 소의 이익 흠결로 법원은 각하판결을 하게 된다.
[대법원 2017. 10. 31., 선고, 2015두45045, 판결] 행정청이 한 처분 등의 취소를 구하는 소송은 처분에 의하여 발생한 위법 상태를 배제하여 원래 상태로 회복시키고 처분으로 침해된 권리나 이익을 구제하고자 하는 것이다. 따라서 해당 처분 등의 취소를 구하는 것보다 실효적이고 직접적인 구제수단이 있음에도 처분 등의 취소를 구하는 것은 특별한 사정이 없는 한 분쟁해결의 유효적절한 수단이라고 할 수 없어 법률상 이익이 있다고 할 수 없다. 그런데 당사자의 신청을 받아들이지 않은 거부처분이 재결에서 취소된 경우에 행정청은 종전 거부처분 또는 재결 후에 발생한 새로운 사유를 내세워 다시 거부처분을 할 수 있다. 그 재결의 취지에 따라 이전의 신청에 대하여 다시 어떠한 처분을 하여야 할지는 처분을 할 때의 법령과 사실을 기준으로 판단하여야 하기 때문이다. 또한 행정청이 재결에 따라 이전의 신청을 받아들이는 후속처분을 하였더라도 후속처분이 위법한 경우에는 재결에 대한 취소소송을 제기하지 않고도 곧바로 후속처분에 대한 항고소송을 제기하여 다툴 수 있다. 나아가 거부처분을 취소하는 재결이 있더라도 그에 따른 후속처분이 있기까지는 제3자의 권리나 이익에 변

동이 있다고 볼 수 없고 후속처분 시에 비로소 제3자의 권리나 이익에 변동이 발생하며, 재결에 대한 항고소송을 제기하여 재결을 취소하는 판결이 확정되더라도 그와 별도로 후속처분이 취소되지 않는 이상 후속처분으로 인한 제3자의 권리나 이익에 대한 침해 상태는 여전히 유지된다. 이러한 점들을 종합하면, 거부처분이 재결에서 취소된 경우 재결에 따른 후속처분이 아니라 그 재결의 취소를 구하는 것은 실효적이고 직접적인 권리구제수단이 될 수 없어 분쟁해결의 유효적절한 수단이라고 할 수 없으므로 법률상 이익이 없다.

② ☞ 사업양도가 무효임에도 행정청이 수리처분을 하게 되면 수리처분도 무효이다. 이 경우 사업양도인은 사업양수인의 영업을 저지하기 위해서 수리처분무효확인소송을 제기할 소의 이익이 있다.

[대법원 2005. 12. 23. 선고 2005두3554 판결] 사업양도·양수에 따른 허가관청의 지위승계신고의 수리는 적법한 사업의 양도·양수가 있었음을 전제로 하는 것이므로 그 수리대상인 사업양도·양수가 존재하지 아니하거나 무효인 때에는 수리를 하였다 하더라도 그 수리는 유효한 대상이 없는 것으로서 당연히 무효라 할 것이고, 사업의 양도행위가 무효라고 주장하는 양도자는 민사쟁송으로 양도·양수행위의 무효를 구함이 없이 막바로 허가관청을 상대로 하여 행정소송으로 위 신고수리처분의 무효확인을 구할 법률상 이익이 있다.

③ ☞ 행정청의 직권취소로 취소소송의 목적을 달성하였기 때문에, 더이상 처분의 취소를 구할 소의 이익이 인정되지 않는다.

[대법원 2020. 4. 9. 선고 2019두49953 판결] 행정처분을 다툴 소의 이익은 개별·구체적 사정을 고려하여 판단하여야 한다. 행정처분의 무효확인 또는 취소를 구하는 소가 제소 당시에는 소의 이익이 있어 적법하였더라도, 소송 계속 중 처분청이 다툼의 대상이 되는 행정처분을 직권으로 취소하면 그 처분은 효력을 상실하여 더 이상 존재하지 않는 것이므로, 존재하지 않는 처분을 대상으로 한 항고소송은 원칙적으로 소의 이익이 소멸하여 부적법하다고 보아야 한다. 다만 처분청의 직권취소에도 완전한 원상회복이 이루어지지 않아 무효확인 또는 취소로써 회복할 수 있는 다른 권리나 이익이 남아 있거나 또는 동일한 소송 당사자 사이에서 그 행정처분과 동일한 사유로 위법한 처분이 반복될 위험성이 있어 행정처분의 위법성 확인 내지 불분명한 법률문제에 대한 해명이 필요한 경우 행정의 적법성 확보와 그에 대한 사법통제, 국민의 권리구제의 확대 등의 측면에서 예외적으로 그 처분의 취소를 구할 소의 이익을 인정할 수 있다.

④ ☞ 대법원은 일반직 공무원의 경우와는 달리 계약직 공무원의 경우에는 근무관계가 종료된 이후에 협의의 소의 이익을 부정하고 있다. 결론 그대로 알아두는 수밖에 없다.

[대판 2002.11.26, 2002두1496] 지방자치단체와 채용계약에 의하여 채용된 계약직공무원이 그 계약기간 만료 이전에 채용계약 해지 등의 불이익을 받은 후 그 계약기간이 만료된 때에는 그 채용계약 해지의 의사표시가 무효라고 하더라도, 지방공무원법이나 지방계약직공무원규정 등에서 계약기간이 만료되는 계약직공무원에 대한 재계약의무를 부여하는 근거규정이 없으므로 계약기간의 만료로 당연히 계약직공무원의 신분을 상실하고 계약직공무원의 신분을 회복할 수 없는 것이므로, 그 해지의사표시의 무효확인청구는 과거의 법률관계의 확인청구에 지나지 않는다 할 것이고, 한편 과거의 법률관계라 할지라도 현재의 권리 또는 법률상 지위에 영향을 미치고 있고 현재의 권리 또는 법률상 지위에 대한 위험이나 불안을 제거하기 위하여 그 법률관계에 관한 확인판결을 받는 것이 유효 적절한 수단이라고 인정될 때에는 그 법률관계의 확인소송은 즉시확정의 이익이 있다고 보아야 할 것이나, 계약직공무원에 대한 채용계약이 해지된 경우에는 공무원 등으로 임용되는 데에 있어서 법령상의 아무런 제약사유가 되지 않을 뿐만 아니라, 계약기간 만료 전에 채용계약이 해지된 전력이 있는 사람이 공무원 등으로 임용되는 데에 있어서 그러한 전력이 없는 사람보다 사실상 불이익한 장애사유로 작용한다고 하더라도 그것만으로는 법률상의 이익이 침해되었다고 볼 수는 없으므로 그 무효확인을 구할 이익이 없다.

⑤ ☞ 홍준표 도지사의 진주의료원 폐업결정에 관한 사건이다. 지방의료원 폐업결정에 대해서 처분성은 인정되나 협의의 소의 이익이 인정되지 않는다. 이미 지방의료원의 청산절차가 종결된 상황이라 원상회복이 불가능하기 때문이다.

[대법원 2016. 8. 30. 선고 2015두60617 판결] 甲 도지사가 도에서 설치·운영하는 乙 지방의료원을 폐업하겠다는 결정을 발표하고 그에 따라 폐업을 위한 일련의 조치가 이루어진 후 乙 지방의료원을 해산한다는 내용

의 조례를 공포하고 乙 지방의료원의 청산절차가 마쳐진 사안에서, 지방의료원의 설립·통합·해산은 지방자치단체의 조례로 결정할 사항이므로, 도가 설치·운영하는 乙 지방의료원의 폐업·해산은 도의 조례로 결정할 사항인 점 등을 종합하면, 甲 도지사의 폐업결정은 행정청이 행하는 구체적 사실에 관한 법집행으로서의 공권력 행사로서 입원환자들과 소속 직원들의 권리·의무에 직접 영향을 미치는 것이므로 항고소송의 대상에 해당하지만, 폐업결정 후 乙 지방의료원을 해산한다는 내용의 조례가 제정·시행되었고 조례가 무효라고 볼 사정도 없어 乙 지방의료원을 폐업 전의 상태로 되돌리는 원상회복은 불가능하므로 법원이 폐업결정을 취소하더라도 단지 폐업결정이 위법함을 확인하는 의미밖에 없고, 폐업결정의 취소로 회복할 수 있는 다른 권리나 이익이 남아있다고 보기도 어려우므로, 甲 도지사의 폐업결정이 법적으로 권한 없는 자에 의하여 이루어진 것으로서 위법하더라도 취소를 구할 소의 이익을 인정하기 어렵다고 한 사례.

12 | 2025 |

행정소송법상 법률상 이익에 관한 설명으로 옳지 않은 것은? (다툼이 있으면 판례에 따름)

① 당해 처분의 근거 법규와 관련 법규에 의하여 보호되는 개별적·직접적·구체적 이익이 있는 자는 법률상 이익이 인정된다.
② 부작위위법확인소송은 처분의 신청을 한 자로서 부작위의 위법의 확인을 구할 법률상 이익이 있는 자만이 제기할 수 있다.
③ 개발제한구역 안에서의 공장설립을 승인한 처분이 쟁송취소되었다면, 그 승인처분에 기초한 공장건축허가처분이 잔존하더라도 인근 주민은 공장건축허가처분의 취소를 구할 법률상 이익이 없다.
④ 사실심 변론종결시에 법률상 이익을 갖추었더라도 상고심에서 이를 흠결하면 부적법한 소가 된다.
⑤ 처분의 효과가 소멸된 뒤에 취소소송을 제기하려면 그 처분의 취소로 인하여 회복되는 법률상 이익이 있어야 한다.

---

① ☞ 법률상 이익의 내용은 「개/직/구」로 정리하자.
[대법원 2015. 7. 23., 선고, 2012두19496,19502, 판결] 행정처분의 직접 상대방이 아닌 제3자라 하더라도 당해 행정처분으로 법률상 보호되는 이익을 침해당한 경우에는 취소소송을 제기하여 당부의 판단을 받을 자격이 있다. 여기에서 말하는 법률상 보호되는 이익은 당해 처분의 근거 법규 및 관련 법규에 의하여 보호되는 개별적·직접적·구체적 이익이 있는 경우를 말하고, 공익보호의 결과로 국민 일반이 공통적으로 가지는 일반적·간접적·추상적 이익과 같이 사실적·경제적 이해관계를 갖는 데 불과한 경우는 여기에 포함되지 아니한다. 또 당해 처분의 근거 법규 및 관련 법규에 의하여 보호되는 법률상 이익은 당해 처분의 근거 법규의 명문 규정에 의하여 보호받는 법률상 이익, 당해 처분의 근거 법규에 의하여 보호되지는 아니하나 당해 처분의 행정목적을 달성하기 위한 일련의 단계적인 관련 처분들의 근거 법규에 의하여 명시적으로 보호받는 법률상 이익, 당해 처분의 근거 법규 또는 관련 법규에서 명시적으로 당해 이익을 보호하는 명문의 규정이 없더라도 근거 법규 및 관련 법규의 합리적 해석상 그 법규에서 행정청을 제약하는 이유가 순수한 공익의 보호만이 아닌 개별적·직접적·구체적 이익을 보호하는 취지가 포함되어 있다고 해석되는 경우까지를 말한다.

답 12 ③

② ☞ 부작위위법확인소송은 처분의 신청을 한 자로서 부작위의 위법의 확인을 구할 법률상 이익이 있는 자만이 제기할 수 있다. 여기서 법률상 이익은 취소소송에 있어서의 법률상 이익과 같다.

> **제36조(부작위위법확인소송의 원고적격)** 부작위위법확인소송은 처분의 신청을 한 자로서 부작위의 위법의 확인을 구할 <u>법률상 이익이 있는 자</u>만이 제기할 수 있다.

③ ☞ 공장건축허가처분이 잔존하기에 이를 다툴 법률상 이익이 인정된다.
[대법원 2018.7.12. 선고, 2015두3485. 판결] 개발제한구역 안에서의 공장설립을 승인한 처분이 위법하다는 이유로 쟁송취소되었다고 하더라도 그 승인처분에 기초한 공장건축허가처분이 잔존하는 이상, 공장설립승인처분이 취소되었다는 사정만으로 인근 주민들의 환경상 이익이 침해되는 상태나 침해될 위험이 종료되었다거나 이를 시정할 수 있는 단계가 지나버렸다고 단정할 수는 없고, 인근 주민들은 여전히 공장건축허가처분의 취소를 구할 법률상 이익이 있다고 보아야 한다.

④ ☞ 소송요건은 상고심 단계에서도 유지되어야 한다. 「집참유」로 정리하자.
[대법원 2007. 4. 12., 선고, 2004두7924, 판결] 행정처분의 직접 상대방이 아닌 제3자라 하더라도 당해 행정처분으로 인하여 법률상 보호되는 이익을 침해당한 경우에는 그 처분의 취소나 무효확인을 구하는 행정소송을 제기하여 그 당부의 판단을 받을 자격 즉 원고적격이 있고, 여기에서 말하는 법률상 보호되는 이익은 당해 처분의 근거 법규 및 관련 법규에 의하여 보호되는 개별적·직접적·구체적 이익을 말하며, 원고적격은 소송요건의 하나이므로 사실심 변론종결시는 물론 상고심에서도 존속하여야 하고 이를 흠결하면 부적법한 소가 된다.

⑤ ☞ 옳은 내용이다.

> **제12조(원고적격)** 취소소송은 처분등의 취소를 구할 법률상 이익이 있는 자가 제기할 수 있다. <u>처분등의 효과가 기간의 경과, 처분등의 집행 그 밖의 사유로 인하여 소멸된 뒤에도 그 처분등의 취소로 인하여 회복되는 법률상 이익이 있는 자의 경우에는 또한 같다.</u>

4. 피고적격

가. 원칙 - 처분 등을 행한 행정청

① 취소소송의 피고는 행정주체가 아니라 처분 등을 행한 행정청이 됨이 원칙이다. ② 단 행정행위의 주체로서의 행정청은 행정조직법상의 행정청인 국가나 지방자치단체의 행정기관에 국한되는 것이 아니라, 공사(公社)·기타 공법인도 포함되며 사인의 경우 국가로부터 공권력을 부여받은 한도 내에서는 행정청에 포함된다(공무수탁사인).

> **제13조 (피고적격)** ① 취소소송은 다른 법률에 특별한 규정이 없는 한 그 처분등을 행한 행정청을 피고로 한다. 다만, 처분등이 있은 뒤에 그 처분등에 관계되는 권한이 다른 행정청에 승계된 때에는 이를 승계한 행정청을 피고로 한다.
> ② 제1항의 규정에 의한 행정청이 없게 된 때에는 그 처분등에 관한 사무가 귀속되는 국가 또는 공공단체를 피고로 한다.
>
> **제2조(정의)** ② 이 법을 적용함에 있어서 행정청에는 법령에 의하여 행정권한의 위임 또는 위탁을 받은 행정기관, 공공단체 및 그 기관 또는 사인이 포함된다.

> **관련판례**
>
> 지방법무사회는 국가사무를 위임받아 수행하는 공법인이므로, 법무사 직원 채용승인거부처분에 대한 무효확인소송에서 피고적격을 가진다[대법원 2020. 4. 9. 선고 2015다34444 판결]
> 법무사의 사무원 채용승인 신청에 대하여 소속 지방법무사회가 '채용승인을 거부'하는 조치 또는 일단 채용승인을 하였으나 법무사규칙 제37조 제6항을 근거로 '채용승인을 취소'하는 조치는 공법인인 지방법무사회가 행하는 구체적 사실에 관한 법집행으로서 공권력의 행사 또는 그 거부에 해당하므로 항고소송의 대상인 '처분'이라고 보아야 한다. … 중략 … 지방법무사회의 법무사 사무원 채용승인은 단순히 지방법무사회와 소속 법무사 사이의 내부 법률문제라거나 지방법무사회의 고유사무라고 볼 수 없고, 법무사 감독이라는 국가사무를 위임받아 수행하는 것이라고 보아야 한다. 따라서 지방법무사회는 법무사 감독 사무를 수행하기 위하여 법률에 의하여 설립과 법무사의 회원 가입이 강제된 공법인으로서 법무사 사무원 채용승인에 관한 공권력 행사의 주체라고 보아야 한다.

나. 구체적인 경우

(1) 권한의 위임·위탁의 경우 – 수임청의 행위

① 행정청의 권한이 위임·위탁된 경우에는 권한 자체가 위임청으로부터 수임청에 이양되어 해당 처분은 수임청의 행위가 되므로 그 행위의 효력을 다투는 경우에는 그 수임청이 피고가 된다.
② 지방자치단체 이외의 공공단체와 공무수탁사인은 그 자체가 행정주체이면서 행정청이 된다.

> **관련판례**
>
> 성업공사(현 자산관리공사)가 세무서장으로부터 공매권한을 위임받았다면 처분에 대한 취소소송의 피고적격은 세무서장이 아니라 성업공사가 된다[대법원 1997.2.28., 96누1757].
> 성업공사가 체납압류된 재산을 공매하는 것은 세무서장의 공매권한 위임에 의한 것으로 보아야 할 것이므로, 성업공사가 한 그 공매처분에 대한 취소 등의 항고소송을 제기함에 있어서는 수임청으로서 실제로 공매를 행한 성업공사를 피고로 하여야 하고, 위임청인 세무서장은 피고적격이 없다.

(2) 권한의 대리·내부위임의 경우 – 여전히 위임청의 행위

① 대리기관 또는 내부위임을 받은 기관이 피대리기관 또는 위임청의 이름으로 권한을 행사한 경우에는 피대리기관, 위임청이 피고가 되는 것이 원칙이다.

> **관련판례**
>
> 처분청과 통지한 자가 다른 경우에는 처분청이 피고가 된다[대법원 1990.4.27., 90누233].
> 피고인 인천직할시 북구청장이 인천직할시장으로부터 환경보전법상의 위법시설에 대한 폐쇄 등 명령권한의 사무처리에 관한 내부위임을 받아, 원고들이 공동으로 경영하는 공장에서 같은법 제15조의 규정에 의한 허가를 받지 아니하고 배출시설을 설치하여 조업하고 있는 것을 적발하고, 인천직할시장 명의의 폐쇄명령서를 발부받아 "환경보전법 위반사업장 고발 및 폐쇄명령"이란 제목으로 위 폐쇄명령서를 첨부하여 위 무허가배출시설에 대한 폐쇄명령통지를 하였다면 위 폐쇄명령처분을 한 행정청은 어디까지나 인천직할시장이고, 피고는 인천직할시장의 위 폐쇄 명령처분에 관한 사무처리를 대행하면서 이를 통지하였음에 지나지 않으며, 위 폐쇄명령서나 그 통지서가 정부공문서규정이 정하는 문서양식에 맞지 않는다는 이유만으로 피고를 처분청으로 볼 수는 없으므로, 피고를 위 폐쇄명령처분을 한 행정청으로 보고 제기한 이 사건 소는 피고적격이 없는 자를 상대로 한 것이어서 부적법하다.

② 다만 내부위임을 받은 수임기관 또는 대리행정청이 자신의 명의로 '잘못' 처분을 행한 경우에는 상대방인 국민을 보호하기 위해 명의인인 수임기관, 대리행정청이 피고가 된다.

> **관련판례**
>
> 1. 상급행정청으로부터 내부위임을 받은 데 불과한 하급행정청이 권한 없이 자신의 명의로 한 행정처분에 대한 행정소송의 피고는 실제로 처분을 한 하급행정청이다[대법원 1991.2.22., 90누5641].
> 행정처분의 취소 또는 무효확인을 구하는 행정소송은 다른 법률에 특별한 규정이 없는 한 그 처분을 행한 행정청을 피고로 하여야 하며, 행정처분을 행할 적법한 권한 있는 상급행정청으로부터 내부위임을 받은데 불과한 하급행정청이 권한 없이 행정처분을 한 경우에도 실제로 그 처분을 행한 하급행정청을 피고로 하여야 할 것이지 그 처분을 행할 적법한 권한 있는 상급행정청을 피고로 할 것이 아니므로 부산직할시장의 산하기관인 부산직할시 금강공원 관리사업소장이 한 공단사용료 부과처분에 대하여 가사 위 사업소장이 부산직할시로부터 단순히 내부위임만을 받은 경우라 하더라도 이의 취소를 구하는 소송은 위 금강공원 관리사업소장을 피고로 하여야 한다.

2. 시장으로부터 체납취득세에 대한 압류처분권한을 내부위임받은 구청장이 자신의 이름으로 한 압류처분에 대하여, 상대방은 구청장을 피고로 하여 항고소송을 제기하여야 한다[대법원 1993.5.27, 선고, 93누6621, 판결].
체납취득세에 대한 압류처분권한은 도지사로부터 시장에게 권한위임된 것이고 시장으로부터 압류처분권한을 내부위임받은 데 불과한 구청장으로서는 시장 명의로 압류처분을 대행처리할 수 있을 뿐이고 자신의 명의로 이를 할 수 없다 할 것이므로 <u>구청장이 자신의 명의로 한 압류처분은 권한 없는 자에 의하여 행하여진 위법무효의 처분</u>이다.

(3) 합의제 행정청의 경우

합의제 행정청이 처분청인 경우에는 합의제 행정청이 피고가 된다. 즉, 중앙토지수용위원회·감사원 등이 피고가 된다. 다만 노동위원회법은 중앙노동위원회의 처분에 대한 소송의 피고를 중앙노동위원회 위원장으로 규정하고 있다(노동위원회법 제27조). 참고로 위원회 내부에서 소속 직원에 대한 징계처분을 하는 경우에는 위원장이 처분권자이므로, 징계처분의 취소를 구하는 소송의 피고는 위원장이 된다.

관련판례

저작권 등록처분에 대한 무효확인소송에서 피고적격은 저작권심의조정위원회에 있다[대법원 2009.7.9., 2007두16608].
구 저작권법 제97조의3 제2호는 '문화관광부장관은 대통령령이 정하는 바에 의하여 법 제53조에 규정한 저작권 등록업무에 관한 권한을 저작권심의조정위원회에 위탁할 수 있다'고 규정하고, 같은 법 시행령 제42조는 '문화관광부장관은 법 제97조의3의 규정에 의하여 저작권 등록업무에 관한 권한을 저작권심의조정위원회에 위탁한다'고 규정하고 있으므로, '저작권심의조정위원회'가 저작권 등록업무의 처분청으로서 그 등록처분에 대한 무효확인소송에서 피고적격을 가진다. '저작권심의조정위원회 위원장'을 피고로 <u>저작권 등록처분의 무효확인을 구하는 소는 피고적격이 없는 자를 상대로 한 부적법한 것이고, 피고적격에 관하여 석명에 응할 기회를 충분히 제공하였음에도 피고경정을 하지 않은 사정에 비추어, 부적법하여 각하</u>되어야 한다.

(4) 처분권자가 헌법기관인 경우

1) 대통령의 경우

① 공무원에 대한 처분

5급 이상 공무원의 경우에는 대통령이 임면권자이다. 대통령이 (5급 이상) 공무원에 대하여 징계처분·기타 불이익처분을 하는 경우에는 논리적으로는 대통령이 취소소송의 피고가 되어야 하지만, 국가공무원법에서는 국가원수에 대한 예우의 취지에서 소속장관을 피고로 하도록 규정하고 있다.

국가공무원법

제16조(행정소송과의 관계) ① 제75조에 따른 처분, 그 밖에 본인의 의사에 반한 불리한 처분이나 부작위(不作爲)에 관한 행정소송은 소청심사위원회의 심사·결정을 거치지 아니하면 제기할 수 없다.

② 제1항에 따른 행정소송을 제기할 때에는 대통령의 처분 또는 부작위의 경우에는 소속 장관(대통령령으로 정하는 기관의 장을 포함한다. 이하 같다)을, 중앙선거관리위원회위원장의 처분 또는 부작위의 경우에는 중앙선거관리위원회사무총장을 각각 피고로 한다.

> **관련판례**
>
> **대통령의 검사임용거부와 관련된 취소소송에서는 법무부장관이 피고가 된다[대법원 1990.3.14., 90두4].**
> 검찰청법 제34조, 국가공무원법 제3조 제2항 제2호, 제16조, 행정심판법 제3조 제2항의 규정취지를 종합하여 보면, 검사임용처분에 대한 취소소송의 피고는 법무부장관으로 함이 상당하다고 할 것이므로 원심이 피고를 대통령으로 경정하여 줄 것을 구하는 원고의 신청을 각하한 조치는 옳다.

② 일반 국민에 대한 처분
　대통령이 일반국민에 대하여 불이익처분을 한 경우에는 별도의 특별한 규정이 없으므로, 대통령이 취소소송의 피고가 된다.

> **관련판례**
>
> **대통령의 서훈취소처분에 대한 취소소송의 피고는 대통령이다[대법원 2014. 9. 26., 선고, 2013두2518, 판결].**
> 국무회의에서 건국훈장 독립장이 수여된 망인에 대한 서훈취소를 의결하고 대통령이 결재함으로써 서훈취소가 결정된 후 국가보훈처장이 망인의 유족 甲에게 '독립유공자 서훈취소결정 통보'를 하자 甲이 국가보훈처장을 상대로 서훈취소결정의 무효 확인 등의 소를 제기한 사안에서, 甲이 서훈취소 처분을 행한 행정청(대통령)이 아니라 국가보훈처장을 상대로 제기한 위 소는 피고를 잘못 지정한 경우에 해당하므로, 법원으로서는 석명권을 행사하여 정당한 피고로 경정하게 하여 소송을 진행해야 함에도 국가보훈처장이 서훈취소처분을 한 것을 전제로 처분의 적법 여부를 판단한 원심판결에 법리오해 등의 잘못이 있다고 한 사례.

2) 여타의 헌법기관의 경우

처분권자	피고적격
국회의장	국회사무총장
대법원장	법원행정처장
헌법재판소장	헌재사무처장
중앙선거관리위원회 위원장	선거관리위원회 사무총장

(5) 지방의회와 지방자치단체의 장

1) 조례가 항고소송의 대상이 되는 경우 – 지방자치단체의 장
　조례가 항고소송의 대상인 경우에는 조례를 공포한 지방자치단체의 장이 피고가 된다. 교육·학예에 관한 조례는 시·도 교육감이 피고가 된다.

> **관련판례**
>
> **조례가 항고소송의 대상인 경우에는 지방의회가 아니라 조례를 공포한 지방자치단체의 장이 피고가 된다[대법원 1996.9. 20., 95누8003].**
> [1] 조례가 집행행위의 개입 없이도 그 자체로서 직접 국민의 구체적인 권리의무나 법적 이익에 영향을 미치는 등의 법률상 효과를 발생하는 경우 그 조례는 항고소송의 대상이 되는 행정처분에 해당하고, 이러한 조례에 대한 무효확인소송을 제기함에 있어서 행정소송법 제38조 제1항, 제13조에 의하여 피고적격이 있는 처분 등을 행한 행정청은, 행정주체인 지방자치단체 또는 지방자치단체의 내부적 의결기관으로서 지방자치단체의 의사를 외부에 표시할 권한이 없는 지방의회가 아니라, 구 지방자치법 제19조 제2항, 제92조에 의하여 지방자치단체의 집행기관으로서 조례로서의 효력을 발생시키는 공포권이 있는 지방자치단체의 장이다.
> [2] 구 지방교육자치에관한법률(1995.7.26. 법률 제4951호로 개정되기 전의 것) 제14조 제5항, 제25조에 의하면 시·도의 교육·학예에 관한 사무의 집행기관은 시·도 교육감이고 시·도 교육감에게 지방교육에 관한 조례안의 공포권이 있다고 규정되어 있으므로, 교육에 관한 조례의 무효확인소송을 제기함에 있어서는 그 집행기관인 시·도 교육감을 피고로 하여야 한다.

2) 지방의회의원에 대한 징계의결이나 지방의회의장선거의 경우 – 지방의회

지방의회의원에 대한 징계의결이나 지방의회의장선거의 처분청은 지방의회이므로 이들 처분에 대한 취소소송의 피고는 지방의회가 된다.

> **관련판례**
>
> **지방의회의원에 대한 징계의결의 피고는 지방의회가 된다[대법원 1993.11.26., 93누7341].**
> 지방자치법 제78조 내지 제81조의 규정에 의거한 지방의회의 의원징계의결은 그로 인해 의원의 권리에 직접 법률효과를 미치는 행정처분의 일종으로서 행정소송의 대상이 된다 할 것이고, 그와 같은 의원징계의결의 당부를 다투는 소송의 관할법원에 관하여는 동법에 특별한 규정이 없으므로 일반법인 행정소송법의 규정에 따라(제9조 제1항) 피고 지방의회의 소재지를 관할하는 고등법원이 그 소송의 제1심 관할법원으로 되는 것으로 보아야 할 것이다.

다. 피고의 경정

(1) 의의

피고의 경정이란 소송의 계속 중에 피고로 지정된 자를 다른 자로 변경하는 것을 말한다. 행정소송법이 피고의 경정을 두고 있는 취지는 피고의 지정이 잘못되어 소송이 각하되는 경우 원고가 입게 될 손해를 막기 위한 것이다.

> **제14조(피고경정)** ① 원고가 피고를 잘못 지정한 때에는 법원은 원고의 신청에 의하여 결정으로써 피고의 경정을 허가할 수 있다.
> ② 법원은 제1항의 규정에 의한 결정의 정본을 새로운 피고에게 송달하여야 한다.

③ 제1항의 규정에 의한 신청을 각하하는 결정에 대하여는 즉시항고할 수 있다.
④ 제1항의 규정에 의한 결정이 있은 때에는 새로운 피고에 대한 소송은 처음에 소를 제기한 때에 제기된 것으로 본다.
⑤ 제1항의 규정에 의한 결정이 있은 때에는 종전의 피고에 대한 소송은 취하된 것으로 본다.
⑥ 취소소송이 제기된 후에 제13조제1항 단서 또는 제13조제2항에 해당하는 사유가 생긴 때에는 법원은 당사자의 신청 또는 직권에 의하여 피고를 경정한다. 이 경우에는 제4항 및 제5항의 규정을 준용한다.

(2) 피고경정의 요건

1) 피고를 잘못 지정한 경우(제14조 제1항)

피고를 잘못 지정한 때에는 당해 취소소송에 피고로 지정된 자가 행정소송법 등의 규정에 의한 피고적격을 가지지 아니한 자라는 것이 객관적으로 인식되는 경우를 말한다. 피고를 잘못 지정한 것에 대한 원고의 고의·과실 유무는 불문한다.

2) 권한승계 등의 경우(제14조 제6항)

소를 제기한 후 행정청의 권한변경 등으로 권한이 다른 기관에 승계된 경우에는 당해 처분의 권한을 승계한 행정청으로 피고를 변경하고, 행정조직상의 개편으로 행정청이 없어지게 된 때에는 처분 등에 관한 사무가 귀속되는 국가나 공공단체로 피고를 변경한다.

3) 소의 변경이 있는 경우(제21조 제2항)

소의 변경과 당사자의 변경으로서의 피고경정은 개념상 구별되는 것이지만, 행정소송법은 소의 변경이 있는 경우에도 「이에 수반하여」 피고의 변경을 긍정한다.

(3) 피고경정의 형태

1) 교환적 변경

피고경정을 통해 종전의 피고가 탈퇴하고, 변경된 피고가 새로운 당사자가 되는 형태의 변경을 말한다.

2) 추가적 변경

종전의 피고를 그대로 두고 새로이 피고가 추가되는 경우를 말한다.

(4) 피고경정의 절차

1) 원고의 신청 (또는 법원의 직권)

① 피고를 잘못 지정한 경우에는 원고의 신청에 의하여(제14조 제1항) 피고를 변경할 수 있다.
② 소제기 후의 행정청의 권한변경 등으로 인한 권한승계(제14조 제6항), 소의 변경의 경우에는 당사자의 신청뿐만 아니라 직권에 의해서도 법원은 피고를 변경할 수 있다(제21조 제2항). 소의 변경에 따라 피고변경이 부수적으로 이루어지는 경우에는 소의 변경에 대하여 당사자의 신청이 있었던 이상, 피고변경에 대해서는 별도의 신청이 필요하지 않다.

2) 피고경정의 결정

피고경정의 결정은 서면으로 하여야 하며, 법원은 결정의 정본을 피고에게 송달하여야 한다.

3) 불복절차

피고경정신청을 각하하는 결정에 대해서 신청인(원고)는 즉시항고할 수 있다(동법 제14조 제3항). 반면에 피고경정신청이 이유가 있다고 하여 인용한 결정에 대해서 종전 피고는 원칙적으로 불복할 수 없으므로, 이 경우 피고의 항고는 즉시항고가 아니라 특별항고에 해당한다.

> **관련판례**
>
> **피고경정허가결정에 대한 종전 피고의 항고는 즉시항고가 아니라 특별항고**[대법원 1994. 6. 29., 자, 93두48, 결정].
> 피고경정허가결정에 대하여는 종전의 피고는 불복을 신청할 수 없으므로 위 결정에 대한 종전의 피고의 항고는 특별항고로 본다.

(5) 피고경정의 시기

피고의 경정은 1심 단계에서만 허용되는 것으로 볼 필요는 없고 사실심 변론종결시까지 허용된다.

> **행정소송규칙**
>
> **제6조 (피고경정)** 법 제14조제1항에 따른 피고경정은 사실심 변론을 종결할 때까지 할 수 있다.

(6) 피고경정의 효과

1) 제소기간의 기산

피고를 경정하는 것에 대한 허가결정이 있을 때에는 새로운 피고에 대한 소송은 처음에 소를 제기한 때에 제기된 것으로 본다. 따라서 허가결정 당시(경정시)에 이미 제소기간이 경과하였더라도 처음에 소를 제기할 때 제소기간을 지켰으면 제소기간은 준수한 것이 된다.

2) 종전 소송의 취하효과

피고경정의 허가결정이 있을 때에는 종전의 피고에 대한 소송은 취하된 것으로 본다(행정소송법 제14조 제5항).

기출문제

01 | 2016 |

항고소송의 피고에 관한 설명으로 옳지 않은 것은? (다툼이 있으면 판례에 따름)

① 지방의회의 의장선임의결에 대한 항고소송에서는 지방의회가 피고가 된다.
② 처분에 관계되는 권한이 다른 행정청에 승계된 때에는 이를 승계한 행정청을 피고로 한다.
③ 행정청이 없게 된 때에는 그 처분등에 관한 사무가 귀속되는 국가 또는 공공단체를 피고로 한다.
④ 조례가 항고소송의 대상이 되는 경우 조례를 의결한 지방의회가 피고가 된다.
⑤ 검사임용거부처분에 대한 취소소송에서는 법무부장관이 피고가 된다.

- ① ☞ 지방의회의원에 대한 징계의결이나 지방의회의장선거의 처분청은 지방의회이므로 이들 처분에 대한 취소소송의 피고는 지방의회가 된다.
- ② ☞ 행정소송법 제13조 제1항 단서
- ③ ☞ 동법 제13조 제2항
- ④ [대법원 1996.9.20., 95누8003] 조례가 집행행위의 개입 없이도 그 자체로서 직접 국민의 구체적인 권리의무나 법적 이익에 영향을 미치는 등의 법률상 효과를 발생하는 경우 그 조례는 항고소송의 대상이 되는 행정처분에 해당하고, 이러한 조례에 대한 무효확인소송을 제기함에 있어서 행정소송법 제38조 제1항, 제13조에 의하여 피고적격이 있는 처분 등을 행한 행정청은, 행정주체인 지방자치단체 또는 지방자치단체의 내부적 의결기관으로서 지방자치단체의 의사를 외부에 표시할 권한이 없는 지방의회가 아니라, 구 지방자치법 제19조 제2항, 제92조에 의하여 지방자치단체의 집행기관으로서 조례로서의 효력을 발생시키는 공포권이 있는 지방자치단체의 장이다.
- ⑤ ☞ 5급 이상 국가직 공무원에 대한 임면권자는 대통령이므로, 법리적으로는 대통령이 취소소송의 피고가 되어야 한다. 다만 국가공무원법에서는 국가원수에 대한 예우의 취지에서 소속장관을 피고로 하도록 규정하고 있다. [대결 1990.3.14., 자, 90두4] 검찰청법 제34조, 국가공무원법 제3조 제2항 제2호, 제16조, 행정심판법 제3조 제2항의 규정취지를 종합하여 보면, 검사임용처분에 대한 취소소송의 피고는 법무부장관으로 함이 상당하다고 할 것이므로 원심이 피고를 대통령으로 경정하여 줄 것을 구하는 원고의 신청을 각하한 조치는 옳다.

02 | 2017 |

항고소송의 피고적격에 관한 설명으로 옳지 않은 것은? (다툼이 있으면 판례에 따름)

① 처분청과 통지한 자가 다른 경우에는 처분청이 피고가 된다.
② 내부위임의 경우에 항고소송의 피고는 원칙적으로 처분청인 위임청이 된다.
③ 권한의 위탁을 받은 사인도 자신의 이름으로 처분을 한 경우에는 처분청이 된다.
④ 합의제 행정청인 중앙노동위원회의 처분에 대한 소송의 피고는 중앙노동위원회가 된다.
⑤ 권한의 대리의 경우에는 원칙적으로 피대리관청이 처분청으로서 피고가 된다.

답 01 ④ 02 ④

① [대법원 1990.4.27, 선고, 90누233, 판결] 피고인 인천직할시 북구청장이 인천직할시장으로부터 환경보전법상의 위법시설에 대한 폐쇄 등 명령권한의 사무처리에 관한 내부위임을 받아, 원고들이 공동으로 경영하는 공장에서 같은법 제15조의 규정에 의한 허가를 받지 아니하고 배출시설을 설치하여 조업하고 있는 것을 적발하고, 인천직할시장 명의의 폐쇄명령서를 발부받아 "환경보전법 위반사업장 고발 및 폐쇄명령"이란 제목으로 위 폐쇄명령서를 첨부하여 위 무허가배출시설에 대한 폐쇄명령통지를 하였다면 위 폐쇄명령처분을 한 행정청은 어디까지나 인천직할시장이고, 피고는 인천직할시장의 위 폐쇄명령처분에 관한 사무처리를 대행하면서 이를 통지하였음에 지나지 않으며, 위 폐쇄명령이나 그 통지서가 정부공문서규정이 정하는 문서양식에 맞지 않는다는 이유만으로 피고를 처분청으로 볼 수는 없으므로, 피고를 위 폐쇄명령처분을 한 행정청으로 보고 제기한 이 사건 소는 피고적격이 없는 자를 상대로 한 것이어서 부적법하다.

② [대법원 1995. 11. 28. 선고 94누6475 판결] 행정권한의 위임은 행정관청이 법률에 따라 특정한 권한을 다른 행정관청에 이전하여 수임관청의 권한으로 행사하도록 하는 것이어서 권한의 법적인 귀속을 변경하는 것이므로 법률이 위임을 허용하고 있는 경우에 한하여 인정된다 할 것이고, 이에 반하여 행정권한의 내부위임은 법률이 위임을 허용하고 있지 아니한 경우에도 행정관청의 내부적인 사무처리의 편의를 도모하기 위하여 그의 보조기관 또는 하급행정관청으로 하여금 그의 권한을 사실상 행사하게 하는 것이므로, 권한위임의 경우에는 수임관청이 자기의 이름으로 그 권한행사를 할 수 있지만 내부위임의 경우에는 수임관청은 위임관청의 이름으로만 그 권한을 행사할 수 있을 뿐 자기의 이름으로는 그 권한을 행사할 수 없다.

③ [대법원 1997.2.28, 선고, 96누1757, 판결] 성업공사가 체납압류된 재산을 공매하는 것은 세무서장의 공매권한 위임에 의한 것으로 보아야 할 것이므로, 성업공사가 한 그 공매처분에 대한 취소 등의 항고소송을 제기함에 있어서는 수임청으로서 실제로 공매를 행한 성업공사를 피고로 하여야 하고, 위임청인 세무서장은 피고적격이 없다.

④ 노동위원회법 제27조

> **노동위원회법**
> **제27조(중앙노동위원회의 처분에 대한 소송)** ① 중앙노동위원회의 처분에 대한 소송은 중앙노동위원회 위원장을 피고(被告)로 하여 처분의 송달을 받은 날부터 15일 이내에 제기하여야 한다.
> ② 이 법에 따른 소송의 제기로 처분의 효력은 정지하지 아니한다.
> ③ 제1항의 기간은 불변기간으로 한다.

⑤ ☞ (ⅰ) 대리기관 또는 내부위임을 받은 기관이 피대리기관 또는 위임청의 이름으로 권한을 행사한 경우에는 피대리기관, 위임청이 피고가 되는 것이 원칙이다. (ⅱ) 다만 내부위임을 받은 수임기관 또는 대리행정청이 자신의 명의로 처분을 행한 경우에는 상대방인 국민을 보호하기 위하여 명의인인 수임기관, 대리행정청이 피고가 된다.

03 | 2018 |

판례상 피고적격에 관한 설명으로 옳은 것은?

① 항고소송은 소송의 대상인 처분 등을 외부적으로 그의 명의로 행한 행정청을 피고로 한다.
② 조례에 대한 항고소송은 지방의회가 피고가 된다.
③ 법령에 의한 행정권한의 위임에 따라 수임청이 행한 처분에 대한 취소소송의 피고는 위임기관이 된다.
④ 상급행정청으로부터 내부위임을 받은 데 불과한 하급행정청이 권한 없이 자신의 명의로 처분을 한 경우에 그 처분에 대한 취소소송의 피고는 상급행정청이 된다.
⑤ 납세의무부존재확인의 소는 과세관청을 피고로 한다.

················

① [대법원 1994. 6. 14., 선고, 94누1197, 판결] 항고소송은 원칙적으로 소송의 대상인 행정처분 등을 외부적으로 그의 명의로 행한 행정청을 피고로 하여야 하는 것으로서, 그 행정처분을 하게 된 연유가 상급행정청이나 타행정청의 지시나 통보에 의한 것이라 하여 다르지 않으며, 권한의 위임이나 위탁을 받아 수임행정청이 정당한 권한에 기하여 수임행정청 명의로 한 처분에 대하여는 말할 것도 없고, 내부위임이나 대리권을 수여받은 데 불과하여 원행정청 명의나 대리관계를 밝히지 아니하고는 그의 명의로 처분 등을 할 권한이 없는 행정청이 권한 없이 그의 명의로 한 처분에 대하여도 처분명의자인 행정청이 피고가 되어야 한다.

② [대법원 1996. 9. 20., 선고, 95누8003, 판결] 조례가 집행행위의 개입 없이도 그 자체로서 직접 국민의 구체적인 권리의무나 법적 이익에 영향을 미치는 등의 법률상 효과를 발생하는 경우 그 조례는 항고소송의 대상이 되는 행정처분에 해당하고, 이러한 조례에 대한 무효확인소송을 제기함에 있어서 행정소송법 제38조 제1항, 제13조에 의하여 피고적격이 있는 처분 등을 행한 행정청은, 행정주체인 지방자치단체 또는 지방자치단체의 내부적 의결기관으로서 지방자치단체의 의사를 외부에 표시한 권한이 없는 지방의회가 아니라, 구 지방자치법 제19조 제2항, 제92조에 의하여 지방자치단체의 집행기관으로서 조례로서의 효력을 발생시키는 공포권이 있는 지방자치단체의 장이다.

③ [대법원 1997.2.28, 96누1757] 성업공사가 체납압류된 재산을 공매하는 것은 세무서장의 공매권한 위임에 의한 것으로 보아야 할 것이므로, 성업공사가 한 그 공매처분에 대한 취소 등의 항고소송을 제기함에 있어서는 수임청으로서 실제로 공매를 행한 성업공사를 피고로 하여야 하고, 위임청인 세무서장은 피고적격이 없다.

④ [대법원 1991.2.22., 90누5641] 행정처분의 취소 또는 무효확인을 구하는 행정소송은 다른 법률에 특별한 규정이 없는 한 그 처분을 행한 행정청을 피고로 하여야 하며, 행정처분을 행할 적법한 권한 있는 상급행정청으로부터 내부위임을 받은데 불과한 하급행정청이 권한 없이 행정처분을 한 경우에도 실제로 그 처분을 행한 하급행정청을 피고로 하여야 할 것이지 그 처분을 행할 적법한 권한 있는 상급행정청을 피고로 할 것이 아니므로 부산직할시장의 산하기관인 부산직할시 금강공원 관리사업소장이 한 공단사용료 부과처분에 대하여 가사 위 사업소장이 부산직할시로부터 단순히 내부위임만을 받은 경우라 하더라도 이의 취소를 구하는 소송은 위 금강공원 관리사업소장을 피고로 하여야 한다.

⑤ ☞ 과세관청의 의미가 불명확한데, 과세관청을 행정청의 의미로 이해하면 해당 지문은 틀린 것이 된다. 납세의무부존재확인의 소는 당사자소송이고, 당사자소송의 피고는 행정주체이기 때문이다.
[대법원 2000. 9. 8., 선고, 99두2765, 판결] 납세의무부존재확인의 소는 공법상의 법률관계 그 자체를 다투는 소송으로서 당사자소송이라 할 것이므로 행정소송법 제3조 제2호, 제39조에 의하여 그 법률관계의 한쪽 당사자인 국가·공공단체 그 밖의 권리주체가 피고적격을 가진다.

답 03 ①

04 | 2019 |

행정소송의 피고적격에 관한 설명으로 옳지 않은 것은? (다툼이 있으면 판례에 따름)

① 취소소송은 그 처분을 행한 정당한 권한을 가진 행정청을 피고로 한다.
② 공무수탁사인이 자신의 이름으로 처분을 한 경우에는 공무수탁사인이 피고가 된다.
③ 대외적으로 의사를 표시할 수 없는 내부기관은 실질적인 의사가 그 기관에 의하여 결정되더라도 피고적격을 갖지 못한다.
④ 교육에 관한 조례의 무효확인소송의 피고는 교육감이다.
⑤ 지방의회의장 불신임결의에 대한 취소소송의 피고는 지방의회이다.

∙∙∙∙∙∙∙∙∙∙∙∙∙∙∙∙∙∙∙∙∙∙

① ☞ 처분명의자인 행정청이 피고가 되는 것이지, 정당한 권한 여부는 불문한다. 만약 정당한 권한이 없다면 주체의 하자로서 처분이 위법하게 된다.
[대법원 1994. 6. 14. 선고 94누1197 판결] 항고소송은 원칙적으로 소송의 대상인 행정처분 등을 외부적으로 그의 명의로 행한 행정청을 피고로 하여야 하는 것으로서, 그 행정처분을 하게 된 연유가 상급행정청이나 타행정청의 지시나 통보에 의한 것이라 하여 다르지 않으며, 권한의 위임이나 위탁을 받아 수임행정청이 정당한 권한에 기하여 수임행정청 명의로 한 처분에 대하여는 말할 것도 없고, 내부위임이나 대리권을 수여받은 데 불과하여 원행정청 명의나 대리관계를 밝히지 아니하고는 그의 명의로 처분 등을 할 권한이 없는 행정청이 권한 없이 그의 명의로 한 처분에 대하여도 처분명의자인 행정청이 피고가 되어야 한다.

② ☞ 법령에 의하여 행정권한을 위탁받은 공공단체 및 사인(공무수탁사인)은 그 자체가 행정주체이자 행정청이 되므로, 항고소송에서 피고가 될 수 있다(동법 제2조 제2항).

> 제2조(정의) ② 이 법을 적용함에 있어서 행정청에는 법령에 의하여 행정권한의 위임 또는 위탁을 받은 행정기관, 공공단체 및 그 기관 또는 사인이 포함된다.

③ [대법원 2014. 5. 16. 선고 2014두274 판결] 취소소송은 다른 법률에 특별한 규정이 없는 한 그 처분 등을 행한 행정청을 피고로 한다(행정소송법 제13조 제1항). 여기서 '행정청'이라 함은 국가 또는 공공단체의 기관으로서 국가나 공공단체의 의견을 결정하여 외부에 표시할 수 있는 권한, 즉 처분권한을 가진 기관을 말하고, 대외적으로 의사를 표시할 수 있는 기관이 아닌 내부기관은 실질적인 의사가 그 기관에 의하여 결정되더라도 피고적격을 갖지 못한다.

④ [대법원 1996. 9. 20., 선고, 95누8003, 판결] 구 지방교육자치에관한법률 제14조 제5항, 제25조에 의하면 시·도의 교육·학예에 관한 사무의 집행기관은 시·도 교육감이고 시·도 교육감에게 지방교육에 관한 조례안의 공포권이 있다고 규정되어 있으므로, 교육에 관한 조례의 무효확인소송을 제기함에 있어서는 그 집행기관인 시·도 교육감을 피고로 하여야 한다.

⑤ ☞ 지방의회의원에 대한 징계의결이나 지방의회의장 불신임결의의 처분청은 지방의회이므로 이들 처분에 대한 취소소송의 피고는 지방의회가 된다.

답 04 ①

05 | 2019 |

다음 각 처분에 대한 취소소송의 피고가 옳게 연결된 것을 모두 고른 것은? (다툼이 있으면 판례에 따름)

> ㄱ. A시장으로부터 권한을 위임받은 B공사의 이주대책에 관한 처분 – B공사
> ㄴ. A시장으로부터 내부위임을 받은 C공원 관리사업소장이 자신의 명의로 행한 사용료 부과처분
>   – C공원 관리사업소장
> ㄷ. A시장으로부터 내부위임을 받은 D공원 관리사업소장이 A시장 명의로 행한 사용료 부과처분
>   – A시장

① ㄱ   ② ㄱ, ㄴ   ③ ㄱ, ㄷ
④ ㄴ, ㄷ   ⑤ ㄱ, ㄴ, ㄷ

- ㄱ. ☞ 권한의 위임이 있는 경우에는 위임받은 수임청을 피고로 하여야 한다. 따라서 A시장으로부터 권한을 위임받은 B공사의 이주대책에 대한 처분의 피고는 B공사이다.
- ㄴ. [대법원 1989. 11. 14., 선고, 89누4765, 판결] 행정처분의 취소 또는 무효확인을 구하는 행정소송은 다른 법률에 특별한 규정이 없는 한 그 처분을 행한 행정청을 피고로 하여야 하며, 행정처분을 행할 적법한 권한있는 상급행정청으로부터 내부위임을 받은데 불과한 하급행정청이 권한없이 행정처분을 한 경우에도 실제로 그 처분을 행한 하급행정청을 피고로 할 것이지 그 상급행정청을 피고로 할 것은 아니다.
- ㄷ. [대법원 1991. 10. 8., 선고, 91누520, 판결] 행정관청이 특정한 권한을 법률에 따라 다른 행정관청에 이관한 경우와 달리 내부적인 사무처리의 편의를 도모하기 위하여 그의 보조기관 또는 하급행정관청으로 하여금 그의 권한을 사실상 행하도록 하는 내부위임의 경우에는 수임관청이 그 위임된 바에 따라 위임관청의 이름으로 권한을 행사하였다면 그 처분청은 위임관청이므로 그 처분의 취소나 무효확인을 구하는 소송의 피고는 위임관청으로 삼아야 한다.

06 | 2019 |

행정소송의 피고에 관한 설명으로 옳지 않은 것은? (다툼이 있으면 판례에 따름)

① 처분이 있은 뒤에 그 처분에 관계되는 권한이 다른 행정청에 승계된 때에는 이를 승계한 행정청을 피고로 한다.
② 대통령이 행한 공무원의 징계처분에 관한 행정소송의 피고는 소속장관이다.
③ 재결이 항고소송의 대상이 되는 경우에는 재결을 한 행정심판기관이 피고가 된다.
④ 피고를 잘못 지정한 경우 고의 또는 중대한 과실이 있으면 법원은 피고의 경정을 허가할 수 없다.
⑤ 소의 종류의 변경에 따른 피고의 변경은 교환적 변경에 한한다.

답 05 ⑤   06 ④

① 「행정소송법」제13조 제1항

> **제13조(피고적격)** ① 취소소송은 다른 법률에 특별한 규정이 없는 한 그 처분등을 행한 행정청을 피고로 한다. 다만, 처분등이 있은 뒤에 그 처분등에 관계되는 권한이 다른 행정청에 승계된 때에는 이를 승계한 행정청을 피고로 한다.

② ☞ 5급 이상 공무원의 경우에는 대통령이 임면권자이다. 대통령이 (5급 이상) 공무원에 대하여 징계처분·기타 불이익처분을 하는 경우에는 논리적으로는 대통령이 취소소송의 피고가 되어야 하지만, 국가공무원법에서는 국가원수에 대한 예우의 취지에서 소속장관을 피고로 하도록 규정하고 있다(「국가공무원법」제16조 제2항).

> **국가공무원법**
> **제16조(행정소송과의 관계)** ① 제75조에 따른 처분, 그 밖에 본인의 의사에 반한 불리한 처분이나 부작위(不作爲)에 관한 행정소송은 소청심사위원회의 심사·결정을 거치지 아니하면 제기할 수 없다.
> ② 제1항에 따른 행정소송을 제기할 때에는 대통령의 처분 또는 부작위의 경우에는 소속 장관(대통령령으로 정하는 기관의 장을 포함한다. 이하 같다)을, 중앙선거관리위원회위원장의 처분 또는 부작위의 경우에는 중앙선거관리위원회사무총장을 각각 피고로 한다.

③ ☞ 이 경우 행정심판위원회 위원장이 아니라 행정심판위원회 자체가 피고가 된다.
④ ☞ 피고를 잘못 지정한 사유에 대해서 원고의 고의 또는 중과실을 문제삼지 않는다(행정소송법 제14조 제1항). 행정소송법상으로는 관할위반을 이유로 한 경우에만 원고의 고의 또는 중과실을 문제삼는다(제7조).

> **제14조(피고경정)** ① 원고가 피고를 잘못 지정한 때에는 법원은 원고의 신청에 의하여 결정으로써 피고의 경정을 허가할 수 있다.
> **제7조(사건의 이송)** 민사소송법 제34조제1항의 규정은 원고의 고의 또는 중대한 과실없이 행정소송이 심급을 달리하는 법원에 잘못 제기된 경우에도 적용한다.

⑤ ☞ 피고 자체가 바뀌는 경우라면 교환적 변경이고, 기존의 피고를 유지한 채 새로이 피고가 추가되는 경우라면 추가적 변경이다. 소의 종류의 변경에 따른 피고의 변경은 교환적 변경만이 가능하다. 항고소송의 피고는 행정청이고 당사자소송의 피고는 행정주체이므로, 항고소송과 당사자소송간에 소의 종류의 변경이 이루어지면 이에 수반하는 피고의 변경은 교환적 변경일 수밖에 없다.
[대법원 1989. 10. 27.자 89두1 결정] 소위 주관적, 예비적 병합은 행정소송법 제28조 제3항과 같은 예외적 규정이 있는 경우를 제외하고는 원칙적으로 허용되지 않는 것이고, 또 행정소송법상 소의 종류의 변경에 따른 당사자(피고)의 변경은 교환적 변경에 한한다고 봄이 상당하므로 예비적 청구만이 있는 피고의 추가경정신청은 허용되지 않는다.

07 | 2019 |

행정소송법상 피고경정에 관한 설명으로 옳지 않은 것은? (다툼이 있으면 판례에 따름)

① 원고가 피고를 잘못 지정한 경우에는 법원은 원고의 신청에 의하여 결정으로써 피고의 경정을 허가할 수 있다.
② 피고경정신청의 각하결정에 대하여 원고는 즉시항고할 수 있다.
③ 피고경정결정이 있은 때에는 종전의 피고에 대한 소송은 취하된 것으로 본다.
④ 피고경정결정에 대하여 경정 전의 피고는 즉시항고할 수 있다.
⑤ 피고경정은 사실심 변론종결시까지 가능하다.

---

① 「행정소송법」 제14조 제1항

> **제14조(피고경정)** ① 원고가 피고를 잘못 지정한 때에는 법원은 원고의 신청에 의하여 결정으로써 피고의 경정을 허가할 수 있다.

② 동법 제14조 제3항

> **제14조(피고경정)** ③ 제1항의 규정에 의한 신청을 각하하는 결정에 대하여는 즉시항고할 수 있다.

③ ☞ 이 경우 구소(종전의 피고에 대한 소송)은 취하되고, 신소(새로운 피고에 대한 소송)이 제기되는 효과가 발생한다.

> **제14조(피고경정)** ⑤ 제1항의 규정에 의한 결정이 있은 때에는 종전의 피고에 대한 소송은 취하된 것으로 본다.

④ ☞ 행정소송법상 즉시항고가 인정되지 않는 경우는 「피경전피/행참/처소/관이각」으로 정리하자.
[대법원 1994. 6. 29., 자, 93두48, 결정] 피고경정허가결정에 대하여는 종전의 피고는 불복을 신청할 수 없으므로 위 결정에 대한 종전의 피고의 항고는 특별항고로 본다.
⑤ [대법원 2006. 2. 23., 자, 2005부4, 결정] 행정소송법 제14조에 의한 피고경정은 사실심 변론종결에 이르기까지 허용되는 것으로 해석하여야 할 것이고, 굳이 제1심 단계에서만 허용되는 것으로 해석할 근거는 없다.

답 07 ④

08 | 2019 |

행정소송법상 원고의 신청에 의하여만 가능한 행위는?

① 피고경정
② 관련청구소송의 이송
③ 집행정지의 취소
④ 제3자의 소송참가
⑤ 행정청의 소송참가

··········

① ☞ 피고경정은 당사자의 신청에 의해서만 가능하다.
②, ③, ④, ⑤ ☞ 관련청구소송의 이송, 집행정지의 취소, 제3자의 소송참가, 행정청의 소송참가는 당사자의 신청 또는 법원의 직권에 의하여 가능하다. 법원의 직권이 불가능한 경우는 「피/변/록/접」으로 정리하자.

당사자의 신청에 의해서만 할 수 있는 경우	당사자의 신청 또는 법원의 직권에 의하여 할 수 있는 경우
피고경정(제14조 제1항), 소의 변경(제21조), 처분변경으로 인한 소의 변경(제22조), 행정심판기록의 제출명령(제25조), 간접강제(제34조)	소송의 이송, 관련청구소송의 이송(제10조), 처분권한 승계에 따른 피고의 경정(제14조 제6항), 소송참가(제16조, 제17조), 집행정지결정(제23조)과 취소(제24조), 사정판결(제28조)
당사자의 신청으로만 가능 (법원 직권 불가)	피 / 변 / 록 / 접	• 피고경정 • (처분변경으로 인한) 소변경 • 행정심판기록제출명령 • 간접강제

09 | 2020 |

행정소송의 피고적격에 관한 설명으로 옳지 <u>않은</u> 것은? (다툼이 있으면 판례에 따름)

① 처분청과 그 처분을 통지한 자가 다른 경우 처분청이 취소소송의 피고가 된다.
② 대리기관이 대리관계를 표시하고 피대리 행정청을 대리하여 행정처분을 한 때에는 피대리 행정청이 취소소송의 피고가 된다.
③ 합의제 행정청이 처분청인 경우에는 합의제 행정청이 피고가 되므로, 중앙노동위원회의 처분에 대한 취소소송의 피고는 중앙노동위원회이다.
④ 지방의회의장선거에 대한 취소소송의 피고는 지방의회이다.
⑤ 당사자소송은 국가·공공단체 그 밖의 권리주체를 피고로 한다.

··········

① [대법원 1990. 4. 27., 선고, 90누233, 판결] 피고인 인천직할시 북구청장이 인천직할시장으로부터 환경보전법상의 위법시설에 대한 폐쇄 등 명령권한의 사무처리에 관한 내부위임을 받아, 원고들이 공동으로 경영하는 공장에서 같은법 제15조의 규정에 의한 허가를 받지 아니하고 배출시설을 설치하여 조업하고 있는 것을 적발하고, 인천직할시장 명의의 폐쇄명령서를 발부받아 "환경보전법 위반사업장 고발 및 폐쇄명령"이란 제목으로 위 폐쇄명령서를 첨부하여 위 무허가배출시설에 대한 폐쇄명령통지를 하였다면 위 폐쇄명령처분을 한 행정

답 08 ① 09 ③

청은 어디까지나 인천직할시장이고, 피고는 인천직할시장의 위 폐쇄명령처분에 관한 사무처리를 대행하면서 이를 통지하였음에 지나지 않으며, 위 폐쇄명령서나 그 통지서가 정부공문서규정이 정하는 문서양식에 맞지 않는다는 이유만으로 피고를 처분청으로 볼 수는 없으므로, 피고를 위 폐쇄명령처분을 한 행정청으로 보고 제기한 이 사건 소는 피고적격이 없는 자를 상대로 한 것이어서 부적법하다.

② ☞ 권한의 대리의 경우에는 권한이 변경되는 것이 아니므로 처분도 피대리행정청의 명의로 이루어진다. 따라서 항고소송의 피고는 피대리행정청이 된다.

③ ☞ 합의제 행정청이 처분청인 경우에는 합의제 행정청이 피고가 된다(위원장이 아니라 위원회가 피고). 즉 중앙토지수용위원회·감사원 등이 피고가 된다. 다만 노동위원회법은 중앙노동위원회의 처분에 대한 소송의 피고를 중앙노동위원회위원장으로 규정하고 있다(노동위원회법 제27조).

> 제27조(중앙노동위원회의 처분에 대한 소송) ① 중앙노동위원회의 처분에 대한 소송은 중앙노동위원회 위원장을 피고(被告)로 하여 처분의 송달을 받은 날부터 15일 이내에 제기하여야 한다.

④ ☞ 지방의회의원에 대한 징계의결이나 지방의회의장선거의 처분청은 지방의회이므로 이들 처분에 대한 취소소송의 피고는 지방의회가 된다.
[대법원 1993.11.26., 93누7341] 지방자치법 제78조 내지 제81조의 규정에 의거한 지방의회의 의원징계의결은 그로 인해 의원의 권리에 직접 법률효과를 미치는 행정처분의 일종으로서 행정소송의 대상이 된다 할 것이고, 그와 같은 의원징계의결의 당부를 다투는 소송의 관할법원에 관하여는 동법에 특별한 규정이 없으므로 일반법인 행정소송법의 규정에 따라(제9조 제1항) 피고 지방의회의 소재지를 관할하는 고등법원이 그 소송의 제1심 관할법원으로 되는 것으로 보아야 할 것이다.

⑤ ☞ 항고소송의 피고는 행정청이지만, 당사자소송의 피고는 행정주체이다(행정소송법 제39조).

> 제39조(피고적격) 당사자소송은 국가·공공단체 그 밖의 권리주체를 피고로 한다.

10 | 2021 |

취소소송의 피고에 관한 설명으로 옳지 않은 것은? (다툼이 있으면 판례에 따름)

① 교육조례에 대한 무효확인소송의 경우 의결기관인 지방의회가 아니라 시·도교육감이 피고가 된다.
② 행정심판의 재결이 항고소송의 대상이 되는 경우에는 재결을 한 행정심판위원회가 피고가 된다.
③ 세무서장의 위임에 의하여 한국자산관리공사가 한 공매처분에 대하여 세무서장을 피고로 하여 취소소송을 제기한 경우 법원은 석명권을 행사하여 피고를 한국자산관리공사로 경정하게 하여야 한다.
④ 내부위임의 경우 처분권한이 이전되지 않으므로 수임기관이 자신의 이름으로 처분을 하였더라도 위임청이 피고가 된다.
⑤ 토지수용위원회가 처분청인 경우 토지수용위원회 위원장이 아니라 토지수용위원회가 피고가 된다.

답 10 ④

① ☞ 조례가 항고소송의 대상인 경우에는 조례를 공포한 지방자치단체의 장이 피고가 되며, 교육·학예에 관한 조례는 시·도 교육감이 피고가 된다.
② ☞ 재결이 항고소송의 대상이 되는 경우, 행정심판위원회 위원장이 아니라, 행정심판위원회 자체가 피고가 된다.
③ ☞ 「석명권」이란 법원이 사건의 진상을 명확하게 하기 위하여 당사자에게 법률적, 사실적인 사항에 대하여 설명할 수 있는 기회를 주고 입증을 촉구하는 힘을 말한다. 세무서장이 압류한 재산의 공매는 한국자산공사에 "위임"하여 이루어지므로 수임청인 한국자산관리공사가 피고이다. 따라서 법원은 원고에게 이러한 사실을 알려주어서 원고가 피고를 경정하게 해야 한다. 법원이 원고에게 피고경정을 신청하라고 알려주는 것이지, 법원이 직접 피고를 경정해주는 것은 아니다(피/변/록/접). 이 경우 한국자산관리공사 사장이 아니라 한국자산관리공사이 피고라는 점도 주의해야 한다.
④ ☞ 위임과 내부위임의 차이를 알고 있어야 한다.
[대법원 1989.11.14, 89누4765] 행정처분의 취소 또는 무효확인을 구하는 행정소송은 다른 법률에 특별한 규정이 없는 한 그 처분을 행한 행정청을 피고로 하여야 하며, 행정처분을 행할 적법한 권한있는 상급행정청으로부터 내부위임을 받은데 불과한 하급행정청이 권한없이 행정처분을 한 경우에도 실제로 그 처분을 행한 하급행정청을 피고로 할 것이지 그 상급 행정청을 피고로 할 것은 아니다.
⑤ ☞ 위원회의 처분의 경우에는 특별한 규정이 없는 한 위원장이 아니라 위원회가 피고가 된다.
[대법원 2010.1.28, 2008두1504] 공익사업을 위한 토지 등의 취득 및 보상에 관한 법률 제85조 제1항 전문의 문언 내용과 같은 법 제83조, 제85조가 중앙토지수용위원회에 대한 이의신청을 임의적 절차로 규정하고 있는 점, 행정소송법 제19조 단서가 행정심판에 대한 재결은 재결 자체에 고유한 위법이 있음을 이유로 하는 경우에 한하여 취소소송의 대상으로 삼을 수 있도록 규정하고 있는 점 등을 종합하여 보면, 수용재결에 불복하여 취소 소송을 제기하는 때에는 이의신청을 거친 경우에도 수용재결을 한 중앙토지수용위원회 또는 지방토지수용위원회를 피고로 하여 수용재결의 취소를 구하여야 하고, 다만 이의신청에 대한 재결 자체에 고유한 위법이 있음을 이유로 하는 경우에는 그 이의재결을 한 중앙토지수용위원회를 피고로 하여 이의재결의 취소를 구할 수 있다고 보아야 한다.

11 | 2022

항고소송의 피고적격에 관한 설명으로 옳지 <u>않은</u> 것은? (다툼이 있으면 판례에 따름)

① 취소소송은 다른 법률에 특별한 규정이 없는 한 그 처분등을 행한 행정청을 피고로 한다.
② 처분등이 있은 뒤에 그 처분등에 관계되는 권한이 다른 행정청에 승계된 때에는 이를 승계한 행정청을 피고로 한다.
③ 대리기관이 대리관계를 표시하고 피대리 행정청을 대리하여 행정처분을 한 때에는 피대리 행정청이 피고로 되어야 한다.
④ 사인은 법령에 의하여 행정권한의 위탁을 받은 경우에도 취소소송의 피고가 될 수 없다.
⑤ 지방법무사회는 무효등 확인소송의 피고가 될 수 있다.

답 11 ④

①, ② 행정소송법 제13조 제1항.

> **제13조(피고적격)** ① 취소소송은 다른 법률에 특별한 규정이 없는 한 그 처분등을 행한 행정청을 피고로 한다(①). 다만, 처분등이 있은 뒤에 그 처분등에 관계되는 권한이 다른 행정청에 승계된 때에는 이를 승계한 행정청을 피고로 한다(②).

③ [대법원 2018. 10. 25. 선고 2018두43095 판결] 항고소송은 다른 법률에 특별한 규정이 없는 한 원칙적으로 소송의 대상인 행정처분을 외부적으로 행한 행정청을 피고로 하여야 하고(행정소송법 제13조 제1항 본문), 다만 대리기관이 대리관계를 표시하고 피대리 행정청을 대리하여 행정처분을 한 때에는 피대리 행정청이 피고로 되어야 한다.

④ 행정소송법 제2조 제2항.

> **제2조(정의)** ② 이 법을 적용함에 있어서 행정청에는 법령에 의하여 행정권한의 위임 또는 위탁을 받은 행정기관, 공공단체 및 그 기관 또는 사인이 포함된다.

⑤ ☞ 무효등확인소송의 피고는 처분등을 행한 행정청인데, 판례에 따르면 지방법무사회는 국가사무를 위임받아 수행하는 공법인으로서 공권력 행사의 주체이며 그 채용승인 거부 행위 등은 처분에 해당한다. 즉, 지방법무사회는 처분등을 행한 행정청으로서 무효등확인소송의 피고적격을 가진다.
[대법원 2020. 4. 9. 선고 2015다34444 판결] 법무사의 사무원 채용승인 신청에 대하여 소속 지방법무사회가 '채용승인을 거부'하는 조치 또는 일단 채용승인을 하였으나 법무사규칙 제37조 제6항을 근거로 '채용승인을 취소'하는 조치는 공법인인 지방법무사회가 행하는 구체적 사실에 관한 법집행으로서 공권력의 행사 또는 그 거부에 해당하므로 항고소송의 대상인 '처분'이라고 보아야 한다. … 중략 … 지방법무사회의 법무사 사무원 채용승인은 단순히 지방법무사회와 소속 법무사 사이의 내부 법률문제라거나 지방법무사회의 고유사무라고 볼 수 없고, 법무사 감독이라는 국가사무를 위임받아 수행하는 것이라고 보아야 한다. 따라서 지방법무사회는 법무사 감독 사무를 수행하기 위하여 법률에 의하여 설립과 법무사의 회원 가입이 강제된 공법인으로서 법무사 사무원 채용승인에 관한 한 공권력 행사의 주체라고 보아야 한다.

12 | 2022 |

항고소송의 당사자 및 소송참가에 관한 설명으로 옳지 <u>않은</u> 것은?

① 원고가 피고를 잘못 지정한 때에는 법원은 원고의 신청에 의하여 결정으로써 피고의 경정을 허가할 수 있다.
② 피고경정의 허가가 있는 때에는 종전의 피고에 대한 소송은 각하된 것으로 본다.
③ 피고경정의 신청을 각하하는 결정에 대하여는 즉시항고할 수 있다.
④ 법원은 직권으로 제3자나 다른 행정청을 소송에 참가시킬 수 있다.
⑤ 소송참가 신청을 한 제3자는 그 신청을 각하한 결정에 대하여 즉시항고할 수 있다.

답 12 ②

① ☞ 법원의 결정은 (ⅰ) 당사자의 「신청」에 대하여 법원이 결정하는 경우와 (ⅱ) 법원이 「직권」으로 결정하는 2가지의 경우가 있다. 피고경정은 법원의 직권에 의한 결정은 인정되지 않고, 원고의 신청에 대하여 법원이 결정하는 경우만 가능하다.
② ☞ 각하가 아니라 취하이다.
①, ②, ③ 행정소송법 제14조.

> **제14조(피고경정)** ① 원고가 피고를 잘못 지정한 때에는 법원은 원고의 신청에 의하여 결정으로써 피고의 경정을 허가할 수 있다(①).
> ② 법원은 제1항의 규정에 의한 결정의 정본을 새로운 피고에게 송달하여야 한다.
> ③ 제1항의 규정에 의한 신청을 각하하는 결정에 대하여는 즉시항고할 수 있다(③).
> ④ 제1항의 규정에 의한 결정이 있은 때에는 새로운 피고에 대한 소송은 처음에 소를 제기한 때에 제기된 것으로 본다.
> ⑤ 제1항의 규정에 의한 결정이 있은 때에는 종전의 피고에 대한 소송은 취하된 것으로 본다(②).

④, ⑤ 행정소송법 제16조.

> **제16조(제3자의 소송참가)** ① 법원은 소송의 결과에 따라 권리 또는 이익의 침해를 받을 제3자가 있는 경우에는 당사자 또는 제3자의 신청 또는 직권에 의하여(④) 결정으로써 그 제3자를 소송에 참가시킬 수 있다.
> ② 법원이 제1항의 규정에 의한 결정을 하고자 할 때에는 미리 당사자 및 제3자의 의견을 들어야 한다.
> ③ 제1항의 규정에 의한 신청을 한 제3자는 그 신청을 각하한 결정에 대하여 즉시항고할 수 있다(⑤).
> **제17조(행정청의 소송참가)** ① 법원은 다른 행정청을 소송에 참가시킬 필요가 있다고 인정할 때에는 당사자 또는 당해 행정청의 신청 또는 직권에 의하여(④) 결정으로써 그 행정청을 소송에 참가시킬 수 있다.

13 | 2023 |

농림축산식품부장관이 甲에 대한 농지보전부담금 부과처분을 한다는 의사표시가 담긴 납부통지서를 수납업무 대행자인 한국농어촌공사를 통해 甲에게 전달하였다. 甲이 그 부과처분에 대하여 항고소송을 제기한다면 피고는? (다툼이 있으면 판례에 따름)

① 농림축산식품부
② 한국농어촌공사 및 농림축산식품부
③ 한국농어촌공사
④ 한국농어촌공사사장
⑤ 농림축산식품부장관

☞ 사안에서 농지보전부담금 부과처분은 행정청인 농림축산식품부장관이 그 명의로 행한 것이며 한국농어촌공사는 단지 통지를 대행한 자에 불과하다. 위임과 달리 대행 및 대리의 경우 피대행기관이 피고적격을 가지는 것이 원칙이다. 따라서 사안에서 피고는 피대행기관인 농림축산식품부장관이다.

⑤ [대법원 2018. 10. 25., 선고, 2018두43095, 판결] 항고소송은 다른 법률에 특별한 규정이 없는 한 원칙적으로 소송의 대상인 행정처분을 외부적으로 행한 행정청을 피고로 하여야 하고(행정소송법 제13조 제1항 본문), 다만 대리기관이 대리관계를 표시하고 피대리 행정청을 대리하여 행정처분을 한 때에는 피대리 행정청이 피고로 되어야 한다.

답 13 ⑤

14 | 2024 |

항고소송의 피고적격에 관한 설명으로 옳지 않은 것은? (다툼이 있으면 판례에 따름)

① 국회의 기관은 피고적격이 인정될 수 없다.
② 대외적으로 의사를 표시하지 않은 내부기관은 실질적인 의사가 그 기관에 의하여 결정되더라도 피고적격을 갖지 못한다.
③ 피고적격이 인정되는 행정청에는 합의제 행정청도 포함된다.
④ 중앙노동위원회의 처분에 대한 취소소송의 피고는 중앙노동위원회 위원장이다.
⑤ 법령에 의하여 행정권한의 위탁을 받은 사인도 피고가 될 수 있다.

----

① ☞ 국회의장이 한 처분에 대해서는 국회의 기관인 국회사무처장이 피고가 된다.

국회사무처법
제4조(사무총장) ① 사무총장은 의장의 감독을 받아 국회의 사무를 통할하고 소속 공무원을 지휘·감독한다.
② 사무총장은 정무직으로 하고 국무위원과 같은 금액의 보수를 받는다.
③ 의장이 한 처분에 대한 행정소송의 피고는 사무총장으로 한다.

② ☞ 지자체에서 도시계획국장이 건축불허가에 관하여 실질적인 의사결정을 했더라도 불허가처분 취소소송의 피고는 도시계획국장이 아니라 처분명의자인 단체장이 된다.
[대법원 2014. 5. 16. 선고 2014두274 판결] 취소소송은 다른 법률에 특별한 규정이 없는 한 그 처분 등을 행한 행정청을 피고로 한다(행정소송법 제13조 제1항). 여기서 '행정청'이라 함은 국가 또는 공공단체의 기관으로서 국가나 공공단체의 의견을 결정하여 외부에 표시할 수 있는 권한, 즉 처분권한을 가진 기관을 말하고, 대외적으로 의사를 표시할 수 있는 기관이 아닌 내부기관은 실질적인 의사가 그 기관에 의하여 결정되더라도 피고적격을 갖지 못한다.

③ ☞ 합의제 행정기관의 처분에 대해서는 원칙적으로 합의제 행정기관 자체가 피고가 된다.
④ ☞ 중앙노동위원회는 합의제 행정청이지만 노동위원회법에 따라 「위원장」이 항고소송의 피고가 된다.

노동위원회법
제27조(중앙노동위원회의 처분에 대한 소송) ① 중앙노동위원회의 처분에 대한 소송은 중앙노동위원회 위원장을 피고(被告)로 하여 처분의 송달을 받은 날부터 15일 이내에 제기하여야 한다.
② 이 법에 따른 소송의 제기로 처분의 효력은 정지하지 아니한다.
③ 제1항의 기간은 불변기간으로 한다.

⑤ ☞ 이른바 「공무수탁사인」의 경우를 말한다.

제2조(정의) ② 이 법을 적용함에 있어서 행정청에는 법령에 의하여 행정권한의 위임 또는 위탁을 받은 행정기관, 공공단체 및 그 기관 또는 사인이 포함된다.

답 14 ①

15 | 2024 |

행정소송법상 피고경정에 관한 설명으로 옳지 않은 것은? (다툼이 있으면 판례에 따름)

① 피고경정은 사실심 변론종결시까지 허용된다.
② 피고경정신청을 인용한 결정에 대하여는 종전 피고는 항고제기의 방법으로 불복신청할 수 없다.
③ 관련청구의 병합이 있는 경우 법원의 피고경정결정을 받아야 한다.
④ 원고가 피고를 잘못 지정하였다면 법원으로서는 석명권을 행사하여 원고로 하여금 피고를 경정하게 하여 소송을 진행케 하여야 한다.
⑤ 피고경정의 결정이 있은 때에는 종전의 피고에 대한 소송은 취하된 것으로 본다.

---

① ☞ 소송절차와 관련된 행위는 원칙적으로 사실심 변론종결시까지만 가능하다. 상고심에서도 인정되는 경우는 「집/참/유」로 정리하자.
[대결 2006.2.23, 자, 2005부4] 행정소송법 제14조에 의한 피고경정은 사실심 변론종결에 이르기까지 허용되는 것으로 해석하여야 할 것이고, 굳이 제1심 단계에서만 허용되는 것으로 해석할 근거는 없다.

> **행정소송규칙**
> **제6조(피고경정)** 법 제14조제1항에 따른 피고경정은 사실심 변론을 종결할 때까지 할 수 있다.

② ☞ 행정소송에서 즉시항고가 인정되지 않는 경우는 「피경전피/행참/처소/관이각」으로 정리하자.
[대법원 1994. 6. 29., 자, 93두48, 결정] 피고경정허가결정에 대하여는 종전의 피고는 불복을 신청할 수 없으므로 위 결정에 대한 종전의 피고의 항고는 특별항고로 본다.

③ ☞ 관련청구의 병합이 있는 경우에는 소의 주관적 병합이 문제될 뿐 피고경정과는 상관이 없다. 이를테면 취소소송과 국가배상소송이 병합되는 경우라면 취소소송의 피고인 행정청과 국가배상소송의 피고인 행정주체의 복수의 피고가 병합되는 것이지 피고경정은 문제되지 않는다. 피고경정은 소제기시에 피고를 잘못 지정한 경우 등에 문제된다.

> **제10조(관련청구소송의 이송 및 병합)** ① 취소소송과 다음 각호의 1에 해당하는 소송(이하 "관련청구소송"이라 한다)이 각각 다른 법원에 계속되고 있는 경우에 관련청구소송이 계속된 법원이 상당하다고 인정하는 때에는 당사자의 신청 또는 직권에 의하여 이를 취소소송이 계속된 법원으로 이송할 수 있다.
>   1. 당해 처분등과 관련되는 손해배상·부당이득반환·원상회복등 청구소송
>   2. 당해 처분등과 관련되는 취소소송
> ② 취소소송에는 사실심의 변론종결시까지 관련청구소송을 병합하거나 피고외의 자를 상대로 한 관련청구소송을 취소소송이 계속된 법원에 병합하여 제기할 수 있다.

④ ☞ 이 경우 법원이 원고로 하여금 피고를 경정하게 하는 것이지 법원이 직권으로 피고를 경정하는 것은 아니다. 법원의 직권이 불가능한 경우는 「피/변/록/접」으로 정리하자.
[대판 1990.1.12, 89누1032] 행정소송에서 원고가 처분청이 아닌 행정관청을 피고로 잘못 지정하였다면 법원으로서는 석명권을 행사하여 원고로 하여금 피고를 처분청으로 경정하게 하여 소송을 진행케 하여야 할 것이다.

⑤ ☞ 구소취하 신소제기의 효과가 발생한다.

> **제14조(피고경정)** ⑤ 제1항의 규정에 의한 결정이 있은 때에는 종전의 피고에 대한 소송은 취하된 것으로 본다.

답 15 ③

16 | 2025 |

항고소송의 피고에 관한 설명으로 옳지 않은 것은? (다툼이 있으면 판례에 따름)

① 이해관계 있는 제3자도 피고경정을 신청할 수 있다.
② 피고경정 결정이 있은 때에는 종전의 피고에 대한 소송은 취하된 것으로 본다.
③ 원고가 피고를 잘못 지정하여 피고경정 결정이 있은 때에는 새로운 피고에 대한 소송은 처음에 소를 제기한 때에 제기된 것으로 본다.
④ 지방의회를 피고로 하여 제기한 조례무효확인소송은 부적법하다.
⑤ 저작권심의조정위원회 위원장을 피고로 저작권 등록처분의 무효확인을 구하는 소는 부적법하다.

---

① ☞ 피고경정 신청권은 소송의 당사자인 원고에게만 인정된다. 이해관계 있는 제3자가 원고에 해당한다면 피고경정을 신청할 수 있다(이를테면 인근주민소송).

> **제14조(피고경정)** ① 원고가 피고를 잘못 지정한 때에는 법원은 <u>원고의 신청에 의하여</u> 결정으로써 피고의 경정을 허가할 수 있다.

② ☞ 구소취하·신소제기의 효과가 발생한다.

> **제14조(피고경정)** ⑤ 제1항의 규정에 의한 결정이 있은 때에는 <u>종전의 피고에 대한 소송은 취하된 것으로 본다.</u>

③ ☞ 이 경우 신소제기의 효과는 피고경정시가 아니라 최초의 소제기시를 기준으로 판단한다.

> **제14조(피고경정)** ④ 제1항의 규정에 의한 결정이 있은 때에는 <u>새로운 피고에 대한 소송은 처음에 소를 제기한 때에 제기된 것으로 본다.</u>

④ ☞ 조례의 공포권자인 지방자치단체의 장이 피고가 된다.
[대판 1996.9.20, 95누8003] 조례가 집행행위의 개입 없이도 그 자체로서 직접 국민의 구체적인 권리의무나 법적 이익에 영향을 미치는 등의 법률상 효과를 발생하는 경우 그 조례는 항고소송의 대상이 되는 행정처분에 해당하고, 이러한 조례에 대한 무효확인소송을 제기함에 있어서 행정소송법 제38조 제1항, 제13조에 의하여 피고적격이 있는 처분 등을 행한 행정청은, 행정주체인 지방자치단체 또는 지방자치단체의 내부적 의결기관으로서 지방자치단체의 의사를 외부에 표시한 권한이 없는 지방의회가 아니라, 구 지방자치법(1994. 3. 16. 법률 제4741호로 개정되기 전의 것) 제19조 제2항, 제92조에 의하여 지방자치단체의 집행기관으로서 조례로서의 효력을 발생시키는 공포권이 있는 지방자치단체의 장이다.

⑤ ☞ 저작권심의조정위원회가 피고적격을 갖는다. 위원회 등 합의제 행정청의 경우 원칙적으로 합의제 행정청이 피고가 된다.
[대법원 2009. 7. 9. 선고 2007두16608 판결] 구 저작권법(2006. 12. 28. 법률 제8101호로 전문 개정되기 전의 것) 제97조의3 제2호는 '문화관광부장관은 대통령령이 정하는 바에 의하여 법 제53조에 규정한 저작권 등록업무에 관한 권한을 저작권심의조정위원회에 위탁할 수 있다'고 규정하고, 같은 법 시행령(2007. 6. 29. 대통령령 제20135호로 전문 개정되기 전의 것) 제42조는 '문화관광부장관은 법 제97조의3의 규정에 의하여 저작권 등록업무에 관한 권한을 저작권심의조정위원회에 위탁한다'고 규정하고 있으므로, '저작권심의조정위원회'가 저작권 등록업무의 처분청으로서 그 등록처분에 대한 무효확인소송에서 피고적격을 가진다.

답 16 ①

5. 소송참가

가. 제3자의 소송참가

(1) 의의

1) 법원은 소송의 결과에 따라 권리 또는 이익의 침해를 받을 제3자(국가 또는 공공단체 포함)가 있는 경우에는 당사자, 제3자의 신청 또는 직권에 의하여 결정으로서 제3자를 소송에 참가시킬 수 있다.

2) 법원은 소송참가 결정을 함에 있어 미리 당사자 및 제3자의 의견을 들어야 하나, 그 의견에 구속되는 것은 아니다(행정청의 소송참가의 경우에도 마찬가지).

> **제16조(제3자의 소송참가)** ① 법원은 소송의 결과에 따라 권리 또는 이익의 침해를 받을 제3자가 있는 경우에는 당사자 또는 제3자의 신청 또는 직권에 의하여 결정으로써 그 제3자를 소송에 참가시킬 수 있다.
> ② 법원이 제1항의 규정에 의한 결정을 하고자 할 때에는 미리 당사자 및 제3자의 의견을 들어야 한다.
> ③ 제1항의 규정에 의한 신청을 한 제3자는 그 신청을 각하한 결정에 대하여 즉시항고할 수 있다.
> ④ 제1항의 규정에 의하여 소송에 참가한 제3자에 대하여는 민사소송법 제67조의 규정을 준용한다.

(2) 요건

1) 타인간의 취소소송의 계속

소송이 어느 심급에 있는가를 불문하고, 소가 적법하게 제기되어 계속되고 있어야 한다. 변론종결 후에 참가신청을 한 경우에 법원이 재량으로 변론을 재개하면 참가신청은 변론종결 전에 한 것과 같은 것으로 취급한다. 이 경우 원·피고측 어느 쪽에 대해서도 소송참가가 가능하다.

2) 소송의 결과에 따라 권리 또는 이익의 침해를 받을 제3자

소송의 결과 판결에 의하여 권리 또는 이익의 침해를 받을 것이 요구된다. (ⅰ) 여기서 '제3자'라 함은 소송당사자 이외의 자로서, 인(人)의 자격을 전제로 한다. 따라서 공법인인 국가 및 공공단체는 이에 포함되나, 행정청은 그 자체로서 당사자능력이 없으므로 이에 포함되지 않는다. (ⅱ) '소송의 결과'란 판결주문에 있어서의 소송물 자체에 관한 판단을 말하며 단순한 이유 등의 판단은 이에 해당하지 않는다. (ⅲ) 소송의 결과에 따라 '침해될 권리 또는 이익'이란 법률상의 이익을 말하며 반사적 이익이나 사실상의 이익은 이에 포함되지 않는다.

(3) 절차

제3자의 소송참가는 당사자 또는 제3자의 신청 또는 직권에 의한다. 참가신청이 있으면 법원은 결정으로써 허가 또는 각하의 재판을 하고, 직권소송참가의 경우에는 법원이 결정으로써 제3자에게 참가를 명한다. 법원이 제3자의 소송참가를 결정하고자 할 때에는 미리 당사자 및 제3자의 의견을 들어야 한다(동법 제16조 제2항). 제3자가 참가신청을 하였으나 각하된 경우 그 제3자는 즉시항고할 수 있다(동법 제16조 제3항).

(4) 효과

① 참가인은 피참가인과의 관계에서 민사소송법상 「공동소송적 보조참가인」의 지위에 서게된

다. 이 경우 필수적 공동소송에서의 공동소송인에 준하는 지위라고 보아 피참가인의 소송행위와 저촉되는 행위도 할 수 있다. 예컨대 참가인이 상소를 제기한 경우 당사자가 상소취하를 해도 상소의 효력은 유지된다. 다만 참가인은 소송 자체를 종결시키는 행위인 소취하와 포기는 할 수 없다.

② 참가인은 현실적으로 소송행위를 하였는지 여부에 관계없이 참가한 소송의 판결의 효력을 받는다. 따라서 일단 참가한 이상 참가인은 피참가인의 승소를 위해 적극적으로 소송을 수행할 필요가 있다.

민사소송법

제67조(필수적 공동소송에 대한 특별규정) ① 소송목적이 공동소송인 모두에게 합일적으로 확정되어야 할 공동소송의 경우에 공동소송인 가운데 한 사람의 소송행위는 모두의 이익을 위하여서만 효력을 가진다.
② 제1항의 공동소송에서 <u>공동소송인 가운데 한 사람에 대한 상대방의 소송행위는 공동소송인 모두에게 효력이 미친다.</u>
③ 제1항의 공동소송에서 공동소송인 가운데 한 사람에게 소송절차를 중단 또는 중지하여야 할 이유가 있는 경우 그 중단 또는 중지는 모두에게 효력이 미친다.

나. 다른 행정청의 소송참가

(1) 의의

법원은 다른 행정청을 소송에 참가시킬 필요가 있다고 인정할 때에는 당사자 또는 당해 행정청의 신청 또는 직권에 의하여 결정으로써 그 행정청을 소송에 참가시킬 수 있다.

제17조(행정청의 소송참가) ① 법원은 다른 행정청을 소송에 참가시킬 필요가 있다고 인정할 때에는 당사자 또는 당해 행정청의 신청 또는 직권에 의하여 결정으로써 그 행정청을 소송에 참가시킬 수 있다.
② 법원은 제1항의 규정에 의한 결정을 하고자 할 때에는 당사자 및 당해 행정청의 의견을 들어야 한다.

(2) 요건

1) 타인 간의 취소소송의 계속

행정청의 소송참가 또한 제3자의 소송참가와 마찬가지로 타인의 취소소송이 계속되어 있어야 한다. 물론 그 소송이 계속중이기만 하면 어느 심급에 있는가는 불문한다.

2) 다른 행정청이 피고행정청을 위한 참가

① 다른 행정청이라 함은 피고인 행정청 이외의 행정청이 누구나 이에 해당하는 것은 아니라, 분쟁의 처분·재결과 관계 있는 행정청에 한정된다. 예컨대 분쟁의 처분 또는 재결에 관하여 피고인 행정청을 지휘·감독하는 상급청, 재결이 행해진 경우의 원처분청 등이 이에 해당한다.
② 한편 다른 행정청은 피고인 행정청에만 참가할 수 있고 원고 측에는 참가할 수 없다.

3) 참가의 필요성

참가의 필요성이란, 적정한 심리·재판을 실현하기 위하여 참가시킬 필요가 있음을 의미한다. 참가의 필요에 대한 판단은 법원의 고유한 권한에 속한다.

> **관련판례**
>
> 참가의 필요성이란 사건의 적정한 심리와 재판을 하기 위하여 필요한 경우를 가리킨다[대법원 2002.9.24., 99두1519].
> 법원은 다른 행정청을 소송에 참가시킬 필요가 있다고 인정되는 때에 그 행정청을 소송에 참가시킬 수 있고, 여기에서 참가의 필요성은 관계되는 다른 행정청을 소송에 참가시킴으로써 소송자료 및 증거자료가 풍부하게 되어 그 결과 사건의 적정한 심리와 재판을 하기 위하여 필요한 경우를 가리킨다(상고심에서의 참가 필요성을 인정하지 않은 사례).

(3) 절차

당사자나 당해 행정청의 신청 또는 직권에 의한다. 행정청의 소송참가를 결정하고자 할 때에는 당사자 및 당해 행정청의 의견을 들어야 한다(동법 제17조 제2항).

(4) 효과

참가행정청은 제3자의 소송참가의 경우와 달리「단순한 보조참가인」의 지위를 가지게 되므로 피참가인의 소송행위와 저촉되는 소송행위를 할 수 없다. 만약 참가인의 소송행위가 피참가인의 소송행위와 어긋나는 때에는 그 효력이 없다. 참고로 행정청은 인(人)이 아니기 때문에 민사소송법상 소송참가는 못하지만, 행정청의 소송참가에 대해서 민사소송법 규정을 준용하는 것은 별개의 문제이다.

> **제17조(행정청의 소송참가)** ③ 제1항의 규정에 의하여 소송에 참가한 행정청에 대하여는 민사소송법 제76조의 규정을 준용한다.

> **민사소송법**
>
> **제76조(참가인의 소송행위)** ① 참가인은 소송에 관하여 공격·방어·이의·상소, 그 밖의 모든 소송행위를 할 수 있다. 다만, 참가할 때의 소송의 진행정도에 따라 할 수 없는 소송행위는 그러하지 아니하다.
> ② 참가인의 소송행위가 피참가인의 소송행위에 어긋나는 경우에는 그 참가인의 소송행위는 효력을 가지지 아니한다.

다. 타 소송에의 준용

취소소송의 제3자 소송참가 및 행정청의 소송참가에 관한 규정은 무효등확인소송, 부작위위법확인소송, 당사자소송에도 준용된다.

> **제16조(제3자의 소송참가)** ① 법원은 소송의 결과에 따라 권리 또는 이익의 침해를 받을 제3자가 있는 경우에는 당사자 또는 제3자의 신청 또는 직권에 의하여 결정으로써 그 제3자를 소송에 참가시킬 수 있다.
> ② 법원이 제1항의 규정에 의한 결정을 하고자 할 때에는 미리 당사자 및 제3자의 의견을 들어야 한다.
> ③ 제1항의 규정에 의한 신청을 한 제3자는 그 신청을 각하한 결정에 대하여 즉시항고할 수 있다.
> ④ 제1항의 규정에 의하여 소송에 참가한 제3자에 대하여는 민사소송법 제67조의 규정을 준용한다.

제38조(준용규정) ① 제9조, 제10조, 제13조 내지 제17조, 제19조, 제22조 내지 제26조, 제29조 내지 제31조 및 제33조의 규정은 <u>무효등 확인소송의 경우에 준용</u>한다.
② 제9조, 제10조, 제13조 내지 제19조, 제20조, 제25조 내지 제27조, 제29조 내지 제31조, 제33조 및 제34조의 규정은 <u>부작위위법확인소송의 경우에 준용</u>한다.

제44조(준용규정) ① 제14조 내지 제17조, 제22조, 제25조, 제26조, 제30조제1항, 제32조 및 제33조의 규정은 <u>당사자소송의 경우에 준용</u>한다.
② 제10조의 규정은 당사자소송과 관련청구소송이 각각 다른 법원에 계속되고 있는 경우의 이송과 이들 소송의 병합의 경우에 준용한다.

라. 민사소송법에 의한 소송참가

(1) 인정여부

보조참가라 함은 소송의 계속 중에 소송의 결과에 대하여 이해관계 있는 제3자가 당사자 일방의 승소를 보조하기 위하여 그 소송에 참가하는 것을 말한다. 행정소송에서도 행정소송법 제16조의 요건을 갖추지 못한 경우 민사소송법상 보조참가가 가능하다.

(2) 참가의 형태

이 경우 그 참가는 민사소송법 제78조에 규정된 공동소송적 보조참가에 해당한다.

> **관련판례**
>
> 행정소송사건에서 민사소송법상 보조참가가 이루어지는 경우 그 참가는 공동소송적 보조참가이다[대법원 2013. 3. 28., 선고, 2011두13729, 판결].
> 행정소송 사건에서 참가인이 한 보조참가가 행정소송법 제16조가 규정한 제3자의 소송참가에 해당하지 않는 경우에도, 판결의 효력이 참가인에게까지 미치는 점 등 행정소송의 성질에 비추어 보면 <u>그 참가는 민사소송법 제78조에 규정된 공동소송적 보조참가</u>이다.

(3) 참가주체

소송의 결과에 따라 권리 또는 이익의 침해를 받을 제3자는 민사소송법상 보조참가를 할 수 있다. 행정청이 민사소송법상의 보조참가를 할 수 있는지와 관련하여, 판례는 민사소송법상의 보조참가를 하기 위해서는 당사자능력이 있어야 하는데 행정청은 행정주체와 달리 당사자능력이 없으므로 민사소송법상의 보조참가를 할 수 없다고 한다.

> **관련판례**
>
> **행정청은 민사소송법상의 보조참가를 할 수 없다[대법원 2002. 9. 24., 선고, 99두1519, 판결]**
> 타인 사이의 항고소송에서 소송의 결과에 관하여 이해관계가 있다고 주장하면서 민사소송법 제71조에 의한 보조참가를 할 수 있는 제3자는 민사소송법상의 당사자능력 및 소송능력을 갖춘 자이어야 하므로 그러한 당사자능력 및 소송능력이 없는 행정청으로서는 민사소송법상의 보조참가를 할 수는 없고 다만 행정소송법 제17조 제1항에 의한 소송참가를 할 수 있을 뿐이다(행정청에 불과한 서울특별시장의 보조참가신청을 부적법하다고 한 사례).

구분	제3자의 소송참가(동법 제16조)	행정청의 소송참가(동법 제17조)
참가방법	당사자 또는 제3자의 신청 또는 법원의 직권	당사자 또는 행정청의 신청 또는 법원의 직권
참가인의 지위	공동소송적 보조참가인	보조참가인
소송행위	피참가인의 소송행위와 저촉되는 행위도 가능	피참가인의 소송행위와 저촉되는 행위 불가
민사소송법상 보조참가	가능	불가능
피참가인	원·피고 모두 가능	피고 측만 가능
즉시항고	가능	불가능

기출문제

01 | 2016 |

행정소송법상 소송참가에 관한 설명으로 옳지 <u>않은</u> 것은? (다툼이 있으면 판례에 따름)

① 법원은 직권으로 제3자의 소송참가를 결정할 수 있다.
② 제3자의 소송참가는 소송이 어느 심급에 있는가는 불문한다.
③ 법원이 제3자의 소송참가를 결정할 때에는 미리 당사자의 동의를 얻어야 한다.
④ 소송결과에 대하여 사실상의 이해관계가 있다는 것만으로는 소송참가가 인정되지 않는다.
⑤ 소송참가를 신청한 제3자는 그 신청을 각하한 결정에 대하여 즉시항고할 수 있다.

••••••••••••••••••••

① ☞ 법원은 소송의 결과에 따라 권리 또는 이익의 침해를 받을 제3자가 있는 경우에는 당사자 또는 제3자의 신청 또는 직권에 의하여 결정으로써 그 제3자를 소송에 참가시킬 수 있다(행정소송법 제16조 제1항).
② ☞ 소송이 어느 심급에 있는가를 불문하고, 소가 적법하게 제기되어 계속되고 있어야 한다. 법률심인 상고심에서도 소송참가가 가능하다. 「집/참/유」로 정리하자.
③ ☞ 법원이 제3자의 소송참가 결정을 하고자 할 때에는 미리 당사자 및 제3자의 의견을 들어야 한다(동법 제16조 제2항). 의견을 들으면 되는 것이지 동의를 받을 필요는 없다.
④ ☞ 소송의 결과에 따라 권리 또는 이익의 침해를 받을 제3자라야 한다(동법 제16조제1항). 여기서 권리 또는 이익이란 법률상 이익을 말한다.
⑤ 동법 제16조 제3항

02 | 2017 |

소송참가에 관한 설명으로 옳은 것은? (다툼이 있으면 판례에 따름)

① 제3자의 소송참가를 위해 요구되는 이익에는 단순한 경제상의 이익도 포함된다.
② 제3자의 소송참가에서 제3자에 국가 또는 지방자치단체는 포함되지 아니한다.
③ 부작위위법확인소송에서 제3자의 소송참가는 허용되지 아니한다.
④ 행정청은 「민사소송법」상 보조참가를 할 수 없고 「행정소송법」상 행정청의 소송참가를 할 수 있을 뿐이다.
⑤ 행정소송 사건에서 참가인이 한 보조참가는 「행정소송법」상 제3자의 소송참가에 해당하지 않는다면 「민사소송법」상 보조참가의 요건을 갖춘 경우라도 허용되지 아니한다.

••••••••••••••••••••

① [대법원 2008. 5. 29. 선고 2007두23873 판결] 행정소송법 제16조 소정의 제3자의 소송참가가 허용되기 위하여는 당해 소송의 결과에 따라 제3자의 권리 또는 이익이 침해되어야 하고, 이 때의 이익은 법률상 이익을 말하며 단순한 사실상의 이익이나 경제상의 이익은 포함되지 않는데, 원고들이 참가를 구하는 제3자들은 원고들

답 01 ③ 02 ④

이 속한 관련 지방자치단체들로서 이 사건의 쟁점은 단순히 신설되는 항만을 어떻게 호칭하고 다른 항만과 구별하여 특정할 것인가의 문제에 불과할 뿐이고 그 항만에 부여되는 지리적 명칭에 따라 그 항만의 배후부지가 관련 자치단체의 관할구역에 편입되는 법적 효력이 생긴다거나 관련 자치단체인 참가인들이 그 지리적 명칭으로 인하여 권리관계나 법적 지위에 어떠한 영향을 받는다고 인정되지도 아니하므로 이 사건 소송의 결과에 의하여 위 제3자들의 법률상 이익이 침해된다고 할 수 없고, 따라서 원고들의 이 사건 제3자 소송참가신청은 부적합하다.

② ☞ 소송참가에서 '제3자'라 함은 소송당사자 이외의 자로써, 행정청은 그 자체로서 당사자능력이 없으므로 포함되지 않으나 국가 또는 지방자치단체는 포함된다. 국가 또는 지방자치단체는 공법인으로서, 권리의무의 주체인 인(人)에 해당하기 때문이다.

③ 제38조 제2항, 제16조

> 제16조(제3자의 소송참가) ① 법원은 소송의 결과에 따라 권리 또는 이익의 침해를 받을 제3자가 있는 경우에는 당사자 또는 제3자의 신청 또는 직권에 의하여 결정으로써 그 제3자를 소송에 참가시킬 수 있다.
>
> ② 법원이 제1항의 규정에 의한 결정을 하고자 할 때에는 미리 당사자 및 제3자의 의견을 들어야 한다.
> ③ 제1항의 규정에 의한 신청을 한 제3자는 그 신청을 각하한 결정에 대하여 즉시항고할 수 있다.
> ④ 제1항의 규정에 의하여 소송에 참가한 제3자에 대하여는 민사소송법 제67조의 규정을 준용한다.
>
> 제38조(준용규정) ②제9조, 제10조, 제13조 내지 제19조, 제20조, 제25조 내지 제27조, 제29조 내지 제31조, 제33조 및 제34조의 규정은 부작위위법확인소송의 경우에 준용한다.

④ [대법원 2002. 9. 24. 선고 99두1519 판결] 타인 사이의 항고소송에서 소송의 결과에 관하여 이해관계가 있다고 주장하면서 민사소송법 제71조에 의한 보조참가를 할 수 있는 제3자는 민사소송법상의 당사자능력 및 소송능력을 갖춘 자이어야 하므로 그러한 당사자능력 및 소송능력이 없는 행정청으로서는 민사소송법상의 보조참가를 할 수는 없고 다만 행정소송법 제17조 제1항에 의한 소송참가를 할 수 있을 뿐이다(행정청에 불과한 서울특별시장의 보조참가신청을 부적법하다고 한 사례).

⑤ [대법원 2013. 3. 28. 선고 2011두13729 판결] 행정소송 사건에서 참가인이 한 보조참가가 행정소송법 제16조가 규정한 제3자의 소송참가에 해당하지 않는 경우에도, 판결의 효력이 참가인에게까지 미치는 점 등 행정소송의 성질에 비추어 보면 그 참가는 민사소송법 제78조에 규정된 공동소송적 보조참가이다.

03 | 2018 |

판례상 행정소송에 있어서 제3자의 소송참가의 성질은?

① 공동소송 ② 보조참가 ③ 공동소송참가
④ 독립당사자 참가 ⑤ 공동소송적 보조참가

⑤ ☞ 제3자의 소송참가에서 소송참가인은 「공동소송적 보조참가인」으로서 피참가인의 행위와 저촉되는 행위를 할 수 있다. 반면에 행정청의 소송참가에서 참가한 행정청은 「보조참가인」의 지위를 갖는 것이므로 피참가인의 행위와 저촉되는 행위를 할 수 없다.

답 03 ⑤

구분	제3자의 소송참가(동법 제16조)	행정청의 소송참가(동법 제17조)
참가방법	당사자 또는 제3자의 신청 또는 법원의 직권	당사자 또는 행정청의 신청 또는 법원의 직권
참가인의 지위	공동소송적 보조참가인	보조참가인
소송행위	피참가인의 소송행위와 저촉되는 행위도 가능	피참가인의 소송행위와 저촉되는 행위 불가

04 | 2018 |

취소소송의 당사자에 관한 설명으로 옳은 것은?

① 원고가 피고를 잘못 지정한 때에는 법원은 직권에 의하여 피고를 경정할 수 있다.
② 수인의 청구 또는 수인에 대한 청구가 처분 등의 취소청구와 관련되는 청구인 경우에 한하여 그 수인은 공동소송인이 될 수 있다.
③ 법원은 소송의 결과에 따라 권리의 침해를 받을 제3자가 있는 경우에는 제3자의 신청이 있는 경우에 한하여 그 제3자를 소송에 참가시킬 수 있다.
④ 법원은 다른 행정청의 신청이 있는 경우에 한하여 그 행정청을 소송에 참가시킬 수 있다.
⑤ 행정청이 없게 된 때에는 그 처분에 관한 사무가 귀속되는 국가 또는 공공단체에 속한 다른 행정청을 피고로 한다.

··················

① ☞ 원고가 피고를 잘못 지정한 때에는 법원은 원고의 신청이 있는 경우에만 피고를 경정할 수 있을 뿐이고, 직권에 의한 경정은 인정되지 않는다(동법 제14조 제1항).
② ☞ (i) 수인의 청구란 원고가 여러 명인 경우로 인근주민소송을 예로 들 수 있다. (ii) 수인에 대한 청구란 피고가 여러 명인 경우로 공동처분권자의 경우를 들 수 있다.
③ ☞ 제3자의 소송참가는 법원의 직권으로도 가능하다(동법 제16조 제1항).
④ ☞ 행정청의 소송참가는 당사자의 신청이 있는 경우에도 가능하다(동법 제17조 제1항).
⑤ ☞ 행정청이 없게 된 때에는 그 처분에 관한 사무가 귀속되는 국가 또는 공공단체를 피고로 한다. 즉 이 경우에는 행정청이 아니라 행정주체가 피고가 된다(동법 제13조 제2항).

05 | 2019 |

행정소송법상 소송참가에 관한 설명으로 옳지 않은 것은?

① 행정소송법은 제3자의 소송참가와 행정청의 소송참가를 규정하고 있다.
② 취소소송에서의 행정청의 소송참가 규정은 민중소송에는 준용되지 아니한다.
③ 제3자의 소송참가가 허용되기 위하여는 당해 소송의 결과에 따라 제3자의 권리 또는 이익이 침해되어야 한다.
④ 제3자의 소송참가는 당사자 또는 제3자의 신청 또는 직권에 의하여 법원이 결정한다.
⑤ 참가행정청의 소송행위가 피참가인의 소송행위와 어긋나는 때에는 그 효력이 없다.

답 04 ② 05 ②

① ☞ 행정소송법은 제3자의 소송참가(행정소송법 제16조)와 행정청의 소송참가(동법 제17조)를 규정하고 있다.
② ☞ 객관소송에서는 그 성질에 반하지 않는 한 취소소송에 관한 규정이 준용되므로, 소송참가에 관한 규정 역시 준용될 수 있다.

> **제46조(준용규정)** ① 민중소송 또는 기관소송으로써 처분등의 취소를 구하는 소송에는 그 성질에 반하지 아니하는 한 취소소송에 관한 규정을 준용한다.

③ 동법 제16조 제1항

> **제16조(제3자의 소송참가)** ① 법원은 소송의 결과에 따라 권리 또는 이익의 침해를 받을 제3자가 있는 경우에는 당사자 또는 제3자의 신청 또는 직권에 의하여 결정으로써 그 제3자를 소송에 참가시킬 수 있다.

④ 동법 제16조 제1항

> **제16조(제3자의 소송참가)** ① 법원은 소송의 결과에 따라 권리 또는 이익의 침해를 받을 제3자가 있는 경우에는 당사자 또는 제3자의 신청 또는 직권에 의하여 결정으로써 그 제3자를 소송에 참가시킬 수 있다.

⑤ ☞ 소송에 참가하는 참가행정청은 「보조참가인」의 지위를 가진다. 따라서 소송에 참가한 행정청은 피참가인의 승소를 위해 필요한 일체의 행위를 자기의 이름으로 할 수 있지만, 피참가인의 행위와 저촉되는 행위를 할 수 없다(행정소송법 제17조 제3항, 민사소송법 제76조 제2항). 반면에 소송참가한 제3자는 소송을 종결시키는 행위(예컨대 소의 취하, 포기 등)를 제외하고는 피참가인의 소송행위와 저촉되는 행위도 가능하다.

> **제17조(행정청의 소송참가)** ③ 제1항의 규정에 의하여 소송에 참가한 행정청에 대하여는 민사소송법 제76조의 규정을 준용한다.
>
> **민사소송법**
> **제76조(참가인의 소송행위)** ① 참가인은 소송에 관하여 공격·방어·이의·상소, 그 밖의 모든 소송행위를 할 수 있다. 다만, 참가할 때의 소송의 진행정도에 따라 할 수 없는 소송행위는 그러하지 아니하다.
> ② 참가인의 소송행위가 피참가인의 소송행위에 어긋나는 경우에는 그 참가인의 소송행위는 효력을 가지지 아니한다.

구분	제3자의 소송참가(동법 제16조)	행정청의 소송참가(동법 제17조)
참가방법	당사자 또는 제3자의 신청 또는 법원의 직권	당사자 또는 행정청의 신청 또는 법원의 직권
참가인의 지위	공동소송적 보조참가인	보조참가인
소송행위	피참가인의 소송행위와 저촉되는 행위도 가능	피참가인의 소송행위와 저촉되는 행위 불가
민사소송법상 보조참가	가능	불가능
피참가인	원·피고 모두 가능	피고 측만 가능

06 | 2020 |

제3자의 소송참가에 관한 설명으로 옳지 않은 것은? (다툼이 있으면 판례에 따름)

① 제3자의 소송참가는 타인의 취소소송이 적법하게 제기되고 있어야 하나 소송이 어느 심급에 있는가는 불문한다.
② 참가하는 제3자에는 국가 또는 지방자치단체도 포함될 수 있다.
③ 법원은 소송의 결과에 따라 권리를 침해받을 제3자가 있는 경우에는 당사자의 신청에 의하여 결정으로써 그 제3자를 소송에 참가시킬 수 있다.
④ 참가하는 제3자는 그 신청을 각하한 결정에 대하여 즉시항고할 수 있다.
⑤ 제3자의 소송참가가 허용되기 위하여는 당해 소송의 결과에 따라 제3자의 권리 또는 이익이 침해되어야 하고, 이 때의 이익은 법률상 이익 및 단순한 사실상의 이익을 포함한다.

••••••••••••••••••••••

① ☞ 제3자의 소송참가는 소송이 어느 심급에 있는가를 불문하고, 소가 적법하게 제기되어 계속되고 있어야 한다. 상고심에서도 인정되는 사항은 "집참유"로 기억하자.

| 상고심에서도 인정 | 집 / 참 / 유 | • **집**행정지
• 소송**참**가
• 소송요건 **유**지 |

② ☞ 소송참가에서 '제3자'라 함은 소송당사자 이외의 자로써, 국가 및 공공단체는 이에 포함되나 행정청은 그 자체로서 당사자능력이 없으므로 포함되지 않는다. 참고로 행정청은 제17조에 의한 소송참가만 가능하다.
③ 행정소송법 제16조 제1항

> **제16조(제3자의 소송참가)** ① 법원은 소송의 결과에 따라 권리 또는 이익의 침해를 받을 제3자가 있는 경우에는 당사자 또는 제3자의 신청 또는 직권에 의하여 결정으로써 그 제3자를 소송에 참가시킬 수 있다.

④ ☞ 제3자가 참가신청을 하였으나 각하된 경우 그 제3자는 즉시항고할 수 있다(동법 제16조 제3항). 반면에 행정청이 참가신청을 하였으나 각하된 경우에는 즉시항고에 관한 규정이 존재하지 않는다.

> **제16조(제3자의 소송참가)** ③ 제1항의 규정에 의한 신청을 한 제3자는 그 신청을 각하한 결정에 대하여 즉시항고할 수 있다.

⑤ ☞ 원고로서 소를 제기하건 제3자로서 소송에 참가하건, 소송에 참여하려면 법률상 이익이 인정되어야 한다. [대법원 2008. 5. 29. 선고 2007두23873 판결] 행정소송법 제16조 소정의 제3자의 소송참가가 허용되기 위하여는 당해 소송의 결과에 따라 제3자의 권리 또는 이익이 침해되어야 하고, 이 때의 이익은 법률상 이익을 말하며 단순한 사실상의 이익이나 경제상의 이익은 포함되지 않는데, 원고들이 참가를 구하는 제3자들은 원고들이 속한 관련 지방자치단체들로서 이 사건의 쟁점은 단순히 신설되는 항만을 어떻게 호칭하고 다른 항만과 구별하여 특정할 것인가의 문제에 불과할 뿐이고 그 항만에 부여되는 지리적 명칭에 따라 그 항만의 배후부지가 관련 자치단체의 관할구역에 편입되는 법적 효력이 생긴다거나 관련 자치단체인 참가인들이 그 지리적 명칭으로 인하여 권리관계나 법적 지위에 어떠한 영향을 받는다고 인정되지도 아니하므로 이 사건 소송의 결과에 의하여 위 제3자들의 법률상 이익이 침해된다고 할 수 없고, 따라서 원고들의 이 사건 제3자 소송참가신청은 부적합하다.

답 06 ⑤

07 | 2020 |

행정청의 소송참가에 관한 설명으로 옳지 않은 것은? (다툼이 있으면 판례에 따름)

① 행정심판의 재결이 취소소송의 대상이 된 경우 원처분청을 소송에 참가시킬 수 있다.
② 법원이 행정청의 소송참가를 결정하고자 할 때에는 당사자 및 당해 행정청의 의견을 들어야 한다.
③ 참가인은 참가할 때의 소송의 진행정도에 따라 할 수 없는 소송행위를 제외하고, 소송에 관하여 공격·방어·이의·상소, 그 밖의 모든 소송행위를 할 수 있다.
④ 참가인의 소송행위가 피참가인의 소송행위에 어긋나는 경우에는 그 참가인의 소송행위는 효력을 가지지 아니한다.
⑤ 행정청의 소송참가는 당사자의 신청이나 법원의 직권에 의해 결정되나 당해 행정청이 소송참가를 신청할 수는 없다.

──────────

① ☞ 행정소송법 제17조 제1항에서는 "다른 행정청"이라고 규정하고 있는바, 행정심판의 재결이 취소소송의 대상이 된 경우라면 재결청이 "피고"이고 원처분청이 "다른 행정청"이 될 수 있다.

> **제17조(행정청의 소송참가)** ① 법원은 다른 행정청을 소송에 참가시킬 필요가 있다고 인정할 때에는 당사자 또는 당해 행정청의 신청 또는 직권에 의하여 결정으로써 그 행정청을 소송에 참가시킬 수 있다.

② 동법 제17조 제2항

> **제17조(행정청의 소송참가)** ② 법원은 제1항의 규정에 의한 결정을 하고자 할 때에는 당사자 및 당해 행정청의 의견을 들어야 한다.

③, ④ ☞ 소송에 참가하는 참가행정청은 「보조참가인」의 지위를 가진다. 따라서 소송에 참가한 행정청은 피참가인의 승소를 위해 필요한 일체의 행위를 자신의 이름으로 할 수 있지만, 피참가인의 행위와 저촉되는 행위는 할 수 없다(민사소송법 제76조).

> **제76조(참가인의 소송행위)** ① 참가인은 소송에 관하여 공격·방어·이의·상소, 그 밖의 모든 소송행위를 할 수 있다. 다만, 참가할 때의 소송의 진행정도에 따라 할 수 없는 소송행위는 그러하지 아니하다.
> ② 참가인의 소송행위가 피참가인의 소송행위에 어긋나는 경우에는 그 참가인의 소송행위는 효력을 가지지 아니한다.

⑤ ☞ (ⅰ) 당사자의 신청, (ⅱ) 당해 행정청의 신청, (ⅲ) 법원의 직권 모두 가능하다(동법 제17조 제1항).

> **제17조(행정청의 소송참가)** ① 법원은 다른 행정청을 소송에 참가시킬 필요가 있다고 인정할 때에는 **당사자 또는 당해 행정청의 신청 또는 직권**에 의하여 결정으로써 그 행정청을 소송에 참가시킬 수 있다.
> ② 법원은 제1항의 규정에 의한 결정을 하고자 할 때에는 당사자 및 당해 행정청의 의견을 들어야 한다.

답 07 ⑤

구분	제3자의 소송참가(동법 제16조)	행정청의 소송참가(동법 제17조)
참가방법	당사자 또는 제3자의 신청 또는 법원의 직권	당사자 또는 행정청의 신청 또는 법원의 직권
참가인의 지위	공동소송적 보조참가인	보조참가인
소송행위	피참가인의 소송행위와 저촉되는 행위도 가능	피참가인의 소송행위와 저촉되는 행위 불가
민사소송법상 보조참가	가능	불가능
피참가인	원·피고 모두 가능	피고 측만 가능

08 | 2021 |

甲이 A행정청을 피고로 하여 제기한 취소소송에서, 乙은 그 소송의 결과에 따라 권리의 침해를 받을 수 있다. 乙과 피고가 아닌 B행정청의 소송참가에 관한 설명으로 옳은 것은? (다툼이 있으면 판례에 따름)

① 법원이 B행정청의 소송참가를 결정할 때에는 甲과 A행정청의 의견을 들어야 할 뿐 B행정청의 의견까지 들어야 하는 것은 아니다.
② B행정청은 「행정소송법」상 행정청의 소송참가를 할 수 있을 뿐 「민사소송법」상 보조참가를 할 수는 없다.
③ 乙의 소송참가는 당사자의 신청 또는 법원의 직권에 의하여 할 수 있을 뿐 乙 자신이 소송참가를 신청할 수는 없다.
④ 乙은 「행정소송법」상 제3자의 소송참가를 할 수 있을 뿐 「민사소송법」상 보조참가의 요건을 갖추었더라도 「민사소송법」상 보조참가를 할 수는 없다.
⑤ 乙을 소송에 참가시키는 법원의 결정이 있었을 뿐 乙이 현실적으로 소송에 참가하여 소송행위를 하지 않았다면 乙에게는 판결의 효력이 미치지 않는다.

① ☞ 법원이 행정청의 소송참가를 결정할 때에는 당사자(원고와 피고) 및 당해 행정청의 의견을 들어야 한다(제17조 제2항). 덧붙여 의견을 들으면 되는 것이지 그 의견에 기속되지는 않는다.
② ☞ 민사소송법상 보조참가를 하려면 민사소송법상 당사자능력이 있어야 한다. 민사소송법상 당사자는 원칙적으로 인(人)만이 가능하다. 행정사건에 있어서 행정주체가 인(人)이고, 행정청은 그 기관에 불과하다. 따라서 행정청은 민사소송법상 보조참가를 할 수 없다.
[대법원 2002. 9. 24., 선고, 99두1519, 판결] 타인 사이의 항고소송에서 소송의 결과에 관하여 이해관계가 있다고 주장하면서 민사소송법 제71조에 의한 보조참가를 할 수 있는 제3자는 민사소송법상의 당사자능력 및 소송능력을 갖춘 자이어야 하므로 그러한 당사자능력 및 소송능력이 없는 행정청으로서는 민사소송법상의 보조참가를 할 수는 없고 다만 행정소송법 제17조 제1항에 의한 소송참가를 할 수 있을 뿐이다(행정청에 불과한 서울특별시장의 보조참가신청을 부적법하다고 한 사례).
③ ☞ 제3자의 소송참가는 (i) 당사자(원·피고)의 신청, (ii) 제3자의 신청, (iii) 법원의 직권 모두 가능하다(제16조 제1항). 행정청의 소송참가 역시 마찬가지이다(제17조 제1항).

답 08 ②

④ ☞ 제3자의 소송참가는 행정청의 경우와는 달리 행정소송법상 소송참가뿐만 아니라 민사소송법상 보조참가도 허용된다. 제3자는 권리의무의 주체로서 법인격이 인정되는 인(人)이기 때문이다.
[대법원 2017. 10. 12., 선고, 2015두36836, 판결] 행정소송 사건에서 참가인이 한 보조참가가 행정소송법 제16조가 규정한 제3자의 소송참가에 해당하지 않는 경우에도, 판결의 효력이 참가인에게까지 미치는 점 등 행정소송의 성질에 비추어 보면 그 참가는 민사소송법 제78조에 규정된 공동소송적 보조참가라고 볼 수 있다. 민사소송법 제78조의 공동소송적 보조참가에는 필수적 공동소송에 관한 민사소송법 제67조 제1항, 즉 "소송목적이 공동소송인 모두에게 합일적으로 확정되어야 할 공동소송의 경우에 공동소송인 가운데 한 사람의 소송행위는 모두의 이익을 위하여서만 효력을 가진다."라고 한 규정이 준용되므로, 피참가인의 소송행위는 모두의 이익을 위하여서만 효력을 가지고, 공동소송적 보조참가인에게 불이익이 되는 것은 효력이 없으므로, 참가인이 상소를 할 경우에 피참가인이 상소취하 상소포기를 할 수는 없다.
⑤ ☞ 참가인은 현실적으로 소송행위를 하였는지 여부에 관계없이 참가한 소송의 판결의 효력을 받는다. 따라서 일단 참가한 이상 피참가인의 승소를 위해 소송을 적극적으로 수행할 필요가 있다.

09 | 2022 |

A가 관할 행정청 B에 대하여 「여객자동차운수사업법」에 따른 운수사업면허를 신청하여 B가 면허처분을 하였는데, 이에 대하여 경업자 C가 면허처분취소소송을 제기하였다. 이에 관한 설명으로 옳은 것은? (다툼이 있으면 판례에 따름)

① 절차의 위법을 이유로 취소판결이 확정된 경우 B는 판결의 취지에 따라 다시 이전의 신청에 대한 처분을 할 필요가 없다.
② A가 소송에 참가할 경우, 면허처분을 취소하는 확정판결은 A에 대해서는 효력이 없다.
③ 법원이 직권으로 A를 소송에 참가시키는 결정을 하고자 할 때에는 미리 A, B, C의 의견을 들어야 한다.
④ 기각판결이 확정된 경우 그 판결은 B를 기속한다.
⑤ 소송 계속 중 B가 면허처분을 직권으로 취소하더라도 원칙적으로 소의 이익이 소멸하지 않는다.

....

① ☞ 이 경우 처분청에게는 재처분의무가 인정된다. 「거/절/재」로 정리하자.

> **제30조(취소판결등의 기속력)** ② 판결에 의하여 취소되는 처분이 당사자의 신청을 거부하는 것을 내용으로 하는 경우에는 그 처분을 행한 행정청은 판결의 취지에 따라 다시 이전의 신청에 대한 처분을 하여야 한다.
> ③ 제2항의 규정은 신청에 따른 처분이 절차의 위법을 이유로 취소되는 경우에 준용한다.

② ☞ 행정소송법 제16조 소정의 제3자의 소송참가결정이 있으면 그 제3자는 참가인의 지위를 취득하고, 필수적 공동소송에 관한 민사소송법 제67조가 준용된다(행정소송법 제16조 제4항). 그리고 이러한 소송참가는 민사소송법상 공동소송적 보조참가의 성질을 갖는다. 이와 같이 참가인으로의 지위를 취득한 제3자는 실제 소송에 참가하여 소송행위를 하였는지 여부를 불문하고, 판결의 효력을 받는다.
③ ☞ 행정소송법 제16조 제2항. 제3자를 소송에 참가시키는 결정인 이상 직권 또는 신청에 의한 것인지 불문하고 당사자 및 제3자의 의견을 들어야 한다.

제16조(제3자의 소송참가) ① 법원은 소송의 결과에 따라 권리 또는 이익의 침해를 받을 제3자가 있는 경우에는 당사자 또는 제3자의 신청 또는 직권에 의하여 결정으로써 그 제3자를 소송에 참가시킬 수 있다.
② 법원이 제1항의 규정에 의한 결정을 하고자 할 때에는 미리 당사자 및 제3자의 의견을 들어야 한다.

④ ☞ 기속력은 「인용」판결에 한하여 인정된다.
⑤ [대법원 2020. 4. 9. 선고 2019두49953 판결] 행정처분을 다툴 소의 이익은 개별·구체적 사정을 고려하여 판단하여야 한다. 행정처분의 무효확인 또는 취소를 구하는 소가 제소 당시에는 소의 이익이 있어 적법하였더라도, 소송 계속 중 처분청이 다툼의 대상이 되는 행정처분을 직권으로 취소하면 그 처분은 효력을 상실하여 더 이상 존재하지 않는 것이므로, 존재하지 않는 처분을 대상으로 한 항고소송은 원칙적으로 소의 이익이 소멸하여 부적법하다고 보아야 한다. 다만 처분청의 직권취소에도 완전한 원상회복이 이루어지지 않아 무효확인 또는 취소로써 회복할 수 있는 다른 권리나 이익이 남아 있거나 또는 동일한 소송 당사자 사이에서 그 행정처분과 동일한 사유로 위법한 처분이 반복될 위험성이 있어 행정처분의 위법성 확인 내지 불분명한 법률문제에 대한 해명이 필요한 경우 행정의 적법성 확보와 그에 대한 사법통제, 국민의 권리구제의 확대 등의 측면에서 예외적으로 그 처분의 취소를 구할 소의 이익을 인정할 수 있다.

10 | 2023 |

행정소송에 있어 소송참가에 관한 설명으로 옳지 않은 것은? (다툼이 있으면 판례에 따름)

① 법원은 소송의 결과에 따라 권리의 침해를 받을 제3자가 있는 경우 그 제3자를 소송에 참가시킬 수 있다.
② 법원이 제3자를 소송에 참가시킬 결정을 하고자 할 때에는 미리 당사자 및 제3자의 의견을 들어야 한다.
③ 행정소송 사건에서 「민사소송법」상 보조참가의 요건을 갖춘 경우에도 「민사소송법」상 보조참가가 허용되는 것은 아니다.
④ 제3자가 참가신청을 하였으나 각하된 경우 그 제3자는 각하결정에 대하여 즉시항고할 수 있다.
⑤ 특정 소송사건에서 당사자 일방을 보조하기 위해 보조참가를 하려면 소송결과에 법률상 이해관계가 있어야 한다.

・・・・・・・・・・・・・・・・・・・・

①
제16조(제3자의 소송참가) ① 법원은 소송의 결과에 따라 권리 또는 이익의 침해를 받을 제3자가 있는 경우에는 당사자 또는 제3자의 신청 또는 직권에 의하여 결정으로써 그 제3자를 소송에 참가시킬 수 있다.

②
제16조(제3자의 소송참가) ① 법원은 소송의 결과에 따라 권리 또는 이익의 침해를 받을 제3자가 있는 경우에는 당사자 또는 제3자의 신청 또는 직권에 의하여 결정으로써 그 제3자를 소송에 참가시킬 수 있다.
② 법원이 제1항의 규정에 의한 결정을 하고자 할 때에는 미리 당사자 및 제3자의 의견을 들어야 한다.

답 10 ③

③ [헌재 1998.9.30. 97헌바38] 행정소송 사건에서 참가인이 한 보조참가는 행정소송법 제16조가 규정한 제3자의 소송참가에 해당하지 아니하더라도, 민사소송법상 보조참가의 요건을 갖춘 경우 허용되고 그 성격은 공동소송적 보조참가라고 할 것이다.

④
> 제16조(제3자의 소송참가) ① 법원은 소송의 결과에 따라 권리 또는 이익의 침해를 받을 제3자가 있는 경우에는 당사자 또는 제3자의 신청 또는 직권에 의하여 결정으로써 그 제3자를 소송에 참가시킬 수 있다.
> ② 법원이 제1항의 규정에 의한 결정을 하고자 할 때에는 미리 당사자 및 제3자의 의견을 들어야 한다.
> ③ 제1항의 규정에 의한 신청을 한 제3자는 그 신청을 각하한 결정에 대하여 즉시항고할 수 있다.

⑤ [대법원 2014. 5. 29., 자, 2014마4009, 결정] 특정 소송사건에서 당사자 일방을 보조하기 위하여 보조참가를 하려면 당해 소송의 결과에 대하여 이해관계가 있어야 하고, 여기서 말하는 이해관계는 사실상·경제상 또는 감정상의 이해관계가 아니라 법률상의 이해관계를 말하는 것으로, 이러한 이해관계가 있다는 것은 당해 소송의 판결의 기판력이나 집행력을 당연히 받는 경우 또는 당해 소송의 판결의 효력이 직접 미치지는 아니한다고 하더라도 적어도 그 판결을 전제로 하여 보조참가를 하려는 자의 법률상의 지위가 결정되는 관계에 있는 경우를 의미한다.

11 | 2024 |

행정소송법상 소송참가에 관한 설명으로 옳지 않은 것은?

① 법원은 다른 행정청을 당사자 또는 당해 행정청의 신청 또는 직권에 의하여 결정으로써 소송에 참가시킬 수 있다.
② 소송참가는 상고심에서도 가능하다.
③ 법원은 제3자의 소송참가를 결정하고자 할 때에는 미리 당사자 및 제3자의 의견을 들어야 한다.
④ 소송에 참가한 제3자는 단순한 보조참가인으로서 소송수행을 한다.
⑤ 소송참가 신청을 한 제3자는 그 신청을 각하한 결정에 대하여 즉시항고할 수 있다.

••••••••••••••••••••••••

① ☞ 행정청의 소송참가는 (ⅰ) 당사자의 신청, (ⅱ) 당해 행정청의 신청, (ⅲ) 법원의 직권이 있는 경우에 가능하다(행정소송법 제17조 제1항).

> 제17조(행정청의 소송참가) ① 법원은 다른 행정청을 소송에 참가시킬 필요가 있다고 인정할 때에는 당사자 또는 당해 행정청의 신청 또는 직권에 의하여 결정으로써 그 행정청을 소송에 참가시킬 수 있다.
> ② 법원은 제1항의 규정에 의한 결정을 하고자 할 때에는 당사자 및 당해 행정청의 의견을 들어야 한다.

② ☞ 소송이 계속중이기만 하면 어느 심급에 있는가는 불문한다. 법률심인 상고심에서도 소송참가가 가능하다. 「집참유」로 정리하자.

| 상고심에서도 인정 | 집 / 참 / 유 | • **집**행정지
• 소송**참**가
• 소송요건 **유**지 |

답 11 ④

③ ☞ 법원이 소송참가 결정을 하고자 할 때에는 신청에 의한 경우이든 직권에 의한 경우이든 미리 당사자 및 제3자의 의견을 들어야 한다(행정소송법 제16조 제2항). 덧붙여 의견을 들으면 충분하고, 그 의견에 구속되지는 않는다.

> **제17조(행정청의 소송참가)** ① 법원은 다른 행정청을 소송에 참가시킬 필요가 있다고 인정할 때에는 당사자 또는 당해 행정청의 신청 또는 직권에 의하여 결정으로써 그 행정청을 소송에 참가시킬 수 있다.
> ② 법원은 제1항의 규정에 의한 결정을 하고자 할 때에는 당사자 및 당해 행정청의 의견을 들어야 한다.

④ ☞ (ⅰ) 제3자의 소송참가에서 소송참가인은 「공동소송적 보조참가인」으로서 피참가인의 행위와 저촉되는 행위를 할 수 있다. 예컨대 집행정지결정의 취소를 청구할 수 있고 독립하여 상소할 수 있다. 다만 참가인은 소송당사자가 아니므로 소송을 종결시키는 행위(예컨대 소의 취하, 포기 등)만은 할 수 없다.
(ⅱ) 반면에 행정청의 소송참가에서 참가한 행정청은 「단순한 보조참가인」의 지위를 갖는 것이므로 피참가인의 행위와 저촉되는 행위를 할 수 없다.

구분	제3자의 소송참가(동법 제16조)	행정청의 소송참가(동법 제17조)
참가방법	당사자 또는 제3자의 신청 또는 법원의 직권	당사자 또는 행정청의 신청 또는 법원의 직권
참가인의 지위	공동소송적 보조참가인	단순한 보조참가인
소송행위	피참가인의 소송행위와 저촉되는 행위도 가능	피참가인의 소송행위와 저촉되는 행위 불가

⑤ ☞ 법원의 결정에 대한 불복절차를 즉시항고라 한다. 행정소송법상 즉시항고가 인정되지 않는 경우는 「피경전피/행참/처소/관이각」으로 정리하자.

> **제16조(제3자의 소송참가)** ① 법원은 소송의 결과에 따라 권리 또는 이익의 침해를 받을 제3자가 있는 경우에는 당사자 또는 제3자의 신청 또는 직권에 의하여 결정으로써 그 제3자를 소송에 참가시킬 수 있다.
> ② 법원이 제1항의 규정에 의한 결정을 하고자 할 때에는 미리 당사자 및 제3자의 의견을 들어야 한다.
> ③ 제1항의 규정에 의한 신청을 한 제3자는 그 신청을 각하한 결정에 대하여 즉시항고할 수 있다.

12 | 2025 |

행정소송법상 소송참가에 관한 설명으로 옳지 않은 것은? (다툼이 있으면 판례에 따름)

① 법원은 당사자 또는 제3자의 신청 또는 직권에 의하여 결정으로써 그 제3자를 소송에 참가시킬 수 있다.
② 참가신청을 한 제3자는 그 신청을 각하한 결정에 대하여 즉시항고할 수 있다.
③ 「행정소송법」상의 소송참가 외에 「민사소송법」에 따른 보조참가는 허용되지 않는다.
④ 참가인은 소송에 관하여 공격·방어·이의·상소, 그 밖의 모든 소송행위를 할 수 있지만, 참가할 때의 소송의 진행정도에 따라 할 수 없는 소송행위는 그러하지 아니하다.
⑤ 참가한 행정청의 소송행위가 피참가인의 소송행위에 어긋나는 경우에는 그 참가인의 소송행위는 효력을 가지지 아니한다.

답 12 ③

① ☞ 제3자의 소송참가나 다른 행정청의 소송참가나 그 절차는 (i) 당사자의 신청, (ii) 제3자 또는 다른 행정청의 신청, (iii) 법원의 직권의 3가지가 있다.

> **제16조(제3자의 소송참가)** ① 법원은 소송의 결과에 따라 권리 또는 이익의 침해를 받을 제3자가 있는 경우에는 당사자 또는 제3자의 신청 또는 직권에 의하여 결정으로써 그 제3자를 소송에 참가시킬 수 있다.

② ☞ 제3자가 참가신청을 하였으나 각하된 경우 그 제3자는 즉시항고할 수 있다(동법 제16조 제3항). 반면에 행정청이 참가신청을 하였으나 각하된 경우에는 즉시항고에 관한 규정이 존재하지 않는다(피경전피/행참/처소/관이각).

> **제16조(제3자의 소송참가)** ① 법원은 소송의 결과에 따라 권리 또는 이익의 침해를 받을 제3자가 있는 경우에는 당사자 또는 제3자의 신청 또는 직권에 의하여 결정으로써 그 제3자를 소송에 참가시킬 수 있다.
> ③ 제1항의 규정에 의한 신청을 한 제3자는 그 신청을 각하한 결정에 대하여 즉시항고할 수 있다.

③ ☞ 제3자의 소송참가는 행정청의 경우와는 달리 행정소송법상 소송참가뿐만 아니라 민사소송법상 보조참가도 허용된다. 제3자는 권리의무의 주체로서 법인격이 인정되는 인(人)이기 때문이다.
[대법원 2013. 3. 28. 선고 2011두13729 판결] 행정소송 사건에서 참가인이 한 보조참가가 행정소송법 제16조가 규정한 제3자의 소송참가에 해당하지 않는 경우에도, 판결의 효력이 참가인에게까지 미치는 점 등 행정소송의 성질에 비추어 보면 그 참가는 민사소송법 제78조에 규정된 공동소송적 보조참가이다.

④ ☞ 이를테면 이미 변론이 종결된 후의 증인신청은 (재판부가 변론을 재개하지 않는 한) 허용되지 않는다.

> **민사소송법**
> **제76조(참가인의 소송행위)** ① 참가인은 소송에 관하여 공격·방어·이의·상소, 그 밖의 모든 소송행위를 할 수 있다. 다만, 참가할 때의 소송의 진행정도에 따라 할 수 없는 소송행위는 그러하지 아니하다.

⑤ ☞ 소송에 참가하는 참가행정청은 「보조참가인」의 지위를 가진다. 따라서 소송에 참가한 행정청은 피참가인의 승소를 위해 필요한 일체의 행위를 자기의 이름으로 할 수 있지만, 피참가인의 행위와 저촉되는 행위를 할 수 없다(행정소송법 제17조 제3항, 민사소송법 제76조 제2항).

> **제17조(행정청의 소송참가)** ③ 제1항의 규정에 의하여 소송에 참가한 행정청에 대하여는 민사소송법 제76조의 규정을 준용한다.
>
> **민사소송법**
> **제76조(참가인의 소송행위)** ② 참가인의 소송행위가 피참가인의 소송행위에 어긋나는 경우에는 그 참가인의 소송행위는 효력을 가지지 아니한다.

구분	제3자의 소송참가(동법 제16조)	행정청의 소송참가(동법 제17조)
참가방법	당사자 또는 제3자의 신청 또는 법원의 직권	당사자 또는 행정청의 신청 또는 법원의 직권
참가인의 지위	공동소송적 보조참가인	보조참가인
소송행위	피참가인의 소송행위와 저촉되는 행위도 가능	피참가인의 소송행위와 저촉되는 행위 불가
민사소송법상 보조참가	가능	불가능
피참가인	원·피고 모두 가능	피고 측만 가능

제3관 취소소송의 대상

1. 개설

취소소송의 대상은 '처분 등', 즉 처분과 재결이다.

> **제19조 (취소소송의 대상)** 취소소송은 처분 등을 대상으로 한다. 다만, 재결취소소송의 경우에는 재결 자체에 고유한 위법이 있음을 이유로 하는 경우에 한한다.

> **관련판례**
>
> **처분의 존부 - 소송요건으로 법원의 직권조사사항[대법원 2001.11.9, 98두892]**
> 행정소송에서 쟁송의 대상이 되는 행정처분의 존부는 소송요건으로서 직권조사사항이고, 자백의 대상이 될 수 없는 것이므로, 설사 그 존재를 당사자들이 다투지 아니한다 하더라도 그 존부에 관하여 의심이 있는 경우에는 이를 직권으로 밝혀 보아야 한다.

2. 처분의 의미

> **제2조 (정의)** ① 이 법에서 사용하는 용어의 정의는 다음과 같다.
> 1. "처분등"이라 함은 행정청이 행하는 구체적 사실에 관한 법집행으로서의 공권력의 행사 또는 그 거부와 그 밖에 이에 준하는 행정작용(이하 "처분"이라 한다) 및 행정심판에 대한 재결을 말한다.

가. 행정청의 행위

> **행정절차법**
> **제2조(정의)** 이 법에서 사용하는 용어의 뜻은 다음과 같다.
> 1. "행정청"이란 다음 각 목의 자를 말한다.
>   가. 행정에 관한 의사를 결정하여 표시하는 국가 또는 지방자치단체의 기관
>   나. 그 밖에 법령 또는 자치법규(이하 "법령등"이라 한다)에 따라 행정권한을 가지고 있거나 위임 또는 위탁받은 공공단체 또는 그 기관이나 사인(私人)

(1) 처분은 행정청의 행위이다. 행정청의 범위에는 국가 및 지방자치단체의 기관 이외에 행정권한의 위임 또는 위탁을 받은 공공단체 또는 사인도 포함된다. 입법기관이나 사법기관도 행정에 관한 의사를 결정하여 대외적으로 표시할 수 있는 행정청에 속한다.

(2) 관련문제
  1) 관리처분계획(사업시행계획)의 경우
      ① 관리처분계획인가 전에는 「관리처분계획(안)」에 불과하여 처분성이 부인된다. 다만 공법상 법률관계로서 당사자소송의 대상이 된다. ② 관리처분계획인가 후에는 「관리처분계획」으로 처분성이 인정되어 항고소송의 대상이 된다. 사업시행계획의 경우에도 관리처분계획과 동일한 법리가 적용된다.

관련판례

1. **행정주체인 주택재건축정비사업조합을 상대로 관리처분계획안에 대한 조합총회결의의 효력을 다투는 소송은 행정소송법상 당사자소송에 해당한다[대법원 2009.9.17. 2007다2428].**
   도시 및 주거환경정비법상 행정주체인 주택재건축정비사업조합을 상대로 관리처분계획안에 대한 조합 총회결의의 효력 등을 다투는 소송은 행정처분에 이르는 절차적 요건의 존부나 효력 유무에 관한 소송으로서 그 소송결과에 따라 행정처분의 위법 여부에 직접 영향을 미치는 공법상 법률관계에 관한 것이므로, 이는 행정소송법상의 당사자소송에 해당한다.

2. **도시재개발법상의 관리처분계획은 처분성이 인정된다[대법원 2002.12.10. 선고, 2001두6333].**
   도시재개발법에 의한 재개발조합은 조합원에 대한 법률관계에서 적어도 특수한 존립목적을 부여받은 특수한 행정주체로서 국가의 감독하에 그 존립 목적인 특정한 공공사무를 행하고 있다고 볼 수 있는 범위 내에서는 공법상의 권리의무 관계에 서 있는 것이므로 분양신청 후에 정하여진 관리처분계획의 내용에 관하여 다툼이 있는 경우에는 그 관리처분계획은 토지 등의 소유자에게 구체적이고 결정적인 영향을 미치는 것으로서 조합이 행한 처분에 해당하므로 항고소송의 방법으로 그 무효확인이나 취소를 구할 수 있다

2) 입찰참가자격 제한의 경우

「입찰참가자격 제한처분(입찰에 참가함에 있어서 공정한 경쟁 또는 계약의 적정한 이행을 해치는 행위를 한 자에 대해 입찰에 참가할 수 있는 자격을 일정기간 제한하는 것)」의 경우에 행정청의 행위로 볼 수 있는지가 문제된다. 이 경우는 행정기관의 장이 행하는 것과 정부투자기관이 행하는 것을 구분하여 살펴보아야 한다.

① 「행정기관의 장」이 행하는 입찰참가자격 제한의 경우

행정기관의 장이 행하는 입찰참가자격제한은 우월한 공권력의 행사로서 처분성이 인정된다.

관련판례

행정기관의 장의 경우 – 부산직할시장이 행한 입찰참가자격 제한처분은 처분성이 인정된다[대법원 1983.7.12. 83누127].
원고 회사가 피고(부산직할시장) 산하 구청장으로부터 수급한 공사의 일부를 건설업면허가 없는 소외인에게 하도급하여 시공케 한 것은 예산회계법 시행령 제89조 제1항 제8호에 해당하므로 원고의 일반경쟁입찰참가자격을 6개월간 제한한 피고의 처분은 정당하다.

② 「정부투자기관」이 행하는 입찰참가자격 제한의 경우

한국토지공사, 한국전력공사, 수도권매립지공사 등 정부투자기관이 행하는 입찰참가자격 제한처분의 경우에는 (i) 관련법에 근거를 두고 하는 경우에는 처분성이 인정되지만, (ii) 관련법에 근거를 두지 않고 다만 사법상 계약거절의 의사표시로써 하는 경우에는 처분성이 부정된다.

> **관련판례**
>
> • 정부투자기관의 경우
> 1. 과거의 판례 – 한국전력공사가 행한 입찰참가자격 제한처분은 처분성이 부정된다[대법원 1999. 11. 26. 99부3].
> 한국전력공사 사장이 한국전력공사의 회계규정에 의거하여 입찰참가자격을 제한한 부정당업자 제재처분은 행정청이나 그 소속기관 또는 그 위임을 받은 공공단체의 공법상의 행위가 아니라 단지 그 대상자를 위 공사에서 시행하는 입찰에 참가시키지 않겠다는 뜻의 사법상의 효력만을 가지는 통지행위에 불과하다 할 것이고 위 통지행위가 있다하여 국가 또는 지방자치단체에서 시행하는 모든 입찰의 참가자격을 제한하는 효력이 발생한다고 볼 수는 없으므로 이를 행정소송의 대상이 되는 행정처분이라고 할 수는 없다.
> 2. 최근의 판례 – 입찰참가자격 제한이 법령에 근거한 것인지 계약에 근거한 것에 따라 처분성 여부가 달라진다[대법원 2018.10.25. 선고, 2016두33537].
> 공기업·준정부기관이 법령 또는 계약에 근거하여 선택적으로 입찰참가자격 제한 조치를 할 수 있는 경우, 계약상대방에 대한 입찰참가자격 제한 조치가 법령에 근거한 행정처분인지 아니면 계약에 근거한 권리행사인지는 원칙적으로 의사표시의 해석 문제이다. 이때에는 공기업·준정부기관이 계약상대방에게 통지한 문서의 내용과 해당 조치에 이르기까지의 과정을 객관적·종합적으로 고찰하여 판단하여야 한다. 그럼에도 불구하고 공기업·준정부기관이 법령에 근거를 둔 행정처분으로서의 입찰참가자격 제한 조치를 한 것인지 아니면 계약에 근거한 권리행사로서의 입찰참가자격 제한 조치를 한 것인지가 여전히 불분명한 경우에는, 그에 대한 불복방법 선택에 중대한 이해관계를 가지는 그 조치 상대방의 인식가능성 내지 예측가능성을 중요하게 고려하여 규범적으로 이를 확정함이 타당하다.

③ 공정거래위원회의 입찰참가자격제한 요청 결정의 경우

최근 판례는 구 하도급법에 따라 공정거래위원회의 입찰참가자격제한 요청이 있으면 요청받은 관계 행정기관의 장은 특별한 사정이 없는 한 사업자에 대한 입찰참가자격을 제한하는 처분을 해야 한다는 것을 이유로 공정거래위원회의 입찰참가자격제한 요청 결정을 처분으로 보았다.

> **관련판례**
>
> 구 하도급법상 공정거래위원회의 입찰참가자격제한 요청 결정은 처분이다[대법원 2023. 2. 2. 선고 2020두48260].
> 구 하도급거래 공정화에 관한 법률(2022. 1. 11. 법률 제18757호로 개정되기 전의 것, 이하 '법'이라 한다) 제26조 제2항은 입찰참가자격제한 요청의 요건을 구 하도급거래 공정화에 관한 법률 시행령(2021. 1. 12. 대통령령 제31393호로 개정되기 전의 것, 이하 '시행령'이라 한다)으로 정하는 기준에 따라 부과한 벌점의 누산점수가 일정 기준을 초과하는 경우로 구체화하고, 위 요건을 충족하는 경우 공정거래위원회는 법 제26조 제2항 후단에 따라 관계 행정기관의 장에게 해당 사업자에 대한 입찰참가자격제한 요청 결정을 하게 되며, 이를 요청받은 관계 행정기관의 장은 특별한 사정이 없는 한 그 사업자에 대하여 입찰참가자격을 제한하는 처분을 해야 하므로, 사업자로서는 입찰참가자격제한 요청 결정이 있으면 장차 후속 처분으로 입찰참가자격이 제한될 수 있는 법률상 불이익이 존재한다. 이때 입찰참가자격제한 요청 결정이 있음을 알고 있는 사업자로 하여금 입찰참가자격제한처분에 대하여만 다툴 수 있도록 하는 것보다는 그에 앞서

직접 입찰참가자격제한 요청 결정의 적법성을 다툴 수 있도록 함으로써 분쟁을 조기에 근본적으로 해결하도록 하는 것이 법치행정의 원리에도 부합한다. 따라서 <u>공정거래위원회의 입찰참가자격제한 요청 결정은 항고소송의 대상이 되는 처분에 해당</u>한다.

나. 구체적 법집행행위

처분은 행정청이 행하는 구체적 사실에 관한 법집행행위이다. 법집행행위란 법적 효과의 발생(권리·의무의 발생·변경·소멸)을 의미한다.

(1) 일반처분

일반처분이란 구체적 사실과 관련하여 일응 불특정 다수인을 대상으로 하여 발하여지는 행정청의 단독적·권력적 규율행위를 말한다. 규율의 수범자가 불특정 다수인이라는 점에서 일반적이지만 그 규율대상이 시간·공간 등의 관점에서 특정된다는 점에서 구체적인 성격을 가지고 있다.

1) 대인적 일반처분

구체적 사안과 관련하여 일반적 기준에 따라 결정되거나 결정될 수 있는 자를 대상으로 하여 발해지는 행정행위로서 특정일, 특정시간 및 특정장소에서의 집회행위의 금지조치 등이 이에 해당한다.

2) 대물적 일반처분

물건에 대한 규율을 내용으로 하는 처분으로서 당해 물건의 이용에 관련된 법적 규율의 내용에 따라 그 이용자의 권리·의무가 설정된다는 한도 내에서는 이러한 물적 일반처분도 간접적으로는 사람에 대하여 적용된다. 공물로서의 도로의 공용개시행위, 속도제한, 일방통행표지판 등이 있다.

횡단보도설치행위는 대물적 일반처분으로서 항고소송의 대상이 된다[대법원 2000.10.27.98두8964].

[1] 도로교통법 제10조 제1항의 취지에 비추어볼 때, <u>지방경찰청장이 횡단보도를 설치하여 보행자의 통행방법 등을 규제하는 것은 행정청이 특정사항에 대하여 의무의 부담을 명하는 행위이고 이는 국민의 권리의무에 직접 관계가 있는 행위로서 행정처분이라고 보아야 할 것이다.</u>

[2] 그러나 도로교통법 제1조는, 이 법은 도로에서 일어나는 교통상의 모든 위험과 장해를 방지·제거하여 안전하고 원활한 교통을 확보함을 목적으로 한다고 규정하고 있고, 이러한 목적을 달성하기 위하여 같은 법 제10조 제1항에서 횡단보도 설치에 관한 규정을 두고 있으며, 일반적으로 도로는 국가나 지방자치단체가 직접 공중의 통행에 제공하는 것으로서 일반 국민은 이를 자유로이 이용할 수 있으므로 이러한 횡단보도 설치에 관한 근거법령의 규정 취지와 도로의 이용 관계에 비추어볼 때, <u>횡단보도가 설치된 도로 인근에서 영업활동을 하는 자에게 횡단보도의 설치에 관하여 특정한 권리나 법령에 의하여 보호되는 이익이 부여되어 있다고 말할 수 없으므로, 이와 같은 사람은 횡단보도의 설치행위를 다툴 법률상의 이익이 있다고 할 수 없다.</u> 따라서 원심판결이 원고들에게 원고 적격이 없다고 하여 원고들의 소를 각하한 결론은 옳고 거기에 상고 이유서에서 지적하는 바와 같이 판결에 영향을 미친 법리오해 등의 위법이 없다. 상고 이유의 주장은 모두 이유 없다.

(2) 처분적 법규

1) 일반적이고 추상적 규율인 행정입법은 원칙적으로 처분이 아니다.
2) 다만 법령 등 행정입법도 집행행위의 개입 없이 행정주체와 사인 간의 관계를 개별적·구체적으로 규율할 때에는 처분이 된다(이른바 처분적 법규).

> **관련판례**
>
> **처분적 조례의 경우 항고소송의 대상이 되는 행정처분에 해당한다[대법원 1996.9.20.95누8003].**
> 조례가 집행행위의 개입 없이도 그 자체로서 직접 국민의 구체적인 권리의무나 법적 이익에 영향을 미치는 등의 법률상 효과를 발생하는 경우 그 조례는 항고소송의 대상이 되는 행정처분에 해당하고, 이러한 조례에 대한 무효확인소송을 제기함에 있어서 행정소송법 제38조 제1항, 제13조에 의하여 피고적격이 있는 처분 등을 행한 행정청은, 행정주체인 지방자치단체 또는 지방자치단체의 내부적 의결기관으로서 지방자치단체의 의사를 외부에 표시한 권한이 없는 지방의회가 아니라, 구 지방자치법 제19조 제2항, 제92조에 의하여 지방자치단체의 집행기관으로서 조례로서의 효력을 발생시키는 공포권이 있는 지방자치단체의 장이다.

다. 사인의 권리·의무에 직접 관계되는 행위

(1) 일반적인 경우

취소소송의 대상이 되는 처분은 사인의 권리·의무에 직접 관계가 있는 행위이다. 경우에 따라서는 사인이 아닌 행정주체 역시 취소처분의 상대방이 될 수 있다.

> **관련판례**
>
> 1. **처분의 근거나 법적 효과가 행정규칙에 규정되어 있더라도, 상대방의 권리의무에 직접 영향을 미치는 행위라면 처분에 해당한다[대법원 2002.7.26, 2001두3532].**
>   항고소송의 대상이 되는 행정처분이라 함은 원칙적으로 행정청의 공법상 행위로서 특정 사항에 대하여 법규에 의한 권리의 설정 또는 의무의 부담을 명하거나 기타 법률상 효과를 발생하게 하는 등으로 일반 국민의 권리 의무에 직접 영향을 미치는 행위를 가리키는 것이지만, 어떠한 처분의 근거나 법적인 효과가 행정규칙에 규정되어 있다고 하더라도, 그 처분이 행정규칙의 내부적 구속력에 의하여 상대방에게 권리의 설정 또는 의무의 부담을 명하거나 기타 법적인 효과를 발생하게 하는 등으로 그 상대방의 권리 의무에 직접 영향을 미치는 행위라면, 이 경우에도 항고소송의 대상이 되는 행정처분에 해당한다.
>
> 2. **과세관청의 소득금액변동통지는 그 통지의 상대방인 법인에게 원천징수의무를 발생시키므로 처분에 해당한다. [대법원 2006. 4. 20., 선고, 2002두1878, 전원합의체 판결]**
>   과세관청의 소득처분과 그에 따른 소득금액변동통지가 있는 경우 원천징수의무자인 법인은 소득금액변동통지서를 받은 날에 그 통지서에 기재된 소득의 귀속자에게 당해 소득금액을 지급한 것으로 의제되어 그 때 원천징수하는 소득세의 납세의무가 성립함과 동시에 확정되고, 원천징수의무자인 법인으로서는 소득금액변동통지서에 기재된 소득처분의 내용에 따라 원천징수세액을 그 다음달 10일까지 관할 세무서장 등에게 납부하여야 할 의무를 부담하며, 만일 이를 이행하지 아니하는 경우에는 가산세의 제재를 받게 됨은 물론이고 형사처벌까지 받도록 규정되어 있는 점에 비추어 보면, 소득금액변동통지는 원천징수의무자인 법인의 납세의무에 직접 영향을 미치는 과세관청의 행위로서, 항고소송의 대상이 되는 조세행정처분이라고 봄이 상당하다.

3. 과세관청의 결손금 감액경정이 있게 되면 그만큼 이월결손금 공제를 할 수 없게 되므로, 납세의무자의 납세의무에 직접 영향을 미치는 경우로서 처분성이 인정된다[대법원 2020. 7. 9. 선고 2017두63788].

개정 법인세법이 시행된 2010. 1. 1. 이후 최초로 과세표준을 신고한 사업연도에 발생한 결손금 등에 대하여 과세관청의 결손금 감액경정이 있는 경우, 특별한 사정이 없는 한 납세의무자로서는 결손금 감액경정 통지가 이루어진 단계에서 그 적법성을 다투지 않는 이상 이후 사업연도 법인세의 이월결손금 공제와 관련하여 종전의 결손금 감액경정이 잘못되었다거나 과세관청이 경정한 결손금 외에 공제될 수 있는 이월결손금이 있다는 주장을 할 수 없다고 보아야 할 것이므로, 이러한 과세관청의 결손금 감액경정은 이후 사업연도의 이월결손금 공제와 관련하여 법인세 납세의무자인 법인의 납세의무에 직접 영향을 미치는 과세관청의 행위로서, 항고소송의 대상이 되는 행정처분이라고 봄이 타당하다.

4. 건축물 소재지 관할 허가권자인 지방자치단체장의 다른 지방자치단체 등 행정주체에 대한 「건축법」상 건축협의 취소는 항고소송의 대상이 된다[대법원 2014. 2. 27. 선고 2012두22980 판결].

구 건축법 제29조 제1항, 제2항, 제11조 제1항 등의 규정 내용에 의하면, 건축협의의 실질은 지방자치단체 등에 대한 건축허가와 다르지 않으므로, 지방자치단체 등이 건축물을 건축하려는 경우 등에는 미리 건축물의 소재지를 관할하는 허가권자인 지방자치단체의 장과 건축협의를 하지 않으면, 지방자치단체라 하더라도 건축물을 건축할 수 없다. 그리고 구 지방자치법 등 관련 법령을 살펴보아도 지방자치단체의 장이 다른 지방자치단체를 상대로 한 건축협의 취소에 관하여 다툼이 있는 경우에 법적 분쟁을 실효적으로 해결할 구제수단을 찾기도 어렵다. 따라서 건축협의 취소는 상대방이 다른 지방자치단체 등 행정주체라 하더라도 '행정청이 행하는 구체적 사실에 관한 법집행으로서의 공권력 행사'(행정소송법 제2조 제1항 제1호)로서 처분에 해당한다고 볼 수 있고, 지방자치단체인 원고가 이를 다툴 실효적 해결 수단이 없는 이상, 원고는 건축물 소재지 관할 허가권자인 지방자치단체의 장을 상대로 항고소송을 통해 건축협의 취소의 취소를 구할 수 있다.

(2) 여러 단계를 거치는 경우

1) 원칙적으로 행정청이 여러 단계를 거쳐 행정결정을 하는 경우 그 중간단계행위는 처분이 아니다.
2) 그러나 예외적으로 중간단계행위라도 그것이 사인의 권리·의무에 직접 영향을 줄 경우에는 처분이 된다(부분허가나 예비결정 등 이른바 단계적 결정).

관련판례

1. 처분성을 부정한 경우

가. 위법건축물에 대한 단전 및 전화통화 단절조치 요청행위는 권고적 성격의 행위에 불과하여 특정인의 법률상 지위에 직접적인 변동을 가져오지 않는다[대법원 1996.3.22., 96누433].

[1] 항고소송의 대상이 되는 행정처분이라 함은 행정청의 공법상의 행위로서 특정 사항에 대하여 법규에 의한 권리의 설정 또는 의무의 부담을 명하거나 기타 법률상 효과를 발생하게 하는 등 국민의 권리의무에 직접 관계가 있는 행위를 가리키는 것이고, 행정권 내부에서의 행위나 알선, 권유, 사실상의 통지 등과 같이 상대방 또는 기타 관계자들의 법률상 지위에 직접적인 법률적 변동을 일으키지 아니하는 행위 등은 항고소송의 대상이 되는 행정처분이 아니다.

[2] 건축법 제69조 제2항, 제3항의 규정에 비추어 보면, 행정청이 위법 건축물에 대한 시정명령을 하고 나서 위반자가 이를 이행하지 아니하여 전기·전화의 공급자에게 그 위법 건축물에 대한 전기·전화공급을 하지 말아 줄 것을 요청한 행위는 권고적 성격의 행위에 불과한 것으로서 전기·전화공급자나 특정인의 법률상 지위에 직접적인 변동을 가져오는 것은 아니므로 이를 항고소송의 대상이 되는 행정처분이라고 볼 수 없다.

나. 국가공무원법상의 당연퇴직사유가 있어 행한 인사권자의 당연퇴직의 인사발령은 공무원의 신분에 직접적인 변동을 가져오는 행위가 아니다[대법원 1995.11.14., 95누2036].

국가공무원법 제69조에 의하면 공무원이 제33조 각 호의 1에 해당할 때에는 당연히 퇴직한다고 규정하고 있으므로, 국가공무원법상 당연퇴직은 결격사유가 있을 때 법률상 당연히 퇴직하는 것이지 공무원관계를 소멸시키기 위한 별도의 행정처분을 요하는 것이 아니며, 당연퇴직의 인사발령은 법률상 당연히 발생하는 퇴직사유를 공적으로 확인하여 알려주는 이른바 관념의 통지에 불과하고 공무원의 신분을 상실시키는 새로운 형성적 행위가 아니므로 행정소송의 대상이 되는 독립한 행정처분이라고 할 수 없다.

다. 병역법상 등위판정은 그 자체만으로 바로 병역법상의 권리의무가 정하여지는 것이 아니므로 처분성이 인정되지 않는다[대법원 1993.8.27, 93누3356].

병역법상 신체등위판정은 행정청이라고 볼 수 없는 군의관이 하도록 되어 있으며, 그 자체만으로 바로 병역법상의 권리의무가 정하여지는 것이 아니라 그에 따라 지방병무청장이 병역처분을 함으로써 비로소 병역의무의 종류가 정하여지는 것이므로 항고소송의 대상이 되는 행정처분이라 보기 어렵다.

라. 운전면허 행정처분대상상의 벌점배점은 그 자체로서 운전자의 운전면허를 정지하거나 취소하는 효력을 발생시키는 것은 아니므로 처분성이 인정되지 않는다[대법원 1994. 8. 12., 선고, 94누2190, 판결]

운전면허 행정처분처리대장상 벌점의 배점은 도로교통법규 위반행위를 단속하는 기관이 도로교통법 시행규칙 별표 16의 정하는 바에 의하여 도로교통법규 위반의 경중, 피해의 정도 등에 따라 배정하는 점수를 말하는 것으로 자동차운전면허의 취소, 정지처분의 기초자료로 제공하기 위한 것이고 그 배점 자체만으로는 아직 국민에 대하여 구체적으로 어떤 권리를 제한하거나 의무를 명하는 등 법률적 규제를 하는 효과를 발생하는 요건을 갖춘 것이 아니어서 그 무효확인 또는 취소를 구하는 소송의 대상이 되는 행정처분이라고 할 수 없다.

마. 경찰공무원시험 승진후보자명부에서의 삭제행위는 행정청 내부의 준비과정에 불과하므로 처분성이 없다[대법원 1997.11.14., 97누7325].

시험승진후보자명부에 등재되어 있던 자가 그 명부에서 삭제됨으로써 승진임용의 대상에서 제외되었다 하더라도, 그와 같은 시험승진후보자명부에서의 삭제행위는 결국 그 명부에 등재된 자에 대한 승진 여부를 결정하기 위한 행정청 내부의 준비과정에 불과하고, 그 자체가 어떠한 권리나 의무를 설정하거나 법률상 이익에 직접적인 변동을 초래하는 별도의 행정처분이 된다고 할 수 없다.

바. 의료기관의 명칭표시판에 진료과목을 함께 표시하는 경우 진료과목의 글자 크기를 제한하고 있는 구 의료법 시행규칙 제31조는 그 자체로서 국민의 구체적인 권리의무나 법률관계에 직접적인 변동을 초래하지 않는다[대법원 2007.4.12, 2005두15168].

의료기관의 명칭표시판에 진료과목을 함께 표시하는 경우 글자 크기를 제한하고 있는 구 의료법 시행규칙 제31조가 그 자체로서 국민의 구체적인 권리의무나 법률관계에 직접적인 변동을 초래하지 아니하므로 항고소송의 대상이 되는 행정처분이라고 할 수 없다.

사. 교육부장관(현 교육과학기술부장관)의 내신성적 산정지침은 행정조직의 내부적 심사기준을 시달한 것에 불과하므로 처분성이 인정되지 않는다[대법원 1994.9.10, 94두33].

교육부장관이 내신성적 산정기준의 통일을 기하기 위해 대학입시기본계획의 내용에서 내신성적 산정기준에 관한 시행지침을 마련하여 시·도 교육감에서 통보한 것은 행정조직 내부에서 내신성적 평가에 관한 내부적 심사기준을 시달한 것에 불과하며, 각 고등학교에서 위 지침에 일률적으로 기속되어 내신성적을 산정할 수밖에 없고 또 대학에서도 이를 그대로 내신성적으로 인정하여 입학생을 선발할 수밖에 없는 관계로 장차 일부 수험생들이 위 지침으로 인해 어떤 불이익을 입을 개연성이 없지는 아니하나, 그러한 사정만으로서 위 지침에 의하여 곧바로 개별적이고 구체적인 권리의 침해를 받은 것으로는 도저히 인정할 수 없으므로, 그것만으로는 현실적으로 특정인의 구체적인 권리의무에 직접적으로 변동을 초래케 하는 것은 아니라 할 것이어서 내신성적 산정지침을 항고소송의 대상이 되는 행정처분으로 볼 수 없다.

아. 일반적·추상적인 법령 그 자체로서 국민의 구체적인 권리 의무에 직접적인 변동을 초래하는 것이 아닌 것은 취소소송의 대상이 될 수 없다[대법원 1992.3.10., 91누12639].

행정청의 위법한 처분 등의 취소 또는 변경을 구하는 취소소송의 대상이 될 수 있는 것은 구체적인 권리의무에 관한 분쟁이어야 하고 일반적, 추상적인 법령이나 규칙 등은 그 자체로서 국민의 구체적인 권리의무에 직접적 변동을 초래케 하는 것이 아니므로 그 대상이 될 수 없다.

자. 국가균형발전 특별법에 따른 혁신도시 최종입지 선정행위는 항고소송의 대상이 되는 행정처분이 아니다[대법원 2007.11.15., 2007두10198].

정부가 국가균형발전 특별법(이하 '법'이라고 한다) 제18조와 법시행령 제15조에 근거를 두고 수도권에 있는 공공기관의 지방이전시책을 추진하면서 피고를 포함한 11개 시·도지사와 '공공기관 지방이전 기본협약'을 체결하고, '혁신도시 입지선정지침'(이하 '이 사건 지침'이라고 한다)을 마련하여 협약에 참가한 시·도지사에게 통보한 사실, 피고는 이 사건 지침에 따라 혁신도시입지선정위원회(이하 '위원회'라고 한다)를 구성하여 위원회로 하여금 강원도 내 10개 시·군에 대한 평가를 하게 하였는데, 그 결과 원주시가 최고점수를 받자 건설교통부로부터 협의회신을 받은 후 2006. 1. 16. 원주시 반곡동 일원 105만 평을 혁신도시 최종입지로 선정하였음을 공표한 사실을 인정한 다음, 법과 법시행령 및 이 사건 지침에는 공공기관의 지방이전을 위한 정부 등의 조치와 공공기관이 이전할 혁신도시 입지선정을 위한 사항 등을 규정하고 있을 뿐 혁신도시입지 후보지에 관련된 지역 주민 등의 권리의무에 직접 영향을 미치는 규정을 두고 있지 않으므로, 피고가 원주시를 혁신도시 최종입지로 선정한 행위는 항고소송의 대상이 되는 행정처분으로 볼 수 없다.

차. 구 공공용지의 취득 및 손실보상에 관한 특례법에 따른 토지 등의 협의취득에 기한 손실보상금의 환수통보는 사법상의 이행청구에 해당하는 것으로서 항고소송의 대상이 되는 행정처분이라고 할 수 없다[대법원 2010.11.11, 2010두14367].

구 공공용지의 취득 및 손실보상에 관한 특례법에 따른 토지 등의 협의취득은 공공사업에 필요한 토지 등을 그 소유자와의 협의에 의하여 취득하는 것으로서 공공기관이 사경제주체로서 행하는 사법상 매매 내지 사법상 계약의 실질을 가지는 것이지 행정청이 공권력의 주체로서 상대방의 의사 여하에 불구하고 일방적으로 행하는 행정처분이라 볼 수 없는 것이고, 위 협의취득에 기한 손실보상금의 환수통보 역시 사법상의 이행청구에 해당하는 것으로서 이를 항고소송의 대상이 되는 행정처분이라고 할 수 없다.

2. 처분성을 인정한 경우

가. 폐기물처리업 허가에 앞서 사업계획서에 대한 적정통보를 받아야 허가신청을 할 수 있기 때문에, 허가신청에 대한 부적정통보는 허가신청 자체를 제한하는 등 개인의 권리 내지 법률상의 이익을 개별적이고 구체적으로 규제하고 있어 행정처분에 해당한다[대법원 1998.4.28., 97누21086].

폐기물관리법 관계 법령의 규정에 의하면 폐기물처리업의 허가를 받기 위하여는 먼저 사업계획서를 제출하여 허가권자로부터 사업계획에 대한 적정통보를 받아야 하고, 그 적정통보를 받은 자만이 일정기간 내에 시설, 장비, 기술능력, 자본금을 갖추어 허가신청을 할 수 있으므로, 결국 부적정통보는 허가신청 자체를 제한하는 등 개인의 권리 내지 법률상의 이익을 개별적이고 구체적으로 규제하고 있어 행정처분에 해당한다.

나. 개별공시지가결정은 관계법령에 의한 세금 내지 부담금 산정의 기준이 되어 국민의 권리나 의무 또는 법률상 이익에 직접적으로 관계된다[대법원 1993.6.11., 92누16706].

시장, 군수 또는 구청장의 개별토지가격결정은 관계법령에 의한 토지초과이득세, 택지초과소유부담금 또는 개발부담금 산정의 기준이 되어 국민의 권리나 의무 또는 법률상 이익에 직접적으로 관계되는 것으로서 행정소송법 제2조 제1항 제1호 소정의 행정청이 행하는 구체적 사실에 관한 법집행으로서 공권력행사이므로 항고소송의 대상이 되는 행정처분에 해당한다.

다. 항공노선에 대한 운수권 배분은 항고소송의 대상이 되는 행정처분에 해당한다[대법원 2004.11.26, 2003두10251].

노선을 배분받은 항공사는 중국 항공당국에 통보됨으로써 이 사건 잠정협정 및 비밀양해각서에 의한 지정항공사로서의 지위를 취득하고, 중국의 지정항공사와 상무협정을 체결하는 등 노선면허를 취득하기 위한 후속절차를 밟아 중국 항공당국으로부터 운항허가를 받을 수 있게 되며, 추후 당해 노선상의 합의된 업무를 운영함에 있어 중국의 영역 내에서 무착륙비행, 비 운수목적의 착륙 등 제 권리를 가지게 되는 반면, 노선배분을 받지 못한 항공사는 상대국 지정항공사와의 상무협정 체결 등 노선면허 취득을 위한 후속절차를 밟을 수 없을 뿐만 아니라 중국 항공당국으로부터 운항허가를 받을 수도 없는 지위에 놓이게 된다. 위에서 본 법리에 비추어 보면, 이 사건 각 노선에 대한 운수권배분처분은 이 사건 잠정협정 등과 행정규칙인 이 사건 지침에 근거하는 것으로서 상대방에게 권리의 설정 또는 의무의 부담을 명하거나 기타 법적 효과를 발생하게 하는 등으로 원고의 권리의무에 직접 영향을 미치는 행위로서 항고소송의 대상이 되는 행정처분에 해당한다.

라. 교도소장이 특정 수형자를 '접견내용 녹음·녹화 및 접견 시 교도관 참여대상자'로 지정한 행위는 이른바 권력적 사실행위로서 처분성이 인정된다[대법원 2014.2.13, 2013두20899].

교도소장이 수형자 甲을 '접견내용 녹음·녹화 및 접견시 교도관 참여대상자'로 지정한 사안에서, 위 지정행위는 수형자의 구체적 권리의무에 직접적 변동을 가져오는 행정청의 공법상 행위로서 항고소송의 대상이 되는 '처분'에 해당한다고 본 원심판단을 정당한 것으로 수긍한 사례

마. 공무원에 대한 불문경고조치는 항고소송의 대상이 되는 행정처분에 해당한다[대법원 2002.7.26, 2001두3532].

행정규칙에 의한 '불문경고조치'가 비록 법률상의 징계처분은 아니지만 위 처분을 받지 아니하였다면 차후 다른 징계처분이나 경고를 받게 될 경우 징계감경사유로 사용될 수 있었던 표창공적의 사용가능성을 소멸시키는 효과와 1년 동안 인사기록카드에 등재됨으로써 그 동안은 장관표창이나 도지사표창 대상자에서 제외시키는 효과 등이 있다는 이유로 항고소송의 대상이 되는 행정처분에 해당한다.

바. 「산업재해보상보험법」상 장해등급결정은 장해보상금결정의 기준이 되어 국민의 권리의무에 직접 영향을 미치므로 처분에 해당한다[대법원 2007.2.22. 선고, 2004두12957. 판결].

산업재해보상보험법상 장해급여는 근로자가 업무상의 사유로 부상을 당하거나 질병에 걸려 치료를 종결한 후 신체 등에 장해가 있는 경우 그 지급 사유가 발생하고, 그때 근로자는 장해급여 지급청구권을 취득하므로, 장해급여 지급을 위한 장해등급 결정 역시 장해급여 지급청구권을 취득할 당시, 즉 그 지급 사유 발생 당시의 법령에 따르는 것이 원칙이다.

사. 승진후보자명부에 있는 자를 「명부에서 삭제」하는 행위와 달리, 「승진임용인사발령에서 제외」하는 행위는 처분성 인정된다[대법원 2018.3.27. 선고, 2015두47492. 판결].

교육공무원법 제29조의2 제1항, 제13조, 제14조 제1항, 제2항, 교육공무원 승진규정 제1조, 제2조 제1항 제1호, 제40조 제1항, 교육공무원임용령 제14조 제1항, 제16조 제1항에 따르면 임용권자는 3배수의 범위 안에 들어간 후보자들을 대상으로 승진임용 여부를 심사하여야 하고, 이에 따라 승진후보자 명부에 포함된 후보자는 임용권자로부터 정당한 심사를 받게 될 것에 관한 절차적 기대를 하게 된다. 그런데 임용권자 등이 자의적인 이유로 승진후보자 명부에 포함된 후보자를 승진임용에서 제외하는 처분을 한 경우에, 이러한 승진임용제외처분을 항고소송의 대상이 되는 처분으로 보지 않는다면, 달리 이에 대하여는 불복하여 침해된 권리 또는 법률상 이익을 구제받을 방법이 없다. 따라서 교육공무원법상 승진후보자 명부에 의한 승진심사 방식으로 행해지는 승진임용에서 승진후보자 명부에 포함되어 있던 후보자를 승진임용인사발령에서 제외하는 행위는 불이익처분으로서 항고소송의 대상인 처분에 해당한다고 보아야 한다.

(3) 공증의 처분성

특정한 사실 또는 법률관계의 존재를 법적으로 증명하는 행위를 공증이라 한다. 등기·등록(각종 등기부·각종 등록부), 등재(각종 명부·장부·원부), 기재(회의록·의사록), 증명서발급(영수증·허가증·면장), 검인·압날 등을 들 수 있다. 공증은 의문이나 다툼이 없는 행위를 전제로 하는 점에서, 공증에 처분성(국민의 권리와 의무의 직접 영향을 미치는 행위)을 인정할 것인지가 문제된다.

1) 공증의 처분성을 부정한 경우

판례는 원칙적으로 공증의 처분성(행정행위성)을 인정하지 않는다. 일정한 공적 장부에의 등재행위는 행정사무집행의 편의와 사실증명의 자료일 뿐, 그 자체로 실체상의 권리관계에 어떤 변동을 가져오는 것은 아니라는 점을 든다.

관련판례

1. 무허가건물의 등재 내지 삭제행위는 실체관계에 변동을 가져오는 것이 아니어서 처분성이 인정되지 않는다[대법원 2009. 3.12., 2008두11525].

    무허가건물관리대장은, 행정관청이 지방자치단체의 조례 등에 근거하여 무허가건물 정비에 관한 행정상 사무처리의 편의와 사실증명의 자료로 삼기 위하여 작성, 비치하는 대장으로서 무허가건물을 무허가건물관리대장에 등재하거나 등재된 내용을 변경 또는 삭제하는 행위로 인하여 당해 무허가 건물에 대한 실체상의 권리관계에 변동을 가져오는 것이 아니고, 무허가건물의 건축시기, 용도, 면적 등이 무허가건물관리대장의 기재에 의해서만 증명되는 것도 아니므로, 관할관청이 무허가건물의 무허가건물관리대장 등재 요건에 관한 오류를 바로잡으면서 당해 무허가건물을 무허가건물관리대장에서 삭제하는 행위는 다른 특별한 사정이 없는 한 항고소송의 대상이 되는 행정처분이 아니다.

2. 행정청이 토지대장의 소유자명의변경신청을 거부한 행위는 항고소송의 대상이 되는 처분이 아니다[대법원 2012.1. 12, 2010두12354].

토지대장에 기재된 일정한 사항을 변경하는 행위는, 그것이 지목의 변경이나 정정 등과 같이 토지소유권 행사의 전제요건으로서 토지소유자의 실체적 권리관계에 영향을 미치는 사항에 관한 것이 아닌 한 행정사무집행의 편의와 사실증명의 자료로 삼기 위한 것일 뿐이어서, 그 소유자 명의가 변경된다고 하여도 이로 인하여 당해 토지에 대한 실체상의 권리관계에 변동을 가져올 수 없고 토지 소유권이 지적공부의 기재만에 의하여 증명되는 것도 아니다. 따라서 소관청이 토지대장상의 소유자명의변경신청을 거부한 행위는 이를 항고소송의 대상이 되는 행정처분이라고 할 수 없다.

3. **권리관계에 관한 건축물대장 등재사항의 정정신청에 대한 소관 행정청의 거부행위는 처분성이 인정되지 않는다** [대법원 1998.2.24., 96누5612].
건축물대장에 일정한 사항을 등재하거나 등재된 사항을 변경하는 행위는 행정사무집행의 편의와 사실증명의 자료로 삼기 위한 것일 뿐이고, 그 등재나 변경등재 행위로 인하여 그 건축물에 대한 실체상의 권리관계에 어떤 변동을 가져오는 것이 아니므로, 소관청이 등재사항에 대한 변경신청을 거부하였다고 하여 이를 항고소송의 대상이 되는 행정처분에 해당한다고 할 수 없다.

4. **상표권자인 법인에 대한 청산종결등기가 되었음을 이유로 특허청장이 행한 상표권 말소등록행위는 처분이 아니다**[대법원 2015. 10. 29., 선고, 2014두2362, 판결].
상표원부에 상표권자인 법인에 대한 청산종결등기가 되었음을 이유로 상표권의 말소등록이 이루어졌다고 해도 이는 상표권이 소멸하였음을 확인하는 사실적·확인적 행위에 지나지 않고, 말소등록으로 비로소 상표권 소멸의 효력이 발생하는 것이 아니어서, 상표권의 말소등록은 국민의 권리의무에 직접적으로 영향을 미치는 행위라고 할 수 없다.
(중략) 이러한 점들을 종합하면, 상표권자인 법인에 대한 청산종결등기가 되었음을 이유로 한 상표권의 말소등록행위는 항고소송의 대상이 될 수 없다.

2) 공증의 처분성을 긍정한 경우

최근 대법원은 지목변경신청의 거부, 건축물대장의 용도변경신청의 거부 등과 관련하여 상대방의 권리행사에 직접 영향을 미친다는 이유로 공증의 처분성을 긍정하고 있다.

관련판례

1. **지적공부 소관청의 지목변경신청 반려행위는 항고소송의 대상이 되는 처분이다**[대법원 2004.4.22., 2003두9015].
구 지적법(2001.1.26. 법률 제6389호로 전문 개정되기 전의 것) 제20조, 제38조 제2항의 규정은 토지소유자에게 지목변경신청권과 지목정정신청권을 부여한 것이고, 한편 지목은 토지에 대한 공법상의 규제, 개발부담금의 부과대상, 지방세의 과세대상, 공시지가의 산정, 손실보상가액의 산정 등 토지행정의 기초로서 공법상의 법률관계에 영향을 미치고, 토지소유자는 지목을 토대로 토지의 사용·수익·처분에 일정한 제한을 받게 되는 점 등을 고려하면, 지목은 토지소유권을 제대로 행사하기 위한 전제요건으로서 토지소유자의 실체적 권리관계에 밀접하게 관련되어 있으므로 지적공부 소관청의 지목변경신청 반려행위는 국민의 권리관계에 영향을 미치는 것으로서 항고소송의 대상이 되는 행정처분에 해당한다.

2. **지적 소관청의 토지분할신청 거부행위는 항고소송의 대상이 되는 처분이다**[대법원 1992.12.8., 92누7542].
토지의 개수는 같은 법에 의한 지적공부상의 토지의 필수를 표준으로 결정되는 것으로 1필지의 토지를 수필로 분할하여 등기하려면 반드시 같은 법이 정하는 바에 따라 분할의 절차를 밟아 지적공부에 각 필지마다 등록되어야 하고, 이러한 절차를 거치지 아니하는 한 1개의 토지로서 등기의 목적이 될 수 없는 것이니 토지의 소유자는 자기소유 토지의 일부에 대한 소유권의 양도나 저당권의 설정 등 필요한 처분행위를 할 수 없게 되고, 특히 1필지의 일부가 소유자가 다르게 된 때에도 그 소유권을 등기부에 표창하지 못하고 나아가 처분도 할 수 없게 되어 권리행사에 지장을 초래하게 되는 점 등을 고려한다면, 지적 소관청의 이러한 토지분할신의 거부행위는 국민의 권리관계에 영향을 미치는 것으로서 항고소송의 대상이 되는 처분으로 보아야 할 것이다.

3. 건축물대장 소관청의 용도변경신청 거부행위는 항고소송의 대상이 되는 처분이다[대법원 2009.1.30., 2007두7277].
   구 건축법 제14조 제4항의 규정은 건축물의 소유자에게 건축물대장의 용도변경신청권을 부여한 것이고, 한편 건축물의 용도는 토지의 지목에 대응하는 것으로서 건물의 이용에 대한 공법상의 규제, 건축법상의 시정명령, 지방세 등의 과세대상 등 공법상 법률관계에 영향을 미치고, 건물소유자는 용도를 토대로 건물의 사용·수익·처분에 일정한 영향을 받게 된다. 이러한 점 등을 고려해 보면, 건축물대장의 용도는 건축물의 소유권을 제대로 행사하기 위한 전제요건으로서 건축물 소유자의 실체적 권리관계에 밀접하게 관련되어 있으므로, 건축물대장 소관청의 용도변경신청 거부행위는 국민의 권리관계에 영향을 미치는 것으로서 항고소송의 대상이 되는 행정처분에 해당한다.

4. 건축물대장 소관청의 대장 작성신청 반려행위는 항고소송의 대상이 되는 처분이다[대법원 2009.2.12., 2007두17359].
   구 건축법(2005.11.8. 법률 제7696호로 개정되기 전의 것, 이하 '구 건축법'이라 한다) 제29조 제2항, 구 건축물대장의 기재 및 관리 등에 관한 규칙(2007.1.16. 건설교통부령 제547호로 전문 개정되기 전의 것, 이하 '구 건축물대장규칙'이라 한다) 제1조, 제5조 제1항, 제2항, 제3항의 각 규정에 의하면, 구 건축법 제18조의 규정에 의한 사용승인(다른 법령에 의하여 사용승인으로 의제되는 준공검사·준공인가 등을 포함한다)을 신청하는 자 또는 구 건축법 제18조의 규정에 의한 사용승인을 얻어야 하는 자 외의 자는 건축물대장의 작성 신청권을 가지고 있고, 한편 건축물대장은 건축물에 대한 공법상의 규제, 지방세의 과세대상, 손실보상가액의 산정 등 건축행정의 기초자료로서 공법상의 법률관계에 영향을 미칠 뿐만 아니라, 건축물에 관한 소유권보존등기 또는 소유권이전등기를 신청하려면 이를 등기소에 제출하여야 하는 점 등을 종합해 보면, 건축물대장의 작성은 건축물의 소유권을 제대로 행사하기 위한 전제요건으로서 건축물 소유자의 실체적 권리관계에 밀접하게 관련되어 있으므로 건축물대장 소관청의 작성신청 반려행위는 국민의 권리관계에 영향을 미치는 것으로서 항고소송의 대상이 되는 행정처분에 해당한다.

5. 건축물 대장상의 건축주명의변경신고에 대한 수리거부는 처분성이 인정된다[대법원 1992. 3. 31., 선고, 91누4911, 판결].
   다. 건축법에 의하면, 건축중인 건축물의 양수인이 건축공사를 진행함에 있어서는 장차 건축주의 명의로 허가에 갈음하는 신고나 중간검사의 신청 등을 할 필요가 있는 경우도 있고, 건축공사를 완료한 날로부터 7일 이내에 준공신고를 하여야 함은 물론, 위 각 규정에 위반할 때에는 처벌까지 받게 되어 있는바, 허가대상건축물의 양수인이 자기의 이름으로 위와 같은 신고나 신청을 하는 경우 시장, 군수가 건축주의 명의가 다르다는 이유로 받아들이지 않게 되면 양수인은 건축공사를 계속하기 어렵게 되는 불이익을 입게 될 뿐만 아니라, 부동산등기법 제131조 제1호에 의하면 가옥대장(실제에 있어서는 건축물관리대장)등본에 의하여 자기 또는 피상속인이 가옥대장에 소유자로서 등록되어 있는 것을 증명하는 자가 미등기건물의 소유권보존등기를 신청할 수 있도록 규정되어 있는데, 건축물관리대장은 준공검사를 한 후 건축물대장 등 건축허가관계서류를 근거로 작성되는 것이므로, 양수인이 그의 명의로 소유권보존등기를 신청하려면 건축물대장에 기재된 건축주의 명의를 자신으로 변경할 필요가 있다고 할 것이다.
라. 건축주명의변경신고수리거부행위는 행정청이 허가대상건축물 양수인의 건축주명의변경신고라는 구체적인 사실에 관한 법집행으로서 그 신고를 수리하여야 할 법령상의 의무를 지고 있음에도 불구하고 그 신고의 수리를 거부함으로써, 양수인이 건축공사를 계속하기 위하여 또는 건축공사를 완료한 후 자신의 명의로 소유권보존등기를 하기 위하여 가지는 구체적인 법적 이익을 침해하는 결과가 되었다고 할 것이므로, 비록 건축허가가 대물적 허가로서 그 허가의 효과가 허가대상건축물에 대한 권리변동에 수반하여 이전된다고 하더라도, 양수인의 권리의무에 직접 영향을 미치는 것으로서 취소소송의 대상이 되는 처분이라고 하지 않을 수 없다.

< 판례정리 >

공증의 처분성을 부정한 경우	공증의 처분성을 긍정한 경우
① 자동차운전면허대장 등재 ② 인감대장상 인감증명발급 ③ 토지대장상의 지번복구신청 거부 ④ 토지대장상의 소유자명의 변경신청 거부 ⑤ 건축물대장 등재사항에 대한 변경신청 거부 ⑥ 무허가건물관리대장 직권말소 ⑦ 부가가치세법상 사업자등록	① 토지분할신청 거부 ② 지목변경신청 거부 ③ 토지면적등록 정정신청 거부 ④ 토지대장 직권말소 ⑤ 건축물대장 용도변경신청 거부 ⑥ 건축물대장 작성신청 거부 ⑦ 건축물대장 직권말소 ⑧ 건축물대장상 건축주명의 변경신고에 대한 수리거부 ⑨ 의료유사업자 자격증 갱신발급

< 부동산(토지·건축물)대장과 관련한 공증의 처분성 >

유형	처분성	이유	대상	사례
대장의 작성거부 또는 말소	인정	대장 첨부하지 않으면 소유권등기 불가	토지대장	• 토지분할(분필)신청 거부 • 토지면적 등록정정신청 거부 • 토지대장 직권말소
			건축물대장	• 건축물대장 작성신청 거부 • 건축물대장 직권말소
용도변경 거부	인정	변경하려는 용도로 사용 불가	토지대장	• 지목변경신청 거부
			건축물대장	• 건축물 용도변경신청 거부
기타	부정	권리·의무에 영향 없음		

라. 공권력의 행사행위

행정청의 공권력행사행위란 행정청이 공권력의 소지자인 우월적 지위에 서서 구체적 사실에 대한 법집행으로서 하는 권력적 활동을 말한다.

관련판례

1. 조달청이 계약상대자에 대하여 나라장터 종합쇼핑몰에서의 거래를 일정기간 정지하는 조치는 우월한 공권력행사로서 처분성이 인정된다[대법원 2018. 11. 29., 선고, 2015두52395, 판결].

    조달청이 계약상대자에 대하여 나라장터 종합쇼핑몰에서의 거래를 일정기간 정지하는 조치는 전자조달의 이용 및 촉진에 관한 법률, 조달사업에 관한 법률 등에 의하여 보호되는 계약상대자의 직접적이고 구체적인 법률상 이익인 나라장터를 통하여 수요기관의 전자입찰에 참가하거나 나라장터 종합쇼핑몰에서 등록된 물품을 수요기관에 직접 판매할 수 있는 지위를 직접 제한하거나 침해하는 행위에 해당하는 점 등을 종합하면, 위 거래정지 조치는 비록 추가특수조건이라는 사법상 계약에 근거한 것이지만 행정청인 조달청이 행하는 구체적 사실에 관한 법집행으로서의 공권력의 행사로서 그 상대방인 甲 회사의 권리·의무에 직접 영향을 미치므로 항고소송의 대상이 되는 행정처분에 해당한다.

2. 한국마사회가 조교사 또는 기수의 면허를 부여하거나 취소하는 행위는 공권력주체로서 하는 것이 아니라 사법상 단체 내부에서의 징계에 불과하다[대법원 2008.1.31. 2005두8269].

    한국마사회가 조교사 또는 기수의 면허를 부여하거나 취소하는 것은 경마를 독점적으로 개최할 수 있는 지위에서 우수한 능력을 갖추었다고 인정되는 사람에게 경마에서의 일정한 기능과 역할을 수행할 수 있는 자격을 부여하거나 이를 박탈하는 것에 지나지 아니하므로, 이는 국가 기타 행정기관으로부터 위탁받은 행정권한의 행사가 아니라 일반 사법상의 법률관계에서 이루어지는 단체 내부에서의 징계 내지 제재처분이다.

마. 거부행위

거부행위란 개인이 행정청에 대하여 일정한 처분을 신청한 경우에 그 신청에 따르는 내용의 행위를 거부하는 것을 말한다(실무적으로는 반려처분, 불허가처분, 불수리처분, 각하처분, 비공개결정 등의 여러 형태로 나타난다).

(1) 법규상 또는 조리상 신청권이 있을 것

1) 신청권의 체계적 지위 – 처분성(대상적격)의 문제

판례는 거부행위가 처분성을 갖기 위해서는 일관되게 신청인인 국민에게 법규상 또는 조리상의 신청권이 있을 것을 요한다. 즉 판례는 법규상 또는 조리상의 신청권을 법률상 이익(원고적격)의 문제임과 동시에 처분성(대상적격)의 문제로 파악하고 있다.

관련판례

1. 국민의 신청에 대한 행정청의 거부행위가 항고소송의 대상인 행정처분이 되기 위해서는 국민에게 법규상·조리상 신청권이 있어야 한다[대법원 2005. 2. 25, 2004두4031].

    행정청이 국민의 신청에 대하여 한 거부행위가 항고소송의 대상이 되는 행정처분에 해당하려면, 행정청의 행위를 요구할 법규상 또는 조리상의 신청권이 그 국민에게 있어야 하고, 이러한 신청권의 근거 없이 한 국민의 신청을 행정청이 받아들이지 아니한 경우에는 그 거부로 인하여 신청인의 권리나 법적 이익에 어떤 영향을 주는 것이 아니므로 이를 항고소송의 대상이 되는 행정처분이라고 할 수 없다.

2. 도시계획과 같이 장기성, 종합성이 요구되는 행정계획에 있어서는 지역주민에게 그 계획의 변경을 청구할 권리를 '일반적으로' 인정해줄 수는 없다[대법원 1994.1.28., 93누22029].

  [1] 행정청이 국민으로부터 신청을 받고서 한 거부행위가 행정처분이 되기위하여는 국민이 행정청에 대하여 신청에 따른 행정행위를 해 줄 것을 요구할 수 있는 법규상 또는 조리상 권리가 있어야 하는 것이며, 이러한 근거 없이 한 국민의 신청을 행정청이 받아들이지 아니하고 거부한 경우에는 이로 인하여 신청인의 권리나 법적 이익에 어떤 영향을 주는 것이 아니므로 이를 행정처분이라 할 수 없다.

  [2] 도시계획법상 주민이 행정청에 대하여 도시계획 및 그 변경에 대하여 어떤 신청을 할 수 있다는 규정이 없고, 도시계획과 같이 장기성, 종합성이 요구되는 행정계획에 있어서 그 계획이 일단 확정된 후 어떤 사정의 변동이 있다 하여 지역주민에게 일일이 그 계획의 변경을 청구할 권리를 인정해 줄 수도 없는 것이므로 그 변경 거부행위를 항고소송의 대상이 되는 행정처분에 해당한다고 볼 수 없다.

3-가. 도시계획구역 내 '토지소유자'는 도시계획시설 변경입안을 요구할 수 있는 신청권이 있다[대법원 2004.4.28., 2003두1806].

  구 도시계획법은 도시계획의 수립 및 집행에 관하여 필요한 사항을 규정함으로써 공공의 안녕질서를 보장하고 공공복리를 증진하며 주민의 삶의 질을 향상하게 함을 목적으로 하면서도 도시계획시설결정으로 인한 개인의 재산권행사의 제한을 줄이기 위하여, 도시계획시설부지의 매수청구권, 도시계획시설결정의 실효에 관한 규정과 아울러 도시계획 입안권자인 특별시장·광역시장·시장 또는 군수로 하여금 5년마다 관할 도시계획구역 안의 도시계획에 대하여 그 타당성 여부를 전반적으로 재검토하여 정비하여야 할 의무를 지우고, 도시계획입안제안과 관련하여서는 주민이 입안권자에게 '1. 도시계획시설의 설치·정비 또는 개량에 관한 사항 2. 지구단위계획구역의 지정 및 변경과 지구단위계획의 수립 및 변경에 관한 사항'에 관하여 '도시계획도서와 계획설명서를 첨부'하여 도시계획의 입안을 제안할 수 있고, 위 입안제안을 받은 입안권자는 그 처리결과를 제안자에게 통보하도록 규정하고 있는 점 등과 헌법상 개인의 재산권 보장의 취지에 비추어 보면, 도시계획구역 내 토지 등을 소유하고 있는 주민으로서는 입안권자에게 도시계획입안을 요구할 수 있는 법규상 또는 조리상의 신청권이 있다고 할 것이고, 이러한 신청에 대한 거부행위는 항고소송의 대상이 되는 행정처분에 해당한다.

3-나. 문화재보호구역 내에 있는 토지소유자 등으로서는 위 보호구역의 지정해제를 요구할 수 있는 법규상 또는 조리상의 신청권이 있다(대법원 2004.4.27., 2003두8821).

  문화재보호법은 문화재를 보존하여 이를 활용함으로써 국민의 문화적 생활의 향상을 도모함과 아울러 인류문화의 발전에 기여함을 목적으로 하면서도, 문화재보호구역의 지정에 따른 재산권행사의 제한을 줄이기 위하여, 행정청에게 보호구역을 지정한 경우에 일정한 기간마다 적정성 여부를 검토할 의무를 부과하고, 그 검토사항 등에 관한 사항은 문화관광부령으로 정하도록 위임하였으며, 검토 결과 보호구역의 지정이 적정하지 아니하거나 기타 특별한 사유가 있는 때에는 보호구역의 지정을 해제하거나 그 범위를 조정하여야 한다고 규정하고 있는 점, 같은 법 제8조 제3항의 위임에 의한 같은법시행규칙 제3조의2 제1항은 그 적정성 여부의 검토에 있어서 당해 문화재의 보존 가치 외에도 보호구역의 지정이 재산권 행사에 미치는 영향 등을 고려하도록 규정하고 있는 점 등과 헌법상 개인의 재산권 보장의 취지에 비추어 보면, 문화재보호구역 내에 있는 토지소유자 등으로서는 위 보호구역의 지정해제를 요구할 수 있는 법규상 또는 조리상의 신청권이 있다고 할 것이고, 이러한 신청에 대한 거부행위는 항고소송의 대상이 되는 행정처분에 해당한다.

3-다. 일정한 행정처분을 구하는 신청을 할 수 있는 법률상 지위에 있는 자의 경우 예외적으로 국토이용계획변경을 신청할 권리가 인정된다(대법원 2003.9.23., 2001두10936).

구 국토이용관리법상 주민이 국토이용계획의 변경에 대하여 신청을 할 수 있다는 규정이 없을 뿐만 아니라, 국토건설종합계획의 효율적인 추진과 국토이용질서를 확립하기 위한 국토이용계획은 장기성, 종합성이 요구되는 행정계획이어서 원칙적으로는 그 계획이 일단 확정된 후에 어떤 사정의 변동이 있다고 하여 그러한 사유만으로는 지역주민이나 일반 이해관계인에게 일일이 그 계획의 변경을 신청할 권리를 인정하여 줄 수는 없을 것이지만, 장래 일정한 기간 내에 관계법령이 규정하는 시설 등을 갖추어 일정한 행정처분을 구하는 신청을 할 수 있는 법률상 지위에 있는 자의 국토이용계획변경신청을 거부하는 것이 실질적으로 당해 행정처분 자체를 거부하는 결과가 되는 경우에는 예외적으로 그 신청인에게 국토이용계획변경을 신청할 권리가 인정된다고 봄이 상당하므로, 이러한 신청에 대한 거부행위는 항고소송의 대상이 되는 행정처분에 해당한다.

4. 직권취소할 수 있다는 사정만으로 이해관계인에게 직권취소를 구할 신청권이 인정되지는 않는다[대법원 2006.6.30., 2004두701].
   [1] 국민의 적극적 행위신청에 대한 행정청의 거부행위가 항고소송의 대상이 되는 행정처분에 해당하기 위하여는 국민이 행정청에 대하여 그 행위발동을 요구할 법규상 또는 조리상의 신청권이 있어야 한다.
   [2] 산림법령에는 채석허가처분을 한 처분청이 산림을 복구한 자에 대하여 복구설계서승인 및 복구준공통보를 한 경우 그 취소신청과 관련하여 아무런 규정을 두고 있지 않고, 원래 행정처분을 한 처분청은 그 처분에 하자가 있는 경우에는 원칙적으로 별도의 법적 근거가 없더라도 스스로 이를 직권으로 취소할 수 있지만, 그와 같이 직권취소를 할 수 있다는 사정만으로 이해관계인에게 처분청에 대하여 그 취소를 요구할 신청권이 부여된 것으로 볼 수는 없으므로, 처분청이 위와 같이 법규상 또는 조리상의 신청권이 없이 한 이해관계인의 복구준공통보 등의 취소신청을 거부하더라도, 그 거부행위는 항고소송의 대상이 되는 처분에 해당하지 않는다고 한 사례.

5. 제소기간이 도과하여 불가쟁력이 생긴 행정처분에 대하여 국민에게 그 변경을 구할 신청권이 인정되지 않는다[대법원 2007. 4. 26., 선고, 2005두11104, 판결].
   행정청이 국민의 신청에 대하여 한 거부행위가 항고소송의 대상이 되는 행정처분으로 되려면, 행정청의 행위를 요구할 법규상 또는 조리상의 신청권이 국민에게 있어야 하고, 이러한 신청권의 근거 없이 한 국민의 신청을 행정청이 받아들이지 아니한 경우에는 그 거부로 인하여 신청인의 권리나 법적 이익에 어떤 영향을 주는 것이 아니므로 이를 항고소송의 대상이 되는 행정처분이라 할 수 없다(대법원 1984. 10. 23. 선고 84누227 판결, 2005. 4. 15. 선고 2004두11626 판결 등 참조). 그리고 제소기간이 이미 도과하여 불가쟁력이 생긴 행정처분에 대하여는 개별 법규에서 그 변경을 요구할 신청권을 규정하고 있거나 관계 법령의 해석상 그러한 신청권이 인정될 수 있는 등 특별한 사정이 없는 한 국민에게 그 행정처분의 변경을 구할 신청권이 있다 할 수 없다.

6. 주민등록번호가 불법으로 유출된 경우 피해자에게는 주민등록번호의 변경을 구할 "조리상" 신청권이 인정된다 [대법원 2017. 6. 15., 선고, 2013두2945, 판결].
   甲 등이 인터넷 포털사이트 등의 개인정보 유출사고로 자신들의 주민등록번호 등 개인정보가 불법 유출되자 이를 이유로 관할 구청장에게 주민등록번호를 변경해 줄 것을 신청하였으나 구청장이 '주민등록번호가 불법 유출된 경우 주민등록법상 변경이 허용되지 않는다'는 이유로 주민등록번호 변경을 거부하는 취지의 통지를 한 사안에서, 피해자의 의사와 무관하게 주민등록번호가 불법 유출된 경우 개인의 사생활뿐만 아니라 생명·신체에 대한 위해나 재산에 대한 피해를 입을 우려가 있고, 실제 유출된 주민등록번호가 다른 개인정보와 연계되어 각종 광고 마케팅에 이용되거나 사기, 보이스피싱 등의 범죄에 악용되는 등 사회적으

로 많은 피해가 발생하고 있는 것이 현실인 점, 반면 주민등록번호가 유출된 경우 그로 인하여 이미 발생하였거나 발생할 수 있는 피해 등을 최소화할 수 있는 충분한 권리구제방법을 찾기 어려운데도 구 주민등록법에서는 주민등록번호 변경에 관한 아무런 규정을 두고 있지 않은 점, 주민등록법령상 주민등록번호 변경에 관한 규정이 없다거나 주민등록번호 변경에 따른 사회적 혼란 등을 이유로 위와 같은 불이익을 피해자가 부득이한 것으로 받아들여야 한다고 보는 것은 피해자의 개인정보자기결정권 등 국민의 기본권 보장의 측면에서 타당하지 않은 점, 주민등록번호를 관리하는 국가로서는 주민등록번호가 유출된 경우 그로 인한 피해가 최소화되도록 제도를 정비하고 보완해야 할 의무가 있으며, 일률적으로 주민등록번호를 변경할 수 없도록 할 것이 아니라 만약 주민등록번호 변경이 필요한 경우가 있다면 그 변경에 관한 규정을 두어서 이를 허용해야 하는 점 등을 종합하면, 피해자의 의사와 무관하게 주민등록번호가 유출된 경우에는 조리상 주민등록번호의 변경을 요구할 신청권을 인정(편집자 주 : 현재는 주민등록법 개정으로 법령상 변경신청권이 인정된다)함이 타당하고, 구청장의 주민등록번호 변경신청 거부행위는 항고소송의 대상이 되는 행정처분에 해당한다고 한 사례.

7. **육군본부의 연구개발확인서 발급거부는 거부처분에 해당한다**(대법원 2020. 1. 16. 선고 2019다264700 판결). 국방전력발전업무훈령 제113조의5 제1항에 의한 연구개발확인서 발급은 개발업체가 '업체투자연구개발' 방식 또는 '정부·업체공동투자연구개발' 방식으로 전력지원체계 연구개발사업을 성공적으로 수행하여 군 사용 적합판정을 받고 국방규격이 제·개정된 경우에 사업관리기관이 개발업체에게 해당 품목의 양산과 관련하여 경쟁입찰에 부치지 않고 수의계약의 방식으로 국방조달계약을 체결할 수 있는 지위(경쟁입찰의 예외사유)가 있음을 인정해 주는 '확인적 행정행위'로서 공권력의 행사인 '처분'에 해당하고, 연구개발확인서 발급 거부는 신청에 따른 처분 발급을 거부하는 '거부처분'에 해당한다.

2) 신청권의 의미

판례는 신청권이란 신청의 인용이라는 만족적 결과를 얻을 권리를 의미하는 것이 아니라 관련 법규의 해석상 일반국민에게 그러한 신청권을 인정하고 있는가를 살펴 추상적으로 판단해야 한다는 입장이다. 따라서 소송요건 단계에서는 관련법규가 추상적으로 신청권을 규정하고 있으면 신청권이 인정되어 거부의 처분성은 긍정된다. 구체적으로 그 신청으로 인해 인·허가 등을 받을 수 있었는데도 이를 거부했는지의 여부는 본안판단의 문제이다.

> **관련판례**
>
> **거부처분의 처분성을 인정하기 위한 요건으로서의 신청권은 (신청에 대한 인용이건 거부건) 단순히 응답을 받을 권리로서 충분하다**[대법원 1996.6.11, 95누12460, 판결].
> 거부처분의 처분성을 인정하기 위한 전제요건이 되는 신청권의 존부는 구체적 사건에서 신청인이 누구인가를 고려하지 않고 관계 법규의 해석에 의하여 일반 국민에게 그러한 신청권을 인정하고 있는가를 살펴 추상적으로 결정되는 것이고, 신청인이 그 신청에 따른 단순한 응답을 받을 권리를 넘어서 신청의 인용이라는 만족적 결과를 얻을 권리를 의미하는 것은 아니다. 따라서 국민이 어떤 신청을 한 경우에 그 신청의 근거가 된 조항의 해석상 행정발동에 대한 개인의 신청권을 인정하고 있다고 보여지면 그 거부행위는 항고소송의 대상이 되는 처분으로 보아야 할 것이고, 구체적으로 그 신청이 인용될 수 있는가 하는 점은 본안에서 판단하여야 할 사항인 것이다.

(2) 반복된 거부의 경우

신청에 대한 거부처분이 있은 후 동일한 내용의 새로운 신청에 대해 다시 거부의 의사표시를 한 경우에는 새로운 거부처분이 있는 것으로 본다. 따라서 반복된 거부처분의 경우에는 각각의 경우에 처분성이 인정된다. 참고로 대집행법상 2차·3차의 계고처분, 국세징수법상 2차·3차의 독촉의 경우에는 기존의 처분에 대한 연기에 불과한 것으로 보아 처분성을 부정한다.

> **관련판례**
>
> 거부처분 이후에 동일한 내용의 새로운 신청에 대하여 다시 거부한 경우 새로운 거부처분이 있는 것으로 볼 수 있다 [대법원 2002. 3. 29, 2000두6084].
> 거부처분은 관할 행정청이 국민의 처분신청에 대하여 거절의 의사표시를 함으로써 성립되고, 그 이후 동일한 내용의 새로운 신청에 대하여 다시 거절의 의사표시를 한 경우에는 새로운 거부처분이 있는 것으로 보아야 할 것이다.

바. 변경처분(경정처분)의 경우

행정청이 일정한 처분을 한 후 감축 또는 확장하는 것을 변경처분(경정처분)이라 한다. 변경처분과 관련하여 가장 중요한 논의의 실익은 제소기간의 기산점이다. 취소소송의 대상이 원처분인지 변경처분인지에 따라 제소기간의 기산점이 원처분이 있음을 안 날이 될 수도 있고 변경처분이 있음을 안 날이 될 수도 있기 때문이다.

(1) 감액경정처분의 경우

감액경정처분은 당초 처분의 전부를 취소한 다음 새로운 처분을 한 것이 아니라 당초처분의 일부 취소에 불과하므로 소송의 대상은 경정처분으로 인하여 감액되고 남은 당초처분이 된다. 따라서 제소기간의 준수 여부도 당초의 처분을 기준으로 판단한다.

> **관련판례**
>
> 1. 감액경정처분이 있는 경우 항고소송의 대상 - 당초 처분[대법원 1991.9.13, 선고, 91누391, 판결]
> 과세관청이 조세부과처분을 한 뒤에 그 불복절차과정에서 국세청장이나 국세심판소장으로부터 그 일부를 취소하도록 하는 결정을 받고 이에 따라 <u>당초 부과처분의 일부를 취소, 감액하는 내용의 경정결정을 한 경우 위 경정처분은 당초 부과처분과 별개 독립의 과세처분이 아니라 그 실질은 당초 부과처분의 변경이고</u>, 그에 의하여 세액의 일부 취소라는 납세자에게 유리한 효과를 가져오는 처분이라 할 것이므로 그 경정결정으로도 아직 취소되지 않고 남아 있는 부분이 위법하다고 하여 다투는 경우에는 <u>항고소송의 대상이 되는 것은 당초의 부과처분 중 경정결정에 의하여 취소되지 않고 남은 부분이 된다 할 것이고, 경정결정이 항고소송의 대상이 되는 것은 아니라 할 것이므로, 이 경우 제소기간을 준수하였는지 여부도 당초처분을 기준으로 하여 판단</u>하여야 할 것이다.
>
> 2. 과세처분의 불복범위 - (총액설과 순액설 중) 이른바 순액설[대법원 2012. 4. 13., 선고, 2009두5510, 판결]
> 법인이 법인세의 과세표준을 신고함에 있어서 배당, 상여 또는 기타소득으로 소득처분한 금액은 당해 법인이 그 신고기일에 소득처분의 상대방에게 지급한 것으로 의제되어 그때 원천징수하는 소득세의 납세의무가 성립·확정되며, 그 후 <u>과세관청이 직권으로 그 상대방에 대한 소득처분을 경정하면서 일부</u>

> 항목에 대한 증액과 다른 항목에 대한 감액을 동시에 한 결과 전체로서 소득처분금액이 감소된 경우에는 그에 따른 소득금액변동통지가 납세자인 당해 법인에 불이익을 미치는 처분이 아니므로 당해 법인은 그 소득금액변동통지의 취소를 구할 이익이 없다.
>
> 3. 과세처분 이후에 증액하는 경정처분과 감액하는 재경정처분이 있으면 항고소송의 대상은 증액경정처분 중 감액재경정처분에 의해 취소되지 않고 남은 부분이 된다.[대법원 1996.7.30. 95누6328].
> 과세처분이 있은 후 이를 증액하는 경정처분이 있으면 당초 처분은 경정처분에 흡수되어 독립된 존재가치를 상실하여 소멸하는 것이고, 그 후 다시 이를 감액하는 재경정처분이 있으면 재경정처분은 위 증액경정처분과는 별개인 독립의 과세처분이 아니라 그 실질은 위 증액경정처분의 변경이고 그에 의하여 세액의 일부 취소라는 납세의무자에게 유리한 효과를 가져오는 처분이라 할 것이므로, 그 감액하는 재경정결정으로도 아직 취소되지 않고 남아 있는 부분이 위법하다 하여 다투는 경우 항고소송의 대상은 그 증액경정처분 중 감액재경정결정에 의하여 취소되지 않고 남은 부분이고, 감액재경정결정이 항고소송의 대상이 되는 것은 아니다. 이러한 법리는 국세심판소가 심판청구를 일부 인용하면서 정당한 세액을 명시하여 취소하지 아니하고 경정기준을 제시하여 당해 행정청으로 하여금 구체적인 과세표준과 세액을 결정하도록 함에 따라, 당해 행정청이 감액경정결정을 함에 있어 심판결정의 취지에 어긋나게 결정하거나 혹은 그 결정 자체에 위법사유가 존재하여 그에 대하여 별도의 쟁송수단을 인정하여야 할 특별한 사정이 없는 한 마찬가지로 적용된다.

(2) 증액경정처분의 경우

증액경정의 경우에는 당초처분에서의 과세표준과 세액을 포함하여 전체로서의 과세표준과 세액을 결정하는 것이므로 당초처분은 증액경정처분에 흡수되어 소멸하고 증액경정처분만이 소송의 대상이 된다. 이에 따라 제소기간의 준수여부도 증액경정처분을 기준으로 판단한다.

관련판례

증액경정처분이 있는 경우 항고소송의 대상 - 경정처분[대법원 2009.5.14, 선고, 2006두17390, 판결]
증액경정처분이 있는 경우, 당초 신고나 결정은 증액경정처분에 흡수됨으로써 독립한 존재가치를 잃게 된다고 보아야 하므로, 원칙적으로는 당초 신고나 결정에 대한 불복기간의 경과 여부 등에 관계없이 증액경정처분만이 항고소송의 심판대상이 되고, 납세의무자는 그 항고소송에서 당초 신고나 결정에 대한 위법사유도 함께 주장할 수 있다고 해석함이 타당하다.

대상 경정처분의 종류	항고소송의 대상	범위
증액경정처분	증액경정처분	증액된 최종금액
감액경정처분	변경된 원처분	감액되고 남은 금액

(3) 그 밖의 변형결정의 경우

1) 후속처분이 종전처분을 완전히 대체하는 것이거나 주요 부분을 실질적으로 변경하는 경우에는 후속처분이 항고소송의 대상이 된다. 이를테면 공정거래법상 과징금부과처분의 경우, 과징금부과처분이 있은 후에 상대방의 자진신고를 이유로 감면처분을 하였다면, 선행 과징금부과처분은 그 효력을 잃고 소멸된다. 따라서 이 경우 후행 감면처분을 대상으로 소송을 제기하여야 한다.

> **관련판례**
>
> 과징금부과처분 이후에 상대방의 자진신고를 이유로 감면처분이 이루어진 경우 – 감면처분이 항고소송의 대상 [대법원 2015.2.12. 선고, 2013두987, 판결].
> 공정거래위원회가 부당한 공동행위를 행한 사업자로서 구 독점규제 및 공정거래에 관한 법률 제22조의2에서 정한 자진신고자나 조사협조자에 대하여 **과징금 부과처분(이하 '선행처분'이라 한다)을 한 뒤**, 독점규제 및 공정거래에 관한 법률 시행령 제35조 제3항에 따라 다시 자진신고자 등에 대한 사건을 분리하여 자진신고 등을 이유로 한 과징금 감면처분(이하 '후행처분'이라 한다)을 하였다면, 후행처분은 자진신고 감면까지 포함하여 처분 상대방이 실제로 납부하여야 할 최종적인 과징금액을 결정하는 종국적 처분이고, 선행처분은 이러한 종국적 처분을 예정하고 있는 일종의 잠정적 처분으로서 후행처분이 있을 경우 선행처분은 후행처분에 흡수되어 소멸한다. 따라서 위와 같은 경우에 선행처분의 취소를 구하는 소는 이미 효력을 잃은 처분의 취소를 구하는 것으로 부적법하다.

2) 반면에 후속처분이 종전처분의 유효를 전제로 내용 중 일부만을 추가철회변경하는 것이라면 종전처분이 여전히 항고소송의 대상이 된다.

> **관련판례**
>
> 1. 선행처분을 변경하는 후속처분이 있는 경우 항고소송의 대상[대법원 2015.11.19. 2015두295 전원합의체]
>   기존의 행정처분을 변경하는 내용의 행정처분이 뒤따르는 경우, <u>후속처분이 종전처분을 완전히 대체하는 것이거나 주요 부분을 실질적으로 변경하는 내용인 경우에는 특별한 사정이 없는 한 종전처분은 효력을 상실하고 후속처분만이 항고소송의 대상이 되지만, 후속처분의 내용이 종전처분의 유효를 전제로 내용 중 일부만을 추가·철회·변경하는 것이고 추가·철회·변경된 부분이 내용과 성질상 나머지 부분과 불가분적인 것이 아닌 경우에는, 후속처분에도 불구하고 종전처분이 여전히 항고소송의 대상</u>이 된다.
> 2. 후행처분이 선행처분의 내용을 일부 소폭 변경하는 경우, 선행처분 취소소송에 후행처분 취소청구를 추가하여 청구를 변경하였다면 후행처분에 관한 제소기간 준수는 청구변경 당시를 기준으로 판단한다[대법원 2012. 12. 13., 선고, 2010두20782,20799, 판결].
>   [1] 선행처분의 주요 부분을 실질적으로 변경하는 내용으로 후행처분을 한 경우에 선행처분은 특별한 사정이 없는 한 그 효력을 상실하지만, <u>후행처분이 있었다고 하여 일률적으로 선행처분이 존재하지 않게 되는 것은 아니고 선행처분의 내용 중 일부만을 소폭 변경하는 정도에 불과한 경우에는 선행처분이 소멸한다고 볼 수 없다.</u>
>   [2] 선행처분이 후행처분에 의하여 변경되지 아니한 범위 내에서 존속하고 후행처분은 선행처분의 내용 중 <u>일부를 변경하는 범위 내에서 효력을 가지는 경우</u>에, 선행처분의 취소를 구하는 소를 제기한 후 후행처분의 취소를 구하는 청구를 추가하여 청구를 변경하였다면 <u>후행처분에 관한 제소기간 준수 여부는 청구변경 당시를 기준으로 판단</u>하여야 하나, 선행처분에만 존재하는 취소사유를 이유로 후행처분의 취소를 청구할 수는 없다.

< 판례정리 – 처분성의 인정여부 >

유형	처분성을 긍정한 경우	처분성을 부정한 경우
과세	① 과세관청의 소득금액변동통지 ② 감액되고 남은 당초 처분(감액경정의 경우) ③ 증액경정처분(증액경정의 경우) ④ 세무조사결정 ⑤ 세무서장의 위임을 받은 성업공사(현 자산관리공사)가 한 공매처분 ⑥ 과세관청의 결손금 감액경정	① 신고납부하는 취득세와 등록세의 수납행위 ② 국세환급결정 또는 환급신청에 대한 거부결정
국·공유 재산	① 국·공유재산 무단점유자에 대한 변상금부과처분	① 지방자치단체장의 일반재산 대부신청 거부
근무·채용 관계	① 지방의회의 의원제명의결 ② 지방의회의장에 대한 불신임의결 ③ 대학교원 신규채용에서 유일한 면접대상자로 선정되어 대부분의 심사단계를 통과한 자에 대한 임용거부조치 ④ 지방계약직 공무원에 대한 감봉처분 ⑤ 승진후보자명부에 있는 자를 「승진임용인사발령에서 제외」하는 행위	① 당연퇴직된 공무원의 복직 또는 재임용신청에 대한 행정청의 거부행위 ② 한국마사회의 조교사 및 기수 면허부여 또는 취소 ③ 당연퇴직의 인사발령 ④ 정년퇴직의 인사발령 ⑤ 임용권자가 후보자를 「승진후보자명부에서 삭제」한 행위
반복된 행위	① 거부처분 이후 동일한 내용의 새로운 신청에 대한 재거부	① 반복된 행위(2·3차 계고, 2차 독촉)
등급결정	① 산업재해보상보험협상의 장해등급결정	① 병역법상 군의관의 신체등위판정
신고	① 주민등록전입신고에 따른 수리거부 ② 사회단체등록신청거부 ③ 건축신고 반려	① 수리를 요하지 않는 신고에 대한 수리 또는 거부 ② 전통사찰의 등록말소신청을 거부한 행정청의 회신
입찰	① 행정청이 행하는 입찰참가자격 제한조치	① 수도권매립지공사의 입찰참가자격제한조치 ② 한국전력공사가 한 입찰참가자격을 제한하는 내용의 부정당업자 제재처분
재결	① 지방노동위원회가 노동쟁의에 대하여 한 중재회부결정	① 감사원이 심사청구에 의하여 관계기관에 통지하는 시정결정이나 기각결정
토지	① 고속도로 건설공사에 편입되는 토지소유자들을 대위하여 한 토지면적등록 정정신청에 대한 행정청의 반려 ② 「공공용지의 취득 및 손실보상에 관한 특례법」에 따라 신청권이 있는 자의 특별공급신청에 대한 거부 ③ 표준지공시지가결정 ④ 개별공시지가결정 ⑤ 토지거래허가구역의 지정 ⑥ 공익사업보상법상의 사업인정	① 건설부장관의 국립공원지정처분에 따라 공원관리청이 행한 경계측량 및 표지의 설치

유형	처분성을 긍정한 경우	처분성을 부정한 경우
행정계획	① 도시재개발법상의 관리처분계획(현 도시·군관리계획) ② 문화재보호구역 내 토지소유자가 한 지정해제신청에 대한 거부 ③ 계획변경신청의 거부가 실질적으로 처분(폐기물처리업허가) 자체에 대한 거부가 되는 경우 ④ 도시계획구역 내 토지소유자의 도시계획입안신청에 대한 입안권자의 거부행위 ⑤ 건축계획심의신청에 대한 반려 ⑥ 도시계획결정 ⑦ 환지예정지지정 및 환지처분	① 하수도정비기본계획 ② 도시기본계획 ③ 환지계획
행정입법	① 집행행위의 매개 없이 직접 국민의 권리·의무를 규율하는 조례·고시 ② 청소년유해매체물 결정·고시처분	① 의료기관의 명칭표시판에 진료과목을 함께 표시하는 경우 글자크기를 제한하고 있는 구 의료법 시행규칙 제31조(법규명령)
행정조직	① 금융기관의 임원에 대한 금융감독원장의 문책경고 ② 불문경고조치	① 공정거래위원회의 고발조치·의결 ② 외환은행장이 수입허가의 유효기간 연장을 승인하고자 할 때 상공부장관과 하는 협의 ③ 도지사가 행한 혁신도시 최종입지선정행위 ④ 행정청의 정부투자기관에 대한 예산편성지침통보 ⑤ 교육부장관의 대학입시기본계획 내의 내신성적 산정지침
기타	① 평생교육시설 설치자 명의변경신청에 대한 거부 ② 친일반민족행위자재산조사위원회의 재산조사개시결정 ③ 법학전문대학원 설치 예비인가거부결정 ④ 공정거래위원회의 표준약관사용 권장행위 ⑤ 종합유선방송사업승인거부 ⑥ 원자력법에 따른 부지사전승인 ⑦ 폐기물관리법상의 폐기물처리업 부적정통보 ⑧ 부관 중 부담 ⑨ 항공노선에 대한 운수권배분처분 ⑩ 국가인권위원회의 성희롱결정 및 시정조치 권고 ⑪ 노동조합규약의 변경보완시정명령 ⑫ 정보통신윤리위원회가 특정 인터넷사이트를 청소년유해매체물로 결정한 행위 ⑬ 완공된 건축물에 대한 준공검사	① 징병검사시 신체등위판정민원사무에 관한 법률에 정한 '거부처분에 대한 이의신청'을 받아들이지 않는 취지의 기각결정 ② 어업권면허에 선행하는 우선순위결정 ③ 부담 이외의 부관 ④ 과세관청이 위장사업자의 사업자명의를 직권으로 실사업자의 명의로 정정하는 행위 ⑤ 운전면허 행정처분처리대장상 벌점의 배점 ⑥ 확약

기출문제

01 | 2016 |

행정소송으로 다툴 수 있는 것은? (다툼이 있으면 판례에 따름)

① 단순한 사실관계의 존부
② 반사적 이익의 침해
③ 지방의회 의원에 대한 징계처분
④ 국회의원에 대한 징계처분
⑤ 공정거래위원회의 고발조치

....

① ☞ 당사자간의 법률관계(구체적인 권리·의무)에 관한 다툼이 아닌 단순한 사실관계에 관한 다툼으로서 처분성이 인정되지 않는다.
[대법원 1990.11.23. 90누3553] 피고 국가보훈처장이 발행·보급한 독립운동사, 피고 문교부장관이 저작하여 보급한 국사교과서 등의 각종 책자와 피고 문화부장관이 관리하고 있는 독립기념관에서의 각종 해설문·전시물의 배치 및 전시 등에 있어서, 일제치하에서의 국내외의 각종 독립운동에 참가한 단체와 독립운동가의 활동상을 잘못 기술하거나, 전시·배치함으로써 그 역사적 의의가 그릇 평가되게 하였다는 이유로 그 사실관계의 확인을 구하고, 또 피고 국가보훈처장은 이들 독립 운동가들의 활동상황을 잘못 알고 국가보훈상의 서훈추천권을 행사함으로써 서훈추천권의 행사가 적정하지 아니하였다는 이유로 이러한 서훈추천권의 행사, 불행사가 당연 무효임의 확인, 또는 그 부작위가 위법함의 확인을 구하는 청구는 과거의 역사적 사실관계의 존부나 공법상의 구체적인 법률관계가 아닌 사실관계에 관한 것들을 확인의 대상으로 하는 것이거나 행정청의 단순한 부작위를 대상으로 하는 것으로서 항고소송의 대상이 되지 아니하는 것이다.
② ☞ 법률상 이익이 인정되지 않을 경우에는 소송요건 결여로 각하판결이 선고된다.
③ [대법원 1993.11.26., 93누7341] 지방자치법 제78조 내지 제81조의 규정에 의거한 지방의회의 의원징계의결은 그로 인해 의원의 권리에 직접 법률효과를 미치는 행정처분의 일종으로서 행정소송의 대상이 되고, 그와 같은 의원징계의결의 당부를 다투는 소송의 관할법원에 관하여는 동법에 특별한 규정이 없으므로 일반법인 행정소송법의 규정에 따라 지방의회의 소재지를 관할하는 고등법원이 그 소송의 제1심 관할법원이 된다.
④ ☞ 권력분립의 원칙상 국회 내부의 징계절차에 대한 사법심사는 불가능하다.
⑤ [대법원 1995.5.12., 94누13794] 이른바 고발은 수사의 단서에 불과할 뿐 그 자체 국민의 권리의무에 어떤 영향을 미치는 것이 아니고, 특히 독점규제및공정거래에관한법률 제71조는 공정거래위원회의 고발을 위 법률위반죄의 소추요건으로 규정하고 있어 공정거래위원회의 고발조치는 사직 당국에 대하여 형벌권 행사를 요구하는 행정기관 상호간의 행위에 불과하여 항고소송의 대상이 되는 행정처분이라 할 수 없으며, 더욱이 공정거래위원회의 고발 의결은 행정청 내부의 의사결정에 불과할 뿐 최종적인 처분은 아닌 것이므로 이 역시 항고소송의 대상이 되는 행정처분이 되지 못한다.

답 01 ③

02 | 2016 |

항고소송의 대상적격에 관한 설명으로 옳은 것은? (다툼이 있으면 판례에 따름)

① 도시기본계획은 장기발전방향을 제시하는 종합계획으로서 처분이다.
② 폐기물관리법상 폐기물처리업의 허가를 위한 사업계획에 대한 부적정통보는 처분이 아니다.
③ 행정행위의 부관 중 부담은 항고소송의 대상이 될 수 없다.
④ 지방병무청장이 공익근무요원 소집통지를 한 후 직권으로 그 기일을 연기한 다음 다시 한 공익근무요원 소집통지는 처분이 아니다.
⑤ 국가인권위원회의 성희롱결정과 시정조치의 권고는 성희롱 행위자와 사용자에게 법률상의 의무를 부담시키지만 권고이어서 처분이 아니다.

••••••••••••••••••••••

① [대법원 2002.10.11., 2000두8226] 도시기본계획은 도시의 기본적인 공간구조와 장기발전방향을 제시하는 종합계획으로서 그 계획에는 토지이용계획, 환경계획, 공원녹지계획 등 장래의 도시개발의 일반적인 방향이 제시되지만, 그 계획은 도시계획입안의 지침이 되는 것에 불과하여 일반 국민에 대한 직접적인 구속력은 없는 것이므로, 도시기본계획을 입안함에 있어 토지이용계획에는 세부적인 내용을 기재하지 아니하고 다소 포괄적으로 기재하였다 하더라도 기본구상도상에 분명하게 그 내용을 표시한 이상 도시기본계획으로서 입안된 것이라고 봄이 상당하고, 또 공청회 등 절차에서 다른 자료에 의하여 그 내용이 제시된 다음 관계 법령이 정하는 절차에 따라 건설교통부장관의 승인을 받아 공람공고까지 되었다면 도시기본계획으로서 적법한 효력이 있는 것이다.
② [대법원 1998.4.28., 97누21086] 폐기물관리법 관계 법령의 규정에 의하면 폐기물처리업의 허가를 받기 위하여는 먼저 사업계획서를 제출하여 허가권자로부터 사업계획에 대한 적정통보를 받아야 하고, 그 적정통보를 받은 자만이 일정기간 내에 시설, 장비, 기술능력, 자본금을 갖추어 허가신청을 할 수 있으므로, 결국 부적정통보는 허가신청 자체를 제한하는 등 개인의 권리 내지 법률상의 이익을 개별적이고 구체적으로 규제하고 있어 행정처분에 해당한다.
③ ☞ 의무의 부담으로서 처분성이 인정된다.
[대법원 1992.1.21, 91누1264] 행정행위의 부관은 행정행위의 일반적인 효력이나 효과를 제한하기 위하여 의사표시의 주된 내용에 부가되는 종된 의사표시이지 그 자체로서 직접 법적 효과를 발생하는 독립된 처분이 아니므로 현행 행정쟁송제도 아래서는 부관 그 자체만을 독립된 쟁송의 대상으로 할 수 없는 것이 원칙이나 행정행위의 부관 중에서도 행정행위에 부수하여 그 행정행위의 상대방에게 일정한 의무를 부과하는 행정청의 의사표시인 부담의 경우에는 다른 부관과는 달리 행정행위의 불가분적인 요소가 아니고 그 존속이 본체인 행정행위의 존재를 전제로 하는 것일 뿐이므로 부담 그 자체로서 행정쟁송의 대상이 될 수 있다.
④ ☞ 최초의 소집통지에 처분성이 인정되므로 최초의 통지를 받은 날로부터 90일 내에 소송을 제기하여야 한다.
[대법원 2005.10.28, 선고, 2003두14550, 판결] 지방병무청장이 보충역 편입처분을 받은 자에 대하여 복무기관을 정하여 공익근무요원 소집통지를 한 이상 그것으로써 공익근무요원으로서의 복무를 명하는 병역법상의 공익근무요원 소집처분이 있었다고 할 것이고, 그 후 지방병무청장이 공익근무요원 소집대상자의 원에 의하여 또는 직권으로 그 기일을 연기한 다음 다시 공익근무요원 소집통지를 하였다고 하더라도 이는 최초의 공익근무요원 소집통지에 관하여 다시 의무이행기일을 정하여 알려주는 연기통지에 불과한 것이므로, 이는 항고소송의 대상이 되는 독립한 행정처분으로 볼 수 없다.
⑤ [대법원 2005.7.8, 2005두487] 구 남녀차별금지및구제에관한법률 제28조에 의하면, 국가인권위원회의 성희롱결정과 이에 따른 시정조치의 권고는 불가분의 일체로 행하여지는 것인데 국가인권위원회의 이러한 결정

답 02 ④

과 시정조치의 권고는 성희롱 행위자로 결정된 자의 인격권에 영향을 미침과 동시에 공공기관의 장 또는 사용자에게 일정한 법률상의 의무를 부담시키는 것이므로 국가인권위원회의 성희롱결정 및 시정조치권고는 행정소송의 대상이 되는 행정처분에 해당한다고 보지 않을 수 없다.

03 | 2016 |

판례상 신청 또는 청구에 대한 거부가 항고소송의 대상이 아닌 것은?

① 국가지정문화재의 보호구역에 인접한 나대지 소유자의 건물 신축을 위한 국가지정문화재 현상변경 신청
② 문화재보호구역 내 토지소유자의 문화재보호구역 지정해제 신청
③ 도시계획구역 내 토지를 소유하고 있는 주민의 도시계획입안권자에 대한 도시계획입안신청
④ 경정청구기간을 도과한 후에 납세자가 제기한 경정청구
⑤ 도시계획구역 내 토지를 소유하고 있는 주민의 도시시설계획결정권자에 대한 도시시설계획변경 신청

---

① [대법원 2006.5.12. 선고, 2004두9920, 판결] 문화재청장이, 국가지정문화재의 보호구역에 인접한 나대지에 건물을 신축하기 위한 국가지정문화재 현상변경신청을 허가하지 않은 경우, 상당한 규모의 건물이 나대지에 들어서는 경우 보호구역을 포함한 국가지정문화재의 경관을 저해할 가능성이 상당히 클 뿐만 아니라, 위 국가지정문화재 현상변경신청 불허가처분이 취소되는 경우 향후 주변의 나대지에 대한 현상변경허가를 거부하기 어려워질 것으로 예상되는 점 등에 비추어, 위 국가지정문화재 현상변경신청에 대한 불허가처분이 재량권을 일탈·남용한 위법한 처분이라고 단정하기 어렵다.

② [대법원 2004.4.27., 2003두8821] 문화재보호법은 문화재를 보존하여 이를 활용함으로써 국민의 문화적 생활의 향상을 도모함과 아울러 인류문화의 발전에 기여함을 목적으로 하면서도, 문화재보호구역의 지정에 따른 재산권행사의 제한을 줄이기 위하여, 행정청에게 보호구역을 지정한 경우에 일정한 기간마다 적정성 여부를 검토할 의무를 부과하고, 그 검토사항 등에 관한 사항은 문화관광부령으로 정하도록 위임하였으며, 검토 결과 보호구역의 지정이 적정하지 아니하거나 기타 특별한 사유가 있는 때에는 보호구역의 지정을 해제하거나 그 범위를 조정하여야 한다고 규정하고 있는 점, 같은 법 제8조 제3항의 위임에 의한 같은법시행규칙 제3조의2 제1항은 그 적정성 여부의 검토에 있어서 당해 문화재의 보존 가치 외에도 보호구역의 지정이 재산권 행사에 미치는 영향 등을 고려하도록 규정하고 있는 점 등과 헌법상 개인의 재산권 보장의 취지에 비추어 보면, 문화재보호구역 내에 있는 토지소유자 등으로서는 위 보호구역의 지정해제를 요구할 수 있는 법규상 또는 조리상의 신청권이 있다고 할 것이고, 이러한 신청에 대한 거부행위는 항고소송의 대상이 되는 행정처분에 해당한다.

③, ⑤ [대법원 2004.4.28., 2003두1806] 구 도시계획법은 도시계획의 수립 및 집행에 관하여 필요한 사항을 규정함으로써 공공의 안녕질서를 보장하고 공공복리를 증진하며 주민의 삶의 질을 향상하게 함을 목적으로 하면서도 도시계획시설결정으로 인한 개인의 재산권행사의 제한을 줄이기 위하여, 도시계획시설부지의 매수청구권, 도시계획시설결정의 실효에 관한 규정과 아울러 도시계획 입안권자인 특별시장·광역시장·시장 또는 군수로 하여금 5년마다 관할 도시계획구역 안의 도시계획에 대하여 그 타당성 여부를 전반적으로 재검토하여 정비하여야 할 의무를 지우고, 도시계획입안제안과 관련하여서는 주민이 입안권자에게 '1. 도시계획시설의 설치·정비 또는 개량에 관한 사항. 2. 지구단위계획구역의 지정 및 변경과 지구단위계획의 수립 및 변경

에 관한 사항'에 관하여 '도시계획도서와 계획설명서를 첨부'하여 도시계획의 입안을 제안할 수 있고, 위 입안 제안을 받은 입안권자는 그 처리결과를 제안자에게 통보하도록 규정하고 있는 점 등과 헌법상 개인의 재산권 보장의 취지에 비추어 보면, 도시계획구역 내 토지 등을 소유하고 있는 주민으로서는 입안권자에게 도시계획입안을 요구할 수 있는 법규상 또는 조리상의 신청권이 있다고 할 것이고, 이러한 신청에 대한 거부행위는 항고소송의 대상이 되는 행정처분에 해당한다.

④ [대법원 2015.3.12, 선고, 2014두44830, 판결] 구 국세기본법 제3조 제2항, 제45조의2 제1항, 구 관세법 제4조 제1항, 제38조의3 제2항, 제3항, 구 주세법 제23조 제3항과 같이 세관장이 부과·징수하는 조세에 관하여 특례를 정하고 있는 취지는 수입물품에 대한 조세는 관세와 마찬가지로 세관장이 함께 부과·징수하도록 함으로써 과세행정의 효율성과 납세의무자 간의 형평을 도모하고자 함에 있으므로, 그에 관한 불복절차 또한 관세와 동일하게 이루어질 필요가 있다. 따라서 수입한 주류의 주세에 대한 경정청구에 관하여 구 관세법 제38조의3 제2항에서 정한 2년의 경정청구기간이 적용된다. 그리고 경정청구기간이 도과한 후 제기된 경정청구는 부적법하여 과세관청이 과세표준 및 세액을 결정 또는 경정하거나 거부처분을 할 의무가 없으므로, 과세관청이 경정을 거절하였다고 하더라도 이를 항고소송의 대상이 되는 거부처분으로 볼 수 없다.

04 | 2016 |

판례상 항고소송의 대상이 아닌 것은?

① 행정대집행법상 제1차 계고처분 후 반복된 제2차 계고처분
② 지목변경신청 거부
③ 행정규칙을 근거로 국민의 권리·의무에 직접 영향을 미치는 행위
④ 임용기간이 만료된 국립대학교 교원의 재임용 제외 결정
⑤ 건축신고에 대한 수리거부

---

① [대법원 1994.10.28, 94누5144] 건물의 소유자에게 위법건축물을 일정기간까지 철거할 것을 명함과 아울러 불이행할 때에는 대집행한다는 내용의 철거대집행 계고처분을 고지한 후 이에 불응하자 다시 제2차, 제3차 계고서를 발송하여 일정기간까지의 자진철거를 촉구하고 불이행하면 대집행을 한다는 뜻을 고지하였다면 행정대집행법상의 건물철거의무는 제1차 철거명령 및 계고처분으로서 발생하였고 제2차, 제3차의 계고처분은 새로운 철거의무를 부과한 것이 아니고 다만 대집행기한의 연기통지에 불과하므로 행정처분이 아니다.

② [대법원 2004.4.22, 2003두9015] 구 지적법 제20조, 제38조 제2항의 규정은 토지소유자에게 지목변경신청권과 지목정정신청권을 부여한 것이고, 한편 지목은 토지에 대한 공법상의 규제, 개발부담금의 부과대상, 지방세의 과세대상, 공시지가의 산정, 손실보상가액의 산정 등 토지행정의 기초로서 공법상의 법률관계에 영향을 미치고, 토지소유자는 지목을 토대로 토지의 사용·수익·처분에 일정한 제한을 받게 되는 점 등을 고려하면, 지목은 토지소유권을 제대로 행사하기 위한 전제요건으로서 토지소유자의 실체적 권리관계에 밀접하게 관련되어 있으므로 지적공부 소관청의 지목변경신청 반려행위는 국민의 권리관계에 영향을 미치는 것으로서 항고소송의 대상이 되는 행정처분에 해당한다.

③ [대법원 2002.7.26, 2001두3532] 행정규칙에 의한 '불문경고조치'가 비록 법률상의 징계처분은 아니지만 위 처분을 받지 아니하였다면 차후 다른 징계처분이나 경고를 받게 될 경우 징계감경사유로 사용될 수 있었던 표창공적의 사용가능성을 소멸시키는 효과와 1년 동안 인사기록카드에 등재됨으로써 그 동안은 장관표창이나

답 04 ①

도지사표창 대상자에서 제외시키는 효과 등이 있다는 이유로 항고소송의 대상이 되는 행정처분에 해당한다.
④ ☞ 이 경우 해당 교원에게는 재임용기대권이라는 조리상 신청권이 있으므로, 재임용 거부는 거부처분에 해당한다.
[대법원 2004. 4. 22., 2000두7735] 기간제로 임용되어 임용기간이 만료된 국·공립대학의 조교수는 교원으로서의 능력과 자질에 관하여 합리적인 기준에 의한 공정한 심사를 받아 위 기준에 부합되면 특별한 사정이 없는 한 재임용되리라는 기대를 가지고 재임용 여부에 관하여 합리적인 기준에 의한 공정한 심사를 요구할 법규상 또는 조리상 신청권을 가진다고 할 것이니, 임용권자가 임용기간이 만료된 조교수에 대하여 재임용을 거부하는 취지로 한 임용기간만료의 통지는 위와 같은 대학교원의 법률관계에 영향을 주는 것으로서 행정소송의 대상이 되는 처분에 해당한다.

⑤ [대법원전합 2010. 11. 18, 2008두167] 구 건축법 관련 규정의 내용 및 취지에 의하면, 행정청은 건축신고로써 건축허가가 의제되는 건축물의 경우에도 그 신고 없이 건축이 개시될 경우 건축주 등에 대하여 공사 중지·철거·사용금지 등의 시정명령을 할 수 있고(제69조 제1항), 그 시정명령을 받고 이행하지 않은 건축물에 대하여는 당해 건축물을 사용하여 행할 다른 법령에 의한 영업 기타 행위의 허가를 하지 않도록 요청할 수 있으며(제69조 제2항), 그 요청을 받은 자는 특별한 이유가 없는 한 이에 응하여야 하고(제69조 제3항), 나아가 행정청은 그 시정명령의 이행을 하지 아니한 건축주 등에 대하여는 이행강제금을 부과할 수 있으며(제69조의2 제1항 제1호), 또한 건축신고를 하지 않은 자는 200만 원 이하의 벌금에 처해질 수 있다(제80조 제1호, 제9조). 이와 같이 건축주 등은 신고제하에서도 건축신고가 반려될 경우 당해 건축물의 건축을 개시하면 시정명령, 이행강제금, 벌금의 대상이 되거나 당해 건축물을 사용하여 행할 행위의 허가가 거부될 우려가 있어 불안정한 지위에 놓이게 된다. 따라서 건축신고 반려행위가 이루어진 단계에서 당사자로 하여금 반려행위의 적법성을 다투어 그 법적 불안을 해소한 다음 건축행위에 나아가도록 함으로써 장차 있을지도 모르는 위험에서 미리 벗어날 수 있도록 길을 열어 주고, 위법한 건축물의 양산과 그 철거를 둘러싼 분쟁을 조기에 근본적으로 해결할 수 있게 하는 것이 법치행정의 원리에 부합한다. 그러므로 건축신고 반려행위는 항고소송의 대상이 된다고 보는 것이 옳다.

05 | 2017 |

판례상 항고소송의 대상이 되는 처분에 해당하는 것은?

① 군의관에 의한 신체등위판정
② 건축신고 반려행위
③ 어업권면허에 앞서 행한 우선순위결정
④ 검사가 제기한 공소
⑤ 가산금의 미납에 대해 반복된 제2차의 독촉처분

....

① [대법원 1993. 8. 27. 선고 93누3356 판결] 병역법상 신체등위판정은 행정청이라고 볼 수 없는 군의관이 하도록 되어 있으며, 그 자체만으로 바로 병역법상의 권리의무가 정하여지는 것이 아니라 그에 따라 지방병무청장이 병역처분을 함으로써 비로소 병역의무의 종류가 정하여지는 것이므로 항고소송의 대상이 되는 행정처분이라 보기 어렵다.
② [대법원 2010. 11. 18. 선고 2008두167 전원합의체 판결] 구 건축법 관련 규정의 내용 및 취지에 의하면, 행정청은 건축신고로써 건축허가가 의제되는 건축물의 경우에도 그 신고 없이 건축이 개시될 경우 건축주 등에 대하여 공사 중지·철거·사용금지 등의 시정명령을 할 수 있고(제69조 제1항), 그 시정명령을 받고 이행하지 않은 건축

답 05 ②

물에 대하여는 당해 건축물을 사용하여 행할 다른 법령에 의한 영업 기타 행위의 허가를 하지 않도록 요청할 수 있으며(제69조 제2항), 그 요청을 받은 자는 특별한 이유가 없는 한 이에 응하여야 하고(제69조 제3항), 나아가 행정청은 그 시정명령의 이행을 하지 아니한 건축주 등에 대하여는 이행강제금을 부과할 수 있으며(제69조의2 제1항 제1호), 또한 건축신고를 하지 않은 자는 200만 원 이하의 벌금에 처해질 수 있다(제80조 제1호, 제9조). 이와 같이 건축주 등은 신고제하에서도 건축신고가 반려될 경우 당해 건축물의 건축을 개시하면 시정명령, 이행강제금, 벌금의 대상이 되거나 당해 건축물을 사용하여 행할 행위의 허가가 거부될 우려가 있어 불안정한 지위에 놓이게 된다. 따라서 건축신고 반려행위가 이루어진 단계에서 당사자로 하여금 반려행위의 적법성을 다투어 그 법적 불안을 해소한 다음 건축행위에 나아가도록 함으로써 장차 있을지도 모르는 위험에서 미리 벗어날 수 있도록 길을 열어 주고, 위법한 건축물의 양산과 그 철거를 둘러싼 분쟁을 조기에 근본적으로 해결할 수 있게 하는 것이 법치행정의 원리에 부합한다. 그러므로 건축신고 반려행위는 항고소송의 대상이 된다고 보는 것이 옳다.

③ [대법원 1995. 1. 20. 선고 94누6529 판결] 어업권면허에 선행하는 우선순위결정은 행정청이 우선권자로 결정된 자의 신청이 있으면 어업권면허처분을 하겠다는 것을 약속하는 행위로서 강학상 확약에 불과하고 행정처분은 아니므로, 우선순위결정에 공정력이나 불가쟁력과 같은 효력은 인정되지 아니하며, 따라서 우선순위결정이 잘못되었다는 이유로 종전의 어업권면허처분이 취소되면 행정청은 종전의 우선순위결정을 무시하고 다시 우선순위를 결정한 다음 새로운 우선순위결정에 기하여 새로운 어업권면허를 할 수 있다.

④ [대법원 2000. 3. 28 선고 99두11264 판결] 형사소송법에 의하면 검사가 공소를 제기한 사건은 기본적으로 법원의 심리대상이 되고 피의자 및 피고인은 수사의 적법성 및 공소사실에 대하여 형사소송절차를 통하여 불복할 수 있는 절차와 방법이 따로 마련되어 있으므로 검사의 공소제기가 적법절차에 의하여 정당하게 이루어진 것이냐의 여부에 관계없이 검사의 공소에 대하여는 형사소송절차에 의하여서만 이를 다툴 수 있고 행정소송의 방법으로 공소의 취소를 구할 수는 없다.

⑤ [대법원 1999. 7. 13. 선고 97누119 판결] 구 의료보험법 제45조, 제55조, 제55조의2의 각 규정에 의하면, 보험자 또는 보험자단체가 사기 기타 부정한 방법으로 보험급여비용을 받은 의료기관에게 그 급여비용에 상당하는 금액을 부당이득으로 징수할 수 있고, 그 의료기관이 납부고지에서 지정된 납부기한까지 징수금을 납부하지 아니한 경우 국세체납절차에 의하여 강제징수할 수 있는바, 보험자 또는 보험자단체가 부당이득금 또는 가산금의 납부를 독촉한 후 다시 동일한 내용의 독촉을 하는 경우 최초의 독촉만이 징수처분으로서 항고소송의 대상이 되는 행정처분이 되고 그 후에 한 동일한 내용의 독촉은 체납처분의 전제요건인 징수처분으로서 소멸시효 중단사유가 되는 독촉이 아니라 민법상의 단순한 최고에 불과하여 국민의 권리의무나 법률상의 지위에 직접적으로 영향을 미치는 것이 아니므로 항고소송의 대상이 되는 행정처분이라 할 수 없다.

06 | 2017 |

취소소송의 대상에 해당하는 것은? (다툼이 있으면 판례에 따름)

① 운전면허 행정처분처리대장상 벌점의 배점
② 공무원에 대한 당연퇴직의 인사발령
③ 한국자산공사의 공매통지
④ 도지사가 도 내 특정시를 공공기관이 이전할 혁신도시 최종입지로 선정한 행위
⑤ 지목변경신청 반려행위

답 06 ⑤

① [대법원 1994. 8. 12. 선고 94누2190 판결] 운전면허 행정처분처리대장상 벌점의 배점은 도로교통법규 위반 행위를 단속하는 기관이 도로교통법시행규칙 별표 16의 정하는 바에 의하여 도로교통법규 위반의 경중, 피해의 정도 등에 따라 배점하는 점수를 말하는 것으로 자동차운전면허의 취소, 정지처분의 기초자료로 제공하기 위한 것이고 그 배점 자체만으로는 아직 국민에 대하여 구체적으로 어떤 권리를 제한하거나 의무를 명하는 등 법률적 규제를 하는 효과를 발생하는 요건을 갖춘 것이 아니어서 그 무효확인 또는 취소를 구하는 소송의 대상이 되는 행정처분이라고 할 수 없다.

② [대법원 1995. 11. 14. 선고 95누2036 판결] 국가공무원법 제69조에 의하면 공무원이 제33조 각 호의 1에 해당할 때에는 당연히 퇴직한다고 규정하고 있으므로, 국가공무원법상 당연퇴직은 결격사유가 있을 때 법률상 당연히 퇴직하는 것이지 공무원관계를 소멸시키기 위한 별도의 행정처분을 요하는 것이 아니며, 당연퇴직의 인사발령은 법률상 당연히 발생하는 퇴직사유를 공적으로 확인하여 알려주는 이른바 관념의 통지에 불과하고 공무원의 신분을 상실시키는 새로운 형성적 행위가 아니므로 행정소송의 대상이 되는 독립한 행정처분이라고 할 수 없다.

③ [대법원 2011. 3. 24. 선고 2010두25527 판결] 국세징수법이 압류재산을 공매할 때에 공고와 별도로 체납자 등에게 공매통지를 하도록 한 이유는, 체납자 등으로 하여금 공매절차가 유효한 조세부과처분 및 압류처분에 근거하여 적법하게 이루어지는지 여부를 확인하고 이를 다툴 수 있는 기회를 주는 한편, 국세징수법이 정한 바에 따라 체납세액을 납부하고 공매절차를 중지 또는 취소시켜 소유권 또는 기타의 권리를 보존할 수 있는 기회를 갖도록 함으로써 체납자 등이 감수하여야 하는 강제적인 재산권 상실에 대응한 절차적인 적법성을 확보하기 위한 것으로 보아야 하고, 따라서 체납자 등에 대한 공매통지는 국가의 강제력에 의하여 진행되는 공매에서 체납자 등의 권리 내지 재산상의 이익을 보호하기 위하여 법률로 규정한 절차적 요건이라고 보아야 하며, 공매처분을 하면서 체납자 등에게 공매통지를 하지 않았거나 공매통지를 하였더라도 그것이 적법하지 아니한 경우에는 절차상의 흠이 있어 그 공매처분이 위법하게 되는 것이지만, 공매통지 자체가 그 상대방인 체납자 등의 법적 지위나 권리·의무에 직접적인 영향을 주는 행정처분에 해당한다고 할 것은 아니므로 다른 특별한 사정이 없는 한 체납자 등은 공매통지의 결여나 위법을 들어 공매처분의 취소 등을 구할 수 있는 것이지 공매통지 자체를 항고소송의 대상으로 삼아 그 취소 등을 구할 수는 없다.

④ [대법원 2007. 11. 15. 선고 2007두10198 판결] 법과 법시행령 및 이 사건 지침에는 공공기관의 지방이전을 위한 정부 등의 조치와 공공기관이 이전할 혁신도시 입지선정을 위한 사항 등을 규정하고 있을 뿐 혁신도시입지 후보지에 관련된 지역 주민 등의 권리의무에 직접 영향을 미치는 규정을 두고 있지 않으므로, 피고가 원주시를 혁신도시 최종입지로 선정한 행위는 항고소송의 대상이 되는 행정처분으로 볼 수 없다

⑤ [대법원 2004. 4. 22. 선고 2003두9015 전원합의체 판결] 구 지적법 제20조, 제38조 제2항의 규정은 토지소유자에게 지목변경신청권과 지목정정신청권을 부여한 것이고, 한편 지목은 토지에 대한 공법상의 규제, 개발부담금의 부과대상, 지방세의 과세대상, 공시지가의 산정, 손실보상가액의 산정 등 토지행정의 기초로서 공법상의 법률관계에 영향을 미치고, 토지소유자는 지목을 토대로 토지의 사용·수익·처분에 일정한 제한을 받게 되는 점 등을 고려하면, 지목은 토지소유권을 제대로 행사하기 위한 전제요건으로서 토지소유자의 실체적 권리관계에 밀접하게 관련되어 있으므로 지적공부 소관청의 지목변경신청 반려행위는 국민의 권리관계에 영향을 미치는 것으로서 항고소송의 대상이 되는 행정처분에 해당한다.

07 | 2017 |

항고소송의 대상이 되는 것을 모두 고른 것은? (다툼이 있으면 판례에 따름)

> ㄱ. 세무조사결정
> ㄴ. 토지대장을 직권으로 말소한 행위
> ㄷ. 공정거래위원회의 고발조치
> ㄹ. 「청소년 보호법」에 따른 청소년유해매체물 결정·고시

① ㄱ, ㄴ   ② ㄱ, ㄷ   ③ ㄷ, ㄹ
④ ㄱ, ㄴ, ㄹ   ⑤ ㄴ, ㄷ, ㄹ

ㄱ. [대법원 2011. 3. 10. 선고 2009두23617 판결] 부과처분을 위한 과세관청의 질문조사권이 행해지는 세무조사결정이 있는 경우 납세의무자는 세무공무원의 과세자료 수집을 위한 질문에 대답하고 검사를 수인하여야 할 법적 의무를 부담하게 되는 점, 세무조사는 기본적으로 적정하고 공평한 과세의 실현을 위하여 필요한 최소한의 범위 안에서 행하여져야 하고, 더욱이 동일한 세목 및 과세기간에 대한 재조사는 납세자의 영업의 자유 등 권익을 심각하게 침해할 뿐만 아니라 과세관청에 의한 자의적인 세무조사의 위험마저 있으므로 조세공평의 원칙에 현저히 반하는 예외적인 경우를 제외하고는 금지될 필요가 있는 점, 납세의무자로 하여금 개개의 과태료 처분에 대하여 불복하거나 조사 종료 후의 과세처분에 대하여만 다툴 수 있도록 하는 것보다는 그에 앞서 세무조사결정에 대하여 다툼으로써 분쟁을 조기에 근본적으로 해결할 수 있는 점 등을 종합하면, 세무조사결정은 납세의무자의 권리·의무에 직접 영향을 미치는 공권력의 행사에 따른 행정작용으로서 항고소송의 대상이 된다.

ㄴ. [대법원 2013. 10. 24. 선고 2011두13286 판결] 토지대장은 토지에 대한 공법상의 규제, 개발부담금의 부과대상, 지방세의 과세대상, 공시지가의 산정, 손실보상가액의 산정 등 토지행정의 기초자료로서 공법상의 법률관계에 영향을 미칠 뿐만 아니라, 토지에 관한 소유권보존등기 또는 소유권이전등기를 신청하려면 이를 등기소에 제출해야 하는 점 등을 종합해 보면, 토지대장은 토지의 소유권을 제대로 행사하기 위한 전제요건으로서 토지 소유자의 실체적 권리관계에 밀접하게 관련되어 있으므로, 이러한 토지대장을 직권으로 말소한 행위는 국민의 권리관계에 영향을 미치는 것으로서 항고소송의 대상이 되는 행정처분에 해당한다.

ㄷ. [대법원 1995. 5. 12. 선고 94누13794 판결] 이른바 고발은 수사의 단서에 불과할 뿐 그 자체 국민의 권리의무에 어떤 영향을 미치는 것이 아니고, 특히 독점규제및공정거래에관한법률 제71조는 공정거래위원회의 고발을 위 법률위반죄의 소추요건으로 규정하고 있어 공정거래위원회의 고발조치는 사직 당국에 대하여 형벌권 행사를 요구하는 행정기관 상호간의 행위에 불과하여 항고소송의 대상이 되는 행정처분이라 할 수 없으며, 더욱이 공정거래위원회의 고발 의결은 행정청 내부의 의사결정에 불과할 뿐 최종적인 처분은 아닌 것이므로 이 역시 항고소송의 대상이 되는 행정처분이 되지 못한다.

ㄹ. ☞ 일반처분으로서 처분성이 인정된다.
[대법원 2007. 6. 14. 선고 2005두4397 판결] 피고는 심의기관으로서 원고가 개설·운영하는 '(사이트주소 생략)'이라는 인터넷 사이트(이하 '이 사건 사이트'라 한다)를 청소년유해매체물로 결정하여(이하 '이 사건 결정'이라 한다) 원고에게 이를 통보하였고, 그 통보서에 이 사건 결정에 이의가 있을 경우 피고에게 결정취소를 요청하도록 하는 취지가 기재되어 있는 사실, 이에 원고는 피고에게 이 사건 결정의 취소를 구하는 재심의 신청을 하였으나 피고가 이를 기각하기도 한 사실, 피고의 요청에 기하여 청소년보호위원회가 이 사건 사이트를 청소년유해매체물로 고시한 사실 등을 알 수 있다. 이와 같이, 이 사건 결정은 피고 명의로 외부에 표시되고

답 07 ④

이의가 있는 때에는 피고에게 결정취소를 구하도록 통보하고 있어 객관적으로 이를 행정처분으로 인식할 정도의 외형을 갖추고 있는 점, 피고의 결정에 이은 고시 요청에 기하여 청소년보호위원회는 실질적 심사 없이 청소년유해매체물로 고시하여야 하고 이에 따라 당해 매체물에 관하여 구 청소년보호법상의 각종 의무가 발생하는 점, 피고는 이 사건 결정을 취소함으로써 구 청소년보호법상의 각종 의무를 소멸시킬 수 있는 권한도 보유하고 있는 점 등 관련 법령의 내용 및 취지와 사실관계에 비추어 볼 때, 피고의 이 사건 결정은 항고소송의 대상이 되는 행정처분에 해당한다고 봄이 상당하다.

08 | 2017 |

항고소송의 대상에 해당하지 않는 것은? (다툼이 있으면 판례에 따름)

① 개별공시지가결정
② 공정거래위원회의 '표준약관 사용권장행위'
③ 「질서위반행위규제법」에 따른 행정청의 과태료 부과처분
④ 과세처분 이후 감액경정처분이 있는 경우, 처음의 과세처분 중 감액경정처분에 의하여 취소되지 않고 남은 부분
⑤ 과세처분 이후 증액경정처분이 있는 경우, 증액경정처분

---

① [대법원 1993. 1. 15. 선고 92누12407 판결] 토지초과이득세법, 택지소유상한에관한법률, 개발이익환수에관한법률 및 각 그 시행령이 각 그 소정의 토지초과이득세, 택지초과소유부담금 또는 개발부담금을 산정함에 있어서 기초가 되는 각 토지의 가액을 시장, 군수, 구청장이 지가공시및토지등의평가에관한법률 및 같은법시행령에 의하여 정하는 개별공시지가를 기준으로 하여 산정한 금액에 의하도록 규정하고 있고, 시장,군수, 구청장은 같은 법 제10조 제1항 제6호, 같은법시행령 제12조 제1, 2호의 규정에 의하여 각개 토지의 지가를 산정할 의무가 있다고 할 것이므로 시장, 군수, 구청장이 산정하여 한 개별토지가액의 결정은 토지초과이득세, 택지초과소유부담금 또는 개발부담금 산정 등의 기준이 되어 국민의 권리, 의무 내지 법률상 이익에 직접적으로 관계된다고 할 것이고, 따라서 이는 행정소송법 제2조 제1항 제1호 소정의 행정청이 행하는 구체적 사실에 관한 법집행으로서의 공권력행사이어서 행정소송의 대상이 되는 행정처분으로 보아야 할 것이다.
② [대법원 2010. 10. 14. 선고 2008두23184 판결] 공정거래위원회의 '표준약관 사용권장행위'는 그 통지를 받은 해당 사업자 등에게 표준약관과 다른 약관을 사용할 경우 표준약관과 다르게 정한 주요내용을 고객이 알기 쉽게 표시하여야 할 의무를 부과하고, 그 불이행에 대해서는 과태료에 처하도록 되어 있으므로, 이는 사업자 등의 권리·의무에 직접 영향을 미치는 행정처분으로서 항고소송의 대상이 된다.
③ [대법원 2012. 10. 11. 선고 2011두19369 판결] 수도조례 및 하수도사용조례에 기한 과태료의 부과 여부 및 그 당부는 최종적으로 질서위반행위규제법에 의한 절차에 의하여 판단되어야 한다고 할 것이므로, 그 과태료 부과처분은 행정청을 피고로 하는 행정소송의 대상이 되는 행정처분이라고 볼 수 없다.
④ ☞ 이른바 「변경된 원처분」이 취소소송의 대상이 된다.
[대법원 1996. 11. 15. 선고 95누8904 판결] 감액경정처분은 당초의 신고 또는 부과처분과 별개인 독립의 과세처분이 아니라 그 실질은 당초의 신고 또는 부과처분의 변경이고 그에 의하여 세액의 일부취소라는 납세자에게 유리한 효과를 가져오는 처분이므로, 그 경정결정으로도 아직 취소되지 않고 남아 있는 부분이 위법하다 하여 다투는 경우 항고소송의 대상은 당초 신고나 부과처분 중 경정결정에 의하여 취소되지 않고 남은 부분이며, 감액경정결정이 항고소송의 대상이 되는 것은 아니다.

답 08 ③

⑤ [대법원 2011.4.14. 선고, 2008두22280, 판결] 구 국세기본법 제22조의2 제1항은 "세법의 규정에 의하여 당초 확정된 세액을 증가시키는 경정은 당초 확정된 세액에 관한 이 법 또는 세법에서 규정하는 권리·의무관계에 영향을 미치지 아니한다."고 규정하고 있다. 위 규정의 문언 내용 및 그 주된 입법 취지가 증액경정처분이 있더라도 불복기간의 경과 등으로 확정된 당초 신고나 결정에서의 세액에 대한 불복은 제한하려는 데 있는 점을 종합하면, 증액경정처분이 있는 경우 당초 신고나 결정은 증액경정처분에 흡수됨으로써 독립한 존재가치를 잃게 되어 원칙적으로는 당초 신고나 결정에 대한 불복기간의 경과 여부 등에 관계없이 증액경정처분만이 항고소송의 심판대상이 되고, 납세자는 그 항고소송에서 당초 신고나 결정에 대한 위법사유도 함께 주장할 수 있으나(대법원 2009.5.14. 선고 2006두17390 판결 참조), 확정된 당초 신고나 결정에서의 세액에 관하여는 취소를 구할 수 없고 증액경정처분에 의하여 증액된 세액을 한도로 취소를 구할 수 있다 할 것이다.

09 | 2017 |

甲은 과세관청으로부터 과세처분을 받고 일단 그 세액의 일부를 자진 납부하였으나, 그 과세처분은 그 전부가 무효의 것임이 판명되었다. 이에 甲은 과세관청에 대하여 환급신청을 하였으나 과세관청은 환급거부결정을 하였다. 甲이 환급거부결정을 대상으로 하여 취소소송을 제기한 경우, 법원이 하여야 하는 판결은? (다툼이 있으면 판례에 따름)

① 각하판결
② 취소판결
③ 일부취소판결
④ 일부무효확인판결
⑤ 의무이행판결

① ☞ 이 경우 환급거부결정은 처분성이 인정되지 않아 법원은 각하판결을 하여야 한다. 국세환급을 받으려면 취소소송이 아니라 민사상 부당이득반환청구소송을 제기해야 한다.
[대법원 1989.6.15. 88누6436] 국세기본법 제51조 및 제52조 국세환급금 및 국세가산금결정에 관한 규정은 이미 납세의무자의 환급청구권이 확정된 국세환급금 및 가산금에 대하여 내부적 사무처리절차로서 과세관청의 환급절차를 규정한 것에 지나지 않고 그 규정에 의한 국세환급금(가산금 포함)결정에 의하여 비로소 환급청구권이 확정되는 것은 아니므로, 국세환급금결정이나 이 결정을 구하는 신청에 대한 환급거부결정 등은 납세의무자가 갖는 환급청구권의 존부나 범위에 구체적이고 직접적인 영향을 미치는 처분이 아니어서 항고소송의 대상이 되는 처분이라고 볼 수 없다.

10 | 2017 |

행정소송법상 인정되고 있는 행정소송에 해당하는 것은? (다툼이 있으면 판례에 따름)

① 검사에 대한 압수물 환부이행청구소송
② 행정청의 작위의무 위반의 부작위에 대하여 당해 작위처분을 하도록 청구하는 이행소송
③ 신축 건축물에 대해 준공처분을 하지 말 것을 청구하는 소송
④ 국민건강보험공단에 대해 요양급여비용 결정을 하지 말 것을 청구하는 소송
⑤ 집행행위 없이도 그 자체로서 직접 국민의 구체적인 권리를 제한하는 조례의 무효확인을 청구하는 소송

----

① [대법원 1995. 3. 10. 선고 94누14018 판결] 가. 형사본안사건에서 무죄가 선고되어 확정되었다면 형사소송법 제332조 규정에 따라 검사가 압수물을 제출자나 소유자 기타 권리자에게 환부하여야 할 의무가 당연히 발생한 것이고, 권리자의 환부신청에 대한 검사의 환부결정 등 어떤 처분에 의하여 비로소 환부의무가 발생하는 것은 아니므로 압수가 해제된 것으로 간주된 압수물에 대하여 피압수자나 기타 권리자가 민사소송으로 그 반환을 구함은 별론으로 하고 검사가 피압수자의 압수물 환부신청에 대하여 아무런 결정이나 통지도 하지 아니하고 있다고 하더라도 그와 같은 부작위는 현행 행정소송법상의 부작위위법확인소송의 대상이 되지 아니한다. 나. 검사에게 압수물 환부를 이행하라는 청구는 행정청의 부작위에 대하여 일정한 처분을 하도록 하는 의무이행소송으로 현행 행정소송법상 허용되지 아니한다.

② [대법원 1992. 11. 10. 선고 92누1629 판결] 행정심판법 제4조 제3호가 의무이행심판청구를 인정하고 있고 항고소송의 제1심 관할법원이 행정청의 소재지를 관할하는 고등법원으로 되어 있다고 하더라도, 행정소송법상 행정청의 부작위에 대하여는 부작위위법확인소송만 인정되고 작위의무의 이행이나 확인을 구하는 행정소송은 허용될 수 없다.

③ [대법원 1987. 3. 24. 선고 86누182 판결] 건축건물의 준공처분을 하여서는 아니된다는 내용의 부작위를 구하는 청구는 행정소송에서 허용되지 아니하는 것이므로 부적법하다.

④ [대법원 2006. 5. 25. 선고 2003두11988 판결] 행정소송법상 행정청이 일정한 처분을 하지 못하도록 그 부작위를 구하는 청구는 허용되지 않는 부적법한 소송이라 할 것이므로, 피고 국민건강보험공단은 이 사건 고시를 적용하여 요양급여비용을 결정하여서는 아니 된다는 내용의 원고들의 위 피고에 대한 이 사건 청구는 부적법하다 할 것이다.

⑤ [대법원 1996. 9. 20. 선고 95누8003 판결] 조례가 집행행위의 개입 없이도 그 자체로서 직접 국민의 구체적인 권리의무나 법적 이익에 영향을 미치는 등의 법률상 효과를 발생하는 경우 그 조례는 항고소송의 대상이 되는 행정처분에 해당하고, 이러한 조례에 대한 무효확인소송을 제기함에 있어서 행정소송법 제38조 제1항, 제13조에 의하여 피고적격이 있는 처분 등을 행한 행정청은, 행정주체인 지방자치단체 또는 지방자치단체의 내부적 의결기관으로서 지방자치단체의 의사를 외부에 표시한 권한이 없는 지방의회가 아니라, 구 지방자치법 제19조 제2항, 제92조에 의하여 지방자치단체의 집행기관으로서 조례로서의 효력을 발생시키는 공포권이 있는 지방자치단체의 장이다.

답 10 ⑤

11 | 2018 |

판례상 처분에 해당하는 것은?

① 「국가공무원법」상 결격사유가 있는 자에 대한 당연퇴직인사발령
② 무허가건물관리대장 등재 삭제행위
③ 공정거래위원회의 '표준약관 사용권장행위'
④ 재개발조합의 조합원 분양계약에 대한 안내서 발송행위
⑤ 「질서위반행위규제법」에 따른 과태료 부과처분

① ☞ 「관념의 통지」로서 처분성이 부인된다.
[대법원 1995. 11. 14. 선고, 95누2036, 판결] 국가공무원법 제69조에 의하면 공무원이 제33조 각 호의 1에 해당할 때에는 당연히 퇴직한다고 규정하고 있으므로, 국가공무원법상 당연퇴직은 결격사유가 있을 때 법률상 당연히 퇴직하는 것이지 공무원관계를 소멸시키기 위한 별도의 행정처분을 요하는 것이 아니며, 당연퇴직의 인사발령은 법률상 당연히 발생하는 퇴직사유를 공적으로 확인하여 알려주는 이른바 관념의 통지에 불과하고 공무원의 신분을 상실시키는 새로운 형성적 행위가 아니므로 행정소송의 대상이 되는 독립한 행정처분이라고 할 수 없다.

② [대법원 2009. 3. 12., 선고, 2008두11525, 판결] 무허가건물관리대장은, 행정관청이 지방자치단체의 조례 등에 근거하여 무허가건물 정비에 관한 행정상 사무처리의 편의와 사실증명의 자료로 삼기 위하여 작성, 비치하는 대장으로서 무허가건물을 무허가건물관리대장에 등재하거나 등재된 내용을 변경 또는 삭제하는 행위로 인하여 당해 무허가 건물에 대한 실체상의 권리관계에 변동을 가져오는 것이 아니고, 무허가건물의 건축시기, 용도, 면적 등이 무허가건물관리대장의 기재에 의해서만 증명되는 것도 아니므로, 관할관청이 무허가건물의 무허가건물관리대장 등재 요건에 관한 오류를 바로잡으면서 당해 무허가건물을 무허가건물관리대장에서 삭제하는 행위는 다른 특별한 사정이 없는 한 항고소송의 대상이 되는 행정처분이 아니다.

③ [대법원 2010. 10. 14., 선고, 2008두23184, 판결] 공정거래위원회의 '표준약관 사용권장행위'는 그 통지를 받은 해당 사업자 등에게 표준약관과 다른 약관을 사용할 경우 표준약관과 다르게 정한 주요내용을 고객이 알기 쉽게 표시하여야 할 의무를 부과하고, 그 불이행에 대해서는 과태료에 처하도록 되어 있으므로, 이는 사업자 등의 권리·의무에 직접 영향을 미치는 행정처분으로서 항고소송의 대상이 된다.

④ [대법원 2002. 12. 27., 선고, 2001두2799, 판결] 이 사건 통보는 원고 등 조합원들에 대하여 위 기한까지 분양계약에 응해 줄 것을 안내하는 것일 뿐이어서, 조합원들에게 분양계약의 체결 또는 분양금의 납부를 명하거나 기타 법률상 효과를 발생하게 하는 등 조합원들의 구체적인 권리의무에 직접 변동을 초래하는 행정처분에 해당한다고 할 수 없고, 또한 이 사건 통보로 인하여 원고들의 권리 또는 법률상 지위에 현존하는 불안·위험이 있다고 할 수 없으므로 그 부존재확인을 구할 법률상 이익도 없다.

⑤ [대법원 1995. 7. 28., 선고, 95누2623, 판결] 구 건축법 제56조의2 제1, 4, 5항 등에 의하면, 부과된 과태료처분에 대하여 불복이 있는 자는 그 처분이 있음을 안 날로부터 30일(현재는 60일 : 편집자 주) 이내에 당해 부과권자에게 이의를 제기할수 있고, 이러한 이의가 제기된 때에는 부과권자는 지체 없이 관할법원에 그 사실을 통보하여야 하며, 그 통보를 받은 관할법원은 비송사건절차법에 의하여 과태료의 재판을 하도록 규정되어 있어서, 건축법에 의하여 부과된 과태료처분의 당부는 최종적으로 비송사건절차법에 의한 절차에 의하여만 판단되어야 한다고 보아야 하므로, 그 과태료처분은 행정소송의 대상이 되는 행정처분이라고 볼 수 없다.

답 11 ③

12 | 2018 |

과세관청이 甲에게 2018.2.1. 500만원의 당초 과세처분을 하였다가 2018.3.15. 700만원으로 증액하는 경정처분을 하고, 다시 2018.4.20. 600만원으로 감액하는 재경정처분을 하였다. 이 경우 甲이 제기하는 항고소송의 대상은? (다툼이 있으면 판례에 따름)

① 2018.2.1. 600만원의 처분
② 2018.3.15. 600만원의 처분
③ 2018.3.15. 700만원의 처분
④ 2018.4.20. 600만원의 처분
⑤ 2018.4.20. 700만원의 처분

☞ (ⅰ) 증액경정처분이 있게 되면 당초처분은 증액경정처분에 흡수되어 증액경정처분만이 소송의 대상이 된다.
(ⅱ) 한편 감액경정처분은 당초처분의 일부취소에 불과하므로 소송의 대상은 경정처분으로 인하여 감액되고 남은 당초처분이 된다. 당해 사안은 증액경정처분과 감액경정처분이 모두 이루어진 경우이므로 증액경정처분이 취소소송의 대상이 되고, 그 금액은 감액경정 이후에 남아있는 600만원이 된다.

(ⅰ) 감액경정처분의 경우
[대법원 1991. 9. 13. 선고, 91누391. 판결] 과세관청이 조세부과처분을 한 뒤에 그 불복절차과정에서 국세청장이나 국세심판소장으로부터 그 일부를 취소하도록 하는 결정을 받고 이에 따라 당초 부과처분의 일부를 취소, 감액하는 내용의 경정결정을 한 경우 위 경정처분은 당초 부과처분과 별개 독립의 과세처분이 아니라 그 실질은 당초 부과처분의 변경이고, 그에 의하여 세액의 일부 취소라는 납세자에게 유리한 효과를 가져오는 처분이라 할 것이므로 그 경정결정으로도 아직 취소되지 않고 남아 있는 부분이 위법하다고 하여 다투는 경우에는 항고소송의 대상이 되는 것은 당초의 부과처분 중 경정결정에 의하여 취소되지 않고 남은 부분이 된다 할 것이고, 경정결정이 항고소송의 대상이 되는 것은 아니라 할 것이므로, 이 경우 제소기간을 준수하였는지 여부도 당초처분을 기준으로 하여 판단하여야 할 것이다.

(ⅱ) 증액경정처분의 경우
[대법원 2009. 5. 14. 선고, 2006두17390. 판결] 국세기본법 제22조의2의 시행 이후에도 증액경정처분이 있는 경우, 당초 신고나 결정은 증액경정처분에 흡수됨으로써 독립한 존재가치를 잃게 된다고 보아야 하므로, 원칙적으로는 당초 신고나 결정에 대한 불복기간의 경과 여부 등에 관계없이 증액경정처분만이 항고소송의 심판대상이 되고, 납세의무자는 그 항고소송에서 당초 신고나 결정에 대한 위법사유도 함께 주장할 수 있다고 해석함이 타당하다.

답 12 ②

13 | 2018 |

다음 사례에서 甲이 제기할 수 있는 소송으로 적법한 것은? (다툼이 있으면 판례에 따름)

> A의 일정구역의 주민들은 주택재개발을 위하여 추진위원회를 구성하여 조합설립 준비를 하였다. 추진위원회는 해당 주민 등의 동의를 얻어 설립결의를 거쳐 설립인가를 신청하였고, A시의 시장 乙은 조합설립을 인가하였다. 주민 甲 등 일부 주민은 동의를 얻는 과정에서 하자가 있음을 주장하고 있다.

① 추진위원회를 피고로 설립결의의 무효를 확인하는 당사자소송
② 조합을 피고로 설립결의의 무효를 확인하는 당사자소송
③ 조합을 피고로 설립결의의 취소 또는 무효확인을 구하는 항고소송
④ 乙을 피고로 조합설립인가의 취소 또는 무효확인을 구하는 항고소송
⑤ A시를 피고로 설립결의의 무효를 확인하는 당사자소송

④ ☞ 조합설립인가는 강학상 "인가"가 아니라 "특허"에 해당한다. 처분청인 시장 乙을 피고로 조합설립인가처분에 대한 취소소송 또는 무효확인소송을 제기하여야 한다.
[대법원 2010. 1. 28, 선고, 2009두4845, 판결] 재개발조합설립인가신청에 대한 행정청의 조합설립인가처분은 단순히 사인(私人)들의 조합설립행위에 대한 보충행위로서의 성질을 가지는 것이 아니라 법령상 일정한 요건을 갖추는 경우 행정주체(공법인)의 지위를 부여하는 일종의 설권적 처분의 성질을 가진다고 보아야 한다. 그러므로 구 도시 및 주거환경정비법상 재개발조합설립인가신청에 대하여 행정청의 조합설립인가처분이 있은 이후에는, 조합설립동의에 하자가 있음을 이유로 재개발조합 설립의 효력을 부정하려면 항고소송으로 조합설립인가처분의 효력을 다투어야 한다.

14 | 2018 |

판례상 항고소송의 대상에 해당하지 않는 것은?

① 한국자산공사의 공매통지
② 과세관청의 소득처분에 따른 소득금액변동통지
③ 세무조사결정
④ 표준지공시지가결정
⑤ 교도소재소자의 이송조치

① [대법원 2011. 3. 24., 선고, 2010두25527, 판결] 국세징수법이 압류재산을 공매할 때에 공고와 별도로 체납자 등에게 공매통지를 하도록 한 이유는, 체납자 등으로 하여금 공매절차가 유효한 조세부과처분 및 압류처분에 근거하여 적법하게 이루어지는지 여부를 확인하고 이를 다툴 수 있는 기회를 주는 한편, 국세징수법이 정

한 바에 따라 체납세액을 납부하고 공매절차를 중지 또는 취소시켜 소유권 또는 기타의 권리를 보존할 수 있는 기회를 갖도록 함으로써 체납자 등이 감수하여야 하는 강제적인 재산권 상실에 대응한 절차적인 적법성을 확보하기 위한 것으로 보아야 하고, 따라서 체납자 등에 대한 공매통지는 국가의 강제력에 의하여 진행되는 공매에서 체납자 등의 권리 내지 재산상의 이익을 보호하기 위하여 법률로 규정한 절차적 요건이라고 보아야 하며, 공매처분을 하면서 체납자 등에게 공매통지를 하지 않았거나 공매통지를 하였더라도 그것이 적법하지 아니한 경우에는 절차상의 흠이 있어 그 공매처분이 위법하게 되는 것이지만, 공매통지 자체가 그 상대방인 체납자 등의 법적 지위나 권리·의무에 직접적인 영향을 주는 행정처분에 해당한다고 할 것은 아니므로 다른 특별한 사정이 없는 한 체납자 등은 공매통지의 결여나 위법을 들어 공매처분의 취소 등을 구할 수 있는 것이지 공매통지 자체를 항고소송의 대상으로 삼아 그 취소 등을 구할 수는 없다.

② [대법원 2006. 4. 20., 선고, 2002두1878, 전원합의체 판결] 과세관청의 소득처분과 그에 따른 소득금액변동통지가 있는 경우 원천징수의무자인 법인은 소득금액변동통지서를 받은 날에 그 통지서에 기재된 소득의 귀속자에게 당해 소득금액을 지급한 것으로 의제되어 그 때 원천징수하는 소득세의 납세의무가 성립함과 동시에 확정되고, 원천징수의무자인 법인으로서는 소득금액변동통지서에 기재된 소득처분의 내용에 따라 원천징수세액을 그 다음달 10일까지 관할 세무서장 등에게 납부하여야 할 의무를 부담하며, 만일 이를 이행하지 아니하는 경우에는 가산세의 제재를 받게 됨은 물론이고 형사처벌까지 받도록 규정되어 있는 점에 비추어 보면, 소득금액변동통지는 원천징수의무자인 법인의 납세의무에 직접 영향을 미치는 과세관청의 행위로서, 항고소송의 대상이 되는 조세행정처분이라고 봄이 상당하다.

③ [대법원 2011. 3. 10., 선고, 2009두23617,23624, 판결] 부과처분을 위한 과세관청의 질문조사권이 행해지는 세무조사결정이 있는 경우 납세의무자는 세무공무원의 과세자료 수집을 위한 질문에 대답하고 검사를 수인하여야 할 법적 의무를 부담하게 되는 점, 세무조사는 기본적으로 적정하고 공평한 과세의 실현을 위하여 필요한 최소한의 범위 안에서 행하여져야 하고, 더욱이 동일한 세목 및 과세기간에 대한 재조사는 납세자의 영업의 자유 등 권익을 심각하게 침해할 뿐만 아니라 과세관청에 의한 자의적인 세무조사의 위험마저 있으므로 조세공평의 원칙에 현저히 반하는 예외적인 경우를 제외하고는 금지될 필요가 있는 점, 납세의무자로 하여금 개개의 과태료 처분에 대하여 불복하거나 조사 종료 후의 과세처분에 대하여만 다툴 수 있도록 하는 것보다는 그에 앞서 세무조사결정에 대하여 다툼으로써 분쟁을 조기에 근본적으로 해결할 수 있는 점 등을 종합하면, 세무조사결정은 납세의무자의 권리·의무에 직접 영향을 미치는 공권력의 행사에 따른 행정작용으로서 항고소송의 대상이 된다.

④ [대법원 2008. 8. 21., 선고, 2007두13845, 판결] 표준지공시지가결정은 이를 기초로 한 수용재결 등과는 별개의 독립된 처분으로서 서로 독립하여 별개의 법률효과를 목적으로 하지만, 표준지공시지가는 이를 인근 토지의 소유자나 기타 이해관계인에게 개별적으로 고지하도록 되어 있는 것이 아니어서 인근 토지의 소유자 등이 표준지공시지가결정 내용을 알고 있었다고 전제하기가 곤란할 뿐만 아니라, 결정된 표준지공시지가가 공시될 당시 보상금 산정의 기준이 되는 표준지의 인근 토지를 함께 공시하는 것이 아니어서 인근 토지 소유자는 보상금 산정의 기준이 되는 표준지가 어느 토지인지를 알 수 없으므로, 인근 토지 소유자가 표준지의 공시지가가 확정되기 전에 이를 다투는 것은 불가능하다. 더욱이 장차 어떠한 수용재결 등 구체적인 불이익이 현실적으로 나타나게 되었을 경우에 비로소 권리구제의 길을 찾는 것이 우리 국민의 권리의식임을 감안하여 볼 때, 인근 토지소유자 등으로 하여금 결정된 표준지공시지가를 기초로 하여 장차 토지보상 등이 이루어질 것에 대비하여 항상 토지의 가격을 주시하고 표준지공시지가결정이 잘못된 경우 정해진 시정절차를 통하여 이를 시정하도록 요구하는 것은 부당하게 높은 주의의무를 지우는 것이고, 위법한 표준지공시지가결정에 대하여 그 정해진 시정절차를 통하여 시정하도록 요구하지 않았다는 이유로 위법한 표준지공시지가를 기초로 한 수용재결 등 후행 행정처분에서 표준지공시지가결정의 위법을 주장할 수 없도록 하는 것은 수인한도를 넘는 불이익을 강요하는 것으로서 국민의 재산권과 재판받을 권리를 보장한 헌법의 이념에도 부합하는 것이 아니다. 따라서 표준지공시지가결정이 위법한 경우에는 그 자체를 행정소송의 대상이 되는 행정처분으로 보아 그 위법

여부를 다툴 수 있음은 물론, 수용보상금의 증액을 구하는 소송에서도 선행처분으로서 그 수용대상 토지 가격 산정의 기초가 된 비교표준지공시지가결정의 위법을 독립된 사유로 주장할 수 있다.
⑤ ☞ 교도소재소자의 이송조치는 강학상 "권력적 사실행위"로서 처분성이 인정된다.
[대법원 1992. 8. 7., 자, 92두30, 결정] 미결수용중 다른 교도소로 이송된 피고인이 그 이송처분의 취소를 구하는 행정소송을 제기하고 아울러 그 효력정지를 구하는 신청을 제기한 데 대하여 법원에서 위 이송처분의 효력정지신청을 인용하는 결정을 하였고 이에 따라 신청인이 다시 이송되어 현재 위 이송처분이 있기 전과 같은 교도소에 수용중이라 하여도 이는 법원의 효력정지 결정에 의한 것이어서 그로 인하여 효력정지신청이 그 신청의 이익이 없는 부적법한 것으로 되는 것은 아니다.

15 | 2019 |

행정소송의 한계에 관한 설명으로 옳은 것은? (다툼이 있으면 판례에 따름)

① 특별권력관계 내부의 행위는 행정소송의 대상이 될 수 없다.
② 지방의회의원에 대한 징계의결은 사법심사의 대상이 아니다.
③ 처분적 법규명령은 그 자체가 항고소송의 대상이 된다.
④ 군의관의 신체등위판정은 이에 근거하여 병역의무의 종류가 정해지므로 항고소송의 대상이 된다.
⑤ 국가보훈처장에게 독립운동가들에 대한 서훈추천을 다시 할 의무가 있음의 확인을 구하는 것은 항고소송의 대상이 된다.

••••••••••••••••••••••

① [대법원 1995. 6. 9., 선고, 94누10870, 판결] 농지개량조합과 그 직원과의 관계는 사법상의 근로계약관계가 아닌 공법상의 특별권력관계이고, 그 조합의 직원에 대한 징계처분의 취소를 구하는 소송은 행정소송사항에 속한다.
② [대법원 1993. 11. 26., 선고, 93누7341, 판결] 지방자치법 제78조 내지 제81조의 규정에 의거한 지방의회의 의원징계의결은 그로 인해 의원의 권리에 직접 법률효과를 미치는 행정처분의 일종으로서 행정소송의 대상이 되고, 그와 같은 의원징계의결의 당부를 다투는 소송의 관할법원에 관하여는 동법에 특별한 규정이 없으므로 일반법인 행정소송법의 규정에 따라 지방의회의 소재지를 관할하는 고등법원이 그 소송의 제1심 관할법원이 된다.
③ ☞ 일반적이고 추상적 규율인 행정입법은 원칙적으로 처분이 아니다. 다만 법령 등 행정입법도 집행행위의 개입 없이 행정주체와 사인 간의 관계를 규율하는 개별적·구체적 행위를 규율할 때에는 처분이 된다(이른바 처분적 법규).
[대법원 1996. 9. 20., 선고, 95누8003, 판결] 조례가 집행행위의 개입 없이도 그 자체로서 직접 국민의 구체적인 권리의무나 법적 이익에 영향을 미치는 등의 법률상 효과를 발생하는 경우 그 조례는 항고소송의 대상이 되는 행정처분에 해당하고, 이러한 조례에 대한 무효확인소송을 제기함에 있어서 행정소송법 제38조 제1항, 제13조에 의하여 피고적격이 있는 처분 등을 행한 행정청은, 행정주체인 지방자치단체 또는 지방자치단체의 내부적 의결기관으로서 지방자치단체의 의사를 외부에 표시한 권한이 없는 지방의회가 아니라, 구 지방자치법(1994. 3. 16. 법률 제4741호로 개정되기 전의 것) 제19조 제2항, 제92조에 의하여 지방자치단체의 집행기관으로서 조례로서의 효력을 발생시키는 공포권이 있는 지방자치단체의 장이다.

④ [대법원 1993. 8. 27., 선고, 93누3356, 판결] 병역법상 신체등위판정은 행정청이라고 볼 수 없는 군의관이 하도록 되어 있으며, 그 자체만으로 바로 병역법상의 권리의무가 정하여지는 것이 아니라 그에 따라 지방병무청장이 병역처분을 함으로써 비로소 병역의무의 종류가 정하여지는 것이므로 항고소송의 대상이 되는 행정처분이라 보기 어렵다.

⑤ ☞ 「작위의무확인소송」은 무명항고소송으로 판례는 인정하지 않는다.
[대법원 1990. 11. 23., 선고, 90누3553, 판결] 피고 국가보훈처장 등에게, 독립운동가들에 대한 서훈추천권의 행사가 적정하지 아니하였으니 이를 바로잡아 다시 추천하고, 잘못 기술된 독립운동가의 활동상을 고쳐 독립운동사 등의 책자를 다시 편찬, 보급하고, 독립기념관 전시관의 해설문, 전시물 중 잘못된 부분을 고쳐 다시 전시 및 배치할 의무가 있음의 확인을 구하는 청구는 작위의무확인소송으로서 항고소송의 대상이 되지 아니한다.

16 |2019|

행정청에 대한 신청의 거부행위의 처분성에 관한 설명으로 옳지 않은 것은? (다툼이 있으면 판례에 따름)

① 신청한 행위가 공권력의 행사 또는 이에 준하는 행정작용이어야 한다.
② 거부행위가 신청인의 법률관계에 어떤 변동을 일으켜야 하는데, 권리행사에 중대한 지장을 초래하는 것도 포함된다.
③ 행정청에 대하여 행위발동을 요구할 법규상 또는 조리상 신청권이 요구된다.
④ 신청권은 일반 국민에게 그러한 신청권을 인정하고 있는가를 살펴 추상적으로 결정된다.
⑤ 신청권은 신청의 인용이라는 만족적 결과를 얻을 권리를 의미한다.

••••••••••••••••••••••
① [대법원 2007. 10. 11., 선고, 2007두1316, 판결] 국민의 적극적 행위 신청에 대하여 행정청이 그 신청에 따른 행위를 하지 않겠다고 거부한 행위가 항고소송의 대상이 되는 행정처분에 해당하는 것이라고 하려면, 그 신청한 행위가 공권력의 행사 또는 이에 준하는 행정작용이어야 하고, 그 거부행위가 신청인의 법률관계에 어떤 변동을 일으키는 것이어야 하며, 그 국민에게 그 행위발동을 요구할 법규상 또는 조리상의 신청권이 있어야 하는 바, 여기에서 '신청인의 법률관계에 어떤 변동을 일으키는 것'이라는 의미는 신청인의 실체상의 권리관계에 직접적인 변동을 일으키는 것은 물론, 그렇지 않다 하더라도 신청인이 실체상의 권리자로서 권리를 행사함에 중대한 지장을 초래하는 것도 포함한다.

② ☞ 지목변경신청에 대한 거부나 건축물용도변경신청에 대한 거부가 그 대표적인 예이다.
[대법원 2007. 10. 11., 선고, 2007두1316, 판결] 국민의 적극적 행위 신청에 대하여 행정청이 그 신청에 따른 행위를 하지 않겠다고 거부한 행위가 항고소송의 대상이 되는 행정처분에 해당하는 것이라고 하려면, 그 신청한 행위가 공권력의 행사 또는 이에 준하는 행정작용이어야 하고, 그 거부행위가 신청인의 법률관계에 어떤 변동을 일으키는 것이어야 하며, 그 국민에게 그 행위발동을 요구할 법규상 또는 조리상의 신청권이 있어야 하는바, 여기에서 '신청인의 법률관계에 어떤 변동을 일으키는 것'이라는 의미는 신청인의 실체상의 권리관계에 직접적인 변동을 일으키는 것은 물론, 그렇지 않다 하더라도 신청인이 실체상의 권리자로서 권리를 행사함에 중대한 지장을 초래하는 것도 포함한다.

③, ④, ⑤ [대법원 1996. 6. 11., 선고, 95누12460, 판결] 국민으로부터 어떤 신청을 받은 행정청이 그 신청에 따르는 내용의 행위를 하여 그에 대한 만족을 주지 아니하고 형식적 요건의 불비를 들어 그 신청을 각하하거나 또는 이유가 없다고 하여 신청된 내용의 행위를 하지 않을 뜻을 표시하는 이른바 거부처분도 행정처분의 일종

답 16 ⑤

으로서 항고소송의 대상이 되는 것이고, 이 경우 그 거부행위가 행정처분이 된다고 하기 위하여는 국민이 행정청에 대하여 그 신청에 따른 행정행위를 하여 줄 것을 요구할 수 있는 법규상 또는 조리상의 권리가 있어야 하는 것이며, 이러한 근거 없이 한 국민의 신청을 행정청이 받아들이지 아니한 경우에는 그 거부로 인하여 신청인의 권리나 법적 이익에 어떤 영향을 주는 바가 없어서 이를 항고소송의 대상이 되는 행정처분이라고 할 수 없는 것임은 원심이 판시한 바와 같다. 그러나 거부처분의 처분성을 인정하기 위한 전제요건이 되는 신청권의 존부는 구체적 사건에서 신청인이 누구인가를 고려하지 않고 관계 법규의 해석에 의하여 일반 국민에게 그러한 신청권을 인정하고 있는가를 살펴 추상적으로 결정되는 것이고, 신청인이 그 신청에 따른 단순한 응답을 받을 권리를 넘어서 신청의 인용이라는 만족적 결과를 얻을 권리를 의미하는 것은 아니라고 할 것이다. 따라서 국민이 어떤 신청을 한 경우에 그 신청의 근거가 된 조항의 해석상 행정발동에 대한 개인의 신청권을 인정하고 있다고 보여지면 그 거부행위는 항고소송의 대상이 되는 처분으로 보아야 할 것이고, 구체적으로 그 신청이 인용될 수 있는가 하는 점은 본안에서 판단하여야 할 사항인 것이다.

17 | 2019 |

판례상 공부(公簿)상의 기재변경과 관련하여 처분성이 인정되지 <u>않는</u> 것은?

① 지적공부 소관청의 지목변경신청 반려행위
② 소관청의 토지대장상 소유자명의 변경신청 거부행위
③ 행정청의 건축물대장상 건축주명의변경신고에 대한 수리거부행위
④ 1필지의 일부가 소유자가 다르게 되었음을 이유로 한 지적공부상 토지 분할신청에 대한 지적 소관청의 거부행위
⑤ 건축물대장 소관청의 건축물대장의 용도변경신청 거부행위

① [대법원 2004. 4. 22., 선고, 2003두9015, 전원합의체 판결] 구 지적법 제20조, 제38조 제2항의 규정은 토지소유자에게 지목변경신청권과 지목정정신청권을 부여한 것이고, 한편 지목은 토지에 대한 공법상의 규제, 개발부담금의 부과대상, 지방세의 과세대상, 공시지가의 산정, 손실보상가액의 산정 등 토지행정의 기초로서 공법상의 법률관계에 영향을 미치고, 토지소유자는 지목을 토대로 토지의 사용·수익·처분에 일정한 제한을 받게 되는 점 등을 고려하면, 지목은 토지소유권을 제대로 행사하기 위한 전제요건으로서 토지소유자의 실체적 권리관계에 밀접하게 관련되어 있으므로 지적공부 소관청의 지목변경신청 반려행위는 국민의 권리관계에 영향을 미치는 것으로서 항고소송의 대상이 되는 행정처분에 해당한다.

② ☞ 토지의 소유자가 누구인지는 등기부에 따라 판단할 사항이므로, 토지대장에 소유자명의가 잘못 기재되어 있더라도 소유관계에 영향을 미치지 않는다.
[대법원 2012. 1. 12., 선고, 2010두12354, 판결] 토지대장에 기재된 일정한 사항을 변경하는 행위는, 그것이 지목의 변경이나 정정 등과 같이 토지소유권 행사의 전제요건으로서 토지소유자의 실체적 권리관계에 영향을 미치는 사항에 관한 것이 아닌 한 행정사무집행의 편의와 사실증명의 자료로 삼기 위한 것일 뿐이어서, 그 소유자 명의가 변경된다고 하여도 이로 인하여 당해 토지에 대한 실체상의 권리관계에 변동을 가져올 수 없고 토지소유권이 지적공부의 기재만에 의하여 증명되는 것도 아니다. 따라서 소관청이 토지대장상의 소유자명의변경신청을 거부한 행위는 이를 항고소송의 대상이 되는 행정처분이라고 할 수 없다.

답 17 ②

③ ☞ 건축물대장에 건축주로 등재되어 있어야 자신의 명의로 소유권보존등기를 할 수 있으므로, 건축주명의변경 신고의 수리 및 그 거부는 처분성이 인정된다.
[대법원 1992. 3. 31., 선고, 91누4911, 판결] 건축주명의변경신고수리거부행위는 행정청이 허가대상건축물 양수인의 건축주명의변경신고라는 구체적인 사실에 관한 법집행으로서 그 신고를 수리하여야 할 법령상의 의무를 지고 있음에도 불구하고 그 신고의 수리를 거부함으로써, 양수인이 건축공사를 계속하기 위하여 또는 건축공사를 완료한 후 자신의 명의로 소유권보존등기를 하기 위하여 가지는 구체적인 법적 이익을 침해하는 결과가 되었다고 할 것이므로, 비록 건축허가가 대물적 허가로서 그 허가의 효과가 허가대상건축물에 대한 권리변동에 수반하여 이전된다고 하더라도, 양수인의 권리의무에 직접 영향을 미치는 것으로서 취소소송의 대상이 되는 처분이라고 하지 않을 수 없다.

④ [대판 1992.12.8, 92누7542] 지적법 제17조 제1항, 같은 법 시행규칙 제20조 제1항 제1호의 규정에 의하여 1필지의 일부가 소유자가 다르게 되거나 토지소유자가 필요로 하는 때 토지의 분할을 신청할 수 있도록 되어 있음에도 지적공부 소관청이 이에 기한 토지분할신청을 거부하는 경우에, 분할거부로 인하여 토지소유자의 당해 토지의 소유권에는 아무런 변동을 초래하지 아니한다 하더라도, 부동산등기법 제15조, 지적법 제3조 내지 제6조 등의 관계규정에 의하여 토지의 개수는 같은 법에 의한 지적공부상의 토지의 필수를 표준으로 결정되는 것으로 1필지의 토지를 수필로 분할하여 등기하려면 반드시 같은 법이 정하는 바에 따라 분할의 절차를 밟아 지적공부에 각 필지마다 등록되어야 하고, 이러한 절차를 거치지 아니하는 한 1개의 토지로서 등기의 목적이 될 수 없는 것이니 토지의 소유자는 자기소유 토지의 일부에 대한 소유권의 양도나 저당권의 설정 등 필요한 처분행위를 할 수 없게 되고, 특히 1필지의 일부가 소유자가 다르게 된 때에도 그 소유권을 등기부에 표창하지 못하고 나아가 처분도 할 수 없게 되어 권리행사에 지장을 초래하게 되는 점 등을 고려한다면, 지적 소관청의 이러한 토지분할신청의 거부행위는 국민의 권리관계에 영향을 미치는 것으로서 항고소송의 대상이 되는 처분으로 보아야 할 것이다.

⑤ [대법원 2009. 1. 30., 선고, 2007두7277, 판결] 구 건축법 제14조 제4항의 규정은 건축물의 소유자에게 건축물대장의 용도변경신청권을 부여한 것이고, 한편 건축물의 용도는 토지의 지목에 대응하는 것으로서 건물의 이용에 대한 공법상의 규제, 건축법상의 시정명령, 지방세 등의 과세대상 등 공법상 법률관계에 영향을 미치고, 건물소유자는 용도를 토대로 건물의 사용·수익·처분에 일정한 영향을 받게 된다. 이러한 점 등을 고려해 보면, 건축물대장의 용도는 건축물의 소유권을 제대로 행사하기 위한 전제요건으로서 건축물 소유자의 실체적 권리관계에 밀접하게 관련되어 있으므로, 건축물대장 소관청의 용도변경신청 거부행위는 국민의 권리관계에 영향을 미치는 것으로서 항고소송의 대상이 되는 행정처분에 해당한다.

18 | 2019 |

판례상 취소소송의 대상인 것을 모두 고른 것은?

> ㄱ. 「건축법」상 착공신고 반려행위
> ㄴ. 「국가공무원법」상 당연퇴직의 인사발령
> ㄷ. 운전면허 행정처분처리대장상 벌점의 배점
> ㄹ. 본인의 의사와 무관하게 유출된 주민등록번호의 변경신청에 대한 구청장의 거부행위

① ㄱ, ㄴ ② ㄱ, ㄹ ③ ㄴ, ㄷ
④ ㄴ, ㄹ ⑤ ㄷ, ㄹ

행정소송법

ㄱ. [대법원 2011. 6. 10., 선고, 2010두7321, 판결] 구 건축법의 관련 규정에 따르면, 행정청은 착공신고의 경우에도 신고 없이 착공이 개시될 경우 건축주 등에 대하여 공사중지·철거·사용금지 등의 시정명령을 할 수 있고(제69조 제1항), 시정명령을 받고 이행하지 아니한 건축물에 대하여는 당해 건축물을 사용하여 행할 다른 법령에 의한 영업 기타 행위의 허가를 하지 않도록 요청할 수 있으며(제69조 제2항), 요청을 받은 자는 특별한 이유가 없는 한 이에 응하여야 하고(제69조 제3항), 나아가 행정청은 시정명령의 이행을 하지 아니한 건축주 등에 대하여는 이행강제금을 부과할 수 있으며(제69조의2 제1항 제1호), 또한 착공신고를 하지 아니한 자는 200만 원 이하의 벌금에 처해질 수 있다(제80조 제1호, 제9조). 이와 같이 건축주 등으로서는 착공신고가 반려될 경우, 당해 건축물의 착공을 개시하면 시정명령, 이행강제금, 벌금의 대상이 되거나 당해 건축물을 사용하여 행할 행위의 허가가 거부될 우려가 있어 불안정한 지위에 놓이게 된다. 따라서 착공신고 반려행위가 이루어진 단계에서 당사자로 하여금 반려행위의 적법성을 다투어 법적 불안을 해소한 다음 건축행위에 나아가도록 함으로써 장차 있을지도 모르는 위험에서 미리 벗어날 수 있도록 길을 열어 주고, 위법한 건축물의 양산과 철거를 둘러싼 분쟁을 조기에 근본적으로 해결할 수 있게 하는 것이 법치행정의 원리에 부합한다. 그러므로 행정청의 착공신고 반려행위는 항고소송의 대상이 된다고 보는 것이 옳다.

ㄴ. [대법원 1992. 1. 21., 선고, 91누2687, 판결] 지방공무원법 제61조의 규정에 의하면 공무원에게 같은 법 제31조 소정의 결격사유가 있을 때에는 당연히 퇴직한다고 되어 있으므로 이러한 당연퇴직의 경우에는 결격사유가 있어 법률상 당연퇴직되는 것이지 공무원관계를 소멸시키기 위한 별도의 행정처분을 요하지 아니한다 할 것이며 위와 같은 사유의 발생으로 당연퇴직의 인사발령이 있었다 하여도 이는 퇴직사실을 알리는 이른바 관념의 통지에 불과하여 행정소송의 대상이 되지 아니한다.

ㄷ. [대법원 1994. 8. 12., 선고, 94누2190, 판결] 운전면허 행정처분처리대장상 벌점의 배점은 도로교통법규 위반행위를 단속하는 기관이 도로교통법시행규칙 별표 16의 정하는 바에 의하여 도로교통법규 위반의 경중, 피해의 정도 등에 따라 배정하는 점수를 말하는 것으로 자동차운전면허의 취소, 정지처분의 기초자료로 제공하기 위한 것이고 그 배점 자체만으로는 아직 국민에 대하여 구체적으로 어떤 권리를 제한하거나 의무를 명하는 등 법률적 규제를 하는 효과를 발생하는 요건을 갖춘 것이 아니어서 그 무효확인 또는 취소를 구하는 소송의 대상이 되는 행정처분이라고 할 수 없다.

ㄹ. ☞ 「주민등록법」 개정으로 현재는 주민등록번호가 무단으로 유출된 피해자의 주민등록변경신청권이 법규상 인정된다.
[대법원 2017. 6. 15., 선고, 2013두2945, 판결] 甲 등이 인터넷 포털사이트 등의 개인정보 유출사고로 자신들의 주민등록번호 등 개인정보가 불법 유출되자 이를 이유로 관할 구청장에게 주민등록번호를 변경해 줄 것을

답 18 ②

신청하였으나 구청장이 '주민등록번호가 불법 유출된 경우 주민등록법상 변경이 허용되지 않는다'는 이유로 주민등록번호 변경을 거부하는 취지의 통지를 한 사안에서, 피해자의 의사와 무관하게 주민등록번호가 불법 유출된 경우 개인의 사생활뿐만 아니라 생명·신체에 대한 위해나 재산에 대한 피해를 입을 우려가 있고, 실제 유출된 주민등록번호가 다른 개인정보와 연계되어 각종 광고 마케팅에 이용되거나 사기, 보이스피싱 등의 범죄에 악용되는 등 사회적으로 많은 피해가 발생하고 있는 것이 현실인 점, 반면 주민등록번호가 유출된 경우 그로 인하여 이미 발생하였거나 발생할 수 있는 피해 등을 최소화할 수 있는 충분한 권리구제방법을 찾기 어려운데도 구 주민등록법(2016. 5. 29. 법률 제14191호로 개정되기 전의 것)에서는 주민등록번호 변경에 관한 아무런 규정을 두고 있지 않은 점, 주민등록법령상 주민등록번호 변경에 관한 규정이 없다거나 주민등록번호 변경에 따른 사회적 혼란 등을 이유로 위와 같은 불이익을 피해자가 부득이한 것으로 받아들여야 한다고 보는 것은 피해자의 개인정보자기결정권 등 국민의 기본권 보장의 측면에서 타당하지 않은 점, 주민등록번호를 관리하는 국가로서는 주민등록번호가 유출된 경우 그로 인한 피해가 최소화되도록 제도를 정비하고 보완해야 할 의무가 있으며, 일률적으로 주민등록번호를 변경할 수 없도록 할 것이 아니라 만약 주민등록번호 변경이 필요한 경우가 있다면 그 변경에 관한 규정을 두어서 이를 허용해야 하는 점 등을 종합하면, 피해자의 의사와 무관하게 주민등록번호가 유출된 경우에는 조리상 주민등록번호의 변경을 요구할 신청권을 인정함이 타당하고, 구청장의 주민등록번호 변경신청 거부행위는 항고소송의 대상이 되는 행정처분에 해당한다고 한 사례.

19 | 2019 |

변경처분이 있는 경우의 항고소송에 관한 설명으로 옳지 않은 것은? (다툼이 있으면 판례에 따름)

① 증액경정처분이 있는 경우 당초처분의 절차적 하자는 증액경정처분에 승계되지 않는다.
② 당초처분을 전부 변경하는 변경처분에 대한 취소소송의 제소기간은 변경처분시를 기준으로 한다.
③ 후행처분이 선행처분의 내용을 일부 소폭 변경하는 경우, 선행처분 취소소송에 후행처분취소청구를 추가하여 청구를 변경하였다면 후행처분에 관한 제소기간 준수는 청구변경 당시를 기준으로 판단한다.
④ 과징금 부과처분을 한 후 부과처분의 하자를 이유로 감액처분을 하면 감액처분이 항고소송의 대상이 된다.
⑤ 대규모점포에 대한 종전 영업시간 제한 및 의무휴업일 지정 처분의 내용 중 영업시간 제한 부분만을 일부 변경하는 후속처분이 있는 경우, 종전 처분도 여전히 항고소송의 대상이 된다.

① ☞ 증액경정처분이 있는 경우 당초 처분의 "실체적" 하자는 승계되나, "절차적" 하자는 승계되지 않는다. 당초 과세처분(이를테면 70억)에서 세액의 산출근거를 누락한 절차상 하자가 존재하더라도, 증액처분(30억을 추가하여 총 100억)을 하면서 총액에 대한 세액의 산출근거를 기재하였다면 당초 처분의 절차상 하자는 치유된다. [대법원 2010. 6. 24., 선고, 2007두16493, 판결] 증액경정처분이 있는 경우 당초처분은 증액경정처분에 흡수되어 소멸하고, 소멸한 당초처분의 절차적 하자는 존속하는 증액경정처분에 승계되지 아니한다.
② ☞ 지문의 내용이 다소 모호하다. 당초처분을 전부 변경하는 변경처분이라면 당초처분은 직권취소되고 변경처분이라는 새로운 처분이 있는 것으로 보아 변경처분 통지일부터 90일 내에 취소소송을 제기하면 된다는 취지로 보인다.

답 19 ④

③ ☞ 후행처분이 선행처분의 내용을 일부 소폭 변경하는 경우라면 선행처분과 후행처분이 모두 유효하게 존재하는 상황으로 이해해야 한다. 이러한 경우에는 후행처분에 대한 취소소송에서 그 제소기간 준수여부는 후행처분이 추가될 당시를 기준으로 판단해야 한다.
[대법원 2012. 12. 13., 선고, 2010두20782,20799, 판결] [1] 선행처분의 주요 부분을 실질적으로 변경하는 내용으로 후행처분을 한 경우에 선행처분은 특별한 사정이 없는 한 그 효력을 상실하지만, 후행처분이 있었다고 하여 일률적으로 선행처분이 존재하지 않게 되는 것은 아니고 선행처분의 내용 중 일부만을 소폭 변경하는 정도에 불과한 경우에는 선행처분이 소멸한다고 볼 수 없다.
[2] 선행처분이 후행처분에 의하여 변경되지 아니한 범위 내에서 존속하고 후행처분은 선행처분의 내용 중 일부를 변경하는 범위 내에서 효력을 가지는 경우에, 선행처분의 취소를 구하는 소를 제기한 후 후행처분의 취소를 구하는 청구를 추가하여 청구를 변경하였다면 후행처분에 관한 제소기간 준수 여부는 청구변경 당시를 기준으로 판단하여야 하나, 선행처분에만 존재하는 취소사유를 이유로 후행처분의 취소를 청구할 수는 없다.
④ [대판 2008.2.15, 2006두3957] 과징금 부과처분에서 행정청이 납부의무자에 대하여 부과처분을 한 후 그 부과처분의 하자를 이유로 과징금의 액수를 감액하는 경우에 그 감액처분은 감액된 과징금 부분에 관하여만 법적 효과가 미치는 것으로서 처음의 부과처분과 별개 독립의 과징금 부과처분이 아니라 그 실질은 당초 부과처분의 변경이고, 그에 의하여 과징금의 일부취소라는 납부의무자에게 유리한 결과를 가져오는 처분이므로 처음의 부과처분이 전부 실효되는 것은 아니며, 그 감액처분으로도 아직 취소되지 않고 남아 있는 부분이 위법하다고 하여 다투는 경우 항고소송의 대상은 처음의 부과처분 중 감액처분에 의하여 취소되지 않고 남은 부분이고 감액처분이 항고소송의 대상이 되는 것은 아니다.
⑤ [대법원 2015. 11. 19., 선고, 2015두295, 전원합의체 판결] 기존의 행정처분을 변경하는 내용의 행정처분이 뒤따르는 경우, 후속처분이 종전처분을 완전히 대체하는 것이거나 주요 부분을 실질적으로 변경하는 내용인 경우에는 특별한 사정이 없는 한 종전처분은 효력을 상실하고 후속처분만이 항고소송의 대상이 되지만, 후속처분의 내용이 종전처분의 유효를 전제로 내용 중 일부만을 추가·철회·변경하는 것이고 추가·철회·변경된 부분이 내용과 성질상 나머지 부분과 불가분적인 것이 아닌 경우에는, 후속처분에도 불구하고 종전처분이 여전히 항고소송의 대상이 된다.

20 | 2019 |

판례상 행정소송의 대상이 되는 행정처분으로 인정되지 않는 것으로만 연결된 것은?

① 법인세 과세표준 결정 － 친일반민족행위자재산조사위원회의 재산조사개시결정
② 「건축법」상 이행강제금 납부의 최초 독촉 － 보건복지부 고시인 약제급여·비급여목록 및 급여상한금액표
③ 해양수산부장관의 항만 명칭결정 － 과세관청의 소득금액변동통지
④ 금융감독위원회의 부실금융기관에 대한 파산신청 － 진실·화해를 위한 과거사정리위원회의 진실규정결정
⑤ 어업권면허에 선행하는 우선순위결정 － 행정청의 과태료 부과처분

••••••••••••••••••••
① [대법원 1985. 7. 23., 선고, 85누335, 판결] 법인세과세표준 결정이나 익금가산처분은 법인세과세처분에 앞선 결정으로서 그로 인하여 구체적인 납세의무를 부담하게 된다거나 현실적으로 어떤 권리침해 내지 불이익을

답 20 ⑤

받는다고는 할 수 없으므로 위 익금가산 처분이나 과세표준 갱정결정은 항고소송의 대상이 되는 행정처분이라고는 할 수 없다.

[대법원 2009. 10. 15., 선고, 2009두6513, 판결] 친일반민족행위자재산조사위원회의 재산조사개시결정이 있는 경우 조사대상자는 위 위원회의 보전처분 신청을 통하여 재산권행사에 실질적인 제한을 받게 되고, 위 위원회의 자료제출요구나 출석요구 등의 조사행위에 응하여야 하는 법적 의무를 부담하게 되는 점, '친일반민족행위자 재산의 국가귀속에 관한 특별법'에서 인정된 재산조사결정에 대한 이의신청절차만으로는 조사대상자에 대한 권리구제 방법으로 충분치 아니한 점, 조사대상자로 하여금 개개의 과태료 처분에 대하여 불복하거나 조사 종료 후의 국가귀속결정에 대하여만 다툴 수 있도록 하는 것보다는 그에 앞서 재산조사개시결정에 대하여 다툼으로써 분쟁을 조기에 근본적으로 해결할 수 있는 점 등을 종합하면, 친일반민족행위자재산조사위원회의 재산조사개시결정은 조사대상자의 권리·의무에 직접 영향을 미치는 독립한 행정처분으로서 항고소송의 대상이 된다고 봄이 상당하다.

② [대법원 2009. 12. 24., 선고, 2009두14507, 판결] 구 건축법 제69조의2 제6항, 지방세법 제28조, 제82조, 국세징수법 제23조의 각 규정에 의하면, 이행강제금 부과처분을 받은 자가 이행강제금을 기한 내에 납부하지 아니한 때에는 그 납부를 독촉할 수 있으며, 납부독촉에도 불구하고 이행강제금을 납부하지 않으면 체납절차에 의하여 이행강제금을 징수할 수 있고, 이때 이행강제금 납부의 최초 독촉은 징수처분으로서 항고소송의 대상이 되는 행정처분이 될 수 있다.

[대법원 2006. 12. 21., 선고, 2005두16161, 판결] 어떠한 고시가 일반적·추상적 성격을 가질 때에는 법규명령 또는 행정규칙에 해당할 것이지만, 다른 집행행위의 매개 없이 그 자체로서 직접 국민의 구체적인 권리의무나 법률관계를 규율하는 성격을 가질 때에는 행정처분에 해당한다고 할 것이다. 위 법리와 관계 법령을 기록에 비추어 살펴보면, 이 사건 고시는 다른 집행행위의 매개 없이 그 자체로서 국민건강보험가입자, 국민건강보험공단, 요양기관 등의 법률관계를 직접 규율하는 성격을 가진다고 할 것이므로, 항고소송의 대상이 되는 행정처분에 해당한다고 할 것이다.

③ [대법원 2008. 5. 29., 선고, 2007두23873, 판결] 피고 해양수산부장관은 2005. 12. 19. 그 소속 중앙항만정책심의회의 심의결과 이 사건 항만을 지정항만인 부산항의 하위항만으로 두되 무역항인 '부산항'의 명칭은 그대로 유지하면서, 이 사건 항만의 공식명칭을 '신항(영문명칭 : Busan New Port)'으로 정하였다고 공표하였는바, 이러한 피고 해양수산부장관의 이 사건 항만 명칭결정으로 인하여 원고들이 속한 지방자치단체의 관할구역이 변경되는 것이 아닐 뿐만 아니라, 원고들의 권리의무나 법률상 지위에 직접적인 법률적 변동이 생기지도 아니하므로, 피고 해양수산부장관의 이 사건 항만 명칭결정을 항고소송의 대상이 되는 행정처분이라 할 수는 없다.

[대법원 2006. 4. 20., 선고, 2002두1878, 전원합의체 판결] 과세관청의 소득처분과 그에 따른 소득금액변동통지가 있는 경우 원천징수의무자인 법인은 소득금액변동통지서를 받은 날에 그 통지서에 기재된 소득의 귀속자에게 당해 소득금액을 지급한 것으로 의제되어 그 때 원천징수하는 소득세의 납세의무가 성립함과 동시에 확정되고, 원천징수의무자인 법인으로서는 소득금액변동통지서에 기재된 소득처분의 내용에 따라 원천징수세액을 그 다음달 10일까지 관할 세무서장 등에게 납부하여야 할 의무를 부담하며, 만일 이를 이행하지 아니하는 경우에는 가산세의 제재를 받게 됨은 물론이고 형사처벌까지 받도록 규정되어 있는 점에 비추어 보면, 소득금액변동통지는 원천징수의무자인 법인의 납세의무에 직접 영향을 미치는 과세관청의 행위로서, 항고소송의 대상이 되는 조세행정처분이라고 봄이 상당하다.

④ ☞ 금융위원회의 파산신청은 법원에 대한 의사표시이므로 처분의 직접성(From 행정청 To 상대방)이 부인된다.

[대법원 2006. 7. 28., 선고, 2004두13219, 판결] 구 금융산업의 구조개선에 관한 법률 제16조 제1항 및 구 상호저축은행법 제24조의13에 의하여 금융감독위원회는 부실금융기관에 대하여 파산을 신청할 수 있는 권한을 보유하고 있는바, 위 파산신청은 그 성격이 법원에 대한 재판상 청구로서 그 자체가 국민의 권리·의무에 어떤 영향을 미치는 것이 아닐 뿐만 아니라, 위 파산신청으로 인하여 당해 부실금융기관이 파산절차 내에서 여러 가지 법률상 불이익을 입는다 할지라도 파산법원이 관할하는 파산절차 내에서 그 신청의 적법 여부 등을 다투어

야 할 것이므로, 위와 같은 금융감독위원회의 파산신청은 행정소송법상 취소소송의 대상이 되는 행정처분이라 할 수 없다.

[대법원 2013. 1. 16., 선고, 2010두22856, 판결] 진실·화해를 위한 과거사정리 기본법(이하 '법'이라 한다)과 구 과거사 관련 권고사항 처리에 관한 규정의 목적, 내용 및 취지를 바탕으로, 피해자 등에게 명문으로 진실규명 신청권, 진실규명결정 통지 수령권 및 진실규명결정에 대한 이의신청권 등이 부여된 점, 진실규명결정이 이루어지면 그 결정에서 규명된 진실에 따라 국가가 피해자 등에 대하여 피해 및 명예회복 조치를 취할 법률상 의무를 부담하게 되는 점, 진실·화해를 위한 과거사정리위원회가 위와 같은 법률상 의무를 부담하는 국가에 대하여 피해자 등의 피해 및 명예 회복을 위한 조치로 권고한 사항에 대한 이행의 실효성이 법적·제도적으로 확보되고 있는 점 등 여러 사정을 종합하여 보면, 법이 규정하는 진실규명결정은 국민의 권리의무에 직접적으로 영향을 미치는 행위로서 항고소송의 대상이 되는 행정처분이라고 보는 것이 타당하다.

⑤ [대법원 1995. 1. 20., 선고, 94누6529, 판결] 어업권면허에 선행하는 우선순위결정은 행정청이 우선권자로 결정된 자의 신청이 있으면 어업권면허처분을 하겠다는 것을 약속하는 행위로서 강학상 확약에 불과하고 행정처분은 아니므로, 우선순위결정에 공정력이나 불가쟁력과 같은 효력은 인정되지 아니하며, 따라서 우선순위결정이 잘못되었다는 이유로 종전의 어업권면허처분이 취소되면 행정청은 종전의 우선순위결정을 무시하고 다시 우선순위를 결정한 다음 새로운 우선순위결정에 기하여 새로운 어업권면허를 할 수 있다고 할 것이다.

[대법원 2012. 10. 11. 선고 2011두19369 판결] 수도조례 및 하수도사용조례에 기한 과태료의 부과 여부 및 그 당부는 최종적으로 질서위반행위규제법에 의한 절차에 의하여 판단되어야 한다고 할 것이므로, 그 과태료 부과처분은 행정청을 피고로 하는 행정소송의 대상이 되는 행정처분이라고 볼 수 없다.

21 | 2020 |

판례상 항고소송의 대상이 되는 행정처분에 해당하지 않는 것은?

① 항정신병 치료제의 요양급여에 관한 보건복지부 고시
② 원천징수의무자인 법인에 대한 과세관청의 소득처분에 따른 소득금액변동통지
③ 한국마사회의 조교사 및 기수 면허 부여 또는 취소
④ 조달청이 계약상대자에 대하여 나라장터 종합쇼핑몰에서의 거래를 일정기간 정지하는 조치
⑤ 부당한 공동행위 자진신고자 등의 과징금 감면신청에 대한 공정거래위원회의 감면불인정 통지

••••••••••••••••••••••••••

① [대법원 2003.10.9. 2003무23] 어떠한 고시가 일반적·추상적 성격을 가질 때에는 법규명령 또는 행정규칙에 해당할 것이지만, 다른 집행행위의 매개 없이 그 자체로서 직접 국민의 구체적인 권리의무나 법률관계를 규율하는 성격을 가질 때에는 행정처분에 해당한다고 할 것이다. 원심은 채용 증거들을 종합하여 판시와 같은 사실을 인정한 다음, '이 사건 고시'가 불특정의 항정신병 치료제 일반을 대상으로 한 것이 아니라 특정 제약회사의 특정 의약품을 규율 대상으로 하는 점 및 의사에 대하여 특정 의약품을 처방함에 있어서 지켜야 할 기준을 제시하면서 만일 그와 같은 처방기준에 따르지 않은 경우에는 국민건강보험공단에 대하여 그 약제비용을 보험급여로 청구할 수 없고 환자 본인에 대하여만 청구할 수 있게 한 점 등에 비추어 볼 때, 이 사건 고시는 다른 집행행위의 매개 없이 그 자체로서 제약회사, 요양기관, 환자 및 국민건강보험공단 사이의 법률관계를 직접 규율하는 성격을 가진다고 할 것이므로, 이는 항고소송의 대상이 되는 행정처분으로서의 성격을 갖는다고 판단하였다.

답 21 ③

② ☞ 소득금액변동통지가 원천징수의무자(법인)에게 있었는지 원천납세의무자(소득의 귀속자)에게 있었는지에 따라 구분하여야 한다.

   (ⅰ) 원천징수의무자에 대한 소득금액변동통지 – 처분성 인정
   [대법원 2006. 4. 20. 선고 2002두1878 전원합의체] 과세관청의 소득처분과 그에 따른 소득금액변동통지가 있는 경우 원천징수의무자인 법인은 소득금액변동통지서를 받은 날에 그 통지서에 기재된 소득의 귀속자에게 당해 소득금액을 지급한 것으로 의제되어 그 때 원천징수하는 소득세의 납세의무가 성립함과 동시에 확정되고, 원천징수의무자인 법인으로서는 소득금액변동통지서에 기재된 소득처분의 내용에 따라 원천징수세액을 그 다음달 10일까지 관할 세무서장 등에게 납부하여야 할 의무를 부담하며, 만일 이를 이행하지 아니하는 경우에는 가산세의 제재를 받게 됨은 물론이고 형사처벌까지 받도록 규정되어 있는 점에 비추어 보면, 소득금액변동통지는 원천징수의무자인 법인의 납세의무에 직접 영향을 미치는 과세관청의 행위로서, 항고소송의 대상이 되는 조세행정처분이라고 봄이 상당하다.

   (ⅱ) 원천납세의무자에 대한 소득금액변동통지 – 처분성 부정
   소득의 귀속자(원천납세의무자)에 대한 소득금액변동 통지가 있게 되면 추가납부의무는 원천징수의무자가 이행하여야 한다. 따라서 원천납세의무자에게 납부의무를 발생시키는 것이 아니므로 원천납세의무자에 대한 처분으로 볼 수 없다.
   [대법원 2015.3.26. 2013두9267] 구 소득세법 시행령 제192조 제1항 단서에 따른 소득의 귀속자에 대한 소득금액변동 통지는 원천납세의무자인 소득귀속자의 법률상 지위에 직접적인 법률적 변동을 가져오는 것이 아니므로, 항고소송의 대상이 되는 행정처분이라고 볼 수 없다.

③ [대법원 2008.1.31. 2005두8269] 한국마사회가 조교사 또는 기수의 면허를 부여하거나 취소하는 것은 경마를 독점적으로 개최할 수 있는 지위에서 우수한 능력을 갖추었다고 인정되는 사람에게 경마에서의 일정한 기능과 역할을 수행할 수 있는 자격을 부여하거나 이를 박탈하는 것에 지나지 아니하므로, 이는 국가 기타 행정기관으로부터 위탁받은 행정권한의 행사가 아니라 일반 사법상의 법률관계에서 이루어지는 단체 내부에서의 징계 내지 제재처분이다.

④ [대법원 2018. 11. 29., 선고, 2015두52395, 판결] 조달청이 계약상대자에 대하여 나라장터 종합쇼핑몰에서의 거래를 일정기간 정지하는 조치는 전자조달의 이용 및 촉진에 관한 법률, 조달사업에 관한 법률 등에 의하여 보호되는 계약상대자의 직접적이고 구체적인 법률상 이익인 나라장터를 통하여 수요기관의 전자입찰에 참가하거나 나라장터 종합쇼핑몰에서 등록된 물품을 수요기관에 직접 판매할 수 있는 지위를 직접 제한하거나 침해하는 행위에 해당하는 점 등을 종합하면, 위 거래정지 조치는 비록 추가특수조건이라는 사법상 계약에 근거한 것이지만 행정청인 조달청이 행하는 구체적 사실에 관한 법집행으로서의 공권력의 행사로서 그 상대방인 甲 회사의 권리·의무에 직접 영향을 미치므로 항고소송의 대상이 되는 행정처분에 해당한다.

⑤ ☞ 행정청의 의사를 알리는 「의사의 통지」에 해당하므로 처분성이 인정된다.
[대법원 2012.9.27. 2010두3541] 부당한 공동행위 자진신고자 등에 대한 시정조치 또는 과징금 감면 신청인이 고시 제11조 제1항에 따라 자진신고자 등 지위확인을 받는 경우에는 시정조치 및 과징금 감경 또는 면제, 형사고발 면제 등의 법률상 이익을 누리게 되지만, 그 지위확인을 받지 못하고 고시 제14조 제1항에 따라 감면불인정 통지를 받는 경우에는 위와 같은 법률상 이익을 누릴 수 없게 되므로, 감면불인정 통지가 이루어진 단계에서 신청인에게 그 적법성을 다투어 법적 불안을 해소한 다음 조사협조행위에 나아가도록 함으로써 장차 있을지도 모르는 위험에서 벗어날 수 있도록 하는 것이 법치행정의 원리에도 부합한다. 따라서 부당한 공동행위 자진신고자 등의 시정조치 또는 과징금 감면신청에 대한 감면불인정 통지는 항고소송의 대상이 되는 행정처분에 해당한다고 보아야 한다.

22 | 2020 |

판례상 취소소송의 대상이 되지 않는 것을 모두 고른 것은?

> ㄱ. 공정거래위원회의 고발조치
> ㄴ. 소관청의 토지대장상의 소유자명의변경신청 거부행위
> ㄷ. 국세환급결정이나 이 결정을 구하는 신청에 대한 환급거부결정
> ㄹ. 국민건강보험공단의 '직장가입자 자격상실 및 자격변동 안내' 통보

① ㄱ, ㄴ
② ㄱ, ㄷ
③ ㄱ, ㄴ, ㄹ
④ ㄴ, ㄷ, ㄹ
⑤ ㄱ, ㄴ, ㄷ, ㄹ

ㄱ. [대법원 1995.5.12. 94누13794] 이른바 고발은 수사의 단서에 불과할 뿐 그 자체 국민의 권리의무에 어떤 영향을 미치는 것이 아니고, 특히 독점규제및공정거래에관한법률 제71조는 공정거래위원회의 고발을 위 법률위반죄의 소추요건으로 규정하고 있어 공정거래위원회의 고발조치는 사직 당국에 대하여 형벌권 행사를 요구하는 행정기관 상호간의 행위에 불과하여 항고소송의 대상이 되는 행정처분이라 할 수 없으며, 더욱이 공정거래위원회의 고발 의결은 행정청 내부의 의사결정에 불과할 뿐 최종적인 처분은 아닌 것이므로 이 역시 항고소송의 대상이 되는 행정처분이 되지 못한다.

ㄴ. ☞ 부동산에 대한 권리관계는 대장이 아니라 등기부를 보고 판단하므로, 토지대장상 소유자명의는 토지에 대한 권리관계에 영향을 미치지 않는다.
[대법원 2012.1.12. 선고 2010두12354 판결] 토지대장에 기재된 일정한 사항을 변경하는 행위는, 그것이 지목의 변경이나 정정 등과 같이 토지소유권 행사의 전제요건으로서 토지소유자의 실체적 권리관계에 영향을 미치는 사항에 관한 것이 아닌 한 행정사무집행의 편의와 사실증명의 자료로 삼기 위한 것일 뿐이어서, 그 소유자명의가 변경된다고 하여도 이로 인하여 당해 토지에 대한 실체상의 권리관계에 변동을 가져올 수 없고 토지 소유권이 지적공부의 기재만에 의하여 증명되는 것도 아니다. 따라서 소관청이 토지대장상의 소유자명의변경신청을 거부한 행위는 이를 항고소송의 대상이 되는 행정처분이라고 할 수 없다.

ㄷ. ☞ 국세환급을 받으려면 민사상 부당이득반환청구소송을 제기해야 한다.
[대법원 1989.6.15. 88누6436] 국세기본법 제51조 및 제52조 국세환급금 및 국세가산금결정에 관한 규정은 이미 납세의무자의 환급청구권이 확정된 국세환급금 및 가산금에 대하여 내부적 사무처리절차로서 과세관청의 환급절차를 규정한 것에 지나지 않고 그 규정에 의한 국세환급금(가산금 포함)결정에 의하여 비로소 환급청구권이 확정되는 것은 아니므로, 국세환급금결정이나 이 결정을 구하는 신청에 대한 환급거부결정 등은 납세의무자가 갖는 환급청구권의 존부나 범위에 구체적이고 직접적인 영향을 미치는 처분이 아니어서 항고소송의 대상이 되는 처분이라고 볼 수 없다.

ㄹ. ☞ 이른바 「관념의 통지」에 해당하여 처분성이 부인된다.
[대법원 2019. 2. 14., 선고, 2016두41729, 판결] 국민건강보험공단이 甲 등에게 '직장가입자 자격상실 및 자격변동 안내' 통보 및 '사업장 직권탈퇴에 따른 가입자 자격상실 안내' 통보를 한 사안에서, 국민건강보험 직장가입자 또는 지역가입자 자격 변동은 법령이 정하는 사유가 생기면 별도 처분 등의 개입 없이 사유가 발생한 날부터 변동의 효력이 당연히 발생하므로, 국민건강보험공단이 甲 등에 대하여 가입자 자격이 변동되었다는 취지의 '직장가입자 자격상실 및 자격변동 안내' 통보를 하였거나, 그로 인하여 사업장이 국민건강보험법상의 적용대상사업장에서 제외되었다는 취지의 '사업장 직권탈퇴에 따른 가입자 자격상실 안내' 통보를 하였더라도, 이는 甲 등의 가입자 자격의 변동 여부 및 시기를 확인하는 의미에서 한 사실상 통지행위에 불과할 뿐,

답 22 ⑤

위 각 통보에 의하여 가입자 자격이 변동되는 효력이 발생한다고 볼 수 없고, 또한 위 각 통보로 甲 등에게 지역가입자로서의 건강보험료를 납부하여야 하는 의무가 발생함으로써 甲 등의 권리의무에 직접적 변동을 초래하는 것도 아니라는 이유로, 위 각 통보의 처분성이 인정되지 않는다.

23 | 2021 |

항고소송의 대상이 되는 것을 모두 고른 것은? (다툼이 있으면 판례에 따름)

ㄱ. 공정거래위원회의 표준약관 사용권장행위
ㄴ. 조달청이 물품구매계약의 상대방에게 한 나라장터 종합쇼핑몰 거래정지 조치
ㄷ. 방송통신심의위원회가 「방송통신위원회의 설치 및 운영에 관한 법률」에 따라 서비스제공자에게 한 시정요구
ㄹ. 교도소장이 수형자에게 한 접견내용 녹음·녹화 및 접견시 교도관 참여대상자 지정행위

① ㄱ, ㄴ, ㄷ
② ㄱ, ㄴ, ㄹ
③ ㄱ, ㄷ, ㄹ
④ ㄴ, ㄷ, ㄹ
⑤ ㄱ, ㄴ, ㄷ, ㄹ

㉠ [대법원 2010.10.14, 2008두23184] 공정거래위원회의 '표준약관 사용권장행위'는 그 통지를 받은 해당 사업자 등에게 표준약관과 다른 약관을 사용할 경우 표준약관과 다르게 정한 주요내용을 고객이 알기 쉽게 표시하여야 할 의무를 부과하고, 그 불이행에 대해서는 과태료에 처하도록 되어 있으므로, 이는 사업자 등의 권리·의무에 직접 영향을 미치는 행정처분으로서 항고소송의 대상이 된다.

㉡ [대법원 2018. 11. 29., 선고, 2015두52395, 판결] 甲 주식회사가 조달청과 물품구매계약을 체결하고 국가종합전자조달시스템인 나라장터 종합쇼핑몰 인터넷 홈페이지를 통해 요구받은 제품을 수요기관에 납품하였는데, 조달청이 계약이행내역 점검 결과 일부 제품이 계약 규격과 다르다는 이유로 물품구매계약 추가특수조건 규정에 따라 甲 회사에 대하여 6개월의 나라장터 종합쇼핑몰 거래정지 조치를 한 사안에서, 조달청이 계약상대자에 대하여 나라장터 종합쇼핑몰에서의 거래를 일정기간 정지하는 조치는 전자조달의 이용 및 촉진에 관한 법률, 조달사업에 관한 법률 등에 의하여 보호되는 계약상대자의 직접적이고 구체적인 법률상 이익인 나라장터를 통하여 수요기관의 전자입찰에 참가하거나 나라장터 종합쇼핑몰에서 등록된 물품을 수요기관에 직접 판매할 수 있는 지위를 직접 제한하거나 침해하는 행위에 해당하는 점 등을 종합하면, 위 거래정지 조치는 비록 추가특수조건이라는 사법상 계약에 근거한 것이지만 행정청인 조달청이 행하는 구체적 사실에 관한 법집행으로서의 공권력의 행사로서 그 상대방인 甲 회사의 권리·의무에 직접 영향을 미치므로 항고소송의 대상이 되는 행정처분에 해당하고, 다만 추가특수조건에서 정한 제재조치의 발동요건조차 갖추지 못한 경우에는 위 거래정지 조치가 위법하므로 甲 회사의 행위가 추가특수조건에서 정한 거래정지 조치의 사유에 해당하는지, 추가특수조건의 내용이나 그에 기한 거래정지 조치가 국가를 당사자로 하는 계약에 관한 법령 등을 위반하였거나 평등원칙, 비례원칙, 신뢰보호 원칙 등을 위반하였는지 등에 관하여 나아가 살폈어야 하는데도, 위 거래정지 조치가 사법상 계약에 근거한 의사표시에 불과하고 항고소송의 대상이 되는 행정처분으로 볼 수 없다고 판단하여 소를 각하한 원심판결에 법리를 오해한 잘못이 있다고 한 사례.

㉢ [서울행법 2010. 2. 11., 선고, 2009구합35924, 판결 : 항소] 방송통신심의위원회는 대통령이 위촉하는 9인으로 구성되고 위원들은 국가공무원법상 결격사유가 없어야 하고 그 신분이 보장되며, 국가로부터 운영에 필

답 23 ⑤

요한 경비를 지급받을 수 있고 그 규칙이 제정·개정·폐지될 경우 관보에 게재·공표되는 등의 사정에 비추어 행정청에 해당하고, 인터넷 포털사이트 등에 대한 방송통신심의위원회의 게시물의 삭제 등의 시정요구는 단순히 비권력적 사실행위인 행정지도에 불과한 것이 아니라 의무의 부담을 명하거나 기타 법률상 효과를 발생하게 하는 것으로서 항고소송의 대상이 되는 행정처분에 해당한다고 한 사례
- ㉣ ☞ 동종행위가 반복될 가능성이 있기 때문에 취소를 구할 소의 이익이 인정된다.
[대법원 2014.2.13. 2013두20899] 교도소장이 수형자 甲을 '접견내용 녹음·녹화 및 접견시 교도관 참여대상자'로 지정한 사안에서, 위 지정행위는 수형자의 구체적 권리의무에 직접적 변동을 가져오는 행정청의 공법상 행위로서 항고소송의 대상이 되는 '처분'에 해당한다고 본 원심판단을 정당한 것으로 수긍한 사례

24 | 2022 |

항고소송의 대상에 관한 설명으로 옳지 않은 것은? (다툼이 있으면 판례에 따름)

① 조례는 집행행위의 개입 없이도 그 자체로서 직접 국민의 구체적인 권리의무에 영향을 미치는 법률상 효과를 발생하는 경우에도 항고소송의 대상이 되지 아니한다.
② 국회의원의 제명처분은 항고소송의 대상이 되지 아니한다.
③ 공법상의 구체적인 법률관계가 아닌 사실관계에 관한 확인을 구하는 것은 항고소송의 대상이 되지 아니한다.
④ 공정거래위원회의 고발조치는 항고소송의 대상이 아니다.
⑤ 행정행위의 부관 중 부담은 항고소송의 대상이 될 수 있다.

••••••••••••••••••••••••

① [대법원 1996.9.20. 95누8003] 조례가 집행행위의 개입 없이도 그 자체로서 직접 국민의 구체적인 권리의무나 법적 이익에 영향을 미치는 등의 법률상 효과를 발생하는 경우 그 조례는 항고소송의 대상이 되는 행정처분에 해당하고, 이러한 조례에 대한 무효확인소송을 제기함에 있어서 행정소송법 제38조 제1항, 제13조에 의하여 피고적격이 있는 처분 등을 행한 행정청은, 행정주체인 지방자치단체 또는 지방자치단체의 내부적 의결기관으로서 지방자치단체의 의사를 외부에 표시한 권한이 없는 지방의회가 아니라, 구 지방자치법 제19조 제2항, 제92조에 의하여 지방자치단체의 집행기관으로서 조례로서의 효력을 발생시키는 공포권이 있는 지방자치단체의 장이다.
② 헌법 제64조 제4항

> 제64조 ① 국회는 법률에 저촉되지 아니하는 범위 안에서 의사와 내부규율에 관한 규칙을 제정할 수 있다.
> ② 국회는 의원의 자격을 심사하며, 의원을 징계할 수 있다.
> ③ 의원을 제명하려면 국회재적의원 3분의 2 이상의 찬성이 있어야 한다.
> ④ 제2항과 제3항의 처분에 대하여는 법원에 제소할 수 없다.

③ ☞ 행정소송은 '법률상' 쟁송이므로, 사실관계의 확인을 구할 수는 없다.
[대법원 1990.11.23., 90누3553] 피고 국가보훈처장이 발행·보급한 독립운동사, 피고 문교부장관이 저작하여 보급한 국사교과서 등의 각종 책자와 피고 문화부장관이 관리하고 있는 독립기념관에서의 각종 해설문·전시물의 배치 및 전시 등에 있어서, 일제치하에서의 국내외의 각종 독립운동에 참가한 단체와 독립운동가의

활동상을 잘못 기술하거나, 전시·배치함으로써 그 역사적 의의가 그릇 평가되게 하였다는 이유로 그 사실관계의 확인을 구하고, 또 피고 국가보훈처장은 이들 독립운동가들의 활동상황을 잘못 알고 국가보훈상의 서훈추천권을 행사함으로써 서훈추천권의 행사가 적정하지 아니하였다는 이유로 이러한 서훈추천권의 행사, 불행사가 당연무효임의 확인, 또는 그 부작위가 위법함의 확인을 구하는 청구는 과거의 역사적 사실관계의 존부나 공법상의 구체적인 법률관계가 아닌 사실관계에 관한 것들을 확인의 대상으로 하는 것이거나 행정청의 단순한 부작위를 대상으로 하는 것으로서 항고소송의 대상이 되지 아니하는 것이다.

④ [대법원 1995.5.12. 94누13794] 이른바 고발은 수사의 단서에 불과할 뿐 그 자체 국민의 권리의무에 어떤 영향을 미치는 것이 아니고, 특히 독점규제및공정거래에관한법률 제71조는 공정거래위원회의 고발을 위 법률위반죄의 소추요건으로 규정하고 있어 공정거래위원회의 고발조치는 사직 당국에 대하여 형벌권 행사를 요구하는 행정기관 상호간의 행위에 불과하여 항고소송의 대상이 되는 행정처분이라 할 수 없으며, 더욱이 공정거래위원회의 고발 의결은 행정청 내부의 의사결정에 불과할 뿐 최종적인 처분은 아닌 것이므로 이 역시 항고소송의 대상이 되는 행정처분이 되지 못한다.

⑤ [대법원 1992.1.21. 91누1264] 행정행위의 부관은 행정행위의 일반적인 효력이나 효과를 제한하기 위하여 의사표시의 주된 내용에 부가되는 종된 의사표시이지 그 자체로서 직접 법적 효과를 발생하는 독립된 처분이 아니므로 현행 행정쟁송제도 아래서는 부관 그 자체만을 독립된 쟁송의 대상으로 할 수 없는 것이 원칙이나 행정행위의 부관 중에서도 행정행위에 부수하여 그 행정행위의 상대방에게 일정한 의무를 부과하는 행정청의 의사표시인 부담의 경우에는 다른 부관과는 달리 행정행위의 불가분적인 요소가 아니고 그 존속이 본체인 행정행위의 존재를 전제로 하는 것일 뿐이므로 부담 그 자체로서 행정쟁송의 대상이 될 수 있다.

25 | 2022 |

신청에 대한 행정청의 거부행위가 취소소송의 대상이 되는지 여부에 관한 설명으로 옳지 <u>않은</u> 것은? (다툼이 있으면 판례에 따름)

① 거부행위가 취소소송의 대상이 되기 위해 필요한 신청권에는 조리상의 신청권도 포함된다.
② 거부행위가 취소소송의 대상이 되기 위해 필요한 신청권은 신청인이 그 신청에 따른 단순한 응답을 받을 권리를 넘어서 신청의 인용이라는 만족적 결과를 얻을 권리를 의미하는 것은 아니다.
③ 본인의 의사와 무관하게 주민등록번호가 유출된 사람의 주민등록번호변경신청에 대한 구청장의 거부행위는 처분에 해당한다.
④ 도시계획구역 내 토지 등을 소유하고 있는 주민의 도시시설계획 변경신청에 대한 거부행위는 처분에 해당한다.
⑤ 기간제로 임용되어 임용기간이 만료된 조교수에 대하여 재임용을 거부하는 취지로 한 임용기간 만료의 통지는 항고소송의 대상이 되는 행정처분에 해당하지 않는다.

① [대법원 2009. 9. 10. 선고 2007두20638 판결] 국민의 적극적 신청행위에 대하여 행정청이 그 신청에 따른 행위를 하지 않겠다고 거부한 행위가 항고소송의 대상이 되는 행정처분에 해당하는 것이라고 하려면, 그 신청한 행위가 공권력의 행사 또는 이에 준하는 행정작용이어야 하고, 그 거부행위가 신청인의 법률관계에 어떤 변동을 일으키는 것이어야 하며, 그 국민에게 그 행위발동을 요구할 법규상 또는 조리상의 신청권이 있어야 한다.

답 25 ⑤

② [대법원 2009. 9. 10. 선고 2007두20638 판결] 거부처분의 처분성을 인정하기 위한 전제요건이 되는 신청권의 존부는 구체적 사건에서 신청인이 누구인가를 고려하지 않고 관계 법규의 해석에 의하여 일반 국민에게 그러한 신청권을 인정하고 있는가를 살펴 추상적으로 결정되는 것이고, 신청인이 그 신청에 따른 단순한 응답을 받을 권리를 넘어서 신청의 인용이라는 만족적 결과를 얻을 권리를 의미하는 것은 아니므로, 국민이 어떤 신청을 한 경우에 그 신청의 근거가 된 조항의 해석상 행정발동에 대한 개인의 신청권을 인정하고 있다고 보이면 그 거부행위는 항고소송의 대상이 되는 처분으로 보아야 하고, 구체적으로 그 신청이 인용될 수 있는가 하는 점은 본안에서 판단하여야 할 사항이다.

③ ☞ 아래 판례가 나올 당시에는 주민등록변경신청권을 조리상 신청권으로 판단하였으나, 현재는 주민등록법 개정으로 법규상 신청권이 인정된다.
[대법원 2017. 6. 15., 선고, 2013두2945, 판결] 피해자의 의사와 무관하게 주민등록번호가 불법 유출된 경우 개인의 사생활뿐만 아니라 생명·신체에 대한 위해나 재산에 대한 피해를 입을 우려가 있고, 실제 유출된 주민등록번호가 다른 개인정보와 연계되어 각종 광고 마케팅에 이용되거나 사기, 보이스피싱 등의 범죄에 악용되는 등 사회적으로 많은 피해가 발생하고 있는 것이 현실인 점, 반면 주민등록번호가 유출된 경우 그로 인하여 이미 발생하였거나 발생할 수 있는 피해 등을 최소화할 수 있는 충분한 권리구제방법을 찾기 어려운데도 구 주민등록법에서는 주민등록번호 변경에 관한 아무런 규정을 두고 있지 않은 점, 주민등록법령상 주민등록번호 변경에 관한 규정이 없다거나 주민등록번호 변경에 따른 사회적 혼란 등을 이유로 위와 같은 불이익을 피해자가 부득이한 것으로 받아들여야 한다고 보는 것은 피해자의 개인정보자기결정권 등 국민의 기본권 보장의 측면에서 타당하지 않은 점, 주민등록번호를 관리하는 국가로서는 주민등록번호가 유출된 경우 그로 인한 피해가 최소화되도록 제도를 정비하고 보완해야 할 의무가 있으며, 일률적으로 주민등록번호를 변경할 수 없도록 할 것이 아니라 만약 주민등록번호 변경이 필요한 경우가 있다면 그 변경에 관한 규정을 두어서 이를 허용해야 하는 점 등을 종합하면, 피해자의 의사와 무관하게 주민등록번호가 유출된 경우에는 조리상 주민등록번호의 변경을 요구할 신청권을 인정함이 타당하고, 구청장의 주민등록번호 변경신청 거부행위는 항고소송의 대상이 되는 행정처분에 해당한다.

④ [대법원 2015. 3. 26. 선고 2014두42742 판결] 국토의 계획 및 이용에 관한 법률 규정에 헌법상 개인의 재산권 보장의 취지를 더하여 보면, 도시계획구역 내 토지 등을 소유하고 있는 사람과 같이 당해 도시계획시설결정에 이해관계가 있는 주민으로서는 도시시설계획의 입안권자 내지 결정권자에게 도시시설계획의 입안 내지 변경을 요구할 수 있는 법규상 또는 조리상의 신청권이 있고, 이러한 신청에 대한 거부행위는 항고소송의 대상이 되는 행정처분에 해당한다.

⑤ ☞ 이 경우 해당 상대방은 재임용거부처분 취소소송을 제기하면 된다.
[대법원 2004.4.22., 2000두7735] 기간제로 임용되어 임용기간이 만료된 국·공립대학의 조교수는 교원으로서의 능력과 자질에 관하여 합리적인 기준에 의한 공정한 심사를 받아 위 기준에 부합되면 특별한 사정이 없는 한 재임용되리라는 기대를 가지고 재임용 여부에 관하여 합리적인 기준에 의한 공정한 심사를 요구할 법규상 또는 조리상 신청권을 가진다고 할 것이니, 임용권자가 임용기간이 만료된 조교수에 대하여 재임용을 거부하는 취지로 한 임용기간만료의 통지는 위와 같은 대학교원의 법률관계에 영향을 주는 것으로서 행정소송의 대상이 되는 처분에 해당한다.

26 | 2022 |

판례상 항고소송의 대상인 처분으로 인정된 것을 모두 고른 것은?

> ㄱ. 진실·화해를 위한 과거사정리위원회의 진실규명결정
> ㄴ. 「건축법」상 건축협의의 취소
> ㄷ. 강원도지사의 혁신도시 최종입지선정행위
> ㄹ. 보건복지부고시인 약제급여·비급여목록 및 급여상한금액표

① ㄱ, ㄷ
② ㄱ, ㄹ
③ ㄴ, ㄷ
④ ㄱ, ㄴ, ㄹ
⑤ ㄴ, ㄷ, ㄹ

㉠ [대법원 2013.1.16. 2010두22856] 진실·화해를 위한 과거사정리 기본법(이하 '법'이라 한다)과 구 과거사 관련 권고사항 처리에 관한 규정(2010.2.24. 대통령령 제22055호 과거사 관련 권고사항 처리 등에 관한 규정으로 개정되기 전의 것)의 목적, 내용 및 취지를 바탕으로, 피해자 등에게 명문으로 진실규명 신청권, 진실규명결정 통지 수령권 및 진실규명결정에 대한 이의신청권 등이 부여된 점, 진실규명결정이 이루어지면 그 결정에서 규명된 진실에 따라 국가가 피해자 등에 대하여 피해 및 명예회복 조치를 취할 법률상 의무를 부담하게 되는 점, 진실·화해를 위한 과거사정리위원회가 위와 같은 법률상 의무를 부담하는 국가에 대하여 피해자 등의 피해 및 명예 회복을 위한 조치로 권고한 사항에 대한 이행의 실효성이 법적·제도적으로 확보되고 있는 점 등 여러 사정을 종합하여 보면, 법이 규정하는 진실규명결정은 국민의 권리의무에 직접적으로 영향을 미치는 행위로서 항고소송의 대상이 되는 행정처분이라고 보는 것이 타당하다.

㉡ [대법원 2014. 2. 27., 선고, 2012두22980, 판결] 건축협의 취소는 상대방이 다른 지방자치단체 등 행정주체라 하더라도 '행정청이 행하는 구체적 사실에 관한 법집행으로서의 공권력 행사'(행정소송법 제2조 제1항 제1호)로서 처분에 해당한다고 볼 수 있고, 지방자치단체인 원고가 이를 다툴 실효적 해결 수단이 없는 이상, 원고는 건축물 소재지 관할 허가권자인 지방자치단체의 장을 상대로 항고소송을 통해 건축협의 취소의 취소를 구할 수 있다.

㉢ [대법원 2007. 11. 15. 선고 2007두10198 판결] 법과 법시행령 및 이 사건 지침에는 공공기관의 지방이전을 위한 정부 등의 조치와 공공기관이 이전할 혁신도시 입지선정을 위한 사항 등을 규정하고 있을 뿐 혁신도시입지 후보지에 관련된 지역 주민 등의 권리의무에 직접 영향을 미치는 규정을 두고 있지 않으므로, 피고가 원주시를 혁신도시 최종입지로 선정한 행위는 항고소송의 대상이 되는 행정처분으로 볼 수 없다.

㉣ [대법원 2006. 9. 22. 선고 2005두2506 판결] 보건복지부 고시인 약제급여·비급여목록 및 급여상한금액표(보건복지부 고시 제2002-46호로 개정된 것)는 다른 집행행위의 매개 없이 그 자체로서 국민건강보험가입자, 국민건강보험공단, 요양기관 등의 법률관계를 직접 규율하는 성격을 가지므로 항고소송의 대상이 되는 행정처분에 해당한다.

답 26 ④

27 | 2022 |

취소소송의 제기요건에 관한 설명으로 옳은 것은? (다툼이 있으면 판례에 따름)

① 「하수도법」에 의하여 기존의 하수도정비기본계획을 변경하여 광역 하수종말처리시설(공공하수처리시설)을 설치하는 내용으로 수립한 하수도정비기본계획은 항고소송의 대상이 되지 아니한다.
② 「국가공무원법」에 따른 징계처분에 대하여는 소청심사위원회의 심사 결정을 거치지 않더라도 취소소송을 제기할 수 있다.
③ 필요적 행정심판전치주의가 적용되는 경우, 동종사건에 관하여 이미 기각재결이 있는 때에도 행정심판을 제기하지 않고 바로 취소소송을 제기할 수는 없다.
④ 취소소송은 구술로도 제기할 수 있다.
⑤ 행정심판을 거친 후 취소소송을 제기하는 경우에는 재결서 정본을 발송한 날이 제소기간의 기산점이 된다.

---

① ☞ 처분성이 인정되려면 국민의 권리·의무에 직접 영향을 미친다는 의미에서 구체성이 있어야 한다. 그런데 하수도정비기본계획은 말 그대로 "기본계획"이어서 이러한 구체성이 인정되지 않는다.
[대법원 2002. 5. 17. 선고 2001두10578 판결] 구 하수도법(1997. 3. 7. 법률 제5300호로 개정되기 전의 것) 제5조의2에 의하여 기존의 하수도정비기본계획을 변경하여 광역하수종말처리시설을 설치하는 등의 내용으로 수립한 하수도정비기본계획은 항고소송의 대상이 되는 행정처분에 해당하지 아니한다.

② ☞ 국가공무원법 제16조. 「세/도/공」으로 정리하자.

> 제16조(행정소송과의 관계) ① 제75조에 따른 처분, 그 밖에 본인의 의사에 반한 불리한 처분이나 부작위(不作爲)에 관한 행정소송은 소청심사위원회의 심사·결정을 거치지 아니하면 제기할 수 없다.

③ ☞ 「심판/동/관/변/필」에 해당한다. 행정심판을 제기함이 없이 취소소송을 제기할 수 있는 경우에 해당한다. 행정심판의 재결을 거치지 아니하고 취소소송을 제기할 수 있는 경우(제18조 제2항)와 행정심판을 제기함이 없이 취소소송을 제기할 수 있는 경우(제18조 제3항)를 구별할 수 있어야 한다.

행정심판의 재결을 거치지 아니하고 취소소송을 제기할 수 있는 경우(행정소송법 제18조 제2항)	행정심판을 제기함이 없이 취소소송을 제기할 수 있는 경우(행정소송법 제18조 제3항)
1. 행정심판청구가 있은 날로부터 60일이 지나도 재결이 없는 때 2. 처분의 집행 또는 절차의 속행으로 생길 중대한 손해를 예방하여야 할 긴급한 필요가 있는 때 3. 법령의 규정에 의한 행정심판기관이 의결 또는 재결을 하지 못할 사유가 있는 때 4. 그 밖의 정당한 사유가 있는 때	1. 동종사건에 관하여 이미 행정심판의 기각재결이 있은 때 2. 서로 내용상 관련되는 처분 또는 같은 목적을 위하여 단계적으로 진행되는 처분중 어느 하나가 이미 행정심판의 재결을 거친 때 3. 행정청이 사실심의 변론종결후 소송의 대상인 처분을 변경하여 당해 변경된 처분에 관하여 소를 제기하는 때 4. 처분을 행한 행정청이 행정심판을 거칠 필요가 없다고 잘못 알린 때

④ ☞ 소는 법원에 소장을 제출함으로써 제기한다(민사소송법 제248조). 이 규정은 행정소송법 제8조 제2항에 의하여 행정소송에 준용된다. 따라서 구술로는 취소소송을 제기할 수 없다. 일단 소가 제기된 후에 법원의 심리는 구술심리로 진행된다는 것과 혼동하지 말아야 한다.

답 27 ①

민사소송법

제248조(소제기의 방식) 소는 법원에 소장을 제출함으로써 제기한다.

행정소송법

제8조(법적용예) ② 행정소송에 관하여 이 법에 특별한 규정이 없는 사항에 대하여는 법원조직법과 민사소송법 및 민사집행법의 규정을 준용한다.

⑤ ☞ 행정소송법 제20조. 발송한 날이 아니라 재결서 정본을 송달받은 날 또는 재결이 있은 날이 기산점이 된다.

제20조(제소기간) ① 취소소송은 처분등이 있음을 안 날부터 90일 이내에 제기하여야 한다. 다만, 제18조제1항 단서에 규정한 경우와 그 밖에 행정심판청구를 할 수 있는 경우 또는 행정청이 행정심판청구를 할 수 있다고 잘못 알린 경우에 <u>행정심판청구가 있은 때의 기간은 재결서의 정본을 송달받은 날부터 기산</u>한다.
② 취소소송은 처분등이 있은 날부터 1년(<u>제1항 단서의 경우는 재결이 있은 날부터</u> 1년)을 경과하면 이를 제기하지 못한다. 다만, 정당한 사유가 있는 때에는 그러하지 아니하다.

28 | 2023 |

항고소송에 관한 설명으로 옳지 <u>않은</u> 것은? (다툼이 있으면 판례에 따름)

① 무효인 처분을 취소소송으로 다투는 경우 취소청구에는 엄밀한 의미의 취소뿐 아니라 무효를 선언하는 의미의 취소를 구하는 취지가 포함되어 있어야 한다.
② 소송요건의 구비 여부는 법원에 의한 직권조사사항이다.
③ 검사의 공소에 대하여는 행정소송의 방법으로 공소의 취소를 구할 수 있다.
④ 군의관이 하는 「병역법」상 신체등위 판정은 항고소송의 대상이 되는 처분이 아니다.
⑤ 행정청의 거부처분이 있은 후 당사자가 다시 신청을 한 경우에는 그 내용이 새로운 신청을 하는 취지라면 행정청이 이를 다시 거절하는 것은 새로운 거부처분으로 봄이 원칙이다.

....

① ☞ 판례는 무효를 선언하는 의미의 취소를 구하는 소송을 인정하는 입장이다. 이에 따르면 취소청구에는 무효를 선언하는 의미의 취소를 구하는 취지가 포함되어 있어야 한다.
[대법원 1987. 6. 9. 선고 87누219 판결] 행정처분의 당연무효를 선언하는 의미에서 그 취소를 구하는 행정소송을 제기하는 경우에는 전치절차와 그 제소기간의 준수 등 취소소송의 제소요건을 갖추어야 한다.
③ [대법원 2000. 3. 28. 선고 99두11264] 형사소송법에 의하면 검사가 공소를 제기한 사건은 기본적으로 법원의 심리대상이 되고 피의자 및 피고인은 수사의 적법성 및 공소사실에 대하여 형사소송절차를 통하여 불복할 수 있는 절차와 방법이 따로 마련되어 있으므로 <u>검사의 공소제기가 적법절차에 의하여 정당하게 이루어진 것이냐의 여부에 관계없이 검사의 공소에 대하여는 형사소송절차에 의하여서만 이를 다툴 수 있고 행정소송의 방법으로 공소의 취소를 구할 수는 없다.</u>
④ [대법원 1993. 8. 27. 선고 93누3356 판결] <u>병역법상 신체등위판정은 행정청이라고 볼 수 없는 군의관이 하도록 되어 있으며, 그 자체만으로 바로 병역법상의 권리의무가 정하여지는 것이 아니라 그에 따라 지방병무청장이 병역처분을 함으로써 비로소 병역의무의 종류가 정하여지는 것이므로 항고소송의 대상이 되는 행정처분이라 보기 어렵다.</u>

답 28 ③

⑤ ☞ 거부처분이 있은 후 동일한 내용의 신청에 대하여 다시 거절의 의사표시를 한 경우에는 새로운 처분이다. 따라서 당초처분과는 별개로 새로이 소송을 제기할 수 있다.
[대법원 2002.3.29. 선고, 2000두6084. 판결] 거부처분은 관할 행정청이 국민의 처분신청에 대하여 거절의 의사표시를 함으로써 성립되고, 그 이후 동일한 내용의 새로운 신청에 대하여 다시 거절의 의사표시를 한 경우에는 새로운 거부처분이 있는 것으로 보아야 할 것이다.

29 | 2023 |

병무청장 A가 법무부장관 B에게 '재외동포 가수 甲의 입국 자체를 금지해 달라'고 요청함에 따라 B가 甲의 입국금지 결정을 하고, 그 정보를 내부전산망인 '출입국관리정보시스템'에 입력하였으나, 甲에게는 통보하지 않았다. 이후 甲이 체류자격의 사증발급을 신청하자 재외공관장 C는 전화로 사증발급이 불허되었음을 통지하였다. 이 사안과 관련한 설명으로 옳은 것은? (다툼이 있으면 판례에 따름)

① B의 입국금지결정은 항고소송의 대상인 처분이다.
② 재외동포에 대한 사증발급은 A의 기속행위이다.
③ C의 사증발급 불허 통지는 상급행정기관의 지시를 따른 것이라면 적법하다.
④ B의 입국금지결정에는 공정력과 불가쟁력이 있다.
⑤ 처분청이 甲에 대한 입국금지결정을 함에 있어 공익과 甲이 입게 되는 불이익을 전혀 비교형량하지 않았다면 이는 위법하다.

① ☞ 처분이라고 하려면 그 상대방에게 통지가 이루어져야 한다. 그런데 법무부장관의 甲에 대한 입국금지결정은 甲에게 통보되지 않은 행정청의 내부적인 결정에 불과하여 처분성이 없다.
[대법원 2019. 7. 11., 선고, 2017두38874, 판결] 병무청장이 법무부장관에게 '가수 甲이 공연을 위하여 국외여행허가를 받고 출국한 후 미국 시민권을 취득함으로써 사실상 병역의무를 면탈하였으므로 재외동포 자격으로 재입국하고자 하는 경우 국내에서 취업, 가수활동 등 영리활동을 할 수 없도록 하고, 불가능할 경우 입국 자체를 금지해 달라'고 요청함에 따라 법무부장관이 甲의 입국을 금지하는 결정을 하고, 그 정보를 내부전산망인 '출입국관리정보시스템'에 입력하였으나, 甲에게는 통보하지 않은 사안에서, 행정청이 행정의사를 외부에 표시하여 행정청이 자유롭게 취소·철회할 수 없는 구속을 받기 전에는 '처분'이 성립하지 않으므로 법무부장관이 출입국관리법 제11조 제1항 제3호 또는 제4호, 출입국관리법 시행령 제14조 제1항, 제2항에 따라 위 입국금지결정을 했다고 해서 '처분'이 성립한다고 볼 수는 없고, 위 입국금지결정은 법무부장관의 의사가 공식적인 방법으로 외부에 표시된 것이 아니라 단지 그 정보를 내부전산망인 '출입국관리정보시스템'에 입력하여 관리한 것에 지나지 않으므로, 위 입국금지결정은 항고소송의 대상이 될 수 있는 '처분'에 해당하지 않는데도, 위 입국금지결정이 처분에 해당하여 공정력과 불가쟁력이 있다고 본 원심판단에 법리를 오해한 잘못이 있다고 한 사례.
② ☞ 재량행위이다. 참고로 재량권행사의 주체는 병무청장이 아니라 법무부장관이다.
[대법원 2019. 7. 11., 선고, 2017두38874, 판결] 재외동포에 대한 사증발급은 행정청의 재량행위에 속하는 것으로서, 재외동포가 사증발급을 신청한 경우에 출입국관리법 시행령 [별표 1의2]에서 정한 재외동포체류자격의 요건을 갖추었다고 해서 무조건 사증을 발급해야 하는 것은 아니다. 재외동포에게 출입국관리법 제11조 제1항 각호에서 정한 입국금지사유 또는 재외동포법 제5조 제2항에서 정한 재외동포체류자격 부여 제외사유

답 29 ⑤

(예컨대 '대한민국 남자가 병역을 기피할 목적으로 외국국적을 취득하고 대한민국 국적을 상실하여 외국인이 된 경우')가 있어 그의 국내 체류를 허용하지 않음으로써 달성하고자 하는 공익이 그로 말미암아 발생하는 불이익보다 큰 경우에는 행정청이 재외동포체류자격의 사증을 발급하지 않을 재량을 가진다.

③ ☞ 행정절차법상 문서주의를 위반하였으므로 절차상 하자가 있어 위법하다.

[대법원 2019. 7. 11., 선고, 2017두38874, 판결] 병무청장이 법무부장관에게 '가수 甲이 공연을 위하여 국외 여행허가를 받고 출국한 후 미국 시민권을 취득함으로써 사실상 병역의무를 면탈하였다'는 이유로 입국 금지를 요청함에 따라 법무부장관이 甲의 입국금지결정을 하였는데, 甲이 재외공관의 장에게 재외동포(F-4) 체류자격의 사증발급을 신청하자 재외공관장이 처분이유를 기재한 사증발급 거부처분서를 작성해 주지 않은 채 甲의 아버지에게 전화로 사증발급이 불허되었다고 통보한 사안에서, 甲의 재외동포(F-4) 체류자격 사증발급 신청에 대하여 재외공관장이 6일 만에 한 사증발급 거부처분이 문서에 의한 처분 방식의 예외로 행정절차법 제24조 제1항 단서에서 정한 '신속히 처리할 필요가 있거나 사안이 경미한 경우'에 해당한다고 볼 수도 없으므로 사증발급 거부처분에는 행정절차법 제24조 제1항을 위반한 하자가 있음에도, 외국인의 사증발급 신청에 대한 거부처분이 성질상 행정절차를 거치기 곤란하거나 불필요하다고 인정되는 처분에 해당하여 행정절차법의 적용이 배제된다고 판단하고, 재외공관장이 자신에게 주어진 재량권을 전혀 행사하지 않고 오로지 13년 7개월 전에 입국금지결정이 있었다는 이유만으로 그에 구속되어 사증발급 거부처분을 한 것이 비례의 원칙에 반하는 것인지 판단했어야 함에도, 입국금지결정에 따라 사증발급 거부처분을 한 것이 적법하다고 본 원심판단에 법리를 오해한 잘못이 있다.

④ ☞ 처분으로서의 성립요건을 갖추지 못하였으므로, 공정력과 불가쟁력이 없다.

[대법원 2019. 7. 11., 선고, 2017두38874, 판결] 병무청장이 법무부장관에게 '가수 甲이 공연을 위하여 국외 여행허가를 받고 출국한 후 미국 시민권을 취득함으로써 사실상 병역의무를 면탈하였으므로 재외동포 자격으로 재입국하고자 하는 경우 국내에서 취업, 가수활동 등 영리활동을 할 수 없도록 하고, 불가능할 경우 입국 자체를 금지해 달라'고 요청함에 따라 법무부장관이 甲의 입국을 금지하는 결정을 하고, 그 정보를 내부전산망인 '출입국관리정보시스템'에 입력하였으나, 甲에게는 통보하지 않은 사안에서, 행정청이 행정의사를 외부에 표시하여 행정청이 자유롭게 취소·철회할 수 없는 구속을 받기 전에는 '처분'이 성립하지 않으므로 법무부장관이 출입국관리법 제11조 제1항 제3호 또는 제4호, 출입국관리법 시행령 제14조 제1항, 제2항에 따라 위 입국금지결정을 했다고 해서 '처분'이 성립한다고 볼 수는 없고, 위 입국금지결정은 법무부장관의 의사가 공식적인 방법으로 외부에 표시된 것이 아니라 단지 그 정보를 내부전산망인 '출입국관리정보시스템'에 입력하여 관리한 것에 지나지 않으므로, 위 입국금지결정은 항고소송의 대상이 될 수 있는 '처분'에 해당하지 않는데도, 위 입국금지결정이 처분에 해당하여 공정력과 불가쟁력이 있다고 본 원심판단에 법리를 오해한 잘못이 있다고 한 사례.

⑤ ☞ 공익과 사익 간의 비교형량 없이 이루어진 처분은 재량권을 일탈·남용한 위법한 처분이다. 다만 입국금지결정은 애초에 처분성이 인정되지 않는다는 점에서 선지 자체의 타당성은 의문이다.

[대법원 2019. 7. 11., 선고, 2017두38874, 판결] 처분의 근거 법령이 행정청에 처분의 요건과 효과 판단에 일정한 재량을 부여하였는데도, 행정청이 처분으로 달성하려는 공익과 처분상대방이 입게 되는 불이익을 전혀 비교형량 하지 않은 채 처분을 한 경우, 재량권 일탈·남용으로 해당 처분을 취소해야 할 위법사유가 된다.

30 | 2023 |

국민의 신청행위에 대한 거부행위가 처분이 되기 위한 요건에 관한 설명으로 옳지 <u>않은</u> 것은? (다툼이 있으면 판례에 따름)

① 신청한 행위가 공권력의 행사 또는 이에 준하는 행정작용이어야 한다.
② 신청권의 존부는 관계 법규의 해석에 의하여 국민에게 신청권이 인정되는지 여부를 살펴 추상적으로 결정되는 것이고, 특정인의 신청이 인용될 수 있는가 하는 점은 본안에서 판단하여야 할 사항이다.
③ 행정청의 행위발동을 요구할 신청권은 법규상 또는 조리상 인정되어야 한다.
④ 직권취소를 할 수 있다는 사정만으로 이해관계인에게 처분청에 대하여 그 취소를 요구할 신청권이 부여된 것으로 볼 수는 없다.
⑤ 공사중지명령의 상대방은 명령 이후에 그 원인사유가 소멸하였음을 들어 그 명령의 철회를 요구할 수 있는 조리상의 신청권이 없다.

----

① [대법원 2018.9.28. 선고, 2017두47465. 판결] 행정소송법상 거부처분 취소소송의 대상인 '거부처분'이란 '행정청이 행하는 구체적 사실에 관한 법집행으로서의 공권력의 행사 또는 이에 준하는 행정작용', 즉 적극적 처분의 발급을 구하는 신청에 대하여 그에 따른 행위를 하지 않았다고 거부하는 행위를 말하고, 부작위위법확인소송의 대상인 '부작위'란 '행정청이 당사자의 신청에 대하여 상당한 기간 내에 일정한 처분을 하여야 할 법률상 의무가 있음에도 불구하고 이를 하지 아니하는 것'을 말한다(제2조 제1항 제1호, 제2호).
② [대법원 1996.6.11. 선고, 95누12460. 판결] 거부처분의 처분성을 인정하기 위한 전제요건이 되는 신청권의 존부는 구체적 사건에서 신청인이 누구인가를 고려하지 않고 관계 법규의 해석에 의하여 일반 국민에게 그러한 신청권을 인정하고 있는가를 살펴 추상적으로 결정되는 것이고, 신청인이 그 신청에 따른 단순한 응답을 받을 권리를 넘어서 신청의 인용이라는 만족적 결과를 얻을 권리를 의미하는 것은 아니다. 따라서 국민이 어떤 신청을 한 경우에 그 신청의 근거가 된 조항의 해석상 행정발동에 대한 개인의 신청권을 인정하고 있다고 보여지면 그 거부행위는 항고소송의 대상이 되는 처분으로 보아야 할 것이고, 구체적으로 그 신청이 인용될 수 있는가 하는 점은 본안에서 판단하여야 할 사항인 것이다.
③ [대법원 2009. 9. 10., 선고, 2007두20638, 판결] 국민의 적극적 신청행위에 대하여 행정청이 그 신청에 따른 행위를 하지 않겠다고 거부한 행위가 항고소송의 대상이 되는 행정처분에 해당하는 것이라고 하려면, 그 신청한 행위가 공권력의 행사 또는 이에 준하는 행정작용이어야 하고, 그 거부행위가 신청인의 법률관계에 어떤 변동을 일으키는 것이어야 하며, 그 국민에게 그 행위발동을 요구할 법규상 또는 조리상의 신청권이 있어야 한다.
④ [대법원 2006. 6. 30., 선고, 2004두701, 판결] 산림법령에는 채석허가처분을 한 처분청이 산림을 복구한 자에 대하여 복구설계서승인 및 복구준공통보를 한 경우 그 취소신청과 관련하여 아무런 규정을 두고 있지 않고, 원래 행정처분을 한 처분청은 그 처분에 하자가 있는 경우에는 원칙적으로 별도의 법적 근거가 없더라도 스스로 이를 직권으로 취소할 수 있지만, 그와 같이 직권취소를 할 수 있다는 사정만으로 이해관계인에게 처분청에 대하여 그 취소를 요구할 신청권이 부여된 것으로 볼 수는 없으므로, 처분청이 위와 같이 법규상 또는 조리상의 신청권이 없이 한 이해관계인의 복구준공통보 등의 취소신청을 거부하더라도, 그 거부행위는 항고소송의 대상이 되는 처분에 해당하지 않는다고 한 사례.

답 30 ⑤

⑤ [대법원 2007.5.11. 2007두1811] 지방자치단체장이 공장시설을 신축하는 회사에 대하여 사업승인 내지 건축허가 당시 부가하였던 조건을 이행할 때까지 신축공사를 중지하라는 명령을 한 경우, 위 회사에게는 중지명령의 원인사유가 해소되었음을 이유로 당해 공사중지명령의 해제를 요구할 수 있는 권리가 조리상 인정된다.

31 | 2023 |

판례상 항고소송의 대상에 해당하지 <u>않는</u> 것은?

① 「국토의 계획 및 이용에 관한 법률」상 토지거래계약에 관한 허가구역의 지정
② 소유권자가 신청한 건축물 대장의 용도변경신청을 거부한 행위
③ 금융감독위원회의 부실금융기관에 대한 파산신청
④ 군수의 개별공시지가의 결정
⑤ 원천징수의무자인 법인에 대한 과세관청의 소득처분에 따른 소득금액변동통지

---

① ☞ 일단 토지거래허가구역으로 지정되면 관할 단체장의 허가(강학상 인가) 없이는 사인간 토지거래의 효력이 발생하지 않는다. 따라서 토지거래허가구역 지정은 처분성이 인정된다.
[대법원 2006. 12. 22., 선고, 2006두12883, 판결] 항고소송의 대상이 되는 행정처분이란 특정 사항에 대하여 법규에 의한 권리의 설정 또는 의무의 부담을 명하거나 기타 법률상 효과를 발생하게 하는 등 국민의 권리의무에 직접 관계가 있는 행위를 가리키는 것인바, 국토의 계획 및 이용에 관한 법률의 규정에 의하면, 같은 법에 따라 토지거래계약에 관한 허가구역으로 지정되는 경우, 허가구역 안에 있는 토지에 대하여 소유권이전 등을 목적으로 하는 거래계약을 체결하고자 하는 당사자는 공동으로 행정관청으로부터 허가를 받아야 하는 등 일정한 제한을 받게 되고, 허가를 받지 아니하고 체결한 토지거래계약은 그 효력이 발생하지 아니하며, 토지거래계약허가를 받은 자는 5년의 범위 이내에서 대통령령이 정하는 기간 동안 그 토지를 허가받은 목적대로 이용하여야 하는 의무도 부담하며, 같은 법에 따른 토지이용의무를 이행하지 아니하는 경우 이행강제금을 부과당하게 되는 등 토지거래계약에 관한 허가구역의 지정은 개인의 권리 내지 법률상의 이익을 구체적으로 규제하는 효과를 가져오게 하는 행정청의 처분에 해당하고, 따라서 이에 대하여는 원칙적으로 항고소송을 제기할 수 있다.
② [대법원 2009. 1. 30., 선고, 2007두7277, 판결] 구 건축법(2005. 11. 8. 법률 제7696호로 개정되기 전의 것) 제14조 제4항의 규정은 건축물의 소유자에게 건축물대장의 용도변경신청권을 부여한 것이고, 한편 건축물의 용도는 토지의 지목에 대응하는 것으로서 건물의 이용에 대한 공법상의 규제, 건축법상의 시정명령, 지방세 등의 과세대상 등 공법상 법률관계에 영향을 미치고, 건물소유자는 용도를 토대로 건물의 사용·수익·처분에 일정한 영향을 받게 된다. 이러한 점 등을 고려해 보면, 건축물대장의 용도는 건축물의 소유권을 제대로 행사하기 위한 전제요건으로서 건축물 소유자의 실체적 권리관계에 밀접하게 관련되어 있으므로, 건축물대장 소관청의 용도변경신청 거부행위는 국민의 권리관계에 영향을 미치는 것으로서 항고소송의 대상이 되는 행정처분에 해당한다.
③ ☞ 파산신청은 법원에 대한 재판상 청구이므로, 처분에 해당하지 않는다.
[헌재 1998.9.30. 97헌바38] 구 금융산업의 구조개선에 관한 법률(2002. 12. 26. 법률 제6807호로 개정되기 전의 것) 제16조 제1항 및 구 상호저축은행법(2003. 12. 11. 법률 제6992호로 개정되기 전의 것) 제24조의13에 의하여 금융감독위원회는 부실금융기관에 대하여 파산을 신청할 수 있는 권한을 보유하고 있는바, 위 파산신청은 그 성격이 법원에 대한 재판상 청구로서 그 자체가 국민의 권리·의무에 어떤 영향을 미치는 것이 아닐

답 31 ③

뿐만 아니라, 위 파산신청으로 인하여 당해 부실금융기관이 파산절차 내에서 여러 가지 법률상 불이익을 입는다 할지라도 파산법원이 관할하는 파산절차 내에서 그 신청의 적법 여부 등을 다투어야 할 것이므로, 위와 같은 금융감독위원회의 파산신청은 행정소송법상 취소소송의 대상이 되는 행정처분이라 할 수 없다.

④ [대법원 1996. 6. 25., 선고, 93누17935, 판결] 개별공시지가의 결정에 위법이 있는 경우에는 그 자체를 행정소송의 대상이 되는 행정처분으로 보아 그 위법 여부를 다툴 수 있음은 물론 이를 기초로 과세표준을 산정한 과세처분의 취소를 구하는 조세소송에서도 그 개별공시지가결정의 위법을 독립된 쟁송사유로 주장할 수 있고, 이 경우 당해 과세처분에 대한 항고소송을 제기하는 데에는 행정소송법 제18조 제1항, 국세기본법 제55조, 제56조의 각 규정이 정하는 바에 따라 당해 과세처분에 대한 심사 및 심판청구 등의 전심절차를 거침으로써 충분하고, 그 외에 개별공시지가결정 자체에 대한 별도의 전심절차의 이행이 요구되지는 않는다.

⑤ ☞ 파산선청은 금융감독위원회의 법원에 대한 재판상 청구로서 행정기관 상호간의 행위이다. 따라서 처분성이 부정된다.
[대법원 2013.9.26. 선고, 2011두12917, 판결] 원천징수의무자인 법인에 대한 소득금액변동통지는 원천징수의무자인 법인의 납세의무에 직접 영향을 미치는 조세행정처분으로서, 원천징수의무자인 법인은 소득금액변동통지서를 받은 날에 그 통지서에 기재된 소득의 귀속자에게 당해 소득금액을 지급한 것으로 의제되어 그때 원천징수하는 소득세 또는 법인세의 납세의무가 성립함과 동시에 확정되고, 원천징수의무자인 법인으로서는 소득금액변동통지서에 기재된 소득처분의 내용에 따라 원천징수세액을 그 다음 달 10일까지 관할 세무서장 등에게 납부하여야 할 의무를 부담한다. 이러한 원천징수의무자인 법인에 대한 소득금액변동통지의 성격과 효과, 그리고 구 법인세법 시행령 제137조 제1항, 구 소득세법 시행령 제192조 제1항, 구 소득세법 시행규칙 제100조 제24호 등이 소득금액변동통지서에 '소득자의 성명·주소 등'과 소득금액을 기재하도록 규정하고 있는 점 등에 비추어 보면, 과세관청이 소득금액변동통지서에 소득의 귀속자나 소득의 귀속자별 소득금액을 특정하여 기재하지 않은 채 소득금액변동통지를 하였다면 특별한 사정이 없는 한 그 소득금액변동통지는 위법하다.

32 | 2023 |

판례상 항고소송의 대상에 해당하는 것을 모두 고른 것은?

> ㄱ. 도지사가 지방의료원을 폐업하겠다는 결정
> ㄴ. 국가인권위원회의 성희롱결정 및 시정조치권고
> ㄷ. 5개 중앙부처가 합동으로 발표한 '4대강 살리기 마스터플랜'
> ㄹ. 공공기관이 공개청구의 대상이 된 정보를 청구인이 신청한 공개방법 이외의 방법으로 공개하기로 하는 결정

① ㄱ, ㄷ ② ㄱ, ㄹ ③ ㄴ, ㄷ
④ ㄱ, ㄴ, ㄹ ⑤ ㄴ, ㄷ, ㄹ

ㄱ. ☞ 항고소송의 대상이다.
[대법원 2016.8.30. 선고, 2015두60617, 판결] 甲 도지사가 도에서 설치·운영하는 乙 지방의료원을 폐업하겠다는 결정을 발표하고 그에 따라 폐업을 위한 일련의 조치가 이루어진 후 乙 지방의료원을 해산한다는 내용의 조례를 공포하고 乙 지방의료원의 청산절차가 마쳐진 사안에서, 지방의료원의 설립·통합·해산은 지방자치단

답 32 ④

체의 조례로 결정할 사항이므로, 도가 설치·운영하는 乙 지방의료원의 폐업·해산은 도의 조례로 결정할 사항인 점 등을 종합하면, 甲 도지사의 폐업결정은 행정청이 행하는 구체적 사실에 관한 법집행으로서의 공권력 행사로서 입원환자들과 소속 직원들의 권리·의무에 직접 영향을 미치는 것이므로 항고소송의 대상에 해당하지만, 폐업결정 후 乙 지방의료원을 해산한다는 내용의 조례가 제정·시행되었고 조례가 무효라고 볼 사정도 없어 乙 지방의료원을 폐업 전의 상태로 되돌리는 원상회복은 불가능하므로 법원이 폐업결정을 취소하더라도 단지 폐업결정이 위법함을 확인하는 의미밖에 없고, 폐업결정의 취소로 회복할 수 있는 다른 권리나 이익이 남아있다고 보기도 어려우므로, 甲 도지사의 폐업결정이 법적으로 권한 없는 자에 의하여 이루어진 것으로서 위법하더라도 취소를 구할 소의 이익을 인정하기 어렵다고 한 사례.

ㄴ. ☞ 항고소송의 대상이다.
[대법원 2005.7.8. 선고, 2005두487. 판결] 구 남녀차별금지및구제에관한법률 제28조에 의하면, 국가인권위원회의 성희롱결정과 이에 따른 시정조치의 권고는 불가분의 일체로 행하여지는 것인데 국가인권위원회의 이러한 결정과 시정조치의 권고는 성희롱 행위자로 결정된 자의 인격권에 영향을 미침과 동시에 공공기관의 장 또는 사용자에게 일정한 법률상의 의무를 부담시키는 것이므로 국가인권위원회의 성희롱결정 및 시정조치권고는 행정소송의 대상이 되는 행정처분에 해당한다고 보지 않을 수 없다.

ㄷ. ☞ 비구속적 행정계획으로서 처분성이 부정된다.
[대법원 2011.4.21. 자, 2010무111. 전원합의체 결정] 국토해양부, 환경부, 문화체육관광부, 농림수산부, 식품부가 합동으로 2009.6.8. 발표한 '4대강 살리기 마스터플랜' 등은 4대강 정비사업과 주변 지역의 관련 사업을 체계적으로 추진하기 위하여 수립한 종합계획이자 '4대강 살리기 사업'의 기본방향을 제시하는 계획으로서, 행정기관 내부에서 사업의 기본방향을 제시하는 것일 뿐, 국민의 권리·의무에 직접 영향을 미치는 것이 아니어서 행정처분에 해당하지 않는다고 한 사례

ㄹ. ☞ 청구인이 대상정보의 복사를 청구하였는데 해당 공공기관이 복사를 거부하고 열람만 허용한 사례이다. 이 경우 대상정보의 복사거부는 공개방법에 관한 거부처분에 해당한다.
[대법원 2016.11.10. 선고, 2016두44674. 판결] 구 공공기관의 정보공개에 관한 법률은, 정보의 공개를 청구하는 이(이하 '청구인'이라고 한다)가 정보공개방법도 아울러 지정하여 정보공개를 청구할 수 있도록 하고 있고, 전자적 형태의 정보를 전자적으로 공개하여 줄 것을 요청한 경우에는 공공기관은 원칙적으로 요청에 응할 의무가 있고, 나아가 비전자적 형태의 정보에 관해서도 전자적 형태로 공개하여 줄 것을 요청하면 재량판단에 따라 전자적 형태로 변환하여 공개할 수 있도록 하고 있다. 이는 정보의 효율적 활용을 도모하고 청구인의 편의를 제고함으로써 구 정보공개법의 목적인 국민의 알 권리를 충실하게 보장하려는 것이므로, 청구인에게는 특정한 공개방법을 지정하여 정보공개를 청구할 수 있는 법령상 신청권이 있다. 따라서 공공기관이 공개청구의 대상이 된 정보를 공개는 하되, 청구인이 신청한 공개방법 이외의 방법으로 공개하기로 하는 결정을 하였다면, 이는 정보공개청구 중 정보공개방법에 관한 부분에 대하여 일부 거부처분을 한 것이고, 청구인은 그에 대하여 항고소송으로 다툴 수 있다.

33 | 2024 |

항고소송의 대상이 될 수 있는 것을 모두 고른 것은? (다툼이 있으면 판례에 따름)

┌───┐
│ ㄱ. 세무조사의 결정   ㄴ. 공매의 통지   │
│ ㄷ. 과세관청의 소득금액변동 통지   ㄹ. 국세환급금의 결정   │
│ ㅁ. 과세관청의 결손금 감액경정 통지   │
└───┘

① ㄱ, ㄴ
② ㄴ, ㅁ
③ ㄱ, ㄷ, ㄹ
④ ㄱ, ㄷ, ㅁ
⑤ ㄴ, ㄹ, ㅁ

ㄱ. ☞ 세무조사의 상대방에게 세무조사에 응할 의무를 발생시키므로 처분성이 인정된다.
[대판 2011.3.10, 2009두23617,23624] 부과처분을 위한 과세관청의 질문조사권이 행해지는 세무조사결정이 있는 경우 납세의무자는 세무공무원의 과세자료 수집을 위한 질문에 대답하고 검사를 수인하여야 할 법적 의무를 부담하게 되는 점, 세무조사는 기본적으로 적정하고 공평한 과세의 실현을 위하여 필요한 최소한의 범위 안에서 행하여져야 하고, 더욱이 동일한 세목 및 과세기간에 대한 재조사는 납세자의 영업의 자유 등 권익을 심각하게 침해할 뿐만 아니라 과세관청에 의한 자의적인 세무조사의 위험마저 있으므로 조세공평의 원칙에 현저히 반하는 예외적인 경우를 제외하고는 금지될 필요가 있는 점, 납세의무자로 하여금 개개의 과태료 처분에 대하여 불복하거나 조사 종료 후의 과세처분에 대하여만 다툴 수 있도록 하는 것보다는 그에 앞서 세무조사결정에 대하여 다툼으로써 분쟁을 조기에 근본적으로 해결할 수 있는 점 등을 종합하면, 세무조사결정은 납세의무자의 권리·의무에 직접 영향을 미치는 공권력의 행사에 따른 행정작용으로서 항고소송의 대상이 된다.

ㄴ. ☞ 공매처분의 구성요소에 불과하여 처분성이 부정된다.
[대판 2007.7.27, 2006두8464] 한국자산공사가 당해 부동산을 인터넷을 통하여 재공매(입찰)하기로 한 결정 자체는 내부적인 의사결정에 불과하여 항고소송의 대상이 되는 행정처분이라고 볼 수 없고, 또한 한국자산공사가 공매통지는 공매의 요건이 아니라 공매사실 자체를 체납자에게 알려주는 데 불과한 것으로서, 통지의 상대방의 법적 지위나 권리·의무에 직접 영향을 주는 것이 아니라고 할 것이므로 이것 역시 행정처분에 해당한다고 할 수 없다.

ㄷ. ☞ (ⅰ) 원천징수의무자인 법인에게 소득금액변동 통지가 있게 되면 법인은 원천징수세액을 추가로 납부하여야 한다. 따라서 원천징수의무자에 대한 처분에 해당한다. (ⅱ) 반면에 원천납세의무인 소득의 귀속자에게 납부의무를 발생시키는 것이 아니므로 원천납세의무자에 대한 처분은 아니다.
[대판 전합 2006.4.20, 2002두1878] 과세관청의 소득처분과 그에 따른 소득금액변동통지가 있는 경우 원천징수의무자인 법인은 소득금액변동통지서를 받은 날에 그 통지서에 기재된 소득의 귀속자에게 당해 소득금액을 지급한 것으로 의제되어 그 때 원천징수하는 소득세의 납세의무가 성립함과 동시에 확정되고, 원천징수의무자인 법인으로서는 소득금액변동통지서에 기재된 소득처분의 내용에 따라 원천징수세액을 그 다음달 10일까지 관할 세무서장 등에게 납부하여야 할 의무를 부담하며, 만일 이를 이행하지 아니하는 경우에는 가산세의 제재를 받게 됨은 물론이고 형사처벌까지 받도록 규정되어 있는 점에 비추어 보면, 소득금액변동통지는 원천징수의무자인 법인의 납세의무에 직접 영향을 미치는 과세관청의 행위로서, 항고소송의 대상이 되는 조세행정처분이라고 봄이 상당하다.

ㄹ. ☞ 이미 법률에 따라 환급청구권이 확정된 경우이므로 처분성이 부정된다. (ⅰ) 조세과오납을 원인으로 하는 국세환급금의 경우에는 민사상 부당이득반환소송의 대상이 되고, (ⅱ) 부가가치세 환급청구의 경우에는 공법상 당사자소송의 대상이 된다.

답 33 ④

[대판 전합 1989.6.15. 88누6436] 국세기본법 제51조 및 제52조 국세환급금 및 국세가산금결정에 관한 규정은 이미 납세의무자의 환급청구권이 확정된 국세환급금 및 가산금에 대하여 내부적 사무처리절차로서 과세관청의 환급절차를 규정한 것에 지나지 않고 그 규정에 의한 국세환급금(가산금 포함)결정에 의하여 비로소 환급청구권이 확정되는 것은 아니므로 국세환급금결정이나 이 결정을 구하는 신청에 대한 환급거부결정 등은 납세의무자가 갖는 환급청구권의 존부나 범위에 구체적이고 직접적인 영향을 미치는 처분이 아니어서 항고소송의 대상이 되는 처분이라고 볼 수 없다.

ㅁ. ☞ 과세관청의 결손금 감액경정이 있게 되면 납세의무자는 결손금이 감액된 만큼 추후 이월결손금 공제를 할 수 없게 되어 그만큼 법인세·소득세의 부담이 증가한다. 따라서 납세의무자의 납세의무에 직접 영향을 미치는 경우로서 처분성이 인정된다.
[대법원 2020. 7. 9. 선고 2017두63788] 개정 법인세법이 시행된 2010. 1. 1. 이후 최초로 과세표준을 신고한 사업연도에 발생한 결손금 등에 대하여 과세관청의 결손금 감액경정이 있는 경우, 특별한 사정이 없는 한 납세의무자로서는 결손금 감액경정 통지가 이루어진 단계에서 그 적법성을 다투지 않는 이상 이후 사업연도 법인세의 이월결손금 공제와 관련하여 종전의 결손금 감액경정이 잘못되었다거나 과세관청이 경정한 결손금 외에 공제될 수 있는 이월결손금이 있다는 주장을 할 수 없다고 보아야 할 것이므로, 이러한 과세관청의 결손금 감액경정은 이후 사업연도의 이월결손금 공제와 관련하여 법인세 납세의무자인 법인의 납세의무에 직접 영향을 미치는 과세관청의 행위로서, 항고소송의 대상이 되는 행정처분이라고 봄이 타당하다.

34 | 2024 |

판례에 의할 때 항고소송의 대상이 될 수 없는 것은?

① 불가쟁력이 생긴 행정처분의 변경신청에 대해서 그 처분을 그대로 유지하기로 하는 거부결정
② 환경영향평가 대상지역 내 주민이 공유수면매립면허의 취소를 신청한 것에 대한 거부결정
③ 건축물대장의 작성에 대한 신청을 반려하는 행위
④ 개발부담금을 납부한 후 개발부담금에서 공제되어야 하는 학교용지부담금을 납부한 경우 그 금액에 대한 개발부담금의 환급을 신청한 것에 대한 거부결정
⑤ 이주대책대상제외결정에 대한 이의신청을 새로운 신청으로 볼 수 있는 경우 그 이의신청에 대한 기각결정

① ☞ 제소기간이 도과하여 불가쟁력이 생긴 행정처분에 대하여 국민에게 그 변경을 구할 신청권이 인정되지 않는다. 따라서 행정청이 변경을 거부하더라도 거부처분에 해당하지 않는다. 만약 이 경우에 거부의 처분성을 인정하면 제소기간이 무의미해지는 결과가 된다.
[대법원 2007. 4. 26. 선고 2005두11104] 행정청이 국민의 신청에 대하여 한 거부행위가 항고소송의 대상이 되는 행정처분으로 되려면, 행정청의 행위를 요구할 법규상 또는 조리상의 신청권이 국민에게 있어야 하고, 이러한 신청권의 근거 없이 한 국민의 신청을 행정청이 받아들이지 아니한 경우에는 그 거부로 인하여 신청인의 권리나 법적 이익에 어떤 영향을 주는 것이 아니므로 이를 항고소송의 대상이 되는 행정처분이라 할 수 없다(대법원 1984. 10. 23. 선고 84누227 판결, 2005. 4. 15. 선고 2004두11626 판결 등 참조). 그리고 제소기간이 이미 도과하여 불가쟁력이 생긴 행정처분에 대하여는 개별 법규에서 그 변경을 요구할 신청권을 규정하고 있거나 관계 법령의 해석상 그러한 신청권이 인정될 수 있는 등 특별한 사정이 없는 한 국민에게 그 행정처분의 변경을 구할 신청권이 있다 할 수 없다.

② ☞ 환경영향평가 대상지역 내 주민은 공유수면매립면허의 취소를 구할 법률상 이익, 즉 신청권이 있다. 따라서 취소신청에 대한 거부결정에는 처분성이 인정된다.

[대법원 2006. 3. 16. 선고 2006두330 전합] 공유수면매립면허처분과 농지개량사업 시행인가처분의 근거 법규 또는 관련 법규가 되는 구 공유수면매립법(1997. 4. 10. 법률 제5337호로 개정되기 전의 것), 구 농촌근대화촉진법(1994. 12. 22. 법률 제4823호로 개정되기 전의 것), 구 환경보전법(1990. 8. 1. 법률 제4257호로 폐지), 구 환경보전법 시행령(1991. 2. 2. 대통령령 제13303호로 폐지), 구 환경정책기본법(1993. 6. 11. 법률 제4567호로 개정되기 전의 것), 구 환경정책기본법 시행령(1992. 8. 22. 대통령령 제13715호로 개정되기 전의 것)의 각 관련 규정의 취지는, 공유수면매립과 농지개량사업시행으로 인하여 직접적이고 중대한 환경피해를 입으리라고 예상되는 환경영향평가 대상지역 안의 주민들이 전과 비교하여 수인한도를 넘는 환경침해를 받지 아니하고 쾌적한 환경에서 생활할 수 있는 개별적 이익까지도 이를 보호하려는 데에 있다고 할 것이므로, 위 주민들이 공유수면매립면허처분 등과 관련하여 갖고 있는 위와 같은 환경상의 이익은 주민 개개인에 대하여 개별적으로 보호되는 직접적·구체적 이익으로서 그들에 대하여는 특단의 사정이 없는 한 환경상의 이익에 대한 침해 또는 침해우려가 있는 것으로 사실상 추정되어 공유수면매립면허처분 등의 무효확인을 구할 원고적격이 인정된다.

③ ☞ 건축물대장이 작성되지 않으면 소유권등기시 필수첨부서류인 건축물대장등본을 발급받을 수 없게 된다. 따라서 작성신청에 대한 반려는 거부처분에 해당한다.

[대판 2009.2.12, 2007두17359] 구 건축법 제29조 제2항, 구 건축물대장의 기재 및 관리 등에 관한 규칙 제1조, 제5조 제1항, 제2항, 제3항의 각 규정에 의하면, 구 건축법 제18조의 규정에 의한 사용승인(다른 법령에 의하여 사용승인으로 의제되는 준공검사·준공인가 등을 포함한다)을 신청하는 자 또는 구 건축법 제18조의 규정에 의한 사용승인을 얻어야 하는 자 외의 자는 건축물대장의 작성 신청권을 가지고 있고, 한편 건축물대장은 건축물에 대한 공법상의 규제, 지방세의 과세대상, 손실보상가액의 산정 등 건축행정의 기초자료로서 공법상의 법률관계에 영향을 미칠 뿐만 아니라, 건축물에 관한 소유권보존등기 또는 소유권이전등기를 신청하려면 이를 등기소에 제출하여야 하는 점 등을 종합해 보면, 건축물대장의 작성은 건축물의 소유권을 제대로 행사하기 위한 전제요건으로서 건축물 소유자의 실체적 권리관계에 밀접하게 관련되어 있으므로 건축물대장 소관청의 작성신청 반려행위는 국민의 권리관계에 영향을 미치는 것으로서 항고소송의 대상이 되는 행정처분에 해당한다.

④ ☞ 조리상 개발부담금의 취소나 변경 등 환급에 필요한 처분을 신청할 권리가 인정된다. 따라서 그 개발부담금 환급거부에는 처분성이 인정된다. 국세환급거부에 처분성이 부정되는 것과 혼동하지 않도록 주의를 요한다.

[대법원 2016. 1. 28. 선고 2013두2938 판결] 개발부담금 제도는 사업시행자가 개발사업을 시행한 결과 개발 대상 토지의 지가가 상승하여 정상지가상승분을 초과하는 개발이익이 생긴 경우에 이를 일부 환수함으로써 경제정의를 실현하고 토지에 대한 투기를 방지하여 토지의 효율적인 이용의 촉진을 도모하기 위한 제도이므로, 개발사업시행자에게 부과할 개발부담금 산정의 전제가 되는 개발이익을 산출할 때는 가능한 한 부과대상자가 현실적으로 얻게 되는 개발이익을 실제에 가깝도록 산정하여야 한다. 위 법리에 비추어 보면, 개발부담금을 부과할 때는 가능한 한 모든 개발비용을 공제함이 마땅하다. 개발공사를 위해 직접 투입되는 순공사비, 조사비, 설계비, 일반관리비 등은 통상 개발부담금의 원칙적인 부과 종료시점인 개발사업의 준공인가일 전에 지출되므로 준공인가일로부터 3개월 이내에 개발부담금을 부과하여도 개발비용으로 공제받는 데 특별한 문제가 없다. 그러나 분양계약 체결 후 납부절차를 밟도록 정하고 있는 학교용지부담금은 준공인가를 받은 후 분양계약이 장기간 지연되거나 분양이 이루어지지 않을 수도 있어 준공인가일로부터 3개월 이내에 납부되지 않을 가능성이 높다. 그럼에도 관련 법령이 일괄적으로 개발사업의 준공인가일로부터 3개월 이내에 개발부담금을 부과하도록 하면서 분양계약 후 실제 납부한 학교용지부담금에 한하여 개발비용으로 공제받을 수 있도록 정하고 있는 바람에, 개발사업에 따른 분양계약이 준공인가일로부터 2개월이 지나 체결된 경우에는 그로부터 1개월 이내에 학교용지부담금 납부절차가 마쳐지지 않아 개발부담금 부과처분 시 학교용지부담금이 공제되

지 않을 가능성이 높고, 급기야 준공인가일로부터 3개월 후에 체결된 경우에는 학교용지부담금이 공제될 여지가 아예 없다. 이러한 경우 개발부담금 부과처분 후에 학교용지부담금을 납부한 개발사업시행자는 마땅히 공제받아야 할 개발비용을 전혀 공제받지 못하는 법률상 불이익을 입게 될 수 있는데도 구 개발이익 환수에 관한 법률(2014. 1. 14. 법률 제12245호로 개정되기 전의 것), 같은 법 시행령(2014. 7. 14. 대통령령 제25452호로 개정되기 전의 것)은 불복방법에 관하여 아무런 규정을 두지 않고 있다. 위와 같은 사정을 앞서 본 법리에 비추어 보면, **개발사업시행자가 납부한 개발부담금 중 부과처분 후에 납부한 학교용지부담금에 해당하는 금액에 대하여는 조리상 개발부담금 부과처분의 취소나 변경 등 개발부담금의 환급에 필요한 처분을 신청할 권리를 인정함이 타당하다.**

⑤ ☞ 이주대책대상제외결정에 대한 이의신청을 새로운 신청으로 볼 수 있다는 말은 상대방에게 신청권이 인정된다는 의미이다. 그렇다면 그 이의신청에 대한 기각결정의 실질은 거부처분이 된다.
[대법원 2021. 1. 14. 선고 2020두50324 판결] 수익적 행정처분을 구하는 신청에 대한 거부처분은 당사자의 신청에 대하여 관할 행정청이 이를 거절하는 의사를 대외적으로 명백히 표시함으로써 성립된다. **거부처분이 있은 후 당사자가 다시 신청을 한 경우에는 신청의 제목 여하에 불구하고 그 내용이 새로운 신청을 하는 취지라면 관할 행정청이 이를 다시 거절하는 것은 새로운 거부처분이라고 보아야 한다.**

35 | 2025 |

공부(公簿)상 기재행위와 관련하여 처분성이 인정되지 <u>않는</u> 것은? (다툼이 있으면 판례에 따름)

① 토지대장 직권말소행위
② 토지대장상의 소유자명의변경신청 거부행위
③ 건축물대장 작성신청 반려행위
④ 건축물대장 용도변경신청 거부행위
⑤ 지적공부상 토지면적등록 정정신청 반려행위

----

① ☞ 토지대장등본은 부동산 소유권이전등기를 위한 필수서류이다. 따라서 토지대장의 직권말소행위는 토지소유자의 재산권 행사와 직접 관련되어 처분성이 인정된다.
[대법원 2013. 10. 24. 선고 2011두13286 판결] 토지대장은 토지에 대한 공법상의 규제, 개발부담금의 부과대상, 지방세의 과세대상, 공시지가의 산정, 손실보상가액의 산정 등 토지행정의 기초자료로서 공법상의 법률관계에 영향을 미칠 뿐만 아니라, **토지에 관한 소유권보존등기 또는 소유권이전등기를 신청하려면 이를 등기소에 제출해야 하는 점 등을 종합해 보면, 토지대장은 토지의 소유권을 제대로 행사하기 위한 전제요건으로서 토지 소유자의 실체적 권리관계에 밀접하게 관련되어 있으므로, 이러한 토지대장을 직권으로 말소한 행위는 국민의 권리관계에 영향을 미치는 것으로서 항고소송의 대상이 되는 행정처분에 해당한다.**
② ☞ 처분성이 인정되지 않는다. 부동산에 대한 권리관계는 대장이 아니라 등기부를 보고 판단하므로, 토지대장상 소유자명의는 토지에 대한 권리관계에 영향을 미치지 않기 때문이다.
[대법원 2012. 1. 12., 선고, 2010두12354, 판결] 토지대장에 기재된 일정한 사항을 변경하는 행위는, 그것이 지목의 변경이나 정정 등과 같이 토지소유권 행사의 전제요건으로서 토지소유자의 실체적 권리관계에 영향을 미치는 사항에 관한 것이 아닌 한 행정사무집행의 편의와 사실증명의 자료로 삼기 위한 것일 뿐이어서, 그 소유자 명의가 변경된다고 하여도 이로 인하여 당해 토지에 대한 실체상의 권리관계에 변동을 가져올 수 없고 토지

답 35 ②

소유권이 지적공부의 기재만에 의하여 증명되는 것도 아니다. 따라서 소관청이 토지대장상의 소유자명의변경신청을 거부한 행위는 이를 항고소송의 대상이 되는 행정처분이라고 할 수 없다.

③ ☞ 건축물대장등본을 첨부하지 않으면 건물에 대한 소유권등기가 불가능하다. 따라서 건축물대장 작성신청 반려행위는 건축물 소유자의 실체적 권리관계에 밀접하게 관련되어 처분성이 인정된다.

[대판 2009.2.12, 2007두17359] 구 건축법 제29조 제2항, 구 건축물대장의 기재 및 관리 등에 관한 규칙 제1조, 제5조 제1항, 제2항, 제3항의 각 규정에 의하면, 구 건축법 제18조의 규정에 의한 사용승인(다른 법령에 의하여 사용승인으로 의제되는 준공검사·준공인가 등을 포함한다)을 신청하는 자 또는 구 건축법 제18조의 규정에 의한 사용승인을 얻어야 하는 자 외의 자는 건축물대장의 작성 신청권을 가지고 있고, 한편 건축물대장은 건축물에 대한 공법상의 규제, 지방세의 과세대상, 손실보상가액의 산정 등 건축행정의 기초자료로서 공법상의 법률관계에 영향을 미칠 뿐만 아니라, 건축물에 관한 소유권보존등기 또는 소유권이전등기를 신청하려면 이를 등기소에 제출하여야 하는 점 등을 종합해 보면, 건축물대장의 작성은 건축물의 소유권을 제대로 행사하기 위한 전제요건으로서 건축물 소유자의 실체적 권리관계에 밀접하게 관련되어 있으므로 건축물대장 소관청의 작성신청 반려행위는 국민의 권리관계에 영향을 미치는 것으로서 항고소송의 대상이 되는 행정처분에 해당한다.

④ ☞ 건축물대장의 용도가 변경되지 않으면 건축물 소유자가 계획한 대로 건축물을 사용할 수 없게 된다.

[대법원 2009. 1. 30., 선고, 2007두7277, 판결] 구 건축법 제14조 제4항의 규정은 건축물의 소유자에게 건축물대장의 용도변경신청권을 부여한 것이고, 한편 건축물의 용도는 토지의 지목에 대응하는 것으로서 건물의 이용에 대한 공법상의 규제, 건축법상의 시정명령, 지방세 등의 과세대상 등 공법상 법률관계에 영향을 미치고, 건물소유자는 용도를 토대로 건물의 사용·수익·처분에 일정한 영향을 받게 된다. 이러한 점 등을 고려해 보면, 건축물대장의 용도는 건축물의 소유권을 제대로 행사하기 위한 전제요건으로서 건축물 소유자의 실체적 권리관계에 밀접하게 관련되어 있으므로, 건축물대장 소관청의 용도변경신청 거부행위는 국민의 권리관계에 영향을 미치는 것으로서 항고소송의 대상이 되는 행정처분에 해당한다.

⑤ ☞ 공익사업을 시행하는 한국도로공사는 토지대장(지적공부)에 등록된 면적을 기준으로 보상금 액수를 결정한다. 따라서 토지면적등록 정정여부에 따라 보상금의 액수가 달라지므로 정정신청의 반려는 처분성이 인정된다.

[대법원 2011. 8. 25. 선고 2011두3371 판결] 평택~시흥 간 고속도로 건설공사 사업시행자인 한국도로공사가 고속도로 건설공사에 편입되는 토지들의 지적공부에 등록된 면적과 실제 측량 면적이 일치하지 않는 것을 발견하고 구 지적법(2009. 6. 9. 법률 제9774호 측량·수로조사 및 지적에 관한 법률 부칙 제2조 제2호로 폐지, 이하 '구 지적법'이라 한다) 제24조 제1항, 제28조 제1호에 따라 토지소유자들을 대위하여 토지면적등록 정정신청을 하였으나 화성시장이 이를 반려한 사안에서, 반려처분은 공공사업의 원활한 수행을 위하여 부여된 사업시행자의 관계 법령상 권리 또는 이익에 영향을 미치는 공권력의 행사 또는 그 거부에 해당하는 것으로서 항고소송 대상이 되는 행정처분에 해당한다고 본 원심판단을 정당하다고 한 사례.

36 | 2025 |

항고소송의 대상인 처분에 해당하는 것을 모두 고른 것은? (다툼이 있으면 판례에 따름)

> ㄱ. 개별공시지가의 결정
> ㄴ. 건축법상 이행강제금 납부의 최초 독촉
> ㄷ. 지방의회의 의장선임의결
> ㄹ. 금융기관의 임원에 대한 금융감독원장의 문책 경고

① ㄱ, ㄴ
② ㄱ, ㄷ
③ ㄱ, ㄴ, ㄷ
④ ㄴ, ㄷ, ㄹ
⑤ ㄱ, ㄴ, ㄷ, ㄹ

──────────

ㄱ. ☞ 개별공시지가결정은 각종 세금 및 부담금의 산정기준이 되므로, 국민의 권리·의무에 직접 영향을 미치는 처분이다.
[대판 1993.6.11., 92누16706] 시장, 군수 또는 구청장의 개별토지가격결정은 관계법령에 의한 토지초과이득세, 택지초과소유부담금 또는 개발부담금 산정의 기준이 되어 국민의 권리나 의무 또는 법률상 이익에 직접적으로 관계 되는 것으로서 행정소송법 제2조 제1항 제1호 소정의 행정청이 행하는 구체적 사실에 관한 법집행으로서 공권력행사이므로 항고소송의 대상이 되는 행정처분에 해당한다.

ㄴ. ☞ 이행강제금 납부의 독촉은 강제징수의 1단계로서 의사의 통지에 해당하는 처분이다.
[대판 2009.12.24, 2009두14507] 구 건축법(2008.3.21. 법률 제8974호로 전부 개정되기 전의 것) 제69조의2 제6항, 지방세법 제28조, 제82조, 국세징수법 제23조의 각 규정에 의하면, 이행강제금 부과처분을 받은 자가 이행강제금을 기한 내에 납부하지 아니한 때에는 그 납부를 독촉할 수 있으며, 납부독촉에도 불구하고 이행강제금을 납부하지 않으면 체납절차에 의하여 이행강제금을 징수할 수 있고, 이때 이행강제금 납부의 최초 독촉은 징수처분으로서 항고소송의 대상이 되는 행정처분이 될 수 있다.

ㄷ. ☞ 지방의회의 의장으로 선임되면 위원회를 대표할 각종 권한을 가지게 되므로, 의장선거는 그 입후보자의 권리·의무에 직접 영향을 미치는 처분이다.
[대법원 1995. 1. 12. 선고 94누2602 판결] 지방의회의 의장은 지방자치법 제43조, 제44조의 규정에 의하여 의회를 대표하고 의사를 정리하며, 회의장 내의 질서를 유지하고 의회의 사무를 감독할 뿐만 아니라 위원회에 출석하여 발언할 수 있는 등의 직무권한을 가지는 것이므로, 지방의회의 의사를 결정공표하여 그 당선자에게 이와 같은 의장으로서의 직무권한을 부여하는 지방의회의 의장선거는 행정처분의 일종으로서 항고소송의 대상이 된다고 할 것이다.

ㄹ. ☞ 금융감독원장으로부터 문책경고를 받으면 3년간 금융기관의 임원이 될 수 없으므로, 그 상대방의 권리·의무에 직접 영향을 미치는 처분이다.
[대판 2005.2.17, 2003두14765] 금융기관검사및제재에관한규정(이하 '제재규정'이라 한다) 제22조는 금융기관의 임원이 문책경고를 받은 경우에는 금융업 관련 법 및 당해 금융기관의 감독 관련 규정에서 정한 바에 따라 일정기간 동안 임원선임의 자격제한을 받는다고 규정하고 있고, 은행법 제18조 제3항의 위임에 기한 구 은행업감독규정 제17조 제2호 (다)목, 제18조 제1호는 제재규정에 따라 문책경고를 받은 자로서 문책경고일로부터 3년이 경과하지 아니한 자는 은행장, 상근감사위원, 상임이사, 외국은행지점 대표자가 될 수 없다고 규정하고 있어서, 문책경고는 그 상대방에 대한 직업선택의 자유를 직접 제한하는 효과를 발생하게 하는 등 상대방의 권리의무에 직접 영향을 미치는 행위로서 행정처분에 해당한다.

답 36 ⑤

3. 재결

가. 재결의 의의

재결이란 행정심판에 대한 결정을 말한다. 여기서 행정심판이란 행정심판법에 의한 행정심판에 한정되지 아니하며 널리 행정기관이 재결청이 되는 행정쟁송, 즉 위법·부당한 처분으로 인하여 권익을 침해당한 자가 행정기관에 대하여 그 시정을 구하는 행정쟁송절차를 모두 포함하여 일컫는다.

나. 원처분주의

(1) 원처분주의

「원처분주의」란 "원처분과 재결을 모두 소송대상으로 하되, 원처분의 위법은 원처분에 대한 항고소송에서만 주장할 수 있고, 재결에 대한 위법은 재결의 고유한 하자에 대한 항고소송에서만 주장할 수 있는 제도"를 말한다. 우리 행정소송법은 취소소송의 대상에 관하여 원처분주의를 채택하고 있다.

> **제19조 (취소소송의 대상)** 취소소송은 처분등을 대상으로 한다. 다만, 재결취소소송의 경우에는 재결 자체에 고유한 위법이 있음을 이유로 하는 경우에 한한다.

(2) 원처분주의에 대한 예외-재결주의

개별법률에서 원처분이 아닌 재결을 취소소송의 대상으로 규정하고 있는 경우를 「재결주의」라고 한다. 재결주의를 취하고 있는 경우로 ① 감사원의 재심의판정, ② 중앙노동위원회의 재심판정, ③ 특허심판원의 심결 등을 들 수 있다.

다. 재결의 고유한 위법

「재결의 고유한 위법」이란 재결의 주체, 형식, 절차상의 위법뿐만 아니라 내용에 관한 위법도 포함한다.

관련판례

1. 「재결 자체의 고유한 위법」의 의미[대법원 1997.9.12., 96누14661]
   행정소송법 제19조에서 말하는 '재결 자체에 고유한 위법'이란 원처분에는 없고 재결에만 있는 재결청의 권한 또는 구성의 위법, 재결의 절차나 형식의 위법, 내용의 위법 등을 뜻하고, 그 중 내용의 위법에는 위법·부당하게 인용재결을 한 경우가 해당한다.

2. 감봉1월의 징계처분을 견책으로 변경한 소청결정이 재량권남용 또는 일탈로서 위법하다는 주장은 재결 자체의 고유한 위법을 주장하는 경우에 해당하지 않는다[대법원 1993.8.24., 93누5673].
   항고소송은 원칙적으로 당해 처분을 대상으로 하나, 당해 처분에 대한 재결 자체에 고유한 주체, 절차, 형식 또는 내용상의 위법이 있는 경우에 한하여 그 재결을 대상으로 할 수 있다고 해석되므로, 징계혐의자에 대한 감봉 1월의 징계처분을 견책으로 변경한 소청결정 중 그를 견책에 처한 조치는 재량권의 남용 또는 일탈로서 위법하다는 사유는 소청결정 자체에 고유한 위법을 주장하는 것으로 볼 수 없어 소청결정의 취소사유가 될 수 없다.

재결 자체의 고유한 위법이 문제되는 구체적인 경우를 살펴보면 다음과 같다.

(1) 재결의 주체에 관한 위법
권한이 없는 행정심판위원회가 재결을 하거나, 행정심판위원회의 구성상에 하자가 있거나, 의사 및 의결정족수가 흠결된 경우는 주체에 관한 위법이 있는 경우에 해당한다.

(2) 재결의 절차에 관한 위법
행정심판법상의 심판절차를 준수하지 않은 경우를 그 예로 들 수 있다.

(3) 재결의 형식에 관한 위법
문서에 의하지 않은 재결 또는 재결서에 기명날인을 하지 않은 경우 등을 생각할 수 있다.

(4) 재결의 내용에 관한 위법
재결의 내용상의 위법은 내용상 문제있는 각하재결, 기각재결, 인용재결로 나누어 살펴볼 수 있다.

1) 각하재결
심판청구가 부적법하지 않음에도 본안심리를 하지 않고 각하재결을 한 경우 본안심리를 받을 권리를 박탈한 것으로서, 이 경우에는 원처분에는 없는 하자가 존재하는 것이기 때문에 이러한 경우에는 재결이 행정소송의 대상이 된다.

2) 기각재결
① 원처분이 정당하다고 판단하여 원처분을 유지하는 재결, 즉 청구기각재결을 한 경우에는 원칙적으로 재결 자체에 고유한 하자가 있는 것이 아니므로 원처분을 대상으로 한 행정소송을 제기하여야 한다.

> **관련판례**
>
> 감봉1월의 징계처분을 견책으로 변경한 소청결정이 재량권남용 또는 일탈로서 위법하다는 주장은 재결 자체의 고유한 위법을 주장하는 경우에 해당하지 않는다[대법원 1993.8.24., 93누5673].
> 항고소송은 원칙적으로 당해 처분을 대상으로 하나, 당해 처분에 대한 재결 자체에 고유한 주체, 절차, 형식 또는 내용상의 위법이 있는 경우에 한하여 그 재결을 대상으로 할 수 있다고 해석되므로, <u>징계혐의자에 대한 감봉 1월의 징계처분을 견책으로 변경한 소청결정 중 그를 견책에 처한 조치는 재량권의 남용 또는 일탈로서 위법하다는 사유는 소청결정 자체에 고유한 위법을 주장하는 것으로 볼 수 없어 소청결정의 취소사유가 될 수 없다.</u>

② 행정심판에 있어서 원처분보다 청구인에게 불이익한 재결(예컨대 영업정지처분을 영업취소처분으로 변경하는 재결)은 행정심판법상 「불이익변경금지」에 위배되므로 재결 자체의 고유한 하자에 해당한다.

행정심판법

제47조(재결의 범위) ② 위원회는 심판청구의 대상이 되는 처분보다 청구인에게 불리한 재결을 하지 못한다.

3) 인용재결
　① 처분이 아닌 행위에 대한 심판청구는 부적법하여 각하하여야 함에도 불구하고 본안판단에 들어가서 인용재결을 한 경우에는 재결 자체에 고유한 하자가 인정된다.

> **관련판례**
>
> **행정심판청구의 대상이 되지 않는 사항에 대하여 행한 재결[대법원 2001.5.29., 99두10292]**
> 행정청이 골프장 사업계획승인을 얻은 자의 사업시설 착공계획서를 수리한 것에 대하여 인근 주민들이 그 수리처분의 취소를 구하는 행정심판을 청구하자 재결청이 그 청구를 인용하여 수리처분을 취소하는 형성적 재결을 한 경우, 그 수리처분 취소 심판청구는 <u>행정심판의 대상이 되지 아니하여 부적법 각하하여야 함에도 위 재결은 그 청구를 인용하여 수리처분을 취소하였으므로 재결 자체에 고유한 하자가 있다.</u>

　② 「복효적 행정행위」의 경우에 인용재결로 인해 불이익을 얻는 자는 재결 자체에 대한 취소소송을 제기할 수밖에 없으므로, 이 경우는 재결 자체에 고유한 하자가 있는 경우에 해당한다.

> **관련판례**
>
> 1. **복효적 행정행위에 대한 행정심판청구의 인용재결로 불이익을 받은 자는 재결의 취소를 구할 소의 이익이 있다 [대법원 1995.6.13., 94누15592].**
>   이른바 복효적 행정행위, 특히 제3자효를 수반하는 행정행위에 대한 행정심판청구에 있어서 그 청구를 인용하는 내용의 재결로 인하여 비로소 권리이익을 침해받게 되는 자(예컨대, 제3자가 행정심판청구인인 경우의 행정처분 상대방 또는 행정처분 상대방이 행정심판청구인인 경우의 제3자)는 재결의 당사자가 아니라고 하더라도 <u>그 인용재결의 취소를 구하는 소를 제기할 수 있으나,</u> 그 인용재결로 인하여 새로이 어떠한 권리이익도 침해받지 아니하는 자인 경우에는 그 재결의 취소를 구할 소의 이익이 없다.
>
> 2. **원처분에 대한 형성적 취소재결이 확정된 후 처분청이 다시 원처분을 취소한 경우 그 취소재결이 항고소송의 대상이 된다[대법원 1998.4.24, 97누17131].**
>   당해 의약품제조품목허가처분취소재결은 보건복지부장관이 재결청의 지위에서 스스로 제약회사에 대한 <u>위 의약품제조품목허가처분을 취소한 이른바 형성재결임이 명백하므로,</u> 위 회사에 대한 의약품제조품목허가처분은 당해 취소재결에 의하여 당연히 취소·소멸되었고, 그 이후에 다시 위 허가처분을 취소한 당해 처분은 당해 취소재결의 당사자가 아니어서 그 재결이 있었음을 모르고 있는 위 회사에게 위 허가처분이 취소·소멸되었음을 확인하여 알려주는 의미의 사실 또는 관념의 통지에 불과할 뿐 위 허가처분을 취소·소멸시키는 새로운 형성적 행위가 아니므로 항고소송의 대상이 되는 처분이라고 할 수 없다.

　③ 재결에 고유한 하자가 있다는 것은 재결취소소송에서 주장하여야 하지, 원처분의 취소를 구하는 소송에서는 주장할 수 없다.

> **관련판례**
>
> **원처분의 취소를 구하는 소송에서 재결 자체의 고유한 위법사유를 주장할 수는 없다[대법원 1996.2.13., 95누8027].**
> 행정처분에 대한 행정심판의 재결에 이유모순의 위법이 있다는 사유는 재결처분 자체에 고유한 하자로서 재결처분의 취소를 구하는 소송에서는 그 위법사유로서 주장할 수 있으나, 원처분의 취소를 구하는 소송에서는 그 취소를 구할 위법사유로서 주장할 수 없다.

라. 재결 자체에 고유한 위법이 없음에도 재결을 대상으로 취소소송이 제기된 경우

이 경우 법원은 청구를 기각하여야 한다. 재결 자체에 고유한 위법이 있는지 여부는 본안판단사항이기 때문에 '각하'판결이 아니라 '기각'판결이 이루어진다.

> **관련판례**
>
> 재결취소소송에 있어 재결 자체에 고유한 위법이 없는 경우 법원은 재결취소소송을 기각하여야 한다[대법원 1994.1.25., 93누16901].
> 행정소송법 제19조는 취소소송은 행정청의 원처분을 대상으로 하되(원처분주의), 다만 "재결 자체에 고유한 위법이 있음을 이유로 하는 경우"에 한하여 행정심판의 재결도 취소소송의 대상으로 삼을 수 있도록 규정하고 있으므로 재결취소소송의 경우 재결 자체에 고유한 위법이 있는지 여부를 심리할 것이고, <u>재결 자체에 고유한 위법이 없는 경우에는 원처분의 당부와는 상관없이 당해 재결취소소송은 이를 기각하여야 한다.</u>

마. 개별법상 재결주의를 취하고 있는 경우

(1) 일반론

개별법률에서 원처분이 아닌 재결을 취소소송의 대상으로 규정하는 경우가 있는바, 이를 재결주의라고 한다. 이렇게 재결주의가 채택되어 있는 경우에는 원처분에 대해서는 취소소송을 제기할 수 없고 행정심판의 재결만이 취소소송의 대상이 된다.

재결주의를 채택한 경우에는 행정심판의 전치는 필수적이며, 행정소송법 제19조 단서와 같은 제한이 없으므로 재결취소소송에서 재결 고유의 위법뿐만 아니라 원처분의 위법도 주장할 수 있다.

(2) 재결주의가 채택되어 있는 예

1) 감사원의 재심의판정

감사원의 변상판정(원처분)이 아닌 재심의판정(재결)에 대해서만 소송을 제기할 수 있도록 감사원법에 규정되어 있다(제36조, 제40조 제2항).

> **관련판례**
>
> 감사원의 변상판정에 대해서는 행정소송을 제기할 수 없고, 재결에 대해서 소송을 제기하여야 한다[대법원 1984. 4. 10, 84누91].
> 감사원의 변상판정처분에 대해서는 행정소송을 제기할 수 없고, <u>재결에 해당하는 재심의판정에 대하여서만 감사원을 피고로 하여 행정소송을 제기할 수 있다.</u>

2) 중앙노동위원회의 재심판정

지방노동위원회의 처분에 대하여 불복이 있는 경우에 중앙노동위원회에 재심을 신청할 수 있고, 중앙노동위원회의 재심에 불복하는 경우에는 재심판정을 대상으로 취소소송을 제기하여야 한다(노동위원회법 제26조 제1항). 이 경우 피고는 중앙노동위원회가 아니라 중앙노동위원회 위원장이 된다(동법 제27조 제1항).

> **관련판례**
>
> **지방노동위원회의 처분에 불복하기 위해서는 중앙노동위원회의 재심을 거쳐 중앙노동위원장을 피고로 재심판정취소의 소를 제기하여야 한다[대법원 1995.9.15., 95누6724].**
>
> 노동위원회법 제19조의2 제1항의 규정은 행정처분의 성질을 가지는 지방노동위원회의 처분에 대하여 중앙노동위원장을 상대로 행정소송을 제기할 경우의 전치요건에 관한 규정이라 할 것이므로 당사자가 지방노동위원회의 처분에 대하여 불복하기 위하여는 처분 송달일로부터 10일 이내에 <u>중앙노동위원회에 재심을 신청하고 중앙노동위원회의 재심판정서 송달일로부터 15일 이내에 중앙노동위원장을 피고로 하여 재심판정취소의 소를 제기</u>하여야 할 것이다.

3) 특허심판원의 심결

특허출원에 대한 심사관의 거절결정에 대해서는 행정소송을 제기할 수 없다. 우선 특허심판원에 심판청구를 한 후 그 심결을 대상으로 하여 특허법원(고등법원급)에 심결의 취소를 구하는 소를 제기하여야 한다. 이 경우 원칙적으로 특허청장이 피고가 된다.

> **특허법**
>
> **제186조(심결 등에 대한 소)** ① <u>특허취소결정 또는 심결에 대한 소 및 특허취소신청서·심판청구서·재심청구서의 각하결정에 대한 소는 특허법원의 전속관할로 한다.</u>
> ② 제1항에 따른 소는 다음 각 호의 자만 제기할 수 있다.
>   1. 당사자
>   2. 참가인
>   3. 해당 특허취소신청의 심리, 심판 또는 재심에 참가신청을 하였으나 신청이 거부된 자
> ③ 제1항에 따른 소는 심결 또는 결정의 등본을 송달받은 날부터 30일 이내에 제기하여야 한다.
> ④ 제3항의 기간은 불변기간으로 한다.
> ⑤ 심판장은 주소 또는 거소가 멀리 떨어진 곳에 있거나 교통이 불편한 지역에 있는 자를 위하여 직권으로 제4항의 불변기간에 대하여 부가기간을 정할 수 있다.
> ⑥ <u>특허취소를 신청할 수 있는 사항 또는 심판을 청구할 수 있는 사항에 관한 소는 특허취소결정이나 심결에 대한 것이 아니면 제기할 수 없다.</u>
> ⑦ 제162조제2항제5호에 따른 대가의 심결 및 제165조제1항에 따른 심판비용의 심결 또는 결정에 대해서는 독립하여 제1항에 따른 소를 제기할 수 없다.
> ⑧ 제1항에 따른 특허법원의 판결에 대해서는 대법원에 상고할 수 있다.
>
> **제187조(피고적격)** <u>제186조제1항에 따라 소를 제기하는 경우에는 특허청장을 피고로 하여야 한다.</u> 다만, 제133조제1항, 제134조제1항·제2항, 제135조제1항·제2항, 제137조제1항 또는 제138조제1항·제3항에 따른 심판 또는 그 재심의 심결에 대한 소를 제기하는 경우에는 그 청구인 또는 피청구인을 피고로 하여야 한다.

바. 재결에 따른 후속처분이 이루어진 경우

재결은 피청구인인 행정청을 기속하는 효력을 가지므로 당초의 처분에 대하여 변경명령재결이 있다면 행정청으로서는 그 재결에 따를 수밖에 없다. 이때 재결에 따른 후속처분이 위법하다면 그 처분의 상대방은 후속처분에 대하여 항고소송으로 다툴 수 있다.

> **관련판례**
>
> **행정청이 재결에 따라 이전의 신청을 받아들이는 후속처분을 한 경우, 후속처분이 위법하다면 재결에 대한 취소소송이 아니라 후속처분에 대한 항고소송을 제기해야 한다.**(대법원 2017.10.31. 2015두45045).
> 행정청이 한 처분 등의 취소를 구하는 소송은 처분에 의하여 발생한 위법 상태를 배제하여 원래 상태로 회복시키고 처분으로 침해된 권리나 이익을 구제하고자 하는 것이다. 따라서 해당 처분 등의 취소를 구하는 것보다 실효적이고 직접적인 구제수단이 있음에도 처분 등의 취소를 구하는 것은 특별한 사정이 없는 한 분쟁해결의 유효적절한 수단이라고 할 수 없어 법률상 이익이 있다고 할 수 없다. 그런데 당사자의 신청을 받아들이지 않은 거부처분이 재결에서 취소된 경우에 행정청은 종전 거부처분 또는 재결 후에 발생한 새로운 사유를 내세워 다시 거부처분을 할 수 있다. 그 재결의 취지에 따라 이전의 신청에 대하여 다시 어떠한 처분을 하여야 할지는 처분을 할 때의 법령과 사실을 기준으로 판단하여야 하기 때문이다. 또한 행정청이 재결에 따라 이전의 신청을 받아들이는 후속처분을 하였더라도 후속처분이 위법한 경우에는 재결에 대한 취소소송을 제기하지 않고도 곧바로 후속처분에 대한 항고소송을 제기하여 다툴 수 있다. 나아가 거부처분을 취소하는 재결이 있더라도 그에 따른 후속처분이 있기까지는 제3자의 권리나 이익에 변동이 있다고 볼 수 없고 후속처분 시에 비로소 제3자의 권리나 이익에 변동이 발생하며, 재결에 대한 항고소송을 제기하여 재결을 취소하는 판결이 확정되더라도 그와 별도로 후속처분이 취소되지 않는 이상 후속처분으로 인한 제3자의 권리나 이익에 대한 침해 상태는 여전히 유지된다. 이러한 점들을 종합하면, 거부처분이 재결에서 취소된 경우 재결에 따른 후속처분이 아니라 그 재결의 취소를 구하는 것은 실효적이고 직접적인 권리구제수단이 될 수 없어 분쟁해결의 유효적절한 수단이라고 할 수 없으므로 법률상 이익이 없다.

기출문제

01 | 2017 |

행정소송법상 재결취소소송에 관한 설명으로 옳은 것은? (다툼이 있으면 판례에 따름)

① 재결취소소송은 재결 자체에 고유한 위법이 있음을 이유로 하는 경우에 한한다.
② 재결의 내용의 위법은 재결 자체의 고유한 위법에는 해당하지 않는다.
③ 재결 자체에 고유한 위법이 없음에도 제기된 재결취소소송은 각하판결의 대상이다.
④ 행정심판청구가 부적법하지 않음에도 불구하고 각하한 재결의 경우, 재결 자체의 고유한 위법은 인정되지 않는다.
⑤ 행정심판의 대상이 아닌 관념의 통지에 대하여 행한 인용재결의 경우, 재결 자체의 고유한 위법은 인정되지 않는다.

....

① ☞ 선지가 다소 불분명한 점이 있다. 재결주의에 해당하는 경우는 생각하지 말고, 「원처분주의」가 적용되는 경우를 전제로 생각하는 수밖에 없다. 「재결주의」에 해당하는 경우라면 재결 자체에 고유한 위법이 있는 경우뿐만 아니라, 원처분이 위법한 경우에도 재결취소소송을 제기할 수 있다.

> **제19조(취소소송의 대상)** 취소소송은 처분등을 대상으로 한다. 다만, 재결취소소송의 경우에는 재결 자체에 고유한 위법이 있음을 이유로 하는 경우에 한한다.

② [대법원 1997.9.12. 선고, 96누14661, 판결] 행정소송법 제19조에서 말하는 '재결 자체에 고유한 위법'이란 원처분에는 없고 재결에만 있는 재결청의 권한 또는 구성의 위법, 재결의 절차나 형식의 위법, 내용의 위법 등을 뜻하고, 그 중 내용의 위법에는 위법·부당하게 인용재결을 한 경우가 해당한다.
③ ☞ 재결 자체의 고유한 위법 여부는 본안판단사항이다.
[대법원 1994. 1. 25. 선고 93누16901 판결] 행정소송법 제19조는 취소소송은 행정청의 원처분을 대상으로 하되(원처분주의), 다만 "재결 자체에 고유한 위법이 있음을 이유로 하는 경우"에 한하여 행정심판의 재결도 취소소송의 대상으로 삼을 수 있도록 규정하고 있으므로 재결취소소송의 경우 재결 자체에 고유한 위법이 있는지 여부를 심리할 것이고, 재결 자체에 고유한 위법이 없는 경우에는 원처분의 당부와는 상관없이 당해 재결취소소송은 이를 기각하여야 한다.
④ [대법원 2001. 7. 27. 선고 99두2970 판결] 행정소송법 제19조에 의하면 행정심판에 대한 재결에 대하여도 그 재결 자체에 고유한 위법이 있음을 이유로 하는 경우에는 항고소송을 제기하여 그 취소를 구할 수 있고, 여기에서 말하는 '재결 자체에 고유한 위법'이란 그 재결자체에 주체, 절차, 형식 또는 내용상의 위법이 있는 경우를 의미하는데, 행정심판청구가 부적법하지 않음에도 각하한 재결은 심판청구인의 실체심리를 받을 권리를 박탈한 것으로서 원처분에 없는 고유한 하자가 있는 경우에 해당하고, 따라서 위 재결은 취소소송의 대상이 된다.
⑤ [대법원 1993. 8. 24. 선고 92누1865 판결] 행정처분이 아닌 관념의 통지를 대상으로 한 재결이 행정소송법 제19조 단서 소정의 재결 자체에 고유한 위법이 있는 경우에 해당한다.

답 01 ①

02 | 2018 |

취소소송의 대상에서 원처분주의와 재결주의가 올바르게 연결된 것만을 모두 고른 것은? (다툼이 있으면 판례에 따름)

> ㄱ. 감사원의 변상판정에 대한 재심의 판정에 대한 불복 – 원처분주의
> ㄴ. 노동위원회의 처분에 대한 중앙노동위원회의 재심 판정에 대한 불복 – 재결주의
> ㄷ. 중앙토지수용위원회의 이의재결에 대한 불복 – 원처분주의
> ㄹ. 교원소청심사위원회의 결정에 대한 불복 – 재결주의

① ㄱ, ㄴ
② ㄴ, ㄷ
③ ㄱ, ㄴ, ㄷ
④ ㄱ, ㄷ, ㄹ
⑤ ㄴ, ㄷ, ㄹ

....

- ㄱ. [대법원 1984. 4. 10. 84누91] 감사원의 변상판정처분에 대해서는 행정소송을 제기할 수 없고, 재결에 해당하는 재심의판정에 대하여서만 감사원을 피고로 하여 행정소송을 제기할 수 있다.
- ㄴ. [대법원 1995.9.15., 95누6724] 노동위원회법 제19조의2 제1항의 규정은 행정처분의 성질을 가지는 지방노동위원회의 처분에 대하여 중앙노동위원장을 상대로 행정소송을 제기할 경우의 전치요건에 관한 규정이라 할 것이므로 당사자가 지방노동위원회의 처분에 대하여 불복하기 위하여는 처분 송달일로부터 10일 이내에 중앙노동위원회에 재심을 신청하고 중앙노동위원회의 재심판정서 송달일로부터 15일 이내에 중앙노동위원장을 피고로 하여 재심판정취소의 소를 제기하여야 할 것이다.
- ㄷ. ☞ 구 토지수용법은 토지수용처분에 관한 불복에 대하여 재결주의를 채택하여 이의재결을 그 소송의 대상으로 삼았으나, 현 공익사업보상법은 원처분주의를 택하고 있다.
- ㄹ. ☞ 교원에 대한 징계처분에 대하여 불복하는 경우에는 교원소청심사위원회의 결정을 거쳐야 하지만(필요적 전치주의), 재결주의를 채택하고 있지 않으므로 행정소송의 대상이 되는 것은 원처분인 징계처분이다.

답 02 ②

03 | 2019 |

행정소송법상 재결취소소송과 재결 자체의 고유한 위법에 관한 설명으로 옳지 <u>않은</u> 것은? (다툼이 있으면 판례에 따름)

① 재결서에 주문만 기재되고 이유의 기재가 없는 경우 재결 자체의 고유한 하자가 인정된다.
② 복효적 행정행위에 대한 행정심판의 인용재결로 불이익을 입은 자는 인용재결의 취소를 구할 수 있다.
③ 행정심판청구가 부적법하여 각하하여야 함에도 인용재결을 한 경우 재결취소소송이 허용된다.
④ 행정심판청구가 부적법하지 않음에도 각하한 재결에 대해서는 취소소송을 제기할 수 있다.
⑤ 행정심판의 재결에 이유모순의 위법이 있는 경우 원처분의 취소를 구하는 소송에서 위법사유로서 재결 자체의 고유한 하자를 주장할 수 있다.

••••••••••••••••••••• 행정소송법

① ☞ 「재결의 고유한 위법」이란 재결의 주체, 형식, 절차상의 위법뿐만 아니라 내용에 관한 위법도 포함한다. 재결서에 주문만 기재되고 이유의 기재가 없는 경우는 재결의 형식상 위법에 해당한다.
② ☞ 여기서 인용재결로 불이익을 입는 자는 인근주민이 제기한 행정심판으로 영업허가를 취소당한 연탄공장 주인을 생각하면 된다.
[대법원 1995. 6. 13., 선고, 94누15592, 판결] 이른바 **복효적 행정행위, 특히 제3자효를 수반하는 행정행위에 대한 행정심판청구에 있어서 그 청구를 인용하는 내용의 재결로 인하여 비로소 권리이익을 침해받게 되는 자(예컨대, 제3자가 행정심판청구인인 경우의 행정처분 상대방 또는 행정처분 상대방이 행정심판청구인인 경우의 제3자)는 재결의 당사자가 아니라고 하더라도 그 인용재결의 취소를 구하는 소를 제기할 수 있으나, 그 인용재결로 인하여 새로이 어떠한 권리이익도 침해받지 아니하는 자인 경우에는 그 재결의 취소를 구할 소의 이익이 없다.**
③ [대법원 2001. 5. 29., 선고, 99두10292, 판결] 행정청이 골프장 사업계획승인을 얻은 자의 사업시설 착공계획서를 수리한 것에 대하여 인근 주민들이 그 수리처분의 취소를 구하는 행정심판을 청구하자 재결청이 그 청구를 인용하여 수리처분을 취소하는 형성적 재결을 한 경우, 그 **수리처분 취소 심판청구는 행정심판의 대상이 되지 아니하여 부적법 각하하여야 함에도 위 재결은 그 청구를 인용하여 수리처분을 취소하였으므로 재결 자체에 고유한 하자가 있다.**
④ [대법원 2001. 7. 27., 선고, 99두2970, 판결] 행정소송법 제19조에 의하면 행정심판에 대한 재결에 대하여도 그 재결 자체에 고유한 위법이 있음을 이유로 하는 경우에는 항고소송을 제기하여 그 취소를 구할 수 있고, 여기에서 말하는 '재결 자체에 고유한 위법'이란 그 재결자체에 주체, 절차, 형식 또는 내용상의 위법이 있는 경우를 의미하는데, **행정심판청구가 부적법하지 않음에도 각하한 재결은 심판청구인의 실체심리를 받을 권리를 박탈한 것으로서 원처분에 없는 고유한 하자가 있는 경우에 해당하고, 따라서 위 재결은 취소소송의 대상이 된다.**
⑤ ☞ 이 경우 재결취소소송을 제기해야 한다.
[대법원 1996. 2. 13., 선고, 95누8027, 판결] **행정처분에 대한 행정심판의 재결에 이유모순의 위법이 있다는 사유는 재결처분 자체에 고유한 하자로서 재결처분의 취소를 구하는 소송에서는 그 위법사유로서 주장할 수 있으나, 원처분의 취소를 구하는 소송에서는 그 취소를 구할 위법사유로서 주장할 수 없다.**

답 03 ⑤

04 | 2020 |

「행정소송법」상 재결취소소송에 관한 설명으로 옳지 <u>않은</u> 것은? (다툼이 있으면 판례에 따름)

① 인용재결에 대한 항고소송의 피고는 인용재결을 한 행정심판위원회이다.
② 행정심판청구가 부적법하여 각하하여야 함에도 인용재결을 한 경우 재결취소소송이 인정된다.
③ 재결 자체의 고유한 위법에는 재결 자체의 주체, 절차, 형식상의 위법뿐만 아니라 재결 자체의 내용상 위법도 포함된다.
④ 재결 자체에 고유한 위법이 없는 경우에는 각하판결을 하여야 한다.
⑤ 인용재결의 취소를 구하는 소송에서 법원은 행정심판위원회가 원처분의 취소 근거로 내세운 판단사유의 당부뿐만 아니라 행정심판위원회가 심판청구인의 심판청구원인사유를 배척한 판단 부분이 정당한가도 심리·판단하여야 한다.

---

① ☞ 연탄공장 영업허가처분에 대하여 인근주민이 취소심판을 청구하여 인용된 경우에, 연탄공장 주인이 인용재결 취소소송을 제기하는 경우를 생각하면 된다. 재결취소소송의 피고는 재결을 행한 행정심판위원회가 된다.
② [대법원 2001.5.29., 99두10292] 행정청이 골프장 사업계획승인을 얻은 자의 사업시설 착공계획서를 수리한 것에 대하여 인근 주민들이 그 수리처분의 취소를 구하는 행정심판을 청구하자 재결청이 그 청구를 인용하여 수리처분을 취소하는 형성적 재결을 한 경우, 그 수리처분 취소 심판청구는 행정심판의 대상이 되지 아니하여 부적법 각하하여야 함에도 위 재결은 그 청구를 인용하여 수리처분을 취소하였으므로 재결 자체에 고유한 하자가 있다.
③ [대법원 1997.9.12. 선고, 96누14661, 판결] 행정소송법 제19조에서 말하는 '재결 자체에 고유한 위법'이란 원처분에는 없고 재결에만 있는 재결청의 권한 또는 구성의 위법, 재결의 절차나 형식의 위법, 내용의 위법 등을 뜻하고, 그 중 내용의 위법에는 위법·부당하게 인용재결을 한 경우가 해당한다.
④ [대법원 1994. 1. 25. 선고 93누16901 판결] 행정소송법 제19조는 취소소송은 행정청의 원처분을 대상으로 하되(원처분주의), 다만 "재결 자체에 고유한 위법이 있음을 이유로 하는 경우"에 한하여 행정심판의 재결도 취소소송의 대상으로 삼을 수 있도록 규정하고 있으므로 재결취소소송의 경우 재결 자체에 고유한 위법이 있는지 여부를 심리할 것이고, 재결 자체에 고유한 위법이 없는 경우에는 원처분의 당부와는 상관없이 당해 재결 취소소송은 이를 기각하여야 한다.
⑤ ☞ 연탄공장 영업허가에 대해서 인근주민이 취소심판을 청구하면서 허가취소사유로 (ⅰ) 해당지역이 주거지역이라는 주장과 (ⅱ) 법정기준치를 초과하여 오염물질을 배출한다는 주장을 하였는데, 행정심판위원회가 (ⅰ) 해당지역이 주거지역인지에 대해서는 판단하지 않고, (ⅱ) 법정기준치를 초과하였음을 이유로 인용재결을 한 경우를 생각해보면 된다.
해당 인용재결에 대해서 연탄공장이 지결취소소송을 제기하는 경우, 법원은 (ⅰ) 해당지역이 주거지역인지, (ⅱ) 법정기준치를 초과한 오염물질을 배출하였는지 2가지를 모두 판단해야 한다.
[대법원 1997. 12. 23., 선고, 96누10911, 판결] 인용재결의 취소를 구하는 당해 소송은 그 인용재결의 당부를 그 심판대상으로 하고 있고, 그 점을 가리기 위하여는 행정심판청구인들의 심판청구원인 사유에 대한 재결청의 판단에 관하여도 그 당부를 심리·판단하여야 할 것이므로, 원심으로서는 재결청이 원처분의 취소 근거로 내세운 판단사유의 당부뿐만 아니라 재결청이 심판청구인의 심판청구원인 사유를 배척한 판단 부분이 정당한가도 심리·판단하여야 한다.

답 04 ④

05 | 2021 |

취소소송의 대상에 있어 재결주의가 적용되는 것을 모두 고른 것은?

> ㄱ. 「국가공무원법」 상 소청심사위원회의 결정
> ㄴ. 「감사원법」 상 감사원의 재심의판정
> ㄷ. 「특허법」 상 특허심판원의 심결
> ㄹ. 「국세기본법」 상 심판청구에 대한 결정

① ㄱ, ㄴ
② ㄴ, ㄷ
③ ㄷ, ㄹ
④ ㄱ, ㄴ, ㄷ
⑤ ㄴ, ㄷ, ㄹ

② ☞ 개별법률에서 원처분이 아닌 재결을 취소소송의 대상으로 규정하고 있는 경우를 「재결주의」라고 한다. 재결주의를 취하고 있는 경우로 (ⅰ) 감사원의 재심의판정, (ⅱ) 중앙노동위원회의 재심판정, (ⅲ) 특허심판원의 심결 등을 들 수 있다. 이른바 「감/노/특」으로 정리하면 된다.

06 | 2022 |

행정심판의 재결을 거쳐 취소소송을 제기하는 경우에 관한 설명으로 옳지 <u>않은</u> 것은? (다툼이 있으면 판례에 따름)

① 지방노동위원회의 처분에 대한 중앙노동위원회의 재심판정에 불복하려면 중앙노동위원회의 재심판정을 대상으로 취소소송을 제기하여야 한다.
② 재결에 대한 취소소송은 재결 자체에 고유한 위법이 있음을 이유로 하는 경우에 제기할 수 있다.
③ 원처분의 상대방이 아닌 제3자가 행정심판을 청구하여 재결청이 원처분을 취소하는 형성재결을 한 경우에 원처분의 상대방이 그 재결의 취소를 구하는 것은 원처분에 없는 재결 고유의 위법을 주장하는 것이 된다.
④ 행정심판청구가 부적법하지 않음에도 각하한 재결은 원처분에 없는 고유한 하자가 있는 경우에 해당한다.
⑤ 행정청이 영업자에게 제재처분을 한 후 그 처분을 영업자에게 유리하게 변경하는 처분을 하였다면, 변경처분으로 유리하게 변경된 제재가 위법하다 하여 그 취소를 구하는 경우 취소소송의 대상은 변경된 내용의 당초 처분이 아니라 변경처분이다.

① ☞ 개별법률에서 원처분이 아닌 재결을 취소소송의 대상으로 규정하고 있는 경우를 「재결주의」라고 한다. 재결주의를 취하고 있는 경우로 (ⅰ) 감사원의 재심의판정, (ⅱ) 중앙노동위원회의 재심판정, (ⅲ) 특허심판원의 심결 등을 들 수 있다. 이른바 「감/노/특」으로 정리하면 된다.

[대법원 1995.9.15., 95누6724] 노동위원회법 제19조의2 제1항의 규정은 행정처분의 성질을 가지는 지방노동위원회의 처분에 대하여 중앙노동위원장을 상대로 행정소송을 제기할 경우의 전치요건에 관한 규정이라 할 것이므로 당사자가 지방노동위원회의 처분에 대하여 불복하기 위하여는 처분 송달일로부터 10일 이내에 중앙노동위원회에 재심을 신청하고 중앙노동위원회의 재심판정서 송달일로부터 15일 이내에 중앙노동위원장을 피고로 하여 재심판정취소의 소를 제기하여야 할 것이다.

② **제19조(취소소송의 대상)** 취소소송은 처분등을 대상으로 한다. 다만, 재결취소소송의 경우에는 재결 자체에 고유한 위법이 있음을 이유로 하는 경우에 한한다.

③ ☞ 연탄공장에 대한 영업허가처분에 대해 인근주민이 취소심판을 청구하여 인용재결이 난 경우, 연탄공장은 재결 고유한 위법을 주장하며 재결취소소송을 제기하게 된다.
[대법원 1998. 4. 24. 선고 97누17131 판결] 원처분의 상대방이 아닌 제3자가 행정심판을 청구하여 재결청이 원처분을 취소하는 형성재결을 한 경우에 그 원처분의 상대방은 그 재결에 대하여 항고소송을 제기할 수밖에 없고, 이 경우 재결은 원처분과 내용을 달리 하는 것이어서 재결의 취소를 구하는 것은 원처분에 없는 재결 고유의 위법을 주장하는 것이 된다.

④ [대법원 2001.7.27, 99두2970] 행정소송법 제19조에 의하면 행정심판에 대한 재결에 대하여도 그 재결 자체에 고유한 위법이 있음을 이유로 하는 경우에는 항고소송을 제기하여 그 취소를 구할 수 있고, 여기에서 말하는 '재결 자체에 고유한 위법'이란 그 재결자체에 주체, 절차, 형식 또는 내용상의 위법이 있는 경우를 의미하는데, 행정심판청구가 부적법하지 않음에도 각하한 재결은 심판청구인의 실체심리를 받을 권리를 박탈한 것으로서 원처분에 없는 고유한 하자가 있는 경우에 해당하고, 따라서 위 재결은 취소소송의 대상이 된다.

⑤ ☞ 이 경우 취소소송의 대상은 변경된 원처분이다. 감액경정의 법리와 동일하게 판단하면 된다.
[대법원 2007.4.27. 선고, 2004두9302. 판결] 행정청이 식품위생법령에 따라 영업자에게 행정제재처분을 한 후 그 처분을 영업자에게 유리하게 변경하는 처분을 한 경우, 변경처분에 의하여 당초 처분은 소멸하는 것이 아니고 당초부터 유리하게 변경된 내용의 처분으로 존재하는 것이므로, 변경처분에 의하여 유리하게 변경된 내용의 행정제재가 위법하다 하여 그 취소를 구하는 경우 그 취소소송의 대상은 변경된 내용의 당초 처분이지 변경처분은 아니고, 제소기간의 준수 여부도 변경처분이 아닌 변경된 내용의 당초 처분을 기준으로 판단하여야 한다.

07 | 2024 |

행정소송법상 재결취소소송에 관한 설명으로 옳은 것은? (다툼이 있으면 판례에 따름)

① 행정심판의 재결을 거친 경우에는 원칙적으로 재결을 취소소송의 대상으로 하여야 한다.
② 재결의 고유한 위법에는 내용상의 위법은 포함되지 않는다.
③ 변경재결이 있는 경우 원처분을 소송대상으로 행정심판위원회를 피고로 취소소송을 제기하여야 한다.
④ 적법한 행정심판청구를 각하한 재결은 재결에 고유한 위법이 있는 경우에 해당한다.
⑤ 재결취소소송을 제기하였으나 재결에 고유한 위법이 없는 경우에는 각하판결을 하여야 한다.

답 07 ④

① ☞ 재결고유의 하자를 이유로 하는 것이 아닌 한, 원처분주의에 따라 원칙적으로 행정심판을 거친 후에도 재결이 아닌 원처분을 대상으로 하는 취소소송을 제기하여야 한다(행정소송법 제19조).

> **제19조(취소소송의 대상)** 취소소송은 처분등을 대상으로 한다. 다만, 재결취소소송의 경우에는 재결 자체에 고유한 위법이 있음을 이유로 하는 경우에 한한다.

② ☞ 내용상의 위법도 포함된다. 연탄공장 영업허가에 대하여 인근주민이 취소심판을 청구하여 인용재결이 내려진 경우에 연탄공장주인이 재결취소소송을 제기한다면, 연탄공장주인은 재결의 내용상 위법을 문제삼게 된다.
[대판 1997.9.12, 96누14661] 행정소송법 제19조에서 말하는 '재결 자체에 고유한 위법'이란 원처분에는 없고 재결에만 있는 재결청의 권한 또는 구성의 위법, 재결의 절차나 형식의 위법, 내용의 위법 등을 뜻하고, 그 중 내용의 위법에는 위법·부당하게 인용재결을 한 경우가 해당한다.

③ ☞ 원처분을 소송대상으로 행정심판위원회를 피고로 취소소송을 제기하는 경우는 존재하지 않는다. (ⅰ) 변경재결이 원처분을 감축하는 내용이라면, 변경된 원처분을 대상으로 처분청을 피고로 취소소송을 제기해야 한다. (ⅱ) 변경재결에 고유한 위법이 있다면, 재결을 대상으로 행정심판위원회를 피고로 취소소송을 제기해야 한다.
[대법원 2007.4.27. 선고, 2004두9302. 판결] 행정청이 식품위생법령에 따라 영업자에게 행정제재처분을 한 후 그 처분을 영업자에게 유리하게 변경하는 처분을 한 경우, 변경처분에 의하여 당초 처분은 소멸하는 것이 아니고 당초부터 유리하게 변경된 내용의 처분으로 존재하는 것이므로, 변경처분에 의하여 유리하게 변경된 내용의 행정제재가 위법하다 하여 그 취소를 구하는 경우 그 취소소송의 대상은 변경된 내용의 당초 처분이지 변경처분은 아니고, 제소기간의 준수 여부도 변경처분이 아닌 변경된 내용의 당초 처분을 기준으로 판단하여야 한다.

④ ☞ 행정심판청구기간을 도과하지 않았음에도 행심위가 청구기간 도과를 이유로 각하재결을 하였다면, (원처분의 위법과는 별개로) 재결에 고유한 위법이 존재한다.
[대판 2001.7.27, 99두2970] 행정소송법 제19조에 의하면 행정심판에 대한 재결에 대하여도 그 재결 자체에 고유한 위법이 있음을 이유로 하는 경우에는 항고소송을 제기하여 그 취소를 구할 수 있고, 여기에서 말하는 '재결 자체에 고유한 위법'이란 그 재결자체에 주체, 절차, 형식 또는 내용상의 위법이 있는 경우를 의미하는데, 행정심판청구가 부적법하지 않음에도 각하한 재결은 심판청구인의 실체심리를 받을 권리를 박탈한 것으로서 원처분에 없는 고유한 하자가 있는 경우에 해당하고, 따라서 위 재결은 취소소송의 대상이 된다.

⑤ ☞ 재결의 위법성 여부는 본안판단사항이므로 이 경우 법원은 기각판결을 하게 된다.
[대판 1994.1.25, 93누16901] 행정소송법 제19조는 취소소송은 행정청의 원처분을 대상으로 하되(원처분주의), 다만 "재결 자체에 고유한 위법이 있음을 이유로 하는 경우"에 한하여 행정심판의 재결도 취소소송의 대상으로 삼을 수 있도록 규정하고 있으므로 재결취소소송의 경우 재결 자체에 고유한 위법이 있는지 여부를 심리할 것이고, 재결 자체에 고유한 위법이 없는 경우에는 원처분의 당부와는 상관없이 당해 재결취소소송은 이를 기각하여야 한다.

08 | 2025 |

원처분주의 또는 재결주의의 연결이 옳지 않은 것은?

① 감사원의 변상판정에 대한 재심의 판정에 대한 불복 – 재결주의
② 지방노동위원회의 처분에 대한 중앙노동위원회의 재심판정에 대한 불복 – 재결주의
③ 관할 지방토지수용위원회의 수용재결에 대한 중앙토지수용위원회의 이의재결에 대한 불복 – 원처분주의
④ 공립학교 교원의 징계처분에 대한 교원소청심사위원회의 결정에 대한 불복 – 재결주의
⑤ 특허출원에 대한 심사관의 거절결정에 대한 특허심판원의 심결에 대한 불복 – 재결주의

---

① ☞ 감사원의 재심의판정, 중앙노동위원회의 재심판정, 특허심판원의 심결 등이 재결주의의 예이다. 「감노특」으로 정리하자.
[대판 1984.4.10, 84누91] 감사원의 변상판정처분에 대하여서는 행정소송을 제기할 수 없고, 재결에 해당하는 재심의 판정에 대하여서만 감사원을 피고로 하여 행정소송을 제기할 수 있다.

② ☞ 감사원의 재심의판정, 중앙노동위원회의 재심판정, 특허심판원의 심결 등이 재결주의의 예이다. 「감노특」으로 정리하자.
[대법원 1995.9.15., 95누6724] 노동위원회법 제19조의2 제1항의 규정은 행정처분의 성질을 가지는 지방노동위원회의 처분에 대하여 중앙노동위원장을 상대로 행정소송을 제기할 경우의 전치요건에 관한 규정이라 할 것이므로 당사자가 지방노동위원회의 처분에 대하여 불복하기 위하여는 처분 송달일로부터 10일 이내에 중앙노동위원회에 재심을 신청하고 중앙노동위원회의 재심판정서 송달일로부터 15일 이내에 중앙노동위원장을 피고로 하여 재심판정취소의 소를 제기하여야 할 것이다.

③ ☞ 구 토지수용법은 토지수용처분에 관한 불복에 대하여 재결주의를 채택하여 이의재결을 그 소송의 대상으로 삼았으나, 현 공익사업보상법은 원처분주의를 택하고 있다.
[대법원 2010.1.28., 2008두1504] 공익사업을 위한 토지 등의 취득 및 보상에 관한 법률 제85조 제1항 전문의 문언 내용과 같은 법 제83조, 제85조가 중앙토지수용위원회에 대한 이의신청을 임의적 절차로 규정하고 있는 점, 행정소송법 제19조 단서가 행정심판에 대한 재결은 재결 자체에 고유한 위법이 있음을 이유로 하는 경우에 한하여 취소소송의 대상으로 삼을 수 있도록 규정하고 있는 점 등을 종합하여 보면, 수용재결에 불복하여 취소 소송을 제기하는 때에는 이의신청을 거친 경우에도 수용재결을 한 중앙토지수용위원회 또는 지방토지수용위원회를 피고로 하여 수용재결의 취소를 구하여야 하고, 다만 이의신청에 대한 재결 자체에 고유한 위법이 있음을 이유로 하는 경우에는 그 이의재결을 한 중앙토지수용위원회를 피고로 하여 이의재결의 취소를 구할 수 있다고 보아야 한다.

④ ☞ 교원에 대한 징계처분에 대하여 불복하는 경우에는 교원소청심사위원회의 결정을 거쳐야 하지만(필요적 전치주의), 재결주의를 채택하고 있지 않으므로 행정소송의 대상이 되는 것은 원처분인 징계처분이다.

⑤ ☞ 특허사건의 경우에는 일반 행정소송과 다른 점이 많다. (ⅰ) 특허출원에 대한 심사관의 거절결정에 대해서는 행정소송을 제기할 수 없다. 우선 특허심판원에 심판청구를 한 후 그 심결을 대상으로 하여 특허법원(고등법원급)에 심결의 취소를 구하는 소를 제기하여야 한다(이른바 감노특). (ⅱ) 심결취소소송의 경우 원칙적으로 특허청장이 피고가 된다. (ⅲ) 특허사건의 경우 특허법원(고등법원급)과 대법원의 2심제로 진행된다.

답 08 ④

제4관 제소기간

처분 등이 있음을 안 날로부터 90일, 처분 등이 있은 날로부터 1년 이내에 소송을 제기해야 한다. 법원은 취소소송의 제소기간을 확장하거나 단축할 수 없으나 주소 또는 거소가 멀리 떨어진 곳에 있는 자를 위하여 부가기간을 정할 수 있다(행정소송법 제8조 제2항, 민사소송법 제172조 제1항, 제2항).

> **제20조(제소기간)** ① 취소소송은 처분등이 있음을 안 날부터 90일 이내에 제기하여야 한다. 다만, 제18조제1항 단서에 규정한 경우와 그 밖에 행정심판청구를 할 수 있는 경우 또는 행정청이 행정심판청구를 할 수 있다고 잘못 알린 경우에 행정심판청구가 있은 때의 기간은 재결서의 정본을 송달받은 날부터 기산한다.
> ② 취소소송은 처분등이 있은 날부터 1년(제1항 단서의 경우는 재결이 있은 날부터 1년)을 경과하면 이를 제기하지 못한다. 다만, 정당한 사유가 있는 때에는 그러하지 아니하다.
> ③ 제1항의 규정에 의한 기간은 불변기간으로 한다.

> **민사소송법**
> **제172조(기간의 신축, 부가기간)** ① 법원은 법정기간 또는 법원이 정한 기간을 늘이거나 줄일 수 있다. 다만, 불변기간은 그러하지 아니하다.
> ② 법원은 불변기간에 대하여 주소 또는 거소가 멀리 떨어진 곳에 있는 사람을 위하여 부가기간(附加期間)을 정할 수 있다.
> ③ 재판장·수명법관 또는 수탁판사는 제1항 및 제2항의 규정에 따라 법원이 정한 기간 또는 자신이 정한 기간을 늘이거나 줄일 수 있다.

1. 90일과 1년의 관계

처분 등이 있음을 안 날로부터 90일, 처분 등이 있은 날로부터 1년의 두 기간 중에 어느 하나의 기간이라도 먼저 경과하면 취소소송을 제기할 수 없다.

2. 처분이 있음을 안 날로부터 90일

가. 처분이 송달된 경우

행정심판을 거치지 않은 경우에는 통지·공고 기타의 방법에 의하여 당해 처분이 있었다는 사실을 현실적으로 안 날을 의미한다. 처분 등이 있음을 안 날이란 통지·공고 기타의 방법에 의하여 당해 처분이 있었다는 사실을 '현실적으로 안 날'을 의미하며, 구체적으로 그 행정처분의 위법여부를 판단한 날을 가리키는 것은 아니다. 다만 처분에 관한 서류가 당사자의 주소지에 송달되었다면 당사자가 처분이 있음을 알았다고 추정할 수 있다.

> **관련판례**
>
> 1. 처분을 안 날이란 당해 처분이 있었다는 사실을 현실적으로 한 날을 의미하는 것이지, 처분의 위법 여부를 판단한 날을 가리키는 것이 아니다[대법원 1991.6.28., 90누6521].
>   행정소송법 제20조 제2항 소정의 제소기간 기산점인 "처분이 있음을 안 날"이란 통지, 공고 기타의 방법에 의하여 당해 처분이 있었다는 사실을 현실적으로 안 날을 의미하고 구체적으로 그 행정처분의 위법 여부를 판단한 날을 가리키는 것은 아니다.
>
> 2. 처분에 관한 서류가 당사자의 주소지에 송달되는 등의 사정이 있으면 처분이 있음을 알았다고 추정할 수 있다[대법원 1999. 12.28., 99두9742].
>   행정심판법 제18조 제1항 소정의 심판청구기간 기산점인 '처분이 있음을 안 날'이라 함은 당사자가 통지·공고 기타의 방법에 의하여 당해 처분이 있었다는 사실을 현실적으로 안 날을 의미하고, 추상적으로 알 수 있었던 날을 의미하는 것은 아니지만, 처분에 관한 서류가 당사자의 주소지에 송달되는 등 사회통념상 처분이 있음을 당사자가 알 수 있는 상태에 놓여진 때에는 반증이 없는 한 그 처분이 있음을 알았다고 추정할 수 있다. 아르바이트 직원이 납부고지서를 수령한 경우, 납부의무자는 그 때 부과처분이 있음을 알았다고 추정할 수 있다.
>
> 3. 처분서를 송달받기 전 정보공개청구를 통하여 처분을 하는 내용의 일체의 서류를 교부받았더라도, 처분서 송달일을 기준으로 안 날을 기산해야 한다(대법원 2014.9.25. 2014두8254).
>   지방보훈청장이 허혈성심장질환이 있는 甲에게 재심 서면판정 신체검사를 실시한 다음 종전과 동일하게 전(공)상군경 7급 국가유공자로 판정하는 '고엽제후유증전환 재심신체검사 무변동처분' 통보서를 송달하자 甲이 위 처분의 취소를 구한 사안에서, 위 처분이 甲에게 고지되어 처분이 있다는 사실을 현실적으로 알았을 때 행정소송법 제20조 제1항에서 정한 제소기간이 진행한다고 보아야 함에도, 甲이 통보서를 송달받기 전에 자신의 의무기록에 관한 정보공개를 청구하여 위 처분을 하는 내용의 통보서를 비롯한 일체의 서류를 교부받은 날부터 제소기간을 기산하여 위 소는 90일이 지난 후 제기한 것으로서 부적법하다고 본 원심판결에 법리를 오해한 위법이 있다고 한 사례

나. 고시 또는 공고의 경우

(1) 불특정 다수인에게 고시 또는 공고하는 경우

통상 고시 또는 공고에 의하여 행정처분을 하는 경우에는 그 처분의 상대방이 불특정 다수인이고 그 처분의 효력이 불특정 다수인에게 일률적으로 적용되는 것이므로, 그 행정처분에 이해관계를 갖는 자가 고시 또는 공고가 있었다는 사실을 현실적으로 알았는지 여부에 관계없이 고시가 효력을 발생하는 날 행정처분이 있음을 알았다고 보아야 한다.

> **관련판례**
>
> 불특정 다수인에게 고시 또는 공고에 의하여 행정처분을 하는 경우-고시 또는 공고의 효력발생일[대법원 2007.6.14., 2004두619]
>
> 구 청소년보호법에 따른 청소년유해매체물 결정 및 고시처분은 당해 유해매체물의 소유자 등 특정인만을 대상으로 한 행정처분이 아니라 일반 불특정 다수인을 상대방으로 하여 일률적으로 표시의무, 포장의무, 청소년에 대한 판매·대여 등의 금지의무 등 각종 의무를 발생시키는 행정처분으로서, 정보통신윤리위원회가 특

정 인터넷 웹사이트를 청소년유해매체물로 결정하고 청소년보호위원회가 효력발생시기를 명시하여 고시함으로써 그 명시된 시점에 효력이 발생하였다고 봄이 상당하고, 정보통신윤리위원회와 청소년보호위원회가 위 처분이 있었음을 위 웹사이트 운영자에게 제대로 통지하지 아니하였다고 하여 그 효력 자체가 발생하지 아니한 것으로 볼 수는 없다.

(2) 특정인에 대한 처분을 주소불명 등의 이유로 송달할 수 없어 관보 등에 공고한 경우

특정인에 대한 처분으로서 주소불명이나 송달불가능 등으로 인하여 공고하는 방법으로 처분서를 송달하는 경우에는 원래 공고에 의하도록 되어있는 처분이 아니므로 공고일로부터 14일이 경과한 때에 그 효력이 발생한다(행정절차법 제14조 제4항, 제15조 제3항). 그러나 이러한 공고의 효력이 발생했더라도 상대방이 당해 처분이 있었다는 사실을 알았다고 볼 수는 없으므로, 상대방이 당해 처분이 있었다는 사실을 현실적으로 안 날에 그 처분이 있음을 알았다고 보아야 한다.

> **관련판례**
>
> **특정인에 대한 행정처분을 주소불명 등을 이유로 송달할 수 없어서 관보에 공고한 경우 – 상대방이 그 처분이 있음을 안 날[대법원 2006.4.28., 2005두14851]**
> 행정소송법 제20조 제1항 소정의 제소기간 기산점인 '처분이 있음을 안 날'이라 함은 당사자가 통지, 공고 기타의 방법에 의하여 당해 처분이 있었다는 사실을 현실적으로 안 날을 의미하는바, 특정인에 대한 행정처분을 주소불명 등의 이유로 송달할 수 없어 관보·공보·게시판·일간신문 등에 공고한 경우에는, 공고가 효력을 발생하는 날에 상대방이 그 행정처분이 있음을 알았다고 볼 수는 없고, 상대방이 당해 처분이 있었다는 사실을 현실적으로 안 날에 그 처분이 있음을 알았다고 보아야 한다.

다. 행정심판을 거친 경우

행정심판을 거쳐 취소소송을 제기하는 경우에는 재결서의 정본을 송달받은 날부터 90일 이내에 제기하여야 한다. 행정청이 행정심판청구를 할 수 있다고 잘못 알려 행정심판 청구를 한 경우 취소소송의 제소기간은 행정심판재결서 정본을 송달받은 날부터 기산한다.

> **제20조(제소기간)** ① 취소소송은 처분등이 있음을 안 날부터 90일 이내에 제기하여야 한다. 다만, 제18조제1항 단서에 규정한 경우와 그 밖에 행정심판청구를 할 수 있는 경우 또는 행정청이 행정심판청구를 할 수 있다고 잘못 알린 경우에 행정심판청구가 있은 때의 기간은 재결서의 정본을 송달받은 날부터 기산한다.

> **관련판례**
>
> 1. 개별공시지가의 결정에 이의가 있는 자가 행정심판을 거쳐 취소소송을 제기하는 경우 취소소송의 제소기간은 그 행정심판 재결서 정본을 송달받은 날부터 또는 재결이 있는 날부터 기산한다(대법원 2010. 1. 28. 2008두19987). 부동산 가격공시 및 감정평가에 관한 법률 제12조, 행정소송법 제20조 제1항, 행정심판법 제3조 제1항의 규정 내용 및 취지와 아울러 부동산 가격공시 및 감정평가에 관한 법률에 행정심판의 제기를 배제하는 명시적인 규정이 없고 부동산 가격공시 및 감정평가에 관한 법률에 따른 이의신청과 행정심판

은 그 절차 및 담당 기관에 차이가 있는 점을 종합하면, 부동산 가격공시 및 감정평가에 관한 법률이 이의신청에 관하여 규정하고 있다고 하여 이를 행정심판법 제3조 제1항에서 행정심판의 제기를 배제하는 '다른 법률에 특별한 규정이 있는 경우'에 해당한다고 볼 수 없으므로, 개별공시지가에 대하여 이의가 있는 자는 곧바로 행정소송을 제기하거나 부동산 가격공시 및 감정평가에 관한 법률에 따른 이의신청과 행정심판법에 따른 행정심판청구 중 어느 하나만을 거쳐 행정소송을 제기할 수 있을 뿐 아니라, 이의신청을 하여 그 결과 통지를 받은 후 다시 행정심판을 거쳐 행정소송을 제기할 수도 있다고 보아야 하고, 이 경우 행정소송의 제소기간은 그 행정심판 재결서 정본을 송달받은 날부터 기산한다.

2. 변경명령재결의 경우 취소소송의 대상은 변경된 내용의 당초처분이지만, 제소기간은 재결서 정본을 송달받은 날로부터 90일이 된다(대법원 2007. 4. 27., 선고, 2004두9302).

행정청이 식품위생법령에 기하여 영업자에 대하여 행정제재처분을 한 후 그 처분을 영업자에게 유리하게 변경하는 처분을 한 경우(이하 처음의 처분을 '당초처분', 나중의 처분을 '변경처분'이라 한다), 변경처분에 의하여 당초처분은 소멸하는 것이 아니고 당초부터 유리하게 변경된 내용의 처분으로 존재하는 것이므로, 변경처분에 의하여 유리하게 변경된 내용의 행정제재가 위법하다 하여 그 취소를 구하는 경우 그 취소소송의 대상은 변경된 내용의 당초처분이지 변경처분은 아니고, 제소기간의 준수 여부도 변경처분이 아닌 변경된 내용의 당초처분을 기준으로 판단하여야 한다.

(중략)

앞서 본 법리에 비추어 보면, 이 사건 후속 변경처분에 의하여 유리하게 변경된 내용의 행정제재인 과징금부과가 위법하다 하여 그 취소를 구하는 이 사건 소송에 있어서 위 청구취지는 이 사건 후속 변경처분에 의하여 당초부터 유리하게 변경되어 존속하는 2002. 12. 26.자 과징금부과처분의 취소를 구하고 있는 것으로 보아야 할 것이고, 일부기각(일부인용)의 이행재결에 따른 후속 변경처분에 의하여 변경된 내용의 당초처분의 취소를 구하는 이 사건 소 또한 행정심판재결서 정본을 송달받은 날로부터 90일 이내 제기되어야 하는데 원고가 위 재결서의 정본을 송달받은 날로부터 90일이 경과하여 이 사건 소를 제기하였다는 이유로 이 사건 소가 부적법하다고 판단한 원심판결은 정당하고, 상고이유는 받아들일 수 없다.

라. 법률의 위헌결정

처분 당시에는 취소소송의 제기가 법률상 허용되지 않다가 해당 법률의 위헌결정으로 인하여 비로소 취소소송을 제기할 수 있게 된 경우에는, '처분 등이 있은 날'이란 '위헌결정이 있은 날'을 의미하고, '처분 등이 있음을 안 날'이란 '위헌결정이 있음을 안 날'을 의미한다.

관련판례

객관적으로는 '위헌결정이 있은 날', 주관적으로는 '위헌결정이 있음을 안 날'을 제소기간의 기산점으로 삼아야 한다 (대법원 2008.2.1, 2007두20997).

행정소송법 제20조가 제소기간을 규정하면서 '처분 등이 있은 날' 또는 '처분 등이 있음을 안 날'을 각 제소기간의 기산점으로 삼은 것은 그때 비로소 적법한 취소소송을 제기할 객관적 또는 주관적 여지가 발생하기 때문이므로, 처분 당시에는 취소소송의 제기가 법제상 허용되지 않아 소송을 제기할 수 없다가 위헌결정으로 인하여 비로소 취소소송을 제기할 수 있게 된 경우, 객관적으로는 '위헌결정이 있은 날', 주관적으로는 '위헌결정이 있음을 안 날' 비로소 취소소송을 제기할 수 있게 되어 이때를 제소기간의 기산점으로 삼아야 한다.

마. 불고지·오고지의 경우

행정심판법상 불고지·오고지에 관한 규정은 행정소송에는 적용되지 않기 때문에, 행정청이 행정소송기간을 '처분이 있음을 안 날로부터 90일'보다 긴 기간으로 잘못 알린 경우에도 처분이 있음을 안 날로부터 90일 이내에 제기되지 않은 이상 부적법한 소제기이다.

> **행정심판법**
>
> **제27조(심판청구의 기간)** ① 행정심판은 처분이 있음을 알게 된 날부터 90일 이내에 청구하여야 한다.
> ⑤ 행정청이 심판청구 기간을 제1항에 규정된 기간보다 긴 기간으로 잘못 알린 경우 그 잘못 알린 기간에 심판청구가 있으면 그 행정심판은 제1항에 규정된 기간에 청구된 것으로 본다.

> **관련판례**
>
> **행정심판법상 오고지에 관한 규정은 행정소송에는 적용되지 아니한다**[대법원 2001.5.8., 2000두6916].
> 행정청이 법정 심판청구기간보다 긴 기간으로 잘못 알린 경우에 그 잘못 알린 기간 내에 심판청구가 있으면 그 심판청구는 법정 심판청구기간 내에 제기된 것으로 본다는 취지의 행정심판법 제18조 제5항의 규정(현행 제27조 제5항)은 행정심판 제기에 관하여 적용되는 규정이지, 행정소송 제기에도 당연히 적용되는 규정이라고 할 수는 없다.

바. 조세심판에서의 재결청의 재조사결정이 있는 경우

조세심판에서의 재결청의 재조사결정은 해당 결정에서 지적된 사항에 관해서는 처분청의 재조사결과를 기다려 그에 따른 후속 처분의 내용을 청구인에 대한 결정의 일부분으로 삼겠다는 의사가 내포된 변형결정에 해당한다. 이 경우 행정소송의 제소기간은 재결청의 재조사결정 정본을 송달받은 날이 아니라, 청구인이 '후속 처분'의 통지를 받은 날부터 기산된다.

> **관련판례**
>
> **조세심판에서 재결청의 재조사결정이 있었던 경우 항고소송의 기산점 – 후속처분 통지일**[대법원 2010.6.25, 2007두12514 전원합의체]
> 재조사결정은 해당 결정에서 지적된 사항에 관해서는 처분청의 재조사결과를 기다려 그에 따른 후속 처분의 내용을 이의신청 등에 대한 결정의 일부분으로 삼겠다는 의사가 내포된 변형결정에 해당한다고 볼 수밖에 없다. 그렇다면 재조사결정은 처분청의 후속 처분에 의하여 그 내용이 보완됨으로써 이의신청 등에 대한 결정으로서의 효력이 발생한다고 할 것이므로, 재조사결정에 따른 심사청구기간이나 심판청구기간 또는 행정소송의 제소기간은 이의신청인 등이 후속 처분의 통지를 받은 날부터 기산된다고 봄이 타당하다.

3. 처분이 있은 날로부터 1년

가. 행정심판을 거치지 않은 경우

행정심판을 거치지 않은 경우에는 처분이 있은 날로부터 1년을 경과하면 행정소송을 제기하지 못한다. 여기서 처분이 있은 날이란 처분이 효력을 발생한 날을 의미한다. '상대방 있는 행정처분'의 경우에는 상대방에게 고지되어야 효력이 발생하므로, 이러한 경우에는 '처분이 있은 날'은 동시에 '처분이 있음을 안 날'이 된다.

> **관련판례**
>
> **처분이 있는 날이란 처분이 효력을 발생한 날을 의미한다**[대법원 1990.7.13., 90누2284].
> 행정심판을 제기하지 아니하거나 그 재결을 거치지 아니하는 사건에 대한 제소기간을 규정한 행정소송법 제20조 제2항에서 "처분이 있은 날"이라 함은 상대방이 있는 행정처분의 경우는 특별한 규정이 없는 한 의사표시의 일반적 법리에 따라 그 행정처분이 상대방에게 고지되어 효력이 발생한 날을 말한다고 할 것이다.

나. 행정심판을 거친 경우 – 재결이 있은 날로부터 1년

행정심판을 거쳐 취소소송을 제기하는 경우에는 재결서의 정본을 송달받은 날로부터 90일 이내에 소송을 제기하여야 하지만, 재결서의 정본을 송달받지 못한 경우에는 재결이 있은 날로부터 1년이 경과하면 취소소송을 제기하지 못한다. 다만 정당한 사유가 있는 경우에는 그러하지 아니하다(동법 제20조 제2항).

행정심판을 거쳐 취소소송을 제기하는 경우란 ① 행정심판을 필요적으로 거쳐야 하는 경우(동법 제18조 제1항 단서)와 ② 그밖에 행정심판청구를 할 수 있는 경우 또는 ③ 행정청이 행정심판청구를 할 수 있다고 잘못 알린 경우(동법 제20조 제1항 단서)를 말한다.

다. 복효적 처분에서 처분의 상대방이 아닌 제3자의 경우

복효적 처분에서 처분의 상대방이 아닌 제3자는 처분이 있는 것을 바로 알 수 없는 처지에 있다. 따라서 이러한 경우에는 처분이 있는 날로부터 1년이 경과하였다고 하더라도 정당한 사유가 인정되므로 처분이 있음을 안 날로부터 90일 이내에 제소할 수 있다.

> **관련판례**
>
> **복효적 처분에서 처분의 상대방이 아닌 제3자는 처분이 있은 날로부터 1년이 경과하였다고 하더라도, 처분이 있음을 안 날로부터 90일 이내에 제소할 수 있다**[대법원 1992.7.28., 91누12844].
> 행정심판법 제18조 제3항에 의하면 행정처분의 상대방이 아닌 제3자라도 처분이 있은 날로부터 180일을 경과하면 행정심판청구를 제기하지 못하는 것이 원칙이지만, 다만 정당한 사유가 있는 경우에는 그러하지 아니하도록 규정되어 있는바, 행정처분의 직접 상대방이 아닌 제3자는 일반적으로 처분이 있는 것을 바로 알 수 없는 처지에 있으므로, 위와 같은 심판청구기간 내에 심판청구를 제기하지 아니하였다고 하더라도, 그 기간 내에 처분이 있은 것을 알았거나 쉽게 알 수 있었기 때문에 심판청구를 제기할 수 있었다고 볼 만한 특별한 사정이 없는 한, 위 법조항 본문의 적용을 배제할 "정당한 사유"가 있는 경우에 해당한다고 보아 위와 같은 심판청구기간이 경과한 뒤에도 심판청구를 제기할 수 있다.

기출문제

01 | 2016 |

취소소송의 제소기간에 관한 설명으로 옳은 것은? (다툼이 있으면 판례에 따름)

① 처분등이 있음을 안 날부터 90일, 처분등이 있은 날부터 1년 중 먼저 도래한 날이 경과되면 제소기간이 도과된다.
② 적법한 행정심판청구가 있은 때의 제소기간은 재결신청일부터 기산한다.
③ 처분등이 있음을 안 날부터 90일이라는 제소기간은 불변기간이 아니다.
④ 취소소송의 제소기간의 규정은 당사자소송에 적용된다.
⑤ 특정인에 대한 처분을 주소불명의 이유로 송달할 수 없어 관보에 공고한 경우 공고가 효력을 발생하는 날에 상대방이 그 처분이 있음을 알았다고 보아야 한다.

··················

① ☞ 처분 등이 있음을 안 날로부터 90일, 처분 등이 있은 날로부터 1년의 두 기간 중에 어느 하나의 기간이라도 먼저 경과하면 취소소송을 제기할 수 없다.
② ☞ 행정심판을 거쳐 취소소송을 제기하는 경우에는 재결서의 정본을 송달받은 날부터 90일 이내에 제기하여야 한다(행정소송법 제20조 제1항).
③ ☞ 불변기간에 해당한다.

> **제20조(제소기간)** ① 취소소송은 처분등이 있음을 <u>안 날부터 90일</u> 이내에 제기하여야 한다. 다만, 제18조제1항 단서에 규정한 경우와 그 밖에 행정심판청구를 할 수 있는 경우 또는 행정청이 행정심판청구를 할 수 있다고 잘못 알린 경우에 행정심판청구가 있은 때의 기간은 재결서의 정본을 송달받은 날부터 기산한다.
> ② 취소소송은 처분등이 있은 <u>날부터 1년</u>(제1항 단서의 경우는 재결이 있은 날부터 1년)을 경과하면 이를 제기하지 못한다. 다만, 정당한 사유가 있는 때에는 그러하지 아니하다.
> ③ 제1항의 규정에 의한 기간은 불변기간으로 한다.

④ ☞ 취소소송에서의 제소기간은 당사자소송에는 적용되지 않으며, 당사자소송에 관하여 법령에 제소기간이 정하여져 있는 경우에는 그에 의하고, 그 기간은 불변기간으로 한다(행정소송법 제41조).
⑤ [대법원 2006.4.28., 2005두14851] 행정소송법 제20조 제1항 소정의 제소기간 기산점인 '처분이 있음을 안 날'이라 함은 당사자가 통지, 공고 기타의 방법에 의하여 당해 처분이 있었다는 사실을 현실적으로 안 날을 의미하는바, **특정인에 대한 행정처분을 주소불명 등의 이유로 송달할 수 없어 관보·공보·게시판·일간신문 등에 공고한 경우에는, 공고가 효력을 발생하는 날에 상대방이 그 행정처분이 있음을 알았다고 볼 수는 없고, 상대방이 당해 처분이 있었다는 사실을 현실적으로 안 날에 그 처분이 있음을 알았다고 보아야 한다.**

답 01 ①

02 | 2017 |

항고소송의 제소기간에 관한 설명으로 옳지 않은 것은? (다툼이 있으면 판례에 따름)

① 제소기간의 준수 여부는 소송요건으로서 법원의 직권조사사항이다.
② 처분의 무효를 주장하며 취소소송을 제기하는 경우 제소기간의 제한이 있다.
③ 특정인에 대한 행정처분을 주소불명 등의 이유로 송달할 수 없어 관보 등에 공고한 경우에는 상대방이 당해 처분이 있었다는 사실을 현실적으로 안 날에 그 처분이 있음을 알았다고 보아야 한다.
④ 고시 또는 공고에 의하여 불특정다수인을 대상으로 행정처분을 하는 경우에는 고시 또는 공고의 효력발생일에 그 행정처분이 있음을 알았다고 보아야 한다.
⑤ 부작위위법확인소송은 그 특성상 행정심판을 거친 경우에도 제소기간의 제한을 받지 아니한다.

....

① [대법원 1987. 1. 20. 선고 86누490 판결] 제소기간이 지켜졌는가의 여부는 소송요건으로서 법원의 직권조사사항에 속하며 소송요건의 존부를 명백히 한 다음 본안판결을 하여야 할 것이므로 본안의 심리에 들어갔다 하여 소송요건의 흠결을 덮어둘 수는 없다.
② [대법원 1983. 10. 11. 선고 82누266 판결] 행정처분의 무효를 이유로 그 취소를 구하는 행정소송을 제기하는 경우에도 소원의 전치와 제소기간등 취소소송의 제소요건을 갖추어야 한다.
③ [대법원 2006. 4. 28. 선고 2005두14851 판결] 행정소송법 제20조 제1항 소정의 제소기간 기산점인 '처분이 있음을 안 날'이라 함은 당사자가 통지, 공고 기타의 방법에 의하여 당해 처분이 있었다는 사실을 현실적으로 안 날을 의미하는바, 특정인에 대한 행정처분을 주소불명 등의 이유로 송달할 수 없어 관보·공보·게시판·일간신문 등에 공고한 경우에는, 공고가 효력을 발생하는 날에 상대방이 그 행정처분이 있음을 알았다고 볼 수는 없고, 상대방이 당해 처분이 있었다는 사실을 현실적으로 안 날에 그 처분이 있음을 알았다고 보아야 한다.
④ [대법원 2007. 6. 14. 선고 2004두619 판결] 통상 고시 또는 공고에 의하여 행정처분을 하는 경우에는 그 처분의 상대방이 불특정 다수인이고 그 처분의 효력이 불특정 다수인에게 일률적으로 적용되는 것이므로, 그 행정처분에 이해관계를 갖는 자가 고시 또는 공고가 있었다는 사실을 현실적으로 알았는지 여부에 관계없이 고시가 효력을 발생하는 날 행정처분이 있음을 알았다고 보아야 한다.
⑤ [대법원 2009. 7. 23. 선고 2008두10560 판결] 부작위위법확인의 소는 부작위상태가 계속되는 한 그 위법의 확인을 구할 이익이 있다고 보아야 하므로 원칙적으로 제소기간의 제한을 받지 않는다. 그러나 행정소송법 제38조 제2항이 제소기간을 규정한 같은 법 제20조를 부작위위법확인소송에 준용하고 있는 점에 비추어 보면, 행정심판 등 전심절차를 거친 경우에는 행정소송법 제20조가 정한 제소기간 내에 부작위위법확인의 소를 제기하여야 한다.

답 02 ⑤

03 | 2018 |

취소소송의 제소기간에 관한 설명으로 옳지 않은 것은?

① 행정심판을 거친 경우에는 재결서 정본을 송달받은 날이 제소기간의 기산점이다.
② 취소소송은 처분이 있음을 안날부터 90일 이내에 제기하여야 한다.
③ 제소기간 준수 여부는 법원의 직권조사사항이다.
④ 경미하지 않은 변경처분의 취소를 구하는 취소소송의 제소기간은 변경전 당초 처분이 있음을 안 날 또는 있은 때를 기산점으로 한다.
⑤ 처분의 무효를 주장하며 취소소송을 제기하는 경우 제소기간의 제한이 있다.

∙∙∙∙∙∙∙∙∙∙∙∙∙∙∙∙∙∙∙∙∙∙

① ☞ 행정심판을 거쳐 취소소송을 제기하는 경우에는 재결서의 정본을 송달받은 날부터 90일 이내에 제기하여야 한다(동법 제20조 제1항 단서).
② ☞ 처분 등이 있음을 안 날로부터 90일, 처분 등이 있은 날로부터 1년 이내에 소송을 제기해야 한다(동법 제20조 제1항 본문).
③ [대법원 1987.1.20, 86누490] 제소기간이 지켜졌는가의 여부는 소송요건으로서 법원의 직권조사사항에 속하며 소송요건의 존부를 명백히 한 다음 본안판결을 하여야 할 것이므로 본안의 심리에 들어갔다 하여 소송요건의 흠결을 덮어둘 수는 없다.
④ ☞ 지문에서와 같이 기산점을 판단하는 기준은 존재하지 않는다. 다만 (ⅰ) 증액경정처분의 경우에는 증액처분을 안 날을 기준으로, (ⅱ) 감액경정처분의 경우에는 원처분을 안 날을 기준으로 제소기간을 기산한다.
⑤ [대법원 1984. 5. 29., 선고, 84누175, 판결] 행정처분의 당연무효를 선언하는 의미에서 그 취소를 청구하는 행정소송을 제기하는 경우에도 소원의 전치와 제소기간의 준수등 취소소송의 제소요건을 갖추어야 한다.

답 03 ④

04 | 2020 |

취소소송의 제소기간에 관한 설명으로 옳은 것은? (다툼이 있으면 판례에 따름)

① 행정심판을 거친 경우에는 재결서 정본을 발송한 날이 제소기간의 기산점이 된다.
② 동일한 행정처분에 대하여 무효확인의 소를 제기하였다가 그 후 그 처분의 취소를 구하는 소를 추가적으로 병합한 경우, 주된 청구인 무효확인의 소가 취소소송의 제소기간 내에 제기되었다면 추가로 병합된 취소청구의 소도 적법하게 제기된 것으로 본다.
③ 제소기간의 준수 여부는 소제기의 효과를 주장하는 원고가 입증책임을 진다.
④ 처분이 있음을 안 날부터 100일이 지났더라도 처분이 있은 날부터 1년을 넘지 않았다면 취소소송의 제기는 적법하다.
⑤ 고시 또는 공고에 의하여 불특정다수인을 대상으로 행정처분을 하는 경우에는, 그 행정처분에 이해관계를 갖는 자가 고시 또는 공고가 있었다는 사실을 현실적으로 알았을 때를 제소기간의 기산점으로 본다.

---

① ☞ 재결서 정본을 발송한 날이 아니라 송달받은 날이 기산점이 된다(행정소송법 제20조).

> **제20조(제소기간)** ① 취소소송은 처분등이 있음을 안 날부터 90일 이내에 제기하여야 한다. 다만, 제18조제1항 단서에 규정한 경우와 그 밖에 행정심판청구를 할 수 있는 경우 또는 행정청이 행정심판청구를 할 수 있다고 잘못 알린 경우에 <u>행정심판청구가 있은 때의 기간은 재결서의 정본을 송달받은 날부터 기산한다.</u>

② [대법원 2005.12.23. 2005두3554. 판결] 하자 있는 행정처분을 놓고 이를 무효로 볼 것인지 아니면 단순히 취소할 수 있는 처분으로 볼 것인지는 동일한 사실관계를 토대로 한 법률적 평가의 문제에 불과하고, 행정처분의 무효확인을 구하는 소에는 특단의 사정이 없는 한 그 취소를 구하는 취지도 포함되어 있다고 보아야 하는 점 등에 비추어 볼 때, 동일한 행정처분에 대하여 무효확인의 소를 제기하였다가 그 후 그 처분의 취소를 구하는 소를 추가적으로 병합한 경우, 주된 청구인 무효확인의 소가 적법한 제소기간 내에 제기되었다면 추가로 병합된 취소청구의 소도 적법하게 제기된 것으로 봄이 상당하다.
③ ☞ 제소기간의 준수 여부를 비롯한 소송요건은 1차적으로 법원의 직권조사사항이지만, 법원의 조사를 통해서도 불분명할 경우에는 소제기의 효과를 주장하는 원고가 입증책임을 진다.
④ ☞ 처분 등이 있음을 안 날로부터 90일, 처분 등이 있은 날로부터 1년의 두 기간 중에 어느 하나의 기간이라도 먼저 경과하면 취소소송을 제기할 수 없다.
⑤ ☞ (ⅰ) 불특정 다수인에게 고시 또는 공고하는 경우와 (ⅱ) 특정인에 대한 처분을 주소불명 등의 이유로 송달할 수 없어 관보 등에 공고한 경우를 구별할 수 있어야 한다.
[대법원 2007.6.14., 2004두619] 구 청소년보호법에 따른 청소년유해매체물 결정 및 고시처분은 당해 유해매체물의 소유자 등 특정인만을 대상으로 한 행정처분이 아니라 일반 불특정 다수인을 상대방으로 하여 일률적으로 표시의무, 포장의무, 청소년에 대한 판매·대여 등의 금지의무 등 각종 의무를 발생시키는 행정처분으로서, 정보통신윤리위원회가 특정 인터넷 웹사이트를 청소년유해매체물로 결정하고 청소년보호위원회가 효력발생시기를 명시하여 고시함으로써 그 명시된 시점에 효력이 발생하였다고 봄이 상당하고, 정보통신윤리위원회와 청소년보호위원회가 위 처분이 있었음을 위 웹사이트 운영자에게 제대로 통지하지 아니하였다고 하여 그 효력 자체가 발생하지 아니한 것으로 볼 수는 없다.

답 04 ②, ③

05 | 2020 |

취소소송의 제소기간에 관한 설명으로 옳지 <u>않은</u> 것은? (다툼이 있으면 판례에 따름)

① 변경명령재결에 따른 변경처분의 경우 제소기간은 그 변경처분이 있음을 안 날로부터 90일 이내이다.
② 처분서가 처분상대방의 주소지에 송달되는 등 사회통념상 처분이 있음을 처분상대방이 알 수 있는 상태에 놓인 때에는 반증이 없는 한 처분상대방이 처분이 있음을 알았다고 추정할 수 있다.
③ 행정심판제기기간을 넘긴 것을 이유로 한 각하재결이 있은 후 취소소송을 제기하는 경우에는「행정소송법」제20조 제1항의 단서가 적용되지 아니한다.
④ 특정인에 대한 행정처분을 주소불명 등의 이유로 송달할 수 없어 관보·공보·게시판·일간신문 등에 공고한 경우에는, 상대방이 당해 처분이 있었다는 사실을 현실적으로 안 날에 그 처분이 있음을 알았다고 보아야 한다.
⑤ 무효등확인소송의 경우에는 제소기간의 제한이 없지만, 무효선언을 구하는 취소소송의 경우에는 제소기간의 제한이 있다.

··························

① ☞ 이 경우 취소소송의 대상은 변경된 원처분이지만, 행정심판의 재결을 거친 경우이므로 재결서 정본 송달일로부터 90일 내에 소송을 제기해야 한다.
[대법원 2007.4.27. 선고, 2004두9302. 판결] 행정청이 식품위생법령에 따라 영업자에게 행정제재처분을 한 후 그 처분을 영업자에게 유리하게 변경하는 처분을 한 경우, 변경처분에 의하여 당초 처분은 소멸하는 것이 아니고 당초부터 유리하게 변경된 내용의 처분으로 존재하는 것이므로, 변경처분에 의하여 유리하게 변경된 내용의 행정제재가 위법하다 하여 그 취소를 구하는 경우 그 취소소송의 대상은 변경된 내용의 당초 처분이지 변경처분은 아니고, 제소기간의 준수 여부도 변경처분이 아닌 변경된 내용의 당초 처분을 기준으로 판단하여야 한다.

② [대법원 2002.8.27, 2002두3850] 국세기본법의 적용을 받는 처분과 달리 행정심판법의 적용을 받는 처분인 과징금부과처분에 대한 심판청구기간의 기산점인 행정심판법 제18조 제1항 소정의 '처분이 있음을 안 날'이라 함은 당사자가 통지·공고 기타의 방법에 의하여 당해 처분이 있었다는 사실을 현실적으로 안 날을 의미하고, 추상적으로 알 수 있었던 날을 의미하는 것은 아니라 할 것이며, 다만 처분을 기재한 서류가 당사자의 주소에 송달되는 등으로 사회통념상 처분이 있음을 당사자가 알 수 있는 상태에 놓여진 때에는 반증이 없는 한 그 처분이 있음을 알았다고 추정할 수는 있다.

③ ☞ 「행정소송법」제20조 제1항의 단서는 행정심판청구가 있은 때의 기간을 재결서 정본 송달일로부터 기산하는 경우를 말한다. 처분이 있음을 안 날부터 90일을 도과한 후에 행정심판을 청구하여 각하재결이 이루어진 경우에는 설사 재결서 정본 송달일로부터 90일 내에 취소소송을 제기하더라도 제소기간 도과를 이유로 각하판결을 선고하게 된다.
[대법원 2012. 9. 27. 선고 2011두27247 판결] 행정소송법 제20조 제1항은 '취소소송은 처분 등이 있음을 안 날부터 90일 이내에 제기하여야 하나 행정청이 행정심판청구를 할 수 있다고 잘못 알린 경우에 행정심판청구가 있은 때의 기간은 재결서의 정본을 송달받은 날부터 기산한다'고 규정하고 있는데, 위 규정의 취지는 불가쟁력이 발생하지 않아 적법하게 불복청구를 할 수 있었던 처분 상대방에 대하여 행정청이 법령상 행정심판청구가 허용되지 않음에도 행정심판청구를 할 수 있다고 잘못 알린 경우에, 잘못된 안내를 신뢰하여 부적법한 행정심판을 거치느라 본래 제소기간 내에 취소소송을 제기하지 못한 자를 구제하려는 데에 있다. 이와 달리 이미 제

소기간이 지남으로써 불가쟁력이 발생하여 불복청구를 할 수 없었던 경우라면 그 이후에 행정청이 행정심판청구를 할 수 있다고 잘못 알렸다고 하더라도 그 때문에 처분 상대방이 적법한 제소기간 내에 취소소송을 제기할 수 있는 기회를 상실하게 된 것은 아니므로 이러한 경우에 잘못된 안내에 따라 청구된 행정심판 재결서 정본을 송달받은 날부터 다시 취소소송의 제소기간이 기산되는 것은 아니다. 불가쟁력이 발생하여 더 이상 불복청구를 할 수 없는 처분에 대하여 행정청의 잘못된 안내가 있었다고 하여 처분 상대방의 불복청구 권리가 새로이 생겨나거나 부활한다고 볼 수는 없기 때문이다.

「행정소송법」 제20조

> **제20조(제소기간)** ① 취소소송은 처분등이 있음을 안 날부터 90일 이내에 제기하여야 한다. 다만, 제18조제1항 단서에 규정한 경우와 그 밖에 행정심판청구를 할 수 있는 경우 또는 행정청이 행정심판청구를 할 수 있다고 잘못 알린 경우에 **행정심판청구가 있은 때의 기간은 재결서의 정본을 송달받은 날부터 기산한다.**

④ ☞ 불특정인을 상대방으로 한 일반처분의 경우와, 특정인을 상대방으로 한 처분의 경우를 구별하여 판단할 수 있어야 한다.

- 불특정인을 상대방으로 한 일반처분의 경우
[대법원 2006.4.14, 2004두3847] 통상 고시 또는 공고에 의하여 행정처분을 하는 경우에는 그 처분의 상대방이 불특정 다수인이고, 그 처분의 효력이 불특정 다수인에게 일률적으로 적용되는 것이므로, 그 행정처분에 이해관계를 갖는 자는 고시 또는 공고가 있었다는 사실을 현실적으로 알았는지 여부에 관계없이 고시가 효력을 발생하는 날에 행정처분이 있음을 알았다고 보아야 하고, 따라서 그에 대한 취소소송은 그 날로부터 90일 이내에 제기하여야 한다.

- 특정인을 상대방으로 한 처분의 경우
[대법원 2006.4.28, 2005두14851] 행정소송법 제20조 제1항 소정의 제소기간 기산점인 '처분이 있음을 안 날'이라 함은 당사자가 통지, 공고 기타의 방법에 의하여 당해 처분이 있었다는 사실을 현실적으로 안 날을 의미하는바, 특정인에 대한 행정처분을 주소불명 등의 이유로 송달할 수 없어 관보·공보·게시판·일간신문 등에 공고한 경우에는, 공고가 효력을 발생하는 날에 상대방이 그 행정처분이 있음을 알았다고 볼 수는 없고, 상대방이 당해 처분이 있었다는 사실을 현실적으로 안 날에 그 처분이 있음을 알았다고 보아야 할 것이다.

⑤ [대법원 1993.3.12., 92누11039] 행정처분의 당연무효를 선언하는 의미에서 그 취소를 구하는 행정소송을 제기한 경우에도 제소기간의 준수 등 취소소송의 제소요건을 갖추어야 하는 것이므로, 원고가 주위적 청구로 이 사건 이의재결의 취소를 구하고 있는 이상 그 취지가 위 이의재결의 당연무효를 선언하는 의미에서 취소를 구하는 것이라 하더라도 토지수용법 제75조의2 소정의 제소기간을 준수하여야 할 것인데 기록에 의하면 원고는 당초 원재결취소를 구하는 행정소송을 제기하였다가 이 사건 이의신청에 대한 재결서를 받고서도 그때부터 1월이 훨씬 지난 뒤인 1990.11.1.에야 청구취지를 이의재결의 취소를 구하는 것으로 변경한 사실이 분명하므로 결국 이 사건 소송은 불변기간을 넘어서 제기된 것으로 부적법하고 그 흠결은 보정될 수 없는 것이라고 하겠다.

06 | 2021 |

취소소송의 제기기간에 관한 설명으로 옳은 것을 모두 고른 것은? (다툼이 있으면 판례에 따름)

> ㄱ. 「행정소송법」상 '처분등이 있음을 안 날'은 유효한 행정처분이 있음을 안날을 의미하고, '처분등이 있은 날'은 행정처분의 효력이 발생한 날을 의미한다.
> ㄴ. 처분의 통지가 도달한 때 그 처분이 있음을 알았다고 간주한다.
> ㄷ. 특정인에 대한 행정처분을 「행정절차법」에 따른 공시송달의 방법으로 공고한 경우에는 공고가 있은 날부터 14일이 경과한 때에 그 행정처분이 있음을 알았다고 보아야 한다.

① ㄱ
② ㄴ
③ ㄱ, ㄴ
④ ㄴ, ㄷ
⑤ ㄱ, ㄴ, ㄷ

㉠ (i) [대법원 1991.6.28, 90누6521] 행정소송법 제20조 제2항 소정의 제소기간 기산점인 "처분이 있음을 안 날"이란 통지, 공고 기타의 방법에 의하여 당해 처분이 있었다는 사실을 현실적으로 안 날을 의미하고 구체적으로 그 행정처분의 위법 여부를 판단한 날을 가리키는 것은 아니다.

(ii) [대법원 1977.11.22, 77누195] 건축허가처분과 같이 상대방이 있는 행정처분에 있어서는 달리 특별한 규정이 없는 한 그 처분을 하였음을 상대방에게 고지하여야 그 효력이 발생한다고 할 것이어서 위의 행정처분이 있은 날이라 함은 위와 같이 그 행정처분의 효력이 발생한 날을 말한다.

㉡ ☞ "간주"가 아니라 "추정"이다. 즉 처분의 상대방은 자신이 처분을 알지 못하였음을 입증하여(예컨대 해외체류로 인하여 주소지에 도달한 우편물 미수령) 추정을 번복할 수 있다.
[대법원 2017. 3. 9., 선고, 2016두60577, 판결] 행정소송법 제20조 제1항이 정한 제소기간의 기산점인 '처분 등이 있음을 안 날'이란 통지, 공고 기타의 방법에 의하여 당해 처분 등이 있었다는 사실을 현실적으로 안 날을 의미하므로, 행정처분이 상대방에게 고지되어 상대방이 이러한 사실을 인식함으로써 행정처분이 있다는 사실을 현실적으로 알았을 때 행정소송법 제20조 제1항이 정한 제소기간이 진행한다고 보아야 하고, 처분서가 처분상대방의 주소지에 송달되는 등 사회통념상 처분이 있음을 처분상대방이 알 수 있는 상태에 놓인 때에는 반증이 없는 한 처분상대방이 처분이 있음을 알았다고 추정할 수 있다. 또한 우편물이 등기취급의 방법으로 발송된 경우 그것이 도중에 유실되었거나 반송되었다는 등의 특별한 사정에 대한 반증이 없는 한 그 무렵 수취인에게 배달되었다고 추정할 수 있다.

㉢ ☞ 공고가 있은 날부터 14일이 경과한 날은 공고의 효력발생일일 뿐이지, 이날에 상대방이 그 처분 있음을 알게 되는 것은 아니다.
[대법원 2006.4.28, 2005두14851] 행정소송법 제20조 제1항 소정의 제소기간 기산점인 '처분이 있음을 안 날'이라 함은 당사자가 통지, 공고 기타의 방법에 의하여 당해 처분이 있었다는 사실을 현실적으로 안 날을 의미하는바, 특정인에 대한 행정처분을 주소불명 등의 이유로 송달할 수 없어 관보·공보·게시판 일간신문 등에 공고한 경우에는, 공고가 효력을 발생하는 날에 상대방이 그 행정처분이 있음을 알았다고 볼 수는 없고, 상대방이 당해 처분이 있었다는 사실을 현실적으로 안 날에 그 처분이 있음을 알았다고 보아야 한다.

답 06 ①

07 | 2021 |

행정소송의 제기기간에 관한 설명으로 옳은 것은? (다툼이 있으면 판례에 따름)

① 행정심판에 의한 감액명령재결에 따른 감액처분이 있은 경우 취소소송의 제소기간은 감액처분이 있음을 안 날로부터 90일 이내이다.
② 소의 종류가 변경된 경우에는 새로운 소에 대한 제소기간의 준수는 소의 변경이 허가된 때를 기준으로 하여야 한다.
③ 행정심판을 거친 후 부작위위법확인소송을 제기하는 경우 행정심판재결서 정본을 송달받은 날로부터 90일 이내에 소를 제기하여야 한다.
④ 필요적 행정심판전치주의하에서 행정심판이 제기된 후 30일이 지나도 재결이 없는 경우 언제든지 취소소송을 제기할 수 있다.
⑤ 무효선언을 구하는 취소소송의 경우 제소기간의 제한이 없다.

---

① [대법원 2007. 4. 27., 선고, 2004두9302] 이 사건 후속 변경처분에 의하여 유리하게 변경된 내용의 행정제재인 과징금부과가 위법하다 하여 그 취소를 구하는 이 사건 소송에 있어서 위 청구취지는 이 사건 후속 변경처분에 의하여 당초부터 유리하게 변경되어 존속하는 2002. 12. 26.자 과징금부과처분의 취소를 구하고 있는 것으로 보아야 할 것이고, 일부기각(일부인용)의 이행재결에 따른 후속 변경처분에 의하여 변경된 내용의 당초처분의 취소를 구하는 이 사건 소 또한 행정심판재결서 정본을 송달받은 날로부터 90일 이내 제기되어야 하는데 원고가 위 재결서의 정본을 송달받은 날로부터 90일이 경과하여 이 사건 소를 제기하였다는 이유로 이 사건 소가 부적법하다고 판단한 원심판결은 정당하고, 상고이유는 받아들일 수 없다.
② ☞ 소의 종류의 변경이 이루어지면 제소기간 준수 여부는 구소 제기시점을 기준으로 판단한다(제21조 제4항, 제14조 제4항).
③ ☞ 행정심판을 거쳐 부작위위법확인소송을 제기하는 경우에는 당해 부작위에 대한 행정심판의 재결서의 정본을 송달받은 날로부터 90일, 재결이 있은 날로부터 1년 이내에 제기하여야 한다(행정소송법 제38조 제2항, 제20조).
④ ☞ 30일이 아니라 60일이다. "재결육손못정"으로 정리하자.
⑤ ☞ 무효선언을 구하는 취소소송의 경우에도 취소소송의 형식을 택한 이상 취소소송의 요건(제소기간, 일정한 경우 필요적 전치)을 준수하여야 한다.

답 07 ③

08 | 2021 |

유흥주점을 운영하고 있는 甲은 유흥주점영업허가 취소처분이 있음을 2021. 5. 24. 알게 되었고, 2021. 8. 15.(일요일) 그 처분이 위법함을 알게 되었다. 이 경우 甲이 적법하게 취소소송을 제기할 수 있는 마지막 날은 2021. 8. (   ).이다. (   )에 들어갈 날짜는?

① 22   ② 23   ③ 24
④ 25   ⑤ 26

••••••••••••••••••••••••

☞ 취소소송의 제소기간은 처분이 있음을 안 날로부터 90일이다. 甲이 2021. 5. 24. 알게 되었으니 「초일불산입원칙」에 따라 5월 중 7일, 6월 중 30일, 7월 중 31일이 계산되고, 8월 중 22일이 계산된다. 그렇다면 원래에는 8. 22.이 만기일인데, 만기일이 일요일(8. 15. 일요일로부터 7일 뒤)이므로 다음날로 기한이 하루 연장되어 8. 23. 까지 취소소송을 제기할 수 있다.

09 | 2022 |

취소소송의 제소기간에 관한 설명으로 옳지 <u>않은</u> 것은? (다툼이 있으면 판례에 따름)

① 취소소송은 처분등이 있음을 안 날로부터 90일 이내에 제기하여야 하며, 법원은 직권으로 이 기간을 늘이거나 줄일 수 없다.
② 조세심판에서의 재결청의 재조사결정에 따른 행정소송의 제소기간의 기산점은 후속처분의 통지를 받은 날이다.
③ 처분등이 있음을 안 날로부터 90일, 처분등이 있은 날로부터 1년 중 어느 하나의 기간이 만료되면 제소기간은 종료된다.
④ 고시에 의하여 불특정다수인을 대상으로 행정처분을 하는 경우, 그 행정처분에 이해관계를 갖는 자는 고시가 있었다는 사실을 현실적으로 안 날에 행정처분이 있음을 알았다고 보아야 한다.
⑤ 제소기간의 준수 여부는 법원의 직권조사사항이다.

••••••••••••••••••••••••

① ☞ 불변기간은 법정기간의 하나로서, 법원에서 신축할 수 없는 기간을 말한다.

> **제20조(제소기간)** ① 취소소송은 처분등이 있음을 안 날부터 90일 이내에 제기하여야 한다. 다만, 제18조제1항 단서에 규정한 경우와 그 밖에 행정심판청구를 할 수 있는 경우 또는 행정청이 행정심판청구를 할 수 있다고 잘못 알린 경우에 행정심판청구가 있은 때의 기간은 재결서의 정본을 송달받은 날부터 기산한다.
> ③ 제1항의 규정에 의한 기간은 <u>불변기간</u>으로 한다.

② [대법원전합 2010.6.25, 2007두12514] 이의신청 등에 대한 결정의 한 유형으로 실무상 행해지고 있는 재조사결정은 처분청으로 하여금 하나의 과세단위의 전부 또는 일부에 관하여 당해 결정에서 지적된 사항을 재조사하여 그 결과에 따라 과세표준과 세액을 경정하거나 당초 처분을 유지하는 등의 후속 처분을 하도록 하는 형식을 취하고 있다. 이에 따라 재조사결정을 통지받은 이의신청인 등은 그에 따른 후속 처분의 통지를 받은

후에야 비로소 다음 단계의 쟁송절차에서 불복할 대상과 범위를 구체적으로 특정할 수 있게 된다. 이와 같은 재조사결정의 형식과 취지, 그리고 행정심판제도의 자율적 행정통제기능 및 복잡하고 전문적·기술적 성격을 갖는 조세법률관계의 특수성 등을 감안하면, 재조사결정은 당해 결정에서 지적된 사항에 관해서는 처분청의 재조사결과를 기다려 그에 따른 후속 처분의 내용을 이의신청 등에 대한 결정의 일부분으로 삼겠다는 의사가 내포된 변형결정에 해당한다고 볼 수밖에 없다. 그렇다면 재조사결정은 처분청의 후속 처분에 의하여 그 내용이 보완됨으로써 이의신청 등에 대한 결정으로서의 효력이 발생한다고 할 것이므로, 재조사결정에 따른 심사청구기간이나 심판청구기간 또는 행정소송의 제소기간은 이의신청인 등이 후속 처분의 통지를 받은 날부터 기산된다고 봄이 타당하다.

③ ☞ 처분 등이 있음을 안 날로부터 90일, 처분 등이 있은 날부터 1년의 두 기간 중에 어느 하나의 기간이라도 먼저 경과하면 취소소송을 제기할 수 없다.
④ [대법원 2007.6.14. 2004두619] 통상 고시 또는 공고에 의하여 행정처분을 하는 경우에는 그 처분의 상대방이 불특정 다수인이고 그 처분의 효력이 불특정 다수인에게 일률적으로 적용되는 것이므로, 그 행정처분에 이해관계를 갖는 자가 고시 또는 공고가 있었다는 사실을 현실적으로 알았는지 여부에 관계없이 고시가 효력을 발생하는 날 행정처분이 있음을 알았다고 보아야 한다.
⑤ [대법원 1987.1.20. 86누490] 제소기간이 지켜졌는가의 여부는 소송요건으로서 법원의 직권조사사항에 속하며 소송요건의 존부를 명백히 한 다음 본안판결을 하여야 할 것이므로 본안의 심리에 들어갔다 하여 소송요건의 흠결을 덮어둘 수는 없다.

10 | 2023 |

행정소송법상 소의 제기에 관한 설명으로 옳지 <u>않은</u> 것은? (다툼이 있으면 판례에 따름)

① 특정인에 대한 행정처분을 주소불명 등의 이유로 송달할 수 없어 관보에 공고한 경우에는, 공고가 효력을 발생하는 날에 상대방이 그 행정처분이 있음을 알았다고 보아야 한다.
② 고시에 의해 불특정 다수인에게 행정처분을 하는 경우에는 그 행정처분에 이해관계를 갖는 자는 고시가 있었다는 사실을 현실적으로 알았는지 여부에 관계없이 고시가 효력을 발생하는 날에 행정처분이 있음을 알았다고 보아야 한다.
③ 처분서가 처분상대방의 주소지에 송달되는 등 사회통념상 처분이 있음을 처분상대방이 알 수 있는 상태에 놓인 때에는 반증이 없는 한 처분상대방이 처분이 있음을 알았다고 추정할 수 있다.
④ 행정소송법에는 행정소송의 제기에 필요한 사항의 고지의무에 관한 규정이 없다.
⑤ 처분 등이 있음을 안 날부터 90일 이내에 제기하여야 한다는 취소소송의 제소기간은 불변기간이다.

••••••••••••••••••••••

① ☞ 특정인에 대한 송달에 갈음하여 행하는 공고는 상대방이 현실적으로 안 날이 주관적 제소기간의 기산점이 된다.
[대법원 2006.4.28. 2005두14851] 행정소송법 제20조 제1항 소정의 제소기간 기산점인 '처분이 있음을 안 날'이라 함은 당사자가 통지, 공고 기타의 방법에 의하여 당해 처분이 있었다는 사실을 현실적으로 안 날을 의미하는바, 특정인에 대한 행정처분을 주소불명 등의 이유로 송달할 수 없어 관보·공보·게시판·일간신문 등에 공고한 경우에는, 공고가 효력을 발생하는 날에 상대방이 그 행정처분이 있음을 알았다고 볼 수는 없고, 상대방이 당해 처분이 있었다는 사실을 현실적으로 안 날에 그 처분이 있음을 알았다고 보아야 할 것이다.

답 10 ①

② ☞ "고시에 의한 처분"이란 일반처분을 말한다. 일반처분은 불특정다수인을 상대방으로 하므로, 상대방이 현실적으로 안 날이 아니라 고시의 효력발생일(원칙적으로 고시 후 5일)을 제소기간의 기산점으로 한다.
[대법원 2007.6.14. 선고, 2004두619. 판결] 통상 고시 또는 공고에 의하여 행정처분을 하는 경우에는 그 처분의 상대방이 불특정 다수인이고 그 처분의 효력이 불특정 다수인에게 일률적으로 적용되는 것이므로, 그 행정처분에 이해관계를 갖는 자가 고시 또는 공고가 있었다는 사실을 현실적으로 알았는지 여부에 관계없이 고시가 효력을 발생하는 날 행정처분이 있음을 알았다고 보아야 한다.

③ [대법원 2017. 3. 9., 선고, 2016두60577, 판결] 행정소송법 제20조 제1항이 정한 제소기간의 기산점인 '처분 등이 있음을 안 날'이란 통지, 공고 기타의 방법에 의하여 당해 처분 등이 있었다는 사실을 현실적으로 안 날을 의미하므로, 행정처분이 상대방에게 고지되어 상대방이 이러한 사실을 인식함으로써 행정처분이 있다는 사실을 현실적으로 알았을 때 행정소송법 제20조 제1항이 정한 제소기간이 진행한다고 보아야 하고, 처분서가 처분상대방의 주소지에 송달되는 등 사회통념상 처분이 있음을 처분상대방이 알 수 있는 상태에 놓인 때에는 반증이 없는 한 처분상대방이 처분이 있음을 알았다고 추정할 수 있다. 또한 우편물이 등기취급의 방법으로 발송된 경우 그것이 도중에 유실되었거나 반송되었다는 등의 특별한 사정에 대한 반증이 없는 한 그 무렵 수취인에게 배달되었다고 추정할 수 있다.

④ ☞ 행정심판법과는 달리 행정소송법은 이에 대하여 규정하고 있지 않다.

⑤ **제20조(제소기간)** ① 취소소송은 처분등이 있음을 안 날부터 90일 이내에 제기하여야 한다. 다만, 제18조제1항 단서에 규정한 경우와 그 밖에 행정심판청구를 할 수 있는 경우 또는 행정청이 행정심판청구를 할 수 있다고 잘못 알린 경우에 행정심판청구가 있은 때의 기간은 재결서의 정본을 송달받은 날부터 기산한다.
② 취소소송은 처분등이 있은 날부터 1년(第1項 但書의 경우는 裁決이 있은 날부터 1年)을 경과하면 이를 제기하지 못한다. 다만, 정당한 사유가 있는 때에는 그러하지 아니하다.
③ 제1항의 규정에 의한 기간은 불변기간으로 한다.

11 | 2024 |

제소기간에 관한 설명으로 옳은 것은? (다툼이 있으면 판례에 따름)

① 처분에 대한 무효확인의 소에 그 처분의 취소를 구하는 소를 추가적으로 병합하는 경우, 추가로 병합된 취소청구의 소는 제소기간의 제한을 받지 않는다.
② 부작위상태가 계속되는 한 행정심판을 거쳐 부작위위법확인소송을 제기하는 경우에도 제소기간의 제한을 받지 않는다.
③ 민사소송으로 잘못 제기하였다가 이송결정에 따라 관할법원으로 이송하여 취소소송으로 소를 변경한 경우, 제소기간의 준수 여부는 민사소송을 제기한 때를 기준으로 한다.
④ 행정청이 처분을 하면서 법정 제소기간보다 긴 기간으로 제소기간을 고지하였다면 그 기간 내에 제기된 소는 제소기간을 준수한 것이 된다.
⑤ 당사자소송에 관하여 법령에 제소기간을 정한 경우, 그 기간은 불변기간이 아니므로 법원은 정당한 사유가 있다면 제소기간을 연장할 수 있다.

답 11 ③

① ☞ 주된 청구인 무효확인의 소가 처분 있음을 안 날로부터 90일 내에 제기되었다면, 추가로 병합된 취소청구의 소도 제소기간을 준수한 것으로 본다.
[대법원 2005.12.23. 2005두3554. 판결] 하자 있는 행정처분을 놓고 이를 무효로 볼 것인지 아니면 단순히 취소할 수 있는 처분으로 볼 것인지는 동일한 사실관계를 토대로 한 법률적 평가의 문제에 불과하고, 행정처분의 무효확인을 구하는 소에는 특단의 사정이 없는 한 그 취소를 구하는 취지도 포함되어 있다고 보아야 하는 점 등에 비추어 볼 때, 동일한 행정처분에 대하여 무효확인의 소를 제기하였다가 그 후 그 처분의 취소를 구하는 소를 추가적으로 병합한 경우, 주된 청구인 무효확인의 소가 적법한 제소기간 내에 제기되었다면 추가로 병합된 취소청구의 소도 적법하게 제기된 것으로 봄이 상당하다.

② ☞ (ⅰ) 행정심판을 거치지 않고 부작위위법확인소송을 제기하는 경우에는 제소기간의 제한이 없다. (ⅱ) 반면에 행정심판을 거쳐 부작위위법확인소송을 제기하는 경우에는 당해 부작위에 대한 행정심판(의무이행심판)의 재결서의 정본을 송달받은 날로부터 90일, 재결이 있는 날로부터 1년 이내에 제기하여야 한다(동법 제38조 제2항, 제20조).

> **제38조(준용규정)** ② 제9조, 제10조, 제13조 내지 제19조, **제20조**, 제25조 내지 제27조, 제29조 내지 제31조, 제33조 및 제34조의 규정은 부작위위법확인소송의 경우에 준용한다.
>
> **제20조(제소기간)** ① 취소소송은 처분등이 있음을 안 날부터 90일 이내에 제기하여야 한다. 다만, 제18조제1항 단서에 규정한 경우와 그 밖에 행정심판청구를 할 수 있는 경우 또는 행정청이 행정심판청구를 할 수 있다고 잘못 알린 경우에 행정심판청구가 있은 때의 기간은 재결서의 정본을 송달받은 날부터 기산한다.
> ② 취소소송은 처분등이 있은 날부터 1년(제1항 단서의 경우는 재결이 있은 날부터 1년)을 경과하면 이를 제기하지 못한다. 다만, 정당한 사유가 있는 때에는 그러하지 아니하다.
> ③ 제1항의 규정에 의한 기간은 불변기간으로 한다.

③ ☞ 소 변경의 경우 국민의 재판청구권을 보장하기 위해 최초의 소제기시점을 기준으로 제소기간을 기산한다. 따라서 이 경우는 최초에 민사소송을 제기한 시점을 기준으로 취소소송의 제소기간 도과여부를 판단한다.
[대법원 2022. 11. 17. 선고 2021두44425] 행정소송법 제8조 제2항은 "행정소송에 관하여 이 법에 특별한 규정이 없는 사항에 대하여는 법원조직법과 민사소송법 및 민사집행법의 규정을 준용한다."라고 규정하고 있고, 민사소송법 제40조 제1항은 "이송결정이 확정된 때에는 소송은 처음부터 이송받은 법원에 계속된 것으로 본다."라고 규정하고 있다. 한편 행정소송법 제21조 제1항, 제4항, 제37조, 제42조, 제14조 제4항은 행정소송 사이의 소 변경이 있는 경우 처음 소를 제기한 때에 변경된 청구에 관한 소송이 제기된 것으로 보도록 규정하고 있다. 이러한 규정 내용 및 취지 등에 비추어 보면, 원고가 행정소송법상 항고소송으로 제기해야 할 사건을 민사소송으로 잘못 제기한 경우에 수소법원이 그 항고소송에 대한 관할을 가지고 있지 아니하여 관할법원에 이송하는 결정을 하였고, 그 이송결정이 확정된 후 원고가 항고소송으로 소 변경을 하였다면, 그 항고소송에 대한 제소기간의 준수 여부는 원칙적으로 처음에 소를 제기한 때를 기준으로 판단하여야 한다.

④ ☞ 소제기시 제소기간이 언제까지인지는 당사자가 당연히 알고 있어야 한다. 행정청이 제소기간을 잘못 고지한 경우에 해당 행정청을 대상으로 손해배상을 청구하는 것을 별론으로, 제소기간 도과후 제기된 소송은 각하 대상이다.
[대법원 2001. 5. 8. 선고 2000두6916 판결] 행정청이 법정 심판청구기간보다 긴 기간으로 잘못 알린 경우에 그 잘못 알린 기간 내에 심판청구가 있으면 그 심판청구는 법정 심판청구기간 내에 제기된 것으로 본다는 취지의 행정심판법 제18조 제5항의 규정은 행정심판 제기에 관하여 적용되는 규정이지, 행정소송 제기에도 당연히 적용되는 규정이라고 할 수는 없다.

행정심판법
제27조(심판청구의 기간) ① 행정심판은 처분이 있음을 알게 된 날부터 90일 이내에 청구하여야 한다.
② 청구인이 천재지변, 전쟁, 사변(事變), 그 밖의 불가항력으로 인하여 제1항에서 정한 기간에 심판청구를 할 수 없었을 때에는 그 사유가 소멸한 날부터 14일 이내에 행정심판을 청구할 수 있다. 다만, 국외에서 행정심판을 청구하는 경우에는 그 기간을 30일로 한다.
③ 행정심판은 처분이 있었던 날부터 180일이 지나면 청구하지 못한다. 다만, 정당한 사유가 있는 경우에는 그러하지 아니하다.
④ 제1항과 제2항의 기간은 불변기간(不變期間)으로 한다.
⑤ 행정청이 심판청구 기간을 제1항에 규정된 기간보다 긴 기간으로 잘못 알린 경우 그 잘못 알린 기간에 심판청구가 있으면 그 행정심판은 제1항에 규정된 기간에 청구된 것으로 본다.

⑤ ☞ 이를테면 형식적 당사자소송인 보상금증감소송의 경우에는 이의재결일로부터 60일 내에 제기해야 한다. 해당 제소기간은 불변기간이므로 법원이 연장할 수 없다.

토지보상법
제85조(행정소송의 제기) ① 사업시행자, 토지소유자 또는 관계인은 제34조에 따른 재결에 불복할 때에는 재결서를 받은 날부터 90일 이내에, <u>이의신청을 거쳤을 때에는 이의신청에 대한 재결서를 받은 날부터 60일 이내에 각각 행정소송을 제기할 수 있다.</u> 이 경우 사업시행자는 행정소송을 제기하기 전에 제84조에 따라 늘어난 보상금을 공탁하여야 하며, 보상금을 받을 자는 공탁된 보상금을 소송이 종결될 때까지 수령할 수 없다.
② 제1항에 따라 제기하려는 행정소송이 보상금의 증감(增減)에 관한 소송인 경우 그 소송을 제기하는 자가 토지소유자 또는 관계인일 때에는 사업시행자를, 사업시행자일 때에는 토지소유자 또는 관계인을 각각 피고로 한다.

행정소송법
제41조(제소기간) 당사자소송에 관하여 법령에 제소기간이 정하여져 있는 때에는 그 기간은 불변기간으로 한다.

민사소송법
제172조(기간의 신축, 부가기간) ① 법원은 법정기간 또는 법원이 정한 기간을 늘이거나 줄일 수 있다. 다만, <u>불변기간은 그러하지 아니하다.</u>

12 | 2024 |

행정청 A는 2024. 2. 1. 甲에게 1월의 영업정지처분을 하였다. 이에 대해 甲이 청구한 행정심판에서 영업정지 1월에 갈음하는 과징금으로 변경을 명하는 재결이 있었고, 이에 따라 A는 2024. 4. 29. 과징금 100만원을 부과하는 처분을 하였다. 이 경우 甲이 제기하는 취소소송의 대상과 제소기간 기산점이 옳게 연결된 것은? (다툼이 있으면 판례에 따름)

① 2024. 2. 1.자 1월의 영업정지처분 – 재결서의 정본을 송달받은 날
② 2024. 2. 1.자 100만원 과징금부과처분 – 재결서의 정본을 송달받은 날
③ 2024. 2. 1.자 100만원 과징금부과처분 – 과징금 부과처분이 있음을 안 날
④ 2024. 4. 29.자 100만원 과징금부과처분 – 재결서의 정본을 송달받은 날
⑤ 2024. 4. 29.자 100만원 과징금부과처분 – 과징금 부과처분이 있음을 안 날

② ☞ 이 경우 취소소송의 대상은 「변경된 원처분」이지만, 행정심판의 재결을 거친 경우이므로 「재결서 정본 송달일」로부터 90일 내에 소송을 제기해야 한다. 따라서 취소소송의 대상은 변경된 원처분인 2024. 2. 1.자 100만원 과징금부과처분이 되고, 제소기간은 재결서의 정본을 송달받은 날부터 기산한다. 사안은 당초처분을 전부 변경하는 변경처분이 아니라, 당초처분을 전제로 그 내용을 완화하는 내용의 처분임을 주의해야 한다. [대법원 2007. 4. 27., 선고, 2004두9302] 이 사건 후속 변경처분에 의하여 유리하게 변경된 내용의 행정제재인 과징금부과가 위법하다 하여 그 취소를 구하는 이 사건 소송에 있어서 위 청구취지는 이 사건 후속 변경처분에 의하여 당초부터 유리하게 변경되어 존속하는 2002. 12. 26.자 과징금부과처분의 취소를 구하고 있는 것으로 보아야 할 것이고, 일부기각(일부인용)의 이행재결에 따른 후속 변경처분에 의하여 변경된 내용의 당초처분의 취소를 구하는 이 사건 소 또한 행정심판재결서 정본을 송달받은 날로부터 90일 이내 제기되어야 하는데 원고가 위 재결서의 정본을 송달받은 날로부터 90일이 경과하여 이 사건 소를 제기하였다는 이유로 이 사건 소가 부적법하다고 판단한 원심판결은 정당하고, 상고이유는 받아들일 수 없다.

13 | 2025 |

제소기간에 관한 설명으로 옳은 것은? (다툼이 있으면 판례에 따름)

① 취소소송에서 청구취지를 변경하여 구 소가 취하되고 새로운 소가 제기된 것으로 변경이 이루어진 경우 새로운 소에 대한 제소기간의 준수는 원칙적으로 소 변경이 있은 때를 기준으로 한다.
② 부작위위법확인소송의 경우 행정심판을 거쳤는지 여부를 묻지 않고 제소기간의 제한을 받지 않는다.
③ 필요적 행정심판전치주의 하에서 행정심판 제기 후 30일이 지나도 재결이 없는 경우 언제든지 취소소송을 제기할 수 있다.
④ 「행정소송법」에는 제소기간 불고지 및 오고지의 효과에 관하여 규정하고 있다.
⑤ 행정심판 청구기간을 도과하여 각하된 후 재결서 송달일부터 90일 내에 취소소송을 제기하였다면 제소기간을 준수한 것으로 볼 수 있다.

---

① ☞ 청구취지의 변경이란 구소와 신소간에 동일성이 인정되지 않는 경우를 말한다. 청구취지가 변경되면 새로운 소에 대한 제소기간 준수여부는 소 변경시를 기준으로 한다.
[대법원 2019. 7. 4., 선고, 2018두58431, 판결] 행정소송법상 취소소송은 처분 등이 있음을 안 날부터 90일 이내에 제기하여야 하고, 처분 등이 있은 날부터 1년을 경과하면 제기하지 못한다(행정소송법 제20조 제1항, 제2항). 그리고 청구취지를 변경하여 구 소가 취하되고 새로운 소가 제기된 것으로 변경되었을 때에 새로운 소에 대한 제소기간의 준수 등은 원칙적으로 소의 변경이 있은 때를 기준으로 하여야 한다.
② ☞ 부작위위법확인소송은 원칙적으로 제소기간의 제한을 받지 않으나, 행정심판의 재결을 거친 경우에는 재결서의 정본을 송달받은 날부터 90일 이내에 제기하여야 한다.
[대법원 2009. 7. 23., 선고, 2008두10560, 판결] 부작위위법확인의 소는 부작위상태가 계속되는 한 그 위법의 확인을 구할 이익이 있다고 보아야 하므로 원칙적으로 제소기간의 제한을 받지 않는다. 그러나 행정소송법 제38조 제2항이 제소기간을 규정한 같은 법 제20조를 부작위위법확인소송에 준용하고 있는 점에 비추어 보면, 행정심판 등 전심절차를 거친 경우에는 행정소송법 제20조가 정한 제소기간 내에 부작위위법확인의 소를 제기하여야 한다.
③ ☞ 행정심판 제기 후 「60일」이 지나도록 재결이 없는 때에는 행정심판의 재결을 거치지 아니하고 취소소송을 제기할 수 있다.

행정심판의 재결을 거치지 아니하고 취소소송을 제기할 수 있는 경우(행정소송법 제18조 제2항)	행정심판을 제기함이 없이 취소소송을 제기할 수 있는 경우(행정소송법 제18조 제3항)
1. 행정심판청구가 있은 날로부터 60일이 지나도 재결이 없는 때 2. 처분의 집행 또는 절차의 속행으로 생길 중대한 손해를 예방하여야 할 긴급한 필요가 있는 때 3. 법령의 규정에 의한 행정심판기관이 의결 또는 재결을 하지 못할 사유가 있는 때 4. 그 밖의 정당한 사유가 있는 때	1. 동종사건에 관하여 이미 행정심판의 기각재결이 있은 때 2. 서로 내용상 관련되는 처분 또는 같은 목적을 위하여 단계적으로 진행되는 처분중 어느 하나가 이미 행정심판의 재결을 거친 때 3. 행정청이 사실심의 변론종결후 소송의 대상인 처분을 변경하여 당해 변경된 처분에 관하여 소를 제기하는 때 4. 처분을 행한 행정청이 행정심판을 거칠 필요가 없다고 잘못 알린 때

답 13 ①

④ ☞ 행정소송법에는 이러한 규정이 없고 행정심판법에 규정하고 있다. 다만 행정심판법상 불고지 및 오고지에 관한 규정은 행정소송에는 적용되지 아니한다.
[대법원 2008. 6. 12. 선고 2007두16875 판결] 행정심판법 제18조 제6항에 의하면 행정청이 심판청구기간을 알리지 아니한 때에는 같은 조 제3항의 기간, 즉 처분이 있는 날로부터 180일 이내에 심판청구를 할 수 있다고 규정되어 있지만, 이러한 규정은 행정심판 제기에 관하여 적용되는 규정이지, 행정소송의 제기에도 당연히 유추적용되는 규정이라고 할 수는 없다.

⑤ ☞ 처분이 있음을 안 날로부터 90일을 도과한 후에 행정심판을 청구하여 각하재결이 이루어진 경우에는 설사 재결서 정본 송달일로부터 90일 내에 취소소송을 제기하더라도 제소기간 도과를 이유로 각하판결을 선고하게 된다.
[대법원 2011. 11. 24. 선고 2011두18786 판결] 행정소송법 제18조 제1항, 제20조 제1항, 구 행정심판법(2010. 1. 25. 법률 제9968호로 전부 개정되기 전의 것) 제18조 제1항을 종합해 보면, 행정처분이 있음을 알고 처분에 대하여 곧바로 취소소송을 제기하는 방법을 선택한 때에는 처분이 있음을 안 날부터 90일 이내에 취소소송을 제기하여야 하고, 행정심판을 청구하는 방법을 선택한 때에는 처분이 있음을 안 날부터 90일 이내에 행정심판을 청구하고 행정심판의 재결서를 송달받은 날부터 90일 이내에 취소소송을 제기하여야 한다. 따라서 처분이 있음을 안 날부터 90일 이내에 행정심판을 청구하지도 않고 취소소송을 제기하지도 않은 경우에는 그 후 제기된 취소소송은 제소기간을 경과한 것으로서 부적법하고, 처분이 있음을 안 날부터 90일을 넘겨 청구한 부적법한 행정심판청구에 대한 재결이 있은 후 재결서를 송달받은 날부터 90일 이내에 원래의 처분에 대하여 취소소송을 제기하였다고 하여 취소소송이 다시 제소기간을 준수한 것으로 되는 것은 아니다.

제5관 전심절차 - 행정심판과 취소소송과의 관계

1. 원칙 - 임의적 전치주의

> **제18조 (행정심판과의 관계)** ① 취소소송은 법령의 규정에 의하여 당해 처분에 대한 행정심판을 제기할 수 있는 경우에도 이를 거치지 아니하고 제기할 수 있다. 다만, 다른 법률에 당해 처분에 대한 행정심판의 재결을 거치지 아니하면 취소소송을 제기할 수 없다는 규정이 있는 때에는 그러하지 아니하다.

2. 예외 - 필요적 전치주의

가. 현행법상 필요적 전치를 취한 경우 중 중요한 사항을 살펴보면 다음과 같다. (1)과 (3)은 특별행정심판위원회, (2)은 일반행정심판위원회에 해당한다.

- **(1) 조세소송의 전심절차(국세기본법·지방세기본법·관세법)**

    1) 국세 및 관세
        - (ⅰ) 이의신청(임의적) → 심사청구(국세청장·관세청장) 또는 심판청구(조세심판원) 중 택일 → 행정소송
        - (ⅱ) 심사청구(감사원) → 행정소송

    2) 지방세
        - (ⅰ) 이의신청(임의적) → 심판청구(조세심판원) → 행정소송
        - (ⅱ) 심사청구(감사원) → 행정소송

- **(2) 운전면허정지·취소처분의 전치절차(도로교통법)** : 행정심판 → 행정소송

- **(3) 공무원징계처분의 전치절차(국가공무원법·지방공무원법·교육공무원법)** : 소청심사위원회에 소청심사청구 → 행정소송

> **국가공무원법**
>
> **제16조(행정소송과의 관계)** ① 제75조에 따른 처분, 그 밖에 본인의 의사에 반한 불리한 처분이나 부작위(不作爲)에 관한 행정소송은 <u>소청심사위원회의 심사·결정을 거치지 아니하면 제기할 수 없다.</u>

나. 필요적 행정심판전치주의가 적용되는 경우 그 요건을 구비하였는지 여부는 법원의 직권조사사항이다. 필요적 행정심판전치주의가 적용되는 경우 행정심판전치 요건은 사실심 변론종결시까지 충족하면 된다. 행정처분의 당연무효를 선언하는 의미에서 그 취소를 구하는 행정소송을 제기하는 경우에는 전치절차와 그 제소기간의 준수 등 취소소송의 제소요건을 갖추어야 한다.

> **관련판례**
>
> 1. 필요적 행정심판전치주의가 적용되는 경우 행정심판전치 요건은 사실심 변론종결시까지 충족하면 된다[대법원 1987.4.28, 86누29].
>
>   전심절차를 밟지 아니한 채 증여세부과처분취소소송을 제기하였다면 제소당시로 보면 전치요건을 구비하지 못한 위법이 있다 할 것이지만, 소송계속 중 심사청구 및 심판청구를 하여 각 기각결정을 받았다면 원심변론종결일 당시에는 위와 같은 전치요건흠결의 하자는 치유되었다고 볼 것이다.
>
> 2. 원고가 전심절차에서 주장하지 아니한 처분의 위법사유를 소송절차에서 새로이 주장한 경우 다시 그 처분에 대하여 별도의 전심절차를 거칠 필요는 없다[대법원 1996.6.14, 96누754].
>
>   항고소송에 있어서 원고는 전심절차에서 주장하지 아니한 공격방어방법을 소송절차에서 주장할 수 있고 법원은 이를 심리하여 행정처분의 적법 여부를 판단할 수 있는 것이므로, 원고가 전심절차에서 주장하지 아니한 처분의 위법사유를 소송절차에서 새롭게 주장하였다고 하여 다시 그 처분에 대하여 별도의 전심절차를 거쳐야 하는 것은 아니다.
>
> 3. 부가가치세법상 과세처분의 무효선언을 구하는 의미에서 그 취소를 구하는 소송은 전심절차를 거쳐야 한다[대법원 1987. 6.9, 87누219].
>
>   행정처분의 당연무효를 선언하는 의미에서 그 취소를 구하는 행정소송을 제기하는 경우에는 전치절차와 그 제소기간의 준수 등 취소소송의 제소요건을 갖추어야 한다.
>
> 4. 부적법한 행정심판청구가 있었음에도 재결청이 과오로 본안에 관하여 재결한 때에는 행정심판을 거친 경우에 해당하지 않는다[대법원 1991. 6. 25. 선고 90누8091 판결].
>
>   행정처분의 취소를 구하는 항고소송의 전심절차인 행정심판청구가 기간도과로 인하여 부적법한 경우에는 행정소송 역시 전치의 요건을 충족치 못한 것이 되어 부적법 각하를 면치 못하는 것이고, 이 점은 행정청이 행정심판의 제기기간을 도과한 부적법한 심판에 대하여 그 부적법을 간과한 채 실질적 재결을 하였다 하더라도 달라지는 것이 아니다.

다. 재결주의와의 관계

(1) 행정소송에서 필요적 전치주의는 「원처분주의」를 전제로 한다. 원처분의 위법을 행정심판을 통해서 먼저 다투어야 하고, 행정심판절차에서 구제받지 못할 경우에 원처분을 대상으로 취소소송을 제기하라는 의미이다.

(2) 한편 「재결주의」가 적용되는 경우(이른바 감/노/특)에는 법원에 취소소송을 제기할 때에 그 대상은 재결이 된다. 재결주의가 적용되는 경우에는 취소소송을 제기하기에 앞서 반드시 행정심판을 거쳐야 하므로, 논리적으로 필요적 전치일 수밖에 없다. 다만 이 경우에 행정심판의 필요적 전치는 재결주의를 택한데 따른 결과일 뿐이므로, 재결주의가 적용되는 경우에는 필요적 전치주의라고 표현하지 않는다.

3. 필요적 전치주의의 경우에 행정심판의 생략 등이 가능한 경우

행정심판의 재결을 거치지 아니하고 취소소송을 제기할 수 있는 경우(행정소송법 제18조 제2항)과 행정심판을 제기함이 없이 취소소송을 제기할 수 있는 경우(행정소송법 제18조 제3항)을 구별할 수 있어야 한다.

행정심판의 재결을 거치지 아니하고 취소소송을 제기할 수 있는 경우(행정소송법 제18조 제2항)	행정심판을 제기함이 없이 취소소송을 제기할 수 있는 경우(행정소송법 제18조 제3항)
1. 행정심판청구가 있은 날로부터 60일이 지나도 재결이 없는 때 2. 처분의 집행 또는 절차의 속행으로 생길 중대한 손해를 예방하여야 할 긴급한 필요가 있는 때 3. 법령의 규정에 의한 행정심판기관이 의결 또는 재결을 하지 못할 사유가 있는 때 4. 그 밖에 정당한 사유가 있는 때	1. 동종사건에 관하여 이미 행정심판의 기각재결이 있은 때 2. 서로 내용상 관련되는 처분 또는 같은 목적을 위하여 단계적으로 진행되는 처분중 어느 하나가 이미 행정심판의 재결을 거친 때 3. 행정청이 사실심의 변론종결후 소송의 대상인 처분을 변경하여 당해 변경된 처분에 관하여 소를 제기하는 때 4. 처분을 행한 행정청이 행정심판을 거칠 필요가 없다고 잘못 알린 때

기출문제

01 | 2016 |

취소소송과 행정심판의 관계에 관한 설명으로 옳지 <u>않은</u> 것은? (다툼이 있으면 판례에 따름)

① 필요적 행정심판전치가 적용되는 경우, 처분을 행한 행정청이 행정심판을 거칠 필요가 없다고 잘못 알린 때에는 행정심판을 제기함이 없이 취소소송을 제기할 수 있다.
② 행정심판청구가 부적법하지 않음에도 각하한 재결은 취소소송의 대상이 될 수 없다.
③ 행정심판의 인용재결은 제3자가 제기하는 취소소송의 대상이 될 수 있다.
④ 필요적 행정심판전치가 적용되는 경우, 동종사건에 관하여 이미 행정심판의 기각재결이 있은 때에는 행정심판을 제기함이 없이 취소소송을 제기할 수 있다.
⑤ 원처분보다 청구인에게 불리하게 변경된 재결은 취소소송의 대상이 될 수 있다.

······························

① 행정소송법 제18조 제3항 제4호
② [대법원 2001.7.27., 99두2970] 행정소송법 제19조에 의하면 행정심판에 대한 재결에 대하여도 그 재결 자체에 고유한 위법이 있음을 이유로 하는 경우에는 항고소송을 제기하여 그 취소를 구할 수 있고, 여기에서 말하는 '재결 자체에 고유한 위법'이란 그 재결자체에 주체, 절차, 형식 또는 내용상의 위법이 있는 경우를 의미하는데, 행정심판청구가 부적법하지 않음에도 각하한 재결은 심판청구인의 실체심리를 받을 권리를 박탈한 것으로서 원처분에 없는 고유한 하자가 있는 경우에 해당하고, 따라서 위 재결은 취소소송의 대상이 된다.
③ [대법원 1995.6.13., 94누15592] 이른바 복효적 행정행위, 특히 제3자효를 수반하는 행정행위에 대한 행정심판청구에 있어서 그 청구를 인용하는 내용의 재결로 인하여 비로소 권리이익을 침해받게 되는 자(예컨대, 제3자가 행정심판청구인인 경우의 행정처분 상대방 또는 행정처분 상대방이 행정심판청구인인 경우의 제3자)는 재결의 당사자가 아니라고 하더라도 그 인용재결의 취소를 구하는 소를 제기할 수 있으나, 그 인용재결로 인하여 새로이 어떠한 권리이익도 침해받지 아니하는 자인 경우에는 그 재결의 취소를 구할 소의 이익이 없다.
④ 동법 제18조 제3항 제1호
⑤ ☞ 행정심판위원회는 심판청구의 대상이 되는 처분보다 청구인에게 불리한 재결을 하지 못한다(행정심판법 제47조 제2항). 따라서 재결로 인하여 더 불이익한 처분을 받은 경우는 재결 자체에 고유한 위법이 있는 경우에 해당한다.

> **행정심판법**
> **제47조(재결의 범위)** ② 위원회는 심판청구의 대상이 되는 처분보다 청구인에게 불리한 재결을 하지 못한다.

02 | 2017 |

행정소송법상 행정심판전치주의에 관한 설명으로 옳은 것은? (다툼이 있으면 판례에 따름)

① 지방세부과처분에 대한 이의신청 및 심사청구는 필요적 전치절차이다.
② 국세부과처분에 대하여 감사원에 심사청구를 한 자가 그 심사청구의 결정에 불복하는 경우에는 곧바로 행정소송을 제기할 수 있다.
③ 행정심판전치주의는 무효확인소송에도 적용된다.
④ 행정심판전치주의의 예외가 되는 사유는 피고가 이를 소명하여야 한다.
⑤ 부적법한 행정심판청구가 있었음에도 재결청이 과오로 본안에 대하여 재결한 때에는 행정심판을 거친 것으로 보아야 한다.

••••••••••••••••••••••

① ☞ 지방세부과처분에 대한 심사청구제도는 폐지되었다. 지방세부과처분에 대한 조세심판원 심판청구는 필요적 전치절차이지만, 이의신청은 임의적 전치절차이다. 덧붙여 여기서 심사청구가 감사원에 대한 심사청구를 의미하는 것이라면 필요적 전치절차에 해당한다.
② 감사원법 제46조의 2

> **감사원법**
> **제46조의2(행정소송과의 관계)** 청구인은 제43조 및 제46조에 따른 심사청구 및 결정을 거친 행정기관의 장의 처분에 대하여는 해당 처분청을 당사자로 하여 해당 결정의 통지를 받은 날부터 90일 이내에 행정소송을 제기할 수 있다.

③ ☞ 무효인 행정행위는 필요적 전치사건의 경우에도 행정심판을 거치지 않고 곧바로 행정소송을 제기할 수 있다.
④ ☞ 행정심판전치주의의 예외가 되는 사유는 행정심판을 생략할 수 있다는 점에서 원고에게 유리한 사항이다. 따라서 그 사유에 대해서 원고에게 증명책임이 있다.
[대법원 1984. 11. 27. 선고 84누462 판결] 국세기본법 소정의 심사 및 심판청구등 전심절차의 이천은 행정소송의 소송요건이어서 그 이천여부는 소위 직권조사 사항임이 분명하나 원심이 변론기일에서 전심절차의 이천 여부에 관하여 원고에게 석명을 구하고 또 그 소명을 촉구하였다면 이로서 족하고 당사자가 석명 내지 입증을 아니하는 경우에 더 나아가 사실과 증거를 탐지하여야 하는 것은 아니다.
⑤ [대법원 1991. 6. 25. 선고 90누8091 판결] 행정처분의 취소를 구하는 항고소송의 전심절차인 행정심판청구가 기간도과로 인하여 부적법한 경우에는 행정소송 역시 전치의 요건을 충족치 못한 것이 되어 부적법 각하를 면치 못하는 것이고, 이 점은 행정청이 행정심판의 제기기간을 도과한 부적법한 심판에 대하여 그 부적법을 간과한 채 실질적 재결을 하였다 하더라도 달라지는 것이 아니다.

답 02 ②

03 | 2018 |

필요적 행정심판전치주의가 적용되는 경우에도 행정심판을 제기함이 없이 취소소송을 제기할 수 있는 경우에 해당하지 <u>않는</u> 것은?

① 동종사건에 관하여 이미 행정심판의 기각재결이 있은 때
② 서로 내용상 관련되는 처분 또는 같은 목적을 위하여 단계적으로 진행되는 처분 중 어느 하나가 이미 행정심판의 재결을 거친 때
③ 행정청이 사실심의 변론종결후 소송의 대상인 처분을 변경하여 당해 변경된 처분에 관하여 소를 제기하는 때
④ 처분을 행한 행정청이 행정심판을 거칠 필요가 없다고 잘못 알린 때
⑤ 처분의 집행으로 생길 중대한 손해를 예방하여야 할 긴급한 필요가 있는 때

---

⑤ ☞ (심판청구는 하였으되) 행정심판의 재결을 거치지 아니하고 취소소송을 제기할 수 있는 경우에 해당한다(동법 제18조 제2항).

행정심판의 재결을 거치지 아니하고 취소소송을 제기할 수 있는 경우(행정소송법 제18조 제2항)	행정심판을 제기함이 없이 취소소송을 제기할 수 있는 경우(행정소송법 제18조 제3항)
1. 행정심판청구가 있은 날로부터 60일이 지나도 재결이 없는 때 2. 처분의 집행 또는 절차의 속행으로 생길 중대한 손해를 예방하여야 할 긴급한 필요가 있는 때 3. 법령의 규정에 의한 행정심판기관이 의결 또는 재결을 하지 못할 사유가 있는 때 4. 그 밖에 정당한 사유가 있는 때	1. 동종사건에 관하여 이미 행정심판의 기각재결이 있은 때 2. 서로 내용상 관련되는 처분 또는 같은 목적을 위하여 단계적으로 진행되는 처분중 어느 하나가 이미 행정심판의 재결을 거친 때 3. 행정청이 사실심의 변론종결후 소송의 대상인 처분을 변경하여 당해 변경된 처분에 관하여 소를 제기하는 때 4. 처분을 행한 행정청이 행정심판을 거칠 필요가 없다고 잘못 알린 때

답 03 ⑤

04 | 2019 |

행정심판과 행정소송의 관계에 관한 설명으로 옳은 것은? (다툼이 있으면 판례에 따름)

① 공무원파면처분 취소소송에는 임의적 행정심판전치주의가 적용된다.
② 운전면허정지처분 취소소송에는 필요적 행정심판전치주의가 적용되지 아니한다.
③ 필요적 행정심판전치주의가 적용되는 경우 행정소송의 제기시에는 전치요건을 구비하지 못하였더라도 사실심변론종결시까지 구비하면 된다.
④ 임의적 행정심판전치주의가 적용되는 경우 행정심판을 거쳤는지 여부는 법원의 직권조사사항이다.
⑤ 필요적 행정심판전치주의가 적용되는 경우 동종사건에 이미 행정심판의 기각재결이 있은 때에는 행정심판의 제기만 있으면 취소소송을 제기할 수 있다.

행정심판의 필요적 전치	세 / 도 / 공	• 과세처분 • 도로교통법상 처분 (면허취소, 면허정지) • 공무원에 대한 징계처분

① 「국가공무원법」 제16조

> **국가공무원법**
> **제16조(행정소송과의 관계)** ① 제75조에 따른 처분, 그 밖에 본인의 의사에 반한 불리한 처분이나 부작위(不作爲)에 관한 행정소송은 소청심사위원회의 심사·결정을 거치지 아니하면 제기할 수 없다.
> ② 제1항에 따른 행정소송을 제기할 때에는 대통령의 처분 또는 부작위의 경우에는 소속 장관(대통령령으로 정하는 기관의 장을 포함한다. 이하 같다)을, 중앙선거관리위원회위원장의 처분 또는 부작위의 경우에는 중앙선거관리위원회사무총장을 각각 피고로 한다.

② 「도로교통법」 제142조

> **제142조(행정소송과의 관계)** 이 법에 따른 처분으로서 해당 처분에 대한 행정소송은 행정심판의 재결(裁決)을 거치지 아니하면 제기할 수 없다.

③ [대법원 1987. 4. 28., 선고, 86누29, 판결] 전심절차를 밟지 아니한 채 증여세부과처분취소소송을 제기하였다면 제소당시로 보면 전치요건을 구비하지 못한 위법이 있다 할 것이지만, 소송계속중 심사청구 및 심판청구를 하여 각 기각결정을 받았다면 원심변론종결일 당시에는 위와 같은 전치요건흠결의 하자는 치유되었다고 볼 것이다.
④ ☞ 임의적 행정심판전치주의가 적용되는 경우 행정심판을 거쳤는지 여부는 소송요건이 아니므로 법원의 직권조사사항에 해당하지 않는다. 필요적 행정심판전치주의가 적용되는 경우라야 소송요건이므로 행정심판의 전치여부를 법원이 직권으로 조사하여야 한다.
⑤ ☞ 필요적 행정심판전치주의가 적용되는 경 동종사건에 이미 행정심판의 기각재결이 있은 때에는 행정심판의 제기만 있으면 취소소송을 제기할 수 있는 것이 아니라, 행정심판을 제기함 없이 취소소송을 제기할 수 있다. 행정심판의 재결을 거치지 아니하고 취소소송을 제기할 수 있는 경우(행정소송법 제18조 제2항)와 행정심판을 제기함이 없이 취소소송을 제기할 수 있는 경우(동법 제18조 제3항)를 구별할 수 있어야 한다.

답 04 ③

행정심판의 재결을 거치지 아니하고 취소소송을 제기할 수 있는 경우(행정소송법 제18조 제2항)	행정심판을 제기함이 없이 취소소송을 제기할 수 있는 경우(행정소송법 제18조 제3항)
1. 행정심판청구가 있은 날로부터 60일이 지나도 재결이 없는 때 2. 처분의 집행 또는 절차의 속행으로 생길 중대한 손해를 예방하여야 할 긴급한 필요가 있는 때 3. 법령의 규정에 의한 행정심판기관이 의결 또는 재결을 하지 못할 사유가 있는 때 4. 그 밖의 정당한 사유가 있는 때	1. 동종사건에 관하여 이미 행정심판의 기각재결이 있은 때 2. 서로 내용상 관련되는 처분 또는 같은 목적을 위하여 단계적으로 진행되는 처분중 어느 하나가 이미 행정심판의 재결을 거친 때 3. 행정청이 사실심의 변론종결후 소송의 대상인 처분을 변경하여 당해 변경된 처분에 관하여 소를 제기하는 때 4. 처분을 행한 행정청이 행정심판을 거칠 필요가 없다고 잘못 알린 때

05 | 2020 |

필요적 행정심판전치주의 사항에 해당하지 않는 것은?

① 「식품위생법」에 따른 영업허가취소처분
② 「도로교통법」에 따른 운전면허취소처분
③ 「국세기본법」에 따른 국세부과처분
④ 「지방공무원법」에 따른 징계처분
⑤ 「관세법」에 따른 관세부과처분

☞ 현행법상 필요적 전치를 취한 경우 중 중요한 사항을 살펴보면 다음과 같다. (1)과 (2)는 특별행정심판위원회, (3)은 일반행정심판위원회에 해당한다.
(1) 조세소송의 전심절차(국세기본법·지방세기본법·관세법) : 이의신청(임의적) → 심사청구 또는 심판청구(양자 중 택일) → 행정소송
(2) 공무원징계처분의 전치절차(국가공무원법·지방공무원법·교육공무원법) : 소청심사위원회에 소청심사청구 → 행정소송
(3) 운전면허정지·취소처분의 전치절차(도로교통법) : 행정심판 → 행정소송

답 05 ①

06 | 2020 |

국가공무원인 甲은 「국가공무원법」상의 성실의무를 위반하여 2개월의 정직처분을 받았다. 甲은 이 같은 징계처분이 비위사실에 비해 너무 가혹하다고 생각하여 그 처분에 대해 항고소송을 제기하고자 한다. 이에 관한 설명으로 옳지 않은 것은? (다툼이 있으면 판례에 따름)

① 甲은 소청심사를 거치지 아니하고는 소송을 제기할 수 없다.
② 소청의 제기기간을 도과하여 소청을 제기하였으나 이를 간과하여 실질적 재결이 이루어졌다면 적법하게 행정심판전치의 요건은 충족된다고 본다.
③ 법원은 2개월의 정직처분을 2개월 감봉처분으로 변경할 것을 명하는 판결을 할 수 없다.
④ 필요한 행정심판을 거쳤는지의 여부는 법원의 직권조사사항이다.
⑤ 소청심사위원회의 심사·결정을 거치지 아니한 채 소송을 제기하였으나 소송계속 중 소청을 제기하여 기각결정을 받았다면 행정심판전치요건은 충족되었다고 볼 것이다.

---

① 국가공무원법 제16조

> **제16조(행정소송과의 관계)** ① 제75조에 따른 처분, 그 밖에 본인의 의사에 반한 불리한 처분이나 부작위(不作爲)에 관한 행정소송은 소청심사위원회의 심사·결정을 거치지 아니하면 제기할 수 없다.

행정심판의 필요적 전치	세 / 도 / 공	• **세**금처분 • **도**로교통법상 처분 (면허취소, 면허정지) • **공**무원에 대한 징계처분

② [대법원 1991. 6. 25. 선고 90누8091 판결] 행정처분의 취소를 구하는 항고소송의 전심절차인 행정심판청구가 기간도과로 인하여 부적법한 경우에는 행정소송 역시 전치의 요건을 충족치 못한 것이 되어 부적법 각하를 면치 못하는 것이고, 이 점은 행정청이 행정심판의 제기기간을 도과한 부적법한 심판에 대하여 그 부적법을 간과한 채 실질적 재결을 하였다 하더라도 달라지는 것이 아니다.

③ ☞ 행정소송법 제4조에서 제1호에서 말하는 "변경"이란 적극적 변경이 아니라 소극적 변경을 의미한다. 따라서 법원은 처분의 일부취소 판결을 할 수는 있어도 다른 처분으로 바꾸는 판결을 할 수는 없다. 한편 일부취소 판결의 경우에도 대상 처분이 기속행위인 경우에만 가능한데, 사안의 공무원 징계처분은 재량행위이므로 일부취소도 불가능하다. 정리하자면 사안에서 2개월의 정직처분이 재량권의 일탈 내지 남용에 해당할 경우 법원은 이를 전부취소할 수 있을 뿐이다.

> **행정소송법**
> **제4조(항고소송)** 항고소송은 다음과 같이 구분한다.
> 1. 취소소송 : 행정청의 위법한 처분등을 취소 또는 **변경**하는 소송

④ ☞ 행정심판 전치여부는 소송요건이므로 법원의 직권조사사항이다.
⑤ ☞ 소송요건은 사실심 변론종결시까지 충족하면 된다.
[대법원 1987.4.28. 86누29] 전심절차를 밟지 아니한 채 증여세부과처분취소소송을 제기하였다면 제소당시로 보면 전치요건을 구비하지 못한 위법이 있다 할 것이지만, 소송계속중 심사청구 및 심판청구를 하여 각 기각결정을 받았다면 원심변론종결일 당시에는 위와 같은 전치요건흠결의 하자는 치유되었다고 볼 것이다.

답 06 ②

07 | 2021 |

필요적 행정심판전치주의가 적용되는 경우, 다음 설명 중 옳은 것을 모두 고른 것은? (다툼이 있으면 판례에 따름)

> ㄱ. 국세의 납세고지처분에 대하여 적법한 전심절차를 거쳤다면 가산금 및 중가산금 징수처분에 대하여 별도로 전심절차를 거치지 않아도 된다.
> ㄴ. 행정심판전치의 요건은 사실심 변론종결시까지 충족하면 된다.
> ㄷ. 동일한 행정처분에 의하여 여러 사람이 동일한 의무를 부담하는 경우 그 중 한 사람이 행정심판을 제기하여 기각재결을 받은 때 나머지 사람은 행정심판제기 없이 행정소송을 제기할 수 있다.

① ㄱ
② ㄴ
③ ㄱ, ㄴ
④ ㄴ, ㄷ
⑤ ㄱ, ㄴ, ㄷ

㉠ ☞ 서로 내용상 관련되는 처분 또는 같은 목적을 위하여 단계적으로 진행되는 처분중 어느 하나가 이미 행정심판의 재결을 거친 때에 해당한다. "심판동관변필"로 정리하자.

㉡ [대법원 1987.4.28. 86누29]. 전심절차를 밟지 아니한 채 증여세부과처분취소소송을 제기하였다면 제소당시로보면 전치요건을 구비하지 못한 위법이 있다 할 것이지만, 소송계속 중 심사청구 및 심판청구를 하여 각 기각결정을 받았다면 원심변론종결일 당시에는 위와 같은 전치요건흠결의 하자는 치유되었다고 볼 것이다.

㉢ ☞ 동종사건에 관하여 이미 행정심판의 기각재결이 있는 때에 해당한다. "심판동관변필"에 해당한다.

답 07 ⑤

08 | 2023 |

행정소송과 행정심판과의 관계에 관한 설명으로 옳지 않은 것은? (다툼이 있으면 판례에 따름)

① 행정심판전치주의는 행정행위의 특수성, 전문성 등에 비추어 처분행정청으로 하여금 스스로 재고, 시정할 수 있는 기회를 부여하기 위함이다.
② 필요적 행정심판전치가 적용되는 경우 그 요건을 구비했는가 여부는 법원의 직권조사사항이다.
③ 처분을 행한 행정청이 행정심판을 거칠 필요가 없다고 잘못 알린 때에는 행정심판을 제기함이 없이 소송을 제기할 수 있다.
④ 행정심판 전치요건은 행정소송 제기 이전에 반드시 갖추어야 하는 것은 아니고 사실심 변론종결시까지 갖추면 된다.
⑤ 동종사건에 관하여 이미 행정심판의 기각재결이 있는 때에도 행정심판을 거쳐야 한다.

•••••••••••••••••••

① [대법원 1994. 11. 22., 선고, 93누11050, 판결] 행정청의 위법한 처분의 취소, 변경, 기타 공법상의 권리관계에 관한 소송인 행정소송에 있어서 실질적으로 초심적 기능을 하고 있는 **행정심판전치주의는 행정행위의 특수성, 전문성 등에 비추어 처분행정청으로 하여금 스스로 재고, 시정할 수 있는 기회를 부여함**에 그 뜻이 있는 것이다.
② ☞ 필요적 전치주의를 비롯한 소송요건의 존부는 법원의 직권조사사항이다.
③ ☞ 「심/동/관/변/필」중 「필」에 해당한다.

> **제18조(행정심판과의 관계)** ① 취소소송은 법령의 규정에 의하여 당해 처분에 대한 행정심판을 제기할 수 있는 경우에도 이를 거치지 아니하고 제기할 수 있다. 다만, 다른 법률에 당해 처분에 대한 행정심판의 재결을 거치지 아니하면 취소소송을 제기할 수 없다는 규정이 있는 때에는 그러하지 아니하다.
> ② 제1항 단서의 경우에도 다음 각호의 1에 해당하는 사유가 있는 때에는 행정심판의 재결을 거치지 아니하고 취소소송을 제기할 수 있다.
>   1. 행정심판청구가 있은 날로부터 60일이 지나도 재결이 없는 때
>   2. 처분의 집행 또는 절차의 속행으로 생길 중대한 손해를 예방하여야 할 긴급한 필요가 있는 때
>   3. 법령의 규정에 의한 행정심판기관이 의결 또는 재결을 하지 못할 사유가 있는 때
>   4. 그 밖의 정당한 사유가 있는 때
> ③ 제1항 단서의 경우에 다음 각호의 1에 해당하는 사유가 있는 때에는 행정심판을 제기함이 없이 취소소송을 제기할 수 있다.
>   1. 동종사건에 관하여 이미 행정심판의 기각재결이 있은 때
>   2. 서로 내용상 관련되는 처분 또는 같은 목적을 위하여 단계적으로 진행되는 처분중 어느 하나가 이미 행정심판의 재결을 거친 때
>   3. 행정청이 사실심의 변론종결후 소송의 대상인 처분을 변경하여 당해 변경된 처분에 관하여 소를 제기하는 때
>   4. **처분을 행한 행정청이 행정심판을 거칠 필요가 없다고 잘못 알린 때**

④ ☞ (ⅰ) 소송요건은 사실심 변론종결시까지 충족하면 되고, (ⅱ) 이렇게 충족한 소송요건은 상고심에서도 유지해야 한다.
[대법원 1987.4.28. 86누29] 전심절차를 밟지 아니한 채 증여세부과처분취소소송을 제기하였다면 제소당시로 보면 전치요건을 구비하지 못한 위법이 있다 할 것이지만, 소송계속 중 심사청구 및 심판청구를 하여 각 기각결정을 받았다면 원심변론종결일 당시에는 위와 같은 전치요건흠결의 하자는 치유되었다고 볼 것이다.

답 08 ⑤

⑤ ☞ 「심판/동/관/변/필」 중 「동」에 해당한다.

제18조(행정심판과의 관계) ① 취소소송은 법령의 규정에 의하여 당해 처분에 대한 행정심판을 제기할 수 있는 경우에도 이를 거치지 아니하고 제기할 수 있다. 다만, 다른 법률에 당해 처분에 대한 행정심판의 재결을 거치지 아니하면 취소소송을 제기할 수 없다는 규정이 있는 때에는 그러하지 아니하다.
② 제1항 단서의 경우에도 다음 각호의 1에 해당하는 사유가 있는 때에는 행정심판의 재결을 거치지 아니하고 취소소송을 제기할 수 있다.
  1. 행정심판청구가 있은 날로부터 60일이 지나도 재결이 없는 때
  2. 처분의 집행 또는 절차의 속행으로 생길 중대한 손해를 예방하여야 할 긴급한 필요가 있는 때
  3. 법령의 규정에 의한 행정심판기관이 의결 또는 재결을 하지 못할 사유가 있는 때
  4. 그 밖의 정당한 사유가 있는 때
③ 제1항 단서의 경우에 다음 각호의 1에 해당하는 사유가 있는 때에는 행정심판을 제기함이 없이 취소소송을 제기할 수 있다.
  1. 동종사건에 관하여 이미 행정심판의 기각재결이 있은 때
  2. 서로 내용상 관련되는 처분 또는 같은 목적을 위하여 단계적으로 진행되는 처분중 어느 하나가 이미 행정심판의 재결을 거친 때
  3. 행정청이 사실심의 변론종결후 소송의 대상인 처분을 변경하여 당해 변경된 처분에 관하여 소를 제기하는 때
  4. 처분을 행한 행정청이 행정심판을 거칠 필요가 없다고 잘못 알린 때

09 | 2024 |

필요적 행정심판전치주의의 경우 취소소송의 제기에 관하여 (   )에 들어갈 내용으로 옳은 것은?

- 행정심판의 청구가 있은 날부터 (ㄱ)이 지나도 재결이 없는 때에는 행정심판의 재결을 거치지 아니하고 취소소송을 제기할 수 있다.
- 취소소송은 재결이 있은 날부터 (ㄴ)을 경과하면 제기하지 못한다. 다만 정당한 사유가 있는 때에는 그러하지 아니하다.

① ㄱ : 60일, ㄴ : 90일　　② ㄱ : 60일, ㄴ : 1년
③ ㄱ : 90일, ㄴ : 90일　　④ ㄱ : 90일, ㄴ : 180일
⑤ ㄱ : 90일, ㄴ : 1년

ㄱ. ☞ 60일. 「재결/육/손/못/정」에 해당한다.

제18조(행정심판과의 관계) ① 취소소송은 법령의 규정에 의하여 당해 처분에 대한 행정심판을 제기할 수 있는 경우에도 이를 거치지 아니하고 제기할 수 있다. 다만, 다른 법률에 당해 처분에 대한 행정심판의 재결을 거치지 아니하면 취소소송을 제기할 수 없다는 규정이 있는 때에는 그러하지 아니하다.

② 제1항 단서의 경우에도 다음 각호의 1에 해당하는 사유가 있는 때에는 행정심판의 재결을 거치지 아니하고 취소소송을 제기할 수 있다.
1. 행정심판청구가 있은 날로부터 60일이 지나도 재결이 없는 때
2. 처분의 집행 또는 절차의 속행으로 생길 중대한 손해를 예방하여야 할 긴급한 필요가 있는 때
3. 법령의 규정에 의한 행정심판기관이 의결 또는 재결을 하지 못할 사유가 있는 때
4. 그 밖의 정당한 사유가 있는 때

ㄴ. ☞ 1년

제20조(제소기간) ② 취소소송은 처분등이 있은 날부터 1년(제1항 단서의 경우는 재결이 있은 날부터 1년)을 경과하면 이를 제기하지 못한다. 다만, 정당한 사유가 있는 때에는 그러하지 아니하다.

10 | 2024 |

국세 또는 지방세를 부과하는 처분에 대해서는 '행정심판'을 거치지 아니하면 취소소송을 제기할 수 없다. 여기서 '행정심판'에 해당하는 것으로 법률에서 정하고 있지 않은 것은?

① 지방세에 대해서 감사원에 심사청구를 하는 것
② 국세에 대해서 국세청장에게 심사청구를 하는 것
③ 국세에 대해서 조세심판원장에게 심판청구를 하는 것
④ 지방세에 대해서 시·도지사에게 심사청구를 하는 것
⑤ 지방세에 대해서 조세심판원장에게 심판청구를 하는 것

••••••••••••••••••••

①, ⑤ ☞ 지방세의 경우에도 국세와 마찬가지로 필요적 전치주의가 적용된다. (ⅰ) 조세심판원장에 대한 심사청구나 (ⅱ) 감사원에 대한 심사청구 중 하나를 반드시 거쳐야 한다.

지방세기본법

제98조(다른 법률과의 관계) ③ 제89조에 규정된 위법한 처분에 대한 행정소송은 「행정소송법」 제18조제1항 본문, 같은 조 제2항 및 제3항에도 불구하고 이 법에 따른 심판청구와 그에 대한 결정을 거치지 아니하면 제기할 수 없다. 다만, 심판청구에 대한 재조사 결정(제100조에 따라 심판청구에 관하여 준용하는 「국세기본법」 제65조제1항제3호 단서에 따른 재조사 결정을 말한다)에 따른 처분청의 처분에 대한 행정소송은 그러하지 아니하다.
⑥ 「감사원법」에 따른 심사청구를 거친 경우에는 이 법에 따른 심판청구를 거친 것으로 보고 제3항을 준용한다.

제91조(심판청구) ① 이의신청을 거친 후에 심판청구를 할 때에는 이의신청에 대한 결정 통지를 받은 날부터 90일 이내에 조세심판원장에게 심판청구를 하여야 한다.
② 제1항에도 불구하고 다음 각 호의 어느 하나에 해당하는 경우에는 해당 호에서 정하는 날부터 90일 이내에 심판청구를 할 수 있다.

답 10 ④

1. 제96조제1항 본문에 따른 결정기간 내에 결정의 통지를 받지 못한 경우: 그 결정기간이 지난 날
2. 이의신청에 대한 재조사 결정이 있은 후 제96조제4항 전단에 따른 처분기간 내에 처분 결과의 통지를 받지 못한 경우: 그 처분기간이 지난 날

③ 이의신청을 거치지 아니하고 바로 심판청구를 할 때에는 그 처분이 있은 것을 안 날(처분의 통지를 받았을 때에는 통지받은 날)부터 90일 이내에 조세심판원장에게 심판청구를 하여야 한다.

②, ③ ☞ 국세에 대해서는 필요적 전치주의가 적용된다. (ⅰ) 국세청장에 대한 심사청구, (ⅱ) 조세심판원장에 대한 심판청구, (ⅲ) 감사원에 대한 심사청구 중 하나를 반드시 거쳐야 한다.

국세기본법

제56조(다른 법률과의 관계) ② 제55조에 규정된 위법한 처분에 대한 행정소송은 「행정소송법」 제18조제1항 본문, 제2항 및 제3항에도 불구하고 이 법에 따른 심사청구 또는 심판청구와 그에 대한 결정을 거치지 아니하면 제기할 수 없다. 다만, 심사청구 또는 심판청구에 대한 제65조제1항제3호 단서(제80조의2에서 준용하는 경우를 포함한다)의 재조사 결정에 따른 처분청의 처분에 대한 행정소송은 그러하지 아니하다.

제62조(청구 절차) ① 심사청구는 대통령령으로 정하는 바에 따라 불복의 사유를 갖추어 해당 처분을 하였거나 하였어야 할 세무서장을 거쳐 국세청장에게 하여야 한다.

제69조(청구 절차) ① 심판청구를 하려는 자는 대통령령으로 정하는 바에 따라 불복의 사유 등이 기재된 심판청구서를 그 처분을 하였거나 하였어야 할 세무서장이나 조세심판원장에게 제출하여야 한다. 이 경우 심판청구서를 받은 세무서장은 이를 지체 없이 조세심판원장에게 송부하여야 한다.

④ ☞ 지방세기본법상 시·도지사에 대한 심사청구제도는 폐지되어 존재하지 않는다.

11 | 2025 |

행정심판전치주의에 관한 설명으로 옳지 않은 것은? (다툼이 있으면 판례에 따름)

① 지방세 부과처분을 다투는 경우에는 필요적 행정심판전치주의가 적용된다.
② 전심절차에 있어서의 주장과 행정소송에 있어서의 주장은 일치하여야 하므로 전심절차에 있어서 주장하지 아니한 사항은 행정소송에서 주장할 수 없다.
③ 행정심판전치주의는 부작위위법확인소송에 준용된다.
④ 무효선언을 구하는 취지의 취소소송에는 행정심판전치주의가 적용된다.
⑤ 필요적 행정심판전치주의의 경우 행정심판을 제기함이 없이 취소소송을 제기할 수 있는 사유는 원고가 이를 소명해야 한다.

---

① ☞ 2021. 1. 1.부터는 지방세 부과처분에 대해서도 필요적 전치주의가 적용된다. 필요적 전치가 적용되는 경우는 「세/도/공」으로 정리하자.

> **지방세기본법**
>
> **제98조(다른 법률과의 관계)** ③ 제89조에 규정된 <u>위법한 처분에 대한 행정소송</u>은「행정소송법」제18조제1항 본문, 같은 조 제2항 및 제3항에도 불구하고 이 법에 따른 심판청구와 그에 대한 결정을 거치지 아니하면 제기할 <u>수 없다</u>. 다만, 심판청구에 대한 재조사 결정(제100조에 따라 심판청구에 관하여 준용하는「국세기본법」제65조제1항제3호 단서에 따른 재조사 결정을 말한다)에 따른 처분청의 처분에 대한 행정소송은 그러하지 아니하다.

② ☞ 행정심판단계에서 주장한 내용과 행정소송단계에서 주장한 내용이 반드시 일치할 필요는 없다. 이를테면 운전면허정지처분에 대한 불복절차에서 행정심판단계에서는 집에 봉양해야 할 늙으신 어머니가 계시다는 주장만 하다가, 행정소송단계에서 채혈절차가 거부당했음을 이유로 처분의 절차적 위법성을 주장하는 것은 아무런 문제가 되지 않는다.

[대법원 2018. 7. 12., 선고, 2017두65821, 판결] 교원소청심사위원회가 한 결정의 취소를 구하는 소송에서 그 결정의 적부는 결정이 이루어진 시점을 기준으로 판단하여야 하지만, 그렇다고 하여 소청심사 단계에서 이미 주장된 사유만을 행정소송의 판단대상으로 삼을 것은 아니다. 따라서 소청심사 결정 후에 생긴 사유가 아닌 이상 소청심사 단계에서 주장하지 아니한 사유도 행정소송에서 주장할 수 있고, 법원도 이에 대하여 심리·판단할 수 있다.

③ ☞ 취소소송 규정이 부작위위법확인소송에 준용되지 않는 경우는「부/처/집/사」로 정리하자.

> **제38조(준용규정)** ② 제9조, 제10조, <u>제13조 내지 제19조</u>, 제20조, 제25조 내지 제27조, 제29조 내지 제31조, 제33조 및 제34조의 규정은 <u>부작위위법확인소송의 경우에 준용한다</u>.
>
> **제18조(행정심판과의 관계)** ① 취소소송은 법령의 규정에 의하여 당해 처분에 대한 행정심판을 제기할 수 있는 경우에도 이를 거치지 아니하고 제기할 수 있다. 다만, 다른 법률에 당해 처분에 대한 행정심판의 재결을 거치지 아니하면 취소소송을 제기할 수 없다는 규정이 있는 때에는 그러하지 아니하다.

취소소송 규정이 부작위위법확인소송에 준용되지 않는 경우	부 / 처 / 집 / 사	*<u>부</u>작위위법확인소송 • <u>처</u>분변경으로 인한 소변경 • <u>집</u>행정지 • <u>사</u>정판결

④ ☞ 무효선언을 구하는 취소판결 역시 취소소송인 이상 취소소송의 제소요건을 구비하여야 한다.
[대법원 1987.6.9, 선고,, 87누219, 판결] 행정처분의 당연무효를 선언하는 의미에서 그 취소를 구하는 행정소송을 제기하는 경우에는 전치절차와 그 제소기간의 준수 등 취소소송의 제소요건을 갖추어야 한다.

⑤ ☞ 증명책임의 일반원칙에 따라 자신에게 유리한 사정을 주장하는 자에게 증명책임이 있다. 필요적 행정심판이 요구되는 사건임에도 생략할 수 있다는 사정은 신청인(원고)에게 유리한 내용이다. 따라서 신청인(원고)이 소명(증명)해야 한다.

제6관 재판의 관할

재판의 관할이란 소송을 심판함에 있어서 어느 법원이 정당한 재판권을 행사할 수 있는가의 문제이다.

1. 심급관할

가. 취소소송은 지방법원급인 행정법원을 제1심법원으로 하며, 그 항소심을 고등법원, 상고심을 대법원이 담당하는 3심제를 택하고 있다(법원조직법 제40조의4).

> **법원조직법**
>
> **제40조의4(심판권)** 행정법원은 「행정소송법」에서 정한 행정사건과 다른 법률에 따라 행정법원의 권한에 속하는 사건을 제1심으로 심판한다.

나. 행정법원이 설치되지 않은 지역에서는 해당 지방법원의 본원이 행정법원이 설치될 때까지 행정법원의 관할에 속하는 사건을 관할한다(법원조직법 부칙 제2조).

> **부칙 제2조 (행정사건에 관한 경과조치)** 부칙 제1조제1항 단서의 규정에 의한 행정법원에 관한 사항의 시행당시 행정법원이 설치되지 않은 지역에 있어서의 행정법원의 권한에 속하는 사건은 행정법원이 설치될 때까지 해당 지방법원본원 및 춘천지방법원 강릉지원이 관할한다.

다. 현재 서울에만 행정법원이 설치되어 있을 뿐이다. 따라서 행정법원이 설치된 지역인 서울에서는 행정법원이, 행정법원이 설치되지 않은 서울 이외의 지역에서는 해당 지방법원 본원이 제1심 관할법원이 된다.

2. 사물관할

현행 법원조직법은 원칙적으로 행정법원의 심판권은 판사 3인으로 구성된 합의부에서 행하도록 규정하고 있다. 다만 행정법원에 있어서 단독판사가 심판할 것으로 행정법원 합의부가 결정한 사건의 심판권은 단독판사가 이를 행한다(법원조직법 제7조 제3항).

3. 토지관할

토지관할이란 소재지를 기준으로 하여 재판권을 분배하는 것을 말한다. 행정소송법 제9조에서는 취소소송의 관할로서 보통관할과 특별관할을 규정하고 있다. 행정소송규칙 제5조에서는 행정소송법의 내용을 보충하고 있다.

> **제9조(재판관할)** ① 취소소송의 제1심관할법원은 피고의 소재지를 관할하는 행정법원으로 한다.
> ② 제1항에도 불구하고 다음 각 호의 어느 하나에 해당하는 피고에 대하여 취소소송을 제기하는 경우에는 대법원소재지를 관할하는 행정법원에 제기할 수 있다.

> 1. 중앙행정기관, 중앙행정기관의 부속기관과 합의제행정기관 또는 그 장
> 2. 국가의 사무를 위임 또는 위탁받은 공공단체 또는 그 장
> ③ 토지의 수용 기타 부동산 또는 특정의 장소에 관계되는 처분등에 대한 취소소송은 그 부동산 또는 장소의 소재지를 관할하는 행정법원에 이를 제기할 수 있다.

행정소송규칙

제5조 (재판관할) ① 국가의 사무를 위임 또는 위탁받은 공공단체 또는 그 장에 대하여 그 지사나 지역본부 등 종된 사무소의 업무와 관련이 있는 소를 제기하는 경우에는 그 종된 사무소의 소재지를 관할하는 행정법원에 제기할 수 있다.
② 법 제9조제3항의 '기타 부동산 또는 특정의 장소에 관계되는 처분등'이란 부동산에 관한 권리의 설정, 변경 등을 목적으로 하는 처분, 부동산에 관한 권리행사의 강제, 제한, 금지 등을 명령하거나 직접 실현하는 처분, 특정구역에서 일정한 행위를 할 수 있는 권리나 자유를 부여하는 처분, 특정구역을 정하여 일정한 행위의 제한·금지를 하는 처분 등을 말한다.

가. 보통관할

취소소송은 피고인 행정청의 소재지를 관할하는 행정법원이 그 관할법원이다. 다만 중앙행정기관 또는 그 장(국가의 사무를 위임 또는 위탁받은 공공단체 또는 그 장)이 피고인 경우에는 대법원 소재지의 행정법원(서울행정법원)에 제기할 수 있다(행정소송법 제9조 제1항, 제2항).

다만, 국가의 사무를 위임 또는 위탁받은 공공단체 또는 그 장에 대하여 그 지사나 지역본부 등 종된 사무소의 업무와 관련이 있는 소를 제기하는 경우에는 그 종된 사무소의 소재지를 관할하는 행정법원에 제기할 수 있다(행정소송규칙 제5조 제1항).

나. 특별관할

토지의 수용 기타 부동산 또는 특정의 장소에 관계되는 처분 등에 대한 취소소송은 그 부동산 또는 장소의 주소지를 관할하는 행정법원에 이를 제기할 수 있다(동조 제3항).

여기서 '기타 부동산 또는 특정의 장소에 관계되는 처분등'이란 부동산에 관한 권리의 설정, 변경 등을 목적으로 하는 처분, 부동산에 관한 권리행사의 강제, 제한, 금지 등을 명령하거나 직접 실현하는 처분, 특정구역에서 일정한 행위를 할 수 있는 권리나 자유를 부여하는 처분, 특정구역을 정하여 일정한 행위의 제한·금지를 하는 처분 등을 말한다(행정소송규칙 제5조 제2항).

다. 토지관할의 성질

토지관할은 전속관할(특정법원만이 배타적으로 관할권을 가지는 경우)이 아니라 임의관할이기 때문에 민사소송법상의 합의관할(제29조 제1항), 변론관할(제30조) 등의 규정이 준용된다.

4. 관할위반을 이유로 한 이송

가. 유형

(1) 심급위반의 경우

원고의 고의 또는 중대한 과실 없이 행정소송을 심급을 달리하는 법원에 잘못 제기한 경우에 법원은 관할법원에 이송하여야 한다.

> **제7조(사건의 이송)** 민사소송법 제34조제1항의 규정은 원고의 고의 또는 중대한 과실없이 행정소송이 심급을 달리하는 법원에 잘못 제기된 경우에도 적용한다.

(2) 심급위반 이외의 관할위반의 경우

행정소송법이 적용되는 경우 이외에는 민사소송법에 의한 이송규정이 준용된다. 법원은 소송의 전부 또는 일부가 그 관할에 속하지 아니함을 인정할 때에는 결정으로 관할법원에 이송한다(행정소송법 제8조 제2항, 민사소송법 제34조 제1항).

> **민사소송법**
>
> **제34조(관할위반 또는 재량에 따른 이송)** ① 법원은 소송의 전부 또는 일부에 대하여 관할권이 없다고 인정하는 경우에는 결정으로 이를 관할법원에 이송한다.

(3) 행정사건을 민사소송으로 제기한 경우

원고의 고의 또는 중대한 과실 없이 행정사건을 민사사건으로 오해하여 민사소송으로 제기한 경우에 수소법원이 행정소송에 대한 관할을 가지고 있지 않다면 관할법원에 이송하여야 한다.

> **관련판례**
>
> 행정사건을 민사소송으로 제기한 경우 수소법원이 행정소송에 대한 관할을 가지고 있다면 이를 행정소송으로 심리·판단하여야 하고, 행정소송에 대한 관할을 가지고 있지 아니하다면 관할법원으로 이송해야 한다[대법원 1997.5.30., 95다28960].
> 행정소송법 제7조는 원고의 고의 또는 중대한 과실 없이 행정소송이 심급을 달리하는 법원에 잘못 제기된 경우에 민사소송법 제31조 제1항을 적용하여 이를 관할 법원에 이송하도록 규정하고 있을 뿐 아니라, 관할 위반의 소를 부적법하다고 하여 각하하는 것보다 관할 법원에 이송하는 것이 당사자의 권리구제나 소송경제의 측면에서 바람직하므로, 원고가 고의 또는 중대한 과실 없이 행정소송으로 제기하여야 할 사건을 민사소송으로 잘못 제기한 경우, 수소법원으로서는 만약 그 행정소송에 대한 관할도 동시에 가지고 있다면 이를 행정소송으로 심리·판단하여야 하고, 그 행정소송에 대한 관할을 가지고 있지 아니하다면 당해 소송이 이미 행정소송으로서의 전심절차 및 제소기간을 도과하였거나 행정소송의 대상이 되는 처분 등이 존재하지도 아니한 상태에 있는 등 행정소송으로서의 소송요건을 결하고 있음이 명백하여 행정소송으로 제기되었더라도 어차피 부적법하게 되는 경우가 아닌 이상 이를 부적법한 소라고 하여 각하할 것이 아니라 관할 법원에 이송하여야 한다.

(4) 민사사건을 행정소송으로 제기한 경우

민사사건을 행정소송으로 제기한 경우에 행정법원은 당해 사건을 심리하여 판결할 수 있다. 행정소송의 심리절차가 민사소송의 심리절차와 특별히 다른 것은 아니기 때문이다. 판례의 태도를 정리하자면 행정사건을 민사소송으로 제기하면 관할위반이지만, 민사사건을 행정소송으로 제기한 경우에는 관할위반이 아니다.

> **관련판례**
>
> 1. **민사사건을 행정소송 절차로 진행한 경우, 그 자체로 위법한 것은 아니다**[대법원 2018. 2. 13., 선고, 2014두11328, 판결]. 행정사건의 심리절차는 행정소송의 특수성을 감안하여 행정소송법이 정하고 있는 특칙이 적용될 수 있는 점을 제외하면 심리절차 면에서 민사소송 절차와 큰 차이가 없으므로, 특별한 사정이 없는 한 민사사건을 행정소송 절차로 진행한 것 자체가 위법하다고 볼 수 없다.
>
> 2. **민사소송인 소가 서울행정법원에 제기되었는데도 피고가 제1심법원에서 관할위반이라고 항변하지 않고 본안에서 변론을 한 경우에는 제1심법원에 변론관할이 생긴다**(대법원 2013. 2. 28., 선고, 2010두22368, 판결).
> 민사소송인 이 사건 소가 서울행정법원에 제기되었는데도 피고는 제1심법원에서 관할위반이라고 항변하지 아니하고 본안에 대하여 변론을 한 사실을 알 수 있는바, 공법상의 당사자소송 사건인지 민사사건인지 여부는 이를 구별하기가 어려운 경우가 많고 행정사건의 심리절차에 있어서는 행정소송의 특수성을 감안하여 행정소송법이 정하고 있는 특칙이 적용될 수 있는 점을 제외하면 심리절차면에서 민사소송절차와 큰 차이가 없는 점 등에 비추어 보면, 행정소송법 제8조 제2항, 민사소송법 제30조에 의하여 제1심법원에 변론관할이 생겼다고 봄이 상당하다.

나. 이송의 결정

당사자가 관할위반을 이유로 한 이송신청을 한 경우에도 이는 단지 법원의 직권발동을 촉구하는 의미밖에 없으므로, 관할위반으로 인한 이송은 법원의 직권에 의할 뿐 당사자의 신청권은 인정되지 않는다. 원칙적으로 이송결정과 이송신청의 기각결정에 대해서는 즉시항고를 할 수 있으나, 관할위반을 이유로 한 이송신청을 기각하는 결정에 대해서는 즉시항고가 인정되지 않는다.

> **관련판례**
>
> **관할위반을 이유로 한 이송신청을 기각하는 결정이 있더라도 이에 불복할 수 없다**[대법원 1993.12.6., 93마524]. 당사자가 관할위반을 이유로 한 이송신청을 한 경우에도 이는 단지 법원의 직권발동을 촉구하는 의미밖에 없는 것이고, 따라서 법원은 이 이송신청에 대하여는 재판을 할 필요가 없고, 설사 법원이 이 이송신청을 거부하는 재판을 하였다고 하여도 항고가 허용될 수 없으므로 항고심에서는 이를 각하하여야 한다.

다. 이송의 효과

이송결정이 확정된 때에는 소송은 (이송결정된 때부터가 아니라) 처음부터 이송받은 법원에 계속된 것으로 본다. 행정소송간의 이송뿐만 아니라 민사소송과 행정소송간 이송의 경우에도 마찬가지이다.

> **민사소송법**
>
> **제40조(이송의 효과)** ① 이송결정이 확정된 때에는 소송은 처음부터 이송받은 법원에 계속(係屬)된 것으로 본다.
> ② 제1항의 경우에는 이송결정을 한 법원의 법원서기관·법원사무관·법원주사 또는 법원주사보(이하 "법원사무관등"이라 한다)는 그 결정의 정본(正本)을 소송기록에 붙여 이송받을 법원에 보내야 한다.

> **관련판례**
>
> 항고소송으로 제기해야 할 사건을 민사소송으로 잘못 제기하였고, 이후 행정법원으로 이송된 후 원고가 항고소송으로 소 변경을 하였다면, 항고소송의 제소기간 준수 여부는 최초의 소제기시를 기준으로 판단한다[대법원 2022.11.17. 2021두44425].
> 행정소송법 제8조 제2항은 "행정소송에 관하여 이 법에 특별한 규정이 없는 사항에 대하여는 법원조직법과 민사소송법 및 민사집행법의 규정을 준용한다."라고 규정하고 있고, 민사소송법 제40조 제1항은 "이송결정이 확정된 때에는 소송은 처음부터 이송받은 법원에 계속된 것으로 본다."라고 규정하고 있다. 한편 행정소송법 제21조 제1항, 제4항, 제37조, 제42조, 제14조 제4항은 행정소송 사이의 소 변경이 있는 경우 처음 소를 제기한 때에 변경된 청구에 관한 소송이 제기된 것으로 보도록 규정하고 있다. 이러한 규정 내용 및 취지 등에 비추어 보면, 원고가 행정소송법상 항고소송으로 제기해야 할 사건을 민사소송으로 잘못 제기한 경우에 수소법원이 그 항고소송에 대한 관할을 가지고 있지 아니하여 관할법원에 이송하는 결정을 하였고, 그 이송결정이 확정된 후 원고가 항고소송으로 소 변경을 하였다면, 그 항고소송에 대한 제소기간의 준수 여부는 원칙적으로 처음에 소를 제기한 때를 기준으로 판단하여야 한다.

한편, 이송받은 법원은 사건을 다시 다른 법원에 이송하지 못한다(전송금지). 이는 법원 간의 이송이 무한 반복되는 것을 방지하기 위한 규정이다.

> **민사소송법**
>
> **제38조(이송결정의 효력)** ① 소송을 이송받은 법원은 이송결정에 따라야 한다.
> ② 소송을 이송받은 법원은 사건을 다시 다른 법원에 이송하지 못한다.

5. 민사법원의 선결문제 판단

가. 의의

행정행위에 취소사유가 있지만 이에 대한 취소재결이나 취소판결이 확정되기 전에는 당해 행정행위는 일단 유효하다. 이를 「공정력」이라 한다. 「선결문제」란 행정행위에 공정력이 인정되는 상황에서 행정행위의 위법성 인정이나 효력부인을 선결문제로 하는 민사소송이 제기된 경우, 민사법원이 당해 행정행위의 위법성을 판단할 수 있는가 또는 당해 행정행위의 효력을 부인할 수 있는가의 문제이다.

나. 부당이득반환청구소송의 경우

(1) 행정행위가 당연무효인 경우

행정행위의 하자가 중대명백하여 당연무효인 경우에는 민사법원이 직접 선결문제를 판단하여 행정행위의 효력을 부인할 수 있다. 이 경우 민사법원은 일부 행정소송법 규정을 준용할 수 있는데, 그 준용대상은 ① 행정청의 소송참가, ② 행정심판기록의 제출명령, ③ 직권심리, ④ 소송비용에 관한 재판의 효력 규정이다.

> **제11조(선결문제)** ① 처분 등의 효력 유무 또는 존재 여부가 민사소송의 선결문제로 되어 당해 민사소송의 수소법원이 이를 심리·판단하는 경우에는 제17조, 제25조, 제26조 및 제33조의 규정을 준용한다.
> ② 제1항의 경우 당해 수소법원은 그 처분등을 행한 행정청에게 그 선결문제로 된 사실을 통지하여야 한다.

(2) 행정행위가 취소사유인 하자를 지닌 경우

행정행위에 인정된 공정력 당해 행정행위는 일단 유효하다. 따라서 민사법원은 선결문제를 판단할 수 없으므로, 상대방은 먼저 취소소송을 제기해서 승소판결부터 받아야 한다.

관련판례

1. 행정처분의 당연무효가 선결문제인 경우 반드시 행정소송 등의 절차에 의해 그 취소나 무효확인을 받아야 하는 것은 아니다[대법원 2010.4.8. 2009다90092].

   민사소송에 있어서 어느 행정처분의 당연무효 여부가 선결문제로 되는 때에는 이를 판단하여 당연무효임을 전제로 판결할 수 있고 반드시 행정소송 등의 절차에 의하여 그 취소나 무효확인을 받아야 하는 것은 아니며, 한편, 원고조합의 조합설립결의나 관리처분계획에 대한 결의가 당연 무효라는 위 피고들의 주장 속에는 조합설립인가처분이나 관리처분계획에 당연무효사유가 있다는 주장도 포함되어 있다고 봄이 상당하다고 할 것이므로, 원심으로서는 더 나아가 위 조합설립 인가처분이나 관리처분계획에 당연무효사유가 있는지를 심리하여 위 피고들 주장의 당부를 판단하였어야 할 것임에도, 원심이 그에 대해서는 아무런 판단도 하지 아니한 채, 단지 위 피고들이 항고소송의 방법으로 원고 조합의 조합설립 인가처분이나 관리처분계획에 대하여 취소 또는 무효확인을 받았음을 인정할 증거가 없다는 이유만으로 위 피고들의 주장을 모두 배척한 데에는 필요한 심리를 다하지 아니하고 판단을 유탈하여 판결에 영향을 미친 위법이 있다.

2. 행정처분의 취소여부가 선결문제인 경우 민사소송의 법원은 행정처분의 효력을 부인할 수 없다[대법원 1999.8.20. 99다20179].

   [1] 과세처분이 당연무효라고 볼 수 없는 한 과세처분에 취소 할 수 있는 위법사유가 있다 하더라도 그 과세처분은 행정행위의 공정력 또는 집행력에 의하여 그것이 적법하게 취소되기 전까지는 유효하다 할 것이므로, 민사소송절차에서 그 과세처분의 효력을 부인할 수 없다.

   [2] 부동산에 대한 실질적인 소유자가 아닌 명의수탁자에 대하여 행해진 양도소득세 부과처분은 위법하지만 그 하자가 중대·명백하다고 할 수 없어 무효라고는 볼 수 없고 단지 취소할 수 있음에 불과하다.

다. 국가배상청구소송의 경우 : 대법원은 국가배상청구사건에 있어서는 행정행위의 하자가 무효사유인지 취소사유인지를 구별하지 않고 민사법원이 선결문제로서 행정행위의 위법성 여부에 대한 심사를 할 수 있다고 판단한다.

> **관련판례**
>
> 행정상 손해배상소송에 있어서는, 그 하자가 취소사유에 해당되더라도 수소법원인 민사법원은 배상책임의 요건인 행정행위의 위법 여부를 심리·판단할 수 있다[대법원 1972.4.28. 72다337].
>
> 위법한 행정대집행이 완료되면 그 처분의 무효확인 또는 취소를 구할 소의 이익은 없다 하더라도, 미리 그 행정처분의 취소판결이 있어야만, 그 행정처분의 위법임을 이유로 한 손해배상청구를 할 수 있는 것은 아니다.

기출문제

01 | 2016 |

항고소송의 소송요건에 관한 설명으로 옳지 않은 것은? (다툼이 있으면 판례에 따름)

① 소송요건은 불필요한 소송을 배제하고 법원의 부담을 경감하는 기능이 있다.
② 취소소송의 토지관할은 전속관할이라 할 수 없다.
③ 검사의 불기소처분은 항고소송으로 다툴 수 있다.
④ 법원은 원고의 고의 또는 중대한 과실없이 행정소송이 심급을 달리하는 법원에 잘못 제기된 경우에는 결정으로 이를 관할법원에 이송한다.
⑤ 중앙행정기관에 대한 취소소송은 서울행정법원에 제기할 수 있다.

․․․․․․․․․․․․․․․․․․․․․․

① ☞ 소송요건을 갖추지 못한 사건에 대해서는 본안심리로 넘어가지 않고 곧바로 각하판결을 선고하기 때문에, 소송요건은 불필요한 소송을 배제하고 법원의 부담을 경감하는 기능이 있다.
② ☞ 토지관할은 전속관할(특정법원만이 배타적으로 관할권을 가지는 경우)이 아니라 임의관할이기 때문에 민사소송법상의 합의관할(제29조 제1항), 변론관할(제30조) 등의 규정이 준용된다.
③ ☞ 검사의 불기소처분에 대해서는 검찰청법상 항고 및 재항고와 형사소송법상 재정신청이라는 별도의 구제절차가 인정되므로, 항고소송으로 다툴 수 없다.
④ ☞ 원고의 고의 또는 중대한 과실 없이 행정소송을 심급을 달리하는 법원에 잘못 제기한 경우에 법원은 관할법원에 이송하여야 한다(행정소송법 제7조).
⑤ ☞ 동법 제9조 제2항 제1호

02 | 2016 |

처분등의 효력 유무 또는 존재 여부가 민사소송의 선결문제로 되어 당해 민사소송의 수소법원이 이를 심리·판단하는 경우에 준용되는 행정소송법 규정을 모두 고른 것은?

ㄱ. 재판관할	ㄴ. 직권심리
ㄷ. 사정판결	ㄹ. 행정청의 소송참가
ㅁ. 행정심판기록의 제출명령	

① ㄱ, ㄴ, ㄹ
② ㄱ, ㄷ, ㅁ
③ ㄴ, ㄹ, ㅁ
④ ㄷ, ㄹ, ㅁ
⑤ ㄴ, ㄷ, ㄹ, ㅁ

답 01 ③ 02 ③

☞ 처분 등의 효력 유무 또는 존재여부가 민사소송의 선결문제로 되어 당해 민사소송의 수소법원이 이를 심리·판단하는 경우에는 제17조(행정청의 소송참가), 제25조(행정심판기록의 제출명령), 제26조(직권심리) 및 제33조(소송비용에 관한 재판의 효력)의 규정을 준용한다(행정소송법 제11조 제1항).

03 | 2017 |

행정소송의 재판관할에 관한 설명으로 옳지 <u>않은</u> 것은?

① 국가의 사무를 위탁받은 공공단체를 피고로 하는 경우, 대법원의 소재지를 관할하는 행정법원은 관할법원이 아니다.
② 취소소송의 제1심 관할법원은 피고의 소재지를 관할하는 행정법원으로 한다.
③ 특정의 장소에 관계되는 처분에 대한 취소소송은 그 장소의 소재지를 관할하는 행정법원에 이를 제기할 수 있다.
④ 당사자소송의 피고가 국가 또는 공공단체인 경우, 관계행정청의 소재지를 관할하는 행정법원이 관할법원으로 된다.
⑤ 당사자소송으로 서울행정법원에 제기할 것을 민사소송으로 지방법원에 제기하여 판결이 난 경우에는 전속관할 위반이라는 것이 판례의 입장이다.

①, ② ☞ 취소소송은 피고인 행정청의 소재지를 관할하는 행정법원이 제1심 관할법원이지만(제9조 제1항), (ⅰ) 중앙행정기관 또는 그 장이 피고이거나 (ⅱ) 국가의 사무를 위탁받은 공동단체 또는 그 장이 피고인 경우에는 대법원 소재지의 행정법원(서울행정법원)에 제기할 수 있다.

> **제9조(재판관할)** ① 취소소송의 제1심관할법원은 피고의 소재지를 관할하는 행정법원으로 한다.
> ② 제1항에도 불구하고 다음 각 호의 어느 하나에 해당하는 피고에 대하여 취소소송을 제기하는 경우에는 대법원소재지를 관할하는 행정법원에 제기할 수 있다.
>   1. 중앙행정기관, 중앙행정기관의 부속기관과 합의제행정기관 또는 그 장
>   2. 국가의 사무를 위임 또는 위탁받은 공공단체 또는 그 장

③ 제9조 제3항

> **제9조(재판관할)** ③ 토지의 수용 기타 부동산 또는 특정의 장소에 관계되는 처분등에 대한 취소소송은 그 부동산 또는 장소의 소재지를 관할하는 행정법원에 이를 제기할 수 있다.

④ ☞ 부가가치세 환급청구소송의 경우, 피고는 국가이지만 관할법원은 부가가치세 관할세무서장의 소재지 행정법원이 된다.

> **제40조(재판관할)** 제9조의 규정은 당사자소송의 경우에 준용한다. 다만, <u>국가 또는 공공단체가 피고인 경우에는 관계행정청의 소재지를 피고의 소재지로 본다.</u>

⑤ ☞ 전속관할이란 특정법원만이 배타적으로 관할권을 갖게 한 관할을 말한다. 행정사건을 민사법원에 소제기한 경우는 전속관할 위반에 해당하므로, 민사법원은 이를 행정법원에 이송하여야 한다.

답 03 ①

[대법원 1997. 5. 30. 선고 95다28960 판결] 원고가 고의 또는 중대한 과실 없이 행정소송으로 제기하여야 할 사건을 민사소송으로 잘못 제기한 경우, 수소법원으로서는 만약 그 행정소송에 대한 관할도 동시에 가지고 있다면 이를 행정소송으로 심리·판단하여야 하고 (대법원 1996. 2. 15. 선고 94다31235 판결 참조), 그 행정소송에 대한 관할을 가지고 있지 아니하다면 당해 소송이 이미 행정소송으로서의 전심절차 및 제소기간을 도과하였거나 행정소송의 대상이 되는 처분 등이 존재하지도 아니한 상태에 있는 등 행정소송으로서의 소송요건을 결하고 있음이 명백하여 행정소송으로 제기되었더라도 어차피 부적법하게 되는 경우가 아닌 이상 이를 부적법한 소라고 하여 각하할 것이 아니라 관할 법원에 이송하여야 할 것이다.

04 | 2018 |

행정소송의 재판관할에 관한 설명으로 옳지 않은 것은?

① 세무서장의 과세처분에 대한 취소소송의 제1심 관할법원은 원칙적으로 당해 세무서의 소재지를 관할하는 행정법원이 된다.
② 서울중앙지방법원은 계쟁사건의 관할이 행정법원인 경우 당해 사건을 서울행정법원으로 이송하여야 한다.
③ 취소소송의 재판관할에 관한 규정은 당사자소송에도 준용된다.
④ 당사자소송으로 제기할 사건을 민사소송으로 서울중앙지방법원에 제기하여 판결이 난 경우에는 관할위반이다.
⑤ 관할위반여부는 소 제기요건으로서 제1심 법원의 전속심판사항이다.

••••••••••••••••••••

① 동법 제9조 제1항
② [대법원 1997.5.30., 95다28960] 행정소송법 제7조는 원고의 고의 또는 중대한 과실 없이 행정소송이 심급을 달리하는 법원에 잘못 제기된 경우에 민사소송법 제31조 제1항을 적용하여 이를 관할 법원에 이송하도록 규정하고 있을 뿐 아니라, 관할 위반의 소를 부적법하다고 하여 각하하는 것보다 관할 법원에 이송하는 것이 당사자의 권리구제나 소송경제의 측면에서 바람직하므로, 원고가 고의 또는 중대한 과실 없이 행정소송으로 제기하여야 할 사건을 민사소송으로 잘못 제기한 경우, 수소법원으로서는 만약 그 행정소송에 대한 관할도 동시에 가지고 있다면 이를 행정소송으로 심리·판단하여야 하고, 그 행정소송에 대한 관할을 가지고 있지 아니하다면 당해 소송이 이미 행정소송으로서의 전심절차 및 제소기간을 도과하였거나 행정소송의 대상이 되는 처분 등이 존재하지도 아니한 상태에 있는 등 행정소송으로서의 소송요건을 결하고 있음이 명백하여 행정소송으로 제기되었더라도 어차피 부적법하게 되는 경우가 아닌 이상 이를 부적법한 소라고 하여 각하할 것이 아니라 관할 법원에 이송하여야 한다.
③ 동법 제40조
④ ☞ 행정사건을 민사소송으로 제기한 경우 수소법원이 행정소송에 대한 관할을 가지고 있지 아니하다면 관할 법원으로 이송해야 한다. 그럼에도 불구하고 판결이 이루어졌다면 이는 관할을 위반한 경우에 해당한다. 반면에 민사사건을 행정소송으로 제기한 경우에 행정법원은 당해 사건을 심리하여 판결할 수 있다. 행정소송의 심리절차가 민사소송의 심리절차와 특별히 다른 것은 아니기 때문이다. 판례의 태도를 정리하자면 행정사건을 민사소송으로 제기하면 관할위반이지만, 민사사건을 행정소송으로 제기한 경우에는 관할위반이 아니다.
⑤ ☞ 관할위반여부는 소제기요건(소송요건)으로, 사실심과 법률심을 막론하고 그 위반여부에 대한 판단이 가능하다.

05 | 2019 |

처분등의 효력 유무 또는 존재 여부가 민사소송의 선결문제로 되어 당해 민사소송의 수소법원이 이를 심리·판단하는 경우에 준용되는 행정소송법 규정이 아닌 것은?

① 직권심리
② 공동소송
③ 행정청의 소송참가
④ 소송비용에 관한 재판의 효력
⑤ 행정심판기록의 제출명령

••••••••••••••••••••••

①, ③, ④, ⑤ 「행정소송법」제11조 제1항

> **제11조(선결문제)** ① 처분등의 효력 유무 또는 존재 여부가 민사소송의 선결문제로 되어 당해 민사소송의 수소법원이 이를 심리·판단하는 경우에는 제17조, 제25조, 제26조 및 제33조의 규정을 준용한다.

☞ 처분 등의 효력 유무 또는 존재여부가 민사소송의 선결문제로 되어 당해 민사소송의 수소법원이 이를 심리·판단하는 경우에는 제17조(행정청의 소송참가), 제25조(행정심판기록의 제출명령), 제26조(직권심리) 및 제33조(소송비용에 관한 재판의 효력)의 규정을 준용한다(행정소송법 제11조 제1항).

06 | 2020 |

취소소송의 관할법원에 관한 설명으로 옳지 않은 것은?

① 세무서장의 과세처분에 대한 취소소송의 제1심 관할법원은 원칙적으로 당해 세무서의 소재지를 관할하는 행정법원이 된다.
② 관할이송은 원고가 중대한 과실 없이 취소소송을 심급을 달리하는 법원에 잘못 제기한 경우에도 인정된다.
③ 토지의 수용재결에 대한 취소소송은 당사자 간의 합의 없이도 그 토지의 소재지를 관할하는 행정법원에 제기할 수 있다.
④ 당사자가 합의하면 원고 소재지 관할법원을 제1심 관할법원으로 할 수 있다.
⑤ 중앙행정기관의 장이 피고인 취소소송은 피고의 소재지를 관할하는 행정법원을 제1심관할법원으로 할 수 없다.

••••••••••••••••••••••

① 행정소송법 제9조

> **제9조(재판관할)** ① 취소소송의 제1심 관할법원은 피고의 소재지를 관할하는 행정법원으로 한다.

② 동법 제7조

> **제7조(사건의 이송)** 민사소송법 제34조 제1항의 규정은 원고의 고의 또는 중대한 과실없이 행정소송이 심급을 달리하는 법원에 잘못 제기된 경우에도 적용한다.

답 05 ② 06 ⑤

> **민사소송법**
> **제34조(관할위반 또는 재량에 따른 이송)** ① 법원은 소송의 전부 또는 일부에 대하여 관할권이 없다고 인정하는 경우에는 결정으로 이를 관할법원에 이송한다.

③ ☞ 토지의 수용에 대한 취소소송은 그 부동산 소재지의 행정법원에 당연히 관할권이 있다(제9조 제3항). 따라서 별도로 당사자간의 합의는 필요하지 않다.
④ ☞ 토지관할은 전속관할이 아니라 임의관할이다. 따라서 당사자의 합의(합의관할)나 피고의 변론(변론관할)에 의하여 다른 법원에 관할을 발생시킬 수 있다.
⑤ ☞ 중앙행정기관의 장이 피고인 취소소송의 제1심 관할법원은 (ⅰ) 피고의 소재지를 관할하는 행정법원(행정소송법 제9조 제1항) 또는 (ⅱ) 대법원 소재지를 관할하는 행정법원(동 조 제2항 제1호) 중에 선택할 수 있다.

07 | 2021 |

행정소송의 관할에 관한 설명으로 옳은 것은? (다툼이 있으면 판례에 따름)

① 특허심판원의 심결에 불복하는 경우 그 취소를 구하는 소송은 서울행정법원에 제기하여야 한다.
② 고의 또는 중과실 없이 행정소송으로 제기하여야 할 사건을 민사소송으로 잘못 제기한 경우, 나머지 소송요건을 모두 갖추었더라도 법원은 각하해야 한다.
③ 민사소송으로 제기할 것을 당사자소송으로 행정법원에 제기하고 피고가 관할위반이라고 항변하지 아니하고 본안에 대한 변론을 한 경우, 행정법원에 변론관할이 생겼다고 본다.
④ 국가의 사무를 위탁받은 공공단체를 피고로 하여 취소소송을 제기하는 경우 대법원소재지를 관할하는 행정법원에 제기하는 것은 관할 위반이다.
⑤ 항고소송을 제기할 것을 민사소송으로 잘못 제기한 경우 수소법원이 그 항고소송에 대한 관할도 동시에 가지고 있다면 민사소송으로 심리·판단할 수 있다.

••••••••••••••••••••••

① ☞ 특허사건의 경우에는 일반 행정소송과 다른 점이 많다. (ⅰ) 특허출원에 대한 심사관의 거절결정에 대해서는 행정소송을 제기할 수 없다. 우선 특허심판원에 심판청구를 한 후 그 심결을 대상으로 하여 특허법원(고등법원급)에 심결의 취소를 구하는 소를 제기하여야 한다(이른바 감노특). (ⅱ) 심결취소소송의 경우 원칙적으로 특허청장이 피고가 된다. (ⅲ) 특허사건의 경우 특허법원(고등법원급)과 대법원의 2심제로 진행된다.
② ☞ 수소법원이 항고소송과 민사소송에 관한 관할권을 동시에 가지고 있다면, (각하나 이송을 할 것이 아니라) 소변경절차를 거쳐 항고소송으로 심리·판단하면 된다.
[대법원 1997.5.30., 95다28960]. 행정소송법 제7조는 원고의 고의 또는 중대한 과실 없이 행정소송이 심급을 달리하는 법원에 잘못 제기된 경우에 민사소송법 제31조 제1항을 적용하여 이를 관할 법원에 이송하도록 규정하고 있을 뿐 아니라, 관할 위반의 소를 부적법하다고 하여 각하하는 것보다 관할 법원에 이송하는 것이 당사자의 권리구제나 소송경제의 측면에서 바람직하므로, 원고가 고의 또는 중대한 과실 없이 행정소송으로 제기하여야 할 사건을 민사소송으로 잘못 제기한 경우, 수소법원으로서는 만약 그 행정소송에 대한 관할도 동시에 가지고 있다면 이를 행정소송으로 심리·판단하여야 하고, 그 행정소송에 대한 관할을 가지고 있지 아니하다면 당해 소송이 이미 행정소송으로서의 전심절차 및 제소기간을 도과하였거나 행정소송의 대상이 되는 처

답 07 ③

분 등이 존재하지도 아니한 상태에 있는 등 행정소송으로서의 소송요건을 결하고 있음이 명백하여 행정소송으로 제기되었더라도 어차피 부적법하게 되는 경우가 아닌 이상 이를 부적법한 소라고 하여 각하할 것이 아니라 관할 법원에 이송하여야 한다.

③ ☞ 민사법원은 행정사건에 대해서 심리·판결할 수 없지만, 행정법원은 예외적으로 민사사건에 대해서 심리·판결할 수 있다. 일반법원(민사법원)과 특별법원(행정법원)의 관계로 이해하면 된다.
[대법원 2013. 2. 28., 선고, 2010두22368, 판결] 민사소송인 이 사건 소가 서울행정법원에 제기되었는데도 피고는 제1심법원에서 관할위반이라고 항변하지 아니하고 본안에 대하여 변론을 한 사실을 알 수 있는바, 공법상의 당사자소송 사건인지 민사사건인지 여부는 이를 구별하기가 어려운 경우가 많고 행정사건의 심리절차에 있어서는 행정소송의 특수성을 감안하여 행정소송법이 정하고 있는 특칙이 적용될 수 있는 점을 제외하면 심리절차면에서 민사소송절차와 큰 차이가 없는 점 등에 비추어 보면, 행정소송법 제8조 제2항, 민사소송법 제30조에 의하여 제1심법원에 변론관할이 생겼다고 봄이 상당하다.

④ ☞ 국가의 사무를 위탁받은 공공단체란 이른바 공기업을 말한다. 공기업들은 현재 지방으로 본사가 이전되었으나, 과거에 본사가 서울에 존재하였고 현재도 서울사무소가 중요한 역할을 하는 특색이 있다. 취소소송은 원칙적으로 피고인 행정청의 소재지를 관할하는 행정법원이 제1심 관할법원이지만(제9조 제1항), (ⅰ) 중앙행정기관 또는 그 장이 피고이거나 (ⅱ) 국가의 사무를 위탁받은 공동단체 또는 그 장이 피고인 경우에는 대법원 소재지의 행정법원(서울행정법원)에 제기할 수 있다.

⑤ ☞ 민사소송이 아니라 「행정소송으로」 심리·판단해야 한다. 이를테면 행정소송사건을 접수받은 대전지방법원 민사2부가 동시에 행정1부에 해당한다면, 행정1부의 지위에서 심리·판단하면 된다.
[대법원 1997.5.30., 95다28960] 원고가 고의 또는 중대한 과실 없이 행정소송으로 제기하여야 할 사건을 민사소송으로 잘못 제기한 경우, 수소법원으로서는 만약 그 행정소송에 대한 관할도 동시에 가지고 있다면 이를 행정소송으로 심리·판단하여야 하고, 그 행정소송에 대한 관할을 가지고 있지 아니하다면 당해 소송이 이미 행정소송으로서의 전심절차 및 제소기간을 도과하였거나 행정소송의 대상이 되는 처분 등이 존재하지도 아니한 상태에 있는 등 행정소송으로서의 소송요건을 결하고 있음이 명백하여 행정소송으로 제기되었더라도 어차피 부적법하게 되는 경우가 아닌 이상 이를 부적법한 소라고 하여 각하할 것이 아니라 관할 법원에 이송하여야 한다.

08 | 2021 |

처분의 효력 유무 또는 존재 여부가 민사소송의 선결문제로 되어 당해 민사소송의 수소법원이 이를 심리·판단하는 경우에 관한 설명으로 옳지 않은 것은?

① 법원은 필요하다고 인정할 때에는 직권으로 증거조사를 할 수 있다.
② 법원은 당사자의 신청에 의하여 다른 행정청을 소송에 참가시킬 수 있다.
③ 법원은 당사자의 신청이 있는 때에는 재결을 행한 행정청에 대하여 행정심판에 관한 기록의 제출을 명할 수 있다.
④ 법원은 처분이 위법하다고 판단하는 때에는 이를 취소할 수 있다.
⑤ 소송비용에 관한 재판이 확정된 때에는 참가인이었던 행정청이 소속하는 국가에 그 효력을 미친다.

답 08 ④

④ ☞ 민사법원이 과세처분을 취소할 수는 없다.
[대법원 1999.8.20., 99다20179] 행정처분의 취소여부가 선결문제인 경우 민사법원은 행정처분의 효력을 부인할 수 없다. 과세처분이 당연무효라고 볼 수 없는 한 과세처분에 취소할 수 있는 위법사유가 있다 하더라도 그 과세처분은 행정행위의 공정력 또는 집행력에 의하여 그것이 적법하게 취소되기 전까지는 유효하다 할 것이므로, 민사소송절차에서 그 과세처분의 효력을 부인할 수 없다.

①, ②, ③, ⑤ ☞ "비록직참"으로 정리하자.

09 | 2022 |

행정소송법에 관한 설명으로 옳은 것은?

① 공공단체의 기관은 법령에 의하여 행정권한의 위탁을 받은 경우에도 행정청에 포함되지 않는다.
② 기관소송은 헌법재판소법 제2조의 규정에 의하여 헌법재판소의 관장사항으로 되는 소송도 포함한다.
③ 특정의 장소에 관계되는 처분등에 대한 취소소송은 그 장소의 소재지를 관할하는 행정법원에 이를 제기할 수 있다.
④ 수인에 대한 청구가 처분등의 취소청구와 관련되지 않는 청구인 경우에도 그 수인은 취소소송의 공동소송인이 될 수 있다.
⑤ 행정청의 재량에 속하는 처분은 재량권의 남용이 있더라도 법원은 이를 취소할 수 없다.

① 제2조 제2항

> **제2조(정의)** ② 이 법을 적용함에 있어서 행정청에는 법령에 의하여 행정권한의 위임 또는 위탁을 받은 행정기관, 공공단체 및 그 기관 또는 사인이 포함된다.

② 제3조 제4호

> **제3조(행정소송의 종류)** 행정소송은 다음의 네가지로 구분한다.
> 4. 기관소송 : 국가 또는 공공단체의 기관상호간에 있어서의 권한의 존부 또는 그 행사에 관한 다툼이 있을 때에 이에 대하여 제기하는 소송. 다만, 헌법재판소법 제2조의 규정에 의하여 헌법재판소의 관장사항으로 되는 소송은 제외한다.

③ 제9조 제3항

> **제9조(재판관할)** ③ 토지의 수용 기타 부동산 또는 특정의 장소에 관계되는 처분등에 대한 취소소송은 그 부동산 또는 장소의 소재지를 관할하는 행정법원에 이를 제기할 수 있다.

답 09 ③

④ 제15조

제15조(공동소송) 수인의 청구 또는 수인에 대한 청구가 처분등의 취소청구와 관련되는 청구인 경우에 한하여 그 수인은 공동소송인이 될 수 있다.

⑤ 제27조

제27조(재량처분의 취소) 행정청의 재량에 속하는 처분이라도 재량권의 한계를 넘거나 그 남용이 있는 때에는 법원은 이를 취소할 수 있다.

10 | 2022 |

행정소송법상 처분등의 효력 유무 또는 존재 여부가 민사소송의 선결문제로 되어 당해 민사소송의 수소법원이 이를 심리·판단하는 경우에 준용되는 취소소송에 관한 규정이 아닌 것은?

① 행정청의 소송참가에 관한 규정
② 행정심판기록의 제출명령에 관한 규정
③ 제3자의 소송참가에 관한 규정
④ 직권심리에 관한 규정
⑤ 소송비용에 관한 재판의 효력에 관한 규정

③ ☞ "비록직참"에서 "참"은 "제3자의 소송참가"가 아니라 "행정청의 소송참가"라는 점을 주의하자.

제11조(선결문제) ① 처분등의 효력 유무 또는 존재 여부가 민사소송의 선결문제로 되어 당해 민사소송의 수소법원이 이를 심리·판단하는 경우에는 <u>제17조(행정청의 소송참가)</u>, <u>제25조(행정심판기록의 제출명령)</u>, <u>제26조(직권심리)</u> 및 <u>제33조(소송비용에 관한 재판의 효력)</u>의 규정을 준용한다.

답 10 ③

11 | 2022 |

행정소송법상 재판관할에 관한 설명으로 옳지 <u>않은</u> 것은?

① 국가의 사무를 위탁받은 공공단체를 피고로 하여 취소소송을 제기하는 경우 대법원소재지를 관할하는 행정법원에 제기할 수 있다.
② 중앙행정기관을 피고로 하여 취소소송을 제기하는 경우 대법원소재지를 관할하는 행정법원에 제기할 수 있다.
③ 취소소송의 제1심관할법원은 원고의 소재지를 관할하는 행정법원으로 한다.
④ 중앙행정기관의 부속기관을 피고로 하여 취소소송을 제기하는 경우 대법원소재지를 관할하는 행정법원에 제기할 수 있다.
⑤ 취소소송의 재판관할에 관한 규정을 당사자소송에 준용하는 경우, 국가 또는 공공단체가 피고인 때에는 관계행정청의 소재지를 피고의 소재지로 본다.

••••••••••••••••••••••

①, ②, ④ 제9조 제2항 각호

> **제9조(재판관할)** ① 취소소송의 제1심관할법원은 피고의 소재지를 관할하는 행정법원으로 한다.
> ② 제1항에도 불구하고 <u>다음 각 호의 어느 하나에 해당하는 피고에 대하여 취소소송을 제기하는 경우에는 대법원소재지를 관할하는 행정법원에 제기할 수 있다.</u>
> 　1. 중앙행정기관, 중앙행정기관의 부속기관과 합의제행정기관 또는 그 장
> 　2. <u>국가의 사무를 위임 또는 위탁받은 공공단체 또는 그 장</u>

③ 제9조 제1항. ☞ '피고'의 소재지를 관할하는 행정법원으로 한다.

> **제9조(재판관할)** ① 취소소송의 제1심관할법원은 <u>피고의 소재지를 관할하는 행정법원</u>으로 한다.
> ② 제1항에도 불구하고 다음 각 호의 어느 하나에 해당하는 피고에 대하여 취소소송을 제기하는 경우에는 대법원소재지를 관할하는 행정법원에 제기할 수 있다.
> 　1. 중앙행정기관, <u>중앙행정기관의 부속기관</u>과 합의제행정기관 또는 그 장
> 　2. 국가의 사무를 위임 또는 위탁받은 공공단체 또는 그 장

⑤ 제40조

> **제40조(재판관할)** 제9조의 규정은 당사자소송의 경우에 준용한다. 다만, 국가 또는 공공단체가 피고인 경우에는 관계행정청의 소재지를 피고의 소재지로 본다.

답 11 ③

12 | 2023 |

재판관할에 관한 설명으로 옳지 않은 것은? (다툼이 있으면 판례에 따름)

① 토지의 수용에 관계되는 처분등에 대한 취소소송은 그 부동산 소재지를 관할하는 행정법원에 제기할 수 있다.
② 법원은 소송의 전부에 대하여 관할권이 없다고 인정하는 경우에는 결정으로 이를 관할법원에 이송한다.
③ 원고가 고의 또는 중대한 과실 없이 행정소송으로 제기할 사건을 민사소송으로 잘못 제기한 경우 수소법원이 행정소송의 관할권이 없으면 관할법원에 이송하여야 한다.
④ 민사소송으로 제기할 것을 당사자소송으로 행정법원에 제기한 경우 피고가 관할위반이라고 항변하지 않고 본안에 대한 변론을 한 경우 법원에 변론관할이 생겼다고 본다.
⑤ 소송당사자에게 관할위반을 이유로 하는 이송신청권을 인정하고 있다.

---

① ☞ 부동산 등과 관련된 처분의 경우에는 (ⅰ) 피고 소재지 법원과 (ⅱ) 부동산 등의 소재지 법원, 이렇게 2군데 토지관할이 인정된다.

제9조(재판관할) ① 취소소송의 제1심관할법원은 피고의 소재지를 관할하는 행정법원으로 한다.
② 제1항에도 불구하고 다음 각 호의 어느 하나에 해당하는 피고에 대하여 취소소송을 제기하는 경우에는 대법원소재지를 관할하는 행정법원에 제기할 수 있다. 〈신설 2014. 5. 20.〉
  1. 중앙행정기관, 중앙행정기관의 부속기관과 합의제행정기관 또는 그 장
  2. 국가의 사무를 위임 또는 위탁받은 공공단체 또는 그 장
③ 토지의 수용 기타 부동산 또는 특정의 장소에 관계되는 처분등에 대한 취소소송은 그 부동산 또는 장소의 소재지를 관할하는 행정법원에 이를 제기할 수 있다.

②
제8조(법적용예) ① 행정소송에 대하여는 다른 법률에 특별한 규정이 있는 경우를 제외하고는 이 법이 정하는 바에 의한다.
② 행정소송에 관하여 이 법에 특별한 규정이 없는 사항에 대하여는 법원조직법과 민사소송법 및 민사집행법의 규정을 준용한다.

민사소송법
제34조(관할위반 또는 재량에 따른 이송) ① 법원은 소송의 전부 또는 일부에 대하여 관할권이 없다고 인정하는 경우에는 결정으로 이를 관할법원에 이송한다.

③ ☞ 항고소송을 제기하여야 함에도 민사소송으로 잘못 제기한 경우, (ⅰ) 민사법원이 행정소송의 관할권도 가지고 있다면 행정소송으로 소변경하여 판결하면 된다(이를테면 대구지방법원 민사 1부가 동시에 행정 1부인 경우). (ⅱ) 반면에 민사법원이 행정소송의 관할권을 가지고 있지 않다면 행정법원에 이송해야 한다(예컨대 서울의 경우 별도의 행정법원이 설치되어 있으므로 민사법원이 동시에 행정소송의 관할권을 가지고 있는 경우는 없다).

답 12 ⑤

[대법원 2021. 2. 4. 선고 2019다277133 판결] 원고가 고의 또는 중대한 과실 없이 행정소송으로 제기하여야 할 사건을 민사소송으로 잘못 제기한 경우, 수소법원으로서는 만약 그 행정소송에 대한 관할도 동시에 가지고 있다면 이를 행정소송으로 심리·판단하여야 하고, 그 행정소송에 대한 관할을 가지고 있지 아니하다면 관할법원에 이송하여야 한다.

④ ☞ 민사법원은 행정사건에 대해서 심리·판결할 수 없지만, 행정법원은 예외적으로 민사사건에 대해서 심리·판결할 수 있다. 일반법원(민사법원)과 특별법원(행정법원)의 관계로 이해하면 된다.

[대법원 2013. 2. 28., 선고, 2010두22368, 판결] 민사소송인 이 사건 소가 서울행정법원에 제기되었는데도 피고는 제1심법원에서 관할위반이라고 항변하지 아니하고 본안에 대하여 변론을 한 사실을 알 수 있는바, 공법상의 당사자소송 사건인지 민사사건인지 여부는 이를 구별하기가 어려운 경우가 많고 행정사건의 심리절차에 있어서는 행정소송의 특수성을 감안하여 행정소송법이 정하고 있는 특칙이 적용될 수 있는 점을 제외하면 심리절차면에서 민사소송절차와 큰 차이가 없는 점 등에 비추어 보면, 행정소송법 제8조 제2항, 민사소송법 제30조에 의하여 제1심법원에 변론관할이 생겼다고 봄이 상당하다.

⑤ ☞ 당사자가 관할위반을 이유로 한 이송신청을 한 경우에도 이는 단지 법원의 직권발동을 촉구하는 의미밖에 없으므로, 관할위반으로 인한 이송은 법원의 직권에 의할 뿐 당사자의 신청권은 인정되지 않는다.

[대법원 1993. 12. 6., 자, 93마524, 전원합의체 결정] 수소법원에 재판관할권이 있고 없음은 원래 법원의 직권조사사항으로서 법원은 그 관할에 속하지 아니함을 인정한 때에는 민사소송법 제31조 제1항에 의하여 직권으로 이송결정을 하는 것이고, 소송당사자에게 관할위반을 이유로 하는 이송신청권이 있는 것이 아니다. 그러므로 당사자가 관할위반을 이유로 한 이송신청을 한 경우에도 이는 단지 법원의 직권발동을 촉구하는 의미밖에 없는 것이고, 따라서 법원은 이 이송신청에 대하여서는 재판을 할 필요가 없고, 설사 법원이 이 이송신청을 거부하는 재판을 하였다고 하여도 항고가 허용될 수 없으므로 항고심에서는 이를 각하하여야 하고, 항고심에서 항고를 각하하지 아니하고 항고이유의 당부에 관한 판단을 하여 기각하는 결정을 하였다고 하여도 이 항고기각결정은 항고인에게 아무런 불이익을 주는 것이 아니므로 이 항고심결정에 대하여 재항고를 할 아무런 이익이 없는 것이어서 이에 대한 재항고는 부적법한 것이다.

13 | 2025 |

행정소송의 재판관할에 관한 설명으로 옳지 않은 것은?

① 국가의 사무를 위탁받은 공공단체의 장을 피고로 하는 취소소송은 대법원소재지를 관할하는 행정법원에 제기할 수 있다.
② 중앙행정기관을 피고로 하는 취소소송은 대법원소재지를 관할하는 행정법원에 제기할 수 있다.
③ 중앙행정기관의 부속기관을 피고로 하는 취소소송은 대법원소재지를 관할하는 행정법원에 제기할 수 있다.
④ 특정의 장소에 관계되는 처분에 대한 취소소송은 그 장소의 소재지를 관할하는 행정법원에 제기할 수 있다.
⑤ 취소소송의 제1심관할법원은 원고의 소재지를 관할하는 행정법원으로 한다.

••••••••••••••••••••••

①, ②, ③ ☞ 취소소송은 원칙적으로 피고인 행정청의 소재지를 관할하는 행정법원이 제1심 관할법원이지만(제9조 제1항), (ⅰ) 중앙행정기관 또는 그 장이 피고이거나 (ⅱ) 국가의 사무를 위탁받은 공동단체 또는 그 장이 피고인 경우에는 대법원 소재지의 행정법원(서울행정법원)에 제기할 수 있다.

> **제9조(재판관할)** ① 취소소송의 제1심관할법원은 피고의 소재지를 관할하는 행정법원으로 한다.
> ② 제1항에도 불구하고 다음 각 호의 어느 하나에 해당하는 피고에 대하여 취소소송을 제기하는 경우에는 대법원소재지를 관할하는 행정법원에 제기할 수 있다.
>   1. 중앙행정기관, 중앙행정기관의 부속기관과 합의제행정기관 또는 그 장
>   2. 국가의 사무를 위임 또는 위탁받은 공공단체 또는 그 장

④ ☞ 이 경우 피고 소재지 법원과 해당장소 소재지 법원에 복수의 관할권이 인정된다.

> **제9조(재판관할)** ① 취소소송의 제1심관할법원은 피고의 소재지를 관할하는 행정법원으로 한다.
> ② 제1항에도 불구하고 다음 각 호의 어느 하나에 해당하는 피고에 대하여 취소소송을 제기하는 경우에는 대법원소재지를 관할하는 행정법원에 제기할 수 있다.
>   1. 중앙행정기관, 중앙행정기관의 부속기관과 합의제행정기관 또는 그 장
>   2. 국가의 사무를 위임 또는 위탁받은 공공단체 또는 그 장
> ③ 토지의 수용 기타 부동산 또는 특정의 장소에 관계되는 처분등에 대한 취소소송은 그 부동산 또는 장소의 소재지를 관할하는 행정법원에 이를 제기할 수 있다.

⑤ ☞ 「피고」의 소재지를 관할하는 행정법원으로 한다.

> **제9조(재판관할)** ① 취소소송의 제1심관할법원은 피고의 소재지를 관할하는 행정법원으로 한다.

답 13 ⑤

14 | 2025 |

처분의 효력 유무 또는 존재 여부가 민사소송의 선결문제로 되어 당해 민사소송의 수소법원이 이를 심리·판단하는 경우에 준용되는 행정소송법 규정이 아닌 것은?

① 피고경정
② 행정심판기록의 제출명령
③ 직권심리
④ 소송비용에 관한 재판의 효력
⑤ 행정청의 소송참가

──────────

① ☞ 민사법원의 선결문제 심리시 준용되는 규정은 「비/록/직/참」으로 정리하자.

> **제11조(선결문제)** ① 처분등의 효력 유무 또는 존재 여부가 민사소송의 선결문제로 되어 당해 민사소송의 수소법원이 이를 심리·판단하는 경우에는 제17조, 제25조, 제26조 및 제33조의 규정을 준용한다.

민사법원의 선결문제 심리시 준용규정	비 / 록 / 직 / 참	• 소송비용에 관한 재판의 효력 • 행정심판기록 제출명령 • 직권심리 • 행정청의 소송참가

답 14 ①

제7관 관련청구소송의 이송과 병합

1. 의의

처분의 취소소송과 이와 관련된 다른 소송이 각각 다른 법원에 계속된 때 법원은 당사자의 신청 또는 직권에 의해 취소소송이 계속된 법원으로 이송할 수 있고 병합심리할 수 있는바, 이를 관련청구소송의 이송과 병합이라 한다. 서로 관련되는 수개의 청구를 병합하여 하나의 소송절차에서 통일적으로 심판하는 것이 당사자나 법원의 부담을 경감하고, 심리의 중복과 재판의 저촉을 피하면서 사건을 한꺼번에 해결할 수 있다는 점에서 동 제도가 인정되고 있다.

> 제10조(관련청구소송의 이송 및 병합) ① 취소소송과 다음 각호의 1에 해당하는 소송(이하 "관련청구소송"이라 한다)이 각각 다른 법원에 계속되고 있는 경우에 관련청구소송이 계속된 법원이 상당하다고 인정하는 때에는 당사자의 신청 또는 직권에 의하여 이를 취소소송이 계속된 법원으로 이송할 수 있다.
> 1. 당해 처분등과 관련되는 손해배상·부당이득반환·원상회복등 청구소송
> 2. 당해 처분등과 관련되는 취소소송
> ② 취소소송에는 사실심의 변론종결시까지 관련청구소송을 병합하거나 피고외의 자를 상대로 한 관련청구소송을 취소소송이 계속된 법원에 병합하여 제기할 수 있다.

2. 관련청구의 범위

가. 당해 처분이나 재결과 관련되는 손해배상·부당이득반환·원상회복 등 청구소송(제10조 제1항 제1호)

당해 처분이나 재결과 관련되었다는 것은 ① 처분이나 재결이 원인이 되어 발생한 청구(영업정지처분에 있어서 처분취소소송과 손해배상청구소송), 원상회복청구소송 또는 ② 그 처분이나 재결의 취소·변경을 선결문제로 하는 청구(과세처분에 있어서 부당이득반환청구소송과 과세처분취소소송)을 말한다.

나. 당해 처분이나 재결과 관련되는 취소소송(제10조 제1항 제2호)

이 경우는 ① 당해 처분과 함께 하나의 절차를 구성하는 다른 처분의 취소를 구하는 소송(예컨대 조세체납처분에 있어서의 압류처분과 공매처분), ② 당해 처분에 관한 재결의 취소를 구하는 소송 또는 재결의 대상인 처분의 취소소송, ③ 당해 처분이나 재결의 취소·변경을 구하는 다른 사람의 취소소송(예컨대 인근주민소송, 일반처분에 대해 다수인이 각각 별개의 취소소송을 제기하는 경우) 등이 포함된다.

3. 관련청구의 이송

가. 의의

취소소송과 관련청구소송이 각각 다른 법원에 계속되고 있는 경우에 관련청구소송이 계속된 법원이 상당하다고 인정할 때에는 당사자의 신청 또는 직권에 의하여 이를 취소소송이 계속된 법원으로 이송하는 것을 말한다(제10조 제1항).

나. 이송의 요건

이송이 되기 위해서는 ① 취소소송과 관련청구소송이 각각 다른 법원에 계속중이고, ② 이송하는데 상당성이 인정되어야 하며, ③ 당사자의 신청 또는 직권에 의해야 한다.

다. 이송결정의 효과

이송결정은 이송받은 법원을 기속하며, 소송을 이송받은 법원은 이송결정에 따라야 하고, 사건을 다시 다른 법원에 이송하지 못한다. 이를 이른바 「전송금지」라 한다(민사소송법 제38조). 이송결정과 이송신청의 기각결정에 대하여는 즉시항고를 할 수 있다(동법 제39조). 이송결정이 확정된 때에는 소송은 처음부터 이송받은 법원에 계속된 것으로 본다(동법 제40조 제1항).

4. 관련청구의 병합

가. 의의

청구의 병합이란 1개의 소송절차에서 수개의 청구에 대해 일괄적으로 심판이 이루어지는 것을 말한다. 즉 관련청구소송을 병합하여 하나의 소송절차에서 심리하는 것을 말한다. 취소소송에는 사실심의 변론종결시까지 관련청구소송을 병합하거나 피고 이외의 자를 상대로 한 관련청구소송을 취소소송이 계속된 법원에 병합하여 제기할 수 있다.

나. 병합의 종류와 형태

(1) 객관적 병합

1) 객관적 병합은 1명의 원고가 1명의 피고에 대하여 하나의 절차에서 수개의 청구를 하는 경우를 말한다. 행정소송법상으로는 관련청구의 병합인 객관적 병합(동법 제10조 제2항 전단)을 인정하고 있는바, 관련청구인 이상 같은 종류의 소송절차뿐만 아니라 다른 종류의 소송절차, 예컨대 행정소송과 민사소송간에도 병합이 인정된다.

2) 취소소송과 무효등 확인소송을 병합의 형태로 제기할 수 있을 것인지가 문제된다. 처분의 하자가 무효사유이면서 동시에 취소사유일 수는 없기 때문에 양립이 불가능하다. 따라서 주위적·예비적 청구로서의 병합(무효등확인소송을 주위적 청구로서 제기하면서, 하자가 중대·명백하지 않을 경우에는 예비적으로 취소판결을 해달라는 취지)만이 가능하고, 양립가능성을 전제로 하는 선택적 병합이나 단순병합은 허용되지 않는다.

> **관련판례**
>
> **무효확인과 취소청구는 주위적·예비적 청구로서만 병합이 가능하다[대법원 1999.8.20., 97누6889].**
> 행정처분에 대한 무효확인과 취소청구는 서로 양립할 수 없는 청구로서 주위적·예비적 청구로서만 병합이 가능하고 선택적 청구로서의 병합이나 단순 병합은 허용되지 아니한다.

(2) 주관적 병합

주관적 병합은 원고·피고의 어느 일방 또는 쌍방의 당사자가 다수인 경우를 말한다. 행정소송법은 공동소송으로서 주관적 병합을 인정하고 있다.

> **제15조(공동소송)** 수인의 청구 또는 수인에 대한 청구가 처분등의 취소청구와 관련되는 청구인 경우에 한하여 그 수인은 공동소송인이 될 수 있다.

다. 병합의 요건

(1) 취소·관련소송의 적법성

관련청구의 병합은 본체인 취소소송 및 관련소송이 그 자체로서 소송요건을 갖춘 적법한 것임을 전제로 한다.

(2) 관련청구의 범위

취소소송에 병합할 수 있는 청구는 ① 본체인 취소소송의 대상인 처분 등과 관련되는 손해배상·부당이득반환·원상회복 등 청구소송이거나, ② 본체인 취소소송의 대상인 처분 등과 관련되는 취소소송이다.

(3) 병합의 시기

관련청구의 병합은 사실심 변론종결 전에 하여야 한다(제10조 제2항). 사실심 변론종결 전이면 원시적 병합이든 추가적 병합이든 상관없다.

(4) 관할법원 등

병합되는 소송의 관할법원은 취소소송이 계속된 법원이다.

라. 병합된 관련청구소송의 판결

행정처분이 있음으로 인해 일정금액을 납부한 후 납부한 금액에 대한 부당이득반환청구소송을 제기하는 경우 부당이득반환청구소송에서 인용판결이 내려지기 위해서는 선결문제로서 처분이 취소되거나 무효이어야 한다. 그런데 취소소송과 부당이득반환청구소송이 병합된 경우 취소판결이 확정되어야 하는지가 문제되나, 판례는 당해 소송절차에서 판결에 의해 당해 처분이 취소되면 충분하고 그 처분의 취소가 확정될 필요는 없다는 입장이다.

> **관련판례**
>
> 행정처분의 취소를 구하는 소송에서 당해 처분의 취소를 선결문제로 하는 부당이득반환청구가 병합된 경우 소송절차에서 당해 처분이 취소되면 충분하고 당해처분의 취소가 확정되어야 하는 것은 아니다[대법원 2009.4.9., 2008두23153].
>
> 행정소송법 제10조는 처분의 취소를 구하는 취소소송에 당해 처분과 관련되는 부당이득반환소송을 관련 청구로 병합할 수 있다고 규정하고 있는바, 이 조항을 둔 취지에 비추어 보면, 취소소송에 병합할 수 있는 당해 처분과 관련되는 부당이득반환소송에는 당해 처분의 취소를 선결문제로 하는 부당이득반환청구가 포함되고, 이러한 부당이득반환청구가 인용되기 위해서는 그 소송절차에서 판결에 의해 당해 처분이 취소되면 충분하고 그 처분의 취소가 확정되어야 하는 것은 아니라고 보아야 한다.

마. 본래소송이 각하된 경우 관련청구소송의 처리

본래소송이 소송요건을 구비하지 못하여 각하된 경우라면 병합된 관련청구소송도 부적법하여 각하되어야 한다(당사자소송에서의 관련청구의 병합 부분 참조).

기출문제

01 | 2016 |

행정소송법상 관련청구소송의 병합에 관한 설명으로 옳은 것은?

① 원상회복청구소송은 당해 처분등과 관련되는 경우라도 관련청구소송에 해당되지 않는다.
② 관련청구소송의 병합은 사실심변론종결 이후에도 가능하다.
③ 피고외의 자를 상대로 한 관련청구소송도 병합의 대상이 될 수 있다.
④ 처분의 취소소송은 처분과 관련된 부당이득반환청구소송이 계속된 법원에 병합해야 한다.
⑤ 취소소송의 소송요건이 갖추어졌다면 관련청구소송은 소송요건을 갖추지 않아도 된다.

....

① ☞ 관련청구소송이란 당해 처분이나 재결과 관련되는, 손해배상·부당이득반환·원상회복 등 청구소송(행정소송법 제10조 제1항 제1호)과 취소소송(제2호)을 말한다.
② ☞ 관련청구의 병합은 사실심 변론종결 전에 하여야 한다(제10조 제2항). 사실심 변론종결 전이면 원시적 병합이든 추가적 병합이든 상관없다.
③ ☞ 항고소송의 피고는 행정청이고, 손해배상·부당이득반환·원상회복 등 청구소송의 피고는 행정주체이므로 양 소송이 병합되는 경우에는 서로 다른 피고에 대해서 병합이 이루어진다. 예컨대 법인세부과처분취소소송(피고는 세무서장)과 부당이득반환청구소송(피고는 국가)을 병합할 경우가 그러한 경우이다.
④ ☞ 병합되는 소송의 관할법원은 취소소송이 계속된 법원이다.
⑤ ☞ 병합시 각 소송은 소송요건을 갖춘 적법한 것이어야 한다.

02 | 2017 |

행정소송법상 이송 및 병합에 관한 설명으로 옳지 <u>않은</u> 것은? (다툼이 있으면 판례에 따름)

① 처분에 관련된 원상회복청구소송이 계속된 법원은 그 처분을 대상으로 한 취소소송이 계속된 법원으로 원상회복청구소송을 이송할 수 있다.
② 무효확인청구와 취소청구의 단순병합은 허용되지 아니한다.
③ 법원은 관련청구소송의 이송을 당사자의 신청과 무관하게 직권으로는 할 수 없다.
④ 취소소송에 부당이득반환청구가 병합된 경우에 부당이득반환청구가 인용되려면 취소판결이 확정되어야 하는 것은 아니다.
⑤ 취소소송에는 피고 외의 자를 상대로 한 당해 처분등과 관련되는 취소소송을 병합하여 제기할 수 있다.

답 01 ③ 02 ③

① 제10조 제1항 제1호
② [대법원 1999. 8. 20. 선고 97누6889 판결] 행정처분에 대한 무효확인과 취소청구는 서로 양립할 수 없는 청구로서 주위적·예비적 청구로서만 병합이 가능하고 선택적 청구로서의 병합이나 단순 병합은 허용되지 아니한다.
③ ☞ 직권에 의한 관련청구소송의 이송 및 병합도 가능하다(제10조 제1항).
④ [대법원 2009. 4. 9. 선고 2008두23153 판결] 행정소송법 제10조는 처분의 취소를 구하는 취소소송에 당해 처분과 관련되는 부당이득반환소송을 관련 청구로 병합할 수 있다고 규정하고 있는바, 이 조항을 둔 취지에 비추어 보면, 취소소송에 병합할 수 있는 당해 처분과 관련되는 부당이득반환소송에는 당해 처분의 취소를 선결문제로 하는 부당이득반환청구가 포함되고, 이러한 부당이득반환청구가 인용되기 위해서는 그 소송절차에서 판결에 의해 당해 처분이 취소되면 충분하고 그 처분의 취소가 확정되어야 하는 것은 아니라고 보아야 한다.
⑤ ☞ 영업정지처분 취소소송과 영업정지에 따른 손해발생을 원인으로 하는 손해배상청구소송을 생각하면 된다. 영업정지처분 취소소송의 피고는 관할 단체장(이를테면 서울시장)이고, 손해배상청구소송의 피고는 해당 지방자치단체(이를테면 서울시)가 된다.

03 | 2018 |

행정소송법상 관련청구소송에 해당하는 것을 모두 고른 것은?

> ㄱ. 행정처분 취소소송과 그 위법한 행정처분으로 인하여 손해를 입었음을 이유로 국가배상을 구하는 소
> ㄴ. 행정처분 취소소송과 그 처분의 취소를 선결문제로 하는 부당이득의 반환을 구하는 소
> ㄷ. 수인이 각각 별도로 제기한 동일한 처분의 취소를 구하는 소
> ㄹ. 경원자에 대한 면허처분의 취소를 구하는 소와 자신에 대한 면허거부처분의 취소를 구하는 소

① ㄴ
② ㄴ, ㄷ
③ ㄱ, ㄴ, ㄹ
④ ㄱ, ㄷ, ㄹ
⑤ ㄱ, ㄴ, ㄷ, ㄹ

ㄱ, ㄴ. ☞ 당해 처분이나 재결과 관련되는 손해배상·부당이득반환·원상회복 등 청구소송(제10조 제1항 제1호)
ㄷ, ㄹ. ☞ 당해 처분이나 재결과 관련되는 취소소송(제10조 제1항 제2호)

답 03 ⑤

04 | 2018 |

소송의 이송 및 병합에 관한 설명으로 옳지 <u>않은</u> 것은?

① 관할위반으로 인한 이송과 편의에 의한 이송 및 관련청구소송의 이송이 인정된다.
② 행정소송이 심급을 달리하는 법원에 잘못 제기되어도 원고의 고의 또는 중대한 과실이 없는 경우 관할 법원에 이송한다.
③ 주된 청구소송과 관련청구소송의 원·피고가 동일하여야 한다.
④ 관할위반으로 인한 이송의 경우 당사자의 신청권은 인정되지 않는다.
⑤ 취소소송에는 사실심의 변론종결시까지 관련청구소송을 병합할 수 있다.

----

① ☞ 이송의 종류를 정리하면 다음과 같다.
　1. 관할위반으로 인한 이송
　　가. 심급위반의 경우
　　　원고의 고의 또는 중대한 과실 없이 행정소송을 심급을 달리하는 법원에 잘못 제기한 경우에 법원은 관할 법원에 이송하여야 한다.

> **제7조(사건의 이송)** 민사소송법 제34조제1항의 규정은 원고의 고의 또는 중대한 과실없이 행정소송이 심급을 달리하는 법원에 잘못 제기된 경우에도 적용한다.

> **민사소송법**
> **제34조(관할위반 또는 재량에 따른 이송)** ① 법원은 소송의 전부 또는 일부에 대하여 관할권이 없다고 인정하는 경우에는 결정으로 이를 관할법원에 이송한다.

　　나. 심급위반 이외의 관할위반의 경우
　　　행정소송법이 적용되는 경우 이외에는 민사소송법에 의한 이송규정이 준용된다. 법원은 소송의 전부 또는 일부가 그 관할에 속하지 아니함을 인정할 때에는 결정으로 관할법원에 이송한다(행정소송법 제8조 제2항, 민사소송법 제34조 제1항).

> **민사소송법**
> **제34조(관할위반 또는 재량에 따른 이송)** ① 법원은 소송의 전부 또는 일부에 대하여 관할권이 없다고 인정하는 경우에는 결정으로 이를 관할법원에 이송한다.

　2. 편의에 의한 이송

> **민사소송법**
> **제35조(손해나 지연을 피하기 위한 이송)** 법원은 소송에 대하여 관할권이 있는 경우라도 현저한 손해 또는 지연을 피하기 위하여 필요하면 직권 또는 당사자의 신청에 따른 결정으로 소송의 전부 또는 일부를 다른 관할 법원에 이송할 수 있다. 다만, 전속관할이 정하여진 소의 경우에는 그러하지 아니하다.

답 04 ③

> **행정소송법**
> **제8조(법적용예)** ① 행정소송에 대하여는 다른 법률에 특별한 규정이 있는 경우를 제외하고는 이 법이 정하는 바에 의한다.
> ② 행정소송에 관하여 이 법에 특별한 규정이 없는 사항에 대하여는 법원조직법과 민사소송법 및 민사집행법의 규정을 준용한다.

3. 관련청구소송의 이송

> **제10조(관련청구소송의 이송 및 병합)** ① 취소소송과 다음 각호의 1에 해당하는 소송(이하 "관련청구소송"이라 한다)이 각각 다른 법원에 계속되고 있는 경우에 관련청구소송이 계속된 법원이 상당하다고 인정하는 때에는 당사자의 신청 또는 직권에 의하여 이를 취소소송이 계속된 법원으로 이송할 수 있다.
> 1. 당해 처분등과 관련되는 손해배상·부당이득반환·원상회복등 청구소송
> 2. 당해 처분등과 관련되는 취소소송
> ② 취소소송에는 사실심의 변론종결시까지 관련청구소송을 병합하거나 피고외의 자를 상대로 한 관련청구소송을 취소소송이 계속된 법원에 병합하여 제기할 수 있다.

② 동법 제7조, 민사소송법 제34조
③ ☞ 항고소송의 피고는 행정청이고, 손해배상·부당이득반환·원상회복 등 청구소송의 피고는 행정주체이므로 양 소송이 병합되는 경우에는 서로 다른 피고에 대해서 병합이 이루어진다. 예컨대 법인세부과처분취소소송(피고는 세무서장)과 부당이득반환청구소송(피고는 국가)을 병합할 경우가 그러한 경우이다.
④ ☞ 당사자가 관할위반을 이유로 한 이송신청을 한 경우에도 이는 단지 법원의 직권발동을 촉구하는 의미밖에 없으므로, 관할위반으로 인한 이송은 법원의 직권에 의할 뿐 당사자의 신청권은 인정되지 않는다.
[대법원 1993.12.6., 93마524] 당사자가 관할위반을 이유로 한 이송신청을 한 경우에도 이는 단지 법원의 직권발동을 촉구하는 의미밖에 없는 것이고, 따라서 법원은 이 이송신청에 대하여는 재판을 할 필요가 없고, 설사 법원이 이 이송신청을 거부하는 재판을 하였다고 하여도 항고가 허용될 수 없으므로 항고심에서는 이를 각하하여야 한다.
⑤ ☞ 관련청구의 병합은 사실심 변론종결 전에 하여야 한다(제10조 제2항)

05 | 2020 |

항고소송에 있어 관련청구소송의 이송·병합에 관한 설명으로 옳지 <u>않은</u> 것은? (다툼이 있으면 판례에 따름)

① 피고외의 자를 상대로 한 관련청구소송을 취소소송이 계속된 법원에 병합하여 제기할 수 있다.
② 취소소송을 관련청구소송에 병합하기 위하여 취소소송을 관련청구소송이 계속된 법원으로 이송할 수 있다.
③ 취소소송과 당해 처분등과 관련되는 부당이득반환청구소송은 병합이 가능하다.
④ 관련청구소송의 병합은 주된 청구가 사실심의 변론종결 전이어야 가능하다.
⑤ 주된 취소소송과 관련청구소송은 각각 소송요건을 갖추어야 한다.

답 05 ②

① 행정소송법 제10조 제2항

> **제10조(관련청구소송의 이송 및 병합)** ② 취소소송에는 사실심의 변론종결시까지 관련청구소송을 병합하거나 <u>피고외의 자를 상대로 한 관련청구소송을 취소소송이 계속된 법원에 병합하여 제기할 수 있다.</u>

② ☞ 관련청구소송의 병합은 관련청구소송(종된 소송)을 취소소송(주된 소송)이 계속된 법원으로 이송하는 것만이 가능하고, 취소소송을 관련청구소송이 계속된 법원으로 이송하는 것은 불가능하다.

③ ☞ 위법한 과세처분에 따라 이미 세금을 납부한 경우에, 과세처분취소소송에 과오납조세반환청구소송을 병합하는 경우를 생각하면 된다(동법 제10조 제1항).

> **제10조(관련청구소송의 이송 및 병합)** ① 취소소송과 다음 각호의 1에 해당하는 소송(이하 "關聯請求訴訟"이라 한다)이 각각 다른 법원에 계속되고 있는 경우에 관련청구소송이 계속된 법원이 상당하다고 인정하는 때에는 당사자의 신청 또는 직권에 의하여 이를 취소소송이 계속된 법원으로 이송할 수 있다.
> 1. 당해 처분등과 관련되는 손해배상 · **부당이득반환** · 원상회복등 청구소송
> 2. 당해 처분등과 관련되는 취소소송

④ ☞ 취소소송에는 "사실심의 변론종결시까지" 관련청구소송을 병합하거나 피고 외의 자를 상대로 한 관련청구소송을 취소소송이 계속된 법원에 병합하여 제기할 수 있다(동법 제10조 제2항).

> **제10조(관련청구소송의 이송 및 병합)** ② 취소소송에는 <u>사실심의 변론종결시까지</u> 관련청구소송을 병합하거나 피고외의 자를 상대로 한 관련청구소송을 취소소송이 계속된 법원에 병합하여 제기할 수 있다.

⑤ ☞ 병합되는 각 청구가 소송요건을 구비하여 적법하여야 병합이 가능하다.

06 | 2021 |

甲은 중앙토지수용위원회의 수용재결에 대하여 이의신청을 하거나 수용재결의 취소를 구하거나 보상금의 증액을 청구하는 소송을 제기하고자 한다. 이에 관한 설명으로 옳지 <u>않은</u> 것은? (다툼이 있으면 판례에 따름)

① 甲은 중앙토지수용위원회에 이의신청을 할 수 있다.
② 甲은 중앙토지수용위원회를 피고로 수용재결취소소송을 제기할 수 있다.
③ 甲은 사업시행자를 피고로 보상금증액청구소송을 제기할 수 있다.
④ 보상금증액청구소송은 당사자소송에 해당한다.
⑤ 수용재결취소소송과 보상금증액청구소송은 병합하여 제기할 수 없다.

①, ② ☞ 수용재결을 한 중앙토지수용위원회는 원처분청에 해당하고, 수용재결에 대한 이의신청을 받은 중앙토지수용위원회는 특별행정심판위원회에 해당한다.
[대법원 2010.1.28, 2008두1504] 공익사업을 위한 토지 등의 취득 및 보상에 관한 법률 제85조 제1항 전문의 문언 내용과 같은 법 제83조, 제85조가 <u>중앙토지수용위원회에 대한 이의신청을 임의적 절차</u>로 규정하고 있는

답 06 ⑤

점, 행정소송법 제19조 단서가 행정심판에 대한 재결은 재결 자체에 고유한 위법이 있음을 이유로 하는 경우에 한하여 취소소송의 대상으로 삼을 수 있도록 규정하고 있는 점 등을 종합하여 보면, 수용재결에 불복하여 취소소송을 제기하는 때에는 이의신청을 거친 경우에도 수용재결을 한 중앙토지수용위원회 또는 지방토지수용위원회를 피고로 하여 수용재결의 취소를 구하여야 하고, 다만 이의신청에 대한 재결 자체에 고유한 위법이 있음을 이유로 하는 경우에는 그 이의재결을 한 중앙토지수용위원회를 피고로 하여 이의재결의 취소를 구할 수 있다고 보아야 한다.

③, ④ ☞ 보상금증감소송은 「형식적 당사자소송」이므로, 증액청구의 경우 사업시행자가 피고가 된다.

> **공익사업법**
> **제85조(행정소송의 제기)** ① 사업시행자, 토지소유자 또는 관계인은 제34조에 따른 재결에 불복할 때에는 재결서를 받은 날부터 60일 이내에, 이의신청을 거쳤을 때에는 이의신청에 대한 재결서를 받은 날부터 30일 이내에 각각 행정소송을 제기할 수 있다. 이 경우 사업시행자는 행정소송을 제기하기 전에 제84조에 따라 늘어난 보상금을 공탁하여야 하며, 보상금을 받을 자는 공탁된 보상금을 소송이 종결될 때까지 수령할 수 없다.
> ② 제1항에 따라 제기하려는 행정소송이 보상금의 증감(增減)에 관한 소송인 경우 그 소송을 제기하는 자가 토지소유자 또는 관계인일 때에는 사업시행자를, 사업시행자일 때에는 토지소유자 또는 관계인을 각각 피고로 한다.

⑤ ☞ 예비적 병합의 형태로 병합하여 제기할 수 있다. 주위적으로는 수용재결 자체의 취소를 구하되, (수용재결 취소가 받아들여지지 않는 경우를 대비하여) 예비적으로 보상금의 증액을 청구하는 경우이다.

07 |2023|

행정소송의 이송·병합에 관한 설명으로 옳지 <u>않은</u> 것은? (다툼이 있으면 판례에 따름)

① 취소소송에 부당이득반환청구소송이 병합된 경우 부당이득반환청구가 인용되려면 취소판결이 확정되어야 한다.
② 민사소송이 행정소송에 관련청구로 병합되기 위해서는 원칙적으로 그 청구의 발생원인 등이 처분 등과 법률상 또는 사실상 공통되거나, 그 처분의 효력이나 존부 유무가 선결문제로 되는 등의 관계가 있어야 한다.
③ 취소소송에는 사실심의 변론종결시까지 관련청구소송을 병합하여 제기할 수 있다.
④ 국가유공자 비해당결정처분과 보훈보상대상자 비해당결정처분의 취소를 청구하는 것은 동시에 인정될 수 없는 양립불가능한 관계에 있다.
⑤ 행정처분에 대한 무효확인과 취소청구는 서로 양립할 수 없는 청구로 단순 병합은 허용되지 않는다.

• •
① [대법원 2009.4.9. 2008두23153] 행정처분의 취소를 구하는 소송에서 당해 처분의 취소를 선결문제로 하는 부당이득반환청구가 병합된 경우, 그 청구가 인용되려면 소송절차에서 당해 처분이 취소되면 충분하고 당해 처분의 취소가 확정되어야 하는 것은 아니다.

답 07 ①

② [헌재 1998.9.30. 97헌바38] 행정소송법 제10조 제1항 제1호는 행정소송에 병합될 수 있는 관련청구에 관하여 '당해 처분 등과 관련되는 손해배상·부당이득반환·원상회복 등의 청구'라고 규정함으로써 그 병합요건으로 본래의 행정소송과의 관련성을 요구하고 있는바, 이는 행정소송에서 계쟁 처분의 효력을 장기간 불확정한 상태에 두는 것은 바람직하지 않다는 관점에서 병합될 수 있는 청구의 범위를 한정함으로써 사건의 심리범위가 확대·복잡화되는 것을 방지하여 그 심판의 신속을 도모하려는 취지라 할 것이므로, 손해배상청구 등의 민사소송이 행정소송에 관련청구로 병합되기 위해서는 그 청구의 내용 또는 발생원인이 행정소송의 대상인 처분 등과 법률상 또는 사실상 공통되거나, 그 처분의 효력이나 존부 유무가 선결문제로 되는 등의 관계에 있어야 함이 원칙이다.

③ **제10조(관련청구소송의 이송 및 병합)** ① 취소소송과 다음 각호의 1에 해당하는 소송(이하 "關聯請求訴訟"이라 한다)이 각각 다른 법원에 계속되고 있는 경우에 관련청구소송이 계속된 법원이 상당하다고 인정하는 때에는 당사자의 신청 또는 직권에 의하여 이를 취소소송이 계속된 법원으로 이송할 수 있다.
  1. 당해 처분등과 관련되는 손해배상·부당이득반환·원상회복등 청구소송
  2. 당해 처분등과 관련되는 취소소송
  ② 취소소송에는 사실심의 변론종결시까지 관련청구소송을 병합하거나 피고외의 자를 상대로 한 관련청구소송을 취소소송이 계속된 법원에 병합하여 제기할 수 있다.

④ ☞ 군인 등의 사망 또는 상이의 주된 원인이 된 직무수행 또는 교육훈련이 (ⅰ) 국가의 수호·안전보장 또는 국민의 생명·재산 보호와 직접적인 관련이 있으면 국가유공자이고, (ⅱ) 직접적인 관련이 없으면 보훈보상대상자가 된다. 따라서 국가유공자와 보훈보상대상자는 양립할 수 없다.
[대법원 2016. 8. 17., 선고, 2015두48570, 판결] 국가유공자법과 보훈보상자법은 사망 또는 상이의 주된 원인이 된 직무수행 또는 교육훈련이 국가의 수호·안전보장 또는 국민의 생명·재산 보호와 직접적인 관련이 있는지에 따라 국가유공자와 보훈보상대상자를 구분하고 있으므로, 국가유공자 요건 또는 보훈보상대상자 요건에 해당함을 이유로 국가유공자 비해당결정처분과 보훈보상대상자 비해당결정처분의 취소를 청구하는 것은 동시에 인정될 수 없는 양립불가능한 관계에 있다고 보아야 하고, 이러한 두 처분의 취소 청구는 원칙적으로 국가유공자 비해당결정처분 취소청구를 주위적 청구로 하는 주위적·예비적 관계에 있다고 보아야 한다.

⑤ [대법원 1999.8.20. 97누6889] 행정처분에 대한 무효확인과 취소청구는 서로 양립할 수 없는 청구로서 주위적·예비적 청구로서만 병합이 가능하고 선택적 청구로서의 병합이나 단순 병합은 허용되지 아니한다.

08 | 2023 |

영업정지 1개월 처분을 받은 甲은 처분에 대한 취소를 구하고 당해 영업정지로 발생하는 영업피해도 구제받고자 한다. 이에 관한 설명으로 옳은 것은? (다툼이 있으면 판례에 따름)

① 甲은 민사법원에 영업정지처분의 취소를 병합하여 제기할 수 있다.
② 甲이 제기하는 국가배상소송과 취소소송은 행정법원에서 다루어지므로 소의 이송문제가 발생하지 않는다.
③ 甲이 제기한 취소소송의 확정판결이 나오지 않았다면 사실심 변론종결후라도 손해배상소송이 사후병합될 수 있다.
④ 甲은 취소소송과 영업피해에 대한 소송을 관할 행정법원에 병합하여 제기할 수 있다.
⑤ 甲이 제기하는 국가배상소송이 인용되려면 영업정지처분의 취소가 확정되어야 한다.

답 08 ④

① ☞ 민사법원에 취소소송을 병합하는 것이 아니라 취소소송이 제기된 행정법원에 국가배상소송을 병합하여 제기할 수 있다.

> **제10조(관련청구소송의 이송 및 병합)** ② 취소소송에는 사실심의 변론종결시까지 관련청구소송을 병합하거나 피고외의 자를 상대로 한 관련청구소송을 취소소송이 계속된 법원에 병합하여 제기할 수 있다.

② ☞ 각각 다른 법원에 제기된 경우 이송의 문제가 발생할 수 있다.

> **제10조(관련청구소송의 이송 및 병합)** ① 취소소송과 다음 각호의 1에 해당하는 소송(이하 "關聯請求訴訟"이라 한다)이 각각 다른 법원에 계속되고 있는 경우에 관련청구소송이 계속된 법원이 상당하다고 인정하는 때에는 당사자의 신청 또는 직권에 의하여 이를 취소소송이 계속된 법원으로 이송할 수 있다.
> 1. 당해 처분등과 관련되는 손해배상·부당이득반환·원상회복등 청구소송
> 2. 당해 처분등과 관련되는 취소소송

③ ☞ 관련청구소송의 병합은 사실심 변론종결 전까지만 허용된다.

> **제10조(관련청구소송의 이송 및 병합)** ② 취소소송에는 사실심의 변론종결시까지 관련청구소송을 병합하거나 피고외의 자를 상대로 한 관련청구소송을 취소소송이 계속된 법원에 병합하여 제기할 수 있다.

④ ☞ 영업피해에 대한 소송은 관련청구소송으로서 취소소송이 계속된 행정법원에 병합하여 제기할 수 있다. 소제기 당시부터 병합하는 경우를 「원시적 병합」이라 한다.

> **제10조(관련청구소송의 이송 및 병합)** ② 취소소송에는 사실심의 변론종결시까지 관련청구소송을 병합하거나 피고외의 자를 상대로 한 관련청구소송을 취소소송이 계속된 법원에 병합하여 제기할 수 있다.

⑤ ☞ 관련청구소송이 인용되기 위해서는 처분에 대한 취소소송 절차에서 당해 처분이 판결에 의해 취소되면 충분하고 그 처분의 취소가 확정되어야 하는 것은 아니다.
[대법원 2009. 4. 9., 선고, 2008두23153, 판결] 행정소송법 제10조는 처분의 취소를 구하는 취소소송에 당해 처분과 관련되는 부당이득반환소송을 관련 청구로 병합할 수 있다고 규정하고 있는바, 이 조항을 둔 취지에 비추어 보면, 취소소송에 병합할 수 있는 당해 처분과 관련되는 부당이득반환소송에는 당해 처분의 취소를 선결문제로 하는 부당이득반환청구가 포함되고, 이러한 부당이득반환청구가 인용되기 위해서는 그 소송절차에서 판결에 의해 당해 처분이 취소되면 충분하고 그 처분의 취소가 확정되어야 하는 것은 아니라고 보아야 한다.

09 | 2023 |

A시장은 청소년에게 주류를 판매하였다는 이유로 식품위생법령에 따라 甲에게 영업정지 2개월에 해당하는 처분(이하, '이 사건 처분')을 하였다. 이에 관한 설명으로 옳은 것은? (다툼이 있으면 판례에 따름)

① 甲은 행정심판을 거치지 아니하고는 이 사건 처분에 대한 취소소송을 제기할 수 없다.
② 甲은 이 사건 처분에 대해 취소소송과 무효확인소송을 단순 병합하여 제기할 수 없다.
③ 甲이 제기한 행정심판에서 이 사건 처분이 1개월로 감경된 후 취소소송을 제기할 경우 소송의 대상은 2개월에 해당하는 처분이다.
④ A시가 이 사건 처분에 대한 취소소송의 피고이다.
⑤ 행정소송법상 이 사건 처분과 같은 청소년에 관한 사건에 대해서는 행정소송법상 집행정지가 인정되지 않는다.

----

① ☞ 행정소송법은 행정심판 임의적 전치를 원칙으로 한다. 사안의 식품위생법령상 영업정지처분은 법령상 예외적으로 행정심판이 필요적으로 전치되어야 하는 경우에 해당하지도 않는다.

> **제18조(행정심판과의 관계)** ① 취소소송은 법령의 규정에 의하여 당해 처분에 대한 행정심판을 제기할 수 있는 경우에도 이를 거치지 아니하고 제기할 수 있다. 다만, 다른 법률에 당해 처분에 대한 행정심판의 재결을 거치지 아니하면 취소소송을 제기할 수 없다는 규정이 있는 때에는 그러하지 아니하다.

② [대법원 1999.8.20. 97누6889] 행정처분에 대한 무효확인과 취소청구는 서로 양립할 수 없는 청구로서 주위적·예비적 청구로서만 병합이 가능하고 선택적 청구로서의 병합이나 단순 병합은 허용되지 아니한다.
③ ☞ 행정심판에서 영업정지처분을 1개월로 감경한 것은 변경재결에 해당한다. 이 경우 판례는 변경된 원처분이 소송의 대상이 된다는 입장이다. 이에 따르면 사안에서 소송의 대상은 변경된 1개월 영업정지 처분이다.
④ ☞ 행정청인 A시장이 취소소송의 피고이다.

> **제13조(피고적격)** ① 취소소송은 다른 법률에 특별한 규정이 없는 한 그 처분등을 행한 행정청을 피고로 한다. 다만, 처분등이 있은 뒤에 그 처분등에 관계되는 권한이 다른 행정청에 승계된 때에는 이를 승계한 행정청을 피고로 한다.

⑤ ☞ 적극적 처분에 대한 취소소송이므로 집행정지가 인정되지 않을 이유가 없다. 식품위생법령에서 청소년에 대한 주류판매를 이유로 한 영업정지처분의 경우 집행정지를 허용하지 않는 특별한 규정도 존재하지 않는다.

> **제23조(집행정지)** ① 취소소송의 제기는 처분등의 효력이나 그 집행 또는 절차의 속행에 영향을 주지 아니한다.
> ② 취소소송이 제기된 경우에 처분등이나 그 집행 또는 절차의 속행으로 인하여 생길 회복하기 어려운 손해를 예방하기 위하여 긴급한 필요가 있다고 인정할 때에는 본안이 계속되고 있는 법원은 당사자의 신청 또는 직권에 의하여 처분등의 효력이나 그 집행 또는 절차의 속행의 전부 또는 일부의 정지(이하 "執行停止"라 한다)를 결정할 수 있다. 다만, 처분의 효력정지는 처분등의 집행 또는 절차의 속행을 정지함으로써 목적을 달성할 수 있는 경우에는 허용되지 아니한다.

답 09 ②

10 | 2023 |

甲에 대한 처분을 다투는 항고소송이 A 행정법원에 계속 중이며 당해 처분과 관련되는 부당이득반환소송이 B 지방법원에 계속되는 경우 이에 관한 설명으로 옳은 것은? (다툼이 있으면 판례에 따름)

① 두 소송이 관련청구이면 A 행정법원에 자동이송된다.
② 법원은 甲의 신청이 없다면 이송결정을 할 수 없다.
③ 甲의 이송신청에 대하여 B 지방법원이 각하결정을 하였다고 하더라도 즉시항고 할 수 없다.
④ 소송을 이송받은 법원은 사건을 다시 다른 법원에 이송하지 못한다.
⑤ 甲이 무효확인소송을 제기한 경우 B 지방법원은 직권으로 이송결정을 할 수 없다.

---

① ☞ 당사자의 신청 또는 직권에 의한 법원의 이송결정이 있어야 이송이 된다.
② ☞ 직권에 의한 이송도 가능하다.

> **제10조(관련청구소송의 이송 및 병합)** ① 취소소송과 다음 각호의 1에 해당하는 소송(이하 "關聯請求訴訟"이라 한다)이 각각 다른 법원에 계속되고 있는 경우에 관련청구소송이 계속된 법원이 상당하다고 인정하는 때에는 당사자의 신청 또는 직권에 의하여 이를 취소소송이 계속된 법원으로 이송할 수 있다.
> 1. 당해 처분등과 관련되는 손해배상·부당이득반환·원상회복등 청구소송
> 2. 당해 처분등과 관련되는 취소소송

③ ☞ 민사법원인 B지방법원의 각하결정에 대해서는 민사소송법에 따라 즉시항고를 하면 된다. 한편 항고의 대상으로서 기각결정에는 각하결정도 포함하는 것으로 봄이 일반적이다.

> **제8조(법적용예)** ① 행정소송에 대하여는 다른 법률에 특별한 규정이 있는 경우를 제외하고는 이 법이 정하는 바에 의한다.
> ② 행정소송에 관하여 이 법에 특별한 규정이 없는 사항에 대하여는 법원조직법과 민사소송법 및 민사집행법의 규정을 준용한다.

> **민사소송법**
> 제39조(즉시항고) 이송결정과 이송신청의 기각결정(棄却決定)에 대하여는 즉시항고(卽時抗告)를 할 수 있다.

④ ☞ 이송결정은 이송을 받은 법원을 기속한다. 이송을 받은 법원은 다시 사건을 다른 법원에 이송하지 못한다 (이른바 전송금지).

> **제8조(법적용예)** ① 행정소송에 대하여는 다른 법률에 특별한 규정이 있는 경우를 제외하고는 이 법이 정하는 바에 의한다.
> ② 행정소송에 관하여 이 법에 특별한 규정이 없는 사항에 대하여는 법원조직법과 민사소송법 및 민사집행법의 규정을 준용한다.

> **민사소송법**
> 제38조(이송결정의 효력) ① 소송을 이송받은 법원은 이송결정에 따라야 한다.
> ② 소송을 이송받은 법원은 사건을 다시 다른 법원에 이송하지 못한다.

답 10 ④

⑤ ☞ 취소소송에서 관련청구소송의 이송에 관한 규정은 무효등확인소송에도 준용되므로 직권으로 이송할 수 있다.

> **제10조(관련청구소송의 이송 및 병합)** ① 취소소송과 다음 각호의 1에 해당하는 소송(이하 "關聯請求訴訟"이라 한다)이 각각 다른 법원에 계속되고 있는 경우에 관련청구소송이 계속된 법원이 상당하다고 인정하는 때에는 당사자의 신청 또는 직권에 의하여 이를 취소소송이 계속된 법원으로 이송할 수 있다.
> 1. 당해 처분등과 관련되는 손해배상·부당이득반환·원상회복등 청구소송
> 2. 당해 처분등과 관련되는 취소소송
>
> **제38조(준용규정)** ① 제9조, 제10조, 제13조 내지 제17조, 제19조, 제22조 내지 제26조, 제29조 내지 제31조 및 제33조의 규정은 무효등 확인소송의 경우에 준용한다.

11 | 2024 |

행정소송법상 취소소송과 그 관련청구소송의 이송에 관한 설명으로 옳지 않은 것은?

① 취소소송과 관련청구소송이 각각 다른 법원에 계속되어야 한다.
② 관련청구소송이 계속된 법원이 이송이 상당하다고 인정하여야 한다.
③ 당사자의 신청 또는 법원의 직권에 의해 이송결정이 있어야 한다.
④ 이송받은 법원은 이를 다시 다른 법원에 이송할 수 없다.
⑤ 취소소송을 관련청구소송이 계속된 법원으로 이송할 수 있다.

① ☞ 각각 다른 법원에 제기된 경우라야 이송의 문제가 발생할 수 있다.

> **제10조(관련청구소송의 이송 및 병합)** ① 취소소송과 다음 각호의 1에 해당하는 소송(이하 "관련청구소송"이라 한다)이 각각 다른 법원에 계속되고 있는 경우에 관련청구소송이 계속된 법원이 상당하다고 인정하는 때에는 당사자의 신청 또는 직권에 의하여 이를 취소소송이 계속된 법원으로 이송할 수 있다.
> 1. 당해 처분등과 관련되는 손해배상·부당이득반환·원상회복등 청구소송
> 2. 당해 처분등과 관련되는 취소소송

② ☞ 관련청구소송이 계속된 법원이 이송이 불필요하다고 판단하면 직접 심리·판결할 수도 있다.

> **제10조(관련청구소송의 이송 및 병합)** ① 취소소송과 다음 각호의 1에 해당하는 소송(이하 "관련청구소송"이라 한다)이 각각 다른 법원에 계속되고 있는 경우에 관련청구소송이 계속된 법원이 상당하다고 인정하는 때에는 당사자의 신청 또는 직권에 의하여 이를 취소소송이 계속된 법원으로 이송할 수 있다.
> 1. 당해 처분등과 관련되는 손해배상·부당이득반환·원상회복등 청구소송
> 2. 당해 처분등과 관련되는 취소소송

답 11 ⑤

③ ☞ 법원의 직권이 불가능한 경우는 「피/변/록/접」뿐이다.

> **제10조(관련청구소송의 이송 및 병합)** ① 취소소송과 다음 각호의 1에 해당하는 소송(이하 "관련청구소송"이라 한다)이 각각 다른 법원에 계속되고 있는 경우에 관련청구소송이 계속된 법원이 상당하다고 인정하는 때에는 당사자의 신청 또는 직권에 의하여 이를 취소소송이 계속된 법원으로 이송할 수 있다.
> 1. 당해 처분등과 관련되는 손해배상·부당이득반환·원상회복등 청구소송
> 2. 당해 처분등과 관련되는 취소소송

④ ☞ 이른바 「전송」은 금지된다(행정소송법 제8조, 민사소송법 제38조).

> **민사소송법**
> **제38조(이송결정의 효력)** 소송을 이송받은 법원은 이송결정에 따라야 한다. 소송을 이송받은 법원은 사건을 다시 다른 법원에 이송하지 못한다.

⑤ ☞ 관련청구소송의 병합은 관련청구소송(종된 소송)을 취소소송(주된 소송)이 계속된 법원으로 이송하는 것만이 가능하고, 취소소송을 관련청구소송이 계속된 법원으로 이송하는 것은 불가능하다.

12 | 2025 |

항고소송에 있어 관련청구소송의 이송·병합에 관한 설명으로 옳지 <u>않은</u> 것은? (다툼이 있으면 판례에 따름)

① 취소소송과 당해 처분과 관련되는 부당이득반환 청구소송이 다른 법원에 계속되고 있는 경우 법원은 취소소송을 관련청구소송이 계속된 법원으로 이송할 수 있다.
② 관련청구소송의 이송은 법원이 상당하다고 인정하는 때에 한하여 허용된다.
③ 관련청구소송의 이송은 법원의 직권으로도 할 수 있다.
④ 취소소송의 피고 외의 자를 상대로 한 관련청구소송은 취소소송이 계속된 법원에 병합하여 제기할 수 있다.
⑤ 관련청구소송의 병합은 사실심의 변론종결시까지 할 수 있다.

••••••••••••••••••••

① ☞ 관련청구소송의 병합은 관련청구소송(종된 소송)을 취소소송(주된 소송)이 계속된 법원으로 이송하는 것만이 가능하고, 취소소송을 관련청구소송이 계속된 법원으로 이송하는 것은 불가능하다.

> **제10조(관련청구소송의 이송 및 병합)** ① 취소소송과 다음 각호의 1에 해당하는 소송(이하 "관련청구소송"이라 한다)이 각각 다른 법원에 계속되고 있는 경우에 관련청구소송이 계속된 법원이 상당하다고 인정하는 때에는 당사자의 신청 또는 직권에 의하여 이를 <u>취소소송이 계속된 법원으로 이송할 수 있다</u>.
> 1. 당해 처분등과 관련되는 손해배상·부당이득반환·원상회복등 청구소송
> 2. 당해 처분등과 관련되는 취소소송

답 12 ①

② ☞ 관련청구소송의 이송은 관련청구소송이 계속된 법원이 상당하다고 인정하다고 인정하는 때에 당사자의 신청 또는 직권에 의하여 이루어진다. 따라서 당연히 이송되는 것이 아니라 해당 법원이 이송의 필요성을 인정할 때에만 이송이 가능하다.

> **제10조(관련청구소송의 이송 및 병합)** ① 취소소송과 다음 각호의 1에 해당하는 소송(이하 "관련청구소송"이라 한다)이 각각 다른 법원에 계속되고 있는 경우에 관련청구소송이 계속된 법원이 상당하다고 인정하는 때에는 당사자의 신청 또는 직권에 의하여 이를 취소소송이 계속된 법원으로 이송할 수 있다.
> 1. 당해 처분등과 관련되는 손해배상·부당이득반환·원상회복등 청구소송
> 2. 당해 처분등과 관련되는 취소소송

③ ☞ 직권에 의한 이송도 가능하다.

> **제10조(관련청구소송의 이송 및 병합)** ① 취소소송과 다음 각호의 1에 해당하는 소송(이하 "관련청구소송"이라 한다)이 각각 다른 법원에 계속되고 있는 경우에 관련청구소송이 계속된 법원이 상당하다고 인정하는 때에는 당사자의 신청 또는 직권에 의하여 이를 취소소송이 계속된 법원으로 이송할 수 있다.
> 1. 당해 처분등과 관련되는 손해배상·부당이득반환·원상회복등 청구소송
> 2. 당해 처분등과 관련되는 취소소송

④ ☞ 이를테면 과세처분취소소송(피고는 세무서장)과 조세과오납금반환청구소송(피고는 국가)을 병합하는 경우를 생각해보면 된다. 이 경우 객관적 병합과 주관적 병합이 모두 이루어진다.

> **제10조(관련청구소송의 이송 및 병합)** ② 취소소송에는 사실심의 변론종결시까지 관련청구소송을 병합하거나 피고외의 자를 상대로 한 관련청구소송을 취소소송이 계속된 법원에 병합하여 제기할 수 있다.

⑤ ☞ 다른 소송절차상 결정과 마찬가지로, 관련청구소송의 병합은 사실심 변론종결 전까지만 허용된다.

> **제10조(관련청구소송의 이송 및 병합)** ② 취소소송에는 사실심의 변론종결시까지 관련청구소송을 병합하거나 피고외의 자를 상대로 한 관련청구소송을 취소소송이 계속된 법원에 병합하여 제기할 수 있다.

제3절 • 취소소송과 가구제(假救濟)

제1관 가구제의 의의

취소소송에 있어서 가구제는 본안판결의 실효성을 확보하기 위하여 분쟁있는 행정작용이나 공법상의 권리관계에 관하여 잠정적인 효력관계나 지위를 정함으로써 본안판결이 확정될 때까지 잠정적으로 권리구제를 도모하는 것을 말한다.

제2관 집행정지

1. 집행부정지의 원칙

행정소송이 제기된 경우에라도 그것은 당해 처분의 효력이나 그 집행 또는 절차의 속행을 정지시키는 효과는 없다. 실체법에서는 이를 「공정력」이라 부르고, 절차법에서는 「집행부정지의 원칙」이라 부른다.

> 제23조 (집행정지) ① 취소소송의 제기는 처분등의 효력이나 그 집행 또는 절차의 속행에 영향을 주지 아니한다.

2. 예외적인 집행정지

> 제23조 (집행정지) ② 취소소송이 제기된 경우에 처분등이나 그 집행 또는 절차의 속행으로 인하여 생길 회복하기 어려운 손해를 예방하기 위하여 긴급한 필요가 있다고 인정할 때에는 본안이 계속되고 있는 법원은 당사자의 신청 또는 직권에 의하여 처분등의 효력이나 그 집행 또는 절차의 속행의 전부 또는 일부의 정지(이하 "집행정지"라 한다)를 결정할 수 있다. 다만, 처분의 효력정지는 처분등의 집행 또는 절차의 속행을 정지함으로써 목적을 달성할 수 있는 경우에는 허용되지 아니한다.
> ③ 집행정지는 공공복리에 중대한 영향을 미칠 우려가 있을 때에는 허용되지 아니한다.

가. 적극적 요건

(1) 적법한 본안소송이 법원에 계속중일 것

따라서 본안소송이 취하되면 집행정지결정은 소멸한다. 적법한 본안소송이 법원에 계속되어 있을 것을 요하지만, 본안소송의 제기와 집행정지신청이 동시에 행하여지는 경우도 허용된다. 본안문제인 행정처분 자체의 적법여부는 집행정지 신청의 요건이 되지 아니하는 것이 원칙이지만, 본안소송의 제기자체는 적법한 것이어야 한다. 법원에 계속 중인 본안소송은 사실심뿐만 아니라 상고심을 포함한다.

> **관련판례**
>
> 집행정지사건 자체에 의하여도 신청인의 본안청구가 적법한 것이어야 한다는 것을 집행정지의 요건에 포함시켜야 한다[대법원 1999.11.26, 99부3].
> 행정처분의 효력정지나 집행정지를 구하는 신청사건에 있어서는 행정처분 자체의 적법 여부는 궁극적으로 본안재판에서 심리를 거쳐 판단할 성질의 것이므로 원칙적으로 판단할 것이 아니고, 그 행정처분의 효력이나 집행을 정지할 것인가에 관한 행정소송법 제23조 제2항 소정의 요건의 존부만이 판단의 대상이 된다고 할 것이지만, 나아가 집행정지는 행정처분의 집행부정지원칙의 예외로서 인정되는 것이고 또 본안에서 원고가 승소할 수 있는 가능성을 전제로 한 권리보호수단이라는 점에 비추어 보면 집행정지사건 자체에 의하여도 신청인의 본안청구가 적법한 것이어야 한다는 것을 집행정지의 요건에 포함시켜야 한다.

(2) 적극적 처분 등이 존재할 것

거부처분과 같이 소극적 처분의 경우에는 집행을 정지할 대상이 존재하지 않는다. 또한 집행정지는 본안소송이 부작위위법확인소송과 당사자소송의 경우에는 허용되지 않는다.

> **관련판례**
>
> 접견허가신청에 대한 교도소장의 거부처분은 집행정지의 대상이 되지 않는다[대법원 1991.5.2., 91두15결정].
> 허가신청에 대한 거부처분은 그 효력이 정지되더라도 그 처분이 없었던 것과 같은 상태를 만드는 것에 지나지 아니하는 것이고 그 이상으로 행정청에 대하여 어떠한 처분을 명하는 등 적극적인 상태를 만들어 내는 경우를 포함하지 아니하는 것이므로, 교도소장이 접견을 불허한 처분에 대하여 효력정지를 한다 하여도 이로 인하여 위 교도소장에게 접견의 허가를 명하는 것이 되는 것도 아니고 또 당연히 접견이 되는 것도 아니어서 접견허가거부처분에 의하여 생길 회복할 수 없는 손해를 피하는 데 아무런 보탬도 되지 아니하니 접견허가거부처분의 효력을 정지할 필요성이 없다.

(3) 회복하기 어려운 손해를 예방하기 위한 것일 것

'회복하기 어려운 손해'란 금전보상이 불가능한 경우뿐만 아니라 금전보상으로는 사회관념상 행정처분을 받은 당사자가 참고 견딜 수 없거나 또는 참고 견디기가 현저히 곤란한 경우의 유형·무형의 손해를 말한다. 판례는 과세처분에 따른 납부로 인하여 입은 손해 등 '금전납부로 인한 손해'는 원칙적으로 '회복하기 어려운 손해'에 해당하지 않는다고 판시하고 있다. 다만 과징금납부명령으로 인해 사업자가 중대한 경영상의 위기를 맞게 될 것으로 보이는 경우 등, "금전납부로 인해 회사가 망할 정도에 이르는 경우"에는 회복되기 어려운 손해로 보아 집행정지가 가능하다고 판시한 바 있다.

> **관련판례**
>
> 1. 과세처분에 의하여 입은 손해는 금전적 손해로서 배상청구가 가능하므로 회복하기 어려운 손해에 해당하지 않는다[대법원 1971.1.28., 70두7].
>   행정처분의 무효확인을 본소로 하여 그 행정처분의 집행정지를 구하는 경우에도 행정소송법 제10조가 적용된다 할 것이고, 신청인이 과세처분에 의하여 입은 손해는 만일 본안소송에서 과세처분이 무효임

이 확정되거나 또는 그 처분이 취소되었을 때에는 신청인이 이미 지급한 납세액의 배상을 청구할 수 있을 것이므로 이와 같은 경우에는 과세처분을 정지함에 회복할 수 없는 손해를 피하기 위하여 지급한 사유가 있는 경우에 해당한다고 볼 수 없을 것이다.

2. 과징금납부명령의 처분이 사업자의 자금사정이나 경영 전반에 미치는 파급효과가 매우 중대하다면 회복하기 어려운 손해에 해당한다[대법원 2001.10.10.2001무29].
사업여건의 악화 및 막대한 부채비율로 인하여 외부자금의 신규차입이 사실상 중단된 상황에서 285억 원 규모의 과징금을 납부하기 위하여 무리하게 외부자금을 신규차입하게 되면 주거래은행과의 재무구조개선 약정을 지키지 못하게 되어 사업자가 중대한 경영상의 위기를 맞게 될 것으로 보이는 경우, 그 과징금납부명령의 처분으로 인한 손해는 효력정지 내지 집행정지의 적극적 요건인 '회복하기 어려운 손해'에 해당한다.

3. 유흥접객영업허가의 취소처분으로 5,000여만 원의 시설비를 회수하지 못하게 된다면 생계까지 위협받을 수 있다는 등의 사정은 회복하기 어려운 손해에 해당하지 않는다[대법원 1995.11.23, 95두53].
재항고인이 이 사건 영업을 위하여 거의 전재산인 금 1억 5천만 원을 투자하고 영업을 하여 온 까닭에 그 영업허가취소처분의 효력이 정지되지 않는다면 위 업소경영에 절대적인 타격을 입게 되고 그로 인하여 재항고인은 물론 그 가족 및 종업원들의 생계까지 위협받게 되는 결과가 초래될 수 있다는 등의 사정은 이 사건 처분의 존속으로 재항고인에게 금전으로 보상할 수 없는 손해가 생길 우려가 있는 경우에 해당한다고 볼 수 없으며 그밖에 기록을 살펴보아도 이 사건 처분의 존속으로 말미암아 재항고인에게 회복할 수 없는 손해가 생길 우려가 있음을 인정할 만한 자료가 발견되지 아니하므로 원심이 위와 같은 취지에서 이 사건 효력정지신청을 기각한 조치는 정당하고 논지는 이유 없다.

(4) 긴급한 필요가 있을 것

회복하기 어려운 손해의 발생이 절박하여 본안판결을 기다릴 여유가 없음을 의미한다.

나. 소극적 요건(장애사유)

집행정지는 '공공복리에 중대한 영향을 미칠 우려'가 있을 때에는 허용되지 않는다. 집행정지의 소극적 요건(장애사유)로서의 '공공복리에 중대한 영향을 미칠 우려'라 함은 일반적·추상적인 공익에 대한 침해의 가능성이 아니라 당해 처분의 집행과 관련된 구체적·개별적인 공익에 중대한 해를 입힐 개연성을 말하는 것이다. 공공복리에 미칠 영향이 중대한지의 여부는 절대적 기준에 의하여 판단할 것이 아니라, 신청인의 '회복하기 어려운 손해'와 '공공복리' 양자를 비교·교량하여, 전자를 희생하더라도 후자를 옹호하여야 할 필요가 있는지 여부에 따라 상대적·개별적으로 판단하여야 한다(즉 공익과 사익의 비교형량).

> **관련판례**
>
> 한국문화예술위원회 위원장에 대한 해임처분의 집행을 정지할 경우에는 누가 위원회를 대표할 것인지 등과 관련하여 해결하기 어려운 문제가 발생하므로, 공공복리에 중대한 영향을 미칠 우려가 있다[대법원 2010.5.14., 2010무48].
> 국문화예술위원회 위원장이 자신의 해임처분의 무효확인을 구하는 소송을 제기한 후 다시 해임처분의 집행정지 신청을 한 사안에서, 해임처분의 경과 및 그 성질과 내용, 처분상대방인 신청인이 그로 인하여 입는 손해의 성질·내용 및 정도, 효력정지 이외의 구제수단으로 상정될 수 있는 원상회복·금전배상의 방법 및 난이, 해임처분의 효력이 정지되면 신청인이 위원장의 지위를 회복하게 됨에 따라 새로 임명된 위원장과 신청인 중 어느 사람이 위 위원회를 대표하고 그 업무를 총괄하여야 할 것인지 현실적으로 해결하기 어려운 문제가 야기됨으로써 위 위원회의 대내외적 법률관계에서 예측가능성과 법적 안정성을 확보할 수 없게 되고, 그 결과 위 위원회가 목적 사업을 원활하게 수행하는 데 지장을 초래할 가능성이 큰 점 등에 비추어, 해임처분으로 신청인에게 회복하기 어려운 손해가 발생할 우려가 있어 이를 예방하기 위하여 긴급한 필요가 있다고 인정되지 않을 뿐 아니라 위 해임처분의 효력을 정지할 경우 공공복리에 중대한 영향을 미칠 우려가 있다는 이유로, 위 효력정지 신청을 기각한 원심의 판단을 긍정한 사례.

다. 본안청구가 이유 없음이 명백하지 않을 것(판례가 추가적으로 요구하는 요건)

판례는 집행정지의 요건으로, 본안청구가 이유 없음이 명백하지 않을 것을 포함시키고 있다.

> **관련판례**
>
> 본안청구가 이유 없음이 명백할 때에는 집행정지를 명할 수 없다[대결 1997.4.28., 96두75].
> [1] 행정처분의 효력정지나 집행정지를 구하는 신청사건에서 행정처분 자체의 적법 여부는 궁극적으로 본안재판에서 심리를 거쳐 판단할 성질의 것이므로 원칙적으로는 판단할 것이 아니고 그 행정처분의 효력이나 집행을 정지할 것인가에 대한 행정소송법 제23조 제2항, 제3항에 정해진 요건의 존부만이 판단의 대상이 된다고 할 것이지만, 효력정지나 집행정지는 신청인이 본안소송에서 승소판결을 받을 때까지 그 지위를 보호함과 동시에 후에 받을 승소판결을 무의미하게 하는 것을 방지하려는 것이어서 본안소송에서 처분의 취소가능성이 없음에도 처분의 효력이나 집행의 정지를 인정한다는 것은 제도의 취지에 반하므로 효력정지나 집행정지사건 자체에 의하여도 신청인의 본안청구가 이유 없음이 명백하지 않아야 한다는 것도 효력정지나 집행정지의 요건에 포함시켜야 한다.
> [2] 교육위원회의 정기회에서 의사일정에 따른 부의 안건에 관한 회의 도중 재적위원 과반수가 연서한 발언통지서 양식의 문서에 의해 의장불신임동의안이 제출되었고 출석의원 전원의 찬성에 의해 안건으로 채택되어 이의 없이 만장일치로 가결되자 불신임 대상인 의장이 당해 의장불신임결의의 효력정지를 신청한 사안에서, 그 불신임결의에 절차적·실체적 위법사유가 있다는 주장이 효력정지사건 자체에 의하여도 이유 없음이 명백하다는 이유로, 그 불신임결의의 효력정지신청은 효력정지사건 자체에 의하여도 본안청구가 이유 없음이 명백하지 않아야 한다는 효력정지의 요건을 갖추지 못한 것으로서 행정소송법 제23조 제2항, 제3항에 규정된 요건을 갖추었는지의 여부는 그 결과에 영향이 없다고 본 사례.

3. 증명책임

집행정지의 적극적 요건인 '회복하기 어려운 손해'의 주장·소명책임의 소재는 신청인에게 있고, 소극적 요건인 '공공복리에 중대한 영향을 미칠 우려'의 주장·소명책임의 소재는 행정청에게 있다.

> **관련판례**
>
> 공공복리에 중대한 영향을 미칠 우려가 없어야 한다는 점에 대한 증명책임은 행정청에 있다[대법원 1999.12.20., 99무42].
> 행정소송법 제23조 제3항에서 집행정지의 요건으로 규정하고 있는 '공공복리에 중대한 영향을 미칠 우려'가 없을 것이라고 할 때의 '공공복리'는 그 처분의 집행과 관련된 구체적이고도 개별적인 공익을 말하는 것으로서 이러한 집행정지의 소극적 요건에 대한 주장·소명책임은 행정청에게 있다.

4. 효력의 내용

가. 형성력

처분 등의 효력정지는 행정처분이 없었던 것과 같은 상태를 실현하는 것이므로 그 범위 안에서 형성력을 가진다. 복효적 행정행위의 경우 집행정지의 결정은 제3자에 대해서도 효력이 있다.

나. 기속력

취소판결의 기속력에 관한 규정은 집행정지결정에도 준용되므로 집행정지결정의 효력은 당사자인 행정청뿐만 아니라 그 밖의 관계행정청도 기속한다. 다만 재처분의무에 관한 규정은 성질상 준용되지 않는다. 집행정지결정을 위반한 처분은 그 하자가 중대명백하여 무효가 된다.

> 제30조(취소판결등의 기속력) ① 처분등을 취소하는 확정판결은 그 사건에 관하여 당사자인 행정청과 그 밖의 관계행정청을 기속한다.

다. 기판력

집행정지는 판결이 선고되기까지의 잠정성을 본질로 하므로 확정판결에 따른 기판력은 인정되지 않는다.

5. 효력의 범위

가. 장래효

① 집행정지결정은 장래에 향하여 효력을 갖고 결정의 주문에 정해진 시기까지 존속한다. 예컨대 주택에 대한 철거명령에 대해 거주자가 취소소송을 제기하면서 집행정지를 신청하면, 법원은 거주자가 해당 주택에서 겨울을 날 수 있도록 "다음해 3. 31. 까지 철거집행을 정지한다"는 식으로 주문을 정하기도 한다.

집행정지의 종기는 법원이 본안판결 선고일부터 30일 이내의 범위에서 정한다. 다만 당사자의 의사, 회복하기 어려운 손해의 내용 및 그 성질, 본안 청구의 승소 가능성 등을 고려하여 달리 정할 수 있다(행정소송규칙 제10조).

> **행정소송규칙**
>
> **제10조(집행정지의 종기)** 법원이 법 제23조제2항에 따른 집행정지를 결정하는 경우 그 종기는 본안판결 선고일부터 30일 이내의 범위에서 정한다. 다만, 법원은 당사자의 의사, 회복하기 어려운 손해의 내용 및 그 성질, 본안 청구의 승소가능성 등을 고려하여 달리 정할 수 있다.

> **관련판례**
>
> 집행정지의 효력은 당해 결정의 주문에 표시된 시기까지 존속하다가 그 시기의 도래와 동시에 당연히 소멸한다(대법원 2003.7.11. 2002다48023).
> 행정소송법 제23조에 정해져 있는 처분에 대한 집행정지는 행정처분의 집행으로 인하여 회복하기 어려운 손해를 예방하기 위하여 긴급한 필요가 있고 달리 공공복리에 중대한 영향을 미치지 아니할 것을 요건으로 하여 본안판결이 있을 때까지 당해 행정처분의 집행을 잠정적으로 정지함으로써 위와 같은 손해를 예방하고자 함에 그 취지가 있고, 그 집행정지의 효력 또한 당해 결정의 주문에 표시된 시기까지 존속하다가 그 시기의 도래와 동시에 당연히 소멸한다.

　　② 이 경우 이미 집행이 이루어진 부분에 대해서는 아무런 영향이 없다(예컨대 철거집행 도중 집행정지결정이 이루어진 경우).

나. 기타

　　① 처분의 일부에 대한 집행정지도 가능하다(예컨대 여러 채의 건물에 대한 철거명령의 경우). ② 처분의 효력정지는 처분 등의 집행 또는 절차의 속행을 정지함으로써 목적을 달성할 수 있는 경우에는 허용되지 아니한다.

> **제23조(집행정지)** ② 취소소송이 제기된 경우에 처분등이나 그 집행 또는 절차의 속행으로 인하여 생길 회복하기 어려운 손해를 예방하기 위하여 긴급한 필요가 있다고 인정할 때에는 본안이 계속되고 있는 법원은 당사자의 신청 또는 직권에 의하여 처분등의 효력이나 그 집행 또는 절차의 속행의 전부 또는 일부의 정지(이하 "집행정지"라 한다)를 결정할 수 있다. 다만, 처분의 효력정지는 처분등의 집행 또는 절차의 속행을 정지함으로써 목적을 달성할 수 있는 경우에는 허용되지 아니한다.

6. 집행정지결정에 대한 불복(즉시항고)

법원의 집행정지결정이나 집행정지신청기각의 결정 또는 집행정지결정의 취소결정에 대해서는 즉시항고할 수 있다. 다만 이 경우 집행정지의 결정에 대한 즉시항고는 그 즉시항고의 대상인 결정의 집행을 정지하는 효력이 없다.

> **제23조(집행정지)** ⑤ 제2항의 규정에 의한 집행정지의 결정 또는 기각의 결정에 대하여는 즉시항고할 수 있다. 이 경우 집행정지의 결정에 대한 즉시항고에는 결정의 집행을 정지하는 효력이 없다.

7. 집행정지결정의 효력상실

① 집행정지의 결정이 확정된 후라도 집행정지가 공공복리에 중대한 영향을 미치는 경우 당사자의 신청 또는 직권에 의해 집행정지결정을 취소할 수 있다. ② 집행정지결정을 한 후에 본안소송이 취하되면 그 집행정지결정의 효력은 당연히 소멸한다.

> **관련판례**
>
> 1. 집행정지결정 후 본안소송이 취하되면 집행정지결정의 효력은 당연히 소멸한다(대법원 1975.11.11., 75누97). 행정처분의 집행정지는 행정처분 집행부정지의 원칙에 대한 예외로서 인정되는 일시적인 응급처분이라 할 것이므로 집행정지결정을 하려면 이에 대한 본안소송이 법원에 제기되어 계속 중임을 요건으로 하는 것이므로 집행정지결정을 한 후에라도 본안소송이 취하되어 소송이 계속하지 아니한 것으로 되면 집행정지결정은 당연히 그 효력이 소멸되는 것이고 별도의 취소조치를 필요로 하는 것이 아니다.
> 2. 보조금 교부결정 취소처분에 대하여 법원이 효력정지결정을 하면서 주문에서 그 법원에 계속 중인 본안소송의 판결 선고시까지 처분의 효력을 정지한다고 선언하였을 경우, 본안소송의 판결 선고에 의하여 정지결정의 효력은 소멸하고 이와 동시에 당초의 보조금 교부결정취소처분의 효력이 당연히 되살아난다(대법원 2017. 7. 11, 2013두25498). 행정소송법 제23조에 의한 효력정지결정의 효력은 결정주문에서 정한 시기까지 존속하고 그 시기의 도래와 동시에 효력이 당연히 소멸하므로, 보조금 교부결정의 일부를 취소한 행정청의 처분에 대하여 법원이 효력정지결정을 하면서 주문에서 그 법원에 계속 중인 본안소송의 판결 선고 시까지 처분의 효력을 정지한다고 선언하였을 경우, 본안소송의 판결 선고에 의하여 정지결정의 효력은 소멸하고 이와 동시에 당초의 보조금 교부결정 취소처분의 효력이 당연히 되살아난다. 따라서 효력정지결정의 효력이 소멸하여 보조금 교부결정 취소처분의 효력이 되살아난 경우, 특별한 사정이 없는 한 행정청으로서는 보조금법 제31조 제1항에 따라 취소처분에 의하여 취소된 부분의 보조사업에 대하여 효력정지기간 동안 교부된 보조금의 반환을 명하여야 한다.

제3관 민사집행법상의 가처분

1. 항고소송의 경우

행정소송법은 집행정지 이외의 가구제 제도를 두고 있지 아니하므로, 민사집행법상의 가처분으로써 행정행위의 금지를 구하는 것은 허용될 수 없다. 가처분이 인정되면 법원이 행정기관에 일정한 행위를 명령하게 되는데, 이는 권력분립의 원리에 위반되어 사법권의 한계를 넘어서기 때문이다.

> **관련판례**
>
> 민사소송법(현행 민사집행법)상의 가처분으로 행정행위의 금지를 구할 수 없다[대법원 1992.7.6., 92마54].
> 가. 민사소송법상의 보전처분은 민사판결절차에 의하여 보호받을 수 있는 권리에 관한 것이므로, 민사소송법상의 가처분으로써 행정청의 어떠한 행정행위의 금지를 구하는 것은 허용될 수 없다 할 것이다.
> 나. 채권자가, 채무자와 제3채무자(국가)를 상대로 채무자의 공유수면매립면허권에 관하여, "채무자는 이에 대한 일체의 처분행위를 하여서는 아니되며, 제3채무자는 위 면허권에 관하여 채무자의 신청에

따라 명의개서 기타 일체의 변경절차를 하여서는 아니된다."는 요지의 내용을 신청취지로 하여 가처분신청을 한 데 대하여, 원심이, 채무자에 대한 신청부분은 인용하면서도, 제3채무자(국가)에 대한 부분에 대하여는, 위 신청취지를 채무자가 면허권을 타에 양도할 경우 면허관청으로 하여금 그 양도에 따른 인가를 금지하도록 명해 달라는 뜻으로 풀이한 후, 이 부분 신청은 허용될 수 없다.

<참고사항 – 항고소송에서의 가처분 인정여부에 대한 학설대립>

적극설	소극설
행정소송법 제8조 제2항에 따라 민사집행법상 가처분제도를 당연히 준용할 수 있다.	집행정지에 관한 행정소송법 제23조 제2항이 민사소송법상 가처분에 대한 특례규정이기 때문에 가처분을 준용할 수 없다.
권력분립의 원칙을 실질적으로 파악하여 국민의 권리구제에 기여한다면 가처분제도를 준용할 수 있다.	법원이 가처분제도를 통해 행정청에게 일정한 행위를 명하는 것은 권력분립의 원칙에 반한다.

2. 당사자소송의 경우

뒤에서 살펴보는 바와 같이, 당사자소송은 (처분이 아닌) 공법상의 법률관계에 관한 다툼이므로 행정소송법상 (처분의) 집행정지에 관한 규정은 준용되지 않는다. 다만 대등한 당사자간의 다툼이라는 당사자소송의 특성상 민사집행법상 가처분에 관한 규정은 준용된다.

관련판례

당사자소송에 대해서는 행정소송법상 집행정지규정은 준용되지 않는 반면, 민사집행법상 가처분에 관한 규정은 준용된다[대법원 2015. 8. 21., 자, 2015무26].
도시 및 주거환경정비법(이하 '도시정비법'이라 한다)상 행정주체인 주택재건축정비사업조합을 상대로 관리처분계획안에 대한 조합 총회결의의 효력을 다투는 소송은 행정처분에 이르는 절차적 요건의 존부나 효력 유무에 관한 소송으로서 소송결과에 따라 행정처분의 위법 여부에 직접 영향을 미치는 공법상 법률관계에 관한 것이므로, 이는 행정소송법상 당사자소송에 해당한다. 그리고 이러한 당사자소송에 대하여는 행정소송법 제23조 제2항의 집행정지에 관한 규정이 준용되지 아니하므로(행정소송법 제44조 제1항 참조), 이를 본안으로 하는 가처분에 대하여는 행정소송법 제8조 제2항에 따라 민사집행법상 가처분에 관한 규정이 준용되어야 한다.

<행정소송과 민사소송의 가구제수단 비교>

	성격	사례	항고소송에서 인정여부	당사자소송에서 인정여부
행정소송법상 집행정지	소극적 정지	철거집행정지	가능	불가능
민사집행법상 가처분	적극적 설정	임시 영업허가	불가능	가능

기출문제

01 | 2016 |

취소소송의 제기 및 심리에 관한 설명으로 옳지 <u>않은</u> 것은? (다툼이 있으면 판례에 따름)

① 소가 제기되면 법원은 이를 심리·판결하여야 한다.
② 법원은 취소소송이 제기되기 전이라도 처분의 집행정지결정을 할 수 있다.
③ 소가 제기되어 계속중이면 중복제소가 금지된다.
④ 행정심판 등 전심절차에서의 주장과 행정소송에서의 주장이 전혀 별개의 것이 아닌 한 그 주장이 반드시 일치하여야 하는 것은 아니다.
⑤ 소가 제기되면 관련청구소송의 이송 및 병합이 가능해진다.

① ☞ 소가 제기되면 법원은 본안전심리를 하여 소송요건이 결여되면 각하판결을 하고, 소송요건이 충족되면 본안심리를 하여 인용 내지 기각판결을 선고해야 한다.
② ☞ 취소소송이 제기된 경우에 처분등이나 그 집행 또는 절차의 속행으로 인하여 생길 회복하기 어려운 손해를 예방하기 위하여 긴급한 필요가 있다고 인정할 때에는 본안이 계속되고 있는 법원은 당사자의 신청 또는 직권에 의하여 처분등의 효력이나 그 집행 또는 절차의 속행의 전부 또는 일부의 정지(이하 "집행정지"라 한다)를 결정할 수 있다(행정소송법 제23조 제2항).
③ ☞ 법원에 계속 중인 사건에 대하여는 당사자는 다시 소를 제기하지 못한다(행정소송법 제8조 제2항, 민사소송법 제259조).

> **민사소송법**
> **제259조(중복된 소제기의 금지)** 법원에 계속되어 있는 사건에 대하여 당사자는 다시 소를 제기하지 못한다.

④ [대법원 1996.6.14, 96누754] 항고소송에 있어서 원고는 전심절차에서 주장하지 아니한 공격방어방법을 소송절차에서 주장할 수 있고 법원은 이를 심리하여 행정처분의 적법 여부를 판단할 수 있는 것이므로, 원고가 전심절차에서 주장하지 아니한 처분의 위법사유를 소송절차에서 새롭게 주장하였다고 하여 다시 그 처분에 대하여 별도의 전심절차를 거쳐야 하는 것은 아니다.
⑤ ☞ 이송이 되기 위해서는 (i) 취소소송과 관련청구소송이 각각 다른 법원에 계속중이고, (ii) 이송하는데 상당성이 인정되어야 하며, (iii) 당사자의 신청 또는 직권에 의해야 한다(동법 제10조 제1항).

답 01 ②

02 | 2016 |

집행정지에 관한 설명으로 옳은 것은? (다툼이 있으면 판례에 따름)

① 집행정지결정사건은 본안이 계속된 제1심 법원의 전속관할이다.
② 집행정지의 결정에 대한 즉시항고에는 결정의 집행을 정지하는 효력이 있다.
③ 본안청구가 이유 없음이 명백한 경우에도 법정요건이 충족되면 집행정지는 인정된다.
④ 회복하기 어려운 손해의 주장·소명책임은 처분청에 있다.
⑤ 처분의 효력정지는 처분등의 집행 또는 절차의 속행을 정지함으로써 목적을 달성할 수 있는 경우에는 허용되지 아니한다.

---

① ☞ 집행정지결정사건의 관할법원은 본안소송이 계속된 법원이다. 이 경우 본안소송이 계속된 법원은 1심, 2심, 상고심을 불문한다. 참고로 간접강제결정사건의 관할법원은 1심 수소법원이다.
② ☞ 집행정지의 결정 또는 기각의 결정에 대해서는 즉시항고할 수 있다. 이 경우 집행정지의 결정에 대한 즉시항고에는 결정의 집행을 정지하는 효력이 없다(행정소송법 제23조 제5항).
③ [대결 1997.4.28., 96두75] 행정처분의 효력정지나 집행정지를 구하는 신청사건에서 행정처분 자체의 적법 여부는 궁극적으로 본안재판에서 심리를 거쳐 판단할 성질의 것이므로 원칙적으로는 판단할 것이 아니고 그 행정처분의 효력이나 집행을 정지할 것인가에 대한 행정소송법 제23조 제2항, 제3항에 정해진 요건의 존부만이 판단의 대상이 된다고 할 것이지만, 효력정지나 집행정지는 신청인이 본안소송에서 승소판결을 받을 때까지 그 지위를 보호함과 동시에 후에 받을 승소판결을 무의미하게 하는 것을 방지하려는 것이어서 본안소송에서 처분의 취소가능성이 없음에도 처분의 효력이나 집행의 정지를 인정한다는 것은 제도의 취지에 반하므로 효력정지나 집행정지사건 자체에 의하여도 신청인의 본안청구가 이유 없음이 명백하지 않아야 한다는 것도 효력정지나 집행정지의 요건에 포함시켜야 한다.
④ ☞ 집행정지의 적극적 요건으로서 "회복하기 어려운 손해"에 대해서는 신청인이 주장·소명하여야 한다.
⑤ ☞ 동법 제23조 제2항 단서

답 02 ⑤

03 | 2017 |

집행정지에 관한 설명으로 옳지 <u>않은</u> 것은? (다툼이 있으면 판례에 따름)

① 본안이 계속중이라는 점에 대한 주장·소명책임은 원칙적으로 신청인에게 있다.
② 집행정지의 결정에 대한 즉시항고에는 결정의 집행을 정지하는 효력이 없다.
③ 집행정지결정이 있은 후 본안소송이 취하된 경우, 법원은 집행정지결정을 취소하여야 한다.
④ 집행정지의 결정이 확정된 후라 할지라도 법원은 집행정지가 공공복리에 중대한 영향을 미친다는 이유로 집행정지의 결정을 취소할 수 있다.
⑤ 집행정지의 요건인 '회복하기 어려운 손해'에는 금전으로 보상할 수 없는 유형의 손해뿐만 아니라 무형의 손해도 포함된다.

••••••••••••••••••••

① ☞ 집행정지의 적극적 요건인 '회복하기 어려운 손해'의 주장·소명책임의 소재는 신청인에게 있고, 소극적 요건인 '공공복리에 중대한 영향을 미칠 우려'의 주장·소명책임의 소재는 행정청에게 있다.
② 제23조 제5항

> **제23조(집행정지)** ⑤ 제2항의 규정에 의한 집행정지의 결정 또는 기각의 결정에 대하여는 즉시항고할 수 있다. 이 경우 <u>집행정지의 결정에 대한 즉시항고에는 결정의 집행을 정지하는 효력이 없다</u>.

③ ☞ 이 경우 집행정지결정은 법원이 취소할 것도 없이 당연히 실효된다.
[대법원 1975. 11. 11. 선고 75누97 판결] 행정처분의 집행정지는 행정처분집행 부정지의 원칙에 대한 예외로서 인정되는 일시적인 응급처분이라 할 것이므로 집행정지결정을 하려면 이에 대한 본안소송이 법원에 제기되어 계속중임을 요건으로 하는 것이므로 집행정지결정을 한 후에라도 본안소송이 취하되어 소송이 계속하지 아니한 것으로 되면 집행정지결정은 당연히 그 효력이 소멸되는 것이고 별도의 취소조치를 필요로 하는 것이 아니다.
④ 제24조 제1항

> **제24조(집행정지의 취소)** ① 집행정지의 결정이 확정된 후 집행정지가 공공복리에 중대한 영향을 미치거나 그 정지사유가 없어진 때에는 당사자의 신청 또는 직권에 의하여 결정으로써 집행정지의 결정을 취소할 수 있다.

⑤ ☞ 무형의 손해는 명예나 인격권 등을 생각할 수 있다. 이를테면 국세청장이 불성실체납자 명단을 공표하는 경우, 일단 공표가 이루어지고 나면 추후 공표내용이 사실과 다른 것으로 밝혀지더라도 침해된 명예가 회복되기 쉽지 않다.
[대법원 2010. 5. 14. 자 2010무48 결정] 행정소송법 제23조 제2항에서 정하고 있는 집행정지 요건인 '회복하기 어려운 손해'란 특별한 사정이 없는 한 금전으로 보상할 수 없는 손해로서 이는 금전보상이 불능인 경우 내지는 금전보상으로는 사회관념상 행정처분을 받은 당사자가 참고 견딜 수 없거나 또는 참고 견디기가 현저히 곤란한 경우의 유형, 무형의 손해를 일컫는다 할 것이고, '처분 등이나 그 집행 또는 절차의 속행으로 인하여 생길 회복하기 어려운 손해를 예방하기 위하여 긴급한 필요'가 있는지 여부는 처분의 성질과 태양 및 내용, 처분상대방이 입는 손해의 성질·내용 및 정도, 원상회복·금전배상의 방법 및 난이 등은 물론 본안청구의 승소가능성의 정도 등을 종합적으로 고려하여 구체적·개별적으로 판단하여야 한다.

04 | 2018 |

집행정지에 관한 설명으로 옳은 것은? (다툼이 있으면 판례에 따름)

① 집행정지결정의 취소결정에 대한 즉시항고는 취소결정의 집행을 정지하는 효력이 있다.
② 무효등확인소송에는 집행정지 규정이 준용된다.
③ 집행정지결정의 요건으로 본안소송이 계속될 필요가 없다.
④ 공공복리에 중대한 영향을 미칠 우려에 대한 주장·소명책임은 신청인에게 있다.
⑤ 법원의 직권에 의한 집행정지결정은 불가능하다.

••••••••••••••••••••

① ☞ 집행정지의 취소결정에 대한 즉시항고는 취소소송의 집행을 정지하는 효력이 없다(동법 제24조 제2항, 제23조 제5항).
② 동법 제38조 제1항
③ [대법원 1975. 11. 11., 선고, 75누97, 판결] 행정처분의 집행정지는 행정처분집행 부정지의 원칙에 대한 예외로서 인정되는 일시적인 응급처분이라 할 것이므로 집행정지결정을 하려면 이에 대한 본안소송이 법원에 제기되어 계속중임을 요건으로 하는 것이므로 집행정지결정을 한 후에라도 본안소송이 취하되어 소송이 계속하지 아니한 것으로 되면 집행정지결정은 당연히 그 효력이 소멸되는 것이고 별도의 취소조치를 필요로 하는 것이 아니다.
④ [대법원 1999.12.20., 99무42] 행정소송법 제23조 제3항에서 집행정지의 요건으로 규정하고 있는 '공공복리에 중대한 영향을 미칠 우려'가 없을 것이라고 할 때의 '공공복리'는 그 처분의 집행과 관련된 구체적이고도 개별적인 공익을 말하는 것으로서 이러한 집행정지의 소극적 요건에 대한 주장·소명책임은 행정청에게 있다.
⑤ 동법 제23조 제2항

05 | 2019 |

행정소송상 집행정지에 관한 설명으로 옳은 것은? (다툼이 있으면 판례에 따름)

① 집행정지의 소극적 요건은 신청인이 주장·소명하는 반면, 적극적 요건은 행정청이 주장·소명해야 한다.
② 집행정지결정을 한 후에는 본안소송이 취하되어도 집행정지결정의 효력은 유지된다.
③ 본안소송이 부작위위법확인소송인 경우 집행정지가 가능하다.
④ 집행정지결정은 당해 사건에 관하여 당사자인 행정청과 관계행정청을 기속한다.
⑤ 집행정지 사건 자체에 의하여도 신청인의 본안청구가 적법한 것이어야 한다는 것은 집행정지의 요건이 아니다.

••••••••••••••••••••

① ☞ 집행정지의 적극적 요건인 '회복하기 어려운 손해'의 주장·소명책임의 소재는 신청인에게 있고, 소극적 요건인 '공공복리에 중대한 영향을 미칠 우려'의 주장·소명책임의 소재는 행정청에게 있다.

답 04 ② 05 ④

② [대법원 1975. 11. 11., 선고, 75누97, 판결] 행정처분의 집행정지는 행정처분집행 부정지의 원칙에 대한 예외로서 인정되는 일시적인 응급처분이라 할 것이므로 집행정지결정을 하려면 이에 대한 본안소송이 법원에 제기되어 계속중임을 요건으로 하는 것이므로 집행정지결정을 한 후에라도 본안소송이 취하되어 소송이 계속하지 아니한 것으로 되면 집행정지결정은 당연히 그 효력이 소멸되는 것이고 별도의 취소조치를 필요로 하는 것이 아니다.

③ ☞ 거부처분과 부작위를 대상으로 하는 항고소송의 경우에는 집행정지에 관한 규정이 적용되지 않는다.

④ ☞ 집행정지결정은 당해 사건에 관하여 당사자인 행정청과 관계행정청을 기속한다(제23조 제6항, 제30조 제1항).

> **제23조(집행정지)** ② 취소소송이 제기된 경우에 처분등이나 그 집행 또는 절차의 속행으로 인하여 생길 회복하기 어려운 손해를 예방하기 위하여 긴급한 필요가 있다고 인정할 때에는 본안이 계속되고 있는 법원은 당사자의 신청 또는 직권에 의하여 처분등의 효력이나 그 집행 또는 절차의 속행의 전부 또는 일부의 정지(이하 "執行停止"라 한다)를 결정할 수 있다. 다만, 처분의 효력정지는 처분등의 집행 또는 절차의 속행을 정지함으로써 목적을 달성할 수 있는 경우에는 허용되지 아니한다.
> ⑥ 제30조제1항의 규정은 제2항의 규정에 의한 집행정지의 결정에 이를 준용한다.
>
> **제30조(취소판결등의 기속력)** ① 처분등을 취소하는 확정판결은 그 사건에 관하여 당사자인 행정청과 그 밖의 관계행정청을 기속한다.

⑤ ☞ 본안청구가 적법하다는 말을 소송요건을 충족했음을 의미한다. 본안청구가 부적법하여 각하될 운명이라면 집행정지신청은 받아들여지지 않는다.

[대법원 1999. 11. 26., 자, 99부3, 결정] 행정처분의 효력정지나 집행정지를 구하는 신청사건에 있어서는 행정처분 자체의 적법 여부는 궁극적으로 본안재판에서 심리를 거쳐 판단할 성질의 것이므로 원칙적으로 판단할 것이 아니고, 그 행정처분의 효력이나 집행을 정지할 것인가에 관한 행정소송법 제23조 제2항 소정의 요건의 존부만이 판단의 대상이 된다고 할 것이지만, 나아가 집행정지는 행정처분의 집행부정지원칙의 예외로서 인정되는 것이고 또 본안에서 원고가 승소할 수 있는 가능성을 전제로 한 권리보호수단이라는 점에 비추어 보면 집행정지사건 자체에 의하여도 신청인의 본안청구가 적법한 것이어야 한다는 것을 집행정지의 요건에 포함시켜야 한다.

06 | 2019 |

행정소송에서의 가구제에 관한 설명으로 옳지 않은 것은? (다툼이 있으면 판례에 따름)

① 재량행위의 경우 처분의 일부에 대한 집행정지는 허용되지 않는다.
② 형사피고인을 현재 수감 중인 교도소에서 타교도소로 이송함으로써 발생할 수 있는 피해는 집행정지의 요건인 회복하기 어려운 손해에 해당한다.
③ 집행정지의 결정에 대한 즉시항고에는 결정의 집행을 정지하는 효력이 없다.
④ 「민사집행법」상의 가처분으로써 행정행위의 금지를 구하는 것은 허용되지 않는다.
⑤ 당사자소송에서는 집행정지가 인정되지 않는다.

답 06 ①

::::::::::::::::::::

① ☞ 재량행위의 경우 처분의 일부에 대한 취소판결은 인정되지 않지만, 처분의 일부에 대한 집행정지는 가능하다(행정소송법 제23조 제2항). 여러 채의 건물을 대상으로 하는 철거명령에 대해서 상대방이 취소소송을 제기하고, 법원이 일부 건물에 대해서만 철거집행 정지를 결정하는 경우를 생각하면 된다.

> **제23조(집행정지)** ② 취소소송이 제기된 경우에 처분 등이나 그 집행 또는 절차의 속행으로 인하여 생길 회복하기 어려운 손해를 예방하기 위하여 긴급한 필요가 있다고 인정할 때에는 본안이 계속되고 있는 법원은 당사자의 신청 또는 직권에 의하여 처분등의 효력이나 그 집행 또는 절차의 속행의 전부 또는 일부의 정지(이하 "執行停止"라 한다)를 결정할 수 있다. 다만, 처분의 효력정지는 처분등의 집행 또는 절차의 속행을 정지함으로써 목적을 달성할 수 있는 경우에는 허용되지 아니한다.

② [대법원 1992. 8. 7., 자, 92두30, 결정] 행정처분의 집행정지나 효력정지결정을 하기 위하여는 행정소송법 제23조 제2항에 따라 회복하기 어려운 손해를 예방하기 위하여 긴급할 필요가 있어야 하고, 여기서 말하는 "회복하기 어려운 손해"라 함은 특별한 사정이 없는 한 금전으로 보상할 수 없는 손해라 할 것이며 이는 금전보상이 불능한 경우 뿐만아니라 금전보상으로는 사회관념상 행정처분을 받은 당사자가 참고 견딜 수 없거나 또는 참고 견디기가 현저히 곤란한 경우의 유형, 무형의 손해를 일컫는다 할 것인데(당원 1986.3.21. 자 86두5 결정 참조), 기록에 의하면 신청인 및 그 가족들의 주소는 서울이고 위 형사피고사건의 상고심에서 신청인을 위하여 선임된 변호인도 서울지방변호사회 소속 변호사임을 알 수 있으므로 신청인이 그에 관한 형사피고사건이 상고심에 계속중에 안양교도소로부터 진주교도소로 이송되는 경우에는 그로 인하여 변호인과의 접견이 어려워져 방어권의 행사에 지장을 받게 됨은 물론 가족이나 친지 등과의 접견권의 행사에도 장애를 초래할 것임이 명백하고 이로 인한 손해는 금전으로 보상할 수 없는 손해라 할 것이어서 원심이 이 사건 이송처분으로 인하여 신청인에게 회복할 수 없는 손해가 발생할 염려가 있다고 본 것은 결국 정당하고 논지는 이유 없다.

③ 동법 제23조 제5항

> **제23조(집행정지)** ⑤ 제2항의 규정에 의한 집행정지의 결정 또는 기각의 결정에 대하여는 즉시항고할 수 있다. 이 경우 집행정지의 결정에 대한 즉시항고에는 결정의 집행을 정지하는 효력이 없다.

④ ☞ 행정소송법은 집행정지 이외의 가구제 제도를 두고 있지 아니하므로, 민사집행법상의 가처분으로써 행정행위의 금지를 구하는 것은 허용될 수 없다. 가처분이 인정되면 법원이 행정기관에 일정한 행위를 명령하게 되는데, 이는 권력분립의 원리에 위반되어 사법권의 한계를 넘어서기 때문이다.
[대법원 1992. 7. 6., 자, 92마54, 결정] 민사소송법상의 보전처분은 민사판결절차에 의하여 보호받을 수 있는 권리에 관한 것이므로, 민사소송법상의 가처분으로써 행정청의 어떠한 행정행위의 금지를 구하는 것은 허용될 수 없다 할 것이다.

⑤ ☞ 당사자소송의 대상은 처분이 아니라 공법상의 법률관계이므로 취소소송의 (처분의) 집행정지가 인정되지 않는다.

07 | 2020 |

취소소송의 집행정지에 관한 설명으로 옳지 <u>않은</u> 것은? (다툼이 있으면 판례에 따름)

① 처분의 효력정지는 처분의 집행의 속행을 정지함으로써 목적을 달성할 수 있는 경우에는 허용되지 아니한다.
② 집행정지의 결정을 신청함에 있어서는 그 이유에 대한 소명이 있어야 한다.
③ 집행정지 결정에 대해서는 즉시항고할 수 있고, 즉시항고에는 결정의 집행을 정지하는 효력이 있다.
④ 집행정지를 구하는 신청사건에서는 행정처분 자체의 적법 여부는 원칙적으로 법원의 판단의 대상이 아니다.
⑤ 집행정지의 요건인 '회복하기 어려운 손해'라 함은 금전보상이 불능인 경우뿐만 아니라 금전보상으로는 사회관념상 행정처분을 받은 당사자가 참고 견딜 수 없거나 또는 참고 견디기가 현저히 곤란한 경우의 유형, 무형의 손해를 일컫는다.

----

① ☞ 처분의 "효력정지"는 처분의 "집행 또는 절차의 속행정지"보다 강한 수단이다. 보다 약한 수단을 통해서도 목적을 달성할 수 있다면 강한 수단을 사용하는 것은 허용되지 않는다(행정소송법 제23조 제2항 후문).

> **제23조(집행정지)** ② 취소소송이 제기된 경우에 처분등이나 그 집행 또는 절차의 속행으로 인하여 생길 회복하기 어려운 손해를 예방하기 위하여 긴급한 필요가 있다고 인정할 때에는 본안이 계속되고 있는 법원은 당사자의 신청 또는 직권에 의하여 처분등의 효력이나 그 집행 또는 절차의 속행의 전부 또는 일부의 정지(이하 "執行停止"라 한다)를 결정할 수 있다. 다만, <u>처분의 효력정지는 처분등의 집행 또는 절차의 속행을 정지함으로써 목적을 달성할 수 있는 경우에는 허용되지 아니한다.</u>

② ☞ 회복하기 어려운 손해를 예방하기 위하여 긴급한 필요가 있다는 점에 대하여 법원을 설득할 만한 이유를 소명하여야 한다(동법 제23조 제4항).

> **제23조(집행정지)** ④ <u>제2항의 규정에 의한 집행정지의 결정을 신청함에 있어서는 그 이유에 대한 소명이 있어야 한다.</u>

③ 동법 제23조 제5항

> **제23조(집행정지)** ⑤ 제2항의 규정에 의한 집행정지의 결정 또는 기각의 결정에 대하여는 즉시항고할 수 있다. 이 경우 <u>집행정지의 결정에 대한 즉시항고에는 결정의 집행을 정지하는 효력이 없다.</u>

④ ☞ (ⅰ) 행정처분 자체의 적법여부는 원칙적으로 본안소송의 판단대상이므로, 집행정지사건에서는 판단하지 않는다. (ⅱ) 다만 예외적으로 본안청구가 이유없음이 명백하다면, 집행정지사건에서 이를 이유로 청구를 기각할 수 있다.
[대결 1997.4.28., 96두75] <u>행정처분의 효력정지나 집행정지를 구하는 신청사건에서 행정처분 자체의 적법 여부는 궁극적으로 본안재판에서 심리를 거쳐 판단할 성질의 것이므로 원칙적으로는</u> 판단할 것이 아니고 그 행정처분의 효력이나 집행을 정지할 것인가에 대한 행정소송법 제23조 제2항, 제3항에 정해진 요건의 존부만이 판단의 대상이 된다고 할 것이지만, 효력정지나 집행정지는 신청인이 본안소송에서 승소판결을 받을 때까지 그 지위를 보호함과 동시에 후에 받을 승소판결을 무의미하게 하는 것을 방지하려는 것이어서 본안소송에서

답 07 ③

처분의 취소가능성이 없음에도 처분의 효력이나 집행의 정지를 인정한다는 것은 제도의 취지에 반하므로 효력정지나 집행정지사건 자체에 의하여도 신청인의 본안청구가 이유 없음이 명백하지 않아야 한다는 것도 효력정지나 집행정지의 요건에 포함시켜야 한다.

⑤ [대법원 2010. 5. 14. 자 2010무48 결정] 행정소송법 제23조 제2항에서 정하고 있는 집행정지 요건인 '회복하기 어려운 손해'란 특별한 사정이 없는 한 금전으로 보상할 수 없는 손해로서 이는 금전보상이 불능인 경우 내지는 금전보상으로는 사회관념상 행정처분을 받은 당사자가 참고 견딜 수 없거나 또는 참고 견디기가 현저히 곤란한 경우의 유형, 무형의 손해를 일컫는다 할 것이고, '처분 등이나 그 집행 또는 절차의 속행으로 인하여 생길 회복하기 어려운 손해를 예방하기 위하여 긴급한 필요'가 있는지 여부는 처분의 성질과 태양 및 내용, 처분상대방이 입는 손해의 성질·내용 및 정도, 원상회복·금전배상의 방법 및 난이 등은 물론 본안청구의 승소가능성의 정도 등을 종합적으로 고려하여 구체적·개별적으로 판단하여야 한다.

08 | 2020 |

집행정지결정의 효력에 관한 설명으로 옳은 것은? (다툼이 있으면 판례에 따름)

① 효력정지결정은 장래효와 소급효를 모두 가진다.
② 집행정지결정은 당해 사건에 관하여 당사자인 행정청과 모든 국가기관을 기속한다.
③ 집행정지결정을 한 후 본안소송이 취하되더라도 집행정지결정은 그 효력을 유지한다.
④ 효력정지결정의 효력은 결정주문에서 정한 시기까지 존속하고 그 시기의 도래와 동시에 효력이 당연히 소멸한다.
⑤ 집행정지결정이 공공복리에 중대한 영향을 미치더라도 법원은 당사자의 신청이 있어야 그 결정을 취소할 수 있다.

∙∙∙∙∙∙∙∙∙∙∙∙∙∙∙∙∙∙∙∙∙∙∙∙∙∙∙

① ☞ 집행정지결정의 효력은 장래에 향하여 미칠 뿐 소급효가 인정되지 않는다. 건물철거가 집행되는 도중에 집행정지결정이 이루어졌다면 향후에 철거집행을 못할 뿐이지, 기존에 철거집행이 이루어진 부분의 효력에는 영향이 없다.

② ☞ "모든 국가기관"이 아니라 "그 밖의 관계행정청"을 기속한다. "모든 국가기관"이라고 하면 법원까지 포함되므로, 집행정지결정에 대해 상급심법원도 그 효력을 부인할 수 없다는 결과가 되어버린다(행정소송법 제23조 제6항, 제30조 제1항).

> **제23조(집행정지)** ⑥ 제30조제1항의 규정은 제2항의 규정에 의한 집행정지의 결정에 이를 준용한다.
>
> **제30조(취소판결등의 기속력)** ①처분등을 취소하는 확정판결은 그 사건에 관하여 당사자인 행정청과 그 밖의 관계행정청을 기속한다.

③ ☞ 집행정지결정을 한 후에 본안소송이 취하되면 그 집행정지결정의 효력은 당연히 소멸한다.
[대법원 1975.11.11, 75누97] 행정처분의 집행정지는 행정처분집행 부정지의 원칙에 대한 예외로서 인정되는 일시적인 응급처분이라 할 것이므로 집행정지결정을 하려면 이에 대한 본안소송이 법원에 제기되어 계속중임을 요건으로 하는 것이므로 집행정지결정을 한 후에라도 본안소송이 취하되어 소송이 계속하지 아니한 것으로 되면 집행정지결정은 당연히 그 효력이 소멸되는 것이고 별도의 취소조치를 필요로 하는 것이 아니다.

답 08 ④

④ ☞ 집행정지결정의 주문에 표시된 종기(終期)가 도래하면 집행정지결정의 효력은 소멸한다. 제정된 행정소송규칙에 따르면 그 종기는 원칙적으로 본안판결선고일로부터 30일 내로 정한다.

> **행정소송규칙**
> **제10조(집행정지의 종기)** 법원이 법 제23조제2항에 따른 집행정지를 결정하는 경우 그 종기는 본안판결 선고일부터 30일 이내의 범위에서 정한다. 다만, 법원은 당사자의 의사, 회복하기 어려운 손해의 내용 및 그 성질, 본안 청구의 승소가능성 등을 고려하여 달리 정할 수 있다.

⑤ ☞ 집행정지의 결정이 확정된 후라도 집행정지가 공공복리에 중대한 영향을 미치는 경우 당사자의 신청 또는 직권에 의해 집행정지결정을 취소할 수 있다. 철거집행이 정지된 대상건축물이 안전진단 결과 붕괴가 임박하였다는 판단이 나왔다면, 집행정지결정을 취소하고 철거집행을 개시해야 할 것이다.

09 | 2021 |

판례상 허용되는 유형의 소송으로 집행정지가 인정되는 소송을 모두 고른 것은?

| ㄱ. 무효확인소송 | ㄴ. 예방적 부작위소송 |
| ㄷ. 처분부존재확인소송 | ㄹ. 당사자소송 |

① ㄱ, ㄴ ② ㄱ, ㄷ ③ ㄱ, ㄹ
④ ㄴ, ㄷ ⑤ ㄷ, ㄹ

⋯⋯⋯⋯⋯⋯⋯⋯⋯⋯⋯

㉠ ☞ 무효등확인소송의 경우 처분이 존재하므로 당연히 집행정지가 인정된다(제38조 제1항, 제23조).
㉡ ☞ 예방적 부작위소송은 무명항고소송으로 현행법상 허용되지 않는다.
㉢ ☞ 부존재확인소송은 무명항고소송이 아니라 무효등확인소송의 일유형이다(제35조). 따라서 집행정지가 인정된다.
㉣ ☞ 당사자소송의 대상은 처분이 아니라 공법상의 법률관계이므로, 취소소송의 (처분의) 집행정지가 인정되지 않는다.

답 09 ②

10 | 2022 |

행정소송법상 집행정지에 관한 설명으로 옳지 않은 것은? (다툼이 있으면 판례에 따름)

① 공공복리에 중대한 영향을 미칠 우려가 있을 때에는 허용되지 아니한다.
② 처분의 효력정지는 처분등의 집행 또는 절차의 속행을 정지함으로써 목적을 달성할 수 있는 경우에는 허용되지 아니한다.
③ 처분등이나 그 집행 또는 절차의 속행으로 인하여 생길 중대한 손해를 예방하기 위하여 긴급한 필요가 있을 때에 인정된다.
④ 집행정지의 결정이 확정된 후 그 정지사유가 없어진 경우 직권에 의하여 결정으로써 집행정지의 결정을 취소할 수 있다.
⑤ 신청인의 본안청구가 이유 없음이 명백할 때에는 집행정지를 명할 수 없다.

••••••••••••••••••••••••••••••

①, ②, ③, ④ 행정소송법 제23조
③ ☞ "중대한 손해"가 아니라 "회복하기 어려운 손해"이다. "중대한 손해"는 행정심판법상 집행정지의 요건이다.

> **제23조(집행정지)** ① 취소소송의 제기는 처분등의 효력이나 그 집행 또는 절차의 속행에 영향을 주지 아니한다.
> ② 취소소송이 제기된 경우에 처분등이나 그 집행 또는 절차의 속행으로 인하여 생길 **회복하기 어려운 손해를 예방하기 위하여**(③) 긴급한 필요가 있다고 인정할 때에는 본안이 계속되고 있는 법원은 당사자의 신청 또는 직권에 의하여 처분등의 효력이나 그 집행 또는 절차의 속행의 전부 또는 일부의 정지(이하 "執行停止"라 한다)를 결정할 수 있다. 다만, **처분의 효력정지는 처분등의 집행 또는 절차의 속행을 정지함으로써 목적을 달성할 수 있는 경우에는 허용되지 아니한다**(②).
> ③ **집행정지는 공공복리에 중대한 영향을 미칠 우려가 있을 때에는 허용되지 아니한다**(①).
> ④ 제2항의 규정에 의한 집행정지의 결정을 신청함에 있어서는 그 이유에 대한 소명이 있어야 한다.
> ⑤ 제2항의 규정에 의한 집행정지의 결정 또는 기각의 결정에 대하여는 즉시항고할 수 있다. 이 경우 집행정지의 결정에 대한 즉시항고에는 결정의 집행을 정지하는 효력이 없다.
> ⑥ 제30조제1항의 규정은 제2항의 규정에 의한 집행정지의 결정에 이를 준용한다.
>
> **제24조(집행정지의 취소)** ① 집행정지의 결정이 확정된 후 집행정지가 공공복리에 중대한 영향을 미치거나 그 정지사유가 없어진 때에는 당사자의 신청 또는 **직권에 의하여**(④) 결정으로써 집행정지의 결정을 취소할 수 있다.
> ② 제1항의 규정에 의한 집행정지결정의 취소결정과 이에 대한 불복의 경우에는 제23조제4항 및 제5항의 규정을 준용한다.

⑤ [대법원 1992. 8. 7.자 92두30 결정] 행정처분의 효력정지나 집행정지를 구하는 신청사건에 있어서는 행정처분 자체의 적법 여부는 원칙적으로는 판단할 것이 아니고 그 행정처분의 효력이나 집행을 정지할 것인가에 대한 행정소송법 제23조 제2항 소정의 요건의 존부만이 판단의 대상이 되나 **본안소송에서의 처분의 취소가능성이 없음에도 불구하고 처분의 효력정지나 집행정지를 인정한다는 것은 제도의 취지에 반하므로 집행정지사건 자체에 의하여도 신청인의 본안청구가 이유 없음이 명백할 때에는 행정처분의 효력정지나 집행정지를 명할 수 없다.**

답 10 ③

11 | 2022 |

행정소송법상 처분등에 대한 집행정지가 인정되는 소송을 모두 고른 것은?

| ㄱ. 무효등 확인소송　　　ㄴ. 부작위위법확인소송　　　ㄷ. 당사자소송 |

① ㄱ
② ㄴ
③ ㄱ, ㄷ
④ ㄴ, ㄷ
⑤ ㄱ, ㄴ, ㄷ

··

☞ 취소소송(거부처분에 대한 취소소송은 제외)과 무효등확인 소송에서만 집행정지가 인정된다.

12 | 2023 |

집행정지의 효력과 불복에 관한 설명으로 옳은 것은? (다툼이 있으면 판례에 따름)

① 집행정지결정의 효력은 집행정지기간이 만료되면 소급하여 효력을 상실한다.
② 집행정지결정은 관계행정기관에는 미치지 않는다.
③ 집행정지신청에 대한 기각의 결정에 대하여는 즉시항고 할 수 없다.
④ 무효등 확인소송에도 집행정지규정이 준용된다.
⑤ 집행정지결정을 한 후 본안소송이 취하되어도 집행정지결정의 효력은 결정 주문에서 정한 기간까지 존속한다.

··

① ☞ 소급하는 것이 아니라 장래에 향하여 효력을 상실한다.
[헌재 1998.9.30. 97헌바38] 집행정지결정의 효력은 결정 주문에서 정한 기간까지 존속하다가 그 기간이 만료되면 장래에 향하여 소멸한다. 집행정지결정은 처분의 집행으로 회복하기 어려운 손해를 예방하기 위하여 긴급한 필요가 있고 달리 공공복리에 중대한 영향을 미치지 않을 것을 요건으로 하여 본안판결이 있을 때까지 해당 처분의 집행을 잠정적으로 정지함으로써 위와 같은 손해를 예방하는 데 취지가 있으므로, 항고소송을 제기한 원고가 본안소송에서 패소확정판결을 받았더라도 집행정지결정의 효력이 소급하여 소멸하지 않는다.

② 제23조(집행정지) ⑥ 제30조제1항의 규정은 제2항의 규정에 의한 집행정지의 결정에 이를 준용한다.

　제30조(취소판결등의 기속력) ① 처분등을 취소하는 확정판결은 그 사건에 관하여 당사자인 행정청과 그 밖의 관계행정청을 기속한다.

③ 제23조(집행정지) ⑤ 제2항의 규정에 의한 집행정지의 결정 또는 기각의 결정에 대하여는 즉시항고할 수 있다. 이 경우 집행정지의 결정에 대한 즉시항고에는 결정의 집행을 정지하는 효력이 없다.

④ **제23조(집행정지)** ① 취소소송의 제기는 처분등의 효력이나 그 집행 또는 절차의 속행에 영향을 주지 아니한다.

제38조(준용규정) ① 제9조, 제10조, 제13조 내지 제17조, 제19조, 제22조 내지 제26조, 제29조 내지 제31조 및 제33조의 규정은 무효등 확인소송의 경우에 준용한다.

⑤ [대법원 1975. 11. 11., 선고, 75누97, 판결] 행정처분의 집행정지는 행정처분집행 부정지의 원칙에 대한 예외로서 인정되는 일시적인 응급처분이라 할 것이므로 집행정지결정을 하려면 이에 대한 본안소송이 법원에 제기되어 계속중임을 요건으로 하는 것이므로 집행정지결정을 한 후에라도 본안소송이 취하되어 소송이 계속하지 아니한 것으로 되면 집행정지결정은 당연히 그 효력이 소멸되는 것이고 별도의 취소조치를 필요로 하는 것이 아니다.

13 | 2023 |

취소소송에서 집행정지에 관한 설명으로 옳지 않은 것은? (다툼이 있으면 판례에 따름)

① 취소소송의 제기는 처분등의 효력에 영향을 주지 아니한다.
② 집행정지는 공공복리에 중대한 영향을 미칠 우려가 있을 때에는 허용되지 아니한다.
③ 집행정지신청이 신청요건을 결여하여 부적법하면 법원은 그 신청을 기각하여야 한다.
④ 거부처분에 대해서는 집행정지가 인정되지 않는다.
⑤ 집행정지 결정에는 기속력에 관한 행정소송법 제30조제1항의 규정이 준용된다.

••••••••••••••••••••••••••

① ☞ 이른바 집행부정지원칙에 관한 내용이다.

제23조(집행정지) ① 취소소송의 제기는 처분등의 효력이나 그 집행 또는 절차의 속행에 영향을 주지 아니한다.

②

제23조(집행정지) ① 취소소송의 제기는 처분등의 효력이나 그 집행 또는 절차의 속행에 영향을 주지 아니한다.
② 취소소송이 제기된 경우에 처분등이나 그 집행 또는 절차의 속행으로 인하여 생길 회복하기 어려운 손해를 예방하기 위하여 긴급한 필요가 있다고 인정할 때에는 본안이 계속되고 있는 법원은 당사자의 신청 또는 직권에 의하여 처분등의 효력이나 그 집행 또는 절차의 속행의 전부 또는 일부의 정지(이하 "執行停止"라 한다)를 결정할 수 있다. 다만, 처분의 효력정지는 처분등의 집행 또는 절차의 속행을 정지함으로써 목적을 달성할 수 있는 경우에는 허용되지 아니한다.
③ 집행정지는 공공복리에 중대한 영향을 미칠 우려가 있을 때에는 허용되지 아니한다.

③ ☞ 집행정지신청이 신청요건을 결여하여 부적법하면 각하된다.
④ [대법원 1992.2.13. 자 91두47 결정] 신청에 대한 거부처분의 효력을 정지하더라도 거부처분이 없었던 것과 같은 상태 즉 거부처분이 있기 전의 신청시의 상태로 되돌아가는 데에 불과하고 행정청에게 신청에 따른 처분을 하여야 할 의무가 생기는 것이 아니므로, 거부처분의 효력정지는 그 거부처분으로 인하여 신청인에게 생길 손해를 방지하는 데에 아무런 소용이 없어 그 효력정지를 구할 이익이 없다.

답 13 ③

⑤ ☞ 집행정지결정에는 기속력이 인정되므로 행정청은 철거집행을 진행할 수 없다.

> **제23조(집행정지)** ⑥ 제30조제1항의 규정은 제2항의 규정에 의한 집행정지의 결정에 이를 준용한다.
>
> **제30조(취소판결등의 기속력)** ① 처분등을 취소하는 확정판결은 그 사건에 관하여 당사자인 행정청과 그 밖의 관계행정청을 기속한다.

14 | 2024 |

보조금 교부결정의 취소처분에 대한 취소소송에서 본안판결 선고시까지 그 효력을 정지하는 결정이 있는 경우에 관한 설명으로 옳지 않은 것은? (다툼이 있으면 판례에 따름)

① 집행정지의 결정에 대한 즉시항고에는 그 결정의 집행을 정지하는 효력이 없다.
② 즉시항고는 재판이 고지된 날부터 1주 이내에 하여야 한다.
③ 만약 집행정지의 결정 없이 본안소송에서 보조금 교부결정의 취소처분이 취소되어 확정되었다면 사후적으로 보조금을 지급하는 것이 취소판결의 기속력에 부합한다.
④ 본안소송의 판결 선고에 의하여 집행정지결정의 효력은 소멸한다.
⑤ 집행정지결정의 효력이 소멸하는 경우 특별한 사정이 없는 한 집행정지기간 동안 교부된 보조금의 반환을 명할 수 없다.

••••••••••••••••••••••••

① ☞ 집행정지의 결정 또는 기각의 결정에 대해서는 즉시항고할 수 있다. 이 경우 집행정지의 결정에 대한 즉시항고에는 결정의 집행을 정지하는 효력이 없다(동법 제23조 제5항).

> **제23조(집행정지)** ⑤ 제2항의 규정에 의한 집행정지의 결정 또는 기각의 결정에 대하여는 즉시항고할 수 있다. 이 경우 집행정지의 결정에 대한 즉시항고에는 결정의 집행을 정지하는 효력이 없다.

② ☞ 민사소송법의 즉시항고기간에 관한 규정이 준용된다.

> **행정소송법**
> **제8조(법적용례)** ② 행정소송에 관하여 이 법에 특별한 규정이 없는 사항에 대하여는 법원조직법과 민사소송법 및 민사집행법의 규정을 준용한다.

> **민사소송법**
> **제444조(즉시항고)** ① 즉시항고는 재판이 고지된 날부터 1주 이내에 하여야 한다.

③ ☞ 보조금 교부결정의 취소처분이 취소되어 확정되었다면 보조금 교부결정만이 남아있는 상태가 된다. 따라서 사후적으로 보조금을 지급하는 것은 기속력에 부합한다.

④ ☞ 집행정지결정의 주문에 표시된 종기(終期)가 도래하면 집행정지결정의 효력은 소멸한다. 참고로 행정소송규칙에서는 집행정지결정의 종기는 본안판결선고일의 30일의 범위 내에서 정하도록 규정하고 있다.
[대법원 2017. 7. 11. 선고 2013두25498 판결] 행정소송법 제23조에 의한 효력정지결정의 효력은 결정주문에서 정한 시기까지 존속하고 그 시기의 도래와 동시에 효력이 당연히 소멸하므로, 보조금 교부결정의 일부를 취소한 행정청의 처분에 대하여 법원이 효력정지결정을 하면서 주문에서 그 법원에 계속 중인 본안소송의 판결 선고 시까지 처분의 효력을 정지한다고 선언하였을 경우, 본안소송의 판결 선고에 의하여 정지결정의 효력은 소멸하고 이와 동시에 당초의 보조금 교부결정 취소처분의 효력이 당연히 되살아난다.

행정소송규칙
제10조(집행정지의 종기) 법원이 법 제23조제2항에 따른 집행정지를 결정하는 경우 그 종기는 본안판결 선고일부터 30일 이내의 범위에서 정한다. 다만, 법원은 당사자의 의사, 회복하기 어려운 손해의 내용 및 그 성질, 본안청구의 승소가능성 등을 고려하여 달리 정할 수 있다.

⑤ ☞ 집행정지결정의 효력이 소멸한다는 말은 보조금교부결정 취소처분의 효력이 되살아난다는 의미이다. 판례는 이러한 집행정지결정의 효력소멸에 소급효를 인정하고 있다. 이러한 판례의 태도가 타당한지는 의문이지만, 수험상으로는 (ⅰ) 집행정지결정의 효력은 장래효만 인정되고, (ⅱ) 집행정지결정의 효력소멸은 소급효까지 인정된다고 정리하는 수밖에 없다.
[대법원 2017. 7. 11. 선고 2013두25498 판결] 행정소송법 제23조에 의한 효력정지결정의 효력은 결정주문에서 정한 시기까지 존속하고 그 시기의 도래와 동시에 효력이 당연히 소멸하므로, 보조금 교부결정의 일부를 취소한 행정청의 처분에 대하여 법원이 효력정지결정을 하면서 주문에서 그 법원에 계속 중인 본안소송의 판결 선고 시까지 처분의 효력을 정지한다고 선언하였을 경우, 본안소송의 판결 선고에 의하여 정지결정의 효력은 소멸하고 이와 동시에 당초의 보조금 교부결정 취소처분의 효력이 당연히 되살아난다. 따라서 효력정지결정의 효력이 소멸하여 보조금 교부결정 취소처분의 효력이 되살아난 경우, 특별한 사정이 없는 한 행정청으로서는 보조금법 제31조 제1항에 따라 취소처분에 의하여 취소된 부분의 보조사업에 대하여 효력정지기간 동안 교부된 보조금의 반환을 명하여야 한다.

15 | 2025 |

집행정지의 요건에 관한 설명으로 옳은 것은? (다툼이 있으면 판례에 따름)

① 집행정지의 소극적 요건인 '공공복리에 중대한 영향을 미칠 우려'에 대한 주장·소명책임은 원고에게 있다.
② 집행정지는 본안소송이 계속될 것을 요하나, 그 본안소송이 소송요건을 갖춘 적법한 것이어야 하는 것은 아니다.
③ 본안 처분 자체의 적법 여부에 관하여 판단하지 않은 채 집행정지의 요건을 충족하지 않는다는 이유로 집행정지 신청을 배척하였더라도 위법하지 않다.
④ 집행정지는 법원의 직권에 의하여 할 수 없다.
⑤ 신청인의 본안청구가 이유 없음이 명백하지 않아야 한다는 것은 집행정지의 요건에 포함되지 않는다.

---

① ☞ 집행정지의 적극적 요건인 「회복하기 어려운 손해」의 주장·소명책임의 소재는 신청인에게 있고, 소극적 요건인 「공공복리에 중대한 영향을 미칠 우려」의 주장·소명책임의 소재는 행정청에게 있다.
[대결 1999.12.20. 자, 99무42] (1) 행정소송법 제23조 제2항에서 행정청의 처분에 대한 집행정지의 요건으로 들고 있는 '회복하기 어려운 손해'라고 하는 것은 원상회복 또는 금전배상이 불가능한 손해는 물론 종국적으로 금전배상이 가능하다고 하더라도 그 손해의 성질이나 태양 등에 비추어 사회통념상 그러한 금전배상만으로는 전보되지 아니할 것으로 인정되는 현저한 손해를 가리키는 것으로서 이러한 집행정지의 적극적 요건에 관한 주장·소명책임은 원칙적으로 신청인측에 있다.
(2) 행정소송법 제23조 제3항에서 집행정지의 요건으로 규정하고 있는 '공공복리에 중대한 영향을 미칠 우려'가 없을 것이라고 할 때의 '공공복리'는 그 처분의 집행과 관련된 구체적이고도 개별적인 공익을 말하는 것으로서 이러한 집행정지의 소극적 요건에 대한 주장·소명책임은 행정청에게 있다.
② ☞ 집행정지가 인정되기 위해서는 적법한 본안소송이 계속 중이어야 한다. 본안소송이 부적법하여 각하될 운명이라면 집행정지를 받아줄 이유가 없다.
③ ☞ 행정처분 자체의 적법 여부는 궁극적으로 본안재판에서 심리를 거쳐 판단할 성질의 것이어서 집행정지 신청사건에서는 판단의 대상이 되지 아니한다.
[대법원 2008. 8. 26.자 2008무51 결정] 법학전문대학원 예비인가처분의 효력정지를 구하는 신청사건에서, 처분 자체의 적법 여부에 관하여 판단하지 않은 채 행정소송법 제23조 제2항에 정한 요건을 충족하지 않는다는 이유로 효력정지신청을 배척한 결정이 위법하지 않다고 한 사례
④ ☞ 「피/변/록/접」을 제외하고는 당사자의 신청뿐만 아니라 법원의 직권에 의해서도 가능하다.

당사자의 신청에 의해서만 할 수 있는 경우	당사자의 신청 또는 법원의 직권에 의하여 할 수 있는 경우
피고경정(제14조 제1항), 소의 변경(제21조), 처분변경으로 인한 소의 변경(제22조), 행정심판기록의 제출명령(제25조), 간접강제(제34조)	소송의 이송, 관련청구소송의 이송(제10조), 처분권한 승계에 따른 피고의 경정(제14조 제6항), 소송참가(제16조, 제17조), 집행정지결정(제23조)과 취소(제24조), 사정판결(제28조)

답 15 ③

제23조(집행정지) ② 취소소송이 제기된 경우에 처분등이나 그 집행 또는 절차의 속행으로 인하여 생길 회복하기 어려운 손해를 예방하기 위하여 긴급한 필요가 있다고 인정할 때에는 본안이 계속되고 있는 <u>법원은 당사자의 신청 또는 직권에 의하여</u> 처분등의 효력이나 그 집행 또는 절차의 속행의 전부 또는 일부의 정지(이하 "執行停止"라 한다)를 결정할 수 있다. 다만, 처분의 효력정지는 처분등의 집행 또는 절차의 속행을 정지함으로써 목적을 달성할 수 있는 경우에는 허용되지 아니한다.

⑤ ☞ 본안소송에서 원고 승소가능성이 「0」이라면 집행정지를 받아줄 이유가 없기 때문이다.
[대판 1997.4.28., 96두75결정] 행정처분의 효력정지나 집행정지를 구하는 신청사건에서 행정처분 자체의 적법 여부는 궁극적으로 본안재판에서 심리를 거쳐 판단할 성질의 것이므로 원칙적으로는 판단할 것이 아니고 그 행정처분의 효력이나 집행을 정지할 것인가에 대한 행정소송법 제23조 제2항, 제3항에 정해진 요건의 존부만이 판단의 대상이 된다고 할 것이지만, 효력정지나 집행정지는 신청인이 본안소송에서 승소판결을 받을 때까지 그 지위를 보호함과 동시에 후에 받을 승소판결을 무의미하게 하는 것을 방지하려는 것이어서 본안소송에서 처분의 취소가능성이 없음에도 처분의 효력이나 집행의 정지를 인정한다는 것은 제도의 취지에 반하므로 효력정지나 집행정지사건 자체에 의하여도 신청인의 본안청구가 이유 없음이 명백하지 않아야 한다는 것도 효력정지나 집행정지의 요건에 포함시켜야 한다.

16 | 2025 |

집행정지에 관한 설명으로 옳지 <u>않은</u> 것은? (다툼이 있으면 판례에 따름)

① 처분등의 효력의 일부에 대해서도 집행정지할 수 있다.
② 취소소송과 무효확인소송에서는 집행정지가 허용될 수 있다.
③ 집행정지의 결정에 대하여는 즉시항고할 수 있으나 이 즉시항고에는 결정의 집행을 정지하는 효력이 없다.
④ 본안에서 계쟁처분이 최종적으로 적법한 것으로 확정되면 집행정지결정의 효력은 소급하여 소멸한다.
⑤ 일정한 납부기한을 정한 과징금부과처분에 대한 집행정지결정이 내려진 경우 그 집행정지기간 동안에는 납부기간이 진행되지 않는다.

---

① ☞ 처분의 일부에 대한 집행정지는 가능하다(행정소송법 제23조 제2항). 여러 채의 건물을 대상으로 하는 철거명령에 대해서 상대방이 취소소송을 제기하고, 법원이 일부 건물에 대해서만 철거집행 정지를 경정하는 경우를 생각하면 된다.

제23조(집행정지) ② 취소소송이 제기된 경우에 처분 등이나 그 집행 또는 절차의 속행으로 인하여 생길 회복하기 어려운 손해를 예방하기 위하여 긴급한 필요가 있다고 인정할 때에는 본안이 계속되고 있는 법원은 당사자의 신청 또는 직권에 의하여 처분등의 효력이나 그 집행 또는 절차의 속행의 전부 또는 <u>일부의 정지</u>(이하 "집행정지"라 한다)를 결정할 수 있다. 다만, 처분의 효력정지는 처분등의 집행 또는 절차의 속행을 정지함으로써 목적을 달성할 수 있는 경우에는 허용되지 아니한다.

답 16 ④

② ☞ 취소소송(거부처분에 대한 취소소송은 제외)과 무효등확인 소송에서만 집행정지가 인정된다.

취소소송 규정이 무효등확인소송에 준용되지 않는 경우	무 / 심 / 재 / 기 / 접 / 사	* **무**효등확인소송 • 행정**심**판전치 • **재**량처분의 취소 • 제소**기간** • 간**접**강제 • **사**정판결

③ ☞ 이를테면 집행정지결정에 대해서 피고 행정청이 즉시항고를 하더라도 즉시항고에 대한 결정 이전까지 피고 행정청은 철거집행에 나아갈 수 없다.

> **제23조(집행정지)** ⑤ 제2항의 규정에 의한 집행정지의 결정 또는 기각의 결정에 대하여는 즉시항고할 수 있다. 이 경우 집행정지의 결정에 대한 즉시항고에는 결정의 집행을 정지하는 효력이 없다.

④ ☞ 집행정지결정의 효력은 기간이 만료되면 장래에 향하여 소멸한다. 따라서 피고 행정청이 최종정으로 승소하더라도 집행정지결정 기간 중에 이루어진 철거집행은 위법한 것이 된다.
[대법원 2020. 9. 3. 선고 2020두34070 판결] 집행정지결정의 효력은 결정 주문에서 정한 기간까지 존속하다가 그 기간이 만료되면 장래에 향하여 소멸한다. 집행정지결정은 처분의 집행으로 회복하기 어려운 손해를 예방하기 위하여 긴급한 필요가 있고 달리 공공복리에 중대한 영향을 미치지 않을 것을 요건으로 하여 본안판결이 있을 때까지 해당 처분의 집행을 잠정적으로 정지함으로써 위와 같은 손해를 예방하는 데 취지가 있으므로, 항고소송을 제기한 원고가 본안소송에서 패소확정판결을 받았더라도 집행정지결정의 효력이 소급하여 소멸하지 않는다.

⑤ ☞ 이러한 경우 집행정지기간 중에는 납부기간이 진행되지 않다가, 원고청구기각의 판결이 선고되면 남아있는 납부기간이 다시 진행된다.
[대법원 2003. 7. 11. 선고 2002다48023 판결] 일정한 납부기한을 정한 과징금부과처분에 대하여 '회복하기 어려운 손해'를 예방하기 위하여 긴급한 필요가 있고 달리 공공복리에 중대한 영향을 미치지 아니한다는 이유로 집행정지결정이 내려졌다면 그 집행정지기간 동안은 과징금부과처분에서 정한 과징금의 납부기간은 더 이상 진행되지 아니하고 집행정지결정이 당해 결정의 주문에 표시된 시기의 도래로 인하여 실효되면 그 때부터 당초의 과징금부과처분에서 정한 기간(집행정지결정 당시 이미 일부 진행되었다면 그 나머지 기간)이 다시 진행하는 것으로 보아야 한다.

제4절 · 취소소송의 심리

제1관 심리의 내용

1. 요건심리

요건심리란 법원에 소가 제기된 때에 당해 소가 소송제기요건(예컨대 관할권, 제소기간, 전심절차, 당사자적격, 대상적격 등)을 갖춘 적법한 것인지의 여부를 심리하는 것을 말한다. 심리결과 요건을 갖추지 못한 것이라고 인정하는 때에는 이를 각하한다.

2. 본안심리

본안심리는 그 소에 의한 청구를 인용할 것인지 또는 기각할 것인지를 판단하기 위하여 본안에 대하여 실체적으로 심리하는 것이다.

제2관 심리의 원칙

1. 불고불리(不告不理)의 원칙과 그 예외(직권심리주의의 가미)

가. 불고불리의 원칙

(1) 처분권주의

「처분권주의」란 사적자치의 원칙이 소송법에 적용된 것으로 소송의 제기, 소송의 유지, 소송의 종결 등을 당사자의 의사에 맡기는 것을 말한다. 따라서 법원은 소송제기 없이 재판할 수 없고, 소제기가 있는 사건에 대하여도 당사자의 청구의 범위를 넘어서 심리·판결할 수 없다.

> **관련판례**
>
> 행정소송에서 법원은 원고가 청구하는 한도를 초월하여 판결할 수 없다[대법원 1987. 11. 10., 선고, 86누491, 판결]
> 행정소송에 있어서도 행정소송법 제14조에 의하여 민사소송법 제188조가 준용되어 법원은 당사자가 신청하지 아니한 사항에 대하여는 판결할 수 없는 것이고, 행정소송법 제26조에서 직권심리주의를 채용하고 있으나 이는 행정소송에 있어서 원고의 청구범위를 초월하여 그 이상의 청구를 인용할 수 있다는 의미가 아니라 원고의 청구범위를 유지하면서 그 범위 내에서 필요에 따라 주장외의 사실에 관하여도 판단할 수 있다는 뜻이다.

(2) 변론주의

「변론주의」란 일단 소송이 제기되었음을 전제로, 사실과 증거의 수집·제출의 책임을 당사자에게 맡기고, 당사자가 수집하여 변론에서 제출한 소송자료만을 재판의 기초로 삼아야 한다는 원칙이다. 따라서 소송이 제기된 사건에 관하여 법원은 당사자가 주장하고 증거를 제출한 소송자료만을 재판의 기초로 삼아야 한다.

나. 직권심리주의의 가미

(1) 개념

다만 행정소송법은 행정소송의 공익적 견지에 비추어, 당사자가 주장하지 아니한 사실에 대하여도 판단할 수 있도록 변론주의 원칙에 대한 예외를 인정하고 있다(처분권주의에 대해서는 예외가 인정되지 않는다).

> **행정소송법**
>
> **제26조 (직권심리)** 법원은 필요하다고 인정할 때에는 직권으로 증거조사를 할 수 있고, 당사자가 주장하지 아니한 사실에 대하여도 판단할 수 있다.

(2) 직권심리의 정도

1) 변론주의 보충설

   제26조는 행정소송절차 역시 변론주의를 원칙으로 하면서, 다만 행정소송의 특수성에 따라 직권주의가 가미되어 당사자의 신청에 의하지 아니하고 직권으로 증거조사를 할 수 있다는 엄격한 의미의 직권증거조사를 규정한 것이라고 한다.

2) 직권탐지주의설

   법원은 당사자가 주장한 사실에 더하여 보충적으로 증거를 조사할 수 있을 뿐만 아니라 더 나아가 당사자가 주장하지 않은 사실에 대하여도 제한 없이 직권으로 증거를 조사하여 판단의 자료로 삼을 수 있다.

3) 판례 – 변론주의보충설

   판례는 직권심리를 할 수 있다 하더라도 무제한으로 당사자가 주장하지 않은 사실을 판단할 수 있는 것은 아니고, 변론주의와의 관계상 기록에 현출되어 있는 사항에 대해서만 조사·판단할 수 있다는 입장이다(변론주의보충설).

> **관련판례**
>
> 1. 기록상 자료가 나타나 있음에도 당사자가 주장하지 아니하였다는 이유로 판단하지 않은 것은 위법하다[대법원 2010.2.11., 2009두18035].
>   행정소송에서 기록상 자료가 나타나 있다면 당사자가 주장하지 않았더라도 판단할 수 있고, 당사자가 제출한 소송자료에 의하여 법원이 처분의 적법 여부에 관한 합리적인 의심을 품을 수 있음에도 단지 구체적 사실에 관한 주장을 하지 아니하였다는 이유만으로 당사자에게 석명을 하거나 직권으로 심리·판단하지 아니함으로써 구체적 타당성이 없는 판결을 하는 것은 행정소송법 제26조의 규정과 행정소송의 특수성에 반하므로 허용될 수 없다.

2. 직권조사에 관한 규정은 변론주의에 대한 예외규정일 뿐, 법원이 아무런 제한 없이 당사자가 주장하지 않은 사실을 판단할 수 있는 것은 아니다[대법원 1994.10.11, 선고, 94누4820, 판결].

행정소송법 제26조가 법원은 필요하다고 인정할 때에는 직권으로 증거조사를 할 수 있고, 당사자가 주장하지 아니한 사실에 대하여도 판단할 수 있다고 규정하고 있지만, 이는 행정소송의 특수성에 연유하는 당사자주의, 변론주의에 대한 일부 예외 규정일 뿐 법원이 아무런 제한 없이 당사자가 주장하지 아니한 사실을 판단할 수 있는 것은 아니고, 일건 기록에 현출되어 있는 사항에 관하여서만 직권으로 증거조사를 하고 이를 기초로 하여 판단할 수 있을 따름이고, 그것도 법원이 필요하다고 인정할 때에 한하여 청구의 범위내에서 증거조사를 하고 판단할 수 있을 뿐이다.

제3관 심리의 범위

1. 법률문제와 사실문제

법원의 심리권은 소송물의 실체면·절차면, 법률문제·사실문제의 모든 점에 미친다. 보다 구체적으로 ① 1심과 2심은 「사실심」이므로 사실문제와 법률문제 모두 심리할 수 있지만, ② 3심(상고심)은 「법률심」이므로 법률문제만 심리할 수 있다.

2. 재량문제

재량행위의 경우 원칙적으로 심리의 대상으로 삼을 수 없으나, 재량권의 일탈·남용은 심리대상이 될 수 있다.

행정소송법

제27조(재량처분의 취소) 행정청의 재량에 속하는 처분이라도 재량권의 한계를 넘거나 그 남용이 있는 때에는 법원은 이를 취소할 수 있다.

3. 행정심판기록 제출명령

법원은 당사자의 신청이 있는 때에 한하여 재결을 행한 행정청에 행정심판에 관한 기록의 제출을 명할 수 있다(즉 법원의 직권에 의한 명령은 불가능하다). 여기서 행정심판기록이란 당해 행정심판에 관한 기록 전체를 의미한다.

제25조(행정심판기록의 제출명령) ① 법원은 당사자의 신청이 있는 때에는 결정으로써 재결을 행한 행정청에 대하여 행정심판에 관한 기록의 제출을 명할 수 있다.
② 제1항의 규정에 의한 제출명령을 받은 행정청은 지체없이 당해 행정심판에 관한 기록을 법원에 제출하여야 한다.

4. 답변서 제출 의무

행정소송규칙 제8조에서는 피고의 답변서 제출 의무를 규정하고 있다. 취소소송에서도 민사소송과 같이 소장 부본 송달일로부터 30일 이내에 답변서를 제출할 의무가 있음을 명확히 하고 답변서의 기재사항에는 취소소송의 특성을 반영한 내용을 포함시켜, 실질적인 답변서의 적시 제출을 통한 재판의 신속 및 심리의 적정을 꾀하고 있다.

> **행정소송규칙**
>
> **제8조(답변서의 제출)** ① 피고가 원고의 청구를 다투는 경우에는 소장의 부본을 송달받은 날부터 30일 이내에 다음 각 호의 사항이 포함된 답변서를 제출하여야 한다.
> 1. 사건의 표시
> 2. 피고의 명칭과 주소 또는 소재지
> 3. 대리인의 이름과 주소 또는 소송수행자의 이름과 직위
> 4. 청구의 취지에 대한 답변
> 5. 처분등에 이른 경위와 그 사유
> 6. 관계 법령
> 7. 소장에 기재된 개개의 사실에 대한 인정 여부
> 8. 항변과 이를 뒷받침하는 구체적 사실
> 9. 제7호 및 제8호에 관한 피고의 증거방법과 원고의 증거방법에 대한 의견
> 10. 덧붙인 서류의 표시
> 11. 작성한 날짜
> 12. 법원의 표시
>
> ② 답변서에는 제1항제9호에 따른 증거방법 중 증명이 필요한 사실에 관한 중요한 서증의 사본을 첨부하여야 한다.
>
> ③ 제1항 및 제2항의 규정에 어긋나는 답변서가 제출된 때에는 재판장은 법원사무관등으로 하여금 방식에 맞는 답변서의 제출을 촉구하게 할 수 있다.
>
> ④ 재판장은 필요한 경우 제1항제5호 및 제6호의 사항을 각각 별지로 작성하여 따로 제출하도록 촉구할 수 있다.

제4관 행정심판과 행정소송의 비교

행정심판과 행정소송은 공권력의 행사에 대하여 국민의 권리를 보호하기 위한 불복절차라는 점에서는 동일하나, 아래와 같이 세부적으로는 차이를 보이고 있다.

1. 성격

① 행정심판은 행정부 내부에서 이루어지는 약식의 권리구제절차이지만, ② 행정소송은 독립된 사법기관을 통해 진행되는 정식의 권리구제절차이다.

2. 목적

① 행정심판은 간이하고 신속한 권리구제를 목적으로 하지만, ② 행정소송은 보다 신중하고 공정한 권리구제를 목적으로 한다.

3. 불복의 대상

① 행정심판은 불복의 대상인 처분 또는 부작위가 위법한 경우뿐만 아니라 부당한 경우도 그 대상으로 하지만, ② 행정소송(항고소송)은 대상 처분 또는 부작위가 위법한 경우에만 불복할 수 있을 뿐 단순히 부당한 경우에 대해서는 권력분립의 원칙상 다툴 수 없다.

4. 심리의 공개여부

① 행정심판은 간이·신속한 불복절차라는 특성상 비공개를 원칙으로 한다. ② 반면 행정소송은 불복절차를 신중하고 공정하게 진행하기 위해 공개재판을 원칙으로 하고, 당사자나 제3자의 권리보호 등 특별한 사유가 있는 경우에만 비공개로 진행할 수 있을 뿐이다.

5. 심리의 방법

① 행정심판은 구술심리뿐만 아니라 서면심리도 가능하다. 다시 말하면 당사자나 그 대리인이 출석하지 않고 서면심리만으로 결론을 내릴 수도 있다. ② 반면에 행정소송은 신중하고 공정한 절차진행의 취지상 당사자나 그 대리인이 법정에 1회 이상 출석하여 구술로(말로) 변론을 진행하여야 한다.

< 행정심판과 행정소송의 비교 >

	성격	목적	대상	공개여부	심리방법
행정심판	약식	간이·신속	위법·부당한 처분·부작위	비공개(원칙)	구술 또는 서면심리
행정소송	정식	신중·공정	위법한 처분·부작위	공개(원칙)	구술심리

기출문제

01 | 2016 |

행정소송상 심리에 관한 설명으로 옳은 것은? (다툼이 있으면 판례에 따름)

① 직권탐지주의가 원칙이고, 변론주의는 예외이다.
② 법원이 당사자에게 새로운 청구를 할 것을 권유하는 것이 석명권의 한계를 넘어서는 것은 아니다.
③ 법원은 필요하다고 인정할 때에는 직권으로 증거조사를 할 수 있다.
④ 법원은 행정소송에 있어서 원고의 청구범위를 초월하여 그 이상의 청구를 인용할 수 있다.
⑤ 법원은 당사자가 주장하지 아니한 사실에 대해서는 판단할 수 없다.

••••••••••••••••••••••

① [대법원 1994.10.11, 94누4820] 행정소송법 제26조가 법원은 필요하다고 인정할 때에는 직권으로 증거조사를 할 수 있고, 당사자가 주장하지 아니한 사실에 대하여도 판단할 수 있다고 규정하고 있지만, 이는 행정소송의 특수성에 연유하는 당사자주의, 변론주의에 대한 일부 예외 규정일 뿐 법원이 아무런 제한 없이 당사자가 주장하지 아니한 사실을 판단할 수 있는 것은 아니고, 일건 기록에 현출되어 있는 사항에 관하여서만 직권으로 증거조사를 하고 이를 기초로 하여 판단할 수 있을 따름이고, 그것도 법원이 필요하다고 인정할 때에 한하여 청구의 범위 내에서 증거조사를 하고 판단할 수 있을 뿐이다.
② ☞ 법원이 당사자에게 새로운 청구를 할 것을 권유하는 것은 처분권주의에 위배된다.
③ ☞ 법원은 필요하다고 인정할 때에는 직권으로 증거조사를 할 수 있고, 당사자가 주장하지 아니한 사실에 대하여도 판단할 수 있다(행정소송법 제26조).
④ ☞ 행정소송법이 준용하는 민사소송법에 따라 법원은 원고의 청구범위를 벗어나서는 심리·판결하지 못한다(처분권주의).
⑤ ☞ 기록상 자료가 나타나 있는 경우에는 당사자가 주장하지 않더라도 판단할 수 있다(직권심리주의의 가미).

02 | 2017 |

취소소송의 본안판단 사항은? (다툼이 있으면 판례에 따름)

① 제소기간 도과 여부
② 원고적격 인정 여부
③ 재량남용 여부
④ 대상적격 인정 여부
⑤ 소의 이익 유무

••••••••••••••••••••••

①, ②, ④, ⑤ ☞ 소송요건으로 본안 전 판단사항이다.
③ ☞ 재량행위도 재량권의 일탈, 남용이 있는 경우에는 부당에 그치는 것이 아니라 위법하게 된다. 따라서 본안 판단을 통해 법원은 위법한 재량처분을 취소할 수 있다(제27조).

답 01 ③ 02 ③

03 | 2017 |

취소소송 심리의 일반원칙에 관한 설명으로 옳은 것은? (다툼이 있으면 판례에 따름)

① 법원이 원고가 취소를 청구하지도 않은 행정처분에 대하여 취소판결을 한 것은 처분권주의에 반하여 위법하다.
② 자유심증주의는 인정되지 아니한다.
③ 서면심리주의를 원칙으로 한다.
④ 법원이 소송절차를 직권으로 진행시키는 직권주의는 인정되지 아니한다.
⑤ 공개주의는 원칙적으로 인정되지 아니한다.

---

① [대법원 1993. 6. 8. 선고 93누4526 판결] 원고가 청구하지 아니한 개별토지가격결정처분에 대하여 판결한 것은 민사소송법 제188조 소정의 처분권주의에 반하여 위법하다.

② ☞ 「자유심증주의」란 법원이 판결의 기초가 되는 사실을 인정함에 있어서 증거방법이나 증거력에 관하여 법률상의 제한을 받지 않고 법관의 자유로운 판단에 따르도록 하는 원칙을 말한다. 행정소송법 제8조 제2항에 따라 민사소송법상의 기본원칙인 자유심증주의는 행정소송의 심리에도 적용된다.

> **제8조(법적용예)** ① 행정소송에 대하여는 다른 법률에 특별한 규정이 있는 경우를 제외하고는 이 법이 정하는 바에 의한다.
> ② 행정소송에 관하여 이 법에 특별한 규정이 없는 사항에 대하여는 법원조직법과 민사소송법 및 민사집행법의 규정을 준용한다.

> **민사소송법**
> **제202조(자유심증주의)** 법원은 변론 전체의 취지와 증거조사의 결과를 참작하여 자유로운 심증으로 사회정의와 형평의 이념에 입각하여 논리와 경험의 법칙에 따라 사실주장이 진실한지 아닌지를 판단한다.

③ ☞ 행정소송법 제8조 제2항에 따라 (서면심리주의가 아니라) 민사소송법상의 기본원칙인 구술심리주의가 행정소송의 심리에도 적용된다.

> **행정소송법**
> **제8조(법적용예)** ① 행정소송에 대하여는 다른 법률에 특별한 규정이 있는 경우를 제외하고는 이 법이 정하는 바에 의한다.
> ② 행정소송에 관하여 이 법에 특별한 규정이 없는 사항에 대하여는 법원조직법과 민사소송법 및 민사집행법의 규정을 준용한다.

> **민사소송법**
> **제134조(변론의 필요성)** ① 당사자는 소송에 대하여 법원에서 변론하여야 한다. 다만, 결정으로 완결할 사건에 대하여는 법원이 변론을 열 것인지 아닌지를 정한다.

④ ☞ 행정소송법은 행정소송의 공익적 견지에 비추어, 당사자가 주장하지 아니한 사실에 대하여도 판단할 수 있도록 직권심리주의(불고불리의 원칙의 예외)를 규정하고 있다.

답 03 ①

⑤ ☞ 현행 헌법상 특별한 사유가 없는 한 재판의 심리와 판결은 공개하여야 한다(비밀재판의 금지). 즉 공개주의를 원칙으로 한다.

> **헌법**
> **제109조** 재판의 심리와 판결은 공개한다. 다만, 심리는 국가의 안전보장 또는 안녕질서를 방해하거나 선량한 풍속을 해할 염려가 있을 때에는 법원의 결정으로 공개하지 아니할 수 있다.

04 | 2017 |

취소소송의 직권심리에 관한 설명으로 옳지 <u>않은</u> 것은? (다툼이 있으면 판례에 따름)

① 법원은 필요하다고 인정할 때에는 직권으로 증거조사를 할 수 있다.
② 취소소송의 직권심리에 관하여 규정하고 있는 「행정소송법」 제26조는 공법상 당사자소송에 준용된다.
③ 법원은 기록상 자료가 나타나 있는 사항에 관해서는 당사자가 이를 주장하지 않았더라도 판단할 수 있다.
④ 직권탐지주의설은 행정의 적법성 통제도 행정소송의 목적이라는 것을 강조한다.
⑤ 처분청의 처분권한 유무는 직권조사사항이다.

•••••••••••••••••••••

① 제26조
② 제44조 제1항, 제26조
③ [대법원 2010.2.11. 선고, 2009두18035, 판결] 행정소송에서 기록상 자료가 나타나 있다면 당사자가 주장하지 않았더라도 판단할 수 있고, 당사자가 제출한 소송자료에 의하여 법원이 처분의 적법 여부에 관한 합리적인 의심을 품을 수 있음에도 단지 구체적 사실에 관한 주장을 하지 아니하였다는 이유만으로 당사자에게 석명을 하거나 직권으로 심리·판단하지 아니함으로써 구체적 타당성이 없는 판결을 하는 것은 행정소송법 제26조의 규정과 행정소송의 특수성에 반하므로 허용될 수 없다.
④ ☞ 직권심리의 범위와 관련하여 「변론주의 보충설」과 「직권탐지주의설」이 대립된다. 「변론주의 보충설」에서는 변론주의를 보충하는 한도 내에서만 법원의 직권심리가 가능하다고 보는 반면, 「직권탐지주의설」은 행정의 적법성 통제가 행정소송의 목적이라는 점을 강조하여 법원은 보다 적극적으로 소송에 개입하여야 한다고 주장한다.
⑤ ☞ 권한이 없는 처분청에 의해 이루어진 처분은 위법하다는 점에서 처분청의 처분권한 유무는 소송요건이 아닌 본안판단 사항이다. 소송요건과는 달리 본안판단 사항은 법원의 직권조사사항이 아니라 당사자가 입증하여야 한다.
[대법원 1997. 6. 19. 선고 95누8669 전원합의체 판결] 행정소송에 있어서 처분청의 처분권한 유무는 직권조사사항이 아니다.

답 04 ⑤

05 | 2017 |

항고소송의 심리의 범위에 관한 설명으로 옳지 않은 것은? (다툼이 있으면 판례에 따름)

① 취소소송에서 처분의 동일성 내에서 개개의 위법사유는 심리의 범위에 속한다.
② 처분의 부당 여부는 심리의 범위를 벗어난다.
③ 취소소송에서 사정판결을 할 것인지의 여부는 심리의 대상에 포함되지 아니한다.
④ 무효등확인소송에서는 처분의 존재 여부가 심리의 대상이 될 수 있다.
⑤ 부작위위법확인소송에서 부작위의 위법 여부에서 더 나아가 신청에 따른 처분의무가 있는지는 심리의 범위에 포함되지 아니한다.

---

① ☞ 취소소송의 심리대상은 행정처분의 위법성 존부이므로, 처분의 동일성 내에서 개개의 위법사유는 법원의 심리의 범위에 속한다.
[대법원 1996.4.26, 선고, 95누5820, 판결] 취소판결의 기판력은 소송물로 된 행정처분의 위법성 존부에 관한 판단 그 자체에만 미치는 것이므로 전소와 후소가 그 소송물을 달리하는 경우에는 전소 확정판결의 기판력이 후소에 미치지 아니한다.

② ☞ 행정심판의 경우에는 위법성뿐만 아니라 부당성에 대한 심사가 가능하나, 행정소송의 경우에는 위법성 심사만 가능할 뿐 부당성 심사는 허용되지 않는다.

행정심판법
제5조(행정심판의 종류) 행정심판의 종류는 다음 각 호와 같다.
  1. 취소심판 : 행정청의 위법 또는 부당한 처분을 취소하거나 변경하는 행정심판

행정소송법
제4조(항고소송) 항고소송은 다음과 같이 구분한다.
  1. 취소소송 : 행정청의 위법한 처분 등을 취소 또는 변경하는 소송

③ [대법원 2001. 1. 19. 선고 99두9674 판결] 행정처분이 위법한 경우에는 이를 취소하는 것이 원칙이고, 예외적으로 그 위법한 처분을 취소·변경하는 것이 도리어 현저히 공공복리에 적합하지 아니하는 경우에는 그 취소를 허용하지 아니하는 사정판결을 할 수 있고, 이러한 사정판결에 관하여는 당사자의 명백한 주장이 없는 경우에도 기록에 나타난 여러 사정을 기초로 직권으로 판단할 수 있는 것이나, 그 요건인 현저히 공공복리에 적합하지 아니한지 여부는 위법한 행정처분을 취소·변경하여야 할 필요와 그 취소·변경으로 인하여 발생할 수 있는 공공복리에 반하는 사태 등을 비교·교량하여 판단하여야 한다.

④ ☞ 무효등확인소송의 일유형인 「존재확인소송」 내지 「부존재확인소송」에 해당한다. 이 경우 처분의 존재여부는 「본안판단사항」이다.

⑤ ☞ 부작위위법확인소송에서 법원의 심리는 그 부작위의 위법성 여부를 확인하는데 그치며, 행정청이 행할 처분의 내용까지 정할 수는 없다. 이를 「절차적 심리설」이라 한다.
[대법원 1992.7.28, 선고, 91누7361, 판결] 부작위위법확인의 소는 행정청이 국민의 법규상 또는 조리상의 권리에 기한 신청에 대하여 상당한 기간 내에 그 신청을 인용하는 적극적 처분을 하거나 또는 각하 내지 기각하는 등의 소극적 처분을 하여야 할 법률상의 응답의무가 있음에도 불구하고 이를 하지 아니하는 경우 판결시를 기준으로 그 부작위의 위법함을 확인함으로써 행정청의 응답을 신속하게 하여 부작위 내지 무응답이라고 하

답 05 ③

는 소극적인 위법상태를 제거하는 것을 목적으로 하는 것이고, 나아가 당해 판결의 구속력에 의하여 행정청에게 처분등을 하게 하고, 다시 당해 처분등에 대하여 불복이 있는 때에는 그 처분등을 다투게 함으로써 최종적으로는 국민의 권리이익을 보호하려는 제도이다.

06 | 2017 |

행정심판기록의 제출명령에 관한 「행정소송법」의 규정내용으로 옳지 <u>않은</u> 것은?

① 당사자는 법원에 제출명령을 신청할 수 있다.
② 법원은 직권으로 제출을 명할 수 있다.
③ 공법상 당사자소송에 준용된다.
④ 법원이 재결을 행한 행정청에 대하여 결정으로써 행한다.
⑤ 제출명령을 받은 재결청은 지체없이 당해 행정심판에 관한 기록을 법원에 제출하여야 한다.

••••••••••••••••••••••••

①, ④ 제25조 제1항
② ☞ 행정심판기록의 제출명령은 당사자의 신청이 있는 때에만 가능할 뿐 직권으로는 불가능하다.
③ 제44조 제1항
⑤ 제25조 제2항

07 | 2018 |

항고소송의 심리에 관한 설명으로 옳지 <u>않은</u> 것은? (다툼이 있으면 판례에 따름)

① 불고불리의 원칙이 적용된다.
② 제소 당시 소송요건을 충족하여도 사실심의 변론종결시 그 요건이 결여되면 각하판결을 한다.
③ 처분청의 처분권한 유무는 직권조사사항이 아니다.
④ 제소 당시 소송요건이 흠결되었으면 사실심의 변론종결시까지 이를 구비하더라도 적법한 소가 되지 않는다.
⑤ 소송요건은 직권조사사항이다.

••••••••••••••••••••••••

① ☞ 행정소송에도 민사소송과 마찬가지로 「불고불리의 원칙」이 적용된다. 따라서 법원은 소송제기 없이 재판할 수 없고 소제기가 있는 사건에 대하여도 당사자의 청구의 범위를 넘어서 심리·판결할 수 없다.
②, ④ ☞ 소송요건의 존부는 사실심 변론종결시를 기준으로 판단한다. 즉 소제기 당시에는 소송요건을 충족하지 못하였더라도 사실심 변론종결시에 소송요건을 충족하면 법원은 본안판단을 하여야 한다. 반면에 소제기 당시에는 소송요건을 충족하였더라도 이후에 그 소송요건이 흠결되면 부적법한 소가 되어 법원은 각하판결을 한다.

답 06 ② 07 ④

[대법원 1987.4.28, 86누29] 전심절차를 밟지 아니한 채 증여세부과처분취소소송을 제기 하였다면 제소당시로 보면 전치요건을 구비하지 못한 위법이 있다 할 것이지만, 소송계속 중 심사청구 및 심판청구를 하여 각 기각결정을 받았다면 원심변론종결일 당시에는 위와 같은 전치요건흠결의 하자는 치유되었다고 볼 것이다.

③ ☞ 처분청에 처분권한이 존재하지 않는다면 당해 처분은 위법한 처분이 된다. 즉 처분청의 처분권한 유무는 본안판단사항이다.
[대법원 1997. 6. 19, 선고, 95누8669, 전원합의체 판결]행정소송에 있어서 처분청의 처분권한 유무는 직권조사사항이 아니다.

⑤ ☞ 본안판단을 받기 위해서는 본안판단의 전제요건을 갖추어야 하는데, 이를 소송요건이라 한다. 소송요건으로서는 (ⅰ) 소송을 제기할 원고적격(법률상 이익)이 있는 자가, (ⅱ) 소송을 제기할 현실적인 필요성(협의의 소의 이익)이 있는 경우, (ⅲ) 피고적격이 있는 행정청을 상대로, (ⅳ) 행정청의 처분 등을 대상으로, (ⅴ) 제소기간 내에, (ⅵ) 행정심판이 필요한 경우 행정심판을 거쳐, (ⅶ) 관할법원에, (ⅷ) 소장이라는 형식을 갖추어 제기할 것이 요구된다. 이러한 소송요건은 법원의 직권조사사항으로 소송요건이 결여되면 법원은 소각하 판결을 한다.

08 | 2019 |

취소소송의 심리절차상 원칙에 관한 설명으로 옳은 것은? (다툼이 있으면 판례에 따름)

① 법원은 필요하다고 인정할 때에는 직권으로 증거조사를 할 수 있으나, 당사자가 주장하지 아니한 사실에 대하여는 판단할 수 없다.
② 법원이 원고가 청구하지 아니한 개별토지가격결정처분에 대하여 판결하는 것은 처분권주의에 반한다.
③ 명의신탁등기 과징금 부과처분에 대하여 장기미등기 과징금 부과처분 사유가 존재한다는 이유로 적법하다고 판단하는 것은 직권심사주의 원칙상 허용된다.
④ 기록상 자료가 나타나 있다 하더라도 당사자가 주장하지 않으면 판단할 수 없다.
⑤ 처분청의 처분권한유무는 직권조사사항이다.

①「행정소송법」제26조

제26조(직권심리) 법원은 필요하다고 인정할 때에는 직권으로 증거조사를 할 수 있고, 당사자가 주장하지 아니한 사실에 대하여도 판단할 수 있다.

② [대법원 1993. 6. 8., 선고, 93누4526, 판결] 원고가 청구하지 아니한 개별토지가격결정처분에 대하여 판결한 것은 민사소송법 제188조 소정의 처분권주의에 반하여 위법하다.

③ ☞ 명의신탁등기를 이유로 하는 과징금 부과처분과 장기간 미등기하였음을 이유로 하는 과징금 부과처분은 기본적 사실관계가 동일하지 않다.
[대법원 2017. 5. 17., 선고, 2016두53050, 판결] 부동산 실권리자명의 등기에 관한 법률은 누구든지 부동산에 관한 물권을 명의신탁약정에 따라 명의수탁자의 명의로 등기하여서는 아니 된다고 하고(제3조 제1항), 이를 위반한 명의신탁자에게는 해당 부동산 가액의 100분의 30에 해당하는 금액의 범위에서 과징금(이하 '명의

답 08 ②

신탁등기 과징금'이라고 한다)을 부과하도록 규정하고 있다(제5조 제1항 제1호). 또한 부동산의 소유권이전을 내용으로 하는 계약을 체결하고 반대급부의 이행이 사실상 완료된 날부터 3년 이내에 소유권이전등기를 신청하지 아니한 등기권리자 등에게는 부동산평가액의 100분의 30의 범위에서 과징금(이하 '장기미등기 과징금'이라고 한다)을 부과하도록 규정하고 있다(제10조 제1항). 이와 같이 **명의신탁등기 과징금과 장기미등기 과징금은 위반행위의 태양, 부과 요건, 근거 조항을 달리하므로, 각 과징금 부과처분의 사유는 상호 간에 기본적 사실관계의 동일성이 있다고 할 수 없다. 그러므로 그중 어느 하나의 처분사유에 의한 과징금 부과처분에 대하여 당해 처분사유가 아닌 다른 처분사유가 존재한다는 이유로 적법하다고 판단하는 것은 특별한 사정이 없는 한 행정소송법상 직권심사주의의 한계를 넘는 것으로서 허용될 수 없다.**

④ [대법원 2010. 2. 11., 선고, 2009두18035, 판결] **행정소송에서 기록상 자료가 나타나 있다면 당사자가 주장하지 않았더라도 판단할 수 있고,** 당사자가 제출한 소송자료에 의하여 법원이 처분의 적법 여부에 관한 합리적인 의심을 품을 수 있음에도 단지 구체적 사실에 관한 주장을 하지 아니하였다는 이유만으로 당사자에게 석명을 하거나 직권으로 심리·판단하지 아니함으로써 구체적 타당성이 없는 판결을 하는 것은 행정소송법 제26조의 규정과 행정소송의 특수성에 반하므로 허용될 수 없다.

⑤ ☞ 처분청의 처분권한유무는 소송요건이 아니어서 직권주의가 적용되지 않는다. 처분청에 처분권한이 없음에도 불구하고 처분이 이루어졌다면 당해 처분은 주체의 하자가 존재하는 위법한 처분이 된다. 즉 처분권한 유무는 처분의 위법성에 관한 것이어서 본안판단사항이므로 변론주의가 적용된다.
[대법원 1997. 6. 19., 선고, 95누8669, 전원합의체 판결] **행정소송에 있어서 처분청의 처분권한 유무는 직권조사사항이 아니다.**

09 | 2020 |

취소소송의 직권심리에 관한 설명으로 옳지 <u>않은</u> 것은? (다툼이 있으면 판례에 따름)

① 법원은 필요하다고 인정할 때에는 직권으로 증거조사를 할 수 있다.
② 법원은 필요하다고 인정할 때에는 당사자가 주장하지 아니하는 사실에 대하여도 판단할 수 있다.
③ 직권심리는 행정소송의 특수성에서 연유하는 당사자주의, 변론주의에 대한 일부 예외규정이다.
④ 법원은 직권심리를 할 때 원고의 청구범위를 유지할 필요는 없다.
⑤ 「행정소송법」제26조의 직권심리주의는 공법상 당사자소송에 준용된다.

••••••••••••••••••••••••

①, ② ☞ 법원은 필요하다고 인정할 때에는 직권으로 증거조사를 할 수 있고, 당사자가 주장하지 아니한 사실에 대하여도 판단할 수 있다(행정소송법 제26조).

> **제26조(직권심리)** 법원은 필요하다고 인정할 때에는 직권으로 증거조사를 할 수 있고, 당사자가 주장하지 아니한 사실에 대하여도 판단할 수 있다.

③ [대법원 1994.10.11, 94누4820] 행정소송법 제26조가 법원은 필요하다고 인정할 때에는 직권으로 증거조사를 할 수 있고, 당사자가 주장하지 아니한 사실에 대하여도 판단할 수 있다고 규정하고 있지만, 이는 **행정소송의 특수성에 연유하는 당사자주의, 변론주의에 대한 일부 예외 규정**일 뿐 법원이 아무런 제한 없이 당사자가 주장하지 아니한 사실을 판단할 수 있는 것은 아니고, 일건 기록에 현출되어 있는 사항에 관하여서만 직권으로 증거조사를 하고 이를 기초로 하여 판단할 수 있을 따름이고, 그것도 법원이 필요하다고 인정할 때에 한하여 청

답 09 ④

구의 범위 내에서 증거조사를 하고 판단할 수 있을 뿐이다.
④ ☞ 「처분권주의」에 따라 원고의 청구범위를 유지하는 범위 내에서만 직권심리가 가능하다.
  [대법원 1987. 11. 10., 선고, 86누491, 판결] 행정소송에 있어서도 행정소송법 제14조에 의하여 민사소송법 제188조가 준용되어 법원은 당사자가 신청하지 아니한 사항에 대하여는 판결할 수 없는 것이고, 행정소송법 제26조에서 직권심리주의를 채용하고 있으나 이는 행정소송에 있어서 원고의 청구범위를 초월하여 그 이상의 청구를 인용할 수 있다는 의미가 아니라 원고의 청구범위를 유지하면서 그 범위 내에서 필요에 따라 주장외의 사실에 관하여도 판단할 수 있다는 뜻이다.
⑤ ☞ 항고소송과 마찬가지로 당사자소송의 경우에도 행정소송의 공익적 성격이 유지되어야 하기 때문이다(동법 제44조 제1항, 제26조)

> **제44조(준용규정)** ① 제14조 내지 제17조, 제22조, 제25조, **제26조**, 제30조제1항, 제32조 및 제33조의 규정은 당사자소송의 경우에 준용한다.

10 | 2021 |

재량처분의 취소에 관한 설명으로 옳지 <u>않은</u> 것은? (다툼이 있으면 판례에 따름)

① 영업정지 기간의 감경에 관한 참작 사유가 있음에도 이를 전혀 고려하지 않은 나머지 영업정지 기간을 감경하지 아니하였다면 그 영업정지처분은 위법하다.
② 공무원에 대한 징계처분에는 공무원 승진임용처분에서와 비교할 수 없을 정도의 광범위한 재량이 부여되어 있다.
③ 재량행위에 대한 사법심사에서는 법원은 독자의 결론을 도출함이 없이 당해 행위에 재량권의 일탈·남용이 있는지 여부만을 심사하게 된다.
④ 재량권을 일탈·남용한 특별한 사정이 있다는 점은 이를 주장하는 자가 증명하여야 한다.
⑤ 허가 기준에 맞지 않는다고 판단하여 개발행위허가신청을 불허가하였다면 이에 앞서 도시계획위원회의 심의를 거치지 않았다는 사정만으로 곧바로 그 불허가처분에 취소사유가 있다고 보기는 어렵다.

....

① ☞ 재량권의 일탈 내지 남용에 해당하여 위법하다.
  [대법원 2016. 8. 29., 선고, 2014두45956, 판결] 행정청이 건설산업기본법 및 구 건설산업기본법 시행령(이하 '시행령'이라 한다) 규정에 따라 건설업자에 대하여 영업정지 처분을 할 때 건설업자에게 영업정지 기간의 감경에 관한 참작 사유가 존재하는 경우, 행정청이 그 사유까지 고려하고도 영업정지 기간을 감경하지 아니한 채 시행령 제80조 제1항 [별표 6] '2. 개별기준'이 정한 영업정지 기간대로 영업정지 처분을 한 때에는 이를 위법하다고 단정할 수 없으나, 위와 같은 사유가 있음에도 이를 전혀 고려하지 않거나 그 사유에 해당하지 않는다고 오인한 나머지 영업정지 기간을 감경하지 아니하였다면 영업정지 처분은 재량권을 일탈·남용한 위법한 처분이다.

답 10 ②

② ☞ 공무원 징계처분은 침익처분이고, 공무원 승진임용처분은 수익처분이다. 침익처분보다 수익처분의 경우에 행정청의 재량이 더 크다.
[대법원 2018. 3. 27., 선고, 2015두47492, 판결] 교육부장관은 승진후보자 명부에 포함된 후보자들에 대하여 일정한 심사를 진행하여 임용제청 여부를 결정할 수 있고 승진후보자 명부에 포함된 특정 후보자를 반드시 임용제청을 하여야 하는 것은 아니며, 또한 교육부장관이 임용제청을 한 후보자라고 하더라도 임용권자인 대통령이 반드시 승진임용을 하여야 하는 것도 아니다. 이처럼 공무원 승진임용에 관해서는 임용권자에게 일반국민에 대한 행정처분이나 공무원에 대한 징계처분에서와는 비교할 수 없을 정도의 광범위한 재량이 부여되어 있다. 따라서 승진후보자 명부에 포함된 후보자를 승진임용에서 제외하는 결정이 공무원의 자격을 정한 관련 법령 규정에 위반되지 아니하고 사회통념상 합리성을 갖춘 사유에 따른 것이라는 일응의 주장·증명이 있다면 쉽사리 위법하다고 판단하여서는 아니 된다.

③ [대법원 2001.2.9. 선고, 98두17593. 판결] 행정행위가 그 재량성의 유무 및 범위와 관련하여 이른바 기속행위 내지 기속재량행위와 재량행위 내지 자유재량행위로 구분된다고 할 때, 그 구분은 당해 행위의 근거가 된 법규의 체재·형식과 그 문언, 당해 행위가 속하는 행정 분야의 주된 목적과 특성, 당해 행위 자체의 개별적 성질과 유형 등을 모두 고려하여 판단하여야 하고, 이렇게 구분되는 양자에 대한 사법심사는, 전자의 경우 그 법규에 대한 원칙적인 기속성으로 인하여 법원이 사실인정과 관련 법규의 해석·적용을 통하여 일정한 결론을 도출한 후 그 결론에 비추어 행정청이 한 판단의 적법 여부를 독자의 입장에서 판정하는 방식에 의하게 되나, 후자의 경우 행정청의 재량에 기한 공익판단의 여지를 감안하여 법원은 독자의 결론을 도출함이 없이 당해 행위에 재량권의 일탈·남용이 있는지 여부만을 심사하게 되고, 이러한 재량권의 일탈·남용 여부에 대한 심사는 사실오인, 비례·평등의 원칙 위배, 당해 행위의 목적 위반이나 동기의 부정 유무 등을 그 판단 대상으로 한다.

④ ☞ 재량권의 일탈·남용은 처분의 위법사유에 해당한다. 「처분의 위법성」에 대한 입증책임은 처분의 상대방인 원고에게 있다.
[대법원 2008. 2. 1., 선고, 2007다9009, 판결] 사립대학 교원에 대하여 재임용 심사기준에 따라 재임용을 거부하였고 이에 대하여 교원이 대학교원 기간임용제 탈락자 구제를 위한 특별법에서 정한 불복절차를 취하지 아니하였다고 하더라도, 재임용 거부의 객관적 사유, 즉 재임용 심사기준에 미달한다는 사유가 전혀 존재하지 않거나 그 사유가 존재한다 하더라도 교원으로서의 능력과 자질을 검증하여 적격성 여부를 심사하기 위한 재임용 심사에 있어서 허용될 수 있는 정도의 재량권을 일탈·남용한 결과 합리적인 기준에 기초한 공정한 심사가 결여된 것으로 인정되어 그 사법(私法)상의 효력 자체를 부정하는 것이 사회통념상 타당하다고 인정될 경우에는 그 재임용 거부결정은 무효이다. 이때 재임용 거부결정이 재량을 일탈·남용하였다고 함은 그 결정이 공익의 원칙에 반하거나 재임용 거부의 판단 근거로 삼은 부정적 평가 요소에 비추어 균형을 잃음으로써 비례의 원칙에 위반하거나 또는 합리적인 사유 없이 일반적으로 적용하여 온 기준과 어긋나게 공평을 잃은 결과 평등의 원칙에 위반한 경우 등을 말하고, 이는 구체적인 사례에 따라 부정적 사실의 내용과 성질, 재임용 심사기준에의 부합 정도 등 여러 요소를 종합적으로 판단하여야 하는바, 재량권의 일탈·남용으로 인한 재임용 거부결정의 무효 사유에 관하여는 이를 주장하는 사람이 증명책임을 부담한다.

⑤ [대법원 2015. 10. 29., 선고, 2012두28728, 판결] 개발행위허가에 관한 사무를 처리하는 행정기관의 장이 일정한 개발행위를 허가하는 경우에는 국토계획법 제59조 제1항에 따라 도시계획위원회의 심의를 거쳐야 할 것이나, 개발행위허가의 신청 내용이 허가 기준에 맞지 않는다고 판단하여 개발행위허가신청을 불허가하였다면 이에 앞서 도시계획위원회의 심의를 거치지 않았다고 하여 이러한 사정만으로 곧바로 그 불허가처분에 취소사유에 이를 정도의 절차상 하자가 있다고 보기는 어렵다. 다만 행정기관의 장이 도시계획위원회의 심의를 거치지 아니한 결과 개발행위 불허가처분을 함에 있어 마땅히 고려하여야 할 사정을 참작하지 아니하였다면 그 불허가처분은 재량권을 일탈·남용한 것으로서 위법하다고 평가할 수 있을 것이다.

11 | 2022 |

취소소송의 심리 및 판결에 관한 설명으로 옳지 않은 것은? (다툼이 있으면 판례에 따름)

① 직권주의가 가미되어 있다고 하더라도 여전히 변론주의를 기본구조로 한다.
② 직권조사사항을 제외하고는 취소를 구하는 자가 위법사유에 해당하는 구체적 사실을 먼저 주장하여야 한다.
③ 법원은 필요하다고 인정할 때에는 직권으로 증거조사를 할 수 있다.
④ 법원은 필요하다고 인정할 때에는 당사자가 주장하지 아니하는 사실에 대하여도 판단할 수 있다.
⑤ 불고불리의 원칙이 적용되지 않으므로 법원은 당사자가 청구한 범위를 넘어서까지 판결을 할 수 있다.

••••••••••••••••••••••••

①, ② [대법원 2000. 3. 23. 선고 98두2768 판결] 행정소송에 있어서 특단의 사정이 있는 경우를 제외하면 당해 행정처분의 적법성에 관하여는 당해 처분청이 이를 주장·입증하여야 할 것이나 행정소송에 있어서 직권주의가 가미되어 있다고 하여도 여전히 변론주의를 기본 구조로 하는 이상(①) 행정처분의 위법을 들어 그 취소를 청구함에 있어서는 직권조사사항을 제외하고는 그 취소를 구하는 자가 위법사유에 해당하는 구체적인 사실을 먼저 주장하여야 한다(②).

③, ④ 행정소송법 제26조.

> **제26조(직권심리)** 법원은 필요하다고 인정할 때에는 직권으로 증거조사를 할 수 있고(③), 당사자가 주장하지 아니한 사실에 대하여도 판단할 수 있다(④).

⑤ ☞ 행정소송에도 민사소송과 마찬가지로 불고불리(不告不理)의 원칙이 적용되므로, 법원은 소송제기 없이 재판할 수 없고 소제기가 있는 사건에 대하여도 당사자의 청구의 범위를 넘어 심리·판결할 수 없다.

12 | 2023 |

행정소송에 적용되는 심리원칙으로 옳지 않은 것은? (다툼이 있으면 판례에 따름)

① 공개심리주의
② 쌍방심리주의
③ 처분권주의
④ 구술심리주의
⑤ 직권탐지우선주의

••••••••••••••••••••••••

① ☞ 행정소송을 비롯한 모든 재판은 공개재판이 원칙이다.
② ☞ 쌍방심리주의란 원고와 피고가 대등한 지위에서 변론을 진행하는 것으로「대심주의」라고도 한다.
③ ☞ 법원은 당사자가 청구한 범위 내에서만 판결할 수 있으며,「불고불리의 원칙」이라고도 한다.
④ ☞ 행정소송에도 민사소송과 마찬가지로「처분권주의」가 적용된다. 따라서 법원은 소송제기 없이 재판할 수 없고, 소제기가 있는 사건에 대하여도 당사자의 청구의 범위를 넘어서 심리·판결할 수 없다.
[대법원 1987.11.10. 선고, 86누491. 판결] 행정소송에 있어서도 행정소송법 제14조에 의하여 민사소송법 제188조가 준용되어 법원은 당사자가 신청하지 아니한 사항에 대하여는 판결할 수 없는 것이고, 행정소송법 제26

답 11 ⑤ 12 ⑤

조에서 직권심리주의를 채용하고 있으나 이는 행정소송에 있어서 원고의 청구범위를 초월하여 그 이상의 청구를 인용할 수 있다는 의미가 아니라 원고의 청구범위를 유지하면서 그 범위내에서 필요에 따라 주장외의 사실에 관하여도 판단할 수 있다는 뜻이다.

⑤ ☞ 행정소송법에서 직권탐지는 변론주의에 보충하여 행하여 진다.
[대법원 1994.10.11. 선고, 94누4820. 판결] 행정소송법 제26조가 법원은 필요하다고 인정할 때에는 직권으로 증거조사를 할 수 있고, 당사자가 주장하지 아니한 사실에 대하여도 판단할 수 있다고 규정하고 있지만, 이는 행정소송의 특수성에 연유하는 당사자주의, 변론주의에 대한 일부 예외 규정일 뿐 법원이 아무런 제한 없이 당사자가 주장하지 아니한 사실을 판단할 수 있는 것은 아니고, 일건 기록에 현출되어 있는 사항에 관하여서만 직권으로 증거조사를 하고 이를 기초로 하여 판단할 수 있을 따름이고, 그것도 법원이 필요하다고 인정할 때에 한하여 청구의 범위내에서 증거조사를 하고 판단할 수 있을 뿐이다.

13 | 2024 |

취소소송의 심리에 관한 설명으로 옳지 않은 것은? (다툼이 있으면 판례에 따름)

① 법원은 당사자가 주장하지 아니한 법률효과에 관한 요건사실이나 독립된 공격방어방법을 시사하여 그 제출을 권유할 수 있다.
② 법원은 당사자의 신청이 있는 때에는 결정으로써 재결을 행한 행정청에 대하여 행정심판에 관한 기록의 제출을 명할 수 있다.
③ 행정소송에 있어서 직권주의가 가미되어 있다고 하더라도 기본구조는 변론주의이다.
④ 법원은 필요하다고 인정할 때에는 직권으로 증거조사를 할 수 있다.
⑤ 법원은 필요하다고 인정할 때에는 당사자가 주장하지 아니하는 사실에 대하여도 판단할 수 있다.

----

① ☞ 법원의 직권심리는 변론주의를 보충하는 범위 내에서만 가능하다. 당사자가 주장하지도 않은 공격방어방법 등을 법원이 권유한다면 변론주의에 위배된다.
[대법원 2001.10.23. 99두3423 판결] 행정소송에 있어서 특별한 사정이 있는 경우를 제외하면 당해 행정처분의 적법성에 관하여는 행정청이 이를 주장·입증하여야 할 것이나 행정소송에 있어서 직권주의가 가미되어 있다고 하더라도 여전히 변론주의를 기본구조로 하는 이상 행정처분의 위법을 들어 그 취소를 청구함에 있어서는 직권조사사항을 제외하고는 그 취소를 구하는 자가 위법사유에 해당하는 구체적 사실을 먼저 주장하여야 하고, 법원의 석명권 행사는 당사자의 주장에 모순된 점이 있거나 불완전·불명료한 점이 있을 때에 이를 지적하여 정정·보충할 수 있는 기회를 주고, 계쟁사실에 대한 증거의 제출을 촉구하는 것을 그 내용으로 하는 것이며, 당사자가 주장하지도 아니한 법률효과에 관한 요건사실이나 독립된 공격방어방법을 시사하여 그 제출을 권유함과 같은 행위를 하는 것은 변론주의의 원칙에 위배되는 것으로 석명권 행사의 한계를 일탈하는 것이 된다.
② ☞ 행정심판기록 제출명령은 소송당사자의 신청을 전제로 한다. 법원의 직권이 불가능한 경우는 「피/변/록/접」으로 정리하자.

> **행정소송법**
> **제25조(행정심판기록의 제출명령)** ① 법원은 당사자의 신청이 있는 때에는 결정으로써 재결을 행한 행정청에 대하여 행정심판에 관한 기록의 제출을 명할 수 있다.

③ ☞ 이를 「변론주의보충설」이라고 한다. 판례는 직권심리를 할 수 있다고 하더라도 무제한으로 당사자가 주장하지 않은 사실을 판단할 수 있는 것은 아니고, 변론주의와의 관계상 기록에 현출되어 있는 사항에 대해서만 조사·판단할 수 있다는 입장이다.

[대법원 2001.10.23. 99두3423 판결] 행정소송에 있어서 특별한 사정이 있는 경우를 제외하면 당해 행정처분의 적법성에 관하여는 행정청이 이를 주장·입증하여야 할 것이나 행정소송에 있어서 직권주의가 가미되어 있다고 하더라도 여전히 변론주의를 기본구조로 하는 이상 행정처분의 위법을 들어 그 취소를 청구함에 있어서는 직권조사사항을 제외하고는 그 취소를 구하는 자가 위법사유에 해당하는 구체적 사실을 먼저 주장하여야 하고, 법원의 석명권 행사는 당사자의 주장에 모순된 점이 있거나 불완전·불명료한 점이 있을 때에 이를 지적하여 정정·보충할 수 있는 기회를 주고, 계쟁사실에 대한 증거의 제출을 촉구하는 것을 그 내용으로 하는 것이며, 당사자가 주장하지도 아니한 법률효과에 관한 요건사실이나 독립된 공격방어방법을 시사하여 그 제출을 권유함과 같은 행위를 하는 것은 변론주의의 원칙에 위배되는 것으로 석명권 행사의 한계를 일탈하는 것이 된다.

④, ⑤ ☞ 직권심리는 (ⅰ) 직권에 의한 증거조사와 (ⅱ) 당사자가 주장하지 않은 사실 판단의 2개의 내용으로 구성된다.

행정소송법
제26조(직권심리) 법원은 필요하다고 인정할 때에는 <u>직권으로 증거조사를 할 수 있고, 당사자가 주장하지 아니한 사실에 대하여도 판단할 수 있다.</u>

14 | 2025 |

행정소송상 특수한 소송심리 방법에 해당하는 것은?

① 공개심리주의 ② 쌍방심리주의 ③ 구술심리주의
④ 변론주의 ⑤ 직권심리주의

----

①, ②, ③, ④ ☞ 행정소송뿐만 아니라 법원의 재판 일반에 적용되는 심리방법에 해당한다.
⑤ ☞ 행정소송은 공익적 성격을 갖기 때문에 (변론주의를 원칙으로 하되) 직권심리주의가 보충적으로 인정된다.

제26조(직권심리) 법원은 필요하다고 인정할 때에는 직권으로 증거조사를 할 수 있고, 당사자가 주장하지 아니한 사실에 대하여도 판단할 수 있다.

[대판 1994.4.26, 92누17402] 행정소송법 제26조가 규정하는 바는 행정소송의 특수성에서 연유하는 당사자주의, 변론주의에 대한 일부 예외규정일 뿐 법원이 아무런 제한 없이 당사자가 주장하지 아니한 사실을 판단할 수 있는 것은 아니고, 기록상 현출되어 있는 사항에 관하여서만 직권으로 증거조사를 하고 이를 기초로 하여 판단할 수 있을 따름이다.

답 14 ⑤

제5관 증명책임(입증책임)

1. 의의

증명책임(입증책임)이란 소송상 일정한 사실의 존부가 확정되지 않을 경우에 불리한 법적 판단을 받게 되는 일방 당사자의 불이익 내지 위험을 말한다. 증명책임에서 쟁점이 되는 문제는 어떤 사실에 대해서 어느 당사자가 증명책임을 질 것인가의 문제로서 이를 「증명책임의 분배」라고 한다.

2. 견해의 대립

증명책임의 분배에 관하여는 ① 행정행위에는 공정력이 있으므로 증명책임은 원고에게 있다는 「원고책임설」, ② 법치행정의 원리상 국가행위의 적법성은 국가가 담보하여야 한다는 취지에서 증명책임이 피고에게 있다는 「피고책임설」, ③ 특별한 규정이 없는 이상 민사소송법상의 증명책임분배의 원칙인 법률요건분류설에 따라야 한다는 「법률요건분류설」 등이 대립되고 있다. 판례는 민사소송법상의 원칙인 법률요건분류설에 의해야 한다는 입장이다.

3. 법률요건분류설에 따른 증명책임의 분배

법률요건분류설에 따르면 당사자는 각각 자기에게 유리한 요건사실의 존재에 대하여 증명책임을 부담한다. 구체적인 사례에서 증명책임을 분배하면 다음과 같다.

> (1) 소송요건 : 소송요건은 직권조사사항이지만, 법원의 조사에도 그 요건사실의 존부가 불분명한 경우에는 원고에게 증명책임이 있다.
> (2) 처분의 적법성 : 처분의 적법성에 대해서는 행정청이 증명책임을 진다.
> (3) 취소사유의 존부 : 재량권의 일탈 내지 남용 등 취소사유에 대한 증명책임은 원고에게 있다.
> (4) 무효사유의 존부 : 처분의 하자가 중대하고 명백하다는 점에 대한 증명책임은 원고에게 있다.
> (5) 절차적 요건 : 절차적 요건의 준수에 관한 증명책임은 행정청에게 있다.

기출문제

01 | 2016 |

과세처분에 대한 항고소송의 설명으로 옳지 <u>않은</u> 것은? (다툼이 있으면 판례에 따름)

① 과세처분 후 감액경정결정된 경우 취소소송의 대상은 당초의 부과처분 중 경정결정에 의하여 취소되지 않고 남은 부분이다.
② 일반적으로 과세처분취소소송에서 과세요건사실에 관한 입증책임은 원고에게 있다.
③ 과세처분 후 증액경정처분이 있는 경우 증액경정처분이 항고소송의 대상이 된다.
④ 과세처분의 무효확인청구소송에서는 제소기간의 제한에 관한 규정은 적용되지 아니한다.
⑤ 부가가치세부과처분의 무효선언을 구하는 의미에서 취소를 구하는 소송인 경우에는 전심절차를 거쳐야 한다.

- -

① ☞ 감액경정의 경우 취소소송의 대상은 이른바 「변경된 원처분」이 된다.
 [대법원 1991.9.13, 91누391] 과세관청이 조세부과처분을 한 뒤에 그 불복절차과정에서 국세청장이나 국세심판소장으로부터 그 일부를 취소하도록 하는 결정을 받고 이에 따라 당초 부과처분의 일부를 취소, 감액하는 내용의 경정결정을 한 경우 위 경정처분은 당초 부과처분과 별개 독립의 과세처분이 아니라 그 실질은 당초 부과처분의 변경이고, 그에 의하여 세액의 일부 취소라는 납세자에게 유리한 효과를 가져오는 처분이라 할 것이므로 그 경정결정으로도 아직 취소되지 않고 남아 있는 부분이 위법하다고 하여 다투는 경우에는 항고소송의 대상이 되는 것은 당초의 부과처분 중 경정결정에 의하여 취소되지 않고 남은 부분이 된다 할 것이고, 경정결정이 항고소송의 대상이 되는 것은 아니라 할 것이므로, 이 경우 제소기간을 준수하였는지 여부도 당초처분을 기준으로 하여 판단하여야 할 것이다.
② [대법원 1990.2.13, 89누2851] 과세처분의 위법을 이유로 그 취소를 구하는 행정소송에 있어서 과세처분의 적법성 및 과세요건사실의 존재에 관하여는 원칙적으로 과세관청이 그 증명책임을 부담하나 경험칙상 이례에 속하는 특별한 사정의 존재는 납세의무자에게 그 증명책임 내지는 입증의 필요가 돌아간다.
③ [대법원 2011.4.14, 2008두22280] 구 국세기본법 제22조의2 제1항은 "세법의 규정에 의하여 당초 확정된 세액을 증가시키는 경정은 당초 확정된 세액에 관한 이 법 또는 세법에서 규정하는 권리·의무관계에 영향을 미치지 아니한다."고 규정하고 있다. 위 규정의 문언 내용 및 그 주된 입법 취지가 증액경정처분이 있더라도 불복기간의 경과 등으로 확정된 당초 신고나 결정에서의 세액에 대한 불복은 제한하려는 데 있는 점을 종합하면, 증액경정처분이 있는 경우 당초 신고나 결정은 증액경정처분에 흡수됨으로써 독립한 존재가치를 잃게 되어 원칙적으로는 당초 신고나 결정에 대한 불복기간의 경과 여부 등에 관계없이 증액경정처분만이 항고소송의 심판대상이 되고, 납세자는 그 항고소송에서 당초 신고나 결정에 대한 위법사유도 함께 주장할 수 있으나, 확정된 당초 신고나 결정에서의 세액에 관하여는 취소를 구할 수 없고 증액경정처분에 의하여 증액된 세액을 한도로 취소를 구할 수 있다 할 것이다.
④ ☞ 무효확인소송에서는 제소기간 제한규정의 적용이 제외된다(행정소송법 제39조 제1항).
⑤ ☞ 무효확인소송에서는 예외적 행정심판전치주의의 규정이 적용배제된다(행정소송법 제38조 제1항). 다만 무효선언을 구하는 취소소송의 경우에는 예외적 행정심판전치주의 및 제소기간제한 등 취소소송의 제소요건 규정이 적용된다.

답 01 ②

02 | 2017 |

항고소송에서 주장·입증책임에 관한 설명으로 옳지 <u>않은</u> 것은? (다툼이 있으면 판례에 따름)

① 직권탐지주의 하에서 주장책임의 의미는 완화된다.
② 허가신청에 대하여 허가기준 미달을 이유로 불허가한 처분이 적법하다는 주장·입증책임은 처분청에게 있다.
③ 과세대상이 된 토지가 비과세대상이라는 점에 대해서는 이를 주장하는 납세의무자에게 입증책임이 있다.
④ 정보공개거부처분 취소소송에서 비공개사유의 주장·입증책임은 원고에게 있다.
⑤ 무효확인소송에서 무효원인에 대한 주장·입증책임은 원고가 부담한다.

··········

① ☞ 행정소송법은 직권심리주의를 보충적으로 인정하고 있으므로 그러한 한도 안에서 주장책임의 의미는 완화된다. 따라서 기록상 자료가 나타나 있다면 당사자가 주장하지 아니하였더라도 법원은 이에 관해 판단하여야 한다.
[대법원 2010.2.11. 선고, 2009두18035, 판결] 행정소송에서 기록상 자료가 나타나 있다면 당사자가 주장하지 않았더라도 판단할 수 있고, 당사자가 제출한 소송자료에 의하여 법원이 처분의 적법 여부에 관한 합리적인 의심을 품을 수 있음에도 단지 구체적 사실에 관한 주장을 하지 아니하였다는 이유만으로 당사자에게 석명을 하거나 직권으로 심리·판단하지 아니함으로써 구체적 타당성이 없는 판결을 하는 것은 행정소송법 제26조의 규정과 행정소송의 특수성에 반하므로 허용될 수 없다.
② ☞ 처분의 적법성에 대한 입증책임은 처분청에 있다.
[대법원 1986. 4. 8. 선고 86누107 판결] 허가신청에 대하여 허가기준 미달을 이유로 불허가한 처분이 적법하다는 주장과 입증의 책임은 처분청에게 있다.
③ ☞ 적극적 과세요건에 관한 증명책임은 과세관청에, 비과세·감면·공제요건에 관한 증명책임은 납세의무자에게 있다.
[대법원 1996. 4. 26. 선고 94누12708 판결] 과세대상이 된 토지가 비과세 혹은 면제대상이라는 점은 이를 주장하는 납세의무자에게 입증책임이 있는 것이며, 과세 대상토지에 대한 과세구분이 잘못되었다는 주장에 관하여서는, 과세관청은 그 과세구분의 구체적인 근거를 제시하지는 못하였으나 종합토지세를 부과한 전국의 관할 시, 군으로부터 송부되어 온 종합토지세 과세내역서, 징수부, 수납부 등을 제출하고 있는바, 여기에는 각 개별토지의 소재지, 공부 및 현황 지목, 등급, 면적, 과세표준, 과세구분이 기재되어 있고 이는 관할 공무원의 조사 혹은 이의신청을 거쳐 확정되는 과세자료에 의하여 뒷받침되는 것이어서 쉽사리 그 증명력을 배척할 수 없다고 봄이 종합토지세의 부과징수구조에 비추어 합당하므로, 납세의무자로 하여금 과세구분의 위법이 있는 토지를 구체적으로 지적할 것을 석명하고 과세관청에 대하여 과세구분 근거에 대한 보충자료를 제출하게 하는 등으로 그에 대한 당부를 심리하여 정당세액의 범위를 가려야 한다.
④ [대법원 2003. 12. 11. 선고 2001두8827 판결] 공공기관의정보공개에관한법률 제1조, 제3조, 제6조는 국민의 알권리를 보장하고 국정에 대한 국민의 참여와 국정운영의 투명성을 확보하기 위하여 공공기관이 보유·관리하는 정보를 모든 국민에게 원칙적으로 공개하도록 하고 있으므로, 국민으로부터 보유·관리하는 정보에 대한 공개를 요구받은 공공기관으로서는 같은 법 제7조 제1항 각 호에서 정하고 있는 비공개사유에 해당하지 않는 한 이를 공개하여야 할 것이고, 만일 이를 거부하는 경우라 할지라도 대상이 된 정보의 내용을 구체적으로 확인·검토하여 어느 부분이 어떠한 법익 또는 기본권과 충돌되어 같은 법 제7조 제1항 몇 호에서 정하고 있는 비공개사유에 해당하는지를 주장·입증하여야만 할 것이며, 그에 이르지 아니한 채 개괄적인 사유만을 들어 공개를 거부하는 것은 허용되지 아니한다.

답 02 ④

⑤ [대법원 1984. 2. 28. 선고 82누154 판결] 행정처분의 당연무효를 구하는 소송에 있어서 그 무효를 구하는 사람에게 그 행정처분에 존재하는 하자가 중대하고 명백하다는 것을 주장 입증할 책임이 있다.

03 | 2018 |

과세처분 취소소송에서 요건사실과 입증책임자의 연결이 옳지 않은 것은? (다툼이 있으면 판례에 따름)

① 「소득세법」상 세액공제의 원인사실 － 과세관청
② 납세처분이 피고지자에게 적법하게 고지된 사실 － 과세관청
③ 법인세의 과세표준 등 신고에 있어 손금에 산입될 비용의 신고를 누락하였다는 사실 － 납세의무자
④ 과세대상이 된 토지가 비과세대상이라는 사실 － 납세의무자
⑤ 당해 과세처분이 절차적 적법요건을 구비한 것이라는 사실 － 과세관청

① ☞ 적극적 과세요건에 관한 증명책임은 과세관청에, 비과세·감면·공제요건에 관한 증명책임은 납세의무자에게 있다.
[대법원 2002. 6. 28., 선고, 2002두2277, 판결] 실제 공급자와 세금계산서상의 공급자가 다른 세금계산서는 공급받는 자가 세금계산서의 명의위장사실을 알지 못하였고 알지 못한 데에 과실이 없다는 특별한 사정이 없는 한 그 매입세액을 공제 내지 환급 받을 수 없으며, 공급받는 자가 위와 같은 명의위장 사실을 알지 못한 데에 과실이 없다는 점은 매입세액의 공제 내지 환급을 주장하는 자가 이를 입증하여야 한다.
② [대법원 1996.6.28, 96누3562] 납세고지서에 대한 공시송달이 적법한지 여부에 관한 증명책임은 원칙적으로 과세관청에 있다.
③ [대법원 2008. 1. 31., 선고, 2006두9535, 판결] 누락수입에 대하여 실지조사결정에 의해 과세처분을 할 때에는 그 누락수입에 대응하는 별도비용의 지출이 있었다고 볼 증거가 없는 한 그 수입액 전체가 소득액에 가산되어야 하고 누락수입에 대응하는 비용도 신고누락 되었다는 점에 관하여는 그 별도의 공제를 구하는 납세의무자가 주장·입증하여야 하며, 또 실지조사방법에 의하여 소득금액을 결정할 수 있는 때에는 추계조사방법으로 결정할 수 없다.
④ [대법원 1996.4.26, 94누12708] 과세대상이 된 토지가 비과세 혹은 면제대상이라는 점은 이를 주장하는 납세의무자에게 증명책임이 있는 것이며, 과세 대상토지에 대한 과세구분이 잘못되었다는 주장에 관하여서는, 과세관청은 그 과세구분의 구체적인 근거를 제시하지는 못하였으나 종합토지세를 부과한 전국의 관할 시, 군으로부터 송부되어 온 종합토지세 과세내역서, 징수부, 수납부 등을 제출하고 있는바, 여기에는 각 개별토지의 소재지, 공부 및 현황 지목, 등급, 면적, 과세표준, 과세구분이 기재되어 있고 이는 관할 공무원의 조사 혹은 이의신청을 거쳐 확정되는 과세자료에 의하여 뒷받침되는 것이어서 쉽사리 그 증명력을 배척할 수 없다고 봄이 종합토지세의 부과징수구조에 비추어 합당하므로, 납세의무자로 하여금 과세구분의 위법이 있는 토지를 구체적으로 지적할 것을 석명하고 과세관청에 대하여 과세구분 근거에 대한 보충자료를 제출하게 하는 등으로 그에 대한 당부를 심리하여 정당세액의 범위를 가려야 한다.
⑤ [대법원 2001.1.16, 99두8107] 행정소송에 있어서 특별한 사정이 있는 경우를 제외하면 당해 행정처분의 적법성에 관하여는 행정청이 이를 주장·입증하여야 할 것이나 행정소송에 있어서 직권주의가 가미되어 있다고 하더라도 여전히 변론주의를 기본구조로 하는 이상 행정처분의 위법을 들어 그 취소를 청구함에 있어서는 직권조사사항을 제외하고는 그 취소를 구하는 자가 위법사유에 해당하는 구체적 사실을 먼저 주장하여야 한다.

답 03 ①

04 | 2019 |

행정소송에서 입증책임에 관한 설명으로 옳지 않은 것은? (다툼이 있으면 판례에 따름)

① 소송요건에 대한 입증책임은 원고가 부담한다.
② 과세처분취소소송에서 처분의 적법성 및 과세요건사실의 존재와 관련하여 경험칙상 이례에 속하는 특별한 사정의 존재에 관하여는 납세의무자에게 입증책임이 있다.
③ 과세대상이 된 토지가 비과세라는 점은 이를 주장하는 납세의무자에게 입증책임이 있다.
④ 행정소송에서 사실의 증명은 추호의 의혹도 없어야 한다는 자연과학적 증명일 것을 요한다.
⑤ 항고소송에서 피고가 주장하는 일정한 처분의 적법성에 관하여 합리적으로 수긍할만한 증명이 있는 경우 처분은 정당하며, 이와 상반되는 주장과 증명은 원고에게 책임이 있다.

----

(1) **소송요건** : 소송요건은 직권조사사항이지만, 법원의 조사에도 그 요건사실의 존부가 불분명한 경우에는 원고에게 증명책임이 있다.
(2) **처분의 적법성** : 처분의 적법성에 대해서는 행정청이 증명책임을 진다.
(3) **취소사유의 존부** : 재량권의 일탈 내지 남용 등 취소사유에 대한 증명책임은 원고에게 있다.
(4) **무효사유의 존부** : 처분의 하자가 중대하고 명백하다는 점에 대한 증명책임은 원고에게 있다.
(5) **절차적 요건** : 절차적 요건의 준수에 관한 증명책임은 행정청에게 있다.

① ☞ 소송요건은 직권조사사항이므로 1차적으로는 법원이 조사하지만, 법원의 조사에도 소송요건 충족여부가 불분명하면 2차적으로 원고에게 입증책임이 있다.
[대법원 1997. 7. 25., 선고, 96다39301, 판결] 직권조사사항에 관하여도 그 사실의 존부가 불명한 경우에는 입증책임의 원칙이 적용되어야 할 것인바, 본안판결을 받는다는 것 자체가 원고에게 유리하다는 점에 비추어 직권조사사항인 소송요건에 대한 입증책임은 원고에게 있다.

② [대법원 1992. 3. 27., 선고, 91누12912, 판결] 과세처분의 위법을 이유로 그 취소를 구하는 행정소송에 있어 처분의 적법성 및 과세요건사실의 존재에 관하여는 원칙적으로 과세청인 피고가 그 입증책임을 부담하나, 경험칙상 이례에 속하는 특별한 사정의 존재에 관하여는 납세의무자인 원고에게 입증책임 내지는 입증의 필요가 돌아가는 것이므로 법인세의 과세표준인 소득액 확정의 기초가 되는 손금에 산입할 비용액에 대한 입증책임도 원칙적으로 과세청에 있고, 다만 구체적 비용항목에 관한 입증의 난이라든가 당사자의 형평 등을 고려하여 납세의무자측에 그 입증책임을 돌리는 경우가 있는 것이라 하겠다.

③ [대법원 1996. 4. 26. 선고 94누12708 판결] 과세대상이 된 토지가 비과세 혹은 면제대상이라는 점은 이를 주장하는 납세의무자에게 입증책임이 있는 것이며, 과세 대상토지에 대한 과세구분이 잘못되었다는 주장에 관하여서는, 과세관청은 그 과세구분의 구체적인 근거를 제시하지는 못하였으나 종합토지세를 부과한 전국의 관할 시, 군으로부터 송부되어 온 종합토지세 과세내역서, 징수부, 수납부 등을 제출하고 있는바, 여기에는 각 개별토지의 소재지, 공부 및 현황 지목, 등급, 면적, 과세표준, 과세구분이 기재되어 있고 이는 관할 공무원의 조사 혹은 이의신청을 거쳐 확정되는 과세자료에 의하여 뒷받침되는 것이어서 쉽사리 그 증명력을 배척할 수 없다고 봄이 종합토지세의 부과징수구조에 비추어 합당하므로, 납세의무자로 하여금 과세구분의 위법이 있는 토지를 구체적으로 지적할 것을 석명하고 과세관청에 대하여 과세구분 근거에 대한 보충자료를 제출하게 하는 등으로 그에 대한 당부를 심리하여 정당세액의 범위를 가려야 한다.

답 04 ④

④ ☞ 규범적 판단이 필요한 소송절차에서 자연과학적 증명은 불가능하다.
[대법원 2018. 4. 12., 선고, 2017두74702, 판결] 성희롱을 사유로 한 징계처분의 당부를 다투는 행정소송에서 징계사유에 대한 증명책임은 그 처분의 적법성을 주장하는 피고에게 있다. 다만 민사소송이나 행정소송에서 사실의 증명은 추호의 의혹도 없어야 한다는 자연과학적 증명이 아니고, 특별한 사정이 없는 한 경험칙에 비추어 모든 증거를 종합적으로 검토하여 볼 때 어떤 사실이 있었다는 점을 시인할 수 있는 고도의 개연성을 증명하는 것이면 충분하다. 민사책임과 형사책임은 지도이념과 증명책임, 증명의 정도 등에서 서로 다른 원리가 적용되므로, 징계사유인 성희롱 관련 형사재판에서 성희롱 행위가 있었다는 점을 합리적 의심을 배제할 정도로 확신하기 어렵다는 이유로 공소사실에 관하여 무죄가 선고되었다고 하여 그러한 사정만으로 행정소송에서 징계사유의 존재를 부정할 것은 아니다.

⑤ [대법원 2016. 10. 27., 선고, 2015두42817, 판결] 민사소송법 규정이 준용되는 행정소송에서의 증명책임은 원칙적으로 민사소송 일반원칙에 따라 당사자 간에 분배되고, 항고소송의 경우에는 그 특성에 따라 처분의 적법성을 주장하는 피고에게 적법사유에 대한 증명책임이 있다. 피고가 주장하는 일정한 처분의 적법성에 관하여 합리적으로 수긍할 수 있는 일응의 증명이 있는 경우에 처분은 정당하며, 이와 상반되는 주장과 증명은 상대방인 원고에게 책임이 돌아간다.

05 | 2022 |

법령을 위반한 폐기물처리업자 甲에 대하여 A군수가 3개월의 영업정지 처분을 하자 甲은 취소소송을 제기하였다. 이에 관한 설명으로 옳은 것은? (다툼이 있으면 판례에 따름)

① 취소소송을 제기한 때부터 처분의 효력은 정지된다.
② 3개월의 영업정지 기간이 재량권을 넘는 과도한 것이라면 법원은 적정하다고 인정되는 기간을 초과한 부분에 한하여 처분을 취소하여야 한다.
③ 소송이 제기된 후 A군수가 영업정지 기간을 1개월로 변경한 경우 그 날로부터 60일 이내에 甲은 처분변경으로 인한 소의 변경을 신청할 수 있다.
④ 취소판결이 확정되면 A군수는 판결에 기속되나, 그 밖에 위법한 결과가 있더라도 이를 제거하는 조치를 할 의무는 없다.
⑤ 재량권 일탈·남용에 해당하는 특별한 사정은 이를 주장하는 甲이 증명하여야 한다.

....

① ☞ 행정소송법 제23조 제1항. 취소소송의 제기는 집행부정지가 원칙이고 다만 법원의 직권이나 당사자의 신청에 따라 집행정지결정을 할 수 있을 뿐이다. 이는 무효등확인소송의 경우에도 마찬가지이다.

제23조(집행정지) ① 취소소송의 제기는 처분등의 효력이나 그 집행 또는 절차의 속행에 영향을 주지 아니한다.

② [대법원 1982. 9. 28., 선고, 82누2, 판결] 행정청이 영업정지처분을 함에 있어서 그 정지기간을 어느 정도로 할 것인지는 행정청의 재량권에 속하는 사항인 것이며, 다만 그것이 공익의 원칙이나 평등의 원칙 또는 비례의 원칙등에 위반하여 재량권의 한계를 벗어난 재량권 남용에 해당하는 경우에만 위법한 처분으로서 사법심사의 대상이 되는 것이나, 법원으로서는 영업정지처분이 재량권 남용이라고 판단될 때에는 위법한 처분으로서 그 처분의 취소를 명할 수 있을 뿐이고, 재량권의 한계내에서 어느 정도가 적정한 영업정지 기간인지를 가리는 일은 사법심사의 범위를 벗어난다.

답 05 ⑤

③ ☞ "처분변경일"로부터 60일이 아니라 "처분변경을 안 날"로부터 60일 내에 하여야 한다.

> **제22조(처분변경으로 인한 소의 변경)** ① 법원은 행정청이 소송의 대상인 처분을 소가 제기된 후 변경한 때에는 원고의 신청에 의하여 결정으로써 청구의 취지 또는 원인의 변경을 허가할 수 있다.
> ② 제1항의 규정에 의한 신청은 처분의 변경이 있음을 안 날로부터 60일 이내에 하여야 한다.

④ ☞ 확정판결의 기속력에 따라 반복금지의무뿐만 아니라 결과제거의무도 인정된다. 기속력의 내용은 「반/재/결」로 정리하자.
[대법원 2020. 4. 9. 선고 2019두49953 판결] 어떤 행정처분을 위법하다고 판단하여 취소하는 판결이 확정되면 행정청은 취소판결의 기속력에 따라 그 판결에서 확인된 위법사유를 배제한 상태에서 다시 처분을 하거나 그 밖에 위법한 결과를 제거하는 조치를 할 의무가 있다.

⑤ [대법원 2018. 6. 15. 선고 2016두57564 판결] 행정청의 전문적인 정성적 평가 결과는 그 판단의 기초가 된 사실인정에 중대한 오류가 있거나 그 판단이 사회통념상 현저하게 타당성을 잃어 객관적으로 불합리하다는 등의 특별한 사정이 없는 한 법원이 그 당부를 심사하기에는 적절하지 않으므로 가급적 존중되어야 한다. 여기에 재량권을 일탈·남용한 특별한 사정이 있다는 점은 증명책임분배의 일반원칙에 따라 이를 주장하는 자가 증명하여야 한다.

06 | 2022 |

행정소송에서의 증명 또는 소명책임에 관한 설명으로 옳지 <u>않은</u> 것은? (다툼이 있으면 판례에 따름)

① 무효확인소송에서 처분이 무효인 사유를 증명할 책임은 원고에게 있다.
② 거부처분 취소소송에서 그 처분사유에 관한 증명책임은 원고에게 있다.
③ 어느 사업연도의 소득에 대한 과세처분의 적법성이 다투어지는 경우 과세관청은 과세소득이 있다는 사실 및 그 소득이 그 사업연도에 귀속된다는 사실을 증명하여야 한다.
④ 집행정지의 소극적 요건에 대한 소명책임은 행정청에게 있다.
⑤ 과세처분취소소송에서 과세대상이 된 토지가 비과세 혹은 면제대상이라는 점은 이를 주장하는 납세의무자에게 증명책임이 있다.

- - - - - - - - - - - - - - - - - - - -

① [대법원 1992.3.10, 91누6030] 행정처분의 당연무효를 주장하여 그 무효확인을 구하는 행정소송에 있어서는 원고에게 그 행정처분이 무효인 사유를 주장, 입증할 책임이 있다.
② ☞ 항고소송에서는 처분의 적법성에 대하여 피고(처분청)가 입증책임을 진다. 처분사유는 처분을 적법하게 만드는 사유이므로 이에 대한 증명책임은 피고에게 있다.
③ [대법원 2000. 2. 25. 선고 98두1826 판결] 과세처분의 적법성에 대한 입증책임은 과세관청에 있으므로 어느 사업연도의 소득에 대한 법인세 과세처분의 적법성이 다투어지는 경우 과세관청으로서는 과세소득이 있다는 사실 및 그 소득이 당해 사업연도에 귀속되었다는 사실을 입증하여야 한다.
④ [대결 1999.12.20. 자, 99무42] (1) 행정소송법 제23조 제2항에서 행정청의 처분에 대한 집행정지의 요건으로 들고 있는 '회복하기 어려운 손해'라고 하는 것은 원상회복 또는 금전배상이 불가능한 손해는 물론 종국적으로 금전배상이 가능하다고 하더라도 그 손해의 성질이나 태양 등에 비추어 사회통념상 그러한 금전배상만으로는 전보되지 아니할 것으로 인정되는 현저한 손해를 가리키는 것으로서 이러한 집행정지의 적극적 요건에 관한 주장·소명책임은 원칙적으로 신청인측에 있다.

답 06 ②

(2) 행정소송법 제23조 제3항에서 집행정지의 요건으로 규정하고 있는 '공공복리에 중대한 영향을 미칠 우려'가 없을 것이라고 할 때의 '공공복리'는 그 처분의 집행과 관련된 구체적이고도 개별적인 공익을 말하는 것으로서 이러한 집행정지의 소극적 요건에 대한 주장·소명책임은 행정청에게 있다.

⑤ [대법원 1996.4.26, 94누12708] 과세대상이 된 토지가 비과세 혹은 면제대상이라는 점은 이를 주장하는 납세의무자에게 증명책임이 있는 것이며, 과세 대상토지에 대한 과세구분이 잘못되었다는 주장에 관하여서는, 과세관청은 그 과세구분의 구체적인 근거를 제시하지는 못하였으나 종합토지세를 부과한 전국의 관할 시, 군으로부터 송부되어 온 종합토지세 과세내역서, 징수부, 수납부 등을 제출하고 있는바, 여기에는 각 개별토지의 소재지, 공부 및 현황 지목, 등급, 면적, 과세표준, 과세구분이 기재되어 있고 이는 관할 공무원의 조사 혹은 이의신청을 거쳐 확정되는 과세자료에 의하여 뒷받침되는 것이어서 쉽사리 그 증명력을 배척할 수 없다고 봄이 종합토지세의 부과징수구조에 비추어 합당하므로, 납세의무자로 하여금 과세구분의 위법이 있는 토지를 구체적으로 지적할 것을 석명하고 과세관청에 대하여 과세구분 근거에 대한 보충자료를 제출하게 하는 등으로 그에 대한 당부를 심리하여 정당세액의 범위를 가려야 한다.

07 | 2023 |

주장책임과 입증책임에 관한 설명으로 옳지 않은 것은? (다툼이 있으면 판례에 따름)

① 항고소송에 있어서 원고는 전심절차에서 주장하지 아니한 공격방어방법을 소송절차에서 주장할 수 있다.
② 취소소송에서 처분사유에 관한 입증책임은 행정청에게 있다.
③ 행정처분의 당연무효를 주장하여 그 무효확인을 구하는 행정소송에 있어서는 피고에게 그 행정처분이 무효가 아니라는 것을 입증할 책임이 있다.
④ 정보공개거부처분 취소소송에서 비공개사유의 주장·입증책임은 피고에게 있다.
⑤ 과세대상이 된 토지가 비과세대상이라는 점은 이를 주장하는 납세의무자에게 입증책임이 있다.

① [대법원 1996.6.14, 96누754] 항고소송에 있어서 원고는 전심절차에서 주장하지 아니한 공격방어방법을 소송절차에서 주장할 수 있고 법원은 이를 심리하여 행정처분의 적법 여부를 판단할 수 있는 것이므로, 원고가 전심절차에서 주장하지 아니한 처분의 위법사유를 소송절차에서 새롭게 주장하였다고 하여 다시 그 처분에 대하여 별도의 전심절차를 거쳐야 하는 것은 아니다.
② [헌재 1998.9.30, 97헌바38] 민사소송법의 규정이 준용되는 행정소송에 있어서 입증책임은 원칙적으로 민사소송의 일반원칙에 따라 당사자간에 분배되고 항고소송의 경우에는 그 특성에 따라 당해 처분의 적법을 주장하는 피고에게 그 적법사유에 대한 입증책임이 있다 할 것인바 피고가 주장하는 당해 처분의 적법성이 합리적으로 수긍할 수 있는 일응의 입증이 있는 경우에는 그 처분은 정당하다 할 것이며 이와 상반되는 주장과 입증은 그 상대방인 원고에게 그 책임이 돌아간다고 할 것이다.
③ ☞ 무효확인소송을 제기한 경우에는 「먼저」 원고가 처분이 무효임을 입증해야 한다. 원고가 처분이 무효임을 입증한 경우 피고는 이에 대한 반박으로 당해 처분이 무효가 아님을 입증하고 이후 원피고간에 재반박과 재재반박이 진행된다. 별다른 전제 없이 누구에게 입증책임이 있는지 물어볼 경우에는 누구에게 「먼저」 입증책임이 있는지의 문제로 이해해야 한다.

답 07 ③

[대법원 1984.2.28. 선고 82누154 판결] 행정처분의 당연무효를 구하는 소송에 있어서 그 무효를 구하는 사람에게 그 행정처분에 존재하는 하자가 중대하고 명백하다는 것을 주장 입증할 책임이 있다.

④ [대법원 2003.12.11. 선고 2001두8827 판결] 공공기관의정보공개에관한법률 제1조, 제3조, 제6조는 국민의 알권리를 보장하고 국정에 대한 국민의 참여와 국정운영의 투명성을 확보하기 위하여 공공기관이 보유·관리하는 정보를 모든 국민에게 원칙적으로 공개하도록 하고 있으므로, 국민으로부터 보유·관리하는 정보에 대한 공개를 요구받은 공공기관으로서는 같은 법 제7조 제1항 각 호에서 정하고 있는 비공개사유에 해당하지 않는 한 이를 공개하여야 할 것이고, 만일 이를 거부하는 경우라 할지라도 대상이 된 정보의 내용을 구체적으로 확인·검토하여 어느 부분이 어떠한 법익 또는 기본권과 충돌되어 같은 법 제7조 제1항 몇 호에서 정하고 있는 비공개사유에 해당하는지를 주장·입증하여야만 할 것이며, 그에 이르지 아니한 채 개괄적인 사유만을 들어 공개를 거부하는 것은 허용되지 아니한다.

⑤ [대법원 1996.4.26. 선고 94누12708 판결] 과세대상이 된 토지가 비과세 혹은 면제대상이라는 점은 이를 주장하는 납세의무자에게 입증책임이 있는 것이며, 과세 대상토지에 대한 과세구분이 잘못되었다는 주장에 관하여서는, 과세관청은 그 과세구분의 구체적인 근거를 제시하지는 못하였으나 종합토지세를 부과한 전국의 관할 시, 군으로부터 송부되어 온 종합토지세 과세내역서, 징수부, 수납부 등을 제출하고 있는바, 여기에는 각 개별토지의 소재지, 공부 및 현황 지목, 등급, 면적, 과세표준, 과세구분이 기재되어 있고 이는 관할 공무원의 조사 혹은 이의신청을 거쳐 확정되는 과세자료에 의하여 뒷받침되는 것이어서 쉽사리 그 증명력을 배척할 수 없다고 봄이 종합토지세의 부과징수구조에 비추어 합당하므로, 납세의무자로 하여금 과세구분의 위법이 있는 토지를 구체적으로 지적할 것을 석명하고 과세관청에 대하여 과세구분 근거에 대한 보충자료를 제출하게 하는 등으로 그에 대한 당부를 심리하여 정당세액의 범위를 가려야 한다.

08 | 2024 |

항고소송에서의 주장·증명책임 등에 관한 설명으로 옳지 않은 것은? (다툼이 있으면 판례에 따름)

① 당사자는 소송변론종결시까지 주장과 증거를 제출할 수 있다.
② 처분이 재량권을 일탈·남용하였다는 사정은 처분의 효력을 다투는 자가 주장·증명하여야 한다.
③ 원고는 전심절차에서 주장하지 아니한 공격방어방법을 소송절차에서 주장할 수 없다.
④ 과세처분 취소소송에서 처분의 적법성에 관하여는 원칙적으로 과세청인 피고가 그 증명책임을 부담한다.
⑤ 집행정지의 소극적 요건에 대한 주장·소명책임은 행정청에게 있다.

- ① ☞ 법률관계에 관한 주장과 증거라면 상고심에서도 제출할 수 있다.
  [대법원 2004. 5. 14., 선고, 2003두12615, 판결] 과세처분의 취소소송에 있어서 심리의 대상은 과세관청이 결정한 과세가액의 존부라고 보아야 할 것이므로 소송당사자는 과세처분취소소송의 사실심변론종결시까지 과세표준액 등의 존부 내지 범위에 관한 모든 자료를 제출하고 그때까지 제출된 자료에 의하여 과세처분의 적법 여부를 심판해 줄 것을 주장할 수 있다.
- ② ☞ 재량권의 일탈·남용은 처분의 위법사유에 해당한다. 처분의 위법성에 대한 입증책임은 처분의 상대방인 원고에게 있다.

답 08 ③

[대법원 2008.2.1. 선고, 2007다9009, 판결] 사립대학 교원에 대하여 재임용 심사기준에 따라 재임용을 거부하였고 이에 대하여 교원이 대학교원 기간임용제 탈락자 구제를 위한 특별법에서 정한 불복절차를 취하지 아니하였다고 하더라도, 재임용 거부의 객관적 사유, 즉 재임용 심사기준에 미달한다는 사유가 전혀 존재하지 않거나 그 사유가 존재한다 하더라도 교원으로서의 능력과 자질을 검증하여 적격성 여부를 심사하기 위한 재임용 심사에 있어서 허용될 수 있는 정도의 재량권을 일탈·남용한 결과 합리적인 기준에 기초한 공정한 심사가 결여된 것으로 인정되어 그 사법(私法)상의 효력 자체를 부정하는 것이 사회통념상 타당하다고 인정될 경우에는 그 재임용 거부결정은 무효이다. 이때 재임용 거부결정이 재량을 일탈·남용하였다고 함은 그 결정이 공익의 원칙에 반하거나 재임용 거부의 판단 근거로 삼은 부정적 평가 요소에 비추어 균형을 잃음으로써 비례의 원칙에 위반하거나 또는 합리적인 사유 없이 일반적으로 적용하여 온 기준과 어긋나게 공평을 잃은 결과 평등의 원칙에 위반한 경우 등을 말하고, 이는 구체적인 사례에 따라 부정적 사실의 내용과 성질, 재임용 심사기준에의 부합 정도 등 여러 요소를 종합적으로 판단하여야 하는바, 재량권의 일탈·남용으로 인한 재임용 거부결정의 무효 사유에 관하여는 이를 주장하는 사람이 증명책임을 부담한다.

③ ☞ 전심(행정심판)절차에서 필요한 사항을 제대로 주장하지 못해서 패소했다면, 소송단계에서는 새로운 공격방어방법을 주장할 필요가 있다.

[대판 1996.6.14, 96누754] 항고소송에 있어서 원고는 전심절차에서 주장하지 아니한 공격방어방법을 소송절차에서 주장할 수 있고 법원은 이를 심리하여 행정처분의 적법 여부를 판단할 수 있는 것이므로, 원고가 전심절차에서 주장하지 아니한 처분의 위법사유를 소송절차에서 새롭게 주장하였다고 하여 다시 그 처분에 대하여 별도의 전심절차를 거쳐야 하는 것은 아니다.

④ ☞ 처분의 적법성에 대한 입증책임은 행정청에게 있다.

[대판 1990.2.13, 89누2851] 과세처분의 위법을 이유로 그 취소를 구하는 행정소송에 있어서 과세처분의 적법성 및 과세요건사실의 존재에 관하여는 원칙적으로 과세관청이 그 증명책임을 부담하나 경험칙상 이례에 속하는 특별한 사정의 존재는 납세의무자에게 그 증명책임 내지는 입증의 필요가 돌아간다.

⑤ ☞ (ⅰ) 집행정지의 적극적 요건인「회복하기 어려운 손해」의 주장·소명책임의 소재는 신청인에게 있고, (ⅱ) 소극적 요건인「공공복리에 중대한 영향을 미칠 우려」의 주장·소명책임의 소재는 행정청에게 있다.

[대결 1999.12.20. 자, 99무42] (1) 행정소송법 제23조 제2항에서 행정청의 처분에 대한 집행정지의 요건으로 들고 있는 '회복하기 어려운 손해'라고 하는 것은 원상회복 또는 금전배상이 불가능한 손해는 물론 종국적으로 금전배상이 가능하다고 하더라도 그 손해의 성질이나 태양 등에 비추어 사회통념상 그러한 금전배상만으로는 전보되지 아니할 것으로 인정되는 현저한 손해를 가리키는 것으로서 이러한 집행정지의 적극적 요건에 관한 주장·소명책임은 원칙적으로 신청인측에 있다.

(2) 행정소송법 제23조 제3항에서 집행정지의 요건으로 규정하고 있는 '공공복리에 중대한 영향을 미칠 우려'가 없을 것이라고 할 때의 '공공복리'는 그 처분의 집행과 관련된 구체적이고도 개별적인 공익을 말하는 것으로서 이러한 집행정지의 소극적 요건에 대한 주장·소명책임은 행정청에게 있다.

09 | 2025 |

항고소송의 입증책임 또는 증명책임에 관한 설명으로 옳은 것을 모두 고른 것은? (다툼이 있으면 판례에 따름)

> ㄱ. 처분의 적법성에 대한 입증책임은 일반적으로 원고가 진다.
> ㄴ. 재량권의 일탈·남용은 원고가 증명한다.
> ㄷ. 사실의 증명은 추호의 의혹도 없어야 한다는 자연과학적 증명에 따른다.
> ㄹ. 허가기준 미달을 이유로 불허가한 경우 그 처분이 적법하다는 주장과 입증의 책임은 처분청에게 있다.

① ㄱ
② ㄱ, ㄴ
③ ㄱ, ㄷ
④ ㄴ, ㄹ
⑤ ㄴ, ㄷ, ㄹ

ㄱ. ☞ 처분의 위법성에 대한 입증책임은 원고에게, 적법성에 대한 입증책임은 행정청에게 있다.
[대판 2001.1.16, 99두8107] 행정소송에 있어서 특별한 사정이 있는 경우를 제외하면 당해 행정처분의 적법성에 관하여는 행정청이 이를 주장·입증하여야 할 것이나 행정소송에 있어서 직권주의가 가미되어 있다고 하더라도 여전히 변론주의를 기본구조로 하는 이상 행정처분의 위법을 들어 그 취소를 청구함에 있어서는 직권조사사항을 제외하고는 그 취소를 구하는 자가 위법사유에 해당하는 구체적 사실을 먼저 주장하여야 한다.

> *** 증명책임의 분배**
> (1) 소송요건 : 소송요건은 직권조사사항이지만, 법원의 조사에도 그 요건사실의 존부가 불분명한 경우에는 원고에게 증명책임이 있다.
> (2) 처분의 적법성 : 처분의 적법성에 대해서는 행정청이 증명책임을 진다.
> (3) 취소사유의 존부 : 재량권의 일탈 내지 남용 등 취소사유에 대한 증명책임은 원고에게 있다.
> (4) 무효사유의 존부 : 처분의 하자가 중대하고 명백하다는 점에 대한 증명책임은 원고에게 있다.
> (5) 절차적 요건 : 절차적 요건의 준수에 관한 증명책임은 행정청에게 있다.

ㄴ. ☞ 재량권의 일탈·남용은 처분의 위법사유에 해당한다. 처분의 위법성에 대한 입증책임은 처분의 상대방인 원고에게 있다.
[대법원 2008. 2. 1., 선고, 2007다9009, 판결] 사립대학 교원에 대하여 재임용 심사기준에 따라 재임용을 거부하였고 이에 대하여 교원이 대학교원 기간임용제 탈락자 구제를 위한 특별법에서 정한 불복절차를 취하지 아니하였다고 하더라도, 재임용 거부의 객관적 사유, 즉 재임용 심사기준에 미달한다는 사유가 전혀 존재하지 않거나 그 사유가 존재한다 하더라도 교원으로서의 능력과 자질을 검증하여 적격성 여부를 심사하기 위한 재임용 심사에 있어서 허용될 수 있는 정도의 재량권을 일탈·남용한 결과 합리적인 기준에 기초한 공정한 심사가 결여된 것으로 인정되어 그 사법(私法)상의 효력 자체를 부정하는 것이 사회통념상 타당하다고 인정될 경우에는 그 재임용 거부결정은 무효이다. 이때 재임용 거부결정이 재량을 일탈·남용하였다고 함은 그 결정이 공익의 원칙에 반하거나 재임용 거부의 판단 근거로 삼은 부정적 평가 요소에 비추어 균형을 잃음으로써 비례의 원칙에 위반하거나 또는 합리적인 사유 없이 일반적으로 적용하여 온 기준과 어긋나게 공평을 잃은 결과 평등의 원칙에 위반한 경우 등을 말하고, 이는 구체적인 사례에 따라 부정적 사실의 내용과 성질, 재임용 심사기준에의 부합 정도 등 여러 요소를 종합적으로 판단하여야 하는바, 재량권의 일탈·남용으로 인한 재임용 거부결정의 무효 사유에 관하여는 이를 주장하는 사람이 증명책임을 부담한다.

답 09 ④

ㄷ. ☞ 소송에서 사실관계를 증명할 때 자연과학적 증명을 한다는 것은 불가능하다. 경험칙상 어떤 사실이 있다는 점을 인정할 만한 고도의 개연성을 증명하면 충분하다.

[대법원 2018. 4. 12., 선고, 2017두74702, 판결] 성희롱을 사유로 한 징계처분의 당부를 다투는 행정소송에서 징계사유에 대한 증명책임은 그 처분의 적법성을 주장하는 피고에게 있다. 다만 민사소송이나 행정소송에서 사실의 증명은 추호의 의혹도 없어야 한다는 자연과학적 증명이 아니고, 특별한 사정이 없는 한 경험칙에 비추어 모든 증거를 종합적으로 검토하여 볼 때 어떤 사실이 있었다는 점을 시인할 수 있는 고도의 개연성을 증명하는 것이면 충분하다. 민사책임과 형사책임은 지도이념과 증명책임, 증명의 정도 등에서 서로 다른 원리가 적용되므로, 징계사유인 성희롱 관련 형사재판에서 성희롱 행위가 있었다는 점을 합리적 의심을 배제할 정도로 확신하기 어렵다는 이유로 공소사실에 관하여 무죄가 선고되었다고 하여 그러한 사정만으로 행정소송에서 징계사유의 존재를 부정할 것은 아니다.

ㄹ. ☞ 처분의 적법성에 대한 입증책임은 처분청에 있다.

[대법원 1986. 4. 8. 선고 86누107 판결] 허가신청에 대하여 허가기준 미달을 이유로 불허가한 처분이 적법하다는 주장과 입증의 책임은 처분청에게 있다.

제6관 처분사유의 추가·변경

1. 의의

처분사유의 추가·변경은 처분시에 존재하였으나 처분의 근거로 삼지 않았던 사유를 행정소송 중에 새로운 사유로 추가하거나 변경하는 것을 말한다. 처분 자체를 변경하는 처분변경으로 인한 소 변경과 다르다.

2. 허용여부

가. 원칙 - 기본적 사실관계가 동일한 경우에만 추가·변경 가능

처분사유의 추가·변경을 널리 허용한다면 처분의 상대방에게 예기치 못한 불이익이 발생할 가능성이 있다. 따라서 판례는 처분사유의 추가·변경을 허용하기 위한 요건으로 기본적 사실관계의 동일성을 요구하고 있다.

즉 취소소송 진행 중에 처분행정청이 행정처분이유를 추가·변경할 수 있는가에 관하여, 당초의 처분이유와 「기본적 사실관계에 동일성이 인정되는 범위 안에서만」 허용된다고 본다. 기본적 사실관계의 동일성 유무는 처분사유를 법률적으로 평가하기 이전의 구체적인 사실에 착안하여 그 기초인 사회적 사실관계가 기본적인 점에서 동일한지 여부에 따라 결정한다.

> **관련판례**
>
> 1. 기본적 사실관계 동일성여부는 법률적으로 평가하기 전에 구체적인 사실관계의 동일성 여부에 따라 판단한다[대법원 2003.12.11., 2001두8827].
>
>   행정처분의 취소를 구하는 항고소송에 있어서, 처분청은 당초 처분의 근거로 삼은 사유와 기본적 사실관계가 동일성이 있다고 인정되는 한도 내에서만 다른 사유를 추가하거나 변경할 수 있고, 여기서 <u>기본적 사실관계의 동일성 유무는 처분사유를 법률적으로 평가하기 이전의 구체적인 사실에 착안하여 그 기초인 사회적 사실관계가 기본적인 점에서 동일한지 여부에 따라 결정되며 이와 같이 기본적 사실관계와 동일성이 인정되지 않는 별개의 사실을 들어 처분사유로 주장하는 것이 허용되지 않는다고 해석하는 이유는</u> 행정처분의 상대방의 방어권을 보장함으로써 실질적 법치주의를 구현하고 행정처분의 상대방에 대한 신뢰를 보호하고자 함에 그 취지가 있고, <u>추가 또는 변경된 사유가 당초의 처분시 그 사유를 명기하지 않았을 뿐 처분시에 이미 존재하고 있었고 당사자도 그 사실을 알고 있었다 하여 당초의 처분사유와 동일성이 있는 것이라 할 수 없다.</u>
>
> 2. 처분청이 단지 처분의 근거법령만을 추가·변경하거나 당초의 처분사유를 구체적으로 표시하는 것에 불과한 경우에는 새로운 처분사유를 추가하거나 변경하는 것이라고 볼 수 없다[대법원 2007.2.8., 2006두4899].
>
>   행정처분의 취소를 구하는 항고소송에 있어 처분청은 당초 처분의 근거로 삼은 사유와 기본적 사실관계가 동일성이 있다고 인정되는 한도 내에서는 다른 사유를 추가하거나 변경할 수도 있으나 기본적 사실관계가 동일하다는 것은 처분사유를 법률적으로 평가하기 이전의 구체적인 사실에 착안하여 그 기초인 사회적 사실관계가 기본적인 점에서 동일한 것을 말하며, <u>처분청이 처분 당시에 적시한 구체적 사</u>

실을 변경하지 아니하는 범위 내에서 단지 그 처분의 근거법령만을 추가·변경하거나 당초의 처분사유를 구체적으로 표시하는 것에 불과한 경우에는 새로운 처분사유를 추가하거나 변경하는 것이라고 볼 수 없다.

2-1. 근거법령을 추가함으로 인해 당해 처분의 성질이 변경되는 경우(기속행위 → 재량행위)라면 기본적 사실관계의 동일성이 인정되지 않아 추가·변경을 할 수 없다[대법원 2023.11.30. 선고 2019두38465].

시외버스(공항버스) 운송사업을 하는 갑 주식회사가 청소년요금 할인에 따른 결손 보조금의 지원 대상이 아님에도 청소년 할인 보조금을 지급받음으로써 여객자동차 운수사업법 제51조 제3항에서 정한 '부정한 방법으로 보조금을 지급받은 경우'에 해당한다는 이유로 관할 시장이 보조금을 환수하고 구 경기도 여객자동차 운수사업 관리 조례 제18조 제4항을 근거로 보조금 지원 대상 제외처분을 하였다가 처분에 대한 취소소송에서 구 지방재정법 제32조의8 제7항을 처분사유로 추가한 사안에서, 도 보조금 지원 대상에 관한 제외처분을 재량성의 유무 및 범위와 관련하여 위 조례 제18조 제4항은 기속행위로, 구 지방재정법 제32조의8 제7항은 재량행위로 각각 달리 규정하고 있는 점, 근거 법령의 추가를 통하여 위 제외처분의 성질이 기속행위에서 재량행위로 변경되고, 그로 인하여 위법사유와 당사자들의 공격방어방법 내용, 법원의 사법심사방식 등이 달라지며, 특히 종래의 법 위반 사실뿐만 아니라 처분의 적정성을 확보하기 위한 양정사실까지 새로 고려되어야 하므로, 당초 처분사유와 소송 과정에서 시장이 추가한 처분사유는 기초가 되는 사회적 사실관계의 동일성이 인정되지 않는 점, 시장이 소송 도중에 위와 같이 제외처분의 근거 법령으로 위 조례 제18조 제4항 외에 구 지방재정법 제32조의8 제7항을 추가하는 것은 갑 회사의 방어권을 침해하는 것으로 볼 수 있는 점을 종합하면, 관할 시장이 처분의 근거 법령을 추가한 것은 기본적 사실관계의 동일성이 인정되지 않는 별개의 사실을 들어 주장하는 것으로서 처분사유 추가·변경이 허용되지 않는데도, 이와 달리 본 원심판단에 법리오해의 잘못이 있다고 한 사례

3. 기본적 사실관계의 동일성을 인정한 판례

가. 허가기준에 맞지 않는다는 사유로 허가신청을 반려하였다가 소송 계속 중 이격거리 기준위배를 반려사유로 주장한 경우[대법원 1989.7.25., 88누11926]

동래구청장은 원고가 제출한 이 사건 허가신청에 대하여 관계법 및 부산시 고시 동래구 허가기준에 의거 검토한 결과 허가기준에 맞지 않아 허가신청을 반려한다고 하였는 바 그 취지는 다른 허가기준에는 들어맞으나 소론과 같은 액화석유가스판매업 허가기준 보완시행 안에 정하여진 허가기준에 맞지 아니하여 허가신청을 반려한다는 의미라고 할 수는 없고 위에서 본 모든 허가기준에 의거하여 검토한 결과 그 허가기준(원고에 대하여는 이격거리에 관한 허가기준을 나타내는 것이라 함은 위에서 본 바와 같다)에 맞지 아니하여 반려한다는 것으로 이해되는 바이니 피고가 이 사건에서 이격거리 기준위배를 반려사유로 주장하는 것은 그 처분의 사유를 구체적으로 표시하는 것이지 당초의 처분사유와 기본적 사실관계와 동일성이 없는 별개의 또는 새로운 처분사유를 추가하거나 변경하는 것이라고 할 수는 없다.

나. 준농림지역에서의 행위제한이라는 사유과 나중에 거부처분의 근거로 추가한 자연경관 및 생태계의 교란, 국토 및 자연의 유지와 환경보전 등 중대한 공익상의 필요라는 사유[대법원 2004.11.26., 2004두4482]

주택신축을 위한 산림형질변경허가신청에 대하여 행정청이 거부처분을 하면서 당초 거부처분의 근거로 삼은 준농림지역에서의 행위제한이라는 사유와 나중에 거부처분의 근거로 추가한 자연경관 및 생태계의 교란, 국토 및 자연의 유지와 환경보전 등 중대한 공익상의 필요라는 사유는 기본적 사실관계에 있어서 동일성이 인정된다.

다. 담합을 주도하거나 담합하여 입찰을 방해하였다는 사유와 특정인의 낙찰을 위하여 담합한 자라는 사유[대법원 2008.2.28., 2007두13791]

원고들의 각 공동 대표이사 및 가칭 "원주시폐기물처리업협회(이하 '폐기물협회'라 한다)"의 종신회장인 소외 1을 비롯한 폐기물협회의 17개 회원사 대표들이 2005.3.22. 원주시내 공동주택 음식물류 폐기물 수집·운반 대행계약을 원주시와 수의계약으로 체결할 때 공동수급 대행계약 또는 소외 2 합자회사를 17개사 대표로 하여 대행계약을 체결하기로 하고 수집·운반 대행에 필요한 경비를 17개사가 공동으로 부담하고 수익금을 균등 배분하기로 합의한 사실, 폐기물협회 회원사들은 2005.4.7.자 폐기물협회 회원사 대표회의에서 위 공동주택 음식물류 폐기물 수집·운반 단가계약이 수의계약이 되도록 원주시가 발주하는 이 사건 입찰에 참가하지 않거나 참가하여 낙찰되더라도 계약체결을 하지 않기로 합의하고, 위 합의에 따라 피고가 2005.4.2. 및 2005.4.13. 실시한 이 사건 입찰에 참가하지 않거나 소외 2 합자회사만 단독으로 응찰하여 이 사건 입찰이 모두 유찰된 사실 등 그 판시와 같은 사실을 인정한 다음, 피고가 원심 심리 중에 당초의 처분사유인 국가를 당사자로 하는 계약에 관한 법률(2005.12.14. 법률 제7722호로 개정되기 전의 것, 이하 '국가계약법'이라 한다) 시행령 제76조 제1항 제12호 소정의 '담합을 주도하거나 담합하여 입찰을 방해하였다'는 것으로부터 같은 항 제7호 소정의 '특정인의 낙찰을 위하여 담합한 자'로 이 사건 처분의 사유를 변경한 것은, 그 변경 전후에 있어서 같은 행위에 대한 법률적 평가만 달리하는 것일 뿐 기본적 사실관계를 같이 하는 것이므로 허용된다.

라. 발행주체가 불법단체라는 사유과 소정의 첨부서류가 제출되지 아니하였다는 사유[대법원 1998.4.24., 96누13286].

다른 법령에 의하여 금지·처벌되는 명칭이 제호에 사용되어 있다는 주장은 당초 처분시에 불법단체인 전국교직원노동조합의 약칭(전교조)이 제호에 사용되었다고 적시한 것과 비교하여 볼 때 당초에 적시한 구체적 사실을 변경하지 아니한 채 단순히 근거 법조만을 추가·변경한 주장으로서 이를 새로운 처분사유의 추가·변경이라고 할 수 없고, 또한 정간법령 소정의 첨부서류가 제출되지 아니하였다는 주장은 발행주체가 불법단체라는 당초의 처분사유와 비교하여 볼 때 발행주체가 단체라는 점을 공통으로 하고 있어 기본적 사실관계에 동일성이 있는 주장으로서 소송에서 처분사유로 추가·변경할 수 있다.

4. 기본적 사실관계의 동일성을 부정한 판례

가. 의료보험요양기관이 본인부담금 수납대장을 비치하지 아니한 사유와 보건복지부장관의 관계서류 제출명령에 위반한 사유[대법원 2001.3.23., 99두6392]

의료보험요양기관 지정취소처분의 당초의 처분사유인 구 의료보험법(1999.2.8. 법률 제5857호로 개정되기 전의 것) 제33조 제1항이 정하는 본인부담금 수납대장을 비치하지 아니한 사실과 항고소송에서 새로 주장한 처분사유인 같은 법 제33조 제2항이 정하는 보건복지부장관의 관계서류 제출명령에 위반하였다는 사실은 기본적 사실관계의 동일성이 없다.

나. 중고자동차매매업 허가신청에 대한 불허가처분의 사유로서 거리제한규정에 위반된다는 사유와 최소주차용지면적에 미달된다는 사유[대법원 1995.11.21., 95누10952]

원심은, 원고들에게 주차용지를 임대한 임대인들이 임대차계약해지를 취소하였다는 사실을 인정함으로써 피고 주장의 전제사실과 다른 사실을 인정하고 있으므로 원심은 피고의 위 주장에 대하여 묵시적으로 판단하였다고 볼 수 있을 뿐만 아니라, 행정처분취소 소송에 있어서 처분청은 당초의 처분사유와 기본적 사실관계에 있어서 동일성이 인정되는 한도 내에서만 새로운 처분사유를 추가하거나 변경할 수 있고, 기본적 사실관계와 동일성이 전혀 없는 별개의 사실을 들어 처분사유로서 주장함은 허용되지 아니하는바, 피고의 이 사건 처분사유인 기존 공동사업장과의 거리제한규정에 저촉된다는 사실과 피고 주장의 최소 주차용지에 미달한다는 사실은 기본적 사실관계를 달리하는 것임이 명백하여 피고가 이를 새롭게 처분사유로서 주장할 수는 없는 것이므로 원심이 피고의 위 주장에 대하여 명시적인 판단을 하지 아니하였다고 하여 원심판결에 아무런 영향이 없는 것이다.

다. 토석채취허가신청을 반려함에 있어서 인근 주민의 동의서 미제출 사유와 처분이후에 추가한 자연환경이 훼손된다는 사유[대법원 1992.8.18., 91누3659]

원고의 이 사건 토석채취허가신청에 대하여 피고는 인근주민들의 동의서를 제출하지 아니하였음을 이유로 이를 반려하였음이 분명하고 피고가 이 사건 소송에서 위 반려사유로 새로이 추가하는 처분사유는 이 사건 허가신청지역은 전남 나주군 문평면에 소재한 백용산의 일부로서 토석채취를 하게 되면 자연경관이 심히 훼손되고 암반의 발파시 생기는 소음, 토석운반차량의 통행시 일어나는 소음, 먼지의 발생, 토석채취장에서 흘러 내리는 토사가 부근의 농경지를 매몰할 우려가 있는 등 공익에 미치는 영향이 지대하고 이는 산림내토석채취사무취급요령 제11조 소정의 제한사유에도 해당되기 때문에 위 반려처분이 적법하다는 것인 바, 이는 피고가 당초 위 반려처분의 근거로 삼은 사유와는 그 기본적 사실관계에 있어서 동일성이 인정되지 아니하는 별개의 사유라고 할 것이므로 피고는 이와 같은 사유를 이사건 반려처분의 근거로 추가할 수 없다고 보아야 할 것이다.

라. 석유판매업불허가처분에서 관할 군부대장의 동의를 얻지 못하였다는 사유와 탄약창에 근접한 지점에 위치하고 있다는 사유[대법원 1991. 11. 8., 선고, 91누70, 판결]

피고는 석유판매업허가신청에 대하여 당초 사업장소인 토지가 군사보호시설구역 내에 위치하고 있는 관할 군부대장의 동의를 얻지 못하였다는 이유로 이를 불허가하였다가, 소송에서 위 토지는 탄약창에 근접한 지점에 위치하고 있어 공공의 안전과 군사시설의 보호라는 공익적인 측면에서 보아 허가신청을 불허한 것은 적법하다는 것을 불허가사유로 추가한 경우, 양자는 기본적 사실관계에 있어서의 동일성이 인정되지 아니하는 별개의 사유라고 할 것이므로 이와 같은 사유를 불허가처분의 근거로 추가할 수 없다고 본 사례.

마. 당초의 처분사유인 중기취득세의 체납과 그 후 추가된 처분사유인 자동차세의 체납은 기본적 사실관계의 동일성이 부정된다(대법원 1989.6.27. 88누6160).

처분청은 당초의 처분사유와 기본적 사실관계가 동일한 한도 내에서 새로운 처분사유를 추가하거나 변경할 수 있고 법원으로서도 당초의 처분사유와 기본적 사실관계의 동일성이 없는 사실을 처분사유로 인정할 수 없는 것인 바, 이 사건에서 당초의 처분사유인 중기취득세의 체납과 그 후 추가된 처분사유인 자동차세의 체납은 각 세목, 과세년도, 납세의무자의 지위(연대납세의무자와 직접의 납세의무자) 및 체납액 등을 달리하고 있어 기본적 사실관계가 동일하다고 볼 수 없고, 중기취득세의 체납이나 자동차세의 체납이 다같이 지방세의 체납이고 그 과세대상도 다같은 지입중기에 대한 것이라는 점만으로는 기본적 사실관계의 동일성을 인정하기에 미흡하다.

바. 무자료 주류판매 및 위장거래항목을 근거로 한 면허취소 처분에 대한 항고소송에서, 무면허판매업자에 대한 주류판매를 새로이 그 취소사유로 주장하는 것은 기본적 사실관계의 동일성이 인정되지 않는다(대법원 1996.9.6. 96누7427).

주류면허 지정조건 중 제6호 무자료 주류판매 및 위장거래 항목을 근거로 한 면허취소처분에 대한 항고소송에서, 지정조건 제2호 무면허판매업자에 대한 주류판매를 새로이 그 취소사유로 주장하는 것은 기본적 사실관계가 다른 사유를 내세우는 것으로서 허용될 수 없다고 한 사례

사. 정보공개청구에 대해 내부적인 의사결정 과정임을 이유로 정보공개를 거부하였다가, 정보공개거부처분 취소소송의 계속 중에 개인의 사생활침해 우려를 공개거부사유로 추가하는 것은 허용되지 않는다(대법원 2003.12.11. 2001두8827).

제5호의 위 의사결정과정 또는 내부검토과정에 있는 사항 등을 비공개대상정보로 하고 있는 것은 공개로 인하여 공공기관의 의사결정이 왜곡되거나 외부의 부당한 영향과 압력을 받을 가능성을 차단하여 중립적이고 공정한 의사결정이 이루어지도록 하고자 함에, 제6호의 개인식별정보를 비공개대상정보로 하고 있는 것은 개인의 사생활의 비밀과 자유의 존중 및 개인의 자신에 대한 정보통제권을 보장하는 등 정보공개로 인하여 발생할 수 있는 제3자의 법익침해를 방지하고자 함에 각 그 취지가 있어 그 각 정보를 비공개대상정보로 한 근거와 입법취지가 다른 점 등 여러 사정을 합목적적으로 고려하여 보면, 피고가 처분사유로 추가한 법 제7조 제1항 제5호의 사유와 당초의 처분사유인 같은 항 제4호 및 제6호의 사유는 기본적 사실관계가 동일하다고 할 수 없다고 할 것이며, 추가로 주장하는 제5호에서 규정하고 있는 사유가 이 사건 처분 후에 새로 발생한 사실을 토대로 한 것이 아니라 당초의 처분 당시에 이미 존재한 사실에 기초한 것이라 하여 달리 볼 것은 아니다.

아. 점용허가를 받지 않고 도로를 점용한 사람에 대하여 도로법 제94조에 의한 변상금 부과처분을 하였다가, 해당 도로가 도로법 적용을 받는 도로에 해당하지 않을 경우를 대비하여 처분의 근거 법령을 구 국유재산법 제51조와 그 시행령 등으로 변경하여 주장하는 것은 허용되지 않는다(대법원 2011. 5.26. 2010두28106)

도로법과 구 국유재산법령 및 구 공유재산 및 물품관리법령의 해당 규정은 별개 법령에 규정되어 입법 취지가 다르고, 해당 규정내용을 비교하여 보면 변상금의 징수목적, 산정 기준금액, 징수 재량 유무, 징수절차 등이 서로 달라 위와 같이 근거 법령을 변경하는 것은 종전 도로법 제94조에 의한 변상금 부과처분과 동일성을 인정할 수 없는 별개의 처분을 하는 것과 다름 없어 허용될 수 없다.

나. 예외 – 기본적 사실관계가 상이하더라도 원고가 동의하면 추가·변경 가능

① 최근 판례는 기본적 사실관계가 상이해도 원고가 동의한다면 예외적으로 처분사유의 추가·변경을 허용할 수 있다는 입장이다. 기본적 사실관계가 동일하지 않은 사유로 추가·변경하더라도 원고가 동의한다면 원고의 방어권 행사에 문제가 없음을 이유로 한다.

② 다만 이 경우에 법원은 처분상대방인 원고에 대하여 기본적 사실관계가 상이한 사유로의 추가·변경에 동의하는지에 대해서 석명권을 행사해야 한다.

관련판례

처분청이 거부처분에 대한 항고소송에서 기존의 처분사유와 기본적 사실관계가 동일하지 않은 사유를 처분사유로 추가·변경한 것에 대하여 처분상대방이 추가·변경된 처분사유의 실체적 당부에 관하여 해당소송 과정에서 심리·판단하는 것에 명시적으로 동의하는 경우, 법원은 이를 예외적으로 허용할 수 있다[대법원 2024.11.28. 2023두61349]

처분청이 거부처분에 대한 항고소송에서 기존의 처분사유와 기본적 사실관계가 동일하지 않은 사유를 처분사유로 추가·변경한 것에 대하여 처분상대방이 추가·변경된 처분사유의 실체적 당부에 관하여 해당 소송 과정에서 심리·판단하는 것에 명시적으로 동의하는 경우에는, 법원으로서는 그 처분사유가 기존의 처분사유와 기본적 사실관계가 동일한지와 무관하게 예외적으로 이를 허용할 수 있다. 처분상대방으로서는 처분청이 별개의 사실을 바탕으로 새롭게 주장하는 처분사유까지 동일 소송절차 내에서 판단을 받음으로써 분쟁을 한꺼번에 해결하는 것을 유효·적절한 수단으로서 선택할 수도 있으므로, 처분상대방의 그러한 절차적 선택을 존중하는 것이 처분사유 추가·변경 제한 법리의 기본취지와도 부합하기 때문이다. 그렇다면 법원은, 처분상대방의 명시적 동의에 따라 처분사유의 추가·변경을 허용할 경우, 추가·변경된 거부처분사유가 당초 거부처분사유와 기본적 사실관계의 동일성이 인정되지 않더라도 처분사유 추가·변경 제한 법리에 따라 처분청의 주장을 형식적으로 배척할 것이 아니라 추가·변경된 거부처분사유의 실체적 당부에 관하여 심리·판단하여야 한다. 그 결과 추가·변경된 거부처분사유도 실체적으로 위법하여 처분을 취소하는 판결이 선고·확정되는 경우 추가·변경된 거부처분사유에 관한 법원의 판단에 대해서까지 취소판결의 기속력이 미친다고 보아야 한다. 이와 달리 처분상대방의 명시적인 동의가 없다면, 법원으로서는 처분사유 추가·변경 제한 법리의 원칙으로 돌아가 처분청의 거부처분사유 추가·변경을 허용하여서는 아니 된다. 따라서 처분청이 거부처분에 대한 항고소송에서 당초 거부처분사유와 기본적 사실관계의 동일성이 인정되지 않는 다른 거부처분사유를 주장한 것에 대하여 처분상대방이 아무런 의견을 밝히지 않고 있다면 법원은 적절하게 석명권을 행사하여 처분상대방에게 처분사유 추가·변경 제한 법리의 원칙이 그대로 적용될 것을 주장하는지, 아니면 추가·변경된 거부처분사유의 실체적 당부에 관한 법원의 판단을 구하는지에 관하여 의견을 진술할 수 있도록 기회를 주어야 한다. 그리고 법원이 기본적 사실관계가 동일하지 않은 사유의 실체적 당부에 관한 처분 상대방의 명시적인 동의 없이 추가·변경된 거부처분사유를 심리·판단하여 이를 근거로 거부처분이 적법하다고 판단하는 것은 행정소송법상 직권심리주의의 한계를 벗어난 것으로 허용될 수 없다.

3. 허용한계

가. 처분시에 존재하였던 사유일 것

위법성 판단의 기준시가 처분시인 이상, 추가·변경의 사유는 처분 당시에 이미 객관적으로 존재하고 있었던 사유여야 한다. 즉 처분 후 소송계속 중에 발생한 사실관계나 법률관계는 처분사유의 추가·변경의 대상이 되지 않는다. 이 경우 추가·변경의 사유를 처분의 상대방이 처분 당시에 알고 있었을 것은 요하지 않는다.

나. 사실심변론종결시까지 처분사유를 추가·변경할 것

처분사유의 추가·변경은 사실심 변론종결시까지만 허용되기 때문에, 법률심인 상고심(대법원) 단계에서는 추가·변경이 허용되지 않는다.

> **행정소송규칙**
>
> **제9조(처분사유의 추가·변경)** 행정청은 사실심 변론을 종결할 때까지 당초의 처분사유와 기본적 사실관계가 동일한 범위 내에서 처분사유를 추가 또는 변경할 수 있다.

> **관련판례**
>
> **과세처분취소소송에서 새로운 자료의 제출 및 처분사유의 교환·변경 시한(= 사실심 변론종결시)[대법원 1999.2.9. 선고, 98두16675, 판결]**
> 과세관청은 소송 도중이라도 당해 처분에서 인정한 과세표준 또는 세액의 정당성을 뒷받침할 수 있는 새로운 자료를 제출하거나 처분의 동일성이 유지되는 범위 내에서 그 사유를 교환·변경할 수 있다고 할 것이나 이는 사실심 변론종결시까지만 허용된다.

기출문제

01 | 2016 |

판례상 과세처분취소소송에서 과세관청이 처분사유를 추가·변경하는 것에 관한 설명으로 옳지 <u>않은</u> 것은?

① 과세관청은 사실심변론종결시까지 처분사유를 추가할 수 있다.
② 과세관청은 당해 처분에서 인정한 과세표준 및 세액의 정당성을 뒷받침하는 새로운 자료를 제출할 수 있다.
③ 과세관청은 처분 당시 제시했던 처분사유만을 주장할 수 있는 것은 아니다.
④ 과세관청은 처분의 동일성이 유지되는 범위 내에서 그 사유를 변경할 수 있다.
⑤ 과세원인이 되는 기초사실이 같은 객관적 사실관계에 관하여 과세요건의 구성과 법적 평가만을 달리하는 처분사유의 추가는 허용되지 않는다.

① ☞ 처분사유의 추가·변경은 사실심 변론종결시까지만 허용되기 때문에, 법률심인 상고심(대법원) 단계에서는 추가·변경이 허용되지 않는다.
② ☞ 당해 처분의 정당성을 뒷받침하는 새로운 자료를 제출하는 것은 처분사유의 추가변경이 아니라 당초 처분사유의 유지이므로 사실심변론종결시까지 당연히 허용된다.
③, ④ [대법원 1992.8.18, 91누3659] 행정처분의 취소를 구하는 항고소송에 있어서는 실질적 법치주의와 행정처분의 상대방인 국민에 대한 신뢰보호라는 견지에서 **처분청은 당초 처분의 근거로 삼은 사유와 기본적 사실관계에 있어서 동일성이 인정되는 한도 내에서만 새로운 처분사유를 추가하거나 변경**할 수 있을 뿐 기본적 사실관계와 동일성이 인정되지 않는 별개의 사실을 들어 처분사유로 주장하는 것은 허용되지 아니하며 법원으로서도 당초의 처분사유와 기본적 사실관계의 동일성이 없는 사실은 처분사유로 인정할 수 없는 것이다.
⑤ ☞ 구체적 사실을 변경하지 아니하는 범위 내에서 단지 그 처분의 법적 평가만을 달리하는 처분사유의 추가는 당연히 허용된다.
[대법원 2007.2.8., 2006두4899] 행정처분의 취소를 구하는 항고소송에 있어 처분청은 당초 처분의 근거로 삼은 사유와 기본적 사실관계가 동일성이 있다고 인정되는 한도 내에서는 다른 사유를 추가하거나 변경할 수도 있으나 기본적 사실관계가 동일하다는 것은 처분사유를 법률적으로 평가하기 이전의 구체적인 사실에 착안하여 그 기초인 사회적 사실관계가 기본적인 점에서 동일한 것을 말하며, **처분청이 처분 당시에 적시한 구체적 사실을 변경하지 아니하는 범위 내에서 단지 그 처분의 근거법령만을 추가·변경하거나 당초의 처분사유를 구체적으로 표시하는 것에 불과한 경우에는 새로운 처분사유를 추가하거나 변경하는 것이라고 볼 수 없다.**

답 01 ⑤

02 | 2017 |

처분사유의 추가·변경에 관한 설명으로 옳지 <u>않은</u> 것은? (다툼이 있으면 판례에 따름)

① 추가·변경의 대상이 되는 처분사유는 처분시에 존재하던 사유이어야 한다.
② 이유제시의 하자의 치유는 처분시에 존재하는 하자가 사후에 보완되어 없어지게 된다는 점에서 처분사유의 추가·변경과 구별된다.
③ 위법판단의 기준시와 관련하여 판결시설을 취하는 경우, 피고인 처분청은 소송계속중 처분 이후의 사실·법적 상황을 주장할 수 있다.
④ 처분사유의 추가·변경을 부정적으로 보는 입장은 원고의 방어권과 신뢰의 침해를 근거로 제시한다.
⑤ 처분의 사실관계에 변경이 없는 경우, 처분의 근거법령만을 변경하는 것은 허용되지 않는다.

----

① ☞ 위법성 판단의 기준시가 처분시인 이상, 추가·변경의 사유는 처분 당시에 이미 객관적으로 존재하고 있던 사유여야 한다.
② ☞ (ⅰ) 처분사유의 추가·변경은 처분시에 존재하였으나 처분의 근거로 삼지 않았던 사유를 행정소송 중에 새로운 사유로 추가하거나 변경하는 것이고, (ⅱ) 이유제시의 하자의 치유는 처분시에 이유를 제시하지 않아 위법했던 처분이 소제기 전까지 행정청이 이유제시를 함으로써 하자가 치유되는 것이다.
③ ☞ 위법판단의 기준시를 판결시설을 취하는 경우, 처분시 이후 판결시까지 새로 발생한 사유도 추가변경이 가능하게 된다.
④ ☞ 처분사유의 추가·변경에 대해서는 부정설과 긍정설이 대립한다. 부정설은 처분사유의 추가·변경을 허용하면 처분의 상대방에게 예기치 못한 불이익을 가져올 수 있으므로 상대방의 권익보호 차원에서 이를 허용해서는 아니된다고 본다.
⑤ [대법원 1987. 12. 8. 선고 87누632 판결] 행정처분이 적법한가의 여부는 특별한 사정이 없는 한 처분당시의 사유를 기준으로 판단하면 되는 것이고 처분청이 처분당시에 적시한 구체적 사실을 변경하지 아니하는 범위내에서 단지 그 처분의 근거법령만을 추가변경하는 것은 새로운 처분사유의 추가라고 볼 수 없으므로 이와 같은 경우에는 처분청이 처분당시에 적시한 구체적 사실에 대하여 처분후에 추가변경한 법령을 적용하여 그 처분의 적법여부를 판단하여도 무방하다 할 것이다.

답 02 ⑤

03 | 2018 |

판례상 처분사유의 추가·변경이 인정된 것은?

① 시세완납증명서발급거부처분 사유로서, 중기취득세체납에서 자동차세체납으로 변경
② 종합소득세 부과처분에서 과세대상 소득에 대하여 이자소득이 아니라 대금업에 의한 사업소득으로 변경
③ 주류도매업허가의 취소사유로서, 무자료 주류판매에서 무면허판매업자에 대한 판매로 변경
④ 입찰참가자격의 제한사유로서, 정당한 이유없이 계약을 이행하지 않았다는 것에서 계약이행과 관련하여 관계공무원에게 뇌물을 주었다고 변경
⑤ 온천발견신고수리의 거부사유로서, 규정온도 미달에서 공공사업에의 지장 등으로 변경

- - - - - - - - - - - - - - - - - - - -

① [대법원 1989. 6. 27., 선고, 88누6160, 판결] 처분청은 당초의 처분사유와 기본적 사실관계가 동일한 한도 내에서 새로운 처분사유를 추가하거나 변경할 수 있고 법원으로서도 당초의 처분사유와 기본적 사실관계의 동일성이 없는 사실을 처분사유로 인정할 수 없는 것인 바, 이 사건에서 당초의 처분사유인 중기취득세의 체납과 그 후 추가된 처분사유인 자동차세의 체납은 각 세목, 과세년도, 납세의무자의 지위(연대납세의무자와 직접의 납세의무자) 및 체납액 등을 달리하고 있어 기본적 사실관계가 동일하다고 볼 수 없고, 중기취득세의 체납이나 자동차세의 체납이 다같이 지방세의 체납이고 그 과세대상도 다같은 지입중기에 대한 것이라는 점만으로는 기본적 사실관계의 동일성을 인정하기에 미흡하다.
② [대법원 2002. 3. 12., 선고, 2000두2181, 판결] 과세관청이 과세대상 소득에 대하여 이자소득이 아니라 대금업에 의한 사업소득에 해당한다고 처분사유를 변경한 것은 처분의 동일성이 유지되는 범위 내에서의 처분사유 변경에 해당하여 허용되며, 또 그 처분사유의 변경이 국세부과의 제척기간이 경과한 후에 이루어졌는지 여부에 관계없이 국세부과의 제척기간이 경과되었는지 여부는 당초의 처분시를 기준으로 판단하여야 한다.
③ [대법원 1996. 9. 6., 선고, 96누7427, 판결] 주류면허 지정조건 중 제6호 무자료 주류판매 및 위장거래 항목을 근거로 한 면허취소처분에 대한 항고소송에서, 지정조건 제2호 무면허판매업자에 대한 주류판매를 새로이 그 취소사유로 주장하는 것은 기본적 사실관계가 다른 사유를 내세우는 것으로서 허용될 수 없다고 한 사례.
④ [대법원 1999. 3. 9., 선고, 98두18565, 판결] 입찰참가자격을 제한시킨 당초의 처분 사유인 정당한 이유 없이 계약을 이행하지 않은 사실과 항고소송에서 새로 주장한 계약의 이행과 관련하여 관계 공무원에게 뇌물을 준 사실은 기본적 사실관계의 동일성이 없다고 한 사례.
⑤ [대법원 1992. 11. 24., 선고, 92누3052, 판결] 원심이 온천으로서의 이용가치, 기존의 도시계획 및 공공사업에의 지장 여부 등을 고려하여 이 사건 온천발견신고수리를 거부한 것은 적법하다는 취지의 피고의 주장에 대하여 아무런 판단도 하지 아니한 것은 소론이 지적하는 바와 같으나 기록에 의하면 그와 같은 사유는 피고가 당초에 이 사건 거부처분의 사유로 삼은 바가 없을 뿐만 아니라 규정온도가 미달되어 온천에 해당하지 않는다는 당초의 이 사건 처분사유와는 기본적 사실관계를 달리하여 원심으로서도 이를 거부처분의 사유로 추가할 수는 없다 할 것이므로 원심이 이 부분에 대하여 판단을 하지 아니하였다 하여도 이는 판결에 영향이 없다고 할 것이다.

답 03 ②

04 | 2019 |

처분사유의 사후변경에 관한 설명으로 옳지 <u>않은</u> 것은? (다툼이 있으면 판례에 따름)

① 당초 처분의 근거로 삼은 사유와 기본적 사실관계가 동일하다고 인정되는 한도 내에서만 다른 처분사유로 변경할 수 있다.
② 사실심 변론종결시까지만 허용된다.
③ 당사자가 처분시에 존재하였음을 알고 있는 사유에 대해서만 인정된다.
④ 처분사유로 제시한 구체적 사실을 변경하지 않는 한 처분의 근거가 된 법령만을 변경할 수 있다.
⑤ 소송물의 동일성을 해하지 아니하는 범위 안에서 인정될 수 있다.

···················

① [대법원 2013. 8. 22., 선고, 2011두28301, 판결] 행정처분의 취소를 구하는 항고소송에 있어서는 실질적 법치주의와 행정처분의 상대방인 국민에 대한 신뢰보호라는 견지에서 처분청은 당초 처분의 근거로 삼은 사유와 기본적 사실관계에 있어서 동일성이 있다고 인정되지 않는 별개의 사실을 들어 처분사유로 주장함은 허용되지 아니하나, 당초 처분의 근거로 삼은 사유와 기본적 사실관계에 있어서 동일성이 있다고 인정되는 한도 내에서는 다른 사유를 추가하거나 변경할 수 있다. 그리고 기본적 사실관계가 동일하다는 것은 처분사유를 법률적으로 평가하기 이전의 구체적인 사실에 착안하여 그 기초적인 사회적 사실관계가 기본적인 점에서 동일한 것을 말하며, 처분청이 처분 당시에 적시한 구체적 사실을 변경하지 아니하는 범위 내에서 단지 그 처분의 근거 법령만을 추가·변경하거나 당초의 처분사유를 구체적으로 표시하는 것에 불과한 경우에는 새로운 처분사유를 추가하거나 변경하는 것이라고 볼 수 없다.
② ☞ 기본적 "사실"관계의 동일성 여부에 대해서 법원이 판단해야 하므로 사실심에서만 가능하다.
[대법원 1999. 2. 9., 선고, 98두16675, 판결] 과세관청은 소송 도중이라도 당해 처분에서 인정한 과세표준 또는 세액의 정당성을 뒷받침할 수 있는 새로운 자료를 제출하거나 처분의 동일성이 유지되는 범위 내에서 그 사유를 교환·변경할 수 있다고 할 것이나 이는 사실심 변론종결시까지만 허용된다.
③ ☞ 추가·변경되는 사유는 당사자가 알았는지 여부와 무관하게 기본적 사실관계의 동일성 여부에 따라 결정될 뿐이다.
[대법원 2009. 11. 26., 선고, 2009두15586, 판결] 행정처분의 취소를 구하는 항고소송에서, 처분청은 당초 처분의 근거로 삼은 사유와 기본적 사실관계가 동일성이 있다고 인정되는 한도 내에서만 다른 사유를 추가 혹은 변경할 수 있고, 여기서 기본적 사실관계의 동일성 유무는 처분사유를 법률적으로 평가하기 이전의 구체적인 사실에 착안하여 그 기초인 사회적 사실관계가 기본적인 점에서 동일한지 여부에 따라 결정되며, 추가 또는 변경된 사유가 처분 당시에 그 사유를 명기하지 않았을 뿐 이미 존재하고 있었고 당사자도 그 사실을 알고 있었다 하여 당초의 처분사유와 동일성이 있는 것이라고 할 수는 없다.
④ [대법원 1988. 1. 19., 선고, 87누603, 판결] 행정처분이 적법한가의 여부는 특별한 사정이 없는 한 처분당시의 사유를 기준으로 판단하면 되는 것이고 처분청이 처분당시에 적시한 구체적 사실을 변경하지 아니하는 범위 안에서 단지 그 처분의 근거법령만을 추가변경하는 것은 새로운 처분사유의 추가라고 볼 수 없으므로 이와 같은 경우에는 처분청이 처분당시에 적시한 구체적 사실에 대하여 처분후에 추가변경한 법령을 적용하여 그 처분의 적법여부를 판단하여도 무방하다.
⑤ [대법원 1997. 10. 24. 선고 97누2429 판결] 과세처분취소소송의 소송물은 정당한 세액의 객관적 존부이므로 과세관청으로서는 소송도중이라도 사실심변론종결시까지는 당해 처분에서 인정한 과세표준 또는 세액의 정당성을 뒷받침할 수 있는 새로운 자료를 제출하거나 처분의 동일성이 유지되는 범위 내에서 그 사유를 교환·변경할 수 있는 것이고, 반드시 처분 당시의 자료만에 의하여 처분의 적법 여부를 판단하여야 하거나 처분사유만을 주장할 수 있는 것은 아니다.

답 04 ③

05 | 2020 |

처분사유의 추가·변경에 관한 설명으로 옳지 않은 것은? (다툼이 있으면 판례에 따름)

① 처분사유의 추가·변경은 판결시에 객관적으로 존재하는 사유에 한정된다.
② 처분사유의 추가·변경에 관한 「행정소송법」상 근거 규정은 없다.
③ 처분사유의 추가·변경은 사실심 변론종결시까지 허용된다.
④ 처분사유의 추가·변경은 처분의 상대방의 신뢰를 보호하기 위하여 제한적으로 인정되어야 한다.
⑤ 처분청이 처분 당시 적시한 구체적 사실을 변경하지 아니하는 범위 내에서 처분의 근거법령만을 추가하는 것은 허용된다.

----

① ☞ 판결시가 아니라 처분시이다. 위법성 판단의 기준시가 처분시인 이상, 추가·변경의 사유는 처분 당시에 이미 객관적으로 존재하고 있었던 사유여야 한다. 즉 처분 후 소송계속 중에 발생한 사실관계나 법률관계는 처분사유의 추가·변경의 대상이 되지 않는다.
② ☞ 처분사유의 추가·변경은 「행정소송법」상 명문규정은 존재하지 않고, 판례법리에 따라 기본적 사실관계의 동일성 여부에 따라 인정된다. 다만 「행정소송규칙」에 명문규정이 신설되었다.

> **행정소송규칙**
> **제9조(처분사유의 추가·변경)** 행정청은 사실심 변론을 종결할 때까지 당초의 처분사유와 기본적 사실관계가 동일한 범위 내에서 처분사유를 추가 또는 변경할 수 있다.

③ [대법원 1999. 2. 9. 선고 98두16675 판결] 과세관청은 소송 도중이라도 당해 처분에서 인정한 과세표준 또는 세액의 정당성을 뒷받침할 수 있는 새로운 자료를 제출하거나 처분의 동일성이 유지되는 범위 내에서 그 사유를 교환·변경할 수 있다고 할 것이나 이는 사실심 변론종결시까지만 허용된다.
④ ☞ 처분사유의 추가·변경을 널리 허용한다면 처분의 상대방에게 예기치 못한 불이익이 발생할 가능성이 있으므로 상대방의 신뢰를 보호하기 위하여 제한적으로 인정되어야 한다.
⑤ [대법원 2007.2.8, 2006두4899] 행정처분의 취소를 구하는 항고소송에 있어 처분청은 당초 처분의 근거로 삼은 사유와 기본적 사실관계가 동일성이 있다고 인정되는 한도 내에서는 다른 사유를 추가하거나 변경할 수도 있으나 기본적 사실관계가 동일하다는 것은 처분사유를 법률적으로 평가하기 이전의 구체적인 사실에 착안하여 그 기초인 사회적 사실관계가 기본적인 점에서 동일한 것을 말하며, 처분청이 처분 당시에 적시한 구체적 사실을 변경하지 아니하는 범위 내에서 단지 그 처분의 근거법령만을 추가·변경하거나 당초의 처분사유를 구체적으로 표시하는 것에 불과한 경우에는 새로운 처분사유를 추가하거나 변경하는 것이라고 볼 수 없다.

답 05 ①

06 | 2022 |

취소소송에 있어서 처분사유의 추가·변경에 관한 설명으로 옳지 않은 것은? (다툼이 있으면 판례에 따름)

① 그 허용 기준이 되는 처분사유의 동일성 유무는 사회적 사실관계의 동일성이 아니라 법적으로 평가할 때 동일한지 여부에 따라 결정된다.
② 행정청은 처분 이후에 발생한 새로운 사유를 들어 처분사유를 추가·변경할 수는 없다.
③ 처분서에 다소 불명확하게 기재하였던 당초 처분사유를 좀 더 구체적으로 설명한 것은 새로운 처분사유를 추가로 주장한 것이 아니다.
④ 행정소송법은 처분사유의 추가·변경에 관하여 명문의 규정을 두고 있지 않다.
⑤ 처분사유의 추가·변경은 사실심 변론종결시까지만 허용된다.

----

① [대법원 2003. 12. 11. 선고 2001두8827 판결] 행정처분의 취소를 구하는 항고소송에 있어서, 처분청은 당초 처분의 근거로 삼은 사유와 기본적 사실관계가 동일성이 있다고 인정되는 한도 내에서만 다른 사유를 추가하거나 변경할 수 있고, **여기서 기본적 사실관계의 동일성 유무는 처분사유를 법률적으로 평가하기 이전의 구체적인 사실에 착안하여 그 기초인 사회적 사실관계가 기본적인 점에서 동일한지 여부에 따라 결정되며** 이와 같이 기본적 사실관계와 동일성이 인정되지 않는 별개의 사실을 들어 처분사유로 주장하는 것이 허용되지 않는다고 해석하는 이유는 행정처분의 상대방의 방어권을 보장함으로써 실질적 법치주의를 구현하고 행정처분의 상대방에 대한 신뢰를 보호하고자 함에 그 취지가 있고, 추가 또는 변경된 사유가 당초의 처분시 그 사유를 명기하지 않았을 뿐 처분시에 이미 존재하고 있었고 당사자도 그 사실을 알고 있었다 하여 당초의 처분사유와 동일성이 있는 것이라 할 수 없다.
② ☞ 처분사유의 추가·변경은 결국 처분의 위법성 판단과 관련된 논의이므로 위법판단의 기준시에 대한 판례의 입장인 처분시설에 따른다면, 처분 이후에 발생한 새로운 처분사유는 추가·변경의 대상이 될 수 없다.
③ [대법원 2007.2.8, 2006두4899] 행정처분의 취소를 구하는 항고소송에 있어 처분청은 당초 처분의 근거로 삼은 사유와 기본적 사실관계가 동일성이 있다고 인정되는 한도 내에서는 다른 사유를 추가하거나 변경할 수도 있으나 기본적 사실관계가 동일하다는 것은 처분사유를 법률적으로 평가하기 이전의 구체적인 사실에 착안하여 그 기초인 사회적 사실관계가 기본적인 점에서 동일한 것을 말하며, **처분청이 처분 당시에 적시한 구체적 사실을 변경하지 아니하는 범위 내에서 단지 그 처분의 근거법령만을 추가·변경하거나 당초의 처분사유를 구체적으로 표시하는 것에 불과한 경우에는 새로운 처분사유를 추가하거나 변경하는 것이라고 볼 수 없다.**
④ ☞ 행정소송법에는 처분사유의 추가·변경에 관한 명문의 규정이 없다.
⑤ ☞ 처분사유의 추가·변경은 사실심 변론종결시까지만 허용되기 때문에, 법률심인 상고심(대법원) 단계에서는 추가·변경이 허용되지 않는다.

답 06 ①

07 | 2023 |

처분사유의 추가·변경에 관한 설명으로 옳지 <u>않은</u> 것은? (다툼이 있으면 판례에 따름)

① 행정소송법상 명문의 근거규정이 존재한다.
② 행정청의 처분사유의 추가·변경시한은 사실심 변론종결시까지이다.
③ 처분사유의 추가·변경을 제한하는 취지는 행정처분의 상대방의 방어권을 보장함으로써 실질적 법치주의를 구현하는 것이다.
④ 항고소송에 있어서 처분청이 당초 처분의 근거로 삼은 사유와 기본적 사실관계의 동일성이 인정되지 않는 별개의 사실을 들어 처분사유로서 주장할 수는 없다.
⑤ 처분사유의 추가·변경의 제한은 상대방의 신뢰보호와도 관련이 있다.

- -

① ☞ 행정소송법에 소송계속 중의 처분사유의 추가·변경에 관한 명문의 규정은 없다
② ☞ 소송진행 관련한 행위는 특별한 사정이 없으면 사실심변론종결시까지만 가능하다.
[대법원 1999. 8. 20., 선고, 98두17043, 판결] 행정청은 기본적 사실관계의 동일성이 있다고 인정되는 한도 내에서만 다른 처분사유를 추가, 변경할 수 있다고 할 것이나 이는 사실심 변론종결시까지만 허용된다.
③, ⑤ [대법원 2003. 12. 11., 선고, 2001두8827, 판결] 행정처분의 취소를 구하는 항고소송에 있어서, 처분청은 당초 처분의 근거로 삼은 사유와 기본적 사실관계가 동일성이 있다고 인정되는 한도 내에서만 다른 사유를 추가하거나 변경할 수 있고, 여기서 기본적 사실관계의 동일성 유무는 처분사유를 법률적으로 평가하기 이전의 구체적인 사실에 착안하여 그 기초인 사회적 사실관계가 기본적인 점에서 동일한지 여부에 따라 결정되며 이와 같이 기본적 사실관계와 동일성이 인정되지 않는 별개의 사실을 들어 처분사유로 주장하는 것이 허용되지 않는다고 해석하는 이유는 행정처분의 상대방의 방어권을 보장함으로써 실질적 법치주의를 구현하고 행정처분의 상대방에 대한 신뢰를 보호하고자 함에 그 취지가 있고, 추가 또는 변경된 사유가 당초의 처분시 그 사유를 명기하지 않았을 뿐 처분시에 이미 존재하고 있었고 당사자도 그 사실을 알고 있었다 하여 당초의 처분사유와 동일성이 있는 것이라 할 수 없다.
④ [대법원 1992. 2. 14., 선고, 91누3895, 판결] 행정처분의 취소를 구하는 항고소송에 있어서 처분청은 당초 처분의 근거로 삼은 사유와 기본적 사실관계가 동일성이 있다고 인정되는 한도 내에서만 다른 사유를 추가하거나 변경할 수 있을 뿐, 기본적 사실관계와 동일성이 인정되지 않는 별개의 사실을 들어 처분사유로서 주장함은 허용되지 아니한다.

답 07 ①

08 | 2024 |

행정청 乙은 사업자 甲에 대하여 '정당한 이유 없이 계약을 이행하지 않았다'는 사실을 사유로 부정당업자 제재처분을 하였다. 甲이 그 처분의 취소를 구하는 소를 적법하게 제기하여 법원이 이를 심리하는 경우에 관한 설명으로 옳지 않은 것은? (다툼이 있으면 판례에 따름)

① 乙은 소송계속 중 기본적 사실관계의 동일성을 해치지 않는 범위 내에서 처분사유를 변경할 수 있다.
② 처분사유의 추가·변경은 사실심 변론종결시까지 허용된다.
③ 처분사유의 추가·변경에 관해서는 행정소송법에 명문의 규정이 없다.
④ 乙은 소송계속 중 '甲이 계약의 이행과 관련하여 공무원에게 뇌물을 주었다'는 사실을 처분사유로 추가할 수 있다.
⑤ 乙이 처분서에 다소 불명확하게 기재하였던 '당초 처분사유'를 좀 더 구체적으로 설명한 경우 이는 새로운 처분사유의 추가가 아니다.

---

① [대판 1992.8.18., 91누3659] 행정처분의 취소를 구하는 항고소송에 있어서는 실질적 법치주의와 행정처분의 상대방인 국민에 대한 신뢰보호라는 견지에서 **처분청은 당초 처분의 근거로 삼은 사유와 기본적 사실관계에 있어서 동일성이 인정되는 한도 내에서만 새로운 처분사유를 추가하거나 변경할 수 있을 뿐 기본적 사실관계와 동일성이 인정되지 않는 별개의 사실을 들어 처분사유로 주장하는 것은 허용되지 아니하며** 법원으로서도 당초의 처분사유와 기본적 사실관계의 동일성이 없는 사실은 처분사유로 인정할 수 없는 것이다.

② ☞ 기본적 「사실」관계의 동일성 여부에 대해서 법원이 판단해야 하므로 사실심에서만 가능하다.
[대판 1999.2.9., 98두16675] 과세관청은 소송 도중이라도 당해 처분에서 인정한 과세표준 또는 세액의 정당성을 뒷받침할 수 있는 새로운 자료를 제출하거나 처분의 동일성이 유지되는 범위 내에서 그 사유를 교환·변경할 수 있다고 할 것이나 **이는 사실심 변론종결까지만 허용된다.**

③ ☞ 처분사유의 추가·변경은 「행정소송법」상 명문 규정은 존재하지 않고, 판례법리에 따라 기본적 사실관계의 동일성 여부에 따라 인정된다. 다만 최근 「행정소송규칙」에 처분사유의 추가·변경에 관한 규정이 신설되었다.

> **행정소송규칙**
> **제9조(처분사유의 추가·변경)** 행정청은 사실심 변론을 종결할 때까지 당초의 처분사유와 기본적 사실관계가 동일한 범위 내에서 처분사유를 추가 또는 변경할 수 있다.

④ ☞ 계약상 의무불이행과 뇌물제공은 기본적 사실관계가 동일하지 않다.
[대법원 1999. 3. 9., 선고, 98두18565, 판결] **입찰참가자격을 제한시킨 당초의 처분 사유인 정당한 이유 없이 계약을 이행하지 않은 사실과 항고소송에서 새로 주장한 계약의 이행과 관련하여 관계 공무원에게 뇌물을 준 사실은 기본적 사실관계의 동일성이 없다고 한 사례.**

⑤ ☞ 동일한 사유에 대하여 추상적으로 기재했던 내용을 구체화하는 경우라면 새로운 처분사유에 해당하지 않는다.
[대법원 2007.2.8., 2006두4899] 행정처분의 취소를 구하는 항고소송에 있어 처분청은 당초 처분의 근거로 삼은 사유와 기본적 사실관계가 동일성이 있다고 인정되는 한도 내에서는 다른 사유를 추가하거나 변경할 수도 있으나 기본적 사실관계가 동일하다는 것은 처분사유를 법률적으로 평가하기 이전의 구체적인 사실에 착안하여 그 기초인 사회적 사실관계가 기본적인 점에서 동일한 것을 말하며, **처분청이 처분 당시에 적시한 구체적 사실을 변경하지 아니하는 범위 내에서 단지 그 처분의 근거법령만을 추가·변경하거나 당초의 처분사유를 구체적으로 표시하는 것에 불과한 경우에는 새로운 처분사유를 추가하거나 변경하는 것이라고 볼 수 없다.**

답 08 ④

09 | 2025 |

처분사유의 추가·변경에 관한 설명으로 옳지 <u>않은</u> 것은? (다툼이 있으면 판례에 따름)

① 「행정소송법」상 명문의 근거규정은 존재하지 않는다.
② 처분사유 자체가 아니라 처분사유의 근거가 되는 기초사실 내지 평가요소에 지나지 않는 사정은 추가로 주장할 수 있다.
③ 처분의 사실관계에 변경이 없는 한 적용법령만을 추가하거나 변경하는 것은 가능하다.
④ 행정청의 처분사유의 추가·변경은 사실심 개시전까지만 허용된다.
⑤ 입찰참가자격을 제한시킨 당초의 처분 사유인 정당한 이유 없이 계약을 이행하지 않은 사실과 항고소송에서 새로 주장한 계약의 이행과 관련하여 관계 공무원에게 뇌물을 준 사실은 기본적 사실관계의 동일성이 없다.

---

① ☞ 처분사유의 추가·변경에 대해서 「행정소송법」상 명문규정은 존재하지 않는다. 다만 「행정소송규칙」에서 해당 규정이 신설되었다.

> **행정소송규칙**
> **제9조(처분사유의 추가·변경)** 행정청은 사실심 변론을 종결할 때까지 당초의 처분사유와 기본적 사실관계가 동일한 범위 내에서 처분사유를 추가 또는 변경할 수 있다.

② ☞ 해당 처분(귀화불허가처분)의 사유로 A사유(품행 미단정)를 주장하다가 B사유를 추가하거나 변경한 것이 아니라, A사유를 보충하는 사정(불법체류전력)을 추가로 주장하는 것은 문제되지 않는다.
[대법원 2018. 12. 13. 선고 2016두31616 판결] 외국인 갑이 법무부장관에게 귀화신청을 하였으나 법무부장관이 심사를 거쳐 '품행 미단정'을 불허사유로 국적법상의 요건을 갖추지 못하였다며 신청을 받아들이지 않는 처분을 하였는데, 법무부장관이 갑을 '품행 미단정'이라고 판단한 이유에 대하여 제1심 변론절차에서 자동차관리법위반죄로 기소유예를 받은 전력 등을 고려하였다고 주장하였다가 원심 변론절차에서 불법 체류한 전력이 있다는 추가적인 사정까지 고려하였다고 주장한 사안에서, 법무부장관이 원심에서 추가로 제시한 불법 체류 전력 등의 제반 사정은 처분사유의 근거가 되는 기초 사실 내지 평가요소에 지나지 않으므로, 추가로 주장할 수 있다고 한 사례.

③ ☞ 처분의 사실관계에 변경이 없이 적용법령만을 추가하거나 변경하는 경우라면 기본적 사실관계의 동일성을 해치지 않기 때문이다.
[대법원 2024. 11. 28. 선고 2023두61349 판결] 행정처분의 적법성과 효력을 다투는 항고소송에서는 처분청이 당초 처분의 근거로 삼은 사유와 기본적 사실관계의 동일성이 인정되지 않는 별개의 사유를 주장하는 것은 원칙적으로 허용되지 않는다(이를 '처분사유 추가·변경 제한 법리'라고 한다). 여기서 기본적 사실관계의 동일성 유무는 처분사유를 법률적으로 평가하기 이전의 구체적인 사실에 착안하여 그 기초가 되는 사회적 사실관계가 기본적인 점에서 동일한지에 따라 판단하는 것이 원칙이고, 행정청이 처분 당시에 제시한 구체적 사실을 변경하지 않는 범위 내에서 단지 처분의 근거 법령만을 추가·변경하거나 당초의 처분사유를 구체적으로 표시하는 것에 불과한 경우에는 새로운 처분사유를 추가하거나 변경하는 것이라고 볼 수 없다. 그러나 사회적 사실관계의 기본적 동일성이 인정되는 경우라고 하더라도 그에 대한 규범적 평가와 처분의 근거 법령의 변경으로, 예를 들어 기속행위가 재량행위로 변경되는 경우와 같이, 당초 처분의 내용을 변경할 필요성이 제기되는

답 09 ④

경우에는 해당 처분을 취소한 후 처분청으로 하여금 다시 처분절차를 거쳐 새로운 처분을 하도록 하여야 할 것이지 당초 처분의 내용을 그대로 유지한 채 근거 법령만 추가·변경하는 것은 허용될 수 없다.

④ ☞ 사실심 변론종결시까지 가능하다.

행정소송규칙

제9조(처분사유의 추가·변경) 행정청은 사실심 변론을 종결할 때까지 당초의 처분사유와 기본적 사실관계가 동일한 범위 내에서 처분사유를 추가 또는 변경할 수 있다.

⑤ ☞ A사유(정당한 이유 없는 계약 불이행)과 B사유(공무원에게 뇌물 제공)은 기본적 사실관계가 동일하지 않다. [대법원 1999. 3. 9., 선고, 98두18565, 판결] 입찰참가자격을 제한시킨 당초의 처분 사유인 정당한 이유 없이 계약을 이행하지 않은 사실과 항고소송에서 새로 주장한 계약의 이행과 관련하여 관계 공무원에게 뇌물을 준 사실은 기본적 사실관계의 동일성이 없다고 한 사례.

제7관 위법판단의 기준시점

행정소송에 있어서 법원은 행정처분의 위법성을 어느 시점의 법규와 사실을 기준으로 판단할 것인가에 대하여「처분시설」과「판결시설」이 대립한다. 판례는「처분시설」을 택하고 있다.

> **관련판례**
>
> 1. 처분의 위법판단은 처분 후 법령의 개폐나 사실상태의 변동에 의하여 영향을 받지 않는다[대법원 2007.5.11., 2007두1811].
>   행정소송에서 행정처분의 위법 여부는 행정처분이 행하여졌을 때의 법령과 사실상태를 기준으로 하여 판단하여야 하고, 처분 후 법령의 개폐나 사실상태의 변동에 의하여 영향을 받지는 않는다.
>
> 2. 처분의 위법여부를 판단함에 있어 법원은 처분 당시 행정청이 알고 있었던 자료뿐만 아니라 사실심 변론종결 당시까지 제출된 모든 자료를 종합하여 판단한다[대법원 2010.1.14., 2009두11843].
>   항고소송에서 행정처분의 위법 여부는 행정처분이 있을 때의 법령과 사실 상태를 기준으로 판단하여야 하며, 법원은 행정처분 당시 행정청이 알고 있었던 자료뿐만 아니라 사실심 변론종결 당시까지 제출된 모든 자료를 종합하여 처분 당시 존재하였던 객관적 사실을 확정하고 그 사실에 기초하여 처분의 위법 여부를 판단할 수 있다.

<각종 시점 정리>

시점	내용
처분시 기준	처분의 위법성 / 판결의 기속력
사실심 변론종결시 기준	부작위의 위법성 / 소송요건 충족 / 기타
상고심 기준	집행정지 / 소송참가 / 소송요건 유지

기출문제

01 | 2016 |

다음 ( )안에 들어갈 내용을 바르게 나열한 것은? (다툼이 있으면 판례에 따름)

- 거부처분취소소송에서는 (ㄱ)의 법령과 사실상태를 기준으로 행정처분의 위법 여부를 판단한다.
- 부작위위법확인소송에서는 (ㄴ)의 법령과 사실상태를 기준으로 부작위의 위법 여부를 판단한다.

① ㄱ : 판결시, ㄴ : 처분시
② ㄱ : 처분시, ㄴ : 신청시
③ ㄱ : 신청시, ㄴ : 처분시
④ ㄱ : 처분시, ㄴ : 판결시
⑤ ㄱ : 판결시, ㄴ : 판결시

ㄱ. [대법원 2007.5.11., 2007두1811] 행정소송에서 행정처분의 위법 여부는 행정처분이 행하여졌을 때의 법령과 사실상태를 기준으로 하여 판단하여야 하고, 처분 후 법령의 개폐나 사실상태의 변동에 의하여 영향을 받지는 않는다.

ㄴ. [대법원 1990.9.25, 89누4758] 부작위위법확인의 소는 행정청이 국민의 법규상 또는 조리상의 권리에 기한 신청에 대하여 상당한 기간내에 그 신청을 인용하는 적극적 처분 또는 각하하거나 기각하는 등의 소극적 처분을 하여야 할 법률상의 응답의무가 있음에도 불구하고 이를 하지 아니하는 경우, 판결(사실심의 구두변론종결)시를 기준으로 그 부작위의 위법을 확인함으로써 행정청의 응답을 신속하게 하여 부작위 내지 무응답이라고 하는 소극적인 위법상태를 제거하는 것을 목적으로 하는 것이고, 나아가 당해 판결의 구속력에 의하여 행정청에게 처분 등을 하게 하고 다시 당해 처분 등에 대하여 불복이 있는 때에는 그 처분 등을 다투게 함으로써 최종적으로는 국민의 권리이익을 보호하려는 제도이므로, 소제기의 전후를 통하여 판결시까지 행정청이 그 신청에 대하여 적극 또는 소극의 처분을 함으로써 부작위상태가 해소된 때에는 소의 이익을 상실하게 되어 당해 소는 각하를 면할 수가 없는 것이다.

02 | 2018 |

처분의 위법성 판단에 관한 설명으로 옳지 <u>않은</u> 것은?(다툼이 있으면 판례에 따름)

① 「국민건강보험법」상 과다본인부담금확인 처분 등의 위법여부에 관하여 진료행위시와 처분시 사이 요양급여기준이 개정되었을 경우 처분시의 법령을 적용하여야 한다.
② 개발부담금의 부과에 있어서는 특별한 사정이 없는 한 개발사업이 종료될 당시의 법률이 적용된다.
③ 「산업재해보상보험법」상 장해급여 지급에 관한 처분은 수급권자가 지급청구권을 취득할 당시의 법령에 따르는 것이 원칙이다.
④ 「국민연금법」상 장애연금 지급을 위한 장애등급결정은 가입자가 지급청구권을 취득할 당시의 법령에 따르는 것이 원칙이다.
⑤ 세금의 부과는 특별한 사정이 없는 한 납세의무의 성립시에 유효한 법령의 규정에 의한다.

답 01 ④ 02 ①

① [대법원 2012. 8. 17., 선고, 2011두3524, 판결] 요양기관이 진료행위를 하고 대가로 지급받은 비용이 과다본인부담금에 해당하는지는 해당 진료행위를 하고 그 비용을 수수한 때 시행되는 법령에 의하여 정해진 요양급여기준과 요양급여비용 산정기준에 따라 정해지는 것이므로, 요양기관이 진료행위의 대가로 지급받은 비용이 구 국민건강보험법 제43조의2 제1항, 제2항에 의하여 과다본인부담금에 해당하는지는 개정된 요양급여기준 등의 법령이 아니라 진료행위 당시 요양급여기준 등의 법령을 기준으로 판단해야 하고, 요양급여기준 등의 개정에 따른 이해가 요양기관을 운영하는 자와 가입자 등 사이에 일치하지 않으므로 달리 특별한 사정이 없으면 진료행위 이후 개정된 요양급여기준 등에 관한 법령을 진료행위 당시로 소급하여 적용할 수는 없다.

② [대법원 2003. 3. 14., 선고, 2001두4627, 판결] 개발부담금의 부과에 있어서는 특별한 사정이 없는 한 소급입법금지의 원칙상 개발사업의 종료라는 부과요건사실이 완성될 당시의 법률을 적용하여야 하고, 그 후 법률이 개정되었다 하더라도 개정된 법률을 적용할 것은 아니다.

③ [대법원 2007. 2. 22., 선고, 2004두12957, 판결] 산업재해보상보험법상 장해급여는 근로자가 업무상의 사유로 부상을 당하거나 질병에 걸려 치료를 종결한 후 신체 등에 장해가 있는 경우 그 지급 사유가 발생하고, 그때 근로자는 장해급여 지급청구권을 취득하므로, 장해급여 지급을 위한 장해등급 결정 역시 장해급여 지급청구권을 취득할 당시, 즉 그 지급 사유 발생 당시의 법령에 따르는 것이 원칙이다.

④ [대법원 2014. 10. 15., 선고, 2012두15135, 판결] 구 국민연금법 제49조 제2호, 제54조 제1항, 제67조 제1항, 제5항, 구 국민연금법 시행령 제46조, [별표 2] 등의 규정 내용 및 취지에 비추어 보면, 국민연금법상 장애연금은 국민연금 가입 중에 생긴 질병이나 부상으로 완치된 후에도 신체상 또는 정신상의 장애가 있는 자에 대하여 그 장애가 계속되는 동안 장애 정도에 따라 지급되는 것으로서, 치료종결 후에도 신체 등에 장애가 있을 때 지급사유가 발생하고 그때 가입자는 장애연금 지급청구권을 취득한다. 따라서 장애연금 지급을 위한 장애등급 결정은 장애연금 지급청구권을 취득할 당시, 즉 치료종결 후 신체 등에 장애가 있게 된 당시의 법령에 따르는 것이 원칙이다. 나아가 이러한 법리는 기존의 장애등급이 변경되어 장애연금액을 변경하여 지급하는 경우에도 마찬가지이므로, 장애등급 변경결정 역시 변경사유 발생 당시, 즉 장애등급을 다시 평가하는 기준일인 '질병이나 부상이 완치되는 날'의 법령에 따르는 것이 원칙이다.

⑤ [대법원 1997. 10. 14., 선고, 97누9253, 판결] 세금의 부과는 납세의무의 성립시에 유효한 법령의 규정에 의하여야 하고, 세법의 개정이 있을 경우에도 특별한 사정이 없는 한 개정 전후의 법령 중에서 납세의무가 성립될 당시의 법령을 적용하여야 할 것인바, 등록세 중과세의 경우에 있어 종전의 법은 부동산등기 후 지점이 설치된 경우 중과되는 등록세의 자진신고 납부의무에 관한 규정을 두고 있지 않았으나, 1994. 12. 22. 법률 제4794호로 신설 또는 개정되어 1995. 1. 1.부터 시행된 지방세법 제150조의2 제2항은 자진신고납부의무를 부과하고, 제151조는 이를 해태한 경우 가산세를 부과하도록 하고 있으므로, 등록세 중과세 대상이 된 부동산에 사업장을 설치한 일자가 1995. 1. 20.이라면 위 법이 개정·시행된 이후이므로, 사업장의 설치가 등록세의 중과세요건을 충족하는 한 중과세되는 등록세를 자진신고 납부할 의무가 있다고 할 것이어서, 이와 달리 판단한 원심은 적용할 법령을 그르친 위법이 있다고 하여 그 부분을 파기한 사례.

03 | 2018 |

행정소송에서 위법판단의 기준시에 관한 설명으로 옳지 <u>않은</u> 것은? (다툼이 있으면 판례에 따름)

① 부작위위법확인소송의 위법판단의 기준시는 판결시이다.
② 처분시를 기준으로 하면 행정청이 처분 당시 보유하였던 자료만으로 위법판단을 해야 한다.
③ 거부처분취소소송에서의 위법판단의 기준시는 처분시이다.
④ 난민인정거부처분이후 국적국의 정치적 상황이 변화하였다고 하여도 처분시를 기준으로 처분의 위법성을 판단하여야 한다.
⑤ 공정거래위원회의 과징금 납부명령은 다른 특별한 사정이 없는 한 납부명령이 행하여진 의결일 당시의 사실상태와 법령을 기준으로 판단한다.

---

① [대법원 1990. 9. 25., 선고, 89누4758, 판결] 부작위위법확인의 소는 행정청이 국민의 법규상 또는 조리상의 권리에 기한 신청에 대하여 상당한 기간내에 그 신청을 인용하는 적극적 처분 또는 각하하거나 기각하는 등의 소극적 처분을 하여야 할 법률상의 응답의무가 있음에도 불구하고 이를 하지 아니하는 경우, 판결(사실심의 구두변론 종결)시를 기준으로 그 부작위의 위법을 확인함으로써 행정청의 응답을 신속하게 하여 부작위 내지 무응답이라고 하는 소극적인 위법상태를 제거하는 것을 목적으로 하는 것이고, 나아가 당해 판결의 구속력에 의하여 행정청에게 처분 등을 하게 하고 다시 당해 처분 등에 대하여 불복이 있는 때에는 그 처분 등을 다투게 함으로써 최종적으로는 국민의 권리이익을 보호하려는 제도이므로, 소제기의 전후를 통하여 판결시까지 행정청이 그 신청에 대하여 적극 또는 소극의 처분을 함으로써 부작위상태가 해소된 때에는 소의 이익을 상실하게 되어 당해 소는 각하를 면할 수가 없는 것이다.

② [대법원 2002. 10. 11., 선고, 2001두1994, 판결] 과세처분취소소송의 소송물은 과세관청이 결정한 세액의 객관적 존부이므로, 과세관청으로서는 소송 도중 사실심 변론종결시까지 당해 처분에서 인정한 과세표준 또는 세액의 정당성을 뒷받침할 수 있는 새로운 자료를 제출하거나 처분의 동일성이 유지되는 범위 내에서 그 사유를 교환·변경할 수 있는 것이고, 반드시 처분 당시의 자료만에 의하여 처분의 적법 여부를 판단하여야 하거나 처분 당시의 처분사유만을 주장할 수 있는 것은 아니다.

③ [대법원 1988. 6. 7., 선고, 87누1079, 판결] 행정처분의 적법여부는 처분당시의 사유와 사정을 기준으로 판단하여야 하고 처분청이 처분 이후에 추가한 새로운 사유를 보태어서 당초처분의 흠을 치유시킬 수 없다고 할 것이지만, 이는 과세처분의 사유의 추가와 과세처분사유를 뒷받침 할 수 있는 과세원인과 과세표준액 등에 관한 자료의 추가제출과는 구별되는 개념이므로, 과세처분취소소송에 있어 소송 당사자는 사실심변론종결시까지 과세원인과 과세표준액 등에 관한 모든 자료를 제출할 수 있고 그 자료에 의하여 과세처분의 적법여부를 주장할 수 있다.

④ [대법원 2008. 7. 24., 선고, 2007두3930, 판결] 행정소송에서 행정처분의 위법 여부는 행정처분이 행하여 졌을 때의 법령과 사실 상태를 기준으로 하여 판단하여야 하고, 처분 후 법령의 개폐나 사실상태의 변동에 의하여 영향을 받지는 않으므로, 난민 인정 거부처분의 취소를 구하는 취소소송에서도 그 거부처분을 한 후 국적국의 정치적 상황이 변화하였다고 하여 처분의 적법 여부가 달라지는 것은 아니다.

⑤ ☞ 합의제 행정청인 공정거래위원회의 경우에는 의결일이 처분일이라고 생각하면 된다.
[대법원 2017. 4. 26., 선고, 2016두32688, 판결] 행정소송에서 행정처분의 위법 여부는 행정처분이 행하여 졌을 때의 법령과 사실상태를 기준으로 판단함이 원칙이고, 이는 독점규제 및 공정거래에 관한 법률(이하 '공정거래법'이라 한다)에 따른 공정거래위원회의 과징금 납부명령 등에서도 마찬가지이다. 따라서 공정거래위원회의 과징금 납부명령 등이 재량권 일탈·남용으로 위법한지는 다른 특별한 사정이 없는 한 과징금 납부명령 등이 행하여진 '의결일' 당시의 사실상태를 기준으로 판단하여야 한다.

답 03 ②

04 | 2019 |

취소소송의 위법성판단의 기준시에 관한 설명으로 옳지 <u>않은</u> 것은? (다툼이 있으면 판례에 따름)

① 취소소송에서 행정처분의 위법 여부는 행정처분이 있을 때의 법령과 사실상태를 기준으로 판단한다.
② 난민인정거부처분취소소송에 있어서 거부처분을 한 후 국적국의 정치적 상황이 변화하였다고 하여 처분의 적법여부가 달라지는 것은 아니다.
③ 법원은 사실심 변론종결시까지 제출된 모든 자료를 종합하여 처분의 위법여부를 판단할 수 있다.
④ 판결시기준설은 판결의 처분의 사후심사가 아니라 처분에 계속적으로 효력을 부여할 것인가의 문제로 본다.
⑤ 교원소청심사 결정전의 사유라 하더라도 소청심사 단계에서 주장하지 아니한 사유에 대해서 법원은 심리·판단할 수 없다.

----

①, ② [대법원 2008. 7. 24., 선고, 2007두3930, 판결] 행정소송에서 행정처분의 위법 여부는 행정처분이 행하여졌을 때의 법령과 사실 상태를 기준으로 하여 판단하여야 하고, 처분 후 법령의 개폐나 사실상태의 변동에 의하여 영향을 받지는 않으므로, 난민 인정 거부처분의 취소를 구하는 취소소송에서도 그 거부처분을 한 후 국적국의 정치적 상황이 변화하였다고 하여 처분의 적법 여부가 달라지는 것은 아니다.
③ [대법원 2004. 5. 14., 선고, 2003두12615, 판결] 과세처분의 취소소송에 있어서 심리의 대상은 과세관청이 결정한 과세가액의 존부라고 보아야 할 것이므로 소송당사자는 과세처분취소소송의 사실심변론종결시까지 과세표준액 등의 존부 내지 범위에 관한 모든 자료를 제출하고 그때까지 제출된 자료에 의하여 과세처분의 적법여부를 심판해 줄 것을 주장할 수 있다.
④ ☞ "판결시기준설"은, 항고소송은 구체적인 행정처분이 법규에 대하여 적합한가의 여부를 판단대상으로 하는 바 그 법규는 처분시가 아닌 판결시의 법규이어야 한다는 견해이다. 이 견해에 따르면 처분 당시에는 위법하였더라도 법개정 등으로 인하여 판결시에 적법한 처분이라면 청구기각판결을 선고하게 된다.
⑤ [대법원 2018. 7. 12., 선고, 2017두65821, 판결] 교원소청심사위원회가 한 결정의 취소를 구하는 소송에서 그 결정의 적부는 결정이 이루어진 시점을 기준으로 판단하여야 하지만, 그렇다고 하여 소청심사 단계에서 이미 주장된 사유만을 행정소송의 판단대상으로 삼을 것은 아니다. 따라서 소청심사 결정 후에 생긴 사유가 아닌 이상 소청심사 단계에서 주장하지 아니한 사유도 행정소송에서 주장할 수 있고, 법원도 이에 대하여 심리·판단할 수 있다.

05 | 2021 |

甲은 2021. 5. 24. 영업허가거부처분을 받고 그 다음 날 그 처분에 대해 취소소송을 제기하였다. 법원은 심리를 진행한 후 2021. 12. 3. 변론을 종결하였고, 선고기일은 2021. 12. 17.이다. 이에 관한 설명으로 옳은 것은? (다툼이 있으면 판례에 따름)

① 甲은 사실상태에 대한 입증을 2021. 12. 17.까지 할 수 있다.
② 법원은 2021. 12. 17. 당시의 법령과 사실상태를 기준으로 하여 처분의 위법 여부를 판단하여야 한다.
③ 법원은 2021. 12. 3. 당시의 법령과 사실상태를 기준으로 하여 처분의 위법 여부를 판단하여야 한다.
④ 법원은 2021. 5. 24. 당시 존재하였던 자료나 행정청에 제출되었던 자료만으로 2021. 5. 24. 당시 존재하였던 객관적 사실을 확정하고 그 사실에 기초하여 처분의 위법 여부를 판단하여야 한다.
⑤ 법원은 2021. 12. 3.까지 제출된 모든 자료를 종합하여 2021. 5. 24. 당시 존재하였던 객관적 사실을 확정하고 그 사실에 기초하여 처분의 위법 여부를 판단할 수 있다.

....

① ☞ 사실상태에 대한 입증은 사실심 변론종결시까지만 가능하다. 문제에서 법원은 1심법원으로서 사실심법원이기 때문에, 사실상태에 대한 입증은 2021. 12. 3. 까지 가능하다.

②, ③ ☞ 처분의 위법성 여부는 처분시의 법령과 사실상태를 기준으로 한다. 즉 2021. 5. 24. 당시를 기준으로 하게 된다.
[대법원 2017. 4. 7. 선고 2014두37122 판결] 항고소송에서 행정처분의 적법 여부는 특별한 사정이 없는 한 행정처분 당시를 기준으로 판단하여야 한다. 여기서 행정처분의 위법 여부를 판단하는 기준 시점에 관하여 판결 시가 아니라 처분 시라고 하는 의미는 행정처분이 있을 때의 법령과 사실상태를 기준으로 하여 위법 여부를 판단하며 처분 후 법령의 개폐나 사실상태의 변동에 영향을 받지 않는다는 뜻이지 처분 당시 존재하였던 자료나 행정청에 제출되었던 자료만으로 위법 여부를 판단한다는 의미는 아니다. 그러므로 처분 당시의 사실상태 등에 관한 증명은 사실심 변론종결 당시까지 할 수 있고, 법원은 행정처분 당시 행정청이 알고 있었던 자료뿐만 아니라 사실심 변론종결 당시까지 제출된 모든 자료를 종합하여 처분 당시 존재하였던 객관적 사실을 확정하고 그 사실에 기초하여 처분의 위법 여부를 판단할 수 있다.

④, ⑤ ☞ 법원은 2021. 12. 3.까지 제출된 모든 자료를 종합하여 2021. 5. 24. 당시 존재하였던 객관적 사실을 확정하고 그 사실에 기초하여 처분의 위법 여부를 판단할 수 있다.
[대법원 2017. 4. 7. 선고 2014두37122 판결] 항고소송에서 행정처분의 적법 여부는 특별한 사정이 없는 한 행정처분 당시를 기준으로 판단하여야 한다. 여기서 행정처분의 위법 여부를 판단하는 기준 시점에 관하여 판결 시가 아니라 처분 시라고 하는 의미는 행정처분이 있을 때의 법령과 사실상태를 기준으로 하여 위법 여부를 판단하며 처분 후 법령의 개폐나 사실상태의 변동에 영향을 받지 않는다는 뜻이지 처분 당시 존재하였던 자료나 행정청에 제출되었던 자료만으로 위법 여부를 판단한다는 의미는 아니다. 그러므로 처분 당시의 사실상태 등에 관한 증명은 사실심 변론종결 당시까지 할 수 있고, 법원은 행정처분 당시 행정청이 알고 있었던 자료뿐만 아니라 사실심 변론종결 당시까지 제출된 모든 자료를 종합하여 처분 당시 존재하였던 객관적 사실을 확정하고 그 사실에 기초하여 처분의 위법 여부를 판단할 수 있다.

답 05 ⑤

06 | 2023 |

위법판단의 기준시에 관한 설명으로 옳지 <u>않은</u> 것은? (다툼이 있으면 판례에 따름)

① 원칙적으로 항고소송에서 행정처분의 위법 여부는 행정처분이 있을 때의 법령과 사실 상태를 기준으로 판단한다.
② 원칙적으로 항고소송에서 처분의 위법여부는 처분 후에 생긴 법령의 개폐나 사실 상태의 변동에 영향을 받지 않는다.
③ 허가신청 후 허가기준이 변경되었다 하더라도 그 허가관청이 허가신청을 수리하고도 정당한 이유 없이 그 처리를 늦추어 그 사이에 허가기준이 변경된 것이 아닌 이상 변경된 허가기준에 따라서 처분을 하여야 한다.
④ 법원은 처분 당시 존재하였던 자료나 행정청에 제출되었던 자료만으로 위법 여부를 판단하여야 한다.
⑤ 과징금 부과기준에 관한 처분시의 시행령이 행위시의 시행령보다 불리하게 개정되었고 적용법령에 대한 특별한 규정이 없다면 행위시의 시행령을 적용하여야 한다.

---

① [대법원 2007.5.11. 2007두1811] 행정소송에서 행정처분의 위법 여부는 행정처분이 행하여졌을 때의 법령과 사실상태를 기준으로 하여 판단하여야 하고, 처분 후 법령의 개폐나 사실상태의 변동에 의하여 영향을 받지는 않는다.
② [대법원 1993. 5. 27., 선고, 92누19033, 판결] 항고소송에 있어서 행정처분의 위법 여부를 판단하는 기준 시점에 대하여 판결시가 아니라 처분시라고 하는 의미는 행정처분이 있을 때의 법령과 사실상태를 기준으로 하여 위법 여부를 판단할 것이며 처분 후 법령의 개폐나 사실상태의 변동에 영향을 받지 않는다는 뜻이고 처분 당시 존재하였던 자료나 행정청에 제출되었던 자료만으로 위법 여부를 판단한다는 의미는 아니므로, 처분 당시의 사실상태 등에 대한 입증은 사실심 변론종결 당시까지 할 수 있고, 법원은 행정처분 당시 행정청이 알고 있었던 자료뿐만 아니라 사실심 변론종결 당시까지 제출된 모든 자료를 종합하여 처분 당시 존재하였던 객관적 사실을 확정하고 그 사실에 기초하여 처분의 위법 여부를 판단할 수 있다.
③ [대법원 2006. 8. 25., 선고, 2004두2974, 판결] 허가 등의 행정처분은 원칙적으로 처분시의 법령과 허가기준에 의하여 처리되어야 하고 허가신청 당시의 기준에 따라야 하는 것은 아니며, 비록 허가신청 후 허가기준이 변경되었다 하더라도 그 허가관청이 허가신청을 수리하고도 정당한 이유 없이 그 처리를 늦추어 그 사이에 허가기준이 변경된 것이 아닌 이상 변경된 허가기준에 따라서 처분을 하여야 한다.
④ [대법원 2010.1.14. 선고 2009두11843 판결] 항고소송에서 행정처분의 위법 여부는 행정처분이 있을 때의 법령과 사실 상태를 기준으로 판단하여야 하며, 법원은 행정처분 당시 행정청이 알고 있었던 자료뿐만 아니라 사실심 변론종결 당시까지 제출된 모든 자료를 종합하여 처분 당시 존재하였던 객관적 사실을 확정하고 그 사실에 기초하여 처분의 위법 여부를 판단할 수 있다.
⑤ [대법원 2002. 12. 10., 선고, 2001두3228, 판결] 구 건설업법(1996. 12. 30. 법률 제5230호 건설산업기본법으로 전문 개정되기 전의 것) 시행 당시에 건설업자가 도급받은 건설공사 중 전문공사를 그 전문공사를 시공할 자격 없는 자에게 하도급한 행위에 대하여 건설산업기본법(1999. 4. 15. 법률 제5965호로 개정된 것) 시행 이후에 과징금 부과처분을 하는 경우, 과징금의 부과상한은 건설산업기본법 부칙(1999. 4. 15.) 제5조 제1항에 의하여 피적용자에게 유리하게 개정된 건설산업기본법 제82조 제2항에 따르되, 구체적인 부과기준에 대하여는 처분시의 시행령이 행위시의 시행령보다 불리하게 개정되었고 어느 시행령을 적용할 것인지에 대하여 특별한 규정이 없으므로, 행위시의 시행령을 적용하여야 한다고 한 사례.

답 06 ④

07 | 2024 |

항고소송에서 위법판단의 기준시에 관한 설명으로 옳은 것은? (다툼이 있으면 판례에 따름)

① 처분 후 법령의 개정이 있었다면 그 개정 법령을 기준으로 처분의 위법을 판단해야 한다.
② 법원은 사실심 변론종결시까지 제출된 모든 자료를 종합하여 처분의 위법 여부를 판단할 수 있다.
③ 거부처분 취소소송에서 위법판단의 기준시는 판결시이다.
④ 행정심판의 재결을 거친 부작위위법확인소송에서 위법판단의 기준시는 처분시이다.
⑤ 계속효가 있는 처분에 대한 취소소송의 경우에는 판결시를 기준으로 한다.

① ☞ 이른바 「행위시법주의」에 따라 처분 당시의 법에 따라 판단한다.
[대판 2008.7.24., 2007두3930] 행정소송에서 행정처분의 위법 여부는 행정처분이 행하여졌을 때의 법령과 사실 상태를 기준으로 하여 판단하여야 하고, 처분 후 법령의 개폐나 사실상태의 변동에 의하여 영향을 받지는 않으므로, 난민 인정 거부처분의 취소를 구하는 취소소송에서도 그 거부처분을 한 후 국적국의 정치적 상황이 변화하였다고 하여 처분의 적법 여부가 달라지는 것은 아니다.

② ☞ 위법성 판단의 기준시는 처분시이나, 관련자료는 사실심 변론종결시까지 제출할 수 있다.
[대판 2010.1.14, 2009두11843] 항고소송에서 행정처분의 위법 여부는 행정처분이 있을 때의 법령과 사실 상태를 기준으로 판단하여야 하며, 법원은 행정처분 당시 행정청이 알고 있었던 자료뿐만 아니라 사실심 변론종결 당시까지 제출된 모든 자료를 종합하여 처분 당시 존재하였던 객관적 사실을 확정하고 그 사실에 기초하여 처분의 위법 여부를 판단할 수 있다.

③ ☞ 처분시를 기준으로 판단한다.
[대법원 2008. 7. 24., 선고, 2007두3930, 판결] 행정소송에서 행정처분의 위법 여부는 행정처분이 행하여졌을 때의 법령과 사실 상태를 기준으로 하여 판단하여야 하고, 처분 후 법령의 개폐나 사실상태의 변동에 의하여 영향을 받지는 않으므로, 난민 인정 거부처분의 취소를 구하는 취소소송에서도 그 거부처분을 한 후 국적국의 정치적 상황이 변화하였다고 하여 처분의 적법 여부가 달라지는 것은 아니다.

④ ☞ 부작위위법확인소송에서는 처분이 존재하지 않으므로 논리적으로 위법판단의 기준시가 처분시가 될 수 없고, 사실심변론종결시를 기준으로 한다.
[대판 1990.9.25., 89누4758] 부작위위법확인의 소는 행정청이 국민의 법규상 또는 조리상의 권리에 기한 신청에 대하여 상당한 기간내에 그 신청을 인용하는 적극적 처분 또는 각하하거나 기각하는 등의 소극적 처분을 하여야 할 법률상의 응답의무가 있음에도 불구하고 이를 하지 아니하는 경우, 판결(사실심의 구두변론종결)시를 기준으로 그 부작위의 위법을 확인함으로써 행정청의 응답을 신속하게 하여 부작위 내지 무응답이라고 하는 소극적인 위법상태를 제거하는 것을 목적으로 하는 것이고, 나아가 당해 판결의 구속력에 의하여 행정청에게 처분 등을 하게 하고 다시 당해 처분 등에 대하여 불복이 있는 때에는 그 처분 등을 다투게 함으로써 최종적으로는 국민의 권리이익을 보호하려는 제도이므로, 소제기의 전후를 통하여 판결시까지 행정청이 그 신청에 대하여 적극 또는 소극의 처분을 함으로써 부작위상태가 해소된 때에는 소의 이익을 상실하게 되어 당해 소는 각하를 면할 수가 없는 것이다.

⑤ ☞ 계속효가 있는 처분의 예로 영업허가의 취소나 횡단보도의 설치를 생각할 수 있다. 계속효가 있건 없건 처분의 위법성은 처분시를 기준으로 판단한다.
[대판 2022. 4. 28. 선고 2021두61932] 행정소송에서 행정처분의 위법 여'부는 행정처분이 있을 때의 법령과 사실상태를 기준으로 하여 판단하여야 하고, 처분 후 법령의 개폐나 사실상태의 변동에 의하여 영향을 받지 않는다(대법원 2007. 5. 11. 선고 2007두1811 판결, 대법원 2018. 6. 28. 선고 2015두58195 판결 등 참조).

답 07 ②

제8관 소의 변경

1. 의의

소의 변경이란 원고가 소송대상인 청구의 일부나 전부를 변경하는 것을 말한다. 행정소송법은 ① '소의 종류의 변경'과 ② '처분변경으로 인한 소의 변경'의 2가지를 명문으로 인정하고 있다. 소의 종류의 변경이든 처분변경으로 인한 소의 변경이든 원고의 신청이 필요하며, 법원이 직권으로 변경할 수는 없다.

2. 소의 종류의 변경

가. 의의

행정소송에는 여러 종류가 있는데 권리구제를 위하여 어떠한 종류의 소송을 선택해야 하는지 명확하지 않은 경우가 적지 않아 소송의 종류를 잘못 선택할 위험이 있다. 따라서 행정구제의 실효성을 높이기 위해 행정소송법에서는 행정소송간의 소의 변경을 인정하고 있다.

> **제21조(소의 변경)** ① 법원은 취소소송을 당해 처분등에 관계되는 사무가 귀속하는 국가 또는 공공단체에 대한 당사자소송 또는 취소소송외의 항고소송으로 변경하는 것이 상당하다고 인정할 때에는 청구의 기초에 변경이 없는 한 사실심의 변론종결시까지 원고의 신청에 의하여 결정으로써 소의 변경을 허가할 수 있다.
> ② 제1항의 규정에 의한 허가를 하는 경우 피고를 달리하게 될 때에는 법원은 새로이 피고로 될 자의 의견을 들어야 한다.
> ③ 제1항의 규정에 의한 허가결정에 대하여는 즉시항고할 수 있다.
> ④ 제1항의 규정에 의한 허가결정에 대하여는 제14조제2항·제4항 및 제5항의 규정을 준용한다.
>
> **제37조(소의 변경)** 제21조의 규정은 무효등 확인소송이나 부작위위법확인소송을 취소소송 또는 당사자소송으로 변경하는 경우에 준용한다.
>
> **제42조(소의 변경)** 제21조의 규정은 당사자소송을 항고소송으로 변경하는 경우에 준용한다.

나. 효과

(1) 행정소송법상 소변경 - 소의 종류의 변경 (동일성이 인정되는 경우)

1) 소변경의 허가결정이 있으면 새로운 소는 제소기간과 관련하여 종전의 소가 제기된 때에 제기된 것으로 보며 종전의 소는 취하된 것으로 본다(동법 제21조 제4항, 제14조 제4항). 예컨대 공무원 지위확인을 구하는 공법상 당사자소송을 파면처분 취소소송으로 변경하는 경우에 당사자소송이 당해 취소소송의 제소기간 내에 제기되었다면 당해 취소소송은 소제기기간을 준수한 것이 된다.

> **제21조(소의 변경)** ① 법원은 취소소송을 당해 처분등에 관계되는 사무가 귀속하는 국가 또는 공공단체에 대한 당사자소송 또는 취소소송외의 항고소송으로 변경하는 것이 상당하다고 인정할 때에는 청구의 기초에 변경이 없는 한 사실심의 변론종결시까지 원고의 신청에 의하여 결정으로써 소의 변경을 허가할 수 있다.
> ④ 제1항의 규정에 의한 허가결정에 대하여는 제14조제2항·제4항 및 제5항의 규정을 준용한다.

제14조(피고경정) ① 원고가 피고를 잘못 지정한 때에는 법원은 원고의 신청에 의하여 결정으로써 피고의 경정을 허가할 수 있다.
② 법원은 제1항의 규정에 의한 결정의 정본을 새로운 피고에게 송달하여야 한다.
③ 제1항의 규정에 의한 신청을 각하하는 결정에 대하여는 즉시항고할 수 있다.
④ 제1항의 규정에 의한 결정이 있은 때에는 새로운 피고에 대한 소송은 처음에 소를 제기한 때에 제기된 것으로 본다.

2) 대법원은 당사자소송을 민사소송으로 변경할 수 있는 근거 규정은 없으나, 해석상 가능하다는 견해를 취하고 있다. 따라서 공법상 당사자소송에서 민사소송으로의 소 변경도 가능하다.

> **관련판례**
>
> **공법상 당사자소송에서 민사소송으로의 소 변경도 가능하다**(대법원 2023.7.27. 2022두52980).
> 공법상 당사자소송의 소 변경에 관하여 행정소송법은, 공법상 당사자소송을 항고소송으로 변경하는 경우(행정소송법 제42조, 제21조) 또는 처분변경으로 인하여 소를 변경하는 경우(행정소송법 제44조 제1항, 제22조)에 관하여만 규정하고 있을 뿐, 공법상 당사자소송을 민사소송으로 변경할 수 있는지에 관하여 명문의 규정을 두고 있지 않다. 그러나 공법상 당사자소송에서 민사소송으로의 소 변경이 금지된다고 볼 수 없다. 이유는 다음과 같다. ① 행정소송법 제8조 제2항은 행정소송에 관하여 민사소송법을 준용하도록 하고 있으므로, 행정소송의 성질에 비추어 적절하지 않다고 인정되는 경우가 아닌 이상 공법상 당사자소송의 경우도 민사소송법 제262조에 따라 청구의 기초가 바뀌지 아니하는 한도 안에서 변론을 종결할 때까지 청구의 취지를 변경할 수 있다. ② 한편 대법원은 여러 차례에 걸쳐 행정소송법상 항고소송으로 제기해야 할 사건을 민사소송으로 잘못 제기한 경우 수소법원으로서는 원고로 하여금 항고소송으로 소 변경을 하도록 석명권을 행사하여 행정소송법이 정하는 절차에 따라 심리·판단해야 한다고 판시해 왔다. 이처럼 민사소송에서 항고소송으로의 소 변경이 허용되는 이상, 공법상 당사자소송과 민사소송이 서로 다른 소송절차에 해당한다는 이유만으로 청구기초의 동일성이 없다고 해석하여 양자 간의 소 변경을 허용하지 않을 이유가 없다. ③ 일반 국민으로서는 공법상 당사자소송의 대상과 민사소송의 대상을 구분하기가 쉽지 않고 소송 진행 도중의 사정변경 등으로 인해 공법상 당사자소송으로 제기된 소를 민사소송으로 변경할 필요가 발생하는 경우도 있다. 소 변경 필요성이 인정됨에도, 단지 소 변경에 따라 소송절차가 달라진다는 이유만으로 이미 제기한 소를 취하하고 새로 민사상의 소를 제기하도록 하는 것은 당사자의 권리구제나 소송경제의 측면에서도 바람직하지 않다. 따라서 공법상 당사자소송에 대하여도 청구의 기초가 바뀌지 아니하는 한도 안에서 민사소송으로 소 변경이 가능하다고 해석하는 것이 타당하다.

(2) 민사소송법상 소변경 - 청구취지의 변경 (동일성이 인정되지 않는 경우)

1) 청구취지를 변경하여 종전의 소가 취하되고 새로운 소가 제기된 것으로 변경되었다면 새로운 소에 대한 제소기간 준수여부는 원칙적으로 소의 변경이 있을 때를 기준으로 한다. 예컨대 택지초과소유부담금 부과처분 중 일부의 액수에 대하여만 취소를 구하다가, 소 변경을 통해 부과처분 전부의 취소를 구하는 경우에는 청구취지의 변경에 해당하므로, 제소기간 도과여부는 소변경시를 기준으로 판단한다.

2) 다만 민사소송법상 소변경의 경우에도 아예 사실관계가 다른 소송으로 변경할 수는 없다. 아래 판례문구에서 「청구의 기초에 변경이 없어야 한다」는 말은 분쟁의 다툼이 되는 사실관계는 공통되어야 한다는 의미이다.

> **관련판례**
>
> 1. 행정소송에서도 민사소송법상 소 변경(청구취지의 변경)이 가능하다[대법원 1999.11.26, 선고, 99두9407, 판결]
> 행정소송법 제21조와 제22조가 정하는 소의 변경은 그 법조에 의하여 특별히 인정되는 것으로서 민사소송법상의 소의 변경을 배척하는 것이 아니므로, 행정소송의 원고는 행정소송법 제8조 제2항에 의하여 준용되는 민사소송법 제235조에 따라 청구의 기초에 변경이 없는 한도에서 청구의 취지 또는 원인을 변경할 수 있다.
>
> 2. 청구취지가 변경되면 새로운 소에 대한 제소기간 준수여부는 소 변경시를 기준으로 한다[대법원 2019. 7. 4., 선고, 2018두58431, 판결].
> 행정소송법상 취소소송은 처분 등이 있음을 안 날부터 90일 이내에 제기하여야 하고, 처분 등이 있은 날부터 1년을 경과하면 제기하지 못한다(행정소송법 제20조 제1항, 제2항). 그리고 청구취지를 변경하여 구 소가 취하되고 새로운 소가 제기된 것으로 변경되었을 때에 새로운 소에 대한 제소기간의 준수 등은 원칙적으로 소의 변경이 있은 때를 기준으로 하여야 한다.

다. 적용범위

항고소송 간에 소의 변경이 가능하며, 항고소송과 당사자소송 간의 변경도 가능하다. 다만 조문구조상 무효등확인소송과 부작위위법확인소송 간에는 소의 변경이 불가능하다고 보는 견해가 일반적이다.

> **제37조(소의 변경)** 제21조의 규정은 무효등 확인소송이나 부작위위법확인소송을 취소소송 또는 당사자소송으로 변경하는 경우에 준용한다.

라. 행정소송과 민사소송간의 변경 여부

민사소송과 행정소송의 구별이 애매한 경우가 있으므로 행정소송과 민사소송 간의 변경도 가능하다고 할 것이다. 판례는 민사소송을 항고소송으로 바꾸는 소변경을 인정하는 취지의 판시를 한 바 있다. 이 경우 제소기간 준수여부는 처음에 소를 제기한 때를 기준으로 판단한다.

> **관련판례** ⚖️
>
> 1. 고의 또는 중과실 없이 행정소송으로 제기하여야 할 사건을 민사소송으로 잘못 제기한 경우 수소법원이 그 행정소송에 대한 관할도 동시에 가지고 있다면 소변경이 가능하다[대법원 1999.11.26., 97다42250].
>
>   행정소송법 제7조는 원고의 고의 또는 중대한 과실 없이 행정소송이 심급을 달리하는 법원에 잘못 제기된 경우에 민사소송법 제31조 제1항을 적용하여 이를 관할 법원에 이송하도록 규정하고 있을 뿐 아니라 관할 위반의 소를 부적법하다고 하여 각하하는 것보다 관할 법원에 이송하는 것이 당사자의 권리 구제나 소송경제의 측면에서 바람직하므로, 원고가 고의 또는 중대한 과실 없이 행정소송으로 제기하여야 할 사건을 민사소송으로 잘못 제기한 경우 수소법원으로서는 만약 그 행정소송에 대한 관할도 동시에 가지고 있는 경우라면, 행정소송으로서의 전심절차 및 제소기간을 도과하였거나 행정소송의 대상이 되는 처분 등이 존재하지도 아니한 상태에 있는 등 행정소송으로서의 소송요건을 결하고 있음이 명백하여 행정소송으로 제기되었더라도 어차피 부적법하게 되는 경우가 아닌 이상, 원고로 하여금 항고소송으로 소 변경을 하도록 하여 그 1심법원으로 심리·판단하여야 한다.
>
> 2. 원고가 행정소송법상 항고소송으로 제기해야 할 사건을 민사소송으로 잘못 제기하여 수소법원이 관할법원에 이송하는 결정을 하고 이송결정이 확정된 후 원고가 항고소송으로 소 변경을 한 경우, 그 항고소송에 대한 제소기간 준수 여부를 판단하는 기준 시기는 처음 소를 제기한 때이다[대법원 2022. 11. 17., 선고, 2021두44425, 판결].
>
>   원고가 행정소송법상 항고소송으로 제기해야 할 사건을 민사소송으로 잘못 제기한 경우에 수소법원이 그 항고소송에 대한 관할을 가지고 있지 아니하여 관할법원에 이송하는 결정을 하였고, 그 이송결정이 확정된 후 원고가 항고소송으로 소 변경을 하였다면, 그 항고소송에 대한 제소기간의 준수 여부는 원칙적으로 처음에 소를 제기한 때를 기준으로 판단하여야 한다.

3. 처분변경으로 인한 소의 변경

가. 의의

행정소송이 제기된 뒤에 행정청이 소송의 대상이 된 처분을 변경한 경우에 소의 변경이 인정되지 않는다면, 원고는 종전의 처분에 대한 소송을 취하하고 새로운 처분에 대한 새로운 소송을 제기해야 한다. 이는 소송경제 및 권리구제기능에 반하기 때문에, 원고에게 책임 없는 사유로 인한 무용한 절차의 반복을 피하고 행정소송의 권리구제제도로서의 기능을 살리기 위해 행정소송법에서는 「처분변경으로 인한 소의 변경」을 인정하고 있다.

> **제22조(처분변경으로 인한 소의 변경)** ① 법원은 행정청이 소송의 대상인 처분을 소가 제기된 후 변경한 때에는 원고의 신청에 의하여 결정으로써 청구의 취지 또는 원인의 변경을 허가할 수 있다.
> ② 제1항의 규정에 의한 신청은 처분의 변경이 있음을 안 날로부터 60일 이내에 하여야 한다.
> ③ 제1항의 규정에 의하여 변경되는 청구는 제18조제1항 단서의 규정에 의한 요건을 갖춘 것으로 본다.

나. 변경된 소송의 대상

(1) 처분변경으로 인한 소의 변경이 이루어지면 변경된 소송의 대상은 변경된 처분이다. 이를테면 영업허가취소처분에 대한 취소소송 계속 중 당초 처분이 영업정지 6개월로 변경된 경우, 원고는 6개월 영업정지처분의 취소를 구하는 소송으로 소변경을 하면 된다.

(2) 처분변경에 따른 소변경시 소송의 대상을 변경된 원처분으로 오해하지 말아야 한다. 변경된 원처분을 소송의 대상으로 삼는 경우는 「소제기 이전에」 당초 처분이 경한 처분으로 변경된 때이다.

다. 효과

처분의 변경으로 인한 소의 변경에 의해 변경되는 청구가 필요적 행정심판전치의 대상이더라도 행정심판을 거칠 필요가 없다(동법 제22조 제3항).

라. 적용범위

처분변경으로 인한 소의 변경은 취소소송 이외에 무효등 확인소송 및 당사자소송에서도 인정된다(동법 제38조 제1항, 제44조 제1항). 그러나 부작위법확인소송의 경우에는 처분 자체가 존재하지 아니하므로 처분의 변경으로 인한 소의 변경이 인정되지 않는다.

기출문제

01 | 2016 |

행정소송법상 처분의 변경으로 인한 소의 변경에 관한 설명으로 옳지 않은 것은?

① 행정청이 소송의 대상인 처분을 소가 제기된 후 변경한 경우 적용된다.
② 처분의 변경이 있음을 안 날로부터 60일 이내에 원고가 신청해야 한다.
③ 변경되는 청구는 필요적 행정심판전치의 요건을 갖춘 것으로 본다.
④ 법원은 결정으로써 청구의 취지 또는 원인의 변경을 허가할 수 있다.
⑤ 처분의 변경으로 인한 소변경이 있으면 종전의 소는 기각된 것으로 본다.

••••••••••••••••••••
①, ④ ☞ 법원은 행정청이 소송의 대상인 처분을 소가 제기된 후 변경한 때에는 원고의 신청에 의하여 결정으로써 청구의 취지 또는 원인의 변경을 허가할 수 있다(행정소송법 제22조 제1항).
② 동법 제22조 제2항
③ ☞ 처분의 변경으로 인한 소의 변경에 의해 변경되는 청구가 필요적 행정심판전치의 대상이더라도 행정심판을 거칠 필요가 없다(동법 제22조 제3항).
⑤ ☞ 소변경의 허가결정이 있으면 새로운 소는 구소가 제기된 때에 제기된 것으로 보며 구소는 취하된 것으로 본다(구소취하, 신소제기).

02 | 2016 |

행정소송법상 소의 종류의 변경에 관한 설명으로 옳은 것을 모두 고른 것은?

ㄱ. 청구의 기초에 변경이 없어야 한다.
ㄴ. 사실심의 변론개시전까지 신청하여야 한다.
ㄷ. 법원은 결정으로써 소의 변경을 허가할 수 있다.
ㄹ. 피고의 변경이 있는 경우 새로운 피고에 대한 소송은 소변경 신청이 있은 때에 제기된 것으로 본다.

① ㄱ, ㄴ   ② ㄱ, ㄷ   ③ ㄴ, ㄷ
④ ㄴ, ㄹ   ⑤ ㄷ, ㄹ

••••••••••••••••••••
ㄱ. ☞ 청구의 기초에 변경이 없다는 말은 구소와 신소 간에 그 취지가 동일한 경우를 의미한다. 이를테면 공무원 지위확인을 구하는 당사자소송을 파면처분 취소소송으로 변경하는 경우, 공무원으로서의 지위유지를 목적으로 한다는 점에서 그 취지가 동일하다.
ㄴ. ☞ 사실심의 변론「개시」전이 아니라 사실심의 변론「종결」전까지 신청해야 한다.

답 01 ⑤ 02 ②

ㄷ. ☞ 법원은 소의 종류의 변경이 상당하다고 인정할 때에는 청구의 기초에 변경이 없는 한 사실심의 변론종결시까지 「원고의 신청에 의하여 결정으로써」 소의 변경을 허가할 수 있다(행정소송법 제21조 제1항).
ㄹ. ☞ 소변경의 허가결정이 있으면 신소는 구소가 제기된 때에 제기된 것으로 보며, 구소는 취하된 것으로 본다(동법 제21조 제4항, 제14조 제4항, 제5항). 피고의 변경이 있는 경우(항고소송과 당사자소송 간의 소 변경)에도 마찬가지이다.

03 | 2017 |

행정소송법상 소의 변경에 관한 설명으로 옳지 않은 것은? (다툼이 있으면 판례에 따름)

① 당사자소송을 항고소송으로 변경할 수 있다.
② 변경의 대상이 되는 소는 사실심변론종결 전이어야 한다.
③ 소의 변경을 허가하는 결정에 대하여는 즉시항고할 수 있다.
④ 소의 변경을 허가하는 결정이 확정되면 새로운 소는 제소기간과 관련하여 원칙적으로 소가 변경된 때에 제기된 것으로 본다.
⑤ 피고의 변경이 있는 경우 종전의 피고에 대한 소송은 취하된 것으로 본다.

● ●

① 제42조, 제21조
② 제21조 제1항
③ 제21조 제3항
④ [대법원 1992. 12. 24. 선고 92누3335 판결] 취소소송을 제기하였다가 나중에 당사자 소송으로 변경하는 경우에는 행정소송법 제21조 제4항, 제14조 제4항에 따라 처음부터 당사자 소송을 제기한 것으로 보아야 하므로 당초의 취소소송이 적법한 기간 내에 제기된 경우에는 당사자소송의 제소기간을 준수한 것으로 보아야 할 것이다.
⑤ 제21조 제4항, 제14조 제5항

04 | 2017 |

행정소송법상 각종 시점에 관한 설명으로 옳지 않은 것은? (다툼이 있으면 판례에 따름)

① 소송요건은 사실심변론종결시는 물론 상고심에서도 존속하여야 한다.
② 처분사유의 추가·변경은 사실심변론종결시까지 허용된다.
③ 처분의 변경으로 인한 소의 변경시 그 변경이 있음을 안 날로부터 60일 이내에 소의 변경을 신청하여야 한다.
④ 처분 당시의 사실상태에 대한 입증은 사실심변론종결시까지 할 수 있다.
⑤ 집행정지결정의 효력은 정지결정의 대상인 처분의 발령시점에 소급한다.

① [대법원 2007.4.12. 선고, 2004두7924, 판결] 행정처분의 직접 상대방이 아닌 제3자라 하더라도 당해 행정처분으로 인하여 법률상 보호되는 이익을 침해당한 경우에는 그 처분의 취소나 무효확인을 구하는 행정소송을 제기하여 그 당부의 판단을 받을 자격 즉 원고적격이 있고, 여기에서 말하는 법률상 보호되는 이익은 당해 처분의 근거 법규 및 관련 법규에 의하여 보호되는 개별적·직접적·구체적 이익을 말하며, 원고적격은 소송요건의 하나이므로 사실심 변론종결시는 물론 상고심에서도 존속하여야 하고 이를 흠결하면 부적법한 소가 된다.

② [대법원 1999. 2. 9. 선고 98두16675 판결] 과세관청은 소송 도중이라도 당해 처분에서 인정한 과세표준 또는 세액의 정당성을 뒷받침할 수 있는 새로운 자료를 제출하거나 처분의 동일성이 유지되는 범위 내에서 그 사유를 교환·변경할 수 있다고 할 것이나 이는 사실심 변론종결시까지만 허용된다.

③ 제22조 제2항

> 제22조(처분변경으로 인한 소의 변경) ① 법원은 행정청이 소송의 대상인 처분을 소가 제기된 후 변경한 때에는 원고의 신청에 의하여 결정으로써 청구의 취지 또는 원인의 변경을 허가할 수 있다.
> ② 제1항의 규정에 의한 신청은 처분의 변경이 있음을 안 날로부터 60일 이내에 하여야 한다.

④ [대법원 2017. 4. 7. 선고 2014두37122 판결] 항고소송에서 행정처분의 적법 여부는 특별한 사정이 없는 한 행정처분 당시를 기준으로 판단하여야 한다. 여기서 행정처분의 위법 여부를 판단하는 기준 시점에 관하여 판결 시가 아니라 처분 시라고 하는 의미는 행정처분이 있을 때의 법령과 사실상태를 기준으로 하여 위법 여부를 판단하며 처분 후 법령의 개폐나 사실상태의 변동에 영향을 받지 않는다는 뜻이지 처분 당시 존재하였던 자료나 행정청에 제출되었던 자료만으로 위법 여부를 판단한다는 의미는 아니다. 그러므로 처분 당시의 사실상태 등에 관한 증명은 사실심 변론종결 당시까지 할 수 있고, 법원은 행정처분 당시 행정청이 알고 있었던 자료뿐만 아니라 사실심 변론종결 당시까지 제출된 모든 자료를 종합하여 처분 당시 존재하였던 객관적 사실을 확정하고 그 사실에 기초하여 처분의 위법 여부를 판단할 수 있다.

⑤ ☞ 집행정지는 장래에 향하여 효력을 가질 뿐 소급효는 인정되지 않는다.

05 | 2018 |

행정소송법상 소의 종류의 변경에 관한 설명으로 옳지 <u>않은</u> 것은? (다툼이 있으면 판례에 따름)

① 항고소송과 당사자소송간의 변경이 가능하다.
② 상고심에서도 소의 변경이 허용된다.
③ 소변경허가결정이 확정되면 신소(新訴)는 구소(舊訴)를 제기한 때에 제기된 것으로 본다.
④ 법원의 허가결정이 있어야 한다.
⑤ 원고의 신청 없이 법원이 직권으로 변경하는 것은 허용되지 않는다.

① 동법 제21조 제1항, 제37조, 제42조
② ☞ 소의 변경은 사실심 변론종결시까지 가능하다(동법 제21조 제1항)
③ 동법 제21조 제4항, 제14조 제4항
④ ☞ 법원의 허가결정은 법원의 직권과는 다른 의미이다. 원고의 신청에 대해서 법원이 판단하여 허가여부를 결정하는 것을 허가결정이라 한다.
⑤ ☞ 원고의 신청에 의해서만 가능하고, 법원의 직권으로는 불가능하다(동법 제21조 제1항). 「피/변/록/접」으로 정리하자.

답 05 ②

06 | 2019 |

행정소송상 소의 변경에 관한 설명으로 옳지 <u>않은</u> 것은? (다툼이 있으면 판례에 따름)

① 원고가 고의 또는 중대한 과실 없이 행정소송으로 제기할 사건을 민사소송으로 제기한 경우라도 행정소송으로의 소의 변경은 허용되지 않는다.
② 소의 종류의 변경은 청구의 기초에 변경이 없을 것이 요구된다.
③ 무효등 확인소송이나 부작위위법확인소송을 취소소송 또는 당사자소송으로 변경할 수 있다.
④ 당사자소송을 항고소송으로 변경하는 경우 피고의 변경이 수반된다.
⑤ 소의 변경시 제소기간은 처음에 소를 제기한 때를 기준으로 한다.

---

① [대법원 2018. 7. 26., 선고, 2015다221569, 판결] 원고가 고의 또는 중대한 과실 없이 행정소송으로 제기하여야 할 사건을 민사소송으로 잘못 제기한 경우, 수소법원으로서는 만약 그 행정소송에 대한 관할을 동시에 가지고 있다면 이를 행정소송으로 심리·판단하여야 하고, 그 행정소송에 대한 관할을 가지고 있지 아니하다면 당해 소송이 이미 행정소송으로서의 전심절차와 제소기간을 도과하였거나 행정소송의 대상이 되는 처분 등이 존재하지도 아니한 상태에 있는 등 행정소송으로서 소송요건을 결하고 있음이 명백하여 행정소송으로 제기되었더라도 어차피 부적법하게 되는 경우가 아닌 이상 이를 부적법한 소라고 하여 각하할 것이 아니라 <u>관할법원에 이송하여야 한다.</u>

② 「행정소송법」 제21조 제1항

> **제21조(소의 변경)** ① 법원은 취소소송을 당해 처분등에 관계되는 사무가 귀속하는 국가 또는 공공단체에 대한 당사자소송 또는 취소소송외의 항고소송으로 변경하는 것이 상당하다고 인정할 때에는 <u>청구의 기초에 변경이 없는 한</u> 사실심의 변론종결시까지 원고의 신청에 의하여 결정으로써 소의 변경을 허가할 수 있다.

③ 동법 제37조

> **제37조(소의 변경)** 제21조의 규정은 <u>무효등 확인소송이나 부작위위법확인소송을 취소소송 또는 당사자소송으로 변경</u>하는 경우에 준용한다.

④ ☞ 당사자소송의 피고는 행정주체이고, 항고소송의 피고는 행정청이기 때문이다.

> **제21조(소의 변경)** ① 법원은 취소소송을 당해 처분등에 관계되는 사무가 귀속하는 국가 또는 공공단체에 대한 당사자소송 또는 취소소송외의 항고소송으로 변경하는 것이 상당하다고 인정할 때에는 청구의 기초에 변경이 없는 한 사실심의 변론종결시까지 원고의 신청에 의하여 결정으로써 소의 변경을 허가할 수 있다.
> ② 제1항의 규정에 의한 허가를 하는 경우 피고를 달리하게 될 때에는 법원은 새로이 피고로 될 자의 의견을 들어야 한다.

⑤ 동법 제21조 제4항, 제14조 제4항

> **제21조(소의 변경)** ① 법원은 취소소송을 당해 처분등에 관계되는 사무가 귀속하는 국가 또는 공공단체에 대한 당사자소송 또는 취소소송외의 항고소송으로 변경하는 것이 상당하다고 인정할 때에는 청구의 기초에 변경이 없는 한 사실심의 변론종결시까지 원고의 신청에 의하여 결정으로써 소의 변경을 허가할 수 있다.

답 06 ①

④ 제1항의 규정에 의한 허가결정에 대하여는 제14조 제2항·제4항 및 제5항의 규정을 준용한다.

제14조(피고경정) ① 원고가 피고를 잘못 지정한 때에는 법원은 원고의 신청에 의하여 결정으로써 피고의 경정을 허가할 수 있다.
② 법원은 제1항의 규정에 의한 결정의 정본을 새로운 피고에게 송달하여야 한다.
③ 제1항의 규정에 의한 신청을 각하하는 결정에 대하여는 즉시항고할 수 있다.
④ 제1항의 규정에 의한 결정이 있은 때에는 새로운 피고에 대한 소송은 처음에 소를 제기한 때에 제기된 것으로 본다.
⑤ 제1항의 규정에 의한 결정이 있은 때에는 종전의 피고에 대한 소송은 취하된 것으로 본다.
⑥ 취소소송이 제기된 후에 제13조제1항 단서 또는 제13조제2항에 해당하는 사유가 생긴 때에는 법원은 당사자의 신청 또는 직권에 의하여 피고를 경정한다. 이 경우에는 제4항 및 제5항의 규정을 준용한다.

07 | 2019 |

행정소송상 처분변경으로 인한 소의 변경에 관한 설명으로 옳지 <u>않은</u> 것은?

① 원고의 신청에 의하여 법원의 결정으로 허가한다.
② 처분의 변경이 있음을 안 날로부터 60일 이내에 하여야 한다.
③ 소의 변경을 위해서는 소가 계속중이고 사실심 변론종결전이어야 한다.
④ 처분변경으로 인한 새로운 청구는 행정심판의 전치가 요구되는 경우에도 행정심판전치요건을 갖춘 것으로 본다.
⑤ 당사자소송에서는 인정되지 않는다.

①, ② 「행정소송법」제22조 제1조, 제2조

제22조(처분변경으로 인한 소의 변경) ① 법원은 행정청이 소송의 대상인 처분을 소가 제기된 후 변경한 때에는 <u>원고의 신청에 의하여 결정으로써</u> 청구의 취지 또는 원인의 변경을 허가할 수 있다.
② 제1항의 규정에 의한 신청은 처분의 변경이 있음을 안 날로부터 60일 이내에 하여야 한다.

③ ☞ 처분변경으로 인한 소변경이 있게 되면 새롭게 사실인정을 해야 하므로 법률심에서는 소변경이 불가능하다.
④ ☞ 처분의 변경으로 인한 소의 변경에 의해 변경되는 청구가 필요적 행정심판전치의 대상이더라도 행정심판을 거칠 필요가 없다(동법 제22조 제3항, 제18호 제1항).

제22조(처분변경으로 인한 소의 변경) ③ 제1항의 규정에 의하여 변경되는 청구는 제18조제1항 단서의 규정에 의한 요건을 갖춘 것으로 본다.

제18조(행정심판과의 관계) ① 취소소송은 법령의 규정에 의하여 당해 처분에 대한 행정심판을 제기할 수 있는 경우에도 이를 거치지 아니하고 제기할 수 있다. 다만, 다른 법률에 당해 처분에 대한 행정심판의 재결을 거치지 아니하면 취소소송을 제기할 수 없다는 규정이 있는 때에는 그러하지 아니하다.

답 07 ⑤

⑤ ☞ 처분변경으로 인한 소의 변경은 당사자소송에서도 인정된다(동법 제44조). 공법상 계약에 관한 당사자소송을 제기하였다가 행정주체가 당초의 계약을 변경하자 상대방이 소 변경을 하는 경우를 생각하면 된다. 「비/록/직/참/속/할/변/경/공/병」으로 정리하자.

> **제44조(준용규정)** ① 제14조 내지 제17조, 제22조, 제25조, 제26조, 제30조제1항, 제32조 및 제33조의 규정은 당사자소송의 경우에 준용한다.

08 | 2020 |

소의 변경에 관한 설명으로 옳은 것은?

① 항고소송을 당사자소송으로 변경을 허가하는 경우 피고의 변경이 수반되는데, 이 경우 법원은 새로이 피고로 될 자의 의견을 들어야 한다.
② 소의 변경은 상고심에서도 가능하다.
③ 청구의 기초에 변경이 있더라도 소의 변경은 가능하다.
④ 소의 변경의 결정이 있은 때에는 새로운 피고에 대한 소송은 원고가 소의 변경을 신청한 때에 제기된 것으로 본다.
⑤ 소의 변경의 결정이 있은 때에는 종전의 피고에 대한 소송은 각하된 것으로 본다.

....

① 행정소송법 제21조 제2항

> **제21조(소의 변경)** ① 법원은 취소소송을 당해 처분등에 관계되는 사무가 귀속하는 국가 또는 공공단체에 대한 당사자소송 또는 취소소송외의 항고소송으로 변경하는 것이 상당하다고 인정할 때에는 청구의 기초에 변경이 없는 한 사실심의 변론종결시까지 원고의 신청에 의하여 결정으로써 소의 변경을 허가할 수 있다.
> ② 제1항의 규정에 의한 허가를 하는 경우 피고를 달리하게 될 때에는 법원은 새로이 피고로 될 자의 의견을 들어야 한다.

② ☞ 사실심 변론종결시까지만 가능하다. 상고심에서도 인정되는 경우는 「집/참/유」로 정리하자.

> **제21조(소의 변경)** ① 법원은 취소소송을 당해 처분등에 관계되는 사무가 귀속하는 국가 또는 공공단체에 대한 당사자소송 또는 취소소송외의 항고소송으로 변경하는 것이 상당하다고 인정할 때에는 청구의 기초에 변경이 없는 한 사실심의 변론종결시까지 원고의 신청에 의하여 결정으로써 소의 변경을 허가할 수 있다.

③ ☞ 청구의 기초에 변경이 있다는 말은, 전혀 별개의 소송이라는 것이다. 소 변경의 취지에 비추어볼 때, 전혀 별개의 소송 간에는 소의 변경을 인정할 이유가 없다. 행정소송에는 여러 종류가 있는데 권리구제를 위하여 어떠한 종류의 소송을 선택해야 하는지 명확하지 않은 경우가 적지 않아 소송의 종류를 잘못 선택할 위험이 있어 행정소송간의 소의 변경을 인정하는 것이기 때문이다.

답 08 ①

④ 동법 제21조 제4항, 제14조 제4항

> **제21조(소의 변경)** ① 법원은 취소소송을 당해 처분등에 관계되는 사무가 귀속하는 국가 또는 공공단체에 대한 당사자소송 또는 취소소송외의 항고소송으로 변경하는 것이 상당하다고 인정할 때에는 청구의 기초에 변경이 없는 한 사실심의 변론종결시까지 원고의 신청에 의하여 결정으로써 소의 변경을 허가할 수 있다.
> ④ 제1항의 규정에 의한 허가결정에 대하여는 제14조제2항·제4항 및 제5항의 규정을 준용한다.
>
> **제14조(피고경정)** ④ 제1항의 규정에 의한 결정이 있은 때에는 <u>새로운 피고에 대한 소송은 처음에 소를 제기한 때에 제기된 것으로 본다</u>.
> ⑤ 제1항의 규정에 의한 결정이 있은 때에는 종전의 피고에 대한 소송은 취하된 것으로 본다.

⑤ ☞ "각하"가 아니라 "취하"이다(동법 제21조 제4항, 14조 제5항). 취하는 원고가 스스로 소송을 종결하는 것이고, 각하는 소송요건 흠결을 이유로 법원이 판결로 소송을 종결하는 것이다.

> **제14조(피고경정)** ⑤ 제1항의 규정에 의한 결정이 있은 때에는 종전의 피고에 대한 소송은 <u>취하</u>된 것으로 본다.

09 | 2020 |

처분변경으로 인한 소의 변경에 관한 설명으로 옳지 <u>않은</u> 것은?

① 판례는 피고가 하천점용료 부과처분을 하였다가 절차상 하자를 이유로 이를 취소한 후 다시 동일한 내용의 하천점용료 부과처분을 한 경우, 원고가 당초의 부과처분에 대한 취소청구를 새로운 부과처분에 대한 취소청구로 변경하는 것을 인정한다.
② 처분변경으로 인한 소의 변경에 관한 규정은 부작위위법확인소송에는 준용되지 않는다.
③ 소가 제기된 후 행정청이 소송대상인 처분을 변경한 경우 법원은 직권으로 소를 변경할 수 있다.
④ 처분변경으로 인한 소의 변경에 관한 규정은 당사자소송에 준용된다.
⑤ 처분변경으로 인한 소의 변경신청은 처분의 변경이 있음을 안 날로부터 60일 이내에 하여야 한다.

---

① [대법원 1984. 2. 28., 선고, 83누638, 판결] 피고(남원시장)가 원고에게 하천점용료 부과처분을 하였다가 절차상 하자를 이유로 이를 취소하고 다시 동일한 내용의 처분을 한 경우에, 원고가 당초의 부과처분에 대한 취소청구를 새로운 부과처분에 대한 취소청구로 변경하더라도 두 처분이 모두 동일한 내용의 하천점용료를 대상으로 한 것으로서 별개의 두 부과처분이 병존하는 것이 아닌 이상 그 청구의 기초에 변경이 없다고 볼 것이다.
② ☞ 부작위위법확인소송의 경우에는 처분 자체가 존재하지 아니하므로 처분의 변경으로 인한 소의 변경이 인정되지 않는다. 부작위위법확인소송에 준용되지 않는 사항은 「부처집사」로 정리하자.
③ ☞ 처분변경으로 인한 소변경 결정은 원고의 신청이 있는 경우에 한하고, 법원 직권으로는 불가능하다(행정소송법 제22조 제1항).

> **제22조(처분변경으로 인한 소의 변경)** ① 법원은 행정청이 소송의 대상인 처분을 소가 제기된 후 변경한 때에는 <u>원고의 신청에 의하여</u> 결정으로써 청구의 취지 또는 원인의 변경을 허가할 수 있다.

④ ☞ 처분변경으로 인한 소의 변경은 취소소송 이외에 당사자소송에서도 인정된다(동법 제44조 제1항, 제22조). 「비/록/직/참/속/할/변/경/공/병」으로 정리하자.

답 09 ③

제44조(준용규정) ① 제14조 내지 제17조, <u>제22조</u>, 제25조, 제26조, 제30조제1항, 제32조 및 제33조<u>의 규정은 당사자소송의 경우에 준용한다.</u>

⑤ ☞ 소 제기 자체는 처분이 있음을 안 날로부터 "90일" 이내에 가능하지만, 기존의 소송절차를 활용하는 취지의 소변경은 처분의 변경이 있음을 안 날로부터 "60일" 이내에 제기하여야 한다(동법 제22조 제2항).

제22조(처분변경으로 인한 소의 변경) ② 제1항의 규정에 의한 신청은 <u>처분의 변경이 있음을 안 날로부터 60일 이내에 하여야 한다.</u>

10 | 2021 |

소의 변경에 관한 설명으로 옳지 <u>않은</u> 것은? (다툼이 있으면 판례에 따름)

① 청구를 이유 있게 하기 위한 공격·방어 방법의 변경은 소의 변경에 포함되지 않는다.
② 당사자소송을 취소소송으로 변경하는 경우 취소소송의 제소기간 등 소송요건을 갖추어야 한다.
③ 행정청이 처분을 변경한 경우 법원은 직권으로 청구취지 또는 청구원인을 변경할 수 있다.
④ 처분변경으로 인한 소의 변경은 부작위위법확인소송에는 적용되지 않는다.
⑤ 민사소송을 항고소송으로 변경하는 것은 허용될 수 있다.

• •

① ☞ 소의 변경이란 원고가 소송대상인 청구의 일부나 전부를 변경하는 것을 말한다. 행정소송법은 "소의 종류의 변경"과 "처분변경으로 인한 소의 변경"의 2가지를 명문으로 인정하고 있다. "공격·방어방법의 변경"이란 청구취지가 유지된 상태에서 원피고가 소송에서 이기기 위해 새로운 주장 등을 하는 것을 말한다(이를테면 원고가 처분의 실체적 위법을 주장하다가 절차상 위법으로 주장을 바꾸는 경우).
② ☞ 취소소송으로 소변경을 하려면 사후적으로라도 취소소송의 요건을 모두 갖추어야 한다. 다만 당초의 당사자소송 제기가 취소소송의 제소기간 내에 이루어졌다면, 제소기간 준수의 효과는 인정된다.
③ ☞ 소의 종류의 변경이든 처분변경으로 인한 소의 변경이든 원고의 신청이 필요하며, 법원이 직권으로 변경할 수는 없다.
④ ☞ 처분변경이란 당초에 처분이 존재함을 전제로 한다. 따라서 부작위위법확인소송의 경우에는 처분변경으로인한 소변경의 규정이 준용되지 않는다. "부<u>처</u> 집사"로 정리하자.
⑤ ☞ 해당 민사법원이 행정소송의 관할도 동시에 가지고 있는 경우라면, 민사소송을 항고소송으로 변경하는 것도 가능하다.
[대법원 1999.11.26., 97다42250]. 행정소송법 제7조는 원고의 고의 또는 중대한 과실 없이 행정소송이 심급을 달리하는 법원에 잘못 제기된 경우에 민사소송법 제31조 제1항을 적용하여 이를 관할 법원에 이송하도록 규정하고 있을 뿐 아니라 관할 위반의 소를 부적법하다고 하여 각하하는 것보다 관할 법원에 이송하는 것이 당사자의 권리 구제나 소송경제의 측면에서 바람직하므로, <u>원고가 고의 또는 중대한 과실 없이 행정소송으로 제기하여야 할 사건을 민사소송으로 잘못 제기한 경우</u> 수소법원으로서는 만약 그 행정소송에 대한 관할도 동시에 가지고 있는 경우라면, 행정소송으로서의 전심절차 및 제소기간을 도과하였거나 행정소송의 대상이 되는 처분 등이 존재하지도 아니한 상태에 있는 등 행정소송으로서의 소송요건을 결하고 있음이 명백하여 행정소송으로 제기되었더라도 어차피 부적법하게 되는 경우가 아닌 이상, <u>원고로 하여금 항고소송으로 소 변경을 하도록 하여 그 1심법원으로 심리·판단하여야 한다.</u>

답 10 ③

11 | 2021 |

소의 변경에 관한 설명으로 옳은 것은? (다툼이 있으면 판례에 따름)

① 처분변경으로 인한 소의 변경 신청은 처분이 변경된 날로부터 60일 이내에 하여야 한다.
② 항고소송에서 당사자소송으로 소의 종류를 변경함으로써 피고의 변경이 있는 경우 법원은 종전의 피고에 대한 소를 각하하여야 한다.
③ 「행정소송법」이 정하는 소의 변경은 그 법조에 의하여 특별히 인정되는 것으로서 「민사소송법」상의 소의 변경을 배척한다.
④ 청구의 원인을 변경하는 형태의 소의 변경은 허용되지 아니한다.
⑤ 사실심의 변론이 일단 종결되었더라도 그 후 변론이 재개되었다면 사실심 법원은 소의 변경을 허가할 수 있다.

----

① ☞ 처분이 변경된 날로부터 60일이 아니라, 처분의 변경이 있음을 안 날로부터 60일이다(제22조 2항).
② ☞ 각하가 아니라 취하이다(제21조 제4항, 제14조 제4항).
③ ☞ 행정소송법상 소의 변경과 별개로 민사소송법상 소의 변경 절차를 활용할 수도 있다.
[대법원 1999.11.26, 선고, 99두9407, 판결] 행정소송법 제21조와 제22조가 정하는 소의 변경은 그 법조에 의하여 특별히 인정되는 것으로서 민사소송법상의 소의 변경을 배척하는 것이 아니므로, 행정소송의 원고는 행정소송법 제8조 제2항에 의하여 준용되는 민사소송법 제235조에 따라 청구의 기초에 변경이 없는 한도에서 청구의 취지 또는 원인을 변경할 수 있다.
④ [대법원 1984. 2. 28., 선고, 83누638, 판결] 피고(남원시장)가 원고에게 하천점용료 부과처분을 하였다가 절차상 하자를 이유로 이를 취소하고 다시 동일한 내용의 처분을 한 경우에, 원고가 당초의 부과처분에 대한 취소청구를 새로운 부과처분에 대한 취소청구로 변경하더라도 두 처분이 모두 동일한 내용의 하천점용료를 대상으로 한 것으로서 별개의 두 부과처분이 병존하는 것이 아닌 이상 그 청구의 기초에 변경이 없다고 볼 것이다.
⑤ ☞ 사실심의 변론을 종결한 후 다시 변론이 재개되었다면 사실심은 아직 종결되지 않은 것이다. 따라서 소의 변경이 허용된다.

답 11 ⑤

12 | 2022 |

행정소송법상 소의 변경에 관한 설명으로 옳지 않은 것은? (다툼이 있으면 판례에 따름)

① 취소소송을 제기하였다가 나중에 당사자소송으로 변경하는 경우, 당초의 취소소송이 적법한 기간 내에 제기된 경우에는 당사자소송의 제소기간을 준수한 것으로 본다.

② 무효등 확인소송이나 부작위위법확인소송을 취소소송 또는 당사자소송으로 변경할 수 없다.

③ 동일한 행정처분에 대하여 무효확인의 소를 제기하였다가 그 후 그 처분의 취소를 구하는 소를 추가적으로 병합한 경우, 주된 청구인 무효확인의 소가 취소소송의 제소기간 내에 제기되었다면 추가로 병합된 취소청구의 소도 적법하게 제기된 것으로 본다.

④ 청구취지를 교환적으로 변경하여 종전의 소가 취하되고 새로운 소가 제기된 것으로 보게 되는 경우에 새로운 소에 대한 제소기간의 준수는 원칙적으로 소의 변경이 있은 때를 기준으로 하여 판단된다.

⑤ 청구취지를 추가한 경우 추가된 청구취지에 대한 제소기간의 준수는 원칙적으로 청구취지의 추가·변경 신청이 있는 때를 기준으로 판단하여야 한다.

---

① [대법원 1992. 12. 24. 선고 92누3335 판결] 취소소송을 제기하였다가 나중에 당사자 소송으로 변경하는 경우에는 행정소송법 제21조 제4항, 제14조 제4항에 따라 처음부터 당사자 소송을 제기한 것으로 보아야 하므로 **당초의 취소소송이 적법한 기간 내에 제기된 경우에는 당사자소송의 제소기간을 준수한 것으로 보아야 할 것이다.**

② 제37조.

> **제37조(소의 변경)** 제21조(소의 변경)의 규정은 무효등 확인소송이나 부작위위법확인소송을 취소소송 또는 당사자소송으로 변경하는 경우에 준용한다.

③ [대법원 2005. 12. 23. 선고 2005두3554 판결] 하자 있는 행정처분을 놓고 이를 무효로 볼 것인지 아니면 단순히 취소할 수 있는 처분으로 볼 것인지는 동일한 사실관계를 토대로 한 법률적 평가의 문제에 불과하고, 행정처분의 무효확인을 구하는 소에는 특단의 사정이 없는 한 그 취소를 구하는 취지도 포함되어 있다고 보아야 하는 점 등에 비추어 볼 때, **동일한 행정처분에 대하여 무효확인의 소를 제기하였다가 그 후 그 처분의 취소를 구하는 소를 추가적으로 병합한 경우, 주된 청구인 무효확인의 소가 적법한 제소기간 내에 제기되었다면 추가로 병합된 취소청구의 소도 적법하게 제기된 것으로 봄이 상당하다.**

④ ☞ "청구취지의 교환적 변경"이란 종전의 청구를 새로운 청구로 바꾸는 것을 말한다. 이는 민사소송법상의 소변경으로서, 새로운 소에 대한 제소기간의 준수는 소변경시를 기준으로 한다.
[대법원 2013. 7. 11. 선고 2011두27544 판결] 행정소송법상 취소소송은 처분 등이 있음을 안 날부터 90일 이내에 제기하여야 하고, 처분 등이 있은 날부터 1년을 경과하면 제기하지 못한다(행정소송법 제20조 제1항, 제2항). 한편 **청구취지를 교환적으로 변경하여 종전의 소가 취하되고 새로운 소가 제기된 것으로 보게 되는 경우에 새로운 소에 대한 제소기간의 준수 등은 원칙적으로 소의 변경이 있은 때를 기준으로 하여 판단된다.** 그러나 선행처분의 취소를 구하는 소가 그 후속처분의 취소를 구하는 소로 교환적으로 변경되었다가 다시 선행처분의 취소를 구하는 소로 변경된 경우 후속처분의 취소를 구하는 소에 선행처분의 취소를 구하는 취지가 그대로 남아 있었던 것으로 볼 수 있다면 선행처분의 취소를 구하는 소의 제소기간은 최초의 소가 제기된 때를 기준으로 정하여야 한다.

답 12 ②

⑤ ☞ 행정소송법상 취소소송에서 청구취지를 변경하여 구 소가 취소되고 새로운 소가 제기된 것으로 변경된 경우, 새로운 소에 대한 제소기간 준수 여부를 판단하는 기준시점은 소의 변경이 있은 때이다.
[대법원 2019. 7. 4., 선고, 2018두58431, 판결] 행정소송법상 취소소송은 처분 등이 있음을 안 날부터 90일 이내에 제기하여야 하고, 처분 등이 있은 날부터 1년을 경과하면 제기하지 못한다(행정소송법 제20조 제1항, 제2항). 그리고 청구취지를 변경하여 구 소가 취하되고 새로운 소가 제기된 것으로 변경되었을 때에 새로운 소에 대한 제소기간의 준수 등은 원칙적으로 소의 변경이 있은 때를 기준으로 하여야 한다.

13 | 2022 |

행정소송법상 소의 변경(제21조)에 관한 설명으로 옳지 않은 것은?

① 청구의 기초에 변경이 없어야 소의 변경이 가능하다.
② 법원이 소의 변경을 허가하는 경우 피고를 달리하게 될 때에는 새로이 피고로 될 자의 의견을 들어야 한다.
③ 소의 변경 허가결정에 대하여는 즉시항고할 수 있다.
④ 원고의 신청이 없더라도 법원은 직권에 의하여 소의 변경을 결정할 수 있다.
⑤ 사실심의 변론종결시까지 소의 변경이 가능하다.

행정소송법 제21조.

> **제21조(소의 변경)** ① 법원은 취소소송을 당해 처분등에 관계되는 사무가 귀속하는 국가 또는 공공단체에 대한 당사자소송 또는 취소소송외의 항고소송으로 변경하는 것이 상당하다고 인정할 때에는 청구의 기초에 변경이 없는 한(①) 사실심의 변론종결시까지(⑤) 원고의 신청에 의하여(④) 결정으로써 소의 변경을 허가할 수 있다.
> ② 제1항의 규정에 의한 허가를 하는 경우 피고를 달리하게 될 때에는 법원은 새로이 피고로 될 자의 의견을 들어야 한다(②).
> ③ 제1항의 규정에 의한 허가결정에 대하여는 즉시항고할 수 있다(③).
> ④ 제1항의 규정에 의한 허가결정에 대하여는 제14조제2항·제4항 및 제5항의 규정을 준용한다.

답 13 ④

14 | 2023 |

소의 변경에 관한 설명으로 옳은 것을 모두 고른 것은? (다툼이 있으면 판례에 따름)

> ㄱ. 소의 청구취지변경을 불허하는 결정에 대해서는 독립하여 항고할 수 있다.
> ㄴ. 처분변경으로 인한 소의 변경 신청은 처분의 변경이 있음을 안 날로부터 60일 이내에 하여야 한다.
> ㄷ. 소의 변경을 허가하는 결정에 대하여 새로운 소의 피고는 즉시항고할 수 없다.
> ㄹ. 처분 변경으로 인한 소의 변경은 취소소송, 무효등 확인소송 및 당사자소송에서 인정된다.

① ㄱ, ㄷ ② ㄴ, ㄹ ③ ㄱ, ㄷ, ㄹ
④ ㄴ, ㄷ, ㄹ ⑤ ㄱ, ㄴ, ㄷ, ㄹ

ㄱ. ☞ 독립하여 항고하는 경우로는 보통항고, 즉시항고, 특별항고 등이 있다. 독립하여 항고할 수 없다고 했으니 즉시항고도 허용되지 않는다. 소의 청구취지변경을 불허하는 결정은 종국판결에 대한 상소를 통해서만 다툴 수 있을 뿐 일체의 항고가 불가능하다고 정리하면 된다.
[대법원 1992. 9. 25., 선고, 92누5096, 판결] 청구취지변경을 불허한 결정에 대하여는 독립하여 항고할 수 없고 종국판결에 대한 상소로써만 다툴 수 있다.

ㄴ.
> 제22조(처분변경으로 인한 소의 변경) ① 법원은 행정청이 소송의 대상인 처분을 소가 제기된 후 변경한 때에는 원고의 신청에 의하여 결정으로써 청구의 취지 또는 원인의 변경을 허가할 수 있다.
> ② 제1항의 규정에 의한 신청은 처분의 변경이 있음을 안 날로부터 60일 이내에 하여야 한다.

ㄷ. ☞ 변경된 소의 피고 뿐만 아니라 새로운 소의 피고도 즉시항고할 수 있다.

> 제21조(소의 변경) ① 법원은 취소소송을 당해 처분등에 관계되는 사무가 귀속하는 국가 또는 공공단체에 대한 당사자소송 또는 취소소송외의 항고소송으로 변경하는 것이 상당하다고 인정할 때에는 청구의 기초에 변경이 없는 한 사실심의 변론종결시까지 원고의 신청에 의하여 결정으로써 소의 변경을 허가할 수 있다.
> ② 제1항의 규정에 의한 허가를 하는 경우 피고를 달리하게 될 때에는 법원은 새로이 피고로 될 자의 의견을 들어야 한다.
> ③ 제1항의 규정에 의한 허가결정에 대하여는 즉시항고할 수 있다.

ㄹ. ☞ 당사자소송의 경우 「처분변경으로 인한 소의 변경」이 「공법상 계약변경으로 인한 소의 변경」으로 바뀌어서 준용된다고 생각하면 된다.

> 제22조(처분변경으로 인한 소의 변경) ① 법원은 행정청이 소송의 대상인 처분을 소가 제기된 후 변경한 때에는 원고의 신청에 의하여 결정으로써 청구의 취지 또는 원인의 변경을 허가할 수 있다.
> 제38조(준용규정) ① 제9조, 제10조, 제13조 내지 제17조, 제19조, 제22조 내지 제26조, 제29조 내지 제31조 및 제33조의 규정은 무효등 확인소송의 경우에 준용한다.
> 제44조(준용규정) ① 제14조 내지 제17조, 제22조, 제25조, 제26조, 제30조제1항, 제32조 및 제33조의 규정은 당사자소송의 경우에 준용한다.

답 14 ②

15 | 2024 |

소를 변경하는 경우 처음에 소를 제기한 때 제기된 것으로 보는 경우를 모두 고른 것은? (다툼이 있으면 판례에 따름)

> ㄱ. 취소소송을 당사자소송으로 변경하는 경우
> ㄴ. 무효확인소송을 취소소송으로 변경하는 경우
> ㄷ. 당사자소송을 취소소송으로 변경하는 경우
> ㄹ. 이송결정이 확정된 후 민사소송을 취소소송으로 변경하는 경우

① ㄱ　　② ㄱ, ㄹ　　③ ㄴ, ㄷ
④ ㄴ, ㄷ, ㄹ　　⑤ ㄱ, ㄴ, ㄷ, ㄹ

☞ 소 변경의 경우 국민의 재판청구권을 보장하기 위해 최초의 소제기시점을 기준으로 제소기간을 기산한다.

ㄱ. **제21조(소의 변경)** ① 법원은 취소소송을 당해 처분등에 관계되는 사무가 귀속하는 국가 또는 공공단체에 대한 당사자소송 또는 취소소송외의 항고소송으로 변경하는 것이 상당하다고 인정할 때에는 청구의 기초에 변경이 없는 한 사실심의 변론종결시까지 원고의 신청에 의하여 결정으로써 소의 변경을 허가할 수 있다.
② 제1항의 규정에 의한 허가를 하는 경우 피고를 달리하게 될 때에는 법원은 새로이 피고로 될 자의 의견을 들어야 한다.
③ 제1항의 규정에 의한 허가결정에 대하여는 즉시항고할 수 있다.
④ 제1항의 규정에 의한 허가결정에 대하여는 제14조제2항·제4항 및 제5항의 규정을 준용한다.

제14조(피고경정) ④ 제1항의 규정에 의한 결정이 있은 때에는 새로운 피고에 대한 소송은 처음에 소를 제기한 때에 제기된 것으로 본다.

ㄴ. **제37조(소의 변경)** 제21조의 규정은 무효등 확인소송이나 부작위위법확인소송을 취소소송 또는 당사자소송으로 변경하는 경우에 준용한다.

ㄷ. **제42조(소의 변경)** 제21조의 규정은 당사자소송을 항고소송으로 변경하는 경우에 준용한다.

ㄹ. [대법원 2022. 11. 17. 선고 2021두44425] 행정소송법 제8조 제2항은 "행정소송에 관하여 이 법에 특별한 규정이 없는 사항에 대하여는 법원조직법과 민사소송법 및 민사집행법의 규정을 준용한다."라고 규정하고 있고, 민사소송법 제40조 제1항은 "이송결정이 확정된 때에는 소송은 처음부터 이송받은 법원에 계속된 것으로 본다."라고 규정하고 있다. 한편 행정소송법 제21조 제1항, 제4항, 제37조, 제42조, 제14조 제4항은 행정소송 사이의 소 변경이 있는 경우 처음 소를 제기한 때에 변경된 청구에 관한 소송이 제기된 것으로 보도록 규정하고 있다. 이러한 규정 내용 및 취지 등에 비추어 보면, 원고가 행정소송법상 항고소송으로 제기해야 할 사건을 민사소송으로 잘못 제기한 경우에 수소법원이 그 항고소송에 대한 관할을 가지고 있지 아니하여 관할법원에 이송하는 결정을 하였고, 그 이송결정이 확정된 후 원고가 항고소송으로 소 변경을 하였다면, 그 항고소송에 대한 제소기간의 준수 여부는 원칙적으로 처음에 소를 제기한 때를 기준으로 판단하여야 한다.

답 15 ⑤

16 | 2025 |

소의 변경에 관한 설명으로 옳은 것은? (다툼이 있으면 판례에 따름)

① 법원은 청구의 기초에 변경이 없는 한 사실심의 변론종결시까지 소의 변경을 허가할 수 있다.
② 취소소송을 제기하였다가 당사자소송으로 소 변경을 허용할 경우 제소기간 준수여부 판단기준에는 변경된 당사자소송의 제소기간이 적용된다.
③ 「행정소송법」은 행정소송과 민사소송 간 소 변경을 규정하고 있다.
④ 소 변경은 원고의 신청 없이도 법원의 직권으로 할 수 있다.
⑤ 처분변경으로 인한 소 변경의 신청은 처분의 변경이 있음을 안 날로부터 90일 이내에 하여야 한다.

••••••••••••••••••••••••

① ☞ 청구의 기초에 변경이 없다는 말은 구소와 신소 간에 그 취지가 동일한 경우를 의미한다. 이를테면 공무원 지위확인을 구하는 당사자소송을 파면처분 취소소송으로 변경하는 경우, 공무원으로서의 지위유지를 목적으로 한다는 점에서 그 취지가 동일하다.

> 제21조(소의 변경) ① 법원은 취소소송을 당해 처분등에 관계되는 사무가 귀속하는 국가 또는 공공단체에 대한 당사자소송 또는 취소소송외의 항고소송으로 변경하는 것이 상당하다고 인정할 때에는 **청구의 기초에 변경이 없는 한 사실심의 변론종결시까지** 원고의 신청에 의하여 결정으로써 소의 변경을 허가할 수 있다.

② ☞ 당초의 취소소송 제기시를 기준으로 판단한다.
[대판 1992.12.24, 92누3335] 취소소송을 제기하였다가 나중에 당사자 소송으로 변경하는 경우에는 행정소송법 제21조 제4항, 제14조 제4항에 따라 처음부터 당사자 소송을 제기한 것으로 보아야 하므로 당초의 취소소송이 적법한 기간 내에 제기된 경우에는 당사자소송의 제소기간을 준수한 것으로 보아야 할 것이다.

③ ☞ 행정소송과 민사소송간의 소변경도 가능은 하지만, 「행정소송법상」으로는 항고소송을 민사소송으로 변경하는 것에 관한 규정을 두고 있지 않다.

④ ☞ 원고의 신청에 의해서만 가능하고, 법원의 직권으로는 불가능하다. 「피/변/록/접」으로 정리하자.

> 제21조(소의 변경) ① 법원은 취소소송을 당해 처분등에 관계되는 사무가 귀속하는 국가 또는 공공단체에 대한 당사자소송 또는 취소소송외의 항고소송으로 변경하는 것이 상당하다고 인정할 때에는 청구의 기초에 변경이 없는 한 사실심의 변론종결시까지 **원고의 신청에 의하여** 결정으로써 소의 변경을 허가할 수 있다.

⑤ ☞ 소 제기 자체는 처분이 있음을 안 날로부터 「90일」이내에 가능하지만, 기존의 소송절차를 활용하는 취지의 소변경은 처분의 변경이 있음을 안 날로부터 「60일」이내에 제기하여야 한다(행정소송법 제22조 제2항).

> 제22조(처분변경으로 인한 소의 변경) ① 법원은 행정청이 소송의 대상인 처분을 소가 제기된 후 변경한 때에는 원고의 신청에 의하여 결정으로써 청구의 취지 또는 원인의 변경을 허가할 수 있다.
> ② 제1항의 규정에 의한 신청은 **처분의 변경이 있음을 안 날로부터 60일 이내에 하여야 한다.**

답 16 ①

제5절 • 취소소송의 판결

제1관 판결의 종류

중간판결과 종국판결

1. 중간판결 : 종국판결을 하기에 앞서 소송진행 중 당사자 간에 쟁점이 된 사항에 대하여 미리 정리·판단하여 종국판결을 용이하게 하고 이를 준비하는 판결을 말한다.
   중간판결을 할 수 있는 경우는 ① 독립한 공격·방어 방법에 대하여 필요한 때(다만 이것을 배척하는 경우에 한함), ② 중간의 다툼에 대하여 필요한 때(다만 소송요건의 존재를 긍정하거나 또는 소 취하를 부정하는 때 등 그것만으로 사건이 종료하지 않을 때에 한함), ③ 청구의 원인 및 수액(數額)에 관한 다툼이 있는 경우 그 원인에 대하여 필요한 때(원인판결) 등이다(민사소송법 201조).
2. 종국판결 : 소송이 제기된 사건 자체를 그 심급으로서 완결하는 판결을 말한다. 종국판결은 소의 적법요건에 대한 판단인가 혹은 청구의 당부에 대한 판단인가에 따라 소송판결(각하판결)과 본안판결(기각판결·인용판결)로 구별된다.

1. 각하판결

요건심리의 결과 관할권·당사자적격·대상적격·제소기간·행정심판전치주의 등 소송요건을 갖추지 못한 부적법한 소라 하여 각하하는 판결을 말한다.

2. 기각판결

본안심리의 결과, 원고의 청구가 이유없다고 하여 그 청구를 배척하는 내용의 판결을 말한다. 재량행위가 위법하다는 이유로 소송이 제기된 경우에 법원은 각하할 것이 아니라 그 일탈·남용 여부를 심사하여 그에 해당하지 않으면 청구를 '기각'하여야 한다. 재량의 일탈 내지 남용 여부는 소송요건이 아니라 본안판단사항이기 때문이다.

3. 인용판결

가. 의의

본안심리의 결과 원고의 청구가 이유있다고 인정되어 인용하는 판결을 말한다. 성질상 취소소송에서의 인용판결은 '형성판결'이 된다.

나. 재량행위의 취소

행정청의 처분이 기속행위인 경우뿐만 아니라 재량행위인 경우에도 재량권의 한계를 넘거나 그 남용이 있는 때에는 법원은 이를 취소할 수 있다.

> **제27조(재량처분의 취소)** 행정청의 재량에 속하는 처분이라도 재량권의 한계를 넘거나 그 남용이 있는 때에는 법원은 이를 취소할 수 있다.

다. 일부취소(일부인용판결)의 문제

(1) 의 의

일부취소판결이란 원고의 청구 중 일부만 이유가 있는 경우에 법원이 그 일부만을 취소하는 것을 말한다. 일부취소가 가능하기 위해서는 일부를 특정할 수 있어야 하고, 일부인용되고 남은 부분만으로도 의미가 있어야 한다. 과세처분이나 과징금 부과처분과 같이 금전부과처분의 일부에 취소사유가 있는 경우에 법원이 그 금액을 감액할 수 있는지가 주로 문제된다.

(2) 인정여부

① **기속행위의 경우**: 과세처분이나 개발부담금부과처분은 기속행위에 해당한다. 기속행위의 경우에는 법원이 일정한 결론을 도출한 후 그 결론에 비추어 행정청이 한 판단의 적법 여부를 독자의 입장에서 판정하는 방식에 의한다. 당해 부과처분의 일부에 위법사유가 있는 경우에 (ⅰ) 제출된 자료에 의하여 법원이 정당한 부과금액을 산출할 수 있다면 일부취소판결을 하여야 하지만, (ⅱ) 정당한 부과금액을 산출할 수 없는 경우에는 부과처분 전부를 취소할 수밖에 없다.

② **재량행위의 경우**: 재량행위인 부과처분에 대하여 법원이 적정한 금액이 얼마인지 판단하여 일부취소판결을 하면 행정청이 아닌 법원이 재량권을 행사하는 것이 되어 권력분립의 원칙에 반한다. 따라서 재량권의 일탈·남용이 인정되는 경우에 법원은 구체적인 결론을 도출함이 없이 처분을 전부취소하고, 행정청이 판결의 기속력에 따라 적정한 금액을 다시 정해야 한다.

> **관련판례**
>
> **1. 기속행위의 경우 – 과세처분, 개발부담금부과처분**
>
> 가. [일부취소] 법원에 제출된 자료에 의해 적법하게 부과될 세액이 산출되는 때에는 그 정당한 세액을 초과하는 부분만 취소해야 한다[대법원 2000.6.13, 98두5811].
>
> 과세처분취소소송의 처분의 적법 여부는 과세액이 정당한 세액을 초과하느냐의 여부에 따라 판단되는 것으로서 당사자는 사실심 변론종결시까지 객관적인 조세채무액을 뒷받침하는 주장과 자료를 제출할 수 있고 이러한 자료에 의하여 적법하게 부과될 정당한 세액이 산출되는 때에는 그 정당한 세액을 초과하는 부분만 취소하여야 할 것이고 전부를 취소할 것이 아니다.
>
> 나. [전부취소] 정당한 부과금액을 산출할 수 없는 경우에는 부과처분 전부를 취소할 수밖에 없다[대법원 2004.7.22, 2002두868].

개발부담금부과처분 취소소송에 있어 당사자가 제출한 자료에 의하여 적법하게 부과될 정당한 부과금액이 산출할 수 없을 경우에는 부과처분 전부를 취소할 수밖에 없으나, 그렇지 않은 경우에는 그 정당한 금액을 초과하는 부분만 취소하여야 한다.

2. 재량행위의 경우 - 과징금부과처분, 영업정지처분

가. 자동차운수사업면허조건 등을 위반한 사업자에 대한 과징금부과처분은 재량행위이므로 법원이 일부취소를 할 수 없고 그 전부를 취소하여야 한다[대법원 1998.4.10, 98두2270].

자동차운수사업면허조건 등을 위반한 사업자에 대하여 행정청이 행정제재수단으로 사업 정지를 명할 것인지, 과징금을 부과할 것인지, 과징금을 부과키로 한다면 그 금액은 얼마로 할 것인지에 관하여 재량권이 부여되었다 할 것이므로 과징금부과처분이 법이 정한 한도액을 초과하여 위법할 경우 법원으로서는 그 전부를 취소할 수밖에 없고, 그 한도액을 초과한 부분이나 법원이 적정하다고 인정되는 부분을 초과한 부분만을 취소할 수 없다(금 1,000,000원을 부과한 당해 처분 중 금 100,000원을 초과하는 부분은 재량권 일탈·남용으로 위법하다며 그 일부분만을 취소한 원심판결을 파기한 사례).

나. 영업정지처분은 재량행위이므로 적정한 영업정지기간을 초과하여 위법하더라도 법원은 그 초과부분만을 취소할 수는 없다[대법원 1982.6.22, 81누375].

행정청이 영업정지 처분을 함에 있어서 그 정지기간을 어느 정도로 정할 것인지는 행정청의 재량권에 속하는 사항인 것이며 다만 그것이 공익의 원칙이나 평등의 원칙 또는 비례의 원칙 등에 위반하여 재량권의 한계를 벗어난 재량권 남용에 해당하는 경우에만 위법한 처분으로서 사법심사의 대상이 되는 것이다. 그러므로 법원으로서는 영업정지처분이 재량권 남용이라고 판단될 때에는 위법한 처분으로서 그 처분의 취소를 명할 수 있을 따름이고 재량권의 한계 내에서 어느 정도가 적정한 영업정지기간인지를 가리는 일은 사법심사의 범위를 벗어나는 것이며 그 권한 밖의 일이라고 하겠으니, 이 사건 영업정지처분중 적정한 영업정지기간을 초과하는 부분만 취소하지 아니하고 전부를 취소한 것은 이유의 모순이라는 논지도 받아들일 수 없다.

4. 사정(事情)판결

가. 의의

원고의 청구가 이유 있다고 인정하는 경우에도 처분 등을 취소하는 것이 현저히 공공복리에 적합하지 아니하다고 인정하여 원고의 청구를 기각하는 판결이다(예컨대 개인토지를 수용하여 댐 건설을 한 후 그 수용재결이 위법한 것으로 인정되는 경우).

제28조 (사정판결) ① 원고의 청구가 이유있다고 인정하는 경우에도 처분등을 취소하는 것이 현저히 공공복리에 적합하지 아니하다고 인정하는 때에는 법원은 원고의 청구를 기각할 수 있다. 이 경우 법원은 그 판결의 주문에서 그 처분등이 위법함을 명시하여야 한다.
② 법원이 제1항의 규정에 의한 판결을 함에 있어서는 미리 원고가 그로 인하여 입게 될 손해의 정도와 배상방법 그 밖의 사정을 조사하여야 한다.
③ 원고는 피고인 행정청이 속하는 국가 또는 공공단체를 상대로 손해배상, 재해시설의 설치 그 밖에 적당한 구제방법의 청구를 당해 취소소송등이 계속된 법원에 병합하여 제기할 수 있다.

나. 요건

사정판결은 공공복리를 위해 예외적으로 인정되는 제도이므로 그 적용은 엄격한 요건 아래 제한적으로 이루어져야 한다.

(1) 처분 등이 위법할 것

사정판결은 처분이 위법함에도 공공복리를 목적으로 처분의 효력을 유지시키는 것이기 때문에, 적법한 행정처분에 대하여 현저히 공공복리에 부적합하다고 해서 사정판결로 취소할 수는 없다.

> **관련판례**
>
> **적법한 행정처분이 현저히 공공복리에 부적합한 경우라도 사정판결로 취소할 수는 없다**[대법원 1982.11.9., 81누176].
> 행정소송법 제12조는 행정소송에서 다투어지고 있는 행정처분이 위법하여 그 취소를 구하는 원고의 청구가 이유있는 경우에도 이를 취소하거나 변경함이 현저히 공공의 복리에 적합하지 아니하다고 인정하는 때에는 이를 취소하지 아니하고 그 청구를 기각할 수 있다는 규정이고, 취소를 구하는 행정처분이 적법한 경우에도 그 행정처분이 현저히 공공의 복리에 적합하지 아니하다고 인정되는 경우에 그 취소를 할 수 있다는 규정은 아니므로, 설사 원고가 이 사건 행정소송에 의하여 취소를 구하고 있는 피고의 재결취소처분이 현저히 공공의 복리에 적합하지 아니한 것이었다 하더라도 법원이 위 행정소송법 제12조를 근거로 하여 이를 취소하는 판결을 할 수는 없다.

(2) 처분을 취소하는 것이 현저히 공공복리에 적합하지 않을 것

사정판결은 원고의 청구가 이유 있다고 인정되는 경우임에도 불구하고 처분 등을 취소하는 것이 현저히 공공복리에 적합하지 않은 경우에 인정된다. 이 경우 현저히 공공복리에 적합하지 않는지 여부는 공공복리 자체만을 가지고 판단하는 것이 아니라, (처분을 취소함에 따라 침해를 받는) 공공복리와 (처분을 취소하지 않을 경우에 침해를 받는) 사익을 비교형량하는 방법에 의하여 판단한다. 공공복리와 사익을 비교하여 사정판결을 인정 내지 부정한 판례는 다음과 같다.

> **관련판례**
>
> **1. 사정판결을 인정한 사례**
>
> **가. 위법하기는 하나, 이미 인가처분을 받은 법학전문대학원이 개원하여 교육과정을 진행중인 경우**[대법원 2009.12.10., 2009두8359]
> 법학전문대학원이 장기간의 논의 끝에 사법개혁의 일환으로 출범하여 2009년 3월초 일제히 개원한 점, 전남대 법학전문대학원도 120명의 입학생을 받아들여 교육을 하고 있는데 인가처분이 취소되면 그 입학생들이 피해를 입을 수 있는 점, 법학전문대학원의 인가 취소가 이어지면 우수한 법조인의 양성을 목적으로 하는 법학전문대학원 제도 자체의 운영에 큰 차질을 빚을 수 있는 점, 법학전문대학원의 설치인가 심사기준의 설정과 각 평가에 있어 법 제13조에 저촉되지 않는 점, 교수위원이 제15차 회의에 관여하지 않았다고 하더라도 그 소속대학의 평가점수에 비추어 동일한 결론에 이르렀을 것으로 보여, 전남대에 대한 이 사건 인가처분을 취소하고 다시 심의하는 것은 무익한 절차의 반복에 그칠 것으로 보이는 점 등을 종합하여, 전남대에 대한 이 사건 인가처분이 법 제13조에 위배되었음을 이유로 취소하는 것은 현저히 공공복리에 적합하지 아니하다고 인정하였다.

나. 재개발조합설립절차에 위법한 사유가 존재하기는 하나, 재개발조합원의 90% 이상이 재개발사업의 속행을 바라고 있는 경우[대법원 1995.7.28., 95누4629]

재개발조합설립 및 사업시행인가처분이 처분 당시 법정요건인 토지 및 건축물 소유자 총수의 각 3분의 2 이상의 동의를 얻지 못하여 위법하나, 그 후 90% 이상의 소유자가 재개발사업의 속행을 바라고 있어 재개발사업의 공익목적에 비추어 그 처분을 취소하는 것은 현저히 공공복리에 적합하지 아니하다고 인정하여 사정판결을 한 사례.

2. 사정판결을 부정한 사례

가. 위법하게 징계면직된 검사의 복직이 현저히 공공복리에 반한다고는 볼 수 없다[대법원 2001.8.24., 2000두7704].

이른바 '심재륜 사건'에서의 징계면직된 검사의 복직이 검찰조직의 안정과 인화를 저해할 우려가 있다는 등의 사정은 검찰 내부에서 조정·극복하여야 할 문제일 뿐이고 준사법기관인 검사에 대한 위법한 면직처분의 취소 필요성을 부정할 만큼 현저히 공공복리에 반하는 사유라고 볼 수 없다는 이유로, 사정판결을 할 경우에 해당하지 않는다.

나. 재개발조합의 조합원총회의 결의가 위법한 경우, 재개발조합의 조합원총회의 재결의를 위해 단순히 시간과 비용이 많이 소요된다는 사정은 현저히 공공복리에 반하는 경우로 볼 수 없다[대법원 2001.10.12., 2000두4279].

도시재개발법 제18조, 제34조 등이 관리처분계획의 인가신청에 앞서 조합원으로 구성되는 총회에서 관리처분계획에 관하여 결의를 거쳐야 한다고 규정하고 있는 것은 관리처분계획의 입안에 대하여 조합원의 의사를 반영하고 그들 상호간의 이익을 합리적으로 조정하는 데 그 취지가 있는 것이므로, 총회에서 결의된 관리처분계획을 수정하여 인가신청을 하고자 할 경우에는 그 전에 다시 수정된 내용에 대하여 총회의 결의를 거쳐야 한다고 봄이 위와 같은 제도의 취지에 부합한다. 관리처분계획의 수정을 위한 조합원총회의 재결의를 위하여 시간과 비용이 많이 소요된다는 등의 사정만으로는 재결의를 거치지 않음으로써 위법한 관리처분계획을 취소하는 것이 현저히 공공복리에 적합하지 아니하다고 볼 수 없다는 이유로 사정판결의 필요성을 부정한 사례.

다. 폐기물 처리업자가 관할관청으로부터 적정통보를 받고 막대한 비용을 들여 허가요건을 갖춘 다음 허가신청을 하였음에도 위법한 불허가처분을 한 경우에 있어서, 허가가 이루어질 경우 업체의 난립 및 과당경쟁이 우려된다는 사정은 현저히 공공의 복리에 반하는 경우로 볼 수 없다[대법원 1998.5.8., 98두4061].

이 사건 처분의 취소로 인하여 부산 해운대구를 영업구역으로 하여 생활폐기물을 수집·운반하여 온 기존의 동종업체에게 경쟁상대를 추가시킴으로써 일시적인 공급시설의 과잉현상이 나타나 어느 정도의 손해가 발생한 것임은 예상되지만, 그 이상으로 소론과 같이 업체의 난립 및 과당경쟁으로 기존 청소질서가 파괴되어 청소에 관한 안정적이고 효율적인 책임행정의 이행이 불가능하게 된다고는 보이지 아니하므로 이 사건 처분을 취소하는 것이 현저히 공공의 복리에 적합하지 않은 경우에 해당한다고는 할 수 없을 것인바, 같은 취지의 원심판단은 정당하고, 거기에 소론과 같은 사정판결의 요건에 관한 법리오인의 위법이 있다고 할 수 없다.

다. 사정판결의 위법성과 필요성 판단의 기준시점

① 사정판결의 대상이 되는 처분의 위법여부는 「처분시」를 기준으로 판단하여야 하지만, ② 사정판결의 필요성인 공공복리는 처분 후의 사정이 고려되어야 하므로 심급을 불문하고 「사실심변론종결시」를 기준으로 판단한다. 이 경우 사정판결의 필요성이 있다고 인정되면 당사자의 주장이 없더라도 법원의 직권에 의한 사정판결이 가능하다.

> **행정소송규칙**
>
> **제14조(사정판결)** 법원이 법 제28조제1항에 따른 판결을 할 때 그 처분등을 취소하는 것이 현저히 공공복리에 적합하지 아니한지 여부는 <u>사실심 변론을 종결할 때</u>를 기준으로 판단한다.

> **관련판례**
>
> **행정소송에 있어서 법원이 직권으로 사정판결을 할 수 있다[대법원 1995.7.28., 95누4629].**
> 행정소송법 제26조, 제28조 제1항 전단의 각 규정에 비추어 보면, 법원은 행정소송에 있어서 행정처분이 위법하여 운전자의 청구가 이유 있다고 인정하는 경우에도 그 처분 등을 취소하는 것이 현저히 공공복리에 적합하지 아니하다고 인정하는 때에는 원고의 청구를 기각하는 사정판결을 할 수 있고, 이러한 사정판결을 할 필요가 있다고 인정하는 때에는 당사자의 명백한 주장이 없는 경우에도 일건 기록에 나타난 사실을 기초로 하여 직권으로 사정판결을 할 수 있다.

사정판결은 예외적으로 인정되는 제도이니만큼 사정판결의 사유로서의 현저히 공공복리에 반한다는 점에 대한 증명책임은 피고인 행정청이 부담하여야 한다.

라. 사정판결의 효과

> **제28조 (사정판결)** ① 원고의 청구가 이유있다고 인정하는 경우에도 처분등을 취소하는 것이 현저히 공공복리에 적합하지 아니하다고 인정하는 때에는 법원은 원고의 청구를 기각할 수 있다. 이 경우 법원은 그 판결의 주문에서 그 처분등이 위법함을 명시하여야 한다.
> ② 법원이 제1항의 규정에 의한 판결을 함에 있어서는 미리 원고가 그로 인하여 입게 될 손해의 정도와 배상방법 그 밖의 사정을 조사하여야 한다.
> ③ 원고는 피고인 행정청이 속하는 국가 또는 공공단체를 상대로 손해배상, 재해시설의 설치 그 밖에 적당한 구제방법의 청구를 당해 취소소송등이 계속된 법원에 병합하여 제기할 수 있다.

(1) 기각판결(원고패소판결)

사정판결은 원고의 청구를 기각하는 판결이므로, 비록 당해 청구의 대상인 처분이 위법하다고 하더라도 원고의 청구는 배척된다(즉 원고패소판결). 그러나 당해 처분은 그 위법성이 치유되어 적법한 처분으로 인정받는 것이 아니라 공공복리를 위하여 위법성을 가진 채로 그 효력을 지속하는 것에 불과하다.

(2) 위법함을 판결주문에 명시

사정판결을 하는 경우 법원은 판결의 주문에서 그 처분 등이 위법함을 명시하여야 한다(동법 제28조 제1항 후단). 판결주문에 위법을 명시하게 되면 그 위법성에 대해서 기판력이 발생한다. 사정판결의 주문의 예는 다음과 같다.

> **주문**
>
> 1. 원고의 청구를 기각한다.
> 2. 피고가 2013.10.10. 원고에 대하여 한 영업허가취소처분은 위법하다.
> 3. 소송비용은 피고가 부담한다.

(3) 원고에 대한 구제적 조치

① 원고가 피고인 행정청이 속하는 국가 또는 공공단체를 상대로 손해배상, 제해시설의 설치 기타 적당한 구제의 청구를 용이하게 할 수 있도록 하기 위하여 이들 청구소송을 당해 취소소송이 제기된 법원에 병합하여 제기할 수 있도록 하였다(동법 제28조 제3항).

② 법원은 원고의 손해배상청구 등이 용이하도록 사정판결을 함에 있어서 미리 원고가 입게 될 손해의 정도와 배상방법 그 밖의 사정을 조사하여야 한다(동법 제28조 제2항).

(4) 소송비용의 피고부담

사정판결의 경우에는 민사소송법상의 패소자부담의 일반원칙과는 달리 피고가 소송비용을 부담한다(동법 제32조).

마. 사정판결의 적용범위 – 취소소송

행정소송법은 취소소송의 경우에만 사정판결이 가능하다고 명시적으로 규정하고 있다(취소소송에는 무효선언적 의미의 취소소송이 포함된다). 무효등확인소송과 부작위위법확인소송 및 당사자소송에는 사정판결이 인정되지 않는다. ① 무효등확인소송의 경우에는 존치시킬 수 있는 유효한 처분이 존재하지 아니하고, ② 부작위위법확인소송에는 부작위로 인해 대상인 처분 자체가 존재하지 아니하며, ③ 당사자소송의 경우에는 그 소송물이 공법상 법률관계이지 처분의 위법여부가 아니기 때문이다.

기출문제

| 판결일반 |

01 | 2016 |

취소소송의 인용판결 중 일부취소에 관한 설명으로 옳지 <u>않은</u> 것은? (다툼이 있으면 판례에 따름)

① 일부취소되는 부분은 분리가능하고 명확히 확정할 수 있어야 한다.
② 과세처분취소소송에서 정당한 부과금액을 확정할 수 있으면 그 금액을 초과하는 부분만을 취소하여야 한다.
③ 영업정지처분취소소송에서 일정기간의 영업정지가 정당하다고 판단되면 그 기간을 초과하는 부분만을 취소하여야 한다.
④ 개발부담금부과처분취소소송에서 정당한 부과금액을 산출할 수 없으면 그 전부를 취소하여야 한다.
⑤ 재량이 인정되는 과징금납부명령에 대한 취소소송에서 정당한 부과금액을 산출할 수 있어도 그 전부를 취소하여야 한다.

---

①, ② [대법원 2001.6.12, 99두8930] 과세처분취소소송에 있어 처분의 적법 여부는 정당한 세액을 초과하느냐의 여부에 따라 판단되는 것으로서, 당사자는 사실심 변론종결시까지 객관적인 조세채무액을 뒷받침하는 주장과 자료를 제출할 수 있고, 이러한 자료에 의하여 적법하게 부과될 정당한 세액이 산출되는 때에는 그 정당한 세액을 초과하는 부분만 취소하여야 할 것이고 그 전부를 취소할 것이 아니다.

③ [대법원 1982.9.28, 82누2] 행정청이 영업정지처분을 함에 있어서 그 정지기간을 어느 정도로 할 것인지는 행정청의 재량권에 속하는 사항인 것이며, 다만 그것이 공익의 원칙이나 평등의 원칙 또는 비례의 원칙등에 위반하여 재량권의 한계를 벗어난 재량권 남용에 해당하는 경우에만 위법한 처분으로서 사법심사의 대상이 되는 것이나, 법원으로서는 영업정지처분이 재량권 남용이라고 판단될 때에는 위법한 처분으로서 그 처분의 취소를 명할 수 있을 뿐이고, 재량권의 한계내에서 어느 정도가 적정한 영업정지 기간인지를 가리는 일은 사법심사의 범위를 벗어난다.

④ [대법원 2000.6.9, 선고, 99두5542, 판결] 개발부담금부과처분 취소소송에 있어 당사자가 제출한 자료에 의하여 적법하게 부과될 정당한 부담금액이 산출되는 때에는 그 정당한 금액을 초과하는 부분만 취소하여야 하고 그렇지 않은 경우에는 부과처분 전부를 취소할 수밖에 없다.

⑤ [대법원 2009.6.23, 선고, 2007두18062, 판결] 처분을 할 것인지 여부와 처분의 정도에 관하여 재량이 인정되는 과징금 납부명령에 대하여 그 명령이 재량권을 일탈하였을 경우, 법원으로서는 재량권의 일탈 여부만 판단할 수 있을 뿐이지 재량권의 범위 내에서 어느 정도가 적정한 것인지에 관하여는 판단할 수 없어 그 전부를 취소할 수밖에 없고, 법원이 적정하다고 인정하는 부분을 초과한 부분만 취소할 수는 없다.

답 01 ③

02 | 2016 |

항고소송의 소송요건 흠결에 관한 설명으로 옳지 않은 것은?

① 소송요건의 흠결로 각하판결이 선고된 경우 원고는 흠결된 요건을 보완하여 다시 소를 제기할 수 있다.
② 원고적격의 흠결로 인한 소송판결은 종국판결의 일종이다.
③ 소송요건의 구비 여부는 직권조사사항이다.
④ 소송요건이 흠결된 경우에도 처분이 위법하면 기각판결을 하여야 한다.
⑤ 본안심리 중 소송요건의 흠결이 있는 경우에 법원은 소송요건에 관하여 판단할 수 있다.

① ☞ 각하판결에는 기판력이 발생하지 않는다. 따라서 소송요건의 흠결로 각하판결이 선고된 경우(예컨대 인근주민이 아니어서 법률상 이익이 결여된 경우)에 원고는 흠결된 요건을 보완하여(인근지역으로 이사) 다시 소를 제기할 수 있다.
② ☞ 종국판결이란 소송사건의 전부(전부판결)또는 일부(일부판결)를 그 심급으로서 완결하는 판결을 말한다. 반면에 "중간판결"이란 소송의 심리중에 문제가 되었던 당사자간의 일정한 쟁점을 종국판결 전에 미리 해결하는 판결이다. 각하판결은 종국판결에 해당한다.
③ ☞ 요건심리는 제기된 소가 소송요건을 갖춘 것인지의 여부를 심리하는 것으로서, 소송요건은 법원이 직권으로 조사하여 심리하는 직권조사사항이다. 따라서 법원의 직권심리 결과 소송요건을 갖추지 못했다고 판단되면 법원은 소를 각하하는 판결을 한다.
④ ☞ 소송요건이 흠결되면 법원은 본안판결로 들어가지 않고 본안전심리를 통해 각하판결을 한다.
⑤ ☞ 본안심리 중 소송요건의 흠결이 있는 경우(예컨대 인근주민소송에서 인근주민이 타 지역으로 이사하여 원고적격이 후발적으로 결여)에는 법원은 본안심리를 중지하고 각하판결을 선고하게 된다.

03 | 2017 |

하나의 처분 중 법원이 적정하다고 인정하는 부분을 초과한 부분만 취소할 수 있는 것을 모두 고른 것은? (다툼이 있으면 판례에 따름)

| ㄱ. 과세처분 | ㄴ. 개발부담금부과처분 |
| ㄷ. 재량이 인정되는 과징금부과처분 | ㄹ. 일반음식점 영업자에 대한 영업정지처분 |

① ㄱ, ㄴ
② ㄱ, ㄹ
③ ㄴ, ㄷ
④ ㄴ, ㄹ
⑤ ㄷ, ㄹ

ㄱ. [대법원 2000. 6. 13. 선고 98두5811 판결] 과세처분취소소송의 처분의 적법 여부는 과세액이 정당한 세액을 초과하느냐의 여부에 따라 판단되는 것으로서 당사자는 사실심 변론종결시까지 객관적인 조세채무액을 뒷받

답 02 ④ 03 ①

침하는 주장과 자료를 제출할 수 있고 이러한 자료에 의하여 적법하게 부과될 정당한 세액이 산출되는 때에는 그 정당한 세액을 초과하는 부분만 취소하여야 할 것이고 전부를 취소할 것이 아니다.

ㄴ. [대법원 2000. 6. 9. 선고 99두5542 판결] 개발부담금부과처분 취소소송에 있어 당사자가 제출한 자료에 의하여 적법하게 부과될 정당한 부담금액이 산출되는 때에는 그 정당한 금액을 초과하는 부분만 취소하여야 하고 그렇지 않은 경우에는 부과처분 전부를 취소할 수밖에 없다.

ㄷ. [대법원 1998. 4. 10. 선고 98두2270 판결] 자동차운수사업면허조건 등을 위반한 사업자에 대하여 행정청이 행정제재수단으로 사업 정지를 명할 것인지, 과징금을 부과할 것인지, 과징금을 부과키로 한다면 그 금액은 얼마로 할 것인지에 관하여 재량권이 부여되었다 할 것이므로 과징금부과처분이 법이 정한 한도액을 초과하여 위법할 경우 법원으로서는 그 전부를 취소할 수밖에 없고, 그 한도액을 초과한 부분이나 법원이 적정하다고 인정되는 부분을 초과한 부분만을 취소할 수 없다(금 1,000,000원을 부과한 당해 처분 중 금 100,000원을 초과하는 부분은 재량권 일탈·남용으로 위법하다며 그 일부분만을 취소한 원심판결을 파기한 사례).

ㄹ. [대법원 1982. 9. 28. 선고 82누2 판결] 행정청이 영업정지처분을 함에 있어서 그 정지기간을 어느 정도로 할 것인지는 행정청의 재량권에 속하는 사항인 것이며, 다만 그것이 공익의 원칙이나 평등의 원칙 또는 비례의 원칙등에 위반하여 재량권의 한계를 벗어난 재량권 남용에 해당하는 경우에만 위법한 처분으로서 사법심사의 대상이 되는 것이나, 법원으로서는 영업정지처분이 재량권 남용이라고 판단될 때에는 위법한 처분으로서 그 처분의 취소를 명할 수 있을 뿐이고, 재량권의 한계내에서 어느 정도가 적정한 영업정지 기간인지를 가리는 일은 사법심사의 범위를 벗어난다.

04 | 2018 |

취소소송의 판결에 관한 설명으로 옳은 것은? (다툼이 있으면 판례에 따름)

① 처분의 무효를 선언하는 취소판결도 있다.
② 계쟁처분이 위법하지는 않지만 부당인 경우는 부분인용판결을 한다.
③ 판결서의 형식은 「행정소송법」에 규정되어 있다.
④ 효력은 판결문이 당사자들에게 도달한 날에 발생한다.
⑤ 취소소송의 일부를 종료시키는 판결은 종국판결이 아니다.

••••••••••••••••••••

① [대법원 1993. 3. 12. 92누11039] 행정처분의 당연무효를 선언하는 의미에서 그 취소를 구하는 행정소송을 제기한 경우에도 제소기간의 준수 등 취소소송의 제소요건을 갖추어야 하는 것이므로, 원고가 주위적 청구로 이 사건 이의재결의 취소를 구하고 있는 이상 그 취지가 위 이의재결의 당연무효를 선언하는 의미에서 취소를 구하는 것이라 하더라도 토지수용법 제75조의2 소정의 제소기간을 준수하여야 할 것인데 기록에 의하면 원고는 당초 원재결의 취소를 구하는 행정소송을 제기하였다가 이 사건 이의신청에 대한 재결서를 받고서도 그때부터 1월이 훨씬 지난 뒤인 1990. 11. 1.에야 청구취지를 이의재결의 취소를 구하는 것으로 변경한 사실이 분명하므로 결국 이 사건 소송은 불변기간을 넘어서 제기된 것으로 부적법하고 그 흠결은 보정될 수 없는 것이라고 하겠다.

② ☞ 취소소송은 위법한 처분 등을 대상으로 하기 때문에(동법 제4조 제1호), 계쟁처분이 위법하지 않고 적법하거나 단순한 부당에 그친 경우에는 기각판결을 하여야 한다.

③ ☞ 행정소송법에는 판결서의 형식에 대한 규정이 없고, 민사소송법을 준용하고 있다(동법 제8조 제2항, 민사소송법 제208조 제1항).

답 04 ①

> **민사소송법**
>
> **제208조(판결서의 기재사항 등)** ① 판결서에는 다음 각호의 사항을 적고, 판결한 법관이 서명날인하여야 한다.
> 1. 당사자와 법정대리인
> 2. 주문
> 3. 청구의 취지 및 상소의 취지
> 4. 이유
> 5. 변론을 종결한 날짜. 다만, 변론 없이 판결하는 경우에는 판결을 선고하는 날짜
> 6. 법원

④ ☞ 판결은 도달시가 아니라 선고시에 그 효력이 생긴다(동법 제8조 제2항, 민사소송법 제205조).

> **민사소송법**
>
> **제205조(판결의 효력발생)** 판결은 선고로 효력이 생긴다.

⑤ ☞ 취소소송의 일부를 종료시키는 판결은 "일부판결"로서, 종국판결의 일종이다(동법 제8조 제2항, 민사소송법 제200조). 예컨대 복수의 인근주민들이 연탄공장에 대한 영업허가 취소소송을 제기한 경우에, 법원은 그 중 일부 원고에 대해서는 인근주민성이 부인됨을 이유로 먼저 소각하판결을 할 수 있다. 일부판결은 중간판결과 구별하여야 한다.

> **민사소송법**
>
> **제200조(일부판결)** ① 법원은 소송의 일부에 대한 심리를 마친 경우 그 일부에 대한 종국판결을 할 수 있다.
> ② 변론을 병합한 여러 개의 소송 가운데 한 개의 심리를 마친 경우와, 본소(本訴)나 반소의 심리를 마친 경우에는 제1항의 규정을 준용한다.

> **중간판결과 종국판결**
> 1. **중간판결** : 종국판결을 하기에 앞서 소송진행 중 당사자 간에 쟁점이 된 사항에 대하여 미리 정리·판단하여 종국판결을 용이하게 하고 이를 준비하는 판결을 말한다.
> 2. **종국판결** : 소송이 제기된 사건 자체를 그 심급으로서 완결하는 판결을 말한다. 종국판결은 소의 적법요건에 대한 판단인가 혹은 청구의 당부에 대한 판단인가에 따라 소송판결(각하판결)과 본안판결(기각판결·인용판결)로 구별된다.

05 | 2018 |

행정소송의 판결에 관한 설명으로 옳지 않은 것은?

① 소각하판결은 소송판결이다.
② 본안판결은 내용에 따라 인용판결과 기각판결로 나뉜다.
③ 취소소송에서 인용판결은 형성력을 갖는다.
④ 항고소송에는 이행판결이 존재한다.
⑤ 무효등확인소송에서의 인용판결은 확인판결이다.

....

① ☞ 소송판결이란 요건심리의 결과 관할권·당사자적격·대상적격·제소기간·행정심판전치주의 등 소송요건을 갖추지 못한 부적법한 소라 하여 각하하는 판결을 말한다.
② ☞ 본안심리의 결과 원고의 청구가 이유 없다고 하여 그 청구를 배척하는 내용의 판결은 기각판결이고, 원고의 청구가 이유 있다고 인정되어 받아들이는 판결은 인용판결이다.
③ ☞ 취소판결이 확정되면 당해 처분의 효력은 처분청의 별도의 행위가 없어도 처분시에 소급하여 소멸됨으로써 기존의 법률관계의 변동을 초래하는바, 이를 형성력이라 한다.
④ ☞ 항고소송에는 취소소송·무효등확인소송·부작위위법확인소송의 3종만이 인정되며, 의무이행소송은 인정되지 않는다. 이행판결은 의무이행소송에서의 인용판결을 말한다.
⑤ ☞ 확인판결이란 확인소송에서 일정한 법률관계나 법률사실의 존부를 확인하는 판결(인용판결)을 말한다. 취소소송은 유효한 행위의 효력을 소멸시키는 것이므로 형성소송에 해당하는 반면, 무효등확인소송과 부작위위법확인소송은 확인소송에 해당한다.

06 | 2018 |

취소소송에서 일부취소가 가능한 경우만을 모두 고른 것은? (다툼이 있으면 판례에 따름)

ㄱ. 초과된 양도소득세부과처분에 대해 당사자가 제출한 자료에 의해 적법하게 부과될 정당한 세액이 산출될 수 있는 경우
ㄴ. 초과된 개발부담금부과처분에 대해 당사자가 제출한 자료에 의해 적법하게 부과될 정당한 부과금액이 산출될 수 있는 경우
ㄷ. 제1종 보통, 대형 및 특수면허를 가지고 있는 자가 레이카크레인을 음주운전하여 적발되어 3종의 면허가 모두 취소된 경우
ㄹ. 영업정지처분이 재량권 남용에 해당한다고 판단되어 취소하는 경우

① ㄱ
② ㄴ, ㄹ
③ ㄱ, ㄴ, ㄷ
④ ㄱ, ㄷ, ㄹ
⑤ ㄴ, ㄷ, ㄹ

답 05 ④ 06 ③

ㄱ. [대법원 2000. 6. 13., 선고, 98두5811, 판결] 과세처분취소소송의 처분의 적법 여부는 과세액이 정당한 세액을 초과하느냐의 여부에 따라 판단되는 것으로서 당사자는 사실심 변론종결시까지 객관적인 조세채무액을 뒷받침하는 주장과 자료를 제출할 수 있고 이러한 자료에 의하여 적법하게 부과될 정당한 세액이 산출되는 때에는 그 정당한 세액을 초과하는 부분만 취소하여야 할 것이고 전부를 취소할 것이 아니다.

ㄴ. [대법원 2004. 7. 22., 선고, 2002두868, 판결] 개발부담금부과처분 취소소송에 있어 당사자가 제출한 자료에 의하여 적법하게 부과될 정당한 부과금액이 산출할 수 없을 경우에는 부과처분 전부를 취소할 수밖에 없으나, 그렇지 않은 경우에는 그 정당한 금액을 초과하는 부분만 취소하여야 한다.

ㄷ. [대법원 1995. 11. 16., 선고, 95누8850, 전원합의체 판결] 가. 한 사람이 여러 종류의 자동차 운전면허를 취득하는 경우뿐 아니라 이를 취소 또는 정지함에 있어서도 서로 별개의 것으로 취급하는 것이 원칙이고, 한 사람이 여러 종류의 자동차 운전면허를 취득하는 경우 1개의 운전면허증을 발급하고 그 운전면허증의 면허번호는 최초로 부여한 면허번호로 하여 이를 통합관리하고 있다고 하더라도, 이는 자동차 운전면허증 및 그 면허번호 관리상의 편의를 위한 것에 불과할 뿐 그렇다고 하여 여러 종류의 면허를 서로 별개의 것으로 취급할 수 없다거나 각 면허의 개별적인 취소 또는 정지를 분리하여 집행할 수 없는 것은 아니다.

나. 외형상 하나의 행정처분이라 하더라도 가분성이 있거나 그 처분대상의 일부가 특정될 수 있다면 그 일부만의 취소도 가능하고 그 일부의 취소는 당해 취소부분에 관하여 효력이 생긴다고 할 것인바, 이는 한 사람이 여러 종류의 자동차 운전면허를 취득한 경우 그 각 운전면허를 취소하거나 그 운전면허의 효력을 정지함에 있어서도 마찬가지이다.

다. 제1종 보통, 대형 및 특수 면허를 가지고 있는 자가 레이카크레인을 음주운전한 행위는 제1종 특수면허의 취소사유에 해당될 뿐 제1종 보통 및 대형 면허의 취소사유는 아니므로, 3종의 면허를 모두 취소한 처분 중 제1종 보통 및 대형 면허에 대한 부분은 이를 이유로 취소하면 될 것이나, 제1종 특수면허에 대한 부분은 원고가 재량권의 일탈·남용하여 위법하다는 주장을 하고 있음에도, 원심이 그 점에 대하여 심리·판단하지 아니한 채 처분 전체를 취소한 조치는 위법하다고 하여 원심판결 중 제1종 특수면허에 대한 부분을 파기환송한 사례.

ㄹ. [대법원 1982. 9. 28., 선고, 82누2, 판결] 행정청이 영업정지처분을 함에 있어서 그 정지기간을 어느 정도로 할 것인지는 행정청의 재량권에 속하는 사항인 것이며, 다만 그것이 공익의 원칙이나 평등의 원칙 또는 비례의 원칙등에 위반하여 재량권의 한계를 벗어난 재량권 남용에 해당하는 경우에만 위법한 처분으로서 사법심사의 대상이 되는 것이나, 법원으로서는 영업정지처분이 재량권 남용이라고 판단될 때에는 위법한 처분으로서 그 처분의 취소를 명할 수 있을 뿐이고, 재량권의 한계내에서 어느 정도가 적정한 영업정지 기간인지를 가리는 일은 사법심사의 범위를 벗어난다.

07 | 2020 |

항고소송의 소송요건에 관한 설명으로 옳은 것은?

① 원고적격의 흠결로 인한 소송판결은 중간판결의 일종이다.
② 소송요건이 흠결된 경우에도 처분이 위법하면 기각판결을 하여야 한다.
③ 소송요건의 심사는 본안심리 중에는 이를 할 수 없다.
④ 소송요건의 흠결로 각하판결이 선고된 경우, 원고는 흠결된 요건을 보완하여 다시 소를 제기할 수 있다.
⑤ 소송요건을 엄격하게 요구하면 국민의 재판청구권을 강화하지만 법원의 부담을 가중한다.

· · · · · · · · · · · · · · · · · · · ·

① ☞ 「종국판결」이란 소송사건의 전부(전부판결)또는 일부(일부판결)를 그 심급으로서 완결하는 판결을 말한다. 반면에 「중간판결」이란 소송의 심리중에 문제가 되었던 당사자간의 일정한 쟁점을 종국판결 전에 미리 해결하는 판결이다. 각하판결은 종국판결에 해당한다.
② ☞ 소송요건이 흠결되면 법원은 본안판결로 들어가지 않고 본안전 심리를 통해 각하판결을 한다.
③ ☞ 소송요건의 충족여부는 사실심변론종결시를 기준으로 판단한다. 따라서 제소 당시에는 소송요건이 흠결되어도 사실심 변론종결시까지 이를 구비하면 적법한 소가 된다.
④ ☞ 각하판결에는 기판력이 발생하지 않는다. 따라서 소송요건의 흠결로 각하판결이 선고된 경우(예컨대 인근주민이 아니어서 법률상 이익이 결여된 경우)에 원고는 흠결된 요건을 보완하여(인근지역으로 이사) 다시 소를 제기할 수 있다.
⑤ ☞ 소송요건을 엄격하게 요구하면 각하판결이 그만큼 자주 이루어지게 된다. 이 경우 법원은 본안판단을 할 필요가 없으므로 법원의 부담을 경감하지만, 국민의 (본안판단을 받을) 재판청구권의 약화를 초래한다. 연탄공장에 대한 영업허가처분 취소소송에서 인근주민인지 여부를 까다롭게 판단하여 원고적격 흠결로 각하판결이 선고되는 경우를 생각해보자.

08 | 2020 |

취소소송의 판결에 관한 설명으로 옳지 않은 것은? (다툼이 있으면 판례에 따름)

① 판결의 주문은 그 내용이 특정되어야 하고 그 주문 자체에 의해 특정할 수 있어야 한다.
② 사정판결을 할 경우 인용판결을 하여야 한다.
③ 처분의 무효선언을 하는 취소판결도 인정된다.
④ 계쟁처분이 위법하지 않고 단순 부당한 경우에는 기각판결을 하여야 한다.
⑤ 과징금부과처분이 법이 정한 한도액을 초과하여 위법할 경우 법원은 그 전부를 취소하여야 한다.

· · · · · · · · · · · · · · · · · · · ·

① [대법원 1987. 3. 24., 선고, 85누817, 판결] 판결의 주문은 그 내용이 특정되어야 하고 그 주문자체에 의해 특정할 수 있어야 할 것이므로, 과세처분중 손금부인에 상응한 과세액에 대한 과세처분의 취소청구부분의 소는 각하하고, 나머지 과세처분의 취소청구부분을 기각한다라고만 되어 있는 주문기재는 부과처분한 세액중 원

답 07 ④ 08 ②

고의 소가 어느 범위에서 부적법한 것인가를 특정할 수 없고 따라서 청구기각되는 부분도 분간할 수 없어 위 주문은 판결로서 갖추어야 할 명확성을 잃은 위법한 것이다.
② ☞ 사정판결은 처분이 위법함에도 그 효력을 유지하는 판결로서 청구기각판결의 일종이다.
③ [대법원 1976.10.29, 76누142] 지방자치단체의 장이 사인에 대한 사법상의 물품대금채무에 대하여 한 대금부과처분은 행정처분의 대상이 될 수 없는 부적법한 것으로서 그 하자가 중대하고 명백한 것이므로 무효라고 할 것이고 또 이 처분이 무효한 행정처분이지만 일종의 행정처분의 외형을 갖추고 있는 경우에는 그 무효의 선언을 구하는 의미에서의 취소를 구하는 행정소송의 대상이 될 수 있다.
④ ☞ 계쟁처분이 위법하지 않고 단순 부당한 경우라면 사정판결을 할 것이 아니라 일반적인 기각판결을 하여야 한다.
⑤ ☞ 과징금부과처분은 재량행위이다. 처분의 일부에 위법사유가 존재하는 경우라도 재량행위의 경우에는 전부취소판결만이 가능하다.
[대법원 1998.4.10., 98두2270] 자동차운수사업면허조건 등을 위반한 사업자에 대하여 행정청이 행정제재수단으로 사업 정지를 명할 것인지, 과징금을 부과할 것인지, 과징금을 부과키로 한다면 그 금액은 얼마로 할 것인지에 관하여 재량권이 부여되었다 할 것이므로 과징금부과처분이 법이 정한 한도액을 초과하여 위법할 경우 법원으로서는 그 전부를 취소할 수밖에 없고, 그 한도액을 초과한 부분이나 법원이 적정하다고 인정되는 부분을 초과한 부분만을 취소할 수 없다(금 1,000,000원을 부과한 당해 처분 중 금 100,000원을 초과하는 부분은 재량권 일탈·남용으로 위법하다며 그 일부분만을 취소한 원심판결을 파기한 사례).

09 | 2021 |

일부취소판결에 관한 설명으로 옳지 않은 것은? (다툼이 있으면 판례에 따름)

① 개발부담금부과처분 취소소송에 있어 적법하게 부과될 정당한 부과금액을 산출할 수 있는 경우에는 그 정당한 금액을 초과하는 부분만 취소하여야 한다.
② 재량행위인 과징금부과처분이 법이 정한 한도액을 초과하여 위법할 경우 그 한도액을 초과한 부분만을 취소할 수 없다.
③ 수개의 위반행위에 대하여 하나의 과징금납부명령을 한 경우 일부의 위반행위만이 위법하더라도 그 일부의 위반행위를 기초로 한 과징금액을 산정할 수 없다면 과징금납부명령 전부를 취소할 수밖에 없다.
④ 하나의 행정처분이라 하더라도 가분성이 있다면 그 일부의 취소는 당해 취소부분에 관하여 효력이 생긴다.
⑤ 여러 처분사유에 관하여 하나의 제재처분을 하였을 때 그중 일부가 적법하지 않다면 나머지 처분사유만으로 정당성이 인정되더라도 그 처분을 취소해야 한다.

① [대법원 2004. 7. 22., 선고, 2002두868, 판결] 개발부담금부과처분 취소소송에 있어 당사자가 제출한 자료에 의하여 적법하게 부과될 정당한 부과금액이 산출할 수 없을 경우에는 부과처분 전부를 취소할 수밖에 없으나, 그렇지 않은 경우에는 그 정당한 금액을 초과하는 부분만 취소하여야 한다.

답 09 ⑤

② [대법원 1998.4.10, 98두2270] 자동차운수사업면허조건 등을 위반한 사업자에 대하여 행정청이 행정제재수단으로 사업 정지를 명할 것인지, 과징금을 부과할 것인지, 과징금을 부과키로 한다면 그 금액은 얼마로 할 것인지에 관하여 재량권이 부여되었다 할 것이므로 과징금부과처분이 법이 정한 한도액을 초과하여 위법할 경우 법원으로서는 그 전부를 취소할 수밖에 없고, 그 한도액을 초과한 부분이나 법원이 적정하다고 인정되는 부분을 초과한 부분만을 취소할 수 없다(금 1,000,000원을 부과한 당해 처분 중 금 100,000원을 초과하는 부분은 재량권 일탈·남용으로 위법하다며 그 일부분만을 취소한 원심판결을 파기한 사례).

③ [대법원 2007.10.26. 2005두3172] 처분을 할 것인지 여부와 처분의 정도에 관하여 재량이 인정되는 과징금 납부명령에 대하여 그 명령이 재량권을 일탈하였을 경우 법원으로서는 재량권의 일탈 여부만 판단할 수 있을 뿐이지 재량권의 범위 내에서 어느 정도가 적정한 것인지에 관하여 판단할 수 없으므로 그 전부를 취소할 수밖에 없고, 법원이 적정하다고 인정되는 부분을 초과한 부분만 취소할 수는 없는 것이며, 또한 수개의 위반행위에 대하여 하나의 과징금 납부명령을 하였으나 수개의 위반행위 중 일부의 위반행위만이 위법하지만, 소송상 그 일부의 위반행위를 기초로 한 과징금액을 산정할 수 있는 자료가 없는 경우에는 하나의 과징금 납부명령 전부를 취소할 수밖에 없다.

④ [대법원전합 1995.11.16, 95누8850] 외형상 하나의 행정처분이라 하더라도 가분성이 있거나 그 처분대상의 일부가 특정될 수 있다면 그 일부만의 취소도 가능하고 그 일부의 취소는 당해 취소부분에 관하여 효력이 생긴다고 할 것인바, 이는 한 사람이 여러 종류의 자동차 운전면허를 취득한 경우 그 각 운전면허를 취소하거나 그 운전면허의 효력을 정지함에 있어서도 마찬가지이다

⑤ [대법원 2017. 6. 15., 선고, 2015두2826, 판결] 여러 처분사유에 관하여 하나의 제재처분을 하였을 때 그 중 일부가 적법하지 않다고 하더라도 나머지 처분사유들만으로도 그 처분의 정당성이 인정되는 경우에는 그 처분을 위법하다고 보아 취소하여서는 아니 된다.

10 | 2022 |

행정소송법상 '처분을 취소 또는 변경하는 소송'의 판결에 관한 설명으로 옳은 것은? (다툼이 있으면 판례에 따름)

① 처분이 위법하지는 않더라도 부당하다고 인정할 때에는 일부 취소의 판결을 할 수 있다.
② 법원은 행정처분 당시 행정청이 알고 있었던 자료만을 종합하여 처분 당시 존재하였던 객관적 사실을 확정하고 그 사실에 기초하여 판단하여야 한다.
③ 하나의 제재처분의 사유가 된 여러 개의 위반행위 중 일부의 위반행위에 대한 제재처분 부분만이 위법하더라도 법원은 제재처분의 가분성에 관계없이 그 전부를 취소하여야 한다.
④ 여러 개의 상이에 대한 국가유공자 요건 비해당결정처분에서 그중 일부 상이에 대해서만 국가유공자 요건이 인정될 경우 법원은 비해당결정처분 전부를 취소하여야 한다.
⑤ 과세처분취소소송에서 적법하게 부과될 정당한 세액이 산출되는 때에는 그 정당한 세액을 초과하는 부분만 취소하여야 할 것이고 전부를 취소할 것이 아니다.

① ☞ 취소소송에서 법원의 심사는 위법성 심사만 가능할 뿐 부당성 심사는 허용되지 않으므로 처분의 부당을 이유로 취소의 판결을 할 수 없다.

답 10 ⑤

② [대법원 2010.1.14, 2009두11843] 항고소송에서 행정처분의 위법 여부는 행정처분이 있을 때의 법령과 사실상태를 기준으로 판단하여야 하며, 법원은 행정처분 당시 행정청이 알고 있었던 자료뿐만 아니라 사실심 변론종결 당시까지 제출된 모든 자료를 종합하여 처분 당시 존재하였던 객관적 사실을 확정하고 그 사실에 기초하여 처분의 위법 여부를 판단할 수 있다.

③ ☞ 제재처분에 가분성이 인정된다면 일부취소가 가능하다.
[대법원 2020. 5. 14. 선고 2019두63515 판결] 행정청이 여러 개의 위반행위에 대하여 하나의 제재처분을 하였으나, 위반행위별로 제재처분의 내용을 구분하는 것이 가능하고 여러 개의 위반행위 중 일부의 위반행위에 대한 제재처분 부분만이 위법하다면, 법원은 제재처분 중 위법성이 인정되는 부분만 취소하여야 하고 제재처분 전부를 취소하여서는 아니 된다.

④ [대법원 2012. 3. 29. 선고 2011두9263 판결] 여러 개의 상이를 주장하면서 국가유공자등록신청을 한 신청인의 의사는 단지 국가유공자로 등록되는 데 그치는 것이 아니라 교육훈련 또는 직무수행 중 입은 각각의 상이의 정도와 그 상이등급에 상응하는 국가유공자로 등록해 줄 것을 구하는 것이라고 봄이 타당한 점, 외형상 하나의 행정처분이라 하더라도 가분성이 있거나 그 처분대상의 일부가 특정될 수 있다면 그 일부만의 취소도 가능하고 그 일부의 취소는 당해 취소부분에 관하여 효력이 생긴다고 할 것인 점 등을 종합하면, 여러 개의 상이에 대한 국가유공자요건비해당처분에 대한 취소소송에서 그 중 일부 상이가 국가유공자요건이 인정되는 상이에 해당하더라도 나머지 상이에 대하여 위 요건이 인정되지 아니하는 경우에는 국가유공자요건비해당처분 중 위 요건이 인정되는 상이에 대한 부분만을 취소하여야 할 것이고, 그 비해당처분 전부를 취소할 수는 없다고 할 것이다.

⑤ [대법원 1992. 7. 24. 선고 92누4840 판결] 과세처분취소소송에 있어 처분의 적법 여부는 정당한 세액을 초과하느냐의 여부에 따라 판단되는 것으로서, 당사자는 사실심 변론종결시까지 객관적인 조세채무액을 뒷받침하는 주장과 자료를 제출할 수 있고, 이러한 자료에 의하여 적법하게 부과될 정당한 세액이 산출되는 때에는 그 정당한 세액을 초과하는 부분만 취소하여야 할 것이고 전부를 취소할 것이 아니지만, 상속재산 일부에 대하여도 적법한 가액평가의 자료가 없어서 정당한 상속세액을 산출할수 없는 경우에는 과세처분 전부를 취소할 수밖에 없다.

11 | 2024 |

판례상 일부취소판결을 할 수 있는 경우를 모두 고른 것은?

> ㄱ. 6월의 영업정지처분을 재량권의 일탈·남용을 이유로 취소하는 경우
> ㄴ. 명의신탁자에 대한 과징금부과처분을 재량권의 일탈·남용을 이유로 취소하는 경우
> ㄷ. 외형상 하나의 행정처분이지만 각 세대별로 가분될 수 있는 여러 세대의 임대주택분양전환승인에 대해 일부 세대가 그 승인의 취소를 구하는 경우
> ㄹ. 비공개대상 정보에 해당하는 부분과 그와 분리될 수 있는 공개가 가능한 부분이 혼합되어 있는 정보의 공개 거부처분을 취소하는 경우

① ㄱ
② ㄱ, ㄴ
③ ㄷ, ㄹ
④ ㄴ, ㄷ, ㄹ
⑤ ㄱ, ㄴ, ㄷ, ㄹ

답 11 ③

ㄱ. ☞ 영업정지처분은 재량행위이다. 행정청의 처분이 기속행위(예컨대 과세처분)인 경우에는 일부취소판결이 가능하나, 재량행위인 경우에는 일부취소판결을 할 수 없고 전부취소판결을 하여야 한다.
[대판 1982.9.28., 82누2] 행정청이 영업정지처분을 함에 있어서 그 정지기간을 어느 정도로 할 것인지는 행정청의 재량권에 속하는 사항인 것이며, 다만 그것이 공익의 원칙이나 평등의 원칙 또는 비례의 원칙등에 위반하여 재량권의 한계를 벗어난 재량권 남용에 해당하는 경우에만 위법한 처분으로서 사법심사의 대상이 되는 것이나, 법원으로서는 영업정지처분이 재량권 남용이라고 판단될 때에는 위법한 처분으로서 그 처분의 취소를 명할 수 있을 뿐이고, 재량권의 한계내에서 어느 정도가 적정한 영업정지 기간인지를 가리는 일은 사법심사의 범위를 벗어난다.

ㄴ. ☞ 명의신탁자에 대한 (ⅰ) 과징금부과처분 자체는 기속행위이지만, (ⅱ) 과징금 감면여부는 재량행위이다. 따라서 과징금을 감면하지 않은 것이 재량권의 일탈·남용에 해당하는 경우에 법원은 전부취소판결을 해야 한다.
[대법원 2010. 7. 15. 선고 2010두703] 명의신탁이 조세를 포탈하거나 법령에 의한 제한을 회피할 목적이 아니어서 '부동산 실권리자명의 등기에 관한 법률 시행령' 제3조의2 단서의 과징금 감경사유가 있는 경우 과징금 감경 여부는 과징금 부과 관청의 재량에 속하는 것이므로, 과징금 부과 관청이 이를 판단하면서 재량권을 일탈·남용하여 과징금 부과처분이 위법하다고 인정될 경우, 법원으로서는 과징금 부과처분 전부를 취소할 수밖에 없고, 법원이 적정하다고 인정되는 부분을 초과한 부분만 취소할 수는 없다.

ㄷ. ☞ 분리가능성 있는 처분에 대해서는 일부취소판결을 할 수 있다.
[대법원 2020. 7. 23. 선고 2015두48129] 구 임대주택법의 임대사업자가 여러 세대의 임대주택에 대해 분양전환승인신청을 하여 외형상 하나의 행정처분으로 그 승인을 받았다고 하더라도 이는 승인된 개개 세대에 대한 처분으로 구성되고 각 세대별로 가분될 수 있으므로 임대주택에 대한 분양전환승인처분 중 일부 세대에 대한 부분만 취소하는 것이 가능하다(대법원 2015. 3. 26. 선고 2012두20304 판결 참조). 따라서 우선 분양전환 대상자인 임차인들이 분양전환승인처분의 취소를 구하는 경우, 특별한 사정이 없는 한 그 취소를 구하는 임차인이 분양전환 받을 세대가 아닌 다른 세대에 대한 부분까지 취소를 구할 법률상 이익(원고적격)은 인정되지 않는다.

ㄹ. ☞ 분리가능성 있는 처분에 대해서는 일부취소판결을 할 수 있다.
[대법원 2009. 12. 10. 선고 2009두12785] 법원이 행정기관의 정보공개거부처분의 위법 여부를 심리한 결과 공개를 거부한 정보에 비공개사유에 해당하는 부분과 그렇지 않은 부분이 혼합되어 있고, 공개청구의 취지에 어긋나지 않는 범위 안에서 두 부분을 분리할 수 있음을 인정할 수 있을 때에는 공개가 가능한 정보에 국한하여 일부취소를 명할 수 있다. 이러한 정보의 부분 공개가 허용되는 경우란 그 정보의 공개방법 및 절차에 비추어 당해 정보에서 비공개대상정보에 관련된 기술 등을 제외 혹은 삭제하고 나머지 정보만을 공개하는 것이 가능하고 나머지 부분의 정보만으로도 공개의 가치가 있는 경우를 의미한다.

12 | 2024 |

취소소송에 관한 설명으로 옳지 않은 것은? (다툼이 있으면 판례에 따름)

① 취소소송이란 위법한 처분등을 취소 또는 변경하는 소송이며, 여기서 '변경'이란 적극적 의미의 변경을 의미한다.
② 인허가가 의제된 처분의 경우 주된 인허가처분 외에 의제된 인허가처분만의 취소를 구할 수 있다.
③ 과세표준과 세액을 증액하는 증액경정처분의 경우 증액경정처분이 취소소송의 대상이 된다.
④ 「행정대집행법」상 제2차의 계고처분은 대집행기한의 연기통지에 불과하므로 행정처분이 아니다.
⑤ 지방법무사회는 취소소송의 피고가 될 수 있다.

••••••••••••••••••••••

① ☞ 행정소송법상 변경은 소극적 변경(일부취소)을 말한다. 처분의 적극적 변경은 권력분립원칙에 위반되어 허용되지 않는다.
② ☞ 농지전용허가가 의제되는 건축허가에 있어서, 인근주민에게 건축허가(주된 인허가)에 따른 피해는 없으나 농지전용허가로 피해가 발생하는 경우라면, 인근주민소송으로서 농지전용허가취소소송을 제기할 수 있다.
[대법원 2018. 11. 29. 선고 2016두38792] 구 주택법(2016. 1. 19. 법률 제13805호로 전부 개정되기 전의 것) 제17조 제1항에 따르면, 주택건설사업계획 승인권자가 관계 행정청의 장과 미리 협의한 사항에 한하여 승인처분을 할 때에 인허가 등이 의제될 뿐이고, 각호에 열거된 모든 인허가 등에 관하여 일괄하여 사전협의를 거칠 것을 주택건설사업계획 승인처분의 요건으로 규정하고 있지 않다. 따라서 인허가 의제 대상이 되는 처분에 어떤 하자가 있더라도, 그로써 해당 인허가 의제의 효과가 발생하지 않을 여지가 있게 될 뿐이고, 그러한 사정이 주택건설사업계획 승인처분 자체의 위법사유가 될 수는 없다. 또한 의제된 인허가는 통상적인 인허가와 동일한 효력을 가지므로, 적어도 '부분 인허가 의제'가 허용되는 경우에는 그 효력을 제거하기 위한 법적 수단으로 의제된 인허가의 취소나 철회가 허용될 수 있고, 이러한 직권 취소·철회가 가능한 이상 그 의제된 인허가에 대한 쟁송취소 역시 허용된다. 따라서 주택건설사업계획 승인처분에 따라 의제된 인허가가 위법함을 다투고자 하는 이해관계인은, 주택건설사업계획 승인처분의 취소를 구할 것이 아니라 의제된 인허가의 취소를 구하여야 하며, 의제된 인허가는 주택건설사업계획 승인처분과 별도로 항고소송의 대상이 되는 처분에 해당한다.
③ ☞ 이 경우 원처분은 증액경정처분에 흡수되어 증액경정처분만이 존재하기 때문이다.
[대판 2011.4.14, 2008두22280] 구 국세기본법(2010.1.1. 법률 제9911호로 개정되기 전의 것, 이하 같다) 제22조의2 제1항은 "세법의 규정에 의하여 당초 확정된 세액을 증가시키는 경정은 당초 확정된 세액에 관한 이 법 또는 세법에서 규정하는 권리·의무관계에 영향을 미치지 아니한다."고 규정하고 있다. 위 규정의 문언 내용 및 그 주된 입법 취지가 증액경정처분이 있더라도 불복기간의 경과 등으로 확정된 당초 신고나 결정에서의 세액에 대한 불복은 제한하려는 데 있는 점을 종합하면, 증액경정처분이 있는 경우 당초 신고나 결정은 증액경정처분에 흡수됨으로써 독립한 존재가치를 잃게 되어 원칙적으로는 당초 신고나 결정에 대한 불복기간의 경과 여부 등에 관계없이 증액경정처분만이 항고소송의 심판대상이 되고, 납세자는 그 항고소송에서 당초 신고나 결정에 대한 위법사유도 함께 주장할 수 있으나, 확정된 당초 신고나 결정에서의 세액에 관하여는 취소를 구할 수 없고 증액경정처분에 의하여 증액된 세액을 한도로 취소를 구할 수 있다 할 것이다.
④ [대판 1994.10.28., 94누5144] 건물의 소유자에게 위법건축물을 일정기간까지 철거할 것을 명함과 아울러 불이행할 때에는 대집행한다는 내용의 철거대집행 계고처분을 고지한 후 이에 불응하자 다시 제2차, 제3차 계고서를 발송하여 일정기간까지의 자진철거를 촉구하고 불이행하면 대집행을 한다는 뜻을 고지하였다면 행정대집행법상의 건물철거의무는 제1차 철거명령 및 계고처분으로서 발생하였고 제2차, 제3차의 계고처분은 새로운 철거의무를 부과한 것이 아니고 다만 대집행기한의 연기통지에 불과하므로 행정처분이 아니다.

답 12 ①

⑤ ☞ 무효등확인소송의 피고는 처분등을 행한 행정청인데, 지방법무사회는 국가사무를 위임받아 수행하는 공법인으로서 공권력 행사의 주체이며 그 채용승인거부 등은 처분에 해당한다. 즉, 지방법무사회는 처분등을 행한 행정청으로서 무효등확인소송의 피고적격을 가진다.

[대법원 2020. 4. 9. 선고 2015다34444 판결] 법무사의 사무원 채용승인 신청에 대하여 소속 지방법무사회가 '채용승인을 거부'하는 조치 또는 일단 채용승인을 하였으나 법무사규칙 제37조 제6항을 근거로 '채용승인을 취소'하는 조치는 공법인인 지방법무사회가 행하는 구체적 사실에 관한 법집행으로서 공권력의 행사 또는 그 거부에 해당하므로 항고소송의 대상인 '처분'이라고 보아야 한다. … 중략 … 지방법무사회의 법무사 사무원 채용승인은 단순히 지방법무사회와 소속 법무사 사이의 내부 법률문제라거나 지방법무사회의 고유사무라고 볼 수 없고, 법무사 감독이라는 국가사무를 위임받아 수행하는 것이라고 보아야 한다. 따라서 지방법무사회는 법무사 감독 사무를 수행하기 위하여 법률에 의하여 설립과 법무사의 회원 가입이 강제된 공법인으로서 법무사 사무원 채용승인에 관한 한 공권력 행사의 주체라고 보아야 한다.

13 | 2023 |

판례상 일부취소가 가능한 경우를 모두 고른 것은?

> ㄱ. 조세부과처분과 같은 금전부과처분이 기속행위인 경우로서 당사자가 제출한 자료에 의해 정당한 부과금액을 산정할 수 있는 경우
> ㄴ. 재량행위인 자동차운수사업면허조건 등을 위반한 사업자에 대한 과징금부과처분이 법정 최고한도액을 초과하여 위법한 경우
> ㄷ. 개발부담금부과처분 취소소송에서 제출한 자료에 의하여 적법하게 부과될 부과금액이 산출될 수 없는 경우
> ㄹ. 제1종 보통, 대형 및 특수면허를 가지고 있는 자가 레이카크레인을 음주운전한 행위에 대해서 위 3종의 면허를 모두 취소한 경우

① ㄷ ② ㄱ, ㄹ ③ ㄴ, ㄷ
④ ㄱ, ㄴ, ㄹ ⑤ ㄱ, ㄴ, ㄷ, ㄹ

ㄱ. ☞ 기속행위이고 정당한 부과금액을 산정할 수 있는 경우에는 일부취소한다.
[대법원 2004.7.22. 선고, 2002두868. 판결] 개발부담금부과처분 취소소송에 있어 당사자가 제출한 자료에 의하여 적법하게 부과될 정당한 부과금액이 산출할 수 없을 경우에는 부과처분 전부를 취소할 수밖에 없으나, 그렇지 않은 경우에는 그 정당한 금액을 초과하는 부분만 취소하여야 한다.

ㄴ. ☞ 재량행위의 경우에는 일부취소판결이 허용되지 않는다.
[대법원 1998.4.10. 선고, 98두2270. 판결] 자동차운수사업면허조건 등을 위반한 사업자에 대하여 행정청이 행정제재수단으로 사업 정지를 명할 것인지, 과징금을 부과할 것인지, 과징금을 부과키로 한다면 그 금액은 얼마로 할 것인지에 관하여 재량권이 부여되었다 할 것이므로 과징금부과처분이 법이 정한 한도액을 초과하여 위법할 경우 법원으로서는 그 전부를 취소할 수밖에 없고, 그 한도액을 초과한 부분이나 법원이 적정하다고 인정되는 부분을 초과한 부분만을 취소할 수 없다(금 1,000,000원을 부과한 당해 처분 중 금 100,000원을 초과하는 부분은 재량권 일탈·남용으로 위법하다며 그 일부분만을 취소한 원심판결을 파기한 사례).

답 13 ②

ㄷ. ☞ 정당한 부과금액을 산정할 수 없는 경우에는 일부취소할 수 없다.
[대법원 2004.7.22. 선고, 2002두868. 판결] 개발부담금부과처분 취소소송에 있어 당사자가 제출한 자료에 의하여 적법하게 부과될 정당한 부과금액이 산출할 수 없을 경우에는 부과처분 전부를 취소할 수밖에 없으나, 그렇지 않은 경우에는 그 정당한 금액을 초과하는 부분만 취소하여야 한다.

ㄹ. ☞ 제1종 보통, 대형 면허취소처분을 일부취소할 것이다.
[대법원 1995. 11. 16., 선고, 95누8850, 전원합의체 판결] 제1종 보통, 대형 및 특수 면허를 가지고 있는 자가 레이카크레인을 음주운전한 행위는 제1종 특수면허의 취소사유에 해당할 뿐 제1종 보통 및 대형 면허의 취소사유는 아니므로, 3종의 면허를 모두 취소한 처분 중 제1종 보통 및 대형 면허에 대한 부분은 이를 이유로 취소하면 될 것이나, 제1종 특수면허에 대한 부분은 원고가 재량권의 일탈·남용하여 위법하다는 주장을 하고 있음에도, 원심이 그 점에 대하여 심리·판단하지 아니한 채 처분 전체를 취소한 조치는 위법하다고 하여 원심판결 중 제1종 특수면허에 대한 부분을 파기환송한 사례.

14 | 2025 |

행정소송의 판결에 관한 설명으로 옳지 <u>않은</u> 것은? (다툼이 있으면 판례에 따름)

① 청구의 전부 또는 일부를 인용하는 판결은 본안판결이다.
② 항고소송의 판결서는 「민사소송법」이 아닌 「행정소송법」에 규정된 특수한 기재방법을 준수해야 한다.
③ 판결은 재판장이 판결원본에 따라 주문을 읽어 선고하며, 필요한 때에는 이유를 간략히 설명할 수 있다.
④ 판결은 당사자가 출석하지 아니하여도 선고할 수 있다.
⑤ 판결주문은 그 내용이 특정되어 있고 그 주문 자체에서 특정할 수 있어야 한다.

• •

① ☞ 본안판결에는 기각판결과 인용판결이 있다. 본안심리의 결과 원고의 청구가 이유 없다고 하여 그 청구를 배척하는 내용의 판결은 기각판결이고, 원고의 청구 이유 있다고 인정되어 받아들이는 판결은 인용판결이다. 인용판결에는 전부를 인용하는 것과 이유 있는 일부를 인용하는 판결이 있다.

② ☞ 행정소송법에는 판결서의 기재방법에 관한 규정이 없으므로, 민사소송법상 판결서의 기재사항 등을 준수해야 한다.

> 제8조(법적용례) ② 행정소송에 관하여 이 법에 특별한 규정이 없는 사항에 대하여는 법원조직법과 민사소송법 및 민사집행법의 규정을 준용한다.

> **민사소송법**
> 제208조(판결서의 기재사항 등) ① 판결서에는 다음 각호의 사항을 적고, 판결한 법관이 서명날인하여야 한다.
>   1. 당사자와 법정대리인
>   2. 주문
>   3. 청구의 취지 및 상소의 취지
>   4. 이유
>   5. 변론을 종결한 날짜. 다만, 변론 없이 판결하는 경우에는 판결을 선고하는 날짜
>   6. 법원

답 14 ②

③ ☞ 행정소송법 제8조 제2항에서 민사소송법 제206조를 준용한다.

> **제8조(법적용례)** ② 행정소송에 관하여 이 법에 특별한 규정이 없는 사항에 대하여는 법원조직법과 민사소송법 및 민사집행법의 규정을 준용한다.

> **민사소송법**
> **제206조(선고의 방식)** 판결은 재판장이 판결원본에 따라 주문을 읽어 선고하며, 필요한 때에는 이유를 간략히 설명할 수 있다.

④ ☞ 행정소송법 제8조 제2항에서 민사소송법 제207조 제2항을 준용한다.

> **제8조(법적용례)** ② 행정소송에 관하여 이 법에 특별한 규정이 없는 사항에 대하여는 법원조직법과 민사소송법 및 민사집행법의 규정을 준용한다.

> **민사소송법**
> **제207조(선고기일)** ① 판결은 변론이 종결된 날부터 2주 이내에 선고하여야 하며, 복잡한 사건이나 그 밖의 특별한 사정이 있는 때에도 변론이 종결된 날부터 4주를 넘겨서는 아니 된다.
> ② 판결은 당사자가 출석하지 아니하여도 선고할 수 있다.

⑤ ☞ 판결의 주문(主文)은 법원의 판단에 대한 결론부분이다. 주문의 자족성(自足性)내지 완결성에 따라 주문 자체에 의해서 내용이 특정되어야 한다.

| 사정판결 |

15 | 2016 |

사정판결에 관한 설명으로 옳은 것은? (다툼이 있으면 판례에 따름)

① 무효등확인소송에서도 사정판결을 할 수 있다.
② 당사자의 명백한 주장이 없으면 법원이 직권으로 판단할 수 없다.
③ 공공복리를 위한 사정판결의 필요성은 처분시를 기준으로 판단한다.
④ 사정판결을 하는 법원은 그 판결의 주문에 그 처분의 위법함을 명시할 필요는 없다.
⑤ 사정판결을 하는 법원은 미리 원고가 그로 인하여 입게 될 손해의 정도와 배상방법 그 밖의 사정을 조사하여야 한다.

① [대법원 1987.3.10., 84누158판결] 계쟁중인 행정처분이 무효인 경우에는 존치시킬 효력이 있는 행정행위가 없기 때문에 구 행정소송법 제12조 소정의 사정판결을 할 수 없다.
② [대법원 1992.2.14, 90누9032] 행정소송법 제26조, 제28조 제1항 전단의 각 규정에 비추어 행정소송에 있어서 법원이 사정판결을 할 필요가 있다고 인정하는 때에는 당사자의 명백한 주장이 없는 경우에도 일건기록에 나타난 사실을 기초로 하여 직권으로 사정판결을 할 수 있다.

답 15 ⑤

③ ☞ (ⅰ) 사정판결의 대상이 되는 처분의 위법여부는 처분시를 기준으로 판단하여야 하지만, (ⅱ) 사정판결의 필요성인 공공복리는 처분 후의 사정이 고려되어야 하므로 사실심변론종결시를 기준으로 판단한다.
④ ☞ 사정판결을 하는 경우 법원은 판결의 주문에서 그 처분 등이 위법함을 명시하여야 한다(동법 제28조 제1항 후단). 판결주문에 위법을 명시하게 되면 그 위법성에 대해서 기판력이 발생한다.
⑤ ☞ 법원은 원고의 손해배상청구 등이 용이하도록 사정판결을 함에 있어서 미리 원고가 입게 될 손해의 정도와 배상방법 그 밖의 사정을 조사하여야 한다(동법 제28조 제2항).

16 | 2017 |

〈보기〉와 같은 판결 주문에 관한 설명으로 옳지 <u>않은</u> 것은?

┤ 보 기 ├

주 문

1. 원고의 청구를 기각한다.
2. 다만, 피고가 2017. 2. 1. 원고에 대하여 한 ○○처분은 위법하다.
3. 소송비용은 피고의 부담으로 한다.

① 취소소송의 경우에는 허용되나 무효확인소송의 경우에는 허용되지 않는다.
② 법원은 〈보기〉와 같은 판결을 함에 있어서 사실심변론종결시를 기준으로 하여 공익성 판단을 하여야 한다.
③ 원고가 손해배상청구를 병합하지 않은 경우에 법원이 〈보기〉와 같은 판결을 함에 있어 그로 인하여 원고가 입게 될 손해의 정도와 배상방법 그 밖의 사정을 미리 조사하여야 하는 것은 아니다.
④ 당사자의 명백한 주장이 없는 경우에도 법원은 기록에 나타난 여러 사정을 기초로 하여 직권으로 〈보기〉와 같은 판결을 할 수 있다.
⑤ 원고가 적당한 구제방법의 청구를 간과하였음이 분명하다면, 법원은 적절하게 석명권을 행사하여 그에 관한 의견을 진술할 수 있는 기회를 주어야 한다.

• •
① [대법원 1987. 3. 10. 선고 84누158 판결] 계쟁중인 행정처분이 무효인 경우에는 존치시킬 효력이 있는 행정행위가 없기 때문에 구 행정소송법 제12조 소정의 사정판결을 할 수 없다.
② ☞ (ⅰ) 사정판결의 대상이 되는 처분의 위법 여부는 처분시를 기준으로 판단하여야 하지만, (ⅱ) 사정판결의 필요성인 공공복리(공익성)는 처분 후의 사정이 고려되어야 하므로 사실심변론종결시를 기준으로 판단한다.

행정소송규칙
제14조(사정판결) 법원이 법 제28조제1항에 따른 판결을 할 때 그 <u>처분등을 취소하는 것이 현저히 공공복리에 적합하지 아니한지 여부는 사실심 변론을 종결할 때를 기준으로 판단</u>한다.

③ ☞ 원고가 입게 될 손해 등을 반드시 조사하여야 한다(제28조 제2항).

제28조(사정판결) ① 원고의 청구가 이유있다고 인정하는 경우에도 처분등을 취소하는 것이 현저히 공공복리에 적합하지 아니하다고 인정하는 때에는 법원은 원고의 청구를 기각할 수 있다. 이 경우 법원은 그 판결의 주문에서 그 처분등이 위법함을 명시하여야 한다.

답 16 ③

② 법원이 제1항의 규정에 의한 판결을 함에 있어서는 미리 원고가 그로 인하여 입게 될 손해의 정도와 배상방법 그 밖의 사정을 조사하여야 한다.

④ [대법원 1995. 7. 28. 선고 95누4629 판결] 행정소송법 제26조, 제28조 제1항 전단의 각 규정에 비추어 보면, 법원은 행정소송에 있어서 행정처분이 위법하여 운전자의 청구가 이유 있다고 인정하는 경우에도 그 처분 등을 취소하는 것이 현저히 공공복리에 적합하지 아니하다고 인정하는 때에는 원고의 청구를 기각하는 사정판결을 할 수 있고, 이러한 사정판결을 할 필요가 있다고 인정하는 때에는 당사자의 명백한 주장이 없는 경우에도 일건 기록에 나타난 사실을 기초로 하여 직권으로 사정판결을 할 수 있다.

⑤ [대법원 2016. 7. 14. 선고 2015두4167 판결] 나아가 사정판결은 처분이 위법하나 공익상 필요 등을 고려하여 취소하지 아니하는 것일 뿐 처분이 적법하다고 인정하는 것은 아니므로, 사정판결의 요건을 갖추었다고 판단되는 경우 법원으로서는 행정소송법 제28조 제2항에 따라 원고가 입게 될 손해의 정도와 배상방법, 그 밖의 사정에 관하여 심리하여야 하고, 이 경우 원고는 행정소송법 제28조 제3항에 따라 손해배상, 제해시설의 설치 그 밖에 적당한 구제방법의 청구를 병합하여 제기할 수 있으므로, 당사자가 이를 간과하였음이 분명하다면 적절하게 석명권을 행사하여 그에 관한 의견을 진술할 수 있는 기회를 주어야 한다.

17 | 2018 |

사정판결에 관한 설명으로 옳은 것은? (다툼이 있으면 판례에 따름)

① 처분이 적법한 경우에도 할 수 있다.
② 사정판결은 공익을 위해 널리 활용되어져야 한다.
③ 처분의 위법판단의 기준시는 변론종결시이다.
④ 법원은 직권으로 사정판결할 수 있다.
⑤ 법원은 원고가 입게 될 손해의 정도와 그 배상방법을 판결 이후에 조사·보고하도록 해야 한다.

----

① ☞ 사정판결은 처분이 위법하다고 인정하는 경우에 처분 등을 취소하는 것이 현저히 공공복리에 적합하지 아니하다고 인정하여 원고의 청구를 기각하는 판결이다.
② ☞ 사정판결은 공공복리를 위해 예외적으로 인정되는 제도이므로 그 적용은 엄격한 요건 아래 제한적으로 이루어져야 한다.
③ ☞ (ⅰ) 사정판결의 대상이 되는 처분의 위법여부는 처분시를 기준으로 판단하여야 하지만, (ⅱ) 사정판결의 필요성인 공공복리는 처분 후의 사정이 고려되어야 하므로 사실심변론종결시를 기준으로 판단한다.
④ [대법원 1995.7.28, 95누4629] 행정소송법 제26조, 제28조 제1항 전단의 각 규정에 비추어 보면, 법원은 행정소송에 있어서 행정처분이 위법하여 운전자의 청구가 이유 있다고 인정하는 경우에도 그 처분 등을 취소하는 것이 현저히 공공복리에 적합하지 아니하다고 인정하는 때에는 원고의 청구를 기각하는 사정판결을 할 수 있고, 이러한 사정판결을 할 필요가 있다고 인정하는 때에는 당사자의 명백한 주장이 없는 경우에도 일건 기록에 나타난 사실을 기초로 하여 직권으로 사정판결을 할 수 있다.
⑤ ☞ 판결 이후가 아니라 판결 이전에 "미리" 조사·보고하여야 한다(동법 제28조 제2항).

답 17 ④

18 | 2021 |

사정판결에 관한 설명으로 옳지 <u>않은</u> 것은? (다툼이 있으면 판례에 따름)

① 징계면직된 검사의 복직이 검찰조직의 안정과 인화를 저해할 우려가 있다는 사정은 현저히 공공복리에 반하는 사유라고 볼 수 없다.
② 법원은 판결의 주문에서 처분등이 위법함을 명시하여야 한다.
③ 법원은 원고에 대하여 상당한 구제방법을 취하거나 상당한 구제방법을 취할 것을 피고에게 명할 수 있다.
④ 사정판결에 관하여는 당사자의 명백한 주장이 없는 경우에도 기록에 나타난 여러 사정을 기초로 직권으로 판단할 수 있다.
⑤ 당연무효의 행정처분을 소송목적물로 하는 행정소송에서는 사정판결을 할 수 없다.

---

① ☞ 억울하게 징계면직된 검사를 복직시키는 것이 오히려 검찰조직의 안정과 인화에 기여하게 된다. [대법원 2001.8.24. 2000두7704] 이른바 '심재륜 사건'에서의 징계면직된 검사의 복직이 검찰조직의 안정과 인화를 저해할 우려가 있다는 등의 사정은 검찰 내부에서 조정·극복하여야 할 문제일 뿐이고 준사법기관인 검사에 대한 위법한 면직처분의 취소 필요성을 부정할 만큼 현저히 공공복리에 반하는 사유라고 볼 수 없다는 이유로, 사정판결을 할 경우에 해당하지 않는다.
② ☞ 사정판결은 3개의 주문으로 구성된다. 주문 1항은 원고의 청구를 기각하는 내용이고, 주문 2항은 처분의 위법성을 명시하는 내용이고, 3항은 소송비용을 피고에게 부담케 하는 내용이다.
③ ☞ 법원이 피고에게 원고에 대한 구제를 명령하면 권력분립의 원칙에 반한다. 법원은 사정판결에 따라 원고가 입게 될 손해의 정도와 배상방법 등을 조사할 뿐이다(행정소송법 제28조 제2항). 반면 행정심판에서는 위원회가 피청구인인 행정청에게 상당한 구제방법을 취할 것을 명할 수 있다(행정심판법 제44조 제2항).

> **행정소송법**
> **제28조 (사정판결)** ① 원고의 청구가 이유있다고 인정하는 경우에도 처분등을 취소하는 것이 현저히 공공복리에 적합하지 아니하다고 인정하는 때에는 법원은 원고의 청구를 기각할 수 있다. 이 경우 법원은 그 판결의 주문에서 그 처분등이 위법함을 명시하여야 한다.
> ② 법원이 제1항의 규정에 의한 판결을 함에 있어서는 미리 원고가 그로 인하여 입게 될 손해의 정도와 배상방법 그 밖의 사정을 조사하여야 한다.

> **행정심판법**
> **제44조 (사정재결)** ① 위원회는 심판청구가 이유가 있다고 인정하는 경우에도 이를 인용(認容)하는 것이 공공복리에 크게 위배된다고 인정하면 그 심판청구를 기각하는 재결을 할 수 있다. 이 경우 위원회는 재결의 주문(主文)에서 그 처분 또는 부작위가 위법하거나 부당하다는 것을 구체적으로 밝혀야 한다.
> ② 위원회는 제1항에 따른 재결을 할 때에는 청구인에 대하여 상당한 구제방법을 취하거나 상당한 구제방법을 취할 것을 피청구인에게 명할 수 있다.
> ③ 제1항과 제2항은 무효등확인심판에는 적용하지 아니한다.

답 18 ③

④ [대법원 1995.7.28. 95누4629] 행정소송법 제26조, 제28조 제1항 전단의 각 규정에 비추어 보면, 법원은 행정소송에 있어서 행정처분이 위법하여 운전자의 청구가 이유 있다고 인정하는 경우에도 그 처분 등을 취소하는 것이 현저히 공공복리에 적합하지 아니하다고 인정하는 때에는 원고의 청구를 기각하는 사정판결을 할 수 있고, 이러한 사정판결을 할 필요가 있다고 인정하는 때에는 당사자의 명백한 주장이 없는 경우에도 일건 기록에 나타난 사실을 기초로 하여 직권으로 사정판결을 할 수 있다.
⑤ ☞ 무효등확인소송에는 사정판결이 준용되지 않는다(제38조 제1항). 이른바 "무심재기접사"

19 | 2022 |

행정소송법상 사정판결에 관한 설명으로 옳은 것을 모두 고른 것은? (다툼이 있으면 판례에 따름)

> ㄱ. 취소소송에서 행정심판의 재결을 취소하는 것이 현저히 공공복리에 적합하지 아니하다고 인정하는 때에는 법원은 원고의 청구를 기각할 수 있다.
> ㄴ. 사정판결에 관한 규정은 무효등 확인소송과 부작위법확인소송에는 준용되지 않는다.
> ㄷ. 사정판결에서 공공복리 적합 여부에 관한 판단은 처분시를 기준으로 한다.
> ㄹ. 당사자가 주장하지 아니한 사실에 대하여 법원이 직권으로 판단하여 사정판결을 할 수는 없다.

① ㄱ, ㄴ　　② ㄱ, ㄹ　　③ ㄴ, ㄷ
④ ㄱ, ㄷ, ㄹ　　⑤ ㄴ, ㄷ, ㄹ

㉠ ☞ 사정판결의 대상은 "처분 등"이다. 여기에서 "등"이란 행정심판의 재결을 말한다.

> **제28조(사정판결)** ① 원고의 청구가 이유있다고 인정하는 경우에도 처분등을 취소하는 것이 현저히 공공복리에 적합하지 아니하다고 인정하는 때에는 법원은 원고의 청구를 기각할 수 있다. 이 경우 법원은 그 판결의 주문에서 그 처분등이 위법함을 명시하여야 한다.
> **제2조(정의)** ① 이 법에서 사용하는 용어의 정의는 다음과 같다.
> 1. "처분등"이라 함은 행정청이 행하는 구체적 사실에 관한 법집행으로서의 공권력의 행사 또는 그 거부와 그 밖에 이에 준하는 행정작용(이하 "處分"이라 한다) 및 행정심판에 대한 재결을 말한다.

㉡ ☞ 사정판결은 취소소송에서만 인정된다(사정재결의 경우에는 취소심판과 의무이행심판에서 인정됨).
㉢ ☞ (i) 사정판결의 대상이 되는 처분의 위법여부는 처분시를 기준으로 판단하여야 하지만, (ii) 사정판결의 필요성인 공공복리는 처분 후의 사정이 고려되어야 하므로 사실심변론종결시를 기준으로 판단한다.
㉣ [대법원 1992.2.14. 90누9032] 행정소송법 제26조, 제28조 제1항 전단의 각 규정에 비추어 행정소송에 있어서 법원이 사정판결을 할 필요가 있다고 인정하는 때에는 당사자의 명백한 주장이 없는 경우에도 일건기록에 나타난 사실을 기초로 하여 직권으로 사정판결을 할 수 있다.

답 19 ①

20 | 2023 |

사정판결에 관한 설명으로 옳지 <u>않은</u> 것은? (다툼이 있으면 판례에 따름)

① 처분이 적법한 경우에는 사정판결의 대상이 되지 않는다.
② 사정판결을 하는 경우 법원은 그 판결의 주문에서 그 처분등이 위법함을 명시하여야 한다.
③ 사정판결의 적용은 극히 엄격한 요건 아래 제한적으로 하여야 한다.
④ 공공복리를 위한 사정판결의 필요성은 처분시를 기준으로 판단한다.
⑤ 피고인 행정청의 청구에 의해 사정판결이 행해질 수도 있다.

··········

① ☞ 사정판결은 처분이 부적법함에도 불구하고 공공복리를 이유로 청구를 기각하는 것이다. 적법한 경우에는 당연히 사정판결의 대상이 되지 않는다.

② **제28조(사정판결)** ① 원고의 청구가 이유있다고 인정하는 경우에도 처분등을 취소하는 것이 현저히 공공복리에 적합하지 아니하다고 인정하는 때에는 법원은 원고의 청구를 기각할 수 있다. <u>이 경우 법원은 그 판결의 주문에서 그 처분등이 위법함을 명시하여야 한다.</u>

③ [대법원 1995. 6. 13., 선고, 94누4660, 판결] 행정처분이 위법한 때에는 이를 취소함이 원칙이고 그 위법한 처분을 취소·변경함이 도리어 현저히 공공의 복리에 적합하지 않은 경우에 극히 예외적으로 위법한 행정처분의 취소를 허용하지 않는다는 사정판결을 할 수 있으므로 사정판결의 적용은 극히 엄격한 요건 아래 제한적으로 하여야 하고, 그 요건인 현저히 공공복리에 적합하지 아니한가의 여부를 판단함에 있어서는 위법·부당한 행정처분을 취소·변경하여야 할 필요와 그 취소·변경으로 인하여 발생할 수 있는 공공복리에 반하는 사태 등을 비교·교량하여 그 적용 여부를 판단하여야 한다.

④ ☞ 사정판결에서도 처분의 위법성 판단의 기준시는 처분시이지만, 사정판결의 필요성 판단은 사실심변론종결시를 기준으로 하여야 한다. 사정판결은 처분 당시에는 위법하였으나 사후의 변화된 사정을 고려하는 제도이기 때문이다.

⑤ ☞ 법원은 당사자의 주장이 없더라도 직권으로 사정판결을 할 수 있지만, 물론 피고인 행정청의 청구에 의해 행해질 수도 있다. 피고인 행정청이 자신의 처분이 위법함을 시인하면서 다만 공공복리를 이유로 사정판결을 요청하는 경우이다.

답 20 ④

21 | 2024 |

사정판결에 관한 설명으로 옳은 것은? (다툼이 있으면 판례에 따름)

① 법원은 신청이 있는 경우에만 사정판결을 할 수 있으며, 직권으로 할 수는 없다.
② 사정판결에서 '공공복리'의 판단 기준시는 처분시이다.
③ 법원은 사정판결의 이유에서 처분등이 위법함을 나타내었다면, 그 판결의 주문에서 처분등이 위법함을 명시할 필요는 없다.
④ 법원은 사정판결을 함에 있어서는 미리 원고가 그로 인하여 입게 될 손해의 정도와 배상방법 그 밖의 사정을 조사하여야 한다.
⑤ 원고는 손해배상이 필요하더라도 손해배상청구소송을 당해 취소소송이 계속된 법원에 병합하여 제기할 수 없다.

---

① ☞ 법원은 당사자의 주장이 없더라도 직권으로 사정판결을 할 수 있지만, 물론 피고인 행정청의 청구에 의해 할 수도 있다. 피고인 행정청이 자신의 처분이 위법함을 시인하면서 다만 공공복리를 이유로 사정판결을 요청하는 경우이다.

> **제28조(사정판결)** ① 원고의 청구가 이유있다고 인정하는 경우에도 처분등을 취소하는 것이 현저히 공공복리에 적합하지 아니하다고 인정하는 때에는 법원은 원고의 청구를 기각할 수 있다. 이 경우 법원은 그 판결의 주문에서 그 처분등이 위법함을 명시하여야 한다.

② ☞ 처분의 위법판단의 기준시는 처분시, 사정판결의 필요성(공공복리) 판단시는 사실심 변론종결시이다.

> **행정소송규칙**
> **제14조(사정판결)** 법원이 법 제28조제1항에 따른 판결을 할 때 그 처분등을 취소하는 것이 현저히 공공복리에 적합하지 아니한지 여부는 사실심 변론을 종결할 때를 기준으로 판단한다.

③ ☞ 사정판결은 3개의 주문으로 구성된다. 주문 1항은 원고의 청구를 기각하는 내용이고, 주문 2항은 처분의 위법성을 명시하는 내용이고, 3항은 소송비용을 피고에게 부담케 하는 내용이다.

④
> **제28조(사정판결)** ② 법원이 제1항의 규정에 의한 판결을 함에 있어서는 미리 원고가 그로 인하여 입게 될 손해의 정도와 배상방법 그 밖의 사정을 조사하여야 한다.

⑤ ☞ 이 경우 관련청구소송의 병합이 이루어진다.

> **제28조(사정판결)** ③ 원고는 피고인 행정청이 속하는 국가 또는 공공단체를 상대로 손해배상, 제해시설의 설치 그 밖에 적당한 구제방법의 청구를 당해 취소소송등이 계속된 법원에 병합하여 제기할 수 있다.

답 21 ④

22 | 2025 |

사정판결에 관한 설명으로 옳은 것은? (다툼이 있으면 판례에 따름)

① 사정판결은 중간판결에 해당한다.
② 사정판결에서 처분의 위법성 판단 기준시점은 처분시이다.
③ 사정판결은 공공복리의 증진과 행정의 적법성 확보를 위하여 필요하다면 널리 사용되어져야 한다.
④ 사정판결은 처분이 위법하지 않음이 확인되어도 가능하다.
⑤ 사정판결은 당사자의 신청이 있는 경우에만 할 수 있다.

••••••••••••••••••••••

① ☞ 종국판결이란 소송사건의 전부(전부판결) 또는 일부(일부판결)를 그 심급으로서 완결하는 판결을 말한다. 반면에 「중간판결」이란 소송의 심리중에 문제가 되었던 당사자간의 일정한 쟁점을 종국판결 전에 미리 해결하는 판결이다. 사정판결은 원고의 청구기각으로 해당 심급을 완결하는 판결이므로 종국판결에 해당한다.
② ☞ 사정판결에 있어서 처분의 위법성 판단시는 처분시이나, 사정판결의 필요성(공익성)은 사실심 변론종결시를 기준으로 판단하여야 한다.
③ ☞ 사정판결은 공공복리를 위해 예외적으로 인정되는 제도이므로 그 적용은 엄격한 요건 아래 제한적으로 이루어져야 한다.
[대법원 2001. 1. 19. 선고 99두9674 판결] 행정처분이 위법한 경우에는 이를 취소하는 것이 원칙이고, 예외적으로 그 위법한 처분을 취소·변경하는 것이 도리어 현저히 공공복리에 적합하지 아니하는 경우에는 그 취소를 허용하지 아니하는 사정판결을 할 수 있고, 이러한 사정판결에 관하여는 당사자의 명백한 주장이 없는 경우에도 기록에 나타난 여러 사정을 기초로 직권으로 판단할 수 있는 것이나, 그 요건인 현저히 공공복리에 적합하지 아니한지 여부는 위법한 행정처분을 취소·변경하여야 할 필요와 그 취소·변경으로 인하여 발생할 수 있는 공공복리에 반하는 사태 등을 비교·교량하여 판단하여야 한다.
④ ☞ 사정판결은 처분이 위법하다고 인정하는 경우에 처분 등을 취소하는 것이 현저히 공공복리에 적합하지 아니하다고 인정하여 원고의 청구를 기각하는 판결이다.

> 제28조(사정판결) ① 원고의 청구가 이유있다고 인정하는 경우에도 처분등을 취소하는 것이 현저히 공공복리에 적합하지 아니하다고 인정하는 때에는 법원은 원고의 청구를 기각할 수 있다. 이 경우 법원은 그 판결의 주문에서 그 처분등이 위법함을 명시하여야 한다.

⑤ ☞ 사정판결은 공공복리를 목적으로 하므로, 당사자(피고)의 신청이 없더라도 법원 직권으로 할 수 있다.
[대법원 1992.2.14., 90누9032] 행정소송법 제26조, 제28조 제1항 전단의 각 규정에 비추어 행정소송에 있어서 법원이 사정판결을 할 필요가 있다고 인정하는 때에는 당사자의 명백한 주장이 없는 경우에도 일건기록에 나타난 사실을 기초로 하여 직권으로 사정판결을 할 수 있다.

답 22 ②

제2관 확정판결의 효력

1. 불가변력(자박력)

판결이 일단 확정되면 선고법원 자신도 스스로 이를 취소·변경할 수 없는 기속을 받게 되는 것을 의미한다.

2. 불가쟁력(형식적 확정력)

일정한 불복기간이 경과하거나 쟁송수단을 다 거친 후에는 당사자가 더 이상 행정행위를 다툴 수 없게 되는 효력을 행정행위의 불가쟁력이라 한다.

3. 기판력(실질적 확정력)

가. 의의

기판력이란 확정판결의 판단에 부여되는 통용력을 말하며, ① 당사자에 대하여 동일 소송물에 대하여 반복된 제소를 불허하는 것(반복금지효)과 동시에, ② 후소법원에 대하여 동일한 사항에 관하여는 확정판결과 내용적으로 모순되는 판단을 하지 못하도록 금함(모순금지효)을 그 내용으로 한다.

나. 법적 근거

행정소송법은 기판력에 관한 명문의 규정을 두고 있지 않다. 다만 행정소송법 제8조 제2항에 따라 민사소송법의 기판력 규정이 준용된다.

> **제8조(법적용예)** ① 행정소송에 대하여는 다른 법률에 특별한 규정이 있는 경우를 제외하고는 이 법이 정하는 바에 의한다.
> ② 행정소송에 관하여 이 법에 특별한 규정이 없는 사항에 대하여는 법원조직법과 민사소송법 및 민사집행법의 규정을 준용한다.

> **민사소송법**
>
> **제216조(기판력의 객관적 범위)** ① 확정판결(確定判決)은 주문에 포함된 것에 한하여 기판력(旣判力)을 가진다.
> ② 상계를 주장한 청구가 성립되는지 아닌지의 판단은 상계하자고 대항한 액수에 한하여 기판력을 가진다.
>
> **제218조(기판력의 주관적 범위)** ① 확정판결은 당사자, 변론을 종결한 뒤의 승계인(변론 없이 한 판결의 경우에는 판결을 선고한 뒤의 승계인) 또는 그를 위하여 청구의 목적물을 소지한 사람에 대하여 효력이 미친다.
> ② 제1항의 경우에 당사자가 변론을 종결할 때(변론 없이 한 판결의 경우에는 판결을 선고할 때)까지 승계사실을 진술하지 아니한 때에는 변론을 종결한 뒤(변론 없이 한 판결의 경우에는 판결을 선고한 뒤)에 승계한 것으로 추정한다.
> ③ 다른 사람을 위하여 원고나 피고가 된 사람에 대한 확정판결은 그 다른 사람에 대하여도 효력이 미친다.
> ④ 가집행의 선고에는 제1항 내지 제3항의 규정을 준용한다.

다. 범위

(1) 주관적 범위

기판력은 당해 소송의 당사자(원고와 피고) 및 당사자와 동일시할 수 있는 승계인에게만 미치고, 제3자에게는 미치지 않는다. 한편 항고소송에서는 소송수행의 편의상 권리주체인 국가공공단체가 아닌 행정청을 피고로 하는 것에 불과하기 때문에 그 판결의 기판력은 피고인 처분청(행정청)이 속하는 국가나 공공단체(행정주체)에도 미친다.

> **관련판례**
>
> 과세처분취소소송에 있어서 취소판결의 기판력은 당해 처분이 귀속하는 국가 또는 공공단체에 미친다(대법원 1998.7.4, 98다10854).
> 과세처분 취소소송의 피고는 처분청이므로 행정청을 피고로 하는 취소소송에 있어서의 기판력은 당해 처분이 귀속하는 국가 또는 공공단체에 미친다.

(2) 객관적 범위

① 확정판결의 기판력은 그 판결의 주문에 포함된 것, 즉 소송물로 주장된 법률관계의 존부에 관한 판단의 결론 그 자체에만 미치고 판결이유에서 설시된 그 전제가 되는 법률관계의 존부에까지는 미치지 않는다.

> **관련판례**
>
> 기판력은 판결의 주문에 포함된 것에 한하여 인정되고, 판결이유에 적시된 처분의 위법사유에 대해서는 기판력이 미치지 않는다[대법원 1987.6.9., 86다카2756].
> 가. 확정판결의 기판력이라 함은 확정판결의 주문에 포함된 법률적 판단의 내용은 이후 그 소송당사자의 관계를 규율하는 새로운 기준이 되는 것이므로 동일한 사항이 소송상문제가 되었을 때 당사자는 이에 저촉되는 주장을 할 수 없고 법원도 이에 저촉되는 판단을 할 수 없는 기속력을 의미하는 것이고 이 경우 적극당사자(원고)가 되어 주장하는 경우는 물론이고 소극당사자(피고)로서 항변하는 경우에도 그 기판력에 저촉되는 주장은 할 수 없다.
> 나. 기판력의 객관적 범위는 그 판결의 주문에 포함된 것 즉 소송물로 주장된 법률관계의 존부에 관한 판단의 결론 그 자체에만 미치는 것이고 판결이유에 설시된 그 전제가 되는 법률관계의 존부에까지 미치는 것은 아니다.

② 취소소송의 소송물은 「처분의 위법성 일반」이다. 취소소송에서 기각판결이 확정되면 처분이 위법하지 않다는 것이 확정되므로 후에 무효확인소송에 있어서 법원은 취소소송의 기각판결의 기판력에 구속된다. 따라서 후소 법원은 무효확인판결을 내릴 수 없다.

> **관련판례**
>
> **과세처분취소소송에서 청구가 기각된 확정판결의 기판력은 과세처분무효확인소송에도 미친다[대법원 1996.6.25., 95누1880].**
> 과세처분이란 당해 과세요건의 충족으로 객관적, 추상적으로 이미 성립하고 있는 조세채권을 구체적으로 현실화하여 확정하는 절차이고, 과세처분의 취소소송은 위와 같은 과세처분의 실체적, 절차적 위법을 그 취소원인으로 하는 것으로서 그 심리의 대상은 과세관청의 과세처분에 의하여 인정된 조세채무인 과세표준 및 세액의 객관적 존부 즉 당해 과세처분의 적부가 심리의 대상이 되는 것이며, <u>과세처분취소 청구를 기각하는 판결이 확정되면 그 처분이 적법하다는 점에 관하여 기판력이 생기고 그 후 원고가 다시 이를 무효라 하여 그 무효확인을 소구할 수는 없는 것</u>이어서, 과세처분의 취소소송에서 청구가 기각된 확정판결의 기판력은 그 과세처분의 무효확인을 구하는 소송에도 미친다.

③ 기판력이 발생하는 판결은 본안판결(인용판결·기각판결)에 한하므로, 각하판결의 경우에는 기판력이 발생하지 않는다. 다만 각하판결의 사유가 된 당해 소송요건에는 기판력이 발생한다. 예컨대 인근주민소송에서 법원이 원고의 인근주민성을 부인했다면 원고는 후소를 제기하여 자신이 인근주민에 해당한다고 주장할 수 없다.

(3) 시간적 범위

기판력은 사실심의 변론종결시를 기준으로 하여 발생한다. 확정판결은 사실심 변론종결시까지 제출된 자료를 기초로 하여 이루어지는 것이기 때문이다. 따라서 흠결된 소송요건을 사실심 변론종결시 이후에 보완하여 다시 소를 제기하는 것은 기판력에 저촉되지 않는다.

> **관련판례**
>
> **확정판결의 기판력은 사실심 변론종결시까지 제출된 공격방어방법에 대하여 발생한다(대법원 1992.2.25, 91누6108)**
> 과세처분무효확인소송의 경우 소송물은 권리 또는 법률관계의 존부 확인을 구하는 것이며, 이는 청구취지만으로 소송물의 동일성이 특정된다고 할 것이고 따라서 당사자가 청구원인에서 무효사유로 내세운 개개의 주장은 공격방어방법에 불과하다고 볼 것이며, 한편 <u>확정된 종국판결은 그 기판력으로서 당사자가 사실심의 변론종결시를 기준으로 그때까지 제출하지 않은 공격방어방법은 그 뒤 다시 동일한 소송을 제기하여 이를 주장할 수 없다.</u>

라. 국가배상청구소송에서의 위법성과의 관계

(1) 문제의 소재

취소소송에 있어서의 처분의 위법성과 국가배상소송에서의 처분의 위법성을 동일하게 보는가(일원설), 그렇지 않으면 다르게 보는지(이원설)가 문제된다. 이는 취소소송이 제기되어 판결이 확정될 경우에 취소판결의 기판력이 국가배상청구소송에 미치는가와 관련된 문제이다.

(2) 견해의 대립
① 일원설 : 취소소송의 위법성 개념과 국가배상청구소송의 위법성 개념을 동일하게 본다. 따라서 취소판결의 기판력은 국가배상청구소송에 미친다.
② 이원설 : 취소소송의 위법성 개념과 국가배상청구소송의 위법성 개념은 서로 다른 것이므로 기판력이 인정되지 않는다고 본다.
③ 제한설 : 국가배상법상의 위법성은 취소소송상의 위법보다 넓다고 보아, 취소소송에서 청구인용판결이 내려진 경우에는 그 기판력이 후소인 국가배상청구소송에 미치나, 청구기각판결인 경우에는 후소인 국가배상청구소송에 기판력이 미치지 않는다고 본다.

4. 형성력

가. 의의

취소판결이 확정되면 당해 처분의 효력은 처분청의 별도의 행위가 없어도 처분시에 소급하여 소멸됨으로써 기존의 법률관계의 변동을 초래한다. 인용판결의 경우에 발생하는 이러한 형성력은 당해 심판청구의 당사자에게만 미치는 것이 아니라 제3자에게도 미치므로, 이를 「대세적 효력」이라 한다.

나. 내용

(1) 형성효

취소판결이 확정되면 처분청의 별도의 절차(행정처분의 취소나 취소통지 등)를 요하지 아니하고 당연히 취소의 효과가 발생한다. 따라서 취소판결 후에 이미 취소된 처분을 전제로 하는 후속처분은 당연무효이다.

> **관련판례**
>
> 1. 취소판결이 확정되면 별도의 절차를 요하지 아니하고 당연히 취소의 효과가 발생한다[대법원 1991.10.11. 90누5443].
> 행정처분을 취소한다는 확정판결이 있으면 그 취소판결의 형성력에 의하여 당해 행정처분의 취소나 취소통지 등의 별도의 절차를 요하지 아니하고 당연히 취소의 효과가 발생한다고 할 것이고 별도로 취소의 절차를 취할 필요는 없을 것이다.
>
> 2. 과세처분취소판결의 확정 후에 한 당초 과세처분의 경정처분은 무효이다[대법원 1989.5.9., 88다카16096].
> 과세처분을 취소하는 판결이 확정되면 그 과세처분은 처분시에 소급하여 소멸하므로 그 뒤에 과세관청에서 그 과세처분을 경정하는 경정처분을 하였다면 이는 존재하지 않는 과세처분을 경정한 것으로서 그 하자가 중대하고 명백한 당연무효의 처분이다.

(2) 소급효

취소판결의 형성력은 처분시에 소급한다. 즉 처분의 효력이 소급하여 소멸되어 처음부터 처분이 없었던 것과 같은 효과를 가져온다.

(3) 제3자에 대한 효력(대세효)

취소판결의 효력은 소송당사자가 아닌 제3자에 대해서도 미치는데 이를 취소판결의 제3자에 대한 효력(대세효)라고 한다. 취소판결이 제3자에 대해서도 효력이 있다는 것은 취소판결의 존재와 그 판결에 의해 형성되는 법률관계를 제3자도 용인하여야 함을 의미한다. 행정소송법은 처분 등을 취소하는 확정판결은 제3자에 대하여도 효력이 있다고 하여 처분취소판결의 제3자에 대한 구속력을 명문화하고 있다.

> **제29조 (취소판결등의 효력)** ① 처분 등을 취소하는 확정판결은 제3자에 대하여도 효력이 있다.

5. 기속력

가. 의의

취소판결이 확정되면 당사자인 행정청(처분청)과 관계행정청이 판결의 내용에 따라 행하여야 할 실체법상의 의무를 발생시키는 효력을 가지는바, 이를 (인용)판결의 기속력이라고 한다. 한편 판례는 기속력과 기판력을 구별하지 않고 기속력을 기판력의 범위에 포함되는 것으로 보고 있다(아래 '절차 위법을 이유로 취소된 경우의 재처분의무'에 관한 판례참조).

나. 법적 근거

> **제30조(취소판결등의 기속력)** ① 처분등을 취소하는 확정판결은 그 사건에 관하여 당사자인 행정청과 그 밖의 관계행정청을 기속한다.
> ② 판결에 의하여 취소되는 처분이 당사자의 신청을 거부하는 것을 내용으로 하는 경우에는 그 처분을 행한 행정청은 판결의 취지에 따라 다시 이전의 신청에 대한 처분을 하여야 한다.
> ③ 제2항의 규정은 신청에 따른 처분이 절차의 위법을 이유로 취소되는 경우에 준용한다.

다. 범위

(1) 주관적 범위

기속력은 당사자인 행정청뿐만 아니라, 그 밖의 모든 관계행정청에도 미친다. 여기서 그밖의 관계행정청이란 당해 판결에 의하여 취소된 처분에 관계되는 어떠한 처분권한을 가지는 행정청, 즉 취소된 처분 등을 기초로 하여 그와 관련되는 처분이나 부수되는 행위를 할 수 있는 행정청을 총칭하는 것이다.

(2) 객관적 범위

판결의 기속력은 판결주문 및 이유에서 판단된 처분 등의 구체적 위법사유에 미친다.

(3) 시간적 범위

기속력은 위법판단의 기준에 관한 판례의 태도에 따라 처분시까지의 위법사유에 대해서만 미친다. 따라서 처분 이후에 발생한 새로운 법령 및 사실상태의 변동을 이유로 동일한 내용의 처분을 하는 것은 기속력에 반하지 않는다.

라. 내용

(1) 반복금지의무

1) 취소판결 등 원고의 청구를 인용하는 판결이 확정되면 관계행정청은 동일사실관계 아래서는 동일당사자에 대하여 동일한 내용의 처분 등을 반복하여서는 아니된다. 반복금지의무를 위반한 처분은 그 하자가 중대·명백하여 무효사유에 해당한다.

> **관련판례**
>
> **확정판결을 받은 행정청이 사실심변론종결 이전의 사유(당초의 처분사유)를 내세워 다시 확정판결과 저촉되는 처분을 하는 것은 무효이다[대법원 1990.12.11., 90누3560].**
> 확정판결의 당사자인 처분행정청이 그 행정소송의 사실심 변론종결 이전의 사유를 내세워 다시 확정판결과 저촉되는 행정처분을 하는 것은 허용되지 않는 것으로서 이러한 행정처분은 그 하자가 중대하고도 명백한 것이어서 당연무효라 할 것이다.

2) 기속력은 판결의 주문과 이유에서 기재된 개개의 위법사유에만 미치므로 처분시에 존재한 원래의 처분과 기본적 사실관계의 동일성이 없는 다른 사유를 들어 동일한 처분을 하는 것은 반복금지의무에 위배되지 않는다.

(2) 거부처분취소에 따른 재처분의무

판결에 의하여 취소되는 처분이 당사자의 신청을 거부하는 것을 내용으로 하는 경우에는 그 처분을 행한 행정청은 판결의 취지에 따라 다시 이전의 신청에 대한 처분을 하여야 한다(동법 제30조 제2항). 다만 이 경우 반드시 원고가 신청한 내용대로 재처분을 하여야 하는 것은 아니며, 당초의 거부처분과 다른 이유로 다시 거부처분을 하는 것은 가능하다.

> **관련판례**
>
> **거부처분 이후의 법령개정에 따른 새로운 거부처분 역시 재처분에 해당한다[대결 1998. 1. 7, 97두22].**
> [1] 행정소송법 제30조 제2항의 규정에 의하면 행정청의 거부처분을 취소하는 판결이 확정된 때에는 그 처분을 행한 행정청이 판결의 취지에 따라 이전의 신청에 대하여 재처분할 의무가 있으나, 이 때 확정판결의 당사자인 처분 행정청은 그 확정판결에서 적시된 위법사유를 보완하여 새로운 처분을 할 수 있다.
> [2] 행정처분의 적법 여부는 그 행정처분이 행하여 진 때의 법령과 사실을 기준으로 하여 판단하는 것이므로 **거부처분 후에 법령이 개정·시행된 경우에는 개정된 법령 및 허가기준을 새로운 사유로 들어 다시 이전의 신청에 대한 거부처분을 할 수 있으며 그러한 처분도 행정소송법 제30조 제2항에 규정된 재처분에 해당**된다.

[3] 건축불허가처분을 취소하는 판결이 확정된 후 국토이용관리법시행령이 준농림지역 안에서의 행위제한에 관하여 지방자치단체의 조례로써 일정 지역에서 숙박업을 영위하기 위한 시설의 설치를 제한할 수 있도록 개정된 경우, 당해 지방자치 단체장이 위 처분 후에 개정된 신법령에서 정한 사유를 들어 새로운 거부처분을 한 것이 행정소송법 제30조 제2항 소정의 확정판결의 취지에 따라 이전의 신청에 대한 처분을 한 경우에 해당한다.

(3) 절차위법을 이유로 취소된 경우의 재처분의무

신청에 따른 처분이 절차의 위법을 이유로 취소되는 경우에 처분청은 적법한 절차에 따라 이전의 신청에 대한 처분을 하여야 한다(동법 제30조 제3항). 이때에도 기속력이 취소사유로 된 절차나 형식의 위법에 한해 미치므로 행정청은 적법한 절차나 형식을 갖추어 다시 동일한 내용의 처분을 할 수 있다.

관련판례

과세처분취소소송의 확정판결에 적시된 위법사유를 보완하여 새로이 행한 과세처분은 기속력(판례는 기판력이라 표현)에 저촉되지 않는다[대법원 1986.11.11., 85누231].
과세처분시 납세고지서에 과세표준, 세율, 세액의 산출근거등이 누락되어 있어 이러한 절차 내지 형식의 위법을 이유로 과세처분을 취소하는 판결이 확정된 경우에 그 확정판결의 기판력은 확정판결에 적시된 절차 내지 형식의 위법사유에 한하여 미친다고 할 것이므로 과세처분권자가 그 확정판결에 적시된 위법사유를 보완하여 행한 새로운 과세처분은 확정판결에 의하여 취소된 종전의 과세처분과는 별개의 처분으로서 확정판결의 기판력(기속력을 의미)에 저촉되는 것은 아니다.

기속력에 의해 재처분의무가 발생하는 경우	거 / 절 / 재	• 거부처분 • 절차위법 ▶ 재처분의무 발생

(4) 결과제거의무(원상회복의무)

취소소송의 인용판결이 있게 되면 행정청은 위법처분으로 야기된 상태를 제거하여야 할 의무를 부담하며, 이에 대응하여 원고는 결과제거청구권을 갖는다. 예컨대 자동차의 압류처분이 취소되면 행정청은 압류한 자동차를 반환하여야 한다. 이 때 행정청이 반환의무를 이행하지 않는 경우에는 상대방은 이른바 공법상 결과제거청구권을 행사하여 자동차의 반환을 청구할 수 있다.

< 기판력과 기속력의 구별 >

	기판력	기속력
대상판결	본안판결	인용판결
주관적 범위	당사자, 후소법원	처분청, 관계행정청
객관적 범위	판결주문	판결주문 및 판결이유
시간적 범위	사실심 변론종결시	처분시

판결의 효력 정리

1. **불가변력(자박력)** : 판결이 일단 확정되면 법원 스스로도 이를 취소·변경할 수 없는 기속을 받게 된다. 자박력은 선고법원과 관련된 효력이다.
2. **불가쟁력(형식적 확정력)** : 당사자가 상소를 포기하는 경우, 모든 심급을 거친 경우, 혹은 상소제기기간 경과(통상 2주) 등으로 인해 판결에 불복하는 자가 더 이상 판결을 다툴 수 없게 되는 경우의 구속력을 말한다.
3. **기판력(실질적 확정력)** : 소송물에 관하여 법원이 행한 판단내용이 확정되면 이후 동일사항이 문제된 경우에 ① 당사자는 그에 반하는 주장을 하여 다투는 것이 허용되지 않으며, ② 법원도 일사부재리의 원칙에 따라 그와 모순·저촉되는 판단을 해서는 안되는 구속력을 말한다.
   (1) 반복금지효 : 동일한 소송물에 대하여 다시 소송을 제기할 수 없다.
   (2) 모순금지효 : 당사자는 후소에서 동일한 사항에 대하여 판결의 내용과 모순되는 주장을 할 수 없고, 후소법원은 전소판결에 반하는 판단을 할 수 없다.
4. **형성력(제3자에 대한 효력)** : 판결의 취지에 따라 소급하여 법률관계의 발생·변경·소멸을 가져오는 효력을 말한다. 형성력은 원피고뿐만 아니라 제3자에게도 효력이 미친다. 형성력은 기판력과는 달리 기각판결에는 인정되지 않고 청구인용판결에만 인정된다.
5. **기속력(행정기관에 대한 효력)** : 처분 등을 취소하는 확정판결이 그 사건에 관하여 당사자인 행정청과 그 밖의 관계행정청에 대하여 판결의 내용에 따라 행하여야 할 실체법상의 의무를 발생시키는 효력을 말한다.
   ① 반복금지의무 : 행정청은 동일한 사실관계 하에서 동일한 당사자에 대하여 동일한 내용의 처분을 반복해서는 안된다.
   ② 재처분의무 : 행정청은 판결의 취지에 따라 신청에 대하여 새로운 처분을 하여야 한다. (ⅰ) 거부처분과 (ⅱ) 절차위법을 그 대상으로 한다.
   ③ 결과제거의무 : 처분의 취소판결이 확정되면 행정청은 위법한 처분에 의해 초래된 상태를 제거하여야 한다.

기출문제

| 기판력 |

01 | 2018 |

기판력에 관한 설명으로 옳지 <u>않은</u> 것은? (다툼이 있으면 판례에 따름)

① 기판력은 당해 처분이 귀속되는 국가 또는 공공단체에 미친다.
② 과세처분취소소송에서 청구가 기각된 확정판결의 기판력은 그 과세처분의 무효확인을 구하는 소송에도 미친다.
③ 「행정소송법」은 기판력에 관한 명문의 규정을 두고 있다.
④ 취소판결의 기판력은 소송물로 된 행정처분의 위법성 존부에 관한 판단 그 자체에만 미친다.
⑤ 확정된 종국판결은 그 기판력으로서 당사자가 사실심의 변론종결시를 기준으로 그때까지 제출하지 않은 공격방어방법은 그 뒤 다시 동일한 소송을 제기하여 이를 주장할 수 없다.

．．．．．．．．．．．．．．．．．．．．．．．．

① ☞ 항고소송에서는 소송수행의 편의상 권리주체인 국가·공공단체가 아닌 행정청을 피고로 하는 것에 불과하기 때문에 그 판결의 기판력은 피고인 처분청(행정청)이 속하는 국가나 공공단체(행정주체)에도 미친다.
② [대법원 1996.6.25., 95누1880] 과세처분이란 당해 과세요건의 충족으로 객관적, 추상적으로 이미 성립하고 있는 조세채권을 구체적으로 현실화하여 확정하는 절차이고, 과세처분의 취소소송은 위와 같은 과세처분의 실체적, 절차적 위법을 그 취소원인으로 하는 것으로서 그 심리의 대상은 과세관청의 과세처분에 의하여 인정된 조세채무인 과세표준 및 세액의 객관적 존부 즉 당해 과세처분의 적부가 심리의 대상이 되는 것이며, <u>과세처분취소 청구를 기각하는 판결이 확정되면 그 처분이 적법하다는 점에 관하여 기판력이 생기고 그 후 원고가 다시 이를 무효라 하여 그 무효확인을 소구할 수는 없는</u> 것이어서, 과세처분의 취소소송에서 청구가 기각된 확정판결의 기판력은 그 과세처분의 무효확인을 구하는 소송에도 미친다.
③ ☞ 행정소송법은 기판력에 관한 명문의 규정을 두고 있지 않다. 다만 행정소송법 제8조 제2항에 따라 민사소송법의 기판력 규정이 준용된다(제216조).

> **민사소송법**
> **제216조(기판력의 객관적 범위)** ① 확정판결(確定判決)은 주문에 포함된 것에 한하여 기판력(旣判力)을 가진다.
> ② 상계를 주장한 청구가 성립되는지 아닌지의 판단은 상계자고 대항한 액수에 한하여 기판력을 가진다.
>
> **제218조(기판력의 주관적 범위)** ① 확정판결은 당사자, 변론을 종결한 뒤의 승계인(변론 없이 한 판결의 경우에는 판결을 선고한 뒤의 승계인) 또는 그를 위하여 청구의 목적물을 소지한 사람에 대하여 효력이 미친다.
> ② 제1항의 경우에 당사자가 변론을 종결할 때(변론 없이 한 판결의 경우에는 판결을 선고할 때)까지 승계사실을 진술하지 아니한 때에는 변론을 종결한 뒤(변론 없이 한 판결의 경우에는 판결을 선고한 뒤)에 승계한 것으로 추정한다.
> ③ 다른 사람을 위하여 원고나 피고가 된 사람에 대한 확정판결은 그 다른 사람에 대하여도 효력이 미친다.
> ④ 가집행의 선고에는 제1항 내지 제3항의 규정을 준용한다.

답 01 ③

④ [대법원 1987.6.9., 86다카2756] 기판력의 객관적 범위는 그 판결의 주문에 포함된 것 즉 소송물로 주장된 법률관계의 존부에 관한 판단의 결론 그 자체에만 미치는 것이고 판결이유에 설시된 그 전제가 되는 법률관계의 존부에까지 미치는 것은 아니다.

⑤ [대법원 1992.2.25., 91누6108] 과세처분무효확인소송의 경우 소송물은 권리 또는 법률관계의 존부 확인을 구하는 것이며, 이는 청구취지만으로 소송물의 동일성이 특정된다고 할 것이고 따라서 당사자가 청구원인에서 무효사유로 내세운 개개의 주장은 공격방어방법에 불과하다고 볼 것이며, 한편 확정된 종국판결은 그 기판력으로서 당사자가 사실심의 변론종결시를 기준으로 그때까지 제출하지 않은 공격방어방법은 그 뒤 다시 동일한 소송을 제기하여 이를 주장할 수 없다.

02 | 2021 |

취소소송의 소송물에 관한 설명으로 옳지 않은 것은? (다툼이 있으면 판례에 따름)

① 조세의 종목과 과세기간에 의하여 구분되는 각 과세단위에 관한 개개의 부과처분이 조세소송의 소송물이 된다.

② 과세관청은 소송 중 사실심 변론종결시까지 당해 처분에서 인정한 과세표준 또는 세액의 정당성을 뒷받침할 수 있는 새로운 자료를 제출할 수 있다.

③ 감액경정청구에 대한 거부처분 취소소송에서 과세표준 및 세액의 인정이 위법이라고 내세우는 개개의 위법사유는 공격방어방법에 불과하다.

④ 부당해고 등의 구제신청에 관한 중앙노동위원회의 재심판정 취소소송에서 법원은 중앙노동위원회가 재심판정에서 인정한 징계사유에 한하여 심리한다.

⑤ 특허심판원의 심결에 대한 취소소송에서 당사자는 심결에서 판단되지 않은 처분의 위법사유도 주장·입증할 수 있다.

① ☞ 「소송물」이란 법원의 심판대상을 말한다. 항고소송의 소송물(심판대상)은 처분의 위법성 일반이므로, 조세소송의 경우라면 위법성이 문제되는 각각의 부과처분이 소송물이 된다.

② ☞ 사실관계에 관한 주장과 입증은 사실심 변론종결시까지 가능하다.

③ ☞ 과세표준과 세액의 결정은 과세처분이 이루어지기 위한 중간단계에 불과하다. 그렇다면 과세표준 및 세액의 인정이 위법이라고 내세우는 개개의 위법사유는 소송물이 아니라 소송물을 구성하는 공격방어방법에 불과하다. 과세처분의 위법성은 소송물이고, 개개의 위법사유는 공격방어방법이라고 정리하자.

④ ☞ 법원의 심판의 대상인 소송물은 처분의 위법성 일반이다. 그렇다면 법원은 중앙노동위원회가 재심판정에서 인정한 징계사유에 한하여 심리하는 것이 아니라, 재심판정의 위법성 전반에 대하여 심리하게 된다.

⑤ ☞ ④ 지문과 동일한 취지이다. 심결취소소송에서 당사자는 심결의 위법성 전반에 대해서 주장·입증할 수 있다. 이 말은 심결에서 판단되지 않은 처분의 위법사유를 주장·입증하여, 처분의 위법사유를 제대로 판단하지 않은데 따른 심결 고유의 위법을 주장·입증할 수 있다는 의미이다.

답 02 ④

03 | 2021 |

확정판결의 기판력에 관한 설명으로 옳지 않은 것은? (다툼이 있으면 판례에 따름)

① 소송요건의 흠결에 관한 전소 확정판결의 기판력은 후소에 미친다.
② 공사중지명령의 상대방은 그 명령의 취소를 구한 소송에서 그 명령이 적법함을 이유로 패소하여 확정된 이후에도 그 명령의 해제신청을 거부한 처분의 취소를 구하는 소송에서 그 명령의 적법성을 다툴 수 있다.
③ 어떠한 행정처분이 후에 항고소송에서 취소되었다고 할지라도 그 기판력에 의하여 곧바로 그 행정처분이 공무원의 고의 또는 과실로 인한 불법행위를 구성한다고 단정할 수 없다.
④ 취소판결의 기판력은 소송물로 된 행정처분의 위법성 존부에 관한 판단 그 자체에만 미친다.
⑤ 확정판결은 주문에 포함된 것에 한하여 기판력을 가진다.

・・・・・・・・・・・・・・・・・・・・・・

① ☞ 기판력은 원칙적으로 본안판결에만 인정된다. 다만 각하판결의 경우에도 당해 소송요건의 흠결에 대해서는 기판력이 인정된다. 서울에 소재한 연탄공장의 영업허가취소를 구하는 인근주민소송에서 인천에 거주하는 원고가 인근주민이 아님을 이유로 원고적격이 부정되어 각하판결이 선고된 경우라면, 당해 주민이 인천에 거주하는 상태에서 다시 인근주민소송을 제기하면 기판력에 반한다.
② ☞ 공사중지명령에 대하여 그 명령의 상대방이 해제를 구하기 위해서는 명령 이후에 원인사유가 해소되었음이 인정되어야 한다.
[대판 2014. 11. 27. 2014두37665] 행정청이 관련 법령에 근거하여 행한 공사중지명령의 상대방이 명령의 취소를 구한 소송에서 패소함으로써 그 명령이 적법한 것으로 이미 확정되었다면, 이후 이러한 공사중지명령의 상대방은 그 명령의 해제신청을 거부한 처분의 취소를 구하는 소송에서 그 명령의 적법성을 다툴 수 없다. 그와 같은 공사중지명령에 대하여 그 명령의 상대방이 해제를 구하기 위해서는 명령의 내용 자체로 또는 성질상으로 명령 이후에 원인사유가 해소되었음이 인정되어야 한다.
③ [대법원 2000. 5. 12., 선고, 99다70600, 판결] 어떠한 행정처분이 후에 항고소송에서 취소되었다고 할지라도 그 기판력에 의하여 당해 행정처분이 곧바로 공무원의 고의 또는 과실로 인한 것으로서 불법행위를 구성한다고 단정할 수는 없는 것이고, 그 행정처분의 담당공무원이 보통 일반의 공무원을 표준으로 하여 볼 때 객관적 주의의무를 결하여 그 행정처분이 객관적 정당성을 상실하였다고 인정될 정도에 이른 경우에 국가배상법 제2조 소정의 국가배상책임의 요건을 충족하였다고 봄이 상당할 것이며, 이 때에 객관적 정당성을 상실하였는지 여부는 피침해이익의 종류 및 성질, 침해행위가 되는 행정처분의 태양 및 그 원인, 행정처분의 발동에 대한 피해자측의 관여의 유무, 정도 및 손해의 정도 등 제반 사정을 종합하여 손해의 전보책임을 국가 또는 지방자치단체에게 부담시켜야 할 실질적인 이유가 있는지 여부에 의하여 판단하여야 한다.
④, ⑤ ☞ 확정판결의「기판력」은 그 판결의 주문에 포함된 것, 즉 소송물로 주장된 법률관계의 존부에 관한 판단의 결론 그 자체에만 미치는 것이고, 판결이유에서 설시된 그 전제가 되는 법률관계의 존부에까지 미치는 것은 아니다. 반면에「기속력」은 주문뿐만 아니라 이유에 대해서도 미친다.

답 03 ②

04 | 2022 |

행정소송법상 행정소송에 관한 설명으로 옳은 것은? (다툼이 있으면 판례에 따름)

① 처분의 취소소송에서 청구가 기각된 확정판결의 기판력은 그 처분의 무효확인을 구하는 소송에도 미친다.
② 의무이행소송에 관한 명문의 규정은 없지만 판례는 이를 인정한다.
③ 부작위위법확인소송이란 행정청의 부작위 또는 거부처분이 위법하다는 것을 확인하는 소송이다.
④ 취소소송에는 처분등의 일부 취소 및 적극적 변경을 구하는 소송이 포함된다.
⑤ 검사의 불기소처분은 항고소송의 대상이 될 수 있다.

① ☞ 과세처분취소소송에서 원고의 패소판결이 확정되면 당해 과세처분은 적법한 것으로 확정된다. 따라서 당사자는 어떠한 소송의 형식으로도 과세처분의 효력을 다툴 수 없게 된다. 이 경우에 만약 무효등확인소송을 제기할 수 있게 하면 6심제를 인정하는 결과가 된다.
[대법원 1998. 7. 24. 선고 98다10854 판결] 과세처분의 취소소송은 과세처분의 실체적, 절차적 위법을 그 취소원인으로 하는 것으로서 그 심리의 대상은 과세관청의 과세처분에 의하여 인정된 조세채무인 과세표준 및 세액의 객관적 존부, 즉 당해 과세처분의 적부가 심리의 대상이 되는 것이며, 과세처분 취소청구를 기각하는 판결이 확정되면 그 처분이 적법하다는 점에 관하여 기판력이 생기고 그 후 원고가 이를 무효라 하여 무효확인을 소구할 수 없는 것이어서 과세처분의 취소소송에서 청구가 기각된 확정판결의 기판력은 그 과세처분의 무효확인을 구하는 소송에도 미친다.

② ☞ 판례는 무명항고소송을 인정하지 않는다.
[대법원 1989. 9. 12. 선고 87누868 판결] 행정심판법 제3조에 의하면 행정청의 위법 또는 부당한 거부처분이나 부작위에 대하여 의무이행 심판청구를 할 수 있으나 행정소송법 제4조에서는 행정심판법상의 의무이행심판청구에 대응하여 부작위위법확인소송만을 규정하고 있으므로 행정청의 부작위에 대한 의무이행소송은 현행법상 허용되지 않는다.

③ ☞ 행정소송법 제4조 제3호. 거부처분은 취소소송 또는 무효등확인소송으로 다툴 것이다.

> **제4조(항고소송)** 항고소송은 다음과 같이 구분한다.
> 1. 취소소송 : 행정청의 위법한 처분등을 취소 또는 변경하는 소송
> 2. 무효등 확인소송 : 행정청의 처분등의 효력 유무 또는 존재여부를 확인하는 소송
> 3. 부작위위법확인소송 : <U>행정청의 부작위가 위법하다는 것을 확인하는 소송</U>

④ ☞ 행정소송법 제4조에서 제1호에서 말하는 "변경"이란 적극적 변경이 아니라 소극적 변경을 의미한다. 따라서 법원은 처분의 일부취소 판결을 할 수는 있어도 다른 처분으로 바꾸는 판결을 할 수는 없다. 만약 법원이 적극적 변경을 명하는 판결을 하게 되면 의무이행소송을 인정하는 것과 마찬가지 결과가 된다.

> **제4조(항고소송)** 항고소송은 다음과 같이 구분한다.
> 1. 취소소송 : 행정청의 위법한 처분등을 취소 또는 <U>변경</U>하는 소송

⑤ [대법원 2018. 9. 28. 선고 2017두47465 판결] '처분'이란 행정소송법상 항고소송의 대상이 되는 처분을 의미하는 것으로서, <U>행정소송법 제2조의 처분의 개념 정의에는 해당한다고 하더라도 그 처분의 근거 법률에서 행</U>

답 04 ①

정소송 이외의 다른 절차에 의하여 불복할 것을 예정하고 있는 처분은 항고소송의 대상이 될 수 없다. 검사의 불기소결정에 대해서는 검찰청법에 의한 항고와 재항고, 형사소송법에 의한 재정신청에 의해서만 불복할 수 있는 것이므로, 이에 대해서는 행정소송법상 항고소송을 제기할 수 없다.

| 기속력 |

05 | 2016 |

판결의 효력인 기속력에 관한 설명으로 옳은 것은? (다툼이 있으면 판례에 따름)

① 당사자인 행정청을 기속하지만 그 밖의 관계행정청을 기속하지는 않는다.
② 종전 거부처분 후에 발생한 새로운 사유를 내세워 다시 하는 거부처분은 기속력의 내용으로서 재처분에 해당할 수 없다.
③ 기속력은 판결의 주문에만 미치고, 그 전제가 되는 처분 등의 구체적 위법사유에 관한 이유 중의 판단에 대하여는 미치지 않는다.
④ 기속력에 반하는 처분은 취소사유에 해당한다.
⑤ 거부처분이 절차의 하자를 이유로 취소된 경우, 처분청은 적법한 절차를 거쳐 다시 거부처분을 할 수 있다.

••••••••••••••••••••

① ☞ 처분등을 취소하는 확정판결은 그 사건에 관하여 당사자인 행정청과 그 밖의 관계행정청을 기속한다(행정소송법 제30조 제1항).
② [대법원 1998.1.7., 97두22] 행정소송법 제30조 제2항의 규정에 의하면 행정청의 거부처분을 취소하는 판결이 확정된 때에는 그 처분을 행한 행정청이 판결의 취지에 따라 이전의 신청에 대하여 재처분할 의무가 있으나, 이 때 확정판결의 당사자인 처분 행정청은 그 확정판결에서 적시된 위법사유를 보완하여 새로운 처분을 할 수 있는 것이고, **행정처분의 적법 여부는 그 행정처분이 행하여진 때의 법령과 사실을 기준으로 하여 판단하는 것이므로 거부처분 후에 법령이 개정·시행된 경우에는 개정된 법령 및 허가기준을 새로운 사유로 들어 다시 이전의 신청에 대한 거부처분을 할 수 있으며 그러한 처분도 위 조항에 규정된 재처분에 해당된다**고 할 것이다.
③ ☞ "기속력"은 판결의 주문과 판결의 이유에 제시된 위법사유에 대하여 미친다. 반면에 "기판력"은 판결의 주문에 포함된 것에만 미치고 판결이유에서 설시된 그 전제가 되는 법률관계의 존부에까지는 미치지 않는다.
④ [대법원 1990.12.11, 90누3560 판결] 확정판결의 당사자인 처분행정청이 그 행정소송의 사실심 변론종결 이전의 사유를 내세워 다시 확정판결과 저촉되는 행정처분을 하는 것은 허용되지 않는 것으로서 이러한 행정처분은 그 하자가 중대하고도 명백한 것이어서 당연무효라 할 것이다.
⑤ [대법원 1986.11.11., 85누231] 과세처분시 납세고지서에 과세표준, 세율, 세액의 산출근거등이 누락되어 있어 이러한 **절차 내지 형식의 위법을 이유로 과세처분을 취소하는 판결이 확정된 경우에 그 확정판결의 기판력은 확정판결에 적시된 절차 내지 형식의 위법사유에 한하여 미친다고 할 것이므로** 과세처분권자가 그 확정판결에 적시된 위법사유를 보완하여 행한 새로운 과세처분은 확정판결에 의하여 취소된 종전의 과세처분과는 별개의 처분으로서 확정판결의 기판력(기속력을 의미)에 저촉되는 것은 아니다.

답 05 ⑤

06 | 2016 |

취소소송과 관련하여 기속력이 인정되는 경우로만 묶인 것은?

① 인용판결, 집행정지결정
② 각하판결, 기각판결
③ 인용판결, 기각판결
④ 각하판결, 인용판결
⑤ 기각판결, 집행정지결정

....

① ☞ (ⅰ) 취소판결이 확정되면 소송당사자와 관계행정청이 판결의 내용에 따라 행하여야 할 실체법상의 의무를 발생시키는 효력을 가지는바, 이를 (인용)판결의 기속력이라고 한다(행정소송법 제30조 제1항).
(ⅱ) 집행정지결정에는 기속력이 인정된다(동법 제23조 제6항 및 제30조 제1항). 연탄공장에 대한 영업허가에 대해서 집행정지결정이 이루어지면 당사자인 행정청은 법원의 본안판결 전까지 동일한 사유로 다시 영업허가를 하는 것이 금지된다(반복금지의무).

07 | 2017 |

취소판결의 기속력에 관한 설명으로 옳지 <u>않은</u> 것은? (다툼이 있으면 판례에 따름)

① 기속력에 위반되는 처분은 무효이다.
② 기속력은 인용판결과 기각판결에서는 인정되나 각하판결에서는 인정되지 않는다.
③ 기속력은 판결의 주문뿐만 아니라 이유에서 판단된 처분의 구체적 위법사유에도 미친다.
④ 취소판결이 처분의 절차상 위법을 이유로 하는 경우, 행정청이 적법한 절차를 밟아 동일한 내용의 처분을 하더라도 기속력에 반하지 않는다.
⑤ 기본적 사실관계가 다르면, 처분 당시에 있었던 사유로 재처분하여도 기속력 위반은 아니다.

....

① [대법원 1990. 12. 11. 선고 90누3560 판결] 행정소송법 제30조 제1항, 제2항의 규정에 의하면 **행정처분을 취소하는 확정판결은 그 사건에 관하여 당사자인 행정청을 기속**하고 판결에 의하여 취소되는 처분이 당사자의 신청을 거부하는 것을 내용으로 하는 경우에는 그 처분을 행한 행정청은 판결의 취지에 따라 다시 이전의 신청에 대한 처분을 하도록 되어 있으므로, **확정판결의 당사자인 처분행정청이 그 행정소송의 사실심 변론종결 이전의 사유를 내세워 다시 확정판결과 저촉되는 행정처분을 하는 것은 허용되지 않는 것으로서 이러한 행정처분은 그 하자가 중대하고도 명백한 것이어서 당연무효**라 할 것이다.
② [대법원 2016. 3. 24. 선고 2015두48235 판결] 행정소송법 제30조 제1항은 "처분 등을 취소하는 확정판결은 그 사건에 관하여 당사자인 행정청과 그 밖의 관계행정청을 기속한다."라고 규정하고 있다. 이러한 **취소 확정판결의 '기속력'은 취소 청구가 인용된 판결에서 인정되는** 것으로서 당사자인 행정청과 그 밖의 관계행정청에게 확정판결의 취지에 따라 행동하여야 할 의무를 지우는 작용을 한다. 이에 비하여 행정소송법 제8조 제2항에 의하여 행정소송에 준용되는 민사소송법 제216조, 제218조가 규정하고 있는 '기판력'이란 기판력 있는 전

소 판결의 소송물과 동일한 후소를 허용하지 않음과 동시에, 후소의 소송물이 전소의 소송물과 동일하지는 않더라도 전소의 소송물에 관한 판단이 후소의 선결문제가 되거나 모순관계에 있을 때에는 후소에서 전소 판결의 판단과 다른 주장을 하는 것을 허용하지 않는 작용을 한다.
③ [대법원 2016. 3. 24. 선고 2015두48235 판결] 취소 확정판결의 기속력은 판결의 주문 및 전제가 되는 처분 등의 구체적 위법사유에 관한 판단에도 미치나, 종전 처분이 판결에 의하여 취소되었더라도 종전 처분과 다른 사유를 들어서 새로이 처분을 하는 것은 기속력에 저촉되지 않는다.
④ [대법원 2005. 1. 14. 선고 2003두13045 판결] 행정소송법 제30조 제2항의 규정에 의하면 행정청의 거부처분을 취소하는 판결이 확정된 경우에는 그 처분을 행한 행정청이 판결의 취지에 따라 이전의 신청에 대하여 재처분할 의무가 있다고 할 것이나, 취소사유가 행정처분의 절차, 방법의 위법으로 인한 것이라면 그 처분 행정청은 그 확정판결의 취지에 따라 그 위법사유를 보완하여 다시 종전의 신청에 대한 거부처분을 할 수 있고, 그러한 처분도 위 조항에 규정된 재처분에 해당한다.
⑤ ☞ 기속력은 판결의 주문과 이유에서 기재된 개개의 위법사유에만 미치므로 처분시에 존재한 원래의 처분과 기본적 사실관계의 동일성이 없는 다른 사유를 들어 동일한 처분을 하는 것은 기속력에 반하지 않는다.

08 | 2020 |

법원은 지방자치단체장 A가 공무원 甲에게 한 파면처분이 재량권의 범위를 벗어나 위법한 처분이라는 이유로 취소판결을 하였고 이 판결은 확정되었다. 그 후 A는 다시 인사위원회의 의결을 거쳐 동일한 사유로 甲에게 해임처분을 하였다. 이에 관한 설명으로 옳은 것을 모두 고른 것은? (다툼이 있으면 판례에 따름)

> ㄱ. A가 한 해임처분은 확정판결의 효력에 저촉된다고 볼 수 없다.
> ㄴ. 甲은 해임처분에 대해 취소소송을 제기할 수 있다.
> ㄷ. 확정판결의 기속력은 A만 기속할 뿐 관계행정기관을 기속하지는 않는다.

① ㄱ   ② ㄱ, ㄴ   ③ ㄱ, ㄷ
④ ㄴ, ㄷ   ⑤ ㄱ, ㄴ, ㄷ

ㄱ. ☞ 파면처분과 해임처분은 징계면직이라는 점에서는 공통되나, 파면처분을 당하게 되면 공무원연금수급권까지 박탈되는 반면 해임처분의 경우에는 연금수급권은 유지된다. 즉 해임처분이 파면처분에 비하여 경한 처분이다. 법원은 파면처분이 재량권의 일탈이라고 판단하였으므로, 이보다 경한 해임처분을 하는 것은 확정판결의 기속력(반복금지의무)에 반하지 않는다.
ㄴ. ☞ 법원 판결의 기속력은 "파면처분"이 재량권의 범위를 벗어나 위법한 처분이라는 것에 미치고, "해임처분"이 재량권의 범위 내인지에 대해서는 판단한 바 없다. 따라서 甲은 해임처분에 대해 취소소송을 다시 제기할 수 있으며, 이 경우 법원은 해임처분의 재량권 일탈·남용 여부에 대해서 새로이 판단하게 된다.
ㄷ. 행정소송법 제30조 제1항

> 제30조(취소판결등의 기속력) ① 처분등을 취소하는 확정판결은 그 사건에 관하여 당사자인 행정청과 그 밖의 관계행정청을 기속한다.

답 08 ②

09 | 2021 |

교원 징계에 관한 설명으로 옳지 않은 것은? (다툼이 있으면 판례에 따름)

① 사립학교 교원에 대한 학교법인의 징계처분은 취소소송의 대상이다.
② 사립학교 교원 징계와 국립학교 교원 징계 모두 취소소송에 있어 원처분주의가 적용된다.
③ 학교법인에 의하여 징계처분을 받은 사립학교 교원은 민사소송을 제기하여 권리구제를 받을 수도 있다.
④ 사립학교 교원 징계에 대한 교원소청심사위원회의 결정은 행정심판의 재결에 해당하지 않는다.
⑤ 사립학교 교원 징계에 대한 교원소청심사위원회 결정의 기속력은 그 결정의 주문에 포함된 사항뿐 아니라 그 전제가 된 요건사실의 인정과 판단에까지 미친다.

----

①, ③ ☞ 사립학교 교원과 학교법인과의 관계는 사법(私法)관계이므로 원칙적으로 민사소송의 대상이 된다. [대법원 1993.2.12. 92누13707] 사립학교 교원은 학교법인 또는 사립학교 경영자에 의하여 임면되는 것으로서 사립학교 교원과 학교법인의 관계를 공법상의 권력관계라고는 볼 수 없으므로 사립학교 교원에 대한 학교법인의 해임처분을 취소소송의 대상이 되는 행정청의 처분으로 볼 수 없고, 따라서 학교법인을 상대로 한 불복은 행정소송에 의할 수 없고 민사소송절차에 의할 것이다.

② ☞ 원처분주의가 아니라 재결주의가 적용되는 경우는 "감노특"으로 정리하자. 교육공무원의 경우(사립학교 교원, 국공립학교 교원)에도 일반공무원과 마찬가지로 교원소청심사위원회의 심사결정을 거쳐서 행정소송을 제기하여야 하고, 항고소송의 대상은 원처분주의가 적용된다. 다만 원처분의 내용은 다르다. 국공립학교 교원의 경우 소청심사를 거치기 전의 징계처분이 원처분이고, 사립학교 교원은 교원소청심사위원회의 심사결정이 원처분이 된다.

④ ☞ 위원회의 결정을 일반적으로 재결이라고 칭한다. 사립학교 교원 징계에 대한 교원소청심사위원회의 결정도 재결은 맞는데, 행정심판의 재결이 아니라 원처분으로서의 재결이라는 점을 주의해야 한다.
 [대법원 1993.2.12. 92누13707] 사립학교 교원에 대한 해임처분에 대한 구제방법으로 학교법인을 상대로 한 민사소송 이외 교원지위향상을위한특별법 제7 내지 10조에 따라 교육부 내에 설치된 교원징계재심위원회에 재심청구를 하고 교원징계재심위원회의 결정에 불복하여 행정소송을 제기하는 방법도 있으나, 이 경우에도 행정소송의 대상이 되는 행정처분은 교원징계재심위원회의 결정이지 학교법인의 해임처분이 행정처분으로 의제되는 것이 아니며 또한 교원징계재심위원회의 결정을 이에 대한 행정심판으로서의 재결에 해당되는 것으로 볼 수는 없다.

⑤ ☞ 행정심판의 재결과 행정소송의 판결 모두 그 기속력은 "주문"뿐만 아니라 "이유"에 대해서까지 미친다. [대법원 2013. 7. 25., 선고, 2012두12297, 판결] 교원소청심사위원회(이하 '위원회'라 한다)의 결정은 처분청에 대하여 기속력을 가지고 이는 그 결정의 주문에 포함된 사항뿐 아니라 그 전제가 된 요건사실의 인정과 판단, 즉 처분 등의 구체적 위법사유에 관한 판단에까지 미친다.

답 09 ①

10 | 2021 |

확정판결의 기속력에 관한 설명으로 옳지 않은 것은? (다툼이 있으면 판례에 따름)

① 행정청은 취소판결의 기속력에 따라 위법한 결과를 제거하는 조치를 할 의무가 있다.
② 종전 처분 사유와 기본적 사실관계에서 동일성이 인정되지 않는 다른 사유를 들어서 새로이 처분을 하는 것은 기속력에 저촉되지 않는다.
③ 거부처분 후에 법령이 개정·시행된 경우에는 개정된 법령을 새로운 사유로 들어 다시 이전의 신청에 대한 거부처분을 할 수 있다.
④ 절차상 하자로 인하여 무효인 행정처분이 있은 후 행정청이 관계 법령에서 정한 절차를 갖추어 다시 동일한 행정처분을 하였다면 당해 행정처분은 종전의 무효인 행정처분과 관계없는 새로운 행정처분이다.
⑤ 행정청이 취소판결의 기속력에 반하는 행정처분을 하는 것은 허용되지 않지만 그 하자가 중대하고 명백한 것은 아니다.

---

① ☞ 기속력에 따른 의무는 (ⅰ) 반복금지의무, (ⅱ) 재처분의무, (ⅲ) 결과제거의무의 3가지로 구성된다. 해당 내용은 결과제거의무(원상회복의무)에 대한 설명이다.
② ☞ 기속력은 판결의 주문과 이유에서 기재된 개개의 위법사유에만 미치므로, 처분시에 존재한 원래의 처분과 기본적 사실관계의 동일성이 없는 다른 사유를 들어 동일한 처분을 하는 것은 반복금지의무에 위배되지 않는다. 이를테면 미성년자 A를 출입시킨 것을 이유로 한 영업정지처분에 대한 취소소송에서 인용판결이 확정되었더라도, 행정청은 미성년자 B를 출입시켰다는 별개의 사유를 들어 다시 영업정지처분을 할 수 있다.
③ [대결 1998.1.7. 97두22] 행정처분의 적법 여부는 그 행정처분이 행하여 진 때의 법령과 사실을 기준으로 하여 판단하는 것이므로 거부처분 후에 법령이 개정·시행된 경우에는 개정된 법령 및 허가기준을 새로운 사유로 들어 다시 이전의 신청에 대한 거부처분을 할 수 있으며 그러한 처분도 행정소송법 제30조 제2항에 규정된 재처분에 해당된다.
④ [대법원 1986.11.11. 85누231] 과세처분시 납세고지서에 과세표준, 세율, 세액의 산출근거등이 누락되어 있어 이러한 절차 내지 형식의 위법을 이유로 과세처분을 취소하는 판결이 확정된 경우에 그 확정판결의 기판력은 확정판결에 적시된 절차 내지 형식의 위법사유에 한하여 미친다고 할 것이므로 과세처분권자가 그 확정판결에 적시된 위법사유를 보완하여 행한 새로운 과세처분은 확정판결에 의하여 취소된 종전의 과세처분과는 별개의 처분으로서 확정판결의 기판력(강학상 기속력을 의미)에 저촉되는 것은 아니다.
⑤ ☞ 법원 판결의 기속력에 반하는 처분은 당연무효이다.
[대법원 1990.12.11. 90누3560] 확정판결의 당사자인 처분행정청이 그 행정소송의 사실심 변론종결 이전의 사유를 내세워 다시 확정판결과 저촉되는 행정처분을 하는 것은 허용되지 않는 것으로서 이러한 행정처분은 그 하자가 중대하고도 명백한 것이어서 당연무효라 할 것이다.

답 10 ⑤

11 | 2022 |

행정소송법상 확정판결의 기속력에 관한 설명으로 옳은 것은? (다툼이 있으면 판례에 따름)

① 처분을 취소하는 확정판결의 기속력은 당사자인 행정청에 대해서만 미친다.
② 기속력은 판결주문의 전제가 되는 처분등의 구체적 위법사유에 관한 이유 중의 판단에 대하여도 인정된다.
③ 거부처분을 취소하는 판결이 확정된 경우 처분청이 사실심 변론종결 이후의 사유를 내세워 다시 거부처분을 하는 것은 기속력에 저촉된다.
④ 기속력에 저촉되는 행정처분이 당연무효인 것은 아니다.
⑤ 무효등 확인소송의 기각판결은 기속력이 있다.

---

① ☞ 행정소송법 제30조. 그 밖의 관계 행정청도 기속한다.

제30조(취소판결등의 기속력) ① 처분등을 취소하는 확정판결은 그 사건에 관하여 당사자인 행정청과 그 밖의 관계행정청을 기속한다.

② [대법원 2001.3.23. 99두5238] 행정소송법 제30조 제1항에 의하여 인정되는 취소소송에서 처분 등을 취소하는 확정판결의 기속력은 주로 판결의 실효성 확보를 위하여 인정되는 효력으로서 판결의 주문뿐만 아니라 그 전제가 되는 처분 등의 구체적 위법사유에 관한 이유 중의 판단에 대하여도 인정되고, 같은 조 제2항의 규정상 특히 거부처분에 대한 취소판결이 확정된 경우에는 그 처분을 행한 행정청은 판결의 취지에 따라 다시 처분을 하여야 할 의무를 부담하게 되므로, 취소소송에서 소송의 대상이 된 거부처분을 실체법상의 위법사유에 기하여 취소하는 판결이 확정된 경우에는 당해 거부처분을 한 행정청은 원칙적으로 신청을 인용하는 처분을 하여야 하고, 사실심 변론종결 이전의 사유를 내세워 다시 거부처분을 하는 것은 확정판결의 기속력에 저촉되어 허용되지 아니한다.
③ [대법원 1999. 12. 28. 선고 98두1895 판결] 행정소송법 제30조 제2항에 의하면, 행정청의 거부처분을 취소하는 판결이 확정된 경우에는 그 처분을 행한 행정청은 판결의 취지에 따라 이전의 신청에 대하여 재처분할 의무가 있고, 이 경우 확정판결의 당사자인 처분 행정청은 그 행정소송의 사실심 변론종결 이후 발생한 새로운 사유를 내세워 다시 이전의 신청에 대하여 거부처분을 할 수 있으며, 그러한 처분도 이 조항에 규정된 재처분에 해당한다.
④ [대법원 2002.12.11.2002무22] 거부처분에 대한 취소의 확정판결이 있음에도 행정청이 아무런 재처분을 하지 아니하거나, 재처분을 하였다 하더라도 그것이 종전 거부처분에 대한 취소의 확정판결의 기속력에 반하는 등으로 당연무효라면 이는 아무런 재처분을 하지 아니한 때와 마찬가지라 할 것이므로 이러한 경우에는 행정소송법 제30조 제2항, 제34조 제1항 등에 의한 간접강제신청에 필요한 요건을 갖춘 것으로 보아야 한다.
⑤ ☞ 기속력은 인용판결에 한하여 인정된다.

답 11 ②

12 | 2024 |

취소판결의 기속력에 관한 설명으로 옳지 않은 것은? (다툼이 있으면 판례에 따름)

① 취소소송에서 기각판결이 내려진 후에도 처분청은 해당 처분을 직권취소할 수 있다.
② 기속력은 당사자인 원고에게는 미치지 아니한다.
③ 기속력에 따라 행정청은 위법한 결과를 제거하는 조치를 할 의무가 있다.
④ 기속력은 기판력 있는 전소 판결의 소송물과 동일한 후소를 허용하지 않는 효력과는 다르다.
⑤ 신청에 대한 인용처분이 실체적 위법을 이유로 취소되는 경우에 그 처분을 행한 행정청은 판결의 취지에 따라 다시 이전의 신청에 대한 처분을 하여야 한다.

----

① ☞ 기속력은 인용판결이 확정된 경우에 한하여 인정되므로, 기각판결이 내려진 후에도 처분청은 해당 처분을 직권취소할 수 있다.

> **제30조(취소판결등의 기속력)** ① 처분등을 취소하는 확정판결은 그 사건에 관하여 당사자인 행정청과 그 밖의 관계행정청을 기속한다.

② ☞ 기속력은 당사자인 행정청(및 그 권한을 승계한 행정청)뿐만 아니라 그 밖의 관계행정청을 기속한다. 사인인 원고에게 미치지는 않는다.

> **제30조(취소판결등의 기속력)** ① 처분등을 취소하는 확정판결은 그 사건에 관하여 당사자인 행정청과 그 밖의 관계행정청을 기속한다.

③ ☞ 「결과제거의무」에 대한 설명이다.
[대법원 2020. 4. 9. 선고 2019두49953 판결] 어떤 행정처분을 위법하다고 판단하여 취소하는 판결이 확정되면 **행정청은 취소판결의 기속력에 따라 그 판결에서 확인된 위법사유를 배제한 상태에서 다시 처분을 하거나 그 밖에 위법한 결과를 제거하는 조치를 할 의무가 있다.**

④ ☞ 「기판력 있는 전소 판결의 소송물과 동일한 후소를 허용하지 않는 효력」은 「기판력」의 내용 중 반복금지효를 의미한다. 기속력의 내용 중에서도 반복금지의무가 있지만 서로 전혀 다른 내용이다.
[대법원 2016. 3. 24. 선고 2015두48235 판결] 행정소송법 제30조 제1항은 "처분 등을 취소하는 확정판결은 그 사건에 관하여 당사자인 행정청과 그 밖의 관계행정청을 기속한다."라고 규정하고 있다. 이러한 취소 확정판결의 '**기속력**'은 취소 청구가 인용된 판결에서 인정되는 것으로서 당사자인 행정청과 그 밖의 관계행정청에게 확정판결의 취지에 따라 행동하여야 할 의무를 지우는 작용을 한다. 이에 비하여 행정소송법 제8조 제2항에 의하여 행정소송에 준용되는 민사소송법 제216조, 제218조가 규정하고 있는 '**기판력**'이란 기판력 있는 전소 판결의 소송물과 동일한 후소를 허용하지 않음과 동시에, 후소의 소송물이 전소의 소송물과 동일하지는 않더라도 전소의 소송물에 관한 판단이 후소의 선결문제가 되거나 모순관계에 있을 때에는 후소에서 전소 판결의 판단과 다른 주장을 하는 것을 허용하지 않는 작용을 한다.

⑤ ☞ 반복금지의무와 재처분의무를 혼동하면 안된다. 연탄공장에 대한 영업허가처분(신청에 대한 인용처분)에 대하여 인근주민이 취소소송을 제기하였고, 법원이 해당 지역이 주거지역임을 이유로(실체적 위법을 이유로) 영업허가처분 취소판결을 한 경우를 생각해보면 된다. 이 경우 행정청은 연탄공장에 대해서 다시 영업허가를 하면 안되는데 이는 「반복금지의무」에 해당한다. 「재처분의무」는 거부처분과 절차위법의 경우에 문제된다(거/절/재).

답 12 ⑤

제30조(취소판결등의 기속력) ① 처분등을 취소하는 확정판결은 그 사건에 관하여 당사자인 행정청과 그 밖의 관계행정청을 기속한다.
② 판결에 의하여 취소되는 처분이 당사자의 신청을 거부하는 것을 내용으로 하는 경우에는 그 처분을 행한 행정청은 판결의 취지에 따라 다시 이전의 신청에 대한 처분을 하여야 한다.
③ 제2항의 규정은 <u>신청에 따른 처분이 절차의 위법을 이유로 취소되는 경우에 준용한다.</u>

13 | 2024 |

甲이 행정청 乙을 상대로 제기한 거부처분 취소소송에서 인용판결이 확정된 경우에 관한 설명으로 옳은 것은? (다툼이 있으면 판례에 따름)

① 판결은 관계행정청을 기속하지 않는다.
② 乙은 처분 후에 발생한 새로운 사유를 내세워 다시 처분을 할 수 없다.
③ 판결의 기속력은 처분의 구체적 위법사유에 관한 이유 중의 판단에 대하여는 인정되지 아니한다.
④ 乙이 재처분의무를 이행하지 않을 경우 법원은 직접처분으로 판결의 실효성을 확보할 수 있다.
⑤ 乙은 종전 처분의 처분사유와 기본적 사실관계가 동일하지 않은 사유가 종전 처분 당시 이미 존재하고 있었고 당사자가 이를 알고 있었더라도 이를 내세워 새로이 처분을 할 수 있다.

···

① ☞ 인용판결의 기속력은 관계 행정청에게도 미친다.

> **제30조(취소판결등의 기속력)** ① 처분등을 취소하는 확정판결은 그 사건에 관하여 <u>당사자인 행정청과 그 밖의 관계행정청을 기속한다.</u>

② ☞ 유흥주점 영업허가 거부처분에 대한 취소소송에서 인용판결이 확정되면 행정청은 재처분의무를 부담한다. 그런데 해당 지역이 학교환경위생정화구역으로 신규지정되었다면 이를 이유로 다시 거부처분을 할 수 있다. [대판 1998.1.7, 97두22] 행정소송법 제30조 제2항의 규정에 의하면 행정청의 거부처분을 취소하는 판결이 확정된 때에는 그 처분을 행한 행정청이 판결의 취지에 따라 이전의 신청에 대하여 재처분할 의무가 있으나, 이 때 확정판결의 당사자인 처분 행정청은 그 확정판결에서 적시된 위법사유를 보완하여 새로운 처분을 할 수 있는 것이고, <u>행정처분의 적법 여부는 그 행정처분이 행하여진 때의 법령과 사실을 기준으로 하여 판단하는 것이므로 거부처분 후에 법령이 개정·시행된 경우에는 개정된 법령 및 허가기준을 새로운 사유로 들어 다시 이전의 신청에 대한 거부처분을 할 수 있으며 그러한 처분도 위 조항에 규정된 재처분에 해당된다고 할 것이다.</u>

③ ☞ (ⅰ) 「기속력」은 판결의 주문과 판결의 이유에 제시된 위법사유에 대하여 미친다. (ⅱ) 반면에 「기판력」은 판결의 주문에 포함된 것에만 미치고 판결 이유에서 설시된 그 전제가 되는 법률관계의 존부에까지는 미치지 않는다.
[대판 2001.3.23, 99두5238] 행정소송법 제30조 제1항에 의하여 인정되는 <u>취소소송에서 처분 등을 취소하는 확정판결의 기속력은 주로 판결의 실효성 확보를 위하여 인정되는 효력으로서 판결의 주문뿐만 아니라 그 전제가 되는 처분 등의 구체적 위법사유에 관한 이유 중의 판단에 대하여도 인정</u>되고, 같은 조 제2항의 규정상 특히 거부처분에 대한 취소판결이 확정된 경우에는 그 처분을 행한 행정청은 판결의 취지에 따라 다시 처분을 하여

답 13 ⑤

야 할 의무를 부담하게 되므로, 취소소송에서 소송의 대상이 된 거부처분을 실체법상의 위법사유에 기하여 취소하는 판결이 확정된 경우에는 당해 거부처분을 한 행정청은 원칙적으로 신청을 인용하는 처분을 하여야 하고, 사실심 변론종결 이전의 사유를 내세워 다시 거부처분을 하는 것은 확정판결의 기속력에 저촉되어 허용되지 아니한다.

④ ☞ 행정심판에서는 위원회의 직접처분이 인정되나, 행정소송에 있어서는 직접처분이 인정되지 않는다.

⑤ ☞ 당초의 사유(A사유)와 기존적 사실관계가 동일하지 않은 사유(B사유)를 들어 (ⅰ) 소송계속 중 처분사유의 추가 내지 변경을 하는 것은 허용되지 않지만, (ⅱ) 판결확정 이후에 B사유를 이유로 새로운 처분을 하는 것은 기속력에 반하지 않으므로 허용된다.

[대법원 2016. 3. 24. 선고 2015두48235] 행정처분의 위법 여부는 행정처분이 행하여진 때의 법령과 사실을 기준으로 판단하므로, 확정판결의 당사자인 처분 행정청은 종전 처분 후에 발생한 새로운 사유를 내세워 다시 처분을 할 수 있고, 새로운 처분의 처분사유가 종전 처분의 처분사유와 기본적 사실관계에서 동일하지 않은 다른 사유에 해당하는 이상, 처분사유가 종전 처분 당시 이미 존재하고 있었고 당사자가 이를 알고 있었더라도 이를 내세워 새로이 처분을 하는 것은 확정판결의 기속력에 저촉되지 않는다.

| 형성력 |

14 | 2017 |

행정소송법상 제3자효가 인정되지 않는 것은?

① 집행정지결정
② 취소소송의 인용판결
③ 무효확인소송의 인용판결
④ 부작위위법확인소송의 인용판결
⑤ 당사자소송의 인용판결

....

① 제29조 제2항, 제23조

> **제29조(취소판결등의 효력)** ① 처분등을 취소하는 확정판결은 제3자에 대하여도 효력이 있다.
> ② 제1항의 규정은 제23조의 규정에 의한 집행정지의 결정 또는 제24조의 규정에 의한 그 집행정지결정의 취소결정에 준용한다.
>
> **제23조(집행정지)** ① 취소소송의 제기는 처분등의 효력이나 그 집행 또는 절차의 속행에 영향을 주지 아니한다.
> ② 취소소송이 제기된 경우에 처분등이나 그 집행 또는 절차의 속행으로 인하여 생길 회복하기 어려운 손해를 예방하기 위하여 긴급한 필요가 있다고 인정할 때에는 본안이 계속되고 있는 법원은 당사자의 신청 또는 직권에 의하여 처분등의 효력이나 그 집행 또는 절차의 속행의 전부 또는 일부의 정지(이하 "執行停止"라 한다)를 결정할 수 있다. 다만, 처분의 효력정지는 처분등의 집행 또는 절차의 속행을 정지함으로써 목적을 달성할 수 있는 경우에는 허용되지 아니한다.
> ③ 집행정지는 공공복리에 중대한 영향을 미칠 우려가 있을 때에는 허용되지 아니한다.
> ④ 제2항의 규정에 의한 집행정지의 결정을 신청함에 있어서는 그 이유에 대한 소명이 있어야 한다.
> ⑤ 제2항의 규정에 의한 집행정지의 결정 또는 기각의 결정에 대하여는 즉시항고할 수 있다. 이 경우 집행정지의 결정에 대한 즉시항고에는 결정의 집행을 정지하는 효력이 없다.
> ⑥ 제30조제1항의 규정은 제2항의 규정에 의한 집행정지의 결정에 이를 준용한다.

답 14 ⑤

② 제29조 제1항

> **제29조(취소판결등의 효력)** ① 처분등을 취소하는 확정판결은 제3자에 대하여도 효력이 있다.

③ 제38조 제1항, 제29호 제1항

> **제38조(준용규정)** ① 제9조, 제10조, 제13조 내지 제17조, 제19조, 제22조 내지 제26조, **제29조** 내지 제31조 및 제33조의 규정은 무효등 확인소송의 경우에 준용한다.
>
> **제29조(취소판결등의 효력)** ① 처분등을 취소하는 확정판결은 제3자에 대하여도 효력이 있다.

④ 제38조 제2항

> **제38조(준용규정)** ② 제9조, 제10조, 제13조 내지 제19조, 제20조, 제25조 내지 제27조, **제29조** 내지 제31조, 제33조 및 제34조의 규정은 부작위위법확인소송의 경우에 준용한다.
>
> **제29조(취소판결등의 효력)** ① 처분등을 취소하는 확정판결은 제3자에 대하여도 효력이 있다.

⑤ ☞ 당사자소송의 경우에는 취소판결의 제3자효를 준용하지 않는다.

> **제44조(준용규정)** ① 제14조 내지 제17조, 제22조, 제25조, 제26조, 제30조제1항, 제32조 및 제33조의 규정은 당사자소송의 경우에 준용한다.
>
> **제29조(취소판결등의 효력)** ① 처분등을 취소하는 확정판결은 제3자에 대하여도 효력이 있다.

15 | 2018 |

항고소송의 효력에 관한 설명으로 옳지 <u>않은</u> 것은? (다툼이 있으면 판례에 따름)

① 취소판결이 확정되면 당해 처분은 처분청의 취소를 기다릴 필요 없이 당연히 효력이 상실된다.
② 취소판결은 대세적 효력을 가진다.
③ 과세처분을 취소하는 판결이 확정되면 그 과세처분은 처분시에 소급하여 소멸한다.
④ 무효등을 확인하는 확정판결은 제3자에 대하여도 효력이 있다.
⑤ 집행정지결정의 취소결정은 제3자에 대하여 효력이 없다.

....

① [대법원 1991. 10. 11., 선고, 90누5443, 판결] 행정처분을 취소한다는 확정판결이 있으면 그 취소판결의 형성력에 의하여 당해 행정처분의 취소나 취소통지 등의 별도의 절차를 요하지 아니하고 당연히 취소의 효과가 발생한다.
② 동법 제29조 제1항
③ [대법원 1989.5.9., 88다카16096] 과세처분을 취소하는 판결이 확정되면 그 과세처분은 처분시에 소급하여 소멸하므로 그 뒤에 과세관청에서 그 과세처분을 경정하는 경정처분을 하였다면 이는 존재하지 않는 과세처분을 경정한 것으로서 그 하자가 중대하고 명백한 당연무효의 처분이다.
④ ☞ 취소판결의 효력에 관한 행정소송법 제29조(제3자효 내지 대세효)는 무효등확인소송과 부작위위법확인소송에도 준용된다(동법 제38조). 따라서 항고소송의 판결은 제3자효를 갖는다. 반면에 당사자소송의 경우

답 15 ⑤

에는 동법 제29조를 준용하지 않기 때문에(동법 제44조 제1항), 민사소송법의 일반원칙에 따라 판결의 효력은 당사자간에만 미친다.
⑤ ☞ 집행정지결정뿐만 아니라 그 취소결정에도 제3자효가 인정된다. 연탄공장 영업허가에 대한 효력정지가 취소되면, 연탄공장은 가동을 재개할 수 있게 된다.

16 | 2022 |

행정소송법상 제3자에 대하여도 효력이 있는 것을 모두 고른 것은?

> ㄱ. 현역병 입영처분의 효력을 정지하는 결정
> ㄴ. 부가가치세 환급세액의 지급을 명하는 판결
> ㄷ. 지방세부과처분의 취소청구를 기각하는 판결
> ㄹ. 귀화허가 신청에 대한 행정청의 부작위가 위법하다고 확인하는 판결

① ㄱ, ㄷ   ② ㄱ, ㄹ   ③ ㄴ, ㄷ
④ ㄱ, ㄴ, ㄹ   ⑤ ㄴ, ㄷ, ㄹ

㉠ ☞ 취소판결의 제3자효 규정은 집행정지결정에 준용된다. 다만 현역병 입영처분은 제3자효 행정행위가 아니기 때문에 현역병 입영처분의 효력정지가 제3자에게 효력을 미치는 경우를 생각하기는 어렵다. 조문을 기계적으로 적용한 선지이긴 한데, 일단 조문의 준용규정 그대로 맞는 지문으로 보아야 한다.

> 제29조(취소판결등의 효력) ① 처분등을 취소하는 확정판결은 제3자에 대하여도 효력이 있다.
> ② 제1항의 규정은 제23조의 규정에 의한 집행정지의 결정 또는 제24조의 규정에 의한 그 집행정지결정의 취소결정에 준용한다.

㉡ ☞ 부가가치세 환급세액의 지급을 구하는 소송은 당사자소송이다. 당사자소송에는 취소판결의 제3자효 규정이 준용되지 않으므로, 부가가치세 환급세액의 지급을 명하는 판결은 제3자에 대하여 효력이 없다. 당사자소송에 준용되는 취소소송 규정은 "비록직참속할변경공병"으로 정리하자.
[대법원전합 2013.3.21., 2011다95564] 납세의무자에 대한 국가의 부가가치세 환급세액 지급의무에 대응하는 국가에 대한 납세의무자의 부가가치세 환급세액 지급청구는 민사소송이 아니라 행정소송법 제3조 제2호에 규정된 당사자소송의 절차에 따라야 한다.

㉢ ☞ '취소판결'의 제3자효의 개념상 기각판결에는 이와 같은 효력이 인정되지 않는다.
㉣ ☞ 행정소송법 제38조. 취소판결의 제3자효 규정은 부작위법확인소송, 무효등확인소송에도 준용된다.

> 제29조(취소판결등의 효력) ① 처분등을 취소하는 확정판결은 제3자에 대하여도 효력이 있다.
> 제38조(준용규정) ① 제9조, 제10조, 제13조 내지 제17조, 제19조, 제22조 내지 제26조, 제29조 내지 제31조 및 제33조의 규정은 무효등 확인소송의 경우에 준용한다.
> ② 제9조, 제10조, 제13조 내지 제19조, 제20조, 제25조 내지 제27조, 제29조 내지 제31조, 제33조 및 제34조의 규정은 부작위법확인소송의 경우에 준용한다.

답 16 ②

| 판결의 효력 전반 |

17 | 2016 |

행정소송상 판결의 기판력에 관한 설명으로 옳은 것은? (다툼이 있으면 판례에 따름)

① 취소소송의 기각판결에는 기판력이 인정되지 않는다.
② 행정소송법은 기판력을 명시적으로 규정하고 있다.
③ 기판력은 판결이유에 설시된 그 전제가 되는 법률관계의 존부에까지 미친다.
④ 기판력은 소송물로 된 행정처분의 위법성 존부에 관한 판단 그 자체에만 미친다.
⑤ 기판력은 당해 처분이 귀속되는 국가 또는 공공단체에는 미치지 않는다.

① ☞ 기판력은 각하판결을 제외한 본안판결 전부에 인정된다.
② ☞ 행정소송법은 기속력(제30조)과 제3자효(제29조 제1항)에 대해서만 규정하고 기판력에 대해서는 규정하고 있지 않다.
③, ④ ☞ "기속력"은 판결의 주문과 판결의 이유에 제시된 위법사유에 대하여 미친다. 반면에 "기판력"은 판결의 주문에 포함된 것에만 미치고 판결이유에서 설시된 그 전제가 되는 법률관계의 존부에까지는 미치지 않는다.
⑤ ☞ 기판력은 당해 소송의 당사자(원고와 피고) 및 당사자와 동일시할 수 있는 승계인에게만 미치고, 제3자에게는 미치지 않는다. 한편 항고소송에서는 소송수행의 편의상 권리주체인 국가·공공단체가 아닌 행정청을 피고로 하는 것에 불과하기 때문에 그 판결의 기판력은 피고인 처분청(행정청)이 속하는 국가나 공공단체(행정주체)에도 미친다.

18 | 2017 |

과세처분에 대한 취소소송에서 판결의 기판력에 관한 설명으로 옳지 않은 것은? (다툼이 있으면 판례에 따름)

① 기판력은 사실심변론종결시를 기준으로 하여 발생한다.
② 기판력은 과세처분의 위법성 존부에 관한 판단에 미친다.
③ 행정청을 피고로 하는 취소소송에 있어서의 기판력은 당해 과세처분이 귀속하는 국가 또는 지방자치단체에도 미친다.
④ 전소에서 기각판결이 확정된 경우, 그 과세처분의 무효확인을 구하는 후소에는 기판력이 미치지 않는다.
⑤ 전소의 확정판결의 존재를 원고가 후소의 사실심변론종결시까지 주장하지 않았더라도 후소의 상고심에서 새로이 이를 주장·입증할 수 있다.

① [대법원 1992.2.25. 선고, 91누6108, 판결] 과세처분무효확인소송의 경우 소송물은 권리 또는 법률관계의 존부 확인을 구하는 것이며, 이는 청구취지만으로 소송물의 동일성이 특정된다고 할 것이고 따라서 당사자가 청구원인에서 무효사유로 내세운 개개의 주장은 공격방어방법에 불과하다고 볼 것이며, 한편 확정된 종국판결

은 그 기판력으로서 당사자가 사실심의 변론종결시를 기준으로 그때까지 제출하지 않은 공격방어방법은 그 뒤 다시 동일한 소송을 제기하여 이를 주장할 수 없다.
② ☞ 위법성 존부에 관한 판단이란 판결의 결론인「주문」을 말한다. 기판력은 판결의 주문에만 미치고 이유에는 미치지 않는다.
③ ☞ 항고소송에서는 소송수행의 편의상 권리주체인 국가·공공단체가 아닌 행정청을 피고로 하는 것에 불과하기 때문에, 그 판결의 기판력은 피고인 처분청(행정청)이 속하는 국가나 공공단체(행정주체)에도 미친다.
④ [대법원 2003. 5. 16. 선고 2002두3669 판결] 과세처분 취소청구를 기각하는 판결이 확정되면 그 처분이 적법하다는 점에 관하여 기판력이 생기고 그 후 원고가 이를 무효라 하여 무효확인을 소구할 수 없는 것이어서 과세처분의 취소소송에서 청구가 기각된 확정판결의 기판력은 그 과세처분의 무효확인을 구하는 소송에도 미친다.
⑤ ☞ 전소의 확정판결의 부존재는 소송요건으로서 법원의 직권조사사항이다.
[대법원 1989. 10. 10. 선고 89누1308 판결] 소송에서 다투어지고 있는 권리 또는 법률관계의 존부가 동일한 당사자 사이의 전소에서 이미 다루어져 이에 관한 확정판결이 있는 경우에 당사자는 이에 저촉되는 주장을 할 수 없고, 법원도 이에 저촉되는 판단을 할 수 없음은 물론, 위와 같은 확정판결의 존부는 당사자의 주장이 없더라도 법원이 이를 직권으로 조사하여 판단하지 않으면 안되고, 더 나아가 당사자가 확정판결의 존재를 사실심변론종결시까지 주장하지 아니하였더라도 상고심에서 새로이 이를 주장, 입증할 수 있는 것이다.

19 | 2019 |

확정된 취소판결의 효력에 관한 설명으로 옳은 것은? (다툼이 있으면 판례에 따름)

① 기속력은 인용판결에 인정되고, 형성력과 기판력은 인용판결과 기각판결 모두에 대해서 인정된다.
② 운전면허취소처분을 취소하는 판결이 확정된 경우 운전면허취소처분은 행정행위의 공정력으로 인하여 장래에 향하여서만 효력을 잃게 된다.
③ 임용기간이 만료된 국립대학 교원의 재임용거부처분이 판결로 취소되면 임용권자는 다시 재임용 여부를 결정할 의무를 부담할 뿐이고, 교원의 신분관계가 소급하여 회복되는 것은 아니다.
④ 판결의 기속력에 위반하여 한 행정청의 행위는 그 하자가 중대하지만 명백하지 아니하여 취소사유가 된다.
⑤ 처분을 취소하는 확정판결의 기속력은 당사자인 행정청에 대해서만 미친다.

판결의 효력 정리

1. 불가변력(자박력) : 판결이 일단 확정되면 법원 스스로도 이를 취소·변경할 수 없는 기속을 받게 된다. 자박력은 선고법원과 관련된 효력이다.
2. 불가쟁력(형식적 확정력) : 당사자가 상소를 포기하는 경우, 모든 심급을 거친 경우, 혹은 상소제기기간 경과(통상 2주) 등으로 인해 판결에 불복하는 자가 더 이상 판결을 다툴 수 없게 되는 경우의 구속력을 말한다.

답 19 ③

3. **기판력(실질적 확정력)** : 소송물에 관하여 법원이 행한 판단내용이 확정되면 이후 동일사항이 문제된 경우에 ① 당사자는 그에 반하는 주장을 하여 다투는 것이 허용되지 않으며, ② 법원도 일사부재리의 원칙에 따라 그와 모순·저촉되는 판단을 해서는 안되는 구속력을 말한다.
   (1) 반복금지효 : 동일한 소송물에 대하여 다시 소송을 제기할 수 없다.
   (2) 모순금지효 : 당사자는 후소에서 동일한 사항에 대하여 판결의 내용과 모순되는 주장을 할 수 없고, 후소 법원은 전소판결에 반하는 판단을 할 수 없다.
4. **형성력(제3자에 대한 효력)** : 판결의 취지에 따라 소급하여 법률관계의 발생·변경·소멸을 가져오는 효력을 말한다. 형성력은 원피고뿐만 아니라 제3자에게도 효력이 미친다. 형성력은 기판력과는 달리 기각판결에는 인정되지 않고 청구인용판결에만 인정된다.
5. **기속력(행정기관에 대한 효력)** : 처분 등을 취소하는 확정판결이 그 사건에 관하여 당사자인 행정청과 그 밖의 관계행정청에 대하여 판결의 내용에 따라 행하여야 할 실체법상의 의무를 발생시키는 효력을 말한다.
   ① 반복금지의무 : 행정청은 동일한 사실관계 하에서 동일한 당사자에 대하여 동일한 내용의 처분을 반복해서는 안된다.
   ② 재처분의무 : 행정청은 판결의 취지에 따라 신청에 대하여 새로운 처분을 하여야 한다.
   ③ 결과제거의무 : 처분의 취소판결이 확정되면 행정청은 위법한 처분에 의해 초래된 상태를 제거하여야 한다.

① ☞ 기속력과 형성력은 인용판결에만 인정되고, 기판력은 인용판결, 기각판결(본안판결) 모두에 대해서 인정된다.
② ☞ 형성력(형성효, 제3자효, 소급효) 중 소급효에 대한 설명이다. 성립상의 하자로 운전면허취소처분이 쟁송취소된 경우에는 소급하여 효력이 사라진다. 달리 말하면 처분의 상대방은 운전면허취소처분을 받은 적이 없는 사람이 된다.
③ ☞ 임용기간이 만료된 국립대학 교원의 재임용거부처분이 판결로 취소되면 임용권자는 다시 재임용 여부를 결정할 의무를 부담할 뿐이고, 교원의 신분관계가 소급하여 회복되는 것은 아니다.
④ [대법원 1990. 12. 11., 선고, 90누3560, 판결] 확정판결의 당사자인 처분행정청이 그 행정소송의 사실심 변론종결 이전의 사유를 내세워 다시 확정판결과 저촉되는 행정처분을 하는 것은 허용되지 않는 것으로서 이러한 행정처분은 그 하자가 중대하고도 명백한 것이어서 당연무효라 할 것이다.
⑤ ☞ 당사자인 행정청뿐만 아니라 관계행정청도 기속한다(동법 제30조 제1항).

> **제30조 (취소판결 등의 기속력)** ① 처분등을 취소하는 확정판결은 그 사건에 관하여 당사자인 행정청과 <u>그 밖의 관계행정청을 기속한다.</u>

20 | 2021 |

판결에 의한 취소에 관한 설명으로 옳지 않은 것은? (다툼이 있으면 판례에 따름)

① 행정처분을 취소하는 판결이 확정되면 당해 행정처분의 효력은 처분시에 소급하여 소멸하고 처음부터 당해 처분이 행하여지지 않았던 것과 같은 상태로 된다.
② 조합설립인가처분이 판결에 의하여 취소된 경우에 주택재개발사업조합이 그 취소판결 전에 사업시행자로서 한 처분은 달리 특별한 사정이 없는 한 소급하여 효력을 상실한다.
③ 수익적 행정처분에 대한 취소판결은 기득권의 침해를 정당화할 만한 중대한 공익상의 필요 또는 제3자의 이익보호의 필요가 있는 때에 한하여 허용될 수 있다.
④ 처분등을 취소하는 확정판결은 제3자에 대하여도 효력이 있다.
⑤ 취소판결 자체의 효력으로써 행정처분을 기초로 하여 새로 형성된 제3자의 권리까지 당연히 그 행정처분 전의 상태로 환원되는 것은 아니다.

----

① ☞ 취소판결의 형성력은 처분시에 소급한다. 즉 처분의 효력이 소급하여 소멸되어 처음부터 처분이 없었던 것과 같은 효과를 가져온다(소급효). 형성력의 내용은 (ⅰ) 형성효, (ⅱ) 소급효, (ⅲ) 대세효의 3가지로 구성된다.
② [대법원 2012. 3. 29., 선고, 2008다95885, 판결] 도시 및 주거환경정비법(이하 '도시정비법'이라고 한다)상 주택재개발사업조합의 조합설립인가처분이 법원의 재판에 의하여 취소된 경우 그 조합설립인가처분은 소급하여 효력을 상실하고, 이에 따라 당해 주택재개발사업조합 역시 조합설립인가처분 당시로 소급하여 도시정비법상 주택재개발사업을 시행할 수 있는 행정주체인 공법인으로서의 지위를 상실하므로, 당해 주택재개발사업조합이 조합설립인가처분 취소 전에 도시정비법상 적법한 행정주체 또는 사업시행자로서 한 결의 등 처분은 달리 특별한 사정이 없는 한 소급하여 효력을 상실한다고 보아야 한다. 다만 그 효력 상실로 인한 잔존사무의 처리와 같은 업무는 여전히 수행되어야 하므로, 종전에 결의 등 처분의 법률효과를 다투는 소송에서의 당사자지위까지 함께 소멸한다고 할 수는 없다.
③ ☞ 처분청의 직권취소와 법원의 쟁송취소를 구별하라는 문제이다. (ⅰ) 처분청의 직권취소의 경우에는 공익과 사익 간의 비교형량이 필요하다. 이를테면 미성년자를 출입시킨 유흥주점에 대한 영업허가취소를 결정함에 있어서, 영업허가취소시 상대방이 입는 불이익도 고려하여야 한다. (ⅱ) 법원의 쟁송취소는 처분이 위법하다고 판단되면 취소하는 것이지, 공익과 사익의 비교형량은 필요하지 않다. 이를테면 연탄공장에 대한 영업허가처분에 대해 인근주민이 취소소송을 제기한 경우에 법원은 영업허가처분이 위법한지 적법한지만 판단하면 족하다.
[대법원 2019. 10. 17. 선고 2018두104 판결] 수익적 행정처분에 대한 취소권 등의 행사는 기득권의 침해를 정당화할 만한 중대한 공익상의 필요 또는 제3자의 이익보호의 필요가 있는 때에 한하여 허용될 수 있다는 법리는, 처분청이 수익적 행정처분을 직권으로 취소·철회하는 경우에 적용되는 법리일 뿐 쟁송취소의 경우에는 적용되지 않는다.
④ ☞ 형성력 중 제3자효에 대한 설명이다(제29조 제1항)
⑤ ☞ 행정청이 담배 일반소매인 A가 청소년에게 담배를 팔았다고 오인하여 A에 대한 담배소매인지정을 취소하고 B를 새로이 담배소매인으로 지정한 경우를 생각해보면 된다. A가 담배소매인 지정취소에 대한 취소소송을 제기하여 인용판결이 확정되었다고 해서, B에 대한 담배소매인 지정처분이 당연히 취소되는 것은 아니다. 이 경우 A는 B에 대한 담배소매인 지정처분의 취소소송을 추가로 제기해야 한다.

답 20 ③

[대법원 1986.8.19. 83다카2022] 행정처분을 취소하는 확정판결이 제3자에 대하여도 효력이 있다고 하더라도 일반적으로 판결의 효력은 주문에 포함한 것에 한하여 미치는 것이니 그 취소판결 자체의 효력으로써 그 행정처분을 기초로 하여 새로 형성된 제3자의 권리까지 당연히 그 행정처분 전의 상태로 환원되는 것이라고는 할 수 없고, 단지 취소판결의 존재와 취소판결에 의하여 형성되는 법률관계를 소송당사자가 아니었던 제3자라 할지라도 이를 용인하지 않으면 아니된다는 것을 의미하는 것에 불과하다 할 것이며, 따라서 취소판결의 확정으로 인하여 당해 행정처분을 기초로 새로 형성된 제3자의 권리관계에 변동을 초래하는 경우가 있다 하더라도 이는 취소판결 자체의 형성력에 기한 것이 아니라 취소판결의 위와 같은 의미에서의 제3자에 대한 효력의 반사적 효과로서 그 취소판결이 제3자의 권리관계에 대하여 그 변동을 초래할 수 있는 새로운 법률요건이 되는 까닭이라 할 것이다. 그러므로 이 사건에 있어서 위 환지계획변경처분을 취소하는 판결이 확정됨으로써 이 사건 토지들에 대한 원고들 명의의 소유권이전등기가 그 원인없는 것으로 환원되는 결과가 초래되었다 하더라도 동 소유권이전등기는 위 취소판결 자체의 효력에 의하여 당연히 말소되는 것이 아니라 소외 이석구가 위 취소판결의 존재를 법률요건으로 주장하여 원고들에게 그 말소를 구하는 소송을 제기하여 승소의 확정판결을 얻어야 비로소 말소될 수 있는 것이다.

21 | 2024 |

취소소송 판결 및 집행정지 결정의 효력에 관한 설명으로 옳지 않은 것은? (다툼이 있으면 판례에 따름)

① 처분등을 취소하는 확정판결은 제3자에 대하여도 효력이 있다.
② 집행정지의 결정은 제3자에 대하여도 효력이 있다.
③ 집행정지결정의 취소결정은 제3자에 대하여도 효력이 있다.
④ 과세처분 취소청구를 기각하는 판결이 확정되면 그 처분이 적법하다는 점에 관하여 기판력이 생긴다.
⑤ 과세처분의 취소소송에서 청구가 기각된 확정판결의 기판력은 그 과세처분의 무효확인을 구하는 소송에는 미치지 아니한다.

① ☞ 「형성력」의 내용 중 「제3자효」에 해당한다.

> 제29조(취소판결등의 효력) ① 처분등을 취소하는 확정판결은 제3자에 대하여도 효력이 있다.

② ☞ 연탄공장에 대한 영업허가처분에 대하여 인근주민이 제기한 취소소송에서 법원이 집행정지결정을 내리면 영업허가의 효력이 정지된다. 이 경우 소송의 제3자인 연탄공장에도 집행정지의 효력이 미치므로 영업을 할 수 없게 된다.

> 제29조(취소판결등의 효력) ① 처분등을 취소하는 확정판결은 제3자에 대하여도 효력이 있다.
> ② 제1항의 규정은 제23조의 규정에 의한 집행정지의 결정 또는 제24조의 규정에 의한 그 집행정지결정의 취소결정에 준용한다.

③ ☞ 연탄공장 영업허가에 대하여 집행정지결정이 이루어졌다가 추후 취소되면, 제3자인 연탄공장은 영업을 재개할 수 있다.

답 21 ⑤

제29조(취소판결등의 효력) ① 처분등을 취소하는 확정판결은 제3자에 대하여도 효력이 있다.
② 제1항의 규정은 제23조의 규정에 의한 집행정지의 결정 또는 제24조의 규정에 의한 그 집행정지결정의 취소결정에 준용한다.

④ ☞ 기판력은 인용판결과 기각판결 모두에 인정된다.
[대판 1998.7.24, 98다10854] 과세처분의 취소소송은 과세처분의 실체적, 절차적 위법을 그 취소원인으로 하는 것으로서 그 심리의 대상은 과세관청의 과세처분에 의하여 인정된 조세채무인 과세표준 및 세액의 객관적 존부, 즉 당해 과세처분의 적부가 심리의 대상이 되는 것이며, 과세처분 취소청구를 기각하는 판결이 확정되면 그 처분이 적법하다는 점에 관하여 기판력이 생기고 그 후 원고가 이를 무효라 하여 무효확인을 소구할 수 없는 것이어서 과세처분의 취소소송에서 청구가 기각된 확정판결의 기판력은 그 과세처분의 무효확인을 구하는 소송에도 미친다.

⑤ ☞ 과세처분 취소청구를 기각하는 판결이 확정되면 처분이 적법하다는 점에 기판력이 생긴다. 즉 당해 처분은 적법한 것이므로 무효확인소송도 제기할 수 없게 된다.
[대판 1998.7.24, 98다10854] 과세처분의 취소소송은 과세처분의 실체적, 절차적 위법을 그 취소원인으로 하는 것으로서 그 심리의 대상은 과세관청의 과세처분에 의하여 인정된 조세채무인 과세표준 및 세액의 객관적 존부, 즉 당해 과세처분의 적부가 심리의 대상이 되는 것이며, 과세처분 취소청구를 기각하는 판결이 확정되면 그 처분이 적법하다는 점에 관하여 기판력이 생기고 그 후 원고가 이를 무효라 하여 무효확인을 소구할 수 없는 것이어서 과세처분의 취소소송에서 청구가 기각된 확정판결의 기판력은 그 과세처분의 무효확인을 구하는 소송에도 미친다.

22 | 2025 |

판결의 효력에 관한 설명으로 옳지 않은 것은? (다툼이 있으면 판례에 따름)

① 취소판결의 기속력은 「행정소송법」에 규정되어 있다.
② 처분을 취소하는 확정판결의 효력은 소송에 참여한 당사자에게만 미친다.
③ 과세처분의 취소소송에서 청구가 기각된 확정판결의 기판력은 그 과세처분의 무효확인을 구하는 소송에도 미친다.
④ 확정판결은 주문에 포함된 것에 한하여 기판력을 가진다.
⑤ 과세처분을 취소하는 판결이 확정된 후, 과세관청에서 그 과세처분을 경정하는 경정처분을 하였다면 당연무효의 처분이다.

••••••••••••••••••••••

① ☞ 판결의 효력 중 행정소송법에 명문규정이 존재하는 사항은 (i) 기속력, (ii) 재처분의무, (iii) 제3자효의 3가지가 있다.

제30조(취소판결등의 기속력) ① 처분등을 취소하는 확정판결은 그 사건에 관하여 당사자인 행정청과 그 밖의 관계행정청을 기속한다.

답 22 ②

② ☞ 인용판결의 효력(기속력)은 당사자인 행정청뿐만 아니라 그 밖의 관계 행정청에게도 미친다.

> **제30조(취소판결등의 기속력)** ① 처분등을 취소하는 확정판결은 그 사건에 관하여 <u>당사자인 행정청과 그 밖의 관계행정청을 기속한다.</u>

③ ☞ 과세처분 취소청구를 기각하는 판결이 확정되면 처분이 적법하다는 점에 기판력이 생긴다. 즉 당해 처분은 적법한 것이므로 이후 무효확인소송도 제기할 수 없게 된다.
[대판 1998.7.24, 98다10854] 과세처분의 취소소송은 과세처분의 실체적, 절차적 위법을 그 취소원인으로 하는 것으로서 그 심리의 대상은 과세관청의 과세처분에 의하여 인정된 조세채무인 과세표준 및 세액의 객관적 존부, 즉 당해 과세처분의 적부가 심리의 대상이 되는 것이며, 과세처분 취소청구를 기각하는 판결이 확정되면 그 처분이 적법하다는 점에 관하여 기판력이 생기고 그 후 원고가 이를 무효라 하여 무효확인을 소구할 수 없는 것이어서 과세처분의 취소소송에서 청구가 기각된 확정판결의 기판력은 그 과세처분의 무효확인을 구하는 소송에도 미친다.

④ ☞ 「기속력」은 판결의 주문과 판결의 이유에 제시된 위법사유에 대하여 미친다. 반면에 「기판력」은 판결의 주문에 포함된 것에만 미치고, 판결이유에서 설시된 그 전제가 되는 법률관계의 존부에까지는 미치지 않는다.

⑤ ☞ 취소판결의 형성력은 처분시에 소급한다. 즉 처분의 효력이 소급하여 소멸되어 처음부터 처분이 없었던 것과 같은 효과를 가져온다. 존재하지 않는 것을 경정하는 것은 당연무효에 해당한다.
[대법원 1989.5.9., 88다카16096] 과세처분을 취소하는 판결이 확정되면 그 과세처분은 처분시에 소급하여 소멸하므로 그 뒤에 과세관청에서 그 과세처분을 경정하는 경정처분을 하였다면 이는 존재하지 않는 과세처분을 경정한 것으로서 그 하자가 중대하고 명백한 당연무효의 처분이다.

제3관 (거부처분취소판결의) 간접강제

1. 의의

판결에 의하여 취소되는 처분이 당사자의 신청을 거부하는 것을 내용으로 하는 경우에는 그 처분을 행한 행정청은 판결의 취지에 따라 다시 이전의 신청에 대한 처분을 하여야 한다(거부처분취소에 따른 재처분의무). 행정소송법은 거부처분취소판결의 확정시에 행정청에 부과되는 재처분의무의 이행을 확보하기 위해 간접강제제도를 도입하고 있다.

2. 내용 - 배상명령

행정청이 제30조 제2항의 규정에 의한 처분을 하지 아니하는 때에는 제1심 수소법원은 「당사자의 신청」에 의하여 결정으로서 상당한 기간을 정하고 행정청이 그 기간 내에 이행하지 아니하는 때에는 그 지연기간에 따라 일정한 배상을 할 것을 명하거나 즉시 손해배상을 할 것을 명할 수 있다.

> **제30조(취소판결등의 기속력)** ① 처분등을 취소하는 확정판결은 그 사건에 관하여 당사자인 행정청과 그 밖의 관계행정청을 기속한다.
> ② 판결에 의하여 취소되는 처분이 당사자의 신청을 거부하는 것을 내용으로 하는 경우에는 그 처분을 행한 행정청은 판결의 취지에 따라 다시 이전의 신청에 대한 처분을 하여야 한다.
>
> **제34조(거부처분취소판결의 간접강제)** ① 행정청이 제30조제2항의 규정에 의한 처분을 하지 아니하는 때에는 제1심수소법원은 당사자의 신청에 의하여 결정으로써 상당한 기간을 정하고 행정청이 그 기간내에 이행하지 아니하는 때에는 그 지연기간에 따라 일정한 배상을 할 것을 명하거나 즉시 손해배상을 할 것을 명할 수 있다.
> ② 제33조와 민사집행법 제262조의 규정은 제1항의 경우에 준용한다.
>
> **제33조(소송비용에 관한 재판의 효력)** 소송비용에 관한 재판이 확정된 때에는 피고 또는 참가인이었던 행정청이 소속하는 국가 또는 공공단체에 그 효력을 미친다.
>
> **민사집행법**
> **제262조(채무자의 심문)** 제260조 및 제261조의 결정은 변론 없이 할 수 있다. 다만, 결정하기 전에 채무자를 심문하여야 한다.

법원의 직권에 의한 간접강제는 인정되지 않는다. 행정소송법상 당사자의 신청에 의해서만 가능한 경우와 법원의 직권에 의해서도 가능한 경우를 구분하면 다음과 같다.

당사자의 신청에 의해서만 할 수 있는 경우	당사자의 신청 또는 법원의 직권에 의하여 할 수 있는 경우
피고경정(제14조 제1항), 소의 변경(제21조), 처분변경으로 인한 소의 변경(제22조), 행정심판기록의 제출명령(제25조), 간접강제(제34조),	소송의 이송, 관련청구의 이송(제10조), 처분권한 승계에 따른 피고의 경정(제14조 제6항), 소송참가(제16조, 제17조), 집행정지결정(제23조)과 취소(제24조), 사정판결(제28조)

3. 간접강제의 행사요건

가. 거부처분에 대한 취소판결이 확정되어야 한다.

나. 처분청이 거부처분취소판결의 취지에 따른 재처분을 하지 않았어야 한다. 이때 재처분을 하지 않았다는 것은 아무런 재처분을 하지 않은 것뿐만 아니라 재처분이 기속력에 반하여 당연무효가 된 것을 포함한다.

> **관련판례**
>
> 행정청이 재처분을 하였더라도 그 처분이 판결의 기속력에 위배되어 당연무효인 경우라면 간접강제가 가능하다[대법원 2002.12.11. 자, 2002무22].
>
> 거부처분에 대한 취소의 확정판결이 있음에도 행정청이 아무런 재처분을 하지 아니하거나, 재처분을 하였다 하더라도 그것이 종전 거부처분에 대한 취소의 확정판결의 기속력에 반하는 등으로 당연무효라면 이는 아무런 재처분을 하지 아니한 때와 마찬가지라 할 것이므로 이러한 경우에는 행정소송법 제30조 제2항, 제34조 제1항 등에 의한 간접강제신청에 필요한 요건을 갖춘 것으로 보아야 한다.

4. 배상금추심의 한계

배상금은 확정판결의 취지에 따른 재처분의 지연에 대한 제재나 손해배상이 아니고 재처분의무의 이행을 확보하기 위한 심리적 강제수단이다. 따라서 법원에서 정한 기한이 경과한 후라도 행정청이 재처분의무를 이행하면 심리적 강제를 꾀할 목적이 소멸되기 때문에 배상금추심은 허용되지 않는다.

> **관련판례**
>
> 확정판결의 취지에 따른 재처분이 간접강제결정에서 정한 의무이행기한이 경과한 후에 이루어졌더라도 처분이 행해진 이상 배상금을 추심할 수 없다[대법원 2004.1.15., 2002두2444].
>
> 행정소송법 제34조 소정의 간접강제결정에 기한 배상금은 거부처분취소판결이 확정된 경우 그 처분을 행한 행정청으로 하여금 확정판결의 취지에 따른 재처분의무의 이행을 확실히 담보하기 위한 것으로서, 확정판결의 취지에 따른 재처분의무 내용의 불확정성과 그에 따른 재처분에의 해당 여부에 관한 쟁송으로 인하여 간접강제결정에서 정한 재처분의무의 기한 경과에 따른 배상금이 증가될 가능성이 자칫 행정청으로 하여금 인용처분을 강제하여 행정청의 재량권을 박탈하는 결과를 초래할 위험성이 있는 점 등을 감안하면, 이는 확정판결의 취지에 따른 재처분의 지연에 대한 제재나 손해배상이 아니고 재처분의 이행에 관한 심리적 강제수단에 불과한 것으로 보아야 하므로, 특별한 사정이 없는 한 간접강제결정에서 정한 의무이행기한이 경과한 후에라도 확정판결의 취지에 따른 재처분의 이행이 있으면 배상금을 추심함으로써 심리적 강제를 꾀할 목적이 상실되어 처분상대방이 더 이상 배상금을 추심하는 것은 허용되지 않는다.

5. 준용되는 경우

행정소송법은 거부처분취소판결에 따른 재처분의무에 대하여 간접강제를 규정하고 이를 부작위위법확인판결의 경우에 준용하고 있다(동법 제38조 제2항). 그러나 무효등확인소송의 경우에는 준용규정이 없으므로 간접강제규정이 준용되지 않는다.

> **관련판례**
>
> **거부처분에 대한 무효확인판결은 간접강제의 대상이 되지 않는다[대법원 1998.12.24., 98무37].**
>
> [1] 행정소송법 제34조는 취소판결의 간접강제에 관하여 규정하면서 제1항에서 행정청이 같은 법 제30조 제2항의 규정에 의한 처분을 하지 아니한 때에 간접강제를 할 수 있도록 규정하고 있고, 같은 법 제30조 제2항은 "판결에 의하여 취소되는 처분이 당사자의 신청을 거부하는 것을 내용으로 하는 경우에는 그 처분을 행한 행정청은 판결의 취지에 따라 다시 이전의 신청에 대한 처분을 하여야 한다."라고 규정함으로써 취소판결에 따라 취소된 행정처분이 거부처분인 경우에 행정청에 다시 처분을 할 의무가 있음을 명시하고 있으므로, 결국 같은 법상 간접강제가 허용되는 것은 취소판결에 의하여 취소된 행정처분이 거부처분인 경우라야 할 것이다.
>
> [2] 행정소송법 제38조 제1항이 무효확인 판결에 관하여 취소판결에 관한 규정을 준용함에 있어서 같은 법 제30조 제2항을 준용한다고 규정하면서도 같은 법 제34조는 이를 준용한다는 규정을 두지 않고 있으므로, 행정처분에 대하여 무효확인 판결이 내려진 경우에는 그 행정처분이 거부처분인 경우에도 행정청에 판결의 취지에 따른 재처분의무가 인정될 뿐 그에 대하여 간접강제까지 허용되는 것은 아니라고 할 것이다.

기출문제

01 | 2016 |

다음 설명에 해당하는 행정소송법상 제도는?

> 행정청이 거부처분취소판결의 취지에 따라 다시 처분을 하지 아니하는 때에는 제1심수소법원은 당사자의 신청에 의하여 결정으로써 상당한 기간을 정하고 행정청이 그 기간내에 이행하지 아니하는 때에는 그 지연기간에 따라 일정한 배상을 할 것을 명하거나 즉시 손해배상을 할 것을 명할 수 있다.

① 행정강제 ② 국가배상 ③ 즉시강제
④ 직접강제 ⑤ 간접강제

· ·

⑤ 행정소송법 제34조 제1항, 제30조 제2항

02 | 2017 |

간접강제에 관한 설명으로 옳지 <u>않은</u> 것은? (다툼이 있으면 판례에 따름)

① 간접강제는 판결의 기속력과 관련된다.
② 거부처분에 대한 무효확인판결이 확정되었음에도 행정청이 아무런 처분을 하지 않는 경우, 간접강제가 허용된다.
③ 거부처분에 대한 취소판결이 확정된 뒤 행정청이 재처분을 하였지만 그것이 취소판결의 기속력에 반하는 경우, 간접강제가 허용된다.
④ 간접강제 신청은 제1심수소법원에 하여야 한다.
⑤ 간접강제결정에서 정한 이행기간이 경과한 후에 재처분의무를 이행한 경우 처분상대방은 더 이상 배상금을 추심할 수 없다.

· ·

① 제30조, 제34조

> **제30조(취소판결등의 기속력)** ② 판결에 의하여 취소되는 처분이 당사자의 신청을 거부하는 것을 내용으로 하는 경우에는 그 처분을 행한 행정청은 판결의 취지에 따라 다시 이전의 신청에 대한 처분을 하여야 한다.
>
> **제34조(거부처분취소판결의 간접강제)** ① <u>행정청이 제30조제2항의 규정에 의한 처분을 하지 아니하는 때에는</u> 제1심수소법원은 당사자의 신청에 의하여 결정으로써 상당한 기간을 정하고 행정청이 그 기간내에 이행하지 아니하는 때에는 그 지연기간에 따라 일정한 배상을 할 것을 명하거나 즉시 손해배상을 할 것을 명할 수 있다.

답 01 ⑤ 02 ②

② [대법원 1998. 12. 24. 자 98무37 결정] 행정소송법 제38조 제1항이 무효확인 판결에 관하여 취소판결에 관한 규정을 준용함에 있어서 같은 법 제30조 제2항을 준용한다고 규정하면서도 같은 법 제34조는 이를 준용한다는 규정을 두지 않고 있으므로, 행정처분에 대하여 무효확인 판결이 내려진 경우에는 그 행정처분이 거부처분인 경우에도 행정청에 판결의 취지에 따른 재처분의무가 인정될 뿐 그에 대하여 간접강제까지 허용되는 것은 아니라고 할 것이다.

③ [대법원 2002. 12. 11. 2002무22] 간접강제의 요건으로서 첫째, 거부처분에 대한 취소판결이 확정되어야 하며, 둘째, 처분청이 거부처분취소판결의 취지에 따른 재처분을 하지 않았어야 한다. 이때 재처분을 하지 않았다는 것은 아무런 재처분을 하지 않은 것뿐만 아니라 재처분이 기속력에 반하여 당연무효가 된 것을 포함한다.

④ 제34조 제1항

> **제34조(거부처분취소판결의 간접강제)** ① 행정청이 제30조제2항의 규정에 의한 처분을 하지 아니하는 때에는 **제1심 수소법원**은 당사자의 신청에 의하여 결정으로써 상당한 기간을 정하고 행정청이 그 기간내에 이행하지 아니하는 때에는 그 지연기간에 따라 일정한 배상을 할 것을 명하거나 즉시 손해배상을 할 것을 명할 수 있다.

⑤ [대법원 2004. 1. 15. 선고 2002두2444 판결] 행정소송법 제34조 소정의 간접강제결정에 기한 배상금은 거부처분취소판결이 확정된 경우 그 처분을 행한 행정청으로 하여금 확정판결의 취지에 따른 재처분의무의 이행을 확실히 담보하기 위한 것으로서, 확정판결의 취지에 따른 재처분의무내용의 불확정성과 그에 따른 재처분에의 해당 여부에 관한 쟁송으로 인하여 간접강제결정에서 정한 재처분의무의 기한 경과에 따른 배상금이 증가될 가능성이 자칫 행정청으로 하여금 인용처분을 강제하여 행정청의 재량권을 박탈하는 결과를 초래할 위험성이 있는 점 등을 감안하면, 이는 확정판결의 취지에 따른 재처분의 지연에 대한 제재나 손해배상이 아니고 재처분의 이행에 관한 심리적 강제수단에 불과한 것으로 보아야 하므로, 특별한 사정이 없는 한 간접강제결정에서 정한 의무이행기한이 경과한 후에라도 확정판결의 취지에 따른 재처분의 이행이 있으면 배상금을 추심함으로써 심리적 강제를 꾀할 목적이 상실되어 처분상대방이 더 이상 배상금을 추심하는 것은 허용되지 않는다.

03 | 2018 |

간접강제에 관한 설명으로 옳지 **않은** 것은? (다툼이 있으면 판례에 따름)

① 간접강제는 판결의 기속력 확보수단이다.
② 간접강제결정에 기한 배상금은 확정판결의 취지에 따른 재처분의 지연에 대한 제재이다.
③ 간접강제 신청은 제1심 수소법원에 하여야 한다.
④ 간접강제의 결정은 변론 없이 할 수 있다.
⑤ 간접강제가 허용되기 위해서는 거부처분취소판결이나 부작위위법확인판결이 확정되어야 한다.

••••••••••••••••••••••

① ☞ 판결에 의하여 취소되는 처분이 당사자의 신청을 거부하는 것을 내용으로 하는 경우에는 그 처분을 행한 행정청은 판결의 취지에 따라 다시 이전의 신청에 대한 처분을 하여야 한다(거부처분취소에 따른 재처분의무). 행정소송법은 거부처분취소판결의 확정시에 판결의 기속력(행정청에 부과되는 재처분의무의 이행)을 확보하기 위해 간접강제제도를 도입하고 있다.

② [대법원 2004. 1. 15., 2002두2444] 행정소송법 제34조 소정의 간접강제결정에 기한 배상금은 거부처분취소판결이 확정된 경우 그 처분을 행한 행정청으로 하여금 확정판결의 취지에 따른 재처분의무의 이행을 확실히

답 03 ②

담보하기 위한 것으로서, 확정판결의 취지에 따른 재처분의무 내용의 불확정성과 그에 따른 재처분에의 해당 여부에 관한 쟁송으로 인하여 간접강제결정에서 정한 재처분의무의 기한 경과에 따른 배상금이 증가될 가능성이 자칫 행정청으로 하여금 인용처분을 강제하여 행정청의 재량권을 박탈하는 결과를 초래할 위험성이 있는 점 등을 감안하면, 이는 **확정판결의 취지에 따른 재처분의 지연에 대한 제재나 손해배상이 아니고 재처분의 이행에 관한 심리적 강제수단에 불과한 것으로 보아야 하므로**, 특별한 사정이 없는 한 간접강제결정에서 정한 의무이행기한이 경과한 후에라도 확정판결의 취지에 따른 재처분의 이행이 있으면 배상금을 추심함으로써 심리적 강제를 꾀할 목적이 상실되어 처분상대방이 더 이상 배상금을 추심하는 것은 허용되지 않는다.

③ 동법 제34조 제1항
④ 동법 제34조 제2항, 민사집행법 제262조

> **제34조(거부처분취소판결의 간접강제)** ① 행정청이 제30조제2항의 규정에 의한 처분을 하지 아니하는 때에는 제1심수소법원은 당사자의 신청에 의하여 결정으로써 상당한 기간을 정하고 행정청이 그 기간내에 이행하지 아니하는 때에는 그 지연기간에 따라 일정한 배상을 할 것을 명하거나 즉시 손해배상을 할 것을 명할 수 있다.
> ② 제33조와 민사집행법 제262조의 규정은 제1항의 경우에 준용한다.
>
> **민사집행법**
> 제262조(채무자의 심문) 제260조 및 제261조의 결정은 <u>변론 없이 할 수 있다</u>. 다만, 결정하기 전에 채무자를 심문하여야 한다.

⑤ ☞ 간접강제는 거부처분취소판결에 따른 기속력을 확보하기 위한 제도이므로 판결이 "확정"되어야 한다. 한편 행정소송법은 거부처분취소판결에 따른 재처분의무에 대하여 간접강제를 규정하고 이를 부작위위법확인판결의 경우에 준용하고 있다(동법 제38조 제2항). 그러나 무효등확인소송의 경우에는 준용규정이 없으므로 간접강제규정이 준용되지 않는다.

04 | 2020 |

〈보기〉와 같은 판결 주문례에 관한 설명으로 옳지 <u>않은</u> 것은?

> **보 기**
> 피신청인은 이 결정의 정본을 받은 날로부터 ○○일 이내에 신청인에 대하여 이 법원 2006구합127 XX 거부처분취소사건의 확정판결의 취지에 따른 처분을 하지 않을 때에는 신청인에 대하여 위 기간이 마치는 다음날부터 처분시까지 1일 금 ○○○원의 비율에 의한 금원을 지급하라.

① 간접강제에 관한 주문이다.
② 「행정소송법」 제30조 제2항의 재처분의무를 전제로 한다.
③ 제1심수소법원은 당사자의 신청에 따라 위와 같은 명령을 할 수 있다.
④ 주문에서 정한 기간을 경과한 재처분은 무효이다.
⑤ 〈보기〉의 배상금은 재처분의 이행에 관한 심리적 강제수단에 해당한다.

답 04 ④

① ☞ 간접강제결정의 주문은 (ⅰ)재처분의무의 기한과 (ⅱ) 기한내 의무불이행시 배상을 명하는 2가지의 내용으로 구성된다.
②, ③ ☞ 행정청이 제30조 제2항의 규정에 의한 처분을 하지 아니하는 때에는 제1심 수소법원은 「당사자의 신청」에 의하여 결정으로서 상당한 기간을 정하고, 행정청이 그 기간 내에 이행하지 아니하는 때에는 그 지연기간에 따라 일정한 배상을 할 것을 명하거나 즉시 손해배상을 할 것을 명할 수 있다.

> **제30조(취소판결등의 기속력)** ① 처분등을 취소하는 확정판결은 그 사건에 관하여 당사자인 행정청과 그 밖의 관계행정청을 기속한다.
> ② 판결에 의하여 취소되는 처분이 당사자의 신청을 거부하는 것을 내용으로 하는 경우에는 그 처분을 행한 행정청은 판결의 취지에 따라 다시 이전의 신청에 대한 처분을 하여야 한다.
> **제34조(거부처분취소판결의 간접강제)** ① 행정청이 제30조제2항의 규정에 의한 처분을 하지 아니하는 때에는 제1심 수소법원은 당사자의 신청에 의하여 결정으로써 상당한 기간을 정하고 행정청이 그 기간내에 이행하지 아니하는 때에는 그 지연기간에 따라 일정한 배상을 할 것을 명하거나 즉시 손해배상을 할 것을 명할 수 있다.

④, ⑤ [대법원 2004.1.15, 2002두2444] 행정소송법 제34조 소정의 간접강제결정에 기한 배상금은 거부처분취소판결이 확정된 경우 그 처분을 행한 행정청으로 하여금 확정판결의 취지에 따른 재처분의무의 이행을 확실히 담보하기 위한 것으로서, 확정판결의 취지에 따른 재처분의무내용의 불확정성과 그에 따른 재처분에의 해당 여부에 관한 쟁송으로 인하여 간접강제결정에서 정한 재처분의무의 기한 경과에 따른 배상금이 증가될 가능성이 자칫 행정청으로 하여금 인용처분을 강제하여 행정청의 재량권을 박탈하는 결과를 초래할 위험성이 있는 점 등을 감안하면, 이는 확정판결의 취지에 따른 재처분의 지연에 대한 제재나 손해배상이 아니고 재처분의 이행에 관한 심리적 강제수단에 불과한 것으로 보아야 하므로, 특별한 사정이 없는 한 간접강제결정에서 정한 의무이행기한이 경과한 후에라도 확정판결의 취지에 따른 재처분의 이행이 있으면 배상금을 추심함으로써 심리적 강제를 꾀할 목적이 상실되어 처분상대방이 더 이상 배상금을 추심하는 것은 허용되지 않는다.

05 | 2021 |

취소소송의 제1심 수소법원이 직권으로 할 수 없는 행위는?

① 처분 후 처분청이 없게 된 경우에 피고를 경정하는 행위
② 집행정지의 결정이 확정된 후 집행정지사유가 없어졌다는 이유로 집행정지의 결정을 취소하는 행위
③ 소송의 결과에 따라 권리 또는 이익의 침해를 받을 제3자를 그 소송에 참가시키는 행위
④ 피고가 아닌 다른 행정청을 소송에 참가시키는 행위
⑤ 행정청이 거부처분취소판결에 따른 재처분의무를 이행하지 않아 그 지연기간에 따라 일정한 배상을 할 것을 명하는 행위

⑤ ☞ 간접강제에 대한 설명이다. 법원이 직권으로 할 수 없고 신청에 의해서만 가능한 행위는 "피변록접"으로 정리해야 한다.

답 05 ⑤

06 | 2022 |

행정소송법상 간접강제를 할 수 있는 판결은? (다툼이 있으면 판례에 따름)

① 토지의 수용재결을 취소하는 판결
② 기반시설부담금 부과처분의 일부를 취소하는 판결
③ 건축허가의 신청에 대한 행정청의 부작위가 위법함을 확인하는 판결
④ 재개발조합 설립인가 신청에 대한 거부처분이 무효임을 확인하는 판결
⑤ 지방자치단체에 대하여 소속 공무원의 초과근무수당 지급을 명령하는 판결

・・・・・・・・・・・・・・・・・・・・・

☞ 행정소송법 제34조 제1항은 거부처분취소판결의 실효성을 확보하기 위해 간접강제제도를 규정하고 있다. 이 규정은 부작위위법확인소송에 준용되나 무효등확인소송, 당사자소송에는 준용되지 않는다.

①, ② ☞ 거부처분을 취소하는 판결이 아니므로 간접강제가 허용되지 않는다.
③ ☞ 부작위위법확인판결(부작위위법확인소송)이므로, 간접강제가 허용된다.
④ ☞ 무효확인판결(무효등확인소송)이므로, 간접강제가 허용되지 않는다. 무효확인소송에 준용되지 않는 규정은 「무/심/재/기/접/사」로 정리하자.
⑤ ☞ 공무원이 초과근무수당 지급을 구하는 소송은 당사자소송이고 여기에는 간접강제규정이 준용되지 않으므로 지문에서 간접강제는 허용되지 않는다.

07 | 2023 |

행정소송법상 간접강제에 관한 설명으로 옳지 않은 것은? (다툼이 있으면 판례에 따름)

① 간접강제는 모든 항고소송에 준용된다.
② 간접강제 결정은 변론없이 할 수 있다.
③ 당사자가 제1심수소법원에 신청하여야 한다.
④ 간접강제 결정시 지연기간에 따라 일정한 배상을 할 것을 명하거나 즉시 손해배상을 할 것을 명할 수 있다.
⑤ 간접강제 결정은 피고 또는 참가인이었던 행정청이 소속하는 국가 또는 공공단체에 그 효력을 미친다.

・・・・・・・・・・・・・・・・・・・・・

① ☞ 간접강제 규정은 무효등확인소송에서는 준용되지 않는다. 무효등확인소송에 준용되지 않는 규정은 「무/심/재/기/접/사」로 기억하자.

> **제34조(거부처분취소판결의 간접강제)** ① 행정청이 제30조제2항의 규정에 의한 처분을 하지 아니하는 때에는 제1심수소법원은 당사자의 신청에 의하여 결정으로써 상당한 기간을 정하고 행정청이 그 기간내에 이행하지 아니하는 때에는 그 지연기간에 따라 일정한 배상을 할 것을 명하거나 즉시 손해배상을 할 것을 명할 수 있다.

제38조(준용규정) ① 제9조, 제10조, 제13조 내지 제17조, 제19조, 제22조 내지 제26조, 제29조 내지 제31조 및 제33조의 규정은 <u>무효등 확인소송의 경우에 준용한다</u>.

② ☞ 행정소송법 제34조 제2항에 따라 준용되는 민사집행법에서 규정하고 있다.

제34조(거부처분취소판결의 간접강제) ① 행정청이 제30조제2항의 규정에 의한 처분을 하지 아니하는 때에는 제1심수소법원은 당사자의 신청에 의하여 결정으로써 상당한 기간을 정하고 행정청이 그 기간내에 이행하지 아니하는 때에는 그 지연기간에 따라 일정한 배상을 할 것을 명하거나 즉시 손해배상을 할 것을 명할 수 있다.
② <u>제33조와 민사집행법 제262조의 규정은 제1항의 경우에 준용한다</u>.

민사집행법
제261조(간접강제) ① 채무의 성질이 간접강제를 할 수 있는 경우에 제1심 법원은 채권자의 신청에 따라 간접강제를 명하는 결정을 한다. 그 결정에는 채무의 이행의무 및 상당한 이행기간을 밝히고, 채무자가 그 기간 이내에 이행을 하지 아니하는 때에는 늦어진 기간에 따라 일정한 배상을 하도록 명하거나 즉시 손해배상을 하도록 명할 수 있다.

제262조(채무자의 심문) 제260조 및 제261조의 결정은 <u>변론 없이 할 수 있다</u>. 다만, 결정하기 전에 채무자를 심문하여야 한다.

③ **제34조(거부처분취소판결의 간접강제)** ① 행정청이 제30조제2항의 규정에 의한 처분을 하지 아니하는 때에는 <u>제1심수소법원은 당사자의 신청에 의하여</u> 결정으로써 상당한 기간을 정하고 행정청이 그 기간내에 이행하지 아니하는 때에는 그 지연기간에 따라 일정한 배상을 할 것을 명하거나 즉시 손해배상을 할 것을 명할 수 있다.

④ **제34조(거부처분취소판결의 간접강제)** ① 행정청이 제30조제2항의 규정에 의한 처분을 하지 아니하는 때에는 제1심수소법원은 당사자의 신청에 의하여 결정으로써 상당한 기간을 정하고 행정청이 그 기간내에 이행하지 아니하는 때에는 그 <u>지연기간에 따라 일정한 배상을 할 것을 명하거나 즉시 손해배상을 할 것을 명할 수 있다</u>.

⑤ ☞ 행정청(이를테면 서울시장)이 간접강제결정을 이행하지 않는다면, 그 배상금의 추심은 해당 행정청이 소속된 행정주체(이를테면 서울시)를 대상으로 진행된다.

제34조(거부처분취소판결의 간접강제) ① 행정청이 제30조제2항의 규정에 의한 처분을 하지 아니하는 때에는 제1심수소법원은 당사자의 신청에 의하여 결정으로써 상당한 기간을 정하고 행정청이 그 기간내에 이행하지 아니하는 때에는 그 지연기간에 따라 일정한 배상을 할 것을 명하거나 즉시 손해배상을 할 것을 명할 수 있다.
② 제33조와 민사집행법 제262조의 <u>규정은 제1항의 경우에 준용한다</u>.

제33조(소송비용에 관한 재판의 효력) 소송비용에 관한 재판이 확정된 때에는 <u>피고 또는 참가인이었던 행정청이 소속하는 국가 또는 공공단체에 그 효력을 미친다</u>.

08 | 2024 |

甲이 거부처분에 대해 제기한 항고소송(X)에서 인용판결이 확정되었으나 재처분의무가 이행되고 있지 않다. 간접강제와 관련한 설명으로 옳지 않은 것은? (다툼이 있으면 판례에 따름)

① X가 취소소송인 경우, 甲은 제1심수소법원에 간접강제결정을 신청할 수 있다.
② X가 무효확인소송인 경우, 甲은 간접강제결정을 신청할 수 없다.
③ 간접강제결정에서 정한 의무이행기한이 경과한 후라도 재처분의 이행이 있으면 甲은 더 이상 배상금을 추심할 수 없다.
④ 간접강제결정은 피고 행정청 외에 그가 속하는 국가 또는 공공단체에는 효력을 미치지 않는다.
⑤ X가 취소소송인 경우, 만약 재처분을 하였더라도 기속력에 반하는 것이라면 甲은 간접강제결정을 신청할 수 있다.

---

① ☞ 간접강제는 「제1심수소법원」에 당사자가 「신청」하여야 한다.

제34조(거부처분취소판결의 간접강제) ① 행정청이 제30조제2항의 규정에 의한 처분을 하지 아니하는 때에는 제1심수소법원은 당사자의 신청에 의하여 결정으로써 상당한 기간을 정하고 행정청이 그 기간내에 이행하지 아니하는 때에는 그 지연기간에 따라 일정한 배상을 할 것을 명하거나 즉시 손해배상을 할 것을 명할 수 있다.

② ☞ 간접강제는 부작위위법확인소송에는 준용되나(동법 제38조 제2항), 무효등확인소송에는 준용되지 않는다. 「무/심/재/기/접/사」로 정리하자.

제38조(준용규정) ① 제9조, 제10조, 제13조 내지 제17조, 제19조, 제22조 내지 제26조, 제29조 내지 제31조 및 제33조의 규정은 무효등 확인소송의 경우에 준용한다.
② 제9조, 제10조, 제13조 내지 제19조, 제20조, 제25조 내지 제27조, 제29조 내지 제31조, 제33조 및 제34조의 규정은 부작위위법확인소송의 경우에 준용한다.

③ ☞ 간접강제의 목적을 달성하였기 때문이다.
[대판 2004.1.15, 2002두2444] 행정소송법 제34조 소정의 간접강제결정에 기한 배상금은 거부처분취소판결이 확정된 경우 그 처분을 행한 행정청으로 하여금 확정판결의 취지에 따른 재처분의무의 이행을 확실히 담보하기 위한 것으로서, 확정판결의 취지에 따른 재처분의무내용의 불확정성과 그에 따른 재처분에의 해당 여부에 관한 쟁송으로 인하여 간접강제결정에서 정한 재처분의무의 기한 경과에 따른 배상금이 증가될 가능성이 자칫 행정청으로 하여금 인용처분을 강제하여 행정청의 재량권을 박탈하는 결과를 초래할 위험성이 있는 점 등을 감안하면, 이는 확정판결의 취지에 따른 재처분의 지연에 대한 제재나 손해배상이 아니고 재처분의 이행에 관한 심리적 강제수단에 불과한 것으로 보아야 하므로, 특별한 사정이 없는 한 간접강제결정에서 정한 의무이행기한이 경과한 후에라도 확정판결의 취지에 따른 재처분의 이행이 있으면 배상금을 추심함으로써 심리적 강제를 꾀할 목적이 상실되어 처분상대방이 더 이상 배상금을 추심하는 것은 허용되지 않는다.

④ ☞ 행정청이 간접강제결정을 따르지 않을 경우, 행정청이 속하는 행정주체가 배상금을 납부하여야 한다(행정소송법 제34조 제2항, 제33조).

답 08 ④

> **제34조(거부처분취소판결의 간접강제)** ① 행정청이 제30조제2항의 규정에 의한 처분을 하지 아니하는 때에는 제1심수소법원은 당사자의 신청에 의하여 결정으로써 상당한 기간을 정하고 행정청이 그 기간내에 이행하지 아니하는 때에는 그 지연기간에 따라 일정한 배상을 할 것을 명하거나 즉시 손해배상을 할 것을 명할 수 있다.
> ② 제33조와 민사집행법 제262조의 규정은 제1항의 경우에 준용한다.
>
> **제33조(소송비용에 관한 재판의 효력)** 소송비용에 관한 재판이 확정된 때에는 피고 또는 참가인이었던 행정청이 소속하는 국가 또는 공공단체에 그 효력을 미친다.

⑤ ☞ 동일한 사유로 재차거부하는 경우를 생각해보면 된다.
[대결 2002.12.11, 자, 2002무22] 거부처분에 대한 취소의 확정판결이 있음에도 행정청이 아무런 재처분을 하지 아니하거나, 재처분을 하였다 하더라도 그것이 종전 거부처분에 대한 취소의 확정판결의 기속력에 반하는 등으로 당연무효라면 이는 아무런 재처분을 하지 아니한 때와 마찬가지라 할 것이므로 이러한 경우에는 행정소송법 제30조 제2항, 제34조 제1항 등에 의한 간접강제신청에 필요한 요건을 갖춘 것으로 보아야 한다.

09 | 2025 |

행정소송법상 간접강제에 관한 설명으로 옳지 <u>않은</u> 것은? (다툼이 있으면 판례에 따름)

① 간접강제는 「행정소송법」에 규정되어 있으므로 「민사집행법」 제262조(채무자의 심문)의 규정은 준용될 수 없다.
② 행정처분에 대하여 무효확인 판결이 내려진 경우에는 그 행정처분이 거부처분인 경우에도 행정청에 판결의 취지에 따른 재처분의무가 인정될 뿐 그에 대하여 간접강제까지 허용되는 것은 아니다.
③ 간접강제의 결정은 변론없이 할 수 있다.
④ 간접강제 신청은 제1심 수소법원에 하여야 한다.
⑤ 간접강제결정에 기한 배상금은 확정판결의 취지에 따른 재처분의 지연에 대한 제재나 손해배상이 아니라 재처분의 이행에 관한 심리적 강제수단이다.

••••••••••••••••••••
① ☞ 행정소송법 제34조 제2항에서 민사집행법 제262조를 준용하고 있다.

> **제34조(거부처분취소판결의 간접강제)** ① 행정청이 제30조제2항의 규정에 의한 처분을 하지 아니하는 때에는 제1심수소법원은 당사자의 신청에 의하여 결정으로써 상당한 기간을 정하고 행정청이 그 기간내에 이행하지 아니하는 때에는 그 지연기간에 따라 일정한 배상을 할 것을 명하거나 즉시 손해배상을 할 것을 명할 수 있다.
> ② 제33조와 민사집행법 제262조의 규정은 제1항의 경우에 준용한다.
>
> **민사집행법**
> **제262조(채무자의 심문)** 제260조 및 제261조의 결정은 변론 없이 할 수 있다. 다만, 결정하기 전에 채무자를 심문하여야 한다.

답 09 ①

② ☞ 간접강제는 부작위위법확인소송에는 준용되나(동법 제38조 제2항), 무효등확인소송에는 준용되지 않는다. 「무/심/재/기/접/사」로 정리하자.
[대판 1998.12.24, 98무37] 행정소송법 제38조 제1항이 무효확인 판결에 관하여 취소판결에 관한 규정을 준용함에 있어서 같은 법 제30조 제2항을 준용한다고 규정하면서도 같은 법 제34조는 이를 준용한다는 규정을 두지 않고 있으므로, 행정처분에 대하여 무효확인 판결이 내려진 경우에는 그 행정처분이 거부처분인 경우에도 행정청에 판결의 취지에 따른 재처분의무가 인정될 뿐 그에 대하여 간접강제까지 허용되는 것은 아니라고 할 것이다.

③ ☞ 간접강제는 결정의 형식으로 이루어진다. 법원의 재판은 판결, 결정, 명령으로 나누어지는데 판결은 변론을 거쳐야 하나(민사소송법 제134조 제1항 본문), 결정이나 명령은 변론을 거칠 것인지 여부가 법원의 재량에 일임되어 있다(동법 제134조 제1항 단서).

민사소송법
제134조(변론의 필요성) 당사자는 소송에 대하여 법원에서 변론하여야 한다. 다만, 결정으로 완결할 사건에 대하여는 법원이 변론을 열 것인지 아닌지를 정한다.

④ ☞ 본안사건이 어느 심급에서 확정되었건, 재처분의무 불이행을 이유로 하는 간접강제는 1심 수소법원에 제기해야 한다.

제34조(거부처분취소판결의 간접강제) ① 행정청이 제30조제2항의 규정에 의한 처분을 하지 아니하는 때에는 제1심수소법원은 당사자의 신청에 의하여 결정으로써 상당한 기간을 정하고 행정청이 그 기간내에 이행하지 아니하는 때에는 그 지연기간에 따라 일정한 배상을 할 것을 명하거나 즉시 손해배상을 할 것을 명할 수 있다.

⑤ ☞ 따라서 법원에서 정한 기한이 경과한 후라도 행정청이 재처분의무를 이행하면 심리적 강제를 꾀할 목적이 소멸되기 때문에 배상금추심은 허용되지 않는다.
[대법원 2004.1.15, 2002두2444] 행정소송법 제34조 소정의 간접강제결정에 기한 배상금은 거부처분취소판결이 확정된 경우 그 처분을 행한 행정청으로 하여금 확정판결의 취지에 따른 재처분의무의 이행을 확실히 담보하기 위한 것으로서, 확정판결의 취지에 따른 재처분의무내용의 불확정성과 그에 따른 재처분에의 해당 여부에 관한 쟁송으로 인하여 간접강제결정에서 정한 재처분의무의 기한 경과에 따른 배상금이 증가될 가능성이 자칫 행정청으로 하여금 인용처분을 강제하여 행정청의 재량권을 박탈하는 결과를 초래할 위험성이 있는 점 등을 감안하면, 이는 확정판결의 취지에 따른 재처분의 지연에 대한 제재나 손해배상이 아니라 재처분의 이행에 관한 심리적 강제수단에 불과한 것으로 보아야 하므로, 특별한 사정이 없는 한 간접강제결정에서 정한 의무이행기한이 경과한 후에라도 확정판결의 취지에 따른 재처분의 이행이 있으면 배상금을 추심함으로써 심리적 강제를 꾀할 목적이 상실되어 처분상대방이 더 이상 배상금을 추심하는 것은 허용되지 않는다.

제4관 취소소송의 종료

1. 종국판결의 확정

취소소송은 법원의 심리가 종결된 후 종국판결을 통해 종료하는 것이 일반적이다. 종국판결은 상소권의 포기, 상소기간의 경과, 상소기각, 상고법원의 종국판결의 의해 확정된다.

2. 당사자의 행위에 의한 종료

가. 소의 취하

소의 취하란 원고가 법원에 대해 소송의 전부 또는 일부를 철회하는 일방적 의사표시를 말한다.

나. 청구의 포기·인낙

청구의 포기란 원고가 법원에 대해 자신의 소송상 청구가 이유없음을 인정하는 의사표시를 말한다. 청구의 인낙이란 피고가 법원에 대해 원고의 청구가 이유 있음을 인정하는 일방적 의사표시를 말한다. 행정소송법에는 이에 관한 명문의 근거규정이 없어 행정소송에서 인정여부를 두고 견해가 대립된다.

다. 소송상 화해

소송상의 화해란 소송계속 중 당사자가 쌍방의 소송물인 권리관계의 주장을 서로 양보하여 소송을 종료하기로 하는 합의를 말한다. 화해의 조서는 확정판결과 동일한 효력이 있다. 역시 행정소송법에는 이에 관한 명문의 근거규정이 없어 행정소송에서 인정여부를 두고 견해가 대립된다.

라. 조정권고

조정이란 법률적 분쟁을 법원의 판결에 의하지 않고 법관이나 조정위원의 권유에 의하여 양당사자가 서로 양보하여 당사자의 합의로서 해결하는 자주적 분쟁해결제도이다. 행정소송규칙에서는 재판장이 신속하고 공정한 분쟁 해결과 국민의 권익 구제를 위하여 직권으로 소의 취하, 처분등의 취소 또는 변경 그 밖에 다툼을 적정하게 해결하기 위해 필요한 사항을 서면으로 권고할 수 있도록 규정하고 있다.

> **행정소송규칙**
>
> **제15조(조정권고)** ① 재판장은 신속하고 공정한 분쟁 해결과 국민의 권익 구제를 위하여 필요하다고 인정하는 경우에는 소송계속 중인 사건에 대하여 직권으로 소의 취하, 처분등의 취소 또는 변경, 그 밖에 다툼을 적정하게 해결하기 위해 필요한 사항을 서면으로 권고할 수 있다.
> ② 재판장은 제1항의 권고를 할 때에는 권고의 이유나 필요성 등을 기재할 수 있다.
> ③ 재판장은 제1항의 권고를 위하여 필요한 경우에는 당사자, 이해관계인, 그 밖의 참고인을 심문할 수 있다.

3. 당사자의 소멸

가. 원고가 사망하고 소송물인 권리관계의 성질상 이를 승계할 자가 없는 때에는 소송은 종료된다(예컨대 병역처분 취소소송 계속중 원고가 사망한 경우).

나. 피고인 행정청이 폐지된 때에는 그 처분등에 관한 사무가 귀속되는 국가 또는 공공단체가 피고가 되므로 소송은 종료되지 않는다(제13조 제2항).

제5관 취소소송의 불복

1. 항소와 상고 – 판결에 대한 상소

행정법원의 제1심판결에 대하여 고등법원에 항소할 수 있고, 항소심의 종국판결에 대하여는 대법원에 상고할 수 있다.

2. 항고·재항고·즉시항고 – 결정·명령에 대한 상소

(1) 행정법원의 결정·명령에 대하여 고등법원에 항고할 수 있고, 고등법원의 결정·명령에 대하여 재항고할 수 있다. 또한 소송절차상 신속히 확정지어야 할 법원의 결정에 대해서는 법률의 명문규정에 따라 즉시항고할 수 있다.

(2) 다만 ① 피고경정신청을 인용하는 결정(제14조)에 대한 종전피고, ② 행정청의 소송참가(제17조), ③ 처분변경으로 인한 소변경(제22조), ④ 관할위반을 이유로 한 이송신청 기각의 경우에는 즉시항고를 할 수 없다.

제6관 재심청구

1. 의의

재심이란 확정된 종국판결에 일정한 사유가 있어서 판결법원에 대하여 그 판결의 취소와 사전의 재심사를 구하는 것을 말한다. 재심에는 당사자가 제기하는 일반적인 재심(민사소송법상 재심)과 제3자가 제기하는 재심(행정소송법상 재심)으로 구분된다.

> **민사소송법**
>
> **제451조(재심사유)** ① 다음 각호 가운데 어느 하나에 해당하면 확정된 종국판결에 대하여 재심의 소를 제기할 수 있다. 다만, 당사자가 상소에 의하여 그 사유를 주장하였거나, 이를 알고도 주장하지 아니한 때에는 그러하지 아니하다.
> 1. 법률에 따라 판결법원을 구성하지 아니한 때
> 2. 법률상 그 재판에 관여할 수 없는 법관이 관여한 때

3. 법정대리권·소송대리권 또는 대리인이 소송행위를 하는 데에 필요한 권한의 수여에 흠이 있는 때. 다만, 제60조 또는 제97조의 규정에 따라 추인한 때에는 그러하지 아니하다.
4. 재판에 관여한 법관이 그 사건에 관하여 직무에 관한 죄를 범한 때
5. 형사상 처벌을 받을 다른 사람의 행위로 말미암아 자백을 하였거나 판결에 영향을 미칠 공격 또는 방어방법의 제출에 방해를 받은 때
6. 판결의 증거가 된 문서, 그 밖의 물건이 위조되거나 변조된 것인 때
7. 증인·감정인·통역인의 거짓 진술 또는 당사자신문에 따른 당사자나 법정대리인의 거짓 진술이 판결의 증거가 된 때
8. 판결의 기초가 된 민사나 형사의 판결, 그 밖의 재판 또는 행정처분이 다른 재판이나 행정처분에 따라 바뀐 때
9. 판결에 영향을 미칠 중요한 사항에 관하여 판단을 누락한 때
10. 재심을 제기할 판결이 전에 선고한 확정판결에 어긋나는 때
11. 당사자가 상대방의 주소 또는 거소를 알고 있었음에도 있는 곳을 잘 모른다고 하거나 주소나 거소를 거짓으로 하여 소를 제기한 때

2. 제3자의 재심청구(행정소송법상 재심청구)

처분 등을 취소하는 판결에 의하여 권리 또는 이익의 침해를 받은 제3자는 자기에게 책임없는 사유로 소송에 참가하지 못함으로써 판결의 결과에 영향을 미칠 공격 또는 방어방법을 제출하지 못한 때에는 확정된 종국판결에 대하여 재심을 청구할 수 있다. 여기에서 말하는 제3자는 당해 소송당사자 이외의 자를 의미하는 것이기 때문에 국가 또는 공공단체도 이에 포함된다.

제31조(제3자에 의한 재심청구) ① 처분 등을 취소하는 판결에 의하여 권리 또는 이익의 침해를 받은 제3자는 자기에게 책임없는 사유로 소송에 참가하지 못함으로써 판결의 결과에 영향을 미칠 공격 또는 방어방법을 제출하지 못한 때에는 이를 이유로 확정된 종국판결에 대하여 재심의 청구를 할 수 있다.
② 제1항의 규정에 의한 청구는 확정판결이 있음을 안 날로부터 30일 이내, 판결이 확정된 날로부터 1년 이내에 제기하여야 한다.
③ 제2항의 규정에 의한 기간은 불변기간으로 한다.

제7관 소송비용의 부담

1. 원칙
소송비용은 패소자가 부담하는 것이 원칙이다.

2. 예외
① 취소청구가 사정판결에 의해 기각되거나, ② 행정청이 처분 등을 취소 또는 변경함으로 인하여 청구가 각하 또는 기각된 경우에는 소송비용은 승소한 피고가 부담한다.

> **제32조(소송비용의 부담)** 취소청구가 제28조의 규정에 의하여 기각되거나 행정청이 처분등을 취소 또는 변경함으로 인하여 청구가 각하 또는 기각된 경우에는 소송비용은 피고의 부담으로 한다.

기출문제

01 | 2016 |

행정소송법상 다음 ( )안에 들어갈 내용을 바르게 나열한 것은?

> 취소청구가 사정판결에 의하여 (ㄱ)되거나 행정청이 처분등을 취소 또는 변경함으로 인하여 청구가
> (ㄴ)된 경우에는 소송비용은 피고의 부담으로 한다.

① ㄱ : 기각, ㄴ : 인용
② ㄱ : 인용, ㄴ : 인용
③ ㄱ : 기각, ㄴ : 각하 또는 기각
④ ㄱ : 각하, ㄴ : 각하 또는 기각
⑤ ㄱ : 인용, ㄴ : 각하 또는 기각

ㄱ. ☞ 사정판결의 경우에는 민사소송법상의 패소자부담의 일반원칙과는 달리 피고가 소송비용을 부담한다(행정소송법 제32조).
ㄴ. ☞ 취소청구가 사정판결을 이유로 기각되거나 행정청이 처분등을 취소 또는 변경함으로 인하여 청구가 각하 또는 기각된 경우에는 소송비용은 피고의 부담으로 한다(동법 제32조).

02 | 2017 |

행정소송의 판결에 관한 설명으로 옳은 것은? (다툼이 있으면 판례에 따름)

① 피고 행정청이 없게 된 경우, 법원은 소송종료를 선언하여야 한다.
② 무효인 처분에 대해 취소소송이 제기된 경우, 법원은 취소판결을 할 수 있다.
③ 행정청이 처분을 취소 또는 변경함으로 인하여 청구가 각하 또는 기각된 경우, 소송비용은 패소자인 원고의 부담으로 한다.
④ 행정소송에 대한 대법원판결에 의하여 명령·규칙이 법률에 위반된다는 것이 확정된 경우, 대법원은 그 사유를 법무부장관에게 통보하여야 한다.
⑤ 취소판결에 의하여 권리 또는 이익의 침해를 받은 제3자가 그 확정판결에 대해 재심을 청구할 경우, 확정판결이 있음을 안 날로부터 90일 이내, 판결이 확정된 날로부터 1년 이내에 제기하여야 한다.

① ☞ 처분 등에 관한 사무가 귀속되는 국가 또는 공공단체가 소송을 수계한다(제13조 제2항).

> **제13조(피고적격)** ② 제1항의 규정에 의한 행정청이 없게 된 때에는 그 처분등에 관한 사무가 귀속되는 국가 또는 공공단체를 피고로 한다.

답 01 ③ 02 ②

② ☞ 이 경우 법원은 처분을 취소하는 원고승소의 판결, 즉 '무효선언을 구하는 취소판결'을 하여야 한다. 다만 무효선언을 구하는 취소판결 역시 취소소송인 이상 취소소송의 제소요건을 구비하여야 한다.
[대법원 1987.6.9. 선고,, 87누219, 판결] 행정처분의 당연무효를 선언하는 의미에서 그 취소를 구하는 행정소송을 제기하는 경우에는 전치절차와 그 제소기간의 준수 등 취소소송의 제소요건을 갖추어야 한다.
③ ☞ 이 경우는 패소자부담원칙의 예외로서, 소송비용은 피고의 부담으로 한다.

> **제32조(소송비용의 부담)** 취소청구가 제28조의 규정에 의하여 기각되거나 행정청이 처분등을 취소 또는 변경함으로 인하여 청구가 각하 또는 기각된 경우에는 소송비용은 피고의 부담으로 한다.

④ ☞ 행정안전부장관에게 통보하여야 한다(제6조 제1항).

> **제6조(명령·규칙의 위헌판결등 공고)** ① 행정소송에 대한 대법원판결에 의하여 명령·규칙이 헌법 또는 법률에 위반된다는 것이 확정된 경우에는 대법원은 지체없이 그 사유를 행정안전부장관에게 통보하여야 한다.

⑤ ☞ 확정판결이 있음을 안 날로부터 '30일'이다.

> **제31조(제3자에 의한 재심청구)** ① 처분등을 취소하는 판결에 의하여 권리 또는 이익의 침해를 받은 제3자는 자기에게 책임없는 사유로 소송에 참가하지 못함으로써 판결의 결과에 영향을 미칠 공격 또는 방어방법을 제출하지 못한 때에는 이를 이유로 확정된 종국판결에 대하여 재심의 청구를 할 수 있다.
> ② 제1항의 규정에 의한 청구는 확정판결이 있음을 안 날로부터 30일 이내, 판결이 확정된 날로부터 1년 이내에 제기하여야 한다.

03 | 2018 |

행정소송법에 관한 설명으로 옳지 않은 것은?

① 「행정소송법」을 적용함에 있어서 행정청에는 법령에 의하여 행정권한의 위임 또는 위탁을 받은 행정기관, 공공단체 및 그 기관 또는 사인이 포함된다.
② 각급법원 판결에 의하여 명령·규칙이 헌법에 위반된다는 것이 확정된 경우에는 각급법원은 그 사유를 행정안전부장관에게 통보한다.
③ 행정소송에 관하여 「행정소송법」에 특별한 규정이 없는 사항에 대하여는 「법원조직법」과 「민사소송법」 및 「민사집행법」의 규정을 준용한다.
④ 취소소송 계속 중 행정청이 처분 등을 취소하여 그 청구가 각하 또는 기각된 경우에 소송비용은 피고의 부담으로 한다.
⑤ 항고소송의 소송비용에 관한 재판이 확정된 때에는 피고 또는 참가인이었던 행정청이 소속하는 국가 또는 공공단체에 그 효력을 미친다.

---

① 동법 제2조 제2항
② ☞ 각급법원이 아니라 「대법원이」 그 사유를 행정안전부장관에게 통보한다(동법 제6조 제1항). 참고로 각급법원이 위의 판결을 하였을 경우에는 해당 판결문을 대법원에 송부해야 한다.

> **행정소송규칙**
> **제2조(명령·규칙의 위헌판결 등 통보)** ① 대법원은 재판의 전제가 된 명령·규칙이 헌법 또는 법률에 위배된다는 것이 법원의 판결에 의하여 확정된 경우에는 그 취지를 해당 명령·규칙의 소관 행정청에 통보하여야 한다.
> ② 대법원 외의 법원이 제1항과 같은 취지의 재판을 하였을 때에는 해당 재판서 정본을 지체 없이 대법원에 송부하여야 한다.

③ 동법 제8조 제2항
④ ☞ 원고의 청구가 각하 또는 기각된 경우에는 패소자부담의 원칙에 따라 원고가 소송비용을 부담해야 한다. 다만 (ⅰ) 사정판결과 (ⅱ) 소송계속 중 행정청이 처분 등을 취소하여 그 청구가 각하 또는 기각된 경우에는 승소한 피고가 소송비용을 부담한다(동법 제32조).
⑤ 동법 제33조

04 | 2018 |

다음은 행정소송법 조문 중 일부이다. ( ) 안에 들어갈 숫자를 옳게 나열한 것은?

> 이 법에 의한 기간의 계산에 있어서 국외에서의 소송행위추완에 있어서는 그 기간을 14일에서 (ㄱ)일로, 제3자에 의한 재심청구에 있어서는 그 기간을 30일에서 (ㄴ)일로, 소의 제기에 있어서는 그 기간을 60일에서 90일로 한다.

① ㄱ : 28, ㄴ : 60
② ㄱ : 30, ㄴ : 45
③ ㄱ : 30, ㄴ : 60
④ ㄱ : 45, ㄴ : 60
⑤ ㄱ : 45, ㄴ : 90

··

③ 동법 제5조

> **제5조(국외에서의 기간)** 이 법에 의한 기간의 계산에 있어서 국외에서의 소송행위추완에 있어서는 그 기간을 14일에서 30일로, 제3자에 의한 재심청구에 있어서는 그 기간을 30일에서 60일로, 소의 제기에 있어서는 그 기간을 60일에서 90일로 한다.

답 04 ③

05 | 2019 |

제3자에 의한 재심청구에 관하여 ( ) 안에 들어갈 내용을 옳게 나열한 것은?

> 제3자에 의한 재심청구는 확정판결이 있음을 안 날로부터 (ㄱ) 이내, 판결이 확정된 날로부터 (ㄴ) 이내에 제기하여야 한다.

① ㄱ : 14일, ㄴ : 30일
② ㄱ : 14일, ㄴ : 60일
③ ㄱ : 30일, ㄴ : 90일
④ ㄱ : 30일, ㄴ : 1년
⑤ ㄱ : 60일, ㄴ : 1년

....
행정소송법 제31조 제2항

> **제31조(제3자에 의한 재심청구)** ① 처분등을 취소하는 판결에 의하여 권리 또는 이익의 침해를 받은 제3자는 자기에게 책임없는 사유로 소송에 참가하지 못함으로써 판결의 결과에 영향을 미칠 공격 또는 방어방법을 제출하지 못한 때에는 이를 이유로 확정된 종국판결에 대하여 재심의 청구를 할 수 있다.
> ② 제1항의 규정에 의한 청구는 <u>확정판결이 있음을 안 날로부터 30일 이내, 판결이 확정된 날로부터 1년 이내에 제기하여야 한다.</u>
> ③ 제2항의 규정에 의한 기간은 불변기간으로 한다.

06 | 2019 |

행정소송에 있어서 소송비용의 부담주체가 다른 하나는?

> ㄱ. 취소소송의 청구인용 판결의 경우
> ㄴ. 취소청구가 사정판결에 의하여 기각된 경우
> ㄷ. 행정청이 처분을 변경함으로 인하여 청구가 기각된 경우
> ㄹ. 행정청이 처분을 취소함으로 인하여 청구가 각하된 경우
> ㅁ. 취소사유만 있음에도 무효확인소송을 제기하여 청구가 기각된 경우

① ㄱ
② ㄴ
③ ㄷ
④ ㄹ
⑤ ㅁ

....
☞ 소송비용은 패소자가 부담하는 것이 원칙이다. 다만 취소청구가 (i) 사정판결에 의해 기각되거나, (ii) 행정청이 처분 등을 취소 또는 변경함으로 인하여 청구가 각하 또는 기각된 경우에는 소송비용은 피고가 부담한다.
ㄱ. ☞ 패소자 부담원칙에 따라 패소한 피고가 부담한다.

답 05 ④ 06 ⑤

ㄴ, ㄷ, ㄹ. 동법 제32조

> **제32조(소송비용의 부담)** 취소청구가 제28조(사정판결)의 규정에 의하여 기각되거나 행정청이 처분등을 취소 또는 변경함으로 인하여 청구가 각하 또는 기각된 경우에는 소송비용은 피고의 부담으로 한다.

ㅁ. ☞ 패소자 부담원칙에 따라 패소한 원고가 부담한다.

07 | 2020 |

「행정소송법」 제33조의 내용이다. (   )에 들어갈 용어가 옳게 나열된 것은?

> 소송비용에 관한 재판이 확정된 때에는 (ㄱ) 또는 (ㄴ)이었던 행정청이 소속하는 국가 또는 공공단체에 그 효력이 미친다.

① ㄱ: 피고, ㄴ: 원고
② ㄱ: 피고, ㄴ: 참가인
③ ㄱ: 피고, ㄴ: 이해관계인
④ ㄱ: 원고, ㄴ: 참가인
⑤ ㄱ: 원고, ㄴ: 이해관계인

☞ 서울시장을 피고로 하는 항고소송에서 인용판결이 확정된 경우라면, 서울시장이 소속된 공공단체인 서울시가 소송비용을 부담하여야 한다(행정소송법 제33조).

> **제33조(소송비용에 관한 재판의 효력)** 소송비용에 관한 재판이 확정된 때에는 피고 또는 참가인이었던 행정청이 소속하는 국가 또는 공공단체에 그 효력을 미친다.

08 | 2022 |

행정소송법 규정이다. (   )에 들어갈 숫자로 옳은 것은?

> 이 법에 의한 기간의 계산에 있어서 국외에서의 소송행위추완에 있어서는 그 기간을 14일에서 (ㄱ)일로, 제3자에 의한 재심청구에 있어서는 그 기간을 30일에서 (ㄴ)일로, 소의 제기에 있어서는 그 기간을 60일에서 (ㄷ)일로 한다.

① ㄱ: 30, ㄴ: 60, ㄷ: 90
② ㄱ: 30, ㄴ: 60, ㄷ: 180
③ ㄱ: 30, ㄴ: 90, ㄷ: 180
④ ㄱ: 60, ㄴ: 60, ㄷ: 90
⑤ ㄱ: 60, ㄴ: 90, ㄷ: 180

답 07 ② 08 ①

제5조(국외에서의 기간) 이 법에 의한 기간의 계산에 있어서 국외에서의 소송행위추완에 있어서는 그 기간을 14일에서 30일로, 제3자에 의한 재심청구에 있어서는 그 기간을 30일에서 60일로, 소의 제기에 있어서는 그 기간을 60일에서 90일로 한다.

09 | 2022 |

행정소송법상 판결 및 재심청구에 관한 설명으로 옳은 것은? (다툼이 있으면 판례에 따름)

① 부적법한 소로서 그 흠을 보정할 수 없는 경우에는 판결로 청구를 기각한다.
② 취소판결이 확정되면 당사자가 사실심의 변론종결시를 기준으로 그때까지 제출하지 않은 공격방어방법은 그 뒤 다시 동일한 소송을 제기하여 이를 주장할 수 없다.
③ 당사자소송의 인용판결에 대하여 제3자는 확정판결이 있음을 안 날로부터 30일 이내에 재심을 청구할 수 있다.
④ 자기에게 책임있는 사유로 취소소송에 참가하지 못했던 제3자도 판결의 결과에 영향을 미칠 공격 또는 방어방법을 제출하지 못한 때에는 재심을 청구할 수 있다.
⑤ 무효확인판결이 확정된 날로부터 180일이 지나면 제3자는 재심을 청구할 수 없다.

① ☞ 소송요건을 갖추지 못한, 부적법한 소는 판결로 '각하'한다.
② ☞ 동일한 소송(취소소송이나 무효확인소송)에서는 이미 기판력이 발생했기 때문에 다른 공격방어방법도 주장할 수 없다. 반면 다른 소송(이를테면 국가배상청구소송)에서는 기판력이 발생하지 않기 때문에 다른 공격방어방법을 주장할 수 있다.
[대법원 1992.2.25., 91누6108] 과세처분무효확인소송의 경우 소송물은 권리 또는 법률관계의 존부 확인을 구하는 것이며, 이는 청구취지만으로 소송물의 동일성이 특정된다고 할 것이고 따라서 당사자가 청구원인에서 무효사유로 내세운 개개의 주장은 공격방어방법에 불과하다고 볼 것이며, 한편 확정된 종국판결은 그 기판력으로서 당사자가 사실심의 변론종결시를 기준으로 그때까지 제출하지 않은 공격방어방법은 그 뒤 다시 동일한 소송을 제기하여 이를 주장할 수 없다.
③ ☞ 행정소송법 제31조(제3자에 의한 재심청구) 규정은 당사자소송에는 준용되지 않는다. 당사자소송에 준용되는 경우는 "비록직참속할변경공병"으로 정리하자.
④ ☞ 자신에게 책임 "없는" 사유로 소송에 참가하지 못한 경우라야 제3자의 재심청구가 가능하다.
⑤ ☞ 180일이 아니라 1년이다.

제31조(제3자에 의한 재심청구) ① 처분등을 취소하는 판결에 의하여 권리 또는 이익의 침해를 받은 제3자는 자기에게 책임없는 사유로(④) 소송에 참가하지 못함으로써 판결의 결과에 영향을 미칠 공격 또는 방어방법을 제출하지 못한 때에는 이를 이유로 확정된 종국판결에 대하여 재심의 청구를 할 수 있다.
② 제1항의 규정에 의한 청구는 확정판결이 있음을 안 날로부터 30일 이내, 판결이 확정된 날로부터 1년 이내(⑤)에 제기하여야 한다.

답 09 ②

③ 제2항의 규정에 의한 기간은 불변기간으로 한다.

제38조(준용규정) ① 제9조, 제10조, 제13조 내지 제17조, 제19조, 제22조 내지 제26조, 제29조 내지 제31조 및 제33조의 규정은 무효등 확인소송의 경우에 준용한다(⑤).

10 | 2022 |

행정소송법상 소송비용에 관한 설명으로 옳지 <u>않은</u> 것은?

① 취소소송 계속 중 행정청이 처분등을 취소하여 그 청구가 각하된 경우에 소송비용은 피고의 부담으로 한다.
② 사정판결을 한 경우 소송비용은 피고의 부담으로 한다.
③ 소송비용에 관한 재판이 확정된 때에는 피고였던 행정청이 소속하는 국가에 효력을 미친다.
④ 소송참가인이었던 행정청이 소속하는 공공단체에는 소송비용 재판의 효력이 미치지 않는다.
⑤ 소송비용에 관한 행정소송법의 규정은 당사자소송에도 준용된다.

••••••••••••••••••••••

①, ② 행정소송법 제32조.

제32조(소송비용의 부담) 취소청구가 제28조(사정판결)의 규정에 의하여 기각(①)되거나 행정청이 처분등을 취소 또는 변경함으로 인하여 청구가 각하 또는 기각(②)된 경우에는 소송비용은 피고의 부담으로 한다.

③, ④ 행정소송법 제33조.

제33조(소송비용에 관한 재판의 효력) 소송비용에 관한 재판이 확정된 때에는 피고 또는 참가인이었던 행정청이 소속하는 국가 또는 공공단체에 그 효력을 미친다.

⑤ ☞ 행정소송법 제44조 제1항. 「비/록/직/참/속/할/변/경/공/병」으로 정리하자.

제44조(준용규정) ① 제14조 내지 제17조, 제22조, 제25조, 제26조, 제30조제1항, 제32조 및 제33조의 규정은 당사자소송의 경우에 준용한다.

답 10 ④

11 | 2023 |

제3자에 의한 재심청구에 관하여 ( )에 들어갈 내용을 옳게 나열한 것은?

> 처분등을 취소하는 판결에 의하여 권리 또는 이익의 침해를 받은 제3자는 자기에게 책임없는 사유로 소송에 참가하지 못함으로써 판결의 결과에 영향을 미칠 공격 또는 방어방법을 제출하지 못한 때에는 이를 이유로 확정된 종국판결에 대하여 확정판결이 있음을 안 날로부터 (ㄱ)이내, 판결이 확정된 날로부터 (ㄴ)이내에 제기하여야 한다.

① ㄱ : 30일, ㄴ : 60일
② ㄱ : 30일, ㄴ : 90일
③ ㄱ : 30일, ㄴ : 1년
④ ㄱ : 60일, ㄴ : 120일
⑤ ㄱ : 60일, ㄴ : 1년

ㄱ. 30일, ㄴ. 1년

제31조(제3자에 의한 재심청구) ① 처분등을 취소하는 판결에 의하여 권리 또는 이익의 침해를 받은 제3자는 자기에게 책임없는 사유로 소송에 참가하지 못함으로써 판결의 결과에 영향을 미칠 공격 또는 방어방법을 제출하지 못한 때에는 이를 이유로 확정된 종국판결에 대하여 재심의 청구를 할 수 있다.
② 제1항의 규정에 의한 청구는 확정판결이 있음을 안 날로부터 30일 이내, 판결이 확정된 날로부터 1년 이내에 제기하여야 한다.
③ 제2항의 규정에 의한 기간은 불변기간으로 한다.

12 | 2023 |

소송비용에 관한 설명으로 옳지 않은 것은? (다툼이 있으면 판례에 따름)

① 무효확인소송을 제기하였으나 청구가 기각된 경우에는 소송비용은 원고가 부담한다.
② 취소청구가 사정판결에 의해 기각된 경우에는 소송비용은 원고가 부담한다.
③ 취소소송에서 청구가 전부인용된 경우에는 소송비용은 피고가 부담한다.
④ 행정청이 처분을 변경함으로 인하여 청구가 기각된 경우에는 소송비용은 피고가 부담한다.
⑤ 행정청이 처분을 취소함으로 인하여 청구가 각하된 경우에는 소송비용은 피고가 부담한다.

① ☞ 소송비용은 패소자가 부담하는 것이 원칙이다. 청구기각의 경우 원고가 패소자가 된다.
② ☞ 사정판결의 경우 위법성이 확인되므로 패소자소송비용부담원칙에 대한 예외가 인정된다.

제32조(소송비용의 부담) 취소청구가 제28조의 규정에 의하여 기각되거나 행정청이 처분등을 취소 또는 변경함으로 인하여 청구가 각하 또는 기각된 경우에는 소송비용은 피고의 부담으로 한다.

답 11 ③ 12 ②

제28조(사정판결) ① 원고의 청구가 이유있다고 인정하는 경우에도 처분등을 취소하는 것이 현저히 공공복리에 적합하지 아니하다고 인정하는 때에는 법원은 원고의 청구를 기각할 수 있다. 이 경우 법원은 그 판결의 주문에서 그 처분등이 위법함을 명시하여야 한다.

③ ☞ 전부인용의 경우 패소자인 피고가 소송비용을 부담한다.

④, ⑤

제32조(소송비용의 부담) 취소청구가 제28조의 규정에 의하여 기각되거나 <u>행정청이 처분등을 취소 또는 변경함으로 인하여 청구가 각하 또는 기각된 경우에는 소송비용은 피고의 부담으로 한다.</u>

---

13 | 2024 |

제3자에 의한 재심청구에 관한 설명으로 옳은 것은?

① 제3자의 재심청구에 관한 규정은 당사자소송에는 준용되지 않는다.
② 재심청구는 확정판결이 있음을 안 날로부터 90일 이내에 제기하여야 한다.
③ 소송에 참가한 자라도 자기에게 책임없는 사유로 공격 또는 방어방법을 제출하지 못한 제3자는 재심을 청구할 수 있다.
④ 부작위위법확인소송의 경우에는 재심청구가 인정되지 않는다.
⑤ '판결이 확정된 날로부터 1년 이내'라는 재심청구기간은 불변기간이 아니다.

....

① ☞ 취소소송 규정이 당사자소송에서 준용되는 경우는 「비록직참속할변경공병」으로 기억하자.

| 취소소송
규정의
준용여부 | 당사자소송
→ 준용 ○ | 비 / 록 / 직 / 참 /
속 / 할 /
변 / 경 / 공 / 병 | • 소송**비**용에 관한 재판의 효력
• 행정심판기**록** 제출명령
• **직**권심리
• (제3자·행정청) 소송**참**가
• 기**속**력
• 재판관**할**
• (처분변경으로 인한) 소**변**경
• 피고**경**정
• **공**동소송
• 관련청구소송의 이송 및 **병**합 |

② ☞ 90일이 아니라 30일이다.

제31조(제3자에 의한 재심청구) ① 처분등을 취소하는 판결에 의하여 권리 또는 이익의 침해를 받은 제3자는 자기에게 책임없는 사유로 소송에 참가하지 못함으로써 판결의 결과에 영향을 미칠 공격 또는 방어방법을 제출하지 못한 때에는 이를 이유로 확정된 종국판결에 대하여 재심의 청구를 할 수 있다.

답 13 ①

② 제1항의 규정에 의한 청구는 확정판결이 있음을 안 날로부터 30일 이내, 판결이 확정된 날로부터 1년 이내에 제기하여야 한다.
③ 제2항의 규정에 의한 기간은 불변기간으로 한다.

③ ☞ 제3자의 재심청구는 제3자가 자기에게 책임없는 사유로 소송에 참가하지 못한 경우에 한하여 인정된다.

제31조(제3자에 의한 재심청구) ① 처분등을 취소하는 판결에 의하여 권리 또는 이익의 침해를 받은 제3자는 자기에게 책임없는 사유로 소송에 참가하지 못함으로써 판결의 결과에 영향을 미칠 공격 또는 방어방법을 제출하지 못한 때에는 이를 이유로 확정된 종국판결에 대하여 재심의 청구를 할 수 있다.

④ ☞ 취소소송에서 재심청구에 관한 규정은 부작위위법확인소송에도 준용된다. 준용되지 않는 경우만 「부처집사」로 정리하자.

취소소송 규정이 부작위위법확인소송에 준용되지 않는 경우	부 / 처 / 집 / 사	* **부**작위위법확인소송 • **처**분변경으로 인한 소변경 • **집**행정지 • **사**정판결

⑤ ☞ 재심청구기간은 불변기간이다.

제31조(제3자에 의한 재심청구) ① 처분등을 취소하는 판결에 의하여 권리 또는 이익의 침해를 받은 제3자는 자기에게 책임없는 사유로 소송에 참가하지 못함으로써 판결의 결과에 영향을 미칠 공격 또는 방어방법을 제출하지 못한 때에는 이를 이유로 확정된 종국판결에 대하여 재심의 청구를 할 수 있다.
② 제1항의 규정에 의한 청구는 확정판결이 있음을 안 날로부터 30일 이내, 판결이 확정된 날로부터 1년 이내에 제기하여야 한다.
③ 제2항의 규정에 의한 기간은 불변기간으로 한다.

14 | 2025 |

소송비용에 관한 설명으로 옳지 않은 것은?

① 취소청구가 사정판결에 의하여 기각된 경우 소송비용은 피고가 부담한다.
② 행정청이 처분을 취소함으로 인하여 청구가 각하된 경우 소송비용은 피고가 부담한다.
③ 소송비용에 관한 재판이 확정된 때에는 참가인이었던 행정청이 소속하는 국가 또는 공공단체에 그 효력을 미친다.
④ 소송비용에 관하여는 「행정소송법」의 규정 외에도 「민사소송법」 규정이 준용된다.
⑤ 소송비용의 부담을 규정한 「행정소송법」 제32조는 당사자소송에 준용되지 않는다.

답 14 ⑤

①, ② ☞ 소송비용은 패소자가 부담하는 것이 원칙이다. 다만 취소청구가 (ⅰ) 사정판결에 의해 기각되거나, (ⅱ) 행정청이 처분 등을 취소 또는 변경함으로 인하여 청구가 각하 또는 기각된 경우에는 소송비용은 (승소한) 피고가 부담한다.

> **제32조(소송비용의 부담)** 취소청구가 제28조의 규정에 의하여 기각되거나 행정청이 처분등을 취소 또는 변경함으로 인하여 청구가 각하 또는 기각된 경우에는 소송비용은 피고의 부담으로 한다.

③ ☞ 용인시장을 피고 측 참가인으로 하는 항고소송에서 인용판결이 확정된 경우라면, 용인시장이 소속된 공공단체인 용인시가 관련된 소송비용을 부담하여야 한다.

> **제33조(소송비용에 관한 재판의 효력)** 소송비용에 관한 재판이 확정된 때에는 피고 또는 참가인이었던 행정청이 소속하는 국가 또는 공공단체에 그 효력을 미친다.

④ ☞ 행정소송법에 규정이 없는 사항에 대해서는 법원조직법, 민사소송법, 민사집행법이 준용된다.

> **제8조(법적용례)** ① 행정소송에 대하여는 다른 법률에 특별한 규정이 있는 경우를 제외하고는 이 법이 정하는 바에 의한다.
> ② 행정소송에 관하여 이 법에 특별한 규정이 없는 사항에 대하여는 법원조직법과 민사소송법 및 민사집행법의 규정을 준용한다.

⑤ ☞ 취소소송 규정이 당사자소송에 준용되는 경우는 「비/록/직/참/속/할/변/경/공/병」으로 정리하자.

취소소송 규정의 준용여부	당사자소송 → 준용 ○	비/록/직/참/ 속/할/ 변/경/공/병	• 소송비용에 관한 재판의 효력 • 행정심판기록 제출명령 • 직권심리 • (제3자·행정청) 소송참가 • 기속력 • 재판관할 • (처분변경으로 인한) 소변경 • 피고경정 • 공동소송 • 관련청구소송의 이송 및 병합

15 | 2025 |

판결에 의하지 않는 취소소송의 종료에 관한 설명으로 옳은 것은?

① 피고는 원고가 제기한 소의 일부를 인정하는 경우 소의 취하를 할 수 있다.
② 원고가 자기의 소송상 청구가 이유 없음을 자인하는 인낙은 사실심 종결후에도 가능하다.
③ 재판장은 신속하고 공정한 분쟁 해결과 국민의 권익 구제를 위하여 필요하다고 인정하는 경우에는 소송계속 중인 사건에 대하여 직권으로 소의 취하, 처분등의 취소 또는 변경, 그 밖에 다툼을 적정하게 해결하기 위해 필요한 사항을 서면으로 권고할 수 있다.
④ 재판장이 소송계속 중인 사건에 대하여 처분등의 취소를 구두로 권고하는 경우에는 이해관계인, 그 밖의 참고인을 심문하여야 한다.
⑤ 청구의 포기는 원고 또는 피고가 할 수 있다.

・・・・・・・・・・・・・・・・・・・・・・

① ☞ 소의 취하는 피고가 아니라 소를 제기한 원고가 하는 것이다.
② ☞ (ⅰ) 원고가 자기의 소송상 청구가 이유 없음을 자인하는 것은 청구의「포기」이다. 이에 반하여 피고가 원고의 소송상 청구가 이유 있음을 자인하는 것이 청구의「인낙」이다. 청구의 포기와 인낙은 사실심 종결 후인 상고심에서도 가능하다.
  (ⅱ) 행정소송법에는 청구의 포기와 인낙에 대한 명문규정이 없어서 행정소송에서 그 인정여부를 두고 견해가 대립된다. 선지에서는 어떤 전제 없이 청구인낙이 가능하다고 했으니 틀린 지문이다.
③ ☞ 행정소송규칙에 조정권고에 관한 규정이 신설되었다.

행정소송규칙
제15조(조정권고) ① 재판장은 신속하고 공정한 분쟁 해결과 국민의 권익 구제를 위하여 필요하다고 인정하는 경우에는 소송계속 중인 사건에 대하여 직권으로 소의 취하, 처분등의 취소 또는 변경, 그 밖에 다툼을 적정하게 해결하기 위해 필요한 사항을 서면으로 권고할 수 있다.

④ ☞ 조정권고는 서면으로 이루어져야 한다.

행정소송규칙
제15조(조정권고) ① 재판장은 신속하고 공정한 분쟁 해결과 국민의 권익 구제를 위하여 필요하다고 인정하는 경우에는 소송계속 중인 사건에 대하여 직권으로 소의 취하, 처분등의 취소 또는 변경, 그 밖에 다툼을 적정하게 해결하기 위해 필요한 사항을 서면으로 권고할 수 있다.
② 재판장은 제1항의 권고를 할 때에는 권고의 이유나 필요성 등을 기재할 수 있다.
③ 재판장은 제1항의 권고를 위하여 필요한 경우에는 당사자, 이해관계인, 그 밖의 참고인을 심문할 수 있다.

⑤ ☞ (ⅰ)「원고가」자기의 소송상 청구가 이유 없음을 자인하는 것은 청구의「포기」이다. (ⅱ) 이에 반하여「피고가」원고의 소송상 청구가 이유 있음을 자인하는 것이 청구의「인낙」이다.

답 15 ③

16 | 2025 |

행정소송법상 제3자에 의한 재심청구에 관한 설명이다. ( )에 들어갈 내용으로 옳은 것은?

> 재심청구는 확정판결이 있음을 안 날로부터 (ㄱ) 이내, 판결이 확정된 날로부터 (ㄴ) 이내에 제기하여야 하며, 이 기간은 (ㄷ)으로 한다.

① ㄱ: 30일, ㄴ: 60일, ㄷ: 시효기간
② ㄱ: 30일, ㄴ: 1년, ㄷ: 불변기간
③ ㄱ: 60일, ㄴ: 90일, ㄷ: 시효기간
④ ㄱ: 60일, ㄴ: 1년, ㄷ: 불변기간
⑤ ㄱ: 90일, ㄴ: 1년, ㄷ: 시효기간

••••••••••••••••••••••

ㄱ. 30일, ㄴ. 1년, ㄷ. 불변기간

제31조(제3자에 의한 재심청구) ① 처분등을 취소하는 판결에 의하여 권리 또는 이익의 침해를 받은 제3자는 자기에게 책임없는 사유로 소송에 참가하지 못함으로써 판결의 결과에 영향을 미칠 공격 또는 방어방법을 제출하지 못한 때에는 이를 이유로 확정된 종국판결에 대하여 재심의 청구를 할 수 있다.
② 제1항의 규정에 의한 청구는 확정판결이 있음을 안 날로부터 <u>30일</u> 이내, 판결이 확정된 날로부터 <u>1년</u> 이내에 제기하여야 한다.
③ 제2항의 규정에 의한 기간은 <u>불변기간</u>으로 한다.

답 16 ②

제6절 • 무효등확인소송

제1관 의의

행정청의 처분·재결의 효력 유무 또는 존재 여부를 확인하는 소송을 말하며, 처분 또는 재결에 대하여 각각 ① 무효확인소송, ② 유효확인소송, ③ 실효확인소송, ④ 존재확인소송, ⑤ 부존재확인소송이 있다.

> **제35조 (무효등 확인소송의 원고적격)** 무효등 확인소송은 <u>처분등의 효력 유무 또는 존재 여부</u>의 확인을 구할 법률상 이익이 있는 자가 제기할 수 있다.

제2관 적용법규

집행정지규정을 포함하여 취소소송에 관한 행정소송법상의 규정이 거의 대부분 준용되고 있다. 다만 ① 예외적 행정심판전치주의(제18조), ② 제소기간(제20조), ③ 재량처분의 취소(제27조), ④ 사정판결(제28조) 및 사정판결시 소송비용의 부담(제32조), ⑤ 간접강제(제34조)에 관한 규정은 무효등확인소송에는 준용되지 않는다.

> **제38조 (준용규정)** ① 제9조, 제10조, 제13조 내지 제17조, 제19조, 제22조 내지 제26조, 제29조 내지 제31조 및 제33조의 규정은 무효등확인소송의 경우에 준용한다.

제3관 취소소송과 무효등확인소송의 관계

1. 무효인 처분에 대하여 취소소송을 제기한 경우

이 경우 법원은 처분을 취소하는 원고승소의 판결, 즉 무효선언을 구하는 취소판결을 하여야 한다. 다만 무효선언을 구하는 취소판결 역시 취소소송인 이상 취소소송의 제소요건을 구비하여야 한다.

> **관련판례**
> 1. 당연무효를 선언하는 의미의 취소소송을 제기함에 있어서는 제소기간의 제한이 있다[대법원 1987.6.9., 87누219].
> 행정처분의 당연무효를 선언하는 의미에서 그 취소를 구하는 행정소송을 제기하는 경우에는 전치절차와 그 제소기간의 준수 등 취소소송의 제소요건을 갖추어야 한다.

2. 무효인 처분에 대하여 취소소송이 제기된 경우 소송제기요건이 구비되었다면 법원은 당해 소를 각하하여서는 아니되며, 무효를 선언하는 의미의 취소판결을 하여야 한다[대법원 1993.3.12, 92누11039].

행정처분의 당연무효를 선언하는 의미에서 그 취소를 구하는 행정소송을 제기한 경우에도 제소기간의 준수 등 취소소송의 제소요건을 갖추어야 하는 것이므로, 원고가 주위적 청구로 이 사건 이의재결의 취소를 구하고 있는 이상 그 취지가 위 이의재결의 당연무효를 선언하는 의미에서 취소를 구하는 것이라 하더라도 토지수용법 제75조의2 소정의 제소기간을 준수하여야 할 것인데 기록에 의하면 원고는 당초 원재결의 취소를 구하는 행정소송을 제기하였다가 이 사건 이의신청에 대한 재결서를 받고서도 그때부터 1월이 훨씬 지난 뒤인 1990.11.1.에야 청구취지를 이의재결의 취소를 구하는 것으로 변경한 사실이 분명하므로 결국 이 사건 소송은 불변기간을 넘어서 제기된 것으로 부적법하고 그 흠결은 보정될 수 없는 것이라고 하겠다.

2. 취소할 수 있는 처분에 대하여 무효등확인소송을 제기한 경우

행정처분의 무효확인을 구하는 소에는 원고가 그 처분의 취소를 구하지 아니한다고 밝히지 아니한 이상 그 처분이 만약 당연무효가 아니라면 그 취소를 구하는 취지도 포함되어 있는 것으로 보아야 한다. 물론 취소청구를 인용하려면 먼저 취소소송으로서의 제소요건(예컨대 제소기간, 필요적 전치주의)이 구비되어야 한다.

관련판례

행정처분의 무효확인을 구하는 소에는 원고가 그 처분의 취소를 구하지 아니한다고 밝히지 아니한 이상 그 처분이 만약 당연무효가 아니라면 그 취소를 구하는 취지도 포함되어 있는 것으로 보아야 한다[대법원 1994.12.23, 선고, 94누477, 판결].
일반적으로 행정처분의 무효확인을 구하는 소에는 원고가 그 처분의 취소를 구하지 아니한다고 밝히지 아니한 이상 그 처분이 만약 당연무효가 아니라면 그 취소를 구하는 취지도 포함되어 있는 것으로 보아야 한다.

이때 재판장은 원고에게 원하는 소송이 무엇인지를 명확히 하도록 석명권을 행사할 수 있다(행정소송규칙 제16조).

행정소송규칙

제16조(무효확인소송에서 석명권의 행사) 재판장은 무효확인소송이 법 제20조에 따른 기간 내에 제기된 경우에는 원고에게 처분등의 취소를 구하지 아니하는 취지인지를 명확히 하도록 촉구할 수 있다. 다만, 원고가 처분등의 취소를 구하지 아니함을 밝힌 경우에는 그러하지 아니하다.

제4관 소송요건

1. 재판관할
제1심 관할법원은 피고인 행정청의 소재지를 관할하는 행정법원이 된다(행정소송법 제9조, 제38조 제1항).

2. 원고적격
무효등확인소송은 처분의 효력유무 또는 존재여부의 확인을 구할 법률상 이익이 있는 자가 제기할 수 있다.

3. 피고적격
무효등확인소송도 취소소송과 같이 처분청을 피고로 한다.

4. 소송의 대상
무효등확인소송도 취소소송과 마찬가지로 '처분 등'을 소송의 대상으로 한다. 한편 재결에 대한 무효확인소송의 경우에는 원처분주의에 따라 재결 자체에 고유한 위법이 있음을 이유로 하는 경우에만 가능하다.

5. 협의의 소의 이익
취소소송의 경우와 동일하다. 재판은 당사자의 정신적 만족이 아니라 현실적 구제를 목적으로 하는 것이므로 재판에 의해 분쟁을 해결할 만한 현실적인 필요성이 있어야 한다.

> **관련판례**
>
> 압류등기가 말소된다고 하여도 압류처분이 외형적으로 효력이 있는 것처럼 존재하는 이상, 압류처분에 기한 압류등기가 경료되어 있는 경우에도 압류처분의 무효확인을 구할 이익이 있다(대판 2003.5.16. 2002두3669).
> 체납처분에 기한 압류처분은 행정처분으로서 이에 기하여 이루어진 집행방법인 압류등기와는 구별되므로 압류등기의 말소를 구하는 것을 압류처분 자체의 무효를 구하는 것으로 볼 수 없고, 또한 압류등기가 말소된다고 하여도 압류처분이 외형적으로 효력이 있는 것처럼 존재하는 이상 그 불안과 위험을 제거할 필요가 있다고 할 것이므로, 압류처분에 기한 압류등기가 경료되어 있는 경우에도 압류처분의 무효확인을 구할 이익이 있다.

6. 확인의 소의 보충성 - 별도의 「확인의 이익」이 요구되는지 여부

가. 문제의 소재
민사소송에서는 확인의 소를 제기하기 위해서는 별도의 '확인의 이익'이 요구되며 이러한 확인의 이익이 인정되지 아니하는 경우에는 이행소송을 제기하여야 하지 확인소송을 제기하는 것은 허용되지 않는다(확인의 소의 보충성). 예컨대 A가 B에 대해서 1억원의 대여금채권을 가지고 있는 경우에는 B에 대하여 '1억원을 지급하라'는 내용의 이행소송을 제기하여야 하며, 별도의 확인의 이익이 인정되지 않는 한 'A가 B에 대해서 1억원의 대여금채권이 있음을 확인한다'는 내용의 확인소송은 실효적인 구제수단이 아니기 때문에 허용되지 않는다.

확인을 구할 법률상 이익과 관련하여 행정소송인 무효확인소송에서도 민사소송과 마찬가지로 확인의 이익이 요구되는지가 문제된다.

나. 견해의 대립

확인의 이익이 요구되는지와 관련하여 ① 민사소송에서와 마찬가지로 별도의 확인의 이익이 요구되며, 확인의 이익이 인정되지 않는 경우에는 무효등확인소송을 제기할 수 없다는 견해(즉시확정이익설)와 ② 취소소송에서와 마찬가지로 소송을 제기할 법률상 이익이 인정되는 이상 별도로 확인의 이익은 요구되지 않는다는 견해(법적보호이익설)가 대립된다.

다. 판례의 태도

판례는 「법적보호이익설」에 따라 별도로 확인의 이익을 요구하지 않고 있기 때문에 확인의 소의 보충성이 요구되지 않는다. 따라서 조세부과처분이 무효임에도 불구하고 납세자가 이미 세금을 납부한 경우에, 납세의무자는 부당이득반환청구소송을 제기할 수 있다고 하더라도 조세부과처분의 무효확인소송을 제기할 수 있다.

> **관련판례**
>
> 무효인 조세부과처분에 의하여 세금을 납부한 자가 부당이득반환청구소송을 제기하여 무효를 주장할 수 있다고 하더라도 그와 별도로 조세부과처분의 무효확인소송을 독립된 소로서 제기할 수 있다[대법원 2008.3.20., 2007두6342]. 행정소송법 제4조에서는 무효확인소송을 항고소송의 일종으로 규정하고 있고, 행정소송법 제38조 제1항에서는 처분 등을 취소하는 확정판결의 기속력 및 행정청의 재처분 의무에 관한 행정소송법 제30조를 무효확인소송에도 준용하고 있으므로 <u>무효확인판결 자체만으로도 실효성을 확보할 수 있다</u>. 그리고 무효확인소송의 보충성을 규정하고 있는 외국의 일부 입법례와는 달리 우리나라 행정소송법에는 명문의 규정이 없어 이로 인한 명시적 제한이 존재하지 않는다. 이와 같은 사정을 비롯하여 행정에 대한 사법통제, 권익구제의 확대와 같은 행정소송의 기능 등을 종합하여 보면, <u>행정처분의 근거 법률에 의하여 보호되는 직접적이고 구체적인 이익이 있는 경우에는 행정소송법 제35조에 규정된 '무효확인을 구할 법률상 이익'이 있다고 보아야 하고, 이와 별도로 무효확인소송의 보충성이 요구되는 것은 아니므로 행정처분의 무효를 전제로 한 이행소송 등과 같은 직접적인 구제수단이 있는지 여부를 따질 필요가 없다</u>고 해석함이 상당하다.

7. 행정심판전치의 문제

예외적 행정심판전치주의의 규정이 적용배제된다(행정소송법 제38조 제1항). 다만 무효선언을 구하는 취소소송의 경우에는 예외적 행정심판전치주의 등 취소소송의 제소요건규정이 적용된다.

8. 제소기간

무효인 행정행위는 제소기간 제한규정의 적용이 제외된다(행정소송법 제39조 제1항). 다만 무효선언을 구하는 취소소송인 경우에는 취소소송의 제소기간을 준수하여야 한다.

제5관 심리

1. 증명책임의 분배

증명책임에 관하여는 취소소송과 마찬가지로 원칙적으로 피고인 행정청이 져야 한다는 「피고책임설」과 「원고책임설」이 대립되고 있으며, 판례는 「원고책임설」을 취하고 있다.

> **관련판례**
>
> 행정처분에는 유효성이 추정되므로 무효사유의 증명책임은 원고에게 있다[대법원 1992.3.10., 91누6030].
> 행정처분의 당연무효를 주장하여 그 무효확인을 구하는 행정소송에 있어서는 원고에게 그 행정처분이 무효인 사유를 주장, 입증할 책임이 있다.

2. 위법판단의 기준시

취소소송과 마찬가지로 처분시를 기준으로 처분의 무효 등을 판단하여야 한다.

제6관 판 결

1. 판결의 종류

행정소송법은 무효등확인소송에 있어서는 취소소송에 있어서의 사정판결에 관한 규정을 준용하지 않고 있다.

> **관련판례**
>
> 무효등확인소송에서는 사정판결이 인정되지 않는다[대법원 1987.3.10., 84누158판결].
> 계쟁중인 행정처분이 무효인 경우에는 존치시킬 효력이 있는 행정행위가 없기 때문에 구 행정소송법 제12조 소정의 사정판결을 할 수 없다.

2. 판결의 효력

처분의 무효 등을 확인하는 확정판결은 형식상으로는 확인판결이지만, 그 효과는 취소소송의 형성적 효과에 준하므로 제3자에 대하여도 효력이 있다(행정소송법 제29조, 제39조 제1항). 따라서 제3자의 소송참가와 재심청구가 인정된다(동법 제16조, 제31조, 제38조 제1항). 또 당사자인 행정청과 그 밖의 관계 행정청을 기속한다(동법 제30조 제38조 제1항).

3. 간접강제 문제

무효등확인소송의 판결에는 취소판결의 경우와는 달리 간접강제가 허용되지 않는다.

> **관련판례**
>
> 무효등확인소송에 있어서는 간접강제가 인정되지 않는다[대법원 1988.12.24., 98무37판결].
>
> [1] 행정소송법 제34조는 취소판결의 간접강제에 관하여 규정하면서 제1항에서 행정청이 같은 법 제30조 제2항의 규정에 의한 처분을 하지 아니한 때에 간접강제를 할 수 있도록 규정하고 있고, 같은 법 제30조 제2항은 "판결에 의하여 취소되는 처분이 당사자의 신청을 거부하는 것을 내용으로 하는 경우에는 그 처분을 행한 행정청은 판결의 취지에 따라 다시 이전의 신청에 대한 처분을 하여야 한다."라고 규정함으로써 취소판결에 따라 취소된 행정처분이 거부처분인 경우에 행정청에 다시 처분을 할 의무가 있음을 명시하고 있으므로, 결국 같은 법상 간접강제가 허용되는 것은 취소판결에 의하여 취소된 행정처분이 거부처분인 경우라야 할 것이다.
>
> [2] 행정소송법 제38조 제1항이 무효확인 판결에 관하여 취소판결에 관한 규정을 준용함에 있어서 같은 법 제30조 제2항을 준용한다고 규정하면서도 같은 법 제34조는 이를 준용한다는 규정을 두지 않고 있으므로, 행정처분에 대하여 무효확인 판결이 내려진 경우에는 그 행정처분이 거부처분인 경우에도 행정청에 판결의 취지에 따른 재처분의무가 인정될 뿐 그에 대하여 간접강제까지 허용되는 것은 아니라고 할 것이다.

기출문제

01 | 2016 |

무효등확인소송에서 취소소송 규정의 준용에 관한 설명으로 옳은 것은?

① 취소판결의 기속력에 관한 규정은 준용되지만, 재처분의무에 따른 간접강제에 관한 규정은 준용되지 않는다.
② 무효등확인소송의 전심절차로서 행정심판을 거친 경우에는 제소기간의 규정이 준용된다.
③ 가처분이 이용될 수 있어, 집행정지의 규정이 준용되지 않는다.
④ 취소소송 대상에 관한 규정이 준용되지 않아 취소소송에 비하여 대상적격이 넓게 인정된다.
⑤ 피고적격에 관한 규정이 준용되지 않아, 무효등확인소송의 피고는 국가·공공단체 그 밖의 권리주체가 된다.

----

① ☞ 집행정지규정을 포함하여 취소소송에 관한 행정소송법상의 규정이 거의 대부분 준용되고 있다. 다만 예외적 행정심판전치주의(제18조), 제소기간(제20조), 재량처분의 취소(제27조), 사정판결(제28조), 간접강제(제34조)에 관한 규정은 무효등확인소송에는 준용되지 않는다.
② ☞ 무효확인소송은 행정심판을 거쳤건 안 거쳤건 제소기간의 제한을 받지 않는다. 반면 취소소송과 부작위위법확인소송은 행정심판을 거쳤으면 재결서 정본 송달일로부터 90일 내에 소송을 제기해야 한다.

02 | 2016 |

무효등확인소송에 관한 설명으로 옳지 <u>않은</u> 것은? (다툼이 있으면 판례에 따름)

① 유효확인소송은 무효등확인소송에 포함된다.
② 무효확인소송에서 처분이 무효인 사유를 주장·입증할 책임은 원고에게 있다.
③ 처분등의 효력 유무 또는 존재 여부의 확인을 구할 법률상 이익이 있는 자가 제기할 수 있다.
④ 작위의무확인소송은 무효등확인소송에 포함된다.
⑤ 무효등확인소송의 제기요건으로서 보충성이 요구되지 않는다.

----

① ☞ 무효등확인소송은 무효확인소송, 유효확인소송, 실효확인소송, 존재확인소송, 부존재확인소송의 5가지 유형으로 나눌 수 있다.
② [대법원 1992.3.10., 91누6030] 행정처분의 당연무효를 주장하여 그 무효확인을 구하는 행정소송에 있어서는 원고에게 그 행정처분이 무효인 사유를 주장, 입증할 책임이 있다.
③ ☞ 무효등 확인소송은 처분등의 효력 유무 또는 존재 여부의 확인을 구할 법률상 이익이 있는 자가 제기할 수 있다(행정소송법 제35조).
④ [대법원 1990.11.23, 90누3553] 피고 국가보훈처장 등에게, 독립운동가들에 대한 서훈추천권의 행사가 적정하지 아니하였으니 이를 바로잡아 다시 추천하고, 잘못 기술된 독립운동가의 활동상을 고쳐 독립운동사 등의

답 01 ① 02 ④

책자를 다시 편찬, 보급하고, 독립기념관 전시관의 해설문, 전시물 중 잘못된 부분을 고쳐 다시 전시 및 배치할 의무가 있음의 확인을 구하는 청구는 작위의무확인소송으로서 항고소송의 대상이 되지 아니한다.
⑤ [대법원전합 2008.3.20, 2007두6342] 행정소송은 행정청의 위법한 처분 등을 취소·변경하거나 그 효력 유무 또는 존재 여부를 확인함으로써 국민의 권리 또는 이익의 침해를 구제하고 공법상의 권리관계 또는 법 적용에 관한 다툼을 적정하게 해결함을 목적으로 하므로, 대등한 주체 사이의 사법상 생활관계에 관한 분쟁을 심판대상으로 하는 민사소송과는 목적, 취지 및 기능 등을 달리한다. 또한 행정소송법 제4조에서는 무효확인소송을 항고소송의 일종으로 규정하고 있고, 행정소송법 제38조 제1항에서는 처분 등을 취소하는 확정판결의 기속력 및 행정청의 재처분 의무에 관한 행정소송법 제30조를 무효확인소송에도 준용하고 있으므로 무효확인판결 자체만으로도 실효성을 확보할 수 있다. 그리고 무효확인소송의 보충성을 규정하고 있는 외국의 일부 입법례와는 달리 우리나라 행정소송법에는 명문의 규정이 없어 이로 인한 명시적 제한이 존재하지 않는다. 이와 같은 사정을 비롯하여 행정에 대한 사법통제, 권익구제의 확대와 같은 행정소송의 기능 등을 종합하여 보면, 행정처분의 근거 법률에 의하여 보호되는 직접적이고 구체적인 이익이 있는 경우에는 행정소송법 제35조에 규정된 '무효확인을 구할 법률상 이익'이 있다고 보아야 하고, 이와 별도로 무효확인소송의 보충성이 요구되는 것은 아니므로 행정처분의 무효를 전제로 한 이행소송 등과 같은 직접적인 구제수단이 있는지 여부를 따질 필요가 없다고 해석함이 상당하다.

03 | 2017 |

행정소송법상 무효등확인소송에 관한 설명으로 옳은 것은? (다툼이 있으면 판례에 따름)

① 관련청구소송의 이송이 허용된다.
② 집행정지가 인정되지 않는다.
③ 즉시확정의 이익이 요구된다.
④ 피고는 언제나 그 처분등을 행한 행정청이다.
⑤ 제3자의 소송참가가 허용되지 않는다.

① ☞ 관련청구소송의 이송 및 병합의 규정은 무효등 확인소송의 경우에 준용된다.

> 제38조(준용규정) ① 제9조, 제10조, 제13조 내지 제17조, 제19조, 제22조 내지 제26조, 제29조 내지 제31조 및 제33조의 규정은 무효등 확인소송의 경우에 준용한다.
>
> 제10조(관련청구소송의 이송 및 병합) ① 취소소송과 다음 각호의 1에 해당하는 소송(이하 "關聯請求訴訟"이라 한다)이 각각 다른 법원에 계속되고 있는 경우에 관련청구소송이 계속된 법원이 상당하다고 인정하는 때에는 당사자의 신청 또는 직권에 의하여 이를 취소소송이 계속된 법원으로 이송할 수 있다.
> 1. 당해 처분등과 관련되는 손해배상·부당이득반환·원상회복등 청구소송
> 2. 당해 처분등과 관련되는 취소소송
> ② 취소소송에는 사실심의 변론종결시까지 관련청구소송을 병합하거나 피고외의 자를 상대로 한 관련청구소송을 취소소송이 계속된 법원에 병합하여 제기할 수 있다.

② ☞ 집행정지의 규정은 무효등 확인소송의 경우에 준용된다.

> **제38조(준용규정)** ① 제9조, 제10조, 제13조 내지 제17조, 제19조, 제22조 내지 제26조, 제29조 내지 제31조 및 제33조의 규정은 무효등 확인소송의 경우에 준용한다.
>
> **제23조(집행정지)** ① 취소소송의 제기는 처분등의 효력이나 그 집행 또는 절차의 속행에 영향을 주지 아니한다.
> ② 취소소송이 제기된 경우에 처분등이나 그 집행 또는 절차의 속행으로 인하여 생길 회복하기 어려운 손해를 예방하기 위하여 긴급한 필요가 있다고 인정할 때에는 본안이 계속되고 있는 법원은 당사자의 신청 또는 직권에 의하여 처분등의 효력이나 그 집행 또는 절차의 속행의 전부 또는 일부의 정지(이하 "執行停止"라 한다)를 결정할 수 있다. 다만, 처분의 효력정지는 처분등의 집행 또는 절차의 속행을 정지함으로써 목적을 달성할 수 있는 경우에는 허용되지 아니한다.
> ③ 집행정지는 공공복리에 중대한 영향을 미칠 우려가 있을 때에는 허용되지 아니한다.
> ④ 제2항의 규정에 의한 집행정지의 결정을 신청함에 있어서는 그 이유에 대한 소명이 있어야 한다.
> ⑤ 제2항의 규정에 의한 집행정지의 결정 또는 기각의 결정에 대하여는 즉시항고할 수 있다. 이 경우 집행정지의 결정에 대한 즉시항고에는 결정의 집행을 정지하는 효력이 없다.
> ⑥ 제30조제1항의 규정은 제2항의 규정에 의한 집행정지의 결정에 이를 준용한다.

③ [대법원 2008. 3. 20. 선고 2007두6342 전원합의체 판결] 행정소송은 행정청의 위법한 처분 등을 취소·변경하거나 그 효력 유무 또는 존재 여부를 확인함으로써 국민의 권리 또는 이익의 침해를 구제하고 공법상의 권리관계 또는 법 적용에 관한 다툼을 적정하게 해결함을 목적으로 하므로, 대등한 주체 사이의 사법상 생활관계에 관한 분쟁을 심판대상으로 하는 민사소송과는 목적, 취지 및 기능 등을 달리한다. 또한 행정소송법 제4조에서는 무효확인소송을 항고소송의 일종으로 규정하고 있고, 행정소송법 제38조 제1항에서는 처분 등을 취소하는 확정판결의 기속력 및 행정청의 재처분 의무에 관한 행정소송법 제30조를 무효확인소송에도 준용하고 있으므로 무효확인판결 자체만으로도 실효성을 확보할 수 있다. 그리고 무효확인소송의 보충성을 규정하고 있는 외국의 일부 입법례와는 달리 우리나라 행정소송법에는 명문의 규정이 없어 이로 인한 명시적 제한이 존재하지 않는다. 이와 같은 사정을 비롯하여 행정에 대한 사법통제, 권익구제의 확대와 같은 행정소송의 기능 등을 종합하여 보면, 행정처분의 근거 법률에 의하여 보호되는 직접적이고 구체적인 이익이 있는 경우에는 행정소송법 제35조에 규정된 '무효확인을 구할 법률상 이익'이 있다고 보아야 하고, 이와 별도로 무효확인소송의 보충성이 요구되는 것은 아니므로 행정처분의 무효를 전제로 한 이행소송 등과 같은 직접적인 구제수단이 있는지 여부를 따질 필요가 없다고 해석함이 상당하다.

④ ☞ 무효등 확인소송은 다른 법률에 특별한 규정이 없는 한 그 처분 등을 행한 행정청을 피고로 한다. 다만, 처분 등이 있은 뒤에 그 처분 등에 관계되는 권한이 다른 행정청에 승계된 때에는 이를 승계한 행정청을 피고로 한다. 이에 의한 행정청이 없게 된 때에는 그 처분 등에 관한 사무가 귀속되는 국가 또는 공공단체를 피고로 한다.

> **제38조(준용규정)** ① 제9조, 제10조, 제13조 내지 제17조, 제19조, 제22조 내지 제26조, 제29조 내지 제31조 및 제33조의 규정은 무효등 확인소송의 경우에 준용한다.
>
> **제13조(피고적격)** ① 취소소송은 다른 법률에 특별한 규정이 없는 한 그 처분등을 행한 행정청을 피고로 한다. 다만, 처분등이 있은 뒤에 그 처분등에 관계되는 권한이 다른 행정청에 승계된 때에는 이를 승계한 행정청을 피고로 한다.
> ② 제1항의 규정에 의한 행정청이 없게 된 때에는 그 처분등에 관한 사무가 귀속되는 국가 또는 공공단체를 피고로 한다.

⑤ ☞ 제3자의 소송참가의 규정은 무효등 확인소송의 경우에 준용된다.

> **제38조(준용규정)** ① 제9조, 제10조, 제13조 내지 제17조, 제19조, 제22조 내지 제26조, 제29조 내지 제31조 및 제33조의 규정은 무효등 확인소송의 경우에 준용한다.
>
> **제16조(제3자의 소송참가)** ① 법원은 소송의 결과에 따라 권리 또는 이익의 침해를 받을 제3자가 있는 경우에는 당사자 또는 제3자의 신청 또는 직권에 의하여 결정으로써 그 제3자를 소송에 참가시킬 수 있다.
> ② 법원이 제1항의 규정에 의한 결정을 하고자 할 때에는 미리 당사자 및 제3자의 의견을 들어야 한다.
> ③ 제1항의 규정에 의한 신청을 한 제3자는 그 신청을 각하한 결정에 대하여 즉시항고할 수 있다.
> ④ 제1항의 규정에 의하여 소송에 참가한 제3자에 대하여는 민사소송법 제67조의 규정을 준용한다.

04 | 2019 |

무효확인소송의 본안판단 사항에 해당하는 것은?

① 제소기간 도과 여부
② 원고적격 인정 여부
③ 중대명백한 하자의 인정 여부
④ 대상적격 인정 여부
⑤ 권리보호필요성 인정여부

••••••••••••••••••••••

①, ②, ④, ⑤ ☞ 본안판단을 받기 위해서는 본안판단의 전제요건을 갖추어야 하는데, 이를 소송요건이라 한다. 소송요건으로서는 (ⅰ) 소송을 제기할 원고적격(법률상 이익)이 있는 자가, (ⅱ) 소송을 제기할 현실적인 필요성(협의의 소의 이익)이 있는 경우, (ⅲ) 피고적격이 있는 행정청을 상대로, (ⅳ) 행정청의 처분 등을 대상으로, (ⅴ) 제소기간 내에, (ⅵ) 행정심판이 필요한 경우 행정심판을 거쳐, (ⅶ) 관할법원에, (ⅷ) 소장이라는 형식을 갖추어 제기할 것이 요구된다.

③ ☞ 중대명백한 하자의 인정여부는 처분의 무효사유에 대한 것이므로 본안판단 사항이다.
[대법원 2018. 7. 19., 선고, 2017다242409, 전원합의체 판결] 과세처분이 당연무효라고 하기 위하여는 그 처분에 위법사유가 있다는 것만으로는 부족하고 그 하자가 법규의 중요한 부분을 위반한 중대한 것으로서 객관적으로 명백한 것이어야 하며, 하자가 중대하고 명백한지를 판별할 때에는 과세처분의 근거가 되는 법규의 목적·의미·기능 등을 목적론적으로 고찰함과 동시에 구체적 사안 자체의 특수성에 관하여도 합리적으로 고찰하여야 한다. 그리고 어느 법률관계나 사실관계에 대하여 어느 법령의 규정을 적용하여 과세처분을 한 경우에 그 법률관계나 사실관계에 대하여는 그 법령의 규정을 적용할 수 없다는 법리가 명백히 밝혀져서 해석에 다툼의 여지가 없음에도 과세관청이 그 법령의 규정을 적용하여 과세처분을 하였다면 그 하자는 중대하고도 명백하다고 할 것이나, 그 법률관계나 사실관계에 대하여 그 법령의 규정을 적용할 수 없다는 법리가 명백히 밝혀지지 아니하여 해석에 다툼의 여지가 있는 때에는 과세관청이 이를 잘못 해석하여 과세처분을 하였더라도 이는 과세요건사실을 오인한 것에 불과하여 그 하자가 명백하다고 할 수 없다.

답 04 ③

05 | 2020 |

무효등확인소송에 관한 설명으로 옳지 <u>않은</u> 것은? (다툼이 있으면 판례에 따름)

① 과세처분무효확인소송에서 당사자가 청구원인에서 무효사유로 내세운 개개의 주장은 공격방어방법에 불과하다.
② 무효등확인소송은 처분등의 효력 유무 또는 존재 여부의 확인을 구할 법률상 이익이 있는 자가 제기할 수 있다.
③ 과세처분의 취소소송에서 청구가 기각된 확정판결의 기판력은 다시 그 과세처분의 무효확인을 구하는 소송에도 미친다.
④ 무효등확인소송의 경우에 집행부정지원칙은 적용되지 아니한다.
⑤ 재결무효등확인소송의 경우 재결 자체에 고유한 위법이 있음을 이유로 하는 경우에 한한다.

- - - - - - - - - - - - - - - - - - - -

① ☞ 과세처분취소소송과 과세처분무효등확인소송 모두 소송물은 처분의 위법성 일반이고, 당사자가 주장하는 개개의 위법성사유는 공격방어방법에 불과하다. 따라서 일단 기각판결이 확정되고 나면 전소에서 주장하지 않은 위법성사유를 후소에서 주장할 수 없다.
[대법원 1992.2.25., 91누6108] 과세처분무효확인소송의 경우 소송물은 권리 또는 법률관계의 존부 확인을 구하는 것이며, 이는 청구취지만으로 소송물의 동일성이 특정된다고 할 것이고 따라서 <u>당사자가 청구원인에서 무효사유로 내세운 개개의 주장은 공격방어방법에 불과하다고 볼 것</u>이며, 한편 확정된 종국판결은 그 기판력으로서 당사자가 사실심의 변론종결시를 기준으로 그때까지 제출하지 않은 공격방어방법은 그 뒤 다시 동일한 소송을 제기하여 이를 주장할 수 없다.

② 행정소송법 제35조

> **제35조(무효등 확인소송의 원고적격)** 무효등 확인소송은 처분등의 효력 유무 또는 존재 여부의 확인을 구할 법률상 이익이 있는 자가 제기할 수 있다.

③ [대법원 1998.7.24, 98다10854] 과세처분의 취소소송은 과세처분의 실체적, 절차적 위법을 그 취소원인으로 하는 것으로서 그 심리의 대상은 과세관청의 과세처분에 의하여 인정된 조세채무인 과세표준 및 세액의 객관적 존부, 즉 당해 과세처분의 적부가 심리의 대상이 되는 것이며, <u>과세처분 취소청구를 기각하는 판결이 확정되면 그 처분이 적법하다는 점에 관하여 기판력이 생기고 그 후 원고가 이를 무효라 하여 무효확인을 소구할 수 없는 것이어서 과세처분의 취소소송에서 청구가 기각된 확정판결의 기판력은 그 과세처분의 무효확인을 구하는 소송에도 미친다.</u>

④ ☞ 만약 무효등확인소송에 대해서 집행부정지원칙이 적용되지 않는다면, 위법한 건축물에 대한 철거명령을 받은 건축주는 무효등확인소송을 제기하기만 하면 자동적으로 철거명령을 저지할 수 있게되는 불합리한 결과가 발생한다. 무효등확인소송에 준용되지 않는 규정은 "무심재기접사"로 정리하자.

⑤ ☞ ④ 선지와 마찬가지로, 무효등확인소송에 준용되지 않는 규정은 "무심재기접사"로 정리하자. 동법 제38조 제1항, 제19조

> **제38조(준용규정)** ① 제9조, 제10조, 제13조 내지 제17조, 제19조, 제22조 내지 제26조, 제29조 내지 제31조 및 제33조의 규정은 <u>무효등 확인소송의 경우에 준용한다.</u>
>
> **제19조(취소소송의 대상)** 취소소송은 처분등을 대상으로 한다. 다만, <u>재결취소소송의 경우에는 재결 자체에 고유한 위법이 있음을 이유로 하는 경우에 한한다.</u>

답 05 ④

06 | 2020 |

「행정소송법」상 취소소송에 관한 규정 중 무효등확인소송에 준용되지 <u>않는</u> 것은?

① 공동소송
② 제3자에 의한 재심청구
③ 사정판결
④ 행정심판기록의 제출명령
⑤ 제3자의 소송참가

••••••••••••••••••••

「행정소송법」제38조

> **제38조(준용규정)** ① 제9조, 제10조, 제13조 내지 제17조, 제19조, 제22조 내지 제26조, 제29조 내지 제31조 및 제33조의 규정은 <u>무효 등 확인소송의 경우에 준용</u>한다.

① 행정소송법 제15조(공동소송)
② 동법 제31조(제3자에 의한 재심청구)
③ 동법 제28조(사정판결)
④ 동법 제25조(행정심판기록의 제출명령)
⑤ 동법 제16조(제3자의 소송참가)

취소소송 규정이 무효등확인소송에 준용되지 않는 경우	무/심/재/기/접/사	* **무**효등확인소송 • 행정**심**판전치 • **재**량처분의 취소 • 제소**기**간 • 간**접**강제 • **사**정판결

답 06 ③

07 | 2020 |

무효등확인소송에 관한 설명으로 옳지 <u>않은</u> 것은? (다툼이 있으면 판례에 따름)

① 무효확인소송의 보충성은 요구되지 아니한다.
② 처분등의 효력유무를 민사소송의 수소법원이 선결문제로 심리·판단하는 경우에 행정청의 소송참가 규정이 적용된다.
③ 행정처분이 무효인 사유는 피고에게 입증책임이 있다.
④ 처분등의 무효를 확인하는 확정판결은 그 사건에 관하여 당사자인 행정청과 그 밖의 관계행정청을 기속한다.
⑤ 집행행위의 개입 없이도 그 자체로서 직접 국민의 구체적인 권리의무에 영향을 미치는 조례는 무효확인소송의 대상이 된다.

---

① ☞ 판례는 무효등확인소송의 보충성을 부인하고 있다.
[대법원 2008.3.20, 2007두6342] 행정소송은 행정청의 위법한 처분 등을 취소·변경하거나 그 효력 유무 또는 존재 여부를 확인함으로써 국민의 권리 또는 이익의 침해를 구제하고 공법상의 권리관계 또는 법 적용에 관한 다툼을 적정하게 해결함을 목적으로 하므로, 대등한 주체 사이의 사법상 생활관계에 관한 분쟁을 심판대상으로 하는 민사소송과는 목적, 취지 및 기능 등을 달리한다. 또한 행정소송법 제4조에서는 무효확인소송을 항고소송의 일종으로 규정하고 있고, 행정소송법 제38조 제1항에서는 처분 등을 취소하는 확정판결의 기속력 및 행정청의 재처분 의무에 관한 행정소송법 제30조를 무효확인소송에도 준용하고 있으므로 무효확인판결 자체만으로도 실효성을 확보할 수 있다. 그리고 무효확인소송의 보충성을 규정하고 있는 외국의 일부 입법례와는 달리 우리나라 행정소송법에는 명문의 규정이 없어 이로 인한 명시적 제한이 존재하지 않는다. 이와 같은 사정을 비롯하여 행정에 대한 사법통제, 권익구제의 확대와 같은 행정소송의 기능 등을 종합하여 보면, 행정처분의 근거 법률에 의하여 보호되는 직접적이고 구체적인 이익이 있는 경우에는 행정소송법 제35조에 규정된 '무효확인을 구할 법률상 이익'이 있다고 보아야 하고, 이와 별도로 무효확인소송의 보충성이 요구되는 것은 아니므로 행정처분의 무효를 전제로 한 이행소송 등과 같은 직접적인 구제수단이 있는지 여부를 따질 필요가 없다고 해석함이 상당하다.

② ☞ 민사법원의 선결문제 심리시 준용되는 규정은 "비록직참"으로 정리하자.

민사법원의 선결문제 심리시 준용규정	비 / 록 / 직 / 참	• 소송비용에 관한 재판의 효력 • 행정심판기록 제출명령 • 직권심리 • 행정청의 소송참가

제11조(선결문제) ① 처분등의 효력 유무 또는 존재 여부가 민사소송의 선결문제로 되어 당해 민사소송의 수소법원이 이를 심리·판단하는 경우에는 <u>제17조</u>, 제25조, 제26조 및 제33조<u>의 규정을 준용</u>한다.

제17조(행정청의 소송참가) ① 법원은 다른 행정청을 소송에 참가시킬 필요가 있다고 인정할 때에는 당사자 또는 당해 행정청의 신청 또는 직권에 의하여 결정으로써 그 행정청을 소송에 참가시킬 수 있다.

답 07 ③

③ [대법원 1992.3.10, 91누6030] 행정처분의 당연무효를 주장하여 그 무효확인을 구하는 행정소송에 있어서는 원고에게 그 행정처분이 무효인 사유를 주장, 입증할 책임이 있다.

> **증명책임의 분배**
> (1) **소송요건** : 소송요건은 직권조사사항이지만, 법원의 조사에도 그 요건사실의 존부가 불분명한 경우에는 원고에게 증명책임이 있다.
> (2) **처분의 적법성** : 처분의 적법성에 대해서는 행정청이 증명책임을 진다.
> (3) **취소사유의 존부** : 재량권의 일탈 내지 남용 등 취소사유에 대한 증명책임은 원고에게 있다.
> (4) **무효사유의 존부** : 처분의 하자가 중대하고 명백하다는 점에 대한 증명책임은 원고에게 있다.
> (5) **절차적 요건** : 절차적 요건의 준수에 관한 증명책임은 행정청에게 있다.

④ ☞ 원고가 무효등 확인소송에서 승소하면, 취소소송에서 승소한 경우와 마찬가지로 피고 행정청에게는 판결의 기속력에 따라 반복금지의무·재처분의무·결과제거의무가 발생한다(동법 제30조 제1항, 제38조 제1항).

> **제30조(취소판결등의 기속력)** ① 처분등을 취소하는 확정판결은 그 사건에 관하여 당사자인 행정청과 그 밖의 관계행정청을 기속한다.
> **제38조(준용규정)** ① 제9조, 제10조, 제13조 내지 제17조, 제19조, 제22조 내지 제26조, 제29조 내지 제31조 및 제33조의 규정은 무효등 확인소송의 경우에 준용한다.

⑤ [대법원 1996.9.20, 95누8003] 조례가 집행행위의 개입 없이도 그 자체로서 직접 국민의 구체적인 권리의무나 법적 이익에 영향을 미치는 등의 법률상 효과를 발생하는 경우 그 조례는 항고소송의 대상이 되는 행정처분에 해당하고, 이러한 조례에 대한 무효확인소송을 제기함에 있어서 행정소송법 제38조 제1항, 제13조에 의하여 피고적격이 있는 처분 등을 행한 행정청은, 행정주체인 지방자치단체 또는 지방자치단체의 내부적 의결기관으로서 지방자치단체의 의사를 외부에 표시한 권한이 없는 지방의회가 아니라, 구 지방자치법 제19조 제2항, 제92조에 의하여 지방자치단체의 집행기관으로서 조례로서의 효력을 발생시키는 공포권이 있는 지방자치단체의 장이다.

08 | 2021 |

무효등 확인소송에 관한 설명으로 옳지 않은 것은? (다툼이 있으면 판례에 따름)

① 무효등 확인소송은 행정청의 처분등의 효력 유무 또는 존재여부를 확인하는 소송이다.
② 무효등 확인소송을 취소소송 또는 당사자소송으로 변경하는 것이 가능하다.
③ 취소소송에서의 제3자에 의한 재심청구에 관한 규정은 무효등 확인소송에 준용된다.
④ 무효등 확인소송에서는 즉시확정의 이익이 요구된다.
⑤ 거부처분에 대하여 무효확인판결이 내려진 경우에는 이에 대한 간접강제는 허용되지 않는다.

① ☞ 무효등확인소송은 (ⅰ) 무효확인, (ⅱ) 유효확인, (ⅲ) 실효확인, (ⅳ) 존재확인, (ⅴ) 부존재확인의 5가지 세부유형이 있다(제4조 제2호).

답 08 ④

② ☞ 무효등확인소송이나 부작위위법확인소송을 취소소송 또는 당사자소송으로 변경하는 것은 가능하다. 반면에 부작위위법확인소송과 무효등확인소송 간에 소의 변경을 하는 것은 행정소송법에서 규정하고 있지 않다.
③ ☞ 무효등확인소송에 준용되지 않는 사항을 "무심재기접사"로 기억하자.
④ ☞ 확인의 소의 보충성, 확인의 이익, 즉시확정의 이익은 같은 의미이다. 무효등확인소송은 확인소송이지만, 민사상 확인소송과는 달리 확인의 소의 보충성이 요구되지 않는다.
[대법원 2008.3.20, 2007두6342] 행정소송은 행정청의 위법한 처분 등을 취소·변경하거나 그 효력 유무 또는 존재 여부를 확인함으로써 국민의 권리 또는 이익의 침해를 구제하고 공법상의 권리관계 또는 법 적용에 관한 다툼을 적정하게 해결함을 목적으로 하므로, 대등한 주체 사이의 사법상 생활관계에 관한 분쟁을 심판대상으로 하는 민사소송과는 목적, 취지 및 기능 등을 달리한다. 또한 행정소송법 제4조에서는 무효확인소송을 항고소송의 일종으로 규정하고 있고, 행정소송법 제38조 제1항에서는 처분 등을 취소하는 확정판결의 기속력 및 행정청의 재처분 의무에 관한 행정소송법 제30조를 무효확인소송에도 준용하고 있으므로 무효확인판결 자체만으로도 실효성을 확보할 수 있다. 그리고 무효확인소송의 보충성을 규정하고 있는 외국의 일부 입법례와는 달리 우리나라 행정소송법에는 명문의 규정이 없어 이로 인한 명시적 제한이 존재하지 않는다. 이와 같은 사정을 비롯하여 행정에 대한 사법통제, 권익구제의 확대와 같은 행정소송의 기능 등을 종합하여 보면, 행정처분의 근거 법률에 의하여 보호되는 직접적이고 구체적인 이익이 있는 경우에는 행정소송법 제35조에 규정된 '무효확인을 구할 법률상 이익'이 있다고 보아야 하고, 이와 별도로 무효확인소송의 보충성이 요구되는 것은 아니므로 행정처분의 무효를 전제로 한 이행소송 등과 같은 직접적인 구제수단이 있는지 여부를 따질 필요가 없다고 해석함이 상당하다.
⑤ ☞ "무심재기접사"로 기억하자.
[대법원 1998.12.24., 98무37] 행정소송법 제38조 제1항이 무효확인 판결에 관하여 취소판결에 관한 규정을 준용함에 있어서 같은 법 제30조 제2항을 준용한다고 규정하면서도 같은 법 제34조는 이를 준용한다는 규정을 두지 않고 있으므로, 행정처분에 대하여 무효확인 판결이 내려진 경우에는 그 행정처분이 거부처분인 경우에도 행정청에 판결의 취지에 따른 재처분의무가 인정될 뿐 그에 대하여 간접강제까지 허용되는 것은 아니라고 할 것이다.

09 | 2022 |

행정소송법상 준용규정에 관한 설명으로 옳지 않은 것은?

① 행정소송에 관하여 행정소송법에 특별한 규정이 없는 사항에 대하여는 법원조직법과 민사소송법 및 민사집행법의 규정을 준용한다.
② 취소소송에 참가한 행정청에 대하여는 민사소송법 제76조(참가인의 소송행위)의 규정을 준용한다.
③ 취소소송에서의 소의 변경에 관한 규정(제21조)은 부작위위법확인소송을 취소소송으로 변경하는 경우에 준용한다.
④ 취소소송에서의 피고적격에 관한 규정은 무효등 확인소송의 경우에 준용한다.
⑤ 취소소송에서의 행정심판과의 관계에 관한 규정은 무효등 확인소송의 경우에 준용한다.

답 09 ⑤

① 제8조 제2항

> **제8조(법적용예)** ② 행정소송에 관하여 이 법에 특별한 규정이 없는 사항에 대하여는 <u>법원조직법과 민사소송법 및 민사집행법의</u> 규정을 준용한다

② ☞ 민사소송법 제76조의 참가인은 보조참가인에 해당한다.

> **제17조(행정청의 소송참가)** ③ 제1항의 규정에 의하여 소송에 참가한 행정청에 대하여는 민사소송법 제76조의 규정을 준용한다.
>
> **민사소송법**
> **제76조(참가인의 소송행위)** ① <u>참가인은 소송에 관하여 공격·방어·이의·상소, 그 밖의 모든 소송행위를 할 수 있다.</u> 다만, 참가할 때의 소송의 진행정도에 따라 할 수 없는 소송행위는 그러하지 아니하다.
> ② <u>참가인의 소송행위가 피참가인의 소송행위에 어긋나는 경우에는 그 참가인의 소송행위는 효력을 가지지 아니한다.</u>

③ 제37조

> **제37조(소의 변경)** 제21조(소의 변경)의 규정은 무효등 확인소송이나 <u>부작위법확인소송을 취소소송 또는 당사자소송으로 변경하는 경우에 준용</u>한다.

④ 제38조

> **제13조(피고적격)** ① 취소소송은 다른 법률에 특별한 규정이 없는 한 그 처분등을 행한 행정청을 피고로 한다. 다만, 처분등이 있은 뒤에 그 처분등에 관계되는 권한이 다른 행정청에 승계된 때에는 이를 승계한 행정청을 피고로 한다.
> ② 제1항의 규정에 의한 행정청이 없게 된 때에는 그 처분등에 관한 사무가 귀속되는 국가 또는 공공단체를 피고로 한다.

> **제38조(준용규정)** ① 제9조, 제10조, <u>제13조</u> 내지 제17조, 제19조, 제22조 내지 제26조, 제29조 내지 제31조 및 제33조의 규정은 <u>무효등 확인소송의 경우에 준용</u>한다.

⑤ ☞ 행정심판전치주의(제18조), 제소기간(제20조), 재량처분의 취소(제27조), 사정판결(제28조), 간접강제(제34조)에 관한 규정은 무효등확인소송에는 준용되지 않는다.

10 | 2022 |

무효등 확인소송에 관한 설명으로 옳은 것은? (다툼이 있으면 판례에 따름)

① 무효등 확인소송에서는 처분의 존재 여부가 심리의 대상이 될 수 없다.
② 작위의무확인소송은 무효등 확인소송의 일종으로 허용된다.
③ 무효확인소송에서는 그 제기요건으로 보충성이 요구되므로, 행정처분의 무효를 전제로 한 이행소송 등과 같은 직접적인 구제수단이 있는지 여부를 따질 필요가 있다.
④ 처분의 당연무효를 선언하는 의미에서 그 취소를 구하는 행정소송을 제기한 경우 제소기간의 제한이 없다.
⑤ 행정처분의 무효확인을 구하는 청구에는 특별한 사정이 없는 한 그 처분의 취소를 구하는 취지까지도 포함되어 있다고 볼 수 있다.

---

① 행정소송법 제4조 제2호.

> **제4조(항고소송)** 항고소송은 다음과 같이 구분한다.
>   1. 취소소송: 행정청의 위법한 처분등을 취소 또는 변경하는 소송
>   2. 무효등 확인소송: 행정청의 처분등의 효력 유무 또는 존재여부를 확인하는 소송
>   3. 부작위위법확인소송: 행정청의 부작위가 위법하다는 것을 확인하는 소송

② [대법원 1992. 11. 10. 선고 92누1629 판결] 행정심판법 제4조 제3호가 의무이행심판청구를 인정하고 있고 항고소송의 제1심 관할법원이 행정청의 소재지를 관할하는 고등법원으로 되어 있다고 하더라도, 행정소송법상 행정청의 부작위에 대하여는 부작위위법확인소송만 인정되고 작위의무의 이행이나 확인을 구하는 행정소송은 허용될 수 없다.

③ [대법원 2008. 3. 20. 선고 2007두6342 전원합의체 판결] 우리나라 행정소송법에는 명문의 규정이 없어 이로 인한 명시적 제한이 존재하지 않는다. 이와 같은 사정을 비롯하여 행정에 대한 사법통제, 권익구제의 확대와 같은 행정소송의 기능 등을 종합하여 보면, 행정처분의 근거 법률에 의하여 보호되는 직접적이고 구체적인 이익이 있는 경우에는 행정소송법 제35조에 규정된 '무효확인을 구할 법률상 이익'이 있다고 보아야 하고, 이와 별도로 무효확인소송의 보충성이 요구되는 것은 아니므로 행정처분의 무효를 전제로 한 이행소송 등과 같은 직접적인 구제수단이 있는지 여부를 따질 필요가 없다고 해석함이 상당하다.

④ ☞ 취소를 구하는 행정소송인 이상(=취소소송) 취소소송의 제소요건을 갖추어야 한다.
[대법원 1993. 3. 12. 선고 92누11039 판결] 행정처분의 당연무효를 선언하는 의미에서 취소를 구하는 행정소송을 제기한 경우에도 제소기간의 준수 등 취소소송의 제소요건을 갖추어야 한다.

⑤ ☞ 여기서 「특별한 사정」이란 원고가 처분의 취소를 구하지 않음을 밝힌 경우를 말한다.
[대법원 1986. 9. 23. 선고 85누838 판결] 행정처분의 무효확인을 구하는 청구에는 특별한 사정이 없는 한 그 처분의 취소를 구하는 취지까지도 포함되어 있다고 볼 수는 있으나 위와 같은 경우에 취소청구를 인용하려면 먼저 취소를 구하는 항고소송으로서의 제소요건을 구비한 경우에 한한다.

> **행정소송규칙**
> **제16조(무효확인소송에서 석명권의 행사)** 재판장은 무효확인소송이 법 제20조에 따른 기간 내에 제기된 경우에는 원고에게 처분등의 취소를 구하지 아니하는 취지인지를 명확히 하도록 촉구할 수 있다. 다만, 원고가 처분등의 취소를 구하지 아니함을 밝힌 경우에는 그러하지 아니하다.

답 10 ⑤

11 | 2023 |

무효등 확인소송에 관한 설명으로 옳지 않은 것은? (다툼이 있으면 판례에 따름)

① 행정처분에 대한 무효확인과 취소청구는 서로 양립할 수 없는 청구로서 주위적·예비적 청구로서만 병합이 가능하고 선택적 병합은 허용되지 않는다.
② 행정처분의 무효확인을 구하는 소에는 그 처분이 당연무효가 아니라면 그 취소를 구하는 취지도 포함되어 있는 것으로 볼 수 있다.
③ 무효확인소송의 전심절차로서 행정심판을 거친 경우에는 제소기간을 준수하여야 한다.
④ 취소소송의 집행정지에 관한 규정은 무효등 확인소송에도 준용된다.
⑤ 무효등 확인소송의 인용판결에 대해서는 제3자의 재심청구 규정이 준용된다.

••••••••••••••••••••••

① [대법원 1999.8.20. 97누6889] 행정처분에 대한 무효확인과 취소청구는 서로 양립할 수 없는 청구로서 주위적·예비적 청구로서만 병합이 가능하고 선택적 청구로서의 병합이나 단순 병합은 허용되지 아니한다.
② [대법원 1994.12.23. 선고, 94누477. 판결]일반적으로 **행정처분의 무효확인을 구하는 소에는 원고가 그 처분의 취소를 구하지 아니한다고 밝히지 아니한 이상 그 처분이 만약 당연무효가 아니라면 그 취소를 구하는 취지도 포함**되어 있는 것으로 보아야 한다.
③ ☞ 무효등확인소송의 경우에는 제소기간의 제한이 없으므로, 언제든지 이를 제기할 수 있으며 이는 행정심판을 거친 경우에도 마찬가지이다.

> **제20조(제소기간)** ① 취소소송은 처분등이 있음을 안 날부터 90일 이내에 제기하여야 한다. 다만, 제18조제1항 단서에 규정한 경우와 그 밖에 행정심판청구를 할 수 있는 경우 또는 행정청이 행정심판청구를 할 수 있다고 잘못 알린 경우에 행정심판청구가 있은 때의 기간은 재결서의 정본을 송달받은 날부터 기산한다.
> **제38조(준용규정)** ① 제9조, 제10조, 제13조 내지 제17조, 제19조, 제22조 내지 제26조, 제29조 내지 제31조 및 제33조의 규정은 무효등 확인소송의 경우에 준용한다.

④ > **제23조(집행정지)** ① 취소소송의 제기는 처분등의 효력이나 그 집행 또는 절차의 속행에 영향을 주지 아니한다.
> ② 취소소송이 제기된 경우에 처분등이나 그 집행 또는 절차의 속행으로 인하여 생길 회복하기 어려운 손해를 예방하기 위하여 긴급한 필요가 있다고 인정할 때에는 본안이 계속되고 있는 법원은 당사자의 신청 또는 직권에 의하여 처분등의 효력이나 그 집행 또는 절차의 속행의 전부 또는 일부의 정지(이하 "執行停止"라 한다)를 결정할 수 있다. 다만, 처분의 효력정지는 처분등의 집행 또는 절차의 속행을 정지함으로써 목적을 달성할 수 있는 경우에는 허용되지 아니한다.
> **제38조(준용규정)** ① 제9조, 제10조, 제13조 내지 제17조, 제19조, 제22조 내지 제26조, 제29조 내지 제31조 및 제33조의 규정은 무효등 확인소송의 경우에 준용한다.

⑤ > **제31조(제3자에 의한 재심청구)** ① 처분등을 취소하는 판결에 의하여 권리 또는 이익의 침해를 받은 제3자는 자기에게 책임없는 사유로 소송에 참가하지 못함으로써 판결의 결과에 영향을 미칠 공격 또는 방어방법을 제출하지 못한 때에는 이를 이유로 확정된 종국판결에 대하여 재심의 청구를 할 수 있다.
> **제38조(준용규정)** ① 제9조, 제10조, 제13조 내지 제17조, 제19조, 제22조 내지 제26조, 제29조 내지 제31조 및 제33조의 규정은 무효등 확인소송의 경우에 준용한다.

답 11 ③

12 | 2023 |

무효등 확인소송에 관한 설명으로 옳지 않은 것은? (다툼이 있으면 판례에 따름)

① 행정청의 처분등의 효력 유무 또는 존재 여부를 확인하는 소송이다.
② 처분등의 실효확인소송은 무효등 확인소송의 일종이 아니다.
③ 무효확인소송의 제기는 처분등의 집행에 영향을 주지 아니한다.
④ 관련청구소송의 이송 및 병합의 규정은 무효등 확인소송의 경우에도 준용된다.
⑤ 거부처분에 대해 무효확인 판결이 내려진 경우에는 이에 대한 간접강제는 허용되지 않는다.

••••••••••••••••••••

①
> **제4조(항고소송)** 항고소송은 다음과 같이 구분한다.
> 1. 취소소송 : 행정청의 위법한 처분등을 취소 또는 변경하는 소송
> 2. <u>무효등 확인소송</u> : <u>행정청의 처분등의 효력 유무 또는 존재여부를 확인하는 소송</u>
> 3. 부작위위법확인소송: 행정청의 부작위가 위법하다는 것을 확인하는 소송

② ☞ 행정청의 처분·재결의 효력 유무 또는 존재 여부를 확인하는 소송을 말하며, 처분 또는 재결에 대하여 각각 (ⅰ) 무효확인소송, (ⅱ) 유효확인소송, (ⅲ) 실효확인소송, (ⅳ) 존재확인소송, (ⅴ) 부존재확인소송 등이 있다.

③
> **제23조(집행정지)** ① 취소소송의 제기는 처분등의 효력이나 그 집행 또는 절차의 속행에 영향을 주지 아니한다.
> **제38조(준용규정)** ① 제9조, 제10조, 제13조 내지 제17조, 제19조, <u>제22조 내지 제26조</u>, 제29조 내지 제31조 및 제33조의 규정은 <u>무효등 확인소송의 경우에 준용</u>한다.

④
> **제10조(관련청구소송의 이송 및 병합)** ① 취소소송과 다음 각호의 1에 해당하는 소송(이하 "關聯請求訴訟"이라 한다)이 각각 다른 법원에 계속되고 있는 경우에 관련청구소송이 계속된 법원이 상당하다고 인정하는 때에는 당사자의 신청 또는 직권에 의하여 이를 취소소송이 계속된 법원으로 이송할 수 있다.
> 1. 당해 처분등과 관련되는 손해배상·부당이득반환·원상회복등 청구소송
> 2. 당해 처분등과 관련되는 취소소송
>
> **제38조(준용규정)** ① 제9조, <u>제10조</u>, 제13조 내지 제17조, 제19조, 제22조 내지 제26조, 제29조 내지 제31조 및 제33조의 규정은 <u>무효등 확인소송의 경우에 준용</u>한다.

⑤ [대법원 1998. 12. 24., 자, 98무37, 결정] [대결 1998.12.24.98무37] 「행정소송법」제38조 제1항이 무효확인판결에 관하여 취소판결에 관한 규정을 준용함에 있어서 「같은 법」제30조 제2항을 준용한다고 규정하면서도 「같은 법」제34조는 이를 준용한다는 규정을 두지 않고 있으므로, 행정처분에 대하여 무효확인판결이 내려진 경우에는 그 행정처분이 거부처분인 경우에도 행정청에 판결의 취지에 따른 재처분의무가 인정될 뿐 그에 대하여 간접강제까지 허용되는 것은 아니라고 할 것이다.

답 12 ②

13 | 2024 |

무효등 확인소송의 유형으로서 허용되지 않는 것은? (다툼이 있으면 판례에 따름)

① 처분의 유효확인소송
② 처분의 작위의무확인소송
③ 행정심판 재결의 무효확인소송
④ 처분의 실효확인소송
⑤ 처분의 부존재확인소송

• •

①, ③, ④, ⑤ ☞ 무효등확인소송은 처분 등에 대한 (ⅰ) 무효확인, (ⅱ) 유효확인, (ⅲ) 실효확인, (ⅳ) 존재확인, (ⅴ) 부존재확인의 5가지 세부유형이 있다. 처분「등」은 재결을 의미하므로, 재결에 대해서도 5가지 세부유형의 소송이 존재한다.

> **제4조(항고소송)** 항고소송은 다음과 같이 구분한다.
> 1. 취소소송 : 행정청의 위법한 처분등을 취소 또는 변경하는 소송
> 2. <u>무효등 확인소송</u> : 행정청의 <u>처분등의 효력 유무 또는 존재여부를 확인하는 소송</u>
> 3. 부작위위법확인소송 : 행정청의 부작위가 위법하다는 것을 확인하는 소송
>
> **제2조(정의)** ① 이 법에서 사용하는 용어의 정의는 다음과 같다.
> 1. "<u>처분등</u>"이라 함은 행정청이 행하는 구체적 사실에 관한 법집행으로서의 공권력의 행사 또는 그 거부와 그 밖에 이에 준하는 행정작용(이하 "<u>처분</u>"이라 한다) 및 <u>행정심판에 대한 재결</u>을 말한다.

② ☞ 의무의 확인을 구하는 소송(작위의무확인소송)은 무명항고고송으로서 현행법상 인정되지 않는다. [대판 1990.11.23, 90누3553] 피고 국가보훈처장 등에게, 독립운동가들에 대한 서훈추천권의 행사가 적정하지 아니하였으니 이를 바로잡아 다시 추천하고, 잘못 기술된 독립운동가의 활동상을 고쳐 독립운동사 등의 책자를 다시 편찬, 보급하고, 독립기념관 전시관의 해설문, 전시물 중 잘못된 부분을 고쳐 다시 전시 및 배치할 의무가 있음의 확인을 구하는 청구는 작위의무확인소송으로서 항고소송의 대상이 되지 아니한다.

답 13 ②

14 | 2024 |

甲은 X처분에 대해 무효확인소송을 제기하였다. 이에 관한 설명으로 옳은 것은? (다툼이 있으면 판례에 따름)

① 법원은 X처분의 일부에 대해 무효확인판결을 할 수도 있다.
② 甲이 제기한 소송에 대해서는 민사소송에서의 '확인의 이익'이 요구된다.
③ 甲이 제기한 소송에 X처분의 취소청구를 선택적 청구로서 병합할 수 있다.
④ 甲이 제기한 소송에서 무효사유가 증명되지 아니하였다면 법원은 취소사유의 유무까지 심리할 필요는 없다.
⑤ X처분이 甲에 대한 처분이 아닌 경우 甲에게는 원고적격이 인정되지 않는다.

••••••••••••••••••••••••

① ☞ 일부취소소송이 인정되는 것과 마찬가지로 일부무효확인소송도 인정된다. 물론 당해 처분이 기속행위이거나 가분적인 경우라야 한다.
[대법원 2016. 7. 14. 선고 2015두46598] 외형상 하나의 행정처분이라 하더라도 가분성이 있거나 그 처분대상의 일부가 특정될 수 있다면 일부만의 무효확인도 가능하고 그 일부에 대한 무효확인은 해당 무효확인 부분에 관하여 효력이 생긴다(대법원 1995. 11. 16. 선고 95누8850 전원합의체 판결 등 참조). 또한 판결의 주문은 간결하고 명확하여야 하며 주문 자체로서 내용이 특정될 수 있어야 하나, 일체의 관계가 명료하게 되어야 하는 것은 아니고 판결의 주문이 어떠한 범위에서 당사자의 청구를 인용하고 배척한 것인가를 그 이유와 대조하여 짐작할 수 있는 정도로 표시되고 집행에 의문이 없을 정도로 이를 명확히 특정하면 된다(대법원 1995. 6. 30. 선고 94다55118 판결 등 참조). 이 사건 기록에 의하면, 이 사건 처분의 처분서인 이행강제금 부과고지서에는, 2008년, 2009년, 2010년, 2011년별로 각 해당연도의 이행강제금이 특정되어 있고, 이를 단순 합산한 금액이 이 사건 처분에 의하여 부과된 사실을 알 수 있으므로, 이 사건 처분은 외형상 하나의 처분이라 하더라도 각 연도별로 가분되어 특정될 수 있으므로, 각 연도별로 일부를 무효확인할 수 있다고 보아야 한다. 또한 원심판결이 주문에서 금액을 기재하지 않은 채 연도별로 무효 부분을 특정하였더라도, 그 내용은 충분히 특정가능하고 그 집행에 어떠한 의문이 있다고 보이지도 않는다.

② ☞ 「확인의 소의 보충성」, 「확인의 이익」, 「즉시확정의 이익」은 같은 의미이다. 무효등확인소송은 확인소송이지만, 민사상 확인소송과는 달리 확인의 소의 보충성이 요구되지 않는다.
[대판 전합 2008.3.20, 2007두6342] 행정소송은 행정청의 위법한 처분 등을 취소·변경하거나 그 효력 유무 또는 존재 여부를 확인함으로써 국민의 권리 또는 이익의 침해를 구제하고 공법상의 권리관계 또는 법 적용에 관한 다툼을 적정하게 해결함을 목적으로 하므로, 대등한 주체 사이의 사법상 생활관계에 관한 분쟁을 심판대상으로 하는 민사소송과는 목적, 취지 및 기능 등을 달리한다. 또한 행정소송법 제4조에서는 무효확인소송을 항고소송의 일종으로 규정하고 있고, 행정소송법 제38조 제1항에서는 처분 등을 취소하는 확정판결의 기속력 및 행정청의 재처분 의무에 관한 행정소송법 제30조를 무효확인소송에도 준용하고 있으므로 무효확인판결 자체만으로도 실효성을 확보할 수 있다. 그리고 무효확인소송의 보충성을 규정하고 있는 외국의 일부 입법례와는 달리 우리나라 행정소송법에는 명문의 규정이 없어 이로 인한 명시적 제한이 존재하지 않는다. 이와 같은 사정을 비롯하여 행정에 대한 사법통제, 권익구제의 확대와 같은 행정소송의 기능 등을 종합하여 보면, 행정처분의 근거 법률에 의하여 보호되는 직접적이고 구체적인 이익이 있는 경우에는 행정소송법 제35조에 규정된 '무효확인을 구할 법률상 이익'이 있다고 보아야 하고, 이와 별도로 무효확인소송의 보충성이 요구되는 것은 아니므로 행정처분의 무효를 전제로 한 이행소송 등과 같은 직접적인 구제수단이 있는지 여부를 따질 필요가 없다고 해석함이 상당하다.

답 14 ①

③ ☞ 무효확인소송과 취소소송은 양립이 불가능하므로, (주위적)예비적 병합만 가능하다.
[대판 1999.8.20, 97누6889] 행정처분에 대한 무효확인과 취소청구는 서로 양립할 수 없는 청구로서 주위적·예비적 청구로서만 병합이 가능하고 선택적 청구로서의 병합이나 단순 병합은 허용되지 아니한다.

④ ☞ 무효확인을 구하는 청구에는 취소를 구하는 취지까지도 포함되어 있다. 당사자가 처분의 취소를 구하지 아니함을 밝히지 않은 이상, 취소소송의 요건을 갖추었다면 법원은 석명권을 행사하여 취소라도 구하는 것인지를 석명하여 취소소송으로 청구취지를 변경하도록 한 후 취소판결을 하여야 한다.
[대법원 1986. 9. 23. 선고 85누838 판결] 행정처분의 무효확인을 구하는 청구에는 특별한 사정이 없는 한 그 처분의 취소를 구하는 취지까지도 포함되어 있다고 볼 수는 있으나 위와 같은 경우에 취소청구를 인용하려면 먼저 취소를 구하는 항고소송으로서의 제소요건을 구비한 경우에 한한다.

> **행정소송규칙**
> **제16조(무효확인소송에서 석명권의 행사)** 재판장은 무효확인소송이 법 제20조에 따른 기간 내에 제기된 경우에는 원고에게 처분등의 취소를 구하지 아니하는 취지인지를 명확히 하도록 촉구할 수 있다. 다만, 원고가 처분등의 취소를 구하지 아니함을 밝힌 경우에는 그러하지 아니하다.

⑤ ☞ 제3자에게도 법률상 이익이 인정될 수 있다. 인근주민, 경업자, 경원자 등을 생각하면 된다.
[대판 1999.6.11, 96누10614] 행정행위의 직접 상대방이 아닌 제3자라도 당해 행정처분의 취소를 구할 법률상의 이익이 있는 경우에는 원고적격이 인정된다고 할 것이나, 여기서 말하는 법률상의 이익은 당해 처분의 근거 법률에 의하여 보호되는 직접적이고 구체적인 이익이 있는 경우를 말하고, 다만 간접적이거나 사실적, 경제적 이해관계를 가지는 데 불과한 경우에는 여기에 포함되지 아니한다.

15 | 2024 |

다음 사례에 관한 설명으로 옳은 것은? (다툼이 있으면 판례에 따름)

> - A행정청은 자신의 명의로 甲에 대해 중대명백한 하자가 있는 X처분을 하였다.
> - 법령상 X처분에 대한 권한은 B행정청에 있고 A행정청에 내부위임되어 있다.

① 甲이 X처분에 대해 취소소송을 제기하는 경우 제소기간의 제한이 없다.
② 甲이 X처분에 대해 이의신청을 거쳐 취소소송을 제기하는 경우 제소기간의 기산점은 X처분이 있음을 안 날이다.
③ 甲이 X처분에 대해 무효확인소송을 제기하는 경우 A행정청을 피고로 하여야 한다.
④ 甲이 X처분에 대해 제기한 무효확인소송에서 기각판결이 있은 경우 기판력에 의해 甲은 X처분에 대해 다시 취소소송을 제기할 수 없다.
⑤ X처분이 甲에 대한 징계처분인 경우 X처분을 취소하는 판결이 확정되면 A행정청은 기속력에 따라 재처분을 하여야 한다.

답 15 ③

① ☞ 무효를 선언하는 의미의 취소소송은 형식상 취소소송에 속하므로 제소기간의 제한을 받는다.
[대법원 1993.3.12., 92누11039] 행정처분의 당연무효를 선언하는 의미에서 그 취소를 구하는 행정소송을 제기한 경우에도 제소기간의 준수 등 취소소송의 제소요건을 갖추어야 하는 것이므로, 원고가 주위적 청구로 이 사건 이의재결의 취소를 구하고 있는 이상 그 취지가 위 이의재결의 당연무효를 선언하는 의미에서 취소를 구하는 것이라 하더라도 토지수용법 제75조의2 소정의 제소기간을 준수하여야 할 것인데 기록에 의하면 원고는 당초 원재결의취소를 구하는 행정소송을 제기하였다가 이 사건 이의신청에 대한 재결서를 받고서도 그때부터 1월이 훨씬 지난 뒤인 1990.11.1.에야 청구취지를 이의재결의 취소를 구하는 것으로 변경한 사실이 분명하므로 결국 이 사건 소송은 불변기간을 넘어서 제기된 것으로 부적법하고 그 흠결은 보정될 수 없는 것이라고 하겠다.

② ☞ 이의신청은 행정심판에 해당하는 것도 있고 그렇지 않은 경우도 있다. 행정심판에 해당한다면 재결서의 정본을 송달받은 날부터 제소기간이 기산되고(행정소송법 제20조), 그렇지 않은 경우에는 결과를 통지받은 날부터 90일 이내에 행정소송을 제기할 수 있다(행정기본법 제36조). 어느 경우든 처분이 있음을 안 날부터 제소기간이 기산되지는 않는다.

> **행정소송법**
> **제20조(제소기간)** ① 취소소송은 처분등이 있음을 안 날부터 90일 이내에 제기하여야 한다. 다만, 제18조제1항 단서에 규정한 경우와 그 밖에 <u>행정심판청구를 할 수 있는 경우</u> 또는 행정청이 행정심판청구를 할 수 있다고 잘못 알린 경우에 행정심판청구가 있은 때의 기간은 <u>재결서의 정본을 송달받은 날부터 기산</u>한다.

> **행정기본법**
> **제36조(처분에 대한 이의신청)** ① 행정청의 처분(「행정심판법」 제3조에 따라 같은 법에 따른 행정심판의 대상이 되는 처분을 말한다. 이하 이 조에서 같다)에 이의가 있는 당사자는 처분을 받은 날부터 30일 이내에 해당 행정청에 이의신청을 할 수 있다.
> ② 행정청은 제1항에 따른 이의신청을 받으면 그 신청을 받은 날부터 14일 이내에 그 이의신청에 대한 결과를 신청인에게 통지하여야 한다. 다만, 부득이한 사유로 14일 이내에 통지할 수 없는 경우에는 그 기간을 만료일 다음 날부터 기산하여 10일의 범위에서 한 차례 연장할 수 있으며, 연장 사유를 신청인에게 통지하여야 한다.
> ③ 제1항에 따라 이의신청을 한 경우에도 그 이의신청과 관계없이 「행정심판법」에 따른 행정심판 또는 「행정소송법」에 따른 행정소송을 제기할 수 있다.
> ④ <u>이의신청에 대한 결과를 통지받은 후 행정심판 또는 행정소송을 제기하려는 자는 그 결과를 통지받은 날(제2항에 따른 통지기간 내에 결과를 통지받지 못한 경우에는 같은 항에 따른 통지기간이 만료되는 날의 다음 날을 말한다)부터 90일 이내에 행정심판 또는 행정소송을 제기할 수 있다.</u>

③ ☞ 처분명의자인 행정청이 피고가 되는 것이지, 정당한 권한 여부는 불문한다. 만약 정당한 권한이 없다면 주체의 하자로서 처분이 위법하게 된다.
[대법원 1994. 6. 14., 선고, 94누1197, 판결] 항고소송은 원칙적으로 소송의 대상인 행정처분 등을 외부적으로 그의 명의로 행한 행정청을 피고로 하여야 하는 것으로서, 그 행정처분을 하게 된 연유가 상급행정청이나 타행정청의 지시나 통보에 의한 것이라 하여 다르지 않으며, 권한의 위임이나 위탁을 받아 수임행정청이 정당한 권한에 기하여 수임행정청 명의로 한 처분에 대하여는 말할 것도 없고, 내부위임이나 대리권을 수여받은 데 불과하여 원행정청 명의나 대리관계를 밝히지 아니하고는 그의 명의로 처분 등을 할 권한이 없는 행정청이 권한 없이 그의 명의로 한 처분에 대하여도 처분명의자인 행정청이 피고가 되어야 한다.

④ ☞ 출제자는 아래와 같이 무효확인소송의 기판력이 발생한 경우에도 취소소송은 제기할 수 있다는 입장에서 출제하였다.
  (ⅰ) 무효확인소송에서 본안패소의 판결이 확정되었더라도 취소소송에는 기판력이 미치지 아니하여 다른 제소요건을 갖추는 한 취소소송을 제기하는 데 방해가 되지 않는다.
  (ⅱ) 반면에 취소소송에서 본안패소의 판결이 확정된 경우는 처분에 하자가 없음(처분이 적법함)이 확정된 것이므로, 그 기판력이 무효확인소송은 물론 처분이 무효임을 전제로 하는 부당이득반환의 민사소송에까지 미친다.
⑤ ☞ 반복금지의무와 재처분의무를 구분할 수 있어야 한다. 적극적 침익처분의 경우에는 반복금지의무가 문제되므로, A행정청은 동일한 사유로 甲에 대하여 동일한 징계처분을 하면 안된다. 재처분의무가 문제되는 경우는 거부처분과 절차위법의 경우이다(거/절/재).

> **제30조(취소판결등의 기속력)** ① 처분등을 취소하는 확정판결은 그 사건에 관하여 당사자인 행정청과 그 밖의 관계행정청을 기속한다.
> ② 판결에 의하여 취소되는 처분이 당사자의 신청을 거부하는 것을 내용으로 하는 경우에는 그 처분을 행한 행정청은 판결의 취지에 따라 다시 이전의 신청에 대한 처분을 하여야 한다.

16 | 2025 |

무효등확인소송에 관한 설명으로 옳지 <u>않은</u> 것은? (다툼이 있으면 판례에 따름)

① 과세처분무효확인소송의 경우 소송물은 권리 또는 법률관계의 존부 확인을 구하는 것이다.
② 과세처분무효확인소송에서 당사자가 청구원인에서 무효사유로 내세운 개개의 주장은 공격방어방법에 불과하다.
③ 무효등확인소송에는 취소소송의 공동소송에 관한 규정이 준용된다.
④ 행정처분의 당연무효를 주장하여 그 무효확인을 구하는 원고에게 그 행정처분이 무효인 사유를 증명할 책임이 있다.
⑤ 외형상 하나의 행정처분이라면 가분성이 있거나 그 처분대상의 일부가 특정될 수 있더라도 일부만의 무효확인은 할 수 없다.

•••••••••••••••••••••
① ☞ 무효확인소송의 소송물은 처분의 효력 또는 존부의 확인이다. 처분이 아니라 권리 또는 법률관계라고 표현한 것은 법리적으로 문제될 수 있으나, 판례가 이렇게 표현하고 있기 때문에 받아들이는 수밖에 없다.
[대법원 1992.2.25, 선고, 91누6108, 판결] 과세처분무효확인소송의 경우 소송물은 권리 또는 법률관계의 존부 확인을 구하는 것이며, 이는 청구취지만으로 소송물의 동일성이 특정된다고 할 것이고 따라서 당사자가 청구원인에서 무효사유로 내세운 개개의 주장은 공격방어방법에 불과하다고 볼 것이며, 한편 확정된 종국판결은 그 기판력으로서 당사자가 사실심의 변론종결시를 기준으로 그때까지 제출하지 않은 공격방어방법은 그 뒤 다시 동일한 소송을 제기하여 이를 주장할 수 없다.

② ☞ 취소소송과 마찬가지로, 위법사유로 내세운 개개의 주장은 소송물이 아니라 공격방어방법에 불과하다.
[대법원 1992.2.25. 선고, 91누6108, 판결] 과세처분무효확인소송의 경우 소송물은 권리 또는 법률관계의 존부 확인을 구하는 것이며, 이는 청구취지만으로 소송물의 동일성이 특정된다고 할 것이고 따라서 당사자가 청구원인에서 무효사유로 내세운 개개의 주장은 공격방어방법에 불과하다고 볼 것이며, 한편 확정된 종국판결은 그 기판력으로서 당사자가 사실심의 변론종결시를 기준으로 그때까지 제출하지 않은 공격방어방법은 그 뒤 다시 동일한 소송을 제기하여 이를 주장할 수 없다.

③ ☞ 인근주민들이 공동으로 연탄공장에 대한 영업허가무효확인소송을 제기한 경우를 생각해보면 된다. 무효등확인소송에 준용되지 않는 규정은 「무/심/재/기/접/사」로 정리하자.

취소소송 규정이 무효등확인소송에 준용되지 않는 경우	무/심/재/기/접/사	*<u>무</u>효등확인소송 • 행정<u>심</u>판전치 • <u>재</u>량처분의 취소 • 제소<u>기</u>간 • 간<u>접</u>강제 • <u>사</u>정판결

④ ☞ 처분의 하자가 중대하고 명백하여 무효라는 점에 대한 증명책임은 원고에게 있다.
[대법원 1992.3.10, 91누6030] 행정처분의 당연무효를 주장하여 그 무효확인을 구하는 행정소송에 있어서는 원고에게 그 행정처분이 무효인 사유를 주장, 입증할 책임이 있다.

⑤ ☞ 가분성이 인정된다면 일부취소판결도 가능하고 일부무효확인판결도 가능하다.
[대법원 2016. 7. 14. 선고 2015두46598 판결] 외형상 하나의 행정처분이라 하더라도 가분성이 있거나 그 처분대상의 일부가 특정될 수 있다면 일부만의 무효확인도 가능하고 그 일부에 대한 무효확인은 해당 무효확인 부분에 관하여 효력이 생긴다.

17 | 2025 |

행정소송법상 취소소송에 관한 규정 중 무효등확인소송에 준용되는 것은?

① 제17조 (행정청의 소송참가)   ② 제28조 (사정판결)
③ 제32조 (소송비용의 부담)   ④ 제21조 (소의 변경)
⑤ 제18조 (행정심판과의 관계)

① ☞ 행정소송법 제38조에서 제17조를 준용한다. 무효등확인소송에 준용되지 않는 규정은 「무/심/재/기/접/사」로 정리하자.

제38조(준용규정) ① 제9조, 제10조, 제13조 내지 <u>제17조</u>, 제19조, 제22조 내지 제26조, 제29조 내지 제31조 및 제33조의 규정은 무효등 확인소송의 경우에 준용한다.

제17조(행정청의 소송참가) ① 법원은 다른 행정청을 소송에 참가시킬 필요가 있다고 인정할 때에는 당사자 또는 당해 행정청의 신청 또는 직권에 의하여 결정으로써 그 행정청을 소송에 참가시킬 수 있다.

답 17 ①, ④

취소소송 규정이 무효등확인소송에 준용되지 않는 경우	무/심/재/기/접/사	* <u>무</u>효등확인소송 • 행정<u>심</u>판전치 • <u>재</u>량처분의 취소 • 제소<u>기</u>간 • 간<u>접</u>강제 • <u>사</u>정판결

③ ☞ 여기서 소송비용의 부담은 「사정판결에 따른 소송비용의 부담」으로 이해해야 한다. 무효등확인판결에는 사정판결이 인정되지 않으므로, 사정판결시 피고가 소송비용을 부담한다는 규정은 적용되지 않는다.

④ ☞ 당초에는 1번만 정답이었으나, 이의제기를 통해 4번도 복수정답으로 인정되었다(내가 찾아서 알려줬음). 행정소송법 제37조에서 제21조를 준용하므로 무효등확인소송이나 부작위위법확인소송을 취소소송 또는 당사자소송으로 변경하는 것이 가능하다.

> **제37조(소의 변경)** 제21조의 규정은 무효등 확인소송이나 부작위법확인소송을 취소소송 또는 당사자소송으로 변경하는 경우에 준용한다.
>
> **제21조(소의 변경)** ① 법원은 취소소송을 당해 처분등에 관계되는 사무가 귀속하는 국가 또는 공공단체에 대한 당사자소송 또는 취소소송외의 항고소송으로 변경하는 것이 상당하다고 인정할 때에는 청구의 기초에 변경이 없는 한 사실심의 변론종결시까지 원고의 신청에 의하여 결정으로써 소의 변경을 허가할 수 있다.

제7절 • 부작위(不作爲)위법확인소송

제1관 의의 및 성질

부작위위법확인소송이란 행정청의 부작위가 위법하다는 것을 확인하는 소송으로 「확인소송」에 해당한다. 즉, 행정청이 당사자의 신청에 대하여 상당한 기간 내에 일정한 처분을 하여야 할 법률상 의무가 있음에도 불구하고 이를 하지 아니하는 경우에 그에 대한 위법확인을 구하는 소송이다.

> **제36조 (부작위위법확인소송의 원고적격)** 부작위위법확인소송은 처분의 신청을 한 자로서 부작위의 위법의 확인을 구할 법률상 이익이 있는 자만이 제기할 수 있다.

제2관 적용법규

취소소송에 관한 행정소송법상의 규정이 거의 대부분 준용되고 있으나, ① 처분변경으로 인한 소의 변경(제22조), ② 집행정지(제23조), ③ 사정판결(제28조) 및 사정판결시 피고의 소송비용부담(제32조)에 관한 규정은 그 성질상 부작위위법확인소송에 준용되지 않는다.

재량처분의 취소에 관한 규정(제27조)이 준용되는 이유는 다음과 같다. 행정청의 응답여부가 재량행위인 경우 행정청이 응답하지 않더라도 원칙적으로는 위법한 부작위에 해당하지 않는다. 다만 무응답이 예외적으로 재량권의 일탈남용에 해당하면 위법한 부작위로 평가될 수 있다.

> **제38조 (준용규정)** ② 제9조, 제10조, 제13조 내지 제19조, 제20조, 제25조 내지 제27조, 제29조 내지 제31조, 제33조 및 제34조의 규정은 부작위위법확인소송의 경우에 준용한다.

제3관 소송요건

1. 재판관할

부작위위법확인소송의 제1심 관할법원은 취소소송의 경우와 같이 피고인 행정청의 소재지를 관할하는 행정법원이 된다(행정소송법 제9조, 제38조 제2항).

2. 원고적격(및 권리보호의 필요)

부작위위법확인소송은 처분의 신청을 한 자로서 부작위의 위법의 확인을 구할 법률상 이익이 있는 자만이 제기할 수 있다. 여기서 법률상 이익은 취소소송에 있어서의 법률상 이익과 같다.

3. 피고적격

부작위위법확인소송도 취소소송과 같이 부작위로 방치하고 있는 행정청(부작위청)을 피고로 한다.

4. 소송참가

부작위위법확인소송에 있어서도 취소소송과 마찬가지로 제3자의 소송참가와 행정청의 소송참가가 인정된다.

5. 소송의 대상

가. 부작위

부작위란 행정청이 당사자의 신청에 대하여 상당한 기간 내에 일정한 '처분'을 하여야 할 법률상 의무가 있음에도 불구하고 이를 하지 아니하는 것을 말한다.

> **제2조 (정의)** ① 이 법에서 사용하는 용어의 정의는 다음과 같다.
> 2. "부작위"라 함은 행정청이 당사자의 신청에 대하여 상당한 기간내에 일정한 처분을 하여야 할 법률상 의무가 있음에도 불구하고 이를 하지 아니하는 것을 말한다.

> **관련판례**
>
> **입법부작위는 부작위위법확인소송의 대상이 되지 않는다**[대법원 1992.5.8, 선고, 91누11261, 판결].
> 행정소송은 구체적 사건에 대한 법률상 분쟁을 법에 의하여 해결함으로써 법적 안정을 기하자는 것이므로 부작위위법확인소송의 대상이 될 수 있는 것은 구체적 권리의무에 관한 분쟁이어야 하고 추상적인 법령에 관하여 제정의 여부 등은 그 자체로서 국민의 구체적인 권리의무에 직접적 변동을 초래하는 것이 아니어서 그 소송의 대상이 될 수 없다.

나. 부작위의 성립요건

(1) 당사자의 적법한 신청(법규상 또는 조리상 신청권)의 존재

부작위가 성립하기 위하여는 당사자의 신청이 있어야 한다. 여기서 '당사자의 신청'이란, 행정청에 대하여 일정한 처분을 구할 법규상·조리상의 권리가 있는 자의 신청을 의미한다.

(2) 상당한 기간의 경과

부작위가 성립하기 위하여는 행정청이 상당한 기간 내에 처분을 하지 아니하여야 한다. 민원사무처리에 관한 법률 제9조 제1항의 규정에 의한 민원사무처리기준표에서 정한 처리기간은 당해 처분을 위한 상당한 기간에 해당하는 것으로 볼 수 있다.

(3) 처분을 하여야 할 법률상 의무의 존재

여기서 법률상 의무는 법령에서 명문으로 규정한 의무만이 아니라, 법령의 취지나 당해 처분의 성질에서 오는 의무도 포함된다.

6. 소송의 제기

가. 행정심판전치

부작위위법확인소송에 있어서도 취소소송과 같이 예외적 행정심판전치주의가 적용된다. 예외적으로 전치되는 행정심판은 의무이행심판이다. 부작위위법확인심판은 존재하지 않는다.

나. 제소기간

(1) 행정심판을 거치지 않는 경우

부작위위법확인의 소는 부작위상태가 계속되는 한 그 위법의 확인을 구할 이익이 있다고 보아야 하므로 원칙적으로 제소기간의 제한을 받지 않는다.

(2) 행정심판을 거치는 경우

행정심판을 거쳐 부작위위법확인소송을 제기하는 경우에는 당해 부작위에 대한 행정심판의 재결서의 정본을 송달받은 날로부터 90일, 재결이 있은 날로부터 1년 이내에 제기하여야 한다(동법 제38조 제2항, 제20조).

7. 소의 이익

부작위위법확인소송은 부작위가 위법하다는 확인의 이익이 있어야 하며, 소송의 계속 중 행정청이 신청에 대하여 적극 또는 소극의 처분을 하게 되어 부작위의 위법상태가 해소되면 소의 이익을 상실하게 되어 각하된다.

제4관 집행정지

집행정지제도에 관한 행정소송법 제23조와 제24조의 규정은 부작위위법확인소송에는 준용되지 아니한다. 집행을 정지할 처분이 존재하지 않기 때문이다.

제5관 소송의 심리

1. 심리의 범위

부작위위법확인소송은 의무이행소송과는 달리 신청에 대하여 법률상 응답의무가 있음에도 불구하고, 그것을 방치한 경우에 그 부작위의 위법성을 확인하여 내용이 어떠하든 응답의무를 지움으로써 그 부작위로 말미암아 형성된 위법상태를 제거하는데 있다고 본다. 따라서 법원의 심리는 그 부작위의 위법성 여부를 확인하는데 그치며, 행정청이 행할 처분의 내용까지 정할 수는 없다.

> **심리의 범위**
> - 절차적 심리설 : 법원은 부작위의 위법여부를 확인하는데 그칠 뿐, 행정청이 행할 처분의 구체적 내용까지는 심리·판단할 수 없다.
> - 실체적 심리설 : 부작위의 위법여부뿐만 아니라 행정청의 특정 작위의무의 존재까지도 심리·판단할 수 있다.

> **관련판례**
>
> 부작위위법확인소송의 제도적 취지는 '부작위의 위법성확인'과 '소극적 위법상태의 배제'에 그치는 것이므로, 실체적 내용까지 심리할 수는 없다[대법원 1992.7.28., 91누7361판결].
>
> 부작위위법확인의 소는 행정청이 국민의 법규상 또는 조리상의 권리에 기한 신청에 대하여 상당한 기간 내에 그 신청을 인용하는 적극적 처분을 하거나 또는 각하 내지 기각하는 등의 소극적 처분을 하여야 할 법률상의 응답의무가 있음에도 불구하고 이를 하지 아니하는 경우 판결시를 기준으로 그 부작위의 위법함을 확인함으로써 행정청의 응답을 신속하게 하여 부작위 내지 무응답이라고 하는 소극적인 위법상태를 제거하는 것을 목적으로 하는 것이고, 나아가 당해 판결의 구속력에 의하여 행정청에게 처분등을 하게 하고, 다시 당해 처분등에 대하여 불복이 있는 때에는 그 처분등을 다투게 함으로써 최종적으로는 국민의 권리이익을 보호하려는 제도이다.

2. 증명책임의 분배

부작위위법확인소송에서 일정한 처분의 신청을 한 자만이 원고적격을 가지기 때문에 그 신청한 것(일정한 신청을 한 사실, 법규상 또는 조리상 신청권의 존재 등)에 대한 책임은 원고가 진다. 그러나 행정청이 상당한 기간의 경과의 불가피성을 주장하는 경우에는 그것을 정당화할 특별한 사유에 대한 책임은 피고인 행정청이 진다.

3. 위법판단의 기준시

취소소송에서는 처분시설이 통설·판례이나, 부작위위법확인소송에서는 상당한 기간이 경과했을 때, 즉 판결시를 기준으로 위법여부를 확인하여야 할 것이다.

> **관련판례**
>
> **부작위위법확인소송의 위법성 판단의 기준시 - 판결시[대법원 1990.9.25., 89누4758]**
> 작위위법확인의 소는 행정청이 국민의 법규상 또는 조리상의 권리에 기한 신청에 대하여 상당한 기간내에 그 신청을 인용하는 적극적 처분 또는 각하하거나 기각하는 등의 소극적 처분을 하여야 할 법률상의 응답의무가 있음에도 불구하고 이를 하지 아니하는 경우, <u>판결(사실심의 구두변론종결)시를 기준으로 그 부작위의 위법을 확인</u>함으로써 행정청의 응답을 신속하게 하여 부작위 내지 무응답이라고 하는 소극적인 위법상태를 제거하는 것을 목적으로 하는 것이고, 나아가 당해 판결의 구속력에 의하여 행정청에게 처분 등을 하게 하고 다시 당해 처분 등에 대하여 불복이 있는 때에는 그 처분 등을 다투게 함으로써 최종적으로는 국민의 권리이익을 보호하려는 제도이므로, 소제기의 전후를 통하여 판결시까지 행정청이 그 신청에 대하여 적극 또는 소극의 처분을 함으로써 부작위상태가 해소된 때에는 소의 이익을 상실하게 되어 당해 소는 각하를 면할 수가 없는 것이다.

4. 소의 변경

가. 항고소송 간의 변경

취소소송의 소변경에 관한 규정(제21조)은 부작위위법확인소송에도 준용된다(제37조). 따라서 부작위위법확인소송이 법원에 계속중 행정청이 거부처분 등 일정한 처분을 한 경우에는 그 거부처분 등에 대한 취소소송으로 소변경이 가능하다. 반면 부작위위법확인소송과 무효등확인소송 간에 소의 변경이 허용되지 않는다고 보아야 한다. 행정소송법 제37조에서는 부작위위법확인소송과 무효등확인소송 간의 소변경에 대해서는 규정하지 않고 있기 때문이다.

나. 부작위위법확인소송과 당사자소송간의 변경

부작위위법확인소송을 당사자소송으로 변경하거나(제37조), 당사자소송을 부작위위법확인소송으로 변경하는 것(제42조) 모두 가능하다. 이 경우에는 피고의 변경이 수반된다. 항고소송의 피고는 행정청인 반면, 당사자소송의 피고는 행정주체이기 때문이다.

다. 처분변경으로 인한 소변경

부작위위법확인소송의 경우에는 처분이 존재하지 않기 때문에 처분변경으로 인한 소변경에 관한 규정은 적용되지 아니한다.

제6관 판결

1. 판결의 종류
부작위위법확인소송의 판결의 종류는 취소소송과 같다. 다만, 부작위위법확인소송에서는 사정판결에 관한 규정은 준용되지 아니한다.

2. 판결의 효력
부작위위법확인판결은 제3자에 대하여도 효력이 있다(행정소송법 제29조, 제38조 제2항). 따라서 제3자를 보호하기 위하여 제3자의 소송참가와 재심청구를 인정하였다(동법 제16, 31조, 제38조 제2항).

3. 기속력의 의미

> **관련판례**
>
> 신청에 대한 부작위의 위법을 구하는 소송에서 인용판결이 확정된 경우, 행정청이 신청에 대한 거부처분을 하여도 판결의 기속력에 반하지 않는다[대법원 2010.2.5, 2009무153].
> 신청인이 피신청인을 상대로 제기한 부작위위법확인소송에서 신청인의 제2 예비적 청구를 받아들이는 내용의 확정판결을 받았다. 그 판결의 취지는 피신청인이 신청인의 광주광역시 지방부이사관 승진임용신청에 대하여 아무런 조치를 취하지 아니하는 것 자체가 위법함을 확인하는 것일 뿐이다. 따라서 피신청인이 신청인을 승진임용하는 처분을 하는 경우는 물론이고, 승진임용을 거부하는 처분을 하는 경우에도 위 확정판결의 취지에 따른 처분을 하였다고 볼 것이다. 그런데 위 확정판결이 있은 후에 피신청인은 신청인의 승진임용을 거부하는 처분을 하였다. 따라서 결국 신청인의 이 사건 간접강제신청은 그에 필요한 요건을 갖추지 못하였다는 것이다.

4. 간접강제
부작위위법확인판결에는 거부처분취소판결의 간접강제에 관한 규정이 준용된다.

> **제38조(준용규정)** ② 제9조, 제10조, 제13조 내지 제19조, 제20조, 제25조 내지 제27조, 제29조 내지 제31조, 제33조 및 제34조의 규정은 부작위위법확인소송의 경우에 준용한다.
>
> **제34조(거부처분취소판결의 간접강제)** ① 행정청이 제30조제2항의 규정에 의한 처분을 하지 아니하는 때에는 제1심수소법원은 당사자의 신청에 의하여 결정으로써 상당한 기간을 정하고 행정청이 그 기간내에 이행하지 아니하는 때에는 그 지연기간에 따라 일정한 배상을 할 것을 명하거나 즉시 손해배상을 할 것을 명할 수 있다.

5. 소송비용의 부담

부작위법확인소송 계속 중 행정청이 상당한 기간이 지난 후 당사자의 신청에 처분등을 함에 따라 소를 각하하는 경우에는 피고에게 소송비용의 전부나 일부를 부담하게 할 수 있다(행정소송규칙 제17조).

> **행정소송규칙**
>
> **제17조(부작위법확인소송의 소송비용부담)** 법원은 부작위법확인소송 계속 중 행정청이 당사자의 신청에 대하여 상당한 기간이 지난 후 처분등을 함에 따라 소를 각하하는 경우에는 소송비용의 전부 또는 일부를 피고가 부담하게 할 수 있다.

기출문제

01 | 2016 |

부작위위법확인소송에 관한 설명으로 옳은 것은? (다툼이 있으면 판례에 따름)

① 부작위위법확인소송에서 법원은 부작위의 효력이나 그 집행 또는 절차의 속행의 정지를 결정할 수 있다.
② 부작위위법확인소송의 제기 전후를 통하여 판결시까지 행정청이 그 신청에 대하여 적극 또는 소극의 처분을 한 때에는 소의 이익을 상실한다.
③ 부작위위법확인판결의 효력으로서 재처분의무는 어떠한 처분을 하기만 하면 되는 게 아니라 당초 신청된 특정 처분을 해야 하는 것이다.
④ 부작위위법확인소송에서 사정판결을 할 수 있다.
⑤ 부작위위법확인판결의 효력은 제3자에게는 미칠 수 없다.

....

①, ④ ☞ 취소소송에 관한 행정소송법상의 규정이 거의 대부분 준용되고 있으나, (ⅰ)처분변경으로 인한 소의 변경(제22조), (ⅱ) 집행정지(제23조), (ⅲ) 사정판결(제28조), (ⅳ) 사정판결시 피고의 소송비용부담(제32조)에 관한 규정은 그 성질상 부작위위법확인소송에 준용되지 않는다.

② ☞ 부작위위법확인소송은 부작위가 위법하다는 확인의 이익이 있어야 하며, 소송의 계속 중 행정청이 신청에 대하여 적극 또는 소극의 처분을 하게 되어 부작위의 위법상태가 해소되면 소의 이익을 상실하게 되어 각하된다.

③ [대법원 1990.9.25, 89누4758] 부작위위법확인의 소는 행정청이 국민의 법규상 또는 조리상의 권리에 기한 신청에 대하여 상당한 기간내에 그 신청을 인용하는 적극적 처분 또는 각하하거나 기각하는 등의 소극적 처분을 하여야 할 법률상의 응답의무가 있음에도 불구하고 이를 하지 아니하는 경우, 판결(사실심의 구두변론 종결)시를 기준으로 그 부작위의 위법을 확인함으로써 행정청의 응답을 신속하게 하여 부작위 내지 무응답이라고 하는 소극적인 위법상태를 제거하는 것을 목적으로 하는 것이고, 나아가 당해 판결의 구속력에 의하여 행정청에게 처분 등을 하게 하고 다시 당해 처분 등에 대하여 불복이 있는 때에는 그 처분 등을 다투게 함으로써 최종적으로는 국민의 권리이익을 보호하려는 제도이므로, 소제기의 전후를 통하여 판결시까지 행정청이 그 신청에 대하여 적극 또는 소극의 처분을 함으로써 부작위상태가 해소된 때에는 소의 이익을 상실하게 되어 당해 소는 각하를 면할 수가 없는 것이다.

⑤ ☞ 부작위위법확인판결은 제3자에 대하여도 효력이 있다(행정소송법 제29조, 제38조 제2항).

답 01 ②

02 | 2016 |

부작위위법확인소송의 소송요건과 관련된 설명으로 옳은 것은? (다툼이 있으면 판례에 따름)

① 부작위의 개념은 국민의 권리구제의 확대를 위하여 거부처분을 포함하는 넓은 의미로 이해하여야 한다.
② 부작위위법확인소송을 제기하였다가 취소소송으로 변경한 경우, 부작위위법확인소송이 적법한 제소기간 내에 제기되었다면 제소기간을 준수한 것으로 본다.
③ 부작위위법의 확인을 구할 법률상 이익이 있는 자는 신청을 하지 않았더라도 부작위위법확인소송을 제기할 수 있다.
④ 행정심판 등 전심절차를 거친 경우 부작위위법확인소송은 제소기간의 제한이 없다.
⑤ 부작위의 상태가 계속되는 경우에는 법원은 결정으로써 상당한 기간을 제소기간으로 정할 수 있다.

....

① ☞ 부작위란 행정청이 당사자의 신청에 대하여 상당한 기간 내에 일정한 처분을 하여야 할 법률상 의무가 있음에도 불구하고 이를 하지 아니하는 것을 말한다. 따라서 거부이건 승인이건 간에 행정청의 처분이 존재하면 부작위에 해당하지 않는다.
② ☞ 소변경의 허가결정이 있으면 새로운 소는 제소기간과 관련하여 종전의 소가 제기된 때에 제기된 것으로 보며 종전의 소는 취하된 것으로 본다(동법 제21조 제4항, 제14조 제4항). 예컨대 부작위위법확인소송을 취소소송으로 변경하는 경우에 부작위위법확인소송이 당해 취소소송의 제소기간 내에 제기되었다면 당해 취소소송은 소제기기간을 준수한 것이 된다.
③ ☞ 부작위위법확인소송은 처분의 "신청을 한" 자로서 부작위의 위법의 확인을 구할 법률상 이익이 있는 자만이 제기할 수 있다.
④ ☞ 행정심판을 거쳐 부작위위법확인소송을 제기하는 경우에는 당해 부작위에 대한 행정심판의 재결서의 정본을 송달받은 날로부터 90일, 재결이 있은 날로부터 1년 이내에 제기하여야 한다(동법 제38조 제2항, 제20조).
⑤ ☞ 부작위위법확인의 소는 부작위상태가 계속되는 한 그 위법의 확인을 구할 이익이 있다고 보아야 하므로 원칙적으로 제소기간의 제한을 받지 않는다.

03 | 2017 |

부작위위법확인소송에 관한 설명으로 옳은 것은? (다툼이 있으면 판례에 따름)

① 부작위위법확인소송 중 피고가 원고의 해당 신청에 대해 거부처분을 한 경우라도 소의 이익이 상실되지 않는다.
② 원고에게 법규상 또는 조리상의 신청권이 있는지의 여부는 문제되지 않는다.
③ 법원이 위법성 여부를 판단하는 기준시점은 처분시이다.
④ 부작위위법확인소송에 대해서는 행정심판의 전치에 관한 규정이 준용되지 않는다.
⑤ 인용판결이 확정되면 피고는 판결의 취지에 따라 이전의 신청에 대한 처분을 하여야 한다.

답 02 ② 03 ⑤

① [대법원 1990. 9. 25. 선고 89누4758 판결] 부작위위법확인의 소는 행정청이 국민의 법규상 또는 조리상의 권리에 기한 신청에 대하여 상당한 기간내에 그 신청을 인용하는 적극적 처분 또는 각하하거나 기각하는 등의 소극적 처분을 하여야 할 법률상의 응답의무가 있음에도 불구하고 이를 하지 아니하는 경우, 판결(사실심의 구두변론 종결)시를 기준으로 그 부작위의 위법을 확인함으로써 행정청의 응답을 신속하게 하여 부작위 내지 무응답이라고 하는 소극적인 위법상태를 제거하는 것을 목적으로 하는 것이고, 나아가 당해 판결의 구속력에 의하여 행정청에게 처분 등을 하게 하고 다시 당해 처분 등에 대하여 불복이 있는 때에는 그 처분 등을 다투게 함으로써 최종적으로는 국민의 권리이익을 보호하려는 제도이므로, 소제기의 전후를 통하여 판결시까지 행정청이 그 신청에 대하여 적극 또는 소극의 처분을 함으로써 부작위상태가 해소된 때에는 소의 이익을 상실하게 되어 당해 소는 각하를 면할 수가 없는 것이다.

② [대법원 2007. 10. 26. 선고 2005두7853 판결] 당사자가 행정청에 대하여 어떤 행정행위를 하여 줄 것을 신청하지 아니하였거나 당사자가 그러한 행정행위를 하여 줄 것을 요구할 수 있는 법규상 또는 조리상의 권리를 가지고 있지 아니하는 등의 경우에는 원고적격이 없거나 항고소송의 대상인 위법한 부작위가 있다고 할 수 없어 그 부작위위법확인의 소는 부적법하다고 할 것이다.

③ [대법원 1990. 9. 25. 선고 89누4758 판결] 부작위위법확인의 소는 행정청이 국민의 법규상 또는 조리상의 권리에 기한 신청에 대하여 상당한 기간내에 그 신청을 인용하는 적극적 처분 또는 각하하거나 기각하는 등의 소극적 처분을 하여야 할 법률상의 응답의무가 있음에도 불구하고 이를 하지 아니하는 경우, 판결(사실심의 구두변론 종결)시를 기준으로 그 부작위의 위법을 확인함으로써 행정청의 응답을 신속하게 하여 부작위 내지 무응답이라고 하는 소극적인 위법상태를 제거하는 것을 목적으로 하는 것이고, 나아가 당해 판결의 구속력에 의하여 행정청에게 처분 등을 하게 하고 다시 당해 처분 등에 대하여 불복이 있는 때에는 그 처분 등을 다투게 함으로써 최종적으로는 국민의 권리이익을 보호하려는 제도이므로, 소제기의 전후를 통하여 판결시까지 행정청이 그 신청에 대하여 적극 또는 소극의 처분을 함으로써 부작위상태가 해소된 때에는 소의 이익을 상실하게 되어 당해 소는 각하를 면할 수가 없는 것이다.

④ 제38조 제2항, 제18조 제1항

> **제38조(준용규정)** ② 제9조, 제10조, 제13조 내지 제19조, 제20조, 제25조 내지 제27조, 제29조 내지 제31조, 제33조 및 제34조의 규정은 부작위위법확인소송의 경우에 준용한다.
>
> **제18조(행정심판과의 관계)** ① 취소소송은 법령의 규정에 의하여 당해 처분에 대한 행정심판을 제기할 수 있는 경우에도 이를 거치지 아니하고 제기할 수 있다. 다만, 다른 법률에 당해 처분에 대한 행정심판의 재결을 거치지 아니하면 취소소송을 제기할 수 없다는 규정이 있는 때에는 그러하지 아니하다.

⑤ [대법원 1992. 7. 28. 선고 91누7361 판결] 부작위위법확인의 소는 행정청이 국민의 법규상 또는 조리상의 권리에 기한 신청에 대하여 상당한 기간 내에 그 신청을 인용하는 적극적 처분을 하거나 또는 각하 내지 기각하는 등의 소극적 처분을 하여야 할 법률상의 응답의무가 있음에도 불구하고 이를 하지 아니하는 경우 판결시를 기준으로 그 부작위의 위법함을 확인함으로써 행정청의 응답을 신속하게 하여 부작위 내지 무응답이라고 하는 소극적인 위법상태를 제거하는 것을 목적으로 하는 것이고, 나아가 당해 판결의 구속력에 의하여 행정청에게 처분등을 하게 하고, 다시 당해 처분등에 대하여 불복이 있는 때에는 그 처분등을 다투게 함으로써 최종적으로는 국민의 권리이익을 보호하려는 제도이다.

04 | 2018 |

판례상 부작위위법확인소송에 관한 설명으로 옳은 것은?

① 행정청의 부작위에 대한 제3자는 법률상 이익이 있는 경우에도 원고적격을 갖지 못한다.
② 검사가 피압수자의 압수물 환부신청에 대하여 아무런 결정이나 통지도 하지 않는 부작위는 부작위위법확인소송의 대상이 된다.
③ 부작위위법확인의 소제기 후 판결시까지 행정청이 신청에 대한 거부처분을 한 경우에 소의 이익은 상실되지 않는다.
④ 독립운동가들에 대한 국가보훈처장의 보상급여의무의 확인을 구하는 청구는 부작위위법확인소송의 대상이 된다.
⑤ 행정심판 등 전심절차를 거친 경우에는 「행정소송법」 제20조의 제소기간 내에 부작위위법확인의 소를 제기하여야 한다.

---

① ☞ 부작위위법확인소송은 처분의 신청을 한 자로서 부작위의 위법의 확인을 구할 법률상 이익이 있는 자가 제기할 수 있다(동법 제36조). 다시 말하면 행정청의 부작위에 대한 제3자도 법률상 이익이 있는 경우에는 원고적격을 갖는다.
② ☞ 이 경우 민사상 원상회복청구소송을 제기해서 압수물을 반환받아야 한다.
[대법원 1995. 3. 10., 선고, 94누14018, 판결] 형사본안사건에서 무죄가 선고되어 확정되었다면 형사소송법 제332조 규정에 따라 검사가 압수물을 제출자나 소유자 기타 권리자에게 환부하여야 할 의무가 당연히 발생한 것이고, 권리자의 환부신청에 대한 검사의 환부결정 등 어떤 처분에 의하여 비로소 환부의무가 발생하는 것은 아니므로 압수가 해제된 것으로 간주된 압수물에 대하여 피압수자나 기타 권리자가 민사소송으로 그 반환을 구함은 별론으로 하고 검사가 피압수자의 압수물 환부신청에 대하여 아무런 결정이나 통지도 하지 아니하고 있다고 하더라도 그와 같은 부작위는 현행 행정소송법상의 부작위위법확인소송의 대상이 되지 아니한다.
③ [대법원 1990. 9. 25., 선고, 89누4758, 판결] 부작위위법확인의 소는 행정청이 국민의 법규상 또는 조리상의 권리에 기한 신청에 대하여 상당한 기간내에 그 신청을 인용하는 적극적 처분 또는 각하하거나 기각하는 등의 소극적 처분을 하여야 할 법률상의 응답의무가 있음에도 불구하고 이를 하지 아니하는 경우, 판결(사실심의 구두변론 종결)시를 기준으로 그 부작위의 위법을 확인함으로써 행정청의 응답을 신속하게 하여 부작위 내지 무응답이라고 하는 소극적인 위법상태를 제거하는 것을 목적으로 하는 것이고, 나아가 당해 판결의 구속력에 의하여 행정청에게 처분 등을 하게 하고 다시 당해 처분 등에 대하여 불복이 있는 때에는 그 처분 등을 다투게 함으로써 최종적으로는 국민의 권리이익을 보호하려는 제도이므로, 소제기의 전후를 통하여 판결시까지 행정청이 그 신청에 대하여 적극 또는 소극의 처분을 함으로써 부작위상태가 해소된 때에는 소의 이익을 상실하게 되어 당해 소는 각하를 면할 수가 없는 것이다.
④ [대법원 1989. 1. 24., 선고, 88누3116, 판결] 국가보훈처장 발행 서적의 독립투쟁에 관한 내용을 시정하여 관보에 그 뜻을 표명하여야 할 의무 및 독립운동단체 소속의 독립운동자들에게 법률 소정의 보상급여의무의 확인을 구하는 청구는 작위의무 확인소송으로서 항고소송의 대상이 되지 아니한다.
⑤ ☞ 부작위위법확인의 소는 부작위상태가 계속되는 한 그 위법의 확인을 구할 이익이 있다고 보아야 하므로 원칙적으로 제소기간의 제한을 받지 않는다. 그러나 행정소송법 제38조 제2항이 제소기간을 규정한 같은 법 제20조를 부작위위법확인소송에 준용하고 있는 점에 비추어 보면, 행정심판 등 전심절차를 거친 경우에는 행정소송법 제20조가 정한 제소기간 내에 부작위위법확인의 소를 제기하여야 한다.

답 04 ⑤

05 | 2018 |

부작위위법확인소송에 관한 설명으로 옳지 않은 것은?

① 부작위가 성립하기 위해서는 당사자에게 법규상 혹은 조리상 신청권이 있어야 한다.
② 처분에 대한 신청이 없으면 부작위위법확인소송의 대상이 되는 부작위가 아니다.
③ 집행정지에 관한 규정은 준용된다.
④ 신청에 대한 거부처분은 행정청의 부작위에 해당하지 않는다.
⑤ 사정판결에 관한 규정은 준용되지 않는다.

- -

①, ② [대법원 1996. 5. 14., 선고, 96누1634, 판결] 행정소송법 제4조 제3호에 규정된 부작위위법확인의 소는 행정청이 당사자의 법규상 또는 조리상의 권리에 기한 신청을 받고서, 그 신청에 대하여 인용, 각하, 기각하는 등의 처분을 하여야 할 법률상의 의무가 있음에도 불구하고 이를 하지 아니하는 경우에 그 부작위가 위법하다는 것을 확인함으로써 행정청의 응답을 신속하게 하여 부작위 또는 무응답이라고 하는 소극적 위법상태를 제거하는 것을 목적으로 하는 제도이고, 이러한 소송은 처분의 신청을 한 자로서 부작위가 위법하다는 확인을 구할 법률상의 이익이 있는 자만이 제기할 수 있으므로, 당사자가 이러한 행정처분을 하여 줄 것을 요청할 수 있는 법규상 또는 조리상의 권리를 갖고 있지 아니하거나 부작위 위법의 확인을 구할 법률상 이익이 없는 경우에는 항고소송의 대상이 되는 위법한 부작위가 있다고 볼 수 없거나 원고적격이 없어 부작위 위법확인의 소는 부적법하다.

③, ⑤ ☞ 취소소송에 관한 행정소송법상의 규정이 거의 대부분 준용되고 있으나, (ⅰ) 처분변경으로 인한 소의 변경(제22조), (ⅱ) 집행정지(제23조), (ⅲ) 사정판결(제28조), (ⅳ) 사정판결시 피고의 소송비용부담(제32조)에 관한 규정은 그 성질상 부작위위법확인소송에 준용되지 않는다.

④ [대법원 1991. 11. 8., 선고, 90누9391, 판결] 당사자의 신청에 대한 행정청의 거부처분이 있는 경우에는 행정청이 당사자의 신청에 대하여 상당한 기간 내에 일정한 처분을 하여야 할 법률상의 응답의무를 이행하지 아니함으로써 야기된 부작위라는 위법상태를 제거하기 위하여 제기하는 부작위위법확인소송은 허용되지 아니한다.

답 05 ③

06 | 2019 |

항고소송중 위법성판단의 기준시점이 판결시인 것만을 모두 고른 것은? (다툼이 있으면 판례에 따름)

| ㄱ. 부작위위법확인소송 ㄴ. 거부처분취소소송 ㄷ. 무효확인소송 |

① ㄱ
② ㄱ, ㄴ
③ ㄱ, ㄷ
④ ㄴ, ㄷ
⑤ ㄱ, ㄴ, ㄷ

☞ 취소소송에서는 처분시설이 통설·판례이나, 부작위위법확인소송에서는 상당한 기간이 경과했을 때, 즉 판결시를 기준으로 위법여부를 확인하여야 할 것이다.

ㄱ. [대법원 1990.9.25., 89누4758] 부작위위법확인의 소는 행정청이 국민의 법규상 또는 조리상의 권리에 기한 신청에 대하여 상당한 기간내에 그 신청을 인용하는 적극적 처분 또는 각하하거나 기각하는 등의 소극적 처분을 하여야 할 법률상의 응답의무가 있음에도 불구하고 이를 하지 아니하는 경우, 판결(사실심의 구두변론종결)시를 기준으로 그 부작위의 위법을 확인함으로써 행정청의 응답을 신속하게 하여 부작위 내지 무응답이라고 하는 소극적인 위법상태를 제거하는 것을 목적으로 하는 것이고, 나아가 당해 판결의 구속력에 의하여 행정청에게 처분 등을 하게 하고 다시 당해 처분 등에 대하여 불복이 있는 때에는 그 처분 등을 다투게 함으로써 최종적으로는 국민의 권리이익을 보호하려는 제도이므로, 소제기의 전후를 통하여 판결시까지 행정청이 그 신청에 대하여 적극 또는 소극의 처분을 함으로써 부작위상태가 해소된 때에는 소의 이익을 상실하게 되어 당해 소는 각하를 면할 수가 없는 것이다.

07 | 2019 |

행정소송의 심리의 범위에 관한 설명으로 옳지 않은 것은? (다툼이 있으면 판례에 따름)

① 무효확인소송에서 사정판결 여부는 심판의 대상이 되지 않는다.
② 법원은 원고의 청구범위를 초월하여 판결할 수 없다.
③ 행정청의 재량에 속하는 처분이라도 재량권의 일탈·남용이 있는 때에는 법원이 이를 취소할 수 있다.
④ 행정청이 신청권이 인정되는 상대방의 신청에 대하여 아무런 처분을 하지 않고 있는 이상 행정청의 부작위는 그 자체로 위법하다.
⑤ 부작위위법확인소송에서의 심리의 범위에 대하여 판례는 실체적 심리설을 취한다.

① ☞ 무효확인소송에서 사정판결 여부는 심판의 대상이 되지 않는다. 사정판결은 취소소송에만 인정되고(제28조), 무효등확인소송·부작위위법확인소송·당사자소송에는 일체 준용되지 않는다(행정소송법 제38조, 제41조).

답 06 ① 07 ⑤

② ☞ "처분권주의"에 대한 설명이다.
[대법원 1992. 3. 10., 선고, 91누6030, 판결] 행정소송법 제26조는 법원이 필요하다고 인정할 때에는 직권으로 증거조사를 할 수 있고 당사자가 주장하지 아니한 사실에 대하여 판단할 수 있다고 규정하고 있으나, 이는 행정소송에 있어서 원고의 청구범위를 초월하여 그 이상의 청구를 인용할 수 있다는 뜻이 아니라 원고의 청구범위를 유지하면서 그 범위 내에서 필요에 따라 주장 외의 사실에 관하여 판단할 수 있다는 뜻이고 또 법원의 석명권은 당사자의 진술에 모순, 흠결이 있거나 애매하여 그 진술의 취지를 알 수 없을 때 이를 보완하여 명료하게 하거나 입증책임 있는 당사자에게 입증을 촉구하기 위하여 행사하는 것이지 그 정도를 넘어 당사자에게 새로운 청구를 할 것을 권유하는 것은 석명권의 한계를 넘어서는 것이다.

③ ☞ 행정청의 재량에 속하는 처분이라도 재량권의 일탈·남용이 있는 때에는 법원이 이를 취소할 수 있다(행정소송법 제27조).
[대전고등법원 2008. 10. 16., 선고, 2008누1816, 판결] 자동차운수사업법에 의한 개인택시운송사업면허는 특정인에게 특정한 권리나 이익을 부여하는 행정행위로서 법령에 특별한 규정이 없는 한 재량행위이고, 그 면허를 위하여 필요한 기준을 정하는 것도 역시 행정청의 재량에 속하는 것이므로 그 설정된 기준이 객관적이고 합리적이 아니라거나 타당하지 않다고 볼 만한 다른 특별한 사정이 없는 이상 행정청의 의사는 가능한 존중되어야 하나, 행정청이 어떤 면허신청에 대하여 이미 설정된 면허기준을 구체적으로 적용함에 있어서 그 해석상 당해 신청이 면허발급의 우선순위에 해당함이 명백함에도 불구하고 이를 제외시켜 면허거부처분을 하였다면, 특별한 사정이 없는 한, 그 거부처분은 재량권을 남용한 위법한 처분이라 할 것이고, 구 시행규칙 제17조 제1항에 따라 지방자치단체가 제정한 개인택시면허업무처리지침은 재량권 행사의 기준으로 마련된 행정청 내부의 사무처리준칙에 불과하며, 그 지침에서 정하고 있는 서류 이외에 이에 준하는 객관적이고 합리적인 증거자료에 의하여 개인택시운송사업 면허를 받고자 하는 사람의 운전경력을 인정할 수 있다 할 것이다(대법원 2004. 11. 11. 선고 2004두6617 판결 등 참조).

④ ☞ "부작위"라 함은 행정청이 당사자의 신청에 대하여 상당한 기간내에 일정한 처분을 하여야 할 법률상 의무가 있음에도 불구하고 이를 하지 아니하는 것(처분의 부존재)을 말한다(행정소송법 제2조 제2호).
[대법원 1999.12.7, 97누17568] 부작위위법확인의 소에 있어 당사자가 행정청에 대하여 어떠한 행정행위를 하여 줄 것을 요구할 수 있는 법규상 또는 조리상 권리를 갖고 있지 아니한 경우에는 원고적격이 없거나 항고소송의 대상인 위법한 부작위가 있다고 볼 수 없어 그 부작위위법확인의 소는 부적법하다.

⑤ ☞ 판례는 "절차적 심리설"을 택하고 있다. 부작위위법확인소송에서 "실체적 심리설"을 택하면 의무이행소송을 인정하는 것과 동일한 결과가 된다.
[대법원 1992. 7. 28., 선고, 91누7361, 판결] 부작위위법확인의 소는 행정청이 국민의 법규상 또는 조리상의 권리에 기한 신청에 대하여 상당한 기간 내에 그 신청을 인용하는 적극적 처분을 하거나 또는 각하 내지 기각하는 등의 소극적 처분을 하여야 할 법률상의 응답의무가 있음에도 불구하고 이를 하지 아니하는 경우 판결시를 기준으로 그 부작위의 위법함을 확인함으로써 행정청의 응답을 신속하게 하여 부작위 내지 무응답이라고 하는 소극적인 위법상태를 제거하는 것을 목적으로 하는 것이고, 나아가 당해 판결의 구속력에 의하여 행정청에게 처분등을 하게 하고, 다시 당해 처분등에 대하여 불복이 있는 때에는 그 처분등을 다투게 함으로써 최종적으로는 국민의 권리이익을 보호하려는 제도이다.

> **부작위위법확인소송의 심리의 범위**
> - 절차적 심리설 : 법원은 부작위의 위법여부를 확인하는데 그칠 뿐, 행정청이 행할 처분의 구체적 내용까지는 심리·판단할 수 없다.
> - 실체적 심리설 : 부작위의 위법여부뿐만 아니라 행정청의 특정 작위의무의 존재까지도 심리·판단할 수 있다.

08 | 2020 |

부작위위법확인소송에 관한 설명으로 옳은 것은? (다툼이 있으면 판례에 따름)

① 부작위의 전제가 되는 작위의무의 확인을 구하는 소송은 항고소송으로서 허용된다.
② 검사의 불기소처분에 대하여 부작위위법확인소송을 제기할 수 있다.
③ 추상적인 법령의 제정 여부에 관한 분쟁은 부작위위법확인소송의 대상이 될 수 있다.
④ 기관소송으로써 부작위의 위법의 확인을 구하는 소송에는 그 성질에 반하지 아니하는 한 부작위위법확인소송에 관한 규정을 준용한다.
⑤ 형사본안사건에서 무죄가 선고되어 확정됨에 따라 압수물의 환부를 피압수자가 신청하였는데 검사가 아무런 결정이나 통지를 하지 않고 있으면 그와 같은 검사의 부작위는 부작위위법확인소송의 대상이 될 수 있다.

──────────

① ☞ 의무의 확인을 구하는 소송(작위의무확인소송)은 무명항고소송으로서 현행법상 인정되지 않는다. 현행법상 인정되지 않는 무명항고소송은 (ⅰ)의무이행소송, (ⅱ)적극적 형성소송, (ⅲ)예방적 금지청구소송, (ⅳ)작위의무확인소송 등이 있다.
[대법원 1990.11.23, 90누3553] 피고 국가보훈처장 등에게, 독립운동가들에 대한 서훈추천권의 행사가 적정하지 아니하였으니 이를 바로잡아 다시 추천하고, 잘못 기술된 독립운동가의 활동상을 고쳐 독립운동사 등의 책자를 다시 편찬, 보급하고, 독립기념관 전시관의 해설문, 전시물 중 잘못된 부분을 고쳐 다시 전시 및 배치할 의무가 있음의 확인을 구하는 청구는 작위의무확인소송으로서 항고소송의 대상이 되지 아니한다.

② [대법원 2018. 9. 28., 선고, 2017두47465, 판결] 행정소송법상 거부처분 취소소송의 대상인 '거부처분'이란 '행정청이 행하는 구체적 사실에 관한 법집행으로서의 공권력의 행사 또는 이에 준하는 행정작용', 즉 적극적 처분의 발급을 구하는 신청에 대하여 그에 따른 행위를 하지 않았다고 거부하는 행위를 말하고, 부작위위법확인소송의 대상인 '부작위'란 '행정청이 당사자의 신청에 대하여 상당한 기간 내에 일정한 처분을 하여야 할 법률상 의무가 있음에도 불구하고 이를 하지 아니하는 것'을 말한다(제2조 제1항 제1호, 제2호). 여기에서 '처분'이란 행정소송법상 항고소송의 대상이 되는 처분을 의미하는 것으로서, 행정소송법 제2조의 처분의 개념 정의에는 해당한다고 하더라도 그 처분의 근거 법률에서 행정소송 이외의 다른 절차에 의하여 불복할 것을 예정하고 있는 처분은 항고소송의 대상이 될 수 없다. 검사의 불기소결정에 대해서는 검찰청법에 의한 항고와 재항고, 형사소송법에 의한 재정신청에 의해서만 불복할 수 있는 것이므로, 이에 대해서는 행정소송법상 항고소송을 제기할 수 없다.

③ [대법원 1992.5.8, 선고, 91누11261, 판결] 행정소송은 구체적 사건에 대한 법률상 분쟁을 법에 의하여 해결함으로써 법적 안정을 기하자는 것이므로 부작위위법확인소송의 대상이 될 수 있는 것은 구체적 권리의무에 관한 분쟁이어야 하고 추상적인 법령에 관하여 제정의 여부 등은 그 자체로서 국민의 구체적인 권리의무에 직접적 변동을 초래하는 것이 아니어서 그 소송의 대상이 될 수 없다.

④ 행정소송법 제46조 제2항

> **제46조(준용규정)** ② 민중소송 또는 기관소송으로써 처분등의 효력 유무 또는 존재 여부나 부작위의 위법의 확인을 구하는 소송에는 그 성질에 반하지 아니하는 한 각각 무효등 확인소송 또는 부작위위법확인소송에 관한 규정을 준용한다.

답 08 ④

⑤ ☞ 이 경우에는 민사상 소유물반환청구소송을 제기하면 된다는 것이 판례의 입장이다.
[대법원 1995. 3. 10., 선고, 94누14018, 판결] 형사본안사건에서 무죄가 선고되어 확정되었다면 형사소송법 제332조 규정에 따라 검사가 압수물을 제출자나 소유자 기타 권리자에게 환부하여야 할 의무가 당연히 발생한 것이고, 권리자의 환부신청에 대한 검사의 환부결정 등 어떤 처분에 의하여 비로소 환부의무가 발생하는 것은 아니므로 압수가 해제된 것으로 간주된 압수물에 대하여 피압수자나 기타 권리자가 민사소송으로 그 반환을 구함은 별론으로 하고 검사가 피압수자의 압수물 환부신청에 대하여 아무런 결정이나 통지도 하지 아니하고 있다고 하더라도 그와 같은 부작위는 현행 행정소송법상의 부작위위법확인소송의 대상이 되지 아니한다.

09 | 2020 |

부작위위법확인소송에 관한 설명으로 옳지 않은 것은? (다툼이 있으면 판례에 따름)

① 부작위위법의 확인을 구하는 취지의 행정심판을 거친 경우 「행정소송법」제20조가 정한 제소기간 내에 부작위위법확인의 소를 제기하여야 하는 것은 아니다.
② 사정판결이 인정되지 않는다.
③ 집행정지가 인정되지 않는다.
④ 부작위위법확인소송의 계속중 소극적 처분이 있게 되면 그 부작위위법확인소송은 소의 이익을 잃는다.
⑤ 부작위의 직접상대방이 아닌 제3자라도 부작위위법확인을 받을 법률상의 이익이 있는 경우에는 원고적격이 인정된다.

----

① ☞ (ⅰ) 행정심판을 거치지 않고 부작위위법확인소송을 제기하는 경우에는 제소기간의 제한이 없다. (ⅱ) 반면에 행정심판을 거쳐 부작위위법확인소송을 제기하는 경우에는 당해 부작위에 대한 행정심판(의무이행심판)의 재결서의 정본을 송달받은 날로부터 90일, 재결이 있는 날로부터 1년 이내에 제기하여야 한다(동법 제38조 제2항, 제20조).

> **제38조(준용규정)** ② 제9조, 제10조, 제13조 내지 제19조, 제20조, 제25조 내지 제27조, 제29조 내지 제31조, 제33조 및 제34조의 규정은 부작위위법확인소송의 경우에 준용한다.
>
> **제20조(제소기간)** ① 취소소송은 처분등이 있음을 안 날부터 90일 이내에 제기하여야 한다. 다만, 제18조제1항 단서에 규정한 경우와 그 밖에 행정심판청구를 할 수 있는 경우 또는 행정청이 행정심판청구를 할 수 있다고 잘못 알린 경우에 행정심판청구가 있은 때의 기간은 재결서의 정본을 송달받은 날부터 기산한다.
> ② 취소소송은 처분등이 있은 날부터 1년(제1항 但書의 경우는 裁決이 있은 날부터 1年)을 경과하면 이를 제기하지 못한다. 다만, 정당한 사유가 있는 때에는 그러하지 아니하다.
> ③ 제1항의 규정에 의한 기간은 불변기간으로 한다.

②, ③ ☞ 취소소송 규정이 부작위위법확인소송에 준용되지 않는 경우는 "부처집사"로 정리하자.

취소소송 규정이 부작위위법확인소송에 준용되지 않는 경우	부 / 처 / 집 / 사	* 부작위위법확인소송 • 처분변경으로 인한 소변경 • 집행정지 • 사정판결

답 09 ①

④ ☞ 부작위위법확인소송은 소송의 계속 중 행정청이 신청에 대하여 적극 또는 소극의 처분을 하게 되어 부작위의 위법상태가 해소되면 소의 이익을 상실하게 되어 각하된다.
⑤ ☞ 유해물질배출로 피해를 입은 인근 주민이 행정청에 대하여 개선명령발동을 청구하였으나 행정청이 아무런 조치를 취하지 않는 경우를 생각하면 된다. 이 때 인근 주민은 부작위위법확인소송을 제기할 수 있는 법률상 이익이 인정된다.

10 | 2020 |

부작위위법확인소송에 관한 설명으로 옳지 <u>않은</u> 것은? (다툼이 있으면 판례에 따름)

① 「행정소송법」상의 부작위의 개념상 전제되는 의무는 법률상 의무일 필요는 없다.
② 부작위위법여부의 판단 기준시는 사실심의 구두변론종결시로서 판결시이다.
③ 부작위위법확인소송은 부작위 내지 무응답이라고 하는 소극적인 위법상태를 제거하는 것을 목적으로 한다.
④ 부작위위법확인소송의 청구를 인용하는 판결이 확정된 경우 행정청은 거부처분을 하여도 처분의무를 이행한 것이 된다.
⑤ 부작위가 위법함을 확인하는 확정판결은 제3자에 대하여도 효력이 있다.

---

① ☞ 권리와 의무는 항상 대응되는 개념이다. 처분의 신청을 한 자에게 응답을 받을 권리(법률상 이익)가 있어야 한다는 말은, 이에 대응하여 상대방인 행정청에게 법률상 응답의무가 인정되어야 한다는 말이다(행정소송법 제36조).

> **제36조(부작위위법확인소송의 원고적격)** 부작위위법확인소송은 처분의 신청을 한 자로서 부작위의 위법의 확인을 구할 <u>법률상 이익이 있는 자</u>만이 제기할 수 있다.

② ☞ 취소소송에서는 처분시설이 통설·판례이나, 부작위위법확인소송에서는 상당한 기간이 경과했을 때, 즉 사실심변론종결시를 기준으로 위법여부를 확인한다. 변론종결시와 판결시는 일반적으로 혼용하는 경우가 많다.
[대법원 1990.9.25., 89누4758] 작위위법확인의 소는 행정청이 국민의 법규상 또는 조리상의 권리에 기한 신청에 대하여 상당한 기간내에 그 신청을 인용하는 적극적 처분 또는 각하하거나 기각하는 등의 소극적 처분을 하여야 할 법률상의 응답의무가 있음에도 불구하고 이를 하지 아니하는 경우, 판결(사실심의 구두변론종결)시를 기준으로 그 부작위의 위법을 확인함으로써 행정청의 응답을 신속하게 하여 부작위 내지 무응답이라고 하는 소극적인 위법상태를 제거하는 것을 목적으로 하는 것이고, 나아가 당해 판결의 구속력에 의하여 행정청에게 처분 등을 하게 하고 다시 당해 처분 등에 대하여 불복이 있는 때에는 그 처분 등을 다투게 함으로써 최종적으로는 국민의 권리이익을 보호하려는 제도이므로, 소제기의 전후를 통하여 판결시까지 행정청이 그 신청에 대하여 적극 또는 소극의 처분을 함으로써 부작위상태가 해소된 때에는 소의 이익을 상실하게 되어 당해 소는 각하를 면할 수가 없는 것이다.

③ [대법원 1992.7.28., 91누7361판결] 부작위위법확인의 소는 행정청이 국민의 법규상 또는 조리상의 권리에 기한 신청에 대하여 상당한 기간 내에 그 신청을 인용하는 적극적 처분을 하거나 또는 각하 내지 기각하는 등의 소극적 처분을 하여야 할 법률상의 응답의무가 있음에도 불구하고 이를 하지 아니하는 경우 판결시를 기준으로 그 부작위의 위법함을 확인함으로써 행정청의 응답을 신속하게 하여 부작위 내지 무응답이라고 하는 소극적인 위법상태를 제거하는 것을 목적으로 하는 것이고, 나아가 당해 판결의 구속력에 의하여 행정청에게 처분등

을 하게 하고, 다시 당해 처분등에 대하여 불복이 있는 때에는 그 처분 등을 다투게 함으로써 최종적으로는 국민의 권리이익을 보호하려는 제도이다.
④ [대법원 2010.2.5., 2009무153] 신청인이 피신청인을 상대로 제기한 부작위위법확인소송에서 신청인의 제2예비적 청구를 받아들이는 내용의 확정판결을 받았다. 그 판결의 취지는 피신청인이 신청인의 광주광역시 지방부이사관 승진임용신청에 대하여 아무런 조치를 취하지 아니하는 것 자체가 위법함을 확인하는 것일 뿐이다. 따라서 피신청인이 신청인을 승진임용하는 처분을 하는 경우는 물론이고, 승진임용을 거부하는 처분을 하는 경우에도 위 확정판결의 취지에 따른 처분을 하였다고 볼 것이다. 그런데 위 확정판결이 있은 후에 피신청인은 신청인의 승진임용을 거부하는 처분을 하였다. 따라서 결국 신청인의 이 사건 간접강제신청은 그에 필요한 요건을 갖추지 못하였다는 것이다.
⑤ ☞ 취소소송 인용판결의 제3자효에 대한 규정은 부작위위법확인소송에도 준용된다(행정소송법 제29조, 제38조 제2항).

11 | 2021 |

부작위위법확인소송에 관한 설명으로 옳지 않은 것은? (다툼이 있으면 판례에 따름)

① 신청권의 존부는 본안판단의 문제이다.
② 부작위위법확인소송은 행정청의 부작위가 위법하다는 것을 확인하는 소송이므로 부작위위법확인소송으로는 작위의무확인을 구할 수 없다.
③ 부작위위법확인소송은 처분의 신청을 한 자로서 부작위의 위법의 확인을 구할 법률상 이익이 있는 자만이 제기할 수 있다.
④ 부작위위법확인소송의 계속중 당사자소송으로 소의 변경이 가능하다.
⑤ 부작위란 행정청이 당사자의 신청에 대하여 상당한 기간내에 일정한 처분을 하여야 할 법률상 의무가 있음에도 불구하고 이를 하지 아니하는 것을 말한다.

••••••••••••••••••••••

① ☞ 부작위위법확인소송의 대상적격 및 원고적격이 인정되려면 법규상·조리상 신청권이 있어야 한다. 즉 신청권의 존부는 소송요건에 해당한다.
[대법원 1999.12.7., 97누17568] 국민의 신청에 대한 행정청의 거부행위가 항고소송의 대상이 되는 행정처분에 해당하기 위하여는 국민이 행정청에 대하여 그 신청에 따른 행정행위를 하여 줄 것을 요구할 수 있는 법규상 또는 조리상의 권리가 있어야 한다. **부작위위법확인의 소에 있어 당사자가 행정청에 대하여 어떠한 행정행위를 하여 줄 것을 요구할 수 있는 법규상 또는 조리상 권리를 갖고 있지 아니한 경우에는 원고적격이 없거나 항고소송의 대상인 위법한 부작위가 있다고 볼 수 없어 그 부작위위법확인의 소는 부적법**하다.
② ☞ 작위의무확인소송은 현행법상 인정되지 않는 무명항고소송이다.
[대법원 1989. 1. 24., 선고, 88누3116, 판결] 국가보훈처장 발행 서적의 독립투쟁에 관한 내용을 시정하여 관보에 그 뜻을 표명하여야 할 의무 및 독립운동단체 소속의 독립운동자들에게 법률 소정의 보상급여의무의 확인을 구하는 청구는 **작위의무 확인소송으로서 항고소송의 대상이 되지 아니한다.**
③ 동법 제36조
④ ☞ 부작위위법확인소송을 당사자소송으로 변경하거나(제37조), 당사자소송을 부작위위법확인소송으로 변경하는 것(제42조) 모두 가능하다.
⑤ 동법 제2조 제1항 제2호

12 | 2021 |

「행정소송법」상 취소소송에 관한 규정 중 부작위위법확인소송에 준용되지 않는 것은?

① 집행정지
② 소송비용에 관한 재판의 효력
③ 직권심리
④ 행정심판기록의 제출명령
⑤ 관련청구소송의 이송·병합

☞ 부작위위법확인소송에는 취소소송에 관한 행정소송법상의 규정이 거의 대부분 준용되고 있다. 준용되지 않는 경우는 "부처집사"로 정리하자.

13 | 2021 |

부작위위법확인소송에 관한 설명으로 옳지 않은 것은? (다툼이 있으면 판례에 따름)

① 당사자의 신청은 반드시 내용상 적법하여야 한다.
② 상당한 기간이 경과하도록 아무런 처분이 없을 때 부작위는 위법한 것이 된다.
③ 부작위는 행정청이 어떠한 처분을 하여야 할 법률상 의무가 있음에도 행정청이 처분을 하지 않는 경우에 성립하게 된다.
④ 거부처분의 경우 부작위위법확인소송은 적법하지 않다.
⑤ 소제기 이후 판결시까지 행정청이 그 신청에 대하여 적극 또는 소극의 처분을 함으로써 부작위상태가 해소되면 대상적격은 상실하게 된다.

① ☞ 당사자의 신청이 내용상 적법한지(바꾸어 말하면 행정청의 부작위가 위법한지) 여부는 부작위위법확인소송의 본안판단사항이다.
②, ③, ⑤ [대법원 1990. 9. 25., 선고, 89누4758, 판결] 부작위위법확인의 소는 행정청이 국민의 법규상 또는 조리상의 권리에 기한 신청에 대하여 상당한 기간내에 그 신청을 인용하는 적극적 처분 또는 각하하거나 기각하는 등의 소극적 처분을 하여야 할 법률상의 응답의무가 있음에도 불구하고 이를 하지 아니하는 경우, 판결(사실심의 구두변론 종결)시를 기준으로 그 부작위의 위법을 확인함으로써 행정청의 응답을 신속하게 하여 부작위 내지 무응답이라고 하는 소극적인 위법상태를 제거하는 것을 목적으로 하는 것이고, 나아가 당해 판결의 구속력에 의하여 행정청에게 처분 등을 하게 하고 다시 당해 처분 등에 대하여 불복이 있는 때에는 그 처분 등을 다투게 함으로써 최종적으로는 국민의 권리이익을 보호하려는 제도이므로, 소제기의 전후를 통하여 판결시까지 행정청이 그 신청에 대하여 적극 또는 소극의 처분을 함으로써 부작위상태가 해소된 때에는 소의 이익을 상실하게 되어 당해 소는 각하를 면할 수가 없는 것이다.
④ ☞ 거부는 작위에 해당하므로 부작위위법확인소송의 대상이 될 수 없다. 이 경우에는 거부처분취소소송을 제기해야 한다.

답 12 ① 13 ①

14 | 2021 |

부작위위법확인판결이 확정된 경우에 그 효력에 관한 설명으로 옳지 않은 것은? (다툼이 있으면 판례에 따름)

① 제3자에 대하여도 효력이 있다.
② 그 사건에 관하여 당사자인 행정청과 그 밖의 관계행정청을 기속한다.
③ 행정청은 판결의 취지에 따라 다시 이전의 신청에 대한 처분을 하여야 한다.
④ 행정청이 이전에 신청한 내용대로 처분을 하지 아니하는 경우에 법원은 상당한 기간을 정하고 그 기간 내에 이행하지 아니하는 때에는 배상금을 명할 수 있다.
⑤ 제3자에 의한 재심청구는 확정판결이 있음을 안 날로부터 30일 이내, 판결이 확정된 날로부터 1년 이내에 제기하여야 한다.

① ☞ 취소판결의 효력에 관한 행정소송법 제29조(제3자효 내지 대세효)는 무효등확인소송과 부작위위법확인소송에도 준용된다(제38조). 따라서 항고소송의 판결은 모두 제3자효를 갖는다. 반면에 당사자소송의 경우에는 동법 제29조를 준용하지 않기 때문에(제44조 제1항), 민사소송법의 일반원칙에 따라 판결의 효력은 당사자간에만 미친다.
②, ③ ☞ 인용확정판결의 기속력은 무효등확인소송(행정소송법 제38조 제1항)과 부작위위법확인소송(제38조 제2항)에 모두 준용되며, 기속력은 당사자인 행정청(및 그 권한을 승계한 행정청)뿐만 아니라 그 밖의 관계행정청을 기속한다(제30조 제1항).
④ ☞ "이전에 신청한 내용대로 처분을 하지 아니하는 경우"라는 부분이 잘못되었다. 부작위위법확인소송에서는 행정청이 계속해서 부작위하는 경우에만 간접강제가 가능하다. 행정청이 거부라는 응답을 하면 부작위상태는 해소되므로, 이때에는 간접강제가 인정되지 않는다. (제38조 제2항).
⑤ 제38조 제2항, 제31조 제2항

15 | 2022 |

행정소송법상 취소소송에 관한 규정 중 무효등 확인소송에는 준용되나 부작위위법확인소송에는 준용되지 않는 것은?

① 처분변경으로 인한 소의 변경
② 재판관할
③ 제3자의 소송참가
④ 공동소송
⑤ 행정청의 소송참가

☞ 처분변경으로 인한 소의 변경은 무효등 확인소송에는 준용되나(제38조 제1항), 부작위위법확인소송에는 준용되지 않는다. "처분변경으로 인한 소의 변경"은 이미 존재하는 처분을 전제로 하기 때문에, 처분의 부작위를 대상으로 하는 부작위위법확인소송에는 준용되지 않는다고 이해할 수도 있다.

답 14 ④ 15 ①

16 | 2022 |

부작위위법확인소송에 관한 설명으로 옳지 <u>않은</u> 것은? (다툼이 있으면 판례에 따름)

① 취소소송의 직권심리에 관한 규정은 부작위위법확인소송에 준용된다.
② 행정청의 응답을 신속하게 하여 부작위 내지 무응답이라는 소극적인 위법상태 제거를 목적으로 한다.
③ 소제기의 전후를 통하여 판결시까지 행정청이 신청에 대하여 소극의 처분을 하여 부작위상태가 해소된 때에는 소의 이익을 상실하게 된다.
④ 행정심판 등 전심절차를 거친 경우 제소기간의 제한을 받지 않는다.
⑤ 부작위란 행정청이 당사자의 신청에 대하여 상당한 기간내에 일정한 처분을 하여야 할 법률상 의무가 있음에도 불구하고 이를 하지 아니하는 것을 말한다.

---

① 행정소송법 제26조, 제38조

> **제26조(직권심리)** 법원은 필요하다고 인정할 때에는 직권으로 증거조사를 할 수 있고, 당사자가 주장하지 아니한 사실에 대하여도 판단할 수 있다.
>
> **제38조(준용규정)** ② 제9조, 제10조, 제13조 내지 제19조, 제20조, <u>제25조 내지 제27조</u>, 제29조 내지 제31조, 제33조 및 제34조의 규정은 <u>부작위위법확인소송의 경우에 준용한다</u>.

② [대법원 1992. 7. 28. 선고 91누7361 판결] 부작위위법확인의 소는 행정청이 국민의 법규상 또는 조리상의 권리에 기한 신청에 대하여 상당한 기간 내에 그 신청을 인용하는 적극적 처분을 하거나 또는 각하 내지 기각하는 등의 소극적 처분을 하여야 할 법률상의 응답의무가 있음에도 불구하고 이를 하지 아니하는 경우 판결시를 기준으로 그 부작위의 위법함을 확인함으로써 행정청의 응답을 신속하게 하여 부작위 내지 무응답이라고 하는 소극적인 위법상태를 제거하는 것을 목적으로 하는 것이고, 나아가 당해 판결의 구속력에 의하여 행정청에게 처분 등을 하게 하고, 다시 당해 처분등에 대하여 불복이 있는 때에는 그 처분등을 다투게 함으로써 최종적으로는 국민의 권리이익을 보호하려는 제도이다.

③ ☞ (ⅰ) 여기서 「소극의 처분」이란 「거부처분」을 말한다. 부작위위법확인소송은 행정청에 대해서 「응답」을 요구하는 판결이므로, 거부처분을 하더라도 부작위상태는 해소된다. (ⅱ) 참고로 여기서 판결시는 행정소송규칙과의 관계상 사실심변론종결시로 이해해야 한다.

[대법원 1990. 9. 25. 선고 89누4758 판결] 부작위위법확인의 소는 행정청이 국민의 법규상 또는 조리상의 권리에 기한 신청에 대하여 상당한 기간내에 그 신청을 인용하는 적극적 처분 또는 각하하거나 기각하는 등의 소극적 처분을 하여야 할 법률상의 응답의무가 있음에도 불구하고 이를 하지 아니하는 경우, 판결(사실심의 구두변론 종결)시를 기준으로 그 부작위의 위법을 확인함으로써 행정청의 응답을 신속하게 하여 부작위 내지 무응답이라고 하는 소극적인 위법상태를 제거하는 것을 목적으로 하는 것이고, 나아가 당해 판결의 구속력에 의하여 행정청에게 처분 등을 하게 하고 다시 당해 처분 등에 대하여 불복이 있는 때에는 그 처분 등을 다투게 함으로써 최종적으로는 국민의 권리이익을 보호하려는 제도이므로, <u>소제기의 전후를 통하여 판결시까지 행정청이 그 신청에 대하여 적극 또는 소극의 처분을 함으로써 부작위상태가 해소된 때에는 소의 이익을 상실하게 되어 당해 소는 각하를 면할 수가 없는 것이다</u>.

답 16 ④

(ⅱ) 여기서 판결시는 행정소송규칙과의 관계상 사실심변론종결시로 이해해야 한다.

[대법원 1990. 9. 25., 89누4758] 작위위법확인의 소는 행정청이 국민의 법규상 또는 조리상의 권리에 기한 신청에 대하여 상당한 기간내에 그 신청을 인용하는 적극적 처분 또는 각하하거나 기각하는 등의 소극적 처분을 하여야 할 법률상의 응답의무가 있음에도 불구하고 이를 하지 아니하는 경우, 판결(사실심의 구두변론종결)시를 기준으로 그 부작위의 위법을 확인함으로써 행정청의 응답을 신속하게 하여 부작위 내지 무응답이라고 하는 소극적인 위법상태를 제거하는 것을 목적으로 하는 것이고, 나아가 당해 판결의 구속력에 의하여 행정청에게 처분 등을 하게 하고 다시 당해 처분 등에 대하여 불복이 있는 때에는 그 처분 등을 다투게 함으로써 최종적으로는 국민의 권리이익을 보호하려는 제도이므로, 소제기의 전후를 통하여 판결시까지 행정청이 그 신청에 대하여 적극 또는 소극의 처분을 함으로써 부작위상태가 해소된 때에는 소의 이익을 상실하게 되어 당해 소는 각하를 면할 수가 없는 것이다.

④ [대법원 2009. 7. 23. 선고 2008두10560 판결] 부작위위법확인의 소는 부작위상태가 계속되는 한 그 위법의 확인을 구할 이익이 있다고 보아야 하므로 원칙적으로 제소기간의 제한을 받지 않는다. 그러나 행정소송법 제38조 제2항이 제소기간을 규정한 같은 법 제20조를 부작위위법확인소송에 준용하고 있는 점에 비추어 보면, 행정심판 등 전심절차를 거친 경우에는 행정소송법 제20조가 정한 제소기간 내에 부작위위법확인의 소를 제기하여야 한다.

⑤ [대법원 1991. 11. 8. 선고 90누9391 판결] 부작위위법확인소송의 대상이 되는 행정청의 부작위라 함은 행정청이 당사자의 신청에 대하여 상당한 기간 내에 일정한 처분을 할 법률상 의무가 있음에도 불구하고 이를 하지 아니하는 것을 말하고, 이 소송은 처분의 신청을 한 자가 제기하는 것이므로 이를 통하여 원고가 구하는 행정청의 응답행위는 행정소송법 제2조 제1항 제1호 소정의 처분에 관한 것이라야 한다.

17 | 2023 |

부작위위법확인소송에 관한 설명으로 옳지 않은 것은? (다툼이 있으면 판례에 따름)

① 행정청의 부작위가 위법하다는 것을 확인하는 항고소송이다
② 부작위위법확인소송에서 인용판결의 기속력으로서 재처분의무는 신청에 따른 특정한 내용의 처분의무를 의미한다.
③ 당사자의 신청에 대한 행정청의 거부처분이 있는 경우에는 부작위위법확인소송은 허용되지 않는다.
④ 행정심판 등 전심절차를 거친 경우에는 행정소송법상 제소기간을 준수하여 소를 제기하여야 한다.
⑤ 행정청의 부작위가 위법하다는 것은 사실심의 구두변론종결시를 기준으로 확인한다.

①
제4조(항고소송) 항고소송은 다음과 같이 구분한다.
1. 취소소송 : 행정청의 위법한 처분등을 취소 또는 변경하는 소송
2. 무효등 확인소송 : 행정청의 처분등의 효력 유무 또는 존재여부를 확인하는 소송
3. <u>부작위위법확인소송 : 행정청의 부작위가 위법하다는 것을 확인하는 소송</u>

답 17 ②

② ☞ 여기서 재처분의무는 응답의무를 말한다.

[대법원 2010. 2. 5. 자 2009무153 결정] 신청인이 피신청인을 상대로 제기한 부작위위법확인소송에서 신청인의 제2 예비적 청구를 받아들이는 내용의 확정판결을 받았다. 그 판결의 취지는 피신청인이 신청인의 광주광역시 지방부이사관 승진임용신청에 대하여 아무런 조치를 취하지 아니하는 것 자체가 위법함을 확인하는 것일 뿐이다. 따라서 피신청인이 신청인을 승진임용하는 처분을 하는 경우는 물론이고, 승진임용을 거부하는 처분을 하는 경우에도 위 확정판결의 취지에 따른 처분을 하였다고 볼 것이다. 그런데 위 확정판결이 있은 후에 피신청인은 신청인의 승진임용을 거부하는 처분을 하였다. 따라서 결국 신청인의 이 사건 간접강제신청은 그에 필요한 요건을 갖추지 못하였다는 것이다.

③ ☞ 이 경우 거부처분「취소소송」으로 다툴 것이다.

[대법원 1991. 11. 8., 선고, 90누9391, 판결] 당사자의 신청에 대한 행정청의 거부처분이 있는 경우에는 행정청이 당사자의 신청에 대하여 상당한 기간 내에 일정한 처분을 하여야 할 법률상의 응답의무를 이행하지 아니함으로써 야기된 부작위라는 위법상태를 제거하기 위하여 제기하는 부작위위법확인소송은 허용되지 아니한다.

④ [대법원 2009. 7. 23. 선고, 2008두10560, 판결] 부작위위법확인의 소는 부작위상태가 계속되는 한 그 위법의 확인을 구할 이익이 있다고 보아야 하므로 원칙적으로 제소기간의 제한을 받지 않는다. 그러나 행정소송법 제38조 제2항이 제소기간을 규정한 같은 법 제20조를 부작위위법확인소송에 준용하고 있는 점에 비추어 보면, 행정심판 등 전심절차를 거친 경우에는 행정소송법 제20조가 정한 제소기간 내에 부작위위법확인의 소를 제기하여야 한다.

⑤ [대법원 1999. 4. 9. 선고 98두12437 판결] 부동산강제경매사건의 최고가매수신고인이 애당초 농지취득자격증명발급신청을 한 목적이 경락기일에 경매법원에 이를 제출하기 위한 데에 있고 행정청이 적극적인 처분을 하지 않고 있는 사이 위 경락기일이 이미 도과하였다 하더라도, 위 사실만으로 위 신고인이 부동산을 취득할 가능성이 전혀 없게 되었다고 단정할 수는 없으므로 위 경락기일이 이미 도과함으로써 위 신고인이 농지취득자격증명을 발급받을 실익이 없게 되었다거나 행정청의 부작위에 대한 위법확인을 구할 소의 이익이 없게 되었다고 볼 수는 없으며, 또한 부작위 위법 여부의 판단 기준시는 사실심의 구두변론종결시이므로 행정청이 원심판결선고 이후에 위 신고인의 위 신청에 대하여 거부처분을 함으로써 부작위 상태가 해소되었다 하더라도 달리 볼 것은 아니다.

18 | 2024 |

부작위위법확인소송에 관한 설명으로 옳은 것은? (다툼이 있으면 판례에 따름)

① 부작위위법확인소송의 대상인 부작위가 되기 위해서는 당사자의 신청은 내용적으로 적법한 것이어야 한다.
② 부작위위법확인소송이 적법하게 제기되었다면 소송계속 중 신청에 대한 거부처분이 있더라도 해당 소송은 적법하게 유지된다.
③ 행정입법 제정의무가 있는 경우 입법부작위도 부작위위법확인소송의 대상이 된다.
④ 부작위위법확인소송에는 처분변경으로 인한 소의 변경에 관한「행정소송법」제22조가 준용되지 않는다.
⑤ 부작위의 위법을 확인하는 법원의 판결이 확정되면 행정청은 원고의 신청대로 처분하여야 할 의무가 있다.

답 18 ④

① ☞ 당사자에게 법규상·조리상 신청권이 있으면 되고, 당사자의 신청이 내용적으로 적법할 것을 요하지 않는다. 당사자의 신청이 내용적으로 적법하지 않다면 행정청은 거부처분을 해야 한다. 이 경우에 행정청이 거부처분을 한 것이 아니라 응답 자체를 하지 않았다면 부작위로서 그 자체로 위법하다.

② ☞ 부작위위법확인소송은 행정청에 대해서 「응답」을 요구하는 판결이므로, 거부처분을 하더라도 부작위상태는 해소된다. 「Say anything」이라고 생각하면 된다.

[대법원 1990. 9. 25., 선고, 89누4758, 판결] 부작위위법확인의 소는 행정청이 국민의 법규상 또는 조리상의 권리에 기한 신청에 대하여 상당한 기간내에 그 신청을 인용하는 적극적 처분 또는 각하하거나 기각하는 등의 소극적 처분을 하여야 할 법률상의 응답의무가 있음에도 불구하고 이를 하지 아니하는 경우, 판결(사실심의 구두변론 종결)시를 기준으로 그 부작위의 위법을 확인함으로써 행정청의 응답을 신속하게 하여 부작위 내지 무응답이라고 하는 소극적인 위법상태를 제거하는 것을 목적으로 하는 것이고, 나아가 당해 판결의 구속력에 의하여 행정청에게 처분 등을 하게 하고 다시 당해 처분 등에 대하여 불복이 있는 때에는 그 처분 등을 다투게 함으로써 최종적으로는 국민의 권리이익을 보호하려는 제도이므로, 소제기의 전후를 통하여 판결시까지 행정청이 그 신청에 대하여 적극 또는 소극의 처분을 함으로써 부작위상태가 해소된 때에는 소의 이익을 상실하게 되어 당해 소는 각하를 면할 수가 없는 것이다.

③ ☞ 부작위위법확인소송의 대상은 「처분」의 부작위이다.

[대법원 1992.5.8, 선고, 91누11261, 판결] 행정소송은 구체적 사건에 대한 법률상 분쟁을 법에 의하여 해결함으로써 법적 안정을 기하자는 것이므로 부작위위법확인소송의 대상이 될 수 있는 것은 구체적 권리의무에 관한 분쟁이어야 하고 추상적인 법령에 관하여 제정의 여부 등은 그 자체로서 국민의 구체적인 권리의무에 직접적 변동을 초래하는 것이 아니어서 그 소송의 대상이 될 수 없다.

④ ☞ 「처분변경으로 인한 소의 변경」은 이미 존재하는 처분을 전제로 하기 때문에, 처분의 부작위를 대상으로 하는 부작위위법확인소송에는 준용되지 않는다. 「부/처/집/사」로 정리하자.

⑤ ☞ 여기서 재처분의무는 응답의무를 말한다. 따라서 원고의 신청대로 처분하여야 할 의무가 있는 것이 아니라, 어떠한 형태로든 응답을 하면 된다.

[대법원 2010.2.5. 자 2009무153 결정] 신청인이 피신청인을 상대로 제기한 부작위위법확인소송에서 신청인의 제2예비적 청구를 받아들이는 내용의 확정판결을 받았다. 그 판결의 취지는 피신청인이 신청인의 광주광역시 지방부이사관 승진임용신청에 대하여 아무런 조치를 취하지 아니하는 것 자체가 위법함을 확인하는 것일 뿐이다. 따라서 피신청인이 신청인을 승진임용하는 처분을 하는 경우는 물론이고, 승진임용을 거부하는 처분을 하는 경우에도 위 확정판결의 취지에 따른 처분을 하였다고 볼 것이다. 그런데 위 확정판결이 있은 후에 피신청인은 신청인의 승진임용을 거부하는 처분을 하였다. 따라서 결국 신청인의 이 사건 간접강제신청은 그에 필요한 요건을 갖추지 못하였다는 것이다.

19 | 2025 |

부작위위법확인소송에 관한 설명으로 옳은 것은? (다툼이 있으면 판례에 따름)

① 형사본안사건에서 무죄가 선고되어 확정됨에 따라 압수물의 환부를 피압수자가 신청하였는데 검사가 아무런 결정이나 통지를 하지 않고 있으면 그와 같은 검사의 부작위는 부작위위법확인소송의 대상이 될 수 있다.
② 당사자의 신청에 대한 행정청의 거부처분은 부작위위법확인소송의 대상이 된다.
③ 부작위위법확인판결이 확정되면 행정청은 판결의 취지에 따라 이전의 신청에 대한 처분을 할 의무를 진다.
④ 부작위위법확인소송을 당사자소송으로 변경하는 것은 허용되지 않는다.
⑤ 부작위위법확인소송에서는 취소소송에 있어서의 집행정지제도가 준용된다.

---

① ☞ 이 경우는 (실효성이 낮은) 부작위위법확인소송이 아니라 (보다 효과적인) 민사상 원상회복청구소송을 제기하라는 것이 판례의 태도이다.
[대법원 1995. 3. 10. 선고 94누14018 판결] 형사본안사건에서 무죄가 선고되어 확정되었다면 형사소송법 제332조 규정에 따라 검사가 압수물을 제출자나 소유자 기타 권리자에게 환부하여야 할 의무가 당연히 발생한 것이고, 권리자의 환부신청에 대한 검사의 환부결정 등 어떤 처분에 의하여 비로소 환부의무가 발생하는 것이 아니므로 압수가 해제된 것으로 간주된 압수물에 대하여 피압수자나 기타 권리자가 민사소송으로 그 반환을 구함은 별론으로 하고 검사가 피압수자의 압수물 환부신청에 대하여 아무런 결정이나 통지도 하지 아니하고 있다고 하더라도 그와 같은 부작위는 현행 행정소송법상의 부작위위법확인소송의 대상이 되지 아니한다.
② ☞ 거부처분은 부작위가 아니라 작위에 해당한다. 이 경우는 거부처분취소소송을 제기하면 된다.
[대판 1998.1.23. 96누12641] 행정청이 당사자의 신청에 대하여 거부처분을 한 경우에는 항고소송의 대상인 위법한 부작위가 있다고 볼 수 없어 그 부작위위법확인의 소는 부적법하다.
③ ☞ 부작위위법확인소송에는 취소소송의 기속력에 따른 재처분의무에 관한 규정이 준용된다.

> **제38조(준용규정)** ② 제9조, 제10조, 제13조 내지 제19조, 제20조, 제25조 내지 제27조, <u>제29조 내지 제31조</u>, 제33조 및 제34조의 규정은 부작위위법확인소송의 경우에 준용한다.
>
> **제30조(취소판결등의 기속력)** ① 처분등을 취소하는 확정판결은 그 사건에 관하여 당사자인 행정청과 그 밖의 관계행정청을 기속한다.
> ② 판결에 의하여 취소되는 처분이 당사자의 신청을 거부하는 것을 내용으로 하는 경우에는 그 처분을 행한 행정청은 **판결의 취지에 따라 다시 이전의 신청에 대한 처분을 하여야 한다.**

[대법원 1992. 7. 28. 선고 91누7361 판결] 부작위위법확인의 소는 행정청이 국민의 법규상 또는 조리상의 권리에 기한 신청에 대하여 상당한 기간 내에 그 신청을 인용하는 적극적 처분을 하거나 또는 각하 내지 기각하는 등의 소극적 처분을 하여야 할 법률상의 응답의무가 있음에도 불구하고 이를 하지 아니하는 경우 판결시를 기준으로 그 부작위의 위법함을 확인함으로써 행정청의 응답을 신속하게 하여 부작위 내지 무응답이라고 하는 소극적인 위법상태를 제거하는 것을 목적으로 하는 것이고, 나아가 당해 판결의 구속력에 의하여 행정청에게 처분등을 하게 하고, 다시 당해 처분등에 대하여 불복이 있는 때에는 그 처분등을 다투게 함으로써 최종적으로는 국민의 권리이익을 보호하려는 제도이다.

답 19 ③

④ ☞ 무효등확인소송이나 부작위위법확인소송을 취소소송 또는 당사자소송으로 변경하는 것은 가능하다. 참고로 부작위위법확인소송과 무효등확인소송 간에 소의 변경을 하는 것은 행정소송법에서 규정하고 있지 않다.

> **제37조(소의 변경)** 제21조의 규정은 무효등 확인소송이나 <u>부작위위법확인소송을</u> 취소소송 또는 <u>당사자소송으로 변경하는 경우에 준용한다</u>.

⑤ ☞ 부작위위법확인소송은 처분을 하지 않았음을 전제로 하기 때문에 (처분의) 집행정지에 관한 규정이 준용될 수가 없다. 취소소송 규정이 부작위위법확인소송에 준용되지 않는 경우는 「부/처/집/사」로 정리하자.

취소소송 규정이 부작위위법확인소송에 준용되지 않는 경우	부 / 처 / 집 / 사	* <u>부</u>작위위법확인소송 • <u>처</u>분변경으로 인한 소변경 • <u>집</u>행정지 • <u>사</u>정판결

20 | 2025 |

부작위위법확인소송에서의 판결에 관한 설명으로 옳지 <u>않은</u> 것은?

① 부작위위법확인소송에서는 사정판결이 허용되지 않는다.
② 부작위위법확인판결의 기속력은 그 사건에 관하여 당사자인 행정청과 그 밖의 관계행정청에 미친다.
③ 부작위위법을 확인하는 확정판결은 제3자에 대해서도 효력이 있다.
④ 부작위위법확인판결에 대해서는 간접강제 규정이 준용되지 않는다.
⑤ 법원은 부작위위법확인소송 계속 중 행정청이 당사자의 신청에 대하여 상당한 기간이 지난 후 처분등을 함에 따라 소를 각하하는 경우에는 소송비용의 전부 또는 일부를 피고가 부담하게 할 수 있다.

----

① ☞ 사정판결은 처분이 위법하나 그 효력을 유지하는 판결이므로, 처분이 존재하지 않는 부작위위법확인소송에는 준용될 수 없다. 취소소송 규정이 부작위위법확인소송에 준용되지 않는 경우는 「부/처/집/<u>사</u>」로 정리하자.

취소소송 규정이 부작위위법확인소송에 준용되지 않는 경우	부 / 처 / 집 / 사	* <u>부</u>작위위법확인소송 • <u>처</u>분변경으로 인한 소변경 • <u>집</u>행정지 • <u>사</u>정판결

② ☞ 취소판결의 기속력에 관한 규정이 부작위위법확인소송에도 준용된다(제38조 제2항, 제30조).
③ ☞ 취소판결의 제3자효에 관한 규정은 부작위위법확인소송에도 준용된다(제38조 제2항, 제29조).

> **제38조(준용규정)** ② 제9조, 제10조, 제13조 내지 제19조, 제20조, 제25조 내지 제27조, <u>제29조 내지 제31조</u>, 제33조 및 제34조의 규정은 부작위위법확인소송의 경우에 준용한다.

답 20 ④

제29조(취소판결등의 효력) ① 처분등을 취소하는 확정판결은 제3자에 대하여도 효력이 있다.

④ ☞ 취소판결의 간접강제에 관한 규정이 부작위위법확인소송에도 준용된다. 이 경우 법원의 간접강제결정은 재처분의무가 아니라 응답의무를 부과하는 형태가 된다.
⑤ ☞ 「행정소송규칙」에서 부작위위법확인소송의 소송비용부담에 관한 규정이 신설되었다. 이 경우 소각하판결은 원고패소판결이지만, 애초에 행정청이 상대방의 신청에 대해 무응답을 하는 바람에 상대방이 소송을 제기한 것이므로, 소송비용의 전부 내지 일부를 피고가 부담하도록 하는 것이 사리에 부합한다.

> **행정소송규칙**
> **제17조(부작위위법확인소송의 소송비용부담)** 법원은 부작위위법확인소송 계속 중 행정청이 당사자의 신청에 대하여 상당한 기간이 지난 후 처분등을 함에 따라 소를 각하하는 경우에는 소송비용의 전부 또는 일부를 피고가 부담하게 할 수 있다.

CHAPTER 03

당사자소송

- **제 1 관** 의 의
- **제 2 관** 실질적 당사자소송
- **제 3 관** 형식적 당사자소송
- **제 4 관** 당사자소송의 소송요건 등
- **제 5 관** 가구제
- **제 6 관** 심 리
- **제 7 관** 당사자소송의 판결 등
- **제 8 관** 소의 변경 및 관련청구의 이송·병합 등

CHAPTER 03 당사자소송

제1관 의 의

1. 개념

당사자소송이란 행정청의 처분을 대상으로 하는 것이 아니라, 행정청의 처분 등을 원인으로 하는 법률관계에 관한 소송, 그밖에 공법상의 법률관계에 관한 소송으로서 그 법률관계의 한 쪽 당사자를 피고로 하는 소송을 말한다.

당사자소송 개념의 불확정성, 행정의 발전에 따른 당사자소송의 확대 경향 등으로 인해 소송 방법 선택의 착오로 인한 이송, 심리의 중복 등 절차의 낭비나 지연이 발생하고 있다. 이러한 낭비나 지연을 줄이기 위해 법이론이나 재판 실무를 통해 정립된 당사자소송의 예시를 행정소송규칙에 나열하고 있다.

> **제3조 (행정소송의 종류)** 행정소송은 다음의 네가지로 구분한다.
> 1. 항고소송 : 행정청의 처분등이나 부작위에 대하여 제기하는 소송
> 2. 당사자소송 : 행정청의 처분등을 원인으로 하는 법률관계에 관한 소송 그 밖에 공법상의 법률관계에 관한 소송으로서 그 법률관계의 한쪽 당사자를 피고로 하는 소송
> 3. 민중소송 : 국가 또는 공공단체의 기관이 법률에 위반되는 행위를 한 때에 직접 자기의 법률상 이익과 관계없이 그 시정을 구하기 위하여 제기하는 소송
> 4. 기관소송 : 국가 또는 공공단체의 기관상호간에 있어서의 권한의 존부 또는 그 행사에 관한 다툼이 있을 때에 이에 대하여 제기하는 소송. 다만, 헌법재판소법 제2조의 규정에 의하여 헌법재판소의 관장사항으로 되는 소송은 제외한다.

> **행정소송규칙**
>
> **제19조(당사자소송의 대상)** 당사자소송은 다음 각 호의 소송을 포함한다.
> 1. 다음 각 목의 손실보상금에 관한 소송
>   가. 「공익사업을 위한 토지 등의 취득 및 보상에 관한 법률」 제78조제1항 및 제6항에 따른 이주정착금, 주거이전비 등에 관한 소송
>   나. 「공익사업을 위한 토지 등의 취득 및 보상에 관한 법률」 제85조제2항에 따른 보상금의 증감(增減)에 관한 소송
>   다. 「하천편입토지 보상 등에 관한 특별조치법」 제2조에 따른 보상금에 관한 소송

2. 그 존부 또는 범위가 구체적으로 확정된 공법상 법률관계 그 자체에 관한 다음 각 목의 소송
    가. 납세의무 존부의 확인
    나. 「부가가치세법」 제59조에 따른 환급청구
    다. 「석탄산업법」 제39조의3제1항 및 같은 법 시행령 제41조제4항제5호에 따른 재해위로금 지급청구
    라. 「5·18민주화운동 관련자 보상 등에 관한 법률」 제5조, 제6조 및 제7조에 따른 관련자 또는 유족의 보상금 등 지급청구
    마. 공무원의 보수·퇴직금·연금 등 지급청구
    바. 공법상 신분·지위의 확인
3. 처분에 이르는 절차적 요건의 존부나 효력 유무에 관한 다음 각 목의 소송
    가. 「도시 및 주거환경정비법」 제35조제5항에 따른 인가 이전 조합설립변경에 대한 총회결의의 효력 등을 다투는 소송
    나. 「도시 및 주거환경정비법」 제50조제1항에 따른 인가 이전 사업시행계획에 대한 총회결의의 효력 등을 다투는 소송
    다. 「도시 및 주거환경정비법」 제74조제1항에 따른 인가 이전 관리처분계획에 대한 총회결의의 효력 등을 다투는 소송
4. 공법상 계약에 따른 권리·의무의 확인 또는 이행청구 소송

2. 구별개념

가. 항고소송과의 구별

(1) 항고소송의 대상은 행정청의 공권력행사·불행사 등이 되나, 당사자소송의 대상은 처분 등을 원인으로 하는 법률관계 및 공법상의 법률관계가 된다.

(2) 항고소송의 소송물은 행정청의 처분·부작위의 위법성 또는 처분·재결의 무효성·유효성·존재성·부존재성이 되나, 당사자소송의 소송물은 공법상의 권리관계 내지는 법률관계 그 자체가 된다.

나. 민사소송과의 구별

민사소송의 소송물은 사법상의 권리(예컨대, 소유권확인소송, 민법상의 부당이득반환청구소송)이나, 당사자소송의 소송물은 공법상의 권리(예컨대, 공무원의 지위확인소송, 공무원의 봉급지급청구소송)이다.

제2관 실질적 당사자소송

대립되는 당사자 사이의 공법상의 법률관계에 관한 소송을 말하며, 대부분의 당사자소송은 이에 속한다.

1. 처분 등을 원인으로 하는 법률관계에 관한 소송

이 경우 처분의 적법 여부는 선결문제에 그치게 된다.

가. 처분 등의 무효·취소를 전제로 하는 공법상의 부당이득반환청구소송

예컨대 과세처분의 무효를 전제로 이미 납부한 세금의 반환을 구하는 소송 등을 들 수 있다. 판례는 공법상의 부당이득반환청구소송은 민사상 부당이득반환청구소송과 그 본질이 동일하다고 보아 민사소송으로 취급한다. 다만 최근에 판례는 납세의무자에 대한 국가의 부가가치세 환급세액 지급의무는 부가가치세법령에 의한 공법상 의무라고 보아 당사자소송에 의해야 한다고 판시하고 있다.

> **관련판례**
>
> 1. 이미 납부한 세금의 반환을 청구하는 것은 민사상의 부당이득반환청구에 해당한다[대법원 1995.4.28., 94다55019].
> 조세부과처분이 당연무효임을 전제로 하여 이미 납부한 세금의 반환을 청구하는 것은 민사상의 부당이득반환청구로서 민사소송절차에 따라야 한다.
>
> 2. 부가가치세 환급세액 지급청구는 당사자소송의 방식에 의하여야 한다[대법원전합 2013.3.21., 2011다95564].
> 부가가치세법령이 환급세액의 정의 규정, 그 지급시기와 산출방법에 관한 구체적인 규정과 함께 부가가치세 납세의무를 부담하는 사업자(이하 '납세의무자'라 한다)에 대한 국가의 환급세액 지급의무를 규정한 이유는, 입법자가 과세 및 징수의 편의를 도모하고 중복과세를 방지하는 등의 조세 정책적 목적을 달성하기 위한 입법적 결단을 통하여, 최종 소비자에 이르기 전의 각 거래단계에서 재화 또는 용역을 공급하는 사업자가 그 공급을 받는 사업자로부터 매출세액을 징수하여 국가에 납부하고, 그 세액을 징수당한 사업자는 이를 국가로부터 매입세액으로 공제·환급받는 과정을 통하여 그 세액의 부담을 다음 단계의 사업자에게 차례로 전가하여 궁극적으로 최종 소비자에게 이를 부담시키는 것을 근간으로 하는 전단계세액공제 제도를 채택한 결과, 어느 과세기간에 거래징수된 세액이 거래징수를 한 세액보다 많은 경우에는 그 납세의무자가 창출한 부가가치에 상응하는 세액보다 많은 세액이 거래징수되게 되므로 이를 조정하기 위한 과세기술상, 조세 정책적인 요청에 따라 특별히 인정한 것이라고 할 수 있다. 따라서 이와 같은 부가가치세법령의 내용, 형식 및 입법 취지 등에 비추어 보면, <u>납세의무자에 대한 국가의 부가가치세 환급세액 지급의무는 그 납세의무자로부터 어느 과세기간에 과다하게 거래징수된 세액 상당을 국가가 실제로 납부받았는지와 관계없이 부가가치세법령의 규정에 의하여 직접 발생</u>하는 것으로서, 그 법적 성질은 정의와 공평의 관념에서 수익자와 손실자 사이의 재산상태 조정을 위해 인정되는 <u>부당이득 반환의무가 아니라 부가가치세법령에 의하여 그 존부나 범위가 구체적으로 확정되고 조세 정책적 관점에서 특별히 인정되는 공법상 의무라고 봄이 타당하다.</u> 그렇다면 납세의무자에 대한 국가의 부가가치세 환급세액 지급의무에 대응하는 국가에 대한 납세의무자의 부가가치세 환급세액 지급청구는 민사소송이 아니라 행정소송법 제3조 제2호에 규정된 당사자소송의 절차에 따라야 한다.

3. 행정처분의 당연무효가 선결문제인 경우 반드시 행정소송 등의 절차에 의해 그 취소나 무효확인을 받아야 하는 것은 아니다[대법원 2010.4.8., 2009다90092].

   민사소송에 있어서 어느 행정처분의 당연무효 여부가 선결문제로 되는 때에는 이를 판단하여 당연무효임을 전제로 판결할 수 있고 반드시 행정소송 등의 절차에 의하여 그 취소나 무효확인을 받아야 하는 것은 아니며, 한편, 원고조합의 조합설립결의나 관리처분계획에 대한 결의가 당연 무효라는 위 피고들의 주장 속에는 조합설립인가처분이나 관리처분계획에 당연무효사유가 있다는 주장도 포함되어 있다고 봄이 상당하다고 할 것이므로, 원심으로서는 더 나아가 위 조합설립 인가처분이나 관리처분계획에 당연무효사유가 있는지를 심리하여 위 피고들 주장의 당부를 판단하였어야 할 것임에도, 원심이 그에 대해서는 아무런 판단도 하지 아니한 채, 단지 위 피고들이 항고소송의 방법으로 원고 조합의 조합설립 인가처분이나 관리처분계획에 대하여 취소 또는 무효확인을 받았음을 인정할 증거가 없다는 이유만으로 위 피고들의 주장을 모두 배척한 데에는 필요한 심리를 다하지 아니하고 판단을 유탈하여 판결에 영향을 미친 위법이 있다.

4. 행정처분의 취소여부가 선결문제인 경우 민사소송의 법원은 행정처분의 효력을 부인할 수 없다[대법원 1999.8.20., 99다20179].

   [1] 과세처분이 당연무효라고 볼 수 없는 한 과세처분에 취소 할 수 있는 위법사유가 있다 하더라도 그 과세처분은 행정행위의 공정력 또는 집행력에 의하여 그것이 적법하게 취소되기 전까지는 유효하다 할 것이므로, 민사소송절차에서 그 과세처분의 효력을 부인할 수 없다.

   [2] 부동산에 대한 실질적인 소유자가 아닌 명의수탁자에 대하여 행해진 양도소득세 부과처분은 위법하지만 그 하자가 중대·명백하다고 할 수 없어 무효라고는 볼 수 없고 단지 취소할 수 있음에 불과하다.

나. 공무원의 직무상 불법행위에 대한 국가배상청구소송

판례는 공무원의 직무상 불법행위에 대하여 국가배상을 청구하는 경우에 있어서 민사상 불법행위손해배상청구와 그 본질이 동일하다고 보아 민사소송으로 취급한다.

관련판례

공무원의 직무상 불법행위에 대한 국가의 손해배상책임을 규정은 국가배상법은 민법의 특별법에 불과하므로 이에 관한 소송은 민사소송절차에 따라야 한다[대법원 1972.10.10., 69다701].

공무원의 직무상 불법행위로 손해를 받은 국민이 국가 또는 공공단체에 배상을 청구하는 경우 국가 또는 공공단체에 대하여 그의 불법행위를 이유로 손해배상을 구함은 국가배상법이 정한바에 따른다 하여도 이 역시 민사상의 손해배상 책임을 특별법인 국가배상법이 정한데 불과하다.

2. 기타 공법상 법률관계에 관한 소송

가. 공법상 계약에 관한 소송

국가·지방자치단체 등의 행정주체 상호간 또는 행정주체와 사인 사이에 체결되는 공법상 계약에 관련하여 제기되는 분쟁에 관한 소송이다. 판례는 대등한 당사자간의 공법상 계약관계에 관한 다툼의 경우에는 처분성이 인정되지 아니하므로 항고소송이 아니라 공법상 당사자소송에 의하여야 한다고 판시하고 있다. 행정소송규칙 제19조 제4호의 공법상 계약에 따른 권리·의무의 확인 또는 이행청구 소송이 이에 해당한다.

> **관련판례**
>
> 1. **서울특별시립무용단 단원의 위촉은 공법상 계약이고, 그 단원의 해촉에 대하여는 당사자소송으로 다툴 수 있다[대법원 1995.12.22., 95누4636].**
>   지방자치법 제9조 제2항 제5호 (라)목 및 (마)목 등의 규정에 의하면, 서울특별시립무용단원의 공연 등 활동은 지방문화 및 예술을 진흥시키고자 하는 서울특별시의 공공적 업무수행의 일환으로 이루어진다고 해석될 뿐 아니라, 단원으로 위촉되기 위하여는 일정한 능력요건과 자격요건을 요하고, 계속적인 재위촉이 사실상 보장되며, 공무원연금법에 따른 연금을 지급받고, 단원의 복무규율이 정해져 있으며, 정년제가 인정되고, 일정한 해촉사유가 있는 경우에만 해촉되는 등 서울특별시립무용단원이 가지는 지위가 공무원과 유사한 것이라면, 서울특별시립무용단 단원의 위촉은 공법상의 계약이라고 할 것이고, 따라서 그 단원의 해촉에 대하여는 공법상의 당사자소송으로 그 무효확인을 청구할 수 있다.
>
> 2. **전문직공무원인 공중보건의사의 채용계약의 해지는 당사자소송으로 다툴 수 있다[대법원 1996.5.31., 95누10617].**
>   전문직공무원인 공중보건의사의 채용계약의 해지가 관할 도지사의 일방적인 의사표시에 의하여 그 신분을 박탈하는 불이익처분이라고 하여 곧바로 그 의사표시가 관할 도지사가 행정청으로서 공권력을 행사하여 행하는 행정처분이라고 단정할 수는 없고, 공무원 및 공중보건의사에 관한 현행 실정법이 공중보건의사의 근무관계에 관하여 구체적으로 어떻게 규정하고 있는가에 따라 그 의사표시가 항고소송의 대상이 되는 처분 등에 해당하는 것인지의 여부를 개별적으로 판단하여야 할 것인바, 농어촌등보건의료를위한특별조치법 제2조, 제3조, 제5조, 제9조, 제26조와 같은법시행령 제3조, 제17조, 전문직공무원규정 제5조 제1항, 제7조 및 국가공무원법 제2조 제3항 제3호, 제4항 등 관계 법령의 규정내용에 미루어 보면 현행 실정법이 전문직공무원인 공중보건의사의 채용계약 해지의 의사표시는 일반공무원에 대한 징계처분과는 달라서 항고소송의 대상이 되는 처분 등의 성격을 가진 것으로 인정되지 아니하고, 일정한 사유가 있을 때에 관할 도지사가 채용계약 관계의 한쪽 당사자로서 대등한 지위에서 행하는 의사표시로 취급하고 있는 것으로 이해되므로, 공중보건의사 채용계약 해지의 의사표시에 대하여는 대등한 당사자간의 소송형식인 공법상의 당사자소송으로 그 의사표시의 무효확인을 청구할 수 있는 것이지, 이를 항고소송의 대상이 되는 행정처분이라는 전제하에서 그 취소를 구하는 항고소송을 제기할 수는 없다.
>
> 3. **광주광역시문화예술관장의 단원위촉은 행정처분이 아니라 공법상 근로계약에 해당한다[대법원 2001.12.11., 2001두7794].**
>   지방자치법 제9조 제2항 제5호 (라)목 및 (마)목 등의 규정에 의하면, 광주광역시립합창단의 활동은 지방문화 및 예술을 진흥시키고자 하는 광주광역시의 공공적 업무수행의 일환으로 이루어진다고 해석될 뿐 아니라, 그 단원으로 위촉되기 위하여는 공개전형을 거쳐야 하고 지방공무원법 제31조의 규정에 해당하는 자

는 단원의 직에서 해촉될 수 있는 등 단원은 일정한 능력요건과 자격요건을 갖추어야 하며, 상임단원은 일반공무원에 준하여 매일 상근하고 단원의 복무규율이 정하여져 있으며, 일정한 해촉사유가 있는 경우에만 해촉되고, 단원의 보수에 대하여 지방공무원의 보수에 관한 규정을 준용하는 점 등에서는 단원의 지위가 지방공무원과 유사한 면이 있으나, 한편 단원의 위촉기간이 정하여져 있고 재위촉이 보장되지 아니하며, 단원에 대하여는 지방공무원의 보수에 관한 규정을 준용하는 이외에는 지방공무원법 기타 관계 법령상의 지방공무원의 자격, 임용, 복무, 신분보장, 권익의 보장, 징계 기타 불이익처분에 대한 행정심판 등의 불복절차에 관한 규정이 준용되지도 아니하는 점 등을 종합하여 보면, 광주광역시문화예술회관장의 단원 위촉은 광주광역시문화예술회관장이 행정청으로서 공권력을 행사하여 행하는 행정처분이 아니라 공법상의 근무관계의 설정을 목적으로 하여 광주광역시와 단원이 되고자 하는 자 사이에 대등한 지위에서 의사가 합치되어 성립하는 공법상 근로계약에 해당한다고 보아야 할 것이므로, 광주광역시립합창단원으로서 위촉기간이 만료되는 자들의 재위촉 신청에 대하여 광주광역시문화예술회관장이 실기와 근무성적에 대한 평정을 실시하여 재위촉을 하지 아니한 것을 항고소송의 대상이 되는 불합격처분이라고 할 수는 없다.

나. 공법상의 신분·지위 등의 확인소송

공정력이 있는 행정행위는 취소될 때까지 그 효력을 부인할 수 없다. 따라서 단순위법의 하자 있는 파면처분을 받은 공무원은 파면처분취소소송을 제기하여야 하고, 바로 당사자소송으로 공무원지위확인소송을 제기할 수는 없다. 행정소송규칙 제19조 제2호 바목의 공법상 신분·지위의 확인이나 동조 제3호 처분에 이르는 절차적 요건의 존부나 효력에 관한 소송으로 도시정비법상 각종 인가 이전 조합설립변경·사업시행계획·관리처분계획에 대한 총회결의의 효력을 다투는 소송이 이에 해당한다.

관련판례

1. **구 재개발조합을 상대로 조합원자격유무에 관한 확인을 구하는 소송은 당사자소송으로 다투어야 한다[대법원 1996. 2.15., 94다31235].**
구 도시재개발법에 의한 재개발조합은 조합원에 대한 법률관계에서 적어도 특수한 존립목적을 부여받은 특수한 행정주체로서 국가의 감독하에 그 존립 목적인 특정한 공공사무를 행하고 있다고 볼 수 있는 범위 내에서는 공법상의 권리의무 관계에 서 있다. 따라서 조합을 상대로 한 쟁송에 있어서 강제가입제를 특색으로 한 조합원의 자격 인정 여부에 관하여 다툼이 있는 경우에는 그 단계에서는 아직 조합의 어떠한 처분 등이 개입될 여지는 없으므로 공법상의 당사자소송에 의하여 그 조합원 자격의 확인을 구할 수 있고, 한편 분양신청 후에 정하여진 관리처분계획의 내용에 관하여 다툼이 있는 경우에는 그 관리처분계획은 토지등의 소유자에게 구체적이고 결정적인 영향을 미치는 것으로서 조합이 행한 처분에 해당하므로 항고소송에 의하여 관리처분계획 또는 그 내용인 분양거부처분 등의 취소를 구할 수 있으나, 설령 조합원의 자격이 인정된다 하더라도 분양신청을 하지 아니하거나 분양을 희망하지 아니할 때에는 금전으로 청산하게 되므로(같은 법 제44조), 대지 또는 건축시설에 대한 수분양권의 취득을 희망하는 토지 등의 소유자가 한 분양신청에 대하여 조합이 분양대상자가 아니라고 하여 관리처분계획에 의하여 이를 제외시키거나 원하는 내용의 분양대상자로 결정하지 아니한 경우, 토지 등의 소유자에게 원하는 내용의 구체적인 수분양권이 직접 발생한 것이라고는 볼 수 없어서 곧바로 조합을 상대로 하여 민사소송이나 공법상 당사자소송으로 수분양권의 확인을 구하는 것은 허용될 수 없다.

2. 행정주체인 주택재건축정비사업조합을 상대로 관리처분계획안에 대한 조합총회결의의 효력을 다투는 소송은 행정소송법상 당사자소송에 해당한다[대법원 2009.9.17, 2007다2428].

   도시 및 주거환경정비법상 행정주체인 주택재건축정비사업조합을 상대로 관리처분계획안에 대한 조합 총회결의의 효력 등을 다투는 소송은 행정처분에 이르는 절차적 요건의 존부나 효력 유무에 관한 소송으로서 그 소송결과에 따라 행정처분의 위법 여부에 직접 영향을 미치는 공법상 법률관계에 관한 것이므로, 이는 행정소송법상의 당사자소송에 해당한다.

3. 국립의료원 부설주차장에 관한 위탁관리용역운영계약의 실질은 특허에 해당하므로, 국립의료원 부설주차장에 관한 위탁관리용역운영계약과 관련한 가산금지급채무부존재를 소송상 다투는 경우 그 소송형태는 당사자소송으로 하여야 한다[대법원 2006.3.9., 2004다31074].

   [1] 국유재산 등의 관리청이 하는 행정재산의 사용·수익에 대한 허가는 순전히 사경제주체로서 행하는 사법상의 행위가 아니라 관리청이 공권력을 가진 우월적 지위에서 행하는 행정처분으로서 특정인에게 행정재산을 사용할 수 있는 권리를 설정하여 주는 강학상 특허에 해당한다.

   [2] 국유재산 등의 관리청이 하는 행정재산의 사용·수익 허가에 따른 사용료에 대하여는 국유재산법 제25조 제3항의 규정에 의하여 국세징수법 제21조, 제22조가 규정한 가산금과 중가산금을 징수할 수 있다 할 것이고, 위 가산금과 중가산금은 위 사용료가 납부기한까지 납부되지 않은 경우 미납분에 관한 지연이자의 의미로 부과되는 부대세의 일종이다.

   [3] 국립의료원 부설 주차장에 관한 위탁관리용역운영계약의 실질은 행정재산에 대한 국유재산법 제24조 제1항의 사용·수익 허가임을 이유로, 민사소송으로 제기된 위 계약에 따른 가산금지급채무의 부존재 확인청구에 관하여 본안 판단을 한 원심판결을 파기하고, 소를 각하한 사례.

다. 손실보상청구소송

판례는 원칙적으로 손실보상의 원인이 공법적이라도 손실의 내용이 사권(사법상 재산권)이라면 손실보상은 사법적인 것이라고 보아왔다. 다만 최근에는 ① 하천법상 하천구역 편입토지에 대한 손실보상청구권, ②「공익사업을 위한 토지 등의 취득 및 보상에 관한 법률」에 의한 농업손실에 대한 보상청구권, ③ 역시「공익사업을 위한 토지 등의 취득 및 보상에 관한 법률」에 따른 주거이전비보상청구권, ④「공익사업을 위한 토지 등의 취득 및 보상에 관한 법률」에 따른 사업폐지 등에 대한 손실보상청구권은 공권으로서 그에 관한 쟁송은 당사자소송에 의하여야 한다고 판시하고 있다. 행정소송규칙 제19조 제1호의 손실보상금에 관한 소송이 이에 해당한다.

> **관련판례**
>
> **1. 원칙적인 입장 – 민사소송(대법원 1996.7.26, 94누13848)**
>
> 내수면어업개발촉진법 제16조에 의하여 준용되는 수산업법 제81조 제1항 제1호는 같은 법 제34조 제1항 제1호 내지 제5호의 소정의 공익상 필요에 의한 사유로 인하여 면허어업을 제한하는 등의 처분을 받았거나 어업면허 유효기간의 연장이 허가되지 아니함으로써 손실을 입은 자는 행정관청에 대하여 보상을 청구할 수 있다고 규정하고 있는바, 이러한 어업면허에 대한 처분 등이 행정처분에 해당된다 하여도 이로 인한 손실은 사법상의 권리인 어업권에 대한 손실을 본질적 내용으로 하고 있는 것으로서 그 보상청구권은 공법상

의 권리가 아니라 사법상의 권리이고, 따라서 같은 법 제81조 제1항 제1호 소정의 요건에 해당한다고 하여 보상을 청구하려는 자는 행정관청이 그 보상청구를 거부하거나 보상금액을 결정한 경우라도 이에 대한 행정소송을 제기할 것이 아니라 면허어업에 대한 처분을 한 행정관청(또는 그 처분을 요청한 행정관청)이 속한 권리주체인 지방자치단체 또는 국가를 상대로 민사소송으로 직접 손실보상금 지급청구를 하여야 한다.

2. 공법상 권리로 인정되는 경우 – 당사자소송

가. 구 하천법상 하천구역 편입토지 보상에 대한 손실보상청구권의 법적 성질은 공법상 권리로서 이에 따른 손실보상금의 지급을 구하거나 손실보상청구권의 확인을 구하는 소송은 당사자소송이다(대법원 2006.5.18, 2004다6207).

[1] 법률 제3782호 하천법 중 개정법률(이하 '개정 하천법'이라 한다)은 그 부칙 제2조 제1항에서 개정 하천법의 시행일인 1984.12.31. 전에 유수지에 해당되어 하천구역으로 된 토지 및 구 하천법의 시행으로 국유로 된 제외지 안의 토지에 대하여는 관리청이 그 손실을 보상하도록 규정하였고, '법률 제3782호 하천법 중 개정법률 부칙 제2조의 규정에 의한 보상청구권의 소멸시효가 만료된 하천구역 편입토지 보상에 관한 특별조치법' 제2조는 개정 하천법 부칙 제2조 제1항에 해당하는 토지로서 개정 하천법 부칙 제2조 제2항에서 규정하고 있는 소멸시효의 만료로 보상청구권이 소멸되어 보상을 받지 못한 토지에 대하여는 시·도지사가 그 손실을 보상하도록 규정하고 있는바, 위 각 규정들에 의한 손실보상청구권은 모두 종전의 하천법 규정 자체에 의하여 하천구역으로 편입되어 국유로 되었으나 그에 대한 보상규정이 없었거나 보상청구권이 시효로 소멸되어 보상을 받지 못한 토지들에 대하여, 국가가 반성적 고려와 국민의 권리구제 차원에서 그 손실을 보상하기 위하여 규정한 것으로서, 그 법적 성질은 하천법 본칙(本則)이 원래부터 규정하고 있던 하천구역에의 편입에 의한 손실보상청구권과 하등 다를 바 없는 것이어서 공법상의 권리임이 분명하므로 그에 관한 쟁송도 행정소송절차에 의하여야 한다.

[2] 하천법 부칙 제2조와 '법률 제3782호 하천법 중 개정법률 부칙 제2조의 규정에 의한 보상청구권의 소멸시효가 만료된 하천구역 편입토지 보상에 관한 특별조치법' 제2조, 제6조의 각 규정들을 종합하면, 위 규정들에 의한 손실보상청구권은 1984.12.31. 전에 토지가 하천구역으로 된 경우에는 당연히 발생되는 것이지, 관리청의 보상금지급결정에 의하여 비로소 발생하는 것은 아니므로, 위 규정들에 의한 손실보상금의 지급을 구하거나 손실보상청구권의 확인을 구하는 소송은 행정소송법 제3조 제2호 소정의 당사자소송에 의하여야 한다.

나. 토지보상법에 의한 농업손실에 대한 보상청구권은 행정쟁송절차(당사자소송)에 의하여야 한다[대법원 2011.10.13., 2009다43461].

구 공익사업을 위한 토지 등의 취득 및 보상에 관한 법률 제77조 제2항은 "농업의 손실에 대하여는 농지의 단위면적당 소득 등을 참작하여 보상하여야 한다."고 규정하고, 같은 조 제4항은 "제1항 내지 제3항의 규정에 의한 보상액의 구체적인 산정 및 평가방법과 보상기준은 건설교통부령으로 정한다."고 규정하고 있으며, 이에 따라 구 공익사업을 위한 토지 등의 취득 및 보상에 관한 법률 시행규칙은 농업의 손실에 대한 보상(제48조), 축산업의 손실에 대한 평가(제49조), 잠업의 손실에 대한 평가(제50조)에 관하여 규정하고 있다. 위 규정들에 따른 농업손실보상청구권은 공익사업의 시행 등 적법한 공권력의 행사에 의한 재산상의 특별한 희생에 대하여 전체적인 공평부담의 견지에서 공익사업의 주체가 그 손해를 보상하여 주는 손실보상의 일종으로 공법상의 권리임이 분명하므로 그에 관한 쟁송은 민사소송이 아닌 행정소송절차에 의하여야 할 것이다.

다. 공익사업의 시행으로 인하여 이주하는 주거용 건축물의 세입자에게 인정되는 주거이전비 보상청구권은 공법상의 권리이다[대법원 2008.5.29., 2007다8129].

구 공익사업을 위한 토지 등의 취득 및 보상에 관한 법률(2007.10.17. 법률 제8665호로 개정되기 전의 것) 제2조, 제78조에 의하면, 세입자는 사업시행자가 취득 또는 사용할 토지에 관하여 임대차 등에 의한 권리를 가진 관계인으로서, 같은 법 시행규칙 제54조 제2항 본문에 해당하는 경우에는 주거이전에 필요한 비용을 보상받을 권리가 있다. 그런데 이러한 주거이전비는 당해 공익사업 시행지구 안에 거주하는 세입자들의 조기이주를 장려하여 사업추진을 원활하게 하려는 정책적인 목적과 주거이전으로 인하여 특별한 어려움을 겪게 될 세입자들을 대상으로 하는 사회보장적인 차원에서 지급되는 금원의 성격을 가지므로, 적법하게 시행된 공익사업으로 인하여 이주하게 된 주거용 건축물 세입자의 주거이전비 보상청구권은 공법상의 권리이고, 따라서 그 보상을 둘러싼 쟁송은 민사소송이 아니라 공법상의 법률관계를 대상으로 하는 행정소송에 의하여야 한다.

라. 토지보상법에 따른 사업폐지 등에 대한 보상청구권은 행정쟁송절차에 의하여야 한다[대법원 2012.10.11, 선고, 2010다23210, 판결].

구 공익사업을 위한 토지 등의 취득 및 보상에 관한 법률제79조 제2항, 공익사업을 위한 토지 등의 취득 및 보상에 관한 법률 시행규칙 제57조에 따른 사업폐지 등에 대한 보상청구권은 공익사업의 시행 등 적법한 공권력의 행사에 의한 재산상 특별한 희생에 대하여 전체적인 공평부담의 견지에서 공익사업의 주체가 손해를 보상하여 주는 손실보상의 일종으로 공법상 권리임이 분명하므로 그에 관한 쟁송은 민사소송이 아닌 행정소송절차에 의하여야 한다.

라. 공법상 금전지급청구소송

(1) 사회보장적 급부의 성격을 지니고 있는 경우

판례는 ① 공법상 부당이득반환청구, 국가배상청구, 손실보상청구의 경우에는 원칙적으로 민사소송으로 취급하지만, ② 사회보장적 성격을 가지는 금전지급청구의 경우에는 당사자소송의 대상으로 판단하고 있다. 행정소송규칙 제19조 제2호의 그 존부 또는 범위가 구체적으로 확정된 공법상 법률관계 그 자체에 관한 소송으로 석탄사업법상 재해위로금 지급청구 등이 이에 해당한다.

> **관련판례**
>
> 석탄가격안정지원금청구소송은 공법상 당사자소송에 해당한다(대법원 1997.5.30, 95다28960).
> 석탄가격안정지원금은 석탄의 수요 감소와 열악한 사업환경 등으로 점차 경영이 어려워지고 있는 석탄광업의 안정 및 육성을 위하여 국가정책적 차원에서 지급하는 지원비의 성격을 갖는 것이고, 석탄광업자가 석탄산업합리화사업단에 대하여 가지는 이와 같은 지원금지급청구권은 석탄사업법령에 의하여 정책적으로 당연히 부여되는 공법상의 권리이므로, 석탄광업자가 석탄산업합리화사업단을 상대로 석탄산업법령 및 석탄가격안정지원금 지급요령에 의하여 지원금의 지급을 구하는 소송은 공법상의 법률관계에 관한 소송인 공법상의 당사자소송에 해당한다.

(2) 공법관계에서 금전지급신청이 거부된 경우

공법관계에서 금전지급신청이 거부된 경우에 당사자소송으로 다투어야 하는지 아니면 항고소송으로서 거부처분취소소송을 제기하여야 하는지가 문제된다. 판례는 ① 법령에서 바로 청구권이 발생하는 경우는 공법상 당사자소송으로 보지만, ② 당사자의 신청과 이에 대한 행정청의 심사를 거치는 경우에는 그에 따른 결정은 처분에 해당하기 때문에 거부처분취소소송을 제기하여야 한다고 보고 있다. ③ 한편 행정청이 급여신청에 대해 인용결정을 하고서도 지급을 하지 않는 경우에는 별도의 거부처분이 존재하는 것은 아니므로 취소소송을 제기할 수는 없고 당사자소송을 제기하여야 한다. 행정소송규칙 제19조 제2호의 그 존부 또는 범위가 구체적으로 확정된 공법상 법률관계 그 자체에 관한 소송으로 공무원의 보수·퇴직금·연금등 지급청구, 납세의무 존부의 확인, 5·18 민주운동 보상금 등 지급 청구 등이 이에 해당한다.

관련판례

1. 법령에서 바로 청구권이 발생하는 경우 – 당사자소송

가. 공무원연금법령의 개정 등으로 퇴직연금 중 일부 금액의 지급이 정지된 경우[대법원 2004.7.8., 2004두244]
구 공무원연금법 소정의 퇴직연금 등의 급여는 급여를 받을 권리를 가진 자가 당해 공무원이 소속하였던 기관장의 확인을 얻어 신청하는 바에 따라 공무원연금관리공단이 그 지급결정을 함으로써 그 구체적인 권리가 발생하는 것이므로, 공무원연금관리공단의 급여에 관한 결정은 국민의 권리에 직접 영향을 미치는 것이어서 행정처분에 해당할 것이지만, <u>공무원연금관리공단의 인정에 의하여 퇴직연금을 지급받아 오던 중 구 공무원연금법령의 개정 등으로 퇴직연금 중 일부 금액의 지급이 정지된 경우에는 당연히 개정된 법령에 따라 퇴직연금이 확정되는 것이지</u> 같은 법 제26조 제1항에 정해진 공무원연금관리공단의 퇴직연금 결정과 통지에 의하여 비로소 그 금액이 확정되는 것이 아니므로, 공무원연금관리공단이 퇴직연금 중 일부 금액에 대하여 지급거부의 의사표시를 하였다고 하더라도 그 의사표시는 퇴직연금 청구권을 형성·확정하는 행정처분이 아니라 공법상의 법률관계의 한쪽 당사자로서 그 지급의무의 존부 및 범위에 관하여 나름대로의 사실상·법률상 의견을 밝힌 것일 뿐이어서, 이를 행정처분이라고 볼 수는 없고, 이 경우 미지급퇴직연금에 대한 지급청구권은 공법상 권리로서 <u>그의 지급을 구하는 소송은 공법상의 법률관계에 관한 소송인 공법상 당사자소송에 해당한다.</u>

나. 법령의 개정에 따라 국방부장관이 퇴역연금액 감액조치를 한 경우[대법원 2003.9.5., 2002두3522]
국방부장관의 인정에 의하여 퇴역연금을 지급받아 오던 중 군인보수법 및 공무원보수규정에 의한 호봉이나 봉급액의 개정 등으로 퇴역연금액이 변경된 경우에는 법령의 개정에 따라 당연히 개정규정에 따른 퇴역연금액이 확정되는 것이지 구 군인연금법 제18조 제1항 및 제2항에 정해진 국방부장관의 퇴역연금액 결정과 통지에 의하여 비로소 그 금액이 확정되는 것이 아니므로, 법령의 개정에 따른 국방부장관의 퇴역연금액 감액조치에 대하여 이의가 있는 퇴역연금수급권자는 항고소송을 제기하는 방법으로 감액조치의 효력을 다툴 것이 아니라 <u>직접 국가를 상대로 정당한 퇴역연금액과 결정, 통지된 퇴역연금액과의 차액의 지급을 구하는 공법상 당사자소송을 제기하는 방법으로 다툴 수 있다</u> 할 것이고, 같은 법 제5조 제1항에 그 법에 의한 급여에 관하여 이의가 있는 자는 군인연금급여재심위원회에 그 심사를 청구할 수 있다는 규정이 있다 하여 달리 볼 것은 아니다.

다. 명예퇴직한 법관이 명예퇴직수당규칙을 근거로 미지급 명예퇴직수당의 지급을 구하는 경우[대법원 2016. 5. 24. 선고 2013두14863 판결]
명예퇴직수당 지급대상자의 결정과 수당액 산정 등에 관한 구 국가공무원법 제74조의2 제1항, 제4항, 구 법관 및 법원공무원 명예퇴직수당 등 지급규칙(2011. 1. 31. 대법원규칙 제2320호로 개정되기 전의 것, 이하 '명예퇴직수당규칙'이라 한다) 제3조 제1항, 제2항, 제7조, 제4조 [별표 1]의 내용과 취지 등에 비추어 보면, 명예퇴직수당은 명예퇴직수당 지급신청자 중에서 일정한 심사를 거쳐 피고가 명예퇴직수당 지급대상자로 결정한 경우에 비로소 지급될 수 있지만, 명예퇴직수당 지급대상자로 결정된 법관에 대하여 지급할 수당액은 명예퇴직수당규칙 제4조 [별표 1]에 산정 기준이 정해져 있으므로, 위 법관은 위 규정에서 정한 정당한 산정 기준에 따라 산정된 명예퇴직수당액을 수령할 구체적인 권리를 가진다. 따라서 위 법관이 이미 수령한 수당액이 위 규정에서 정한 정당한 명예퇴직수당액에 미치지 못한다고 주장하며 차액의 지급을 신청함에 대하여 법원행정처장이 거부하는 의사를 표시했더라도, 그 의사표시는 명예퇴직수당액을 형성·확정하는 행정처분이 아니라 공법상의 법률관계의 한쪽 당사자로서 지급의무의 존부 및 범위에 관하여 자신의 의견을 밝힌 것에 불과하므로 행정처분으로 볼 수 없다. 결국 명예퇴직한 법관이 미지급 명예퇴직수당액에 대하여 가지는 권리는 명예퇴직수당 지급대상자 결정 절차를 거쳐 명예퇴직수당규칙에 의하여 확정된 공법상 법률관계에 관한 권리로서, 그 지급을 구하는 소송은 행정소송법의 당사자소송에 해당하며, 그 법률관계의 당사자인 국가를 상대로 제기하여야 한다.

라. 광주민주화운동 관련 보상금지급에 관한 권리는 보상심의위원회의 결정에 의하여 발생하는 것이 아니라 법에 의해 이미 확정된 권리이므로 당사자소송을 제기해야 한다[대법원 1992.12.24., 92누3335].

법률 제15조 본문의 규정에서 말하는 보상심의위원회의 결정을 거치는 것은 보상금 지급에 관한 소송을 제기하기 위한 전치요건에 불과하다고 할 것이므로 위 보상심의위원회의 결정은 항고소송의 대상이 되는 행정처분이라고 할 수 없다. 그렇다면 위 법에 따라 보상금 등의 지급을 신청한 자는 보상심의위원회의 결정에 대하여 그 위법을 이유로 취소 등을 구하는 항고소송을 제기할 수는 없다고 할 것이므로 위 보상금지급에 관한 소송은 항고소송 이외의 소송형태가 될 수밖에 없다 할 것인바, 광주보상법에 의거하여 관련자 및 그 유족들이 갖게 되는 보상 등에 관한 권리는 헌법 제23조 제3항에 따른 재산권침해에 대한 손실보상청구나 국가배상법에 따른 손해배상청구와는 그 성질을 달리하는 것으로서 동법이 특별히 인정하고 있는 공법상의 권리라고 하여야 할 것이므로 그에 관한 소송은 행정소송법 제3조 제2호 소정의 당사자소송에 의하여야 할 것이다.

2. 당사자의 신청과 이에 대한 행정청의 심사를 거치는 경우 – 항고소송

가. 민주화운동관련자 명예회복 및 보상에 관한 법률에 따른 보상금지급에 관한 권리[대법원 2008.4.17.2005두16185]

'민주화운동관련자 명예회복 및 보상 등에 관한 법률' 제2조 제1호, 제2호 본문, 제4조, 제10조, 제11조, 제13조 규정들의 취지와 내용에 비추어 보면, 같은 법 제2조 제2호 각 목은 민주화운동과 관련한 피해 유형을 추상적으로 규정한 것에 불과하여 제2조 제1호에서 정의하고 있는 민주화운동의 내용을 함께 고려하더라도 그 규정들만으로는 바로 법상의 보상금 등의 지급 대상자가 확정된다고 볼 수 없고, '민주화운동관련자 명예회복 및 보상 심의위원회'에서 심의·결정을 받아야만 비로소 보상금 등의 지급 대상자로 확정될 수 있다. 따라서 그와 같은 심의위원회의 결정은 국민의 권리의무에 직접 영향을 미치는 행정처분에 해당하므로, 관련자 등으로서 보상금 등을 지급받고자 하는 신청에 대하여 심의위원회가 관련자 해당 요건의 전부 또는 일부를 인정하지 아니하여 보상금 등의 지급을 기각하는 결정을 한 경우에는 신청인은 심의위원회를 상대로 그 결정의 취소를 구하는 소송을 제기하여 보상금 등의 지급대상자가 될 수 있다.

나. 특수임무수행자(북파공작원)의 보상금지급에 관한 권리[대법원 2008.12.11., 2008두6554]

특수임무와 관련하여 국가를 위하여 특별한 희생을 한 특수임무수행자와 그 유족에 대하여 필요한 보상을 함으로써 특수임무수행자와 그 유족의 생활안정을 도모하고 국민화합에 이바지함을 목적으로 제정된 구 특수임무수행자 보상에 관한 법률(2006.9.22. 법률 제7978호로 개정되기 전) 및 구 시행령(2007.5.2. 대통령령 제20041호로 개정되기 전의 것)의 각 규정 취지와 내용에 비추어 보면, 같은 법 제2조, 같은 법 시행령 제2조, 제3조, 제4조 등의 규정들만으로는 바로 법상의 보상금 등의 지급대상자가 확정된다고 볼 수 없고, 특수임무수행자보상심의위원회의 심의·의결을 거쳐 특수임무수행자로 인정되어야만 비로소 보상금 등의 지급대상자로 확정될 수 있다. 따라서 그와 같은 위원회의 결정은 행정소송법 제2조 제1항 제1호에 규정된 처분에 해당하므로, 특수임무수행자 및 그 유족으로서 보상금 등을 지급받고자 하는 자의 신청에 대하여 위원회가 특수임무수행자에 해당하지 않는다는 이유로 이를 기각하는 결정을 한 경우, 신청인은 위원회를 상대로 그 결정의 취소를 구하는 소송을 제기하여 보상금 등의 지급대상자가 될 수 있다. 이와 달리 신청인이 국가를 상대로 직접 보상금 등의 지급을 구하는 소는 부적법하다.

다. 진료기관의 보호기관에 대한 진료비지급청구권[대법원 1999.11.26., 97다42250]

진료기관의 보호기관에 대한 진료비지급청구권은 계약 등의 법률관계에 의하여 발생하는 사법상의 권리가 아니라 법에 의하여 정책적으로 특별히 인정되는 공법상의 권리라고 할 것이고, 법령의 요건에 해당하는 것만으로 바로 구체적인 진료비지급청구권이 발생하는 것이 아니라 보호기관의 심사결정에 의하여 비로소 구체적인 청구권이 발생한다고 할 것이므로, 진료기관은 법령이 규정한 요건에 해당하여 진료비를 지급받을 추상적인 권리가 있다 하더라도 진료기관의 보호비용 청구에 대하여 보호기관이 심사 결과 지급을 거부한 경우에는 곧바로 민사소송은 물론 공법상 당사자소송으로도 지급 청구를 할 수는 없고, 지급거부 결정의 취소를 구하는 항고소송을 제기하는 방법으로 구제받을 수밖에 없다.

라. 공무원연금 지급거부결정에 대한 불복청구[대법원 1996. 12. 6, 96누6417]

구 공무원연금법 제26조 제1항, 제80조 제1항, 공무원연금법시행령 제19조의2의 각 규정을 종합하면, 같은 법 소정의 급여는 급여를 받을 권리를 가진 자가 당해 공무원이 소속하였던 기관장의 확인을 얻어 신청하는 바에 따라 공무원연금관리공단이 그 지급결정을 함으로써 그 구체적인 권리가 발생하는 것이므로, 공무원연금관리공단의 급여에 관한 결정은 국민의 권리에 직접 영향을 미치는 것이어서 행정처분에 해당하고, 공무원연금관리공단의 급여결정에 불복하는 자는 공무원연금급여재심위원회의 심사결정을 거쳐 공무원연금관리공단의 급여결정을 대상으로 행정소송을 제기하여야 한다.

마. 군인연금법에 의한 사망보상금 등의 급여지급거부결정에 대한 불복청구(대판 2021.12.16, 선고 2019두45944).

구 군인연금법에 의한 사망보상금 등의 급여를 받을 권리는 법령의 규정에 따라 직접 발생하는 것이 아니라 급여를 받으려고 하는 사람이 소속하였던 군의 참모총장의 확인을 얻어 청구함에 따라 국방부장관 등이 지급결정을 함으로써 구체적인 권리가 발생한다. 국방부장관 등이 하는 급여지급결정은 단순히 급여수급 대상자를 확인·결정하는 것에 그치는 것이 아니라 구체적인 급여수급액을 확인·결정하는 것까지 포함한다. 구 군인연금법령상 급여를 받으려고 하는 사람은 우선 관계 법령에 따라 국방부장관 등에게 급여지급을 청구하여 국방부장관 등이 이를 거부하거나 일부 금액만 인정하는 급여지급결정을 하는 경우 그 결정을 대상으로 항고소송을 제기하는 등으로 구체적 권리를 인정받은 다음 비로소 당사자소송으로 그 급여의 지급을 구해야 한다. 이러한 구체적인 권리가 발생하지 않은 상태에서 곧바로 국가를 상대로 한 당사자소송으로 급여의 지급을 소구하는 것은 허용되지 않는다.

공법상의 금전지급청구소송 판단기준

행정청의 결정에 의해 금전채권이 확정되는 경우	항고소송
법령에 의해 금전채권이 확정되는 경우	당사자소송

제3관 형식적 당사자소송

1. 의의

형식적 당사자소송이란 실질적으로는 행정청의 처분 등을 다투는 것이나, 형식적으로는 처분 등의 효력을 다투지도 않고, 처분청을 피고로 하지도 않고, 그 대신 처분 등으로 인해 형성된 법률관계를 다투기 위해 관련법률관계의 일방당사자를 피고로 하여 제기하는 소송을 말한다.

2. 실정법상의 예

① 토지보상법상 보상금증감소송

형식적 당사자소송의 예로는 공익사업을 위한 토지 등의 취득 및 보상에 관한 법률(이하 토지보상법)상의 보상금증감소송을 들 수 있다. 「보상금증감소송」은 원고가 토지소유자 또는 관계인인 때에는 사업시행자를, 원고가 사업시행자인 때에는 토지소유자 또는 관계인을 각각 피고로 소송을 제기하는 것이기는 하나 실제로는 합의제행정청인 토지보상위원회의 재결인 처분을 다투는 의미를 가지기 때문이다. 행정소송규칙 제19조 제1호 나목의 토지보상법상 보상금증감 소송이 이에 해당한다.

> **제85조(행정소송의 제기)** ① 사업시행자, 토지소유자 또는 관계인은 제34조에 따른 재결에 불복할 때에는 재결서를 받은 날부터 60일 이내에, 이의신청을 거쳤을 때에는 이의신청에 대한 재결서를 받은 날부터 30일 이내에 각각 행정소송을 제기할 수 있다. 이 경우 사업시행자는 행정소송을 제기하기 전에 제84조에 따라 늘어난 보상금을 공탁하여야 하며, 보상금을 받을 자는 공탁된 보상금을 소송이 종결될 때까지 수령할 수 없다.
> ② 제1항에 따라 제기하려는 행정소송이 보상금의 증감(增減)에 관한 소송인 경우 그 소송을 제기하는 자가 토지소유자 또는 관계인일 때에는 사업시행자를, 사업시행자일 때에는 토지소유자 또는 관계인을 각각 피고로 한다.

② 특허관련 보상금청구소송

특허법 제191조는 보상금 등에 대한 불복의 소에 있어서는 행정청인 특허청장이 아니라 보상금을 지급하여야 하는 중앙행정기관의 장·특허권자 등을 피고로 하여야 한다고 규정하여 형식적 당사자소송을 인정하고 있다. 실용신안법 및 디자인법에서도 특허법의 규정을 준용하여 형식적 당사자소송을 인정하고 있다.

제4관 당사자소송의 소송요건 등

1. 당사자

가. 원고적격

행정소송법에는 당사자소송의 원고적격과 소의 이익에 관한 규정이 없으나, 동법 제8조 제2항에 의하여 「민사소송법」의 원고적격과 소의 이익에 관한 규정이 당사자소송에 준용된다. 민사소송법상 원고적격자는 「권리보호의 이익이 있는 자」이다. 따라서 공법상의 법률관계에 있어서 권리보호의 이익 및 권리보호의 필요를 가지는 자는 누구나 원고가 될 수 있다.

나. 협의의 소의 이익

(1) 다른 소송과 마찬가지로 당사자소송의 경우에도 승소판결을 통해 원고의 권익이 구제될 수 없는 경우에는 협의의 소의 이익이 인정되지 않는다.

(2) 대법원은 일반직 공무원과는 달리 계약직 공무원의 경우에는 일단 임기가 만료되고 나면 계약해지의 효력을 다툴 이익을 인정하지 않는다. ① 일반직 공무원의 경우에는 해임처분취소소송 계속 중에 임기가 만료한 경우에도 미지급 보수의 지급청구권을 근거로 소의 이익을 인정한다. ② 반면 계약직 공무원의 경우 계약해지의 효력을 다투는 당사자소송을 진행하던 중 계약기간이 만료되면 소의 이익이 흠결되었다고 보아 당해 소송은 각하된다.

> **관련판례**
>
> 일반직공무원과는 달리 계약직공무원의 경우에는 일단 임기가 만료되고 나면 계약해지의 효력을 다툴 협의의 소의 이익이 부정된다[대법원 2002.11.26, 2002두1496].
>
> 지방자치단체와 채용계약에 의하여 채용된 계약직공무원이 그 계약기간 만료 이전에 채용계약 해지 등의 불이익을 받은 후 그 계약기간이 만료된 때에는 그 채용계약 해지의 의사표시가 무효라고 하더라도, 지방공무원법이나 지방계약직공무원규정 등에서 계약기간이 만료되는 계약직공무원에 대한 재계약의무를 부여하는 근거규정이 없으므로 계약기간의 만료로 당연히 계약직공무원의 신분을 상실하고 계약직공무원의 신분을 회복할 수 없는 것이므로, 그 해지의사표시의 무효확인청구는 과거의 법률관계의 확인청구에 지나지 않는다 할 것이고, 한편 과거의 법률관계라 할지라도 현재의 권리 또는 법률상 지위에 영향을 미치고 있고 현재의 권리 또는 법률상 지위에 대한 위험이나 불안을 제거하기 위하여 그 법률관계에 관한 확인판결을 받는 것이 유효 적절한 수단이라고 인정될 때에는 그 법률관계의 확인소송은 즉시확정의 이익이 있다고 보아야 할 것이나, 계약직공무원에 대한 채용계약이 해지된 경우에는 공무원 등으로 임용되는 데에 있어서 법령상의 아무런 제약사유가 되지 않을 뿐만 아니라, 계약기간 만료 전에 채용계약이 해지된 전력이 있는 사람이 공무원 등으로 임용되는 데에 있어서 그러한 전력이 없는 사람보다 사실상 불이익한 장애사유로 작용한다고 하더라도 그것만으로는 <u>법률상의 이익이 침해되었다고 볼 수는 없으므로 그 무효확인을 구할 이익이 없다.</u>

다. 피고적격

국가 또는 공공단체 그밖의 권리주체(예컨대 공무수탁사인)를 피고로 한다. 국가가 피고가 되는 때에는 「국가를 당사자로 하는 소송에 관한 법률」에 따라 법무부장관이 국가를 대표하고(제1조), 지방자치단체가 피고가 되는 때에는 당해 지방자치단체의 장이 대표한다(지방자치법 제101조).

> **제39조(피고적격)** 당사자소송은 국가·공공단체 그 밖의 권리주체를 피고로 한다.

2. 재판관할

제1심 관할법원은 항고소송의 경우와 마찬가지로 피고의 소재지를 관할하는 행정법원이 된다. 다만, 국가 또는 공공단체가 피고인 경우에는 관계행정청의 소재지를 피고의 소재지로 본다(행정소송법 제40조).

3. 제소기간

취소소송에서의 제소기간은 당사자소송에는 적용되지 않으며, 당사자소송에 관하여 법령에 제소기간이 정하여져 있는 경우에는 그에 의하고, 그 기간은 불변기간으로 한다(행정소송법 제41조).

4. 행정심판전치

당사자소송은 분쟁에 관하여 처음으로 다투는 이른바 시심(始審)적 소송으로서 행정심판전치제도가 적용되지 않는다. 그러나 손실보상청구소송과 관련해서는 개별법에서 이의신청 또는 재심절차 등 전치주의를 규정하고 있다.

제5관 가구제

당사자소송의 경우 항고소송의 집행정지규정이 준용되지 않는다. 집행정지는 "처분"을 그 대상으로 하기 때문이다. 반면 당사자소송의 경우에 민사집행법상 가처분 규정은 준용된다.

> **제44조(준용규정)** ① 제14조 내지 제17조, 제22조, 제25조, 제26조, 제30조제1항, 제32조 및 제33조의 규정은 당사자소송의 경우에 준용한다.
> ② 제10조의 규정은 당사자소송과 관련청구소송이 각각 다른 법원에 계속되고 있는 경우의 이송과 이들 소송의 병합의 경우에 준용한다.
>
> **제23조(집행정지)** ① 취소소송의 제기는 처분등의 효력이나 그 집행 또는 절차의 속행에 영향을 주지 아니한다.

> **관련판례**
>
> 당사자소송에 대해서는 행정소송법상 집행정지규정은 준용되지 않는 반면, 민사집행법상 가처분에 관한 규정은 준용된다[대법원 2015. 8. 21., 자, 2015무26].
>
> 도시 및 주거환경정비법(이하 '도시정비법'이라 한다)상 행정주체인 주택재건축정비사업조합을 상대로 관리처분계획안에 대한 조합 총회결의의 효력을 다투는 소송은 행정처분에 이르는 절차적 요건의 존부나 효력 유무에 관한 소송으로서 소송결과에 따라 행정처분의 위법 여부에 직접 영향을 미치는 공법상 법률관계에 관한 것이므로, 이는 행정소송법상 당사자소송에 해당한다. 그리고 이러한 당사자소송에 대하여는 행정소송법 제23조 제2항의 집행정지에 관한 규정이 준용되지 아니하므로(행정소송법 제44조 제1항 참조), 이를 본안으로 하는 가처분에 대하여는 행정소송법 제8조 제2항에 따라 민사집행법상 가처분에 관한 규정이 준용되어야 한다.

제6관 심리

처분권주의, 변론주의, 직권심리주의, 구술심리주의, 행정심판기록제출명령 등도 당사자소송에 적용된다.

제7관 당사자소송의 판결 등

1. 판결의 효력

가. 기판력

당사자소송의 확정판결은 기판력을 발생하므로 후소법원에서 확정판결의 내용에 저촉되는 법원의 판단 또는 당사자의 주장은 허용되지 않으며, 동시에 동일소송물에 관하여 반복된 제소가 허용되지 않는다.

확정판결의 기판력은 판결의 주문에 포함된 것에 한하며(객관적 범위), 사실심의 변론종결시를 기준으로 발생하며(시간적 범위), 또한 당해 당사자소송의 당사자 및 당사자와 동일시할 수 있는 자에게만(주관적 범위) 미친다. 그러나 취소판결에 인정되는 효력 중 취소판결의 제3자효·재처분의무·간접강제 등은 당사자소송에는 적용되지 않는다.

나. 기속력

취소판결에 있어서 판결의 기속력조항(행정소송법 제30조 제1항)은 당사자소송에 준용된다(동법 제44조). 따라서 당사자소송의 확정판결은 당사자뿐만 아니라 관계행정청을 기속한다.

2. 가집행

가. 가집행의 의의

원고가 1심에서 승소한다 할지라도 피고가 상소하여 재판의 확정이 늦어진다면 승소하고도 집행을 할 수가 없어서 불이익을 받게 된다. 이때 승소자를 위하여 일단 재판이 확정되기 전에도 강제집행에 들어갈 수 있도록 해주는 제도가 가집행이다. 즉, 가집행이란 가집행선고가 있는 미확정의 종국판결에 의하여 행해지는 강제집행을 말한다.

> **관련판례**
>
> (행정주체가 서울특별시인 사안에서) 공법상 당사자소송에서 재산권의 청구를 인용하는 판결을 하는 경우, 가집행선고를 할 수 있다[대법원 2000.11.28., 99두3416].
> 행정소송법 제8조 제2항에 의하면 행정소송에도 민사소송법의 규정이 일반적으로 준용되므로 법원으로서는 공법상 당사자소송에서 재산권의 청구를 인용하는 판결을 하는 경우 가집행선고를 할 수 있다.

나. 가집행의 상대방인 행정주체

과거 행정소송법 제43조에서는 국가에 대한 가집행을 금지하였으나, 최근 헌법재판소는 국가에 대한 가집행을 금지한 행정소송법 제43조는 평등의 원칙에 위배되어 위헌이라고 선고한 바 있다. 따라서 이제는 국가를 포함한 모든 행정주체에 대하여, 당사자소송에서 인용판결 선고시 가집행이 가능하다.

> **관련판례**
>
> 국가를 상대로 하는 당사자소송의 경우에는 가집행선고를 할 수 없다고 규정한 행정소송법 제43조는 평등원칙에 위배된다(헌재 2022. 2. 24. 2020헌가12 전원재판부).
> 심판대상조항은 재산권의 청구에 관한 당사자소송 중에서도 피고가 공공단체 그 밖의 권리주체인 경우와 국가인 경우를 다르게 취급한다. 가집행의 선고는 불필요한 상소권의 남용을 억제하고 신속한 권리실행을 하게 함으로써 국민의 재산권과 신속한 재판을 받을 권리를 보장하기 위한 제도이고, 당사자소송 중에는 사실상 같은 법률조항에 의하여 형성된 공법상 법률관계라도 당사자를 달리 하는 경우가 있다. 동일한 성격인 공법상 금전지급 청구소송임에도 피고가 누구인지에 따라 가집행선고를 할 수 있는지 여부가 달라진다면 상대방 소송 당사자인 원고로 하여금 불합리한 차별을 받도록 하는 결과가 된다. 재산권의 청구가 공법상 법률관계를 전제로 한다는 점만으로 국가를 상대로 하는 당사자소송에서 국가를 우대할 합리적인 이유가 있다고 할 수 없고, 집행가능성 여부에 있어서도 국가와 지방자치단체 등이 실질적인 차이가 있다고 보기 어렵다는 점에서, 심판대상조항은 국가가 당사자소송의 피고인 경우 가집행의 선고를 제한하여, 국가가 아닌 공공단체 그 밖의 권리주체가 피고인 경우에 비하여 합리적인 이유 없이 차별하고 있으므로 평등원칙에 반한다.

제8관 소의 변경 및 관련청구의 이송·병합 등

1. 소의 변경

소의 변경에 관한 행정소송법 제21조는 당사자소송을 항고소송으로 변경하는 경우에도 준용된다(제42조). 따라서 법원은 사실심변론종결시까지 원고의 신청에 의하여 소의 변경을 허가할 수 있다.

2. 관련청구의 이송·병합 등

당사자소송과 이와 관련된 소송이 각각 다른 법원에 계속되어 있는 경우에 법원은 당사자의 신청 또는 직권에 의해서 이를 당사자소송이 계속되어 있는 법원으로 이송할 수 있다. 이 경우 병합된 후에 본래의 당사자소송이 형식적 요건 결여로 각하되는 경우에는 관련청구소송도 각하되어야 한다.

> **관련판례**
>
> 본래의 당사자소송이 부적법하여 각하되는 경우, 병합된 관련청구소송도 소송요건 흠결로 부적법하여 각하되어야 한다[대법원 2011.9.29., 2009두10963].
> [1] 행정소송법 제44조, 제10조에 의한 관련청구소송 병합은 본래의 당사자소송이 적법할 것을 요건으로 하는 것이어서 본래의 당사자소송이 부적법하여 각하되면 그에 병합된 관련청구소송도 소송요건을 흠결하여 부적합하므로 각하되어야 한다.
> [2] 택지개발사업지구 내 비닐하우스에서 화훼소매업을 하던 甲과 乙이 재결절차를 거치지 않고 사업시행자를 상대로 주된 청구인 영업손실보상금 청구에 생활대책대상자 선정 관련청구소송을 병합하여 제기한 사안에서, 영업손실보상금청구의 소가 재결절차를 거치지 않아 부적법하여 각하되는 이상, 이에 병합된 생활대책대상자 선정 관련청구소송 역시 소송요건을 흠결하여 부적법하므로 각하되어야 한다.

취소소송 규정의 타 주관소송에의 준용여부

내 용	무효등확인소송	부작위위법확인소송	당사자소송
재판관할(제9조)	O	O	O
관련청구소송의 이송 및 병합(제10조)	O	O	O
선결문제(제11조)	×	×	×
원고적격(제12조)	×	×	×
피고적격(제13조)	O	O	×
피고경정(제14조)	O	O	O
공동소송(제15조)	O	O	O
제3자의 소송참가(제16조)	O	O	O
행정청의 소송참가(제17조)	O	O	O
행정심판과의 관계(제18조)	×	O	×
취소소송의 대상(제19조)	O	O	×
제소기간(제20조)	×	O (행정심판을 거치는 경우)	×
소의 변경(제21조)	O	O	O
처분변경으로 인한 소의 변경(제22조)	O	×	O
집행정지(제23조)	O	×	×
집행정지의 취소(제24조)	O	×	×
행정심판기록의 제출명령(제25조)	O	O	O
직권심리(제26조)	O	O	O
재량처분의 취소(제27조)	×	O	×
사정판결(제28조)	×	×	×
확정판결의 제3자효(제29조)	O	O	×
판결의 기속력(제30조)	O	O	1항만 준용됨 (2항의 재처분의무는 준용 ×)
제3자에 의한 재심청구(제31조)	O	O	×
사정판결시 소송비용의 부담(제32조)	×	×	×
소송비용에 관한 재판의 효력(제33조)	O	O	O
거부처분취소판결의 간접강제(제34조)	×	O	×

기출문제

01 | 2016 |

행정소송법상 허용되는 행정소송의 종류를 모두 고른 것은? (다툼이 있으면 판례에 따름)

> ㄱ. 과태료부과처분에 대한 취소소송
> ㄴ. 공법상 신분·지위 확인소송
> ㄷ. 거부처분에 대한 가처분소송
> ㄹ. 신청에 따른 처분에 대하여 절차의 위법을 이유로 하는 취소소송
> ㅁ. 행정주체와 사인간의 공법상 계약에 관한 소송
> ㅂ. 행정청의 처분에 대하여 예방적으로 금지를 구하는 소송

① ㄱ, ㄴ, ㅁ   ② ㄱ, ㄹ, ㅁ   ③ ㄴ, ㄷ, ㅂ
④ ㄴ, ㄹ, ㅁ   ⑤ ㄹ, ㅁ, ㅂ

ㄱ. [대법원 1995.7.28, 95누2623판결] 구 건축법 제56조의2 제1, 4, 5항 등에 의하면, 부과된 과태료처분에 대하여 불복이 있는 자는 그 처분이 있음을 안 날로부터 30일 이내에(현재는 60일로 개정) 당해 부과권자에게 이의를 제기할 수 있고, 이러한 이의가 제기된 때에는 부과권자는 지체 없이 관할법원에 그 사실을 통보하여야 하며, 그 통보를 받은 관할법원은 비송사건절차법에 의하여 과태료의 재판을 하도록 규정되어 있어서, 건축법에 의하여 부과된 과태료처분의 당부는 최종적으로 비송사건절차법에 의한 절차에 의하여만 판단되어야 한다고 보아야 하므로, 그 과태료처분은 행정소송의 대상이 되는 행정처분이라고 볼 수 없다.
ㄴ. ☞ 공법상 당사자소송에 해당한다.
ㄷ. [대법원 1992.7.6., 92마54] 민사집행상의 보전처분은 민사판결절차에 의하여 보호받을 수 있는 권리에 관한 것이므로, 민사집행법상의 가처분으로써 행정청의 어떠한 행정행위의 금지를 구하는 것은 허용될 수 없다 할 것이다.
ㄹ. ☞ 실체상 위법과는 별개로 절차상 위법(예컨대 청문절차 흠결, 과세처분에 있어서 세액산출근거 미고지)은 처분의 취소사유에 해당한다.
ㅁ. ☞ 공법상 당사자소송에 해당한다.
ㅂ. ☞ 예방적 부작위(금지)소송은 위법한 행정작용이 임박하여 권리침해가 우려되는 경우, 행정청의 행정상의 사실행위 또는 행정행위를 하지 않을 것을 소구하는 것을 내용으로 하는 행정소송을 말한다. 현행 행정소송법상 인정하고 있지 않다.

답 01 ④

02 | 2016 |

당사자소송에 관한 설명으로 옳지 않은 것은?

① 다른 법률에 특별한 규정이 없는 한 그 처분등을 행한 행정청을 피고로 한다.
② 법령에 제소기간이 정하여져 있는 때에는 그 기간은 불변기간으로 한다.
③ 법원은 필요하다고 인정할 때에는 당사자가 주장하지 아니한 사실에 대하여도 판단할 수 있다.
④ 취소판결의 간접강제에 관한 규정이 준용되지 않는다.
⑤ 법원은 재결을 행한 행정청에 대하여 행정심판기록 제출을 명할 수 있다.

••••••••••••••••••••

① ☞ 국가 또는 공공단체 그밖의 권리주체(예컨대 공무수탁사인)를 피고로 한다. 국가가 피고가 되는 때에는 「국가를 당사자로 하는 소송에 관한 법률」에 따라 법무부장관이 국가를 대표하고(제1조), 지방자치단체가 피고가 되는 때에는 당해 지방자치단체의 장이 대표한다(지방자치법 제101조).
② ☞ 취소소송에서의 제소기간은 당사자소송에는 적용되지 않으며, 당사자소송에 관하여 법령에 제소기간이 정하여져 있는 경우에는 그에 의하고, 그 기간은 불변기간으로 한다(행정소송법 제41조).
③ ☞ 법원은 필요하다고 인정할 때에는 직권으로 증거조사를 할 수 있고, 당사자가 주장하지 아니한 사실에 대하여도 판단할 수 있다(행정소송법 제26조).
④ ☞ 취소판결에 인정되는 효력 중 취소판결의 제3자효·재처분의무·간접강제 등은 당사자소송에는 적용되지 않는다.
⑤ ☞ 이를테면 토지보상법상 보상금증감소송(형식적 당사자소송)을 진행 중인 법원은 그 전심절차인 중앙토지수용위원회의 이의재결에 대한 기록의 제출을 명할 수 있다. 취소소송 규정 중 당사자소송에 준용되는 사항은 「비/록/직/참/속/할/변/경/공/병」으로 기억하자.

03 | 2016 |

당사자소송에 관한 설명으로 옳은 것은? (다툼이 있으면 판례에 따름)

① 취소원인인 하자가 있는 처분의 효력을 다툴 수 있다.
② 토지소유자가 사업시행자를 피고로 하여 토지수용위원회가 정한 보상금의 증액을 구하는 소송은 당사자소송이다.
③ 처분으로 형성된 법률관계에 대하여는 허용되지 않는다.
④ 관련 민사소송을 병합할 수 없다.
⑤ 주로 확인소송의 성격을 가지며, 권력분립의 원칙상 이행소송은 허용되지 않는다.

••••••••••••••••••••

① ☞ 취소소송을 제기해야 한다.
② ☞ 형식적 당사자소송의 예로는 공익사업을 위한 토지 등의 취득 및 보상에 관한 법률(이하 토지보상법)상의 보상금증감소송을 들 수 있다. 「보상금증감소송」은 원고가 토지소유자 또는 관계인인 때에는 사업시행자를, 원고가 사업시행자인 때에는 토지소유자 또는 관계인을 각각 피고로 소송을 제기하는 것이기는 하나 실제로는 합의제행정청인 토지보상위원회의 재결인 처분을 다투는 의미를 가지기 때문이다.

- ③ ☞ 당사자소송이란 행정청의 처분을 대상으로 하는 것이 아니라, 행정청의 처분 등을 원인으로 하는 법률관계에 관한 소송, 그밖에 공법상의 법률관계에 관한 소송으로서 그 법률관계의 한 쪽 당사자를 피고로 하는 소송을 말한다(행정소송법 제3조 제2호).
- ④ ☞ 취소소송 규정이 당사자소송에 준용되는 사항 중「관련청구소송의 병합」에 해당한다. 「비/록/직/참/속/할/변/경/공/병」으로 기억하자.
- ⑤ ☞ 당사자소송은 확인소송(공법상 신분지위확인소송)뿐만 아니라 이행소송(공법상 금전지급청구소송)인 경우도 존재한다.

04 | 2016 |

판례상 다음 ( )안에 들어갈 내용을 바르게 나열한 것은?

- 국가의 납세의무자에 대한 부가가치세 환급세액 지급의무는 부가가치세법령의 규정에 의하여 직접 발생하는 것으로서, 납세의무자의 국가에 대한 부가가치세 환급세액 지급청구는 (ㄱ)의 절차에 따라야 한다.
- 민주화운동관련자 명예회복 및 보상 등에 관한 법률에서 말하는 보상금 등의 지급에 관한 소송은 '민주화운동관련자 명예회복 및 보상 심의위원회'의 보상금 등의 지급신청에 관하여 전부 또는 일부를 기각하는 결정에 대한 불복을 구하는 소송이므로 (ㄴ)을 의미한다.

① ㄱ : 당사자소송, ㄴ : 당사자소송
② ㄱ : 취소소송, ㄴ : 취소소송
③ ㄱ : 당사자소송, ㄴ : 민사소송
④ ㄱ : 취소소송, ㄴ : 당사자소송
⑤ ㄱ : 당사자소송, ㄴ : 취소소송

ㄱ. [대법원전합 2013.3.21., 2011다95564] 부가가치세법령이 환급세액의 정의 규정, 그 지급시기와 산출방법에 관한 구체적인 규정과 함께 부가가치세 납세의무를 부담하는 사업자(이하 '납세의무자'라 한다)에 대한 국가의 환급세액 지급의무를 규정한 이유는, 입법자가 과세 및 징수의 편의를 도모하고 중복과세를 방지하는 등의 조세 정책적 목적을 달성하기 위한 입법적 결단을 통하여, 최종 소비자에 이르기 전의 각 거래단계에서 재화 또는 용역을 공급하는 사업자가 그 공급을 받는 사업자로부터 매출세액을 징수하여 국가에 납부하고, 그 세액을 징수당한 사업자는 이를 국가로부터 매입세액으로 공제·환급받는 과정을 통하여 그 세액의 부담을 다음 단계의 사업자에게 차례로 전가하여 궁극적으로 최종 소비자에게 이를 부담시키는 것을 근간으로 하는 전단계세액공제 제도를 채택한 결과, 어느 과세기간에 거래징수된 세액이 거래징수를 한 세액보다 많은 경우에는 그 납세의무자가 창출한 부가가치에 상응하는 세액보다 많은 세액이 거래징수되게 되므로 이를 조정하기 위한 과세기술상, 조세 정책적인 요청에 따라 특별히 인정한 것이라고 할 수 있다. 따라서 이와 같은 부가가치세법령의 내용, 형식 및 입법 취지 등에 비추어 보면, 납세의무자에 대한 국가의 부가가치세 환급세액 지급의무는 그 납세의무자로부터 어느 과세기간에 과다하게 거래징수된 세액 상당을 국가가 실제로 납부받았는지와 관계없이 부가가치세법령의 규정에 의하여 직접 발생하는 것으로서, 그 법적 성질은 정의와 공평의 관념에서 수익자와 손실자 사이의 재산상태 조정을 위해 인정되는 부당이득 반환의무가 아니라 부가가치세법령에 의하여 그 존부나 범위가 구체적으로 확정되고 조세 정책적 관점에서 특별히 인정되는 공법상 의무라고 봄이 타당하다. 그렇다면 납세의무자에 대한 국가의 부가가치세 환급세액 지급의무에 대응하는 국가에 대한 납세의무자의 부가가치세 환급

답 04 ⑤

세액 지급청구는 민사소송이 아니라 행정소송법 제3조 제2호에 규정된 당사자소송의 절차에 따라야 한다.

ㄴ. ☞ 보상금지급신청에 대한 기각결정을 대상으로 거부처분취소소송을 제기해야 한다.
[대법원 2008. 4. 17. 2005두16185] '민주화운동관련자 명예회복 및 보상 등에 관한 법률' 제2조 제1호, 제2호 본문, 제4조, 제10조, 제11조, 제13조 규정들의 취지와 내용에 비추어 보면, 같은 법 제2조 제2호 각 목은 민주화운동과 관련한 피해 유형을 추상적으로 규정한 것에 불과하여 제2조 제1호에서 정의하고 있는 민주화운동의 내용을 함께 고려하더라도 그 규정들만으로는 바로 법상의 보상금 등의 지급 대상자가 확정된다고 볼 수 없고, '민주화운동관련자 명예회복 및 보상 심의위원회'에서 심의·결정을 받아야만 비로소 보상금 등의 지급 대상자로 확정될 수 있다. 따라서 그와 같은 심의위원회의 결정은 국민의 권리의무에 직접 영향을 미치는 행정처분에 해당하므로, 관련자 등으로서 보상금 등을 지급받고자 하는 신청에 대하여 심의위원회가 관련자 해당 요건의 전부 또는 일부를 인정하지 아니하여 보상금 등의 지급을 기각하는 결정을 한 경우에는 신청인은 심의위원회를 상대로 그 결정의 취소를 구하는 소송을 제기하여 보상금 등의 지급대상자가 될 수 있다.

05 | 2017 |

당사자소송의 재판에 관한 설명으로 옳지 않은 것은? (다툼이 있으면 판례에 따름)

① 확인판결뿐만 아니라 이행판결도 가능하다.
② 확정판결은 자박력, 확정력, 기속력을 가진다.
③ 세무서장을 피고로 하여 납세의무부존재확인을 구하는 경우에는 피고의 경정을 허가할 수 있다.
④ 행정청의 처분을 대상으로 하지 않은 경우에는 각하판결을 하여야 한다.
⑤ 당사자소송에 관련청구소송을 병합한 경우, 당사자소송이 부적법하여 각하되면 관련청구소송도 각하하여야 한다.

---

① ☞ 항고소송은 이행판결(의무이행소송)이 허용되지 않지만, 당사자소송은 민사소송과 마찬가지로 이행소송, 형성소송, 확인소송 등이 인정된다.
② ☞ 당사자소송의 확정판결도 기판력, 기속력을 갖는다. 확정판결은 당사자인 국가 또는 공공단체뿐만 아니라 관계 행정청을 기속한다.

> 제44조(준용규정) ① 제14조 내지 제17조, 제22조, 제25조, 제26조, 제30조제1항, 제32조 및 제33조의 규정은 당사자소송의 경우에 준용한다.
> 제30조(취소판결등의 기속력) ① 처분등을 취소하는 확정판결은 그 사건에 관하여 당사자인 행정청과 그 밖의 관계행정청을 기속한다.

③ ☞ 납세의무부존재확인소송은 당사자소송이므로 국세의 경우 세무서장이 아니라 국가를 피고로 하여야 한다. 따라서 피고가 잘못 지정된 경우이므로 법원은 원고의 신청에 의하여 피고경정을 허가할 수 있다.

> 제39조(피고적격) 당사자소송은 국가·공공단체 그 밖의 권리주체를 피고로 한다.
> 제44조(준용규정) ① 제14조 내지 제17조, 제22조, 제25조, 제26조, 제30조제1항, 제32조 및 제33조의 규정은 당사자소송의 경우에 준용한다.

답 05 ④

제14조(피고경정) ① 원고가 피고를 잘못 지정한 때에는 법원은 원고의 신청에 의하여 결정으로써 피고의 경정을 허가할 수 있다.

④ ☞ 당사자소송의 대상은 처분이 아니라 공법상의 법률관계이다. 따라서 공법상의 법률관계에 해당하는 이상 본안판결을 하여야 한다.

　　제3조(행정소송의 종류)
　　2. 당사자소송 : 행정청의 처분등을 원인으로 하는 법률관계에 관한 소송 그 밖에 공법상의 법률관계에 관한 소송으로서 그 법률관계의 한쪽 당사자를 피고로 하는 소송

⑤ [대법원 2011. 9. 29. 선고 2009두10963 판결] 행정소송법 제44조, 제10조에 의한 관련청구소송 병합은 본래의 당사자소송이 적법할 것을 요건으로 하는 것이어서 본래의 당사자소송이 부적법하여 각하되면 그에 병합된 관련청구소송도 소송요건을 흠결하여 부적합하므로 각하되어야 한다.

06 | 2017 |

실질적 당사자소송에 해당하는 소송을 모두 고른 것은? (다툼이 있으면 판례에 따름)

> ㄱ. 지방자치단체가 보조사업자에 대해 지급한 보조금의 반환을 청구하는 소송
> ㄴ. 지방소방공무원이 소속 지방자치단체를 상대로 초과근무수당의 지급을 청구하는 소송
> ㄷ. 명예퇴직한 법관이 미지급 명예퇴직수당액의 지급을 청구하는 소송
> ㄹ. 주택재건축정비사업조합을 상대로 사업시행계획의 인가·고시 전에 사업시행계획 결의의 효력을 다투는 소송

① ㄱ, ㄴ, ㄷ　　　② ㄱ, ㄴ, ㄹ　　　③ ㄱ, ㄷ, ㄹ
④ ㄴ, ㄷ, ㄹ　　　⑤ ㄱ, ㄴ, ㄷ, ㄹ

ㄱ. ☞ 이 경우 지방자치단체가 원고, 보조사업자가 피고가 된다.
　　[대법원 2011. 6. 9. 선고 2011다2951 판결] 지방자치단체가 보조금 지급결정을 하면서 일정 기한 내에 보조금을 반환하도록 하는 교부조건을 부가한 사안에서, 보조사업자의 지방자치단체에 대한 보조금 반환의무는 행정처분인 위 보조금 지급결정에 부가된 부관상 의무이고, 이러한 부관상 의무는 보조사업자가 지방자치단체에 부담하는 공법상 의무이므로, 보조사업자에 대한 지방자치단체의 보조금반환청구는 공법상 권리관계의 일방 당사자를 상대로 하여 공법상 의무이행을 구하는 청구로서 행정소송법 제3조 제2호에 규정한 당사자소송의 대상이다.

ㄴ. [대법원 2013. 3. 28. 선고 2012다102629 판결] 지방자치단체와 그 소속 경력직 공무원인 지방소방공무원 사이의 관계, 즉 지방소방공무원의 근무관계는 사법상의 근로계약관계가 아닌 공법상의 근무관계에 해당하고, 그 근무관계의 주요한 내용 중 하나인 지방소방공무원의 보수에 관한 법률관계는 공법상의 법률관계라고 보아야 한다. 나아가 지방공무원법 제44조 제4항, 제45조 제1항이 지방공무원의 보수에 관하여 이른바 근무

답 06 ⑤

조건 법정주의를 채택하고 있고, 지방공무원 수당 등에 관한 규정 제15조 내지 제17조가 초과근무수당의 지급대상, 시간당 지급 액수, 근무시간의 한도, 근무시간의 산정 방식에 관하여 구체적이고 직접적인 규정을 두고 있는 등 관계 법령의 내용, 형식 및 체제 등을 종합하여 보면, 지방소방공무원의 초과근무수당 지급청구권은 법령의 규정에 의하여 직접 그 존부나 범위가 정하여지고 법령에 규정된 수당의 지급요건에 해당하는 경우에는 곧바로 발생한다고 할 것이므로, 지방소방공무원이 자신이 소속된 지방자치단체를 상대로 초과근무수당의 지급을 구하는 청구에 관한 소송은 행정소송법 제3조 제2호에 규정된 당사자소송의 절차에 따라야 한다.

ㄷ. [대법원 2016. 5. 24. 선고 2013두14863 판결] 명예퇴직수당 지급대상자의 결정과 수당액 산정 등에 관한 구 국가공무원법(2012. 10. 22. 법률 제11489호로 개정되기 전의 것) 제74조의2 제1항, 제4항, 구 법관 및 법원공무원 명예퇴직수당 등 지급규칙(2011. 1. 31. 대법원규칙 제2320호로 개정되기 전의 것, 이하 '명예퇴직수당규칙'이라 한다) 제3조 제1항, 제2항, 제7조, 제4조 [별표 1]의 내용과 취지 등에 비추어 보면, 명예퇴직수당은 명예퇴직수당 지급신청자 중에서 일정한 심사를 거쳐 피고가 명예퇴직수당 지급대상자로 결정한 경우에 비로소 지급될 수 있지만, 명예퇴직수당 지급대상자로 결정된 법관에 대하여 지급할 수당액은 명예퇴직수당규칙 제4조 [별표 1]에 산정 기준이 정해져 있으므로, 위 법관은 위 규정에서 정한 정당한 산정 기준에 따라 산정된 명예퇴직수당액을 수령할 구체적인 권리를 가진다. 따라서 위 법관이 이미 수령한 수당액이 위 규정에서 정한 정당한 명예퇴직수당액에 미치지 못한다고 주장하며 차액의 지급을 신청함에 대하여 법원행정처장이 거부하는 의사를 표시했더라도, 그 의사표시는 명예퇴직수당액을 형성·확정하는 행정처분이 아니라 공법상의 법률관계의 한쪽 당사자로서 지급의무의 존부 및 범위에 관하여 자신의 의견을 밝힌 것에 불과하므로 행정처분으로 볼 수 없다. 결국 명예퇴직한 법관이 미지급 명예퇴직수당액에 대하여 가지는 권리는 명예퇴직수당 지급대상자 결정 절차를 거쳐 명예퇴직수당규칙에 의하여 확정된 공법상 법률관계에 관한 권리로서, 그 지급을 구하는 소송은 행정소송법의 당사자소송에 해당하며, 그 법률관계의 당사자인 국가를 상대로 제기하여야 한다.

ㄹ. [대법원 2009. 10. 15. 선고 2008다93001 판결] 도시 및 주거환경정비법에 따른 주택재건축정비사업조합은 관할 행정청의 감독 아래 위 법상의 주택재건축사업을 시행하는 공법인(위 법 제18조)으로서, 그 목적 범위 내에서 법령이 정하는 바에 따라 일정한 행정작용을 행하는 행정주체의 지위를 갖는다. 따라서 행정주체인 재건축조합을 상대로 관리처분계획안에 대한 조합 총회결의의 효력 등을 다투는 소송은 행정처분에 이르는 절차적 요건의 존부나 효력 유무에 관한 소송으로서 그 소송결과에 따라 행정처분의 위법 여부에 직접 영향을 미치는 공법상 법률관계에 관한 것이므로, 이는 행정소송법상의 당사자소송에 해당하고, 재건축조합을 상대로 사업시행계획안에 대한 조합 총회결의의 효력 등을 다투는 소송 또한 행정소송법상의 당사자소송에 해당한다.

07 | 2017 |

행정소송법의 규정내용으로 옳지 <u>않은</u> 것은?

① 국가를 상대로 하는 당사자소송의 경우에는 가집행선고를 할 수 없다.
② 소송비용에 관한 재판이 확정된 때에는 피고였던 행정청이 소속하는 국가에 그 효력이 미친다.
③ 수인의 청구 또는 수인에 대한 청구가 처분등의 취소청구와 관련되는 청구인 경우에 한하여 그 수인은 공동소송인이 될 수 있다.
④ '처분등'에는 행정심판에 대한 재결이 포함된다.
⑤ 기관소송으로써 처분의 취소를 구하는 소송에는 그 성질에 반하지 아니하는 한 취소소송에 관한 규정을 준용한다.

답 07 ①

① ☞ 행정소송법 제43조에 대한 헌재의 위헌결정에 따라 이제는 국가를 포함한 모든 행정주체에 대하여 가집행선고가 가능하다.

[헌재 2022. 2. 24. 2020헌가12 전원재판부] 심판대상조항은 재산권의 청구에 관한 당사자소송 중에서도 피고가 공공단체 그 밖의 권리주체인 경우와 국가인 경우를 다르게 취급한다. 가집행의 선고는 불필요한 상소권의 남용을 억제하고 신속한 권리실행을 하게 함으로써 국민의 재산권과 신속한 재판을 받을 권리를 보장하기 위한 제도이고, 당사자소송 중에는 사실상 같은 법률조항에 의하여 형성된 공법상 법률관계라도 당사자를 달리 하는 경우가 있다. 동일한 성격인 공법상 금전지급 청구소송임에도 피고가 누구인지에 따라 가집행선고를 할 수 있는지 여부가 달라진다면 상대방 소송 당사자인 원고로 하여금 불합리한 차별을 받도록 하는 결과가 된다. 재산권의 청구가 공법상 법률관계를 전제로 한다는 점만으로 국가를 상대로 하는 당사자소송에서 국가를 우대할 합리적인 이유가 있다고 할 수 없고, 집행가능성 여부에 있어서도 국가와 지방자치단체 등이 실질적인 차이가 있다고 보기 어렵다는 점에서, 심판대상조항은 국가가 당사자소송의 피고인 경우 가집행의 선고를 제한하여, 국가가 아닌 공공단체 그 밖의 권리주체가 피고인 경우에 비하여 합리적인 이유 없이 차별하고 있으므로 평등원칙에 반한다.

② 제33조

> **제33조(소송비용에 관한 재판의 효력)** 소송비용에 관한 재판이 확정된 때에는 피고 또는 참가인이었던 행정청이 소속하는 국가 또는 공공단체에 그 효력을 미친다.

③ 제15조

> **제15조(공동소송)** 수인의 청구 또는 수인에 대한 청구가 처분등의 취소청구와 관련되는 청구인 경우에 한하여 그 수인은 공동소송인이 될 수 있다.

④ 제2조 제1항 제1호

> **제2조(정의)** ① 이 법에서 사용하는 용어의 정의는 다음과 같다.
> 1. "처분 등"이라 함은 행정청이 행하는 구체적 사실에 관한 법집행으로서의 공권력의 행사 또는 그 거부와 그 밖에 이에 준하는 행정작용(이하 "處分"이라 한다) 및 행정심판에 대한 재결을 말한다.

⑤ 제46조 제1항

> **제46조(준용규정)** ① 민중소송 또는 기관소송으로써 처분등의 취소를 구하는 소송에는 그 성질에 반하지 아니하는 한 취소소송에 관한 규정을 준용한다.

08 | 2018 |

다음 사례에 관한 설명으로 옳지 않은 것은? (다툼이 있으면 판례에 따름)

> A회사는 관할 세무서장에게 부가가치세환급 확정신고를 하였다. A회사는 확정신고에 따른 부가가치세 환급세액을 지급받지 못하여, 국가를 상대로 부가가치세 환급세액 지급청구 소송을 제기하려 한다.

① A회사에 대한 국가의 부가가치세 환급세액 지급의무는 부가가치세법령의 규정에 의하여 직접 발생한다.
② A회사에 대한 국가의 부가가치세 환급세액 지급의무는 공법상 의무이다.
③ A회사의 부가가치세 환급세액 지급청구는 당사자소송 절차에 따라야 한다.
④ A회사가 갖는 부가가치세 환급세액 지급청구권의 법적 성질은 민법상 부당이득반환 청구권이다.
⑤ 국가의 부가가치세 환급세액 지급의무는 A회사로부터 어느 과세기간에 과다하게 거래징수된 세액 상당을 국가가 실제로 납부받았는지와는 관계없다.

④ [대법원 2013. 3. 21., 선고, 2011다95564, 전원합의체 판결] 부가가치세법령이 환급세액의 정의 규정, 그 지급시기와 산출방법에 관한 구체적인 규정과 함께 부가가치세 납세의무를 부담하는 사업자(이하 '납세의무자'라 한다)에 대한 국가의 환급세액 지급의무를 규정한 이유는, 입법자가 과세 및 징수의 편의를 도모하고 중복과세를 방지하는 등의 조세 정책적 목적을 달성하기 위한 입법적 결단을 통하여, 최종 소비자에 이르기 전의 각 거래단계에서 재화 또는 용역을 공급하는 사업자가 그 공급을 받는 사업자로부터 매출세액을 징수하여 국가에 납부하고, 그 세액을 징수당한 사업자는 이를 국가로부터 매입세액으로 공제·환급받는 과정을 통하여 그 세액의 부담을 다음 단계의 사업자에게 차례로 전가하여 궁극적으로 최종 소비자에게 이를 부담시키는 것을 근간으로 하는 전단계세액공제 제도를 채택한 결과, 어느 과세기간에 거래징수된 세액이 거래징수를 한 세액보다 많은 경우에는 그 납세의무자가 창출한 부가가치에 상응하는 세액보다 많은 세액이 거래징수되게 되므로 이를 조정하기 위한 과세기술상, 조세 정책적인 요청에 따라 특별히 인정한 것이라고 할 수 있다. 따라서 이와 같은 부가가치세법령의 내용, 형식 및 입법 취지 등에 비추어 보면, **납세의무자에 대한 국가의 부가가치세 환급세액 지급의무는 그 납세의무자로부터 어느 과세기간에 과다하게 거래징수된 세액 상당을 국가가 실제로 납부받았는지와 관계없이 부가가치세법령의 규정에 의하여 직접 발생하는 것으로서, 그 법적 성질은 정의와 공평의 관념에서 수익자와 손실자 사이의 재산상태 조정을 위해 인정되는 부당이득 반환의무가 아니라 부가가치세법령에 의하여 그 존부나 범위가 구체적으로 확정되고 조세 정책적 관점에서 특별히 인정되는 공법상 의무라고 봄이 타당하다. 그렇다면 납세의무자에 대한 국가의 부가가치세 환급세액 지급의무에 대응하는 국가에 대한 납세의무자의 부가가치세 환급세액 지급청구는 민사소송이 아니라 행정소송법 제3조 제2호에 규정된 당사자소송의 절차에 따라야 한다.**
⑤ ☞ 재화 또는 용역의 공급자(A)가 공급받는 자(B)로부터 거래징수한 부가가치세를 국가에 납부하지 않은 경우에도 국가는 공급받는 자(B)의 부가가치세 환급청구에 응해야 한다.

09 | 2018 |

당사자소송의 대상이 되는 것은? (다툼이 있으면 판례에 따름)

① 지방전문직 공무원의 채용계약의 해지
② 행정청에 의한 공법상 계약상대방의 결정
③ 지방계약직 공무원에 대한 보수삭감
④ 구청장의 주민등록번호 변경신청 거부
⑤ 지목변경신청 반려행위

① [대법원 1993. 9. 14., 선고, 92누4611, 판결] 현행 실정법이 지방전문직공무원 채용계약 해지의 의사표시를 일반공무원에 대한 징계처분과는 달리 항고소송의 대상이 되는 처분 등의 성격을 가진 것으로 인정하지 아니하고, 지방전문직공무원규정 제7조 각호의 1에 해당하는 사유가 있을 때 지방자치단체가 채용계약관계의 한 쪽 당사자로서 대등한 지위에서 행하는 의사표시로 취급하고 있는 것으로 이해되므로, 지방전문직공무원 채용계약 해지의 의사표시에 대하여는 대등한 당사자간의 소송형식인 공법상 당사자소송으로 그 의사표시의 무효확인을 청구할 수 있다.

② [서울고등법원 2004. 6. 24. 선고 2003누6483 판결] 사회기반시설법에 따른 BTL사업은 일단 협상대상자를 지정하고 그 지정된 협상대상자와 협상을 통하여 최종적으로 실시협약이라는 계약을 체결하는 구조를 가지고 있는데, 여기서 협상대상자의 지정은 행정처분에 해당한다고 할 것이고, 실시협약의 체결은 단순한 사법적, 일반적 계약관계로는 볼 수 없으며, 실시협약의 체결이라는 법률적 행위로서 사업시행자 지정이라는 행정처분이 동시에 발생하는 복합적인 행위로 보아야 할 것이다.

③ [대법원 2008. 6. 12., 선고, 2006두16328, 판결] 지방계약직공무원규정의 시행에 필요한 사항을 규정하기 위한 '서울특별시 지방계약직공무원 인사관리규칙' 제8조 제3항은 근무실적 평가 결과 근무실적이 불량한 사람에 대하여 봉급을 삭감할 수 있도록 규정하고 있는바, 보수의 삭감은 이를 당하는 공무원의 입장에서는 징계처분의 일종인 감봉과 다를 바 없음에도 징계처분에 있어서와 같이 자기에게 이익이 되는 사실을 진술하거나 증거를 제출할 수 있는 등(지방공무원징계및소청규정 제5조)의 절차적 권리가 보장되지 않고 소청(지방공무원징계및소청규정 제16조) 등의 구제수단도 인정되지 아니한 채 이를 감수하도록 하는 위 규정은, 그 자체 부당할 뿐만 아니라 지방공무원법이나 지방계약직공무원규정에 아무런 위임의 근거도 없는 것이거나 위임의 범위를 벗어난 것으로서 무효이다.

④ [대법원 2017. 6. 15., 선고, 2013두2945, 판결] 甲 등이 인터넷 포털사이트 등의 개인정보 유출사고로 자신들의 주민등록번호 등 개인정보가 불법 유출되자 이를 이유로 관할 구청장에게 주민등록번호를 변경해 줄 것을 신청하였으나 구청장이 '주민등록번호가 불법 유출된 경우 주민등록법상 변경이 허용되지 않는다'는 이유로 주민등록번호 변경을 거부하는 취지의 통지를 한 사안에서, 피해자의 의사와 무관하게 주민등록번호가 불법 유출된 경우 개인의 사생활뿐만 아니라 생명·신체에 대한 위해나 재산에 대한 피해를 입을 우려가 있고, 실제 유출된 주민등록번호가 다른 개인정보와 연계되어 각종 광고 마케팅에 이용되거나 사기, 보이스피싱 등의 범죄에 악용되는 등 사회적으로 많은 피해가 발생하고 있는 것이 현실인 점, 반면 주민등록번호가 유출된 경우 그로 인하여 이미 발생하였거나 발생할 수 있는 피해 등을 최소화할 수 있는 충분한 권리구제방법을 찾기 어려운데도 구 주민등록법에서는 주민등록번호 변경에 관한 아무런 규정을 두고 있지 않은 점, 주민등록법령상 주민등록번호 변경에 관한 규정이 없다거나 주민등록번호 변경에 따른 사회적 혼란 등을 이유로 위와 같은 불이익을 피해자가 부득이한 것으로 받아들여야 한다고 보는 것은 피해자의 개인정보자기결정권 등 국민의 기본권 보장의 측면에서 타당하지 않은 점, 주민등록번호를 관리하는 국가로서는 주민등록번호가 유출된 경우 그로 인한 피해가 최소화되도록 제도를 정비하고 보완해야 할 의무가 있으며, 일률적으로 주민등록번호를 변경할 수 없도록 할 것이 아니라 만약 주민등록번호 변경이 필요한 경우가 있다면 그 변경에 관한 규정을 두어서 이를 허용해야 하

는 점 등을 종합하면, 피해자의 의사와 무관하게 주민등록번호가 유출된 경우에는 조리상 주민등록번호의 변경을 요구할 신청권을 인정함이 타당하고, 구청장의 주민등록번호 변경신청 거부행위는 항고소송의 대상이 되는 행정처분에 해당한다고 한 사례.

⑤ [대법원 2004. 4. 22., 선고, 2003두9015, 전원합의체 판결] 구 지적법 제20조, 제38조 제2항의 규정은 토지소유자에게 지목변경신청권과 지목정정신청권을 부여한 것이고, 한편 지목은 토지에 대한 공법상의 규제, 개발부담금의 부과대상, 지방세의 과세대상, 공시지가의 산정, 손실보상가액의 산정 등 토지행정의 기초로서 공법상의 법률관계에 영향을 미치고, 토지소유자는 지목을 토대로 토지의 사용·수익·처분에 일정한 제한을 받게 되는 점 등을 고려하면, 지목은 토지소유권을 제대로 행사하기 위한 전제요건으로서 토지소유자의 실체적 권리관계에 밀접하게 관련되어 있으므로 지적공부 소관청의 지목변경신청 반려행위는 국민의 권리관계에 영향을 미치는 것으로서 항고소송의 대상이 되는 행정처분에 해당한다.

10 | 2018 |

당사자소송에 관한 설명으로 옳은 것은?

① 확정판결은 제3자에 대하여도 효력이 있다.
② 국가를 상대로 하는 토지의 수용에 관계되는 당사자소송은 관계행정청의 소재지를 관할하는 행정법원에 제기하여야 한다.
③ 국가·공공단체를 상대로 하는 당사자소송의 경우에는 가집행선고를 할 수 없다.
④ 법원은 당사자의 신청 또는 직권에 의하여 결정으로써 재결을 행한 행정청에 대하여 행정심판에 관한 기록의 제출을 명할 수 있다.
⑤ 확정판결은 그 사건에 관하여 당사자인 행정청과 그 밖의 관계행정청을 기속한다.

① ☞ 취소판결에 인정되는 효력 중 취소판결의 제3자효(동법 제29조)·재처분의무(제30조 제2항, 제3항)·간접강제(동법 제34조) 등은 당사자소송에는 적용되지 않는다.
② ☞ 당사자소송의 관할법원은 원칙적으로 관계행정청의 소재지이지만, 토지의 수용에 관계되는 당사자소송은 부동산 또는 장소의 소재지를 관할하는 행정법원에도 제기할 수 있다(동법 제40조, 제9조 제3항).
③ ☞ 행정소송법 제43조에 대한 헌재의 위헌결정에 따라 이제는 국가를 포함한 모든 행정주체에 대하여 가집행선고가 가능하다.
[헌재 2022. 2. 24. 2020헌가12 전원재판부] 심판대상조항은 재산권의 청구에 관한 당사자소송 중에서도 피고가 공공단체 그 밖의 권리주체인 경우와 국가인 경우를 다르게 취급한다. 가집행의 선고는 불필요한 상소권의 남용을 억제하고 신속한 권리실행을 하게 함으로써 국민의 재산권과 신속한 재판을 받을 권리를 보장하기 위한 제도이고, 당사자소송 중에는 사실상 같은 법률조항에 의하여 형성된 공법상 법률관계라도 당사자를 달리 하는 경우가 있다. 동일한 성격인 공법상 금전지급 청구소송임에도 피고가 누구인지에 따라 가집행선고를 할 수 있는지 여부가 달라진다면 상대방 소송 당사자인 원고로 하여금 불합리한 차별을 받도록 하는 결과가 된다. 재산권의 청구가 공법상 법률관계를 전제로 한다는 점만으로 국가를 상대로 하는 당사자소송에서 국가를 우대할 합리적인 이유가 있다고 할 수 없고, 집행가능성 여부에 있어서도 국가와 지방자치단체 등이 실질적인 차이가 있다고 보기 어렵다는 점에서, 심판대상조항은 국가가 당사자소송의 피고인 경우 가집행의 선고를 제한하여, 국가가 아닌 공공단체 그 밖의 권리주체가 피고인 경우에 비하여 합리적인 이유 없이 차별하고 있으므로 평등원칙에 반한다.

④ ☞ 행정심판기록제출명령은 당사자의 신청에 의해서만 가능하고 법원 직권으로는 불가능하다.

당사자의 신청에 의해서만 할 수 있는 경우	당사자의 신청 또는 법원의 직권에 의하여 할 수 있는 경우
피고경정(제14조 제1항), 소의 변경(제21조), 처분변경으로 인한 소의 변경(제22조), 행정심판기록의 제출명령(제25조), 간접강제(제34조),	소송의 이송, 관련청구의 이송(제10조), 처분권한 승계에 따른 피고의 경정(제14조 제6항), 소송참가(제16조, 제17조), 집행정지결정(제23조)과 취소(제24조), 사정판결(제28조)

⑤ ☞ 취소소송 규정이 당사자소송에 준용되는 사항 중 「판결의 기**속**력」에 해당한다. 「비/록/직/참/**속**/할/변/경/공/병」으로 기억하자.

11 | 2019 |

행정소송법상 항고소송과 당사자소송에 공통으로 적용되는 것이 아닌 것은?

① 행정청의 소송참가
② 재량처분의 취소
③ 직권심리
④ 처분변경으로 인한 소의 변경
⑤ 소송비용의 부담

••••••••••••••••••••••••

①, ③, ④, ⑤ 「행정소송법」 제44조 제1항

제44조(준용규정) ① 제14조 내지 제17조, 제22조, 제25조, 제26조, 제30조제1항, 제32조 및 제33조의 규정은 당사자소송의 경우에 준용한다.

취소소송 규정의 준용여부	무효등확인소송 → 준용 ×	무/심/재/기/접/사	* **무**효등확인소송 • 행정**심**판전치 • **재**량처분의 취소 • 제소**기**간 • 간**접**강제 • **사**정판결
	부작위위법확인소송 → 준용 ×	부/처/집/사	* **부**작위위법확인소송 • **처**분변경으로 인한 소변경 • **집**행정지 • **사**정판결
	당사자소송 → 준용 ○	비/록/직/참/ 속/할/ 변/경/공/병	• 소송**비**용에 관한 재판의 효력 • 행정심판기**록** 제출명령 • **직**권심리 • (제3자·행정청) 소송**참**가 • 기**속**력 • 재판관**할** • (처분변경으로 인한) 소**변**경 • 피고**경**정 • **공**동소송 • 관련청구소송의 이송 및 **병**합

답 11 ②

12 | 2019 |

국가·공공단체 그 밖의 권리주체를 피고로 하는 소송에 해당하지 않는 것은? (다툼이 있으면 판례에 따름)

① 구 「광주민주화운동 관련자 보상 등에 관한 법률」에 의한 보상금청구소송
② 퇴직연금 결정 후의 공무원연금관리공단에 대한 미지급퇴직연금지급청구소송
③ 조세부과처분이 당연무효임을 전제로 하여 이미 납부한 세금의 반환을 청구하는 소송
④ 국가에 대한 납세의무자의 부가가치세 환급세액 지급청구소송
⑤ 「도시 및 주거환경정비법」상의 주택재건축정비사업 조합을 상대로 관리처분계획안에 대한 조합 총회결의의 효력을 다투는 소송

☞ 국가·공공단체 그 밖의 권리주체를 피고로 하는 소송은 당사자 소송에 해당한다(행정소송법 제조 제2호).

제3조(행정소송의 종류) 2. 당사자소송 : 행정청의 처분등을 원인으로 하는 법률관계에 관한 소송 그 밖에 공법상의 법률관계에 관한 소송으로서 그 법률관계의 한쪽 당사자를 피고로 하는 소송

① ☞ 광주민주화운동 관련 보상금지급에 관한 권리는 보상심의위원회의 결정에 의하여 발생하는 것이 아니라 법에 의해 이미 확정된 권리이므로 당사자소송을 제기해야 한다.
[대법원 1992. 12. 24., 선고, 92누3335, 판결] 위 법률 제15조 본문의 규정에서 말하는 보상심의위원회의 결정을 거치는 것은 보상금 지급에 관한 소송을 제기하기 위한 전치요건에 불과하다고 할 것이므로 위 보상심의위원회의 결정은 항고소송의 대상이 되는 행정처분이라고 할 수 없다. 그렇다면 위 법에 따라 보상금 등의 지급을 신청한 자는 보상심의위원회의 결정에 대하여 그 위법을 이유로 취소 등을 구하는 항고소송을 제기할 수는 없다고 할 것이므로 위 보상금지급에 관한 소송은 항고소송 이외의 소송형태가 될 수밖에 없다 할 것인바, 광주보상법에 의거하여 관련자 및 그 유족들이 갖게 되는 보상 등에 관한 권리는 헌법 제23조 제3항에 따른 재산권 침해에 대한 손실보상청구나 국가배상법에 따른 손해배상청구와는 그 성질을 달리하는 것으로서 동법이 특별히 인정하고 있는 공법상의 권리라고 하여야 할 것이므로 그에 관한 소송은 행정소송법 제3조 제2호 소정의 당사자소송에 의하여야 할 것이다

② ☞ 선지가 다소 불분명하다. 퇴직연금 결정은 공무원연금공단의 지급결정이라는 처분이지만, 선지에서 소송의 대상은 해당 퇴직연금 결정이 아니라, 퇴직연금 결정 이후 법령개정에 따라 퇴직연금 중 일부 금액의 지급이 정지된 부분이다.
[대법원 2004. 7. 8., 선고, 2004두244, 판결] 구 공무원연금법 소정의 퇴직연금 등의 급여는 급여를 받을 권리를 가진 자가 당해 공무원이 소속하였던 기관장의 확인을 얻어 신청하는 바에 따라 공무원연금관리공단이 그 지급결정을 함으로써 그 구체적인 권리가 발생하는 것이므로, 공무원연금관리공단의 급여에 관한 결정은 국민의 권리에 직접 영향을 미치는 것이어서 행정처분에 해당할 것이지만, 공무원연금관리공단의 인정에 의하여 퇴직연금을 지급받아 오던 중 구 공무원연금법령의 개정 등으로 퇴직연금 중 일부 금액의 지급이 정지된 경우에는 당연히 개정된 법령에 따라 퇴직연금이 확정되는 것이지 같은 법 제26조 제1항에 정해진 공무원연금관리공단의 퇴직연금 결정과 통지에 의하여 비로소 그 금액이 확정되는 것이 아니므로, 공무원연금관리공단이 퇴직연금 중 일부 금액에 대하여 지급거부의 의사표시를 하였다고 하더라도 그 의사표시는 퇴직연금 청구권을 형성·확정하는 행정처분이 아니라 공법상의 법률관계의 한쪽 당사자로서 그 지급의무의 존부 및 범위에 관하여 나름대로의 사실상·법률상 의견을 밝힌 것일 뿐이어서, 이를 행정처분이라고 볼 수는 없고, 이 경우

미지급퇴직연금에 대한 지급청구권은 공법상 권리로서 그의 지급을 구하는 소송은 공법상의 법률관계에 관한 소송인 공법상 당사자소송에 해당한다.

③ [대법원 1995. 4. 28., 선고, 94다55019, 판결] 조세부과처분이 당연무효임을 전제로 하여 이미 납부한 세금의 반환을 청구하는 것은 민사상의 부당이득반환청구로서 민사소송절차에 따라야 한다.

④ [대법원 2013. 3. 21., 선고, 2011다95564, 전원합의체 판결] 부가가치세법령이 환급세액의 정의 규정, 그 지급시기와 산출방법에 관한 구체적인 규정과 함께 부가가치세 납세의무를 부담하는 사업자(이하 '납세의무자'라 한다)에 대한 국가의 환급세액 지급의무를 규정한 이유는, 입법자가 과세 및 징수의 편의를 도모하고 중복과세를 방지하는 등의 조세 정책적 목적을 달성하기 위한 입법적 결단을 통하여, 최종 소비자에 이르기 전의 각 거래단계에서 재화 또는 용역을 공급하는 사업자가 그 공급을 받는 사업자로부터 매출세액을 징수하여 국가에 납부하고, 그 세액을 징수당한 사업자는 이를 국가로부터 매입세액으로 공제·환급받는 과정을 통하여 그 세액의 부담을 다음 단계의 사업자에게 차례로 전가하여 궁극적으로 최종 소비자에게 이를 부담시키는 것을 근간으로 하는 전단계세액공제 제도를 채택한 결과, 어느 과세기간에 거래징수된 세액이 거래징수를 한 세액보다 많은 경우에는 그 납세의무자가 창출한 부가가치에 상응하는 세액보다 많은 세액이 거래징수되게 되므로 이를 조정하기 위한 과세기술상, 조세 정책적인 요청에 따라 특별히 인정한 것이라고 할 수 있다. 따라서 이와 같은 부가가치세법령의 내용, 형식 및 입법 취지 등에 비추어 보면, 납세의무자에 대한 국가의 부가가치세 환급세액 지급의무는 그 납세의무자로부터 어느 과세기간에 과다하게 거래징수된 세액 상당을 국가가 실제로 납부받았는지와 관계없이 부가가치세법령의 규정에 의하여 직접 발생하는 것으로서, 그 법적 성질은 정의와 공평의 관념에서 수익자와 손실자 사이의 재산상태 조정을 위해 인정되는 부당이득 반환의무가 아니라 부가가치세법령에 의하여 그 존부나 범위가 구체적으로 확정되고 조세 정책적 관점에서 특별히 인정되는 공법상 의무라고 봄이 타당하다. 그렇다면 납세의무자에 대한 국가의 부가가치세 환급세액 지급의무에 대응하는 국가에 대한 납세의무자의 부가가치세 환급세액 지급청구는 민사소송이 아니라 행정소송법 제3조 제2호에 규정된 당사자소송의 절차에 따라야 한다.

⑤ ☞ 관리처분계획 인가 전이라면 당사자소송을, 인가 후라면 항고소송을 제기하여야 한다.
[대법원 전원합의체 2009. 9. 17, 2007다2428] 도시 및 주거환경정비법상 행정주체인 주택재건축정비사업조합을 상대로 관리처분계획안에 대한 조합 총회결의의 효력 등을 다투는 소송은 행정처분에 이르는 절차적 요건의 존부나 효력 유무에 관한 소송으로서 그 소송결과에 따라 행정처분의 위법 여부에 직접 영향을 미치는 공법상 법률관계에 관한 것이므로, 이는 행정소송법상의 당사자소송에 해당한다.

13 | 2019 |

행정소송법상 당사자소송에 관한 설명으로 옳지 않은 것은? (다툼이 있으면 판례에 따름)

① 원고가 고의 또는 중대한 과실 없이 당사자소송으로 제기하여야 할 것을 항고소송으로 제기한 경우 당사자소송의 소송요건을 갖추었다면 법원은 당사자소송으로 소를 변경하도록 하여야 한다.
② 당사자소송은 취소소송의 원고적격 규정을 준용한다.
③ 당사자소송은 국가·공공단체 그 밖의 권리주체를 피고로 한다.
④ 당사자소송에서는 피고경정이 가능하다.
⑤ 지방자치단체에 대하여 재산권의 청구를 인용하는 판결을 하는 경우 가집행선고를 할 수 있다.

답 13 ②

① ☞ 이 경우 법원은 석명권을 행사하여야 한다(행정소송법 제21조 제1항).

> **제21조(소의 변경)** ① 법원은 취소소송을 당해 처분등에 관계되는 사무가 귀속하는 국가 또는 공공단체에 대한 당사자소송 또는 취소소송외의 항고소송으로 변경하는 것이 상당하다고 인정할 때에는 청구의 기초에 변경이 없는 한 사실심의 변론종결시까지 원고의 신청에 의하여 결정으로써 소의 변경을 허가할 수 있다.

② ☞ 당사자소송은 취소소송의 원고적격 규정을 준용하지 않는다. 당사자소송에서는 항고소송에서와 같은 제한이 없으며, 공법상 법률관계에 있어서 권리보호의 이익 및 권리보호의 필요를 가지는 자는 누구나 원고가 될 수 있다.

③ 동법 제39조

> **제39조(피고적격)** 당사자소송은 국가·공공단체 그 밖의 권리주체를 피고로 한다.

④ 동법 제44조 제1항, 제14조 제1항

> **제44조(준용규정)** ① 제14조 내지 제17조, 제22조, 제25조, 제26조, 제30조제1항, 제32조 및 제33조의 규정은 당사자소송의 경우에 준용한다.
>
> **제14조(피고경정)** ① 원고가 피고를 잘못 지정한 때에는 법원은 원고의 신청에 의하여 결정으로써 피고의 경정을 허가할 수 있다.

⑤ [대법원 2000. 11. 28., 선고, 99두3416, 판결] 행정소송법 제8조 제2항에 의하면 행정소송에도 민사소송법의 규정이 일반적으로 준용되므로 **법원으로서는 공법상 당사자소송에서 재산권의 청구를 인용하는 판결을 하는 경우 가집행선고를 할 수 있다.**

14 | 2020 |

판례상 당사자소송에 해당하는 것을 모두 고른 것은?

> ㄱ. 명예퇴직한 법관이 미지급 명예퇴직수당의 지급을 구하는 소송
> ㄴ. 지방자치단체가 보조사업자에게 보조금 지급결정을 하면서 부관으로 보조금 반환의무를 부가한 경우, 해당 지방자치단체가 그 부관에 따라 보조금반환청구를 구하는 소송
> ㄷ. 구「도시 및 주거환경정비법」상 재개발조합과 조합장 또는 조합임원 사이의 선임·해임 등을 둘러싼 법률관계에 관한 소송
> ㄹ. 「도시 및 주거환경정비법」상 주택재건축정비사업조합을 상대로 관리처분계획안에 대한 조합 총회결의의 효력을 다투는 소송

① ㄱ, ㄴ, ㄷ   ② ㄱ, ㄴ, ㄹ   ③ ㄱ, ㄷ, ㄹ
④ ㄴ, ㄷ, ㄹ   ⑤ ㄱ, ㄴ, ㄷ, ㄹ

답 14 ②

ㄱ. [대법원 2016. 5. 24., 선고, 2013두14863, 판결] 명예퇴직수당 지급대상자의 결정과 수당액 산정 등에 관한 구 국가공무원법 제74조의2 제1항, 제4항, 구 법관 및 법원공무원 명예퇴직수당 등 지급규칙 제3조 제1항, 제2항, 제7조, 제4조 [별표 1]의 내용과 취지 등에 비추어 보면, 명예퇴직수당은 명예퇴직수당 지급신청자 중에서 일정한 심사를 거쳐 피고가 명예퇴직수당 지급대상자로 결정한 경우에 비로소 지급될 수 있지만, 명예퇴직수당 지급대상자로 결정된 법관에 대하여 지급할 수당액은 명예퇴직수당규칙 제4조 [별표 1]에 산정 기준이 정해져 있으므로, 위 법관은 위 규정에서 정한 정당한 산정 기준에 따라 산정된 명예퇴직수당액을 수령할 구체적인 권리를 가진다. 따라서 위 법관이 이미 수령한 수당액이 위 규정에서 정한 정당한 명예퇴직수당액에 미치지 못한다고 주장하며 차액의 지급을 신청함에 대하여 법원행정처장이 거부하는 의사를 표시했더라도, 그 의사표시는 명예퇴직수당액을 형성·확정하는 행정처분이 아니라 공법상의 법률관계의 한쪽 당사자로서 지급의무의 존부 및 범위에 관하여 자신의 의견을 밝힌 것에 불과하므로 행정처분으로 볼 수 없다. 결국 명예퇴직한 법관이 미지급 명예퇴직수당액에 대하여 가지는 권리는 명예퇴직수당 지급대상자 결정 절차를 거쳐 명예퇴직수당규칙에 의하여 확정된 공법상 법률관계에 관한 권리로서, 그 지급을 구하는 소송은 행정소송법의 당사자소송에 해당하며, 그 법률관계의 당사자인 국가를 상대로 제기하여야 한다.

ㄴ. ☞ 이 경우 지방자치단체가 원고가 되고, 보조사업자가 피고가 된다. 즉 당사자소송의 경우에는 행정주체가 원고, 상대방인 국민이 피고가 되는 경우도 존재한다.
[대법원 2011.6.9, 2011다2951] 지방자치단체가 보조금 지급결정을 하면서 일정 기한 내에 보조금을 반환하도록 하는 교부조건을 부가한 사안에서, 보조사업자의 지방자치단체에 대한 보조금 반환의무는 행정처분인 위 보조금 지급결정에 부가된 부관상 의무이고, 이러한 부관상 의무는 보조사업자가 지방자치단체에 부담하는 공법상 의무이므로, 보조사업자에 대한 지방자치단체의 보조금반환청구는 공법상 권리관계의 일방 당사자를 상대로 하여 공법상 의무이행을 구하는 청구로서 행정소송법 제3조 제2호에 규정한 당사자소송의 대상이라고 한 사례.

ㄷ. [대법원 2009. 9. 24., 자, 2009마168,169, 결정] 구 도시 및 주거환경정비법상 재개발조합이 공법인이라는 사정만으로 재개발조합과 조합장 또는 조합임원 사이의 선임·해임 등을 둘러싼 법률관계가 공법상의 법률관계에 해당한다거나 그 조합장 또는 조합임원의 지위를 다투는 소송이 당연히 공법상 당사자소송에 해당한다고 볼 수는 없고, 구 도시 및 주거환경정비법의 규정들이 재개발조합과 조합장 및 조합임원과의 관계를 특별히 공법상의 근무관계로 설정하고 있다고 볼 수도 없으므로, 재개발조합과 조합장 또는 조합임원 사이의 선임·해임 등을 둘러싼 법률관계는 사법상의 법률관계로서 그 조합장 또는 조합임원의 지위를 다투는 소송은 민사소송에 의하여야 할 것이다.

ㄹ. [대법원 2009.9.17, 2007다2428] 도시 및 주거환경정비법상 행정주체인 주택재건축정비사업조합을 상대로 관리처분계획안에 대한 조합 총회결의의 효력 등을 다투는 소송은 행정처분에 이르는 절차적 요건의 존부나 효력 유무에 관한 소송으로서 그 소송결과에 따라 행정처분의 위법 여부에 직접 영향을 미치는 공법상 법률관계에 관한 것이므로, 이는 행정소송법상의 당사자소송에 해당한다.

15 | 2020 |

당사자소송에 관한 설명으로 옳은 것은? (다툼이 있으면 판례에 따름)

① 사인을 피고로 하는 당사자소송은 제기될 수 없다.
② 원고가 피고를 잘못 지정한 경우 법원은 원고의 신청에 의하여 결정으로써 피고의 경정을 허가할 수 없다.
③ 당사자소송은 취소소송의 제소기간에 따라 제기되어야 한다.
④ 당사자소송에 대하여는 「민사집행법」상 가처분에 관한 규정이 적용되지 아니한다.
⑤ 공법상 당사자소송에서 재산권의 청구를 인용하는 판결을 하는 경우 법원은 가집행선고를 할 수 있다.

---

① ☞ 지방자치단체가 보조금수령자의 의무위반을 이유로 보조금반환을 청구하는 소송은 사인(私人)을 피고로 하는 당사자소송의 대표적인 예이다.
[대법원 2011.6.9, 2011다2951] 지방자치단체가 보조금 지급결정을 하면서 일정 기한 내에 보조금을 반환하도록 하는 교부조건을 부가한 사안에서, 보조사업자의 지방자치단체에 대한 보조금 반환의무는 행정처분인 위 보조금 지급결정에 부가된 부관상 의무이고, 이러한 부관상 의무는 보조사업자가 지방자치단체에 부담하는 공법상 의무이므로, 보조사업자에 대한 지방자치단체의 보조금반환청구는 공법상 권리관계의 일방 당사자를 상대로 하여 공법상 의무이행을 구하는 청구로서 행정소송법 제3조 제2호에 규정한 당사자소송의 대상이라고 한 사례.
[대법원 2019. 9. 9. 선고 2016다262550 판결] 국토의 계획 및 이용에 관한 법률 제130조 제3항에서 정한 토지의 소유자·점유자 또는 관리인(이하 '소유자 등'이라 한다)이 사업시행자의 일시 사용에 대하여 정당한 사유 없이 동의를 거부하는 경우, 사업시행자는 해당 토지의 소유자 등을 상대로 동의의 의사표시를 구하는 소를 제기할 수 있다. 이와 같은 토지의 일시 사용에 대한 동의의 의사표시를 할 의무는 '국토의 계획 및 이용에 관한 법률'에서 특별히 인정한 공법상의 의무이므로, 그 의무의 존부를 다투는 소송은 '공법상의 법률관계에 관한 소송으로서 그 법률관계의 한쪽 당사자를 피고로 하는 소송', 즉 행정소송법 제3조 제2호에서 규정한 당사자소송이라고 보아야 한다. 행정소송법 제39조는, "당사자소송은 국가·공공단체 그 밖의 권리주체를 피고로 한다."라고 규정하고 있다. 이것은 당사자소송의 경우 항고소송과 달리 '행정청'이 아닌 '권리주체'에게 피고적격이 있음을 규정하는 것일 뿐, 피고적격이 인정되는 권리주체를 행정주체로 한정한다는 취지가 아니므로, 이 규정을 들어 사인을 피고로 하는 당사자소송을 제기할 수 없다고 볼 것은 아니다.

② ☞ 이 경우의 피고경정은 법원의 직권으로는 불가능하고 반드시 원고의 신청이 필요하다는 것도 기억하자(행정소송법 제14조, 제44조).

> **제14조(피고경정)** ① 원고가 피고를 잘못 지정한 때에는 법원은 원고의 신청에 의하여 결정으로써 피고의 경정을 허가할 수 있다.
> **제44조(준용규정)** ① 제14조 내지 제17조, 제22조, 제25조, 제26조, 제30조제1항, 제32조 및 제33조의 규정은 당사자소송의 경우에 준용한다.

③ ☞ 취소소송에서의 제소기간은 당사자소송에는 적용되지 않는다. 당사자소송에 관하여 법령에 제소기간이 정하여져 있는 경우에는 그에 의하고, 그 기간은 불변기간으로 한다(행정소송법 제41조).

> **제41조(제소기간)** 당사자소송에 관하여 법령에 제소기간이 정하여져 있는 때에는 그 기간은 불변기간으로 한다.

답 15 ⑤

④ ☞ 당사자소송은 행정소송법상 (처분의) 집행정지라는 가구제수단을 사용할 수 없으므로, 그 대신 민사집행법상 가처분 규정은 준용된다.
[대법원 2015. 8. 21., 자, 2015무26] 도시 및 주거환경정비법(이하 '도시정비법'이라 한다)상 행정주체인 주택재건축정비사업조합을 상대로 관리처분계획안에 대한 조합 총회결의의 효력을 다투는 소송은 행정처분에 이르는 절차적 요건의 존부나 효력 유무에 관한 소송으로서 소송결과에 따라 행정처분의 위법 여부에 직접 영향을 미치는 공법상 법률관계에 관한 것이므로, 이는 행정소송법상 당사자소송에 해당한다. 그리고 이러한 당사자소송에 대하여는 행정소송법 제23조 제2항의 집행정지에 관한 규정이 준용되지 아니하므로(행정소송법 제44조 제1항 참조), 이를 본안으로 하는 가처분에 대하여는 행정소송법 제8조 제2항에 따라 민사집행법상 가처분에 관한 규정이 준용되어야 한다.

⑤ ☞ 행정소송법 제43조에 대한 헌재의 위헌결정에 따라 이제는 국가를 포함한 모든 행정주체에 대하여 가집행선고가 가능하다.
[대법원 2000. 11. 28., 선고, 99두3416, 판결] 행정소송법 제8조 제2항에 의하면 행정소송에도 민사소송법의 규정이 일반적으로 준용되므로 법원으로서는 공법상 당사자소송에서 재산권의 청구를 인용하는 판결을 하는 경우 가집행선고를 할 수 있다.

16 | 2020 |

공법상 당사자소송의 대상이 되는 것으로만 연결한 것은? (다툼이 있으면 판례에 따름)

① 민간투자사업 실시협약에 따른 재정지원금의 지급을 구하는 소송 - 구청장의 주민등록번호 변경신청 거부행위를 다투는 소송
② 읍·면장에 의한 이장의 임면 및 면직 - 「국토의 계획 및 이용에 관한 법률」에 따른 토지의 일시사용에 대한 동의의 의사표시를 할 의무의 존부를 다투는 소송
③ 구 「특수임무수행자 보상에 관한 법률」상 보상금 지급대상자의 기각결정을 다투는 소송 - 「도시 및 주거환경정비법」상 청산금지급청구소송
④ 부가가치세 환급세액 지급청구소송 - 공무원연금관리공단의 공무원연금 지급거부를 다투는 소송
⑤ 구 「산업집적활성화 및 공장설립에 관한 법률」에 따른 입주계약의 취소를 다투는 소송 - 「부패방지법」에 따른 보상금지급거부를 다투는 소송

①	당사자소송	취소소송
②	당사자소송	당사자소송
③	취소소송	당사자소송
④	당사자소송	취소소송
⑤	취소소송	취소소송

① ☞ (ⅰ) 민간투자사업 실시협약은 공법상 계약에 해당한다.
[대법원 2019. 1. 31., 선고, 2017두46455, 판결] 민간투자사업 실시협약을 체결한 당사자가 공법상 당사자소송에 의하여 그 실시협약에 따른 재정지원금의 지급을 구하는 경우에, 수소법원은 단순히 주무관청이 재정지원금액을 산정한 절차 등에 위법이 있는지 여부를 심사하는 데 그쳐서는 아니 되고, 실시협약에 따른 적정한 재정지원금액이 얼마인지를 구체적으로 심리·판단하여야 한다.

답 16 ④

(ⅱ) [대법원 2017. 6. 15., 선고, 2013두2945, 판결] 피해자의 의사와 무관하게 주민등록번호가 불법 유출된 경우 개인의 사생활뿐만 아니라 생명·신체에 대한 위해나 재산에 대한 피해를 입을 우려가 있고, 실제 유출된 주민등록번호가 다른 개인정보와 연계되어 각종 광고 마케팅에 이용되거나 사기, 보이스피싱 등의 범죄에 악용되는 등 사회적으로 많은 피해가 발생하고 있는 것이 현실인 점, 반면 주민등록번호가 유출된 경우 그로 인하여 이미 발생하였거나 발생할 수 있는 피해 등을 최소화할 수 있는 충분한 권리구제 방법을 찾기 어려운데도 구 주민등록법(2016. 5. 29. 법률 제14191호로 개정되기 전의 것)에서는 주민등록번호 변경에 관한 아무런 규정을 두고 있지 않은 점, 주민등록법령상 주민등록번호 변경에 관한 규정이 없다거나 주민등록번호 변경에 따른 사회적 혼란 등을 이유로 위와 같은 불이익을 피해자가 부득이한 것으로 받아들여야 한다고 보는 것은 피해자의 개인정보자기결정권 등 국민의 기본권 보장의 측면에서 타당하지 않은 점, 주민등록번호를 관리하는 국가로서는 주민등록번호가 유출된 경우 그로 인한 피해가 최소화되도록 제도를 정비하고 보완해야 할 의무가 있으며, 일률적으로 주민등록번호를 변경할 수 없도록 할 것이 아니라 만약 주민등록번호 변경이 필요한 경우가 있다면 그 변경에 관한 규정을 두어서 이를 허용해야 하는 점 등을 종합하면, 피해자의 의사와 무관하게 주민등록번호가 유출된 경우에는 조리상 주민등록번호의 변경을 요구할 신청권을 인정함이 타당하고, 구청장의 주민등록번호 변경신청 거부행위는 항고소송의 대상이 되는 행정처분에 해당한다.

② ☞ (ⅰ) 이장은 지방계약직공무원이므로 그 면직은 공법상 계약의 해지에 해당한다. 따라서 당사자소송으로 다투어야 한다.
[대법원 2012. 10. 25. 선고 2010두18963 판결] 이장은 읍·면장에 의하여 임명되고 공적인 임무를 수행하는 지위에 있기는 하나, ① 지방공무원법이 1981. 4. 20. 법률 제3448호로 개정되면서 그 신분이 별정직 공무원에서 제외된 이래 현재까지 공무원으로 규정된 바 없는 점, ② 읍·면장은 이장을 임명함에 있어 주민의 의사에 따라야 하고 직권으로 면직함에 있어서도 주민들의 의견을 들어야 하는 점, ③ 이장이 공무원으로서의 지위를 갖는 것은 아니나 지방계약직 공무원과 그 지위에서 유사할 뿐만 아니라 이장의 면직사유에 관한 규정은 지방계약직 공무원에 대한 채용계약 해지사유를 정한 지방계약직공무원규정과 유사한 점 등을 종합하면, 읍·면장의 이장에 대한 직권면직행위는 행정청으로서 공권력을 행사하여 행하는 행정처분이 아니라 서로 대등한 지위에서 이루어진 공법상 계약에 따라 그 계약을 해지하는 의사표시로 봄이 상당하다.

(ⅱ) [대법원 2019. 9. 9., 선고, 2016다262550, 판결] 국토의 계획 및 이용에 관한 법률 제130조 제3항에서 정한 토지의 소유자·점유자 또는 관리인(이하 '소유자 등'이라 한다)이 사업시행자의 일시 사용에 대하여 정당한 사유 없이 동의를 거부하는 경우, 사업시행자는 해당 토지의 소유자 등을 상대로 동의의 의사표시를 구하는 소를 제기할 수 있다. 이와 같은 토지의 일시 사용에 대한 동의의 의사표시를 할 의무는 '국토의 계획 및 이용에 관한 법률'에서 특별히 인정한 공법상의 의무이므로, 그 의무의 존부를 다투는 소송은 '공법상의 법률관계에 관한 소송으로서 그 법률관계의 한쪽 당사자를 피고로 하는 소송', 즉 행정소송법 제3조 제2호에서 규정한 당사자소송이라고 보아야 한다.

③ (ⅰ) [대법원 2008. 12. 11., 선고, 2008두6554, 판결] 특수임무와 관련하여 국가를 위하여 특별한 희생을 한 특수임무수행자와 그 유족에 대하여 필요한 보상을 함으로써 특수임무수행자와 그 유족의 생활안정을 도모하고 국민화합에 이바지함을 목적으로 제정된 구 특수임무수행자 보상에 관한 법률 및 구 시행령의 각 규정 취지와 내용에 비추어 보면, 같은 법 제2조, 같은 법 시행령 제2조, 제3조, 제4조 등의 규정들만으로는 바로 법상의 보상금 등의 지급대상자가 확정된다고 볼 수 없고, 특수임무수행자보상심의위원회의 심의·의결을 거쳐 특수임무수행자로 인정되어야만 비로소 보상금 등의 지급대상자로 확정될 수 있다. 따라서 그와 같은 위원회의 결정은 행정소송법 제2조 제1항 제1호에 규정된 처분에 해당하므로, 특수임무수행자 및 그 유족으로서 보상금 등을 지급받고자 하는 자의 신청에 대하여 위원회가 특수임무수행자에 해당하지 않는다는 이유로 이를 기각하는 결정을 한 경우, 신청인은 위원회를 상대로 그 결정의 취소를 구하는 소

송을 제기하여 보상금 등의 지급대상자가 될 수 있다. 이와 달리 신청인이 국가를 상대로 직접 보상금 등의 지급을 구하는 소는 부적법하다.

(ⅱ) [대법원 2017. 4. 28., 선고, 2013다1211, 판결] 조합의 조합원에 대한 청산금청구는 사업시행자인 조합의 청산금 부과 처분에 의하여 형성된 법률관계에 기한 청구로서, 행정소송법 제3조제2호에서 정한 당사자소송의 대상이다. 따라서 조합은 조합원을 상대로 행정소송법상 당사자소송에 의해 청산금을 청구해야 하고, 민사소송에 의해 청산금을 청구해서는 아니된다.

④ (ⅰ) [대법원 2013.3.21. 선고 2011다95564 전원합의체 판결] 부가가치세법령의 내용, 형식 및 입법 취지 등에 비추어 보면, 납세의무자에 대한 국가의 부가가치세 환급세액 지급의무는 그 납세의무자로부터 어느 과세기간에 과다하게 거래징수된 세액 상당을 국가가 실제로 납부받았는지와 관계없이 부가가치세법령의 규정에 의하여 직접 발생하는 것으로서, 그 법적 성질은 정의와 공평의 관념에서 수익자와 손실자 사이의 재산상태 조정을 위해 인정되는 부당이득 반환의무가 아니라 부가가치세법령에 의하여 그 존부나 범위가 구체적으로 확정되고 조세 정책적 관점에서 특별히 인정되는 공법상 의무라고 봄이 타당하다. 그렇다면 납세의무자에 대한 국가의 부가가치세 환급세액 지급의무에 대응하는 국가에 대한 납세의무자의 부가가치세 환급세액 지급청구는 민사소송이 아니라 행정소송법 제3조 제2호에 규정된 당사자소송의 절차에 따라야 한다.

☞ (ⅱ) 공무원연금법령의 개정 등으로 퇴직연금 중 일부 금액의 지급이 정지된 경우에는 당사자소송을 제기하여야 하고, 공무원연금 지급거부결정에 대한 불복청구는 취소소송을 제기하여야 한다.
[대법원 1996. 12. 6, 96누6417] 구 공무원연금법 제26조 제1항, 제80조 제1항, 공무원연금법시행령 제19조의2의 각 규정을 종합하면, 같은 법 소정의 급여는 급여를 받을 권리를 가진 자가 당해 공무원이 소속하였던 기관장의 확인을 얻어 신청하는 바에 따라 공무원연금관리공단이 그 지급결정을 함으로써 그 구체적인 권리가 발생하는 것이므로, 공무원연금관리공단의 급여에 관한 결정은 국민의 권리에 직접 영향을 미치는 것이어서 행정처분에 해당하고, 공무원연금관리공단의 급여결정에 불복하는 자는 공무원연금급여재심위원회의 심사결정을 거쳐 공무원연금관리공단의 급여결정을 대상으로 행정소송을 제기하여야 한다.

⑤ (ⅰ) [대법원 2017.6.15. 선고, 2014두46843. 판결] 구 산업집적활성화 및 공장설립에 관한 법률 제13조 제1항, 제2항 제2호, 제30조 제1항 제2호, 제2항 제3호, 제38조 제1항, 제2항, 제40조, 제40조의2, 제42조 제1항 제4호, 제5호, 제2항, 제5항, 제43조, 제43조의3. 제52조 제2항 제5호, 제6호, 제53조 제4호, 제55조 제1항 제4호, 제2항 제9호 규정들에서 알 수 있는 산업단지관리공단의 지위, 입주계약 및 변경계약의 효과, 입주계약 및 변경계약 체결 의무와 그 의무를 불이행한 경우의 형사적 내지 행정적 제재, 입주계약해지의 절차, 해지통보에 수반되는 법적 의무 및 그 의무를 불이행한 경우의 형사적 내지 행정적 제재 등을 종합적으로 고려하면, 입주변경계약 취소는 행정청인 관리권자로부터 관리업무를 위탁받은 산업단지관리공단이 우월적 지위에서 입주기업체들에게 일정한 법률상 효과를 발생하게 하는 것으로서 항고소송의 대상이 되는 행정처분에 해당한다.

☞ (ⅱ) 보상금청구권의 발생여부를 판단하여 행정청이 지급결정을 하게 되므로, 지급이 거부된 경우에는 거부처분 취소소송을 제기하여야 한다.
[대법원 2008. 11. 13., 선고, 2008두12726, 판결] 부패행위의 신고자가 법 제36조 제2, 3항에 의해 가지는 보상금청구권은 그 신고로 인하여 같은 법 시행령 제35조의2에 정한 부과 또는 환수 등의 처분이나 조치를 통해 직접적인 공공기관 수입의 회복이나 증대 또는 비용의 절감을 가져오거나 그에 관한 법률관계가 확정되는 것을 정지조건으로 하여 발생하는 것으로, 위 정지조건의 성취사실은 신고자가 이를 입증하여야 할 것인바, 부패행위의 신고에도 불구하고 공공기관 수입의 직접적인 회복 등의 객관적 결과가 발생하지 아니한 경우에는 같은 법 시행령 제35조에 정한 사유가 발생한 경우에 한하여 법 제36조 제1항의 포상금의 지급을 구할 수 있을 뿐 위 정지조건의 성취를 전제로 하는 보상금의 지급을 구할 수는 없다 할 것이다.

17 | 2021 |

당사자소송에 관한 설명으로 옳지 <u>않은</u> 것은?

① 당사자소송은 행정청의 처분등을 원인으로 하는 법률관계에 관한 소송 그 밖에 공법상의 법률관계에 관한 소송으로서 그 법률관계의 한쪽 당사자를 피고로 하는 소송이다.
② 국가를 상대로 하는 당사자소송의 경우에는 가집행을 할 수 없다.
③ 당사자소송은 국가·공공단체 그 밖의 권리주체를 피고로 한다.
④ 당사자소송에 관하여 법령에 제소기간이 정하여져 있는 때에는 그 기간은 불변기간으로 한다.
⑤ 소의 변경에 관한 「행정소송법」 제21조의 규정은 당사자소송을 항고소송으로 변경하는 경우에 준용한다.

• • • • • • • • • • • • • • • • • •

① 제3조 제2호
② ☞ 행정소송법 제43조에 대한 헌재의 위헌결정에 따라 이제는 국가를 포함한 모든 행정주체에 대하여 가집행선고가 가능하다.
③ ☞ 당사자소송은 국가 · 공공단체 그 밖의 권리주체를 피고로 한다(제39조).
④ ☞ 당사자소송에 관하여 법령에 제소기간이 정하여져 있는 경우에는 그에 의하고, 그 기간은 불변기간으로 한다(제41조).
⑤ ☞ 취소소송 규정 중 당사자소송에 준용되는 사항은 「비/록/직/참/속/할/변/경/공/병」으로 정리하자.

18 | 2021 |

「행정소송법」의 규정 중 취소소송과 당사자소송에 공통으로 적용되는 것을 모두 고른 것은?

| ㄱ. 공동소송 | ㄴ. 소송비용의 부담 |
| ㄷ. 간접강제 | ㄹ. 판결의 제3자효 |

① ㄱ
② ㄱ, ㄴ
③ ㄴ, ㄷ
④ ㄱ, ㄴ, ㄷ
⑤ ㄱ, ㄴ, ㄷ, ㄹ

• • • • • • • • • • • • • • • • • •

☞ 취소소송 규정 중 당사자소송에 준용되는 사항은 「비/록/직/참/속/할/변/경/공/병」으로 정리하자.

19 | 2021 |

판례상 납세의무자에 대한 국가의 부가가치세 환급세액 지급의무에 대응하는 국가에 대한 납세의무자의 부가가치세 환급세액 지급청구는 어떤 소송의 절차에 따라야 하는가?

① 항고소송
② 민사소송
③ 당사자소송
④ 기관소송
⑤ 민중소송

③ ☞ 조세환급청구는 원칙적으로 민사상 부당이득반환청구소송에 의해야 하지만, 부가가치세의 경우에는 공법상 당사자소송이라는 것이 판례의 태도이다.
[대법원 2013. 3. 21., 선고, 2011다95564, 전원합의체 판결] 부가가치세법령이 환급세액의 정의 규정, 그 지급시기와 산출방법에 관한 구체적인 규정과 함께 부가가치세 납세의무를 부담하는 사업자(이하 '납세의무자'라 한다)에 대한 국가의 환급세액 지급의무를 규정한 이유는, 입법자가 과세 및 징수의 편의를 도모하고 중복과세를 방지하는 등의 조세 정책적 목적을 달성하기 위한 입법적 결단을 통하여, 최종 소비자에 이르기 전의 각 거래단계에서 재화 또는 용역을 공급하는 사업자가 그 공급을 받는 사업자로부터 매출세액을 징수하여 국가에 납부하고, 그 세액을 징수당한 사업자는 이를 국가로부터 매입세액으로 공제·환급받는 과정을 통하여 그 세액의 부담을 다음 단계의 사업자에게 차례로 전가하여 궁극적으로 최종 소비자에게 이를 부담시키는 것을 근간으로 하는 전단계세액공제 제도를 채택한 결과, 어느 과세기간에 거래징수된 세액이 거래징수를 한 세액보다 많은 경우에는 그 납세의무자가 창출한 부가가치에 상응하는 세액보다 많은 세액이 거래징수되게 되므로 이를 조정하기 위한 과세기술상, 조세 정책적인 요청에 따라 특별히 인정한 것이라고 할 수 있다. 따라서 이와 같은 부가가치세법령의 내용, 형식 및 입법 취지 등에 비추어 보면, 납세의무자에 대한 국가의 부가가치세 환급세액 지급의무는 그 납세의무자로부터 어느 과세기간에 과다하게 거래징수된 세액 상당을 국가가 실제로 납부받았는지와 관계없이 부가가치세법령의 규정에 의하여 직접 발생하는 것으로서, 그 법적 성질은 정의와 공평의 관념에서 수익자와 손실자 사이의 재산상태 조정을 위해 인정되는 부당이득 반환의무가 아니라 부가가치세법령에 의하여 그 존부나 범위가 구체적으로 확정되고 조세 정책적 관점에서 특별히 인정되는 공법상 의무라고 봄이 타당하다. 그렇다면 납세의무자에 대한 국가의 부가가치세 환급세액 지급의무에 대응하는 국가에 대한 납세의무자의 부가가치세 환급세액 지급청구는 민사소송이 아니라 행정소송법 제3조 제2호에 규정된 당사자소송의 절차에 따라야 한다.

20 | 2022 |

당사자소송에 관한 설명으로 옳은 것은? (다툼이 있으면 판례에 따름)

① 당사자소송의 피고는 행정청이 된다.
② 공무원의 지위를 확인하는 소송은 당사자소송의 절차에 따라야 한다.
③ 당사자소송에 대하여는 민사집행법상 가처분에 관한 규정이 준용되지 않는다.
④ 사인을 피고로 하는 당사자소송은 허용되지 않는다.
⑤ 토지수용재결이 있은 후 토지소유자가 사업시행자를 피고로 하여 제기하는 보상금증액청구소송은 당사자소송이 아니다.

••••••••••••••••••••••

① 행정소송법 제39조.

> **제39조(피고적격)** 당사자소송은 국가·공공단체 그 밖의 권리주체를 피고로 한다.

② ☞ 공무원지위확인소송은 당사자소송절차에 의한다.
 [대법원 1998. 10. 23. 선고 98두12932 판결] 이 사건 소는 교육청 교육장의 당연퇴직 조치가 행정처분임을 전제로 그 취소나 무효의 확인을 구하는 항고소송이 아니라 원고의 지방공무원으로서의 지위를 다투는 피고에 대하여 그 지위확인을 구하는 공법상의 당사자소송에 해당함이 분명하므로, 행정소송법 제39조의 규정상 지방자치단체로서 권리 주체인 피고가 이 사건 소에 있어서의 피고적격을 가진다고 할 것이다.
③ [대법원 2015. 8. 21.자 2015무26 결정] 도시 및 주거환경정비법(이하 '도시정비법'이라 한다)상 행정주체인 주택재건축정비사업조합을 상대로 관리처분계획안에 대한 조합 총회결의의 효력을 다투는 소송은 행정처분에 이르는 절차적 요건의 존부나 효력 유무에 관한 소송으로서 소송결과에 따라 행정처분의 위법 여부에 직접 영향을 미치는 공법상 법률관계에 관한 것이므로, 이는 행정소송법상 당사자소송에 해당한다. 그리고 이러한 당사자소송에 대하여는 행정소송법 제23조 제2항의 집행정지에 관한 규정이 준용되지 아니하므로(행정소송법 제44조 제1항 참조), 이를 본안으로 하는 가처분에 대하여는 행정소송법 제8조 제2항에 따라 민사집행법상 가처분에 관한 규정이 준용되어야 한다.
④ ☞ 행정주체와 사인이 공법상 계약을 체결하였는데 사인이 계약상 의무를 위반하여 행정주체가 공법상 계약의 무효확인을 구하는 소송을 제기하는 경우를 생각해보면 된다. 이 경우 소송의 유형은 당사자소송이고, 행정주체가 원고, 사인이 피고가 된다.
⑤ ☞ 현행법상 인정되는 형식적 당사자소송의 예로는 토지보상법상 보상금증감소송(제85조 제2항), 특허법상 지식재산권에 관한 소송(제191조), 전기통신기본법상 손해배상금 또는 실비보상금 증감청구소송(제40조의2) 등이 있다.

답 20 ②

21 | 2023 |

판례상 다음 사안에 공통적으로 적용되는 소송의 종류는?

- 서울특별시립무용단 단원의 해촉
- 지방전문직공무원인 공중보건의사의 채용계약해지
- 법령에 의해 확정된 부가가치세 환급세액 지급청구

① 당사자소송 ② 취소소송 ③ 민중소송
④ 의무이행소송 ⑤ 부작위위법확인소송

서울특별시립무용단 단원의 해촉 : 당사자소송
[대법원 1995.12.22. 선고, 95누4636. 판결] 지방자치법 제9조 제2항 제5호 (라)목 및 (마)목 등의 규정에 의하면, 서울특별시립무용단원의 공연 등 활동은 지방문화 및 예술을 진흥시키고자 하는 서울특별시의 공공적 업무수행의 일환으로 이루어진다고 해석될 뿐 아니라, 단원으로 위촉되기 위하여는 일정한 능력요건과 자격요건을 요하고, 계속적인 재위촉이 사실상 보장되며, 공무원연금법에 따른 연금을 지급받고, 단원의 복무규율이 정해져 있으며, 정년제가 인정되고, 일정한 해촉사유가 있는 경우에만 해촉되는 등 서울특별시립무용단원이 가지는 지위가 공무원과 유사한 것이라면, 서울특별시립무용단 단원의 위촉은 공법상의 계약이라고 할 것이고, 따라서 그 단원의 해촉에 대하여는 공법상의 당사자소송으로 그 무효확인을 청구할 수 있다.

지방전문직공무원인 공중보건의사의 채용계약해지 : 당사자소송
[대법원 1996.5.31. 95누10617] 현행 실정법이 전문직공무원인 공중보건의사의 채용계약 해지의 의사표시는 일반공무원에 대한 징계처분과는 달라서 항고소송의 대상이 되는 처분 등의 성격을 가진 것으로 인정되지 아니하고, 일정한 사유가 있을 때에 관할 도지사가 채용계약 관계의 한쪽 당사자로서 대등한 지위에서 행하는 의사표시로 취급하고 있는 것으로 이해되므로, 공중보건의사 채용계약 해지의 의사표시에 대하여는 대등한 당사자간의 소송형식인 공법상의 당사자소송으로 그 의사표시의 무효확인을 청구할 수 있는 것이지, 이를 항고소송의 대상이 되는 행정처분이라는 전제하에서 그 취소를 구하는 항고소송을 제기할 수는 없다.

법령에 의해 확정된 부가가치세 환급세액 지급청구 : 당사자소송
[대법원 2013.3.21. 선고, 2011다95564. 전원합의체 판결] 납세의무자에 대한 국가의 부가가치세 환급세액 지급의무는 그 납세의무자로부터 어느 과세기간에 과다하게 거래징수된 세액 상당을 국가가 실제로 납부받았는지와 관계없이 부가가치세법령의 규정에 의하여 직접 발생하는 것으로서, 그 법적 성질은 정의와 공평의 관념에서 수익자와 손실자 사이의 재산상태 조정을 위해 인정되는 부당이득 반환의무가 아니라 부가가치세법령에 의하여 그 존부나 범위가 구체적으로 확정되고 조세 정책적 관점에서 특별히 인정되는 공법상 의무라고 봄이 타당하다. 그렇다면 납세의무자에 대한 국가의 부가가치세 환급세액 지급의무에 대응하는 국가에 대한 납세의무자의 부가가치세 환급세액 지급청구는 민사소송이 아니라 행정소송법 제3조 제2호에 규정된 당사자소송의 절차에 따라야 한다.

답 21 ①

22 | 2023 |

당사자소송에 관한 설명으로 옳지 않은 것은? (다툼이 있으면 판례에 따름)

① 「공법」상 법률관계에 관한 소송이라는 점에서 민사소송과 구별된다.
② 「공익사업을 위한 토지 등의 취득 및 보상에 관한 법률」에 따른 수용재결에 의한 보상금증감청구소송은 형식적 당사자소송에 해당한다.
③ 공무수탁사인은 당사자소송의 피고가 될 수 없다.
④ 제3자에 의한 재심청구 규정은 당사자소송에 준용되지 않는다.
⑤ 재판관할에 관하여 취소소송 규정이 준용된다.

---

①
> 제3조(행정소송의 종류) 행정소송은 다음의 네가지로 구분한다. 〈개정 1988. 8. 5.〉
> 1. 항고소송 : 행정청의 처분등이나 부작위에 대하여 제기하는 소송
> 2. 당사자소송 : 행정청의 처분등을 원인으로 하는 **법률관계에 관한 소송 그 밖에 공법상의 법률관계에 관한 소송으로서 그 법률관계의 한쪽 당사자를 피고로 하는 소송**
> 3. 민중소송 : 국가 또는 공공단체의 기관이 법률에 위반되는 행위를 한 때에 직접 자기의 법률상 이익과 관계없이 그 시정을 구하기 위하여 제기하는 소송
> 4. 기관소송 : 국가 또는 공공단체의 기관상호간에 있어서의 권한의 존부 또는 그 행사에 관한 다툼이 있을 때에 이에 대하여 제기하는 소송. 다만, 헌법재판소법 제2조의 규정에 의하여 헌법재판소의 관장사항으로 되는 소송은 제외한다.

② ☞ 「보상금증감소송」은 원고가 토지소유자 또는 관계인인 때에는 사업시행자를, 원고가 사업시행자인 때에는 토지소유자 또는 관계인을 각각 피고로 소송을 제기하는 것이기는 하나 실제로는 합의제행정청인 토지수용위원회의 재결인 처분을 다투는 형식적 당사자소송에 해당한다.

③ ☞ 당사자소송의 피고적격은 권리주체가 갖는데, 공무수탁사인은 행정청일 뿐만 아니라 행정주체로서 권리주체의 지위도 가지므로 당사자소송의 피고가 될 수 있다.

> 제39조(피고적격) 당사자소송은 국가·공공단체 그 밖의 권리주체를 피고로 한다.

④
> 제31조(제3자에 의한 재심청구) ① 처분등을 취소하는 판결에 의하여 권리 또는 이익의 침해를 받은 제3자는 자기에게 책임없는 사유로 소송에 참가하지 못함으로써 판결의 결과에 영향을 미칠 공격 또는 방어방법을 제출하지 못한 때에는 이를 이유로 확정된 종국판결에 대하여 재심의 청구를 할 수 있다.
>
> 제44조(준용규정) ① 제14조 내지 제17조, 제22조, 제25조, 제26조, 제30조제1항, 제32조 및 제33조의 규정은 **당사자소송의 경우에 준용한다.**

⑤ ☞ 「비/록/직/참/속/할/변/경/공/병」으로 정리하자.

> 제40조(재판관할) **제9조의 규정은 당사자소송의 경우에 준용한다.** 다만, 국가 또는 공공단체가 피고인 경우에는 관계행정청의 소재지를 피고의 소재지로 본다.
>
> 제9조(재판관할) ① 취소소송의 제1심관할법원은 피고의 소재지를 관할하는 행정법원으로 한다.

답 22 ③

23 | 2023 |

판례상 당사자소송에 해당하는 것을 모두 고른 것은?

> ㄱ. 구「도시 및 주거환경정비법」상 주택재건축정비사업조합을 상대로 관리처분계획안에 대한 조합 총회결의의 효력을 다투는 소송
> ㄴ. 구「도시 및 주거환경정비법」상 재개발조합과 조합장 사이의 선임·해임을 둘러싼 법률관계에 관한 소송
> ㄷ. 재개발조합의 관리처분계획의 취소를 구하는 소송
> ㄹ. 명예퇴직한 법관이 미지급 명예퇴직수당의 지급을 구하는 소송

① ㄴ
② ㄱ, ㄹ
③ ㄴ, ㄷ
④ ㄴ, ㄷ, ㄹ
⑤ ㄱ, ㄴ, ㄷ, ㄹ

ㄱ. ☞ 당사자소송이다.
[대법원 2009.9.17. 2007다2428] 도시 및 주거환경정비법상 행정주체인 주택재건축정비사업조합을 상대로 관리처분계획안에 대한 조합 총회결의의 효력 등을 다투는 소송은 행정처분에 이르는 절차적 요건의 존부나 효력 유무에 관한 소송으로서 그 소송결과에 따라 행정처분의 위법 여부에 직접 영향을 미치는 공법상 법률관계에 관한 것이므로, 이는 행정소송법상의 당사자소송에 해당한다.

ㄴ. ☞ 직원의 근무관계에 관한 다툼이므로 민사소송에 의한다. 참고로 조합과 조합원간의 다툼은 당사자소송에 의한다.
[대법원 2009.9.24. 자, 2009마168,169. 결정] 구 도시 및 주거환경정비법상 재개발조합이 공법인이라는 사정만으로 재개발조합과 조합장 또는 조합임원 사이의 선임·해임 등을 둘러싼 법률관계가 공법상의 법률관계에 해당한다거나 그 조합장 또는 조합임원의 지위를 다투는 소송이 당연히 공법상 당사자소송에 해당한다고 볼 수는 없고, 구 도시 및 주거환경정비법의 규정들이 재개발조합과 조합장 및 조합임원과의 관계를 특별히 공법상의 근무관계로 설정하고 있다고 볼 수도 없으므로, 재개발조합과 조합장 또는 조합임원 사이의 선임·해임 등을 둘러싼 법률관계는 사법상의 법률관계로서 그 조합장 또는 조합임원의 지위를 다투는 소송은 민사소송에 의하여야 할 것이다.

ㄷ. ☞ 재개발조합의 관리처분계획은 처분성이 인정되므로 그 취소를 구하는 소송은 항고소송이다.

ㄹ. ☞ 당사자소송이다.
[대법원 2016.5.24. 선고, 2013두14863. 판결] 명예퇴직수당 지급대상자의 결정과 수당액 산정 등에 관한 구 국가공무원법 제74조의2 제1항, 제4항, 구 법관 및 법원공무원 명예퇴직수당 등 지급규칙(이하 '명예퇴직수당규칙'이라 한다) 제3조 제1항, 제2항, 제7조, 제4조 [별표 1]의 내용과 취지 등에 비추어 보면, 명예퇴직수당은 명예퇴직수당 지급신청자 중에서 일정한 심사를 거쳐 피고가 명예퇴직수당 지급대상자로 결정한 경우에 비로소 지급될 수 있지만, 명예퇴직수당 지급대상자로 결정된 법관에 대하여 지급할 수당액은 명예퇴직수당규칙 제4조 [별표 1]에 산정 기준이 정해져 있으므로, 위 법관은 위 규정에서 정한 정당한 산정 기준에 따라 산정된 명예퇴직수당액을 수령할 구체적인 권리를 가진다. 따라서 위 법관이 이미 수령한 수당액이 위 규정에서 정한 정당한 명예퇴직수당액에 미치지 못한다고 주장하며 차액의 지급을 신청함에 대하여 법원행정처장이 거부하는 의사를 표시했더라도, 그 의사표시는 명예퇴직수당액을 형성·확정하는 행정처분이 아니라 공법상의 법률관계의 한쪽 당사자로서 지급의무의 존부 및 범위에 관하여 자신의 의견을 밝힌 것에 불과하므로 행정처분으로 볼 수 없다. 결국 명예퇴직한 법관이 미지급 명예퇴직수당액에 대하여 가지는 권리는 명예퇴직수당 지급대상자 결정 절차를 거쳐 명예퇴직수당규칙에 의하여 확정된 공법상 법률관계에 관한 권리로서, 그 지급을 구하는 소송은 행정소송법의 당사자소송에 해당하며, 그 법률관계의 당사자인 국가를 상대로 제기하여야 한다.

답 23 ②

24 |2023|

취소소송 규정의 준용에 관한 설명으로 옳지 <u>않은</u> 것은?

① 피고적격은 당사자소송에는 준용되지 않는다.
② 제3자의 재심청구는 당사자소송에는 준용되지 않는다.
③ 제소기간의 제한은 당사자소송에는 준용되지 않는다.
④ 간접강제는 무효등 확인소송에 준용된다.
⑤ 행정심판과의 관계규정은 무효등 확인소송에는 준용되지 않는다.

••••••••••••••••••••••

① ☞ 행정소송법은 당사자소송에서 피고적격에 관하여 따로 규정하고 있다. 항고소송의 피고는 행정청이고, 당사자소송의 피고는 행정주체이므로 준용될 수 없다.

> **제39조(피고적격)** 당사자소송은 국가·공공단체 그 밖의 권리주체를 피고로 한다.

③ ☞ 당사자소송에서 제소기간은 개별 법령에서 정하는 바에 따른다.

> **제41조(제소기간)** 당사자소송에 관하여 법령에 제소기간이 정하여져 있는 때에는 그 기간은 불변기간으로 한다.

④ ☞ 준용되지 않는다. 무효등 확인소송에 준용되지 않는 규정은 「무/심/재/기/<u>접</u>/사」로 기억하자.
⑤ ☞ 준용되지 않는다. 무효등 확인소송에 준용되지 않는 규정은 「무/<u>심</u>/재/기/접/사」로 기억하자.

> **제18조(행정심판과의 관계)** ① 취소소송은 법령의 규정에 의하여 당해 처분에 대한 행정심판을 제기할 수 있는 경우에도 이를 거치지 아니하고 제기할 수 있다. 다만, 다른 법률에 당해 처분에 대한 행정심판의 재결을 거치지 아니하면 취소소송을 제기할 수 없다는 규정이 있는 때에는 그러하지 아니하다.
>
> **제38조(준용규정)** ① 제9조, 제10조, 제13조 내지 제17조, 제19조, 제22조 내지 제26조, 제29조 내지 제31조 및 제33조의 규정은 <u>무효등 확인소송의 경우에 준용한다</u>.

답 24 ④

25 | 2024 |

당사자소송에 관한 설명으로 옳은 것은? (다툼이 있으면 판례에 따름)

① 사인을 피고로 하는 당사자소송은 허용되지 않는다.
② 부가가치세 환급세액의 지급청구는 과세행정청을 피고로 하여 당사자소송으로 하여야 한다.
③ 당사자소송과 관련청구소송이 각각 다른 법원에 계속되고 있는 경우 당사자의 신청이 없으면 법원은 직권으로 관련청구소송을 이송할 수 없다.
④ 당사자소송으로서 확인소송을 제기하는 경우에는 민사소송에서의 '확인의 이익'이 요구된다.
⑤ 회복하기 어려운 손해를 예방하기 위하여 긴급한 필요가 있는 경우 당사자소송을 제기하면서 집행정지를 신청할 수 있다

---

① ☞ 지방자치단체가 보조금수령자의 의무위반을 이유로 보조금반환을 청구하는 소송은 사인(私人)을 피고로 하는 당사자소송의 대표적인 예이다.
[대법원 2011.6.9, 2011다2951] 지방자치단체가 보조금 지급결정을 하면서 일정 기한 내에 보조금을 반환하도록 하는 교부조건을 부가한 사안에서, 보조사업자의 지방자치단체에 대한 보조금 반환의무는 행정처분인 위 보조금 지급결정에 부가된 부관상 의무이고, 이러한 부관상 의무는 보조사업자가 지방자치단체에 부담하는 공법상 의무이므로, 보조사업자에 대한 지방자치단체의 보조금반환청구는 공법상 권리관계의 일방 당사자를 상대로 하여 공법상 의무이행을 구하는 청구로서 행정소송법 제3조 제2호에 규정한 당사자소송의 대상이라고 한 사례.
[대법원 2019. 9. 9. 선고 2016다262550 판결] 국토의 계획 및 이용에 관한 법률 제130조 제3항에서 정한 토지의 소유자·점유자 또는 관리인(이하 '소유자 등'이라 한다)이 사업시행자의 일시 사용에 대하여 정당한 사유 없이 동의를 거부하는 경우, 사업시행자는 해당 토지의 소유자 등을 상대로 동의의 의사표시를 구하는 소를 제기할 수 있다. 이와 같은 토지의 일시 사용에 대한 동의의 의사표시를 할 의무는 '국토의 계획 및 이용에 관한 법률'에서 특별히 인정한 공법상의 의무이므로, 그 의무의 존부를 다투는 소송은 '공법상의 법률관계에 관한 소송으로서 그 법률관계의 한쪽 당사자를 피고로 하는 소송', 즉 행정소송법 제3조 제2호에서 규정한 당사자소송이라고 보아야 한다. 행정소송법 제39조는, "당사자소송은 국가·공공단체 그 밖의 권리주체를 피고로 한다."라고 규정하고 있다. 이것은 당사자소송의 경우 항고소송과 달리 '행정청'이 아닌 '권리주체'에게 피고적격이 있음을 규정하는 것일 뿐, 피고적격이 인정되는 권리주체를 행정주체로 한정한다는 취지가 아니므로, 이 규정을 들어 사인을 피고로 하는 당사자소송을 제기할 수 없다고 볼 것은 아니다.
② ☞ 당사자소송의 피고는 행정청이 아니라 행정주체이다. 부가가치세는 국세이므로 국가(대한민국)가 피고가 된다.
[대법원 2013.3.21. 2011다95564 전합] 부가가치세법령이 환급세액의 정의 규정, 그 지급시기와 산출방법에 관한 구체적인 규정과 함께 부가가치세 납세의무를 부담하는 사업자(이하 '납세의무자'라 한다)에 대한 국가의 환급세액 지급의무를 규정한 이유는, 입법자가 과세 및 징수의 편의를 도모하고 중복과세를 방지하는 등의 조세 정책적 목적을 달성하기 위한 입법적 결단을 통하여, 최종 소비자에 이르기 전의 각 거래단계에서 재화 또는 용역을 공급하는 사업자가 그 공급을 받는 사업자로부터 매출세액을 징수하여 국가에 납부하고, 그 세액을 징수당한 사업자는 이를 국가로부터 매입세액으로 공제·환급받는 과정을 통하여 그 세액의 부담을 다음 단계의 사업자에게 차례로 전가하여 궁극적으로 최종 소비자에게 이를 부담시키는 것을 근간으로 하는 전단계세액공제 제도를 채택한 결과, 어느 과세기간에 거래징수된 세액이 거래징수를 한 세액보다 많은 경우에는 그 납세의무자가 창출한 부가가치에 상응하는 세액보다 많은 세액이 거래징수되게 되므로 이를 조정하기 위

답 25 ④

한 과세기술상, 조세 정책적인 요청에 따라 특별히 인정한 것이라고 할 수 있다. 따라서 이와 같은 부가가치세 법령의 내용, 형식 및 입법 취지 등에 비추어 보면, 납세의무자에 대한 국가의 부가가치세 환급세액 지급의무는 그 납세의무자로부터 어느 과세기간에 과다하게 거래징수된 세액 상당을 국가가 실제로 납부받았는지와 관계없이 부가가치세법령의 규정에 의하여 직접 발생하는 것으로서, 그 법적 성질은 정의와 공평의 관념에서 수익자와 손실자 사이의 재산상태 조정을 위해 인정되는 부당이득 반환의무가 아니라 부가가치세법령에 의하여 그 존부나 범위가 구체적으로 확정되고 조세 정책적 관점에서 특별히 인정되는 공법상 의무라고 봄이 타당하다. 그렇다면 납세의무자에 대한 국가의 부가가치세 환급세액 지급의무에 대응하는 국가에 대한 납세의무자의 부가가치세 환급세액 지급청구는 민사소송이 아니라 행정소송법 제3조 제2호에 규정된 당사자소송의 절차에 따라야 한다.

③ ☞ (ⅰ) 관련청구소송의 이송 및 병합은 당사자소송에도 준용된다.「비/록/직/참/속/할/변/경/공/병」로 정리하자. (ⅱ) 관련청구소송의 이송 및 병합은 당사자의 신청 또는 법원의 직권에 의해 가능하다. 법원의 직권이 불가능한 경우는「피/변/록/접」으로 정리하자.

> 제10조(관련청구소송의 이송 및 병합) ① 취소소송과 다음 각호의 1에 해당하는 소송(이하 "관련청구소송"이라 한다)이 각각 다른 법원에 계속되고 있는 경우에 관련청구소송이 계속된 법원이 상당하다고 인정하는 때에는 당사자의 신청 또는 직권에 의하여 이를 취소소송이 계속된 법원으로 이송할 수 있다.
> 1. 당해 처분등과 관련되는 손해배상·부당이득반환·원상회복등 청구소송
> 2. 당해 처분등과 관련되는 취소소송
>
> 제44조(준용규정) ② 제10조의 규정은 당사자소송과 관련청구소송이 각각 다른 법원에 계속되고 있는 경우의 이송과 이들 소송의 병합의 경우에 준용한다.

④ ☞ 민사소송과 마찬가지로 당사자소송에서는 확인소송 제기시 확인의 이익이 요구된다. 이를테면 공법상 금전지급청구소송(이행소송)과 공법상 금전채권확인소송(확인소송)이 모두 가능한 경우라면 공법상 금전지급청구소송을 제기해야 한다. 확인소송 중에서 확인의 이익이 요구되지 않는 경우는 무효등확인소송뿐이라고 정리하자.

[대법원 2008. 6. 12. 선고 2006두16328] 지방자치단체와 채용계약에 의하여 채용된 계약직공무원이 그 계약기간 만료 이전에 채용계약 해지 등의 불이익을 받은 후 그 계약기간이 만료된 때에는 그 채용계약 해지의 의사표시가 무효라고 하더라도, 지방공무원법이나 지방계약직공무원규정 등에서 계약기간이 만료되는 계약직공무원에 대한 재계약의무를 부여하는 근거 규정이 없으므로 계약기간의 만료로 당연히 계약직공무원의 신분을 상실하고 계약직공무원의 신분을 회복할 수 없는 것이므로, 그 해지의사표시의 무효확인청구는 과거의 법률관계의 확인청구에 지나지 않는다 할 것이고, 한편 과거의 법률관계라 할지라도 현재의 권리 또는 법률상 지위에 영향을 미치고 있고 현재의 권리 또는 법률상 지위에 대한 위험이나 불안을 제거하기 위하여 그 법률관계에 관한 확인판결을 받는 것이 유효 적절한 수단이라고 인정될 때에는 그 법률관계의 확인소송은 즉시확정의 이익이 있다고 보아야 할 것이나, 계약직공무원에 대한 채용계약이 해지된 경우에는 공무원 등으로 임용되는 데에 있어서 법령상의 아무런 제약사유가 되지 않을 뿐만 아니라, 계약기간 만료 전에 채용계약이 해지된 전력이 있는 사람이 공무원 등으로 임용되는 데에 있어서 그러한 전력이 없는 사람보다 사실상 불이익한 장애사유로 작용한다고 하더라도 그것만으로는 법률상의 이익이 침해되었다고 볼 수는 없으므로 그 무효확인을 구할 이익이 없다.

⑤ ☞ 당사자소송의 대상은 처분이 아니라 공법상의 법률관계이므로 취소소송의 (처분의) 집행정지가 인정되지 않는다. 이처럼 당사자소송은 행정소송법상 (처분의) 집행정지라는 가구제수단을 사용할 수 없으므로, 그 대신 민사집행법상 가처분 규정은 준용된다.

26 |2024|

판례에 의할 때 당사자소송의 대상이 되는 경우를 모두 고른 것은?

> ㄱ. 명예퇴직한 법관이 미지급명예퇴직수당액의 지급을 구하는 경우
> ㄴ. 「도시 및 주거환경정비법」상 재개발조합을 상대로 조합임원 선임결의의 무효확인을 구하는 경우
> ㄷ. 「도시 및 주거환경정비법」상 재건축조합을 상대로 관리처분계획에 대한 관할 행정청의 인가·고시가 있은 후에 그 관리처분계획에 대한 조합 총회결의의 무효확인을 구하는 경우
> ㄹ. 이주자가 이주대책대상자 결정이 있기 이전에 사업시행자를 상대로 이주대책상의 수분양권의 확인을 구하는 경우
> ㅁ. 지방자치단체가 보조금 지급결정을 하면서 일정한 기한 내 보조금 반환을 교부조건으로 부가하였고, 그 부관상 의무에 따라 보조사업자에 대하여 보조금의 반환을 청구하는 경우

① ㄱ, ㅁ
② ㄴ, ㄷ
③ ㄷ, ㄹ
④ ㄱ, ㄴ, ㅁ
⑤ ㄱ, ㄷ, ㄹ

ㄱ. ☞ 명예퇴직수당 지급대상자에 대한 수당액은 별도의 결정을 통해서 확정되는 것이 아니라 대법원규칙인 명예퇴직수당규칙에 이미 정하여져 있으므로, 처분이 아닌 공법상의 법률관계에 해당한다.
[대법원 2016. 5. 24. 선고 2013두14863 판결] 명예퇴직수당 지급대상자의 결정과 수당액 산정 등에 관한 구 국가공무원법 제74조의2 제1항, 제4항, 구 법관 및 법원공무원 명예퇴직수당 등 지급규칙 제3조 제1항, 제2항, 제7조, 제4조 [별표 1]의 내용과 취지 등에 비추어 보면, 명예퇴직수당은 명예퇴직수당 지급신청자 중에서 일정한 심사를 거쳐 피고가 명예퇴직수당 지급대상자로 결정한 경우에 비로소 지급될 수 있지만, 명예퇴직수당 지급대상자로 결정된 법관에 대하여 지급할 수당액은 명예퇴직수당규칙 제4조 [별표 1]에 산정 기준이 정해져 있으므로, 위 법관은 위 규정에서 정한 정당한 산정 기준에 따라 산정된 명예퇴직수당액을 수령할 구체적인 권리를 가진다. 따라서 위 법관이 이미 수령한 수당액이 위 규정에서 정한 정당한 명예퇴직수당액에 미치지 못한다고 주장하며 차액의 지급을 신청함에 대하여 법원행정처장이 거부하는 의사를 표시했더라도, 그 의사표시는 명예퇴직수당액을 형성·확정하는 행정처분이 아니라 공법상의 법률관계의 한쪽 당사자로서 지급의무의 존부 및 범위에 관하여 자신의 의견을 밝힌 것에 불과하므로 행정처분으로 볼 수 없다. 결국 명예퇴직한 법관이 미지급 명예퇴직수당액에 대하여 가지는 권리는 명예퇴직수당 지급대상자 결정 절차를 거쳐 명예퇴직수당규칙에 의하여 확정된 공법상 법률관계에 관한 권리로서, 그 지급을 구하는 소송은 행정소송법의 당사자소송에 해당하며, 그 법률관계의 당사자인 국가를 상대로 제기하여야 한다.

ㄴ. ☞ 재개발조합과 조합의 「임원·조합장」의 관계는 회사와 직원의 근무관계이므로 사법관계로서 민사소송의 대상이다. 반면에 재개발조합과 「조합원」의 법률관계는 공법상 법률관계이므로 당사자소송의 대상이 된다.
[대법원 2009. 9. 24., 자, 2009마168,169, 결정] 구 도시 및 주거환경정비법상 재개발조합이 공법인이라는 사정만으로 재개발조합과 조합장 또는 조합임원 사이의 선임·해임 등을 둘러싼 법률관계가 공법상의 법률관계에 해당한다거나 그 조합장 또는 조합임원의 지위를 다투는 소송이 당연히 공법상 당사자소송에 해당한다고 볼 수는 없고, 구 도시 및 주거환경정비법의 규정들이 재개발조합과 조합장 및 조합임원과의 관계를 특별히 공법상의 근무관계로 설정하고 있다고 볼 수도 없으므로, 재개발조합과 조합장 또는 조합임원 사이의 선임·해임 등을 둘러싼 법률관계는 사법상의 법률관계로서 그 조합장 또는 조합임원의 지위를 다투는 소송은 민사소송에 의하여야 할 것이다.

답 26 ①

ㄷ. ☞ (ⅰ) 인가 전에는 관리처분계획안(사업시행계획안)에 처분성이 없으므로 당사자소송으로 다툴 수 있으나, (ⅱ) 인가 후에는 관리처분계획(사업시행계획)에 처분성이 인정되어 항고소송을 제기해야 한다.
[대법원 2009. 10. 29. 선고 2008다97737] 행정주체인 재건축조합을 상대로 관리처분계획안에 대한 조합총회결의 효력 등을 다투는 소송은 행정처분에 이르는 절차적 요건의 존부나 효력 유무에 관한 소송으로서 그 소송결과에 따라 행정처분의 위법 여부에 직접 영향을 미치는 공법상 법률관계에 관한 것이므로, 이는 행정소송법상의 당사자소송에 해당한다. 그리고 이러한 소송은, 관리처분계획이 인가·고시되기 전이라면 위법한 총회결의에 대해 무효확인 판결을 받아 이를 관할 행정청에 자료로 제출하거나 재건축조합으로 하여금 새로이 적법한 관리처분계획안을 마련하여 다시 총회결의를 거치도록 함으로써 하자 있는 관리처분계획이 인가·고시되어 행정처분으로서 효력이 발생하는 단계에까지 나아가지 못하도록 저지할 수 있고, 또 총회결의에 대한 무효확인판결에도 불구하고 관리처분계획이 인가·고시되는 경우에도 관리처분계획의 효력을 다투는 항고소송에서 총회결의 무효확인소송의 판결과 증거들을 소송자료로 활용함으로써 신속하게 분쟁을 해결할 수 있으므로, 관리처분계획에 대한 인가·고시가 있기 전에는 허용할 필요가 있다. 그러나 관리처분계획에 대한 관할 행정청의 인가·고시까지 있게 되면 관리처분계획은 행정처분으로서 효력이 발생하게 되므로, 총회결의의 하자를 이유로 하여 행정처분의 효력을 다투는 항고소송의 방법으로 관리처분계획의 취소 또는 무효확인을 구하여야 하고, 그와 별도로 행정처분에 이르는 절차적 요건 중 하나에 불과한 총회결의 부분만을 따로 떼어내어 효력 유무를 다투는 확인의 소를 제기하는 것은 특별한 사정이 없는 한 허용되지 않는다.

ㄹ. ☞ 이주대책대상자 결정이 있기 전에는 이주자 중 어느 누구에게도 구체적인 수분양권이 발생하지 않았다. 따라서 민사소송이건 당사자소송이건 애초에 소송으로 다툴 수 없다.
[대법원 1994. 5. 24. 선고 92다35783 전합] 이주자가 이주대책을 수립·실시하는 사업시행자로부터 이주대책대상자로 확인·결정을 받음으로써 취득하게 되는 택지나 아파트 등을 분양받을 수 있는 공법상의 권리라고 할 것이므로, 이주자가 사업시행자에 대한 이주대책대상자 선정신청 및 이에 따른 확인·결정 등 절차를 밟지 아니하여 구체적인 수분양권을 아직 취득하지도 못한 상태에서 곧바로 분양의무의 주체를 상대방으로 하여 민사소송이나 공법상 당사자소송으로 이주대책상의 수분양권의 확인 등을 구하는 것은 허용될 수 없고, 나아가 그 공급대상인 택지나 아파트 등의 특정부분에 관하여 그 수분양권의 확인을 소구하는 것은 더욱 불가능하다고 보아야 한다.

ㅁ. ☞ 보조금반환청구권은 행정주체가 보조사업자에 대하여 가지는 공법상의 권리에 해당한다. 따라서 행정주체가 원고로서, 보조사업자를 피고로 하여 당사자소송을 제기할 수 있다.
[대법원 2011.6.9. 2011다2951] 지방자치단체가 보조금 지급결정을 하면서 일정 기한 내에 보조금을 반환하도록 하는 교부조건을 부가한 사안에서, 보조사업자의 지방자치단체에 대한 보조금 반환의무는 행정처분인 위 보조금 지급결정에 부가된 부관상 의무이고, 이러한 부관상 의무는 보조사업자가 지방자치단체에 부담하는 공법상 의무이므로, 보조사업자에 대한 지방자치단체의 보조금반환청구는 공법상 권리관계의 일방 당사자를 상대로 하여 공법상 의무이행을 구하는 청구로서 행정소송법 제3조 제2호에 규정한 당사자소송의 대상이라고 한 사례

27 | 2024 |

행정소송법상 허용되는 것은? (다툼이 있으면 판례에 따름)

① 거부처분에 대한 의무이행소송
② 공법상 사실관계에 대한 부존재확인소송
③ 처분의 부작위에 대한 작위의무확인소송
④ 장래 처분에 대한 예방적 확인소송
⑤ 공법상 계약에 따른 의무에 대한 이행청구소송

---

① ☞ 현행법상 의무이행소송은 인정되지 않는다.
[대판 1995.3.10, 94누14018] 검사에게 압수물 환부를 이행하라는 청구는 행정청의 부작위에 대하여 일정한 처분을 하도록 하는 의무이행소송으로 현행 행정소송법상 허용되지 아니한다.

② ☞ 행정소송은 「법률상」 쟁송이므로, 사실관계의 확인을 구할 수는 없다.
[대법원 1990.11.23., 90누3553] 피고 국가보훈처장이 발행·보급한 독립운동사, 피고 문교부장관이 저작하여 보급한 국사교과서 등의 각종 책자와 피고 문화부장관이 관리하고 있는 독립기념관에서의 각종 해설문·전시물의 배치 및 전시 등에 있어서, 일제치하에서의 국내외의 각종 독립운동에 참가한 단체와 독립운동가의 활동상을 잘못 기술하거나, 전시·배치함으로써 그 역사적 의의가 그릇 평가되게 하였다는 이유로 그 사실관계의 확인을 구하고, 또 피고 국가보훈처장은 이들 독립운동가들의 활동상황을 잘못 알고 국가보훈상의 서훈추천권을 행사함으로써 서훈추천권의 행사가 적정하지 아니하였다는 이유로 이러한 서훈추천권의 행사, 불행사가 당연무효임의 확인, 또는 그 부작위가 위법함의 확인을 구하는 청구는 과거의 역사적 사실관계의 존부나 공법상의 구체적인 법률관계가 아닌 사실관계에 관한 것들을 확인의 대상으로 하는 것이거나 행정청의 단순한 부작위를 대상으로 하는 것으로서 항고소송의 대상이 되지 아니하는 것이다.

③ ☞ 현행법상 작위의무확인소송은 인정되지 않는다.
[대법원 1990.11.23, 90누3553] 피고 국가보훈처장 등에게, 독립운동가들에 대한 서훈추천권의 행사가 적정하지 아니하였으니 이를 바로잡아 다시 추천하고, 잘못 기술된 독립운동가의 활동상을 고쳐 독립운동사 등의 책자를 다시 편찬, 보급하고, 독립기념관 전시관의 해설문, 전시물 중 잘못된 부분을 고쳐 다시 전시 및 배치할 의무가 있음의 확인을 구하는 청구는 작위의무확인소송으로서 항고소송의 대상이 되지 아니한다.

④ ☞ 아직 하지도 않는 장래의 처분을 대상으로 예방적 부작위소송이나 예방적 확인소송을 제기하는 것은 인정되지 않는다.
[대법원 1987. 3. 24. 선고 86누182 판결] 건축건물의 준공처분을 하여서는 아니된다는 내용의 부작위를 구하는 청구는 행정소송에서 허용되지 아니하는 것이므로 부적법하다.

⑤ ☞ (ⅰ) 공법상 계약의 이행을 청구하는 소송은 (손해배상액의 구체적인 산정방법·금액에 국한되는 등의 특별한 사정이 없는 한) 공법상의 법률관계에 관한 다툼으로서 당사자소송의 대상이다. (ⅱ) 당사자소송에서는 확인소송과 형성소송뿐만 아니라 「이행소송」도 인정된다.
[대법원 2023. 6. 29. 선고 2021다250025 판결] 공법상 당사자소송이란 행정청의 처분 등을 원인으로 하는 법률관계에 관한 소송 그 밖에 공법상의 법률관계에 관한 소송으로서 그 법률관계의 한쪽 당사자를 피고로 하는 소송을 말한다(행정소송법 제3조 제2호). 공법상 계약이란 공법적 효과의 발생을 목적으로 하여 대등한 당사자 사이의 의사표시 합치로 성립하는 공법행위를 말한다. 어떠한 계약이 공법상 계약에 해당하는지는 계약이 공행정 활동의 수행 과정에서 체결된 것인지, 계약이 관계 법령에서 규정하고 있는 공법상 의무 등의 이행

답 27 ⑤

을 위해 체결된 것인지, 계약 체결에 계약 당사자의 이익만이 아니라 공공의 이익 또한 고려된 것인지 또는 계약 체결의 효과가 공공의 이익에도 미치는지, 관계 법령에서의 규정 내지 그 해석 등을 통해 공공의 이익을 이유로 한 계약의 변경이 가능한지, 계약이 당사자들에게 부여한 권리와 의무 및 그 밖의 계약 내용 등을 종합적으로 고려하여 판단하여야 한다. **공법상 계약의 한쪽 당사자가 다른 당사자를 상대로 그 이행을 청구하는 소송 또는 이행의무의 존부에 관한 확인을 구하는 소송은 공법상 법률관계에 관한 분쟁이므로 분쟁의 실질이 공법상 권리·의무의 존부·범위에 관한 다툼이 아니라 손해배상액의 구체적인 산정방법·금액에 국한되는 등의 특별한 사정이 없는 한 공법상 당사자소송으로 제기하여야 한다.**

28 | 2024 |

행정소송법상 확정판결에 기속력이 인정되는 것을 모두 고른 것은?

> ㄱ. 취소소송의 각하판결 ㄴ. 취소소송의 일부취소판결
> ㄷ. 무효확인소송의 무효확인판결 ㄹ. 취소소송의 사정판결
> ㅁ. 당사자소송의 이행판결

① ㄱ, ㄹ   ② ㄱ, ㄴ, ㄷ
③ ㄴ, ㄷ, ㅁ   ④ ㄷ, ㄹ, ㅁ
⑤ ㄱ, ㄴ, ㄷ, ㄹ, ㅁ

・・・・・・・・・・・・・・・・・・・・・

ㄱ. ☞ 기속력은 인용판결에만 인정된다. 각하판결은 원고패소판결이므로 법원이 행정청을 구속한다는 의미의 기속력이 인정될 여지가 없다.

> **제30조(취소판결등의 기속력)** ① 처분등을 취소하는 확정판결은 그 사건에 관하여 당사자인 행정청과 그 밖의 관계행정청을 기속한다.

[대법원 2016. 3. 24. 선고 2015두48235 판결] 행정소송법 제30조 제1항은 "처분 등을 취소하는 확정판결은 그 사건에 관하여 당사자인 행정청과 그 밖의 관계행정청을 기속한다."라고 규정하고 있다. 이러한 **취소 확정판결의 '기속력'은 취소 청구가 인용된 판결에서 인정**되는 것으로서 당사자인 행정청과 그 밖의 관계행정청에게 확정판결의 취지에 따라 행동하여야 할 의무를 지우는 작용을 한다.

ㄴ. ☞ 일부취소판결도 인용판결이므로 일부취소된 부분을 대상으로 기속력이 인정된다.
ㄷ. ☞ 인용확정판결의 기속력은 무효등확인소송(제38조 제1항)과 부작위위법확인소송(제38조 제2항)에 모두 준용된다.

ㄹ. ☞ 사정판결은 원고의 청구를 기각하는 판결이므로 기속력이 인정되지 않고, 취소소송의 대상인 처분 등은 위법함에도 그 효력이 유지된다. 참고로 사정판결은 처분 등이 위법하다는 점에 대해서 기판력이 인정된다.

> **제28조(사정판결)** ① 원고의 청구가 이유있다고 인정하는 경우에도 처분등을 취소하는 것이 현저히 공공복리에 적합하지 아니하다고 인정하는 때에는 법원은 <u>원고의 청구를 기각할 수 있다</u>. 이 경우 법원은 그 판결의 주문에서 그 처분등이 위법함을 명시하여야 한다

ㅁ. ☞ 취소판결의 기속력은 당사자소송에 준용된다. 「비/록/직/참/속/할/변/경/공/병」으로 정리하자.

> **제44조(준용규정)** 제14조 내지 제17조, 제22조, 제25조, 제26조, <u>제30조제1항</u>, 제32조 및 제33조의 규정은 <u>당사자소송의 경우에 준용</u>한다.

29 | 2024 |

중앙토지수용위원회의 수용재결과 관련된 행정소송으로 그 피고가 나머지와 다른 것은?

① 수용재결 취소소송
② 수용재결 무효확인소송
③ 수용재결 부존재확인소송
④ 이의재결 취소소송
⑤ 보상금증액청구소송

••••••••••••••••••••••••

① ☞ 중앙토지수용위원회가 수용재결의 처분청이므로, 중앙토지수용위원회가 취소소송의 피고가 된다.
[대법원 2010. 1. 28. 선고 2008두1504 판결] 공익사업을 위한 토지 등의 취득 및 보상에 관한 법률 제85조 제1항 전문의 문언 내용과 같은 법 제83조, 제85조가 중앙토지수용위원회에 대한 이의신청을 임의적 절차로 규정하고 있는 점, 행정소송법 제19조 단서가 행정심판에 대한 재결은 재결 자체에 고유한 위법이 있음을 이유로 하는 경우에 한하여 취소소송의 대상으로 삼을 수 있도록 규정하고 있는 점 등을 종합하여 보면, <u>수용재결에 불복하여 취소소송을 제기하는 때에는</u> 이의신청을 거친 경우에도 <u>수용재결을 한 중앙토지수용위원회 또는 지방토지수용위원회를 피고로 하여 수용재결의 취소를 구하여야</u> 하고, 다만 이의신청에 대한 재결 자체에 고유한 위법이 있음을 이유로 하는 경우에는 그 이의재결을 한 중앙토지수용위원회를 피고로 하여 이의재결의 취소를 구할 수 있다고 보아야 한다.

② ☞ 역시 중앙토지수용위원회가 수용재결의 처분청이므로, 중앙토지수용위원회가 무효확인소송의 피고가 된다.

③ ☞ 부존재확인소송은 무효등확인소송의 일유형에 해당한다. 따라서 중앙토지수용위원회가 피고가 된다.

④ ☞ 재결취소소송의 경우 재결청(행정심판위원회)이 피고가 된다. 토지수용사건의 재결청은 중앙토지수용위원회이므로, 이의재결을 한 중앙토지수용위원회가 피고가 된다.
[대법원 2010. 1. 28. 선고 2008두1504 판결] 공익사업을 위한 토지 등의 취득 및 보상에 관한 법률 제85조 제1항 전문의 문언 내용과 같은 법 제83조, 제85조가 중앙토지수용위원회에 대한 이의신청을 임의적 절차로 규정하고 있는 점, 행정소송법 제19조 단서가 행정심판에 대한 재결은 재결 자체에 고유한 위법이 있음을 이유로 하는 경우에 한하여 취소소송의 대상으로 삼을 수 있도록 규정하고 있는 점 등을 종합하여 보면, <u>수용재결에 불복하여 취소소송을 제기하는 때에는</u> 이의신청을 거친 경우에도 <u>수용재결을 한 중앙토지수용위원회 또는 지방토지수용위원회를 피고로 하여 수용재결의 취소를 구하여야</u> 하고, 다만 이의신청에 대한 재결 자체에

답 29 ⑤

고유한 위법이 있음을 이유로 하는 경우에는 그 이의재결을 한 중앙토지수용위원회를 피고로 하여 이의재결의 취소를 구할 수 있다고 보아야 한다.

⑤ ☞ 보상금증감소송은 「형식적 당사자소송」이므로, 증액청구소송의 경우 사업시행자가 피고가 된다. 반면에 감액청구소송에서는 토지소유자가 피고가 된다.

> **토지보상법**
> **제85조(행정소송의 제기)** ① 사업시행자, 토지소유자 또는 관계인은 제34조에 따른 재결에 불복할 때에는 재결서를 받은 날부터 60일 이내에, 이의신청을 거쳤을 때에는 이의신청에 대한 재결서를 받은 날부터 30일 이내에 각각 행정소송을 제기할 수 있다. 이 경우 사업시행자는 행정소송을 제기하기 전에 제84조에 따라 늘어난 보상금을 공탁하여야 하며, 보상금을 받을 자는 공탁된 보상금을 소송이 종결될 때까지 수령할 수 없다.
> ② 제1항에 따라 제기하려는 행정소송이 보상금의 증감(增減)에 관한 소송인 경우 그 소송을 제기하는 자가 토지소유자 또는 관계인일 때에는 사업시행자를, 사업시행자일 때에는 토지소유자 또는 관계인을 각각 피고로 한다.

30 | 2025 |

행정소송법상 취소소송에 규정된 사항으로 당사자소송에 준용되는 것을 모두 고른 것은?

| ㄱ. 재판관할 | ㄴ. 직권심리 |
| ㄷ. 행정심판기록의 제출 명령 | ㄹ. 집행정지 |

① ㄱ ② ㄱ, ㄴ ③ ㄴ, ㄹ
④ ㄱ, ㄴ, ㄷ ⑤ ㄱ, ㄴ, ㄷ, ㄹ

ㄱ, ㄴ, ㄷ. ☞ 취소소송 규정이 당사자소송에서 준용되는 경우는 「비/록/직/참/속/할/변/경/공/병」으로 기억하자.

| 취소소송 규정의 준용여부 | 당사자소송 → 준용 ○ | 비/록/직/참 속/할/ 변/경/공/병 | • 소송비용에 관한 재판의 효력
• 행정심판기록 제출명령
• 직권심리
• (제3자·행정청) 소송참가
• 기속력
• 재판관할
• (처분변경으로 인한) 소변경
• 피고경정
• 공동소송
• 관련청구소송의 이송 및 병합 |

ㄹ. ☞ 당사자소송의 대상은 처분이 아니라 공법상의 법률관계이므로 취소소송의 (처분의) 집행정지가 인정되지 않는다.

답 30 ④

31 | 2025 |

소송형식의 연결이 옳지 않은 것은? (다툼이 있으면 판례에 따름)

① 구「산업집적활성화 및 공장설립에 관한 법률」에 따른 산업단지관리공단의 입주변경 계약의 취소를 다투는 소송 – 당사자소송
② 국유재산 무단 점유자에 대한 변상금 부과처분의 취소를 다투는 소송 – 항고소송
③ 구「도시 및 주거환경정비법」상 재개발조합 조합장의 지위를 다투는 소송 – 민사소송
④ 구「공무원연금법」상 공무원연금관리공단의 급여 결정에 불복하는 소송 – 취소소송
⑤ 국가의 훈기부상 화랑무공훈장을 수여받은 것으로 기재되어 있는 원고가 태극무공훈장을 수여받은 자임의 확인을 구하는 소송 – 당사자소송

---

① ☞ 입주변경계약의 취소는 처분성이 인정되므로, 항고소송의 대상이다.
[대법원 2017.6.15. 선고, 2014두46843. 판결] 구 산업집적활성화 및 공장설립에 관한 법률 제13조 제1항, 제2항 제2호, 제30조 제1항 제2호, 제2항 제3호, 제38조 제1항, 제2항, 제40조, 제40조의2, 제42조 제1항 제4호, 제5호, 제2항, 제5항, 제43조, 제43조의3, 제52조 제2항 제5호, 제6호, 제53조 제4호, 제55조 제1항 제4호, 제2항 제9호 규정들에서 알 수 있는 산업단지관리공단의 지위, 입주계약 및 변경계약의 효과, 입주계약 및 변경계약 체결 의무와 그 의무를 불이행한 경우의 형사적 내지 행정적 제재, 입주계약해지의 절차, 해지통보에 수반되는 법적 의무 및 그 의무를 불이행한 경우의 형사적 내지 행정적 제재 등을 종합적으로 고려하면, **입주변경계약 취소는 행정청인 관리권자로부터 관리업무를 위탁받은 산업단지관리공단이 우월적 지위에서 입주기업체들에게 일정한 법률상 효과를 발생하게 하는 것으로서 항고소송의 대상이 되는 행정처분에 해당한다.**

② ☞ 변상금 부과처분은 처분성이 인정되므로, 항고소송의 대상이다.
[대판 1988.2.23, 87누1046] 국유재산법 제51조 제1항은 국유재산의 무단점유자에 대하여는 대부 또는 사용, 수익허가 등을 받은 경우에 납부하여야 할 대부료 또는 사용료 상당액 외에도 그 징벌적 의미에서 국가측이 일방적으로 그 2할 상당액을 추가하여 변상금을 징수토록 하고 있으며 동조 제2항은 변상금의 체납시 국세징수법에 의하여 강제징수토록 하고 있는 점 등에 비추어 보면 **국유재산의 관리청이 그 무단점유자에 대하여 하는 변상금부과처분은 순전히 사경제 주체로서 행하는 사법상의 법률행위라 할 수 없고 이는 관리청이 공권력을 가진 우월적 지위에서 행한 것으로서 행정소송의 대상이 되는 행정처분** 이라고 보아야 한다.

③ ☞ 조합과 조합장의 관계는 조합과 임직원의 관계, 즉 사법상 고용관계에 해당한다. 따라서 민사소송의 대상이다.
[대법원 2009. 9. 24.자 2009마168,169 결정] 구 도시 및 주거환경정비법(2007. 12. 21. 법률 제8785호로 개정되기 전의 것)상 재개발조합이 공법인이라는 사정만으로 재개발조합과 조합장 또는 조합임원 사이의 선임·해임 등을 둘러싼 법률관계가 공법상의 법률관계에 해당한다거나 그 조합장 또는 조합임원의 지위를 다투는 소송이 당연히 공법상 당사자소송에 해당한다고 볼 수는 없고, 구 도시 및 주거환경정비법의 규정들이 재개발조합과 조합장 및 조합임원과의 관계를 특별히 공법상의 근무관계로 설정하고 있다고 볼 수도 없으므로, **재개발조합과 조합장 또는 조합임원 사이의 선임·해임 등을 둘러싼 법률관계는 사법상의 법률관계로서 그 조합장 또는 조합임원의 지위를 다투는 소송은 민사소송에 의하여야 할 것이다.**

④ ☞ 공무원연금관리공단의 지급결정은 처분성이 인정되므로, 항고소송의 대상이다.
[대법원 2004. 7. 8., 선고, 2004두244, 판결] 구 공무원연금법 소정의 퇴직연금 등의 급여는 급여를 받을 권리를 가진 자가 당해 공무원이 소속하였던 기관장의 확인을 얻어 신청하는 바에 따라 공무원연금관리공단

탑 31 ①

이 그 지급결정을 함으로써 그 구체적인 권리가 발생하는 것이므로, 공무원연금관리공단의 급여에 관한 결정은 국민의 권리에 직접 영향을 미치는 것이어서 행정처분에 해당할 것이지만, 공무원연금관리공단의 인정에 의하여 퇴직연금을 지급받아 오던 중 구 공무원연금법령의 개정 등으로 퇴직연금 중 일부 금액의 지급이 정지된 경우에는 당연히 개정된 법령에 따라 퇴직연금이 확정되는 것이지 같은 법 제26조 제1항에 정해진 공무원연금관리공단의 퇴직연금 결정과 통지에 의하여 비로소 그 금액이 확정되는 것이 아니므로, 공무원연금관리공단이 퇴직연금 중 일부 금액에 대하여 지급거부의 의사표시를 하였다고 하더라도 그 의사표시는 퇴직연금 청구권을 형성·확정하는 행정처분이 아니라 공법상의 법률관계의 한쪽 당사자로서 그 지급의무의 존부 및 범위에 관하여 나름대로의 사실상·법률상 의견을 밝힌 것일 뿐이어서, 이를 행정처분이라고 볼 수는 없고, 이 경우 미지급퇴직연금에 대한 지급청구권은 공법상 권리로서 그 지급을 구하는 소송은 공법상의 법률관계에 관한 소송인 공법상 당사자소송에 해당한다.

⑤ ☞ 공법상 법률관계의 확인을 구하는 당사자소송의 대상이다. 참고로 무공훈장은 1. 태극무공훈장, 2. 을지무공훈장, 3. 충무무공훈장, 4. 화랑무공훈장, 5. 인헌무공훈장의 순으로 등급이 나뉜다. 사안에서 원고는 자신은 화랑무공훈장이 아니라 태극무공훈장을 수여받은 자라고 주장하고 있다.
[대법원 1990. 10. 23. 선고 90누4440 판결] 국가의 훈기부상 화랑무공훈장을 수여받은 것으로 기재되어 있는 원고가 태극무공훈장을 수여받은 자임을 확인하라는 이 소 청구는, 이러한 확인을 구하는 취지가 국가유공자로서의 보상 등 예우를 받는 데에 필요한 훈격을 확인받기 위한 것이더라도, 항고소송이 아니라 공법상의 법률관계에 관한 당사자소송에 속하는 것이므로 행정소송법 제30조의 규정에 의하여 국가를 피고로 하여야 할 것이다.

32 | 2025 |

행정소송에 관한 판례의 입장으로 옳지 않은 것은?

① 부작위위법확인소송으로 작위의무의 이행을 구할 수 없다.
② 상수원에서 급수를 받고 있는 지역주민들은 구 「수도법」상 상수원보호구역변경처분의 취소를 구할 법률상의 이익이 없다.
③ 토지구획정리조합으로부터 조합원에 대한 구 「토지구획정리사업법」상의 청산금채권을 양수한 사람은 민사소송에 의하여 양수금의 지급을 구할 수 있다.
④ 당사자소송에 있어서 원고가 피고를 잘못 지정한 때에 법원은 바로 각하할 것이 아니라 석명권을 행사하여 정당한 피고로 경정하게 해야 한다.
⑤ 「병역법」상 군의관의 신체등위판정은 항고소송의 대상이 아니다.

----

① ☞ 작위의무의 이행을 구하는 소송은 「의무이행소송」으로 현행법상 인정되지 않는다. 판례는 현행 행정소송법에 규정된 3가지 형태의 항고소송(취소소송, 무효등확인소송, 부작위위법확인소송) 이외의 무명항고소송은 일체 인정하지 않고 있다.
[대법원 1992. 11. 10. 선고 92누1629 판결] 행정심판법 제4조 제3호가 의무이행심판청구를 인정하고 있고 항고소송의 제1심 관할법원이 행정청의 소재지를 관할하는 고등법원으로 되어 있다고 하더라도, 행정소송법상 행정청의 부작위에 대하여는 부작위위법확인소송만 인정되고 작위의무의 이행이나 확인을 구하는 행정소송은 허용될 수 없다.

답 32 ③

② ☞ 상수원의 확보와 수질보호는 특정 사익이 아니라 국민 일반의 공익에 해당한다. 따라서 법률상 이익의 요건 중 사익보호성이 부정된다.
[대법원 1995.9.26., 94누14544] 상수원보호구역 설정의 근거가 되는 수도법 제5조 제1항 및 동 시행령 제7조 제1항이 보호하고자 하는 것은 상수원의 확보와 수질보전일 뿐이고, 그 상수원에서 급수를 받고 있는 지역주민들이 가지는 상수원의 오염을 막아 양질의 급수를 받을 이익은 직접적이고 구체적으로는 보호하고 있지 않음이 명백하여 위 지역주민들이 가지는 이익은 상수원의 확보와 수질보호라는 공공의 이익이 달성됨에 따라 반사적으로 얻게 되는 이익에 불과하므로 지역주민들에 불과한 원고들에게는 위 상수원보호구역변경처분의 취소를 구할 법률상의 이익이 없다.

■ 비교판례 - 공장 인근의 취수장에서 물을 공급받는 지역주민에게는 법률상 이익 인정
[대판 2010.4.15, 2007두16127] 김해시장이 낙동강에 합류하는 하천수 주변의 토지에 구 산업집적활성화 및 공장설립에 관한 법률 제13조에 따라 공장설립을 승인하는 처분을 한 사안에서, 공장설립으로 수질오염 등이 발생할 우려가 있는 취수장에서 물을 공급받는 부산광역시 또는 양산시에 거주하는 주민들도 위 처분의 근거 법규 및 관련 법규에 의하여 법률상 보호되는 이익이 침해되거나 침해될 우려가 있는 주민으로서 원고적격이 인정된다고 한 사례.

③ ☞ 토지구획정리조합에 대한 조합원의 청산금채권은 공공조합에 대한 공법상 채권에 해당한다. 따라서 당사자소송에 의하여 양수금의 지급을 구할 수 있다.
[대법원 2021. 4. 15. 선고 2019다244980, 244997 판결] 토지구획정리조합으로부터 조합원에 대한 구 토지구획정리사업법(2000. 1. 28. 법률 제6252호로 폐지)상의 청산금채권을 양수한 사람은 행정소송법 제3조 제2호에서 정한 당사자소송에 의하여 양수금의 지급을 구할 수 있다.

④ ☞ 원고가 피고를 잘못 지정한 것으로 보이는 경우 법원은 막바로 소를 각하할 것이 아니라 석명권을 행사하여 원고로 하여금 정당한 피고로 경정하게 하여 소송을 진행하도록 하여야 한다.
[대법원 2016. 10. 13. 선고 2016다221658 판결] 고용보험 및 산업재해보상보험의 보험료징수 등에 관한 법률 제4조는 고용보험법 및 산업재해보상보험법에 따른 보험사업에 관하여 이 법에서 정한 사항은 고용노동부장관으로부터 위탁을 받아 근로복지공단이 수행하되, 보험료의 체납관리 등의 징수업무는 국민건강보험공단이 고용노동부장관으로부터 위탁을 받아 수행한다고 규정하고 있다. 따라서 고용·산재보험료의 귀속주체, 즉 사업주가 각 보험료 납부의무를 부담하는 상대방은 근로복지공단이고, 국민건강보험공단은 단지 각 보험료의 징수업무를 수행하는 데에 불과하므로, 고용·산재보험료 납부의무 부존재확인의 소는 근로복지공단을 피고로 하여 제기하여야 한다. 그리고 행정소송법상 당사자소송에서 원고가 피고를 잘못 지정한 때에는 법원은 원고의 신청에 의하여 결정으로써 피고의 경정을 허가할 수 있으므로(행정소송법 제44조 제1항, 제14조), 원고가 피고를 잘못 지정한 것으로 보이는 경우 법원으로서는 마땅히 석명권을 행사하여 원고로 하여금 정당한 피고로 경정하게 하여 소송을 진행하도록 하여야 한다.

⑤ ☞ 병역법상 신체등위판정은 행정기관 내부에서의 의사결정에 불과하여 처분성이 부인된다.
[대판 1993.8.27, 93누3356] 병역법상 신체등위판정은 행정청이라고 볼 수 없는 군의관이 하도록 되어 있으며, 그 자체만으로 바로 병역법상의 권리의무가 정하여지는 것이 아니라 그에 따라 지방병무청장이 병역처분을 함으로써 비로소 병역의무의 종류가 정하여지는 것이므로 항고소송의 대상이 되는 행정처분이라 보기 어렵다.

33 | 2025 |

행정소송법상 허용되는 것은? (다툼이 있으면 판례에 따름)

① 장래에 행정청이 일정한 내용의 처분을 할 것을 구하는 소송
② 행정청이 일정한 행정처분을 하도록 명하는 이행판결을 구하는 소송
③ 건축건물의 준공처분을 하여서는 아니된다는 내용의 부작위를 구하는 소송
④ 법원으로 하여금 행정청이 일정한 행정처분을 행한 것과 같은 효과가 있는 행정처분을 직접 행하도록 하는 형성판결을 구하는 소송
⑤ 명예퇴직한 법관이 미지급 명예퇴직수당액의 지급을 구하는 소송

••••••••••••••••••••••

①, ② ☞ 현행법상 인정되지 않는 무명항고소송 중 「의무이행소송」에 해당한다.
  [대판 1989.5.23., 88누8135] 행정소송법상 행정청으로 하여금 일정한 행정처분을 하도록 명하는 이른바 이행판결을 구하는 소송은 허용되지 않는다.
③ ☞ 현행법상 인정되지 않는 무명항고소송 중 「예방적부작위(금지)소송」에 해당한다.
  [대법원 1987. 3. 24. 선고 86누182 판결] 건축건물의 준공처분을 하여서는 아니된다는 내용의 부작위를 구하는 청구는 행정소송에서 허용되지 아니하는 것이므로 부적법하다.
④ ☞ 현행법상 인정되지 않는 「적극적 형성소송」에 대한 설명이다. 법원이 행정청에게 의무의 이행을 명하는 의무이행소송도 허용하지 않는데, 법원이 직접 처분을 행하는 것과 동일한 효과가 있는 적극적 형성소송은 더더욱 인정되지 않는다.
  [대법원 1997.9.30., 97누3200] 현행 행정소송법상 행정청으로 하여금 일정한 행정처분을 하도록 명하는 이행판결을 구하는 소송이나 법원으로 하여금 행정청이 일정한 행정처분을 행한 것과 같은 효과가 있는 행정처분을 직접 행하도록 하는 형성판결을 구하는 소송은 허용되지 아니한다.
⑤ ☞ 명예퇴직수당액에 대한 권리는 법령상 확정되어 있으므로 처분성이 인정되지 않는 공법상 법률관계에 해당한다. 따라서 그에 관한 소송은 공법상 당사자소송이다.
  [대법원 2016. 5. 24. 선고 2013두14863 판결] 명예퇴직수당 지급대상자의 결정과 수당액 산정 등에 관한 구 국가공무원법 제74조의2 제1항, 제4항, 구 법관 및 법원공무원 명예퇴직수당 등 지급규칙 제3조 제1항, 제2항, 제7조, 제4조 [별표 1]의 내용과 취지 등에 비추어 보면, 명예퇴직수당은 명예퇴직수당 지급신청자 중에서 일정한 심사를 거쳐 피고가 명예퇴직수당 지급대상자로 결정한 경우에 비로소 지급될 수 있지만, 명예퇴직수당 지급대상자로 결정된 법관에 대하여 지급할 수당액은 명예퇴직수당규칙 제4조 [별표 1]에 산정 기준이 정해져 있으므로, 위 법관은 위 규정에서 정한 정당한 산정 기준에 따라 산정된 명예퇴직수당액을 수령할 구체적인 권리를 가진다. 따라서 위 법관이 이미 수령한 수당액이 위 규정에서 정한 정당한 명예퇴직수당액에 미치지 못한다고 주장하며 차액의 지급을 신청함에 대하여 법원행정처장이 거부하는 의사를 표시했더라도, 그 의사표시는 명예퇴직수당액을 형성·확정하는 행정처분이 아니라 공법상의 법률관계의 한쪽 당사자로서 지급의무의 존부 및 범위에 관하여 자신의 의견을 밝힌 것에 불과하므로 행정처분으로 볼 수 없다. 결국 명예퇴직한 법관이 미지급 명예퇴직수당액에 대하여 가지는 권리는 명예퇴직수당 지급대상자 결정 절차를 거쳐 명예퇴직수당규칙에 의하여 확정된 공법상 법률관계에 관한 권리로서, 그 지급을 구하는 소송은 행정소송법의 당사자소송에 해당하며, 그 법률관계의 당사자인 국가를 상대로 제기하여야 한다.

답 33 ⑤

34 | 2025 |

당사자소송에 해당하지 않는 것은? (다툼이 있으면 판례에 따름)

① 국가에 대한 납세의무자의 부가가치세 환급세액 지급청구소송
② 구「공익사업을 위한 토지 등의 취득 및 보상에 관한 법률」에 규정된 환매권의 존부에 관한 확인을 구하는 소송
③ 「도시 및 주거환경정비법」상의 주택재건축정비사업조합을 상대로 관리처분계획안에 대한 조합총회결의의 효력을 다투는 소송
④ 지방소방공무원이 자신이 소속된 지방자치단체를 상대로 초과근무수당의 지급을 구하는 청구에 관한 소송
⑤ 국가 등 과세주체가 당해 확정된 조세채권의 소멸시효 중단을 위하여 납세의무자를 상대로 제기한 조세채권존재확인의 소송

---

① ☞ 당사자소송에 해당한다.
[대법원 2013. 3. 21., 선고, 2011다95564, 전원합의체 판결] 부가가치세법령이 환급세액의 정의 규정, 그 지급시기와 산출방법에 관한 구체적인 규정과 함께 부가가치세 납세의무를 부담하는 사업자(이하 '납세의무자'라 한다)에 대한 국가의 환급세액 지급의무를 규정한 이유는, 입법자가 과세 및 징수의 편의를 도모하고 중복과세를 방지하는 등의 조세 정책적 목적을 달성하기 위한 입법적 결단을 통하여, 최종 소비자에 이르기 전의 각 거래단계에서 재화 또는 용역을 공급하는 사업자가 그 공급을 받는 사업자로부터 매출세액을 징수하여 국가에 납부하고, 그 세액을 징수당한 사업자는 이를 국가로부터 매입세액으로 공제·환급받는 과정을 통하여 그 세액의 부담을 다음 단계의 사업자에게 차례로 전가하여 궁극적으로 최종 소비자에게 이를 부담시키는 것을 근간으로 하는 전단계세액공제 제도를 채택한 결과, 어느 과세기간에 거래징수된 세액이 거래징수를 한 세액보다 많은 경우에는 그 납세의무자가 창출한 부가가치에 상응하는 세액보다 많은 세액이 거래징수되게 되므로 이를 조정하기 위한 과세기술상, 조세 정책적인 요청에 따라 특별히 인정한 것이라고 할 수 있다. 따라서 이와 같은 부가가치세법령의 내용, 형식 및 입법 취지 등에 비추어 보면, 납세의무자에 대한 국가의 부가가치세 환급세액 지급의무는 그 납세의무자로부터 어느 과세기간에 과다하게 거래징수된 세액 상당을 국가가 실제로 납부받았는지와 관계없이 부가가치세법령의 규정에 의하여 직접 발생하는 것으로서, 그 법적 성질은 정의와 공평의 관념에서 수익자와 손실자 사이의 재산상태 조정을 위해 인정되는 부당이득 반환의무가 아니라 부가가치세법령에 의하여 그 존부나 범위가 구체적으로 확정되고 조세 정책적 관점에서 특별히 인정되는 공법상 의무라고 봄이 타당하다. 그렇다면 납세의무자에 대한 국가의 부가가치세 환급세액 지급의무에 대응하는 국가에 대한 납세의무자의 부가가치세 환급세액 지급청구는 민사소송이 아니라 행정소송법 제3조 제2호에 규정된 당사자소송의 절차에 따라야 한다.

② ☞ 환매권은 토지소유주가 공익사업시행자로부터 대상토지를 되살 수 있는 권리를 말한다. 환매권은 사권이므로 그 존부에 관한 확인소송은 민사소송에 해당한다.
[대법원 2013. 2. 28. 선고 2010두22368 판결] 구 공익사업을 위한 토지 등의 취득 및 보상에 관한 법률(2010. 4. 5. 법률 제10239호로 일부 개정되기 전의 것, 이하 '구 공익사업법'이라 한다) 제91조에 규정된 환매권은 상대방에 대한 의사표시를 요하는 형성권의 일종으로서 재판상이든 재판 외든 위 규정에 따른 기간 내에 행사하면 매매의 효력이 생기는 바(대법원 2008. 6. 26. 선고 2007다24893 판결 참조), 이러한 환매권의 존부에 관한 확인을 구하는 소송 및 구 공익사업법 제91조 제4항에 따라 환매금액의 증감을 구하는 소송 역시

답 34 ②

민사소송에 해당한다.
③ ☞ 관리처분계획 인가 전이라면 당사자소송을, 인가 후라면 항고소송을 제기하여야 한다. 관리처분계획「안」이라고 했으니 인가 전이다.
[대법원 2015. 8. 21.자 2015무26 결정] 도시 및 주거환경정비법(이하 '도시정비법'이라 한다)상 행정주체인 주택재건축정비사업조합을 상대로 관리처분계획안에 대한 조합 총회결의의 효력을 다투는 소송은 행정처분에 이르는 절차적 요건의 존부나 효력 유무에 관한 소송으로서 소송결과에 따라 행정처분의 위법 여부에 직접 영향을 미치는 공법상 법률관계에 관한 것이므로, 이는 행정소송법상 당사자소송에 해당한다.
④ ☞ 초과근무수당지급청구권은 지방공무원 수당 등에 관한 규정에 의해 확정된 권리이다. 따라서 그에 관한 소송은 처분성이 인정되지 않는 공법상 법률관계에 관한 다툼으로 당사자소송에 해당한다.
[대판 2013.3.28, 2012다102629] 지방자치단체와 그 소속 경력직 공무원인 지방소방공무원 사이의 관계, 즉 지방소방공무원의 근무관계는 사법상의 근로계약관계가 아닌 공법상의 근무관계에 해당하고, 그 근무관계의 주요한 내용 중 하나인 지방소방공무원의 보수에 관한 법률관계는 공법상의 법률관계라고 보아야 한다. 나아가 지방공무원법 제44조 제4항, 제45조 제1항이 지방공무원의 보수에 관하여 이른바 근무조건 법정주의를 채택하고 있고, 지방공무원 수당 등에 관한 규정 제15조 내지 제17조가 초과근무수당의 지급 대상, 시간당 지급 액수, 근무시간의 한도, 근무시간의 산정 방식에 관하여 구체적이고 직접적인 규정을 두고 있는 등 관계 법령의 내용, 형식 및 체제 등을 종합하여 보면, 지방소방공무원의 초과근무수당 지급청구권은 법령의 규정에 의하여 직접 그 존부나 범위가 정하여지고 법령에 규정된 수당의 지급요건에 해당하는 경우에는 곧바로 발생한다고 할 것이므로, 지방소방공무원이 자신이 소속된 지방자치단체를 상대로 초과근무수당의 지급을 구하는 청구에 관한 소송은 행정소송법 제3조 제2호에 규정된 당사자소송의 절차에 따라야 한다.
⑤ ☞ 조세채권존재확인은 처분성이 인정되지 않는 공법상 법률관계이므로 당사자소송의 대상이다.
[대법원 2020. 3. 2. 선고 2017두41771 판결] 국가 등 과세주체가 당해 확정된 조세채권의 소멸시효 중단을 위하여 납세의무자를 상대로 제기한 조세채권존재확인의 소는 공법상 당사자소송에 해당한다.

35 | 2025 |

당사자소송에 관한 설명으로 옳은 것은? (다툼이 있으면 판례에 따름)

① 「행정소송법」에는 당사자소송의 원고적격에 관한 직접적인 규정이 있다.
② 당사자소송에서는 행정청이 피고가 된다.
③ 당사자소송을 본안으로 하는 가처분에 대해서는 「민사집행법」상 가처분에 관한 규정이 준용된다.
④ 당사자소송에서는 피고경정이 인정되지 않는다.
⑤ 당사자소송의 확정판결은 제3자에 대하여도 효력이 있다.

••••••••••••••••••••

① ☞ 당사자소송에 대해서는 원고적격에 관한 직접적인 규정이 없고, 취소소송의 원고적격인 법률상 이익도 준용하지 않는다. 따라서 당사자소송은 민사소송법에 따라 「권리보호의 이익이 있는 자」가 소송을 제기할 수 있다.

② ☞ 당사자소송은 국가·공공단체 그 밖의 권리주체를 피고로 한다(행정소송법 제39조). 따라서 행정청(예컨대 서울시장)이 아니라 당해 행정주체(서울시)가 피고로 되어야 한다.

제39조(피고적격) 당사자소송은 국가·공공단체 그 밖의 권리주체를 피고로 한다.

③ ☞ 당사자소송은 행정소송법상 (처분의) 집행정지라는 가구제수단을 사용할 수 없으므로, 그 대신 민사집행법상 가처분 규정은 준용된다.
[대법원 2015. 8. 21., 자, 2015무26] 도시 및 주거환경정비법(이하 '도시정비법'이라 한다)상 행정주체인 주택재건축정비사업조합을 상대로 관리처분계획안에 대한 조합 총회결의의 효력을 다투는 소송은 행정처분에 이르는 절차적 요건의 존부나 효력 유무에 관한 소송으로서 소송결과에 따라 행정처분의 위법 여부에 직접 영향을 미치는 공법상 법률관계에 관한 것이므로, 이는 행정소송법상 당사자소송에 해당한다. 그리고 이러한 당사자소송에 대하여는 행정소송법 제23조 제2항의 집행정지에 관한 규정이 준용되지 아니하므로(행정소송법 제44조 제1항 참조), 이를 본안으로 하는 가처분에 대하여는 행정소송법 제8조 제2항에 따라 민사집행법상 가처분에 관한 규정이 준용되어야 한다.

④ ☞ 취소소송 규정이 당사자소송에서 준용되는 경우는 「비/록/직/참/속/할/변/경/공/병」으로 기억하자.

취소소송 규정의 준용여부	당사자소송 → 준용 ○	비/록/직/참/ 속/할/ 변/경/공/병	• 소송**비**용에 관한 재판의 효력 • 행정심판기**록** 제출명령 • **직**권심리 • (제3자·행정청) 소송**참**가 • 기**속**력 • 재판관**할** • (처분변경으로 인한) 소**변**경 • 피고**경**정 • **공**동소송 • 관련청구소송의 이송 및 **병**합

⑤ ☞ 취소판결에 인정되는 효력 중 취소판결의 제3자효(행정소송법 제29조)·재처분의무(제30조 제2항, 제3항)·간접강제(제34조) 등은 당사자소송에 준용되지 않는다. 「비/록/직/참/속/할/변/경/공/병」 이외의 규정은 준용되지 않는다고 정리하면 된다.

CHAPTER 04

객관적 소송

제 1 관 의의
제 2 관 종류

CHAPTER 04 객관적 소송

제1관 의 의

객관소송이란 행정의 적법성 보장 또는 공공이익의 일반적 보호를 목적으로 하는 소송을 말하며, 직접적인 이해관계가 없는 일반국민·선거인 또는 행정기관도 제기할 수 있다. 따라서 객관적 소송의 원고적격은 '법률에 의하여' 특별히 규정된다.

> **제3조 (행정소송의 종류)** 행정소송은 다음의 네가지로 구분한다.
> 1. 항고소송 : 행정청의 처분등이나 부작위에 대하여 제기하는 소송
> 2. 당사자소송 : 행정청의 처분등을 원인으로 하는 법률관계에 관한 소송 그 밖에 공법상의 법률관계에 관한 소송으로서 그 법률관계의 한쪽 당사자를 피고로 하는 소송
> 3. 민중소송 : 국가 또는 공공단체의 기관이 법률에 위반되는 행위를 한 때에 직접 자기의 법률상 이익과 관계 없이 그 시정을 구하기 위하여 제기하는 소송
> 4. 기관소송 : 국가 또는 공공단체의 기관상호간에 있어서의 권한의 존부 또는 그 행사에 관한 다툼이 있을 때에 이에 대하여 제기하는 소송. 다만, 헌법재판소법 제2조의 규정에 의하여 헌법재판소의 관장사항으로 되는 소송은 제외한다.
>
> **제45조 (소의 제기)** 민중소송 및 기관소송은 법률이 정한 경우에 법률에 정한 자에 한하여 제기할 수 있다.

> **관련판례**
>
> 행정소송법 제46조는 법률에서 객관소송을 허용하고 있는 경우에 한하여 그 재판절차를 규정한 것에 불과하다[대법원 1996.1.23, 95누12736].
>
> 행정소송법 제45조는 민중소송 및 기관소송은 법률이 정한 경우에 법률이 정한 자에 한하여 제기할 수 있다고 규정하고 있고, 행정청이 주민의 여론을 조사한 행위에 대하여는 법상 소로서 그 시정을 구할 수 있는 아무런 규정이 없으며, 행정소송법 제46조는 법률에서 민중소송을 허용하고 있는 경우에 그 재판절차를 규정한 것에 불과하므로, 원심이 여론조사의 무효확인을 구하는 소송을 각하한 것은 정당하다.

제2관 종류

1. 민중소송

가. 의의

민중소송이란 국가 또는 공공단체의 기관이 법률에 위반되는 행위를 한 때에 직접 자기의 법률상의 이익과 관계없이 그 시정을 구하기 위하여 제기하는 소송을 말한다. 행정법규의 적정한 집행이 요구되는 분야에서 법률이 민중소송의 제기를 허용하고 있는 경우에 법률이 정한 자에 한하여 제소가 인정된다.

나. 구체적인 예

(1) 공직선거법상 선거소송과 당선소송(공직선거법 제222조, 제223조)

① 대통령선거 및 국회의원선거에 관한 선거소송

소송사유	당사자		소의 제기	
	원고(제소권자)	피고	제소기간	제소기관
선거의 효력에 관하여 이의가 있는 경우	• 선거인 • 후보자를 추천한 정당 • 후보자	당해 선거구선거관리위원회위원장(원칙)	선거일부터 30일 이내	대법원

② 지방의회의원 및 지방자치단체의 장의 선거에 관한 선거소송

소송사유	당사자		소의 제기	
	원고(제소권자)	피고	제소기간	제소기관
선거의 효력에 관한 소청의 결정에 불복이 있는 경우	• 소청인 • 당선인	• 해당 선거구선거관리위원회위원장(원칙)	• 해당 소청에 대한 결정서를 받은 날부터 10일 이내 (원칙)	• 대법원 : 비례대표시·도의원선거 및 시·도지사선거의 경우 • 해당 선거구를 관할하는 고등법원 : 지역구시·도의원선거, 자치구·시·군의원선거 및 자치구·시·군의 장 선거의 경우

③ 대통령선거 및 국회의원선거에 관한 당선소송

소송사유	당사자		소의 제기	
	원고(제소권자)	피고	제소기간	제소기관
당선의 효력에 관하여 이의가 있는 경우	• 후보자를 추천한 정당 • 후보자 ※선거인은 당선소송의 원고가 아님.	• 당선인 등	• 당선인 결정일부터 30일 이내	• 대법원

④ 지방의회의원 및 지방자치단체의 장의 선거에 관한 당선소송

소송사유	당사자		소의 제기	
	원고(제소권자)	피고	제소기간	제소기관
당선의 효력에 관한 소청의 결정에 불복이 있는 경우	• 소청인 • 당선인 ※선거인은 당선소송의 원고가 아님.	• 당선인 등	• 해당 소청에 대한 결정서를 받은 날부터 10일 이내(원칙) • 중앙 또는 시·도선거관리위원회가 소청을 접수한 날부터 60일이내에 결정하지 아니한 경우에는 그 기간이 종료된 날부터 10일 이내	• 대법원 : 비례대표시·도의원선거 및 시·도지사선거의 경우 • 해당 선거구를 관할하는 고등법원 : 지역구시·도의원선거, 자치구·시·군의원선거 및 자치구·시·군의 장 선거의 경우

(2) 국민투표법상의 국민투표에 관한 소송

국민투표법

제92조(국민투표무효의 소송) 국민투표의 효력에 관하여 이의가 있는 투표인은 투표인 10만인 이상의 찬성을 얻어 <u>중앙선거관리위원회위원장</u>을 피고로 하여 투표일로부터 20일 이내에 <u>대법원</u>에 제소할 수 있다.

(3) 지방자치법상의 주민소송

지방자치법

제17조(주민소송) ① 제16조제1항에 따라 공금의 지출에 관한 사항, 재산의 취득·관리·처분에 관한 사항, 해당 지방자치단체를 당사자로 하는 매매·임차·도급 계약이나 그 밖의 계약의 체결·이행에 관한 사항 또는 지방세·사용료·수수료·과태료 등 공금의 부과·징수를 게을리한 사항을 <u>감사청구한 주민</u>은 다음 각 호의 어느 하나에 해당하는 경우에 그 감사청구한 사항과 관련이 있는 위법한 행위나 업무를 게을리 한 사실에 대하여 <u>해당 지방자치단체의 장</u>(해당 사항의 사무처리에 관한 권한을 소속 기관의 장에게 위임한 경우에는 그 소속 기관의 장을 말한다. 이하 이 조에서 같다)을 <u>상대방으로 하여</u> 소송을 제기할 수 있다.

(4) 주민투표법상 주민투표소송

주민투표법

제25조(주민투표소송 등) ① 주민투표의 효력에 관하여 이의가 있는 주민투표권자는 주민투표권자 총수의 100분의 1 이상의 서명으로 제24조제3항에 따라 주민투표결과가 공표된 날부터 14일 이내에 관할선거관리위원회 위원장을 피소청인으로 하여 시·군·구의 경우에는 시·도선거관리위원회에, 시·도의 경우에는 중앙선거관리위원회에 소청할 수 있다.

② 소청인은 제1항에 따른 소청에 대한 결정에 불복하려는 경우 관할선거관리위원회위원장을 피고로 하여 그 결정서를 받은 날(결정서를 받지 못한 때에는 결정기간이 종료된 날을 말한다)부터 10일 이내에 시·도의 경우에는 대법원에, 시·군·구의 경우에는 관할 고등법원에 소를 제기할 수 있다.

(5) 주민소환법상 주민소환투표소송

주민소환법

제24조(주민소환투표소송 등) ① 주민소환투표의 효력에 관하여 이의가 있는 해당 주민소환투표대상자 또는 주민소환투표권자(주민소환투표권자 총수의 100분의 1이상의 서명을 받아야 한다)는 제22조제3항의 규정에 의하여 주민소환투표결과가 공표된 날부터 14일 이내에 관할선거관리위원회 위원장을 피소청인으로 하여 지역구시·도의원, 지역구자치구·시·군의원 또는 시장·군수·자치구의 구청장을 대상으로 한 주민소환투표에 있어서는 특별시·광역시·도선거관리위원회에, 시·도지사를 대상으로 한 주민소환투표에 있어서는 중앙선거관리위원회에 소청할 수 있다.
② 제1항의 규정에 따른 소청에 대한 결정에 관하여 불복이 있는 소청인은 관할선거관리위원회 위원장을 피고로 하여 그 결정서를 받은 날(결정서를 받지 못한 때에는 [공직선거법] 제220조제1항의 규정에 의한 결정기간이 종료된 날을 말한다)부터 10일 이내에 지역구시·도의원, 지역구자치구·시·군의원 또는 시장·군수·자치구의 구청장을 대상으로 한 주민소환투표에 있어서는 그 선거구를 관할하는 고등법원에, 시·도지사를 대상으로 한 주민소환투표에 있어서는 대법원에 소를 제기할 수 있다.

2. 기관소송

가. 의 의

기관소송이란 국가 또는 공공단체의 기관 상호간에 있어서 권한의 존부 또는 그 행사에 관한 다툼이 있을 때, 이에 대하여 제기하는 소송을 말한다. 행정기관 상호간의 권한쟁의는 행정권 내부의 통일성 확보에 관한 문제이기 때문에 감독권 행사에 의하여 내부적으로 해결하는 것이 원칙이며, 법률에 특별한 규정이 없으면 법원의 권한에는 속하지 아니하나, 권한쟁의의 적당한 해결기관이 없거나 특히 공정한 제3자의 판단을 요하는 경우에 있어서는 법률이 정한 경우에 법률이 정한 자에 한하여 제소가 인정된다.

나. 구체적인 예

(1) 지방의회 재의결에 대해 단체장이 제소하는 경우(지방자치법 제120조 제3항)
(2) 감독청의 재의요구명령에 따라 지방의회의결에 대해 단체장이 제소하는 경우(지방자치법 제192조 제4항)
(3) 감독청의 제소지시에 따라 지방의회의결에 대해 단체장이 제소하는 경우(지방자치법 제192조 제5항)
(4) 교육·학예에 관한 시·도의회의 재의결에 대해 교육감이 대법원에 제소하는 경우(지방교육자치에 관한 법률 제28조 제3항)

(5) 자치사무에 관한 감독청의 명령이나 처분의 취소 또는 정지에 대해 단체장이 제소하는 경우(지방자치법 제188조 제6항)

다. 소송요건

(1) 당사자적격

기관소송은 법률이 특별히 규정한 자(예컨대 지방자치단체장)에 한하여 소송을 제기할 수 있으며(원고적격), 법률이 규정한 자(예컨대 지방의회, 시·도의회)가 피고가 된다(피고적격).

(2) 관할법원

기관소송의 재판관할은 대법원이 제1심법원이면서 최종심법원이 된다(대법원 단심제).

라. 헌법재판소법상 권한쟁의심판과의 관계

기관소송은 국가 또는 공공단체의 기관 상호간에 있어서의 권한의 존부 또는 그 행사에 관한 다툼이 있을 때에 이에 대하여 제기하는 소송으로서, 헌법재판소법상 권한쟁의심판과 법리적으로 중복되는 부분이 있다. 이 경우 헌법재판소법 제62조의 규정에 의하여 헌법재판소의 관장사항으로 되는 소송은 제외한다. 헌법재판소의 관장사항은 ① 국가기관 상호간, ② 국가기관과 지방자치단체간 및 ③ 지방자치단체 상호간의 권한쟁의에 관한 심판이다.

제3조(행정소송의 종류)
4. 기관소송 : 국가 또는 공공단체의 기관상호간에 있어서의 권한의 존부 또는 그 행사에 관한 다툼이 있을 때에 이에 대하여 제기하는 소송. 다만, 헌법재판소법 제2조의 규정에 의하여 헌법재판소의 관장사항으로 되는 소송은 제외한다.

헌법재판소법

제62조(권한쟁의심판의 종류) ① 권한쟁의심판의 종류는 다음 각 호와 같다.
1. 국가기관 상호간의 권한쟁의심판
   국회, 정부, 법원 및 중앙선거관리위원회 상호간의 권한쟁의심판
2. 국가기관과 지방자치단체 간의 권한쟁의심판
   가. 정부와 특별시·광역시·특별자치시·도 또는 특별자치도 간의 권한쟁의심판
   나. 정부와 시·군 또는 지방자치단체인 구(이하 "자치구"라 한다) 간의 권한쟁의심판
3. 지방자치단체 상호간의 권한쟁의심판
   가. 특별시·광역시·특별자치시·도 또는 특별자치도 상호간의 권한쟁의심판
   나. 시·군 또는 자치구 상호간의 권한쟁의심판
   다. 특별시·광역시·특별자치시·도 또는 특별자치도와 시·군 또는 자치구 간의 권한쟁의심판
② 권한쟁의가 「지방교육자치에 관한 법률」 제2조에 따른 교육·학예에 관한 지방자치단체의 사무에 관한 것인 경우에는 교육감이 제1항 제2호 및 제3호의 당사자가 된다.

3. 적용법규

민중소송 또는 기관소송에 적용될 법규는 민중소송·기관소송을 규정한 각 개별법률이다. 그러나 개별법에 특별한 규정 없는 경우에는 "그 성질에 반하지 않는 한" 행정소송법 규정을 준용한다.

> **제46조(준용규정)** ① 민중소송 또는 기관소송으로써 처분등의 취소를 구하는 소송에는 그 성질에 반하지 아니하는 한 취소소송에 관한 규정을 준용한다.
> ② 민중소송 또는 기관소송으로써 처분등의 효력 유무 또는 존재 여부나 부작위의 위법의 확인을 구하는 소송에는 그 성질에 반하지 아니하는 한 각각 무효등 확인소송 또는 부작위법확인소송에 관한 규정을 준용한다.
> ③ 민중소송 또는 기관소송으로서 제1항 및 제2항에 규정된 소송외의 소송에는 그 성질에 반하지 아니하는 한 당사자소송에 관한 규정을 준용한다.

< 민중소송과 기관소송의 유형 정리 >

민중소송	기관소송
• 선거소송(공직선거법 제222조) • 당선소송(공직선거법 제223조) • 국민투표무효의 소송(국민투표법 제92조) • 주민소송(지방자치법 제17조) • 주민투표소송(주민투표법 제25조) • 주민소환투표소송(주민소환에 관한 법률 제24조)	• 지방의회의 의결에 대한 재의요구와 제소(지방자치법 제120조) • 지방의회 의결의 재의와 제소(지방자치법 제192조) • 시·도의회 등의 의결에 대한 재의와 제소(지방교육자치에관한법률 제28조) • 자치사무에 관한 감독청의 명령, 처분의 취소 또는 정지에 대한 제소(지방자치법 제188조)

기출문제

01 | 2016 |

민중소송 및 기관소송에 관한 설명으로 옳은 것은?

① 기관소송은 법률이 정한 경우에 법률에 정한 자에 한하여 제기할 수 있다.
② 민중소송은 국가 또는 공공단체의 기관의 행위에 대하여 자기의 법률상 이익이 있는 자가 제기하는 소송이다.
③ 지방자치법상 주민소송은 기관소송에 해당한다.
④ 민중소송에는 그 성질에 반하지 아니하는 한 취소소송에 관한 규정을 준용하지만, 기관소송의 경우에는 그러하지 아니하다.
⑤ 기관소송은 헌법재판소법상 헌법재판소의 관장사항으로 되는 소송을 포함한다.

• •

① ☞ 민중소송 및 기관소송은 법률이 정한 경우에 법률에 정한 자에 한하여 제기할 수 있다(제45조).
② ☞ 민중소송이란 국가 또는 공공단체의 기관이 법률에 위반되는 행위를 한 때에 직접 자기의 법률상의 이익과 관계없이 그 시정을 구하기 위하여 제기하는 소송을 말한다.
③ ☞ 지방자치법상 주민소송은 민중소송에 해당한다.
④ ☞ 민중소송과 기관소송 모두 "그 성질에 반하지 않는 한" 항고소송, 당사자소송에 관한 규정을 준용한다(행정소송법 제46조).
⑤ ☞ 기관소송은 국가 또는 공공단체의 기관 상호간에 있어서의 권한의 존부 또는 그 행사에 관한 다툼이 있을 때에 이에 대하여 제기하는 소송으로서, 헌법재판소법상 권한쟁의심판과 법리적으로 중복되는 부분이 있다. 이 경우 헌법재판소법 제62조의 규정에 의하여 헌법재판소의 관장사항으로 되는 소송은 제외한다. 헌법재판소의 관장사항은 (ⅰ) 국가기관 상호간, (ⅱ) 국가기관과 지방자치단체간 및 (ⅲ) 지방자치단체 상호간의 권한쟁의에 관한 심판이다.

답 01 ①

02 | 2017 |

국가 또는 공공단체의 기관이 법률에 위반되는 행위를 한 때에 직접 자기의 법률상 이익과 관계없이 그 시정을 구하기 위하여 제기하는 소송에 해당하는 것을 모두 고른 것은?

> ㄱ. 「공직선거법」상 선거소송
> ㄴ. 「국민투표법」상 국민투표무효소송
> ㄷ. 「지방자치법」상 주민소송
> ㄹ. 「지방자치법」상 지방의회재의결에 대한 지방자치단체장의 소송
> ㅁ. 「지방교육자치에 관한 법률」상 지방의회재의결에 대한 교육감의 소송

① ㄹ, ㅁ
② ㄱ, ㄴ, ㄷ
③ ㄷ, ㄹ, ㅁ
④ ㄱ, ㄴ, ㄷ, ㄹ
⑤ ㄱ, ㄴ, ㄷ, ㄹ, ㅁ

••••••••••••••••••••

☞ 국가 또는 공공단체의 기관이 법률에 위반되는 행위를 한 때에 직접 자기의 법률상 이익과 관계없이 그 시정을 구하기 위하여 제기하는 소송은 「민중소송」이다. ㄱ, ㄴ, ㄷ은 민중소송이고, ㄹ과 ㅁ은 기관소송에 해당한다.

민중소송	기관소송
• 선거소송(공직선거법 제222조) • 당선소송(공직선거법 제223조) • 국민투표무효의 소송(국민투표법 제92조) • 주민소송(지방자치법 제17조) • 주민투표소송(주민투표법 제25조) • 주민소환투표소송(주민소환에 관한 법률 제24조)	• 지방의회의 의결에 대한 재의요구와 제소(지방자치법 제107조) • 지방의회 의결의 재의와 제소(지방자치법 제172조) • 시·도의회 등의 의결에 대한 재의와 제소(지방교육자치에 관한법률 제28조) • 자치사무에 관한 감독청의 명령, 처분의 취소 또는 정지에 대한 제소(지방자치법 제188조)

03 | 2018 |

기관소송에 관한 설명으로 옳지 않은 것은?

① 「헌법재판소법」에 의하여 헌법재판소의 관장사항으로 되는 소송은 제외한다.
② 「지방자치법」상 주민소송은 기관소송에 해당하지 않는다.
③ 기관소송에는 취소소송에 관한 규정이 준용되지 않는다.
④ 기관소송은 법률이 정한 경우에 한하여 제기할 수 있다.
⑤ 기관소송의 원고적격은 법률에서 따로 정한다.

••••••••••••••••••••

① ☞ 기관소송은 국가 또는 공공단체의 기관 상호간에 있어서의 권한의 존부 또는 그 행사에 관한 다툼이 있을 때에 이에 대하여 제기하는 소송으로서, 헌법재판소법상 권한쟁의심판과 법리적으로 중복되는 부분이 있다.

이 경우 헌법재판소법 제62조의 규정에 의하여 헌법재판소의 관장사항으로 되는 소송은 제외한다(동법 제3조 제4호 단서). 헌법재판소의 관장사항은 (ⅰ) 국가기관 상호간, (ⅱ) 국가기관과 지방자치단체간 및 (ⅲ) 지방자치단체 상호간의 권한쟁의에 관한 심판이다.

② ☞ 주민소송은 민중소송에 속한다.

민중소송	기관소송
• 선거소송(공직선거법 제222조) • 당선소송(공직선거법 제223조) • 국민투표무효의 소송(국민투표법 제92조) • 주민소송(지방자치법 제17조) • 주민투표소송(주민투표법 제25조) • 주민소환투표소송(주민소환에 관한 법률 제24조)	• 지방의회의 의결에 대한 재의요구와 제소(지방자치법 제107조) • 지방의회 의결의 재의와 제소(지방자치법 제172조) • 시·도의회 등의 의결에 대한 재의와 제소(지방교육자치에관한법률 제28조) • 자치사무에 관한 감독청의 명령, 처분의 취소 또는 정지에 대한 제소(지방자치법 제188조)

③ ☞ 민중소송 또는 기관소송에 적용될 법규는 민중소송·기관소송을 규정한 각 개별법률이다. 그러나 개별법에 특별한 규정 없는 경우에는 "그 성질에 반하지 않는 한" 행정소송법 규정을 준용한다(동법 제46조).

④, ⑤ ☞ 기관소송은 법률이 특별히 규정한 자(예컨대 지방자치단체장)에 한하여 소송을 제기할 수 있으며(원고적격), 법률이 규정한 자(예컨대 지방의회, 시·도의회, 교육위원회)가 피고가 된다(피고적격).

04 | 2018 |

원고적격 등에 관한 설명으로 옳지 <u>않은</u> 것은?

① 취소소송은 처분 등의 취소를 구할 법률상 이익이 있는 자가 제기할 수 있다.
② 무효등확인소송은 처분 등의 효력 유무 또는 존재 여부의 확인을 구할 법률상 이익이 있는 자가 제기할 수 있다.
③ 부작위위법확인소송은 처분의 신청을 한 자로서 부작위의 위법의 확인을 구할 법률상 이익이 있는 자만이 제기할 수 있다.
④ 민중소송은 직접 법률상 이익이 있는 자만이 제기할 수 있다.
⑤ 처분 등의 효과가 소멸된 뒤에도 그 처분 등의 취소로 인하여 회복되는 법률상 이익이 있는 자는 그 처분 등에 대하여 취소소송을 제기할 수 있다.

••••••••••••••••••••••••

① 동법 제12조 전문
② 동법 제35조
③ 동법 제36조
④ ☞ 행정법규의 적정한 집행이 요구되는 분야에서 법률이 민중소송의 제기를 허용하고 있는 경우에 법률이 정한 자에 한하여 제소가 인정된다(동법 제45조).
⑤ ☞ 영업정지처분에 따른 정지기간이 만료되었으나 해당 영업정지처분이 후속처분의 가중사유가 되는 경우라면 소의 이익이 인정된다.

05 | 2018 |

민중소송에 관한 설명으로 옳은 것은?

① 국가 또는 공공단체의 기관이 법률에 위반되는 행위를 한 때에 그 시정을 구하기 위해서 제기하는 공익소송이다.
② 개인의 법적 이익의 구제를 목적으로 하므로 법률상 이익이 침해되는 경우에만 제기할 수 있다.
③ 선거인이라는 지위만 있으면 기본권의 주체로서 제기할 수 있는 주관적 소송이다.
④ 법률상 특별한 요건이 규정되어 있지 않고 주권자로서 지위만 있으면 제기할 수 있다.
⑤ 처분의 취소를 구하는 민중소송에는 당사자소송에 관한 규정을 준용한다.

••••••••••••••••••••••••

①, ②, ③, ④ ☞ 민중소송이란 국가 또는 공공단체의 기관이 법률에 위반되는 행위를 한 때에 직접 자기의 법률상의 이익과 관계없이 공익을 위하여 그 시정을 구하기 위하여 제기하는 소송으로서 객관소송의 일종이다.
⑤ ☞ 처분의 취소를 구하는 형태의 민중소송이라면 당사자소송이 아니라 취소소송에 관한 규정을 준용해야 한다(동법 제46조 제1항).

06 | 2019 |

민중소송에 대한 설명으로 옳지 않은 것은?

① 국민투표의 효력에 관하여 이의가 있는 투표인이 대법원에 제기하는 소송은 민중소송이다.
② 민중소송으로서 처분등의 취소를 구하는 소송에는 그 성질에 반하지 아니하는 한 취소소송에 관한 규정을 준용한다.
③ 「지방자치법」상의 주민소송은 민중소송의 일종이다.
④ 19세 이상의 주민이 일정한 요건을 갖추어 조례의 개정을 청구하는 것은 민중소송의 일종이다.
⑤ 직접 자기의 법률상 이익과 관계없이 제기하는 민중소송은 객관적 소송이다.

••••••••••••••••••••••••

① ☞ 민중소송이란 국가 또는 공공단체의 기관이 법률에 위반되는 행위를 한 때에 직접 자기의 법률상의 이익과 관계없이 그 시정을 구하기 위하여 제기하는 소송을 말한다. 행정법규의 적정한 집행이 요구되는 분야에서 법률이 민중소송의 제기를 허용하고 있는 경우에 법률이 정한 자에 한하여 제소가 인정된다. 「국민투표법」상 국민투표에 관한 소송은 민중소송의 일종이다(동법 제92조).

> **국민투표법**
> **제92조(국민투표무효의 소송)** 국민투표의 효력에 관하여 이의가 있는 투표인은 투표인 10만인 이상의 찬성을 얻어 중앙선거관리위원회위원장을 피고로 하여 투표일로부터 20일 이내에 대법원에 제소할 수 있다.

답 05 ① 06 ④

② 「행정소송법」 제46조 제1조

> **제46조(준용규정)** ① 민중소송 또는 기관소송으로써 처분등의 취소를 구하는 소송에는 그 성질에 반하지 아니하는 한 취소소송에 관한 규정을 준용한다.

③ ☞ 「지방자치법」상의 주민소송은 민중소송의 일종이다(동법 제17조 제1항).

> **지방자치법**
> **제17조(주민소송)** ① 제16조제1항에 따라 공금의 지출에 관한 사항, 재산의 취득·관리·처분에 관한 사항, 해당 지방자치단체를 당사자로 하는 매매·임차·도급 계약이나 그 밖의 계약의 체결·이행에 관한 사항 또는 지방세·사용료·수수료·과태료 등 공금의 부과·징수를 게을리한 사항을 감사청구한 주민은 다음 각 호의 어느 하나에 해당하는 경우에 그 감사청구한 사항과 관련이 있는 위법한 행위나 업무를 게을리 한 사실에 대하여 해당 지방자치단체의 장(해당 사항의 사무처리에 관한 권한을 소속 기관의 장에게 위임한 경우에는 그 소속 기관의 장을 말한다. 이하 이 조에서 같다)을 상대방으로 하여 소송을 제기할 수 있다.

④ ☞ 조례개폐청구는 민중소송이 아니다. 조례개폐청구권은 지방자치를 위한 지방자치법상 주민의 권리 중 하나이다(동법 제15조).

> **지방자치법**
> **제15조(조례의 제정과 개폐 청구)** ① 19세 이상의 주민으로서 다음 각 호의 어느 하나에 해당하는 사람(「공직선거법」 제18조에 따른 선거권이 없는 자는 제외한다. 이하 이 조 및 제16조에서 "19세 이상의 주민"이라 한다)은 시·도와 제175조에 따른 인구 50만 이상 대도시에서는 19세 이상 주민 총수의 100분의 1 이상 70분의 1 이하, 시·군 및 자치구에서는 19세 이상 주민 총수의 50분의 1 이상 20분의 1 이하의 범위에서 지방자치단체의 조례로 정하는 19세 이상의 주민 수 이상의 연서(連署)로 해당 지방자치단체의 장에게 조례를 제정하거나 개정하거나 폐지할 것을 청구할 수 있다.

⑤ ☞ 객관적 소송이란 행정의 적법성 보장 또는 공공이익의 일반적 보호를 목적으로 하는 소송을 말하며, 직접적인 이해관계가 없는 일반국민·선거인 또는 행정기관도 제기할 수 있다. 따라서 객관적 소송의 원고적격은 '법률에 의하여' 특별히 규정된다. 민중소송 및 기관소송은 법률이 정한 경우에 법률에 정한 자에 한하여 제기할 수 있다(행정소송법 제45조).

> **제45조(소의 제기)** 민중소송 및 기관소송은 법률이 정한 경우에 법률에 정한 자에 한하여 제기할 수 있다.

07 | 2019 |

기관소송에 관한 설명으로 옳지 <u>않은</u> 것은? (다툼이 있으면 판례에 따름)

① 교육·학예에 관한 시·도의회의 재의결에 대하여 교육감이 대법원에 제기하는 소송은 기관소송의 일종이다.
② 지방자치단체의 장이 자치사무에 관한 감독청의 명령이나 처분의 취소 또는 정지에 대하여 대법원에 제기하는 소송은 기관소송의 일종이다.
③ 기관소송은 국가기관과 지방자치단체 간에 권한의 유무 또는 범위에 관하여 다툼이 있을 때에 제기하는 소송이다.
④ 기관소송으로서 처분등의 존재 여부의 확인을 구하는 소송에는 그 성질에 반하지 아니하는 한 무효등 확인소송에 관한 규정을 준용한다.
⑤ 기관소송으로서 항고소송에 관한 규정을 준용하는 소송 외의 소송에는 그 성질에 반하지 아니하는 한 당사자소송에 관한 규정을 준용한다.

----

① ☞ 기관소송이란 국가 또는 공공단체의 기관 상호간에 있어서 권한의 존부 또는 그 행사에 관한 다툼이 있을 때, 이에 대하여 제기하는 소송을 말한다. 교육·학예에 관한 시·도의회의 재의결에 대하여 교육감이 대법원에 제기하는 소송은 기관소송의 일종이다(지방교육자치에 관한 법률 제28조 제3항).

> **지방교육자치에 관한 법률**
> **제28조(시·도의회 등의 의결에 대한 재의와 제소)** ① 교육감은 교육·학예에 관한 시·도의회의 의결이 법령에 위반되거나 공익을 현저히 저해한다고 판단될 때에는 그 의결사항을 이송받은 날부터 20일 이내에 이유를 붙여 재의를 요구할 수 있다. 교육감이 교육부장관으로부터 재의요구를 하도록 요청받은 경우에는 시·도의회에 재의를 요구하여야 한다.
> ② 제1항의 규정에 따른 재의요구가 있을 때에는 재의요구를 받은 시·도의회는 재의에 붙이고 시·도의회 재적의원 과반수의 출석과 시·도의회 출석의원 3분의 2이상의 찬성으로 전과 같은 의결을 하면 그 의결사항은 확정된다.
> ③ 제2항의 규정에 따라 <u>재의결된 사항이 법령에 위반된다고 판단될 때에는 교육감은 재의결된 날부터 20일 이내에 대법원에 제소할 수 있다.</u>

② ☞ 지방자치단체의 장이 자치사무에 관한 감독청의 명령이나 처분의 취소 또는 정지에 대하여 대법원에 소송을 제기할 수 있다. 해당 유형의 소송이 기관소송인지에 대해서는 견해의 대립이 있으나, 지방자치법상 규정 자체는 존재한다.

> **지방자치법**
> **제188조(위법·부당한 명령이나 처분의 시정)** ① 지방자치단체의 사무에 관한 지방자치단체의 장(제103조제2항에 따른 사무의 경우에는 지방의회의 의장을 말한다. 이하 이 조에서 같다)의 명령이나 처분이 법령에 위반되거나 현저히 부당하여 공익을 해친다고 인정되면 시·도에 대해서는 주무부장관이, 시·군 및 자치구에 대해서는 시·도지사가 기간을 정하여 서면으로 시정할 것을 명하고, 그 기간에 이행하지 아니하면 이를 취소하거나 정지할 수 있다.

답 07 ③

③ 주무부장관은 시·도지사가 제2항에 따른 기간에 시정명령을 하지 아니하면 제2항에 따른 기간이 지난 날부터 7일 이내에 직접 시장·군수 및 자치구의 구청장에게 기간을 정하여 서면으로 시정할 것을 명하고, 그 기간에 이행하지 아니하면 주무부장관이 시장·군수 및 자치구의 구청장의 명령이나 처분을 취소하거나 정지할 수 있다.

④ 주무부장관은 시·도지사가 시장·군수 및 자치구의 구청장에게 제1항에 따라 시정명령을 하였으나 이를 이행하지 아니한 데 따른 취소·정지를 하지 아니하는 경우에는 시·도지사에게 기간을 정하여 시장·군수 및 자치구의 구청장의 명령이나 처분을 취소하거나 정지할 것을 명하고, 그 기간에 이행하지 아니하면 주무부장관이 이를 직접 취소하거나 정지할 수 있다.

⑥ 지방자치단체의 장은 제1항, 제3항 또는 제4항에 따른 자치사무에 관한 명령이나 처분의 취소 또는 정지에 대하여 이의가 있으면 그 취소처분 또는 정지처분을 통보받은 날부터 15일 이내에 대법원에 소를 제기할 수 있다.

③ ☞ 기관소송은 국가 또는 공공단체의 기관 상호간에 있어서의 권한의 존부 또는 그 행사에 관한 다툼이 있을 때에 이에 대하여 제기하는 소송으로서, 헌법재판소법상 권한쟁의심판과 법리적으로 중복되는 부분이 있다. 이 경우 헌법재판소법 제62조의 규정에 의하여 헌법재판소의 관장사항으로 되는 소송은 제외한다(행정소송법 제3조 제4호). 헌법재판소의 관장사항은 (ⅰ) 국가기관 상호간, (ⅱ) 국가기관과 지방자치단체 간 및 (ⅲ) 지방자치단체 상호간의 권한쟁의에 관한 심판이다.

제3조(행정소송의 종류) 행정소송은 다음의 네 가지로 구분한다.
1. 항고소송 : 행정청의 처분 등이나 부작위에 대하여 제기하는 소송
2. 당사자소송 : 행정청의 처분 등을 원인으로 하는 법률관계에 관한 소송 그 밖에 공법상의 법률관계에 관한 소송으로서 그 법률관계의 한쪽 당사자를 피고로 하는 소송
3. 민중소송 : 국가 또는 공공단체의 기관이 법률에 위반되는 행위를 한 때에 직접 자기의 법률상 이익과 관계없이 그 시정을 구하기 위하여 제기하는 소송
4. 기관소송 : 국가 또는 공공단체의 기관상호간에 있어서의 권한의 존부 또는 그 행사에 관한 다툼이 있을 때에 이에 대하여 제기하는 소송. 다만, 헌법재판소법 제2조의 규정에 의하여 헌법재판소의 관장사항으로 되는 소송은 제외한다.

헌법재판소법
제62조(권한쟁의심판의 종류) ① 권한쟁의심판의 종류는 다음 각 호와 같다.
1. 국가기관 상호간의 권한쟁의심판
   국회, 정부, 법원 및 중앙선거관리위원회 상호간의 권한쟁의심판
2. 국가기관과 지방자치단체 간의 권한쟁의심판
   가. 정부와 특별시·광역시·도 또는 특별자치도 간의 권한쟁의심판
   나. 정부와 시·군 또는 지방자치단체인 구(이하 "자치구"라 한다) 간의 권한쟁의심판
3. 지방자치단체 상호간의 권한쟁의심판
   가. 특별시·광역시·도 또는 특별자치도 상호간의 권한쟁의심판
   나. 시·군 또는 자치구 상호간의 권한쟁의심판
   다. 특별시·광역시·도 또는 특별자치도와 시·군 또는 자치구 간의 권한쟁의심판

④ 동법 제46조 제2항

> **제46조(준용규정)** ② 민중소송 또는 기관소송으로써 처분등의 효력 유무 또는 존재 여부나 부작위의 위법의 확인을 구하는 소송에는 그 성질에 반하지 아니하는 한 각각 무효등 확인소송 또는 부작위위법확인소송에 관한 규정을 준용한다.

⑤ 동법 제46조 제3항

> **제46조(준용규정)** ③ 민중소송 또는 기관소송으로서 제1항 및 제2항에 규정된 소송외의 소송에는 그 성질에 반하지 아니하는 한 당사자소송에 관한 규정을 준용한다.

08 | 2020 |

민중소송 및 기관소송에 관한 설명으로 옳지 않은 것은? (다툼이 있으면 판례에 따름)

① 기관소송은 법률이 정한 경우에 법률이 정한 자에 한하여 제기할 수 있다.
② 민중소송은 국가 또는 공공단체의 기관이 위법한 행위를 한 때에 제기하는 소송이다.
③ 「공직선거법」제222조의 선거소송은 민중소송이다.
④ 「지방자치법」상 주민소송은 민중소송이다.
⑤ 기관소송은 객관적 소송이므로 처분의 취소를 구하는 취지의 소송일지라도 취소소송에 관한 제소기간의 규정은 준용되지 않는다.

---

① ☞ 이를 「객관소송 법정주의」라 한다. 기관소송은 법률이 특별히 규정한 자(예컨대 지방자치단체장)에 한하여 소송을 제기할 수 있다(행정소송법 제45조).

> **제45조(소의 제기)** 민중소송 및 기관소송은 법률이 정한 경우에 법률에 정한 자에 한하여 제기할 수 있다.

② 동법 제3조 제3호

> **제3조(행정소송의 종류)** 행정소송은 다음의 네가지로 구분한다.
> 3. 민중소송 : 국가 또는 공공단체의 기관이 법률에 위반되는 행위를 한 때에 직접 자기의 법률상 이익과 관계없이 그 시정을 구하기 위하여 제기하는 소송

③, ④ ☞ 민중소송의 예로는 (ⅰ) 공직선거법상 선거소송과 당선소송(공직선거법 제222조, 제223조), (ⅱ) 국민투표법상 국민투표무효소송(국민투표법 제92조), (ⅲ) 지방자치법상 주민소송(지방자치법 제17조), (ⅳ) 주민투표법상 주민투표소송(주민투표법 제25조)을 들 수 있다.
⑤ ☞ "그 성질에 반하지 않는 한" 항고소송, 당사자소송에 관한 규정을 준용한다(동법 제46조 제1항).

> **제46조(준용규정)** ① 민중소송 또는 기관소송으로써 처분등의 취소를 구하는 소송에는 그 성질에 반하지 아니하는 한 취소소송에 관한 규정을 준용한다.

답 08 ⑤

09 | 2021 |

행정소송의 대상이 될 수 있는 것은? (다툼이 있으면 판례에 따름)

① 조례안의 재의결   ② 과태료의 부과   ③ 소유권이전의 등기
④ 국회의원의 제명   ⑤ 구속영장의 발부

──────────────

① ☞ 기관소송에 해당한다. 기관소송은 행정소송의 종류 중 하나이며, 기관소송의 예로는 (ⅰ) 지방의회 재의결에 대해 단체장이 대법원에 제소하는 경우, (ⅱ) 감독청의 재의요구명령에 따라 지방의회의결에 대해 단체장이 대법원에 제소하는 경우, (ⅲ) 감독청의 제소지시에 따라 지방의회의결에 대해 단체장이 대법원에 제소하는 경우, (ⅳ) 교육위원회와 시·도의회의 월권을 이유로 교육감이 대법원에 제소하는 경우, (ⅴ) 자치사무에 관한 감독청의 명령이나 처분의 취소 또는 정지에 대해 단체장이 제소하는 경우(지방자치법 제188조 제6항) 등을 들 수 있다.

② ☞ 과태료의 부과에 대해서는 질서위반행위규제법에서 별도로 과태료재판 절차가 규정되어 있다.
[대법원 1995.7.28, 95누2623판결] 구 건축법 제56조의2 제1, 4, 5항 등에 의하면, 부과된 과태료처분에 대하여 불복이 있는 자는 그 처분이 있음을 안 날로부터 30일 이내에(편저자 주 : 현재는 60일로 개정) 당해 부과권자에게 이의를 제기할 수 있고, 이러한 이의가 제기된 때에는 부과권자는 지체 없이 관할법원에 그 사실을 통보하여야 하며, 그 통보를 받은 관할법원은 비송사건절차법에 의하여 과태료의 재판을 하도록 규정되어 있어서, 건축법에 의하여 부과된 과태료처분의 당부는 최종적으로 비송사건절차법에 의한 절차에 의하여만 판단되어야 한다고 보아야 하므로, 그 과태료처분은 행정소송의 대상이 되는 행정처분이라고 볼 수 없다.

③ ☞ 소유권이전등기청구소송은 민사소송에 해당한다.
[대법원 1971.02.23 선고 70다2563 제1부판결] 국가와 사인간에 있어서의 잡종재산에 대한 매매는 사법상의 행위이고 행정처분이라 할 수 없으므로 국가로부터 잡종재산을 불하받은 자가 위의 불하계약이 유효히 존속중임을 전제로 민사소송으로서 직접 소유권이전등기청구를 한 것은 적법한 것이다.

④ ☞ 권력분립의 원칙상, 국회 내부의 징계절차에 대한 사법심사는 불가능하다.

> **헌법**
> **제64조** ① 국회는 법률에 저촉되지 아니하는 범위안에서 의사와 내부규율에 관한 규칙을 제정할 수 있다.
> ② 국회는 의원의 자격을 심사하며, 의원을 징계할 수 있다.
> ③ 의원을 제명하려면 국회재적의원 3분의 2 이상의 찬성이 있어야 한다.
> ④ 제2항과 제3항의 처분에 대하여는 법원에 제소할 수 없다.

⑤ ☞ 구속영장의 발부는 형사소송의 영역이다.

답 09 ①

10 | 2021 |

기관소송 및 민중소송에 관한 설명으로 옳지 않은 것은?

① 민중소송은 국가 또는 공공단체의 기관이 법률에 위반되는 행위를 한 때에 직접 자기의 법률상 이익과 관계없이 그 시정을 구하기 위하여 제기하는 소송이다.
② 기관소송은 국가 또는 공공단체의 기관 상호간에 있어서의 권한의 존부 또는 그 행사에 관한 다툼이 있을 때에 이에 대하여 제기하는 소송이다.
③ 민중소송으로써 처분등의 효력 유무 또는 존재 여부의 확인을 구하는 소송에는 그 성질에 반하지 아니하는 한 무효등 확인소송에 관한 규정을 준용한다.
④ 기관소송으로써 부작위의 위법의 확인을 구하는 소송에는 그 성질에 반하지 아니하는 한 부작위위법확인소송에 관한 규정을 준용한다.
⑤ 「행정소송법」에는 당사자소송에 관한 규정을 민중소송에 준용하는 조항이 없다.

---

① ☞ 「민중소송」이란 국가 또는 공공단체의 기관이 법률에 위반되는 행위를 한 때에 직접 자기의 법률상의 이익과 관계없이 그 시정을 구하기 위하여 제기하는 소송을 말한다. 행정법규의 적정한 집행이 요구되는 분야에서 법률이 민중소송의 제기를 허용하고 있는 경우에 법률이 정한 자에 한하여 제소가 인정된다.
② ☞ 「기관소송」이란 국가 또는 공공단체의 기관 상호간에 있어서 권한의 존부 또는 그 행사에 관한 다툼이 있을 때, 이에 대하여 제기하는 소송을 말한다. 행정기관 상호간의 권한쟁의는 행정권 내부의 통일성 확보에 관한 문제이기 때문에 감독권 행사에 의하여 내부적으로 해결하는 것이 원칙이며, 법률에 특별한 규정이 없으면 법원의 권한에는 속하지 아니하나, 권한쟁의의 적당한 해결기관이 없거나 특히 공정한 제3자의 판단을 요하는 경우에 있어서는 법률이 정한 경우에 법률이 정한 자에 한하여 제소가 인정된다.
③, ④, ⑤ ☞ "성질에 반하지 않는 한" 주관소송에 관한 규정을 준용한다.

> **제46조(준용규정)** ① 민중소송 또는 기관소송으로써 처분등의 취소를 구하는 소송에는 그 성질에 반하지 아니하는 한 취소소송에 관한 규정을 준용한다.
> ② 민중소송 또는 기관소송으로써 처분등의 효력 유무 또는 존재 여부나 부작위의 위법의 확인을 구하는 소송에는 그 성질에 반하지 아니하는 한 각각 무효등 확인소송 또는 부작위위법확인소송에 관한 규정을 준용한다.
> ③ 민중소송 또는 기관소송으로서 제1항 및 제2항에 규정된 소송외의 소송에는 그 성질에 반하지 아니하는 한 당사자소송에 관한 규정을 준용한다.

답 10 ⑤

11 | 2021 |

「지방자치법」상 공금의 지출에 관한 사항을 감사청구한 주민은 일정한 경우에 그 감사청구한 사항과 관련이 있는 위법한 행위나 업무를 게을리 한 사실에 대하여 해당 지방자치단체의 장을 상대방으로 하여 소송을 제기할 수 있다. 이러한 소송은 어떤 유형에 속하는가?

① 기관소송 ② 민중소송 ③ 당사자소송
④ 항고소송 ⑤ 취소소송

··········

② ☞ 주민소송에 대한 설명이다.

민중소송	기관소송
• 선거소송(공직선거법 제222조) • 당선소송(공직선거법 제223조) • 국민투표무효의 소송(국민투표법 제92조) • 주민소송(지방자치법 제17조) • 주민투표소송(주민투표법 제25조) • 주민소환투표소송(주민소환에 관한 법률 제24조)	• 지방의회의 의결에 대한 재의요구와 제소(지방자치법 제107조) • 지방의회 의결의 재의와 제소(지방자치법 제172조) • 시·도의회 등의 의결에 대한 재의와 제소(지방교육자치에 관한법률 제28조) • 자치사무에 관한 감독청의 명령, 처분의 취소 또는 정지에 대한 제소(지방자치법 제188조)

> **지방자치법**
> **제17조 (주민소송)** ① 제16조 제1항에 따라 <u>공금의 지출에 관한 사항</u>, 재산의 취득 관리·처분에 관한 사항, 해당 지방자치단체를 당사자로 하는 매매·임차·도급 계약이나 그 밖의 계약의 체결·이행에 관한 사항 또는 지방세·사용료·수수료·과태료 등 공금의 부과 징수를 게을리한 사항을 <u>감사청구한 주민은 다음 각 호의 어느 하나에 해당하는 경우에 그 감사청구한 사항과 관련이 있는 위법한 행위나 업무를 게을리 한 사실에 대하여 해당 지방자치단체의 장</u>(해당 사항의 사무처리에 관한 권한을 소속 기관의 장에게 위임한 경우에는 그 소속 기관의 장을 말한다. 이하 이 조에서 같다)<u>을 상대방으로 하여 소송을 제기할 수 있다.</u>

12 | 2022 |

행정소송법상 기관소송에 관한 설명으로 옳은 것은?

① 처분의 취소를 구하는 취지의 소송일지라도 취소소송에 관한 제소기간의 규정은 준용되지 않는다.
② 법률에 정함이 없는 경우에도 정당한 이익이 있으면 제기할 수 있다.
③ 국가기관과 지방자치단체 간에 권한의 유무 또는 범위에 관하여 다툼이 있을 때에 제기하는 소송이다.
④ 공공단체의 기관이 법률에 위반되는 행위를 한 때에 직접 자기의 법률상 이익과 관계없이 그 시정을 구하기 위하여 제기하는 소송이다.
⑤ 교육·학예에 관한 시·도의회의 재의결에 대하여 교육감이 대법원에 제기하는 소송은 기관소송의 일종이다.

답 11 ② 12 ⑤

① 제46조 제1항

> **제46조(준용규정)** ① 민중소송 또는 기관소송으로써 처분등의 취소를 구하는 소송에는 그 성질에 반하지 아니하는 한 취소소송에 관한 규정을 준용한다.

②

> **제45조(소의 제기)** 민중소송 및 기관소송은 법률이 정한 경우에 <u>법률에 정한 자에 한하여 제기할 수 있다</u>.

③ ☞ 헌법재판소법 제2조에 의하여 헌법재판소의 관장사항으로 되는 소송은 기관소송에서 제외되는데, 국가기관과 지방자치단체 간의 다툼에 관한 소송은 헌법재판소가 관장한다.

> **제3조(행정소송의 종류)** 행정소송은 다음의 네가지로 구분한다.
> 4. 기관소송: 국가 또는 공공단체의 기관상호간에 있어서의 권한의 존부 또는 그 행사에 관한 다툼이 있을 때에 이에 대하여 제기하는 소송. 다만, <u>헌법재판소법 제2조의 규정에 의하여 헌법재판소의 관장사항으로 되는 소송은 제외한다.</u>
>
> **헌법재판소법**
> **제2조(관장사항)** 헌법재판소는 다음 각 호의 사항을 관장한다.
> 4. 국가기관 상호간, <u>국가기관과 지방자치단체 간</u> 및 지방자치단체 상호간의 권한쟁의(權限爭議)에 관한 심판

④ ☞ 민중소송에 대한 설명이다. 「기관」이라는 단어만 보고 기관소송으로 오해하지 않도록 주의해야 한다. 기관소송은 기관 상호간의 「다툼」을 그 대상으로 한다.

> **제3조(행정소송의 종류)** 행정소송은 다음의 네가지로 구분한다.
> 3. 민중소송 : 국가 또는 공공단체의 기관이 법률에 위반되는 행위를 한 때에 직접 자기의 법률상 이익과 관계없이 그 시정을 구하기 위하여 제기하는 소송

⑤ ☞ 기관소송이란 국가 또는 공공단체의 기관 상호간에 있어서 권한의 존부 또는 그 행사에 관한 다툼이 있을 때, 이에 대하여 제기하는 소송을 말한다. 교육·학예에 관한 시·도의회의 재의결에 대하여 교육감이 대법원에 제기하는 소송은 기관소송의 일종이다(지방교육자치에 관한 법률 제28조 제3항).

> **지방교육자치에 관한 법률」**
> **제28조(시·도의회 등의 의결에 대한 재의와 제소)** ① 교육감은 교육·학예에 관한 시·도의회의 의결이 법령에 위반되거나 공익을 현저히 저해한다고 판단될 때에는 그 의결사항을 이송받은 날부터 20일 이내에 이유를 붙여 재의를 요구할 수 있다. 교육감이 교육부장관으로부터 재의요구를 하도록 요청받은 경우에는 시·도의회에 재의를 요구하여야 한다.
> ② 제1항의 규정에 따른 재의요구가 있을 때에는 재의요구를 받은 시·도의회는 재의에 붙이고 시·도의회 재적의원 과반수의 출석과 시·도의회 출석의원 3분의 2이상의 찬성으로 전과 같은 의결을 하면 그 의결사항은 확정된다.
> ③ 제2항의 규정에 따라 재의결된 사항이 법령에 위반된다고 판단될 때에는 교육감은 재의결된 날부터 20일 이내에 대법원에 제소할 수 있다.

13 | 2022 |

행정소송법상 민중소송에 관한 설명으로 옳은 것은? (다툼이 있으면 판례에 따름)

① 민중소송은 주관적 소송이다.
② 민중소송으로써 처분등의 취소를 구하는 소송에는 그 성질에 반하지 아니하는 한 취소소송에 관한 규정을 준용한다.
③ 「지방자치법」상 주민소송은 민중소송에 해당하지 않는다.
④ 당사자소송에 관한 규정은 민중소송에 준용될 수 없다.
⑤ 「공직선거법」제222조의 선거소송은 민중소송에 해당하지 않는다.

- -

① ☞ 민중소송은 국가 또는 공공단체의 기관이 법률에 위반되는 행위를 한 때에 직접 자기의 법률상 이익과 관계없이 그 시정을 구하기 위하여 제기하는 소송이다(동법 제3조).
② 제46조 제1항

> **제46조(준용규정)** ① 민중소송 또는 기관소송으로써 처분등의 취소를 구하는 소송에는 그 성질에 반하지 아니하는 한 취소소송에 관한 규정을 준용한다.

③, ⑤ ☞ 현행법상 인정되는 민중소송의 예로 (ⅰ) 공직선거법상 선거소송(선거무효소송, 당선무효소송), (ⅱ) 지방교육자치에관한법률 상 교육감 및 교육위원에 관한 선거소송, (ⅲ) 국민투표법상 국민투표무효소송, (ⅳ) 지방자치법상 주민소송, (ⅴ) 주민투표법상 주민투표소송, (ⅵ) 주민소환에관한법률 상 주민소환투표소송 등이 있다.
④ 제46조 제3항

> **제46조(준용규정)** ③ 민중소송 또는 기관소송으로서 제1항 및 제2항에 규정된 소송외의 소송에는 그 성질에 반하지 아니하는 한 당사자소송에 관한 규정을 준용한다.

14 | 2023 |

행정소송법상 기관소송에 관한 설명으로 옳지 않은 것은?

① 충청남도와 세종특별자치시 간의 권한쟁의심판은 기관소송에 해당한다.
② 국가 또는 공공단체의 기관 상호간에 있어서의 권한의 존부 또는 그 행사에 관한 다툼이 있을 때 제기하는 소송이다.
③ 교육·학예에 관한 시·도의회의 재의결에 대하여 교육감이 대법원에 제기하는 소송은 기관소송의 일종이다.
④ 기관소송으로써 처분의 취소를 구하는 소송에는 그 성질에 반하지 아니하는 한 취소소송에 관한 규정이 준용된다.
⑤ 기관소송으로써 부작위의 위법의 확인을 구하는 소송에는 그 성질에 반하지 아니하는 한 부작위위법확인소송에 관한 규정이 준용된다.

답 13 ② 14 ①

① ☞ 지방자치단체 상호간의 권한쟁의심판은 헌법재판소의 관장사항으로 되는 소송이다.

> **제3조(행정소송의 종류)** 행정소송은 다음의 네가지로 구분한다. 〈개정 1988. 8. 5.〉
> 1. 항고소송 : 행정청의 처분등이나 부작위에 대하여 제기하는 소송
> 2. 당사자소송 : 행정청의 처분등을 원인으로 하는 법률관계에 관한 소송 그 밖에 공법상의 법률관계에 관한 소송으로서 그 법률관계의 한쪽 당사자를 피고로 하는 소송
> 3. 민중소송 : 국가 또는 공공단체의 기관이 법률에 위반되는 행위를 한 때에 직접 자기의 법률상 이익과 관계없이 그 시정을 구하기 위하여 제기하는 소송
> 4. 기관소송 : 국가 또는 공공단체의 기관상호간에 있어서의 권한의 존부 또는 그 행사에 관한 다툼이 있을 때에 이에 대하여 제기하는 소송. 다만, <u>헌법재판소법 제2조의 규정에 의하여 헌법재판소의 관장사항으로 되는 소송은 제외한다.</u>
>
> **헌법재판소법**
> **제2조(관장사항)** 헌법재판소는 다음 각 호의 사항을 관장한다.
> 1. 법원의 제청(提請)에 의한 법률의 위헌(違憲) 여부 심판
> 2. 탄핵(彈劾)의 심판
> 3. 정당의 해산심판
> 4. 국가기관 상호간, 국가기관과 지방자치단체 간 및 <u>지방자치단체 상호간의 권한쟁의(權限爭議)에 관한 심판</u>
> 5. 헌법소원(憲法訴願)에 관한 심판

② ☞ 기관소송에 대한 정의규정의 내용이다. 다만 헌법재판소의 관장사항으로 되는 소송은 제외한다. 헌법재판소의 관장사항은 (ⅰ) 국가기간 상호간, (ⅱ) 국가기관과 지방자치단체간, (ⅲ) 지방자치단체 상호간의 권한쟁의에 관한 심판이다.

> **제3조(행정소송의 종류)** 행정소송은 다음의 네가지로 구분한다. 〈개정 1988. 8. 5.〉
> 1. 항고소송 : 행정청의 처분등이나 부작위에 대하여 제기하는 소송
> 2. 당사자소송 : 행정청의 처분등을 원인으로 하는 법률관계에 관한 소송 그 밖에 공법상의 법률관계에 관한 소송으로서 그 법률관계의 한쪽 당사자를 피고로 하는 소송
> 3. 민중소송 : 국가 또는 공공단체의 기관이 법률에 위반되는 행위를 한 때에 직접 자기의 법률상 이익과 관계없이 그 시정을 구하기 위하여 제기하는 소송
> 4. <u>기관소송 : 국가 또는 공공단체의 기관상호간에 있어서의 권한의 존부 또는 그 행사에 관한 다툼이 있을 때에 이에 대하여 제기하는 소송</u>. 다만, 헌법재판소법 제2조의 규정에 의하여 헌법재판소의 관장사항으로 되는 소송은 제외한다.

③ ☞ 이외에 지방의회 재의결에 대해 단체장이 지방자치법 제107조 제3항에 따라 제기하는 소송도 있다.

④
> **제46조(준용규정)** ① 민중소송 또는 <u>기관소송으로서 처분등의 취소를 구하는 소송에는 그 성질에 반하지 아니하는 한 취소소송에 관한 규정을 준용한다.</u>

⑤
> **제46조(준용규정)** ① 민중소송 또는 기관소송으로서 처분등의 취소를 구하는 소송에는 그 성질에 반하지 아니하는 한 취소소송에 관한 규정을 준용한다.

② 민중소송 또는 기관소송으로서 처분등의 효력 유무 또는 존재 여부나 부작위의 위법의 확인을 구하는 소송에는 그 성질에 반하지 아니하는 한 각각 무효등 확인소송 또는 부작위위법확인소송에 관한 규정을 준용한다.

15 | 2023 |

민중소송에 관한 설명으로 옳은 것은?

① 위법행정의 시정을 구하는 자는 누구나 개별법률의 근거가 없더라도 행정소송법에 따라 일반적으로 민중소송을 제기할 수 있다.
② 법률상 이익이 있는 자만이 제기할 수 있다.
③ 「지방자치법」상 지방의회재의결에 대한 지방자치단체장의 소송은 민중소송이다.
④ 취소소송에 관한 규정은 준용되지 않는다.
⑤ 「국민투표법」상 국민투표무효소송은 민중소송이다.

• •

① ☞ 민중소송과 같은 객관소송은 개별법률이 허용하는 경우에만 제기할 수 있다.

제45조(소의 제기) 민중소송 및 기관소송은 법률이 정한 경우에 법률에 정한 자에 한하여 제기할 수 있다.

②
제3조(행정소송의 종류) 행정소송은 다음의 네가지로 구분한다. 〈개정 1988. 8. 5.〉
1. 항고소송 : 행정청의 처분등이나 부작위에 대하여 제기하는 소송
2. 당사자소송 : 행정청의 처분등을 원인으로 하는 법률관계에 관한 소송 그 밖에 공법상의 법률관계에 관한 소송으로서 그 법률관계의 한쪽 당사자를 피고로 하는 소송
3. 민중소송 : 국가 또는 공공단체의 기관이 법률에 위반되는 행위를 한 때에 **직접 자기의 법률상 이익과 관계 없이** 그 시정을 구하기 위하여 제기하는 소송
4. 기관소송 : 국가 또는 공공단체의 기관상호간에 있어서의 권한의 존부 또는 그 행사에 관한 다툼이 있을 때에 이에 대하여 제기하는 소송. 다만, 헌법재판소법 제2조의 규정에 의하여 헌법재판소의 관장사항으로 되는 소송은 제외한다.

③ ☞ 민중소송이 아니라 기관소송이다.

④
제46조(준용규정) ① 민중소송 또는 기관소송으로서 처분등의 취소를 구하는 소송에는 그 성질에 반하지 아니하는 한 **취소소송에 관한 규정을 준용한다.**

⑤

민중소송	기관소송
• 선거소송(공직선거법 제222조) • 당선소송(공직선거법 제223조) • **국민투표무효의 소송** (국민투표법 제92조) • 주민소송(지방자치법 제17조) • 주민투표소송(주민투표법 제25조) • 주민소환투표소송(주민소환에 관한 법률 제24조)	• 지방의회의 의결에 대한 재의요구와 제소(지방자치법 제107조) • 지방의회 의결의 재의와 제소(지방자치법 제172조) • 시·도의회 등의 의결에 대한 재의와 제소(지방교육자치에관한 법률 제28조) • 자치사무에 관한 감독청의 명령, 처분의 취소 또는 정지에 대한 제소(지방자치법 제188조)

답 15 ⑤

16 | 2024 |

행정소송법상 민중소송에 관한 설명으로 옳지 않은 것은?

① 객관소송의 일종이다.
② 민중소송은 법률이 정한 경우에 인정되지만, 법률에 정한 자에 한하여 제기할 수 있는 소송은 아니다.
③ 민중소송으로서 처분등의 취소를 구하는 소송에는 그 성질에 반하지 아니하는 한 취소소송에 관한 규정을 준용한다.
④ 민중소송으로서 부작위의 위법의 확인을 구하는 소송에는 그 성질에 반하지 아니하는 한 부작위위법확인소송에 관한 규정을 준용한다.
⑤ 「지방자치법」상 주민소송은 민중소송에 해당한다.

----

① ☞ 민중소송과 기관소송을 합쳐서 객관소송이라 한다.
② ☞ 법률이 정한 자에 한하여 제기할 수 있다(행정소송법 제45조). 남소(濫訴)방지를 위해서 개별법상으로 원고적격을 별도로 규정하고 있으며, 이를테면 공직선거법상 당선소송은 해당 선거의 입후보자 및 소속정당만 제기할 수 있다.

> **행정소송법**
> **제45조(소의 제기)** 민중소송 및 기관소송은 법률이 정한 경우에 법률에 정한 자에 한하여 제기할 수 있다.

> **공직선거법**
> **제223조(당선소송)** ① 대통령선거 및 국회의원선거에 있어서 당선의 효력에 이의가 있는 정당(候補者를 추천한 政黨에 한한다) 또는 후보자는 당선인결정일부터 30일이내에 (중략) 대통령선거에 있어서는 그 당선인을 결정한 중앙선거관리위원회위원장 또는 국회의장을, 국회의원선거에 있어서는 당해 선거구선거관리위원회위원장을 각각 피고로 하여 대법원에 소를 제기할 수 있다.

③ ☞ 옳은 내용이다.

> **제46조(준용규정)** ① 민중소송 또는 기관소송으로서 처분등의 취소를 구하는 소송에는 그 성질에 반하지 아니하는 한 취소소송에 관한 규정을 준용한다.

④ ☞ 옳은 내용이다.

> **제46조(준용규정)** ② 민중소송 또는 기관소송으로서 처분등의 효력 유무 또는 존재 여부나 부작위의 위법의 확인을 구하는 소송에는 그 성질에 반하지 아니하는 한 각각 무효등 확인소송 또는 부작위위법확인소송에 관한 규정을 준용한다.

⑤ ☞ 민중소송의 예로는 (ⅰ) 공직선거법상 선거소송과 당선소송(공직선거법 제222조, 제223조), (ⅱ) 국민투표법상 국민투표무효소송(국민투표법 제92조), (ⅲ) 지방자치법상 주민소송(지방자치법 제22조), (ⅳ) 주민투표법상 주민투표소송(주민투표법 제25조)을 들 수 있다.

답 16 ②

17 | 2024 |

행정소송법상 '법률이 정한 경우에 법률에 정한 자에 한하여' 제기할 수 있는 소송은? (다툼이 있으면 판례에 따름)

① 군수의 소속 공무원에 대한 승진임용처분을 도지사가 취소한 처분에 대해서 군수가 제기하는 소송
② 지방자치단체의 장이 건축협의를 취소한 것에 대해서 상대 지방자치단체가 제기하는 소송
③ 지방자치단체의 장이 건축협의를 거부한 것에 대해서 국가가 제기하는 소송
④ 보건소장의 국립대학교 보건진료소 직권폐업처분에 대해서 국가가 제기하는 소송
⑤ 국민권익위원회가 시·도선거관리위원회 위원장에게 소속 직원에 대한 불이익처분을 하지 말 것을 요구하는 내용의 조치요구에 대해서 그 위원장이 제기하는 소송

☞ 민중소송과 기관소송은 이른바 객관소송으로 법률이 정한 경우에 법률에 정한 자에 한하여 제기할 수 있다.

행정소송법
제45조(소의 제기) 민중소송 및 기관소송은 법률이 정한 경우에 법률에 정한 자에 한하여 제기할 수 있다.

① ☞ 지방자치단체의 장이 자치사무에 관한 감독청의 명령이나 처분의 취소 또는 정지에 대하여 대법원에 소송을 제기할 수 있다. 해당 유형의 소송이 기관소송인지에 대해서는 견해의 대립이 있으나, 출제자는 기초단체장과 광역단체장의 다툼은 기관 상호간의 다툼이므로 이에 관한 소송은 「기관소송」이라는 입장에서 출제하였다.

지방자치법
제188조(위법·부당한 명령이나 처분의 시정) ① 지방자치단체의 사무에 관한 지방자치단체의 장(제103조제2항에 따른 사무의 경우에는 지방의회의 의장을 말한다. 이하 이 조에서 같다)의 명령이나 처분이 법령에 위반되거나 현저히 부당하여 공익을 해친다고 인정되면 시·도에 대해서는 주무부장관이, 시·군 및 자치구에 대해서는 시·도지사가 기간을 정하여 서면으로 시정할 것을 명하고, 그 기간에 이행하지 아니하면 이를 취소하거나 정지할 수 있다.
③ 주무부장관은 시·도지사가 제2항에 따른 기간에 시정명령을 하지 아니하면 제2항에 따른 기간이 지난 날부터 7일 이내에 직접 시장·군수 및 자치구의 구청장에게 기간을 정하여 서면으로 시정할 것을 명하고, 그 기간에 이행하지 아니하면 주무부장관이 시장·군수 및 자치구의 구청장의 명령이나 처분을 취소하거나 정지할 수 있다.
④ 주무부장관은 시·도지사가 시장·군수 및 자치구의 구청장에게 제1항에 따라 시정명령을 하였으나 이를 이행하지 아니한 데 따른 취소·정지를 하지 아니하는 경우에는 시·도지사에게 기간을 정하여 시장·군수 및 자치구의 구청장의 명령이나 처분을 취소하거나 정지할 것을 명하고, 그 기간에 이행하지 아니하면 주무부장관이 이를 직접 취소하거나 정지할 수 있다.
⑥ 지방자치단체의 장은 제1항, 제3항 또는 제4항에 따른 자치사무에 관한 명령이나 처분의 취소 또는 정지에 대하여 이의가 있으면 그 취소처분 또는 정지처분을 통보받은 날부터 15일 이내에 대법원에 소를 제기할 수 있다.

② ☞ 건축협의 취소에 대한 취소소송으로 「항고소송」에 해당한다. 이 경우 건축협의 취소의 실질은 건축허가 취소처분이고, 상대 지방자치단체는 건축주에 해당한다.

답 17 ①

[대법원 2014. 2. 27., 선고, 2012두22980, 판결] 건축협의 취소는 상대방이 다른 지방자치단체 등 행정주체라 하더라도 '행정청이 행하는 구체적 사실에 관한 법집행으로서의 공권력 행사'(행정소송법 제2조 제1항 제1호)로서 처분에 해당한다고 볼 수 있고, 지방자치단체인 원고가 이를 다툴 실효적 해결 수단이 없는 이상, 원고는 건축물 소재지 관할 허가권자인 지방자치단체의 장을 상대로 항고소송을 통해 건축협의 취소의 취소를 구할 수 있다.

③ ☞ 건축협의 거부에 대한 취소소송으로「항고소송」에 해당한다. 이 경우 건축협의 거부의 실질은 건축허가 거부처분이고, 사안의 국가는 건축주에 해당한다.

[대법원 2014. 3. 13. 선고 2013두15934] 국가가 허가권자와 건축에 관한 협의를 마치면 구 건축법 제29조 제1항에 의하여 건축허가가 의제되는 법률효과가 발생된다. 그리고 앞에서 본 것과 같이 건축허가 및 건축협의 사무는 지방자치사무로서, 구 건축법상 국가라 하더라도 미리 건축물의 소재지를 관할하는 허가권자인 지방자치단체의 장과 건축협의를 하지 아니하면 건축물을 건축할 수 없다. 따라서 허가권자인 지방자치단체의 장이 국가에 대하여 건축협의를 거부하는 것은 해당 건축물을 건축하지 못하도록 권한을 행사하여 건축허가 의제의 법률효과 발생을 거부하는 것이며, 한편 구 건축법이나 구 지방자치법 등 관련 법령에서는 국가가 허가권자의 거부행위를 다투어 법적 분쟁을 직접적·실효적으로 해결할 수 있는 구제수단을 찾기 어렵다. 이러한 사정들에 비추어 보면, 허가권자인 지방자치단체의 장이 한 건축협의 거부행위는 비록 그 상대방이 국가 등 행정주체라 하더라도, 행정청이 행하는 구체적 사실에 관한 법집행으로서의 공권력 행사의 거부 내지 이에 준하는 행정작용으로서 행정소송법 제2조 제1항 제1호에서 정한 처분에 해당한다고 볼 수 있고, 이에 대한 법적 분쟁을 해결할 실효적인 다른 법적 수단이 없는 이상 국가 등은 허가권자를 상대로 항고소송을 통해 그 거부처분의 취소를 구할 수 있다고 해석된다.

④ ☞ 서울대학교가 교내에 개설한 의료기관에 관해 관악구보건소장이 개설신고가 잘못 수리된 것이라며 직권으로 폐업처분하자 이에 불복해 그 무효확인을 구한「항고소송」이다. 서울대학교는 법인격 없는 영조물에 불과하여 서울대학교를 경영하는 국가가 원고로서 폐업처분무효확인소송을 제기하였다.

[대법원 2010. 3. 11. 선고 2009두23129 판결] (1) 국가는 권리·의무의 귀속주체로서 행정소송법 제8조 제2항과 민사소송법 제51조 등 관계 규정에 따라 행정소송상의 당사자능력이 있는 것이고, 이는 항고소송에서의 원고로서의 당사자능력이라고 달리 볼 것은 아니다.
(2) 서울대학교는 국가가 설립·경영하는 학교일 뿐 위 학교는 법인도 아니고 대표자 있는 법인격 있는 사단 또는 재단도 아닌 교육시설의 명칭에 불과하여 권리능력과 당사자능력을 인정할 수 없으므로, 서울대학교를 상대로 하는 법률행위의 효과는 서울대학교를 설립·경영하는 주체인 국가에게 귀속되고, 그 법률행위에 대한 쟁송은 국가가 당사자가 되어 다툴 수밖에 없다.

⑤ ☞ 시·도선거관리위원회 위원장은 국가기관의 일부로서 인(人)이 아니다. 따라서 당사자능력이 없으므로 항고소송의 원고가 되지 못하는 것이 원칙이다. 다만 대법원은 법률적 분쟁을 다툴 다른 구제방법이 없음을 이유로「항고소송」의 당사자능력 및 원고적격을 인정한 바 있다.

[대법원 2013. 7. 25. 선고 2011두1214 판결] 甲이 국민권익위원회에 부패방지 및 국민권익위원회의 설치와 운영에 관한 법률(이하 '국민권익위원회법'이라 한다)에 따른 신고와 신분보장조치를 요구하였고, 국민권익위원회가 甲의 소속기관 장인 乙 시·도선거관리위원회 위원장에게 '甲에 대한 중징계요구를 취소하고 향후 신고로 인한 신분상 불이익처분 및 근무조건상의 차별을 하지 말 것을 요구'하는 내용의 조치요구를 한 사안에서, 국가기관 일방의 조치요구에 불응한 상대방 국가기관에 국민권익위원회법상의 제재규정과 같은 중대한 불이익을 직접적으로 규정한 다른 법령의 사례를 찾아보기 어려운 점, 그럼에도 乙이 국민권익위원회의 조치요구를 다툴 별다른 방법이 없는 점 등에 비추어 보면, 처분성이 인정되는 위 조치요구에 불복하고자 하는 乙로서는 조치요구의 취소를 구하는 항고소송을 제기하는 것이 유효·적절한 수단이므로 비록 乙이 국가기관이더라도 당사자능력 및 원고적격을 가진다고 보는 것이 타당하고, 乙이 위 조치요구 후 甲을 파면하였다고 하더라도 조치요구가 곧바로 실효된다고 할 수 없고 乙은 여전히 조치요구를 따라야 할 의무를 부담하므로 乙에게는 위 조치요구의 취소를 구할 법률상 이익도 있다고 본 원심판단을 정당하다고 한 사례.

18 | 2025 |

민중소송에 관한 설명으로 옳지 <u>않은</u> 것은?

① 「국민투표법」상 국민투표의 효력에 관하여 이의가 있는 투표인이 대법원에 제기하는 소송은 민중소송이다.
② 민중소송은 직접 자기의 법률상 이익과 관계없이 제기하는 소송이다.
③ 「행정소송법」에서는 민중소송에 대해서 당사자소송 준용규정을 두고 있다.
④ 「공직선거법」제222조의 선거소송은 당해 선거구선거관리위원회를 피고로 하여 행정법원에 제기하는 소송이다.
⑤ 행정처분의 취소를 요구하는 주민소송에서 위법성 심사는 특별한 사정이 없는 한 취소소송에서의 위법성 심사와 같은 방식으로 이루어져야 한다.

---

① ☞ 민중소송의 예로는 (ⅰ) 공직선거법상 선거소송과 당선소송(공직선거법 제222조, 제223조), (ⅱ) 국민투표법상 국민투표무효소송(국민투표법 제92조), (ⅲ) 지방자치법상 주민소송(지방자치법 제22조), (ⅳ) 주민투표법상 주민투표소송(주민투표법 제25조)을 들 수 있다.
② ☞ 민중소송이란 국가 또는 공공단체의 기관이 법률에 위반되는 행위를 한 때에 직접 자기의 법률상의 이익과 관계없이 공익을 위하여 그 시정을 구하기 위하여 제기하는 소송으로서 객관소송의 일종이다.

> **제3조(행정소송의 종류)** 행정소송은 다음의 네가지로 구분한다.
> 3. 민중소송 : 국가 또는 공공단체의 기관이 법률에 위반되는 행위를 한 때에 직접 자기의 법률상 이익과 관계없이 그 시정을 구하기 위하여 제기하는 소송
> 4. 기관소송 : 국가 또는 공공단체의 기관상호간에 있어서의 권한의 존부 또는 그 행사에 관한 다툼이 있을 때에 이에 대하여 제기하는 소송. 다만, 헌법재판소법 제2조의 규정에 의하여 헌법재판소의 관장사항으로 되는 소송은 제외한다.

③ ☞ 「그 성질에 반하지 않는 한」 항고소송, 당사자소송에 관한 규정을 준용한다.

> **제46조(준용규정)** ① 민중소송 또는 기관소송으로서 처분등의 취소를 구하는 소송에는 그 성질에 반하지 아니하는 한 취소소송에 관한 규정을 준용한다.
> ② 민중소송 또는 기관소송으로서 처분등의 효력 유무 또는 존재 여부나 부작위의 위법의 확인을 구하는 소송에는 그 성질에 반하지 아니하는 한 각각 무효등 확인소송 또는 부작위위법확인소송에 관한 규정을 준용한다.
> ③ 민중소송 또는 기관소송으로서 제1항 및 제2항에 규정된 소송외의 소송에는 그 성질에 반하지 아니하는 한 당사자소송에 관한 규정을 준용한다.

④ ☞ 「행정법원」이라는 부분이 틀렸다. 대통령선거 및 국회의원선거에 대한 선거소송은 대법원 단심제이다.

> **공직선거법**
> **제222조(선거소송)** ① 대통령선거 및 국회의원선거에 있어서 선거의 효력에 관하여 이의가 있는 선거인·정당(후보자를 추천한 정당에 한한다) 또는 후보자는 선거일부터 30일 이내에 당해 선거구선거관리위원회위원장을 피고로 하여 대법원에 소를 제기할 수 있다.

답 18 ④

소송사유	당사자		소의 제기	
	원고(제소권자)	피고	제소기간	제소기관
선거의 효력에 관하여 이의가 있는 경우	• 선거인 • 후보자를 추천한 정당 • 후보자	당해 선거구선거관리위원회위원장(원칙)	선거일부터 30일 이내	대법원

⑤ ☞ 주민소송에서도 처분의 위법성에 대해서는 그 하자가 중대한지 또는 위법한지 여부를 심사한다.
[대법원 2019. 10. 17. 선고 2018두104 판결] 구 지방자치법 제17조 제17항은 주민소송에 관하여 지방자치법에 특별히 규정된 것 외에는 행정소송법을 따르도록 규정하고 있고, 행정소송법 제46조 제1항은 민중소송으로서 처분의 취소를 구하는 소송에는 그 성질에 반하지 아니하는 한 취소소송에 관한 규정을 준용하도록 규정하고 있다. 따라서 주민소송의 대상, 제소기간, 원고적격 등에 관하여 지방자치법에서 달리 규정하지 않는 한 주민소송과 취소소송을 다르게 취급할 것은 아니므로, 행정처분의 취소를 요구하는 주민소송에서 위법성 심사는 특별한 사정이 없는 한 취소소송에서의 위법성 심사와 같은 방식으로 이루어져야 한다.

19 | 2025 |

기관소송에 관한 설명으로 옳은 것은? (다툼이 있으면 판례에 따름)

① 기관소송은 권한 침해의 구제를 목적으로 하는 주관적 소송이다.
② 처분의 부작위의 위법의 확인을 구하는 소송일지라도 부작위위법확인소송에 관한 규정은 준용되지 않는다.
③ 「헌법재판소법」 제2조의 규정에 의하여 헌법재판소의 관장사항으로 되는 소송도 기관소송의 대상이 될 수 있다.
④ 지방자치단체의 장이 지방의회의 재의결에 대하여 대법원에 제기하는 소송은 기관소송에 해당하지 않는다.
⑤ 법률에 정한 자만이 기관소송을 제기할 수 있다.

① ☞ 기관소송은 주관소송이 아닌 객관소송이다.
② ☞ 「그 성질에 반하지 않는 한」 항고소송, 당사자소송에 관한 규정을 준용한다.

> **제46조(준용규정)** ① 민중소송 또는 기관소송으로서 처분등의 취소를 구하는 소송에는 그 성질에 반하지 아니하는 한 취소소송에 관한 규정을 준용한다.
> ② 민중소송 또는 기관소송으로서 처분등의 효력 유무 또는 존재 여부나 부작위의 위법의 확인을 구하는 소송에는 그 성질에 반하지 아니하는 한 각각 무효등 확인소송 또는 부작위위법확인소송에 관한 규정을 준용한다.
> ③ 민중소송 또는 기관소송으로서 제1항 및 제2항에 규정된 소송외의 소송에는 그 성질에 반하지 아니하는 한 당사자소송에 관한 규정을 준용한다.

답 19 ⑤

③ ☞ 기관소송은 국가 또는 공공단체의 기관 상호간에 있어서의 권한의 존부 또는 그 행사에 관한 다툼이 있을 때에 이에 대하여 제기하는 소송으로서, 헌법재판소법상 권한쟁의심판과 법리적으로 중복되는 부분이 있다. 이 경우 헌법재판소법 제2조의 규정에 의하여 헌법재판소의 관장사항으로 되는 소송은 제외한다. 헌법재판소의 관장사항은 (ⅰ) 국가기관 상호간, (ⅱ) 국가기관과 지방자치단체간 및 (ⅲ) 지방자치단체 상호간의 권한쟁의에 관한 심판이다.

> 제3조(행정소송의 종류) 행정소송은 다음의 네가지로 구분한다. 〈개정 1988. 8. 5.〉
> 4. 기관소송 : 국가 또는 공공단체의 기관상호간에 있어서의 권한의 존부 또는 그 행사에 관한 다툼이 있을 때에 이에 대하여 제기하는 소송. 다만, 헌법재판소법 제2조의 규정에 의하여 헌법재판소의 관장사항으로 되는 소송은 제외한다.

④ ☞ 기관소송의 예로는 (ⅰ) 지방의회 재의결에 대해 단체장이 대법원에 제소하는 경우(지방자치법 제120조 제3항), (ⅱ) 감독청의 재의요구명령에 따라 지방의회의결에 대해 단체장이 대법원에 제소하는 경우(지방자치법 제192조 제4항), (ⅲ) 감독청의 제소지시에 따라 지방의회의결에 대해 단체장이 대법원에 제소하는 경우(지방자치법 제192조 제8항), (ⅳ) 교육위원회와 시·도의회의 월권을 이유로 교육감이 대법원에 제소하는 경우(지방교육자치에 관한 법률 제28조 제3항), (ⅴ) 자치사무에 관한 감독청의 명령이나 처분의 취소 또는 정지에 대해 단체장이 제소하는 경우(지방자치법 제188조 제6항) 등을 들 수 있다.

⑤ ☞ 주관적 소송의 경우에는 원고적격(법률상 이익)의 존재여부를 가지고 남소를 막을 수 있으나, 당사자의 권리구제가 아닌 법질서유지를 목적으로 하는 객관적 소송의 경우에는 원고적격이 별도로 존재하지 않는다. 따라서 기관소송법정주의(법률이 정한 경우에 법률에 정한 자에 한하여 제기할 수 있다)를 통해 남소의 가능성을 차단하고 있다.

> 제45조(소의 제기) 민중소송 및 기관소송은 법률이 정한 경우에 법률에 정한 자에 한하여 제기할 수 있다.

20 | 2025 |

A시의 시장은 감사원으로부터 감사원법에 따라 A시의 공무원 甲에 대한 징계 요구를 받게 되자 감사원에 징계 요구에 대한 재심의를 청구하였다. 그런데 감사원이 재심의청구를 기각하는 결정(이하 '재심의결정')을 하자 甲은 감사원의 징계요구 및 그에 대한 재심의결정의 취소를 구하였고, A시의 시장은 감사원의 재심의결정의 취소를 구하는 소를 제기하였다. 한편 요구받은 징계를 하지 않더라도 A시의 시장이 불이익을 받는 규정은 없다. 이에 관한 설명으로 옳은 것을 모두 고른 것은? (다툼이 있으면 판례에 따름)

> ㄱ. 징계 요구 그 자체만으로 징계 요구 대상 공무원의 권리·의무에 직접적인 변동을 초래한다.
> ㄴ. 감사원의 징계 요구는 A시의 시장에 대한 행정처분이다.
> ㄷ. 감사원의 재심의결정은 행정처분이다.
> ㄹ. A시의 시장이 기관소송으로서 제기한 소송은 허용되지 않는다.

① ㄹ   ② ㄱ, ㄴ   ③ ㄷ, ㄹ
④ ㄱ, ㄴ, ㄷ   ⑤ ㄱ, ㄴ, ㄷ, ㄹ

답 20 ①

ㄱ, ㄴ, ㄷ. ☞ 감사원의 징계요구와 재심의결정은 처분이 아니다.

[대법원 2016. 12. 27. 선고 2014두5637 판결] 갑 시장이 감사원으로부터 감사원법 제32조에 따라 을에 대하여 징계의 종류를 정직으로 정한 징계 요구를 받게 되자 감사원법 제36조 제2항에 따라 감사원에 징계 요구에 대한 재심의를 청구하였고, 감사원이 재심의청구를 기각하자 을이 감사원의 징계 요구와 그에 대한 재심의결정의 취소를 구하고 갑 시장이 감사원의 재심의결정 취소를 구하는 소를 제기한 사안에서, 징계 요구는 징계 요구를 받은 기관의 장이 요구받은 내용대로 처분하지 않더라도 불이익을 받는 규정도 없고, 징계 요구 내용대로 효과가 발생하는 것도 아니며, 징계 요구에 의하여 행정청이 일정한 행정처분을 하였을 때 비로소 이해관계인의 권리관계에 영향을 미칠 뿐, 징계 요구 자체만으로는 징계 요구 대상 공무원의 권리·의무에 직접적인 변동을 초래하지도 아니하므로, 행정청 사이의 내부적인 의사결정의 경로로서 '징계 요구, 징계 절차 회부, 징계'로 이어지는 과정에서의 중간처분에 불과하여, 감사원의 징계 요구와 재심의결정이 항고소송의 대상이 되는 행정처분이라고 할 수 없고, 감사원법 제40조 제2항을 갑 시장에게 감사원을 상대로 한 기관소송을 허용하는 규정으로 볼 수는 없고 그 밖에 행정소송법을 비롯한 어떠한 법률에도 갑 시장에게 '감사원의 재심의 판결'에 대하여 기관소송을 허용하는 규정을 두고 있지 않으므로, 갑 시장이 제기한 소송이 기관소송으로서 감사원법 제40조 제2항에 따라 허용된다고 볼 수 없다고 한 사례.

ㄹ. ☞ A시 시장에게 감사원의 재심의 판결에 대하여 기관소송을 허용하는 규정이 없으므로,「기관소송 법정주의」에 따라 A시장이 기관소송으로 제기한 소송은 현행법상 허용되지 않는다.

[대법원 2016. 12. 27. 선고 2014두5637 판결] 갑 시장이 감사원으로부터 감사원법 제32조에 따라 을에 대하여 징계의 종류를 정직으로 정한 징계 요구를 받게 되자 감사원법 제36조 제2항에 따라 감사원에 징계 요구에 대한 재심의를 청구하였고, 감사원이 재심의청구를 기각하자 을이 감사원의 징계 요구와 그에 대한 재심의결정의 취소를 구하고 갑 시장이 감사원의 재심의결정 취소를 구하는 소를 제기한 사안에서, 징계 요구는 징계 요구를 받은 기관의 장이 요구받은 내용대로 처분하지 않더라도 불이익을 받는 규정도 없고, 징계 요구 내용대로 효과가 발생하는 것도 아니며, 징계 요구에 의하여 행정청이 일정한 행정처분을 하였을 때 비로소 이해관계인의 권리관계에 영향을 미칠 뿐, 징계 요구 자체만으로는 징계 요구 대상 공무원의 권리·의무에 직접적인 변동을 초래하지도 아니하므로, 행정청 사이의 내부적인 의사결정의 경로로서 '징계 요구, 징계 절차 회부, 징계'로 이어지는 과정에서의 중간처분에 불과하여, 감사원의 징계 요구와 재심의결정이 항고소송의 대상이 되는 행정처분이라고 할 수 없고, 감사원법 제40조 제2항을 갑 시장에게 감사원을 상대로 한 기관소송을 허용하는 규정으로 볼 수는 없고 그 밖에 행정소송법을 비롯한 어떠한 법률에도 갑 시장에게 '감사원의 재심의 판결'에 대하여 기관소송을 허용하는 규정을 두고 있지 않으므로, 갑 시장이 제기한 소송이 기관소송으로서 감사원법 제40조 제2항에 따라 허용된다고 볼 수 없다고 한 사례.

CHAPTER 05

부록

- **부록 1** 행정소송법
- **부록 2** 행정소송규칙
- **부록 3** 앞글자 정리사항

행정소송법

[시행 2017.7.26.] [법률 제14839호, 2017.7.26., 타법개정]

제1장 총 칙

제1조(목적) 이 법은 행정소송절차를 통하여 행정청의 위법한 처분 그 밖에 공권력의 행사·불행사등으로 인한 국민의 권리 또는 이익의 침해를 구제하고, 공법상의 권리관계 또는 법적용에 관한 다툼을 적정하게 해결함을 목적으로 한다.

제2조(정의) ① 이 법에서 사용하는 용어의 정의는 다음과 같다.
 1. "처분등"이라 함은 행정청이 행하는 구체적 사실에 관한 법집행으로서의 공권력의 행사 또는 그 거부와 그 밖에 이에 준하는 행정작용(이하 "처분"이라 한다) 및 행정심판에 대한 재결을 말한다.
 2. "부작위"라 함은 행정청이 당사자의 신청에 대하여 상당한 기간내에 일정한 처분을 하여야 할 법률상 의무가 있음에도 불구하고 이를 하지 아니하는 것을 말한다.
 ② 이 법을 적용함에 있어서 행정청에는 법령에 의하여 행정권한의 위임 또는 위탁을 받은 행정기관, 공공단체 및 그 기관 또는 사인이 포함된다.

제3조(행정소송의 종류) 행정소송은 다음의 네가지로 구분한다. 〈개정 1988.8.5.〉
 1. 항고소송 : 행정청의 처분등이나 부작위에 대하여 제기하는 소송
 2. 당사자소송 : 행정청의 처분등을 원인으로 하는 법률관계에 관한 소송 그 밖에 공법상의법률관계에 관한 소송으로서 그 법률관계의 한쪽 당사자를 피고로 하는 소송
 3. 민중소송 : 국가 또는 공공단체의 기관이 법률에 위반되는 행위를 한 때에 직접 자기의 법률상 이익과 관계없이 그 시정을 구하기 위하여 제기하는 소송
 4. 기관소송 : 국가 또는 공공단체의 기관상호간에 있어서의 권한의 존부 또는 그 행사에 관한 다툼이 있을 때에 이에 대하여 제기하는 소송. 다만, 헌법재판소법 제2조의 규정에 의하여 헌법재판소의 관장사항으로 되는 소송은 제외한다.

제4조(항고소송) 항고소송은 다음과 같이 구분한다.
 1. 취소소송 : 행정청의 위법한 처분등을 취소 또는 변경하는 소송
 2. 무효등 확인소송 : 행정청의 처분등의 효력 유무 또는 존재여부를 확인하는 소송
 3. 부작위위법확인소송 : 행정청의 부작위가 위법하다는 것을 확인하는 소송

제5조(국외에서의 기간) 이 법에 의한 기간의 계산에 있어서 국외에서의 소송행위추완에 있어서는 그 기간을 14일에서 30일로, 제3자에 의한 재심청구에 있어서는 그 기간을 30일에서 60일로, 소의 제기에 있어서는 그 기간을 60일에서 90일로 한다.

제6조(명령·규칙의 위헌판결등 공고) ① 행정소송에 대한 대법원판결에 의하여 명령·규칙이 헌법 또는 법률에 위반된다는 것이 확정된 경우에는 대법원은 지체없이 그 사유를 행정안전부장관에게 통보하여야 한다. 〈개정 2013.3.23., 2014.11.19.〉

② 제1항의 규정에 의한 통보를 받은 행정안전부장관은 지체없이 이를 관보에 게재하여야 한다. 〈개정 2013.3.23., 2014.11.19.〉

제7조(사건의 이송) 민사소송법 제34조제1항의 규정은 원고의 고의 또는 중대한 과실없이 행정소송이 심급을 달리하는 법원에 잘못 제기된 경우에도 적용한다. 〈개정 2002.1.26.〉

제8조(법적용예) ① 행정소송에 대하여는 다른 법률에 특별한 규정이 있는 경우를 제외하고는 이 법이 정하는 바에 의한다.

② 행정소송에 관하여 이 법에 특별한 규정이 없는 사항에 대하여는 법원조직법과 민사소송법 및 민사집행법의 규정을 준용한다. 〈개정 2002.1.26.〉

제2장 취소소송

제1절 재판관할

제9조(재판관할) ① 취소소송의 제1심관할법원은 피고의 소재지를 관할하는 행정법원으로 한다. 〈개정 2014.5.20.〉

② 제1항에도 불구하고 다음 각 호의 어느 하나에 해당하는 피고에 대하여 취소소송을 제기하는 경우에는 대법원소재지를 관할하는 행정법원에 제기할 수 있다. 〈신설 2014.5.20.〉

1. 중앙행정기관, 중앙행정기관의 부속기관과 합의제행정기관 또는 그 장
2. 국가의 사무를 위임 또는 위탁받은 공공단체 또는 그 장

③ 토지의 수용 기타 부동산 또는 특정의 장소에 관계되는 처분등에 대한 취소소송은 그 부동산 또는 장소의 소재지를 관할하는 행정법원에 이를 제기할 수 있다. 〈개정 2014.5.20.〉

[전문개정 1994.7.27.]
[제목개정 2014.5.20.]

제10조(관련청구소송의 이송 및 병합) ① 취소소송과 다음 각호의 1에 해당하는 소송(이하 "관련청구소송"이라 한다)이 각각 다른 법원에 계속되고 있는 경우에 관련청구소송이 계속된 법원이 상당하다고 인정하는 때에는 당사자의 신청 또는 직권에 의하여 이를 취소소송이 계속된 법원으로 이송할 수 있다.

1. 당해 처분등과 관련되는 손해배상·부당이득반환·원상회복등 청구소송
2. 당해 처분등과 관련되는 취소소송

② 취소소송에는 사실심의 변론종결시까지 관련청구소송을 병합하거나 피고외의 자를 상대로 한 관련청구소송을 취소소송이 계속된 법원에 병합하여 제기할 수 있다.

제11조(선결문제) ① 처분등의 효력 유무 또는 존재 여부가 민사소송의 선결문제로 되어 당해 민사소송의 수소법원이 이를 심리·판단하는 경우에는 제17조, 제25조, 제26조 및 제33조의 규정을 준용한다.

② 제1항의 경우 당해 수소법원은 그 처분등을 행한 행정청에게 그 선결문제로 된 사실을 통지하여야 한다.

제2절 당사자

제12조(원고적격) 취소소송은 처분등의 취소를 구할 법률상 이익이 있는 자가 제기할 수 있다. 처분등의 효과가 기간의 경과, 처분등의 집행 그 밖의 사유로 인하여 소멸된 뒤에도 그 처분등의 취소로 인하여 회복되는 법률상 이익이 있는 자의 경우에는 또한 같다.

제13조(피고적격) ① 취소소송은 다른 법률에 특별한 규정이 없는 한 그 처분등을 행한 행정청을 피고로 한다. 다만, 처분등이 있은 뒤에 그 처분등에 관계되는 권한이 다른 행정청에 승계된 때에는 이를 승계한 행정청을 피고로 한다.
② 제1항의 규정에 의한 행정청이 없게 된 때에는 그 처분등에 관한 사무가 귀속되는 국가 또는 공공단체를 피고로 한다.

제14조(피고경정) ① 원고가 피고를 잘못 지정한 때에는 법원은 원고의 신청에 의하여 결정으로써 피고의 경정을 허가할 수 있다.
② 법원은 제1항의 규정에 의한 결정의 정본을 새로운 피고에게 송달하여야 한다.
③ 제1항의 규정에 의한 신청을 각하하는 결정에 대하여는 즉시항고할 수 있다.
④ 제1항의 규정에 의한 결정이 있은 때에는 새로운 피고에 대한 소송은 처음에 소를 제기한 때에 제기된 것으로 본다.
⑤ 제1항의 규정에 의한 결정이 있은 때에는 종전의 피고에 대한 소송은 취하된 것으로 본다.
⑥ 취소소송이 제기된 후에 제13조제1항 단서 또는 제13조제2항에 해당하는 사유가 생긴 때에는 법원은 당사자의 신청 또는 직권에 의하여 피고를 경정한다. 이 경우에는 제4항 및 제5항의 규정을 준용한다.

제15조(공동소송) 수인의 청구 또는 수인에 대한 청구가 처분등의 취소청구와 관련되는 청구인 경우에 한하여 그 수인은 공동소송인이 될 수 있다.

제16조(제3자의 소송참가) ① 법원은 소송의 결과에 따라 권리 또는 이익의 침해를 받을 제3자가 있는 경우에는 당사자 또는 제3자의 신청 또는 직권에 의하여 결정으로써 그 제3자를 소송에 참가시킬 수 있다.
② 법원이 제1항의 규정에 의한 결정을 하고자 할 때에는 미리 당사자 및 제3자의 의견을 들어야 한다.
③ 제1항의 규정에 의한 신청을 한 제3자는 그 신청을 각하한 결정에 대하여 즉시항고할 수 있다.
④ 제1항의 규정에 의하여 소송에 참가한 제3자에 대하여는 민사소송법 제67조의 규정을 준용한다. 〈개정 2002.1.26.〉

제17조(행정청의 소송참가) ① 법원은 다른 행정청을 소송에 참가시킬 필요가 있다고 인정할 때에는 당사자 또는 당해 행정청의 신청 또는 직권에 의하여 결정으로써 그 행정청을 소송에 참가시킬 수 있다.
② 법원은 제1항의 규정에 의한 결정을 하고자 할 때에는 당사자 및 당해 행정청의 의견을 들어야 한다.
③ 제1항의 규정에 의하여 소송에 참가한 행정청에 대하여는 민사소송법 제76조의 규정을 준용한다. 〈개정 2002.1.26.〉

제3절 소의 제기

제18조(행정심판과의 관계) ① 취소소송은 법령의 규정에 의하여 당해 처분에 대한 행정심판을 제기할 수 있는 경우에도 이를 거치지 아니하고 제기할 수 있다. 다만, 다른 법률에 당해 처분에 대한 행정심판의 재결을 거치지 아니하면 취소소송을 제기할 수 없다는 규정이 있는 때에는 그러하지 아니하다. 〈개정 1994.7.27.〉
② 제1항 단서의 경우에도 다음 각호의 1에 해당하는 사유가 있는 때에는 행정심판의 재결을 거치지 아니하고 취소소송을 제기할 수 있다. 〈개정 1994.7.27.〉
1. 행정심판청구가 있은 날로부터 60일이 지나도 재결이 없는 때
2. 처분의 집행 또는 절차의 속행으로 생길 중대한 손해를 예방하여야 할 긴급한 필요가 있는 때
3. 법령의 규정에 의한 행정심판기관이 의결 또는 재결을 하지 못할 사유가 있는 때
4. 그 밖의 정당한 사유가 있는 때
③ 제1항 단서의 경우에 다음 각호의 1에 해당하는 사유가 있는 때에는 행정심판을 제기함이 없이 취소소송을 제기할 수 있다. 〈개정 1994.7.27.〉
1. 동종사건에 관하여 이미 행정심판의 기각재결이 있은 때
2. 서로 내용상 관련되는 처분 또는 같은 목적을 위하여 단계적으로 진행되는 처분중 어느 하나가 이미 행정심판의 재결을 거친 때
3. 행정청이 사실심의 변론종결후 소송의 대상인 처분을 변경하여 당해 변경된 처분에 관하여 소를 제기하는 때
4. 처분을 행한 행정청이 행정심판을 거칠 필요가 없다고 잘못 알린 때
④ 제2항 및 제3항의 규정에 의한 사유는 이를 소명하여야 한다.

제19조(취소소송의 대상) 취소소송은 처분등을 대상으로 한다. 다만, 재결취소소송의 경우에는 재결 자체에 고유한 위법이 있음을 이유로 하는 경우에 한한다.

제20조(제소기간) ① 취소소송은 처분등이 있음을 안 날부터 90일 이내에 제기하여야 한다. 다만, 제18조제1항 단서에 규정한 경우와 그 밖에 행정심판청구를 할 수 있는 경우 또는 행정청이 행정심판청구를 할 수 있다고 잘못 알린 경우에 행정심판청구가 있은 때의 기간은 재결서의 정본을 송달받은 날부터 기산한다.
② 취소소송은 처분등이 있은 날부터 1년(제1항 단서의 경우는 재결이 있은 날부터 1년)을 경과하면 이를 제기하지 못한다. 다만, 정당한 사유가 있는 때에는 그러하지 아니하다.
③ 제1항의 규정에 의한 기간은 불변기간으로 한다.
[전문개정 1994.7.27.]

제21조(소의 변경) ① 법원은 취소소송을 당해 처분등에 관계되는 사무가 귀속하는 국가 또는 공공단체에 대한 당사자소송 또는 취소소송외의 항고소송으로 변경하는 것이 상당하다고 인정할 때에는 청구의 기초에 변경이 없는 한 사실심의 변론종결시까지 원고의 신청에 의하여 결정으로써 소의 변경을 허가할 수 있다.
② 제1항의 규정에 의한 허가를 하는 경우 피고를 달리하게 될 때에는 법원은 새로이 피고로 될 자의 의견을 들어야 한다.
③ 제1항의 규정에 의한 허가결정에 대하여는 즉시항고할 수 있다.
④ 제1항의 규정에 의한 허가결정에 대하여는 제14조제2항·제4항 및 제5항의 규정을 준용한다.

제22조(처분변경으로 인한 소의 변경) ① 법원은 행정청이 소송의 대상인 처분을 소가 제기된 후 변경한 때에는 원고의 신청에 의하여 결정으로써 청구의 취지 또는 원인의 변경을 허가할 수 있다.
② 제1항의 규정에 의한 신청은 처분의 변경이 있음을 안 날로부터 60일 이내에 하여야 한다.
③ 제1항의 규정에 의하여 변경되는 청구는 제18조제1항 단서의 규정에 의한 요건을 갖춘 것으로 본다. 〈개정 1994.7.27.〉

제23조(집행정지) ① 취소소송의 제기는 처분등의 효력이나 그 집행 또는 절차의 속행에 영향을 주지 아니한다.
② 취소소송이 제기된 경우에 처분등이나 그 집행 또는 절차의 속행으로 인하여 생길 회복하기 어려운 손해를 예방하기 위하여 긴급한 필요가 있다고 인정할 때에는 본안이 계속되고 있는 법원은 당사자의 신청 또는 직권에 의하여 처분등의 효력이나 그 집행 또는 절차의 속행의 전부 또는 일부의 정지(이하 "집행정지"라 한다)를 결정할 수 있다. 다만, 처분의 효력정지는 처분등의 집행 또는 절차의 속행을 정지함으로써 목적을 달성할 수 있는 경우에는 허용되지 아니한다.
③ 집행정지는 공공복리에 중대한 영향을 미칠 우려가 있을 때에는 허용되지 아니한다.
④ 제2항의 규정에 의한 집행정지의 결정을 신청함에 있어서는 그 이유에 대한 소명이 있어야 한다.
⑤ 제2항의 규정에 의한 집행정지의 결정 또는 기각의 결정에 대하여는 즉시항고할 수 있다. 이 경우 집행정지의 결정에 대한 즉시항고에는 결정의 집행을 정지하는 효력이 없다.
⑥ 제30조제1항의 규정은 제2항의 규정에 의한 집행정지의 결정에 이를 준용한다.

제24조(집행정지의 취소) ① 집행정지의 결정이 확정된 후 집행정지가 공공복리에 중대한 영향을 미치거나 그 정지사유가 없어진 때에는 당사자의 신청 또는 직권에 의하여 결정으로써 집행정지의 결정을 취소할 수 있다.
② 제1항의 규정에 의한 집행정지결정의 취소결정과 이에 대한 불복의 경우에는 제23조제4항 및 제5항의 규정을 준용한다.

제4절 심리

제25조(행정심판기록의 제출명령) ① 법원은 당사자의 신청이 있는 때에는 결정으로써 재결을 행한 행정청에 대하여 행정심판에 관한 기록의 제출을 명할 수 있다.
② 제1항의 규정에 의한 제출명령을 받은 행정청은 지체없이 당해 행정심판에 관한 기록을 법원에 제출하여야 한다.

제26조(직권심리) 법원은 필요하다고 인정할 때에는 직권으로 증거조사를 할 수 있고, 당사자가 주장하지 아니한 사실에 대하여도 판단할 수 있다.

제5절 재판

제27조(재량처분의 취소) 행정청의 재량에 속하는 처분이라도 재량권의 한계를 넘거나 그 남용이 있는 때에는 법원은 이를 취소할 수 있다.

제28조(사정판결) ① 원고의 청구가 이유있다고 인정하는 경우에도 처분등을 취소하는 것이 현저히 공공복리에 적합하지 아니하다고 인정하는 때에는 법원은 원고의 청구를 기각할 수 있다. 이 경우 법원은 그 판결의 주문에서 그 처분등이 위법함을 명시하여야 한다.

② 법원이 제1항의 규정에 의한 판결을 함에 있어서는 미리 원고가 그로 인하여 입게 될 손해의 정도와 배상방법 그 밖의 사정을 조사하여야 한다.

③ 원고는 피고인 행정청이 속하는 국가 또는 공공단체를 상대로 손해배상, 제해시설의 설치 그 밖에 적당한 구제방법의 청구를 당해 취소소송등이 계속된 법원에 병합하여 제기할 수 있다.

제29조(취소판결등의 효력) ① 처분등을 취소하는 확정판결은 제3자에 대하여도 효력이 있다.

② 제1항의 규정은 제23조의 규정에 의한 집행정지의 결정 또는 제24조의 규정에 의한 그 집행정지결정의 취소결정에 준용한다.

제30조(취소판결등의 기속력) ① 처분등을 취소하는 확정판결은 그 사건에 관하여 당사자인 행정청과 그 밖의 관계행정청을 기속한다.

② 판결에 의하여 취소되는 처분이 당사자의 신청을 거부하는 것을 내용으로 하는 경우에는 그 처분을 행한 행정청은 판결의 취지에 따라 다시 이전의 신청에 대한 처분을 하여야 한다.

③ 제2항의 규정은 신청에 따른 처분이 절차의 위법을 이유로 취소되는 경우에 준용한다.

제6절 보칙

제31조(제3자에 의한 재심청구) ① 처분등을 취소하는 판결에 의하여 권리 또는 이익의 침해를 받은 제3자는 자기에게 책임없는 사유로 소송에 참가하지 못함으로써 판결의 결과에 영향을 미칠 공격 또는 방어방법을 제출하지 못한 때에는 이를 이유로 확정된 종국판결에 대하여 재심의 청구를 할 수 있다.

② 제1항의 규정에 의한 청구는 확정판결이 있음을 안 날로부터 30일 이내, 판결이 확정된 날로부터 1년 이내에 제기하여야 한다.

③ 제2항의 규정에 의한 기간은 불변기간으로 한다.

제32조(소송비용의 부담) 취소청구가 제28조의 규정에 의하여 기각되거나 행정청이 처분등을 취소 또는 변경함으로 인하여 청구가 각하 또는 기각된 경우에는 소송비용은 피고의 부담으로 한다.

제33조(소송비용에 관한 재판의 효력) 소송비용에 관한 재판이 확정된 때에는 피고 또는 참가인이었던 행정청이 소속하는 국가 또는 공공단체에 그 효력을 미친다.

제34조(거부처분취소판결의 간접강제) ① 행정청이 제30조제2항의 규정에 의한 처분을 하지 아니하는 때에는 제1심수소법원은 당사자의 신청에 의하여 결정으로써 상당한 기간을 정하고 행정청이 그 기간내에 이행하지 아니하는 때에는 그 지연기간에 따라 일정한 배상을 할 것을 명하거나 즉시 손해배상을 할 것을 명할 수 있다.

② 제33조와 민사집행법 제262조의 규정은 제1항의 경우에 준용한다. 〈개정 2002.1.26.〉

제3장 취소소송외의 항고소송

제35조(무효등 확인소송의 원고적격) 무효등 확인소송은 처분등의 효력 유무 또는 존재 여부의 확인을 구할 법률상 이익이 있는 자가 제기할 수 있다.

제36조(부작위위법확인소송의 원고적격) 부작위위법확인소송은 처분의 신청을 한 자로서 부작위의 위법의 확인을 구할 법률상 이익이 있는 자만이 제기할 수 있다.

제37조(소의 변경) 제21조의 규정은 무효등 확인소송이나 부작위위법확인소송을 취소소송 또는 당사자소송으로 변경하는 경우에 준용한다.

제38조(준용규정) ① 제9조, 제10조, 제13조 내지 제17조, 제19조, 제22조 내지 제26조, 제29조 내지 제31조 및 제33조의 규정은 무효등 확인소송의 경우에 준용한다.
② 제9조, 제10조, 제13조 내지 제19조, 제20조, 제25조 내지 제27조, 제29조 내지 제31조, 제33조 및 제34조의 규정은 부작위위법확인소송의 경우에 준용한다. 〈개정 1994.7.27.〉

제4장 당사자소송

제39조(피고적격) 당사자소송은 국가·공공단체 그 밖의 권리주체를 피고로 한다.

제40조(재판관할) 제9조의 규정은 당사자소송의 경우에 준용한다. 다만, 국가 또는 공공단체가 피고인 경우에는 관계행정청의 소재지를 피고의 소재지로 본다.

제41조(제소기간) 당사자소송에 관하여 법령에 제소기간이 정하여져 있는 때에는 그 기간은 불변기간으로 한다.

제42조(소의 변경) 제21조의 규정은 당사자소송을 항고소송으로 변경하는 경우에 준용한다.

제43조(가집행선고의 제한) 국가를 상대로 하는 당사자소송의 경우에는 가집행선고를 할 수 없다.
[단순위헌, 2020헌가12, 2022.2.24, 행정소송법(1984. 12. 15. 법률 제3754호로 전부개정된 것) 제43조는 헌법에 위반된다.]

제44조(준용규정) ① 제14조 내지 제17조, 제22조, 제25조, 제26조, 제30조제1항, 제32조 및 제33조의 규정은 당사자소송의 경우에 준용한다.
② 제10조의 규정은 당사자소송과 관련청구소송이 각각 다른 법원에 계속되고 있는 경우의 이송과 이들 소송의 병합의 경우에 준용한다.

제5장 민중소송 및 기관소송

제45조(소의 제기) 민중소송 및 기관소송은 법률이 정한 경우에 법률에 정한 자에 한하여 제기할 수 있다.

제46조(준용규정) ① 민중소송 또는 기관소송으로써 처분등의 취소를 구하는 소송에는 그 성질에 반하지 아니하는 한 취소소송에 관한 규정을 준용한다.

② 민중소송 또는 기관소송으로써 처분등의 효력 유무 또는 존재 여부나 부작위의 위법의 확인을 구하는 소송에는 그 성질에 반하지 아니하는 한 각각 무효등 확인소송 또는 부작위위법확인소송에 관한 규정을 준용한다.

③ 민중소송 또는 기관소송으로서 제1항 및 제2항에 규정된 소송외의 소송에는 그 성질에 반하지 아니하는 한 당사자소송에 관한 규정을 준용한다.

부록 02 행정소송규칙

[시행 2024. 3. 1.] [대법원규칙 제3132호, 2024. 2. 22., 일부개정]

제1장 총 칙

제1조(목적) 이 규칙은 「행정소송법」(이하 "법"이라 한다)에 따른 행정소송절차에 관하여 필요한 사항을 규정함을 목적으로 한다.

제2조(명령·규칙의 위헌판결 등 통보) ① 대법원은 재판의 전제가 된 명령·규칙이 헌법 또는 법률에 위배된다는 것이 법원의 판결에 의하여 확정된 경우에는 그 취지를 해당 명령·규칙의 소관 행정청에 통보하여야 한다.

② 대법원 외의 법원이 제1항과 같은 취지의 재판을 하였을 때에는 해당 재판서 정본을 지체 없이 대법원에 송부하여야 한다.

제3조(소송수행자의 지정) 소송수행자는 그 직위나 업무, 전문성 등에 비추어 해당 사건의 소송수행에 적합한 사람이 지정되어야 한다.

제4조(준용규정) 행정소송절차에 관하여는 법 및 이 규칙에 특별한 규정이 있는 경우를 제외하고는 그 성질에 반하지 않는 한 「민사소송규칙」 및 「민사집행규칙」의 규정을 준용한다.

제2장 취소소송

제5조(재판관할) ① 국가의 사무를 위임 또는 위탁받은 공공단체 또는 그 장에 대하여 그 지사나 지역본부 등 종된 사무소의 업무와 관련이 있는 소를 제기하는 경우에는 그 종된 사무소의 소재지를 관할하는 행정법원에 제기할 수 있다.

② 법 제9조제3항의 '기타 부동산 또는 특정의 장소에 관계되는 처분등'이란 부동산에 관한 권리의 설정, 변경 등을 목적으로 하는 처분, 부동산에 관한 권리행사의 강제, 제한, 금지 등을 명령하거나 직접 실현하는 처분, 특정구역에서 일정한 행위를 할 수 있는 권리나 자유를 부여하는 처분, 특정구역을 정하여 일정한 행위의 제한·금지를 하는 처분 등을 말한다.

제6조(피고경정) 법 제14조제1항에 따른 피고경정은 사실심 변론을 종결할 때까지 할 수 있다.

제7조(명령·규칙 소관 행정청에 대한 소송통지) ① 법원은 명령·규칙의 위헌 또는 위법 여부가 쟁점이 된 사건에서 그 명령·규칙 소관 행정청이 피고와 동일하지 아니한 경우에는 해당 명령·규칙의 소관 행정청에 소송계속 사실을 통지할 수 있다.

② 제1항에 따른 통지를 받은 행정청은 법원에 해당 명령·규칙의 위헌 또는 위법 여부에 관한 의견서를 제출할 수 있다.

제8조(답변서의 제출) ① 피고가 원고의 청구를 다투는 경우에는 소장의 부본을 송달받은 날부터 30일 이내에 다음 각 호의 사항이 포함된 답변서를 제출하여야 한다.

1. 사건의 표시
2. 피고의 명칭과 주소 또는 소재지
3. 대리인의 이름과 주소 또는 소송수행자의 이름과 직위
4. 청구의 취지에 대한 답변
5. 처분등에 이른 경위와 그 사유
6. 관계 법령
7. 소장에 기재된 개개의 사실에 대한 인정 여부
8. 항변과 이를 뒷받침하는 구체적 사실
9. 제7호 및 제8호에 관한 피고의 증거방법과 원고의 증거방법에 대한 의견
10. 덧붙인 서류의 표시
11. 작성한 날짜
12. 법원의 표시

② 답변서에는 제1항제9호에 따른 증거방법 중 증명이 필요한 사실에 관한 중요한 서증의 사본을 첨부하여야 한다.

③ 제1항 및 제2항의 규정에 어긋나는 답변서가 제출된 때에는 재판장은 법원사무관등으로 하여금 방식에 맞는 답변서의 제출을 촉구하게 할 수 있다.

④ 재판장은 필요한 경우 제1항제5호 및 제6호의 사항을 각각 별지로 작성하여 따로 제출하도록 촉구할 수 있다.

제9조(처분사유의 추가·변경) 행정청은 사실심 변론을 종결할 때까지 당초의 처분사유와 기본적 사실관계가 동일한 범위 내에서 처분사유를 추가 또는 변경할 수 있다.

제10조(집행정지의 종기) 법원이 법 제23조제2항에 따른 집행정지를 결정하는 경우 그 종기는 본안판결 선고일부터 30일 이내의 범위에서 정한다. 다만, 법원은 당사자의 의사, 회복하기 어려운 손해의 내용 및 그 성질, 본안청구의 승소가능성 등을 고려하여 달리 정할 수 있다.

제10조의2(「학교폭력예방 및 대책에 관한 법률」제17조의4에 따른 집행정지 시 의견 청취) ① 법원이 「학교폭력예방 및 대책에 관한 법률」제17조의4제1항에 따라 집행정지 결정을 하기 위하여 피해학생 또는 그 보호자(이하 이 조에서 "피해학생등"이라 한다)의 의견을 청취하여야 하는 경우에는 심문기일을 지정하여 피해학생등의 의견을 청취하는 방법으로 한다. 다만, 특별한 사정이 있는 경우에는 기한을 정하여 피해학생등에게 의견의 진술을 갈음하는 의견서를 제출하게 하는 방법으로 할 수 있다.

② 법원은 제1항에 따른 의견청취 절차를 진행하기 위하여 필요한 경우에는 집행정지 결정의 대상이 되는 처분등을 한 행정청에 피해학생등의 송달받을 장소나 연락처, 의견진술 관련 의사 등에 관한 자료를 제출할 것을 요구할 수 있다.

③ 법원은 제1항 본문에 따라 심문기일을 지정하였을 때에는 당사자와 피해학생등에게 서면, 전화, 휴대전화 문자전송, 전자우편, 팩시밀리 또는 그 밖에 적당하다고 인정되는 방법으로 그 심문기일을 통지하여야 한다.

④ 법원은 필요하다고 인정하는 경우에는 비디오 등 중계장치에 의한 중계시설을 통하거나 인터넷 화상장치를 이용하여 제1항 본문의 심문기일을 열 수 있다.
⑤ 법원은 필요하다고 인정하는 경우에는 가해학생 또는 그 보호자를 퇴정하게 하거나 가림시설 등을 이용하여 피해학생등의 의견을 청취할 수 있다.
⑥ 제3항에 따라 심문기일을 통지받은 피해학생등은 해당 사건에 대한 의견 등을 기재한 서면을 법원에 제출할 수 있다.
⑦ 피해학생등이 제1항 단서의 의견서 또는 제6항의 서면을 제출한 경우 법원은 당사자에게 피해학생등의 의견서 또는 서면이 제출되었다는 취지를 서면, 전화, 휴대전화 문자전송, 전자우편, 팩시밀리 또는 그 밖에 적당하다고 인정되는 방법으로 통지하여야 한다.
⑧ 법원은 다음 각 호의 어느 하나에 해당하는 경우에는 피해학생등의 의견을 청취하지 아니할 수 있다.
1. 피해학생등이 의견진술의 기회를 포기한다는 뜻을 명백히 표시한 경우
2. 피해학생등이 정당한 사유 없이 심문기일에 출석하지 아니하거나 제1항 단서에서 정한 기한 내에 의견의 진술을 갈음하는 의견서를 제출하지 아니하는 경우
3. 피해학생등의 의견을 청취하기 위하여 임시로 집행정지를 하는 경우
4. 그 밖에 피해학생등의 의견을 청취하기 어려운 부득이한 사유가 있는 경우
⑨ 당사자와 소송관계인은 청취한 피해학생등의 의견을 이용하여 피해학생등의 명예 또는 생활의 평온을 해치는 행위를 하여서는 아니 된다.
[본조신설 2024. 2. 22.]

제11조(비공개 정보의 열람·심사) ① 재판장은 「공공기관의 정보공개에 관한 법률」 제20조제1항에 따른 취소소송 사건, 같은 법 제21조제2항에 따른 취소소송이나 이를 본안으로 하는 집행정지신청 사건의 심리를 위해 같은 법 제20조제2항에 따른 비공개 열람·심사를 하는 경우 피고에게 공개 청구된 정보의 원본 또는 사본·복제물의 제출을 명할 수 있다.
② 제1항에 따른 제출 명령을 받은 피고는 변론기일 또는 심문기일에 해당 자료를 제출하여야 한다. 다만, 특별한 사정이 있으면 재판장은 그 자료를 다른 적당한 방법으로 제출할 것을 명할 수 있고, 이 경우 자료를 제출받은 재판장은 지체 없이 원고에게 제1항의 명령에 따른 자료를 제출받은 사실을 통지하여야 한다.
③ 제2항에 따라 제출된 자료는 소송기록과 분리하여 해당 사건을 심리하는 법관만이 접근할 수 있는 방법으로 보관한다.
④ 법원은 제1항의 취소소송이나 집행정지신청 사건에 대한 재판이 확정된 경우 제2항에 따라 제출받은 자료를 반환한다. 다만, 법원은 당사자가 그 자료를 반환받지 아니한다는 의견을 표시한 경우 또는 위 확정일부터 30일이 지났음에도 해당 자료를 반환받지 아니하는 경우에는 그 자료를 적당한 방법으로 폐기할 수 있다.
⑤ 당사자가 제1항의 취소소송이나 집행정지신청 사건의 재판에 관하여 불복하는 경우 법원은 제2항에 따라 제출받은 자료를 제3항에 따른 방법으로 상소법원에 송부한다.

제12조(행정청의 비공개 처리) ① 피고 또는 관계행정청이 「민사소송법」 제163조제1항 각 호의 어느 하나에 해당하는 정보 또는 법령에 따라 비공개 대상인 정보가 적혀 있는 서면 또는 증거를 제출·제시하는 경우에는 해당 정보가 공개되지 아니하도록 비실명 또는 공란으로 표시하거나 그 밖의 적절한 방법으로 제3자가 인식하지 못하도록 처리(이하 "비공개 처리"라 한다)할 수 있다.
② 법원은 피고 또는 관계행정청이 제1항에 따라 비공개 처리를 한 경우에도 사건의 심리를 위해 필요하다고

인정하는 경우에는 다음 각 호의 어느 하나를 제출·제시할 것을 명할 수 있다.
1. 비공개 처리된 정보의 내용
2. 비공개 처리를 하지 않은 서면 또는 증거

③ 법원은 제2항 각 호의 자료를 다른 사람이 보도록 하여서는 안 된다. 다만, 당사자는 법원에 해당 자료의 열람·복사를 신청할 수 있다.
④ 제3항의 열람·복사 신청에 관한 결정에 대해서는 즉시항고를 할 수 있다.
⑤ 제3항의 신청을 인용하는 결정은 확정되어야 효력을 가진다.

제13조(피해자의 의견 청취) ① 법원은 필요하다고 인정하는 경우에는 해당 처분의 처분사유와 관련하여 다음 각 호에 해당하는 사람(이하 '피해자'라 한다)으로부터 그 처분에 관한 의견을 기재한 서면을 제출받는 등의 방법으로 피해자의 의견을 청취할 수 있다. 〈개정 2024. 2. 22.〉
1. 「성폭력방지 및 피해자보호 등에 관한 법률」 제2조제3호의 성폭력피해자
2. 「양성평등기본법」 제3조제2호의 성희롱으로 인하여 피해를 입은 사람
3. 「학교폭력예방 및 대책에 관한 법률」 제2조제4호의 피해학생 또는 그 보호자

② 당사자와 소송관계인은 제1항에 따라 청취한 피해자의 의견을 이용하여 피해자의 명예 또는 생활의 평온을 해치는 행위를 하여서는 아니 된다.
③ 제1항에 따라 청취한 의견은 처분사유의 인정을 위한 증거로 할 수 없다.

제14조(사정판결) 법원이 법 제28조제1항에 따른 판결을 할 때 그 처분등을 취소하는 것이 현저히 공공복리에 적합하지 아니한지 여부는 사실심 변론을 종결할 때를 기준으로 판단한다.

제15조(조정권고) ① 재판장은 신속하고 공정한 분쟁 해결과 국민의 권익 구제를 위하여 필요하다고 인정하는 경우에는 소송계속 중인 사건에 대하여 직권으로 소의 취하, 처분등의 취소 또는 변경, 그 밖에 다툼을 적정하게 해결하기 위해 필요한 사항을 서면으로 권고할 수 있다.
② 재판장은 제1항의 권고를 할 때에는 권고의 이유나 필요성 등을 기재할 수 있다.
③ 재판장은 제1항의 권고를 위하여 필요한 경우에는 당사자, 이해관계인, 그 밖의 참고인을 심문할 수 있다.

제3장 취소소송외의 항고소송

제16조(무효확인소송에서 석명권의 행사) 재판장은 무효확인소송이 법 제20조에 따른 기간 내에 제기된 경우에는 원고에게 처분등의 취소를 구하지 아니하는 취지인지를 명확히 하도록 촉구할 수 있다. 다만, 원고가 처분등의 취소를 구하지 아니함을 밝힌 경우에는 그러하지 아니하다.

제17조(부작위위법확인소송의 소송비용부담) 법원은 부작위위법확인소송 계속 중 행정청이 당사자의 신청에 대하여 상당한 기간이 지난 후 처분등을 함에 따라 소를 각하하는 경우에는 소송비용의 전부 또는 일부를 피고가 부담하게 할 수 있다.

제18조(준용규정) ① 제5조부터 제13조까지 및 제15조는 무효등 확인소송의 경우에 준용한다.
② 제5조부터 제8조까지, 제11조, 제12조 및 제15조는 부작위위법확인소송의 경우에 준용한다.

제4장 당사자소송

제19조(당사자소송의 대상) 당사자소송은 다음 각 호의 소송을 포함한다.
1. 다음 각 목의 손실보상금에 관한 소송
   가. 「공익사업을 위한 토지 등의 취득 및 보상에 관한 법률」 제78조제1항 및 제6항에 따른 이주정착금, 주거이전비 등에 관한 소송
   나. 「공익사업을 위한 토지 등의 취득 및 보상에 관한 법률」 제85조제2항에 따른 보상금의 증감(增減)에 관한 소송
   다. 「하천편입토지 보상 등에 관한 특별조치법」 제2조에 따른 보상금에 관한 소송
2. 그 존부 또는 범위가 구체적으로 확정된 공법상 법률관계 그 자체에 관한 다음 각 목의 소송
   가. 납세의무 존부의 확인
   나. 「부가가치세법」 제59조에 따른 환급청구
   다. 「석탄산업법」 제39조의3제1항 및 같은 법 시행령 제41조제4항제5호에 따른 재해위로금 지급청구
   라. 「5·18민주화운동 관련자 보상 등에 관한 법률」 제5조, 제6조 및 제7조에 따른 관련자 또는 유족의 보상금 등 지급청구
   마. 공무원의 보수·퇴직금·연금 등 지급청구
   바. 공법상 신분·지위의 확인
3. 처분에 이르는 절차적 요건의 존부나 효력 유무에 관한 다음 각 목의 소송
   가. 「도시 및 주거환경정비법」 제35조제5항에 따른 인가 이전 조합설립변경에 대한 총회결의의 효력 등을 다투는 소송
   나. 「도시 및 주거환경정비법」 제50조제1항에 따른 인가 이전 사업시행계획에 대한 총회결의의 효력 등을 다투는 소송
   다. 「도시 및 주거환경정비법」 제74조제1항에 따른 인가 이전 관리처분계획에 대한 총회결의의 효력 등을 다투는 소송
4. 공법상 계약에 따른 권리·의무의 확인 또는 이행청구 소송

제20조(준용규정) 제5조부터 제8조까지, 제12조 및 제13조는 당사자소송의 경우에 준용한다.

부칙 〈제3132호, 2024. 2. 22.〉

이 규칙은 2024년 3월 1일부터 시행한다.

부록 03 '앞글자' 정리사항

주제	앞글자	내용
행정소송의 종류	항 / 당 / 민 / 기	• **항**고소송 • **당**사자소송 • **민**중소송 • **기**관소송
항고소송의 종류	취 / 무 / 부	• **취**소소송 • **무**효등확인소송 • **부**작위위법확인소송
행정소송법에 준용되는 법률	법 / 소 / 집	• **법**원조직법 • 민사**소**송법 • 민사**집**행법
법률상 이익의 내용 (↔ 반사적 이익)	개 / 직 / 구	• **개**별적 ↔ 일반적 • **직**접적 ↔ 간접적 • **구**체적 ↔ 추상적
행정심판의 필요적 전치	세 / 도 / 공	• 과**세**처분 • **도**로교통법상 처분 (면허취소, 면허정지) • **공**무원에 대한 징계처분
필요적 전치주의에서 행정심판의 생략	(심판청구는 하되) 재결을 생략 — 재결 / 육 / 손 / 못 / 정	※ 행정심판의 **재결**을 거치지 아니하고 취소소송을 제기할 수 있는 경우 1. 행정심판청구가 있은 날로부터 **60**일이 지나도 재결이 없는 때 2. 처분의 집행 또는 절차의 속행으로 생길 중대한 **손**해를 예방하여야 할 긴급한 필요가 있는 때 3. 법령의 규정에 의한 행정심판기관이 의결 또는 재결을 하지 **못**할 사유가 있는 때 4. 그 밖의 **정**당한 사유가 있는 때
	심판청구 자체를 생략 — 심판 / 동 / 관 / 변 / 필	※ 행정**심판**을 제기함이 없이 취소소송을 제기할 수 있는 경우 1. **동**종사건에 관하여 이미 행정심판의 기각재결이 있은 때 2. 서로 내용상 **관**련되는 처분 또는 같은 목적을 위하여 단계적으로 진행되는 처분중 어느 하나가 이미 행정심판의 재결을 거친 때 3. 행정청이 사실심의 변론종결후 소송의 대상인 처분을 **변**경하여 당해 변경된 처분에 관하여 소를 제기하는 때 4. 처분을 행한 행정청이 행정심판을 거칠 **필**요가 없다고 잘못 알린 때

주제	앞글자	내용
재결주의	감 / 노 / 특	• **감**사원의 재심의판정 • 중앙**노**동위원회 재심판정 • **특**허심판원의 심결
민사법원의 선결문제 심리시 준용규정	비 / 록 / 직 / 참	• 소송**비**용에 관한 재판의 효력 • 행정심판기**록** 제출명령 • **직**권심리 • 행정청의 소송**참**가
즉시항고가 인정되지 않는 경우	피경전피 / 행참 / 처소 / 관이각	• **피고경**정신청을 인용하는 결정에 대한 종**전피**고 • **행**정청의 소송**참**가 • **처**분변경으로 인한 **소**변경 • **관**할위반을 이유로 한 **이**송신청 기**각**
당사자의 신청으로만 가능 (법원 직권 불가)	피 / 변 / 록 / 접	• **피**고경정 • (처분변경으로 인한) 소**변**경 • 행정심판기**록**제출명령 • 간**접**강제
상고심에서도 인정	집 / 참 / 유	• **집**행정지 • 소송**참**가 • 소송요건 **유**지
기속력의 내용	반 / 재 / 결	• **반**복금지의무 • **재**처분의무 • **결**과제거의무
기속력에 의해 재처분의무가 발생하는 경우	거 / 절 / 재	• **거**부처분 • **절**차위법 ▶ **재**처분의무 발생

주제		앞글자	내용
취소소송 규정의 준용여부	무효등확인소송 → 준용 ×	무 / 심 / 재 / 기 / 접 / 사	* **무**효등확인소송 • 행정 **심**판전치 • **재**량처분의 취소 • 제소**기**간 • 간**접**강제 • **사**정판결
	부작위위법 확인소송 → 준용 ×	부 / 처 / 집 / 사	* **부**작위위법확인소송 • **처**분변경으로 인한 소변경 • **집**행정지 • **사**정판결
	당사자소송 → 준용 ○	비 / 록 / 직 / 참 / 속 / 할 / 변 / 경 / 공 / 병	• 소송**비**용에 관한 재판의 효력 • 행정심판기**록** 제출명령 • **직**권심리 • (제3자 · 행정청) 소송**참**가 • 기**속**력 • 재판관**할** • (처분변경으로 인한) 소**변**경 • 피고**경**정 • **공**동소송 • 관련청구소송의 이송 및 **병**합

정인국

고려대학교 법학과 졸업
제45회 사법시험 합격
사법연수원 제35기 수료
변호사
미국 공인회계사 시험 합격(Maine 주)

우리경영아카데미 세무사 행정소송법 강의

─ 저 서
- 세무사 행정소송법
- 세무사 행정소송법 필기노트
- 세무사 행정소송법 연도별 기출문제
- 하루에 끝장내기 행정소송법

제12판
2026 세무사 행정소송법

제1판1쇄	2014년	7월 25일 발행
제2판1쇄	2015년	8월 24일 발행
제3판1쇄	2016년	6월 30일 발행
제4판1쇄	2017년	7월 14일 발행
제5판1쇄	2018년	7월 2일 발행
제6판1쇄	2019년	7월 1일 발행
제7판1쇄	2020년	7월 7일 발행
제8판1쇄	2021년	8월 18일 발행
제9판1쇄	2022년	8월 17일 발행
제10판1쇄	2023년	8월 9일 발행
제11판1쇄	2024년	8월 7일 발행
제12판1쇄	2025년	8월 6일 발행
제12판2쇄	2025년	10월 10일 발행
지은이	정 인 국	
펴낸이	이 은 경	
펴낸곳	㈜세경북스	
주 소	서울특별시 서초구 방배천로26길 25 유성빌딩 2층	
전 화	02-596-3596	
팩 스	02-596-3597	
신 고	제2013-000189호	
정 가	34,000원	

저자와의
협의하에
인지를 생략함

이 책의 모든 권리는 ㈜세경북스에 있습니다.
본 출판사의 동의 없이 내용을 복제하거나 전산장치에
저장·전파할 수 없습니다.
Printed in Korea

ISBN : 979-11-5973-468-7 13360